IT-Handbuch (Tabellenbuch)

IT-Systemkaufmann/-frau
Informatikkaufmann/-frau

Heinrich Hübscher, Lüneburg
Hans-Joachim Petersen, Helmstedt
Carsten Rathgeber, Petersberg
Klaus Richter, Braunschweig
Dr. Dirk Scharf, Meine

Unter Mitarbeit der Verlagsredaktion.

westermann

Diesem Buch wurden die bei Manuskriptabschluss vorliegenden neuesten Ausgaben der DIN-Normen, VDI-Richtlinien und sonstigen Bestimmungen zu Grunde gelegt. Verbindlich sind jedoch nur die neuesten Ausgaben der DIN-Normen und VDI-Richtlinien und sonstigen Bestimmungen selbst.

Die DIN-Normen wurden wiedergegeben mit Erlaubnis des DIN Deutsches Institut für Normung e.V. Maßgebend für das Anwenden der Norm ist deren Fassung mit dem neuesten Ausgabedatum, die bei der Beuth-Verlag GmbH, Burggrafenstraße 6, 10787 Berlin, erhältlich ist.

Auf verschiedenen Seiten dieses Buches befinden sich Verweise (Links) auf Internet-Adressen. Haftungshinweis: Trotz sorgfältiger inhaltlicher Kontrolle wird die Haftung für die Inhalte der externen Seiten ausgeschlossen. Für den Inhalt dieser Seiten sind ausschließlich deren Betreiber verantwortlich. Sollten Sie bei dem angegebenen Inhalt des Anbieters dieser Seite auf kostenpflichtige, illegale oder anstößige Inhalte treffen, so bedauern wir dies ausdrücklich und bitten Sie, uns umgehend per E-Mail unter www.westermann.de davon in Kenntnis zu setzen, damit der Verweis beim Nachdruck gelöscht wird.

8. Auflage, 2013
Druck 1, Herstellungsjahr 2013

Redaktion:	Armin Kreuzburg
Umschlaggestaltung:	boje5 Grafik & Werbung, Braunschweig
Satz und Layout:	Fa. Lithos, Dirk Hinrichs, Wolfenbüttel
Druck und Bindung:	westermann druck GmbH, Braunschweig

ISBN 978-3-14-**23 5043**-1

Chronologie der Informationstheorie und -technik
Chronology of Information-Theory and –Technology

60 vor Chr.	**Cäsar**-Verschlüsselung**code**: Beginn der Kryptologie
16. Jhr. n. Chr.	Polyalphabetische Verschlüsselung (nach **Vigenére**)
1617	Idee für einen Rechenschieber (**Napier**)
1641	Rechenmaschine nach dem Zählrad-Prinzip (**Pascal**)
1679	Analysen zum Dualsystem von **Leibniz**
1805	Webmaschinensteuerung mit Lochstreifen (**Jacquard**)
1833	Rechenmaschine mit Lochkarten (**Babbage**)
1834	Elektromagnetischer Telegraf (**Gauß/Weber)**
1847	Boolsche Algebra (**G. Boole**)
1861	Entdeckung des Telefonprinzips durch **J. Ph. Reis**
1864	**Maxwell** formuliert die elektro-magnetische Gesetze
1876	Erster funktionsfähiger Fernsprecher durch **A. G. Bell**
1879	*„Begriffsschrift“* von **Gottlob Frege**
1886	Elektrische Lochkartenmaschine (**Hollerith**)
1887	Entdeckung der elektromagnetischen Wellen durch **Hertz**
1895	Erste Radio-Antenne (**Popow**)
1897	Entwicklung der Braunschen Röhre (Ferdinand **Braun**)
1901	Erste drahtlose Datenübertragung (Atlantik)
1908	Erstes Wählamt in Deutschland
1924	Systemtheorie in der Nachrichtentechnik (**Küpfmüller**)
1931	Unvollständigkeitssätze von **Gödel**
1933	Frequenzmodulation (**Armstrong**)
1936	Konzeption eines universellen Rechenautomaten – **Turing**
1936	Automatenmodell nach **Turing**
1936	**Churchsche These:** Beziehung von Turing-Automat und Algorithmenkonzept
1937	**Zuse** entwickelt einen Relais-Rechner (Z1)
1937	**PCM** (**P**uls **C**ode **M**odulation) von **Reeves** entwickelt (erste Vorarbeiten 1926 **Rainey**)
1937	**Laplace**-Transfomation in der Nachrichtentechnik (**Doetsch**)
1937	**Fourier**-Transfomation i. d. Nachrichtentechnik (**Wiener**)
1939/ 1948	**Abtasttheorem** von **Raabe/Shannon**
1940er Jahre	Universalprogrammierbarer Rechner (**Zuse**)
1944	Rechnerarchitekturprinzip von **Neumann**
1946	**ENIAC**: erster kommerzieller Universalrechner
1946	Flussdiagrammdarstellung (**Goldstine/von Neumann**)
1948/ 1950	**Wiener/Turing** begründen die Kybernetik
1948	Erfindung des Transistors (**Brattain, Barden, Shockley**)
1948	Informationstheorie nach **Shannon**
1950	Präziser Algorithmus-Begriff (**Markoff**)
1952	**Chomsky:** Konzeption der formalen Sprachen
1954	Ausarbeitung von **FORTRAN** (**Backus**)
1956	**A**rtificial **I**ntelligence (**AI**) Carthy/Minsky/Rochester/Shannon
1957	Serienfertigung von Elektronenrechnern (USA)
1960	Erster Nachrichtensatellit (USA: **Echo I**)
1960er Jahre	Vernetzung von Computern; Protokollwelt TCP/IP
1963	PAL-Farbfernsehprinzip (**Bruch**)
1968	Einführung von integrierten Schaltkreisen
1969	Erste UNIX-Version
1970	Erster verwendbarer Mikroprozessor (**T. Hoff**)
1970 -80er	Algorithmische Informationstheorie (Chaitin ...)
1971	Entwicklung des Mikroprozessors (Intel 4004)
1971	Strukturierte Programmierung (**Dijkstra** (1930–2002))
1972	Entwicklung der Programmiersprache **C** (**D. M. Ritchie**)
1972	Erste objektorientierte Sprache: **Smalltalk**
1973	UNIX-Version 4 (vollständig in C)
1976	Data Encryption Standard (**DES**)
1977	Public-Key-Algorithmus (**RSA**)
1981	Erste DOS-Version (86er DOS)
1983	Das „Internet“ entsteht; ISO-OSI-Modell
1983	Grafische Benutzeroberfläche beim PC (GUI)
1985	CD-ROM (Fa. Philips und Sony)
1986	Zero-Knowledge-Verfahren (**Fiat-Shamir**)
1989	ISDN
1990er Jahre	Entwicklung von **Java**
1990	WWW-Browser (Tim Berners-Lee)
1991	Linux
1991	**PGP** (**P**retty **G**ood **P**rivacy von **P. R. Zimmermann**)
1993	Euro-ISDN; MPEG-1
1994	Faktorisierungsalgorithmus für Quantencomputer (**Shor**)
1995	MPEG-2
1996	DVD; Online-Dienste
2001	Neues BDSG in Deutschland (8 Gebote)
2002	**AES** (**A**dvanced **E**ncryption **S**tandard) – 128-Bit-Code
2005	Zerlegung von 200stelligen Dezimalzahlen in Primzahlfaktoren
2006	Web 2.0; Web-Wissenschaft (Tim Berners-Lee et al.)
Seit 2007	erste kommerzielle Geräte zur Nutzung der Quantenverschlüsselungstechnik
2009/ 2010	Google Betriebssystem Chrome OS (im Netz)
2010	Android – Smartphones liegen vor iPhone (in USA)
2010	W32.Stuxnet – Computerwurm: weltweite Beeinträchtigung von Industrieanlagen
2011	Schrittweise Einführung und Nutzung von IPv6

Chronologie der Wirtschaftstheorie und Gesellschaft
Chronology of Economic-Theory and Society

1494	L. **Pacioli** entwickelt die „Doppelten Buchhaltung“
1516	„Utopia“ von Thomas **Mores**
1776	Industrielle Verwendung der Dampfkraft (James **Watt**)
1798	**Malthus** - Theorie zur Bevölkerungszunahme
1883	Gesetz über die Krankenversicherung in Deutschland
1889	Gesetz über Alters- und Invaliditätsversicherung
1910	Grundsätze der wissenschaftlichen Betriebsführung (Scientific Management) von F.W. **Taylor**: Taylorismus
1914–1918	**Erster Weltkrieg**
1924	„**Re**ichsausschuss **f**ür **A**rbeitszeitermittlung“ (**REFA**)
1929	**Weltwirtschaftskrise**
1939–1945	**Zweiter Weltkrieg**
1962	„Learning by Doing“ - K. J. **Arrow** (Nobelpreis 1972)
1972	„Die Grenzen des Wachstums“ – „**Club of Rome**“
1989	9. November „Maueröffnung“ in Deutschland
1990	3. Oktober – Beitritt der DDR zur BRD
1999	Europäische Zentralbank (**EZB**) nimmt ihre Arbeit auf
2001	11. September – Terroranschlag in New York
2002	Euro (€) wird Zahlungsmittel
2003	Irak-Krieg
2008	Ernsthafte weltweite Finanzmarktkrise
Seit 2008	Aufnahmen in Deutschland für google street view 1. Nov. 2010: Elektronischer Personalausweis in Deutschland (inkl. RF-Chip: Internet-Ausweis, Signaturfunktion, ...)

Vorwort
Preface

Informationstechnik. Ein Begriff, der fast täglich verwendet wird, und dennoch nicht ganz so einfach zu definieren ist. Zieht man einschlägige Informationsquellen zurate, so ergibt sich für diesen Begriff je nach Blickwinkel eine mehr oder weniger umfangreiche Interpretation bzw. Definition.

Warum ist das so?

Der Begriff Informationstechnik wird als eine Art Sammelbegriff für die vielfältigen technischen, theoretischen und praktischen Disziplinen aus den Bereichen Informationsgewinnung, Informationsverarbeitung und Informationsdarstellung verwendet.

Die Anwendungsbreite der Informationstechnik kann in fast allen Lebensbereichen tagtäglich erlebt werden. Einfache Beispiele sind dabei die elektronischen Medien Internet und Mobiltelefonie mit einem umfangreichen und täglich wachsendem Angebot an Netzen und zur Verfügung stehenden Diensten und Geräten. Bedingt durch den wachsenden Umfang der technischen Implementierungen ist es erforderlich, eine Übersicht zu allen Themengebieten zu gewinnen bzw. zu behalten. Obwohl eine Vielzahl von Informationsmöglichkeiten zu dem Thema Informationstechnik gegeben ist, fällt es doch nicht immer leicht, die relevanten Informationen schnell zu erarbeiten bzw. zu gewinnen.

Eine wesentliche Arbeitserleichterung bietet das nunmehr in der 8. Auflage erschienene IT-Handbuch (IT-Tabellenbuch) des Westermann Verlages. Auch diese Auflage bietet zielgerichtet, umfassend und wohl strukturiert die gesamte Bandbreite des Wissens zum Thema Informationstechnik. Einen zweiten Schwerpunkt dieses Handbuchs bilden betriebswirtschaftliche Inhalte wie Vertrags- und Unternehmensrecht, Betriebsorganisation, Marketing und betriebliches Rechnungswesen/Controlling.

Dabei werden sowohl Grundlagenwissen als auch Anwendungswissen verständlich und übersichtlich präsentiert. Die Inhalte decken generell den Informationsbedarf für Auszubildende, Lehrkräfte und Prüfungsabsolventen der IT-Berufe ab.

Darüber hinaus ist das IT-Handbuch hervorragend geeignet für Studierende der Berufsakademien und Hochschulen und für alle, die an der Informationstechnik interessiert sind.

Die Auswahl und Aufbereitung der Themeninhalte erfolgte sowohl unter Berücksichtigung der mit den bisherigen Ausgaben gemachten Lehr-/Lernerfahrungen im Ausbildungsbereich als auch in der beruflichen Arbeitsanwendung. Selbstverständlich wurden die ausgewiesenen Lernfelder der Rahmenlehrpläne als Grundlage für die Themenauswahl berücksichtigt.

In der 8. Auflage präsentiert sich das IT-Handbuch mit neuen, an den Stand der Entwicklung angepassten und aktualisierten Themen. Jedes der 10 Teilkapitel behandelt thematische Schwerpunkte und bietet somit die Möglichkeit der konzentrierten Informationserfassung in dem jeweiligen Fachthema.

Mit dieser Auflage ist es erneut gelungen, Inhalte der Informationstechnik und der Betriebswirtschaft in einer für den unterschiedlichen Leserkreis verständlichen Form darzustellen.

Damit ist dieses Buch unter anderem geeignet für
- den Fachunterrricht,
- die Prüfungsvorbereitung,
- für die Weiterbildung,
- den betrieblichen Arbeitsrahmen,
- das Selbststudium.

Für Hinweise und Verbesserungsvorschläge sind Autoren und Verlag jederzeit aufgeschlossen und dankbar.

Autoren und Verlag

Braunschweig 2013

Der Betrieb und sein Umfeld

1

Duales Ausbildungssystem in Deutschland
Dual System of Education in Germany

Die berufliche **Erstausbildung** der staatlich anerkannten Ausbildungsberufe im Sinne des **Berufsbildungsgesetzes (BBiG)** von 1969 bzw. 2005 findet in Form **des dualen Ausbildungssystems** statt. Die Ausbildung erfolgt dabei an **zwei Lernorten**:

Duales Ausbildungssystem
- **Berufsschule**
- **Ausbildungsbetrieb**

Das **BBiG** benennt Rechte und Pflichten der an der Ausbildung beteiligten Personen und Institutionen und beschreibt die Ordnung/Organisation der Berufsbildung.

§ 5 des BBiG definiert als Grundlage einer ordnungsgemäßen Berufsausbildung die so genannte **Ausbildungsordnung:**

§ 4: Anerkennung von Ausbildungsberufen

(1) Als Grundlage für eine geordnete und einheitliche Berufsausbildung kann das Bundesministerium für Wirtschaft und Technologie oder das sonst zuständige Fachministerium im Einvernehmen mit dem Bundesministerium für Bildung und Forschung durch Rechtsverordnung, die nicht der Zustimmung des Bundesrates bedarf, Ausbildungsberufe staatlich anerkennen und hierfür Ausbildungsordnungen nach § 5 erlassen.

(2) Für einen anerkannten Ausbildungsberuf darf nur nach der Ausbildungsordnung ausgebildet werden.

§ 5: Ausbildungsordnung

(1) Die Ausbildungsordnung hat festzulegen

1. die Bezeichnung des Ausbildungsberufes, der anerkannt wird,
2. die Ausbildungsdauer; sie soll nicht mehr als drei und nicht weniger als zwei Jahre betragen,
3. die beruflichen Fertigkeiten, Kenntnisse und Fähigkeiten, die mindestens Gegenstand der Berufsausbildung sind (Ausbildungsberufsbild),
4. eine Anleitung zur sachlichen und zeitlichen Gliederung der Vermittlung der beruflichen Fertigkeiten, Kenntnisse und Fähigkeiten (Ausbildungsrahmenplan),
5. die Prüfungsanforderungen.

Während der **Ausbildungsrahmenplan** verbindlich festlegt, was im Ausbildungsbetrieb zu vermitteln ist, wird im von der Kultusministerkonferenz (KMK) beschlossenen **Rahmenlehrplan** für den berufsbezogenen Unterricht der Berufsschule definiert, was der Lernort Berufsschule im berufsbezogenen Bereich zu vermitteln hat.

Rahmenlehrplan und Ausbildungsordnung des Bundes sind aufeinander abgestimmt (Rechtsgrundlage: „Gemeinsames Ergebnisprotokoll vom 30. Mai 1972“).
Aufgrund von landesspezifischen Schulgesetzen erlassen die zuständigen Kultusministerien zusätzlich **Lehrpläne** für die so genannten allgemein bildenden Fächer (z. B. Deutsch).

Alle **Berufe** unterliegen einem stetigen Wandel, dies gilt auch für die IT-Berufe:

- Die **fachlichen Anforderungen** verändern sich, z. B. durch technische Innovationen oder die Weiterentwicklung rechtlicher Bestimmungen.
- Die Bedeutung der **inner**- und **außerbetrieblichen Kommunikation** nimmt zu, z. B. bei der Umsetzung des Beschwerde-Managements oder der Betreuung von „Schlüsselkunden“. Auch die Anforderungen an unterschiedliche Fremdsprachenkenntnisse steigen.

Diese Trends verdeutlichen, dass die **Fort**- und **Weiterbildung** von entscheidender Bedeutung ist, um im gelernten Beruf weiterhin tätig sein zu können (siehe dazu auch Seite 8).

Ausbildungsvertrag
Articles of Apprenticeship

Der Ausbildungsvertrag wird zwischen dem **Auszubildenden** und dem **Ausbildenden** geschlossen. Bei minderjährigen Auszubildenden muss ein Erziehungsberechtigter den Vertrag mit unterzeichnen. Der Ausbildende, der Inhaber des Ausbildungsbetriebes, kann **Ausbilder** im Betrieb beauftragen, die Berufsausbildung des Auszubildenden im Einzelnen zu gewährleisten.

Der unterschriebene Ausbildungsvertrag wird der zuständigen **Industrie- und Handelskammer (IHK)** zur Prüfung vorgelegt und von ihr in das Verzeichnis der Berufsausbildungsverhältnisse eingetragen. Das **Berufsbildungsgesetz (BBiG)** regelt die Rechte und Pflichten von Auszubildenden und Ausbildenden.

Rechte und Pflichten laut Berufsbildungsgesetz (BBiG)
Rights and Duties of Vocational Training Act

Pflichten des Auszubildenden
(= Rechte des Ausbildenden)

Der Auszubildende hat ...

- sich zu bemühen, die berufliche Handlungsfähigkeit zu erwerben, die erforderlich ist, um das Ausbildungsziel zu erreichen
- die ihm im Rahmen seiner Berufsausbildung aufgetragenen Aufgaben sorgfältig auszuführen
- am Berufsschulunterricht und an Prüfungen teilzunehmen
- den Weisungen zu folgen, die ihm im Rahmen der Berufsausbildung von weisungsberechtigten Personen erteilt wurden;
- die für die Ausbildungsstätte geltende Ordnung zu beachten
- Werkzeug, Maschinen und sonstige Einrichtungen pfleglich zu behandeln
- über Betriebs- und Geschäftsgeheimnisse Stillschweigen zu wahren
- ein Berichtsheft zu führen

Pflichten bei Ausübung einer Nebentätigkeit:
Grundsätzlich ist die Ausübung einer Nebentätigkeit zwar erlaubt, sie darf den Auszubildenden aber nicht so stark belasten, dass er seine vertraglichen Pflichten, insbesondere das Erreichen des Ausbildungszieles, nicht mehr erfüllen kann. Aus diesem Grund ist die Ausübung der Nebentätigkeit mit dem Ausbildenden abzustimmen.

Zusätzliche Rechte und Pflichten, wie z. B. Urlaubsansprüche, besondere Schutzrechte Jugendlicher, werden in weiteren Gesetzen geregelt (siehe dazu auch Seite 8).

Pflichten des Ausbildenden
(= Rechte des Auszubildenden)

Der Ausbildende hat ...

- mit dem Auszubildenden einen Berufsausbildungsvertrag zu schließen und ihn schriftlich niederzulegen
- mit dem Auszubildenden eine Probezeit zu vereinbaren (mindestens einen Monat, höchstens vier Monate)
- dafür zu sorgen, dass dem Auszubildenden die berufliche Handlungsfähigkeit vermittelt wird, die zum Erreichen des Ausbildungszieles notwendig ist
- die Ausbildung planmäßig durchzuführen
- dem Auszubildenden kostenlos die notwendigen Ausbildungsmittel zur Verfügung zu stellen
- den Auszubildenden zum Besuch der Berufsschule sowie zum Führen von Berichtsheften anzuhalten
- dafür zu sorgen, dass der Auszubildende charakterlich gefördert sowie sittlich und körperlich nicht gefährdet wird
- sicherzustellen, dass dem Auszubildenden nur Verrichtungen übertragen werden, die dem Ausbildungszweck dienen und seinen körperlichen Kräften angemessen sind
- den Auszubildenden für die Teilnahme am Berufsschulunterricht und an Prüfungen freizustellen
- dem Auszubildenden eine angemessene Vergütung zu gewähren
- dem Auszubildenden bei Beendigung des Ausbildungsverhältnisses ein Zeugnis auszustellen

Lebenslanges Lernen
Lifelong Learning

Der rasche **technische Wandel** und die **Globalisierung** der Märkte führen dazu, dass die einmal erworbenen Qualifikationen rasch an Wert verlieren, man spricht in diesem Zusammenhang auch von der „**Halbwertzeit des Wissens**", die immer geringer wird. Passt man sich dieser Entwicklung nicht schnell genug an, besteht letztlich die Gefahr, arbeitslos zu werden oder zumindest unattraktive Tätigkeiten ausführen zu müssen.

Die **Fortbildung** bezieht sich eher auf die Fortführung der beruflichen Ausbildung, die **Weiterbildung** umfasst darüber hinaus die generelle Ausweitung der eigenen Qualifikationen, unabhängig vom gewählten Beruf. Diese begriffliche Trennung wird häufig nicht mehr benutzt. Stattdessen unterscheidet man z. B. die

- **Anpassungsfortbildung** (z. B. Anpassung an technischen Fortschritt)
- **Aufstiegsfortbildung** (Vorbereitung auf höherwertige Aufgaben)
- **Ergänzungsfortbildung** (Weiterbildung)

Laut § 1 Absatz 4 des **BBiG** soll die berufliche Fortbildung „es ermöglichen, die berufliche Handlungsfähigkeit zu erhalten und anzupassen oder zu erweitern und beruflich aufzusteigen".
Die klare Trennung zwischen Fort- und Weiterbildung verliert auch ihre Bedeutung durch die Diskussion um den Erwerb von **Schlüsselqualifikationen** (z. B. Team- und Kommunikationsfähigkeit) während der Berufserstausbildung. Diese Schlüsselqualifikationen sollen den Arbeitnehmer frühzeitig und umfassend auf die Veränderung in Wirtschaft und Gesellschaft vorbereiten. In der modernen Berufsausbildung wird deswegen nicht nur Wert auf **Fachkompetenz** gelegt, ebenso wichtig sind beispielsweise **Methoden**- und **Sozialkompetenz**.

Kündigungsrecht laut BBiG
Right to Give Notice According to the Vocational Training Act

- Voraussetzungen, unter denen der Berufausbildungsvertrag gekündigt werden kann, sind in die Vertragsniederschrift aufzunehmen (**§ 11**);

- Während der Probezeit kann das Berufsausbildungsverrhältnis jederzeit ohne Einhalten einer Kündigungsfrist gekündigt werden (**§ 22 Abs. 1**);

- Nach der Probezeit kann das Berufsausbildungsverhältnis nur gekündigt werden
  1. aus einem wichtigen Grund ohne Einhalten einer Kündigungsfrist,
  2. von Auszubildenden mit einer Kündigungsfrist von vier Wochen, wenn sie die Berufsausbildung aufgeben oder sich für eine andere Berufstätigkeit ausbilden lassen wollen (**§ 22 Abs. 2**);

- Die Kündigung muss schriftlich erfolgen (**§ 22 Abs. 3**);

- Wird das Berufsausbildungsverhältnis nach der Probezeit vorzeitig gelöst, kann der Auszubildende oder der Ausbildende unter Umständen schadensersatzpflichtig werden. Dies gilt nicht im Falle des **§ 22 Abs. 2 Nr. 2**.

Wichtige Gesetze zum Arbeits- und Tarifrecht
Important Laws of Labour and Collective Bargaining Right

- Gesetz zum Schutze der arbeitenden Jugend, kurz: Jugendarbeitsschutzgesetz (JArbSchG)
- Mindesturlaubsgesetz für Arbeitnehmer, kurz: Bundesurlaubsgesetz (BundUrlG)
- Kündigungschutzgesetz (KSchG)
- Gesetz zum Schutze der erwerbstätigen Mutter, kurz: Mutterschutzgesetz (MuSchG)
- Tarifvertragsgesetz (TVG)
- Arbeitszeitgesetz (AZG)
- Gesetz zum Schutz vor Missbrauch personenbezogener Daten (BDSG)
- Bürgerliches Gesetzbuch (BGB)
- Gesetz über die Mitbestimmung der Arbeitnehmer in den Aufsichtsräten und Vorständen der Unternehmen des Bergbaus und der Eisen und Stahl erzeugenden Industrie, kurz: Montanmitbestimmungsgesetz (MitbestG)
- Gesetz über die Drittelbeteiligung der Arbeitnehmer im Aufsichtsrat (DrittelbG)
- Gesetz über die Mitbestimmung der Arbeitnehmer, kurz: Mitbestimmungsgesetz (MitbestG)
- Betriebsverfassungsgesetz (BetrVerfG)
- Gesetz zur Ordnung des Handwerks, kurz: Handwerksordnung (HandwO)

Geltungsbereich des Gesetzes

- Das Gesetz schützt **Kinder** (Personen unter 15 Jahren) und **Jugendliche** (Personen ab 15 Jahren, aber noch unter 18 Jahren), die sich in der Berufsausbildung befinden oder in einem Beschäftigungsverhältnis als Arbeitnehmer oder Heimarbeiter tätig sind (§ 1).
- Auf Jugendliche, die der Vollzeitschulpflicht unterliegen, finden die für Kinder geltenden Vorschriften Anwendung (§ 2).

Arbeitszeit/Pausen/Schichtzeit

- Jugendliche dürfen nicht mehr als 8 Stunden täglich und nicht mehr als 40 Stunden wöchentlich beschäftigt werden.
- Wird die Arbeitszeit an einzelnen Werktagen verkürzt, kann die Arbeitszeit an anderen Tagen auf maximal 8,5 Stunden verlängert werden (§ 8).
- Die Pausenzeiten gelten nicht als Arbeitszeit (Ausnahme: Schichtzeit). Als Arbeitspause gilt nur eine Arbeitsunterbrechung von mindestens 15 Minuten (§ 11).
- Jugendliche dürfen nach Beendigung der täglichen Arbeitszeit nicht vor Ablauf einer ununterbrochenen Freizeit von mindestens 12 Stunden beschäftigt werden (§ 13).
- Bei Jugendlichen darf die Schichtzeit prinzipiell 10 Stunden nicht überschreiten.
- Ausnahmen: Im Bergbau unter Tage: maximal 8 Stunden, im Gaststättengewerbe, in der Landwirtschaft, in der Tierhaltung, auf Bau- und Montagestellen: maximal 11 Stunden (§ 12).
- Schichtzeit ist die tägliche Arbeitszeit unter Hinzurechnung der Ruhepausen (§ 4).

Nachtruhe

- Jugendliche dürfen prinzipiell nur zwischen 6 und 20 Uhr beschäftigt werden (§ 14).
- Ausnahmen bei Jugendlichen über 16 Jahren:
  - im Gaststätten- und Schaustellergewerbe bis 22 Uhr
  - in mehrschichtigen Betrieben bis 23 Uhr
  - in der Landwirtschaft ab 5 Uhr oder bis 21 Uhr
  - in Bäckereien und Konditoreien ab 5 Uhr

Fünftagewoche/Wochenendarbeit/Feiertagsruhe

- Jugendliche dürfen nur an 5 Tagen in der Woche beschäftigt werden. Die beiden wöchentlichen Ruhetage sollen nach Möglichkeit aufeinander folgen (§ 15).
- An Samstagen und Sonntagen dürfen Jugendliche prinzipiell nicht beschäftigt werden (§§ 16, 17).
- Zulässige Ausnahmen sind zum Beispiel:
  - in offenen Verkaufsstellen (Sa.)
  - in Bäckereien und Konditoreien (Sa.)
  - in Krankenanstalten (Sa., So.)
  - in der Landwirtschaft (Sa., So.)
- Am 24. und 31. Dezember nach 14 Uhr und an gesetzlichen Feiertagen dürfen Jugendliche prinzipiell nicht beschäftigt werden (§ 18); Ausnahmen sind in § 18 Abs. 2 geregelt.

Urlaub

- Der bezahlte Erholungsurlaub beträgt laut § 19 jährlich ...
  1. mind. 30 Werktage, wenn der Jugendliche zu Beginn des Kalenderjahres noch nicht 16 Jahre alt ist,
  2. mind. 27 Werktage, wenn der Jugendliche zu Beginn des Kalenderjahres noch nicht 17 Jahre alt ist,
  2. mind. 25 Werktage, wenn der Jugendliche zu Beginn des Kalenderjahres noch nicht 18 Jahre alt ist.
- Der Urlaub soll Berufsschülern in der Zeit der Schulferien gegeben werden. Soweit er nicht in den Schulferien gegeben wird, ist für jeden Berufsschultag, an dem die Berufsschule während des Urlaubs besucht wird, ein weiterer Urlaubstag zu gewähren.

Berufsschulunterricht

- Der Arbeitgeber muss den Jugendlichen für die Teilnahme am Berufsschulunterricht, an Prüfungen und außerbetrieblichen Ausbildungsmaßnahmen freistellen. Am Arbeitstag vor der schriftlichen Abschlussprüfung ist der Jugendliche außerdem freizustellen (§§ 9–10).

Gefährliche Arbeiten

- Jugendliche dürfen keine Arbeiten ausführen, die ihre physische oder psychische Leistungsfähigkeit übersteigen, die ihre Gesundheit gefährden oder bei denen sie sittlich gefährdet werden (§ 22).

Jugend- und Auszubildendenvertretung (JAV)
Representation of Juvenile Employees and Trainees

Rechtsgrundlage	Wahlen
Betriebsverfassungsgesetz §§ 60–71	Alle **zwei** Jahre in der Zeit vom 1. Oktober bis zum 30. November (§ 64).

Jugend- und Auszubildendenvertretung im Betrieb

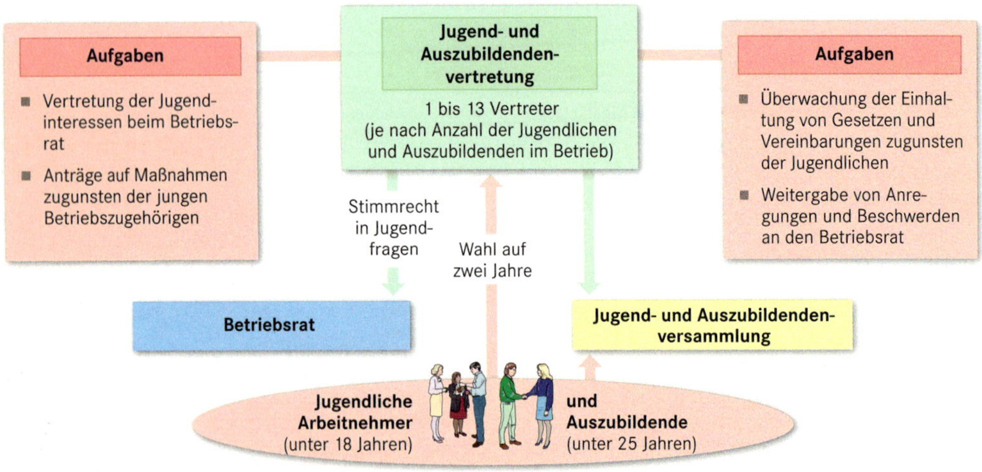

2

Betriebsrat
Works Council

3

Rechtsgrundlage

§ 1 ff. Betriebsverfassungsgesetz (BetrVerfG)

Wahlen

Amtszeit	Wahlberechtigte	Wählbarkeit
Alle **vier** Jahre in der Zeit vom 1. März bis zum 31. Mai (§ 13)	Alle Arbeitnehmer, die das 18. Lebensjahr vollendet haben (§ 7)	Alle Wahlberechtigten, die 6 Monate dem Betrieb angehören (§ 8)

Errichtung von Betriebsräten	Stellung des Betriebsrates
In Betrieben mit in der Regel mindestens fünf ständigen wahlberechtigten Arbeitnehmern, von denen drei wählbar sind, werden Betriebsräte gewählt (§ 1).	Der Betriebsrat arbeitet unter Beachtung der geltenden Tarifverträge vertrauensvoll zum Wohl der Arbeitnehmer und des Betriebes mit dem Arbeitgeber zusammen (§ 2).

Allgemeine Aufgaben des Betriebsrates

- Überwachung der Einhaltung von Gesetzen, Unfallverhütungsvorschriften, Tarifverträgen und Betriebsvereinbarungen
- Beantragung von Maßnahmen, die dem Betrieb und der Belegschaft dienen, beim Arbeitgeber
- Förderung der Durchsetzung der tatsächlichen Gleichstellung von Frauen und Männern
- Förderung der Vereinbarung von Familie und Erwerbstätigkeit
- Weiterleitung und Unterstützung der Anregungen von Arbeitnehmern und Jugendvertretern
- Förderung der Eingliederung Schwerbehinderter
- Vorbereitung und Durchführung der Wahl einer Jugend- und Auszubildendenvertretung
- Förderung der Beschäftigung älterer Arbeitnehmer
- Förderung der Integration ausländischer Arbeitnehmer im Betrieb (§ 80)
- Förderung und Sicherung der Beschäftigung im Betrieb
- Förderung von Maßnahmen des Arbeitsschutzes und des betrieblichen Umweltschutzes (§ 80)

Rechte des Betriebsrates

4

... in wirtschaftlichen Angelegenheiten	... in personellen Angelegenheiten	... in sozialen Angelegenheiten
Beispiele: ▪ Unterrichtung über wirtschaftliche und finanzielle Lage des Unternehmens (§ 106) ▪ Kenntnis von Rationalisierungsvorhaben und Investitionsprogrammen (§ 106)	**Beispiele:** ▪ Erstellung von Personalfragebogen (§ 94) ▪ Unterrichtung bei Einstellungen, Umgruppierungen und Versetzungen (§ 99)	**Beispiele:** ▪ Mitentscheidung über Arbeitszeit, Pausenregelung und Urlaubsplanung (§ 87) ▪ Mitbestimmung bei Kündigungen (§ 102)

In **wirtschaftlichen** und **personellen** Angelegenheiten hat der Betriebsrat in der Regel ein **Mitwirkungsrecht**, in **sozialen** Angelegenheiten ein **Mitbestimmungsrecht** (Betriebsrat wird nicht nur informiert oder angehört, er hat auch mitzuentscheiden).

Mitbestimmung bei Kündigungen

- Der **Betriebsrat** ist laut § 102 BetrVerfG vor jeder Kündigung **zu hören**, der Arbeitgeber hat ihm die Gründe für die Kündigung mitzuteilen.
  Eine **ohne Anhörung** des Betriebsrates ausgesprochene Kündigung ist unwirksam.
- Bedenken des Betriebsrates gegen eine **ordentliche Kündigung** muss er dem Arbeitgeber innerhalb einer Woche schriftlich mitteilen, ansonsten gilt die Zustimmung als erteilt.
- Bedenken des Betriebsrates gegen eine **außerordentliche Kündigung** muss er dem Arbeitgeber unverzüglich, spätestens innerhalb dreier Tage schriftlich mitteilen.
- Die **außerordentliche Kündigung** und **Versetzung** von Mitgliedern des **Betriebsrates** oder der **Jugend- und Auszubildendenvertretung** bedürfen der Zustimmung des Betriebsrates.
  Die Verweigerung der Zustimmung kann das **Arbeitsgericht** auf Antrag des Arbeitgebers ersetzen.

Laufende Tätigkeit des Betriebsrates

4

- **Betriebsratssitzungen** und **Sprechstunden** des Betriebsrates finden in der Regel während der Arbeitszeit statt (§§ 30, 39).
- Der Betriebsrat kann mit dem Arbeitgeber **Betriebsvereinbarungen** beschließen (z. B. über Errichtung von Sozialeinrichtungen) (§ 88).
- **Betriebsversammlungen** sind vom Betriebsrat in jedem Kalendervierteljahr einzuberufen. Der Betriebsrat hat in der Betriebsversammlung einen Tätigkeitsbericht zu erstatten (§ 43).
- Der Betriebsrat hat bzgl. Betriebs- und Geschäftsgeheimnissen **Geheimhaltungspflicht** (§ 79).

Zahl der Betriebsratsmitglieder

- Die Zahl der Betriebsratsmitglieder hängt nach § 9 BetrVerfG von der Zahl der wahlberechtigten Arbeitnehmer im Unternehmen ab, z. B. sieben Betriebsräte, wenn das Unternehmen zwischen 101 und 200 wahlberechtigte Arbeitnehmer hat. Gleiches gilt nach § 38 BetrVerfG für die Zahl der von beruflicher Tätigkeit freigestellten Betriebsräte.
- Arbeiter und Angestellte müssen entsprechend ihrem zahlenmäßigen Verhältnis im Betriebsrat vertreten sein, wenn dieser aus mindestens drei Mitgliedern besteht.
- Die Mitglieder des Betriebsrats sowie die Jugend- und Auszubildendenvertreter sind nach § 15 Abs. 1 KSchG während ihrer Amtszeit und ein Jahr danach **unkündbar**.

Gesetzliche Kündigungsfristen
Legal Notice Periods

Allgemeine Kündigungsfrist	Verlängerte Kündigungsfrist							
Zum 15. oder zum Ende eines Kalendermonats mit vierwöchiger Frist (§ 622 Abs. 1 BGB)	Betriebszugehörigkeit ab dem 25. Lebensjahr in Jahren[1]	2	5	8	10	12	15	20
	Kündigungsfristen in Monaten zum Monatsende (§ 622 Abs. 2 BGB)	1	2	3	4	5	6	7

[1] Nach dem Urteil des europäischen Gerichtshofs vom Januar 2010 müssen auch Beschäftigungszeiten vor dem 25. Lebensjahr berücksichtigt werden, da nach der bisherigen Regelung des BGB gegen das Diskriminierungsverbot verstoßen wird. Eine entsprechende Änderung des BGB-Paragrafen wird vorbereitet.

Tarifautonomie

Das Recht der Tarifvertragsparteien, Tarifverträge ohne Einflussnahme des Staates frei aushandeln zu dürfen **(Tarifautonomie)**, ist im Artikel 9 Absatz 3 **Grundgesetz** abgesichert: „Das Recht, zur Wahrung und Förderung der Arbeits- und Wirtschaftsbedingungen Vereinigungen zu bilden, ist für jedermann und für alle Berufe gewährleistet. Abreden, die dieses Recht einschränken oder zu behindern suchen, sind nichtig, hierauf gerichtete Maßnahmen sind rechtswidrig.“ Näheres regelt das **Tarifvertragsgesetz**. Die Tarifvertragsparteien werden auch als **Sozialpartner** bezeichnet.

Tarifvertragsparteien

1. Möglichkeit:

Arbeitgeberverband ↔ Gewerkschaft (Branchentarifvertrag)

Die Interessenvertretungen von Arbeitgebern und Arbeitnehmern handeln **Branchentarifverträge** (z. B. für die Metall verarbeitende Industrie) für einen bestimmten Tarifbezirk (z. B. ein Bundesland) in Form von **Flächentarifverträgen** aus.

2. Möglichkeit:

Arbeitgeber ↔ Gewerkschaft (Haustarifvertrag)

Die Gewerkschaft handelt mit einem großen Arbeitgeber (z. B. einem Konzern) einen **Haustarifvertrag** aus. Er gilt nur für dieses Unternehmen.

Gründe für Tarifverträge

- Beide Vertragsparteien erhoffen sich mehr Macht, um die eigenen Interessen durchzusetzen („Einigkeit macht stark“).
- Ökonomisch sind Tarifverträge sinnvoll, da Einzelverhandlungen zwischen einzelnen Arbeitgebern und -nehmern unnötig Zeit und Geld kosten würden.
- Arbeitgeber und -nehmer können langfristig planen, da während der Dauer eines Tarifvertrages **„Friedenspflicht“** (Verbot von Arbeitskampfmaßnahmen) besteht. Produktionsausfälle werden so vermieden, was sich auch volkswirtschaftlich positiv auswirkt.
- Die Aushandlung und der Abschluss von Tarifverträgen führt zur politischen Stabilisierung des Staates. Demokratische Spielregeln (zum Beispiel die Urabstimmung) wurden durch das Verfahren von Tarifvertragsverhandlungen eingeübt und verfestigen sich im Bewusstsein der Bürger.

Ablauf von Tarifvertragsverhandlungen

Jede Gewerkschaft ist rechtlich frei, die genauen Bestimmungen zur Durchführung einer Urabstimmung festzulegen (z. B. den Mindestzustimmungsprozentsatz von zurzeit 75 %) oder ein Schlichtungsverfahren vorzusehen.

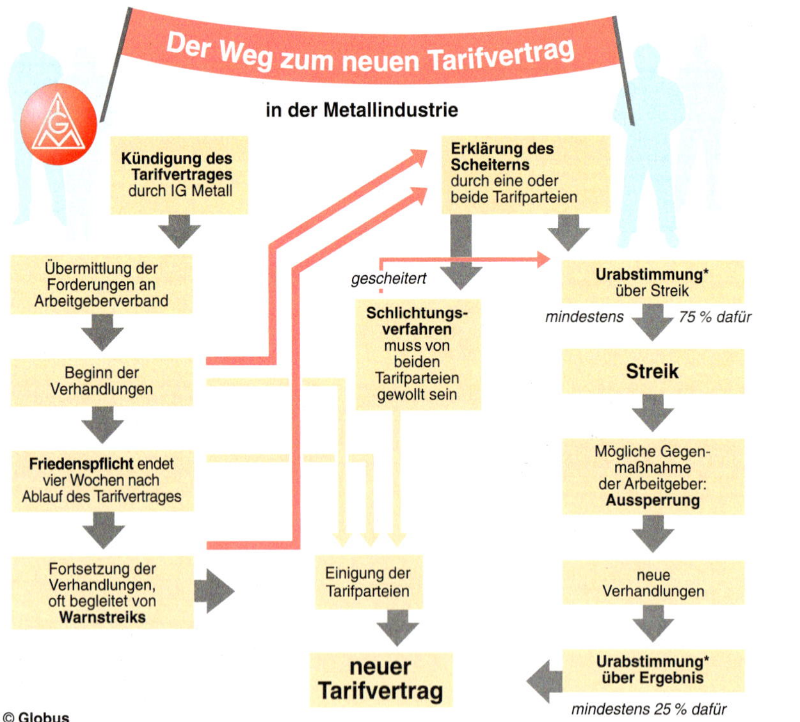

© Globus
Globus-*INFO* 0024

Schlichtungsverfahren

Wird zwischen Gewerkschaft und Arbeitgeberverband ein so genanntes **Schlichtungsverfahren** (vgl. S. 12) vereinbart, um harte Tarifauseinandersetzungen zu verhindern, schlägt ein neutraler **Schlichter**, der von beiden Tarifvertragsparteien akzeptiert wird (z. B. ein ehemaliger Bundesminister), eine Tariflösung vor.

Gewerkschaft wie auch Arbeitgeberverband sind allerdings nicht an diesen Schlichterspruch gebunden, sie können trotzdem ihre „Kampfmittel" einsetzen. Der politische Druck der Öffentlichkeit (z. B. über Massenmedien) und der Regierung führen aber in der Regel zu einer Übernahme des Schlichterspruchs.

Streik und Aussperrung

Die Gewerkschaft ruft einen **Streik** aus, um ihre Tarifforderungen durchzusetzen.
Für diese Zeit des Verdienstausfalls erhalten die Gewerkschaftsmitglieder ein so genanntes Streikgeld von ihrer Gewerkschaft, das sie vorher durch ihre Beitragszahlungen angespart haben.
Umfangreiche Streiks reduzieren die angesammelten Beiträge, die Streikkasse droht leer zu werden.
Bei den Arbeitgebern führen die Streiks unter Umständen zum Produktionsstillstand und damit zu Umsatz- und Gewinnausfällen.

Dieser enorme **wirtschaftliche Druck** auf beide Tarifvertragsparteien ist aber gewollt – nur dadurch kommt eine Tarifeinigung zustande.

Damit die Antwort des Arbeitgeberverbandes auf den Streik – die **Aussperrung** – nicht zu einem sofortigen Zusammenbruch der Streikkasse der Gewerkschaft führt, sind Aussperrungen im Umfang rechtlich begrenzt – es geht darum, dass keine der beiden Seiten ein Übergewicht erhält.

Man spricht vom Grundsatz der **Verhältnismäßigkeit** (Übermaßverbot).

Streikarten

- **Warnstreik:**
  Diese Streikart dient in der Regel in der ersten Verhandlungsphase zur Untermauerung der Gewerkschaftsforderungen; er umfasst nur relativ wenige Arbeitnehmer und wird nur für kurze Zeit durchgeführt.
- **Flächenstreik:**
  Unternehmen werden „in der Fläche" bestreikt, z. B. im gesamten Tarifbezirk.
- **Schwerpunktstreik:**
  Nur ausgewählte Unternehmen (z. B. Zulieferbetriebe) oder sogar nur bestimmte Abteilungen werden bestreikt.
  Diese Streikart ist für die Gewerkschaft kostengünstig, verspricht aber hohen Erfolg.
- **Politischer Streik:**
  Diese Streikart verfolgt rein politische Zwecke und ist durch Art. 9 Abs. 3 des **Grundgesetzes** nicht geschützt.
  Er kann allenfalls als letztes Mittel dienen, um die verfassungsmäßige Ordnung zu erhalten im Sinne des **Widerstandsrechts** laut Art. 20 Abs. 4 des Grundgesetzes: „Gegen jeden, der es unternimmt, diese Ordnung zu beseitigen, haben alle Deutschen das Recht zum Widerstand, wenn andere Abhilfe nicht möglich ist."
- **Wilder Streik:**
  Wird ein Streik nicht von einer Gewerkschaft, sondern von den selbstorganisierten Arbeitnehmern selbst ausgerufen, spricht man von einem **wilden Streik**. Diese Form des Streiks zeigt, dass die streikenden Arbeitnehmer sich nicht von der Gewerkschaft vertreten fühlen. Die Rechtmäßigkeit dieser Streikart wird in der Regel verneint; es wird argumentiert, sie werde von keiner tariffähigen Partei durchgeführt.

Arten von Tarifverträgen

- **Lohn- bzw. Gehaltstarifvertrag:**
  Regelt die Höhe des Arbeitsentgelts in der Regel für ein oder zwei Jahre.
- **Mantel- bzw. Rahmentarifvertrag:**
  „Ummantelt" den Lohn- bzw. Gehaltstarifvertrag durch die Festlegung bestimmter Rahmenbedingungen, wie z. B. Arbeitszeit, Urlaubsregelung, Lohngruppeneinteilung. Er hat in der Regel eine mehrjährige Laufzeit.

Geltung von Tarifverträgen

Tarifverträge gelten prinzipiell nur für die **Arbeitnehmer**, die Mitglied der Gewerkschaft sind, und für **Arbeitgeber**, die Mitglied des Arbeitgeberverbandes sind.

Ist zwar der Arbeitnehmer Mitglied der Gewerkschaft, der Arbeitgeber aber nicht Mitglied des Arbeitgeberverbandes, muss der Arbeitgeber nicht das Tarifentgelt zahlen.

Arbeitnehmer, die kein Gewerkschaftsmitglied sind, erhalten von ihrem im Arbeitgeberverband organisierten Arbeitgeber trotzdem das zwischen den Tarifvertragsparteien vereinbarte Tarifentgelt.

Im anderen Falle würden die nicht organisierten Arbeitnehmer in die Gewerkschaft eintreten und deren Verhandlungsposition verbessern, was nicht im Interesse des Arbeitgebers sein kann.

Unter besonderen Umständen (z. B. bei Wettbewerbsverzerrungen) kann der Bundesminister für Arbeit und Sozialordnung einen Tarifvertrag für **allgemein verbindlich** erklären, das heißt, er gilt für alle Arbeitnehmer und Arbeitgeber eines Tarifbezirks – unabhängig von ihrer Zugehörigkeit zu einem Interessenverband.

Individual- und Kollektivrechte

Neben **individuellen** Rechten des Arbeitnehmers, die sich aus seinem Arbeitsvertrag und seinen individuellen Rechten laut §§ 81–84 des Betriebsverfassungsgesetzes (z. B. Recht auf Einsicht in die Personalakte) ergeben, kann der Arbeitnehmer **Kollektivrechte** durch besondere Organe (z. B. Betriebsrat handelt Betriebsvereinbarung aus) ausüben.

Dies wird zum Beispiel bei **Betriebsänderungen** notwendig:

Bei Betriebsänderungen hat der Arbeitgeber bei Unternehmen mit in der Regel mehr als 20 wahlberechtigten Arbeitnehmern laut § 111 bzw. § 112 den Betriebsrat über geplante Betriebsänderungen, die für Arbeitnehmer nachteilig sein könnten, zu informieren und mit dem Betriebsrat diese Änderungen zu beraten. Denkbar ist z. B. bei einem Zusammenschluss mit anderen Betrieben die Erstellung eines Sozialplans für zu entlassende Arbeitnehmer.

Betriebliche Mitbestimmung (Überblick)

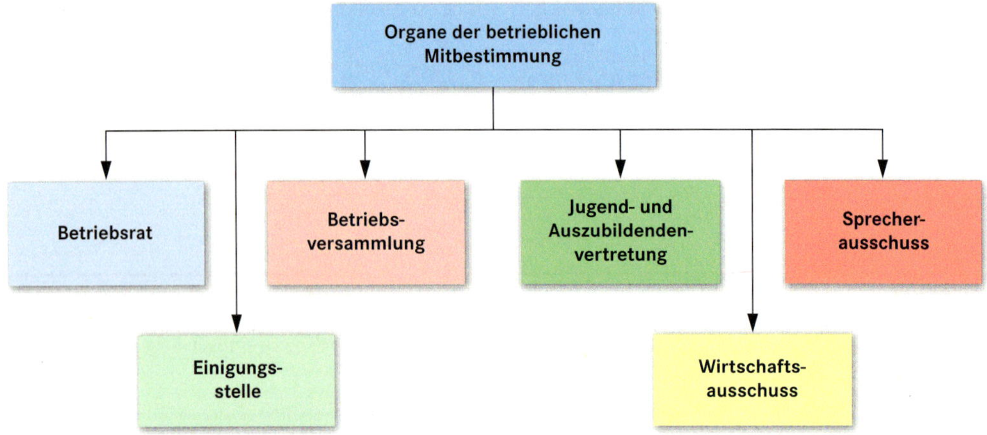

Betriebsrat und **Jugend- und Auszubildendenvertretung** siehe Seite 10 f.

Betriebsversammlung (§ 42 ff. BetrVerfG)

Betriebsversammlungen sind vom Betriebrat in jedem Kalendervierteljahr einzuberufen, geleitet werden sie vom Vorsitzenden des Betriebsrates.

Vor den versammelten Arbeitnehmern erstattet der Betriebrat seinen Tätigkeitsbericht.

Der Arbeitgeber ist einzuladen, da er vierteljährlich über die wirtschaftliche Lage und über das Personal- und Sozialwesen zu berichten hat.

Betriebsausschuss (§ 27 BetrVerfG)

Besteht ein Betriebrat aus mindestens neun Mitgliedern, wird ein Betriebsausschuss gebildet, der die laufenden Geschäfte des Betriebsrates führt.

Der Betriebsrat kann dem Betriebsausschuss mit der Mehrheit der Stimmen seiner Mitglieder Aufgaben zur selbstständigen Erledigung übertragen; dies gilt nicht für den Abschluss von Betriebsvereinbarungen.

Einigungsstelle (§ 76 BetrVerfG)

Sie dient zur Beilegung von Meinungsverschiedenheiten zwischen Arbeitgeber und Betriebsrat.

Die Einigungsstelle ist bei Bedarf zu bilden; durch Betriebsvereinbarung kann eine ständige Einigungsstelle errichtet werden.

Die Einigungsstelle besteht aus einer gleichen Anzahl von Beisitzern, die vom Arbeitgeber und dem Betriebsrat bestellt werden, sowie einem unparteiischen Vorsitzenden, der von beiden Seiten bestimmt wird.

Beschlüsse werden mit einfacher Mehrheit gefasst.

Wirtschaftsausschuss (§ 106 ff. BetrVerfG)

In Unternehmen mit mehr als 100 ständig beschäftigten Arbeitnehmern ist ein Wirtschaftsausschuss zu bilden.

Er hat die Aufgabe, wirtschaftliche Angelegenheiten mit dem Arbeitgeber zu beraten und den Betriebsrat zu informieren.

Der Wirtschaftsausschuss besteht aus mindestens drei und höchstens sieben Mitgliedern, die vom Betriebsrat bestimmt werden.

Dieses Organ soll monatlich einmal zusammentreten.

Sprecherausschuss (§ 1 ff. SprAuG)

In Unternehmen mit in der Regel mindestens zehn leitenden Angestellten werden Sprecherausschüsse der leitenden Angestellten gewählt.

Der Sprecherausschuss soll mit dem Arbeitgeber vertrauensvoll zusammenarbeiten und vertritt die besonderen Interessen der leitenden Angestellten.

Arbeitsgericht

Können Konflikte im Arbeitsleben nicht einvernehmlich zwischen den Beteiligten gelöst werden, dient das Arbeitsgericht dazu, den Rechtsstreit zu klären und eine Entscheidung herbeizuführen.

Beispiel: Ein Arbeitnehmer klagt vor dem Arbeitsgericht gegen die Kündigung durch seinen Arbeitgeber.

Örtliche Zuständigkeit

Örtlich zuständig ist das Arbeitsgericht, in dessen Bezirk der Beklagte seinen Wohn- oder Geschäftssitz hat.

Sachliche Zuständigkeit

Die Arbeitsgerichte sind zuständig für:

■ Streitfälle zwischen einzelnen Arbeitnehmern und -gebern ■ Streitfälle zwischen Tarifvertragsparteien (Gewerkschaften und Arbeitgeberverbänden)	so genanntes **Urteilsverfahren**
■ Streitfälle, die sich auf das Betriebsverfassungsgesetz beziehen (z. B. Errichtung eines Betriebsrates) ■ Streitfälle, die sich auf das Mitbestimmungsgesetz beziehen (z. B. Wahl der Aufsichtsratsmitglieder)	so genanntes **Beschlussverfahren**

Instanzen

Erste Instanz

In der **ersten Instanz**, d. h. vor dem **Arbeitsgericht**, kann sich jede Partei selbst vertreten, die Einschaltung eines Rechtsanwaltes ist zwar möglich, aber nicht verpflichtend. Tarifvertragsparteien gewähren ihren Mitgliedern in der Regel Rechtsschutz, sodass Prozessvertreter die Mitglieder vor Gericht vertreten.

Bei Erhebung der Klage müssen angegeben werden:
1. Jeweils Name und Anschrift des Klägers und des Beklagten,
2. die genaue Forderung des Klägers,
3. die Begründung der Klage.

Ist die Klage bei Gericht eingegangen, wird vom Gericht zunächst ein Termin zur **Güteverhandlung** festgelegt. Sie wird von einem Berufsrichter allein durchgeführt. Ziel ist die gütliche Einigung der Parteien. Der Richter unterbreitet dazu nach einer **Erörterung** einen **Vorschlag**. Wird daraufhin ein **Vergleich** zwischen den Beteiligten geschlossen, ist der Rechtsstreit beendet. Im anderen Fall wird ein Termin für eine **Kammerverhandlung** festgelegt.

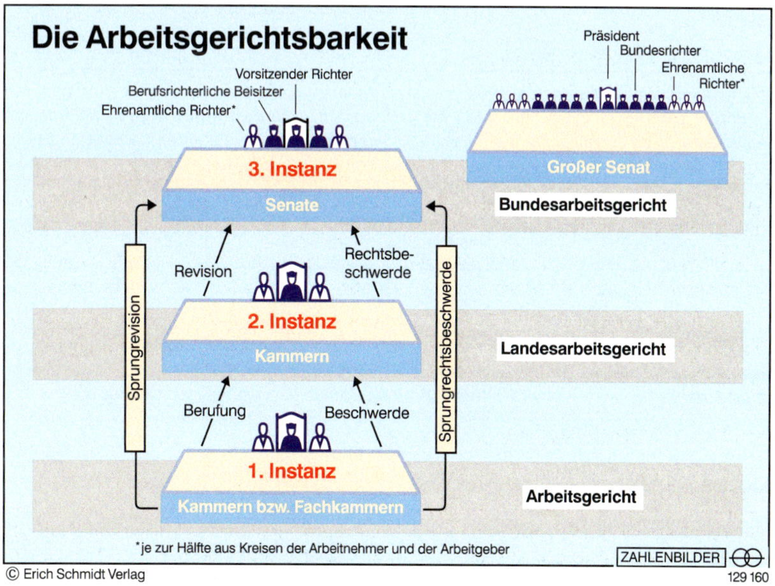

Arbeitsgerichtsbarkeit
Labour Jurisdiction

Instanzen

Erste Instanz

Bei der **Kammerverhandlung**, die vom **Vorsitzenden** – einem Berufsrichter – und zwei ehrenamtlichen Richtern geführt wird, versucht das Gericht nach einer umfassenden Erörterung noch einmal eine **Einigung** zwischen den Parteien zu erzielen. Wird kein Vergleich geschlossen, entscheidet das Gericht durch **Urteil**.

Zweite Instanz

Gibt sich eine Partei mit dem Urteil der ersten Instanz nicht zufrieden, wird die **zweite Instanz**, das **Landesarbeitsgericht**, angerufen. In der zweiten wie auch in der dritten Instanz (Bundesarbeitsgericht) besteht **Anwaltszwang**. Im so genannten **Berufungsverfahren** können die Parteien neue Tatsachen vorbringen; der Rechtsstreit wird also von neuem verhandelt. Daneben kann gegen den Beschluss der ersten Instanz **Beschwerde** eingelegt werden.

Dritte Instanz

Gegen ein Urteil bzw. einen Beschluss der zweiten Instanz kann **Revision** bzw. **Rechtsbeschwerde** bei der dritten Instanz, dem **Bundesarbeitsgericht** in Erfurt, eingelegt werden. Bei der Revision werden keine neuen Tatsachen eingebracht, es wird nur überprüft, ob in der Entscheidung einer niederen Instanz Rechtsvorschriften verletzt worden sind.

Sozialgerichtsbarkeit
Social Jurisdiction

Sachliche Zuständigkeit

Die **Sozialgerichte** sind laut Sozialgerichtsgesetz (SGG) für Rechtsstreitigkeiten über gesetzliche Sozialleistungen zuständig. Dies sind im Wesentlichen strittige Fälle aus folgenden **Bereichen**:

- Arbeitslosenversicherung und Arbeitslosengeld II
- Krankenversicherung
- Pflegeversicherung
- Unfallversicherung
- Rentenversicherung
- Schwerbehindertenrecht
- Sozialhilfe
- Soziales Entschädigungsrecht

Örtliche Zuständigkeit

Zuständig ist das Sozialgericht, das in der Rechtsbehelfsbelehrung im Widerspruchsbescheid genannt ist bzw. das Sozialgericht des Beschäftigungsortes des Klagenden.

Instanzen

Bevor das Sozialgericht vom Klagenden angerufen wird, erhielt der betroffene Bürger in der Regel einen Bescheid einer Behörde, gegen den **Widerspruch** eingelegt werden kann. Widerspruch und der darauf folgende **Widerspruchsbescheid** werden als **Vorverfahren** bezeichnet. Danach kann das **Klageverfahren** in drei Instanzen beschritten werden.

1. Instanz: Sozialgericht – jeweils zuständig für einen Gerichtsbezirk, unterteilt in Kammern für bestimmte Rechtsgebiete.

Das Urteil oder der Bescheid wird in einer mündlichen Verhandlung durch einen Berufsrichter als Vorsitzenden sowie zwei ehrenamtliche Richter formuliert.

↓

2. Instanz: Landessozialgericht – zuständig in der Regel für ein Bundesland, unterteilt in Senate für bestimmte Rechtsgebiete

Das Landessozialgericht entscheidet über Berufungen gegen Urteile und über Beschwerden gegen Beschlüsse in dem jeweiligen Bundesland. Eine Tatsachenerhebung wie in der ersten Instanz ist auch in der zweiten Instanz möglich.

↓

3. Instanz: Bundessozialgericht in Kassel – unterteilt in Senate für bestimmte Rechtsgebiete

Das Bundessozialgericht entscheidet über Revisionen gegen die Urteile von Landessozialgerichten und über Beschwerden gegen die Nichtzulassung der Revision. Die Tatsachenerhebung ist nur in der 1. und 2. Instanz möglich, beim Bundessozialgericht erfolgt nur eine Prüfung der möglichen Verletzung von Rechtsvorschriften.

Begriff

- Ein Unternehmen wird in Rahmen der **Personalwirtschaft** eine laufende **Personalbedarfsplanung** durchführen, aus der hervorgeht, **welches Personal** in **welcher Anzahl** zu **welchem Zeitpunkt** an **welchem Ort** eingestellt werden muss. Diese **Personalbedarfsrechnung** muss mit Schätzgrößen arbeiten, da die zukünftige Auftragslage aufgrund **saisonaler** und **konjunktureller** Einflüsse nur grob geschätzt werden kann.

- Die Personalbedarfsrechnung führt zur Einleitung von **Personalbeschaffungsmaßnahmen**. Zunächst wird geprüft, ob das benötigte Personal aus dem derzeitigen Personalbestand rekrutiert werden kann - zum Beispiel durch die Übernahme von Auszubildenden oder durch die Umwandlung von Teilzeitstellen in Vollzeitstellen.

- Neben diesen **internen Personalbeschaffungsmaßnahmen** werden in der Regel auch **externe Personalbeschaffungsmaßnahmen** durchgeführt. Die **Personalsuche** geschieht beispielsweise durch Schaltung von Anzeigen in Zeitungen und Internet-Jobbörsen, durch Anfragen bei der Bundesagentur für Arbeit oder bei privaten Arbeitsvermittlern.

- Eingehende **Bewerbungen** müssen geprüft werden, ausgewählte Bewerber zu Vorstellungsgesprächen oder z. B. Assessment-Centern (spezielle Gruppenauswahlverfahren) eingeladen werden. Abgewiesene Bewerber erhalten eine Absage in schriftlicher oder elektronischer Form und bekommen in der Regel ihre Bewerbungsunterlagen zurück.

- Mit den ausgewählten Personen wird ein **Arbeitsvertrag** meist in schriftlicher Form geschlossen. Aufgrund des **Nachweisgesetzes** (NachweisG) muss ein Arbeitgeber spätestens **einen Monat** nach dem vereinbarten Beginn des Arbeitsverhältnisses die wesentlichen Bedingungen des Arbeitsverhältnisses schriftlich festlegen und dem Mitarbeiter aushändigen, ansonsten wird der Arbeitgeber bei Unterlassung schadensersatzpflichtig.

Personalbedarfsplanung des Unternehmens
↓
Personalbedarfsrechnung
↓
Einleitung von internen und externen Personalbeschaffungsmaßnahmen
↓
Prüfung von Bewerbungsunterlagen
↓
Einleitung und Durchführung von Vorstellungsgesprächen und z. B. Assessment-Centern
↓
Absage an abgewiesene Bewerber
↓
Einstellung der ausgewählten Bewerber durch Abschluss eines Arbeitsvertrages

Inhalte des Arbeitsvertrages

- Namen und Anschriften von Arbeitnehmer und -geber
- Angabe des Arbeitsortes
- Kurzbeschreibung der auszuführenden Tätigkeit
- Beginn des Arbeitsverhältnisses (bei befristeten Arbeitsverhältnissen auch das Ende)
- Arbeitszeit
- Höhe und Form des Arbeitsentgeltes (z. B. Festgehalt oder Fixum plus Provision)
- eventuell Bezug zu Tarifvertrag und/oder Betriebsvereinbarung
- Urlaubsanspruch
- Kündigungsfrist

Einstellungsunterlagen

Bei **Einstellung** durch den Arbeitgeber werden folgende Dokumente vom Arbeitnehmer verlangt:

- Bescheinigung über Mitgliedschaft in einer Krankenversicherung
- Sozialversicherungsausweis
- Angabe des Geldinstitutes mit Kontonummer und Bankleitzahl

Name
Personalnummer
Abteilung, Kostenstelle
Lohnsteuerklasse
Lohn-, Gehaltsgruppe
Versicherungsnummer
Bankleitzahl
Kontonummer

- Anteil des Arbeitgebers zur **vermögenswirksamen Sparleistung** des Arbeitnehmers
- Freiwillig oder gemäß Tarifvertrag

Die Höhe der **Lohnsteuer** hängt ab von
- Familienstand (Lohnsteuerklasse),
- Einkommenshöhe,
- Steuersatz.

Der **Solidaritätszuschlag** beträgt
- 5,5 % von der Lohnsteuer und dient
- dem Aufbau der ostdeutschen Bundesländer.

Persönliche Daten
Bruttoentgelt (Gehalt, Lohn)
+ ggfs. vermögenswirksame Leistungen (Arbeitgeberanteil)
= steuerpflichtiges Bruttoentgelt
– Lohnsteuer
– Solidaritätszuschlag
– ggfs. Kirchensteuer
– Sozialversicherung (Arbeitnehmeranteil)
= Nettoentgelt
– ggfs. vermögenswirksame Sparleistung
= Auszahlungsbetrag

- Die **Kirchensteuer** beträgt je nach Bundesland 8 % oder 9 % von der Lohnsteuer.

- **Staatliche Förderung** bei vermögenswirksamer Anlage von mindestens 7 Jahren und Nichtüberschreiten bestimmter Einkommensgrenzen
- **Anlageformen und Förderung:**
  - Bausparverträge mit 9 % für maximal 470 €/Jahr
  - Beteiligungen am Produktivkapital mit 20 % für maximal 400 €/Jahr

Dieser Betrag wird dem Arbeitnehmer/der Arbeitnehmerin **auf das Konto** überwiesen; er kann sich noch weiter verringern z. B. durch die Verrechnung gezahlter Vorschüsse oder den Abzug von Lohnpfändungen.

- **Zweige/Leistungen** der **gesetzlichen Sozialversicherung**
  - **Krankenversicherung**:
    zum Beispiel ärztliche und zahnärztliche Behandlung, Arznei- und Verbandsmittel, Krankenhausbehandlung, Krankengeld, Mutterschaftsvorsorge, Mutterschaftsgeld
  - **Pflegeversicherung**:
    gestaffelt jeweils in die Pflegestufen I, II und III:
    Häusliche Pflege (Kostenübernahme für ambulante Pflegedienste – Sachleistungen; Zuschuss für pflegende Angehörige, Nachbarn, Freunde – Geldleistungen), stationäre Pflege in Heimen
  - **Arbeitslosenversicherung**:
    zum Beispiel Berufsberatung, Arbeitsvermittlung, Insolvenzausfall-, Kurzarbeiter-, Arbeitslosengeld
  - **Rentenversicherung**:
    zum Beispiel Rehabilitation, Umschulung, Witwen-, Witwer-, Waisen-, Altersrente
  - **Unfallversicherung**:
    Maßnahmen zur Verhütung von Arbeitsunfällen, Berufsförderung zur Erhaltung, Besserung, Wiederherstellung der Erwerbsfähigkeit, Rente wegen Minderung der Erwerbsfähigkeit

- **Versicherungsträger**
  - KV: zum Beispiel AOK, Ersatzkassen
  - PV: die bei den Krankenkassen errichteten Pflegekassen
  - AV: Bundesagentur für Arbeit
  - RV: zum Beispiel Deutsche Rentenversicherung Bund
  - UV: Berufsgenossenschaften

- **Versicherungsbeiträge**
  - Sie sind grundsätzlich je zur Hälfte von Arbeitnehmer und Arbeitgeber zu tragen; nur die Beiträge zur Unfallversicherung sind vom Arbeitgeber allein zu tragen, deren Höhe von der Lohnhöhe der Arbeitnehmer und der Gefahrenklasse des Unternehmens abhängen.

    An den Zuschlägen für Zahnersatz (0,4 % vom Bruttoentgelt) und Krankengeld (0,5 %) sind die Arbeitgeber nicht beteiligt.

    Zu den aktuellen Beitragssätzen siehe zum Beispiel: www.deutsche-sozialversicherung.de

- **Beitragsbemessungsgrenze**
  - Hiermit ist der Höchstbetrag des Bruttoentgelts gemeint, von dem Beiträge berechnet werden.

    Sie wird jährlich neu festgelegt. Für die Kranken- und Pflegeversicherung beträgt sie 75 % der Beitragsbemessungsgrenze der Renten- bzw. Arbeitslosenversicherung.

Stellung eines Betriebes in Wirtschaft und Gesellschaft
Social and Economic Position of a Business Enterprise

Gesellschaftliche Einbindung des Betriebes

8

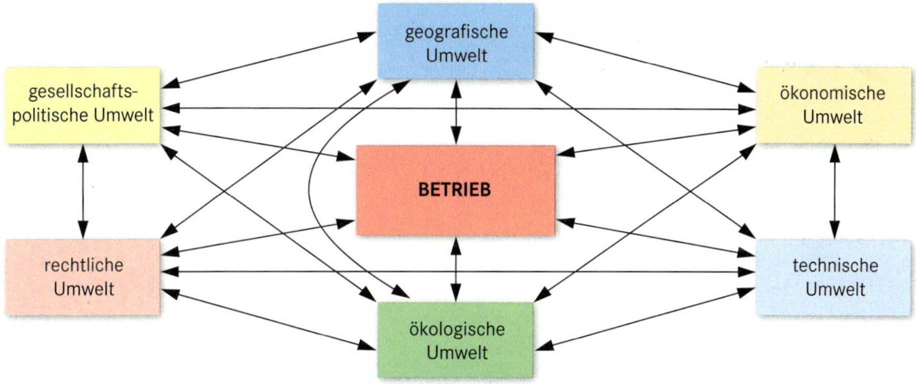

Unternehmen als Adressaten unterschiedlicher Ansprüche

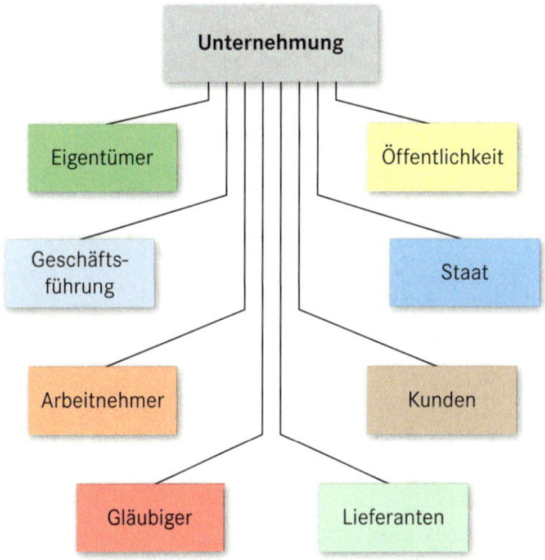

Im Vordergrund unternehmerischen Handelns stehen ...
- bei Verfolgung des **Shareholder-Konzepts allein** die Ansprüche der Anteilseigner (shareholder),
- bei Verfolgung des **Stakeholder-Konzepts** die Ansprüche **aller** Anspruchsgruppen (stakeholder). (Zu möglichen Ansprüchen siehe rechts).

9

Interessenten/ Stakeholder	Anspruch
Eigentümer (Shareholder)	Vermögenssicherung Vermögensmehrung Einkommensmaximierung Macht und Prestige
Geschäftsführung	Einkommenserzielung Arbeitsplatzsicherung Macht und Prestige
Arbeitnehmer	Arbeitsplatzsicherheit Einkommenserzielung humane Arbeitsbedingungen
Gläubiger	Verzinsung des Fremdkapitals Absicherung der Kapitaltilgung künftige Geschäftssicherung
Lieferanten	rentable Absatzmöglichkeiten Ausweitung des Geschäfts
Kunden	bedarfsgerechte Angebote
Staat	Sicherung der Abgaben Beachtung staatlicher Ziele
Öffentlichkeit	Anpassung an das Umfeld Schonung der Umwelt positiver Wertschöpfungsbeitrag

Betrieb und Unternehmung

Betrieb:
Der Betrieb kann als planvoll organisierte Wirtschaftseinheit bezeichnet werden, in der Sachgüter und Dienstleistungen durch Kombination der Produktionsfaktoren unter Beachtung des Wirtschaftlichkeitsprinzips erstellt und abgesetzt werden, **unabhängig** vom Wirtschaftssystem.

Anm.: In der Fachliteratur werden die Begriffe „Betrieb“ und „Unternehmung“ z. T. unterschiedlich definiert.

Unternehmung:
= Betrieb des marktwirtschaftlichen Wirtschaftssystems, der gekennzeichnet ist durch
- selbstständige, autonome Bestimmung seines Wirtschaftsplanes
- Verfolgung des erwerbswirtschaftlichen Prinzips (Gewinnmaximierung)

Der Begriff Betrieb ist hier weiter gefasst als der Begriff Unternehmung.

10|

Betriebswirtschaftslehre: Güter- und Finanzbewegungen eines Betriebes (nach Günter Wöhe)

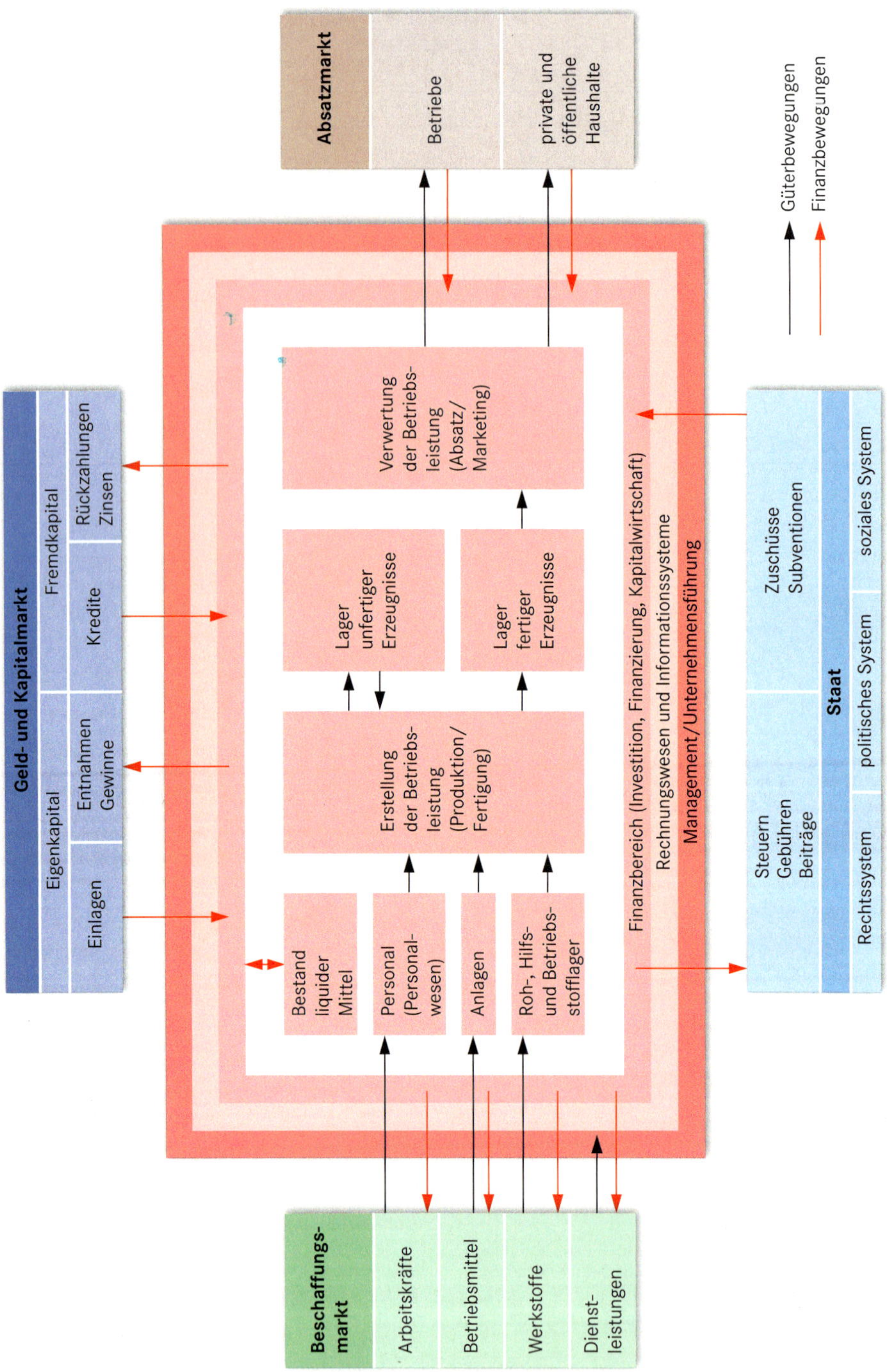

Aufgaben und Ziele von Betrieben
Roles and Objectives of Business Enterprises

Aufgaben

Die volkswirtschaftliche Aufgabe von Betrieben sollte sein, durch den Einsatz von Produktionsfaktoren solche Sachgüter und Dienstleistungen zu erzeugen, die der Befriedigung menschlicher Bedürfnisse dienen.
Diese Güter und Dienstleistungen werden den anderen Wirtschaftseinheiten (Betriebe und Haushalte) über den Absatzmarkt zur Verfügung gestellt.

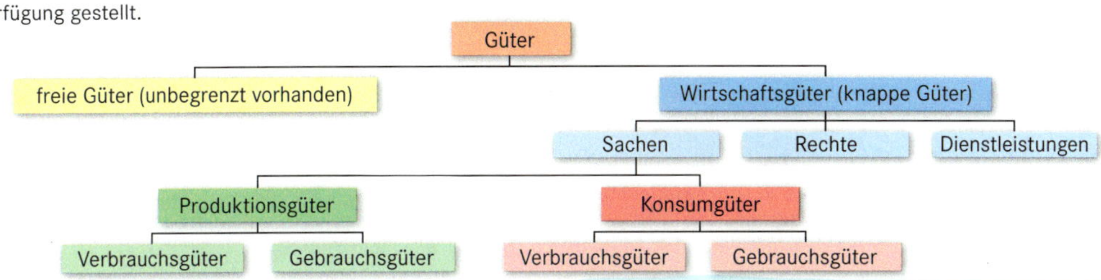

Da die Güter i. d. R. knapp sind, muss mit ihnen gewirtschaftet werden. Für wirtschaftliches Handeln (Handeln nach dem **ökonomischen Prinzip**) gelten die folgenden Grundsätze:

Minimumprinzip: Eine vorbestimmte Leistung mit möglichst geringen Mitteln erzielen.
Maximumprinzip: Mit gegebenen Mitteln die größtmögliche Leistung erzielen.

Ziele

Verfolgung wirtschaftlicher Ziele
- **Wachstumsziele:** Steigerung von Absatz, Marktanteil, Umsatz, Produktqualität; Erschließung neuer Märkte
- **Erfolgsziele:** Gewinn, Rentabilität des Eigenkapitals, - des Gesamtkapitals, - des Umsatzes
- **Finanzziele:** Sicherung der Liquidität, - der Kreditwürdigkeit, - der Kapitalstruktur

Verfolgung sozialer Ziele
- Sicherung des Arbeitsplatzes, - der Arbeitszufriedenheit, Ausbau der sozialen Leistungen

Verfolgung ökologischer Ziele
- Umweltverträgliche Produkte, - Prduktionsverfahren, - Entsorgung (Recycling)

Verfolgung gesellschaftlicher Ziele
- Image, Corporate Identity, Macht

Arten von Betrieben
Classification of Business Enterprises

nach Art der Leistung
- Sachleistungsbetriebe, z. B. Computerhersteller
- Dienstleistungsbetriebe, z. B. Betriebe, die Netzwerke installieren

nach Wirtschaftszweigen
- Industriebetriebe
- Handwerksbetriebe
- Handelsbetriebe
- Kreditinstitute
- Versicherungsbetriebe
- Verkehrsbetriebe

nach dem vorherrschenden Einsatz eines Produktionsfaktors
- arbeitsintensive Betriebe (hoher Lohnkostenanteil), z. B. Handwerksbetriebe
- anlage- oder kapitalintensive Betriebe (hoher Maschinenkostenanteil), z. B. Betriebe der chemischen Industrie
- materialintensive Betriebe (hoher Materialkostenanteil), z. B. Stahlwerke
- energieintensive Betriebe (hoher Energiekostenanteil), z. B. Betriebe der Aluminiumherstellung

nach der rechtlichen Stellung in Verbindung mit den verfolgten Zielen

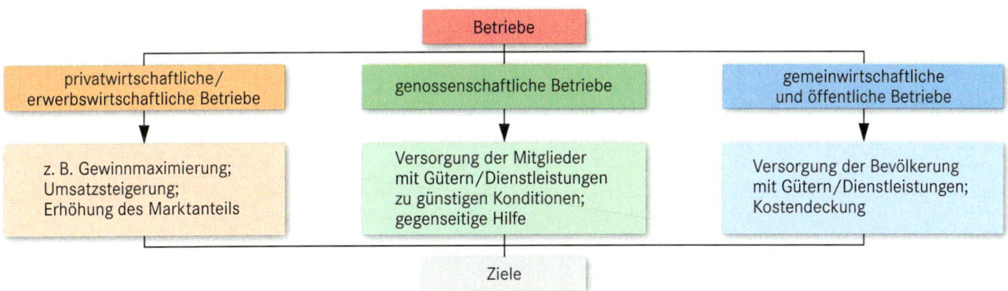

Erfolgsfaktoren im Vorfeld einer Unternehmensgründung

Um ein Unternehmen zu gründen und erfolgreich zu führen, sollte der Gründer im Vorfeld der Gründung folgende Voraussetzungen mitbringen bzw. Aufgaben erledigen:

- Bereitschaft, länger zu arbeiten als andere
- Selbstvertrauen und Optimismus zeigen
- Aufweisen oder Aneignung notwendiger fachlicher und persönlicher Qualifikationen
- Entwicklung einer an Kundenwünschen orientierten Geschäftsidee
- Erarbeitung eines differenzierten **Businessplans**

Aufbau und Inhalt des Businessplans

Der Geschäfts- oder Businessplan sollte in strukturierter Form im Wesentlichen folgende Angaben enthalten:

- **Zusammenfassung**
  (Angaben zur Person des Gründers sowie Kurzfassung der im Folgenden aufgeführten Angaben)
- **Erfolg versprechende Geschäftsidee**
  (Art des Produktes bzw. der Dienstleistung, Nutzen für den Käufer, Zielsetzung der Unternehmung ...)
- **Gründerprofil**
  (Technische, kaufmännische Qualifikationen, Referenzen, Aufgabe im Unternehmen ...)
- **Markteinschätzung**
  (Kundensegment, Marktvolumen, vorhandene Kundenkontakte, Marktstrategie ...)
- **Wettbewerbssituation**
  (Anzahl und Größe der Mitbewerber, Schwächen der Mitbewerber, eigene Stärken, künftige Marktentwicklung ...)
- **Standort**
  (Bedeutung des Standortes für das geplante Unternehmen, für die Realisierung der Geschäftsidee relevante Standortfaktoren wie Verkehrsanbindung, Kundennähe, Mietpreisniveau ...)
- **Unternehmensform**
  (Art der Rechtsform, Begründung für die Wahl der Rechtsform ...)
- **Unternehmensorganisation**
  (Aufgabenverteilung, Organisation des Produktions-, Dienstleistungsprozesses ...)
- **Personalmanagement**
  (Anzahl der Mitarbeiter, Struktur der Mitarbeiter wie Festangestellte, Aushilfen, Zeitarbeitskräfte, freie Mitarbeiter ...)
- **Risikoanalyse**
  (Geeignete Lösungen für mögliche Probleme wie Ausbleiben von Kunden, Auftreten von Mitbewerbern, Forderungsausfälle ...)
- **Kapitalbedarfsplan**
  (Kapitalbedarf für langfristige Investitionen wie Grundstück, Gebäude, Maschinen, Fahrzeuge, für mittel- und kurzfristige Investitionen wie Werkstoffe, Waren, Löhne, Gehälter, für Gründungskosten wie Notarkosten, Eintrag in das Handelsregister, Gewerbeanmeldung, Beratungskosten ...)
- **Umsatz-, Rentabilitätsvorschau**
  (Angaben über mehrere Jahre zu den erwarteten Umsatzerlösen und den erwarteten verschiedenen Kostenarten wie Material- bzw. Warenkosten, Personalkosten, Betriebsmittelkosten einschließlich Abschreibungen, Kosten für Werbung ...)
- **Liquiditätsplan**
  (Monatsübersichten für mehrere Jahre über die Entwicklung der verschiedenen Ausgabe- und Einnahmearten sowie den daraus resultierenden monatlichen Überschüssen bzw. Fehlbeträgen)

Bedeutung des Businessplans

- Zwang zu systematischer Vorgehensweise bei der Gründung
- Gesamtüberblick
- Überzeugung bzw. Gewinnung von Investoren (Eigenkapitalgeber) oder/und Kreditgebern, Lieferanten
- eigene Erfolgskontrolle
- bessere Erfolgsaussichten bei Umsetzung der Geschäftsidee
- besseres Erkennen von Risiken
- Aufzeigen von Abhängigkeiten der Teilpläne

Formalitäten/Anzeigepflichten

Die gewerbliche Tätigkeit ist beim zuständigen Gewerbeamt anzuzeigen.
Das Gewerbeamt gibt Daten aus der Gewerbeanzeige u. a. an folgende Behörden weiter: Finanzamt, IHK, Handwerkskammer, staatliches Gewerbeaufsichtsamt, Arbeitsamt, Berufsgenossenschaft, AOK, Handelsregister.

Der Gewerbeanzeige sind u. a. folgende Unterlagen beizufügen:
Personalausweis oder Reisepass, ggfs. Erlaubnisse wie Handwerkskarte, Maklererlaubnis, bei ausländischen Mitbürgern Aufenthaltsgenehmigung mit der Erlaubnis, eine selbstständige Gewerbstätigkeit aufzunehmen, bei begründetem Anlass ein Führungszeugnis

Firma

Die **Firma** eines Kaufmanns ist laut § 17 HGB der Name, unter dem er seine Geschäfte betreibt und die Unterschrift abgibt. Er kann unter seiner Firma klagen und verklagt werden.

Firmengrundsätze

Damit Firmen im Markt eindeutig unterscheidbar sind, wurden so genannte **Firmengrundsätze** aufgestellt:

Firmenwahrheit, Firmenklarheit

Der gewählte Name soll wahr sein. Er soll keine Angaben enthalten, die geeignet sind, über geschäftliche Verhältnisse des Unternehmens, die für die Öffentlichkeit maßgeblich sind, irrezuführen (§ 18 HGB). Ein Kleinbetrieb darf also nicht unter einem Namen firmieren, der den Eindruck erweckt, es handele sich um ein Großunternehmen.

Firmenbeständigkeit

Ändert sich der bürgerliche Name eines Kaufmanns oder wird das Unternehmen an ein anderes verkauft, so kann der alte Name des Unternehmens weitergeführt werden. Das bisherige positive Image des Unternehmens bleibt so erhalten.

Rechtsformzusatz

Aus einem Zusatz beim Geschäftsnamen muss eindeutig hervorgehen, um welche Rechtsform es sich handelt, zum Beispiel: OHG, KG, GmbH, AG, e. K., e. Kfm., e. Kfr.

Firmenausschließlichkeit

Jede neue Firma muss sich von allen an demselben Ort oder in derselben Gemeinde bereits bestehenden und in das Handelsregister eingetragenen Firmen deutlich unterscheiden (§ 30 HGB).

Firmenöffentlichkeit

Jeder Kaufmann ist laut § 29 HGB verpflichtet seine Firma in das zuständige Handelsregister eintragen zu lassen.

Handelsregister

Jeder Kaufmann ist laut § 29 HGB verpflichtet sein Unternehmen im Handelsregister (öffentliches Verzeichnis aller Kaufleute) anzumelden.

Die Eintragung wird im **elektronischen Unternehmensregister** (www.unternehmensregister.de) veröffentlicht.

Gegenstand der **Eintragung** sind u. a.:

- Firma
- Sitz des Unternehmens
- Gegenstand des Unternehmens
- Inhaber
- Haftungsverhältnisse
- Rechtsform
- besondere Rechtsverhältnisse (z. B. Prokura)

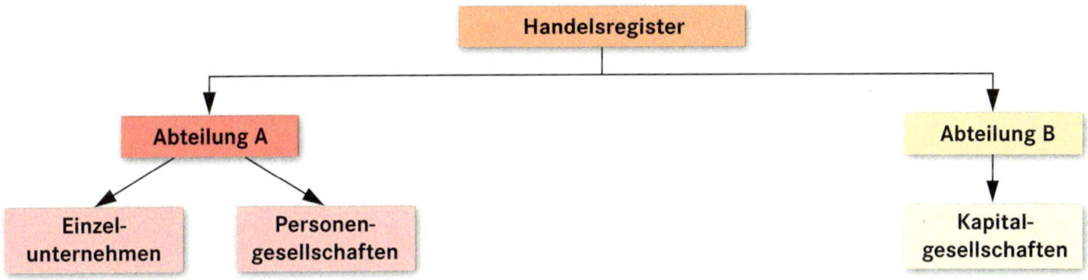

Eintragungen in das Handelsregister können sowohl **rechtserzeugend (konstitutiv)** als auch **rechtsbezeugend (deklaratorisch)** sein. Bei rechtserzeugenden Eintragungen tritt die Rechtswirkung erst durch die Eintragung ein (z. B. bei der Rechtsform von Kapitalgesellschaften).

Bei rechtsbezeugenden Eintragungen ist die rechtliche Wirkung bereits vorher eingetreten, dies wird durch die Handelsregister-Eintragung nur bestätigt (z. B. bei der Rechtsform von Personengesellschaften und der Rechtsstellung von Prokuristen).

Bestimmungsgründe für die Wahl einer Rechtsform

Bevor eine oder mehrere Personen ein Unternehmen rechtlich gründen, müssen verschiedene Überlegungen zur **Wahl der geeigneten Rechtsform** angestellt werden:

- **Kapitalaufbringung** (Anzahl der Personen, Höhe der Kapitalsumme)
- **Haftungsumfang** (Voll- oder Teilhafter)
- **Steuerrechtliche Behandlung** (z. B. des Gewinns)
- **Entscheidungsbefugnisse** (z. B. Geschäftführung, Vertretung)
- **Gewinn- und Verlustverteilung**
- **Rechtliche Vorschriften zur Mitbestimmung**

Rechtsformen der Unternehmungen
Legal Forms of Enterprises

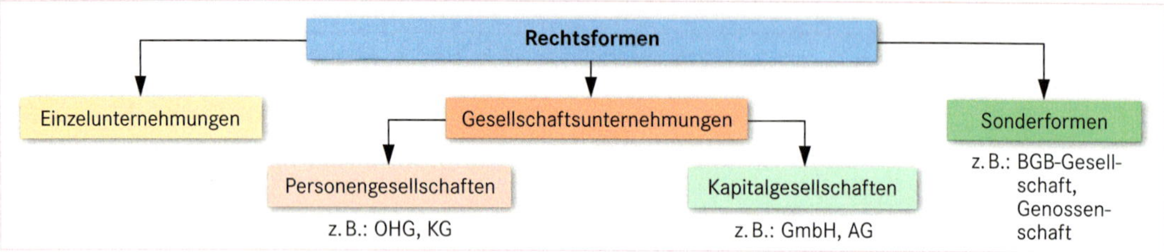

Merkmale ausgewählter Rechtsformen

Rechtsform / Merkmale	Einzelunternehmung	Offene Handelsgesellschaft	Kommanditgesellschaft	Gesellschaft mit beschränkter Haftung	Aktiengesellschaft
Allgemeines Merkmal	Kaufmann	Betrieb eines Handelsgewerbes	Betrieb eines Handelsgewerbes	Für jeden beliebigen Zweck	Für jeden beliebigen Zweck
Firma	Eingetragene(r) Kauffrau/-mann	OHG	KG	GmbH	AG
Anzahl der Gründer	1 Person	mindestens 2 Personen	2 und mehr Personen	mindestens 1 Person	mindestens 1 Person
Mindestkapital	Keine Vorschriften	Keine Vorschriften	Keine Vorschriften	Stammkapital (Gezeichnetes Kapital): 25 000 EUR[1]	Grundkapital (Gezeichnetes Kapital): 50 000 EUR
Haftung	■ Betriebs- und Privatvermögen ■ unbeschränkt	■ Gesellschafter mit Einlage und Privatvermögen ■ unbeschränkt, unmittelbar, solidarisch	■ Komplementäre: wie OHG-Gesellschafter ■ Kommanditisten: beschränkt auf die Einlage	Gesellschaft beschränkt auf das Gesellschaftsvermögen	Gesellschaft beschränkt auf das Gesellschaftsvermögen
Gesetzliche Regelung der Geschäftsführungsbefugnis (Innenverhältnis)	Inhaber berechtigt und verpflichtet	■ Jeder Gesellschafter alleine ■ Widerspruchsrecht des einzelnen Gesellschafters ■ Zustimmung aller Gesellschafter bei außergewöhnlichen Geschäften	■ Komplementäre: wie OHG-Gesellschafter ■ Kommanditisten: Kontrollrecht der Bilanz; Widerspruchsrecht bei außergewöhnlichen Geschäften	Der Geschäftsführer bzw. die Geschäftsführer gemeinsam	Alle Vorstandsmitglieder gemeinsam
Gesetzliche Regelung der Vertretungsbefugnis (Außenverhältnis)	Inhaber berechtigt und verpflichtet	Jeder Gesellschafter alleine	■ Komplementäre: wie OHG-Gesellschafter ■ Prokuraerteilung an Kommanditisten möglich	Der Geschäftsführer bzw. die Geschäftsführer gemeinsam	Alle Vorstandsmitglieder gemeinsam
Gesetzliche Regelung der Erfolgsverteilung	insgesamt	■ Gewinn: 4 % auf die Kapitaleinlage, Rest nach Köpfen ■ Verlust nach Köpfen	■ Gewinn: 4 % auf die Kapitaleinlage, Rest im angemessenen Verhältnis ■ Verlust im angemessenen Verhältnis	Im Verhältnis der Geschäftsanteile	Im Verhältnis der Aktiennennbeträge
Organe	–	–	–	■ Geschäftsführer ■ Aufsichtsrat (ab 500 Arbeitnehmern zwingend) ■ Gesellschafterversammlung	■ Vorstand ■ Aufsichtsrat ■ Hauptversammlung

[1] Das am 26. Juni 2008 vom Deutschen Bundestag beschlossene Gesetz zur Modernisierung des GmbH-Rechts und zur Bekämpfung von Missbräuchen **(MoMiG)** sieht als neue GmbH-Variante die **haftungsbeschränkte Unternehmergesellschaft (UG)** vor, die mit der Einzahlung von **einem Euro** durch die Gesellschafter entsteht. Diese GmbH darf ihre jährlichen Gewinne allerdings nicht im vollen Umfang ausschütten, dadurch soll das Mindeststammkapital der normalen GmbH von 25.000 Euro nach und nach angespart werden.

Begriff

Laut § 161 HGB ist eine KG eine Gesellschaft, deren **Zweck** auf den Betrieb eines Handelsgewerbes unter **gemeinschaftlicher Firma** gerichtet ist. Bedingung ist weiterhin, dass es sowohl mindestens einen **Kommanditisten** (Teilhafter) als auch mindestens einen **Komplementär** (Vollhafter) gibt. Ein Mindestkapital ist nicht vorgeschrieben.

Haftung und Geschäftsführung

Beim **Kommanditisten** ist die Haftung gegenüber den Gesellschaftsgläubigern auf den Betrag einer bestimmten Vermögenseinlage beschränkt, während beim **Komplementär** keine Haftungsbeschränkung existiert. Man nennt Letzteren deswegen auch persönlich haftenden Gesellschafter.

Jeder **Komplementär** haftet:

- **unbeschränkt** (mit Betriebs- und Privatvermögen)
- **gesamtschuldnerisch** (ein Gläubiger kann einzelnen Komplementär mit der Gesamtschuldsumme belasten und entsprechend verklagen)
- **unmittelbar** (ein Komplementär kann Gläubiger bei Forderung nicht auf andere Komplementäre verweisen)

Aus dieser grundsätzlichen Unterscheidung zwischen Voll- und Teilhafter ergibt sich, dass die Komplementäre die Geschäfte führen und die Kommanditisten prinzipiell von der Geschäftsführung ausgeschlossen sind. Allerdings hat der Kommanditist die Möglichkeit, bei außergewöhnlichen Entscheidungen zu widersprechen.

Die Geschäftsführung der Komplementäre ist prinzipiell eine **Einzelgeschäftsführung**, d. h., jeder kann allein Entscheidungen fällen. Nur bei **außergewöhnlichen Handlungen** (z. B. Bestellung eines Prokuristen oder Auflösung des Unternehmens) ist die Zustimmung aller Komplementäre notwendig.

Die KG wird **nach außen** durch die Komplementäre vertreten. Sie haben **Einzelvertretungsmacht**, d. h., jeder einzelne Vollhafter vertritt die KG sowohl bei gerichtlichen als auch bei außergerichtlichen Handlungen. Die Teilhafter, die Kommanditisten, haben keine Vertretungsmacht.

Gewinn- und Verlustverteilung

In der Regel wird bei Gründung einer Kommanditgesellschaft ein **Gesellschaftsvertrag** schriftlich geschlossen. In diesem Vertrag befinden sich auch Angaben über die geplante **Gewinn- und Verlustverteilung**. Das unterschiedliche Engagement oder bestimmte Fachkenntnisse der einzelnen Gesellschafter können so von vornherein für die Ergebnisverteilung zu unterschiedlichen Anteilen führen.

Wird ein Gesellschaftsvertrag nicht vereinbart, so gilt die **gesetzliche Regelung** laut HGB. Danach erhalten sämtliche Gesellschafter zunächst 4 % auf ihr eingebrachtes Kapital. Übersteigt der zu verteilende Gewinn diese Höhe, ist der Rest im **angemessenen Verhältnis** zu verteilen.

Ein entstehender **Verlust** ist im angemessenen Verhältnis zu verteilen, allerdings kann der Kommanditist maximal bis zur Höhe seines Kapitalanteils belastet werden.

Kündigung

Ein Kommanditist hat eine Kündigungsfrist von sechs Monaten zum Ende des Geschäftsjahres.

Auflösung der KG

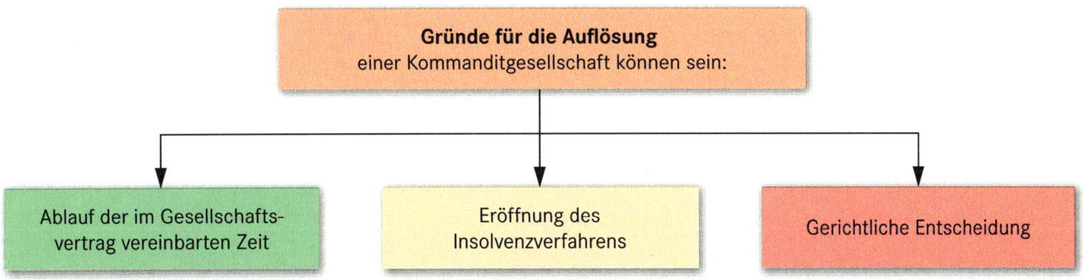

Selbstverständlich kann eine Kommanditgesellschaft auch durch die entsprechende Entscheidung der Gesellschafter aufgelöst werden. Dazu ist ein Beschluss mit qualifizierter Mehrheit notwendig.

Beim **Tod eines Kommanditisten** übernimmt der Erbe die Pflichten und Rechte, es sei denn, etwas anderes ist im Gesellschaftsvertrag vereinbart.

Begriff und Bedeutung

Die Gesellschaft mit beschränkter Haftung ist laut § 13 f. GmbH-Gesetz eine Handelsgesellschaft mit **eigener Rechtspersönlichkeit**. Sie kann Eigentum erwerben, vor Gericht klagen und verklagt werden. Die Gesellschafter der GmbH sind mit Stammeinlagen am Stammkapital der Gesellschaft beteiligt. Die **Haftung** ist auf die Höhe des Gesellschaftsvermögens beschränkt.

Die **begrenzte Haftung** der Gesellschaft bzw. der einzelnen Gesellschafter hat dazu geführt, dass diese Rechtsform gerade in mittelständischen Unternehmen eine große Bedeutung gewonnen hat. Das Risiko der Selbstständigkeit kann somit begrenzt werden. Die Tatsache, dass eine GmbH auch nur von **einer Person** gegründet und geführt werden kann, unterstützt die Bedeutung für Kleinunternehmen.

Firma

Die Firma, also der **Name der Gesellschaft**, kann eine Personen-, Sach- oder Fantasiefirma bzw. eine gemischte Firma sein, die zusätzliche Bezeichnung „Gesellschaft mit beschränkter Haftung" ist vorgeschrieben.

Gesellschaftsvertrag

Der Gesellschaftsvertrag muss Folgendes enthalten:

1. Firma und Sitz der Gesellschaft
2. Gegenstand des Unternehmens
3. Betrag des Stammkapitals
4. Zahl und Nennbeträge der Geschäftsanteile, die jeder Gesellschafter gegen Einlage auf das Stammkapital (Stammeinlage) übernimmt.

Der Gesellschaftsvertrag bedarf notarieller Form und ist von sämtlichen Gesellschaftern zu unterzeichnen.

Kapitalaufbringung

Jeder Gesellschafter der GmbH leistet die sogenannte Stammeinlage als Anteil am Stammkapital der Gesellschaft. Das Stammkapital muss mindestens 25.000,00 €[1], die Stammeinlage pro Gesellschafter mindestens 100,00 € betragen. Die Summe der Stammeinlagen muss mit dem Stammkapital übereinstimmen. Neben Geldeinlagen sind auch Sacheinlagen möglich.

Gewinn- und Verlustverteilung

Jeder Gesellschafter hat einen Anspruch auf Gewinn im Verhältnis der Stammeinlagen (Geschäftsanteile), soweit der Gesellschaftsvertrag nichts anderes vorsieht. Entsprechendes gilt für die Verteilung von Verlusten.

Organe

Geschäftsführer

Ein oder mehrere Geschäftsführer leiten die GmbH. Die Geschäftsführer können aus dem Kreis der Gesellschafter bestimmt werden, aber auch eine sogenannte dritte Person kann diese Aufgabe ausüben.

↑

Aufsichtsrat

Durch entsprechende Bestimmungen des Gesellschaftsvertrages kann als überwachendes Organ ein Aufsichtsrat eingerichtet werden; er ist ab 500 Arbeitnehmern gesetzlich vorgeschrieben (BetrVG). Der Aufsichtsrat wird von der Gesellschafterversammlung für 4 Jahre bestellt.

↑

Gesellschafterversammlung (Beschlussfassungsorgan der Gesellschafter)

Die Beschlüsse (z.B. zur Gewinnverwendung oder Kapitalerhöhung) werden mit einfacher Mehrheit gefasst.

[1] Das am 26. Juni 2008 vom Deutschen Bundestag beschlossene Gesetz zur Modernisierung des GmbH-Rechts und zur Bekämpfung von Missbräuchen (**MoMiG**) sieht als neue GmbH-Variante die haftungsbeschränkte **Unternehmergesellschaft** (**UG**) vor, die mit der Einzahlung von **einem Euro** durch die Gesellschafter entsteht. Diese GmbH darf ihre jährlichen Gewinne allerdings nicht im vollen Umfang ausschütten, dadurch soll das Mindeststammkapital der normalen GmbH von 25.000,00 € nach und nach angespart werden.

Aktiengesellschaft (AG)
Public Limited Company 14

Begriff

Die AG ist laut § 1 AktG eine Gesellschaft mit eigener Rechtspersönlichkeit, bei der nur mit dem Gesellschaftsvermögen gehaftet wird. Diese Rechtsform hat ein in **Aktien** (Anteile) zerlegtes **Grundkapital**, das mind. 50.000 € aufweisen muss.

Bei den Aktien wird zwischen dem aufgedruckten **Nennbetrag** (Nennwert) und dem sich aufgrund von Angebot und Nachfrage an der Börse ergebenden **Kurswert** unterschieden.

Bedeutung

Aktiengesellschaften bieten die Möglichkeit, große Geldsummen über die Ausgabe von Aktien aufzubringen. Damit können **Großinvestitionen** (z. B. Luft- und Raumfahrttechnik) vorgenommen werden, die bei anderen Rechtsformen häufig am Kapitalmangel scheitern. Ein zusätzlicher Vorteil ist bei börsennotierten Aktiengesellschaften die **leichte Übertragbarkeit** der Aktien.

Organe

Vorstand

Leitendes/ausführendes Organ
(vertritt die AG nach außen, stellt Jahresabschluss und Lagebericht vor, beruft die Hauptversammlung ein)
Er wird höchstens auf 5 Jahre bestellt.

↑ bestellt den Vorstand

Aufsichtsrat

Überwachendes Organ (Kontrollorgan)
(überwacht die Geschäftsführung und hat Recht auf Einsicht und Prüfung der Bücher)
Er wird auf 4 Jahre gewählt.

↑ wählt Aktionärsvertreter des Aufsichtsrates

Hauptversammlung

Beschlussfassendes Organ
(die Aktionäre haben Stimmrecht nach Nennbeträgen; sie entscheiden u. a. über die Verwendung des Bilanzgewinns)

Einzelunternehmung
Single Enterprise 15

Viele mittelständische Unternehmen nutzen die Rechtsform der Einzelunternehmung. Die Darstellung der Vorteile dieser Rechtsform verdeutlicht, warum sie so weit verbreitet ist.

Vorteile:

- alleinige Entscheidungsfindung des Geschäftsinhabers
- rasche Entscheidungsfindung
- Gewinn steht allein dem Geschäftsinhaber zu.

Nachteile:

- begrenzte Möglichkeit der Eigenkapitalerhöhung
- begrenzte Kreditwürdigkeit bei Aufnahme von Krediten
- unbeschränkte Haftung des Eigentümers

Begriff

Franchisingbetriebe erscheinen nach außen, als wären sie Filialunternehmen eines Großunternehmens. da alle Franchisebetriebe die Waren bzw. Dienstleistungen des **Franchisegebers** (z. B. Hersteller oder Großhändler) unter einheitlicher Aufmachung vertreiben. In Wirklichkeit handelt es sich bei den Franchisebetrieben um selbstständige Unternehmen (sogenannte **Franchisenehmer**), die das **Geschäftskonzept** des **Franchisegebers** gegen eine **Lizenz** vertreiben. Der Franchisegeber schreibt aber nicht nur vor, eine Ware zu verkaufen, er verlangt auch, diese Produkte und Dienstleistungen in einer ganz bestimmten Verkaufsumgebung (z. B. spezielle Ladenausstattung) zu vertreiben. Der Franchisenehmer liefert ihm Arbeit, Kapital und Informationen (z. B. über das Kundenverhalten). Letztere nutzt der Franchisegeber zur ständigen Verbesserung seines Geschäftskonzepts. Neben der einmaligen Lizenzgebühr muss der Franchisenehmer in der Regel eine **Umsatzprovision** entrichten. Als Gegenleistung erhält er nicht nur bei der Unternehmensgründung Unterstützung vom Franchisegeber, sondern auch laufende Beratungsleistungen (z. B. im Personal- und Marketingbereich).

Berühmte **Beispiele** für die Anwendung des **Franchisesystems** sind:

- McDonald's
- Burger King
- Benetton
- Yves Rocher
- Obi-Baumärkte
- Portas

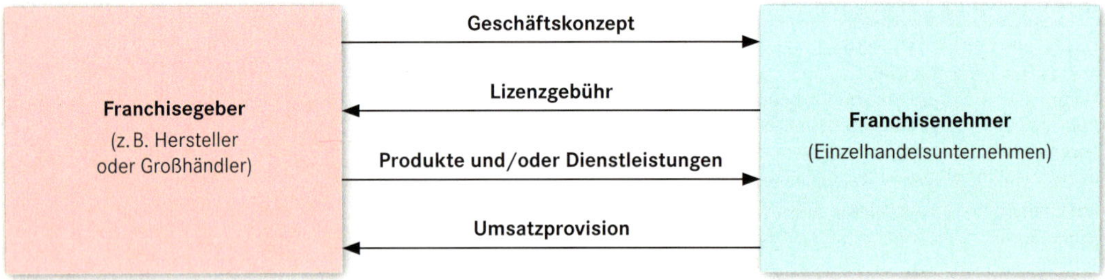

Vorteile

Vorteile für den **Franchisegeber**:

- rasche Expansion (Umsatz-/Gewinnsteigerung)
- Erhöhung des Marktanteils
- begrenzter Kapitaleinsatz (im Vergleich zum Filialsystem)
- relativ sichere Einnahmen durch Gestaltung der Abgabepreise für den Franchisenehmer und die Umsatzprovision
- vergleichsweise geringer Kontrollaufwand (im Gegensatz zum Filialsystem)

Vorteile für den **Franchisenehmer**:

- Übernahme eines bewährten Marketingkonzepts, dadurch relativ sichere Einnahmen
- vergleichsweise geringe Investitionen (im Gegensatz zur eigenen Existenzgründung)
- laufende Unterstützung durch Franchisegeber, z. B. in Hinsicht auf Produkt- und Personalberatung sowie Ladengestaltung
- Nutzung von Werbekonzepten des Franchisegebers
- Erhalt der rechtlichen Selbstständigkeit

Nachteile

Nachteile für den **Franchisegeber**:

- geringere Einflussnahme als beim Filialsystem
- unter Umständen geringere Gewinnspanne als beim Filialsystem

Nachteile für den **Franchisenehmer**:

- wirtschaftliche Abhängigkeit vom Franchisgeber (z. B. hinsichtlich der Marketingkonzeption oder der Abnahmepreise)
- geringe Einflussnahme auf Marketingkonzeption

Bedeutung

Das Franchisesystem gewinnt immer mehr an Bedeutung im deutschen Einzelhandel. Hintergrund dürfte die „Krise im Einzelhandel" sein, die seit Jahren zu hohen Insolvenzzahlen geführt hat. Das Franchisesystem bietet für viele Franchisenehmer gerade in Krisenzeiten eine relativ hohe Sicherheit, da ein bewährtes Konzept häufig mehr Chancen bietet als das „Ausprobieren" eines eigenen neuen Konzepts. Der begrenzte Kapitalaufwand dürfte dabei ein weiterer wichtiger Grund für die Expansion des Franchisesystems sein.

Mitbestimmung auf Unternehmensebene
Co-determination on Management Level

17

Historische Einordnung

Aufgrund unterschiedlicher historischer Bedingungen (z. B. Einfluss der Alliierten unmittelbar nach dem Ende des 2. Weltkrieges, Gründung der DDR) existieren drei unterschiedliche Mitbestimmungsgesetze, die die Mitbestimmung auf Unternehmensebene regeln. Sie unterscheiden sich zum Teil erheblich in dem Maße, in dem Arbeitnehmer auf Unternehmensentscheidungen Einfluss nehmen können.

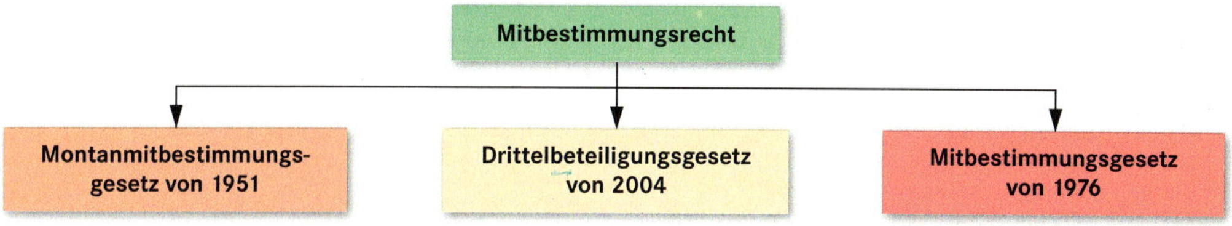

Mitbestimmung nach dem Drittelbeteiligungsgesetz

Das im Jahr 2004 beschlossene „Drittelbeteiligungsgesetz" fußt auf den ehemaligen Bestimmungen des Betriebsverfassungsgesetzes von 1952. Auch in dem neuen Gesetz werden Mitbestimmungsrechte von Arbeitnehmern im Aufsichtsrat von **Kapitalgesellschaften mit mehr als 500 Arbeitnehmern geregelt**. Weisen diese Unternehmen mehr als 2000 Arbeitnehmer auf, greift das Mitbestimmungsgesetz von 1976.

Abstimmungen im Aufsichtsrat gehen aufgrund der Mehrheitsverhältnisse (siehe Grafik) in der Regel zugunsten der Anteilseignervertreter aus.

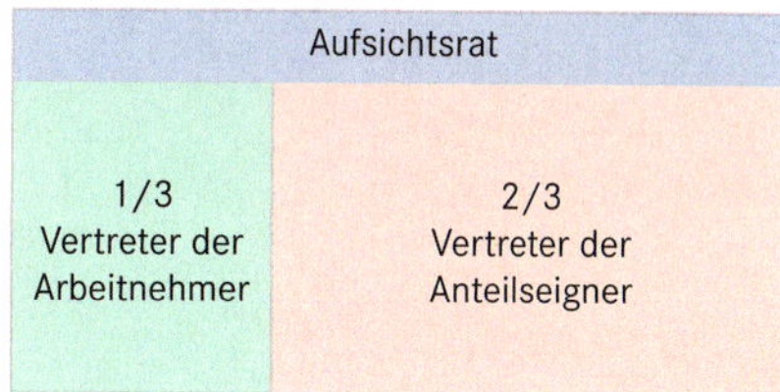

Mitbestimmung nach dem Mitbestimmungsgesetz von 1976

Dieses Gesetz entstand im Zeichen großer gesellschaftlicher Veränderungen in der Bundesrepublik Deutschland, es wurde unter der sozial-liberalen Bundesregierung (SPD-Bundeskanzler Schmidt) 1976 verabschiedet.

Es regelt die Mitbestimmung in **Kapitalgesellschaften mit mehr als 2000 Arbeitnehmern**.

Eine besondere Rolle spielt bei diesem Gesetz der Vorsitzende des Aufsichtsrates, der bei Stimmengleichheit (**Pattsituation**) von Arbeitnehmer- und Anteilseignervertretern zwei Stimmen hat. Diese Person wird im 1. Wahlgang von zwei Dritteln aller Aufsichtsratsmitglieder gewählt. Ist ein 2. Wahlgang notwendig, wählen allein die Anteilseigner den Vorsitzenden. Daraus ergibt sich, dass bei diesem Mitbestimmungsmodell von einer echten paritätischen Mitbestimmung nicht gesprochen werden kann, obwohl es häufig so bezeichnet wird.

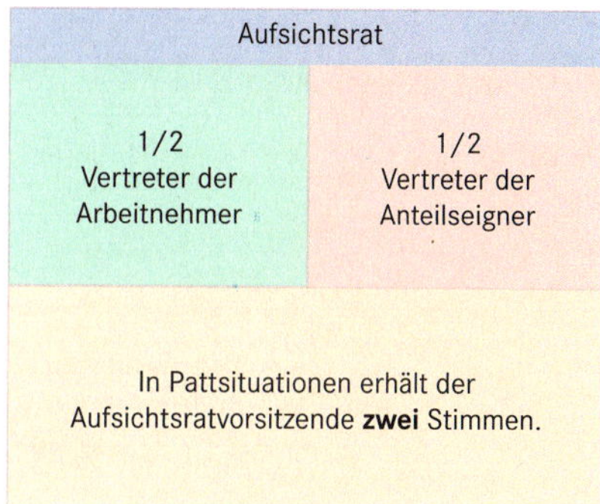

Mitbestimmung nach dem Montanmitbestimmungsgesetz

Im Zeichen der Neuordnung Europas nach dem Ende des 2. Weltkrieges (z. B. Gründung zweier deutscher Staaten) entstand 1951 das **Montanmitbestimmungsgesetz**, das u. a. den politischen Einfluss der Alliierten auf die deutsche Politik widerspiegelt. Die Mitbestimmung wurde nach diesem Gesetz in den damals wirtschaftlich zentralen Branchen Bergbau sowie Eisen und Stahl erzeugende Industrie (**Montanindustrie**) eingeführt. Voraussetzungen sind außerdem das Vorliegen der Rechtsform einer Kapitalgesellschaft oder einer bergrechtlichen Gewerkschaft und die Beschäftigung von mehr als 1.000 Arbeitnehmern.

Bei diesem Modell **der paritätischen Mitbestimmung** kann aufgrund des **neutralen Mitgliedes** eine Pattsituation nicht auftreten, da die Gesamtzahl der Aufsichtsratsmitglieder eine ungerade Zahl (z. B. 11) sein muss. Das neutrale Mitglied muss sowohl von der Kapital- als auch von der Arbeitnehmerseite gewählt werden. Außerdem sieht das Gesetz die Wahl eines **Arbeitsdirektors im Vorstand** vor, der in der Regel für das Personal- und Sozialwesen zuständig ist und nicht gegen die Mehrheit der Arbeitnehmervertreter im Aufsichtsrat bestellt werden kann.

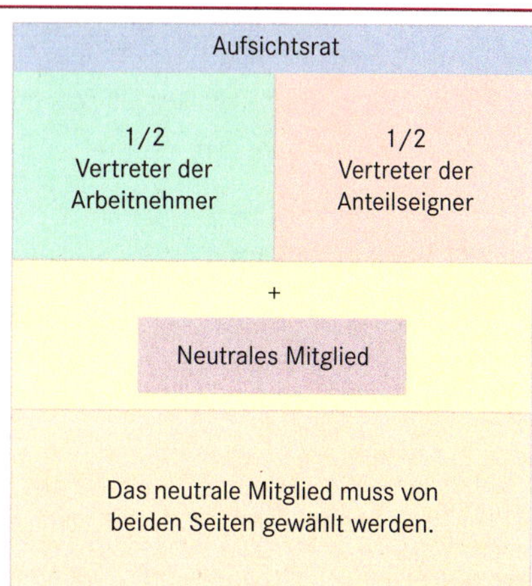

Produktionsfaktoren und Faktorkombination
Factors of Production and Factor Combination

Volkswirtschaftliche Produktionsfaktoren

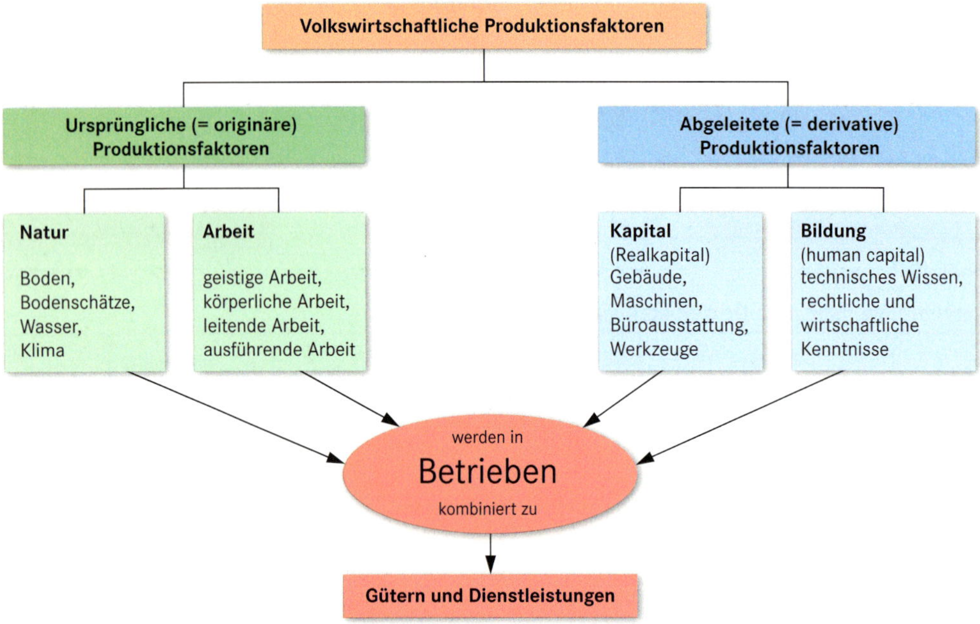

- Die Volkswirtschaftslehre erklärt, wie sich der Ertrag der Faktorkombination auf die Produktionsfaktoren in Form von Arbeitslohn (Arbeit), Bodenrente, Pachten (Boden) und Zins (Kapital) verteilt. Der restliche Ertrag ist der Unternehmergewinn.
- Dieses System der Produktionsfaktoren eignet sich also zur **Theorie der Einkommensbildung und -verteilung** in einer Volkswirtschaft.

Betriebswirtschaftliche Produktionsfaktoren

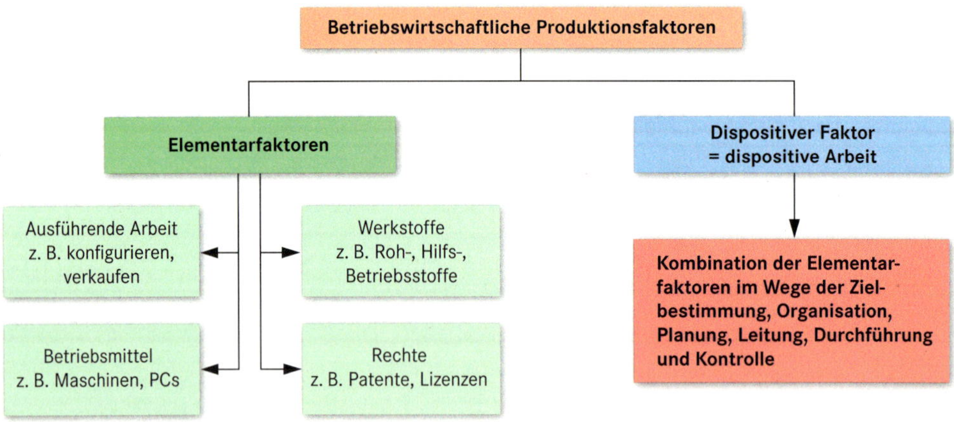

- In der Betriebswirtschaftslehre wird der Faktor Arbeit in die dispositive und die ausführende Arbeit aufgeteilt; andererseits ist der Faktor Boden kein eigenständiger Produktionsfaktor, sondern Teil des Faktors Betriebsmittel.
- Dieses System eignet sich zur Erklärung **betrieblicher Prozesse**, da den eingesetzten Produktionsfaktoren eine Vielzahl von Kostenarten wie Roh-, Hilfs-, Betriebsstoffkosten, Fertigungslöhne, Zinskosten, Abschreibungen, soziale Abgaben usw. entspricht.

Arbeitsteilung in der Wirtschaft
Division of Labour in the Economy

Arbeitsteilung: Aufteilung der Produktion von Gütern und Dienstleistungen in Teilprozesse

Formen der Arbeitsteilung

- **betriebliche Arbeitsteilung:** Aufteilung von Arbeitsprozessen nach Abteilungen oder Arbeitsbereichen, z. B.: Einkauf, Produktion, Vertrieb, Rechnungswesen/Controlling
- **überbetriebliche Arbeitsteilung:** Hierbei unterscheidet man **berufliche**, **volkswirtschaftliche** (nationale) und **internationale** Arbeitsteilung.

berufliche Arbeitsteilung	volkswirtschaftliche Arbeitsteilung		internationale Arbeitsteilung
Spezialisierung auf bestimmte Tätigkeiten in unterschiedlichen Berufen, z. B.: - IT-Systemelektroniker/-in - IT-Systemkaufmann/-frau - Diplom-Ingenieur/-in	**vertikale Arbeitsteilung** Arbeitsteilung nach Wirtschaftsstufen: - Urproduktion - Weiterverarbeitung - Dienstleistungen	**horizontale Arbeitsteilung** Spezialisierung innerhalb einer Wirtschaftsstufe, z. B. im Dienstleistungsbereich: - Großhandel - Einzelhandel - Tranportunternehmen - Banken	Spezialisierung einzelner Nationen oder Wirtschaftsräume (meist Folge historischer Entwicklungen), z. B.: - Rohstoffländer - Industrieländer

Auswirkungen der Arbeitsteilung
The Effects of the Division of Labour

Positive und negative Auswirkungen

18

Knappheit → verlangt → **Wirtschaften** → bedeutet → **Arbeitsteilung** → verlangt →

- Koordination und Integration der einzelnen Wirtschaftsprozesse auf nationaler und internationaler Ebene
- Durchsetzung des Leistungsprinzips

Positive Wirkung
- Steigerung der Produktivität und verbesserte Versorgung mit Gütern
- Rationelles Wirtschaften
- Steigerung des allgemeinen Wohlstandes
- Förderung des Weltfriedens durch die internationale Wirtschaftsverflechtung

Negative Wirkung
- Abhängigkeiten durch Verzicht auf Selbstversorgung
- Zunahme wirtschaftlicher und damit politischer Macht Weniger
- Unüberschaubarkeit des Wirtschaftsprozesses
- Motivationsverlust

Strukturveränderungen der deutschen Wirtschaft
Structural Changes in the German Economy

Wirtschaftssektoren

Struktur einer Volkswirtschaft lässt sich am Anteil der einzelnen Wirtschaftssektoren an der Gesamtleistung dieser Volkswirtschaft messen. In der Regel werden drei Wirtschaftssektoren unterschieden:

- Der **primäre Sektor** bezeichnet die Urproduktion. Darunter werden alle Betriebe der Rohstoffgewinnung (Gewinnungsbetriebe) zusammengefasst. Hierzu gehören die Land-, Forst- und Fischwirtschaft, der Bergbau und die Öl- und Gasgewinnung.
- Der **sekundäre Sektor** beinhaltet die Be- und Verarbeitung von Rohstoffen in Handwerks- und Industriebetrieben (Weiterverarbeitungsbetriebe). Bedeutende Industriebranchen in Deutschland sind z. B. die Automobil-, die Maschinenbau- und die Chemieindustrie.
- Der **tertiäre Sektor** (Dienstleistungssektor) umfasst die „verteilende Wirtschaft“ (Handelsbetriebe) mit den Groß- und Einzelhandelsbetrieben sowie weitere Dienstleistungsbetriebe, wie z. B. Banken. Zunehmend werden Unternehmen des Informations- und Telekommunikationsbereichs gesondert zum **quartären Sektor** zusammengefasst. 19

Wertschöpfung[1] nach Wirtschaftssektoren

Deutsches Reich und Bundesrepublik[2] 1850 - 2008

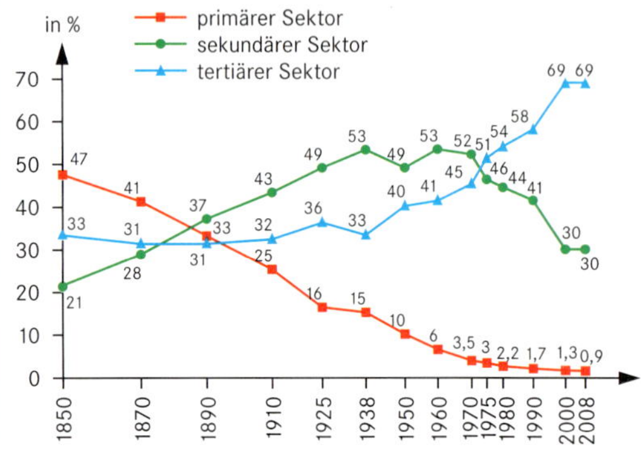

1) Gesamtsumme der wirtschaftl. Leistungen (Güter, Dienste) – heutzutage in der Regel das Bruttoinlandsprodukt

2) 1950 - 1990: Alte Länder | nach 1990: Gesamtdeutschland

20

Seit des rasanten Wachstuns der IT-Technologie in der 2. Hälfte des 20. Jahrhunderts wird auch vom **„Vier-Sektoren-Modell“** gesprochen, das die Eigenständigkeit eines Sektors **„Information“** betont:

Sektor I: Information	Sektor II: Produktion	Sektor III: Dienstleistungen	Sektor IV: Landwirtschaft

Wirtschaftsorganisationen
Economic Organizations

Rechtliche Grundlage und Sozialpartner

Laut Artikel 9 des **Grundgesetzes** können zur Wahrung und Förderung der Wirtschaftsbedingungen Vereinigungen von jedermann gebildet werden. Diese so genannte **Koalitionsfreiheit** bezieht sich vor allem auf **Gewerkschaften** (Arbeitnehmervereinigungen) und **Arbeitgeberverbände**. Diese Organisationen sind in der Regel Branchenvereinigungen (z. B. die IG Metall), die wiederum jeweils in so genannten Dachverbänden zusammengeschlossen sind.

21

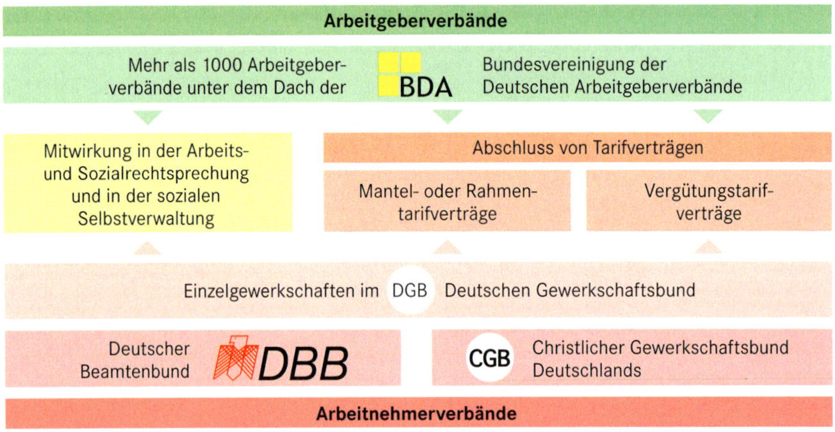

Industrie- und Handelskammern

Diese Kammern sind regional gegliederte Selbstverwaltungsorganisationen von Unternehmen der gewerblichen Wirtschaft. Es besteht für die betroffenen Gewerbetreibenden Zwangsmitgliedschaft. Die IHKs beraten ihre Mitglieder in wirtschaftlichen Angelegenheiten und vertreten ihre Interessen gegenüber Staat und Öffentlichkeit. Die Kammern sind Träger der dualen Berufsausbildung. Spitzenorgan der 82 IHKs ist der deutsche Industrie- und Handelskammertag (DIHK).

Wirtschaftskreislauf
Economic Circular Flow

22|

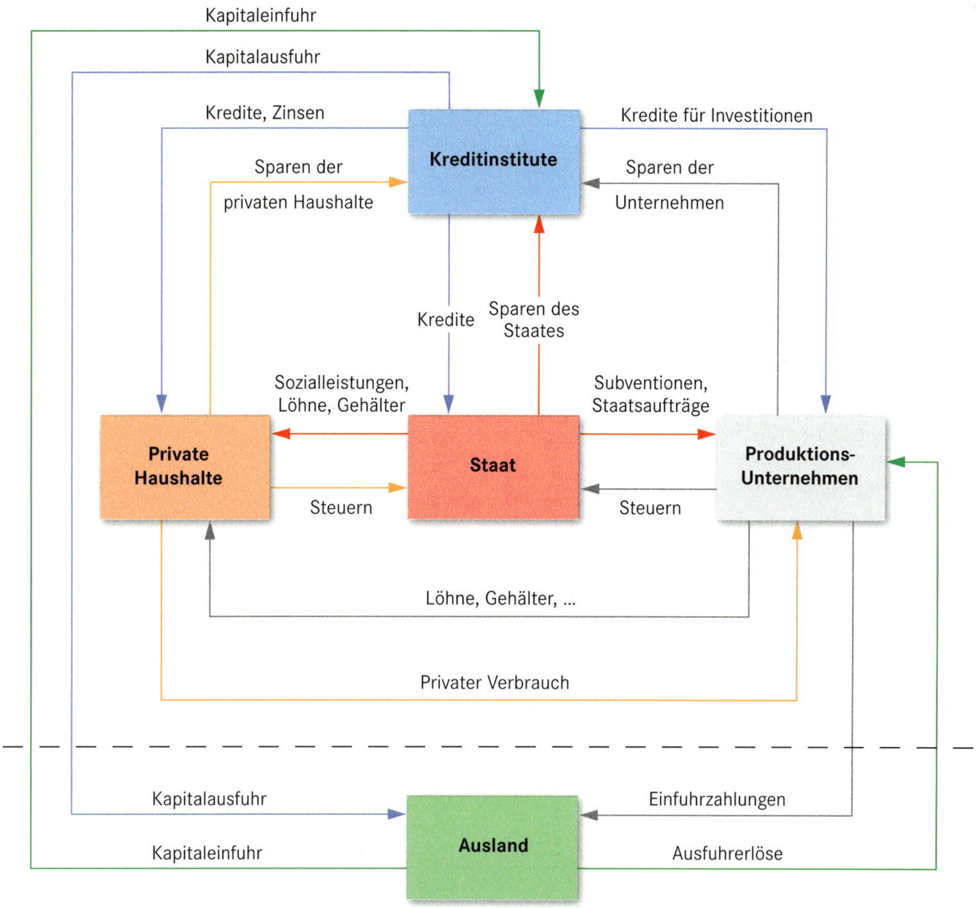

Art des Wirtschaftssubjektes	Haupttätigkeiten, z. B.	Zwischen- und Endziele, z. B.
Privater Haushalt	▪ Verkauf von Arbeitskraft ▪ Konsumieren ▪ Sparen	▪ Sicherung der Existenz durch Erzielung von Einkommen zur Befriedigung von Bedürfnissen, Schaffung und Vermehrung von Eigentum und Ansehen
Unternehmen a) Kreditinstitut b) Produktionsunternehmen	▪ Gewährung von Krediten ▪ Aufnahme von Krediten ▪ Abwicklung des Zahlungsverkehrs ▪ Produktion von Sachgütern und Dienstleistungen ▪ Investitionen	▪ Sicherung der Existenz ▪ Deckung der Kosten (langfristig) ▪ Erzielung von positivem Nettogewinn ▪ Erweiterung der Einflussnahme auf Märkte ▪ Gewinnmaximierung
Öffentlicher Haushalt, z. B. Gemeinde 23|	▪ Einnahme von Steuern und Gebühren ▪ Durchführung von Haushaltsplänen ▪ Bereitstellung von Dienstleistungen ▪ Durchführung von Verwaltungsaufgaben	▪ soziale Sicherung der Bürger ▪ Unterhaltung und Sicherung der Betriebsfähigkeit von Ver- und Entsorgungseinrichtungen ▪ Bau und Unterhalt von Sport-, Kultur-, Erholungs- und Verwaltungseinrichtungen ▪ Schutz der Bürger/-innen vor inneren und äußeren Gefahren

Marktstrukturen und ihre Auswirkungen
Market Structures and their Effects

Begriff Markt

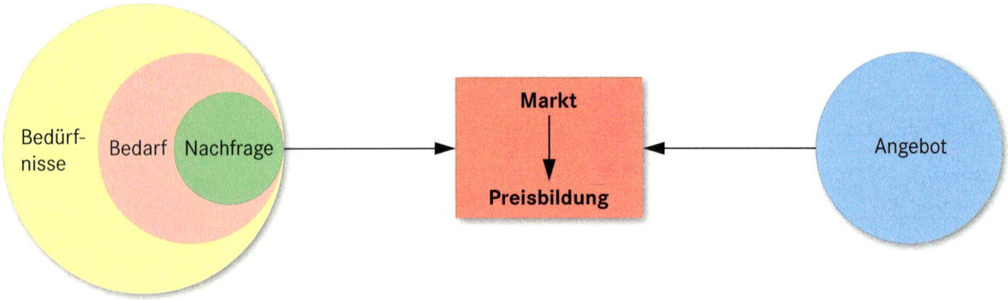

- **Bedürfnisse**
  ... sind Wünsche, die durch Mangelempfindungen des Menschen hervorgerufen werden, z. B. Trinken gegen Durst, Essen gegen Hunger
  ... sind Triebfeder wirtschaftlichen Handelns
- **Bedarf**
  ... ist der Teil der Bedürfnisse, der durch Einkommen gedeckt werden kann
- **Nachfrage**
  ... ist der auf dem Markt erscheinende Bedarf

In der Fachliteratur wird zwischen dem abstrakten und dem konkreten Markt unterschieden:

- Der **abstrakte Markt** ist eine Zusammenfassung von Angebots- und Nachfragebeziehungen. Er ist der theoretische Ort, an dem sich Angebot und Nachfrage treffen und an dem die Preisbildung stattfindet.
- Der **konkrete Markt** ist sachlich, zeitlich und örtlich bestimmt, z. B. die Cebit-Messe im Jahr 20.. in Hannover.

Marktarten

- **Unterscheidung nach Umfang der staatlichen Marktbeeinflussung:**
  Freie Märkte (ohne Staatseingriff; Modell der freien Marktwirtschaft),
  regulierte Märkte
- **Unterscheidung nach Umfang der Marktzutrittsmöglichkeit:**
  Offene Märkte (jedermann kann als Anbieter oder Nachfrager auftreten), geschlossene Märkte
- **Unterscheidung nach Stellung des Betriebes im Markt:**
  Beschaffungsmärkte,
  Absatzmärkte
- **Unterscheidung nach Art der gehandelten Sachgüter und Leistungen:**
  Werkstoffmärkte für Roh-, Hilfs- und Betriebsstoffe,
  Betriebsmittelmärkte,
  Arbeitsmärkte,
  Geld- und Kapitalmärkte,
  Informationsmärkte
- **Unterscheidung nach Art der Verwendung der Sachgüter und Leistungen:**
  Investitionsgütermärkte,
  Konsumgütermärkte
- **Unterscheidung nach geografischen Gesichtspunkten:**
  Inlandsmarkt (örtlich, regional, national),
  Auslandsmarkt (EU-Markt, Weltmarkt)
- **Unterscheidung nach räumlich-zeitlichen Gesichtspunkten:**
  Zentralisierte Märkte (Punktmärkte; zugleich organisierte Märkte), dezentralisierte Märkte (zugleich unorganisierte Märkte)
- **Unterscheidung nach Marktposition:**
  Verkäufermärkte (Nachfrage > Angebot; Verkäufer haben starke Marktposition),
  Käufermärkte (Angebot > Nachfrage; Käufer haben starke Marktposition)
- **Unterscheidung nach Vollkommenheit der Märkte:**
  Vollkommene Märkte,
  unvollkommene Märkte

Marktformen

Anbieter / Nachfrager	einer	wenige	viele
einer	bilaterales Monopol	beschränktes Nachfragemonopol	Nachfragemonopol
wenige	beschränktes Angebotsmonopol	bilaterales Oligopol	Nachfrageoligopol
viele	Angebotsmonopol	Angebotsoligopol	Polypol

Erklärung: mono = ein; olig = wenig; poly = viel

Bestimmungsgründe der Nachfrage privater Haushalte

Der Verlauf der Nachfragekurve N_0 basiert auf folgenden **Bestimmungsgründen:**
- Individuelle Nutzeneinschätzung bezüglich des Gutes (Bedürfnisstruktur)
- Höhe des verfügbaren Einkommens
- Höhe des Vermögens
- Preise anderer Güter (Substitutionsgüter, Komplementärgüter)
- Preis des nachgefragten Gutes

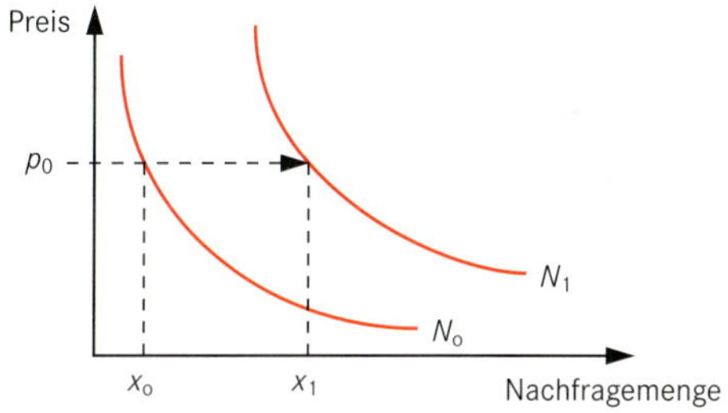

Bewegung auf der Nachfragekurve N_0:
Werden alle anderen Bestimmungsgründe als gegeben angenommen, besteht normalerweise folgende Beziehung zwischen dem Preis des Gutes und der nachgefragten Menge dieses Gutes:
- Mit steigendem Preis eines Gutes sinkt die Nachfrage nach diesem Gut
- Mit sinkendem Preis eines Gutes steigt die Nachfrage nach diesem Gut

Verschiebung der Nachfragekurve von N_0 auf N_1:
Ändert sich einer der vier zuerst genannten Bestimmungsgründe der Nachfrage (z. B. steigt durch eine Einkommensteuersenkung das verfügbare Einkommen der Nachfrager), verschiebt sich die Nachfragekurve (in diesem Beispiel von N_0 auf N_1 nach rechts).

Bei gegebenem Preis p_0 steigt die Nachfrage von x_0 auf x_1.

Das Ausmaß von Nachfrageänderung als Reaktion auf Preis- bzw. Einkommenänderungen wird als **Preis- bzw. Einkommenselastizität** der Nachfrage bezeichnet.

Bestimmungsgründe des Angebots privater Betriebe

Der Verlauf der Angebotskurve A_0 basiert auf folgenden **Bestimmungsgründen:**
- Zielsetzung des Anbieters (Gewinnmaximierung, Kostendeckung, Ausweitung des Marktanteils, ...)
- Marktposition des Anbieters (Monopol, Oligopol, Polypol)
- tatsächliche bzw. erwartete Marktlage (Konjunktur, Preise der Konkurrenz, Nachfrageentwicklung, ...)
- Kostenstruktur des Anbieters (Faktorpreise, technischer Stand)
- Preis des angebotenen Gutes

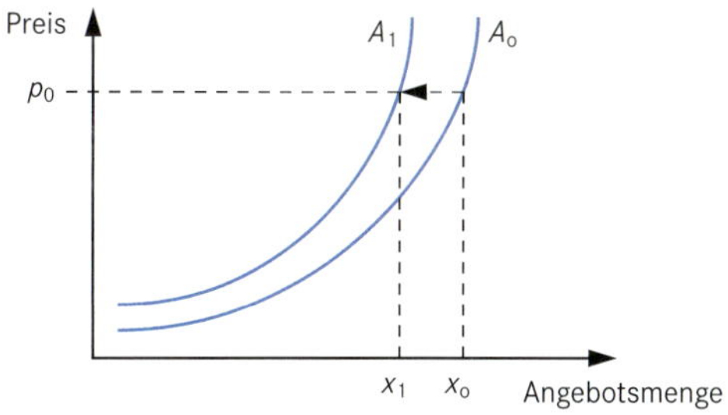

Bewegung auf der Angebotskurve A_0:
Werden alle anderen Bestimmungsgründe als gegeben angenommen, besteht normalerweise folgende Beziehung zwischen dem Preis des angebotenen Gutes und der angebotenen Menge dieses Gutes:
- Mit steigendem Preis eines Gutes steigt die Angebotsmenge dieses Gutes, da weitere Anbieter, angelockt durch sich verbessernde Gewinnchancen, auf den Markt drängen
- Mit sinkendem Preis eines Gutes sinkt die Angebotsmenge dieses Gutes, da es sich für zunehmend mehr Anbieter aus Kostengründen nicht mehr lohnt, weiter zu produzieren

Verschiebung der Angebotskurve von A_0 auf A_1:
Ändert sich einer der vier zuerst genannten Bestimmungsgründe des Angebots (z. B. verschlechtern sich die Konjunkturaussichten), verschiebt sich die Angebotskurve (in diesem Beispiel von A_0 auf A_1 nach links).
Bei gegebenem Preis p_0 sinkt das Angebot von x_0 auf x_1.

Preisbildung auf dem vollkommenen Markt
Pricing in an Ideal Market

Bedingungen des vollkommenen Marktes

- Viele Anbieter und viele Nachfrager (Polypol)
- Anbieter und Nachfrager haben vollständige Marktübersicht (Markttransparenz)
- Anbieter und Nachfrager reagieren auf Marktänderungen ohne zeitliche Verzögerungen
- Das von den Anbietern angebotene Gut ist homogen (Güter unterscheiden sich nicht)
- Angebot und Nachfrage treffen an einem bestimmten Ort aufeinander (Punktmarkt)
- Anbieter und Nachfrager haben keine sachlichen, zeitlichen, räumlichen oder persönlichen Präferenzen
- Unter diesen Bedingungen ergibt sich für das angebotene Gut ein Einheitspreis, der von dem einzelnen Anbieter nicht verändert werden kann (Preis = Datum)

Gleichgewichtspreis und -menge
Price and Quantity Equilibrium

Marktgleichgewicht

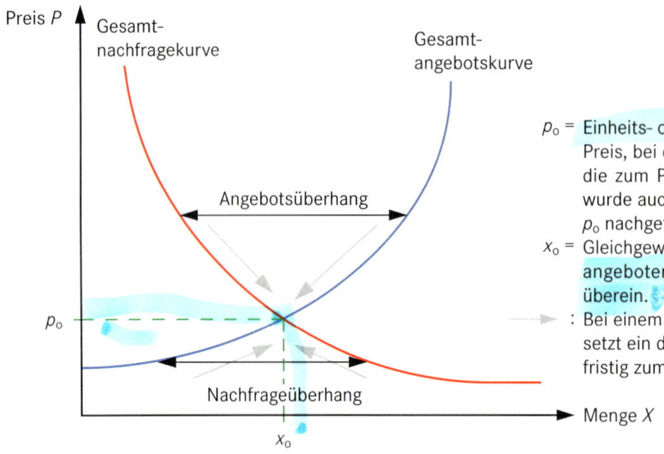

p_0 = Einheits- oder Gleichgewichtspreis; Preis, bei dem der Markt „geräumt" ist, d. h., die zum Preis p_0 insgesamt angebotene Menge wurde auch abgesetzt bzw. die zum Preis p_0 nachgefragte Menge wurde befriedigt.

x_0 = Gleichgewichtsmenge; angebotene und nachgefragte Menge stimmen überein.

: Bei einem Angebots- bzw. Nachfrageüberhang setzt ein dynamischer Prozess ein, der langfristig zum Marktgleichgewicht führt.

Funktionen des Preises

Was leistet der Preis in der Marktwirtschaft?

- Der Preis gleicht Angebot und Nachfrage auf dem Markt aus: **Ausgleichsfunktion.**
- Der Preis lenkt das Angebot (die Produktion) auf die Märkte mit der größten Nachfrage: **Lenkungsfunktion.**
- Der Preis signalisiert, ob ein Gut besonders knapp (hoher Preis) oder besonders reichlich vorhanden (niedriger Preis) ist: **Signalfunktion.**
- Der Preis „erzieht" Produzenten und Konsumenten dazu, jeweils die wirtschaftlichste Entscheidung zu treffen: **Erziehungsfunktion.**

24

Kooperation und Konzentration
Co-operation and Concentration

Gründe von Unternehmenszusammenschlüssen

- Verringerung hoher Forschungs- und Entwicklungskosten
- Verbreiterung der Kapitalbasis
- Streuung des unternehmerischen Risikos
- Ausnutzung von Rationalisierungsvorteilen
- Erhöhung des Auslastungsgrades der Produktionsanlagen
- Erschließung neuer Beschaffungs- oder Absatzmärkte
- Begrenzung des Wettbewerbs/Aufteilung von Märkten

Formen von Unternehmenszusammenschlüssen

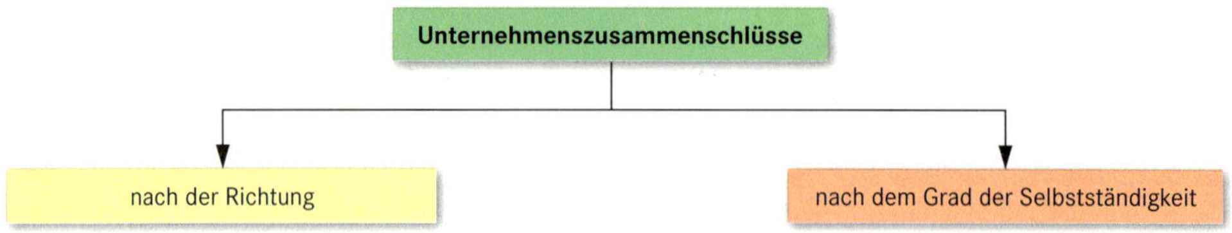

nach der Richtung:

- Horizontal (Unternehmen gleicher Produktions- bzw. Handelsstufen)
- Vertikal (Angliederung vorgelagerter oder nachgelagerter Produktions- oder Handelsstufen)
- Diagonal oder anorganisch (Angliederung branchenfremder Produktions- oder Handelsstufen)

nach dem Grad der Selbstständigkeit:

- Arbeitsgemeinschaft
- Konsortium
- Interessengemeinschaft
- Kartell
- Konzern
- Fusion

Kooperation

Arbeitsgemeinschaft

Beschränkte Zusammenarbeit von Unternehmen in ausgewählten Teilbereichen – in der Regel in Form einer vertraglichen Vereinbarung –, z. B. Bildung einer Werbegemeinschaft in einer Fußgängerzone. Die beteiligten Unternehmen behalten ihre rechtliche, größtenteils auch ihre wirtschaftliche Selbstständigkeit.

Konsortium

Unternehmen schließen sich für einen begrenzten Zeitraum zusammen, z. B. in Form einer BGB-Gesellschaft, um ein gemeinsames Projekt, z. B. Bau einer Autobahntrasse, durchzuführen. Die wirtschaftliche Selbstständigkeit wird nur in sehr geringem Umfang begrenzt.

Interessengemeinschaft

Unternehmen schließen sich zusammen, z. B. in Form einer BGB-Gesellschaft, um gemeinsam unternehmerische Tätigkeitsfelder zu bearbeiten, z. B. gemeinsame Forschung. Die wirtschaftliche Selbstständigkeit wird dadurch eingeschränkt.

Kartell

Ein vertraglicher Zusammenschluss rechtlich selbstständiger Unternehmen, die einen Teil ihrer wirtschaftlichen Selbstständigkeit mit dem Ziel aufgeben, den Wettbewerb zu beeinflussen oder auszuschalten, wird als Kartell bezeichnet. Der Begriff „Kartell" ist von dem Lateinischen „charta" abgeleitet und bedeutet Schreiben oder Vereinbarung.

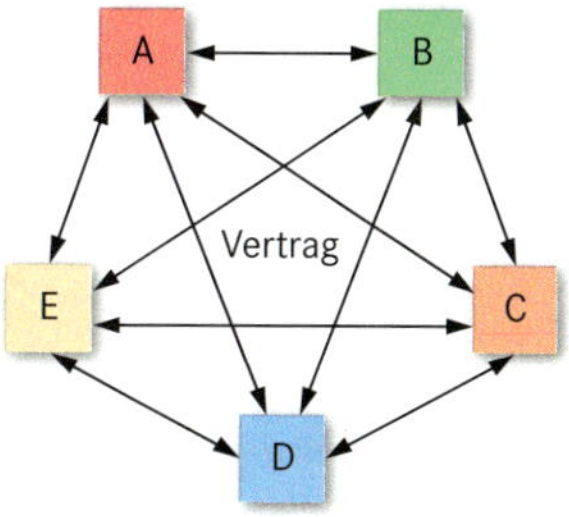

Konzentration

Konzern

Zusammenschluss von Unternehmen unter einheitlicher Leitung, die ihre rechtliche Selbstständigkeit behalten, ihre wirtschaftliche Selbstständigkeit dagegen völlig verlieren. Eine besondere wirtschaftliche und politische Bedeutung erlangen die so genannten Multis (multinationale Konzerne). Prinzipiell kann zwischen Unterordnungs- und Gleichordnungskonzernen unterschieden werden.

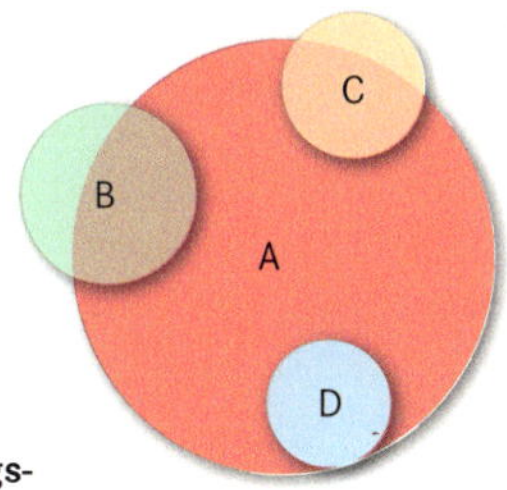

Unterordnungskonzern

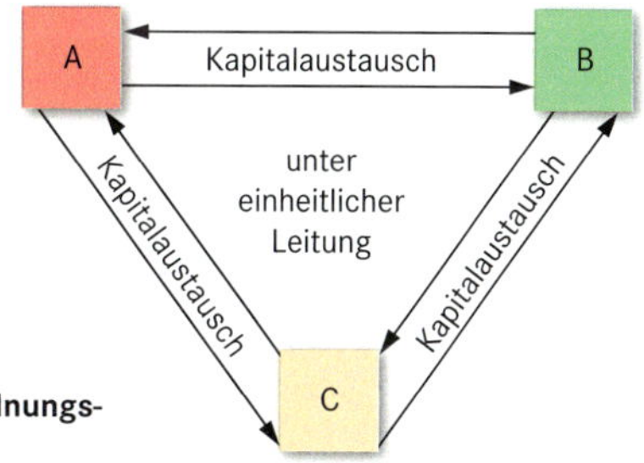

Gleichordnungskonzern

Fusion

Ehemals rechtlich und wirtschaftlich selbstständige Unternehmen schließen sich zu einem (neuen) Unternehmen zusammen, z. B. Verschmelzen eines deutschen und eines ausländischen Automobilunternehmens.

Unterschieden werden so genannte „freundliche Übernahmen" (**mit Einverständnis** des übernommenen Unternehmens) und „feindliche Übernahmen" (**gegen den Willen** des übernommenen Unternehmens).

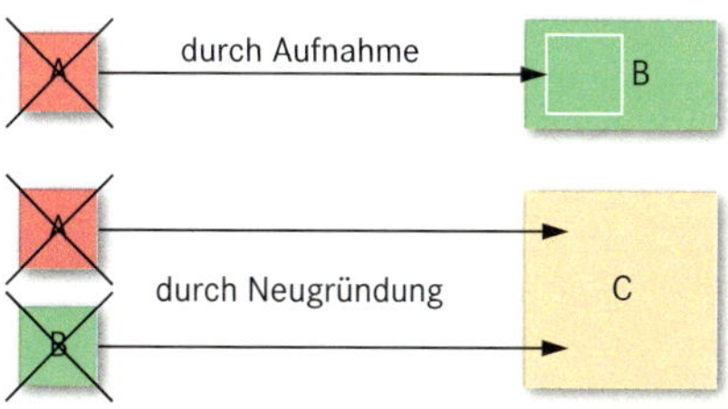

dzüge staatlicher Wettbewerbspolitik
ssential Features of Governmental Competition Policy

Einordnung staatlicher Wettbewerbspolitik in ein wirtschaftspolitisches Zielsystem

25|

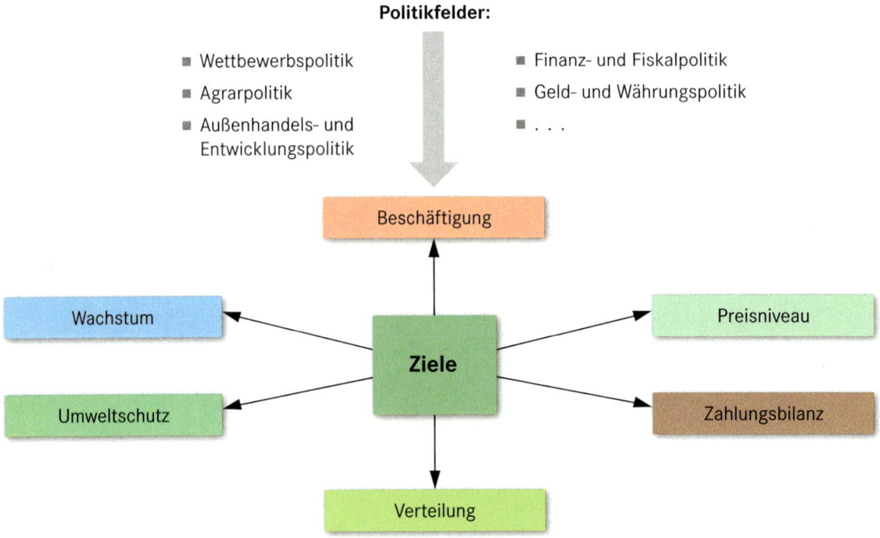

Das „Gesetz zur Förderung der Stabilität und des Wachstums der Wirtschaft“ von 1967, kurz **„Stabilitätsgesetz“** genannt, beschreibt als vier Ziele wirtschaftspolitischen Handelns des Staates: hoher Beschäftigungsstand, stetiges und angemessenes Wirtschaftswachstum, stabiles Preisniveau und außenwirtschaftliches Gleichgewicht (**„Magisches Viereck“**).

Werden als weitere Ziele eine gerechte Einkommens- und Vermögensverteilung sowie eine Verbesserung der Umweltbedingungen verfolgt, spricht man vom **magischen Sechseck** der Wirtschaftspolitik. Das Adjektiv „magisch“ drückt aus, dass es in der Realität nahezu unmöglich ist, die unterschiedlichen Ziele gleichzeitig zu erreichen.

Ziele und Funktionen staatlicher Wettbewerbspolitik

26|

Bausteine der Sozialen Marktwirtschaft

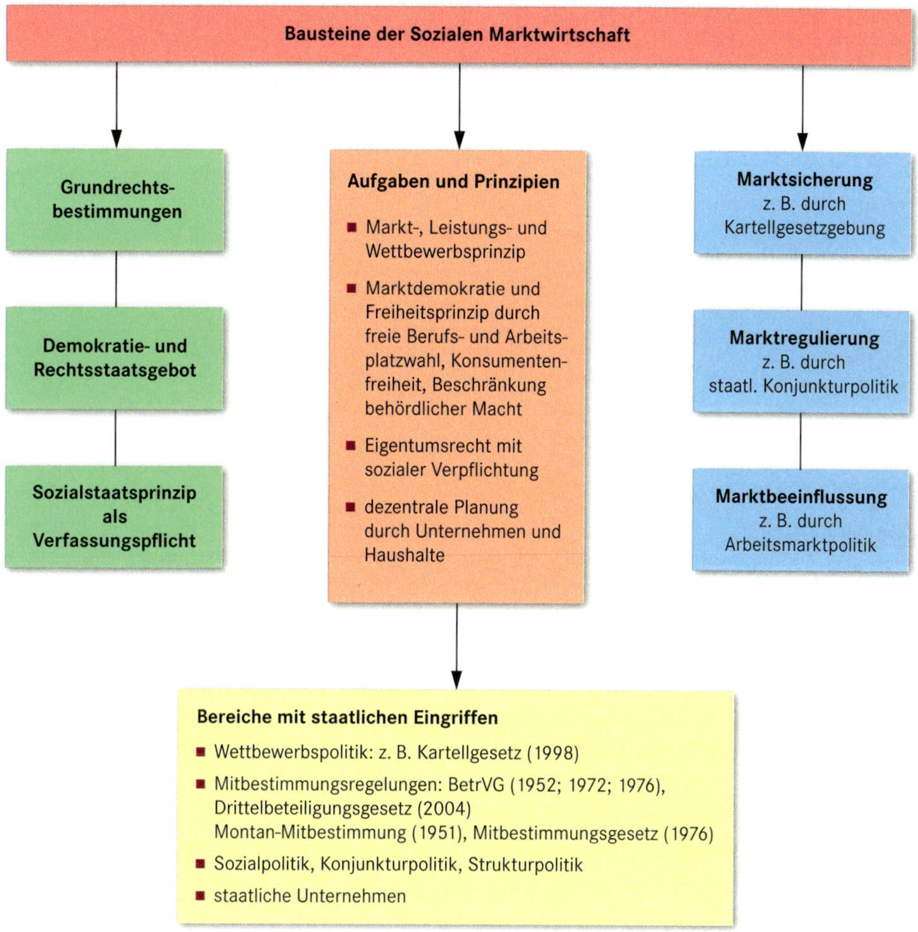

27

Instrumente staatlicher Wettbewerbspolitik

Unter staatlicher Wettbewerbspolitik ist zum einen die aktive Förderung des Wettbewerbs, z. B. durch eine unabhängige, öffentlich geförderte Forschung bei kleineren und mittelgroßen Unternehmen, zu verstehen.
Andererseits bedeutet staatliche Wettbewerbspolitik, dass Unternehmenszusammenschlüsse, die gegen die Prinzipien des freien Wettbewerbs verstoßen, zu verbieten und unter Strafe zu stellen sind. Hierüber wacht auf der Grundlage des Gesetzes gegen Wettbewerbsbeschränkung (GWB) das Bundeskartellamt in Bonn. Dessen Wirken hat schon vielfach dazu geführt, dass Firmenzusammenschlüsse verhindert wurden, die zu einer marktbeherrschenden Stellung von Unternehmen geführt hätten.

Instrumente internationaler Wettbewerbspolitik

Auf EU-Ebene wurde 1989 eine wirksame Fusionskontrolle institutionalisiert. Dafür ist die EU-Kommission zuständig. Bei ihr müssen Unternehmenszusammenschlüsse von EU-weiter Bedeutung ab einer bestimmten Größenordnung angemeldet bzw. von der EU-Kommission geprüft werden. Liegt durch den Zusammenschluss eine marktbeherrschende Stellung vor, ist die Fusion zu untersagen.
Seit 1991 existiert ein Abkommen zwischen den USA und der EU, um marktbeherrschende Zusammenschlüsse von Unternehmen aus beiden Wirtschaftsräumen zu beschränken.

Kartellkontrolle und Marktbeherrschung
Cartel Control and Market Dominance

Begriff Kartell

Ein Kartell ist ein Zusammenschluss rechtlich selbstständiger Unternehmen einer Branche (horizontaler Zusammenschluss), die den Teil der wirtschaftlichen Selbstständigkeit aufgeben, auf den sich die Kartellabsprache bezieht. Damit das Kartell durchgesetzt werden kann, müssen möglichst alle Unternehmen der Branche beteiligt sein.

Ziele von Kartellen

- Beeinflussung des Marktes für bestimmte Produkte durch Wettbewerbsbeschränkung
- Verbesserung der Gewinnsituation der am Kartell beteiligten Unternehmen

Kartellarten

Je nach Gegenstand der Absprache werden verschiedene **Kartellarten** unterschieden, zum Beispiel:

Kartellart	die beteiligten Unternehmen vereinbaren ...
Preiskartell	einen Einheits-, Höchst- oder Mindestpreis sowie zugehörige Produktions- oder Beschaffungsquoten.
Submissionskartell	wer im Rahmen öffentlicher Ausschreibungen den Auftrag erhalten soll, z. B. im Wege der Abgabe eines Mindestpreises.
Absatz-, Beschaffungskartell	die räumliche Aufteilung des Absatz- oder Beschaffungsgebietes **(Gebietskartell)** oder dass der gesamte Absatz/die gesamte Beschaffung von einer Zentrale aus vorgenommen wird **(Syndikat)**.
Rationalisierungskartell	z. B. die Entwicklung gemeinsamer Normen wie Abmessungen **(Normungskartell)**, die Vereinheitlichung von Produkten **(Typungskartell)**, die Aufteilung bestimmter Funktionen oder Produkte **(Spezialisierungskartell)** oder weiter gehende Rationalisierungen.
Konditionenkartell	die Gewährung gleicher Rabatte, Boni, Skonti **(Rabattkartell)** oder sonstiger gleicher Geschäftsbedingungen wie z. B. Lieferbedingungen, Verpackungskosten.

Wettbewerbsrechtliche Regelungen nach dem Gesetz gegen Wettbewerbsbeschränkung (GWB)

Nach § 1 GWB gilt grundsätzlich ein **Kartellverbot:**

„Vereinbarungen zwischen Unternehmen, Beschlüsse von Unternehmensvereinigungen und aufeinander abgestimmte Verhaltensweisen, die eine Verhinderung, Einschränkung oder Verfälschung des Wettbewerbs bezwecken oder bewirken, sind verboten."

Gemäß § 2 GWB müssen Unternehmen grundsätzlich selbst prüfen, ob die von ihnen getroffenen (wettbewerbsbeschränkenden) Vereinbarungen mit anderen Unternehmen erlaubt sind **(freigestellte Vereinbarungen)**. Dieses Selbstprüfungssystem hat eine höhere Eigenverantwortung der Unternehmen zur Folge. Es birgt mitunter jedoch auch die Gefahr einer falschen Beurteilung und somit das Risiko in sich, dass gegen das Unternehmen Bußgelder oder Schadensersatzansprüche erhoben werden.

„(1) Vom Verbot des §1 freigestellt sind Vereinbarungen (...) Beschlüsse (...) oder aufeinander abgestimmte Verhaltensweisen, die unter angemessener Beteiligung der Verbraucher an dem entstehenden Gewinn zur Verbesserung der Warenerzeugung oder -verteilung oder zur Förderung technischen oder wirtschaftlichen Fortschritts beitragen, ohne dass den beteiligten Unternehmen 1. Beschränkungen auferlegt werden, die für die Verwirklichung dieser Ziele nicht unerlässlich sind, oder 2. Möglichkeiten eröffnet werden, für einen wesentlichen Teil der betreffenden Waren den Wettbewerb auszuschalten."

Für mittelständische Unternehmen gilt die folgende Ausnahmeregelung nach § 3 GWB **(Mittelstandskartelle):**

„(1) Vereinbarungen zwischen miteinander im Wettbewerb stehenden Unternehmen und Beschlüsse von Unternehmensvereinigungen, die die Rationalisierung wirtschaftlicher Vorgänge durch zwischenbetriebliche Zusammenarbeit zum Gegenstand haben, erfüllen die Voraussetzungen des § 1 Abs. 1, wenn 1. dadurch der Wettbewerb auf dem Markt nicht wesentlich beeinträchtigt wird und 2. die Vereinbarung oder der Beschluss dazu dient, die Wettbewerbsfähigkeit kleiner oder mittlerer Unternehmen zu verbessern."

Missbrauch einer marktbeherrschenden Stellung

Nach § 19 GWB ist die **missbräuchliche Ausnutzung** einer marktbeherrschenden Stellung durch ein oder mehrere Unternehmen verboten.

„Ein Unternehmen ist marktbeherrschend, soweit es als Anbieter oder Nachfrager einer bestimmten Art von Waren oder gewerblichen Leistungen auf dem sachlich und räumlich relevanten Markt 1. ohne Wettbewerber ist oder keinem wesentlichen Wettbewerb ausgesetzt ist oder 2. eine im Verhältnis zu seinen Wettbewerbern überragende Marktstellung hat."

Geschäftsprozesse und betriebliche Organisation

2

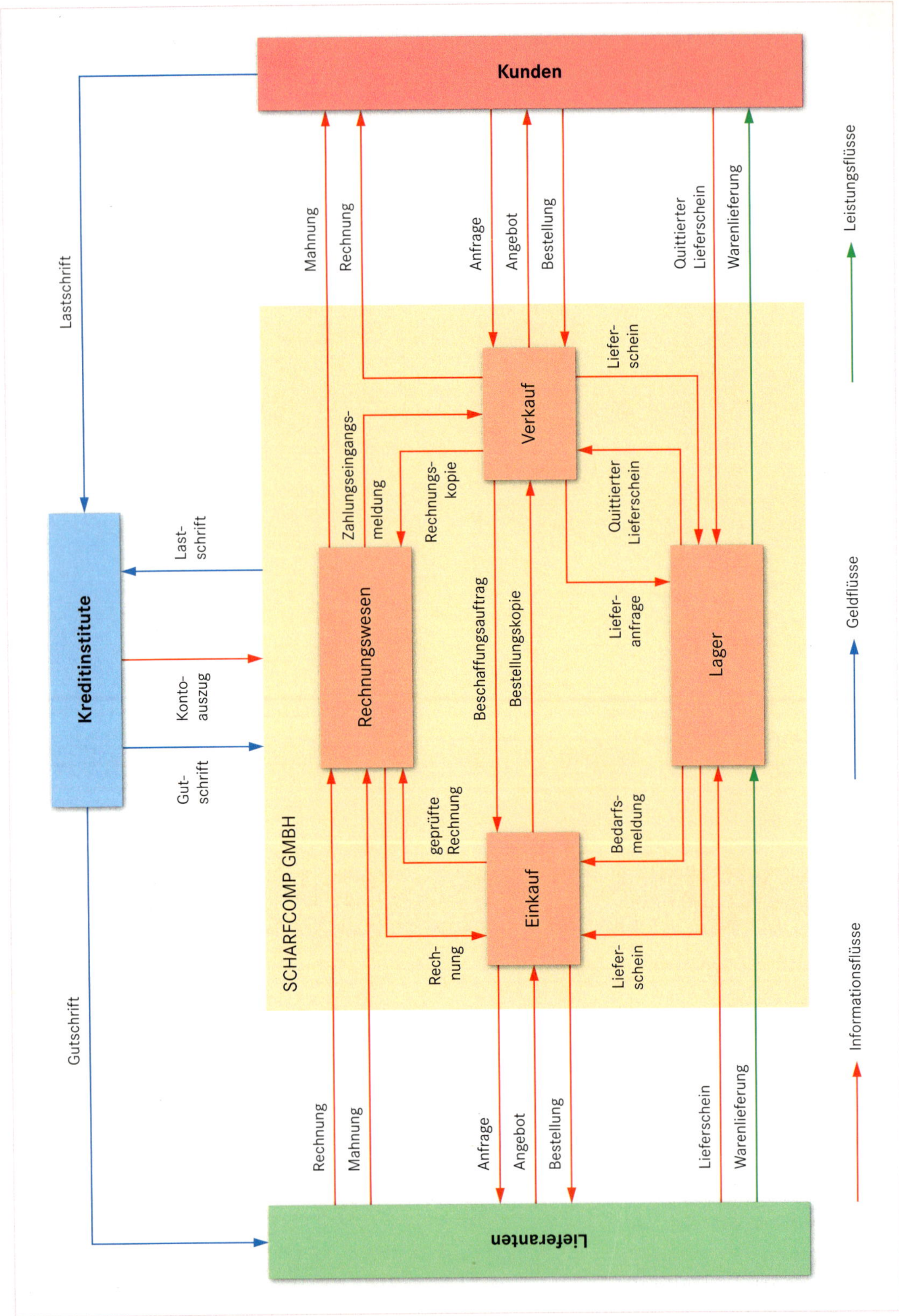
Kunden
Kreditinstitute
Lieferanten
SCHARFCOMP GMBH
Verkauf
Rechnungswesen
Lager
Einkauf
Lastschrift
Last-schrift
Konto-auszug
Gut-schrift
Gutschrift
Mahnung
Rechnung
Anfrage
Angebot
Bestellung
Quittierter Lieferschein
Warenlieferung
Zahlungseingangs-meldung
Rechnungs-kopie
Liefer-schein
Quittierter Lieferschein
Liefer-anfrage
Beschaffungsauftrag
Bestellungskopie
geprüfte Rechnung
Bedarfs-meldung
Rech-nung
Liefer-schein
Rechnung
Mahnung
Anfrage
Angebot
Bestellung
Lieferschein
Warenlieferung
Leistungsflüsse
Geldflüsse
Informationsflüsse

Klassische betriebliche Organisation
Classic Internal Company Organization

Abgrenzung des Begriffs Organisation

Organisation	Improvisation	Disposition
System offiziell verkündeter, generell und auf Dauer angelegter Kompetenzen → bei konstanten Situationsbedingungen	vorübergehende, sich laufend ändernde Regelungen einer begrenzten Zahl von Teilhandlungen → bei sich ständig ändernden Situationsbedingungen	situationsabhängige Regelung eines Einzelfalls im Rahmen einer dauerhaft und umfassend angelegten Organisation

Bedeutungen des Begriffes

Organisation als
- Tätigkeit: Die Unternehmung wird organisiert.
- Zustand: Die Unternehmung hat eine Organisation.
- Institution: Die Unternehmung ist eine Organisation.

Aufgabe

Zieloptimale Kombination der betriebswirtschaftlichen Produktionsfaktoren

Bereiche der betrieblichen Organisation

Aufbauorganisation

stellt den **Betrieb in Bereitschaft** dar.

Umfasst unter anderem:
- Die Zerlegung der Gesamtaufgabe in Teilaufgaben,
- die Bildung von Stellen und Abteilungen,
- die Übertragung von Aufgaben, Kompetenzen und Verantwortung auf die einzelnen Mitarbeiter,
- die Darstellung des Unternehmensaufbaus mit Festlegung des Dienst- und Informationsweges und
- die Entwicklung von Führungformen und -techniken.

Ablauforganisation

stellt den **Betrieb in Aktion** dar.

Regelt unter anderem:
- Den funktionalen Arbeitsablauf,
- den zeitlichen Arbeitsablauf und
- den räumlichen Arbeitsablauf.

Als **organisatorische Hilfsmittel** dienen:

- Aufgabengliederungsplan
- Organigramme
- Stellenbeschreibungen

- Kommunikationsdiagramm
- Arbeitsablaufkarte
- Flussdiagramm

- Datenflussplan
- Balkendiagramm
- Netzplan

1|

Aufbauorganisation
Functional Organization Structure

Aufgabenanalyse/-synthese

- **Aufgabenanalyse**:
  Zerlegung ganzheitlicher Arbeitsprozesse in Teilaufgaben bis hin zu kleinsten Arbeitseinheiten wie Arbeitsgriffe und Griffelemente (zurückzuführen auf Frederick Winslow Taylor (1856–1915))
- **Aufgabensynthese:**
  Anschließende Zusammenfassung sachlogisch zusammenhängender Teilaufgaben zu Aufgabenkomplexen und Zuordnung an Aufgabenträger
- **Ergebnis:**
  Bildung von Stellen und Abteilungen

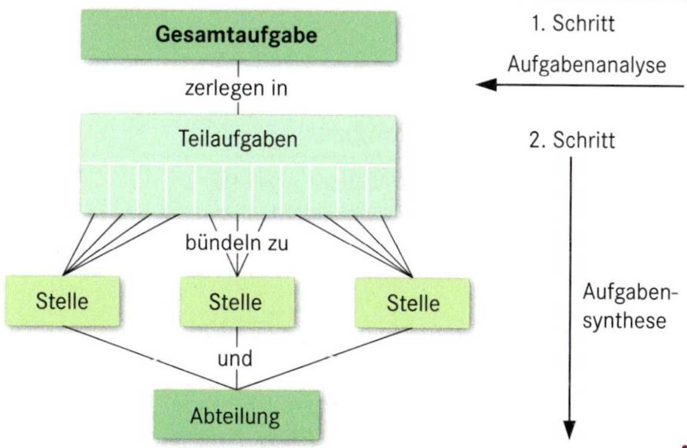

2|

Kriterien der Aufgabengliederung

Gliederung der Aufgaben nach

Verrichtungen	Objekten	Rang	Phasen	Zweckbeziehung
z. B. Beschaffung Produktion Absatz ...	z. B. PC Monitor Scanner Drucker ...	z. B. Dispositive Arbeit Ausführende Arbeit ...	Planung Durchführung Kontrolle	Primäraufgaben (Leistungserstellung) Sekundäraufgaben (z. B. Personalwesen)

Stellenbildung

Begriff Stelle

- Kleinste Organisationseinheit im Unternehmen
- Zusammenfassung von Teilaufgaben zum Aufgabenbereich einer Person

Stellenarten

Linienstellen (Instanzen)
- Anordnungsbefugnis
- Entscheidungsbefugnis

Beispiel: Abteilungsleiter Einkauf

Ausführende Stellen
- Keine Leitungs- und Entscheidungsbefugnis

Beispiel: Schreibkraft

Stabsstellen
- Hilfsstelle von Linienstellen
- Beratung
- Entscheidungsvorbereitung
- Keine Entscheidungs- und Anordnungsbefugnis

Beispiel: Rechtsabteilung

Abteilungsbildung

Begriff Abteilung

- Zusammenfassung mehrerer Stellen unter einheitlicher Leitung.

Ziele
- Schaffung überschaubarer, leicht kontrollierbarer Bereiche
- Strukturierung eines übersichtlichen Unternehmensaufbaus
- Schaffung von Verantwortungsbereichen mit speziellen Aufgaben

Betriebshierarchie

Betriebsgliederung (= Betriebshierarchie)

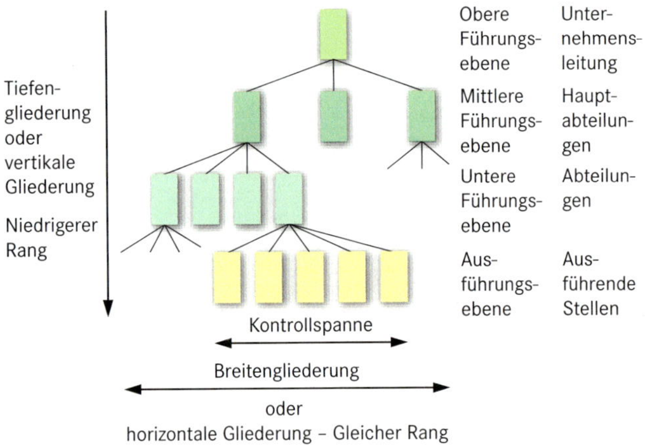

Kriterien der Abteilungsbildung

Funktionsorientierte Organisation	Produktorientierte Organisation	Regionorientierte Organisation	Personenorientierte Organisation
(functional type of organization)	(product type of organization *oder* divisional organization)	(geographical type of organization)	(personal type of organization)
↓	↓	↓	↓
Bildung von Abteilungen, wie „Einkauf", „Verkauf", „Finanzierung".	Bildung von Abteilungen, wie „Produkt A", „Produkt B", „Produkt C".	Bildung von Abteilungen, wie „Deutschland", „Westeuropa", „Amerika".	Bildung von Abteilungen, wie „Friedrichs", „Müller", „Kramer".

Aufbauorganisation
Functional Organization Structure

Organigramm

Begriff	Stellensymbole	Funktionen
Hilfsmittel zur grafischen Abbildung der Organisationsstruktur eines Unternehmens	In der Regel Rechtecke für Linienstellen Häufig Elipsen für Stabsstellen	Veranschaulichung ■ der Aufgabengliederung ■ des hierarchischen Aufbaus ■ der Über- und Unterordnungsverhältnisse ■ der Kommunikationsbeziehungen

Beispiel funktionsorientierte Aufbauorganisation

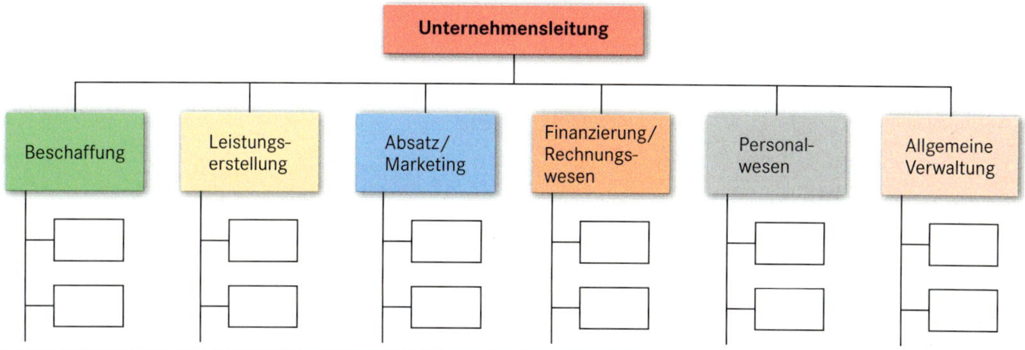

Beispiel produktorientierte Aufbauorganisation

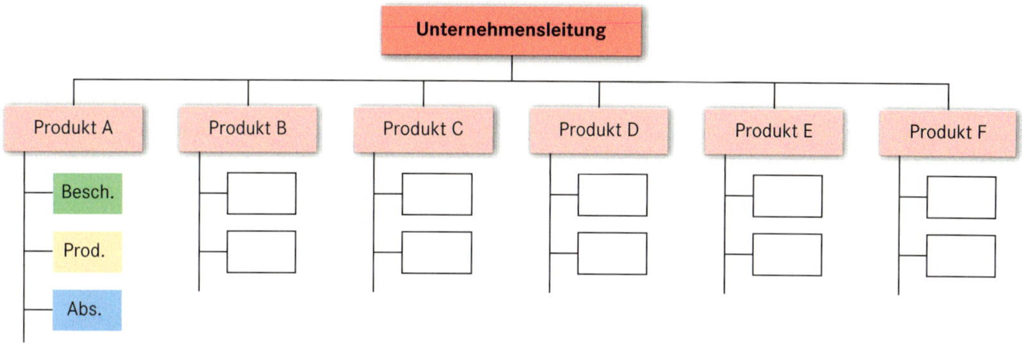

Leitungssysteme
Management Systems

Stellenpyramide/Managementebenen

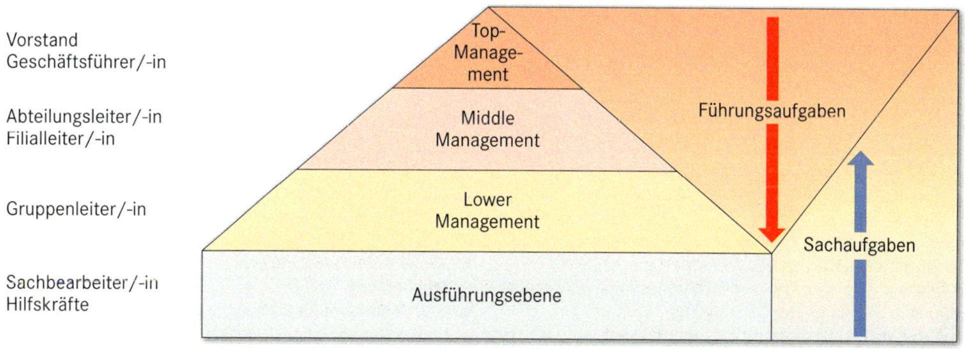

Einliniensystem

- Eine untergeordnete Stelle erhält nur von einer übergeordneten Stelle Anweisungen.
- Eine untergeordnete Stelle gibt Meldungen/Vorschläge nur an die unmittelbar übergeordnete Stelle (Instanz).

Beispiel:

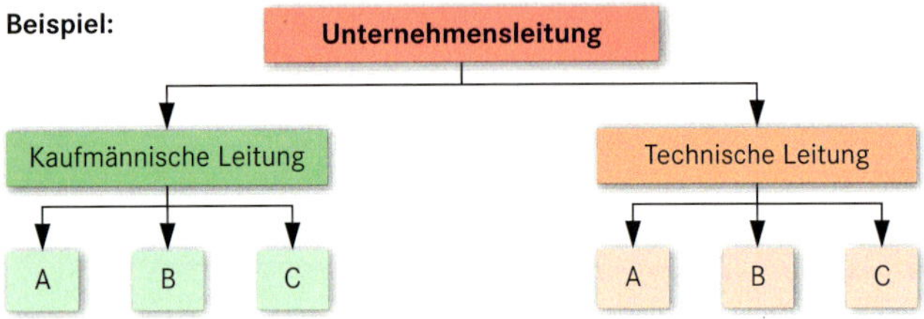

Mehrliniensystem

- Eine untergeordnete Stelle erhält Weisungen von mehreren übergeordneten Stellen.

Beispiel:

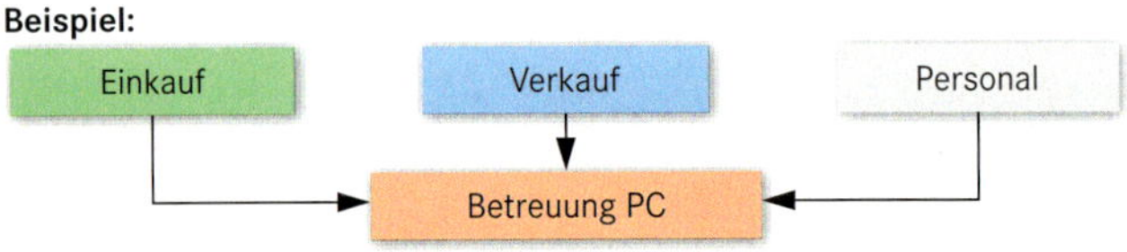

Stab-Linien-System

- Ergänzung des Einliniensystems durch Stellen der Staborganisation
- Stabsstellen entlasten die Linienstellen. Sie dienen häufig nicht nur einer einzelnen Instanz (Direktionsassistent), sondern dem ganzen Unternehmen

Beispiel:

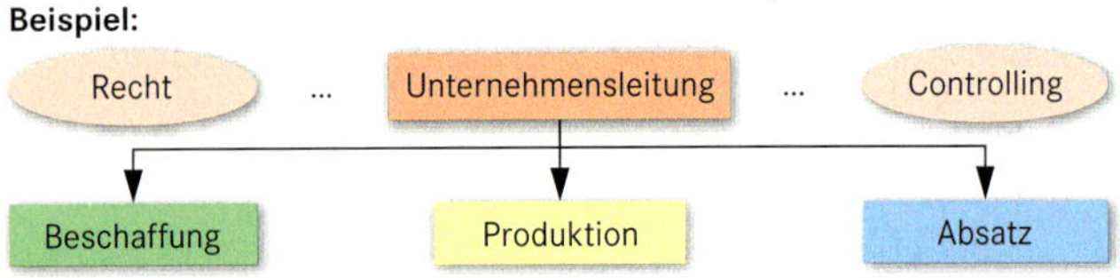

Matrixorganisation

Weiterentwicklung des Mehrliniensystems, da jede Teilfunktion von zwei Entscheidungslinien beeinflusst wird.

Kombination zweier gleichberechtigter Hierarchieebenen: Funktions- und produktorientierte Organisation

Bedeutung

Zwei Fachabteilungen mit unterschiedlichen Sichtweisen bemühen sich um die Lösung derselben Aufgabe.

Beispiel: „Beschaffung zur Fertigung von PCs"
Der Produktmanager „PC" entscheidet über die Art der Materialien, der Leiter der Funktionsabteilung „Beschaffung" entscheidet über die Auswahl der Lieferanten.

Beispiel:

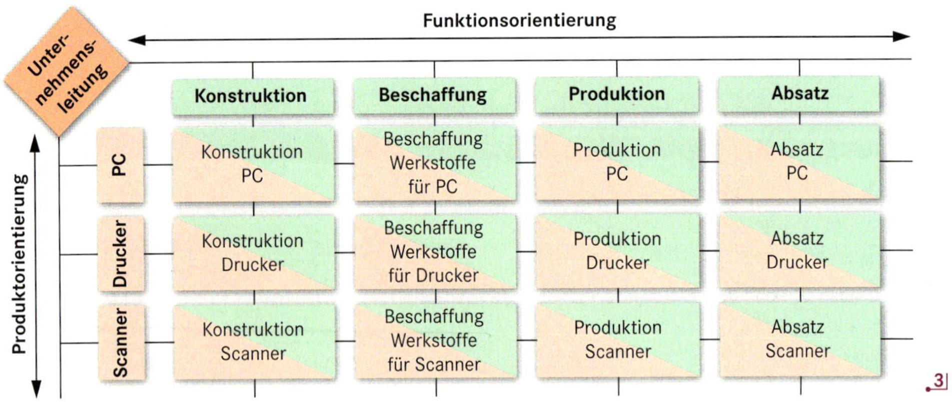

Bedeutung

- Förderung der Teamarbeit
- Entlastung der Unternehmensleitung
- Verbesserung der Qualität von Problemlösungen durch das Einbringen verschiedener Denkansätze

- Auftreten von Kompetenzproblemen
- Längere Entscheidungsdauer durch die Notwendigkeit der Abstimmung
- Häufigere Kompromissentscheidungen durch Konfliktvermeidungsstrategie der Abteilungsleiter

Formen der Projektorganisation

Drei grundsätzliche Formen der Projektorganisation hinsichtlich zunehmender Befugnisse der Projektleitung:

Stab-Projektorganisation

Die Linienorganisation bleibt vollständig erhalten. Die Projektleitung als Stab übernimmt nur koordinierende Aufgaben, hat aber **keine Entscheidungs- oder Weisungsbefugnis**. Die Projektmitarbeiter arbeiten nebenamtlich für das Projekt.

Geeignet für kleine, unbedeutende Projekte geringer Komplexität mit geringem Zeitdruck und Standardtechnologie

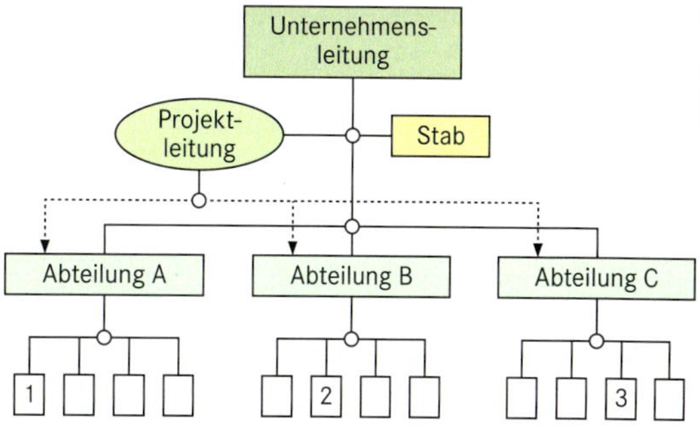

Matrix-Organisation

In dieser Mischform werden **Kompetenzen zwischen Projektleitung und Linieninstanzen aufgeteilt**:

Die Projektmitarbeiter sind fachlich der Projektleitung, disziplinarisch ihren Linieninstanzen unterstellt; sie arbeiten in Teilzeit für das Projekt.

Geeignet für große, bedeutende Projekte mittlerer Komplexität mit mittlerem Zeitdruck und komplizierter Technologie

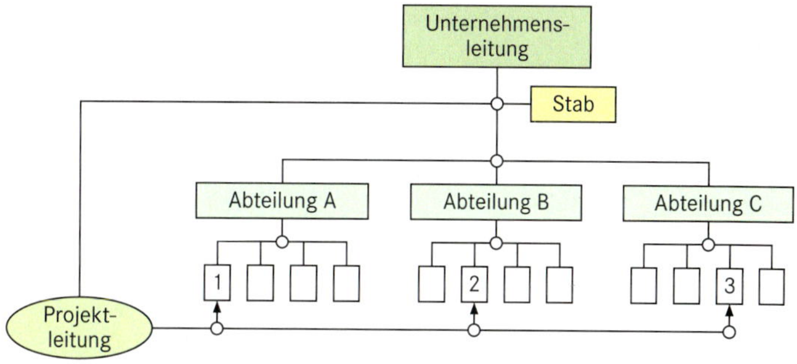

Reine Projektorganisation

Die Projektmitarbeiter werden aus ihren bisherigen Abteilungen herausgelöst, sind fachlich und disziplinarisch der Projektleitung unterstellt und arbeiten ausschließlich für das Projekt.

Geeignet für sehr große und sehr bedeutende Projekte hoher Komplexität mit hohem Zeitdruck und neuer Technologie

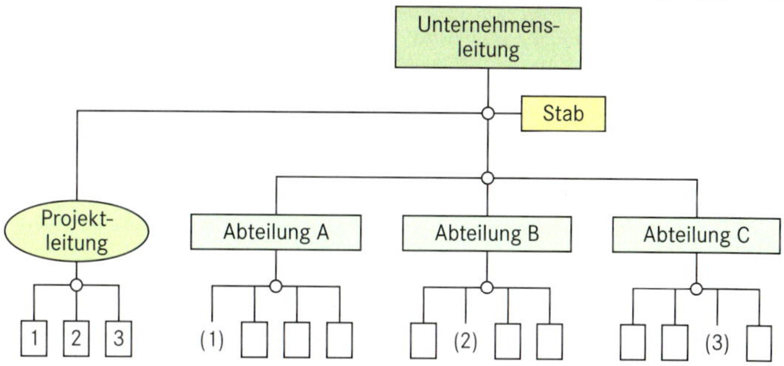

Projektstruktur oder projektinterne Struktur

Aufgaben des Lenkungsausschusses:
- Erteilung des Projektauftrages
- Freigabe von Projektzielen und -planung
- Verfolgung des Projektfortschritts
- Treffen von Grundsatzentscheidungen

Aufgaben der Projektleitung:
- Projektplanung und -management
- Berichte an den Lenkungsausschuss

Bei Großprojekten häufig Bildung von Teilprojekten mit **Teilprojektleitern**

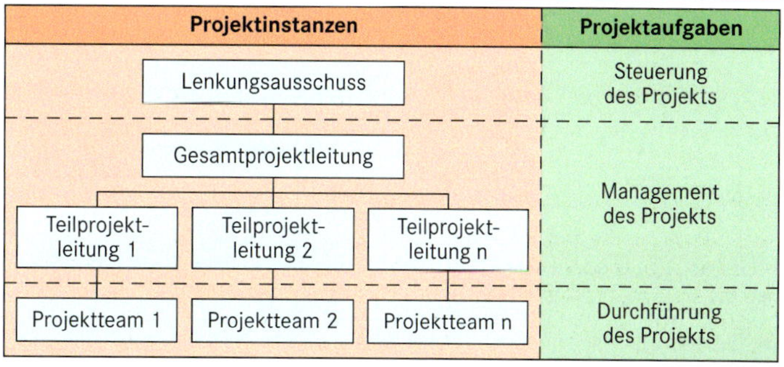

Begriff

- Unternehmensführung oder Management kennzeichnet eine Tätigkeit, die die Betriebspolitik durch **Planung**, das Treffen von **Grundsatzentscheidungen**, die Durchsetzung dieser Entscheidungen durch Erteilung von **Anweisungen** und die **Kontrolle** umfasst.
- Grundsatzentscheidungen haben langfristige Auswirkungen auf das Unternehmen. Sie sind risikobehaftet, weil die Informationen unvollkommen sind oder über zukünftige Entwicklungen nur unsichere Vorstellungen herrschen. Deshalb können sie nicht an untere Stellen delegiert werden.

Führungsstile und Führungsverhalten

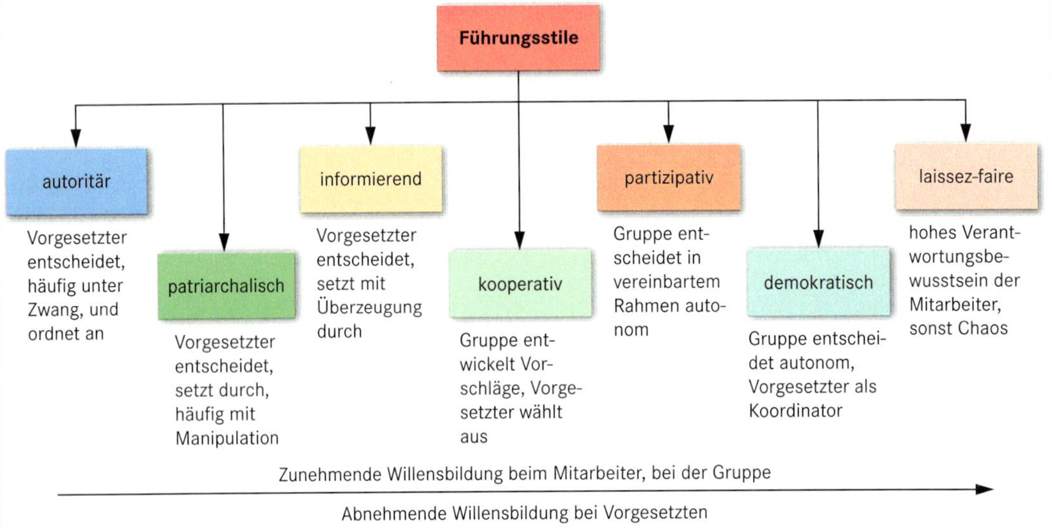

Autoritärer Führungsstil

- **Zentralisierte Machtstellung** des Vorgesetzten, von der uneingeschränkt Gebrauch gemacht wird
- **Vorgabe** von Zielen und Aufgaben
- Starke **Ausführungskontrolle**; Information von „unten" nach „oben" nur zur Kontrolle
- **Straffe Führung**; kaum Gespräche und Meetings, keine Delegation von Verantwortung und Kompetenzen
- **Selten Anerkennung**, keine Motivation – eher häufiger Kritik
- **Mehr aufgabenorientierter** Führungsstil

Kooperativer Führungsstil

- **Begrenzte Machtstellung** des Vorgesetzten, die wenig genutzt wird
- **Gemeinsames Erarbeiten** von Zielen und Aufgaben
- Geteilte Verantwortung bei der **Erfolgskontrolle**
- Systematische Kommunikation, **Problemlösungen im Team**; Freiräume innerhalb vorgegebener Grenzen
- **Anerkennung** guter Leistungen; positives Feedback
- Mehr **personenorientierter** Führungsstil

Führungsgrundsätze

Sie sind Gestaltungsmuster der Unternehmensführung, die für alle Führenden einheitlich, durchgängig und verbindlich sind. Sie sind Sollvorstellungen darüber, wie die Unternehmensführung zu gestalten ist, auf welche Ziele sie auszurichten ist und wie sie personell, instrumental und prozessual zu vollziehen ist.

Unterschieden werden folgende Führungsgrundsätze oder Management-by-Methoden:

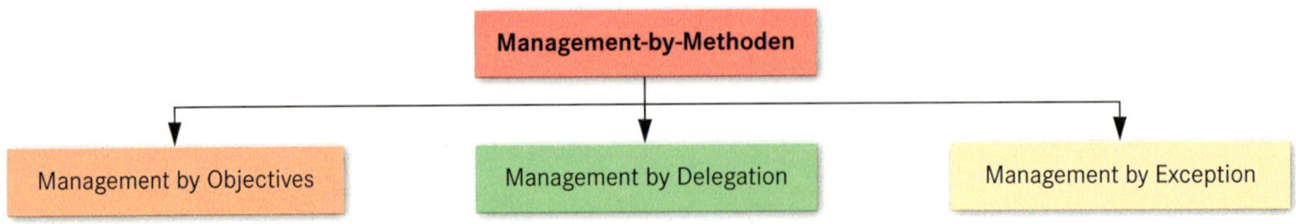

Bei diesen Methoden handelt es sich um Teilaspekte der Leitungstätigkeit, die erst durch ihre Kombination voll wirksam werden.

Management by Objectives

Begriff	Ziele	Voraussetzungen
Führung durch kooperative Zielfindung, wobei die Ziele keine einmal festgelegten Daten sind, sondern durch innerbetriebliche Prozesse und insbesondere den Markt beeinflusst werden und daher fortgeschrieben werden müssen	Objektivierung des Zielsetzungs- und Leistungsprozesses; eindeutige Strategien, Fortschrittsorientierung, leistungsbezogenes Vergütungssystem	Quantifizierung der Ziele; Festlegung klarer Aufgaben- und Verantwortungsbereiche und Delegation der entsprechenden Aufgaben; eindeutige Leistungs- und Beurteilungsmaßstäbe; Kontrolle durch Soll-Ist-Vergleich sowie Ermittlung und Analyse von Abweichungen

Management by Delegation

Begriff	Ziele	Voraussetzungen
Führung durch klare Aufgaben- und Kompetenzverteilung sowie Übertragung von Handlungsverantwortung auf die Mitarbeiter	Förderung von Initiative und Mitverantwortung der Mitarbeiter; Übernahme von Mitunternehmerfunktion durch die Mitarbeiter; Aufgabenorientierung	Stellenbeschreibungen und -abgrenzung; Ausschluss der Zurück- oder Weiterdelegation durch die Mitarbeiter; Eingriff des Vorgesetzten nur bei Fehlern oder in zuvor festgelegten Ausnahmefällen; geeignetes Informationssystem

Management by Exception

Begriff	Ziele	Voraussetzungen
Führung durch den Vorgesetzten nur in Ausnahmesituationen; Mitarbeiter entscheiden selbstständig innerhalb eines vorgegebenen Ermessensspielraumes	Entlastung des Vorgesetzten von ausführenden bzw. Routinearbeiten und generell programmierbaren Entscheidungen	Festlegung des Handlungsrahmens und Aufstellen von Grenzwertregeln im definierten Ausnahme- bzw. Abweichungsfall; Information an den Vorgesetzten; Eingriff bzw. Entscheidung durch den Vorgesetzten

Entscheidungssysteme der oberen Leitungsebene

Direktorialsystem

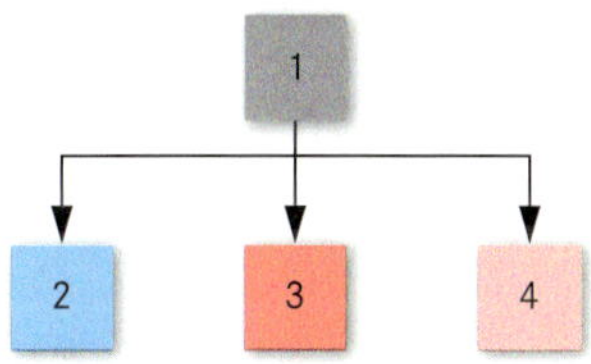

- Entscheidung durch eine einzige Person
- Vorteile:
  - Einheitlichkeit der Willensbildung
  - Schnelle Entscheidung
  - Straffe Unternehmensführung
- Nachteile:
  - Risiko von Fehlentscheidungen
  - Machtkonzentration
  - Starke Belastung des Leitenden
  - Probleme bei der Vertretung, zum Beispiel im Krankheitsfall

Kollegialsystem

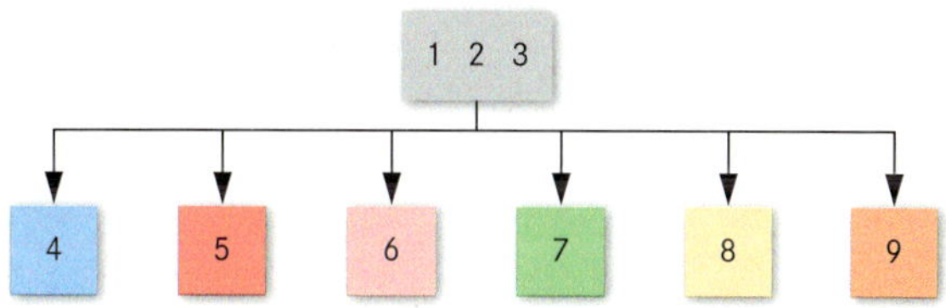

- Entscheidung durch mehrere Personen
- Arten:
  Primatkollegialität: (primus inter pares (lt.) = Erster unter Gleichen)
  Der Vorsitzende entscheidet bei Stimmengleichheit.
  Abstimmungskollegialität: Entscheidungen werden mit einfacher oder qualifizierter Mehrheit getroffen.
  Vetokollegialität: Entscheidungen können nur einstimmig getroffen werden. Durch das Veto (Widerspruch) eines Mitglieds des Führungsgremiums kommt der Beschluss nicht zustande.
- Vorteil:
  - Minderung der Gefahr von Fehlentscheidungen durch breitere Informationsgrundlage und mehr Sachverstand
- Nachteile:
  - Langsamerer Entscheidungsprozess
  - Verfolgung von Eigeninteressen der Führungsmitglieder
  - Hintertreiben von Beschlüssen durch die Mitglieder, die gegengestimmt haben

Prokura

Die Prokura ermächtigt zu allen Arten von gerichtlichen und außergerichtlichen Geschäften und Rechtshandlungen, die der Betrieb **(irgend)eines** Handelsgewerbes mit sich bringt (§ 49 HGB).

Arten		
Einzelprokura	Gesamtprokura	Filialprokura
Ausübung der Vollmacht ohne Mitwirkung einer anderen Person	Ausübung der Vollmacht nur im Zusammenwirken mit einer anderen vertretungsberechtigten Person	Beschränkung der Vertretungsvollmacht auf den Betrieb einer Niederlassung

Handlungsvollmacht

Die allgemeine Handlungsvollmacht erstreckt sich auf alle Geschäfte und Rechtshandlungen, die der Betrieb eines **bestimmten** Handelsgewerbes gewöhnlich mit sich bringt (§ 54 HGB).

Arten nach dem Umfang		
Allgemeine Handlungsvollmacht	Artvollmacht	Spezialvollmacht
Auf Dauer erteilte Vollmacht, die zur Erledigung **aller** gewöhnlichen Rechtsgeschäfte in dem betreffenden Handelsgewerbe befugt	Auf Dauer erteilte Vollmacht, die zur Erledigung einer **bestimmten Art von wiederkehrenden** Geschäften befugt, z. B. Einkaufen	Vollmacht, die zur Erledigung eines **einzelnen** Rechtsgeschäftes ermächtigt, z. B. Kauf eines PC

Erteilung der Vollmachten

6

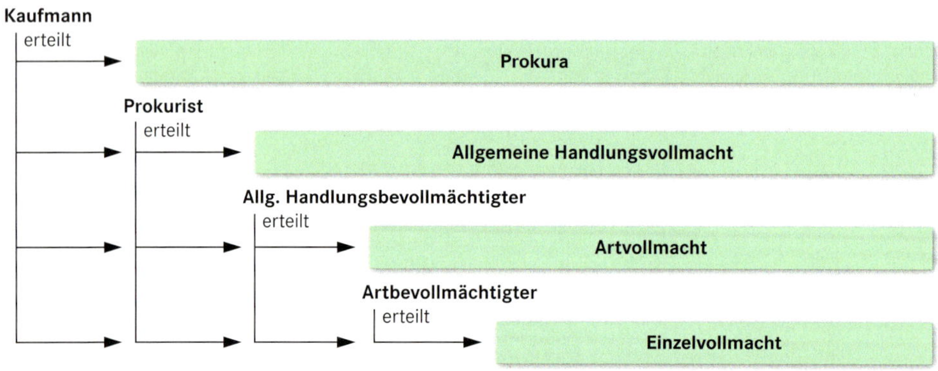

Umfang der Vollmachten

Unternehmer/-in	Prokura	Allgemeine Handlungsvollmacht	Art-vollmacht	Einzel-vollmacht
Steuererklärungen/Bilanz unterschreiben, Eid leisten, HR-Eintragungen anmelden, Insolvenz anmelden, Geschäft verkaufen, Prokura erteilen, Gesellschafter aufnehmen	verboten	verboten	verboten	verboten
Grundstücke belasten/verkaufen	besondere Vollmacht notwendig	besondere Vollmacht notwendig	besondere Vollmacht notwendig	besondere Vollmacht notwendig
Prozesse führen, Darlehen aufnehmen, Wechsel unterschreiben	ohne besondere Vollmacht möglich	besondere Vollmacht notwendig	besondere Vollmacht notwendig	besondere Vollmacht notwendig
Grundstücke kaufen, Zahlungsgeschäfte erledigen, verkaufen, Mitarbeiter entlassen/einstellen	ohne besondere Vollmacht möglich	ohne besondere Vollmacht möglich	besondere Vollmacht notwendig	besondere Vollmacht notwendig
Einkaufen	ohne besondere Vollmacht möglich	ohne besondere Vollmacht möglich	ohne besondere Vollmacht möglich	besondere Vollmacht notwendig

- (weiß) Geschäfte, die ohne besondere Vollmacht möglich sind
- (grün) Geschäfte, für die eine besondere Vollmacht notwendig ist
- (rot) Geschäfte, für die eine Vertretungsvollmacht gesetzlich verboten ist

7

Zur Umsetzung der Unternehmensphilosophie und der daraus abgeleiteten Unternehmensziele (siehe S. 338) sind in einem Betrieb viele Aufgaben (Funktionen) zu erfüllen:

Funktionen des Betriebes

Grundfunktionen

Hierbei handelt es sich um Aufgaben, die sich aus dem eigentlichen Leistungszusammenhang des Betriebes ergeben.

In einem Industriebetrieb sind dies die Aufgaben Beschaffung, Leistungserstellung (Produktion) und Absatz/Marketing.

Querschnittsfunktionen

Hierbei handelt es sich um Aufgaben, die sich auf alle Teilbereiche des Betriebes beziehen.

Es sind dies die Aufgaben Finanzierung, Rechnungswesen, Personalwesen und Informationswesen.

Grundfunktionen und ihre Teilaufgaben

Beschaffung

Zum Beispiel:
- Klärung des Bedarfs nach Art, Menge und Zeitpunkt
- Ermittlung der Bezugsquellen
- Einholung und Prüfung von Angeboten
- Bestellung
- Bestellungs-, Terminüberwachung
- Herbeiholen der Leistungen
- Übernahme mit Kontrolle, Qualitätsprüfung, Reklamationen
- Rechnungsprüfung

Leistungserstellung

Zum Beispiel:
- Forschung und Entwicklung
- Konstruktion
- Planung des Fertigungsverfahrens
- Arbeitsvorbereitung
- Lagerung der Werkstoffe
- Fertigungsdurchführung
- Fertigungskontrolle
- Lagerung der Fertigerzeugnisse
- Verpackung
- Hilfsfunktionen wie Wartung, Instandhaltung, Energieversorgung, innerbetrieblicher Transport

Absatz/Marketing

Zum Beispiel:
- Marktforschung, -erkundung
- Einsatz der Marketinginstrumente
- Absatzanbahnung (Anfragen bearbeiten, Angebote erstellen)
- Auftragsabwicklung
- Rechnungserstellung
- Kundenservice wie Beratung, Wartung, Reparaturen
- Kundenpflege

Querschnittsfunktionen und ihre Teilaufgaben

Finanzierung/Rechnungswesen

Zum Beispiel:
- Kapitalbedarfsrechnung
- Investitionsrechnung
- Finanzplanerstellung
- Eigen- oder Fremdfinanzierung
- Kreditbeschaffung
- Liquiditätsüberwachung
- Finanzbuchhaltung
- Jahresabschluss
- Bilanzanalyse
- Kosten- und Leistungsrechnung
- Statistik und Vergleichsrechnung
- Planungsrechnung

Personalwesen

Zum Beispiel:
- Personalbedarfsermittlung
- Stellenausschreibung
- Personalauswahl
- Personaleinstellung
- Personalleasing
- Personalcontrolling
- Personaleinsatz
- Personalentwicklung (Personalförderung)
- Personalbetreuung (Sozialwesen)
- Arbeitsbewertung und Entlohnung
- Personalentlassung

Informationswesen

Zum Beispiel:
- Ableitung des Informationsbedarfs aus dem Entscheidungsproblem
- Nutzung interner und externer, nichtelektronischer und elektronischer Informationsquellen
- Sammlung und Speicherung entscheidungsrelevanter Informationen im Data-Warehouse
- Verarbeitung (Transformation) originärer Informationen zu entscheidungsrelevanten Größen
- Informationsübermittlung (räumlich) und -ausgabe an Entscheidungsträger

Begriff

- Ablauforganisation ist die rationale Gestaltung von Arbeitsprozessen zur Erfüllung betrieblicher Teilaufgaben. Arbeitsvorgänge, die zeitlich und räumlich hinter- oder nebeneinander verlaufen, werden geordnet.

Ziele

- Optimale Auslastung der Arbeitskräfte und Betriebsmittel
- Minimierung der Durchlaufzeiten für die Arbeitsprojekte

Gegenstand

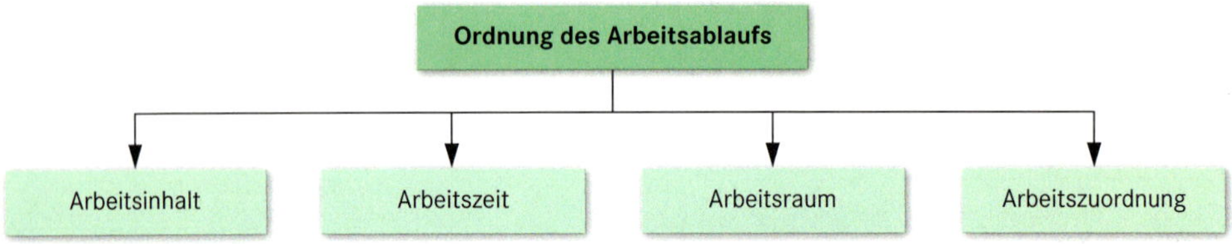

Ordnung des Arbeitsinhalts

- Bestimmung des Arbeitsobjektes
- Festlegung der einzelnen Verrichtungen im Wege der Arbeitsanalyse

Ordnung der Arbeitszeit

- Bestimmung der Reihenfolge der verschiedenen Teilaufgaben (Verrichtungen)
- Ermittlung der Zeitdauer für die Teilaufgaben
- Bestimmung der kalendermäßigen Anfangs- und Endzeitpunkte der Teilaufgaben

Ordnung des Arbeitsraums

- Anordnung der einzelnen Stellen bzw. Arbeitsplätze zur Erledigung der Teilaufgaben im Hinblick auf größtmögliche Wirtschaftlichkeit

Arbeitszuordnung

- Einzelzuordnung: Eine Teilaufgabe wird **einem** Aufgabenträger zwingend vorgeschrieben
- Gruppenzuordnung: Die Teilaufgabe wird einer Gruppe von Personen übertragen

Formen der Darstellung

Ablaufdiagramm

Beispiel:

Inhalt:
Wörtliche Aufführung aller Arbeitsgänge in ihrer Reihenfolge

Form:
Arbeitsablaufkarte

Anwendungsbereich:
Einfache Tätigkeiten

Arbeitsablauf		**Inhalt: Auftragsbearbeitung**			
Lfd. Nr	Ablaufstufen	Stellen			
		Sachbearbeiterin Poststelle	Sachbearbeiterin Versand	Sachbearbeiter Rechnungswesen	Sachbearbeiter Lager
1	Eingang Bestellschein (BS)	Tätigkeit			
2	BS an Sachbearbeiterin Versand		Transport		
3	Ablage, wenn Lieferschein (LS) fehlt		Wartezeit, Stillstand		
4	2 LS-Kopien erstellen	Tätigkeit			
5	LS-Kopien an Sachbearbeiterin Versand		Transport		
6	Kopien trennen		Tätigkeit		
7	1. Kopie an Sachbearbeiter Lager				Transport
8	Lieferung buchen				Tätigkeit
9	Kopie ablegen				Ablage
10	Zusammenfügen von BS + 2. Kopie LS		Tätigkeit		
11	Konditionen prüfen		Kontrolle		
12	LS und BS an Sachbearbeiter Rechnungswesen			Transport	
13	Rechnung schreiben, LS, BS			Tätigkeit	
14	Kontrolle von Menge, Preis, Konditionen, Adresse			Kontrolle	
15	Kopien verteilen an Sachbearbeiter(in) Versand und Lager		Transport		Transport
16	Ablage Rechnung, LS, BS			Ablage	

Symbolerklärung: ● = Tätigkeit; D = Wartezeit, Stillstand; ➡ = Transport; ▲ = Ablage; ■ = Kontrolle

8

Flussdiagramm

Inhalt:
Darstellung zeitlicher bzw. logischer Folgen und Abläufe

Verwendete Symbole:

(rotes Oval)	Start, Stopp
(grünes Rechteck)	Bearbeitung, Tätigkeit
(blaue Raute mit Nein / Ja)	Entscheidung mit Ja-Nein Verzweigung
(Pfeile)	Ablauflinie. Die Flussrichtung erfolgt hauptsächlich in der Senkrechten.
(oranger Kreis)	Anschlusspunkt, Sprungstelle
(Dreieck)	Sprung ohne Rückkehr

Beispiel:
Arbeitsablauf „Bearbeitung einer Bestellung von Kunden“

9

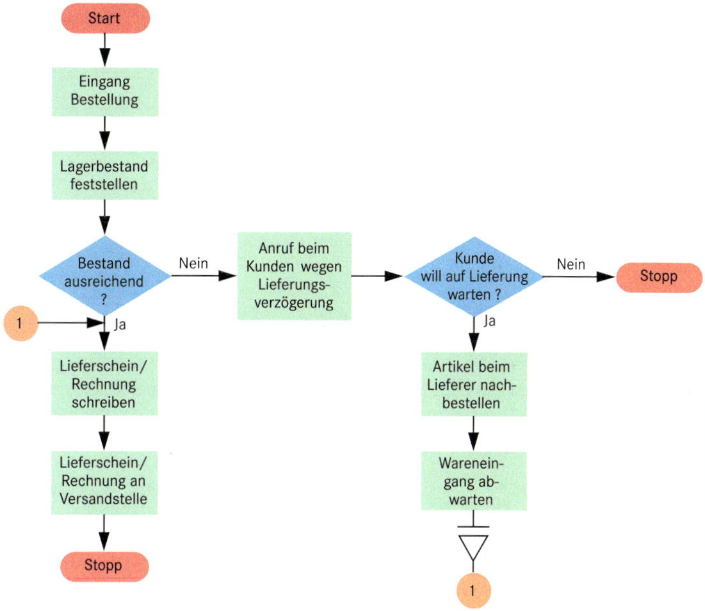

Netzplantechnik

Inhalt:
Beschreibung der Teilarbeiten von Prozessen/Projekten in der **Strukturanalyse**.

Erläuterung:
FAZ = frühester Anfangszeitpunkt
FEZ = frühester Endzeitpunkt
SAZ = spätester Anfangszeitpunkt
SEZ = spätester Endzeitpunkt
GP = Gesamtpuffer
FP = Freier Puffer
GP = SAZ – FAZ
FP = FAZ (Nachf.) – FEZ

Beispiele: Puffer für Vorgang G
GP = 26 – 20 = 6 Arbeitstage
FP = 22 – 22 = 0 Arbeitstage

Beispiel:
Struktur- und Zeitanalyse „Bau einer Lagerhalle“

Vorgang	Strukturanalyse		Zeitanalyse						
	Beschreibung	Folgetätigkeit	Arbeitstage	FAZ	FEZ	SAZ	SEZ	GP	FP
A	Entwurf, Planung	B, F, G	20	0	20	0	20	0	0
B	Erdaushub Fundamente	C	3	20	23	20	23	0	0
C	Ausgießen Fundamente	D	2	23	25	23	25	0	0
D	Verschalung Betonsockel	E	5	25	30	25	30	0	0
E	Betonierung Betonsockel	I	3	30	33	30	33	0	0
F	Bestellung und Auslieferung Betonteile	I	10	20	30	23	33	3	3
G	Aushub Ver- und Entsorgungsleitungen	H	2	20	22	26	28	6	0
H	Leitungsverlegung	I	5	22	27	28	33	6	6
I	Montage Lagerhalle	J	7	33	40	33	40	0	0
J	Installationsarbeiten	–	4	40	44	40	44	0	0

Aus den Angaben der Struktur- und Zeitanalyse ergibt sich der Netzplan:

Knoten:

FAZ		FEZ
Vorgang	Beschreibung	
Dauer	GP	FP
SAZ		SEZ

Kritischer Weg:
Weg ohne Pufferzeiten

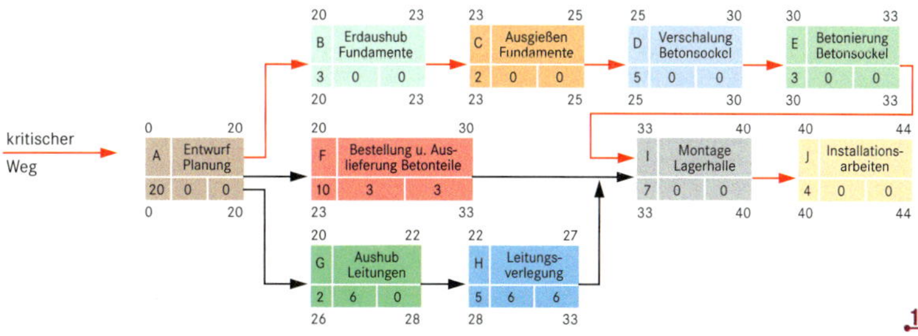

10

Neue Formen der Arbeitsorganisation
New Types of Work Organization

Die industrielle Fertigung war früher durch eine äußerst arbeitsteilige Produktionsweise geprägt, die auf Frederick Winslow Taylor (1856–1915) zurückging. Ganzheitliche Arbeitsprozesse wurden bis in kleinste, von den Arbeitskräften nur noch zu erledigende Arbeitseinheiten (Arbeitsgriffe) zerlegt. Außerdem war eine strikte Trennung von dispositiver und ausführender Arbeit zu beobachten.

Die Folge war zwar eine Erhöhung der Arbeitsproduktivität, die jedoch mit einer zunehmenden Entfremdung der Arbeitnehmer vom Ergebnis ihrer Tätigkeit einherging. Zudem führten Monotonie und Einseitigkeit der Arbeit zu physischen und psychischen Belastungen, die sich u. a. negativ auf Arbeitsklima, Produktqualität und Produktivität auswirkten. Die Forderung nach **Humanisierung der Arbeit** führte zu neuen Formen der Arbeitsorganisation:

Job rotation

Die Arbeitskräfte **wechseln** ihre **Arbeitsplätze** nach vorgegebenen oder selbst bestimmten Zeiten oder Arbeitsfolgen. Ziel ist, die Arbeitsmonotonie abzubauen.

Job enlargement

Qualitativ gleiche Arbeitsschritte, die bisher von mehreren Arbeitskräften verrichtet wurden, werden zu einem Arbeitsplatz zusammengefasst (**Vergrößerung des Arbeitsinhalts** eines Arbeitnehmers).

Job enrichment

Individuelle Arbeitsbereicherung liegt dann vor, wenn zu den bisherigen ausführenden Arbeiten planende und kontrollierende Tätigkeiten, also qualitativ „höherwertige" Aufgaben hinzukommen. Dadurch übernehmen die Arbeitskräfte mehr Verantwortung.

Teilautonome Arbeitsgruppen

Einer Gruppe von Mitarbeitern werden zusammenhängende Aufgaben übertragen, die sie eigenverantwortlich innerhalb eines vorgegebenen Entscheidungs- und Kontrollspielraums (daher teilautonom) gemeinsam bewältigen (**kollektive Arbeitsbereicherung**). Neben Fachkompetenz sind vor allem Methoden- und Sozialkompetenz (z. B. Teamfähigkeit) gefragt.

Fertigungsinsel

Fertigungsinseln sind **relativ selbstständige Organisationseinheiten**, die eine erweiterte Form der teilautonomen Arbeitsgruppen darstellen.

Kennzeichen:

- Eine Fertigungsinsel ist eine **planerisch selbstständige Arbeitsgruppe**.
- Alle zur Teilefertigung notwendigen Betriebsmittel sind vorhanden.
- Es gibt mehr Arbeitsplätze als Arbeitskräfte, sodass die Arbeitnehmer mit den zu fertigenden Teilen von Maschine zu Maschine „wandern".
- Zusätzlich zu den ausführenden Arbeiten werden verstärkt **dispositive Tätigkeiten** wie zum Beispiel Qualitätskontrolle, Terminierung der Arbeitsaufträge, Planung der Abfolge der Arbeitsgänge, Ausfertigung der Arbeitspläne, Planung der Materialbereitstellung in den Arbeitsumfang einbezogen.

Beispiel: Fahrradbau

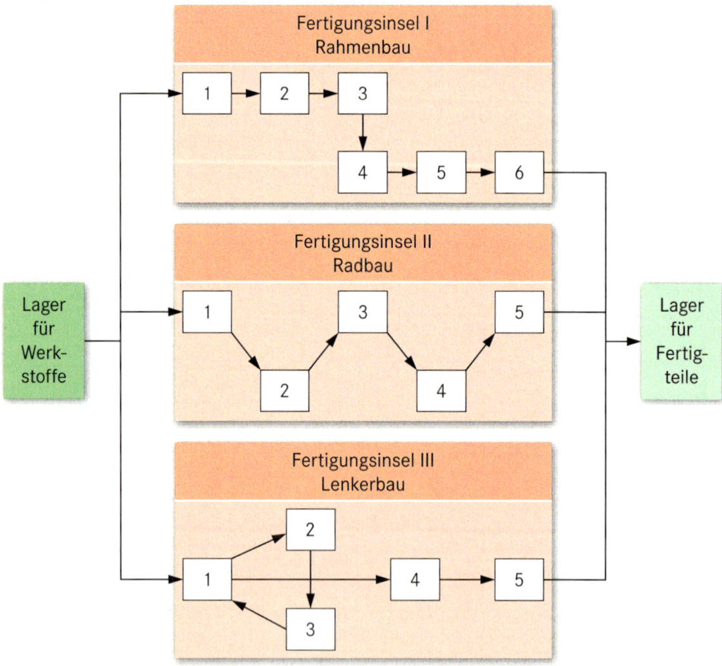

Schnelle Reaktion auf Kundenwünsche, Verlängerung der Maschinenlaufzeiten zur Senkung der stückfixen Kosten, Berücksichtigung der Leistungsfähigkeit der Arbeitnehmer und die unterschiedlichen Arbeitszeitinteressen der Arbeitnehmer zum Beispiel im Hinblick auf familienfreundliche Arbeitsplätze (Stichwörter: Kindererziehung, Altenpflege usw.) machen eine zunehmende **Flexibilisierung der Arbeitszeit** erforderlich. Sie hat ihren Niederschlag in diversen Arbeitszeitmodellen gefunden, deren Hauptmerkmale im Folgenden dargestellt werden.

Schichtarbeit

- Veränderung der Lage, nicht der Dauer der Arbeitszeit
- Je nach Belastungsgrad der Arbeit häufig zwei bis drei Schichten pro Tag
- Unterschieden werden Dauerschicht, Wechselschicht und Teilschicht
- Ausdehnung der Produktionszeit bzw. der Maschinenlaufzeiten (Fixkostendegression)

Jobsharing/Jobsplitting

- Beim **Jobsharing** teilen sich zwei Arbeitnehmer einen Arbeitsplatz. Sie entscheiden gemeinsam, wer von beiden zu welcher Zeit am Arbeitsplatz anwesend sein muss. Hier kann es zu Koordinationsschwierigkeiten im Hinblick auf den Übergabezeitpunkt sowie zu Informationsverlusten beim Übergabeinhalt kommen.
- Beim **Jobsplitting** wird ein Vollarbeitsplatz in **zwei** voneinander **unabhängige Arbeitsplätze** aufgeteilt.

Gleitzeit

Unter Gleitzeit ist die flexible Gestaltung der individuellen Arbeitszeit zu verstehen. Dabei werden zwei Modelle unterschieden:

- Bei der **einfachen Gleitzeit** bestimmen die Arbeitnehmer Beginn und Ende der Arbeitszeit selbst. Während der so genannten **Kernzeit** besteht jedoch zur Sicherung der Erreichbarkeit für die Kunden und der innerbetrieblichen Kommunikation Anwesenheitspflicht.
- Die **qualifizierte Gleitzeit** sieht vor, dass die Arbeitnehmer ihre Arbeitszeit völlig unabhängig (also Lage und Dauer der Arbeitszeit) bestimmen, die Arbeitszeiten werden auf Zeitkonten erfasst. Zeitguthaben werden finanziell abgegolten oder mit den Arbeitszeiten des Folgemonats verrechnet (Zeitausgleich).

Arbeitszeitkonten

- Ausgehend von einer festgelegten Jahresarbeitszeit wird die regelmäßige monatliche Arbeitszeit bestimmt.
- In arbeitsintensiven Phasen werden über die regelmäßige monatliche Arbeitszeit hinaus geleistete Arbeitsstunden auf Arbeitszeitkonten **angespart**. In Phasen der Unterbeschäftigung werden diese Arbeitsstunden wieder **entspart** („atmende Fabrik"). Oder die angesparten Stunden werden „abgebummelt".
- Anspar- und Entsparphasen können sich über mehrere Jahre hinziehen.
- **Kerngedanken** dieses Modells sind, dass einerseits keine kostenintensiven Überstundenzuschläge bezahlt werden müssen. Andererseits können qualifizierte Arbeitskräfte in Zeiten der Unterbeschäftigung gehalten werden.

Altersteilzeit

Dieses Modell sieht einen gleitenden Übergang in den Ruhestand vor.

- So können zum Beispiel Arbeitnehmer, die älter als 55 Jahre sind, ihre wöchentliche Arbeitszeit stufenweise bis auf 50 % der regelmäßigen wöchentlichen Arbeitszeit verkürzen.
- Gleichzeitig reduzieren sich dabei anteilig die Bezüge wie auch die späteren Renten der Arbeitnehmer.

Arbeit auf Abruf

- Die Arbeitszeit ist variabel **kapazitätsorientiert** organisiert, das heißt, die Arbeitnehmer stehen bereit und arbeiten bei Bedarf auf Anforderung des Unternehmens (KAPOVAZ).
- Die Arbeit kann als Vollzeit- oder als Teilzeitarbeit organisiert werden, wobei die Dauer der wöchentlichen Arbeitszeit vorher vertraglich festzulegen ist. Ohne Festlegung gelten 10 Stunden pro Woche gesetzlich als vereinbart.

Teilzeitarbeit

- Die regelmäßige Wochenarbeitszeit des Arbeitnehmers ist kürzer als die regelmäßige wöchentliche Arbeitszeit eines Vollzeitbeschäftigten, wobei der Lohn bzw. das Gehalt anteilig gezahlt wird.
- Häufigste Form: Halbtagsarbeit; allerdings kann die vereinbarte Wochenarbeitszeit auch „geblockt" an zum Beispiel zwei oder drei Tagen geleistet werden.

Telearbeit

- Der Arbeitnehmer erbringt seine Arbeitsleistung für das Unternehmen zu Hause am Bildschirm; er ist mit dem Unternehmen über eine Standleitung vernetzt.
- Dieses Modell ist insbesondere für qualifizierte Arbeiten sinnvoll, bei denen es nicht auf eine ständige betriebliche Anwesenheit ankommt, sondern auf das Resultat der Arbeit, z. B. die Arbeit eines Programmierers.

„The Wall"

11

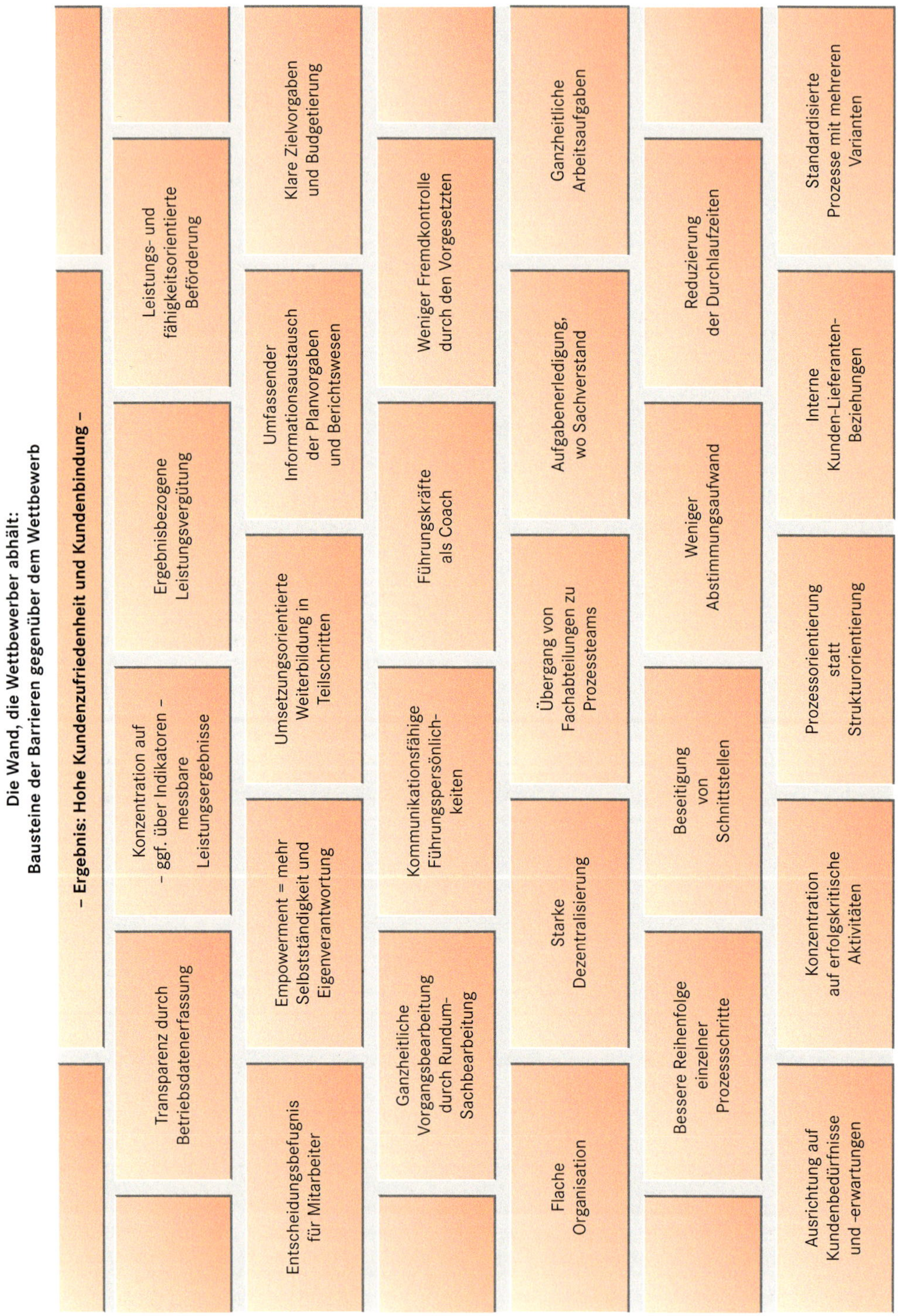
Die Wand, die Wettbewerber abhält:
Bausteine der Barrieren gegenüber dem Wettbewerb
– Ergebnis: Hohe Kundenzufriedenheit und Kundenbindung –
Transparenz durch Betriebsdatenerfassung
Konzentration auf – ggf. über Indikatoren – messbare Leistungsergebnisse
Ergebnisbezogene Leistungsvergütung
Leistungs- und fähigkeitsorientierte Beförderung
Entscheidungsbefugnis für Mitarbeiter
Empowerment = mehr Selbstständigkeit und Eigenverantwortung
Umsetzungsorientierte Weiterbildung in Teilschritten
Umfassender Informationsaustausch der Planvorgaben und Berichtswesen
Klare Zielvorgaben und Budgetierung
Ganzheitliche Vorgangsbearbeitung durch Rundum-Sachbearbeitung
Kommunikationsfähige Führungspersönlichkeiten
Führungskräfte als Coach
Weniger Fremdkontrolle durch den Vorgesetzten
Flache Organisation
Starke Dezentralisierung
Übergang von Fachabteilungen zu Prozessteams
Aufgabenerledigung, wo Sachverstand
Ganzheitliche Arbeitsaufgaben
Bessere Reihenfolge einzelner Prozessschritte
Beseitigung von Schnittstellen
Weniger Abstimmungsaufwand
Reduzierung der Durchlaufzeiten
Ausrichtung auf Kundenbedürfnisse und -erwartungen
Konzentration auf erfolgskritische Aktivitäten
Prozessorientierung statt Strukturorientierung
Interne Kunden-Lieferanten-Beziehungen
Standardisierte Prozesse mit mehreren Varianten

Begriff KAIZEN

Japanisch: **KAI** = Veränderung **ZEN** = zur Verbesserung
Deutsch: KVP = Kontinuierlicher Verbesserungsprozess

Prozess- und kundenorientierte Unternehmens- bzw. Managementphilosophie eines nie endenden Optimierungsprozesses.

KAIZEN-Schirm

12|

- Vorschlagswesen
- Automatisierung
- Arbeitsdisziplin
- Total Productive Maintenance (TPM)
- Kanban-System*
- Kundenorientierung
- Total Quality Management (TQM)*
- Mechanisierung
- Quality Circle (QC)
- Lean Production*
- Charge Management
- Lean Management*
- Qualitätssteigerung
- Just-in-Time-Fertigung (JIT)*
- Fehlerlosigkeit
- Business Process Reengineering (BPR)*
- (Klein-) Gruppenarbeit
- Kooperation der Managementebenen
- Produktivitätssteigerungen
- Entwicklung neuer Produkte

* Lean Production (Schlanke Produktion)

- Vermeidung jeglicher Verschwendung in der Produktion, insbesondere unnötiger Arbeitsschritte bis hin zur Verringerung der Produktionstiefe durch Outsourcing vorgelagerter Produktionsstufen
- Überwindung der strikten Trennung von dispositiver und ausführender Arbeit durch Einführung von Gruppenarbeit i. V. m. jobenrichment

* Lean Management

- Übertragung des Konzeptes des Lean Production auf das gesamte Unternehmen
- Hoch entwickeltes Vorschlagswesen
- Integration von Kunden, Lieferanten und Mitarbeitern
- Abbau von Hierarchiestufen

* Kanban (Karte)

- Innerbetriebliches Verfahren zur Unterstützung der Produktionsplanung und -steuerung
- Kanbans sind Anzeigekarten in Materialbehältern, mit deren Hilfe Nachschublieferungen an die Fertigungslinien ausgelöst werden.

* Just-in-Time-Fertigung

- Fertigungssynchrone Materialbeschaffung und -bereitstellung bzw. verkaufssynchrone Produktion zur Verringerung oder im besten Falle zur Vermeidung der Lagerhaltung im Beschaffungs- bzw. Absatzbereich
- Voraussetzungen:
  - Exakte Vorhersagbarkeit des Materialbedarfs
  - regelmäßiger Materialfluss
  - Zuverlässigkeit hinsichtlich Mengen, Terminen und Qualitäten
  - Verlagerung der Qualitätskontrolle auf den Zulieferer

* Business Process Reengineering

- Bei der „Neugestaltung von Geschäftsprozessen" konzentriert sich das Unternehmen auf seine Kernkompetenzen.
- BPR orientiert sich an den entscheidenden Geschäftsprozessen, die, ausgerichtet auf den Kunden, erneuert und optimiert werden.
- Intensive Nutzung der aktuellen Informationstechnologie zur Prozessunterstützung, z. B. ARIS-Tools

* Total Quality Management(TQM)

- Integratives Managementkonzept, das alle Unternehmensbereiche, alle Hierarchieebenen, alle Mitarbeiterinnen und Mitarbeiter einbezieht
- Wesentliches Unternehmensziel ist die Qualität, die sich in fehlerfreien und kundengerechten Produkten und Dienstleistungen widerspiegelt.
- Der Qualitätsbegriff bezieht sich darüber hinaus auf Optimierung von Geschäftsprozessen, technische Ausstattungen und Arbeitsbedingungen sowie personelle Ressourcen und Außenbeziehungen.

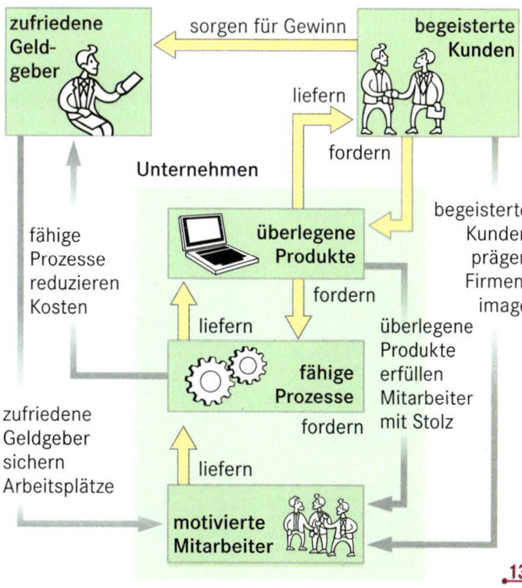

13|

Zielsetzung

Beispiel: Volkswagenwerk AG 14

Die Lösung

KVP-Workshop

ist eine Methode,
die die entscheidenden Erfolgsfaktoren

durch die **Beseitigung von Verschwendung** und die **Optimierung der Arbeitsmethoden** in der **gesamten Wertschöpfungskette ständig verbessert!**

KVP – Workshop – Vereinbarungen

15

- Ein Mensch, eine Stimme
- Jeder darf ausreden
- Bisherige Lösungen in Frage stellen
- Brainstorming ohne Kritik
- Positive Einstellung zeigen
- Alle Entscheidungen werden vom Team getragen
- Verantwortlich für Lösungen und Maßnahmen ist das Team
- Darlegung von Sichtweisen ohne negative Folgen
- Fehler sofort korrigieren
- Team ist permanent anwesend
- KVP hat kein Ende
- Führungskraft steht für Workshop zur Verfügung
- Grundregeln für die Zusammenarbeit sind Offenheit, Zielsetzung, Akzeptanz, Informationsfluss

KVP-Prozess

Beispiel:
Volkswagenwerk AG 16

Die 11 Schritte des Workshops

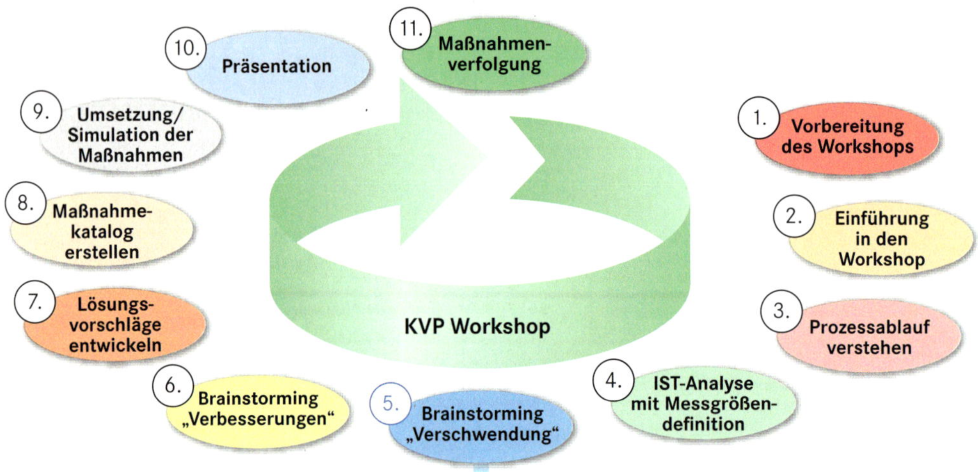

Die 7 Arten der Verschwendung

5.1 **Überproduktion**
- mehr als der Kunde braucht: „Ladenhüter“

5.2 **Warten**
- langsame Prozesse
- hohe Verlustzeiten
- keine Termintreue

5.3 **Transport**
- Zwischenlager
- zu viele Puffer

5.4 **Unnötige Prozesse**
- komplizierte Abläufe
- schlecht genutzte Anlagen
- niedriger Nutzungsgrad

5.5 **Hohe Bestände**
- veraltetes Material
- Sicherheitslager
- zu viel Personal

5.6 **Bewegung**
- Suchen nach Material/Vorgängen
- falsches Werkzeug
- falsche Unterlage
- lange Wege

5.7 **Arbeitsfehler**
- Verlängerung von Prozesszeiten
- Nacharbeit
- Ausschuss

Begriff

- Mit Hilfe des **Change Management** (Veränderungsmanagement) werden Veränderungsprozesse in Betrieben geplant und gesteuert. Zu unterscheiden sind zwei Ansätze:
  - Das **Transformationsmanagement plant und steuert** durchgreifende **technologisch-betriebswirtschaftliche Veränderungen** von Produktions- und Geschäftsprozessen (Business Process Reengineering – BPR).
  - Die **Organisationsentwicklung** dagegen richtet ihr Augenmerk besonders auf die von Veränderungen betroffenen Mitarbeiter (sozialwissenschaftlicher Ansatz).
- Die **Kombination beider Ansätze** erscheint sinnvoll und notwendig, da der Erfolg technologisch-betriebswirtschaftlicher Veränderungen immer auch von der Akzeptanz durch die betroffenen Mitarbeiter abhängt.

Phasen des Change Managements

Beim **sozialwissenschaftlichen (organisationalen) Ansatz** des Change Management (nach Lewin/Schein) werden drei Phasen unterschieden:

Unfreezing (Auftauphase)	Moving (Bewegungsphase)	Refreezing (Einfrierphase)
▪ „Auftauen“ des bestehenden „eingefrorenen“ Gleichgewichts, da der Istzustand vom Sollzustand negativ abweicht ▪ Überzeugung der betroffenen Mitarbeiter von der Notwendigkeit der Umgestaltung ▪ Stärkung der veränderungsfördernden Kräfte und Überwindung veränderungshemmender Kräfte	▪ Planung und Umsetzung der Neuerungen hin zu einem neuen Gleichgewicht ▪ Frühzeitige Einbindung der betroffenen Mitarbeiter an der Mitgestaltung des zukünftigen Zustands erhöht die Akzeptanz der Veränderung ▪ Einsatz geeigneter Interventionstechniken, um Veränderungswiderstände abzubauen bzw. Veränderungswünsche zu stärken	▪ Implementierung der Neuerungen ▪ Stabilisierung der Veränderungen durch „Einfrieren“ des neuen Gleichgewichtszustands, um einen Rückfall in den alten Zustand zu verhindern ▪ Voraussetzung: Die Mitarbeiter erfahren den neuen Zustand als positiv

Ebenen und Umfang von Veränderungsprozessen

Die Prozess(um)gestaltung und damit das Change Management findet auf unterschiedlichen Ebenen des Betriebes und in unterschiedlichem Ausmaß statt.

Entsprechend einfach kann bzw. komplex und anspruchsvoll muss das Change Management ausgerichtet sein:

- Ist **Kaizen** bzw. **KVP** erst einmal eingerichtet, finden **ständig schrittweise Prozessänderungen** weitgehend an der **Unternehmensbasis**, insbesondere im Fertigungsbereich, statt. Der Veränderungsprozess ist eher **evolutorischer** Natur.
- Die **Optimierung von Geschäftsprozessen** erfolgt auch **ständig** und **schrittweise**, findet allerdings eher im **mittleren Management** statt.
- **Business Process Reengineering** (**BPR**) geht dagegen von der **Unternehmensspitze** aus, führt zu **umbruchartigen**, wesentlichen technologisch-betriebswirtschftlichen Veränderungen (Quantensprünge), die periodisch wiederholt werden. Grundlage ist ein **Critical Business Issue** (**CBI**) als kritischem Erfolgsfaktor, bei dem die **Soll-Ist-Abweichung** so groß ist, dass ein genügend großer **Leidensdruck** entsteht, eine vom Management unterstützte (**Executive Sponsorship**) Veränderung vornehmen zu wollen.
- Zur Erfolgssicherung der Veränderungen können (externe) **Change Agents** oder Teams eingesetzt werden, die die betroffenen Mitarbeiter frühzeitig umfassend informieren (Change Communication). Die Fähigkeiten der Change Agents gehören heute allerdings zunehmend zu den Kompetenzen der Führungskräfte.

Funktions-/prozessorientierte Organisation
Function-/Process-oriented Organization

Nachteile der Funktionsorientierung

- Arbeitsplatz- und aufgabenbezogene Betrachtungsweise innerhalb einer Abteilung; Gliederung nach dem Prinzip der Tätigkeit
- Leistungsorientierung
- In der Regel Einzelarbeit und Routinearbeiten
- Erkennen, welche Tätigkeiten den Abteilungsnutzen erhöhen bzw. besonders kostenintensiv sind
- Wenig ausgeprägtes Kosten-Nutzen-Denken
- Ausrichtung der Leistungsprozesse auf Kosten und Zeit
- Betriebliche Prozesse laufen häufig „quer" zu den Funktionen
- Engpässe durch Schnittstellen zwischen den Abteilungen
- Fehlende Datenintegration
- Datenredundanz

Funktionale Arbeitsteilung 17

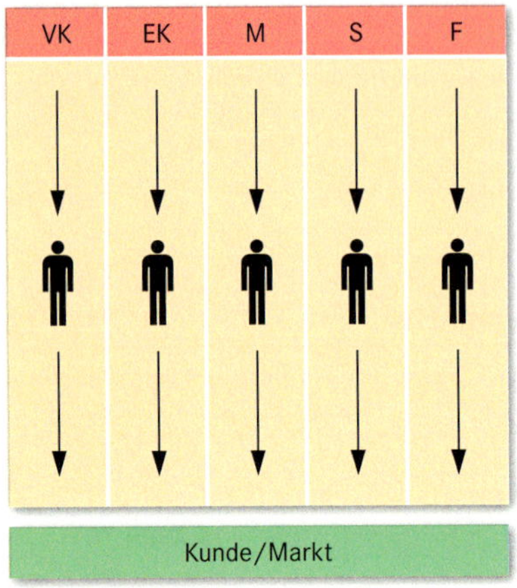

VK = Verkauf
EK = Einkauf
M = Montage
S = Service
F = Fakturierung

Vorteile der Geschäftsprozessorientierung

- Bereichsübergreifende Betrachtungsweise; Gliederung nach dem Prinzip des Durchlaufs
- Ziel- und Ergebnisorientierung
- In der Regel Teamarbeit und konzeptionelle Problemlösungsarbeit
- Erkennen, welche Tätigkeiten den Kundennutzen erhöhen bzw. besonders kostenintensiv sind
- Ausgeprägtes Kosten-Nutzen-Denken wegen größerer Mitverantwortung
- Zielorientierte Ausrichtung der Leistungsprozesse am Kunden und am Markt

Prozessorientierte Arbeitsteilung

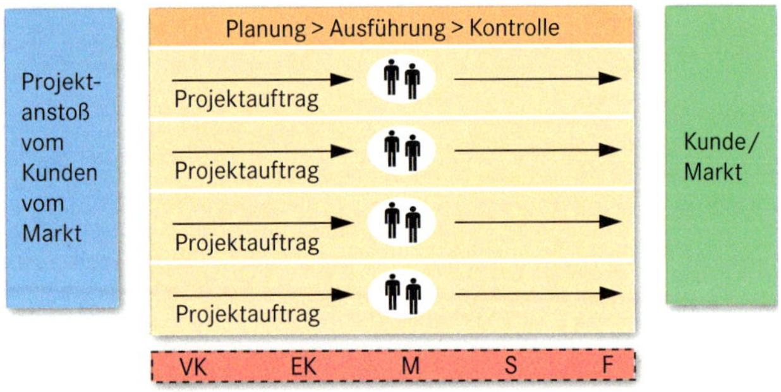

18

Kombination funktions- und prozessorientierter Organisation

Prozessorientierung über die Funktionsabteilungen hinweg: Die Schnittstellenprobleme zwischen den Funktionsbereichen werden überwunden und zum Kunden besteht nur noch eine Schnittstelle! Nach dem Motto: „One face to the Customer".

Funktionsorientierte Organisation

Den Funktionsbereichen überlagerte prozessorientierte Organisation

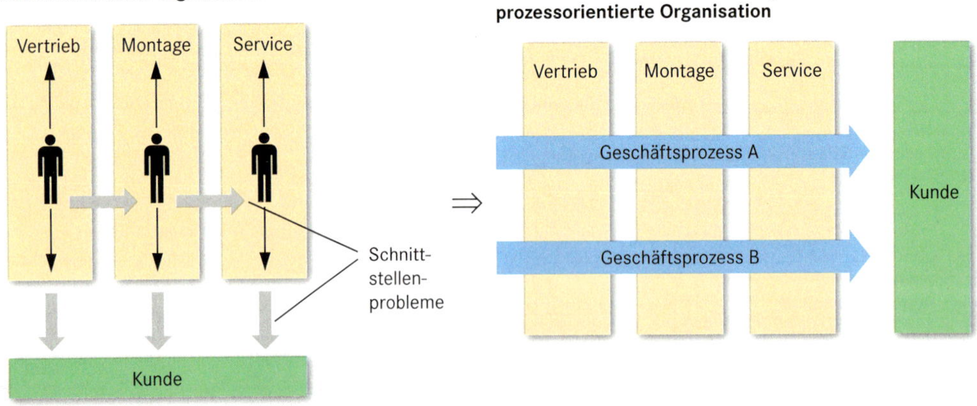

19

Begriff

„Ein Geschäftsprozess besteht aus einer zusammenhängenden abgeschlossenen Folge von Tätigkeiten, die zur Erfüllung einer betrieblichen Aufgabe notwendig sind.
Die Tätigkeiten werden von Aufgabenträgern in organisatorischen Einheiten unter Nutzung der benötigten Produktionsfaktoren geleistet. Unterstützt wird die Abwicklung der Geschäftsprozesse durch das Informations- und Kommunikationssystem IKS des Unternehmens.“ 20

Kunden können sowohl externe Nachfrager (Kunden im eigentlichen Sinne) als auch interne Nachfrager (z. B. Abteilungen des eigenen Unternehmens) sein.

Beispiele von Geschäftsprozessen:
- Erstellung eines Angebotes
- Beschaffung von Fremdleistungen
- Abwicklung des Zahlungsverkehrs

Beispiel: Geschäftsprozess

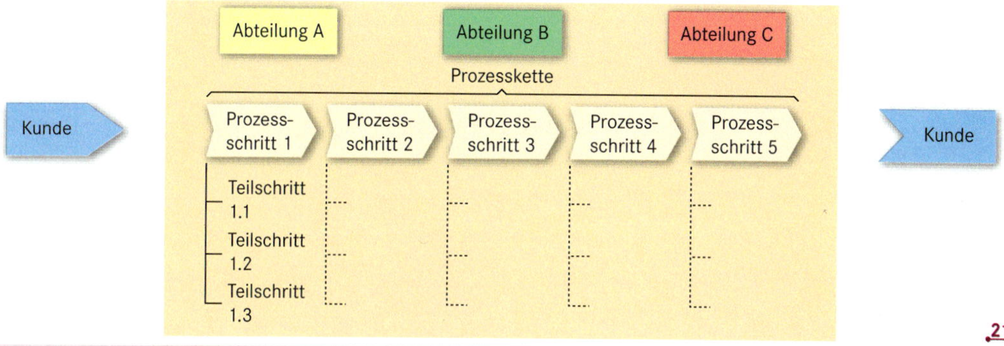

21

Der oben angeführten Definition des Begriffes Geschäftsprozess liegt eine innerbetriebliche Betrachtungsweise zugrunde. Bezieht man die Lieferanten und Logistikdienstleister auf der Beschaffungs- und Absatzseite sowie die Kunden mit in die Definition ein, gelangt man zum Supply-Chain-Prozess als einem weiter gefassten, überbetrieblichen Geschäftsprozessbegriff (zum Supply Chain Management siehe Seite 397).

Ziele der Geschäftsprozessoptimierung

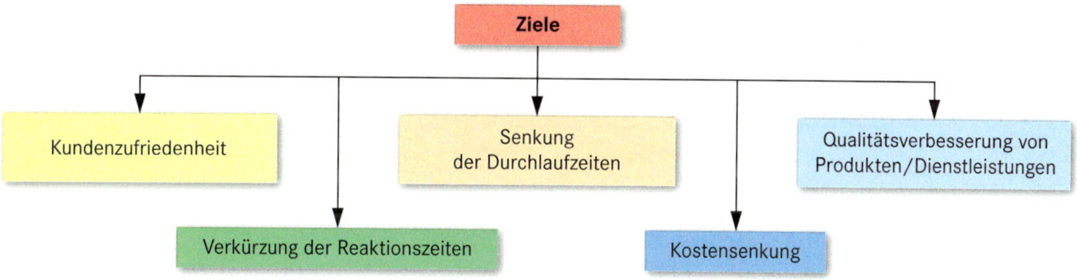

Arten von Geschäftsprozessen

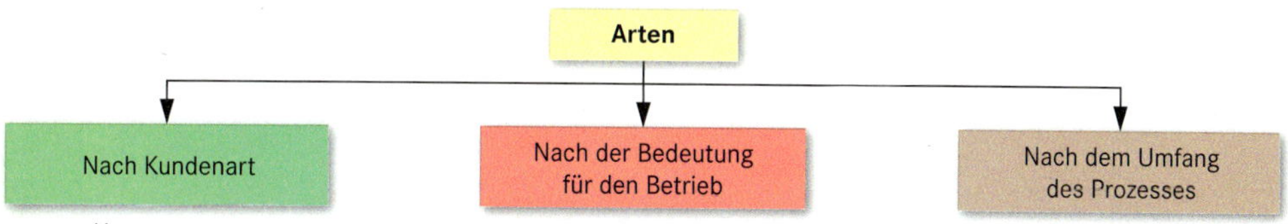

Nach Kundenart:
- Hauptprozesse
- Serviceprozesse

Nach der Bedeutung für den Betrieb:
- Kernprozesse
- Supportprozesse

Nach dem Umfang des Prozesses:
- Prozesskette (Geschäftsprozess)
- Subprozesse

Unterteilung nach Kundenart

Hauptprozesse:
Folge von zusammenhängenden Tätigkeiten, die an **externe** Kunden geleistet werden.

Serviceprozesse:
Folge von zusammenhängenden Tätigkeiten, die an **interne** Kunden geleistet werden.

Geschäftsprozesse
Business Processes

Unterteilung nach der Bedeutung für den Betrieb

Kernprozesse:
Geschäftsprozesse, mit denen die Hauptleistung eines Unternehmens erbracht wird, d. h. mit deren Hilfe die eigentliche Wertschöpfung (→ Betriebsertrag – Vorleistungen) erbracht wird. 22

Kundennahe Kerngeschäftsprozesse in Industrieunternehmen sind zum Beispiel:

Wertschöpfungsintensive Kerngeschäftsprozesse in Industrieunternehmen sind zum Beispiel:

Kundennahe Kernprozesse

Kundenbetreuung
Kundenkontakte → Anfragebearbeitung → Projektierung → Angebotsausarbeitung → Vertragsverhandlungen → Auftragserteilung

Auftragsbearbeitung
Kundenauftragsannahme → Auftragsklärung → Auftragsbestätigung → Auftragseinplanung → Auftragsabwicklung

Außenmontage
Montageplanung → Erzeugnisversand → Kundenmontage → Auftragsabnahme

Ersatzteilversorgung
Auftragsannahme → Verfügbarkeitsprüfung → Bonitätsprüfung → Kommissionierung → Versand

Wartungsabwicklung
Wartungswerbung → Wartungsvertragsabschluss → Wartungsdurchführung → Ersatzteilabwicklung

Zahlungsabwicklung
Fakturierung → Zahlungseingangsbearbeitung → Zahlungseingangsüberwachung → Mahnwesen

Wertschöpungsintensive Kerngeschäftsprozesse

Erzeugnisentwicklung
Erzeugnisanalyse → Konstruktion → Berechnung → Zeichnungserstellung → Stücklistenerarbeitung → Erzeugnistest → Prototypenfertigung → Nullserie → Erzeugniseinführung

Fertigung
Fertigungsplanung → Fertigungssteuerung → Teilefertigung → Baugruppenmontage → Erzeugnismontage → Versand

Supportprozesse: Geschäftsprozesse, die die Kernprozesse unterstützen, wie z. B. Beschaffung von Produktionsfaktoren, Abrechnung von Löhnen und Gehältern, Sicherung der Liquidität. 23

Unterteilung nach dem Umfang des Prozesses

Prozesskette (Geschäftsprozess):
Reihung von zusammenhängenden Prozessen.

Subprozesse:
Teil- oder Unterprozesse eines Geschäftsprozesses.

Zehn Schritte des Business Process Managements
Ten Steps of Business Process Management 24

Schritt 1:
Analysieren der bestehenden Abläufe
→ Status von Effizienz und Blindleistung

Schritt 2:
Definieren der Kernprozesse und Kernaktivitäten
→ Konzentration der unternehmerischen Tätigkeit

Schritt 3:
Ermitteln der Kernkompetenzen
→ Schwerpunkte der Fähigkeiten und Ressourcen

Schritt 4:
Festlegen von Maßnahmen mit großer Hebelwirkung
→ Prioritäten für Quantensprünge

Schritt 5:
Neustrukturieren des Wertschöpfungsprozesses
→ Prozesseigner für Insourcing und Outsourcing

Schritt 6:
Optimieren der Kunden-Lieferanten-Beziehungen
→ Interner und externer Customer Focus

Schritt 7:
Verbessern der Prozessphasen innerhalb Prozesskette
→ Feinschliff für ein steiles Wertschöpfungsgebirge

Schritt 8:
Entwickeln der Human-Ressourcen
→ Qualifikationsschub

Schritt 9:
Umsetzen der neuen Prozesse in das Tagesgeschäft
→ On the job Implementierung

Schritt 10:
Durchführen einer periodischen Erfolgsmessung
→ Management by Facts

Prozessanalyse
Activity Analysis

Notwendigkeit der Prozessanalyse

Der Einsatz moderner **betriebswirtschaftlicher Standardsoftware** (z. B. SAP R/3) in den Kernprozessen des kaufmännischen Bereichs setzt in der Regel voraus, dass eine Prozessorganisation – zumindest neben einer funktionsorientierten Organisation – im Unternehmen besteht. Dazu ist die Analyse und Abgrenzung der einzelnen Geschäftsprozesse notwendig. Der weltweite Globalisierungsdruck und die hohe Innovationsgeschwindigkeit in Wirtschaft und Technik machen es für die einzelnen Unternehmen notwendig, ihre definierten Geschäftsprozesse ständig zu hinterfragen und sie laufenden Veränderungen anzupassen. Die Prozessanalyse ist damit ein Hilfsmittel der Prozessorganisation.

Durchführung der Prozessanalyse

Sie wird in zwei Schritten durchgeführt:

- **Istaufnahme** der bestehenden Organisation
  Dazu werden Organisations- und Arbeitsunterlagen ausgewertet und gegebenenfalls Mitarbeiterinterviews durchgeführt.
- **Istanalyse** der Prozesse
  Als Methoden werden z. B. eingesetzt:
  - Benchmarking
  - Workflowanalyse
  - Referenzanalyse
  - Schwachstellenanalyse
  - Checklistentechnik
  - Vorgangskettenanalyse

Methoden der Prozessanalyse
Methods of Activity Analysis

Benchmarking

Definition

Beim Benchmarking als Methode der Prozessanalyse werden z. B. Geschäftsprozesse im eigenen Unternehmen mit denen von Spitzenunternehmen derselben Branche verglichen. Dadurch sollen Verbesserungsmöglichkeiten für die Gestaltung von Geschäftsprozessen erkundet werden.

Vorgehensweise

1. Schritt: Festlegung der zu untersuchenden Merkmale

Beispiel:

Benchmarkingmerkmale	
Zeitbedarf	Prozessdauer – Bearbeitungszeiten – Liegezeiten
Mengen	Bearbeitungsmengen – Arbeitsgangzahlen – Informationsmengen
Personaleinsatz	Mitarbeiterumfang – Qualifikationsart – Arbeitszeiten
Fehleranfall	Garantieinanspruchnahme – Minderqualitäten – Rücklieferungen
Kostenumfang	Gesamtkosten – Deckungsbetrag – EDV-Kosten

25

2. Schritt: Bildung von Relativzahlen
Beispiel: Bearbeitungszeit je Kundenauftrag, Gesamtkosten je Auftragsbearbeitung.

3. Schritt: Vergleich mit Relativzahlen von Spitzenunternehmen 26
Beispiel: Ein Teilergebnis eines Benchmarking kann folgenden Inhalt haben:

Benchmarkingergebnis (Spitzenunternehmen = 100 %)

Relation	Maßeinheit	Betrachtetes Unternehmen	Spitzen-Unternehmen	Abweichung in %
Auftragsbearbeitungen je Sachbearbeiter und Arbeitstag	AB/ SB*AT	42	65	- 35
Gesamtkosten je Auftragsbearbeitung	EUR	82,05	44,90	+ 83
Mittlere Durchlaufzeit je Kundenauftrag	AT	8,6	0,9	+ 856
Auftragsbearbeitungsfehler je 1.000 Auftragsbearbeitungen	Fehler/ 1.000 AB	11,2	12,5	- 10,4
Mittlere Arbeitsgangzahl je Auftragsbearbeitung	AG/AB	7,5	1,8	+ 317

Das ausgewiesene Teilbeispiel eines Benchmarkings bedingt folgende **Folgerungen**:

- Die Zahl der Arbeitsgänge, also der Aktivitäten, muss drastisch reduziert werden.
- Die Arbeitsproduktivität muss durch erhöhten Informatikeinsatz radikal vergrößert werden.
- Die Arbeitsgeschwindigkeit kann und muss folglich ebenfalls verbessert werden.

Workflowanalyse

Definition

Der Workflow (Prozessablauf) wird auf häufig auftretende Fehler untersucht, um Verbesserungsmöglichkeiten zu erkunden.

Untersuchungskriterien

Zur Workflowanalyse bedient man sich beispielsweise solcher **Kriterien** wie:

- Erfordernis jeder Funktion
- Folge der Funktionen
- Mehrfachdurchführung von Funktionen
- Stärke der Arbeitsteilung
- Einsatz solcher Ablaufkonstrukte wie Alternative, Schleife und Parallele
- Verfügbarkeit erforderlicher Informationen zum Bearbeitungszeitpunkt
- Fehlen von Ereignissen und damit zufallsbedingte Erledigung
- Doppelspeicherung von Informationen
- Auftreten von Medienbrüchen
- Auftreten von Verarbeitungswechseln
- Unterscheidung von Haupt- und Nebenprozessen für Sondervorgänge
- Kosten für den Prozess

Die beiden grundsätzlichen Fragen, die bei der Workflowanalyse gestellt werden müssen, sind nach *Hammer und Champy*:

- Warum machen wir die Dinge, die wir tun?
- Weshalb machen wir sie auf diese Weise, wie wir sie tun? 27

Referenzanalyse

Definition

Möglichkeiten der Verbesserung eines Geschäftsprozesses werden dadurch erkundet, dass der bestehende Prozess mit einem auf Software basierenden Prozessmodell verglichen wird.

Tools

Bei der Durchführung einer Referenzanalyse wird in der Regel eine integrierte Standardsoftware genutzt, die auf einem Referenzmodell aufbaut.
Marktbekannte Tools sind zum **Beispiel**:

- R/3-Analyser der SAP AG,
- ARIS-Toolset der IDS Prof. Scheer AG (vgl. S. 66ff.).

Schwachstellenanalyse

Definition

Möglichkeiten der Verbesserung eines Geschäftsprozesses werden dadurch erkundet, dass von den vorliegenden Prozessmängeln auf die Schwachstellen des Geschäftsprozesses geschlossen wird.

Vorgehensweise

1. Schritt: Feststellung der Prozessmängel
Beispiel: Zu lange Bearbeitungszeit eines Kundenauftrages

2. Schritt: Quantifizierung der Mängel
Die Mängelquantifizierung kann zum **Beispiel** zu folgendem Ergebnis führen:

Mängelliste			
Mangelart	Häufigkeit	Bezugsgröße	Anteil in %
Überlange Bearbeitungszeit	572	1 306 Aufträge	42
Falsche Artikelbezeichnung	17	9 743 Positionen	0
Fehlerhafte Auftragsmengen	82	9 743 Positionen	1
Vergessen von Positionen	22	1 306 Aufträge	2
Nichtberücksichtigter Lieferzeitwunsch	5	9 743 Positionen	0
Falsche Kundenzuordnung	33	1 306 Aufträge	3
Weglassen von Sonderwünschen	2	1 306 Aufträge	0

28

3. Schritt: Ermittlung der Mängelursachen

Beispiel:

Art des Mangels	Ursache des Mangels
Zu lange Bearbeitungszeit eines Kundenauftrages	Fehlende Vertretungsmöglichkeiten von Sachbearbeitern in Krankheitsfällen

Methoden der Prozessanalyse
Methods of Activity Analysis

Checklistenanalyse

Definition:
Möglichkeiten der Verbesserung eines Geschäftsprozesses werden dadurch erkundet, dass Fragen einer zuvor erstellten Checkliste beantwortet werden. Dadurch sollen häufig auftretende Schwachstellen sichtbar gemacht werden.

Beispiel: Eine Checkliste (in Anlehnung an Acker) demonstriert die Schwierigkeiten bei der Fragenbeantwortung

Checkliste – Zusammenwirken von Arbeitsgängen

1. Kann der Arbeitsgang mit einem anderen Arbeitsgang kombiniert werden?
2. Kann der Arbeitsgang zerlegt werden und zwar so, dass Arbeitsgangteile mit anderen Arbeitsgängen kombiniert werden können?
3. Kann ein Teil des Arbeitsganges abgetrennt werden, so dass er als eigenständiger Arbeitsgang ausgeführt werden kann?
4. Kommen einzelne Arbeitsgangteile so regelmäßig und häufig vor, dass sie als eigener Arbeitsgang einem spezialisierten Aufgabenträger zugewiesen werden sollten?
5. Ist die Reihenfolge der Arbeitsgänge zweckmäßig?
6. Würde eine Änderung in der Reihenfolge der Arbeitsgänge günstige oder ungünstige Auswirkungen haben?
7. Weicht die Reihenfolge von dem ab, was in ähnlichen Fällen günstig ist?
8. Sollte der Arbeitsgang besser an einem anderen Arbeitsplatz oder in einem anderen Prozess ausgeführt werden? 29

Vorgangskettenanalyse

Definition:
Möglichkeiten der Verbesserung eines Geschäftsprozesses werden dadurch erkundet, dass auf der Basis einer Istanalyse ein Vorgangskettendiagramm (vgl. S. 71) erstellt und auf Schwachstellen analysiert wird. Dabei werden alle Elemente des im VKD abgebildeten Prozesses in ihrer Anordnung und Verknüpfung hinterfragt.

Geschäftsprozessmodellierung und -management
Business Processes Modelling and Management

Geschäftsprozessarchitektur: Vier-Ebenen-Modell

30

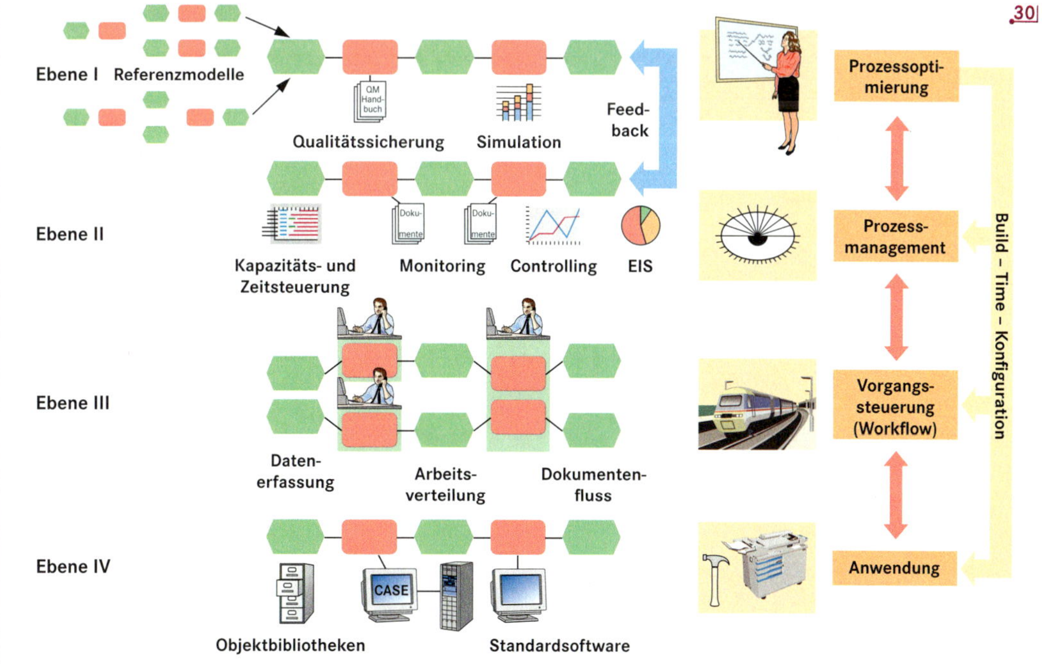

Ebene I: Prozessoptimierung

- Analyse und Modellierung des Geschäftsprozesses und Optimierung der Prozessstruktur
- Unterstützung der Prozessoptimierung mit EDV-gestützten Werkzeugen, z. B. ARIS-Toolset
- Zur Einsparung von Kosten
  - eventuell Rückgriff auf Referenzmodelle (empirisch erhobene Best-Practice-Beispiele oder aus theoretischen Überlegungen)
  - Simulierung verschiedener Modelle auf dem PC zur Optimierung des Prozesses

Ebene II: Prozessmanagement

- Zuordnung von Funktionen (Aufgaben) auf Arbeitsplätze/Arbeitsplatzgruppen für einen bestimmten Zeitraum
- Belegung der Abläufe mit Zeiten und Kapazitäten (Zeitabläufe geben Aufschluss über die Kapazitätsauslastung der Arbeitsplätze und über die Dauer eines Geschäftsprozesses.)
- Ermöglichung der Prozesskostenrechnung als wesentliches Steuerungsinstrument auch in der Verwaltung
- Durchführung einer mitlaufenden Kostenkalkulation von Abläufen durch den Einsatz von Workflow-Systemen

Ebene III: Vorgangssteuerung

Verfeinerung der Geschäftsprozessmodelle durch Betrachtung einzelner Vorgänge innerhalb des Prozesses:

- Zuteilung einzelner Vorgänge zu den ausführenden Organisationseinheiten
- Auswahl der günstigsten Möglichkeit bei alternativen Bearbeitungsstrategien unter Berücksichtigung aktueller Kapazitäten
- Sammlung von Informationen über realisierte Vorgänge und Ermittlung von Abweichungen von strategischen Vorgaben
- Aufzeigen kritischer Veränderungen in der Prozessentwicklung 31

Ebene IV: Anwendung

- Ebene der Prozessausführung durch Unterstützung der zur Funktionsausführung benötigten Bearbeitungsregeln
- „... ablauforganisatorische Integration der realen Aufgabenstellung (definiert in der Prozessmodellen) mit DV-Systemen (Standardsoftware, Individualsoftware) sowie Anwendungsdiensten“ 32

Analyse und Gestaltung von Geschäftsprozessen
Analysis and Design of Business Processes

Sichten

Um unterschiedliche Geschäftsprozesse analysieren und darstellen zu können, werden so genannte Sichten benutzt. („Sicht: Betrachtung einer bestimmten Ausprägung eines Geschäftsprozesses.“) **Vorteile** der Nutzung von Sichten zur Prozessanalyse: 33

- Erhebliche Reduktion der Komplexität
- Einsatzmöglichkeit von speziellen, besonders geeigneten Verfahren für die verschiedenen Ausprägungen der Geschäftsprozesse
- Möglichkeit der Fokussierung auf einzelne Ausprägungen von Geschäftsprozessen bei Ausblendung anderer Gesichtspunkte
- Isolierung der verschiedenen Ausprägungen, um Experten gezielt einsetzen zu können
- Durch die Sichtendefinition liegt ein standardisierter Ordnungsrahmen für die Prozessanalyse ... vor. 34

ARIS-Konzept

Begriff

- **ARIS: Ar**chitektur **i**ntegrierter Information**s**systeme
- Konzept zur computerunterstützten Modellierung und Dokumentation von Geschäftsprozessen

Inhalt

- Ausgangspunkt: Betriebswirtschaftliche Problemstellung (Geschäftsprozess)
- Beschreibung des Geschäftsprozesses aus fünf **Sichtweisen**:
  - Organisationssicht
  - Funktionssicht
  - Datensicht
  - Leistungssicht
  - Steuerungssicht
- Zerlegung jeder Sichtweise in drei Beschreibungsebenen (**Schichten**):
  - Fachkonzeptebene
  - Datenverarbeitungskonzeptebene
  - Implementierungsebene

Sichten und Beschreibungsebenen der ARIS-Architektur

Beispiel:

35

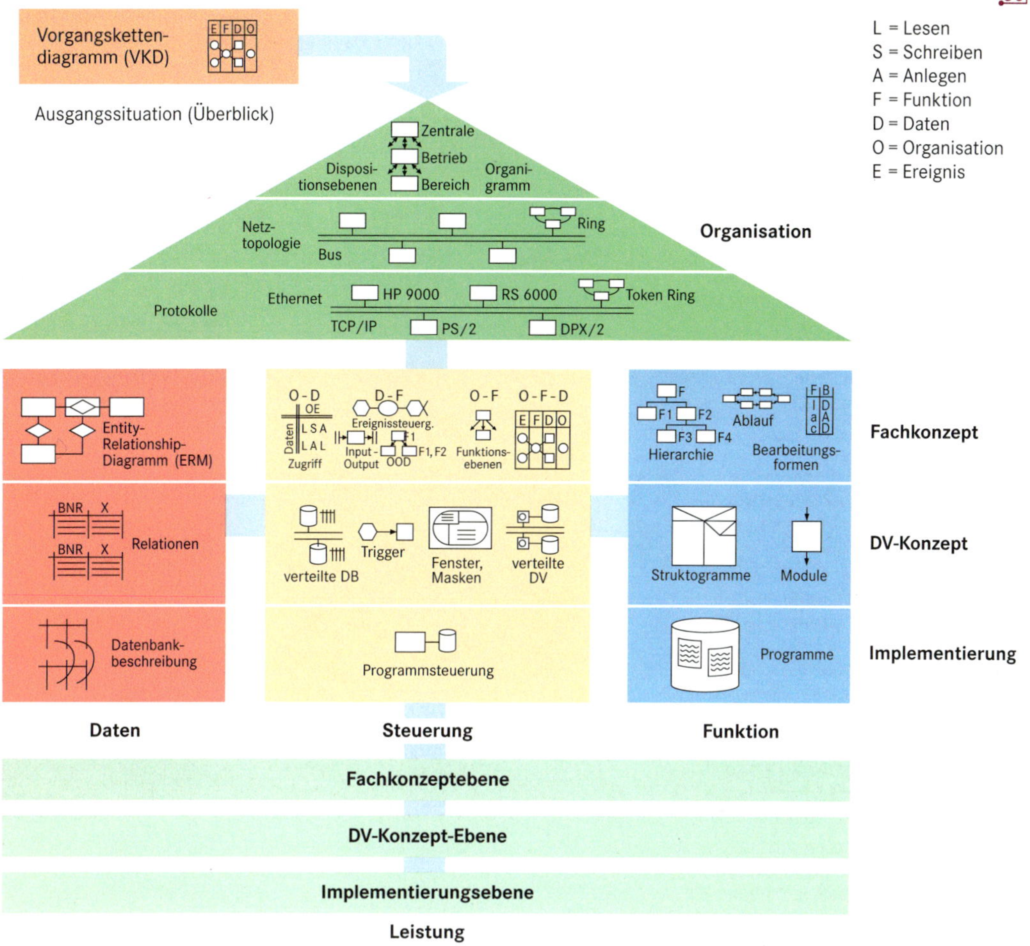

ARIS-Fachkonzeptebene

Leistungssicht

Die Leistungssicht beschreibt, was von **internen Kunden** (z. B. Abteilungen) und **externen Kunden** (des Absatzmarktes) an Leistungen, die Ergebnisse von (Teil-)Prozessen sind, nachgefragt wird.

Die **Leistungen** sind zu unterscheiden in

- materielle oder Sachleistungen (physische Produkte) und
- immaterielle Leistungen (Dienstleistungen), die in Informationsleistungen und sonstige Dienstleistungen (z. B. Kundenservice) zu unterteilen sind.

Beispiel: Ausschnitt aus einem Produktbaum

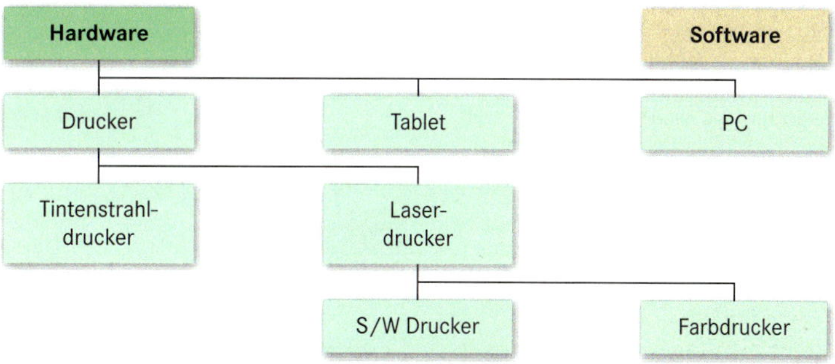

Jedes Produkt wiederum wird in seine Bestandteile zerlegt, die ihrerseits Teilprozesse auslösen und grafisch in so genannten Ereignisstrukturbäumen dargestellt bzw. in Strukturstücklisten erfasst werden.

ARIS-Fachkonzeptebene

Funktionssicht

Die Funktionssicht beschreibt, was im Unternehmen an Tätigkeiten auszuführen ist, um die Leistungen zu erzeugen. Als Kernmethode zur Beschreibung von Funktionen werden so genannte **Funktionshierarchiebäume** verwendet.

Beispiel: Ausschnitt aus einem Funktionshierarchiebaum 36

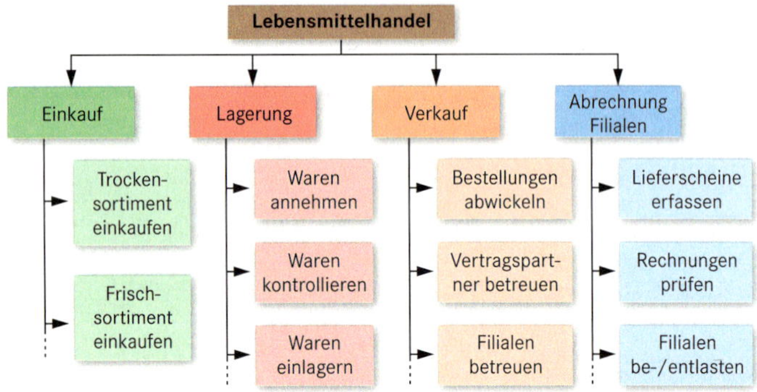

Datensicht

Die Datensicht beschreibt, welche Informationen benötigt werden, um die Tätigkeiten auszuführen. Die am weitesten verbreitete Entwurfsmethode ist das **Entity-Relationship-Modell** (ERM). Im ERM werden Entities (Objekte), Attribute und Beziehungen unterschieden. **Entities** sind reale oder abstrakte Dinge, die z. B. für einen zu analysierenden Geschäftsprozess von Bedeutung sind. Sie werden durch Rechtecke dargestellt.

Attribute sind Eigenschaften von Entities (Objekten), z. B. hat das Objekt Artikel eine Artikelnummer und einen Preis. Sie werden in Form einer Ellipse dargestellt.

Beziehungen sind logische Verknüpfungen zwischen Objekten. Sie werden in Form einer Raute dargestellt. Der Komplexitätsgrad (Kardinalität) einer Beziehung wird dadurch bestimmt, wie viele andere Entities einem bestimmten Entity eines Typs zugeordnet werden können. Man unterscheidet 1:1-, 1: n-, n :1- und n : m-Beziehungen.

Beispiel: Ausschnitt aus einem Entity-Relationship-Modell 37

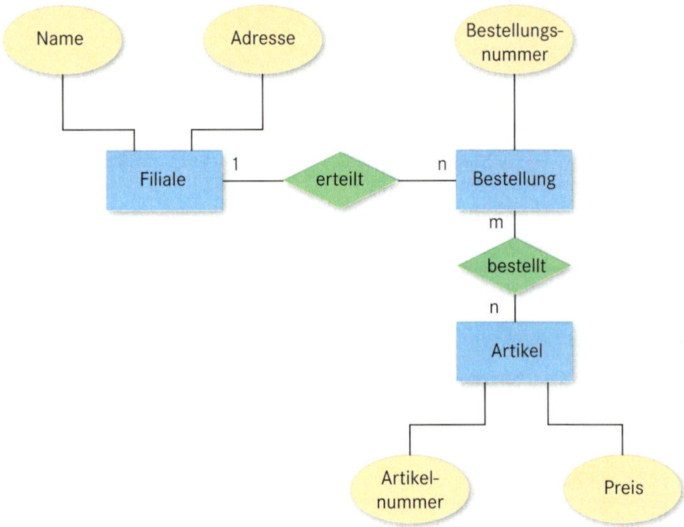

Organisationssicht

Die Organisationssicht beschreibt alle Elemente der **Aufbauorganisation**, wie Abteilungen, Stellen, Personen und deren Beziehungen zueinander, um die Leistungen möglichst rationell zu erbringen. Üblicherweise wird die Aufbauorganisation in **Organigrammen** abgebildet.

Beispiel: Ausschnitt aus einem Organigramm 38

Steuerungssicht

Wird ein Geschäftsprozess lediglich durch die vier Sichten Leistungssicht, Datensicht , Funktionssicht und Organisationssicht beschrieben, kann zwar die Komplexität von Geschäftsprozessen reduziert werden, dafür gehen die Zusammenhänge der einzelnen Elemente zwischen den Sichten verloren. Durch die Steuerungssicht wird nun die Verbindung zwischen den anderen Sichten geschaffen; sie beschreibt, wie die Tätigkeiten zeitlich gesteuert werden.

Erweiterte ereignisgesteuerte Prozessketten (eEPK) werden zur Beschreibung der Steuerungssicht eingesetzt (s. Abb. unten). 39

Sie zeigen die **Ablaufstruktur aus Ereignissen und Funktionen**. Ereignisse (z. B. Kundenbedarf) lösen Funktionen aus (z. B. Anfrage an das Unternehmen); Ereignisse sind andererseits Ergebnisse (z. B. Endergebnis „Fertigprodukt") von Funktionen.

Notation

Begriff

Geschäftsprozesse werden in der Regel nicht als fortlaufender Text in Satzform beschrieben; vielmehr haben sich grafische Notationen zur Beschreibung von Geschäftsprozessen durchgesetzt.

Als Standard haben sich dabei die **Ereignisgesteuerten Prozessketten (EPK)** durchgesetzt. Daneben werden z. B. **Vorgangskettendiagramme (VKD)** und **Petrinetze** benutzt.

Beispiel: Geschäftsprozess

„Die eingegangene Lieferantenrechnung wird von der Rechnungskontrolle mit Hilfe der

- Bestellkopie und des
- Wareneingangsscheins

geprüft. Erweist sich die Eingangsrechnung bei der Rechnungsprüfung als fehlerhaft, so wird von der Rechnungskontrolle ein Begleitschreiben erstellt, in welchem der Rechnungsfehler ausgewiesen und dargestellt wird. Begleitschreiben und fehlerhafte Rechnung werden an den Lieferanten zurückgeschickt.

Ist die Eingangsrechnung fehlerfrei, so wird sie von der Buchhaltung mit Hilfe des Softwaresystems PROFBUCH verbucht. Die Konten werden in der Kontendatei fortgeschrieben und der Buchungssatz in der Buchungsdatei gespeichert."

40

Ereignisgesteuertes Prozesskettendiagramm

41

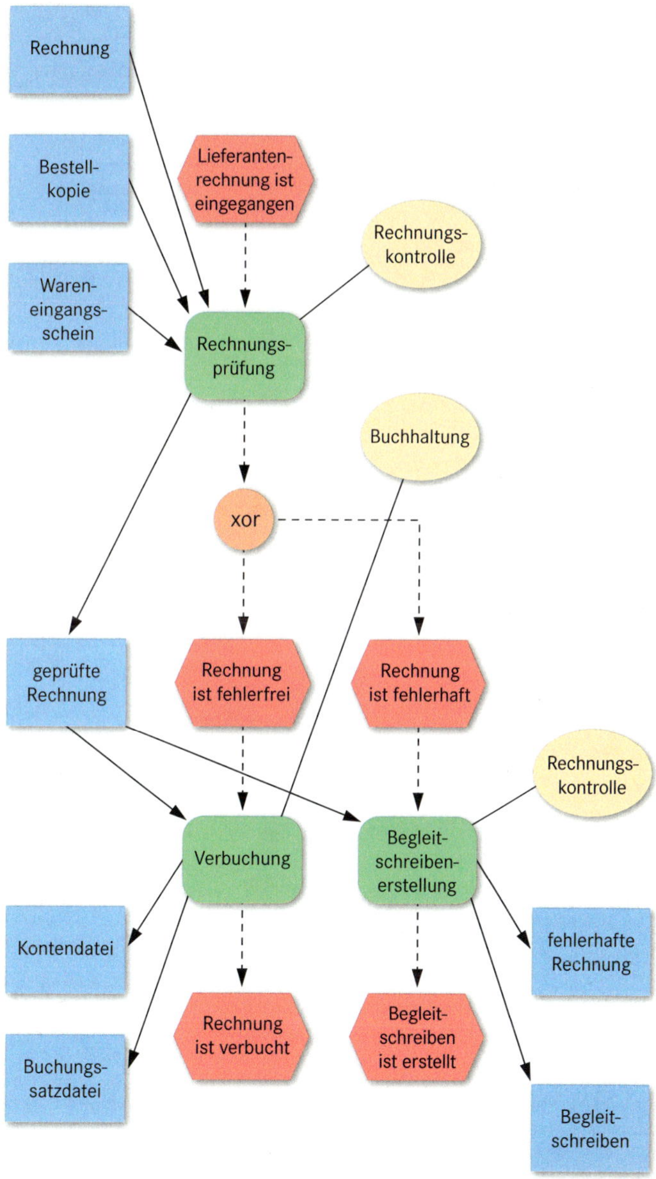

Notation

Sinnbilder der EPK-Technik					
Ereignis 42	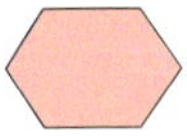	Eingetretensein eines Zustandes, der eine Folge auslöst	UND-Operator		Verknüpfungsoperator UND
Funktion		Verarbeitungsaktivität, die eine Transformation vom Eingangszustand in den Zielzustand bewirkt	ODER-Operator		Verknüpfungsoperator ODER
Objekt	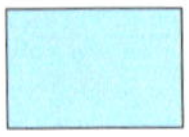	Informations- oder Material- oder Ressourcenobjekt, also die Abbildung eines Gegenstandes der realen Welt	EXKLUSIV-ODER-Operator		Verknüpfungsoperator EXKLUSIV-ODER
Organisationseinheit	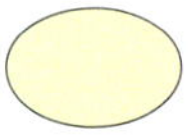	Aufbauorganisatorische Stelle oder Gremium	Kontrollfluss	- - - - - -▶	Ausweis der zeitlich logischen Abhängigkeiten von Ereignissen und Funktionen
Prozesswegweiser	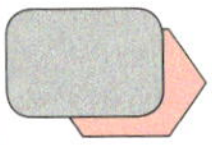	Navigationshilfe, zur Darstellung der Verbindung von einem bzw. zu einem anderen Prozess	Informations- und Materialfluss	———▶	Fluss von Informationen oder Materialien
			Organisationseinheitenzuordnung	———	Zuordnung von Organisationseinheiten oder Ressourcen zu Funktionen

Verknüpfungsmöglichkeiten und -regeln ereignisgesteuerter Prozessketten

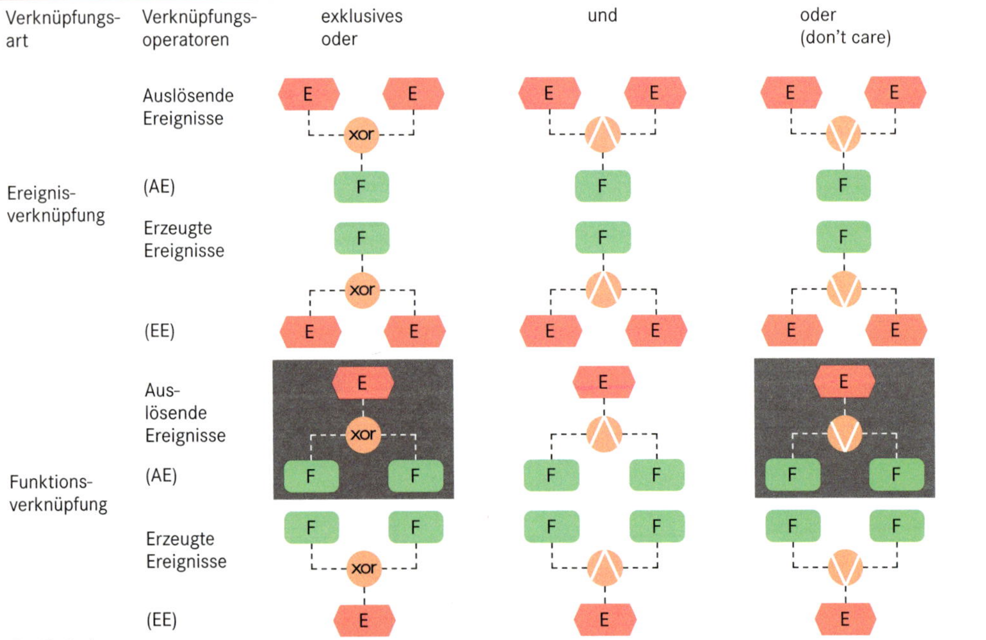

E = Ereignis
F = Funktion
▇ nicht erlaubt, da das passive Element Ereignis über keine Entscheidungsgewalt verfügt 43

- Der zeitlich/logische Prozess ist auszuweisen.
- Prozessketten werden immer von einem Ereignis ausgelöst. Deswegen muss am Anfang mit einem Ereignis begonnen werden.
- Ereignisse sind nur solche Situationen, die eine oder mehrere Funktionen auslösen können oder von Funktionen ausgelöst werden.
- Im Kontrollfluss lösen sich Ereignisse und Funktionen ab.

44

- Der Informationsfluss ist nicht darzustellen, sondern nur die Informationsobjekte, also der Input und der Output.
- Entscheidungen werden ausschließlich bei Funktionen gefällt.
- Die Verknüpfungsverbote sind einzuhalten.
- Größere Prozessketten über zwei oder mehrere Seiten haben als Konnektoren zwischen den Seiten immer Ereignisse.
- Prozessketten enden immer mit einem Ereignis.

Notation

Vorgangskettendiagramm (VKD)

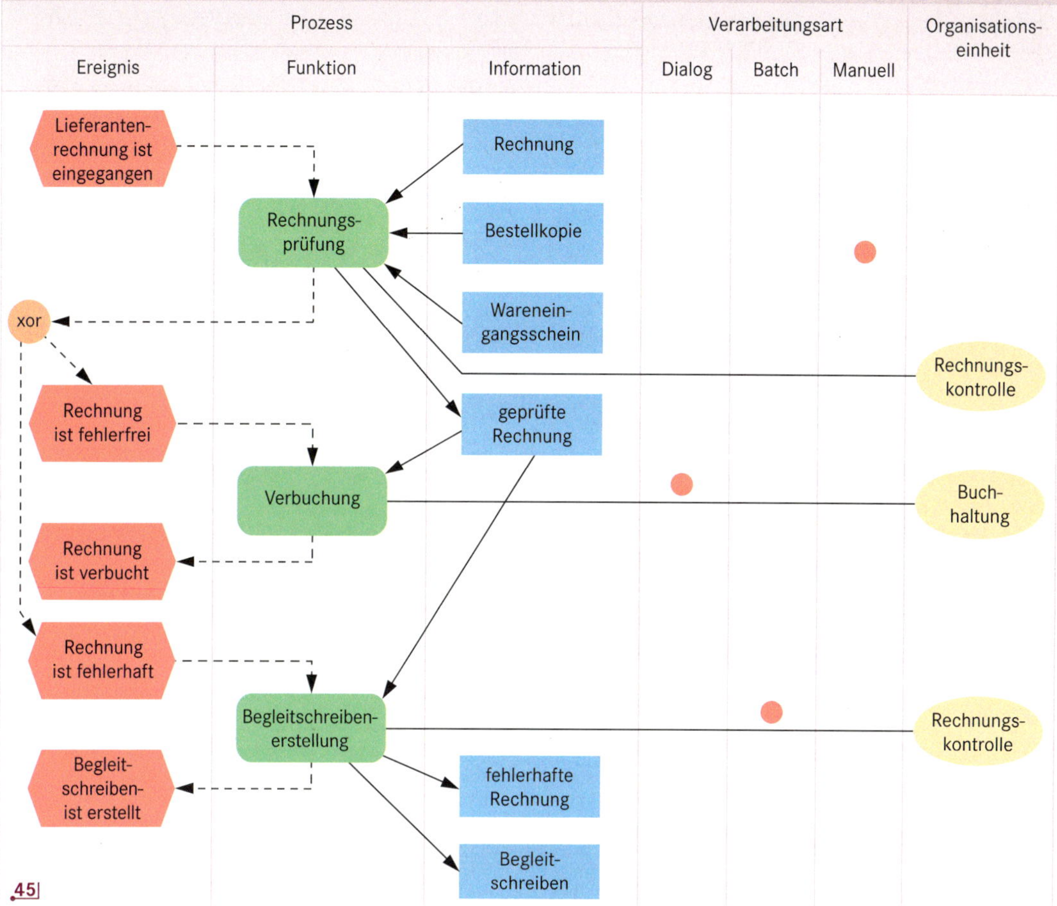

45|

Petrinetz

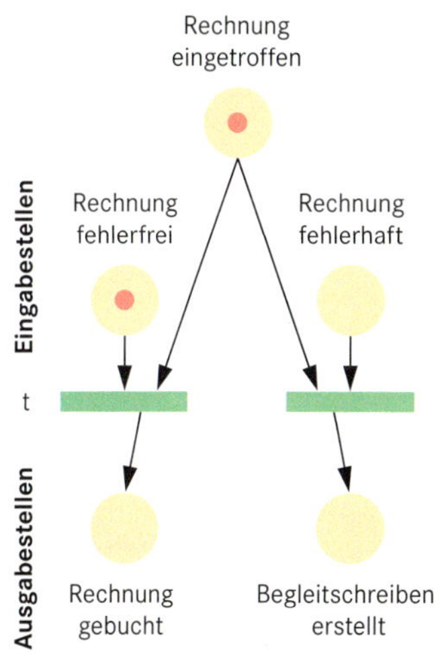

Sinnbilder und Schaltregeln von Petrinetzen

Stelle ■ dient als Zwischenablage von Informationen ■ auch Platz oder Zustand genannt		**Schaltregeln** ■ Eine Transition t kann schalten (arbeiten), wenn jede Eingabestelle (dieser Transition) eine Marke enthält (Zutreffen einer Bedingung). ■ Schaltet eine Transition t, wird aus jeder Eingabestelle eine Marke entfernt und zu jeder Ausgabestelle (dieser Transition) eine Marke hinzugefügt.
Transition ■ Verarbeitung von Informationen ■ Weitergabe von Objekten ■ auch Zustandsübergang genannt		
Marke ■ bezeichnet ein Objekt		Wenn eine Stelle mit einer Marke belegt ist, gilt der mit der Stelle beschriebene Zustand als eingetreten.
Kante	→	Stellen dürfen mittels einer Kante nur mit Transitionen verbunden werden.

Methoden

Ermittlung und Auswertung betrieblicher Kennzahlen

Bei der Ermittlung und Auswertung betrieblicher Kennzahlen geht es weitgehend um messbare, „harte“ Faktoren wie z. B. Finanzkennzahlen.

Grundlage dieser Kennzahlen bilden die Bilanz und die Gewinn- und Verlustrechnung (z. B. Rentabilität, RoI, Liquidität), aber auch Statistiken aus allen Unternehmensbereichen wie Personalbereich (z. B. Krankenquote), Produktionebereich (z. B. Produktivität, Fehlerquote), Absatzbereich (z. B. Marktanteil) usw.

Allerdings werden die Kennzahlen aus den verschiedenen Unternehmensbereichen weitgehend isoliert betrachtet.

(Zu Bereichen, Instrumenten und Kennzahlen des Controlling sowie Arten von Kennzahlen siehe ausführlich S. 463 ff.)

Benchmarking

Beim Benchmarking werden die Geschäftsprozesse des eigenen Unternehmens mit denen des besten Mitbewerbers oder/und mit denen branchenfremder Unternehmen (best practice) verglichen.

Durch Vergleich von Produkten, Geschäftsprozessen, Verfahren und Strukturen betrieblicher Funktionen anderer Unternehmen werden eigene Potenziale für Qualitätsverbesserung, Leistungssteigerung und Geschäftsprozessoptimierung aufgedeckt.

(Zum Benchmarking siehe auch S. 63.)

Balanced Scorecard

Der Erfolg von (optimierten oder neuen) Geschäftsprozessen kann mithilfe des Controlling- und Führungsinstruments Balanced Scorecard kontrolliert werden.

Die Ziele und damit die Kennzahlen der einzelnen Unternehmensbereiche werden nicht isoliert, sondern in einem Kausalzusammenhang betrachtet.

Zudem werden auch so genannte „weiche“, schwer messbare Faktoren (z. B. Verbesserung der Kompetenz der Mitarbeiter durch Schulungen) berücksichtigt.

(Zur Balanced Scorecard siehe ausführlich S. 465 f.)

Beispiele für Erfolgsindikatoren

Nach einer **Einführungskontrolle** des neuen Geschäftsprozesses, dem Vergleich von Soll- und Istorganisation, wird eine **Zielerreichungskontrolle** durchgeführt: Festgestellte **Istergebnisse** werden mit den **Zielvorgaben** verglichen. Mithilfe von Erfolgsindikatoren kann geprüft werden, wie effektiv die Gestaltung eines Geschäftsprozesses erfolgte.

46

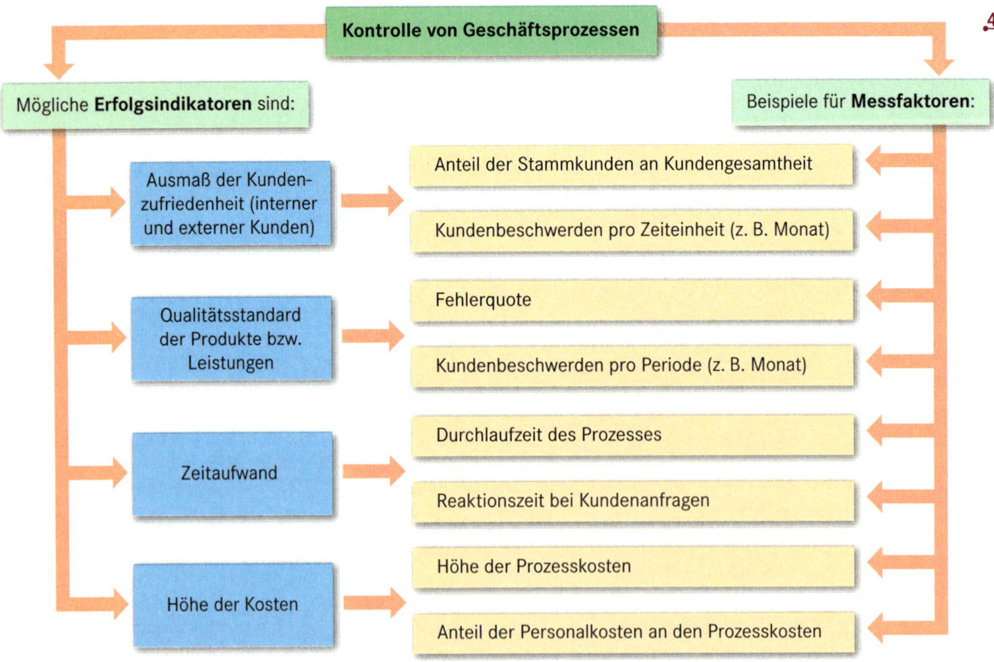

Informationsquellen und Arbeitsmethoden

3

Druckmedien (Printmedien)

Fachbücher

- Der Inhalt ist systematisch, übersichtlich und im Zusammenhang dargestellt.
- Fachbücher sind gut geeignet zur Vorbereitung und Nachbereitung an beliebigen Orten.
- Dauerhafte und individuell eingefügte Markierungen erleichtern den Zugriff und die Handhabbarkeit.
- Fachbücher können auch über das Stichwortverzeichnis als Nachschlagewerk verwendet werden. Das Quellen- und Literaturverzeichnis liefert Hinweise zu weiterführender Literatur.

Fachzeitschriften

- Behandelt werden begrenzte Gebiete oder nur Teile eines Fachgebietes.
- Fachzeitschriften sind aktuelle Informationsquellen. Mitunter kann es sinnvoll sein, die reinen Fachaufsätze getrennt zu sammeln und zu archivieren.

Lexikon, Tabellenbuch, Handbuch

- Einzelne Fachgebiete sind geordnet, übersichtlich, anschaulich und mitunter in Tabellenform dargestellt. Ein schneller Zugriff auf wesentliche Informationen wird dadurch erleichtert.
- Sie eignen sich in der Regel zum Nachschlagen bestimmter Sachverhalte oder Themen. Alphabetische oder themenbezogene Gliederungen kommen vor.
- Ein sinnvoller Zugriff auf Themen oder Begriffe erfolgt in der Regel über das Sachwortverzeichnis.

Firmenunterlagen

Diese Informationsquellen sind in der Regel auf eine bestimmte Zielgruppe ausgerichtet, z. B.:

Käufer → Produktwerbung, Selbstdarstellung

Service → Technische Informationen und Bedienungsanleitungen

Multimedia

- Informationsquellen mit diesem Merkmal enthalten neben Text- und Bildinformationen auch akustische Informationen und Videosequenzen.
- Die Datenträger sind in der Regel CDs und DVDs.
- Mit Hilfe des Computers lassen sich einzelne Programmelemente bzw. Seiten abrufen (über Links) und dem eigenen Auffassungsvermögen (Schnelligkeit, Wiederholung, Standbild, usw.) anpassen.
- Der Benutzer kann aufgefordert werden, aktiv in die Darbietung einzugreifen (interaktiv).
- Bestimmte Teile lassen sich ausdrucken und können dann wie eine reine Textinformation benutzt werden.

Internet

Internet-Dienste:

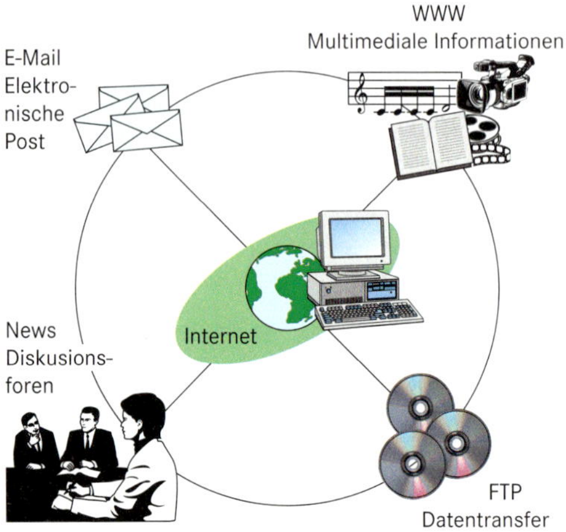

E-Mail

Elektronisches Versenden oder Empfangen von Nachrichten (Electronic Mail).
Die Nachricht kann gespeichert, ausgedruckt oder sofort beantwortet werden.
Alle Teilnehmer besitzen eine elektronische Postadresse, z. B.: **Schulservice@westermann.de.**

WWW (World-Wide-Web)

Multimediale Benutzeroberfläche des Internets.
Angebote und Informationen können aufgerufen, gespeichert oder ausgedruckt werden.
Die Informationen können umfassen: Texte, Bilder, grafische Symbole, Ton- und Videosequenzen
z. B.: **http://www.westermann.de**

FTP (File-Transfer-Protokoll)

FTP ist eine Abkürzung für ein Verfahren zum Datentransfer im Internet.
Mit diesem Verfahren können aus dem weltweiten Softwarepool des Internets die unterschiedlichsten Dateien direkt kopiert werden.
Hochschulen und größere Firmen bieten entsprechende Software über ihre FTP-Server an,
z. B.: **ftp://ftp.mcafee.com/**
(Hauptverzeichnis des Rechners der Firma McAfee)

News

- Im Internet finden sich Gruppen (Newsgroups) zum Gedanken- und Meinungsaustausch zusammen.
- Diskussionsbeiträge und Ratschläge zu unterschiedlichsten Themen werden ausgetauscht.
- In Diskussionsforen stellt jeder Teilnehmer seine Nachricht, Fotos, Dateien usw. für alle anderen als elektronische Post zur Verfügung („schwarzes Brett“).
- News-Server sind Computer, auf deren Festplatten die Nachrichten der Diskussionsforen gespeichert sind und abgerufen werden können.

Elemente einer Suchstrategie

- Ist das Internet die geeignete Informationsquelle?
- Führen gedruckte Publikationen schneller zum Ziel?
- Internetrecherche weltweit oder im deutschsprachigen Raum durchführen?
- Suchbegriff gründlich überdenken und präzisieren
- Entscheidung für eine Suchmaschine, Meta-Suchmaschine oder ein Web-Verzeichnis (Katalog) fällen
- Suche durch weitere Begriffseinengung verfeinern
- Einengung durch mathematische Zeichen oder boolesche Operationen möglich

Web-Verzeichnisse, Web-Kataloge

- Diese Verzeichnisse bzw. Kataloge werden von Fachleuten erstellt und nach Themen sortiert
- Sie enthalten Sammlungen von Webseiten-Adressen
- Schritt für Schritt kann man sich der speziellen Thematik nähern
- Verzeichnisse bzw. Kataloge enthalten die „Wertvorstellungen" der jeweiligen Verfasser
- Bei nichthierarchischen Web-Verzeichnissen ist eine netzartige Struktur aufgebaut, deren Elemente durch Links verknüpft sind.
- Die Bewertung der Beiträge kann manuell (Voting), automatisch (Ranking) oder durch Auswertung der Zugriffe erfolgen.

Funktion von Suchmaschinen

- Mit Programmen werden Dokumente (Text, Bild, Ton, Video) automatisch im Internet analysiert und indiziert.
- Der Index enthält die Datenstruktur sowie Informationen über das Dokument.
- Wenn ein Suchbegriff in die Suchmaschine eingegeben wird, liefert diese auf Grund ihrer Indizierung **(indexbasierte Suchmaschine)** eine Liste von Verweisen auf relevante Dokumente und Kurzinformationen zum Dokument.

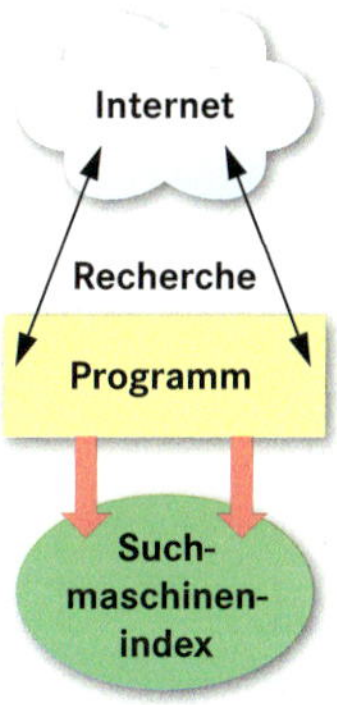

Beispiele

Google
http://www.google.de

Fireball
http://www.fireball.de

Bing (Microsoft)
http://www.bing.com

Altavista
http://www.altavista.de

Metasuchmaschinen

- Ihre Aufgabe besteht darin, die Suchanfrage an mehrere andere Suchmaschinen gleichzeitig weiterzuleiten. Die Ergebnisse werden gesammelt und aufbereitet.
- Anfragen werden langsamer beantwortet als eine direkte Anfrage bei einer einzelnen Suchmaschine, da die Antwort aller Suchdienste abgewartet wird (Servicequalität).

Eingrenzungen der Suchaufträge

Die nachfolgenden Operatoren werden nicht von allen Suchmaschinen unterstützt. Auch kann die Schreibweise abweichen.
Deshalb: Bedienungsanleitung beachten.

Operator	Erklärung	Beispiel
AND	Die verknüpften Suchbegriffe müssen vorkommen.	Festplatte AND Einbau
+	Der Begriff direkt ohne Leerzeichen nach dem Pluszeichen muss vorkommen.	Buch+IT
OR	Mindestens einer der Begriffe muss vorkommen (häufig Standardoperator)	Shareware OR Freeware
–	Begriff direkt ohne Leerzeichen nach dem Minuszeichen soll nicht vorkommen.	Betriebssystem -Windows
NOT	Der nach dem NOT folgende Begriff soll nicht vorkommen.	CD-ROM NOT Sony
NEAR	Die Begriffe sollen nahe beieinander auftauchen (logisches UND).	Microsoft NEAR Office
„..."	Phrasensuche: Es werden genau die in Anführungszeichen gesetzten Begriffe gesucht.	„Internet Explorer 7.0"
(...) {...} [...]	Klammern werden für komplexe Abfragen mit booleschen Operatoren verwendet.	Software AND (Adobe OR Corel)
title: url: link:	Sucheinschränkungen für Titel, Domäne, Link	title:DVB-S2
*, %	Platzhalter für eine unbestimmte Anzahl beliebiger Zeichen.	Auto*, Ergebnis: Automat, Automobil, ...

Internetquellen bewerten

Da jeder im Internet Veröffentlichungen vornehmen kann, gilt: Das Suchergebnis muss bewertet werden.
Beispiele für **Bewertungskriterien**:

URL
- Dienst entsprechend dem Protokoll (http, ftp, news, ...)
- Nationalität (.de, .at, ...)
- Kontext (.edu, .org, ...)

Seriosität
- Verfasser (kommerziell, privat, wissenschaftliches Institut, ...)
- Aktualität (Datum der Erstellung)
- Präsentation (Übersichtlichkeit, Verständlichkeit, ...)
- Vollständigkeit

1. Überblick verschaffen

Ziel: Erste Orientierung und Überblick.

- **Titel** (evtl. Untertitel), Verfasser bzw. Herausgeber, Verlag, Auflage, Erscheinungsort und Jahr
- **Inhaltsverzeichnis** (Gliederung, Aufbau und Gewichtung werden sichtbar)
- **Vorwort, Einführung** (Ziele und Inhalte werden deutlich).
- **Gestaltung** (flüchtiges „Durchblättern“ verdeutlicht den Grad der Visualisierung)
- **Schluss** (Vergleich von Zielen und Ergebnissen)
- **Literaturverzeichnis** (Niveau wird sichtbar)
- **Stichwortverzeichnis** (Register), **Glossar, Personenverzeichnis,** ...
- **Anhang** (Tabellen, Übersichten, ...)

2. Text durcharbeiten

Ziel: Eine strukturierte Übersicht erarbeiten und das Wesentliche herausfinden.

Lesetechniken

- **Diagonales Lesen** (rasches „Überfliegen“ des Textes, anwendbar bei einem nicht völlig fremden Sachgebiet, erste Markierungen vornehmen)
- **Eiliges Lesen** (vollständiges und schnelles Lesen, Markierungen vornehmen)
- **Verweilendes Lesen** (gründliches und vollständiges Lesen, Satz für Satz, Gedanken des Autors nachvollziehen, sich Fragen stellen, Markierungen und Anmerkungen vornehmen)
- **Selektives Lesen** (Textpassagen mit unterschiedlicher Intensität lesen, evtl. vorher Fragestellungen festlegen)

Textmarkierungen
Grundregel: Sparsam und gezielt markieren. Symbole und Farben verwenden. Markierungssystem beibehalten.

Vorteil: Zugriff zu bestimmten Textstellen wird erleichtert, durch Visualisierung werden Strukturen sichtbar.

Im Text Kernbegriffe bzw. Kernaussagen unterstreichen, hervorheben.

Am Rand wiederkehrende Kurzzeichen verwenden.
Beispiele:

!	Beachtenswert, Besonderheit, Achtung, ...
?	Bedenklich, fraglich, unklar, ...
1, 2 , ...	Reihenfolge
Zus	Zusammenfassung
Def	Definition

Fragestellungen

- Welches sind die Absichten des Verfassers?
- Was sind die Kernaussagen, was sind Randbereiche?
- Was sind Meinungen, was sind Argumente?
- Welche Struktur liegt dem Text zugrunde?
- Kann das Gelesene mit den eigenen Vorkenntnissen in eine Beziehung gebracht werden?
- ...

3. Inhaltsauszug erstellen

Spezieller Inhaltsauszug:

Exzerpt

- Eigene Gliederung erstellen
- Fragestellung entwickeln, unter der der Inhaltsauszug erstellt werden soll
- Zusammentragen von Textauszügen, die im Zusammenhang mit der jeweiligen Fragestellung stehen
- Strukturen unter Umständen durch Grafiken verdeutlichen (z. B. Mind-Map, Flussdiagramm)
- Auszüge mit Seitenverweisen des Originaltextes versehen
- Stichwörter und knappe Formulierungen verwenden
- Möglichst eigene Formulierungen benutzen
- Zitate „sparsam“ einsetzen (nur Kerngedanken)
- Wörtliche Übernahmen als Zitate kennzeichnen
- ...

Quellenangaben
Wörtliche Wiedergabe, Zitat:
Wörtliche Textübernahme.
Der übernommene Text wird durch Anführungszeichen („...“) gekennzeichnet.
Folgende Angaben sind zum Zitat erforderlich:

- Autor (Zuname und Vorname), evtl. Herausgeber (durch Hrsg. kennzeichnen)
- Vollständiger Titel, Nummer der Auflage (nur dann, wenn es sich nicht um die erste Auflage handelt)
- Erscheinungsort (evtl. noch Verlagsangabe)
- Erscheinungsjahr
- Seitenangabe

Sinngemäße Wiedergabe:
Größere Zusammenhänge werden sinngemäß und verkürzt dargestellt.

Text wird mit eigenen Worten wiedergegeben.
Quellenangabe wie beim Zitat, vorangestellter Zusatz: vgl. (vergleiche)

Vorgehensweise

Stichwörter
Skizze
Plan
Bild

Formulierungen
Verknüpfungen
Reduktion

Grafische Gestaltung
Form und Inhalt

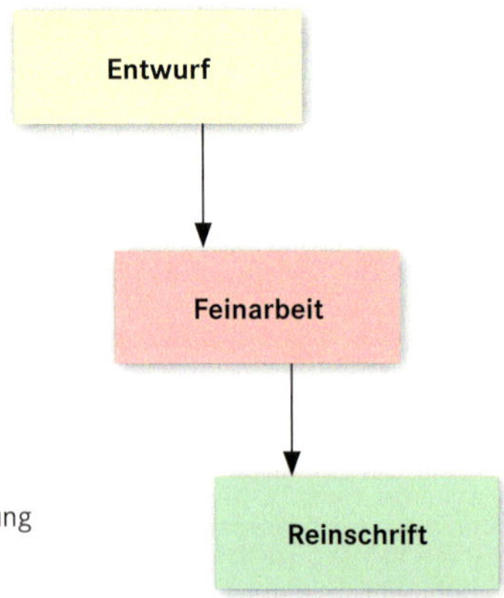

Prinzipien

- **Verständlichkeit** des Textes wird erreicht durch:
  - Einfachheit
  - Gliederung und Ordnung
  - Kürze und Prägnanz
  - Zusätzliche Stimulanz

Gliederung

- **Überschrift, Verfasser, Datum**
- **Einleitung**
  Übersicht und Information, Thema mit kurzen Sätzen skizzieren, Zweck und Ziel angeben, eventuell auf Handlungen hinweisen.
- **Hauptteil**
  Kernbereiche herausstellen, zielorientierte klare Aussage mit Veranschaulichungen (Visualisieren).
- **Schluss**
  Zusammenfassung und Vertiefung, Ausblick.
- **Anhang, Quellenangaben**

Gestaltung

- Kurze Absätze, Sätze und Wörter
- Leerräume
- Ausreichende Ränder
- Geeignete Schriftgröße (z. B.: 12 Punkt)
- Klare Formulierungen
- Überschriften und Gliederungspunkte
- Sachinformationen und persönliche Meinungen sorgfältig voneinander trennen.
- Bei Meinungsäußerungen sollte diese klar erkennbar sein, taktvolle Formulierungen verwenden, objektive Darstellungen.
- Endkontrolle nicht vergessen (Korrekturlesen), Grammatik und Rechtschreibung
- Nur notwendige Informationen angeben, Weitschweifigkeiten vermeiden.

Überprüfung durch Endkontrollfragen

- Entspricht der Aufbau meiner ursprünglichen Zielsetzung?
- Gibt es überflüssige oder weitschweifige Anteile?
- Habe ich die Bedürfnisse der Leser genügend berücksichtigt?
- Tritt meine in dem Text zum Ausdruck gebrachte Position deutlich hervor?
- Gibt es noch weitere Möglichkeiten der Veranschaulichung?
- W-Fragen gegebenenfalls beantworten:
  -Wer war wann beteiligt?
  -Was kann wen interessieren?
  -Wann ist es geschehen?
  -Wie soll vorgegengen werden?
  -Wozu dient das Ergebnis?
- Ist die Schrift lesbar?
  - Beim Lesen werden nicht Buchstaben, sondern Formen von Wörtern erfasst.
  - Serifen verleihen den Wörtern klare unterscheidbare Formen.

Protokolle

Verlaufsprotokoll | **Ergebnisprotokoll**

- **Protokollkopf**
  - Anlass bzw. Überschrift
  - Datum, Beginn, Ende
  - Ort, Raum
  - Teilnehmerinnen und Teilnehmer, Leitung
  - Protokollantin, Protokollant
  - Tagesordnung
- **Protokolltext**
  - Verlauf (chronologisch) bzw. Ergebnis (Zusammenfassung, Ordnung nach Wichtigkeit, Übersichten, Tabellen usw.)
  - Anlagen
- **Protokollende**
  - Unterschrift des Protokollanten, der Protokollantin
  - Datum der Protokollerstellung
  - Unterschrift des Gegenzeichnenden (z. B. Leiter/in der Konferenz dokumentiert damit die sachliche Richtigkeit)

Schriftarten

- **Antiqua**
  Bezeichnung für alle Schriften, die sich von der alten römischen (lateinischen) Buchstabenschrift ableiten lassen.
- **Proportionalschrift**
  Eine Schrift, in der jeder Buchstabe die Breite einnimmt, die er optisch benötigt.
- **Nicht-Proportionalschrift**
  Eine Schrift, in der jeder Buchstabe (Letter) die gleiche Breite einnimmt, z. B. die Schrift Courier.

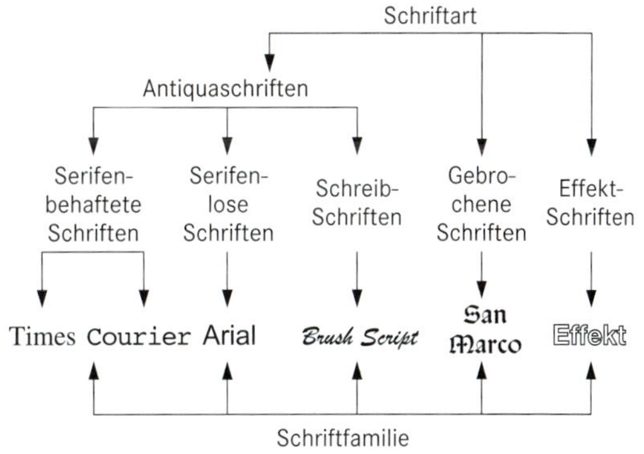

Schriftschnitte und Laufweite

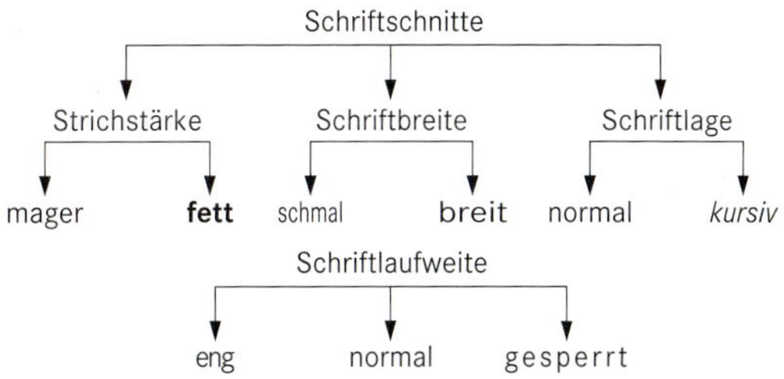

Grundregeln

Einfachheit durch Begrenzung der Elemente auf einer Seite:
- Gruppierung vornehmen, wenn mehr als fünf Elemente (z. B. Textblöcke, Bilder) vorhanden sind,
- nicht mehr als drei Schriftarten verwenden,
- Farben sparsam einsetzen.

Es gilt:
Weniger ist mehr!

Verbindungen zwischen den Elementen:
- Elemente gegeneinander ausrichten, auch wenn sie weit voneinander entfernt sind,
- Abstände zwischen zusammengehörigen Elementen geringer wählen als zwischen nicht zusammengehörigen Elementen,
- Abstände zwischen nicht zusammengehörigen Elementen weiter auseinander,
- Ausrichtung am Objekt.

Beispiel:

TECHNIK:
Tausend **E**infälle
Creatives **H**errichten
Nicht **i**mmer **k**lappt's

T

Es gilt:
Visuelle Verbindung zwischen den Elementen herstellen!

Einheitlichkeit durch Wiederholung der Elemente (Gestaltungsraster verwenden):
- Gleiche Ränder und gleiche Abstände (z. B. Überschrift und Text, Bildunterschrift und Text),
- gleiche Schriftarten,
- gleiche Umrandungen,
- einheitliche Farben,
- einheitliche Ausrichtung (z. B. linksbündig),
- wiederkehrende visuelle Anreize (z. B. Logos, Schmuckbuchstaben).

Beispiel:

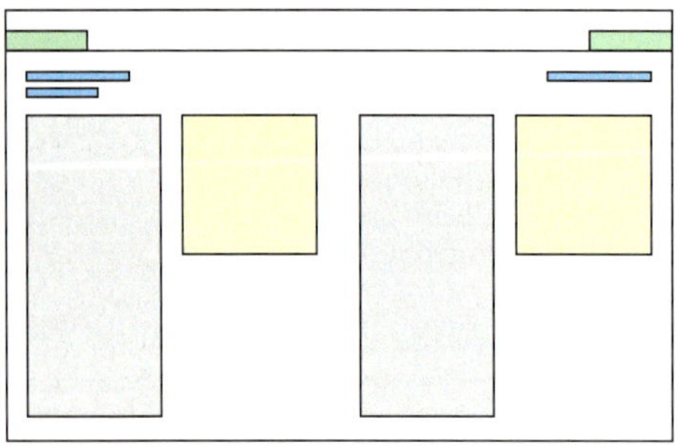

Es gilt:
Den „roten Faden" auf den Seiten herstellen!
Einheitlichkeit erzeugt Wiedererkennbarkeit!

Kontrast durch Hell-Dunkel-Unterschiede:
- Hervorhebungen (z. B. Fettdruck, andere Farbe, Änderung der Größe, Form, Lage oder Struktur, Rahmen),
- großzügig bemessene weiße, unbedruckte Flächen,
- dominierende visuelle Elemente.

Es gilt:
Aufmerksamkeit herstellen durch deutliche Unterschiede, aber sparsam!
Nur Wichtiges in Szene setzen.

Papiermaße, Seitenformat

Deutschland: **DIN A-Papierformat**
Die kleinere Seite des Bogens steht zur größeren Seite im Verhältnis 1 zu $\sqrt{2}$.

DIN A: A0 = 841 x 1189
A1 = 594 x 841
A2 = 420 x 594
A3 = 297 x 420
A4 = 210 x 297
A5 = 148 x 210
A6 = 105 x 148
A7 = 74 x 105
A8 = 52 x 74
A9 = 37 x 52
A10 = 26 x 37
(Maße in mm)

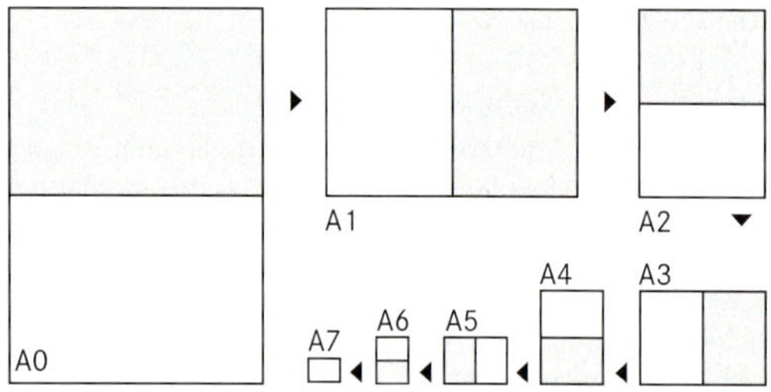

Neben dem gebräuchlichsten DIN-Format A gibt es z. B. noch die B- und C-Reihe.

Seitenaufbau, Satzspiegel

Der Satzspiegel ist die Festlegung der Nutzfläche auf dem gewählten Seitenformat, die mit Texten (Satz), Bildern usw. gefüllt wird.

Beispiel:

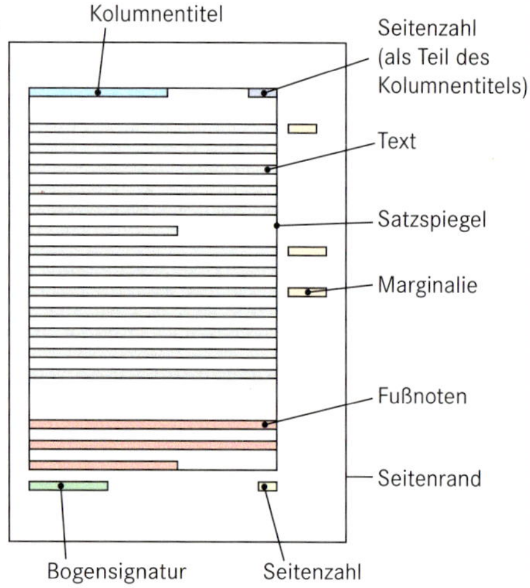

Schriftgröße

Einheit der Typographie (Schriften): **Punkt**
Pt: Pica-Punkt (auch pt)
Grundschrift: 8 bis 12 Punkt

Umrechnungstabelle:

mm	Zoll	Pt	Didot
1	0,3937	2,83464	2,65978
25,4	1	72	67,55867
0,35	0,01378	1	0,96096
0,38	0,01496	1,07712	1

Abhängigkeiten

Es bestehen wechselseitige Abhängigkeiten zwischen

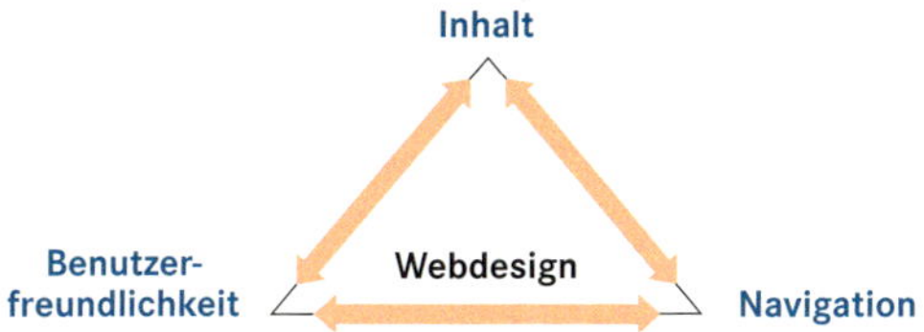

Bei Beachtung der wechselseitigen Abhängigkeiten entsteht eine benutzerfreundliche Website.

- **Inhalt**
  - **Was** wird dargestellt?
    Texte, Bilder Grafiken usw. der Website werden mit ihren Beziehungen (z. B. Rahmen, Hervorhebungen, Abgrenzungen, Tabellen) dargestellt (strukturierter Aufbau).
  - **Wie** und **womit** werden die Elemente dargestellt?
    Gestaltungselemente sind z. B. Farben, Banner, Buttons, Animationen
- **Navigation**
  - **Wie** und **wodurch** wird der Benutzer zu bestimmten Elementen geführt?
  - Zielsetzung ist es dabei, den Benutzer in leichter Form z. B. über hierarchische Links und Navigationslinks zur Beantwortung seiner Fragen zu führen: Wo befinde ich mich? Worum geht es? Wohin kann ich gehen? usw.
  - Der „Rote Faden" darf dabei nicht verloren gehen.
- **Benutzerfreundlichkeit (Web usability):**
  Merkmale:
  - **Einfachheit** (z. B. überschaubare Darstellungen, wiederkehrende Strukturen verwenden)
  - **Lesbarkeit** (z. B. Schriftgröße beachten, Farben sinnvoll einsetzen, Animationen sparsam einsetzen)
  - **Verfügbarkeit** (z. B. Inhalte zum Druck anbieten, Ladezeit von Zusatzinformationen beachten)

Probleme

Es besteht keine Kontrolle über das beim Abnehmer erscheinende Ergebnis. Deshalb sollte die Website so entwickelt werden, dass sie möglichst auf vielen Computerplattformen richtig und nicht verfälscht aufgebaut wird.

- **Farbdarstellung**
  Man kann nicht davon ausgehen, dass alle Benutzer über gleiche Farbpaletten verfügen. Deshalb sollten websichere Farben (216) verwendet werden.

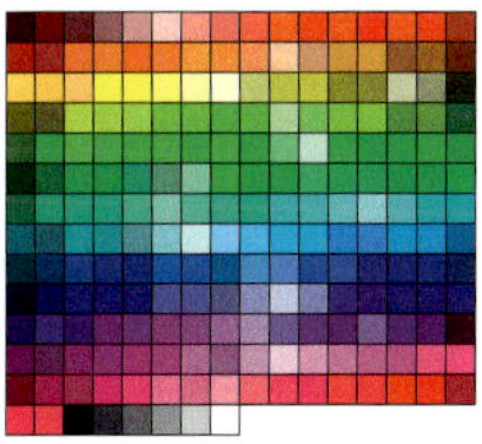

- **Webbrowser**
  Die Interpretation des Quelltextes von Websites sollten mit allen gängigen Browsern getestet werden (Internet Explorer, Opera, Firefox).
- **Monitore**
  Verschiedenartige Monitore (Abmessung, Auflösung) sind bei den Adressaten im Einsatz. Das Webdesign sollte deshalb so angelegt werden, dass die Website sich an jede Auflösung und Größe der Bildschirme bzw. der Browserfenster anpasst.

Gestaltungselemente

- **Instrumente**
  W3C-konforme Techniken wie CSS, HTML, XHTML, XML, Java, Java Script einsetzen.
  W3C: World Wide Web Consortium zur Standardisierung der WWW-Techniken
  CSS: Cascading Style Sheets steuern das Erscheinungsbild einer Webseite
- **Farben**
  - Unter **Farbraum** versteht man den theoretisch möglichen Farbumfang eines Gerätes oder einer Software. Für die Gestaltung von Websites hat sich der **sRGB**-Farbraum etabliert.

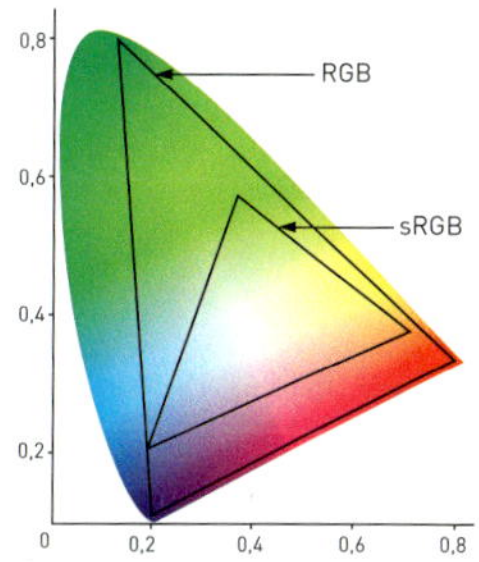

  - Es sollten nicht mehr als sechs verschiedene Farben verwendet werden.
  - Die physiologische Farbwirkung sollte beachtet werden. Farben werden unterschiedlich wahrgenommen und emotional bewertet.
  - Die Farbgestaltung sollte die Informationsaufnahme nur unterstützen.
- **Texte**
  Der Text sollte an mögliche Lesegewohnheiten der Adressaten angepasst sein:
  - Überschriften deutlich hervorheben (evtl. farblich)
  - Schlüsselwörter hervorheben (z. B. markiert, fett)
  - Text durch Zwischenüberschriften und Absätze gliedern
  - Einfache und verständliche Sprache verwenden (weniger ist häufig mehr)
  - Webschriften verwenden: Tahoma, Verdana, Arial, Helvetica
  - Unterstreichungen nur für Verlinkungen verwenden
- **Bilder**
  - Um die Ladezeit gering zu halten, sollte die Auflösung von Fotos 72 bis 104 dpi betragen. Größere Bildqualitäten können zum Download angeboten werden.
  - Dateiformate: .bmp, .tif, .tiff, .gif, .jpg.
  - Vektorgrafiken werden selten eingesetzt.
- **Rahmen**
  Sie werden als schmückendes Beiwerk eingesetzt, wie z. B. für Bilderrahmen, Trennlinien, Listenpunkte, Schmuckkanten. Diese Elemente können in html oder css erzeugt werden. Wichtig ist, dass alle grafischen Elemente aufeinander abgestimmt sind (auch farblich).
- **Banner**
  Sie besitzen einen hohen Wiedererkennungswert und können mit einem Logo versehen werden. Bei einem animierten Banner sollte dem Benutzer die Möglichkeit des Anhaltens gegeben werden (weniger ist mehr).
- **Button**
  Sie dienen als Navigationselemente und sind maßgeblich am Webdesign beteiligt. Mit einer entsprechenden Software können dynamische Buttons erzeugt werden.

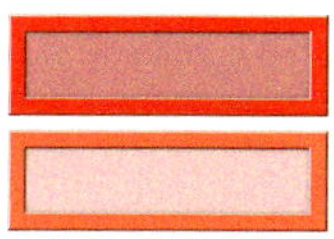

Planvolle Arbeitsorganisation

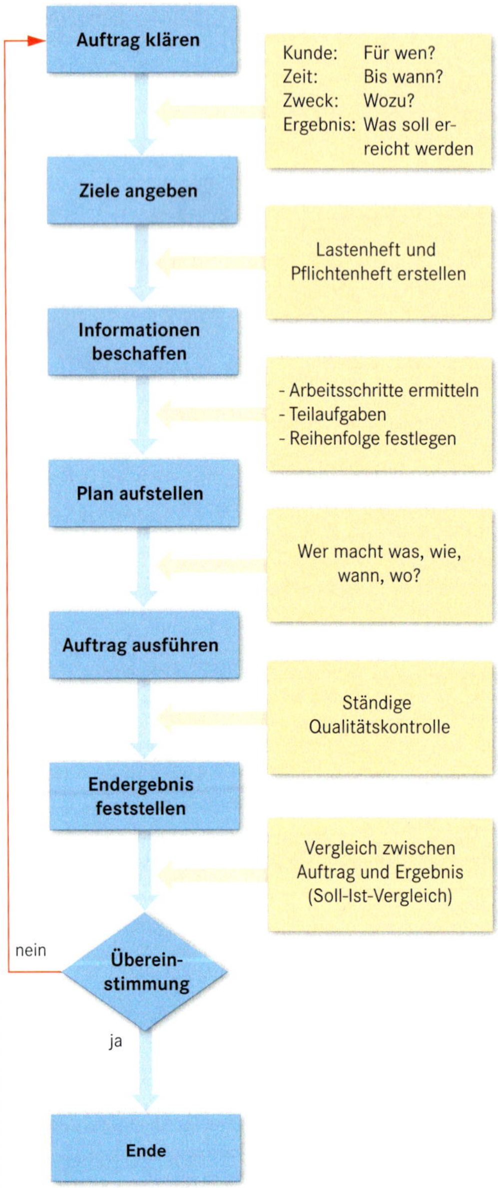

- **Ziele ergonomischer[1] Arbeitsorganisation**
  - Arbeitsprozesse an menschliche Bedürfnisse anpassen
  - Individueller Gesundheitsschutz
  - Humane Arbeitsplatzgestaltung

- **Gefahren nichtergonomischer[1] Arbeitsorganisation**
  - Körperliche Beschwerden
  - Gefährdung des Sehvermögens, Hörvermögens, ...
  - Psychische Belastungen

[1] Ergonomie = Wissenschaft von der menschlichen Arbeit

Regeln

- **Vermeidung von psychischen Beanspruchungen**
  Abbau von
  - Monotonie
  - sinnlosen Wiederholungen
  - sinnentleerter Arbeit
  - hohem Arbeitstempo und Arbeitsverdichtung
  - Informationsüberflutung
  - sozialer Isolation
  - Lärmbelästigung

- **Vermeidung von einseitiger Arbeit**
  durch
  - Mischarbeit (abwechslungsreiche Arbeit) und
  - Pausen.

- **Arbeit soll**
  - ausführbar,
  - erträglich,
  - zumutbar und
  - persönlichkeitsfördernd sein.

- **Beachtung der Leistungskurve**

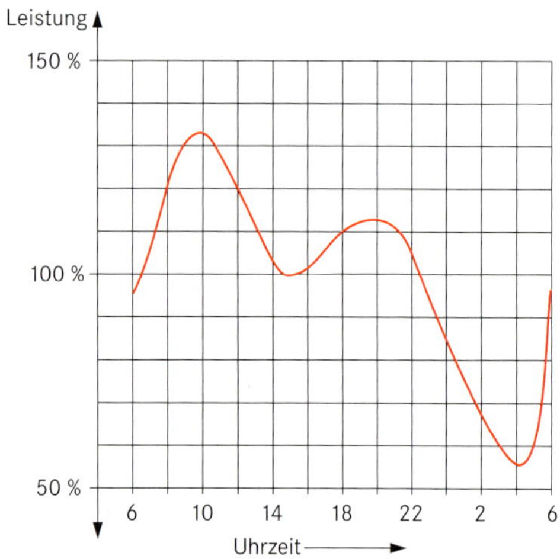

- **Aktivitätsplanung (60:40 Regel)**

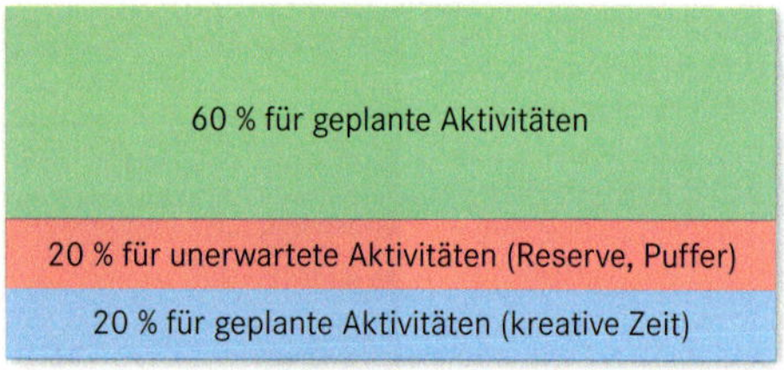

- **Bewertung der Aufgaben nach Wichtigkeit**
  - Äußerst wichtig
    → Ich tue es selbst und delegiere nicht!
  - Durchschnittlich wichtig
    → Ich versuche es fallweise zu delegieren!
  - Weniger wichtig, unwichtig
    → Ich delegiere, verkürze den Aufwand oder streiche das Vorhaben!

Aufgabe und Funktion

- Durch Zeitmanagement soll erreicht werden, dass anstehende Aufgaben innerhalb einer gewählten Zeitspanne erfolgreich und zufrieden stellend gelöst werden.
- Zeitmanagement wird angewendet
  - auf die eigene Person (**persönliches Zeitmanagement**) oder zur
  - Termin- und Kapazitätsplanung von Arbeitsabläufen (**Zeitwirtschaft**).

Strategien zum persönlichen Zeitmanagement

Tagesplan verwenden	- Vorhaben nicht nur langfristig planen, sondern abends einen Arbeitsplan für den nächsten Tag aufstellen.
Arbeitsunterbrechungen vermeiden	- Arbeit delegieren - „Nein" sagen - Besprechungen gut vorbereiten - Klare Ziele festlegen
Ziele und Aufgaben definieren	- Was möchte ich erreichen? - Was möchte ich vermeiden? - Zeitbedarf abschätzen - Keine Zeit mit Nebensächlichkeiten vertrödeln.
Schriftlich planen	- Der Arbeitsplan zeigt auf einen Blick, was wann erledigt werden muss.
Persönliche Leistungskurve beachten	- Den Tag so planen, dass die wichtigen Aufgaben in den effektiven Tageszeiten erledigt werden, z.B. zwischen 8.00 und 12.00 Uhr.
Prioritäten setzen	- Nach Bedeutung und Dringlichkeit planen - Entscheiden, was zuerst erledigt werden muss. - Was kann warten? - Was kann delegiert werden?
Pufferzeiten einplanen	- Unverplante Zeitreserven über den Tag verteilen - Reserven für unvorhergesehene Aufgaben schaffen
Positiv denken	- Arbeitstag positiv beginnen - Sich selbst motivieren - Arbeitstag positiv beenden
Konsequent bleiben und die Zeit nutzen	- Regeln konsequent einhalten - Effektiv, erfolgreich und stressfrei arbeiten „Stress macht krank"

Wichtigkeits-Dringlichkeits-Prinzip

- Die zu erledigenden Aufgaben sollten den folgenden Kategorien zugeordnet werden:
  - **A1-Aufgaben**: Sofort und selbst erledigen
  - **A2-Aufgaben**: Unbedingt beenden
  - **B-Aufgaben**: Delegieren
  - **C-Aufgaben**: Unwichtig

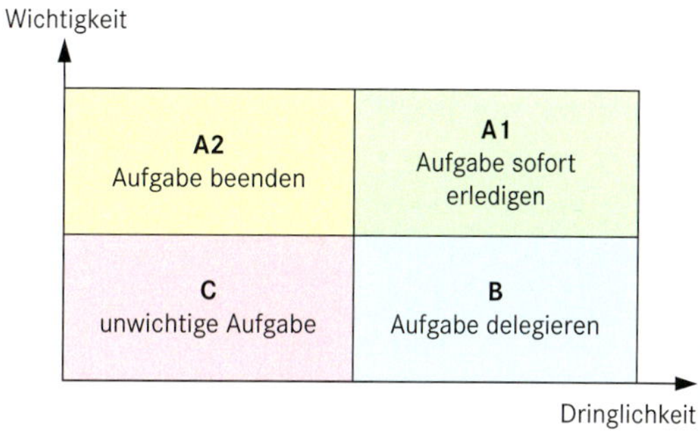

- Mit diesem Prinzip wird erreicht, dass für wichtigere Aufgaben bzw. Entspannungsphasen Freiräume entstehen.
- Hilfreich ist es, komplexe und umfangreiche Aufgaben in kleinere Teilaufgaben aufzuspalten.
- Eine Nebenwirkung bei Anwendung dieses Prinzips ist die Steigerung der Motivation (Erfolgserlebnis).

Sofort-Prinzip

- Aufgaben nicht unnötig hinauszögern, da sie sonst mehr Zeit verschlingen als alles andere.
- Alle Aufgaben sofort bearbeiten, die weniger als 5 Minuten beanspruchen.
- Aufgaben, die nicht sofort erledigt werden, sollten einen Bearbeitungs-/Fertigstellungstermin erhalten.

Zeitplanung

- Bei Konferenzen oder Besprechungen:
  - Eine verbindliche Tagesordnung erstellen.
  - Beginn und Ende für jeden Tagesordnungspunkt und die gesamte Besprechung verbindlich festlegen.
  - Ziel und Ansprechpartner für jeden Tagesordnungspunkt benennen.
  - Pünktlich beginnen (der pünktliche Teilnehmer wird belohnt, nicht der verspätete).
  - Ergebnisprotokoll mit Prioritäten, Terminen und Verantwortlichen erstellen.
- Beim Telefonieren:
  - Anrufe planen (Zeit, Ziel, Inhalte)
  - Kontakt- und Sperrzeiten definieren, zu denen man sicher bzw. nicht erreichbar ist.
  - Häufige wiederkehrende Störungen gezielt selbst einleiten, z.B. selbst zu gewünschter Zeit anrufen.
  - Störung abkürzen, Rückruf vereinbaren bzw. Rückruf erfolgt vorbereitet.
- Mit Zeitprotokoll
  Das Protokoll gibt Auskunft, wie viel Zeit für welche Aktivitäten eingesetzt wurde (Grundlage für Änderungen).

Lernen
Learning

Lerntypen

- Sehtyp (**visuell**)
- Hörtyp (**auditiv**)
- Gesprächstyp (**verbal**)
- Fühltyp (**haptisch**)

Diese Lerntypen treten in der Regel nicht in reiner Form auf. Vorherrschend sind Mischformen. Je nach Lerntyp sind entsprechende Lehr- und Lernmethoden anzuwenden, damit das Lernergebnis im Langzeitgedächtnis verankert wird.

Ziel:
Erkennen, zu welchem Lerntyp man selbst gehört, und in diesem Rahmen die Lernfähigkeit verbessern.

Verbesserung der Lernfähigkeit

- Sich die eigenen **Lernmotive** verdeutlichen
- Entspannte und angemessene **Lern-/Arbeitsatmosphäre** herstellen.
- Lern- bzw. Arbeitsplatz den individuellen Bedürfnissen anpassen:
  - Schreibtisch, Arbeitsfläche für die Lernaufgabe herrichten
  - bequeme Sitzhaltung einnehmen
  - für ausreichende Beleuchtung sorgen
  - Materialien bereitlegen
  - Ablenkung vermeiden
- **Überblick** über die Aufgabe verschaffen
- **Zeitbedarf** abschätzen
- **Strukturen** des Lernstoffs herausarbeiten (Element, Beziehungen und Abhängigkeiten zwischen den Elementen)
- Informationen auf den **Kerngehalt** reduzieren
- **Merktechniken** und **Visualisierungen** während des Lernprozesses verwenden
- Ergebnis bzw. **Zusammenfassung** festhalten
- **Rückbesinnung** auf den Lernprozess und das Lernergebnis vornehmen
- **Beseitigung von Lernblockaden**
  Negative Einstellungen durch positive Lerneinstellungen ersetzen (entspannteres Lernen)

  Ich kann mich nicht konzentrieren.
  - Ich bin ruhig und ausgeglichen!
  Das habe ich noch nie gekonnt.
  - Was andere können, kann ich auch!

Behaltensquote

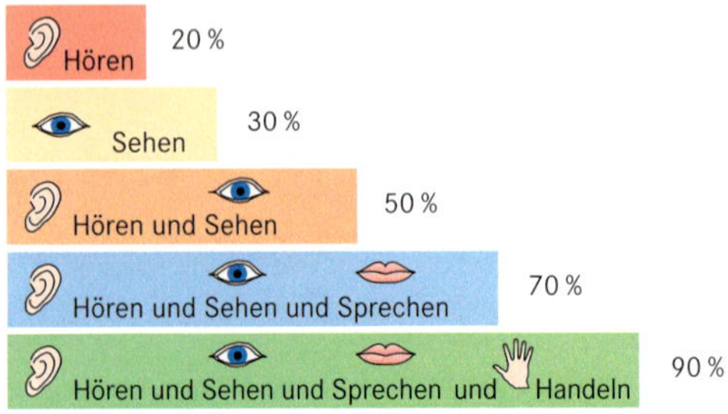

Kurzzeitgedächtnis:
Speicherung der Information ca. 30 bis 60 Sekunden lang.

Langzeitgedächtnis:
Lebenslange Speicherung.
Ziel von Lernprozessen: Gewünschte Informationen in das Langzeitgedächtnis transformieren.

Text verarbeiten und behalten

- Gelesenes nachsprechen
- Text mit eigenen Worten wiedergeben
- Über Gelesenes nachdenken
- Unterstreichungen und Markierungen mit gleichbleibender Bedeutung verwenden
- Einfache und sich wiederholende Markierungen benutzen.
  Beispiele:
  !: wichtig, bedeutsam
  !!: sehr wichtig, sehr bedeutsam
  ?: bedenklich, fragwürdig
  ??: sehr bedenklich, sehr fragwürdig
- Text durch Grafiken und Bilder veranschaulichen (Visualisierungen vornehmen)
  Beispiele:
  Flussdiagramm, Mind-Map, Struktogramm, Tabelle, ...
- Theoretische Sachverhalte mit praktischen Möglichkeiten verbinden
- Sich den Text in Form von Bildern vorstellen, den Text gedanklich „ausmalen"
- Individuelle Merkhilfen erfinden (Eselsbrücken).
- Pausen einhalten. Damit erhöht sich der Lernwirkungsgrad und der Behalteneffekt
- Ablenkungen vermeiden (akustisch, optisch, ...)
- Je nach Lerntyp: Hintergrundmusik verwenden

Lernen mit der Projektmethode

Weitgehend selbstorganisiertes Lernen in Gruppen.
Ablauf:
1. Projektinitiative
2. Projektskizze (Absichten, Vorhaben)
3. Projektplan (Schritte, Zeitbedarf, Aufgabenverteilung: „Wer macht was bis wann")
4. Durchführung
5. Abschluss (Ergebnis, kritische Betrachtung des gesamten Projekts)

Lernen durch Rollenspiele

Probehandeln in simulierten Situationen.
Ablauf:
1. Einführung in die Rolle (Lehrkraft, Leiter, ...)
2. Erarbeitung des Rollenprofils
3. Darstellung der Rolle
4. Herausführen aus der Rolle (Lehrkraft, Leiter, ...)
5. Reflexion über die gespielte Rolle
6. Feedback durch Beobachter

Problemlösung
Problem Solving

Möglicher Ablauf

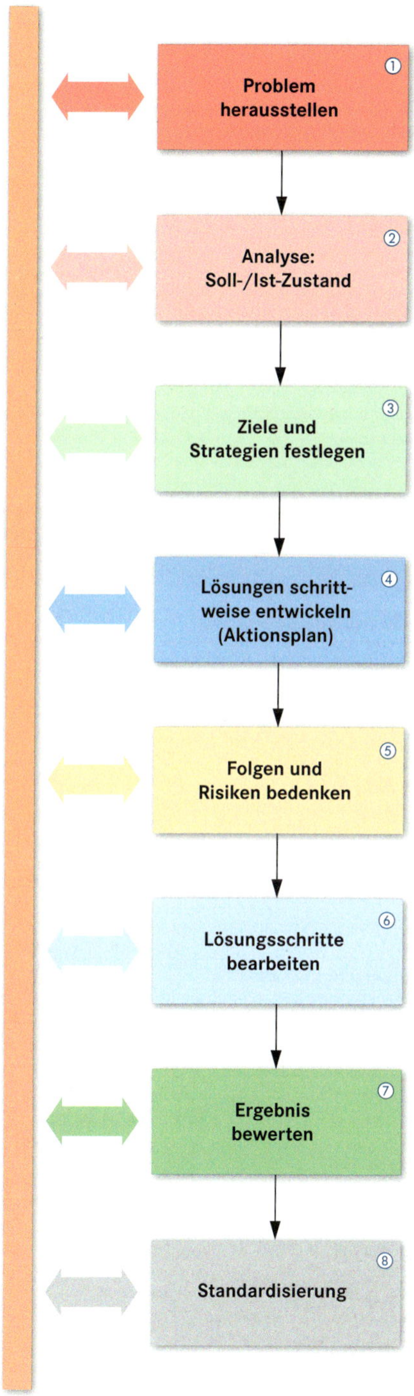

Erläuterungen

Voraussetzungen für den Erfolg:

- Geordnete (systematische) Ablaufschritte
- Reihenfolge einhalten, Schritte können jedoch übersprungen werden
- Wenn die einzelnen Schritte nicht erfolgreich durchlaufen werden können, müssen die davorliegenden Stufen mit veränderten Rahmenbedingungen bearbeitet werden (z. B. neue Ziele festlegen)

① Genaue Beobachtung der Sachverhalte;
Eingrenzung;
Präzise und eindeutige Beschreibung einzelner Elemente bzw. komplexer Problemfelder;
Richtung wird vorgegeben; ...

In einer guten Problemdefinition sind oft schon richtige Lösungsansätze vorhanden.

② Unterschied zwischen Soll und Ist dokumentieren:
Daten und Informationen sammeln, ordnen;
Ursachen erforschen;
Probleme von mehreren Seiten sehen;
Erfahrungen mit dem Problem festhalten;
Hypothesen formulieren; ...

③ Ergebnisziele und Prozessziele festlegen;
Ergebnisbereiche festlegen; ...

④ Lösungsansätze sammeln (intuitiv, systematisch, kreativ);
verschiedenartige Methoden anwenden (z. B. Brainstorming, Mind-Map);
Alternativen gezielt suchen;
Lösungsansätze gegenüberstellen und bewerten;
einen Lösungsweg festlegen;
Zeitvorstellungen angeben; ...

⑤ Verschiedenartige Folgen erörtern; z. B. ökologische, ökonomische;
Risiken wahrnehmen und bedenken (evtl. vorbeugende Maßnahmen einleiten); ...

⑥ Lösungsweg in Einzelschritte zerlegen;
Aktionsplan, Arbeitsplan erstellen;
Verantwortlichkeiten klären;
Mittel bereitstellen; ...

⑦ Ergebnis sichern, dokumentieren;
Vergleich mit Zielsetzung vornehmen;
eventuelle Abweichungen festhalten;
Korrekturen unter Umständen vornehmen; ...

⑧ Problemlösung auf andere ähnliche Fälle übertragen;
Bewährung feststellen oder Korrekturen einfügen; ...

Brainstorming
Brainstorming

Verfahren

(„Gedankenstürme“)

- Alle Teilnehmerinnen und Teilnehmer äußern sich kurz und spontan zu einem Stichwort, Problem, Thema, ...
- Alles darf unkommentiert geäußert werden (alles ist erlaubt).
- Quantität hat Vorrang vor Qualität.
- Alle Ideen werden gesammelt und können später geordnet (strukturiert) und gewichtet werden.

Ziele

- Kreatives Suchen in kurzer Zeit, möglichst viele Ideen, Lösungen, Verfahren, ...
- Entdecken neuer oder unter Umständen origineller Lösungsansätze.
- Erreicht wird eine vielfältige und breite Beteiligung.
- Abwechslung in Bearbeitungsphasen, Motivation, Auflockerung, Entkrampfung.

Reihenfolge

1. Klare Themenstellung angeben.
2. Zeit festlegen (10 bis 15 Minuten).
3. Regeln festlegen.
   Beispiele:
   - Ideen vortragen,
   - spontan Ideen einbringen,
   - Ideen weitergeben und fortentwickeln.
4. Ideen notieren (einer schreibt, ein anderer moderiert).
5. Ideen auswerten.
   Beispiele:
   - Cluster bilden,
   - Ideen bewerten.
6. Brainstorming fortsetzen, wenn Ideen weiterentwickelt werden sollen.

Einzel- und Gruppenarbeit
Individual and Group Working

Kombination der Arbeitsformen

Beispiel:

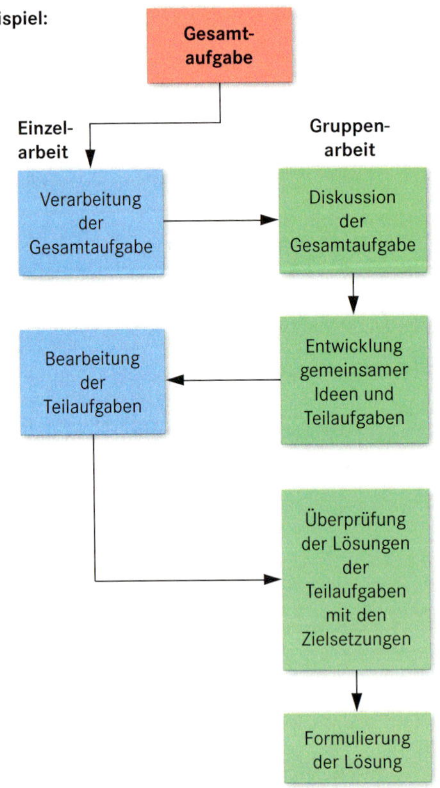

Vorteile der Gruppenarbeit

Synergieeffekt
Unterschiedliche Denkstile, Sichtweisen, Wissens- und Erfahrungshintergründe werden eingebracht. Risiko von Fehlentscheidungen wird vermindert.

Kommunikation
Aktiver Austausch unterschiedlicher Gedanken durch Sprache.

Lernen
Impulse für die Entwicklung des Einzelnen werden gegeben. Durch eine heterogene Zusammensetzung werden Vorurteile abgebaut sowie ein fachübergreifendes Arbeiten praktiziert.

Motivation und Identifikation
Durch gemeinsames Problemlösen wird ein Wir-Gefühl und Verständnis für einander entwickelt.

Qualität und Akzeptanz
Durch Mitverantwortung und aktive Beteiligung werden Schwächen und Fehler rasch erkannt und beseitigt.

Hindernisse bei der Gruppenarbeit

- Denken in Hierarchien und Abteilungen
- Konkurrenzdenken
- Mangelnde Risikobereitschaft
- Killerargumente (z. B. das haben wir schon so oft versucht, unsere Erfahrung hat gezeigt, ...)
- Mangelnde Sachlichkeit (Emotionen bestimmen unterschwellig das Handeln)
- Mängel in der Organisation, im Management
- Fehlende Zeit (besonders in der Anfangsphase)
- ...

Gruppenmerkmale

Eine Gruppe
- ist innerhalb eines Gesamtsystems verantwortlich für eine umfassende Aufgabe **(Gruppenziel)** mit unterschiedlichen Arbeitsinhalten,
- entwickelt ein Zusammengehörigkeitsgefühl, Gruppenmitglieder unterstützen sich **(Gruppenbewusstsein)**,
- entwickelt eigene und in der Gruppe akzeptierte **Normen** und **Wertvorstellungen,**
- tauscht kontinuierlich Informationen aus (**Interaktion** und **Kommunikation**),
- verfügt über einen von der Gruppe akzeptierten **Gruppenleiter**, der als gleichverantwortlich in der Gruppe agiert,
- verfügt über Mitglieder, die im Idealfall in der Lage sind, jeden einzelnen Arbeitsinhalt auszuführen **(Ersetzbarkeit)**,
- ist in ihrer Arbeitshaltung auf das Gesamtziel ausgerichtet **(Zielorientierung)**,
- besteht aus Mitgliedern, die sich ergänzen und stützen **(Toleranz und Akzeptanz),**
- arbeitet längerfristig zusammen **(Dauerhaftigkeit)**.

Gruppenbildung

1. **Forming (Formierungsphase)**
   Erste Orientierung hinsichtlich Aufgabe und Gruppenmitglieder. Aufgaben und Ziele werden umschrieben, geeignete Arbeitsmethoden festgelegt usw.
   Unpersönliche und gespannte Arbeitsatmosphäre.
2. **Storming (Konfliktphase)**
   Konflikte zwischen Gruppenmitgliedern (Polarisierung, Positionskämpfe, Konfrontationen, Vorurteile usw.) und Widerstände gegenüber Anforderungen treten auf.
   Pessimistische Grundhaltungen, zunächst mühseliges Vorankommen.
3. **Norming (Normierungsphase)**
   Wir-Gefühl wird entwickelt. Kommunikation führt zur Kooperation. Normen und Regeln werden aufgestellt. Rollen innerhalb der Gruppe werden definiert. Rückmeldungen (Feed-back) erfolgen.
4. **Performing (Verschmelzungsphase)**
   Konstruktive und zielgerichtete Arbeitsweise. Solidarisches und hilfsbereites Verhalten, kreative und flexible Arbeitshaltungen.

Gruppenarbeit

Der Erfolg der Arbeit in einer Gruppe hängt davon ab, wie gut die Gegensätze in der Gruppe ausgeglichen werden können (Gruppenkonsens, Harmonie).

Die verschiedenen Fähigkeiten und Möglichkeiten der Gruppenmitglieder (Ressourcen) sollten während der Arbeitsphasen optimal eingesetzt werden. Jedes Gruppenmitglied ist in gleicher Weise für den Gesamterfolg verantwortlich.

Die Arbeitsbedingungen (Rahmenbedingungen) müssen auf die Fähigkeiten und Bedürfnisse der Gruppenmitglieder abgestimmt sein.

Die Gruppe verbessert zunehmend ihre Leistung.

Die Gruppe ist für die Kontrolle der Teilergebnisse und des Endergebnisses selbst verantwortlich.

Bei der Arbeit in Gruppen muss **Ausgewogenheit** bestehen zwischen
- den individuellen Bedürfnissen und Fähigkeiten der einzelnen Gruppenmitglieder **(Ich)**
- den in der Gruppe entwickelten Normen, Vorstellungen **(Wir)** und
- dem zu erfüllenden Arbeitsauftrag **(Aufgabe)**

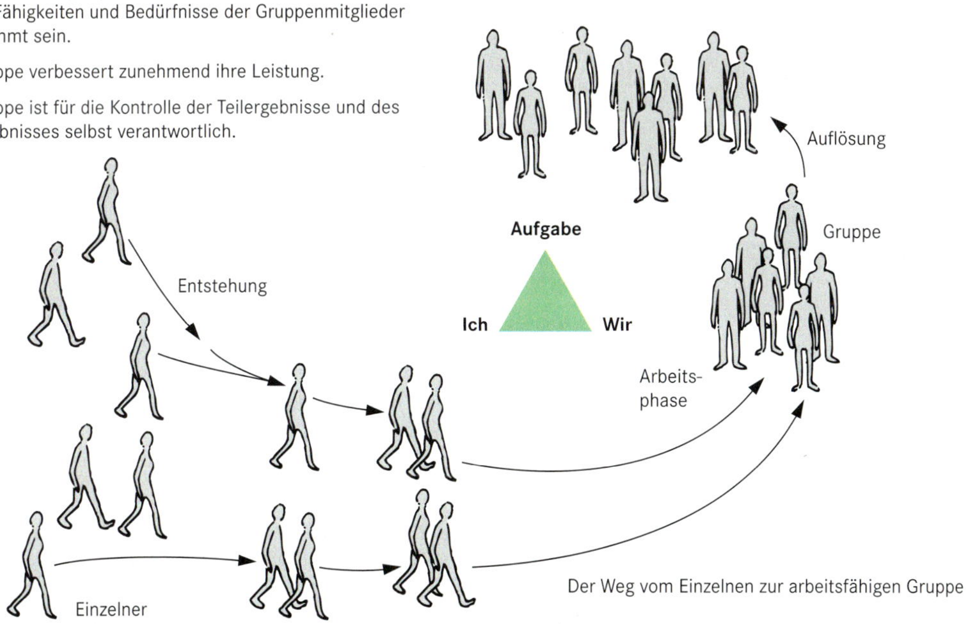

Der Weg vom Einzelnen zur arbeitsfähigen Gruppe

Vorteile

- Sprachaussagen werden anschaulicher und verständlicher
- Zusammenhänge werden deutlicher
- Kernaussagen treten deutlich hervor
- Redeanteil lässt sich verkürzen
- Struktur tritt hervor
- Bilder können komplexe Zusammenhänge auf „einen Blick" verdeutlichen

Möglichkeiten

Text: Unterstützung der Sprache durch Folien, Plakate, Karten.
Tabellen: „Ordnung" von Zahlen.
Bilder: Veranschaulichung komplexer Beziehungen, Assoziationen wecken.
Schaubilder: Strukturen und Abhängigkeiten.
Symbole: Reduzierung auf das „Wesentliche".

Visualisierungs-Regeln

- Zuhörer müssen alle Materialien gut sehen und Texte gut lesen können, evtl. Sitzordnung ändern. Materialien zielgerichtet einsetzen
- Wirkung der Materialien bedenken (Pausen zum Betrachten einplanen)
- Texte übersichtlich und gut lesbar gestalten (Größe, Form, Farbe, Druckbuchstaben). Weniger ist oft mehr!
- Innere Ordnung muss durch Überschriften und Textanordnung deutlich werden
- Dramaturgie durch geeignete Reihenfolge der Elemente herstellen
- Verknüpfung verbaler Aussagen mit bildhaften Darstellungen
- Blickkontakt während des Medieneinsatzes herstellen
- Wenn Medien nicht mehr benötigt werden, diese entfernen

Wirkung von Farben

Rot	Wärme, Nähe, erregend
Blau	Kälte, Ferne
Grün	Gesundheit, beruhigend
Gelb	Hell, leicht
Schwarz	Distanz, hart, schwer, eng
Weiß	Licht, leicht, leer
Braun	Gemütlich, vertraut
Grau	Leblos, langweilig
Violett	Zweideutig, unsachlich
Orange	Leuchtend
Rosa	Zart, zerbrechlich
Gold	Edel, gewichtig
Silber	Distanziert, kühl

Beispiel:

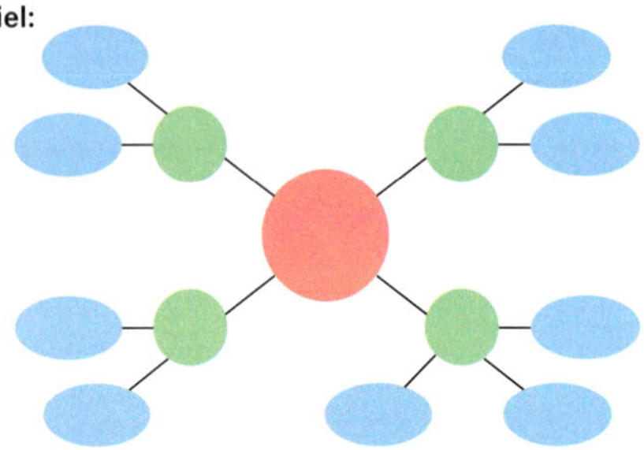

Anordnung und Gestaltung

Reihung

Themenstruktur wird deutlich.

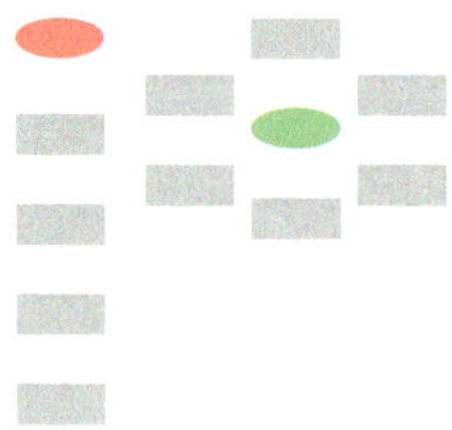

Rhythmus

Erfassung von Zusammenhängen.

Betonung

Blick wird auf wichtige Aussagen gelenkt.

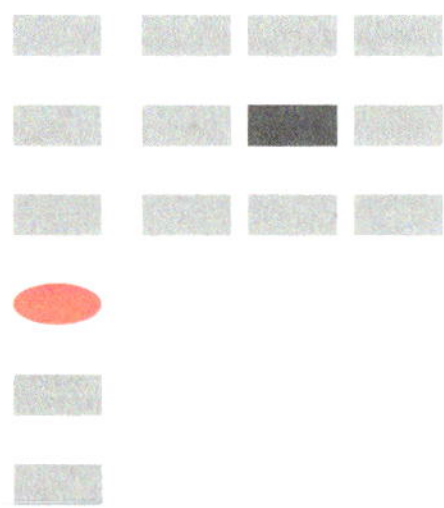

Ballung und Streuung

Bearbeitungsschwerpunkte treten hervor.

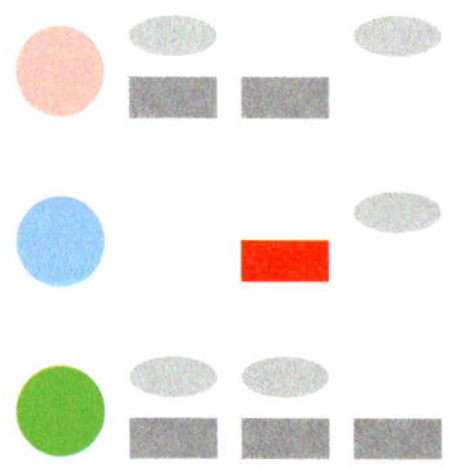

Symmetrie und Asymmetrie

Ähnlichkeiten und Unterschiede treten hervor.

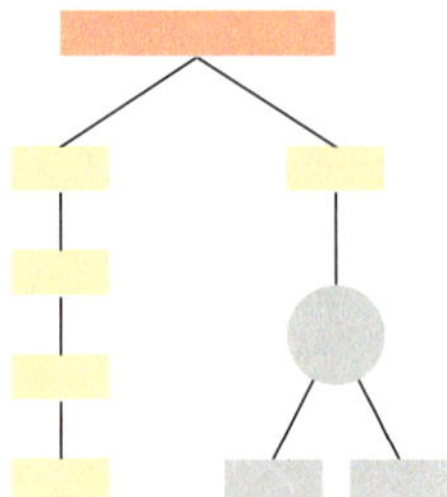

Dynamik

Offene Struktur

Vorbereitung

1. Ziel bzw. Absicht formulieren.
2. Ideen, Informationen und Materialien sammeln.
3. Geeigneter Materialien im Hinblick auf das Ziel auswählen.
4. Materialien sortieren z. B. nach Kernaussagen, Hintergrundinformationen.
5. Gewichtung vornehmen.
6. Geeignete Methoden und Medien für die Präsentation aus wählen und beachten.
7. Besonderheiten der Adressaten und des Raumes beachten.
8. Informationen wirkungsvoll aufbereiten.
9. Präsentationsmanuskript erstellen.

Durchführung

- **Aspekte der Kommunikation beachten**
  1. Sachinhalt
  2. Appell
  3. Beziehung
  4. Selbstoffenbarung
- „Roten Faden" einhalten.
- Zusammenspiel zwischen **verbalen Aussagen** und **Visualisierungen** einhalten.
- Dramaturgie und Dynamik durch **Sprache** erreichen und geeignete Medien verwenden.
- Funktion von **Sprechpausen**:
  Gelegenheit zum Atmen, eigene Gedanken neu ordnen, Denkpausen für Zuhörer, Aufmerksamkeit und Spannung
- **Haltung, Körpersprache**
  - Stand:
    Leicht geöffnete Füße auf gleicher Höhe, Gewicht gleich mäßig verlagern, nicht schaukeln oder wippen, mit Händen und Armen ruhig die Visualisierung unterstützen.
  - Sitzend:
    Aufrechte Haltung, Arme und Hände ruhig halten, nicht mit Gegenständen spielen
- Nicht zum Medium, sondern zu den Zuhörern sprechen (**Konzentration**).
- Medien nacheinander (z. B. durch Aufdecken) präsentieren (**Abfolge**).

Nachbereitung

- **Selbstreflexion**:
  - Ziele erreicht bzw. nicht erreicht
  - Tatsächlichen Ablauf mit geplantem Ablauf vergleichen
  - Abweichungen festhalten, Gründe erforschen
  - Wirksamkeit einschätzen
- **Rückmeldung durch Teilnehmerinnen und Teilnehmer**:
  - Anonyme Bewertung/Beurteilung vornehmen lassen (z. B. Punktabfrage, Kartenabfrage über einzelne Elemente und/oder Gesamtpräsentation)
  - Ergebnis der Bewertung/Beurteilung präsentieren, eventuell Rückfragen stellen
  - Veränderungsvorschläge herausarbeiten

Verwendung von Präsentationssoftware

- **Text**
  - Folie in Querformat einrichten
  - Folie nicht bis zum Rand beschriften
  - Textumfang begrenzen (nicht mehr als 8 Informationen)
  - Schriftgröße soll aus der Entfernung gut lesbar sein (z. B. Überschrift 36 pt ①, Teilüberschrift 28 pt ②, Text 20 pt ③)
  - Genügend großen Zeilenabstand (mindestens 1,5) verwenden
  - Geringe Anzahl von Schriftgrößen (3), Schriftarten, Schriftstilen (Fett ①, ②, Kursiv ③, ...) und Schriftfarben verwenden
  - Gliederungen (z. B. Punkte) einfügen
  - Grafiktext ④ für besondere Hinweise spärlich einsetzen

Überschrift ①

- **Teilüberschrift 1 ②**

  Text Text Text Text Text Text
  Text Text Text Text Text Text
  ... ③
- **Teilüberschrift 1 ②**
  Text Text Tex
  Text Text

④

- **Grafik**
  - Auf einer Folie wenige Formen von Zeichnungsobjekten (z. B. Kreis, Rechteck, Pfeil) einsetzen ⑤
  - Füllfarben und Rahmenfarben entsprechend ihrer Bedeutung einsetzen (z. B. ist Rot eine Signalfarbe ⑥)
  - Füllfarben nur mit geringer Sättigung (blasse Farben) einsetzen, wenn sich Texte in den Zeichnungsobjekten befinden
  - Fülleffekte sparsam einsetzen (Farbverlauf ⑦, Struktur, ...)
  - Räumlichkeit durch 3D-Ansicht verdeutlichen ⑧
  - Räumlichkeit durch Überlappungen andeuten ⑨
  - Objekte gruppieren, um sie gemeinsam zu bearbeiten
  - Farbe von Folienhintergründen mit den Farben der Objekte abstimmen (dunkle Hintergründe bei Projektion, helle Hintergründe für den Ausdruck)

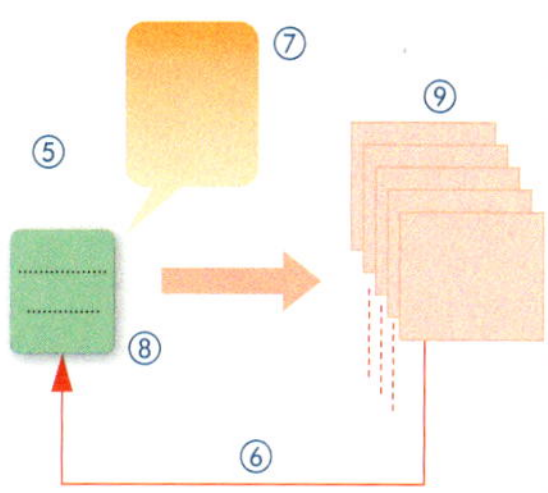

Bezeichnung, Beispiel	Verwendung	Gestaltungsmerkmale
Kurvendiagramm 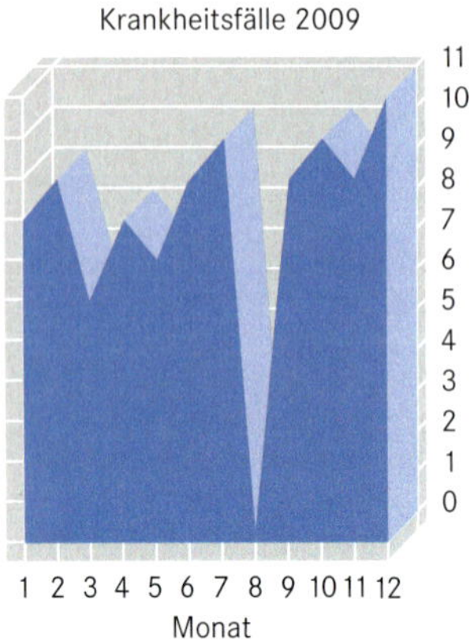 	■ Veranschaulichung von Zahlen aus Tabellen (Zahlenvisualisierung) ■ Abhängigkeiten zwischen Größen (z. B. von der Zeit) ■ Entwicklungsverläufe (z. B. Marktanteile) ■ Zusammenhänge ■ Prozesse ■ Vergleichende Darstellung	■ Überschrift ■ Ordinate: Abhängige Größe (z. B. Menge) ■ Abszisse: Unabhängige Größe (z. B. Zeit) ■ Sinnvolle Achseneinteilung und Bezeichnung der Größen an den Achsen vornehmen ■ Bei mehreren Kurven: Kurven bezeichnen, Farben verwenden ■ Linien, Linien und Flächen unter der Kurve, Häufigkeitskurve (Punkteverteilung)
Kreisdiagramm, Tortendiagramm 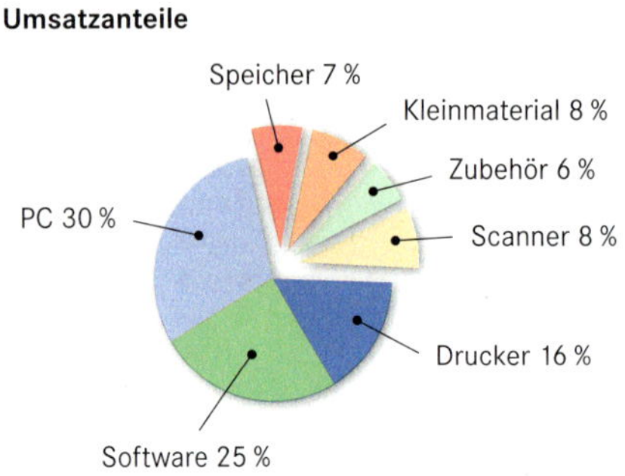 	■ Einfache deutliche Aussagen über Größenverhältnisse. ■ Gesamtüberblick ■ Momentaner Stand (Momentaufnahme) ■ Darstellung des Gesamten und seiner Teile (Elemente, Teilmengen), z. B. Umsatzverteilung, Sitzverteilung.	■ Überschrift ■ Gesamtmenge entspricht 100 %. ■ Teilmengen hervorheben, mit Anteilsangaben versehen ■ Klare optische Trennung der Elemente vornehmen (z. B. Farbe, Schraffur, Elemente herausziehen) ■ Lesbarkeit (Abmessungen beachten)
Balkendiagramm 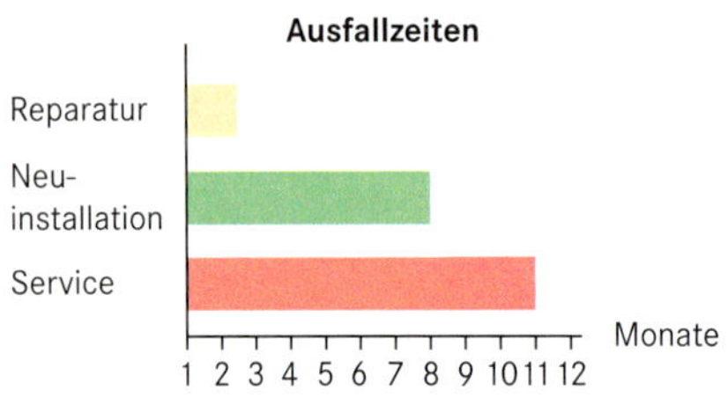 Säulendiagramm 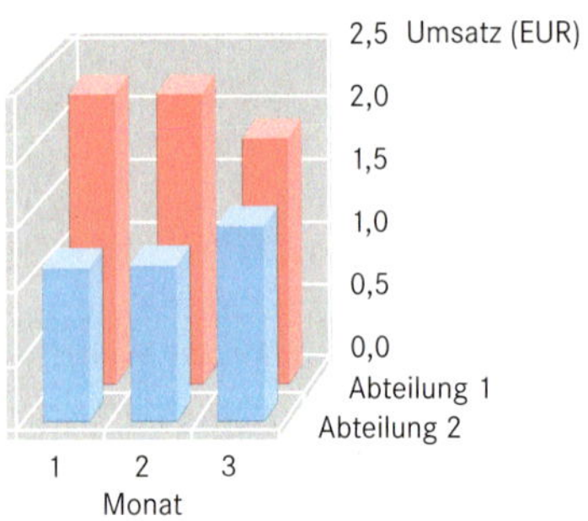 	■ Rangfolgenvergleich ■ Zeitreihenvergleich (Veränderung von Positionen in einer Zeitspanne) ■ Vergleich von zwei oder mehreren Größen ■ Momentaner Stand (Momentaufnahme), kein Verlauf ■ Gegenüberstellung von Größen, Werten (z. B. Leistungen, Kosten, Steuern, Lagerbestände) ■ Sehr anschaulich	■ Überschrift ■ Sorgfältige Achseneinteilung und Beschriftung vornehmen ■ Geeignete Strichstärke wählen ■ Zahlen als Absolutzahlen, Prozentwerte oder als Bezugswerte angeben ■ Abstand zwischen den Balken/Säulen einhalten ■ Werte sollten deutlich ablesbar sein (direkt angeben oder aus Achseneinteilung ablesbar) ■ Hervorhebungen durch Schraffur, Farben usw. ■ Formen: Gestaffelte Säulen/Balken, Plus/Minus-Darstellung, Zwei-/Dreidimensional-Darstellung

Flussdiagramm (Beispiel)

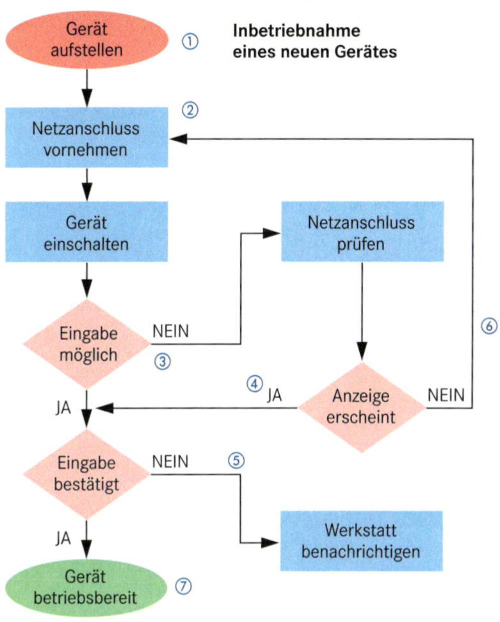

- Bildhafte Darstellung mit einheitlichen Symbolen von Prozessschritten, Verhaltensregeln
- Struktur eines Vorgangs, z. B.: Produktionsprozess, Materialfluss, Reparaturanleitung, Wareneingangskontrolle
- Symbole nach DIN 66001
- Beginn (Ausgangspunkt) mit **„Start"** (ovale Form ①)
- **Aktionsfelder, Prozessschritte** usw. (Rechtecke, Quadrate ②)
- **Entscheidungen, Alternativen** (Raute ③):
  JA, weiter in Flussrichtung ④
  NEIN, Abzweigung zu einem neuen Prozessschritt ⑤ oder Rückkopplung zu einem davor liegenden Prozessschritt
- **Flusslinien** ⑥ geben die Richtung an, Linie mit Pfeilspitze
- Abschluss (Lösung der Aufgabe) mit **„Ende"** (ovale Form ⑦)
- Vorzüge:
  Prozessablauf wird als „Ganzes" abgebildet.
  Optimaler Ablauf wird dargestellt.
  Vergleich mit tatsächlichem Ablauf ist möglich.
  Mögliche Störgrößen oder Störfälle werden sichtbar und können beachtet werden.

Organigramm

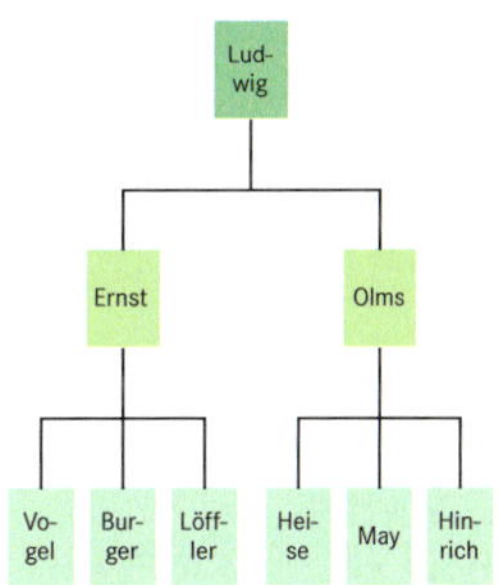

Aufbau-Diagramm

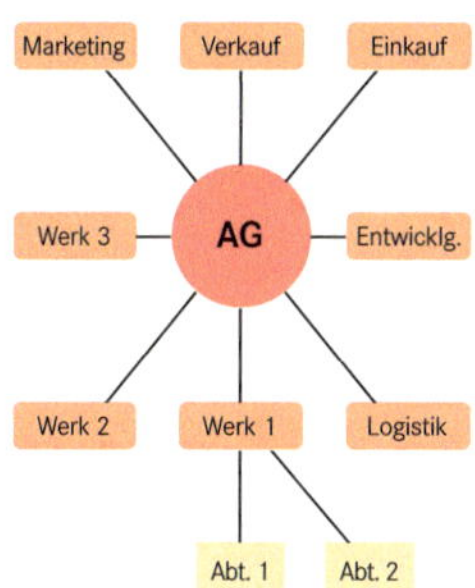

- Keine genormten Symbole, jedoch möglichst einfache und wiederkehrende Symbole verwenden (Rechtecke, Quadrate, Kreise, Linien, Pfeile)
- Struktur und Abhängigkeiten werden deutlich
- Abbildung von Organisationen und Hierarchien
- Beispiele:
  - Organisationsstruktur eines Betriebes,
  - Personal mit den jeweiligen Funktionen,
  - Funktionen und Aufgabenbereiche
- Linien verdeutlichen die Beziehungen bzw. Verknüpfungen

Ursache-Wirkung-Diagramm

(andere Bezeichnungen: Tannenbaum, Fischgräten, Ishikawa)

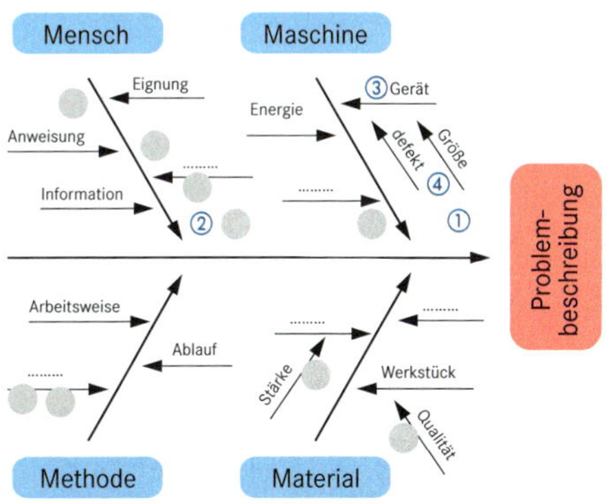

- Darstellung eines Prozesses mit seinen verschiedenen Einflussfaktoren
- Ziel: Herausarbeiten von Ursachen im Team und deren Beseitigung
- Schritte:
  1. Ursache-Wirkungspfeil weist auf das Problem hin ①
  2. Ursachen sammeln und Hauptursachen in Form von Ästen zum Ursachenpfeil hin zeichnen ②
  3. Mögliche Ursachen mit Verknüpfungen einzeichnen (Übersichtlichkeit darf nicht leiden) ③
  4. Ursachenbewertung und Gewichtung ④
  5. Problemlösung, Beseitigung von Mängeln bzw. Fehlern
- Die Entwicklung des Diagramms erfordert einen Moderator, der den Analyseprozess durch entsprechende Visualisierungen begleitet

Merkmale

- Mind-Map (Mindmap): Gedankenlandkarte
- Eine bildhafte Darstellung von Gedankengängen (bildhafte Gedankenstütze)
- Eine grafische Struktur (Überblick) von Sachverhalten, Systemen, Ideen, Denkprozessen, ...
- Durch die Grafik ist vieles „auf einem Blick“ zu sehen, nichts geht „verloren“
- Mit einer Mind-Map werden Sprache und bildhaftes Denken miteinander verbunden
- Die Methode fördert die Kreativität
- Für die Erstellung ist ein geringer Materialaufwand erforderlich (großer Papierbogen, Stifte)
- Mind-Maps lassen sich in Einzel- oder in Gruppenarbeit entwickeln

Anwendung, Einsatzfelder

- Als Arbeitstechnik, Kreativitätsmethode
- Persönliche Notizen über Gespräche oder eigene Gedanken
- Wiederholung und Systematisierung von Lehrstoff (Stichwortzettel)
- Anwendbar am Anfang eines Strukturierungsprozesses (Vorbereitung, Ideensammlung)
- Anwendbar am Ende eines Strukturierungsprozesses (Nachbereitung)
- Grundlage für Projektplanung, Zeitplanung
- Gliederungshilfe (Analyse)
- Hilfe für Problemlösungen, Beurteilungen
- Dokumentation, Abbildung von Gesprächen
- Veranschaulichung von komplexen Sachverhalten, Texten, Gesprächsstrategien, ...

Regeln

- Mind-Maps sollten großflächig angelegt werden.
- Kurze Formulierungen, Begriffe, ... sind zu verwenden.
- Die Begriffe sind über die Äste ② ③ zu schreiben.
- Die Lesbarkeit ist durch eine große Schrift, Blockschrift, Druckschrift zu gewährleisten.
- Möglichst Substantive einsetzen.
- Zur Veranschaulichung ggf. Bilder, Zeichen (z. B. Pfeile) und Symbole (optische Reize) einsetzen (aber nicht überfrachten).
- Farbige Äste zur besseren Unterscheidung verwenden.
- Bei Bedarf können Nummerierungen an den Ästen vorgenommen werden.

Nachteile

- Durch die begrenzte Fläche können komplexe Themen nicht umfassend dargestellt werden.
- Eine Mind-Map ist das Ergebnis eines gruppendynamischen Prozesses, der durch Außenstehende nicht immer nachvollziehbar ist.

Elemente und Vorgehensweise

- Das Thema ① (Kernproblem, Schlüsselwort, ...) wird in die Mitte des Blattes platziert, eingekreist oder auf eine andere Weise (z. B. Wolke, Grafik, Symbol) hervorgehoben. Das Thema sollte möglichst genau formuliert sein.

- Die Hauptäste ② werden vom Thema ausgehend in Form von Linien oder Bögen in beliebiger Reihenfolge nach außen gezeichnet. Das Thema wird auf diese Weise untergliedert. Der Hauptast entspricht einem Hauptkapitel der Thematik.

- Von den Hauptästen werden durch Verzweigungen ③ weitere Differenzierungen vorgenommen. Jede Verzweigung entspricht einem Unterkapitel.

- In der Entwicklungsphase (Kreativphase) sollte man sich nicht lange damit beschäftigen, an welcher Stelle die Hauptäste platziert werden. Eine Umstellung kann später in einer Überarbeitungsphase erfolgen.

Beispiel

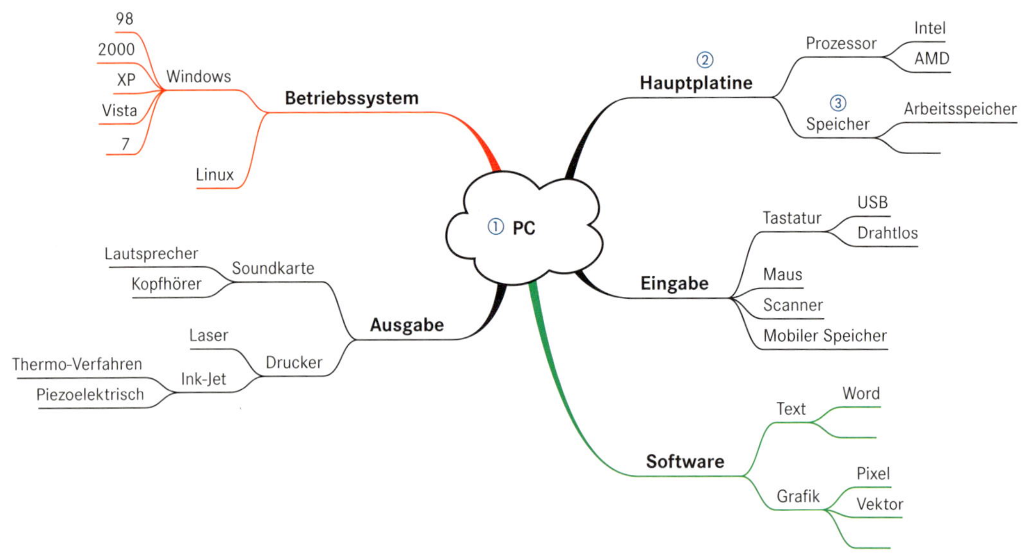

Ablauf einer Nachrichtenübertragung

- Die Nachricht geht vom Sender aus und ist in einer bestimmten Weise codiert.
- Auf dem Weg zum Empfänger können „Störungen" die Nachricht verändern.
- Die Nachricht enthält sprachliche und nichtsprachliche Anteile.
- Der Empfänger decodiert die Nachricht entsprechend seiner Wahrnehmung (mit seinem eigenen „Vorrat" an Decodiermöglichkeiten).
- Eine ungestörte Kommunikation kann nur dann stattfinden, wenn Sender und Empfänger den angewendeten Code aufeinander abstimmen.

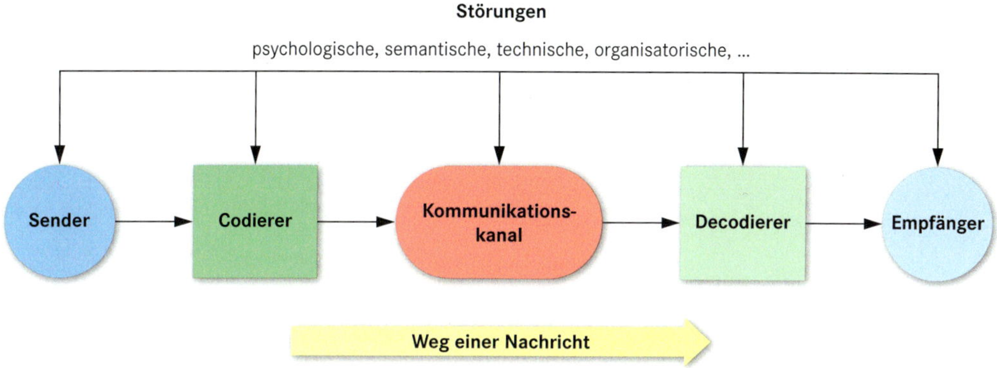

Vier Seiten einer Nachricht

Jede Nachricht kann grundsätzlich vom Empfänger auf vier verschiedenen Ebenen wahrgenommen (decodiert) werden, als:

- Sachinformation, Sachinhalt
- Beziehung
- Selbstoffenbarung
- Appell, Aufforderung

Je nach Absicht des Senders können die verschiedenen Aspekte unterschiedlich stark in Erscheinung treten (codiert sein).

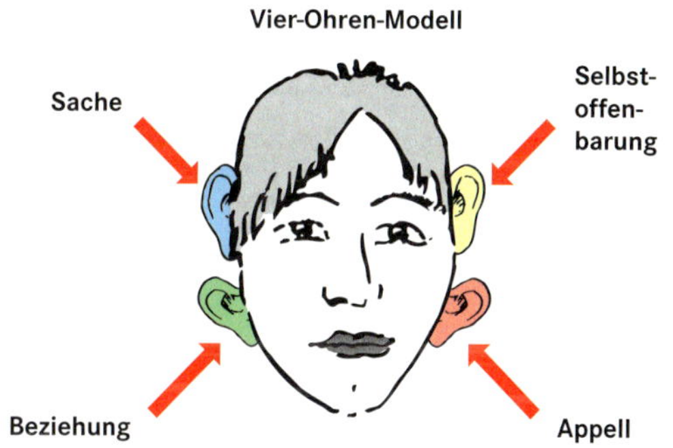

Gesprächs- und Wahrnehmungsregeln für die Kommunikation

Sender (Codierung)

- Betonung der Sachebene:
  Sachen, Fakten, Begriffe in den Mittelpunkt rücken, sachlichen Sprachstil verwenden
- Betonung der Beziehungsebene:
  Gefühle direkt benennen, Rückmeldung über Wahrnehmung geben
- Betonung der Selbstoffenbarung:
  Etwas über sich selbst ausdrücken (Ich-Botschaft), eigene Meinung herausstellen
- Betonung der Appellebene:
  Zu Handlungen auffordern, Lenkungen vornehmen

Empfänger (Decodierung)

- Wahrnehmung der Sachebene:
  Wie ist der Sachverhalt zu verstehen, was ist der Kerngehalt der Äußerungen?
- Wahrnehmung der Beziehungsebene:
  Welche Beziehungsebene kommt zum Ausdruck, wie wird mit mir umgegangen?
- Wahrnehmung der Selbstoffenbarung:
  Was will mein Gesprächspartner über sich sagen, was ist mit ihm?
- Wahrnehmung der Apellebene:
  Was wird von mir erwartet, was soll ich tun?
  Was ist der Grund für diese Mitteilung?

Merkmale

Die **Moderation** wird angewendet, um selbst organisiert und gemeinsam zielgerichtet Themen, Aufgaben, Probleme, ... in einer hierarchiefreien Atmosphäre zu bearbeiten.
Das Ziel ist dabei eine möglichst vielfältige, breite und effektive Beteiligung unter Berücksichtigung der Bedürfnisse und Interessen der Gruppenmitglieder.

Der **Moderator**, die **Moderatorin**

- ist nur methodischer Helfer (Katalysator, Leiter ohne Funktion eines Vorgesetzten),
- ist Prozess- bzw. Lern-Helfer (und erbringt eine Dienstleistung),
- „öffnet" die Gruppe für das Thema,
- stellt eigene Meinungen und Ziele zurück,
- bewertet keine Meinungsäußerungen oder Verhaltensweisen,
- nimmt eine fragende Haltung ein (Aktivierung der Gruppe),
- hat Geduld und hört aufmerksam zu,
- stellt aktivierende Fragen und gibt Denkanstöße,
- verhindert Abschweifungen,
- fasst zusammen,
- visualisiert und akzentuiert,
- vergewissert sich, ob seine Visualisierungen mit den Beiträgen übereinstimmen,
- in der Regel mit einer weiteren Person zusammen,
- nimmt Rücksicht auf natürliche Bedürfnisse der Teilnehmerinnen und Teilnehmer (sinnvoller Wechsel von Arbeitsphasen und Pausen),
- hat den Raum angemessen vorbereitet (Sitzordnung, Material, ...).

Moderationsphasen

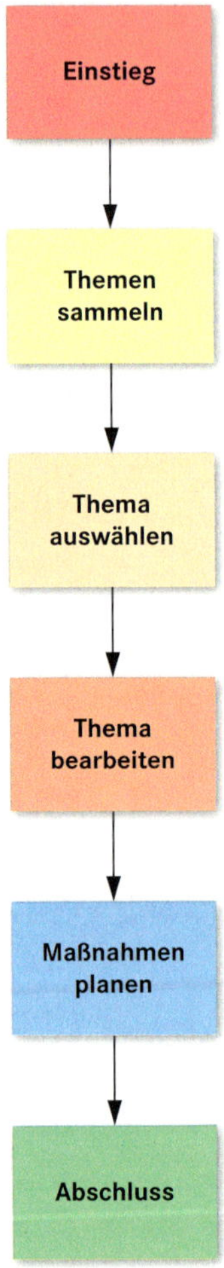

Beispiel:

Eröffnung, Kennenlernen, Abklärung von Erwartungen.

Themen sammeln, ordnen, gewichten.

Entscheidung, Reihenfolgen festlegen.

Arbeitsschritte festlegen, Informationen sammeln, Problem analysieren, Problem lösen.

Maßnahmen beschreiben, Verantwortlichkeiten festlegen, Termine planen.

Rückbesinnung, Vergleich mit Zielsetzung, Würdigung der Arbeitsweise und des Ergebnisses.

Medien und Methoden

- Visualisierungskarten (Rechtecke, Kreise, Ovale, ...), Nadeln, Klebestifte, Schere, große Papierbögen, Klebepunkte, Stifte in verschiedenen Ausführungen, ...
- Flip-Chart, Pinnwand
- Fragetechnik:
  Offene und geschlossene Fragen, Frage zurückgeben, Suggestivfrage, Gegenfrage, rhetorische Frage, ...
- Kennenlernen:
  Wir berichten über uns, „Steckbrief", ...
- Erwartungen:
  Brainstorming, Kartenabfrage, was soll passieren – nicht passieren, ich erwarte, ...
- Sammlung:
  Themenspeicher, Ein-Punkt- oder Mehrpunkt-Frage, ...
- Problemanalyse:
  Ursache-Wirkungs-Diagramm, Gegenüberstellungen, Netzbilder, Matrix, Mind-Map, ...
- Bearbeitung:
  Ablaufplan, Maßnahmenkatalog (z. B. was, wer, wozu, wann), ...
- Abschluss:
  Reflexion, Stimmungsbarometer, Punktabfrage, Blitzlicht, ...
- Nachbereitung:
  Vergleich Soll-Ist, Konsequenzen, ...

Vorbereitung

- **Ziel**
  Für das Gespräch Zielvorstellungen entwickeln
- **Sicherheit**
  Innere Sicherheit durch gute Vorbereitung gewinnen
- **Natürlichkeit**
  Keine Rollen antrainieren, sich selbst darstellen
- **Geprächsstruktur**
  Sich in die Situation des Geprächspartners hineinversetzen
  Gliederung einhalten
- **Körperhaltung**
  Aufrecht, entspannt, nicht anlehnen bzw. aufstützen, ruhige Körperhaltung, sinnvolle Mimik und Gestik, Blickkontakt suchen, nicht fixieren
- **Sprache**
  Ruhig, akzentuiert, abwechslungsreich, dynamisch, nicht weitschweifig, zielorientiert
- **Zeit**
  Zeitplan einhalten

Gesprächsphasen

1. **Kontaktaufnahme**
   Offenes freundliches Klima schaffen, persönliche Begrüßung, ...
2. **Information**
   Gesprächsschwerpunkte und Vorgehensweise benennen, Wünsche des Gesprächspartners einbeziehen, ...
3. **Argumentation**
   Gedankenaustausch, Präzisierungen, Einwände, ...
4. **Beschluss**
   Ergebnis herausstellen; vergewissern, dass Gesprächspartner mit dem Ergebnis einverstanden ist, ...
5. **Abschluss, Ende**
   Positiver Ausklang, Dank, ...

Fördernde Reaktionen im Gespräch

- **Aktives aufmerksames und akzeptierendes Zuhören**
  Kein Schweigen, sondern engagiertes Zuhören
- **Paraphrasieren**
  Inhalt der Aussagen des Gesprächspartners wenn erforderlich mit eigenen Worten wiederholen, damit sichergestellt ist, dass der Sachverhalt richtig verstanden wurde
- **Mitteilung eigener Gefühle**
  Verhaltensweisen werden dadurch transparent und besser verstehbar
- **Wahrnehmungsprüfung**
  Rückmeldung an den Gesprächspartner zur Überprüfung der eigenen Wahrnehmung
- **Informationssuche**
  Gemeinsamkeit herstellen

Hemmende Reaktionen im Gespräch

- **Wechsel des Themas ohne Erklärung**
  Desinteresse am Thema bzw. am Gesprächspartner wird signalisiert
- **Beenden des Blickkontaktes**
  Optische „Beschäftigung“ mit anderen Dingen
- **Interpretationen**
  Belehrungen führen zur Verunsicherung des Partners
- **Verneinen von Gefühlen**
  Verhalten wirkt „unecht“, da jeder Gedankenaustausch von „Gefühlen“ untermauert wird
- **Ratschläge und Überredung**
  Ein „Überstülpen“ von „Rezepten“ führt zu Abwehrreaktionen und Blockaden. Gefühl der Überlegenheit wird vermittelt

Elemente der Verständlichkeit

Einfachheit

Sachverhalt auf das Wesentliche reduzieren.

Prägnanz

Auf den Punkt kommen, ohne Umwege, zielgerichtet vorgehen.

Gliederung, Ordnung

Gedanken in eine bestimmte Ordnung bringen.

Stimulanz

Informationen für die Zuhörer anregend darlegen.

Kundengespräch
Customer Conversation

Ablauf

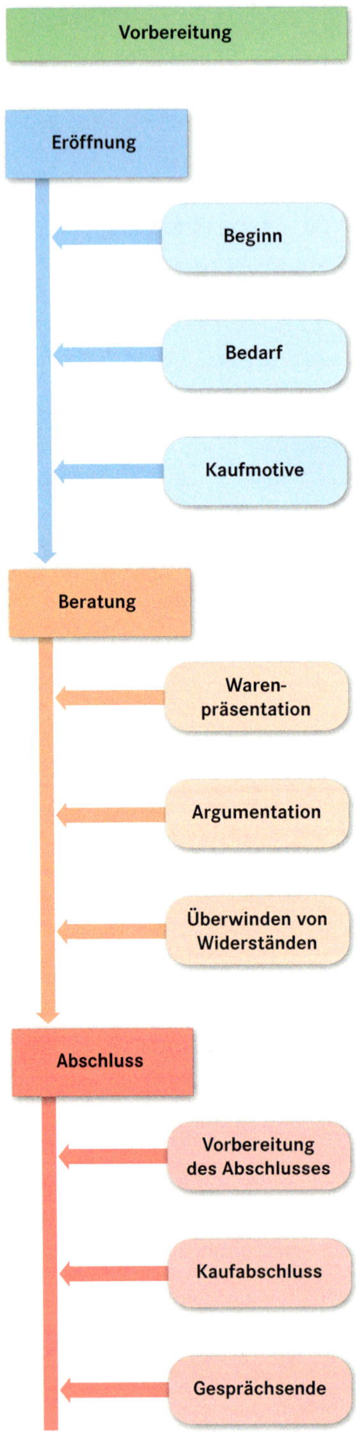

Erläuterungen

Vorbereitung
- Intensive Auseinandersetzung mit dem Gesprächsziel und dem möglichen Kunden
- Gesprächsstrategie entwickeln

Beginn
- Kunden zur Kenntnis nehmen (Blickkontakt)
- Kontakt aufnehmen, ihn positiv ansprechen
- Beratung anbieten
- Fachkundige Erstinformationen

Bedarf
- Offene Fragen zum Bedarf stellen
- Offene Fragen zum Nutzen stellen
- Präzisierung der Wünsche vornehmen
- Keine peinlichen oder indiskreten Fragen stellen
- Fragen nach Preisvorstellungen noch vermeiden

Kaufmotive
- Aufmerksam zuhören, Verständnisfragen stellen
- Kaufmotive erforschen
- Kaufmotive rationaler und emotionaler Art unterscheiden
- Argumente kundenorientiert und motivationsfördernd einbringen

Warenpräsentation (evtl. Originiale oder Modelle)
- Präsentation dem Auffassungsvermögen des Kunden anpassen
- Auswahl und Vergleich ermöglichen
- Unterstützende Materialien (Prospekte usw.) zur Veranschaulichung einsetzen
- Vielfältige Sinne ansprechen
- Beginn mit mittlerer Preisklasse

Argumentation
- Preis-Nutzen-Relation herausstellen
- Entscheidungshilfen vorbereiten
- Kenntnisse über Produkte gezielt einsetzen

Überwinden von Widerständen
- Argumente des Kunden wahrnehmen
- Argumentationsketten aufbauen (Behauptung mit Begründung)
- Qualitätsbestimmende Merkmale und Eigenschaften hervorheben
- Nutzungsargumente betonen
- Zusatzangebote, Serviceleistungen hervorheben

Vorbereitung des Abschlusses
- Einwände beachten und eventuell entkräften
- Dem Kunden die Entscheidung überlassen

Kaufabschluss
- Zügige Abwicklung
- Kaufentscheidung positiv herausstellen
- Zufriedenheit artikulieren

Gesprächsende
- Dank aussprechen und Verabschiedung
- Wunsch für weitere Besuche zum Ausdruck bringen

Vortrag, Referat
Lecture, Presentation

Induktiv

1. Beginn: Konkretes Beispiel
2. Teilaussagen (Elemente des Ganzen)
3. Gesamtaussage

Vorteile
- Es entsteht „Spannung“, Zuhörer werden am Prozess beteiligt, der Ausgang ist zunächst offen.
- Konkrete Beispiele erhöhen die Anschaulichkeit.
- Bilder können gut die Gedankengänge verdeutlichen.

Nachteile
- Es ist mitunter schwierig, geeignete Beispiele zu finden.
- Beispiele enthalten mitunter nicht alle zu betrachtenden Aspekte.
- Auch aus Beispielen müssen Verallgemeinerungen abgeleitet werden.

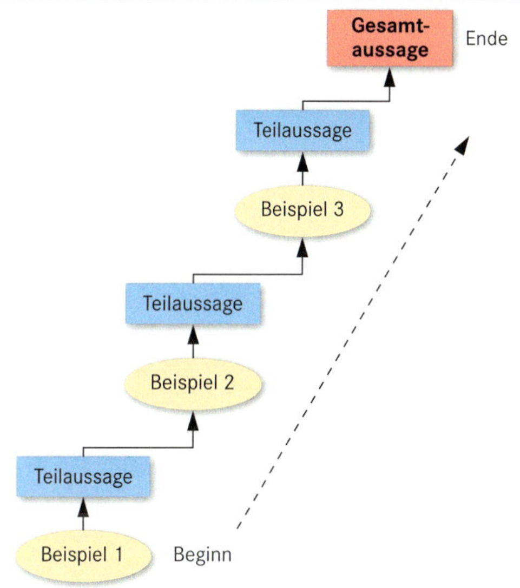

Deduktiv

1. Beginn: Hauptaussage
2. Teilaussagen (Thesen)
3. Begründung durch Beispiele und Argumente

Vorteile
- Information der Zuhörer zu Beginn
- Unproblematischere Zeitplanung als bei der induktiven Methode, da bei Bedarf einzelne Beispiele entfallen können

Nachteile
- Geringes „Spannungselement“ zu Beginn
- Gefahr der Überfrachtung mit vielen Details
- Verführung zur Abstraktion („Kopflastigkeit“, Lebensferne)

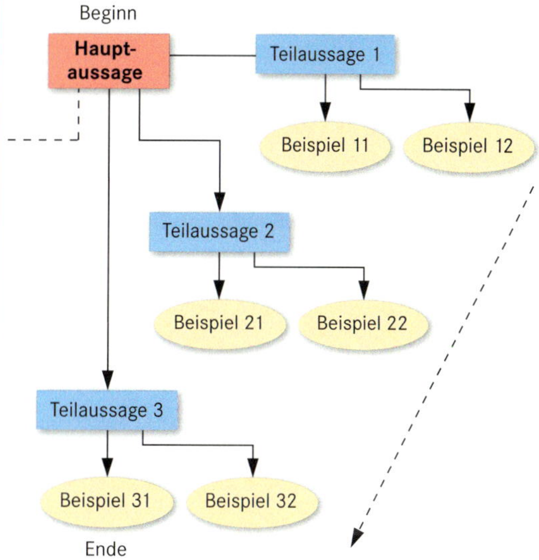

Regeln

- Pünktlichkeit, Zeiten einhalten
- Blickkontakt mit den Zuhörern aufnehmen und variieren
- Zuhörerinnen und Zuhörer mit Namen ansprechen
- Lautstärke, Sprechtempo und Dynamik der Situation anpassen
- Denkpausen einlegen
- Spannung aufbauen
- Offene Fragen verwenden
- Zur Beteiligung auffordern. Beiträge ernst nehmen
- Offene Mimik/Gestik
- Angemessene Kleidung
- Zugewandte Körperhaltung
- Sitzordnung der Zuhörer optimieren

Vergleiche und Metaphern

Anschaulichkeit lässt sich durch Vergleiche oder eine Metapher erzeugen.

Beispiel:
Herr Meier ist ein Fuchs;
Bedeutung: Er ist schlau wie ein Fuchs.

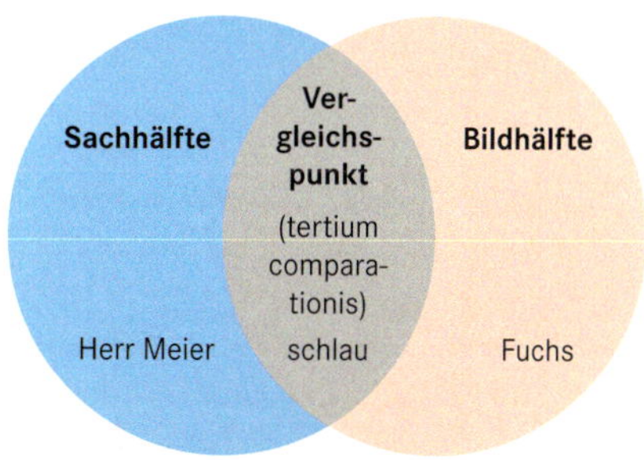

Konfliktursachen

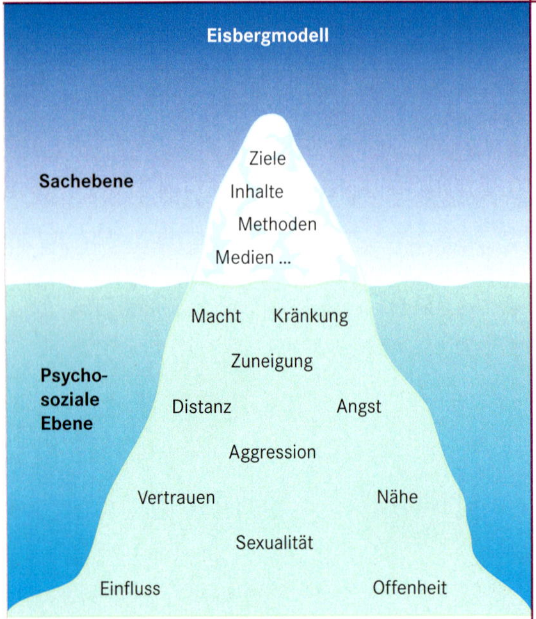

Zwischenmenschliche Beziehungen und Verhaltensweisen werden nicht nur durch die von außen zu erkennende **Sachebene** bestimmt.

Unterhalb dieser Ebene befindet sich die nicht erkennbare **psychosoziale Ebene**. In ihr sind Ängste, Vorurteile, Vertrauen usw. eingelagert. Diese beeinflussen in starkem Maße das Verhalten auf der Sachebene.

Wenn bei Gruppen- und Arbeitsprozessen diese psychosoziale Ebene wenig oder nicht beachtet wird, kann es zu Konflikten kommen.

Verhalten in Konfliktsituationen

Flucht
Konflikt wird verdrängt, ignoriert, ...
Lösung wird aufgeschoben.

Ergebnis:
Aggressives Verhalten gegenüber sich selbst und anderen.

Anpassung
Dominierende Personen bzw. Vorgaben und Regeln werden vollständig akzeptiert.
Eigene Wünsche und Bedürfnisse treten in den Hintergrund.

Ergebnis:
Orientierung an Leitfiguren, geringe Arbeitsmotivation und geringe Kreativität.

Kampf
Interessen werden massiv und mit verschiedensten Mitteln (direkte und indirekte) vertreten.
Konkurrenzkampf entsteht untereinander.

Ergebnis:
Sieger und Verlierer. Geringe Arbeitsmotivation.

Konsens
Konflikt wird analysiert. Unterschiedliche Positionen werden ausgesprochen und gemeinsam nach Lösungen gesucht.
Ziel ist ein für beide Seiten akzeptabler Kompromiss.

Ergebnis:
Gegenseitiges Verständnis und Akzeptanz, keine Sieger und keine Besiegten, Kooperation mit hoher Arbeitsmotivation.

Konfliktgespräch

Ziel: Konfliktlösung

1. **Konflikt benennen**
   Gründliche Analyse der jeweiligen Konfliktsituation.
2. **Problematisierung**
   Alle vorhandenen Ziele, Vorstellungen und Probleme benennen.
3. **Lösung**
   Gemeinsames Suchen nach Lösungen, Kompromiss finden.
4. **Vereinbarung**
   Ziele und Änderungen festhalten, „Vertrag" schließen, Vereinbarung treffen.

Fragen zur Konfliktanalyse

- Wie stellt sich der Konflikt dar (Konfliktbeschreibung aus verschiedenen Perspektiven)?
- Wer ist in welcher Weise am Konflikt beteiligt?
- Seit wann besteht der Konflikt?
- Welche Themen wurden bisher im Zusammenhang mit dem Konflikt besprochen?
- Welche Lösungsansätze wurden bisher verwendet?
- Welche Erwartungen könnten die Konfliktparteien besitzen?
- Welche Unterstützung könnten die Konfliktparteien von außerhalb erhalten?
- Welche Personen könnten im Konflikt vermitteln?
- Wie viel Zeit steht für die Lösung zur Verfügung?

Elektrotechnik

4

Mathematische Zeichen und Begriffe
Mathematical Signs and Terms

Allgemeine mathematische Zeichen

DIN 1302: 1999-08

■ **Pragmatische Zeichen** (nicht mathematisch im engeren Sinne)

Zeichen	Verwendung	Sprechweise (Erläuterung)	Zeichen	Verwendung	Sprechweise (Erläuterung)
$\approx$	$x \approx y$	x ist ungefähr gleich y	$\triangleq$	$x \triangleq y$	x entspricht y
$\ll$	$x \ll y$	x ist klein gegen y	...	...	und so weiter bis; und so weiter (unbegrenzt); Punkt, Punkt, Punkt
$\gg$	$x \gg y$	x ist groß gegen y			

■ **Allgemeine arithmetische Relationen und Verknüpfungen**

Zeichen	Verwendung	Sprechweise (Erläuterung)	Zeichen	Verwendung	Sprechweise (Erläuterung)
$=$	$x = y$	x gleich y	$+$	$x + y$	x plus y, Summe von x und y
$\neq$	$x \neq y$	x ungleich y	$-$	$x - y$	x minus y, Differenz von x und y
$<$	$x < y$	x kleiner als y	$\cdot$	$x \cdot y$ oder xy	x mal y, Produkt von x und y
$\leq$	$x \leq y$	x kleiner oder gleich y, x höchstens gleich y	– oder /	$\frac{x}{y}$ oder x/y	x geteilt durch y, Quotient von x und y
$>$	$x > y$	x größer als y	Σ	$\sum_{i=1}^{n} x_i$	Summe über x_i von i gleich 1 bis n
$\geq$	$x \geq y$	x größer oder gleich y, x mindestens gleich y	$\sim$	$f \sim g$	f ist proportional zu g

Zeichen und Begriffe der Mengenlehre

Zeichen	Verwendung	Sprechweise (Erläuterungen)
$\in$	$x \in M$	x ist Element von M
$\notin$	$x \notin M$ $x_1, \ldots x_n \in A$	x ist nicht Element von M $x_1, \ldots, x_n$ sind Elemente von A
$\{ \mid \}$	$\{ x \mid \varphi(x) \}$	die Klasse (Menge) aller x mit $\varphi(x)$
$\{ , \ldots \}$	$\{ x_1, \ldots, x_n \}$	die Menge mit den Elementen $x_1, \ldots, x_n$
$\subseteq$	$A \subseteq B$	A ist Teilmenge von B, A sub B

Zeichen	Verwendung	Sprechweise (Erläuterungen)	
Ø oder {}		leere Menge	
$\cap$	$A \cap B$	**Schnittmenge**, A geschnitten mit B, Durchschnitt von A und B	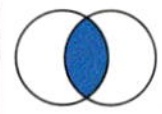
$\cup$	$A \cup B$	**Vereinigungsmenge**, A vereinigt mit B, Vereinigung von A und B	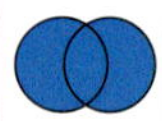
$\setminus$	$A \setminus B$	Differenz, Komplement	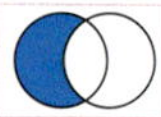

Winkelfunktionen
Trigonometric Functions

Winkelfunktionen (rechtwinklige Dreiecke)

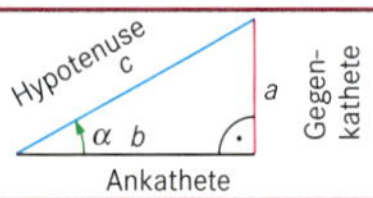	$\sin\alpha = \frac{a}{c}$	Sinus α = $\frac{\text{Gegenkathete}}{\text{Hypotenuse}}$	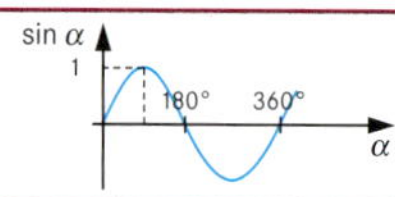
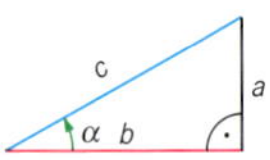	$\cos\alpha = \frac{b}{c}$	Cosinus α = $\frac{\text{Ankathete}}{\text{Hypotenuse}}$	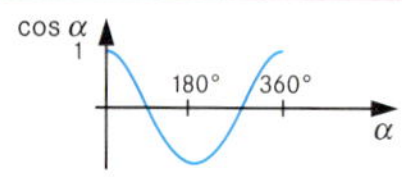
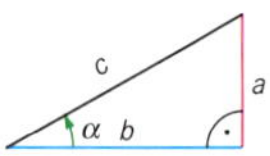	$\tan\alpha = \frac{a}{b}$	Tangens α = $\frac{\text{Gegenkathete}}{\text{Ankathete}}$	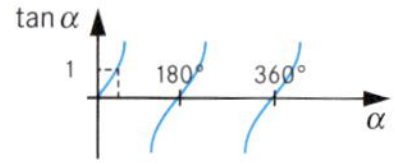
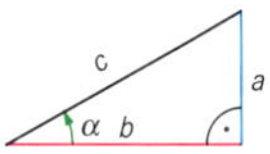	$\cot\alpha = \frac{b}{a}$	Cotangens α = $\frac{\text{Ankathete}}{\text{Gegenkathete}}$	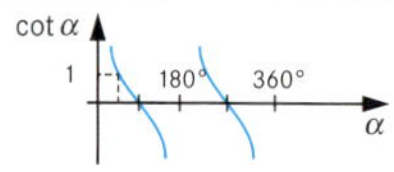

Vorzeichen der Winkelfunktionen in den vier Quadranten

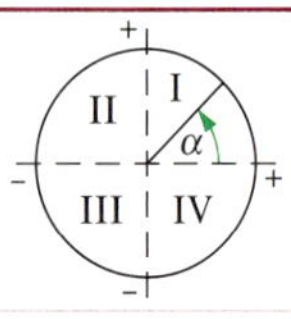

Quadrant	Winkel	sin	cos	tan	cot
I	0° ... 90°	+	+	+	+
II	90° ... 180°	+	–	–	–
III	180° ... 270°	–	–	+	+
IV	270° ... 360°	–	+	–	–

Dezimalzahlen-System

- Zeichenvorrat: 0, 1, 2, 3, 4, 5, 6, 7, 8, 9
- Mögliche unterschiedliche Zeichen pro Stelle: 10
- Basis 10 (B = 10)
- Kennzeichnung: Index 10 oder D (dezimal)

Stelle	4.	3.	2.	1.		1.	2.
Wertigkeit	10^3	10^2	10^1	10^0		10^{-1}	10^{-2}
	1000	100	10	1		1/10	1/100
Beispiel:	**5**	**0**	**3**	**2**	**,**	**1**	**2**
	$5 \cdot 10^3$	$+\ 0 \cdot 10^2$	$+\ 3 \cdot 10^1$	$+\ 2 \cdot 10^0$		$+\ 1 \cdot 10^{-1}$	$+\ 2 \cdot 10^{-2}$

Dualzahlen-System

- Zeichenvorrat: 0 und 1
- Mögliche unterschiedliche Zeichen pro Stelle: 2
- Basis 2 (B = 2)
- Kennzeichnung: Index 2 oder B (binär)

Stelle	4.	3.	2.	1.		1.	2.
Wertigkeit	2^3	2^2	2^1	2^0		2^{-1}	2^{-2}
	8	4	2	1		1/2	1/4
Beispiel:	**1**	**0**	**0**	**1**	**,**	**1**	**1**
	$1 \cdot 2^3$	$+\ 0 \cdot 2^2$	$+\ 0 \cdot 2^1$	$+\ 1 \cdot 2^0$		$+\ 1 \cdot 2^{-1}$	$+\ 1 \cdot 2^{-2}$

Hexadezimal-Zahlensystem (Sedezimal-System)

- Zeichenvorrat: 0, 1, 2, 3, 4, 5, 6, 7, 8, 9, A, B, C, D, E, F
- Mögliche unterschiedliche Zeichen pro Stelle: 16
- Basis 16 (B = 16)
- Kennzeichnung: Index 16 oder H (hexadezimal)

Stelle	4.	3.	2.	1.		1.	2.
Wertigkeit	16^3	16^2	16^1	16^0		16^{-1}	16^{-2}
	4096	256	16	1		1/16	1/256
Beispiel:	**1**	**3**	**F**	**C**	**,**	**5**	**A**
	$1 \cdot 16^3$	$+\ 3 \cdot 16^2$	$+\ F \cdot 16^1$	$+\ C \cdot 16^0$		$+\ 5 \cdot 16^{-1}$	$+\ A \cdot 16^{-2}$

Vergleich zwischen Zahlensystemen

dual	dezimal	hexadezimal	dual	dezimal	hexadezimal
0	0	0	10000	16	10
1	1	1	10001	17	11
10	2	2	10010	18	12
11	3	3	10011	19	13
100	4	4	10100	20	14
101	5	5	10101	21	15
110	6	6	10110	22	16
111	7	7	10111	23	17
1000	8	8	11000	24	18
1001	9	9	11001	25	19
1010	10	A	11010	26	1A
1011	11	B	11011	27	1B
1100	12	C	11100	28	1C
1101	13	D	11101	29	1D
1110	14	E	11110	30	1E
1111	15	F	11111	31	1F

Komplementbildung

B-Komplement: Ergänzung der gegebenen Zahl zur ganzen Potenz der Basis des gewählten Zahlensystems.

(B-1)-Komplement: B-Komplement minus 1

Beispiele:

Basis	Zahl	B-Komplement	(B-1)-Komplement
B = 10		Zehnerkomplement	Neunerkomplement
	6	4	3
	73	27	26
B = 2		Zweierkomplement	Einerkomplement
	111	001	000
	101	011	010

Standard-Zahlenmengen

Zeichen	Definition	Sprechweise	**Beispiele**
ℕ oder **N**	Menge der **nichtnegativen ganzen Zahlen**. Menge der **natürlichen Zahlen**. ℕ enthält die Zahl 0.	Doppelstrich-N	
ℤ oder **Z**	Menge der **ganzen Zahlen**	Doppelstrich-Z	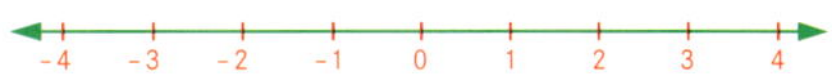
ℚ oder **Q**	Menge der **rationalen Zahlen**	Doppelstrich-Q	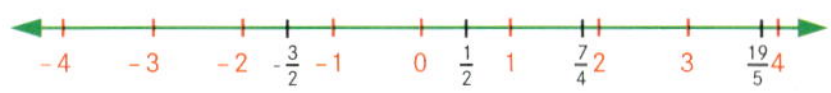
ℝ oder **R**	Menge der **reellen Zahlen**	Doppelstrich-R	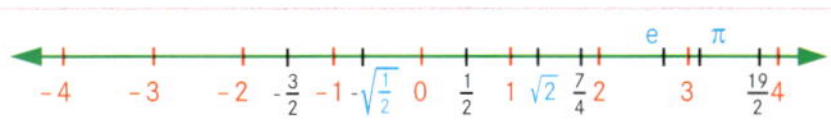
ℂ oder **C**	Menge der **komplexen Zahlen**	Doppelstrich-C	

Römische Zahlen

I = 1	IV = 4	VII = 7	X = 10	XXX = 30	LX = 60	XC = 90	CC = 200	D = 500	DCCC = 800
II = 2	V = 5	VIII = 8	XI = 11	XL = 40	LXX = 70	C = 100	CCC = 300	DC = 600	CM = 900
III = 3	VI = 6	IX = 9	XX = 20	L = 50	LXXX = 80	CX = 110	CD = 400	DCC = 700	M = 1000

SI-Basiseinheiten[1]

DIN 1301: 93-12

Größe	Formelzeichen	Einheitenname	Einheitenzeichen
Länge	l	Meter	m
Masse	m	Kilogramm	kg
Zeit	t	Sekunde	s
Elektrische Stromstärke	I	Ampere	A
Thermodynamische Temperatur	T	Kelvin	K
Stoffmenge	n	Mol	mol
Lichtstärke	I_v	Candela	cd

[1] **S**ystème **I**nternational d'Unités (Internationales Einheitensystem)

Vorsätze und Vorsatzzeichen für dezimale Teile und Vielfache von Einheiten

DIN 1301: 93-12

Faktor	Vorsätze	Vorsatzzeichen	Faktor	Vorsätze	Vorsatzzeichen	Faktor	Vorsätze	Vorsatzzeichen
10^{-24}	Yocto	y	10^{-3}	Milli	m	10^{6}	Mega	M
10^{-21}	Zepto	z	10^{-2}	Zenti	c	10^{9}	Giga	G
10^{-18}	Atto	a	10^{-1}	Dezi	d	10^{12}	Tera	T
10^{-15}	Femto	f	10^{1}	Deka	da	10^{15}	Peta	P
10^{-12}	Piko	p	10^{2}	Hekto	h	10^{18}	Exa	E
10^{-9}	Nano	n	10^{3}	Kilo	k	10^{21}	Zetta	Z
10^{-6}	Mikro	µ				10^{24}	Yotta	Y

Schreibweise

DIN 1313: 78-04

Beispiel: Größenwert = Zahlenwert · Einheit

$$l = \{l\} \cdot [l]$$

$$l = 3 \cdot \text{m}$$

Länge = Zahlenwert der Länge · Einheit der Länge

Physikalische Gleichungen

DIN 1313: 78-04

Größengleichungen	Einheitengleichungen	Zahlenwertgleichungen
z. B. $v = \frac{s}{t}$ $m = 8\ \text{kg}$	z. B. 1 m = 100 cm 1 h = 3600 s 1 kWh = $3{,}6 \cdot 10^6$ Ws	z. B. $\{v\} = 3{,}6\,\frac{\{s\}}{\{t\}}$ v in m/s s in m t in s
Zugeschnittene Größengleichung z. B. $\frac{v}{\text{km/h}} = 3{,}6 \cdot \frac{s/\text{m}}{t/\text{s}}$		

Größen	Erklärungen	Beispiele
Skalare	Zur eindeutigen Festlegung genügt die Angabe des ■ Zahlenwertes und der ■ Einheit.	Masse, m Zeit, t Arbeit, W
Vektoren	Zur eindeutigen Festlegung sind erforderlich: ■ Zahlenwert, ■ Einheit, ■ Richtung im Raum oder in der Ebene, ■ Richtungssinn (Drehsinn)	Kraft $\vec{F}$, Geschwindigkeit $\vec{v}$, Elektrische Feldstärke $\vec{E}$

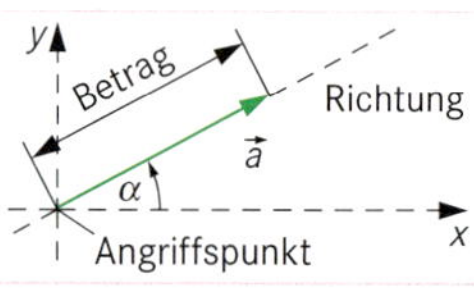

Griechisches Alphabet
Greek Alphabet

Α	α	Alpha	Ι	ι	Iota	Ρ	ϱ	Rho
Β	β	Beta	Κ	$\varkappa$	Kappa	Σ	σ	Sigma
Γ	γ	Gamma	Λ	λ	Lambda	Τ	τ	Tau
Δ	δ	Delta	Μ	μ	My	Υ	υ	Ypsilon
Ε	ε	Epsilon	Ν	ν	Ny	Φ	φ	Phi
Ζ	ζ	Zeta	Ξ	ξ	Xi	Χ	χ	Chi
Η	η	Eta	Ο	o	Omikron	Ψ	ψ	Psi
Θ	ϑ	Theta	Π	π	Pi	Ω	ω	Omega

Formelzeichen	Bedeutung	SI-Einheit	Einheitenname, Bemerkungen
Längen und ihre Potenzen, Winkel			
x, y, z	Kartesische Koordinaten	m	
$\alpha, \beta, \gamma,$ ϑ, φ	ebener Winkel, Drehwinkel (bei Drehbewegungen)	rad	Radiant, 1 rad = 1 m/m 1 Vollwinkel = 2 π rad Grad: 1° = (π/180 rad) Minute: 1′ = (1/60)° Sekunde: 1′′ = (1/60)′
l	Länge	m	Meter, 1 int. Seemeile = 1852 m
b	Breite	m	
h	Höhe, Tiefe	m	
δ, d	Dicke, Schichtdicke	m	
r	Radius, Halbmesser, Abstand	m	
f	Durchbiegung, Durchhang	m	
d, D	Durchmesser	m	
s	Weglänge, Kurvenlänge	m	
A, S	Flächeninhalt, Fläche, Oberfläche	m^2	Quadratmeter, 1 a = 10^2 m^2
S, q	Querschnittsfläche, Querschnitt	m^2	1 ha = 10^4 m^2
V	Volumen, Rauminhalt	m^3	Kubikmeter, 1 l (Liter) = 1 dm^3 = 1 L
Zeit und Raum			
t	Zeit, Zeitspanne, Dauer	s	Sekunde, min, h (Stunde), d (Tage)
T	Periodendauer, Schwingungsdauer	s	
τ, T	Zeitkonstante	s	
f, ν	Frequenz, Periodenfrequenz	Hz	Hertz, 1 Hz = 1 s^{-1}, $f = 1/T$
n, f_r	Umdrehungsfrequenz (Drehzahl)	s^{-1}	1 min^{-1} = (1/60) s^{-1}
λ	Wellenlänge	m	
v, u, w, c	Geschwindigkeit	m/s	1 km/h = 1/3,6 (m/s)
c	Ausbreitungsgeschwindigkeit einer Welle	m/s	
a	Beschleunigung	m/s^2	
g	örtliche Fallbeschleunigung	m/s^2	g_n = 9,80665 m/s^2 (Normalfallbeschl.)
Elektrotechnik			
Q	elektrische Ladung	C	Coulomb, 1 C = 1 A · s, 1 A · h = 3,6 kC
D	elektrische Flussdichte	C/m^2	
U	elektrische Spannung, Potenzialdifferenz	V	
E	elektrische Feldstärke	V/m	1 V/mm = 1 kV/m
C	elektrische Kapazität	F	Farad; 1 F = 1 C/V, $C = Q/U$
I	elektrische Stromstärke	A	Ampere
J	elektrische Stromdichte	A/m^2	1 A/mm^2 = 1 MA/m^2, $J = I/A$
Θ	magnetische Durchflutung (mag. Spannung)	A	
H	magnetische Feldstärke	A/m	1 A/mm = 1 kA/m
Φ	magnetischer Fluss	Wb	Weber, 1 Wb = 1 V · s
B	magnetische Flussdichte	T	Tesla, 1 T = 1 Wb/m^2, $B = \Phi/S$
L	Induktivität, Selbstinduktivität	H	Henry, 1 H = 1 Wb/A
R	elektr. Widerstand, Wirkwiderstand, Resistanz	Ω	Ohm, 1 Ω = 1 V/A
G	elektrischer Leitwert, Wirkleitwert	S	Siemens, 1 S = 1 Ω^{-1}, $G = 1/R$
ϱ	spezifischer elektrischer Widerstand	$\Omega \cdot m$	1 $\mu\Omega \cdot cm = 10^{-8}\,\Omega \cdot m$
$\gamma, \sigma, \varkappa$	elektrische Leitfähigkeit	S/m	$\gamma = 1/\varrho$
X	Blindwiderstand, Reaktanz	Ω	
B	Blindleitwert, Suszeptanz	S	$B = 1/X$
$Z, \lvert Z \rvert$	Scheinwiderstand, Betrag der Impedanz	Ω	$\underline{Z}$: Impedanz (komplexe Impedanz)
$Y, \lvert Y \rvert$	Scheinleitwert, Betrag der Admittanz	S	$\underline{Y}$: Admittanz (komplexe Admittanz)
W	Energie, Arbeit	J	
P, P_p	Wirkleistung	W	
Q, P_q	Blindleistung	W	Energietechnik: var (Var), 1 var = 1 W
S, P_s	Scheinleistung	W	Energietechnik: VA (Voltampere)
φ	Phasenverschiebungswinkel	rad	auch Winkel der Impedanz
λ	Leistungsfaktor	1	$\lambda = P/S$, Elektrotechnik: $\lambda = \cos\varphi$
d	Verlustfaktor	1	
k	Oberschwingungsgehalt, Klirrfaktor	1	
N	Windungszahl	1	

Schall

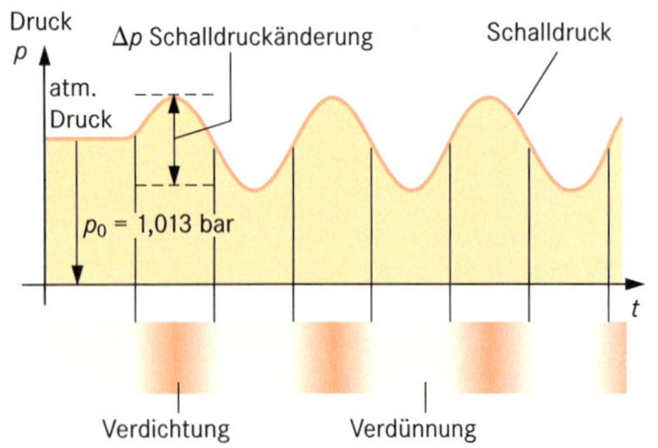

Lautstärken von Schallquellen

Schallquelle	Lautstärkepegel L_N in phon	Schalldruck p in µbar
Hörschwelle	0	$2 \cdot 10^{-4}$
Flüstern in 1 m Entfernung	30	$6{,}4 \cdot 10^{-3}$
mittlere Sprachwiedergabe	50	$6{,}4 \cdot 10^{-2}$
Verkehrslärm	70	$6{,}4 \cdot 10^{-1}$
Presslufthammer	90	6,4
startendes Flugzeug, 5 m Abstand	110	64
Schmerzschwelle	130	640

Schallgeschwindigkeit

$c = f \cdot \lambda$ $[c] = \frac{\text{m}}{\text{s}}$

c: Schallgeschwindigkeit
f: Frequenz
λ: Wellenlänge

Wellenarten

Longitudinalwellen (Längswellen)
Schwingungsrichtung der Teilchen ist identisch mit der Ausbreitungsrichtung des Schalls.

Transversalwellen (Querwellen)
Teilchen schwingen quer zur Ausbreitungsrichtung des Schalls.

Lautstärkepegel

Angabe: L_N in phon

Der Lautstärkepegel eines beliebigen Schalleindrucks beträgt z. B. x phon, wenn von einem gehörmäßig normalempfindenden Beobachter der Schall als gleich laut wahrgenommen wird wie ein Ton mit f = 1 kHz, dessen Schalldruckpegel x dB beträgt.

Lautheit

Angabe: N in sone

Die Lautheit ist der Stärke der Schallwahrnehmung normalhörender Beobachter proportional.

Schalldruckpegel L_p in Abhängigkeit von der Frequenz (Kurven gleicher Lautstärke, Sinustöne)

gehörmäßig normalempfindende Personen, Alter: 18–25 Jahre

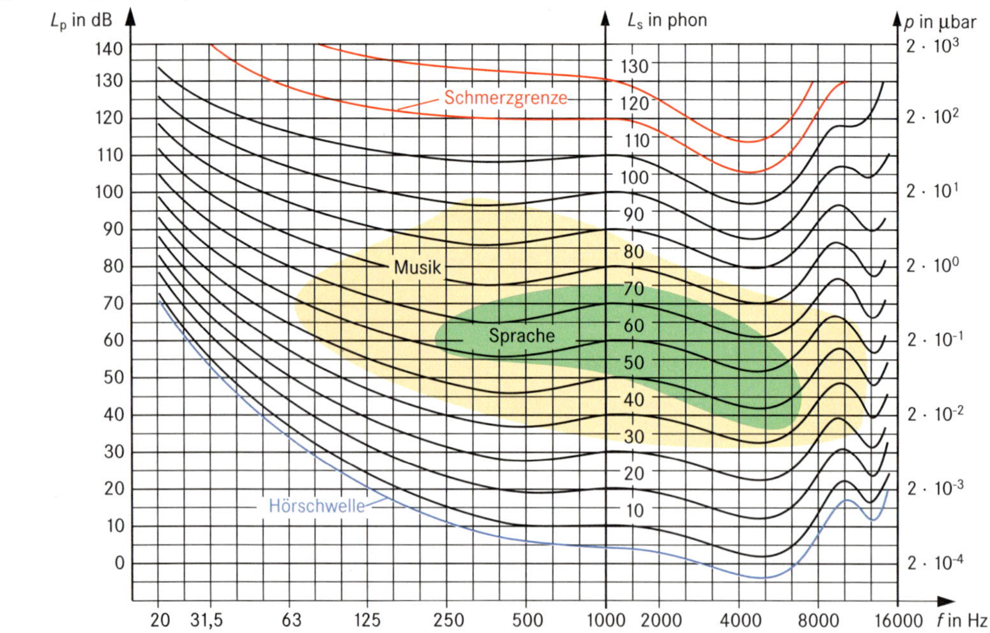

Optische Strahlung

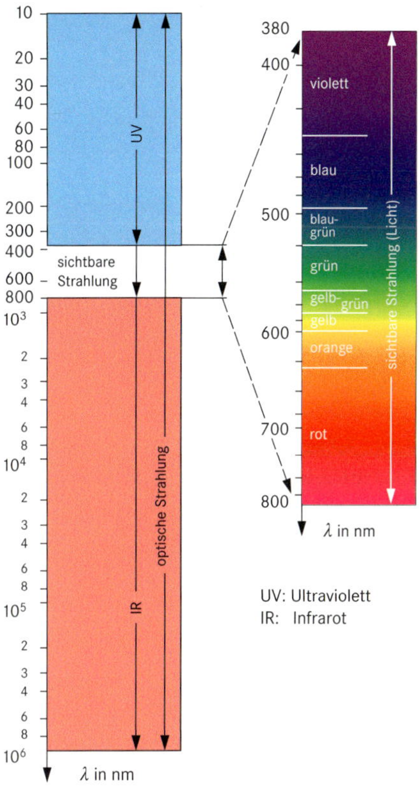

Relativer spektraler Helligkeitsempfindlichkeitsgrad (Augenempfindlichkeit)

Tagessehen: $V(\lambda)$
Helligkeitsadaption oberhalb von 10 lx, photooptischer Bereich, Zapfen-Sehen;
Strahlungsäquivalent: K_m = 683 lm/W

Nachtsehen: $V'(\lambda)$
Dunkeladaption unterhalb 0,1 lx, skoptischer Bereich, Stäbchen-Sehen;
Strahlungsäquivalent: K_m = 1699 lm/W

Die Kurven sind Mittelwerte, die an vielen Personen ermittelt wurden.

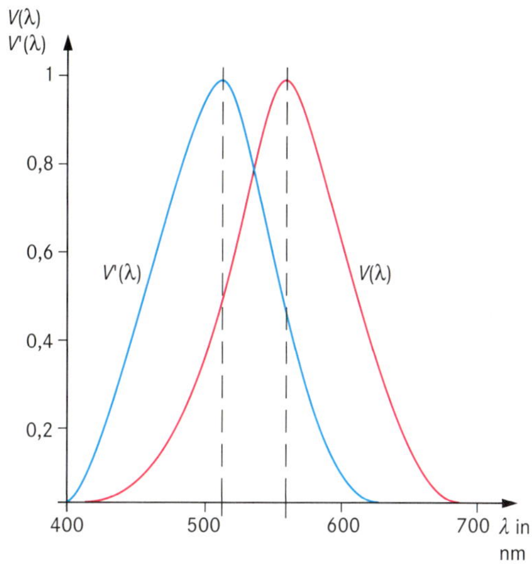

Wellenlängenbereiche der UV- und IR-Strahlung

Name	Kurzzeichen	Wellenlänge λ in nm	Frequenz *f* in THz	Energie Q_e in eV
Ultraviolettstrahlung (UV)	UV-C < VUV[1]	100 ... 200	3.000 ... 1.500	12,4 ... 6,2
	UV-C < FUV[2]	200 ... 280	1.500 ... 1.070	6,2 ... 4,4
	UV-B (Mittleres UV)	280 ... 315	1.070 ... 950	4,4 ... 3,9
	UV-A (Nahes UV)	315 ... 380	950 ... 790	3,9 ... 3,3
Sichtbare Strahlung, Licht	VIS	380 ... 780	790 ... 385	3,3 ... 1,6
Infrarot-Strahlung (IR)	NIR[3] < IR-A	780 ... 1400	385 ... 215	1,6 ... 0,9
	NIR[3] < IR-B	1.400 ... 3.000	215 ... 100	0,9 ... 0,4
	IR-C < MIR[4]	3.000 ... 50.000	100 ... 6	0,4 ... 0,025
	IR-C < FIR[5]	50.000 ... 1 · 10^6	6 ... 0,3	0,025 ... 0,001

[1] Vakuum UV, [2] Fernes UV, [3] Nahes IR, [4] Mittleres IR, [5] Fernes IR

Strahlungsphysikalische (radiometrische) Größen (radiometric units)

- rein physikalische Betrachtungsweise
- Index e bedeutet: energetische
- Bereich von 10^1 ... 10^6 nm

Lichttechnische (fotometrische) Größen (photometric units)

- physiologische Bewertung durch das menschliche Auge
- Index v bedeutet: visuell
- Teilbereich der optischen Strahlung, 380 nm ... 780 nm

Größe	Darstellung	Größen und Formelzeichen	Einheit und Einheitenzeichen	Formel
Spannung	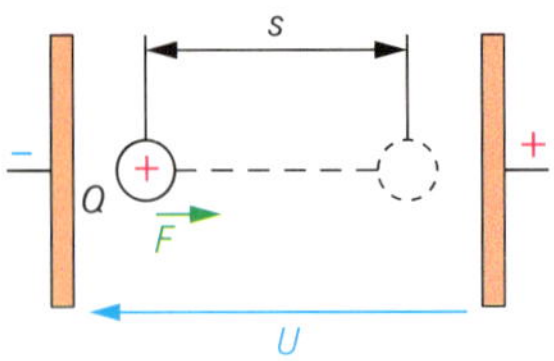	Spannung U	Volt V	$U = \frac{W}{Q}$
		Ladung Q	Coulomb C Amperesekunde As	
		Arbeit W	Wattsekunde Ws, VAs	
	Die **elektrische Spannung** zwischen zwei Punkten eines elektrischen Feldes ist gleich dem Quotienten aus der verrichteten Verschiebungsarbeit und der bewegten Ladung.			
Stromstärke	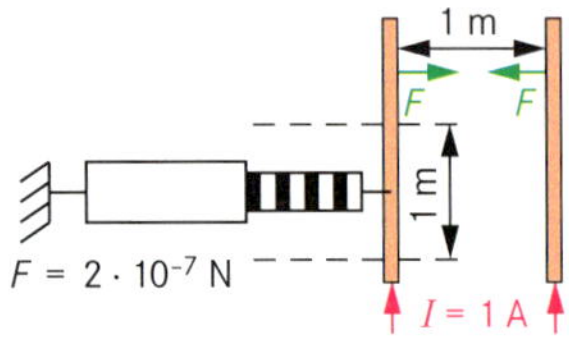	Stromstärke I	Ampere A	$I = \frac{Q}{t}$
		Ladung Q	Coulomb C 1 C = 1 As	
		Zeit t	Sekunde s	
	Ein Ampere ist die Stärke eines zeitlich unveränderlichen elektrischen Stromes durch zwei geradlinige, parallele, unendlich lange Leiter, die einen Abstand von 1 m haben und zwischen denen im leeren Raum je 1 m Doppelleitung eine Kraft von $2 \cdot 10^{-7}$ N wirkt.			
Stromdichte	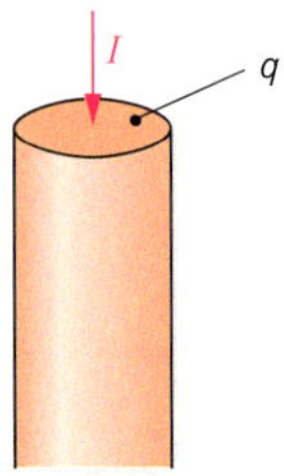	Stromdichte J	Ampere durch Quadratmeter $\frac{A}{m^2}$	$J = \frac{I}{q}$
		Querschnittsfläche q	Quadratmeter m^2 $1\ m^2 = 10^4\ cm^2$ $= 10^6\ mm^2$	
Stromstärke, Spannung, Widerstand und Leitwert	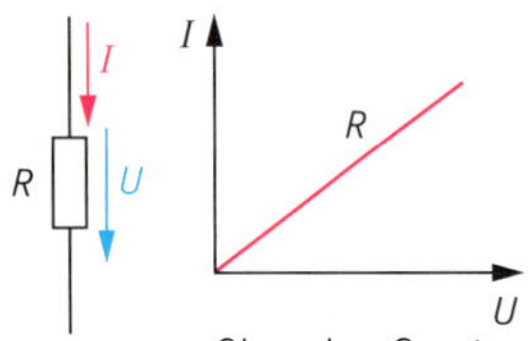 Ohmsches Gesetz	Widerstand R	Ohm Ω $1\ \Omega = 1\ \frac{V}{A}$	$I = \frac{U}{R}$
		Leitwert G	Siemens S $1\ S = 1\ \frac{A}{V}$	$G = \frac{1}{R}$ $I = G \cdot U$
Elektrische Arbeit	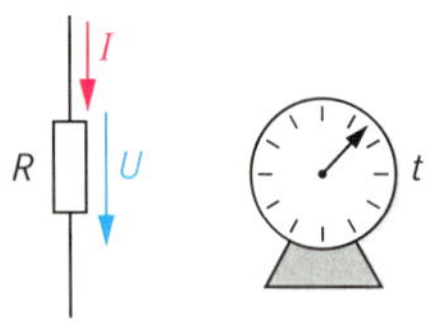	Elektrische Arbeit W	Wattsekunde Ws, VAs 1 kWh = $3{,}6 \cdot 10^6$ Ws 1 Nm = 1 Ws = 1 J	$W = U \cdot I \cdot t$ $W = P \cdot t$
Elektrische Leistung	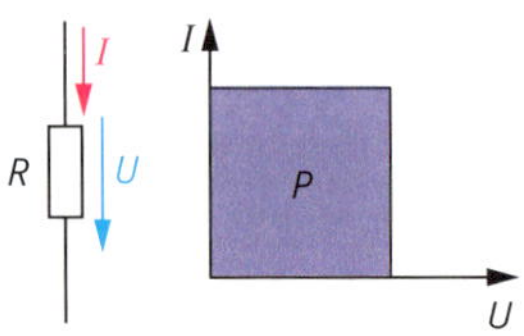	Elektrische Leistung P	Watt W, VA	$P = \frac{W}{t}$ $P = U \cdot I$ $P = I^2 \cdot R$ $P = \frac{U^2}{R}$

Sinusförmige Wechselspannung

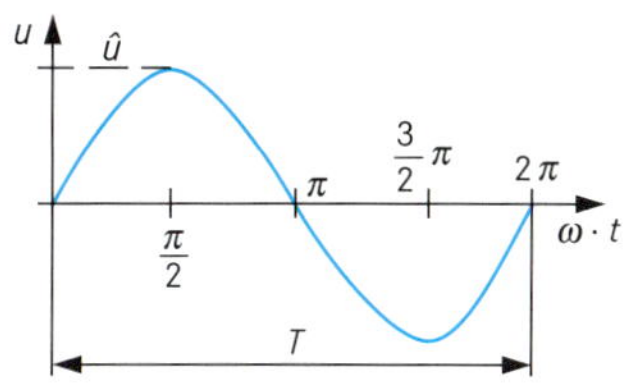

u, i: Momentanwerte (Augenblickswerte)
$\hat{u}, \hat{\imath}$: Maximalwerte, Spitzenwerte
f: Frequenz
T: Periodendauer
ω: Kreisfrequenz

$$u = \hat{u} \cdot \sin \omega \cdot t$$

$$f = \frac{1}{T} \qquad [f] = \text{Hz}$$

$$\omega = 2\pi \cdot f \qquad [\omega] = \frac{1}{\text{s}}$$

Spitzen- und Effektivwerte

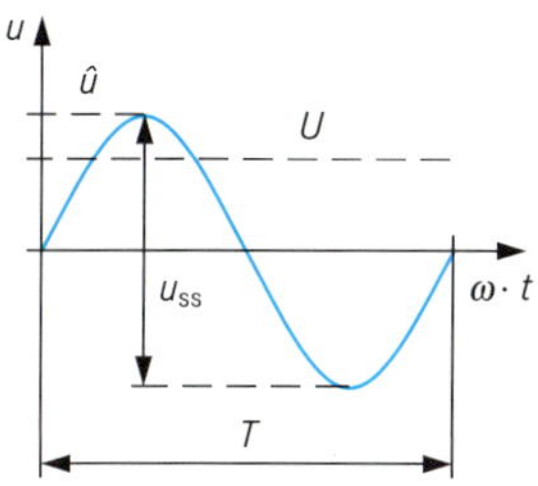

$\hat{u}, \hat{\imath}$: Maximalwerte, Spitzenwerte, Amplituden

U, I: Effektivwerte auch: U_{eff} und I_{eff}

u_{ss}, i_{ss}: Spitze-Spitze-Wert

$$U = \frac{\hat{u}}{\sqrt{2}}$$

$$I = \frac{\hat{\imath}}{\sqrt{2}}$$

$$u_{ss} = 2 \cdot \hat{u}$$

$$i_{ss} = 2 \cdot \hat{\imath}$$

Symbole für Spannungen und Stromstärken

Grafisches Symbol	Kurzbezeichnung[3]	Benennung
 [1]  [2]	DC	Gleichspannung Gleichstrom
	AC	Wechselspannung Wechselstrom
	UC	Gleich- und Wechselspannung oder Strom

Reihenfolge der Angaben
(nicht erforderliche Angaben können entfallen):

- Anzahl der Außenleiter
- übrige Leiter
- Spannungs- und Stromwert
- Frequenz (Zahlenwert und Einheit)
- Spannung oder Stromstärke (Zahlenwert und Einheit)

Beispiel: 1/N/PE ~ 230 V oder 1/N/PE AC 230 V

[1] Vorzugsweise in Schaltungen
[2] Vorzugsweise auf Betriebsmitteln und Einrichtungen
[3] Anwendung z. B. in Datenverarbeitung und Schrifttum

Wechselspannungen unter 120 V (für Betriebsmittel)

bevorzugt		6	12		24		42		60		110
ergänzend	5			15		36		48		100	

Gleichspannungen unter 750 V (für Betriebsmittel)

bevorzugt						6			12		24		36		48	60	72		96	110		220		440	
ergänzend	2,4	3	4	4,5	5		7,5	9		15		30		40				80			125		250		600

Drehstrom-Vierleiter- oder Dreileiternetz | Einphasen-Dreileiternetz

Drehstrom-Vierleiter- oder Dreileiternetz				Einphasen-Dreileiternetz
230 V/400 V	277 V/480 V	400 V/690 V	1000 V	120 V/240 V

Bemessungsstromstärken in A

1	1,25	1,6	2	2,5	3,15	4	5	6,3	8
10	12,5	16	20	25	31,5	40	50	63	80
100	125	160	200	250	315	400	500	630	800
1000	1250	1600	2000	2500	3150	4000	5000	6300	8000
10 000									

Es können, falls erforderlich, anstatt 1,6 A; 3,15 A; 6,3 A und 8 A auch die Werte 1,5 A; 3 A; 6 A und 7,5 A bzw. das 10-, 100- und 1000-fache dieser Werte vorgesehen werden.

Erstes Kirchhoffsches Gesetz

Knotenregel:
In jedem Knotenpunkt ist die Summe aller Ströme Null.

$$\Sigma I = 0$$

Beispiel:

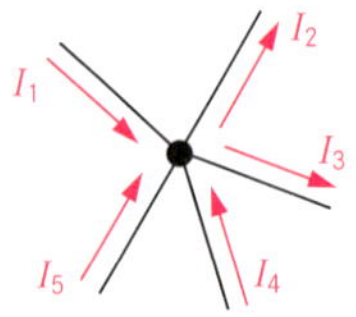

$$I_1 - I_2 - I_3 + I_4 + I_5 = 0$$

Zweites Kirchhoffsches Gesetz

Maschenregel:
Die Summe aller Teilspannungen entlang eines geschlossenen Weges (willkürlich gewählter Umlaufsinn) ist Null.

$$\Sigma U = 0$$

Beispiel:

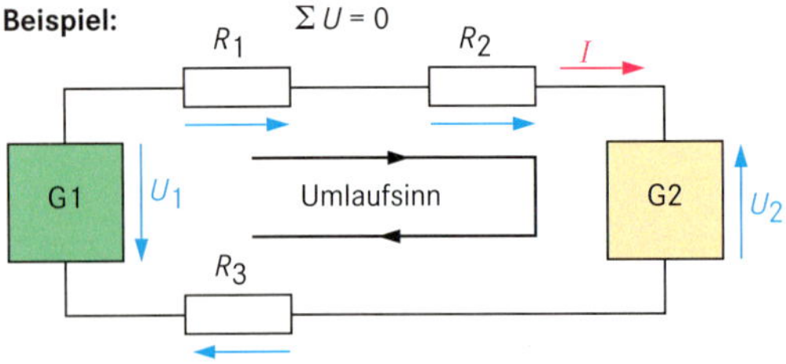

$$-U_1 + I \cdot R_1 + I \cdot R_2 - U_2 + I \cdot R_3 = 0$$

Spannungsteiler

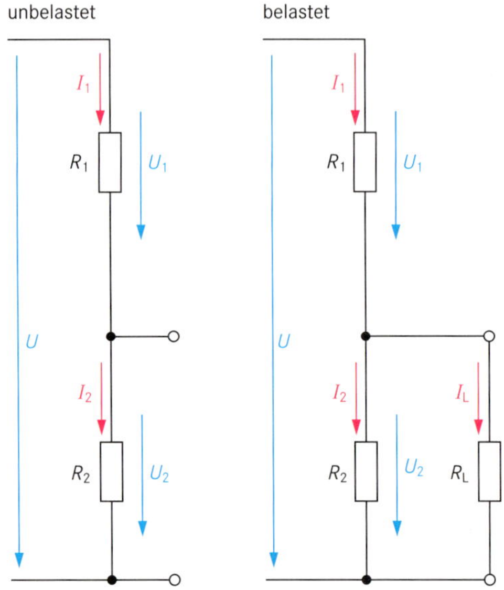

unbelastet: $$\frac{U_2}{U} = \frac{R_2}{R_1 + R_2}$$

belastet: $$\frac{U_2}{U} = \frac{R_2 \cdot R_L}{R_1 (R_2 + R_L) + R_2 \cdot R_L}$$

Reihenschaltung / Parallelschaltung

	Reihenschaltung	Parallelschaltung
Schaltung	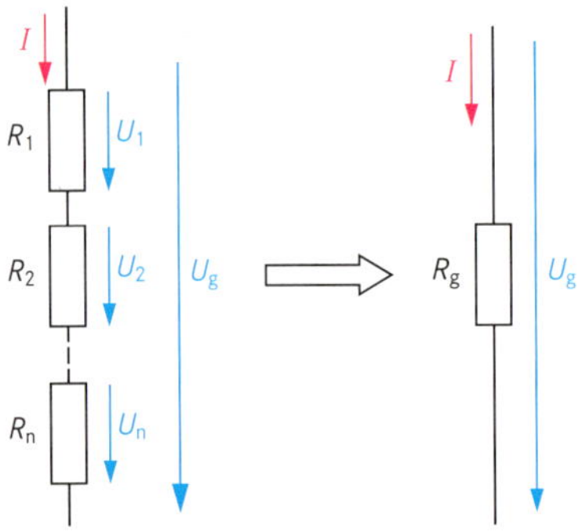	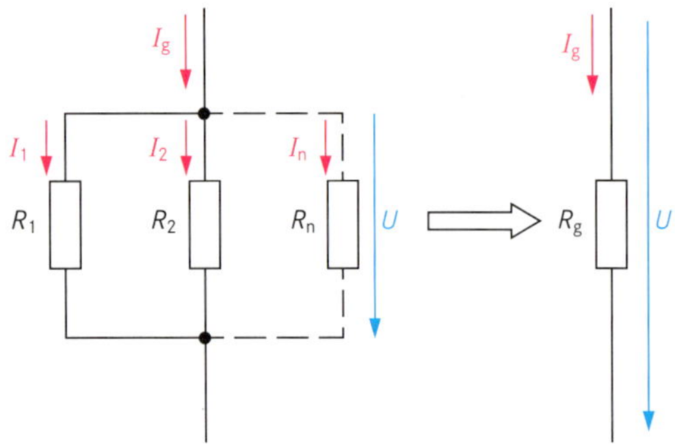
Spannung	$U_g = U_1 + U_2 + ... + U_n$	Alle Widerstände liegen an derselben Spannung U.
Stromstärke	Durch alle Widerstände fließt derselbe Strom I.	$I_g = I_1 + I_2 + ... + I_n$
Widerstände und Leitwerte	$R_g = R_1 + R_2 + ... + R_n$	$\frac{1}{R_g} = \frac{1}{R_1} + \frac{1}{R_2} + ... + \frac{1}{R_n}$ $G_g = G_1 + G_2 + ... + G_n$
Verhältnisse	$\frac{U_1}{U_2} = \frac{R_1}{R_2}$; $\frac{U_1}{U_n} = \frac{R_1}{R_n}$; $\frac{U_1}{U_g} = \frac{R_1}{R_g}$; ...	$\frac{I_1}{I_2} = \frac{R_2}{R_1}$; $\frac{I_1}{I_n} = \frac{R_n}{R_1}$; $\frac{I_1}{I_g} = \frac{R_g}{R_1}$; ...

Elektrisches Feld

- Ein elektrisches Feld ist ein Raum, in dem auf Ladungen Kräfte ausgeübt werden. Je nach Ladung kommt es zur Anziehung oder Abstoßung.
- Elektrische Felder sind immer dann vorhanden, wenn elektrische Spannungen herrschen.

Elektrische Feldstärke

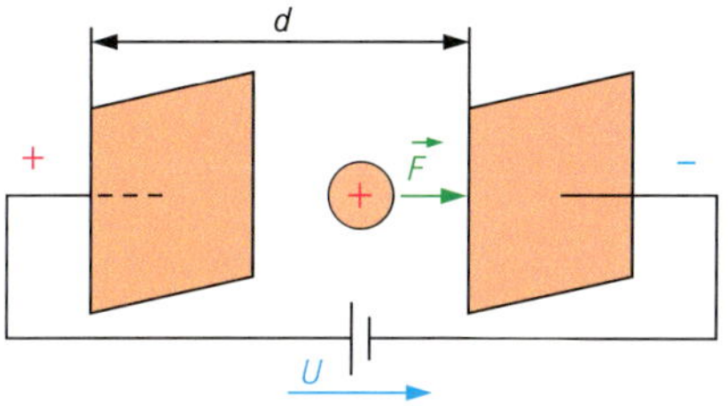

$$E = \frac{F}{Q}$$

$$E = \frac{U}{d}$$

E: Elektrische Feldstärke — $[E] = \frac{N}{C}$
F: Kraft auf die Ladung im Feld
Q: Ladung im Feld — 1 C = 1 As
U: Spannung zwischen den Platten
d: Abstand der Platten — $[E] = \frac{V}{m}$

Formen elektrischer Felder

- Elektrische Felder lassen sich durch gedachte Linien (**Feldlinien**) darstellen.
- Feldlinien gehen definitionsmäßig von positiven zu negativen Ladungen.
- Wenn Feldlinien parallel verlaufen, nennt man das Feld **homogen** ①.
- Wenn Feldlinien nicht parallel verlaufen, nennt man das Feld **inhomogen**.

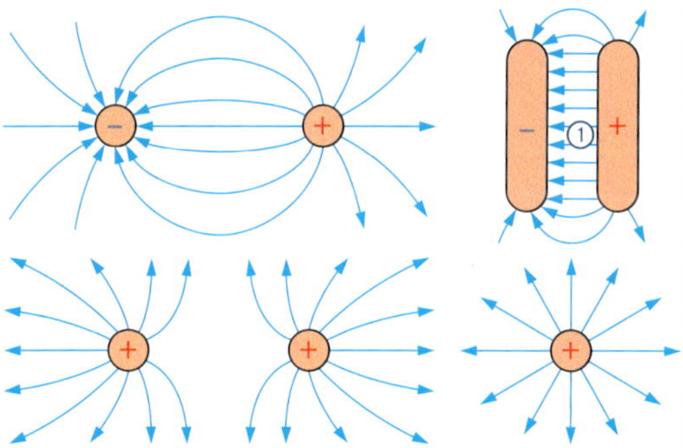

Abschirmung

- Elektrische Felder verursachen Ladungsverschiebungen (**Influenz**) in metallischen Leitern und damit für Störungen.
- Maßnahme: Abschirmung durch beliebige Metalle (Kupfer, Eisen, Aluminium ...). Der metallisch abgeschirmte bereich ist frei.
- Formen: Bleche, Gitter, Geflechte (z. B. Leitungen)

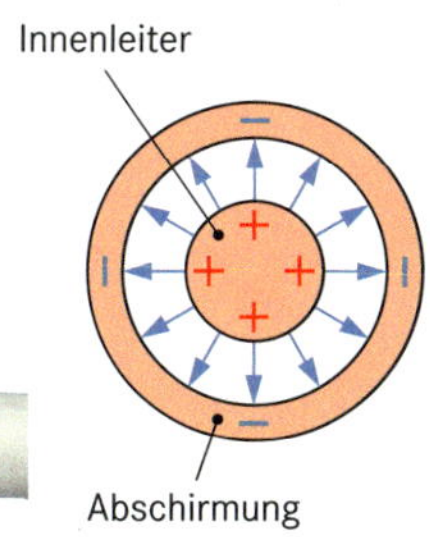

Magnetisches Feld

- Wenn ein elektrischer Leiter von Strom durchflossen wird, baut sich um den Leiter ein magnetisches Feld auf.
- Die Feldlinien sind geschlossen und verlaufen kreisförmig.
- Wenn sich das Magnetfeld ändert (Wechselstrom), werden in Leiter, die sich in diesem Magnetfeld befinden, Spannungen induziert.

Räumliches Magnetfeld einer Leiterschleife

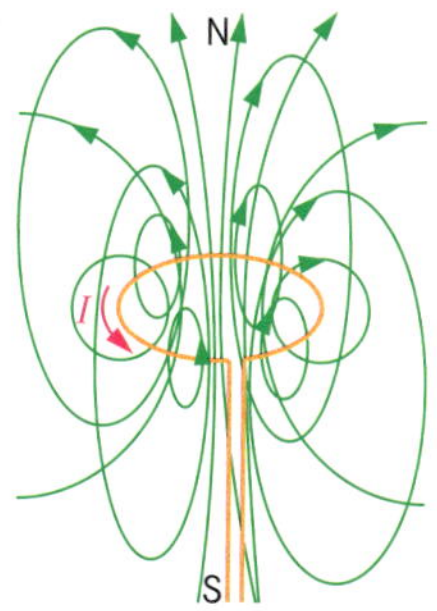

Feldlinienrichtung

Stromrichtung:
Technische Stromrichtung, vom Plus- zum Minuspol.

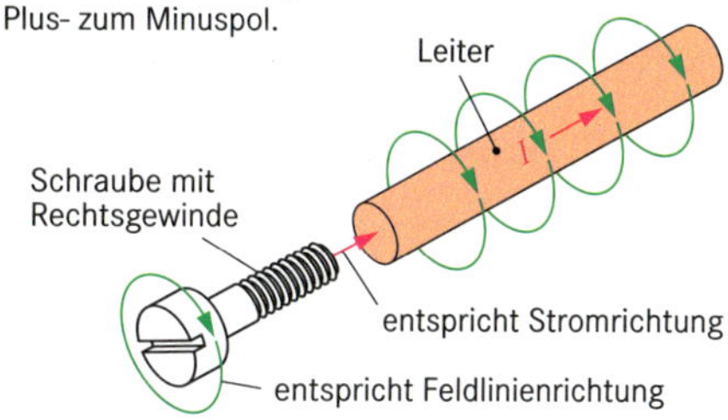

Magnetische Flussdichte (Induktion)

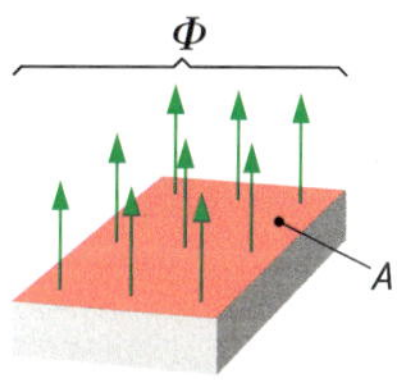

$$B = \frac{\Phi}{A}$$

$$[\Phi] = Vs$$

$$1\ Vs = 1\ Wb\ (Weber)$$

$$[B] = \frac{Vs}{m^2}$$

$$1\ \frac{Vs}{m^2} = 1\ T\ (Tesla)$$

B: Magnetische Flussdichte
Φ: Magnetischer Fluss
A: Fläche

Induktionsspannung

In einem Leiter entsteht dann eine Spannung, wenn sich der Leiter in einem sich ändernden Magnetfeld befindet (der magnetische Fluss ändert sich in einer bestimmten Zeit).

Anwendung:
Spannungserzeugung bei Generatoren, Mikrofon, ...

Abschirmung

Magnetische Felder lassen sich durch Eisen abschirmen. In geschlossenen Eisenumhüllungen verlaufen die störenden magnetischen Feldlinien nur im Eisen. Eine Spannungsübertragung (Induktion) auf umgebende Leiter kann dann nicht mehr stattfinden.

Information und Kommunikation
Information and Communication

Nachricht und Information

Unter einer Nachricht versteht man jede Art von Mitteilungen. Beispiele: Ampelsignal, gesprochener Text, Mitteilung auf einer Tonkassette, ...
In die Nachricht ist immer eine Information eingebettet. Es wird unterschieden:

Syntaktischer Aspekt[1)] einer Nachricht:
Aufbau der Nachricht nach seinen formalen Regeln, Zeichen, Zeichenfolge usw.

Semantischer Aspekt[2)] einer Nachricht:
Bedeutung der Nachricht für den Empfänger (z. B. das Rot der Ampel bedeutet: Stopp!)

[1)] Syntax (gr., lat.): Lehre vom Satzbau, Satzlehre
[2)] Semantik (gr.): Wortbedeutungslehre

Prinzip der Nachrichtenübertragung

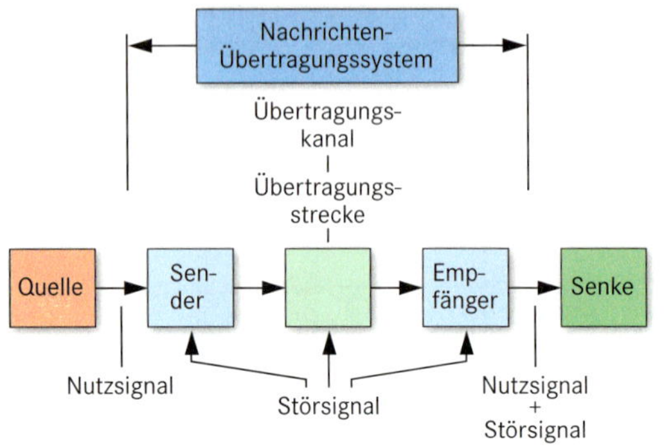

Informationsformen

Töne:
Sprache, Musik, Geräusche

Bilder:
Feste Bilder, bewegte Bilder (farbig, monochrom)

Text:
Alphanumerische Zeichen

Daten:
Elektrische oder optische Signale, die nicht direkt vom Menschen wahrgenommen werden können

Kommunikation

Einseitiger oder wechselseitiger Austausch zwischen Menschen, technischen Einrichtungen (Endeinrichtungen) oder zwischen Menschen und technischen Einrichtungen.

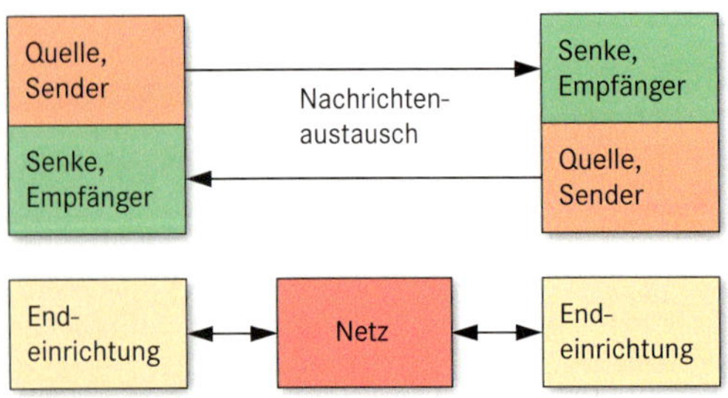

Informationsübertragung

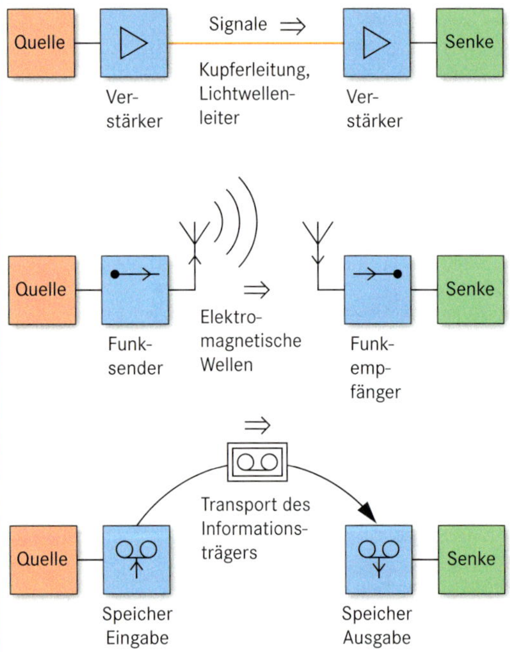

Betriebsarten der technischen Kommunikation

Duplex-Betrieb (Gegenbetrieb)
Beide Partner sind gleichberechtigt. Sie können gleichzeitig senden und empfangen (z. B. Telefon).

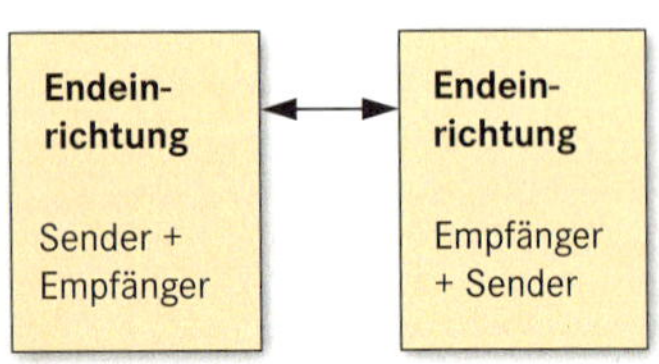

Halbduplex-Betrieb (Wechselbetrieb)
Die Kommunikationspartner können abwechselnd (alternierend) senden und empfangen.

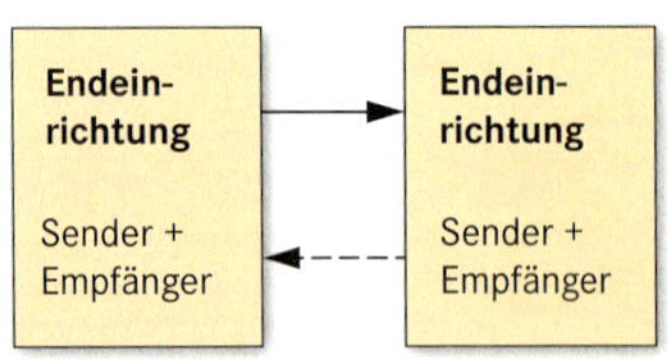

Simplex-Betrieb (Richtungsbetrieb)
Der Empfänger kann keine Signale zum Sender schicken (z. B. Verteilkommunikation bei Rundfunk-Sendungen).

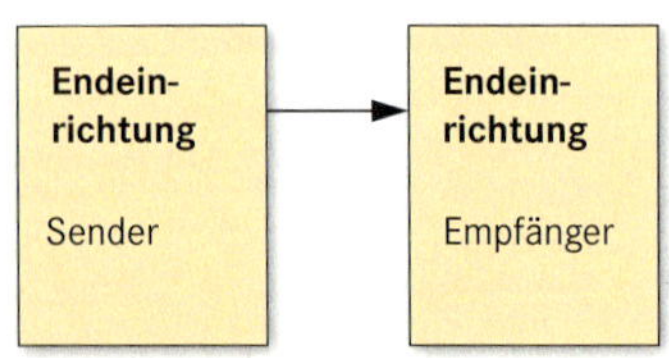

Analoges Signal

Das Signal kann jeden Wert zwischen dem negativen und positiven Maximalwert einnehmen (kontinuierlicher Werte- und Zeitbereich).

Beispiele: Sprache, Musik

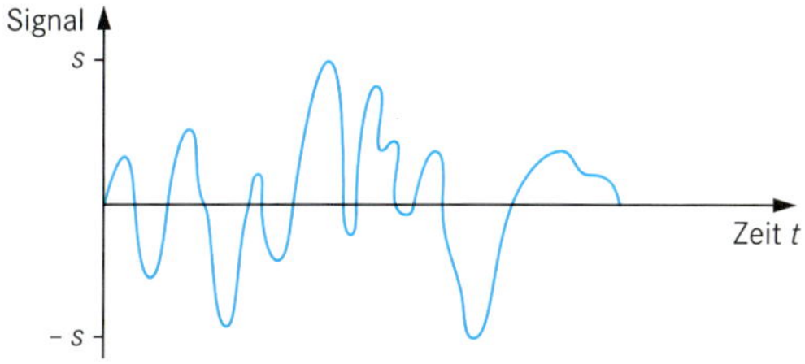

Digitales Signal

Das Signal kann nur bestimmte (diskrete) Werte annehmen (z. B. 0 und 1, binäres Signal). Die Werte sind nur in bestimmten Zeitabschnitten vorhanden.

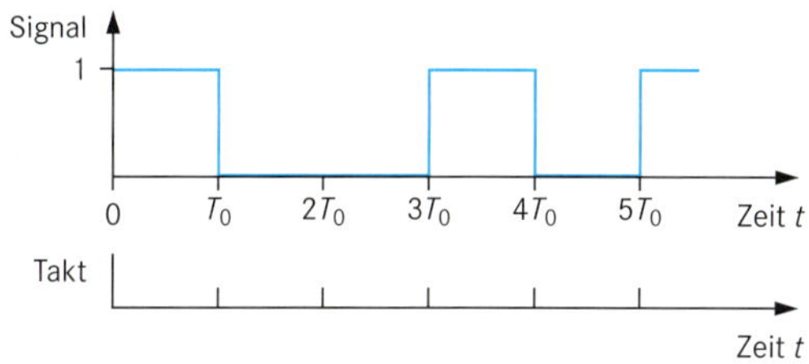

Rechtecksignale (Spannungen)

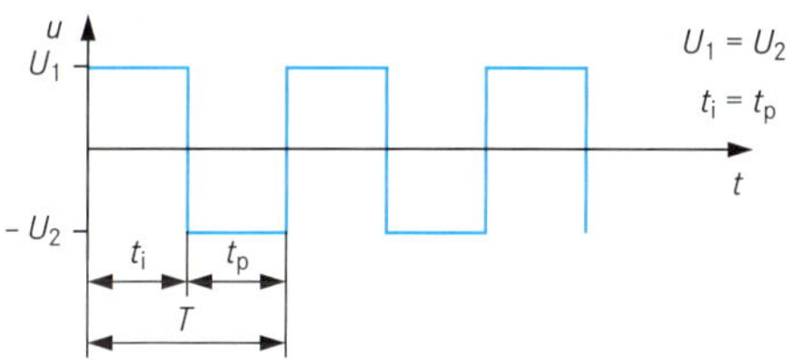

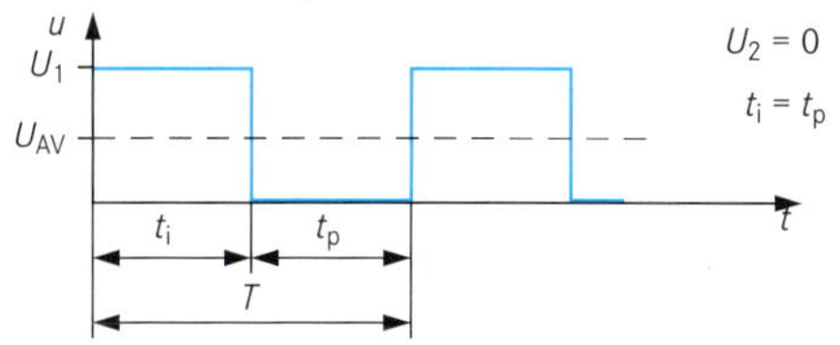

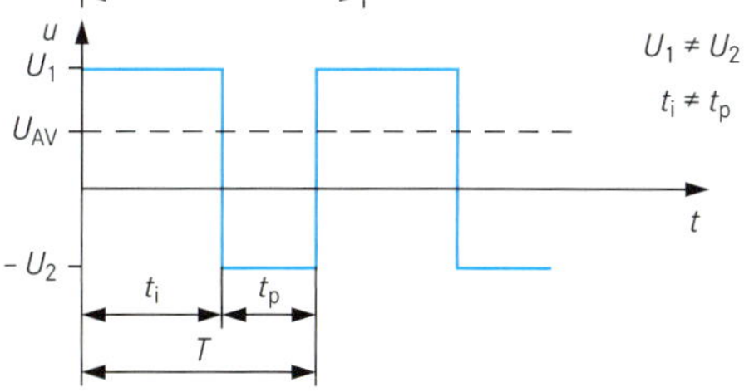

t_i: Impulsdauer
t_p: Pausendauer
T: Periodendauer
$T = t_i + t_p$
f: Frequenz
u: Spannung
U_{AV}: Mittelwert
$\hat{u}$: Maximalwert

Signaleinteilung

Wert \ Zeit	kontinuierlich	diskret
kontinuierlich	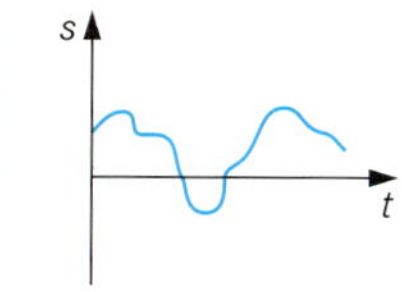 s und t sind kontinuierlich (Sprache, Musik)	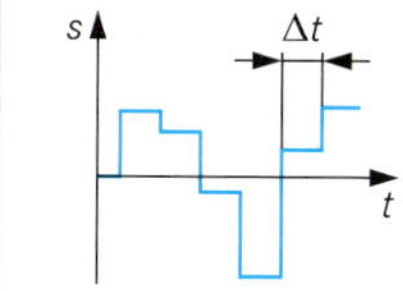 s kontinuierlich, t diskret (Takt T, Pulsamplitudenmodulation)
diskret	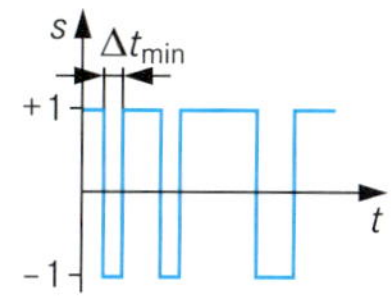 s diskret (binär dargestellt), t kontinuierlich (Pulsbreitenmodulation)	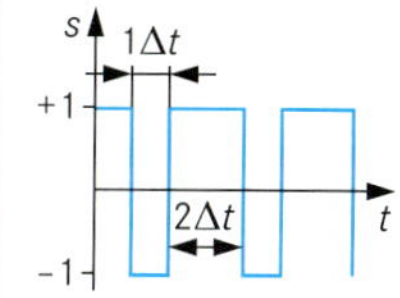 s diskret (binär dargestellt), t diskret (Pulscodemodulation)

Fourier-Analyse

Jede periodische Schwingung kann als Summe von Sinusschwingungen dargestellt werden.

Linienspektrum

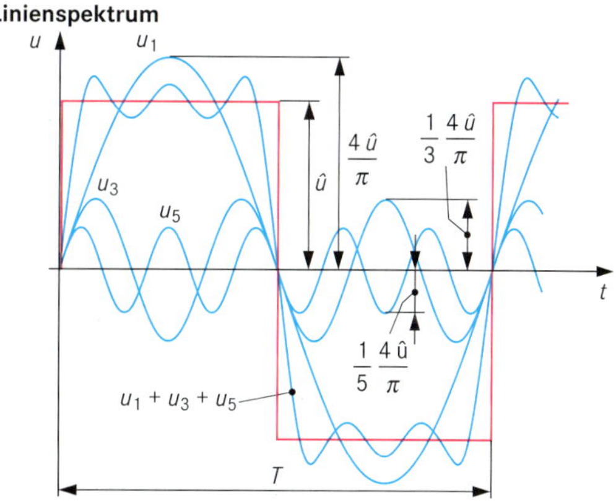

Frequenzspektrum

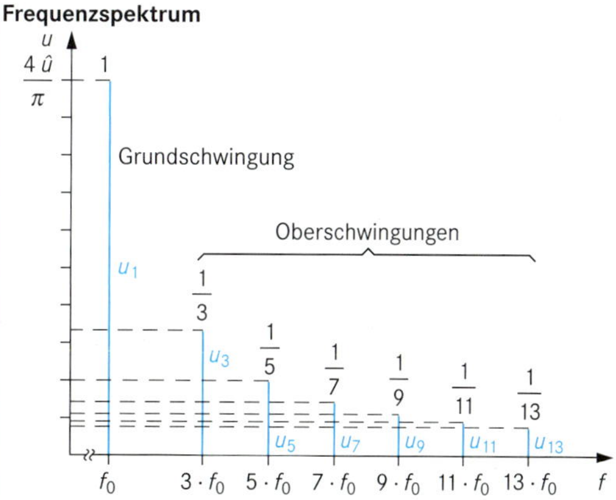

Digitalisierung

1. Die Quelle liefert ein analoges Signal ①.
2. Durch **Abtastung** werden in bestimmten Zeitabschnitten Spannungswerte entnommen ②.
3. Jeder Pulsamplitude wird in der **Quantisierungstufe** ③ ein bestimmter Wert zugeordnet. Wenn der Abtastwert zwischen den Stufen liegt, ergeben sich Fehler. Sie sind um so kleiner, je größer die Zahl der Quantisierungsstufen ist.
4. Jeder Stufe wird danach eine bestimmte Bitfolge zugeordnet (Codierung ④ durch ein Codewort). In diesem Fall sind es 3 Bit.

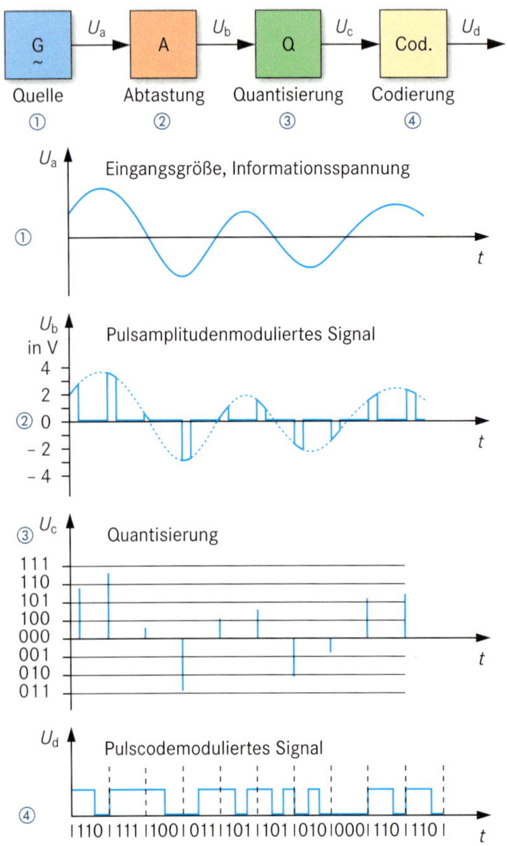

Umsetzer

Analog-Digital-Umsetzer

Beispiel:
Ein rampenförmiges Signal (analog) wird mit binären Signalen (0 und 1) in einen Signalfluss von 4 Bit (Dual-Code) umgesetzt.

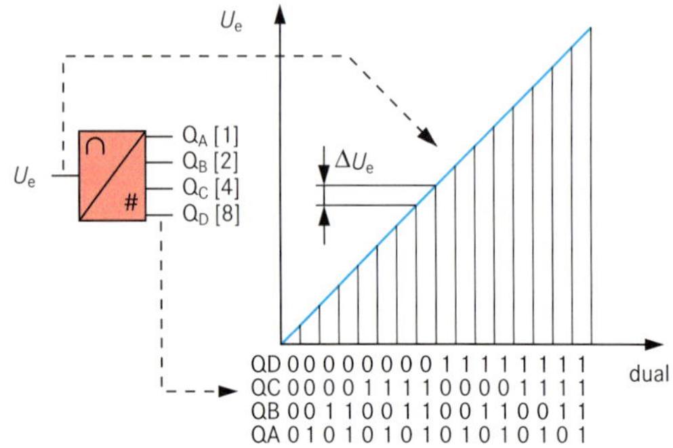

Digital-Analog-Umsetzer

Beispiel:
Eine 4 Bit Signalfolge (Dual-Code) wird in ein treppenförmiges Signal umgesetzt. Nach anschließender Glättung ist wieder ein analoges Signal vorhanden.

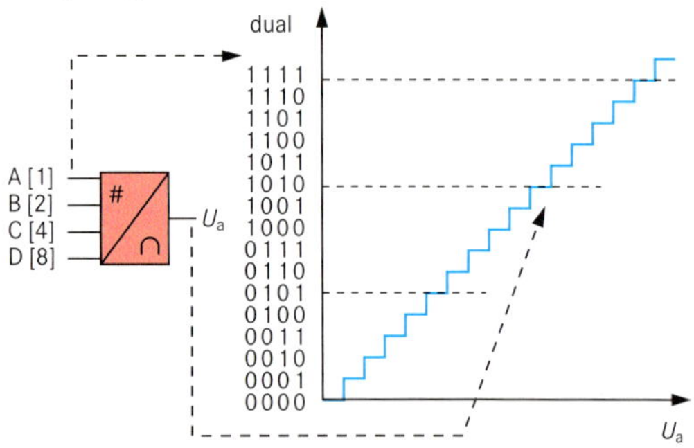

Bit und Byte

Bit: Binary Digi**t**, Binärziffer
Kleinste Informationeinheit der Computertechnik und anderer digital arbeitender Systeme.

Byte: Einheit von 8 Bit
z.B.: 01101011

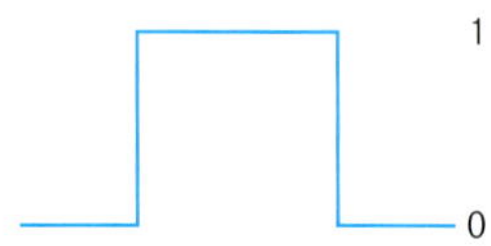

Kapazitätsangaben

- Das Byte (B) ist die Standardeinheit für die Angaben der Kapazitäten von
  - permanenten Speichermedien (z. B. Festplatte, CD, DVD, USB-Stick, Speicherkarten) und
  - flüchtigen Speichern (z. B. Arbeitsspeicher).
- Verwendet werden **Präfixe** (Vorsilben) zur Basis 10 und 2.
- Hersteller von permanenten Speichermedien verwenden zur Kapazitätskennzeichnung Dezimalpräfixe. Unterschiede entstehen, wenn z. B. im PC die Anzeige durch Binärpräfixe erfolgt.

Präfixe zur Basis 10 (Dezimalpräfixe)	
Symbol	Bedeutung
kB, Kilobyte	10^3 B = 1.000 B
MB, Megabyte	10^6 B = 1.000.000 B
GB, Gigabyte	10^9 B = 1.000.000.000 B
TB, Terabyte	10^{12} B = 1.000.000.000.000 B

Präfixe zur Basis 2 (Binärpräfixe)	
Symbol, Name	Bedeutung
KiB, Kibibyte	2^{10} B = 1.024 B
MiB, Mebibyte	2^{20} B = 1.048.576 B
GiB, Gibibyte	2^{30} B = 1.073.741.824 B
TiB, Tebibyte	2^{40} B = 1.099.511.627.776 B

Farbkennzeichnung von Widerständen

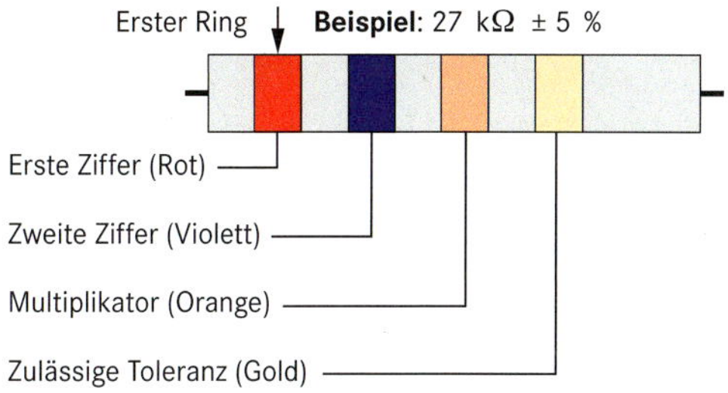

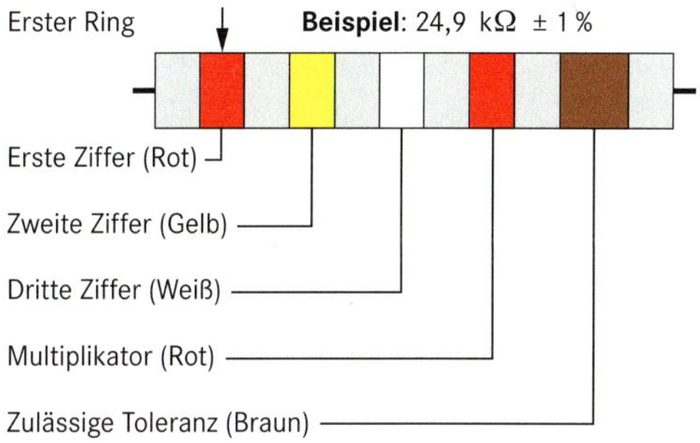

Temperaturkoeffizient:
- sechster und breiter Farbring, evtl. unterbrochen
- Schraubenlinie

Vorzugsreihen für Bemessungswerte bis ±5 % zulässige Abweichung DIN IEC 63: 1985-12

E3 (> ±20 %)	E6 (±20 %)	E12 (±10 %)	E24 (±5 %)
1,0	1,0	1,0	1,0
			1,1
		1,2	1,2
			1,3
2,2	1,5	1,5	1,5
			1,6
		1,8	1,8
			2,0
	2,2	2,2	2,2
			2,4
		2,7	2,7
			3,0
4,7	3,3	3,3	3,3
			3,6
		3,9	3,9
			4,3
	4,7	4,7	4,7
			5,1
		5,6	5,6
			6,2
	6,8	6,8	6,8
			7,5
		8,2	8,2
			9,1

Farbschlüssel

Kennfarbe	Widerstandswert in Ω: zählende Ziffern	Widerstandswert in Ω: Multiplikator	Zulässige relative Abweichung des Widerstandswertes	Temperatur-Koeffizient (10^{-6}/K)
silber	–	10^{-2}	±10 %	–
gold	–	10^{-1}	± 5 %	–
schwarz	0	10^{0}	–	±250
braun	1	10^{1}	± 1 %	± 100
rot	2	10^{2}	± 2 %	± 50
orange	3	10^{3}	–	± 15
gelb	4	10^{4}	–	± 25
grün	5	10^{5}	± 0,5 %	± 20
blau	6	10^{6}	± 0,25 %	± 10
violett	7	10^{7}	± 0,1 %	± 5
grau	8	10^{8}	–	± 1
weiß	9	10^{9}	–	–
keine	–	–	± 20 %	–

Wertkennzeichnung durch Buchstaben DIN EN 60 062: 1994-10

Kennbuchstabe	Multiplikator		Beispiele
p	Pico	10^{-12}	3μ3 = 3,3 μF
n	Nano	10^{-9}	m33 = 330 μF
μ	Mikro	10^{-6}	33m = 33 000 μF
m	Milli	10^{-3}	R33 = 0,33 Ω
R, F		10^{0}	3R3 = 3,3 Ω
K	Kilo	10^{3}	33K = 33 kΩ
M	Mega	10^{6}	330K = 330 kΩ
G	Giga	10^{9}	M33 = 0,33 MΩ
T	Tera	10^{12}	3M3 = 3,3 MΩ

Buchstabenkennzeichnung der zulässigen Abweichungen

zulässige Abweichung	Kennzeichen
Symmetrische Abweichung in %	
± 0,1	B
± 0,25	C
± 0,5	D
± 1	F
± 2	G
± 5	J
±10	K
±20	M
±30	N
Unsymmetrische Abweichung in %	
+30 … -10	Q
+50 … -10	T
+50 … -20	S
+80 … -20	Z
Symmetrische Abweichung in absoluten Werten (Kapazitätswerte unter 10 pF)	
± 0,1	B
± 0,25	C
± 0,5	D
± 1	F

Kapazität des Kondensators

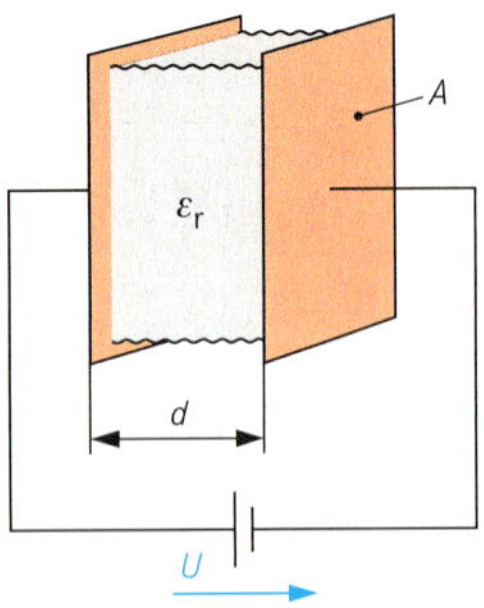

$$C = \frac{\varepsilon \cdot A}{d} \text{ (Farad)}$$

$$\varepsilon = \varepsilon_0 \cdot \varepsilon_r \quad [\varepsilon_r] = 1$$

$$\varepsilon_0 = 8{,}86 \cdot 10^{-12} \frac{\text{As}}{\text{Vm}}$$

$$[C] = \frac{\text{As}}{\text{V}}$$

$$1 \frac{\text{As}}{\text{V}} = 1 \text{ F (Farad)}$$

C: Kapazität des Kondensators
Q: Ladung des Kondensators
U: Spannung zwischen den Kondensatorplatten
ε: Permittivität
ε_0: Elektrische Feldkonstante
ε_r: Permittivitätszahl
A: Plattenfläche
d: Plattenabstand

Induktivität der Spule

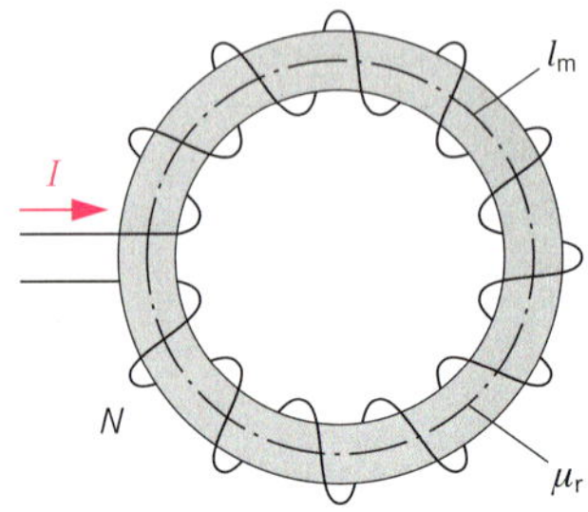

$$L = \frac{\mu \cdot N^2 \cdot A}{l_m}$$

$$[L] = \frac{\text{Vs}}{\text{A}}$$

$$1 \frac{\text{Vs}}{\text{A}} = 1 \text{ H (Henry)}$$

$$\mu = \mu_0 \cdot \mu_r$$

$$[\mu_1] = 1$$

L: Induktivität
N: Windungszahl
A: Fläche (Querschnitt) der Spule
μ_0: Magnetische Feldkonstante
μ_r: Permeabilitätszahl
μ: Permeabilität
l_m: Feldlinienlänge (mittlere)

Blindwiderstand X_C

Im Wechselstromkreis verhält sich der Kondensator wie ein Widerstand (Blindwiderstand). Zwischen Spannung und Stromstärke besteht eine Phasenverschiebung von 90°. Die Stromstärke eilt voraus.

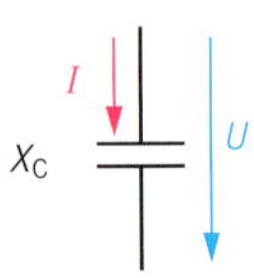

$$X_C = \frac{1}{2\pi \cdot f \cdot C}$$

$$X_C = \frac{1}{\omega \cdot C}$$

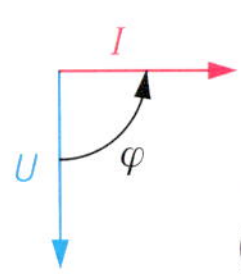

$$I = \frac{U}{X_C}$$

$$\varphi = -90°$$

(kapazitiv)

Blindwiderstand X_L

Im Wechselstromkreis verhält sich die ideale Spule wie ein Widerstand (Blindwiderstand). Zwischen Spannung und Stromstärke besteht eine Phasenverschiebung von 90°. Die Spannung eilt voraus.

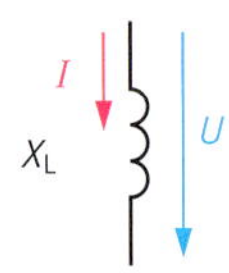

$$X_L = 2\pi \cdot f \cdot L$$

$$X_L = \omega \cdot L$$

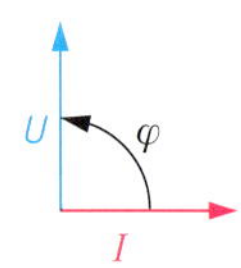

$$I = \frac{U}{X_L}$$

$$\varphi = 90°$$

(induktiv)

Bauformen von Kondensatoren

- **Papierkondensatoren**
  Elektroden aus Aluminiumfolie, Dielektrikum aus imprägniertem Papier
- **Kunststofffolien-Kondensatoren** ①
  Aufgedampftes Aluminium auf Kunststofffolien
- **Keramik-Kondensatoren** ②
  Metallplatte oder Metallschichten durch ein keramisches Dielektrikum getrennt
- **Aluminium-Elektrolyt-Kondensatoren**
  Elektroden aus Aluminiumfolie, Dielektrikum ist elektrolytisch erzeugtes Aluminiumoxid
- **Tantal-Elektrolyt-Kondensatoren** ③
  Elektroden aus Tantal, Oxidschichten als Dielektrikum

Beispiele:

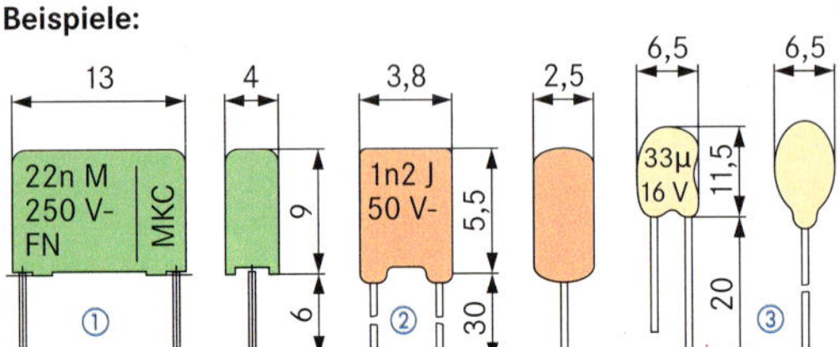

Bauformen von Spulen

Kerne aus
- Ferromagnetischen Kernmaterialien
- Oxidkeramischen Ferriten

Spulen mit
- Schalenkernen und Luftspalt
- Zylinderkernen, Rohrkernen, Gewindekernen
- E-, U-, EC-, CC-Kernen

Beispiel: Schalenkern Ø 18 x 11

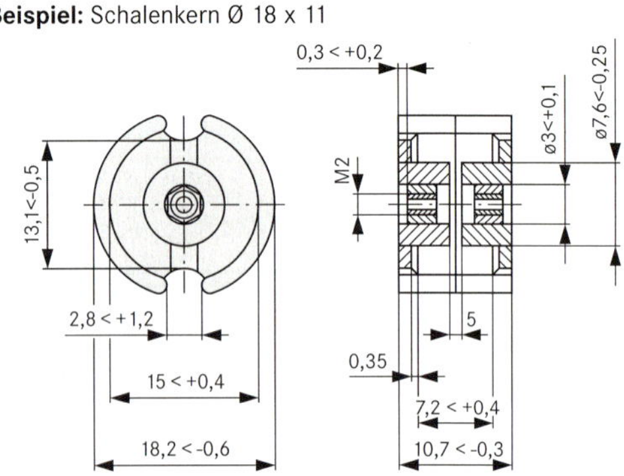

Kennzeichnungen

Beispiel: B C X 70

Ausgangsmaterial → B
Hauptfunktion → C
X → Hinweis auf kommerziellen Einsatz (X, Y, Z)
70 → Registriernummer (2 oder 3 Ziffern)

1. Kennbuchstabe	Ausgangsmaterial	2. Kennbuchstabe	Bedeutung	2. Kennbuchstabe	Bedeutung
A	Germanium	A	Diode, allgemein	N	Optokoppler
B	Silizium	B	Kapazitätsdiode	P	z. B. Fotodiode, Fotoelement
C	z. B. Gallium-Arsenid (Energieabstand ≥ 1,3 eV)	C	NF-Transistor	Q	z. B. Leuchtdiode
D	z. B. Indium-Antimonid (Energieabstand ≥ 0,6 eV)	D	NF-Leistungstransistor	R	Thyristor
R	Fotohalbleiter- und Hallgeneratoren-Ausgangsmaterial	E	Tunneldiode	S	Schalttransistor
		F	HF-Transistor	T	z. B. steuerbare Gleichrichter
		G	z. B. Oszillatordiode	U	Leistungsschalttransistor
		H	Hall-Feldsonde	X	Vervielfacher-Diode
		K (M)	Hallgenerator	Y	Leistungsdiode
		L	HF-Leistungstransistor	Z	Z-Diode

Dioden

Bauformen	Glasgehäuse D0-7	Glasgehäuse D0-35	Metallgehäuse D0-13
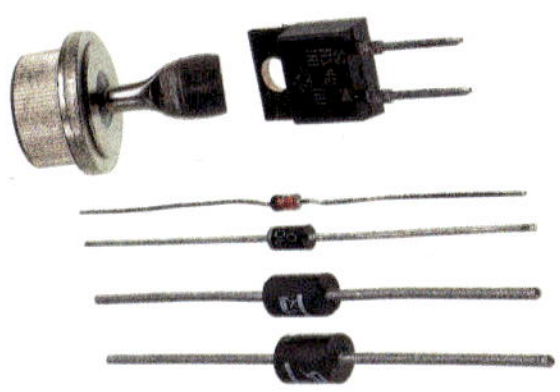	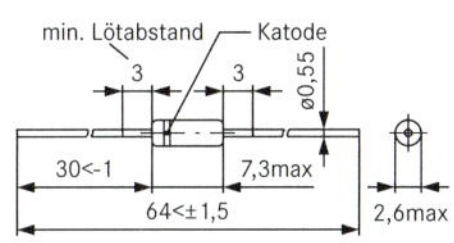 **Beispiel:** Germanium-Universal-Diode AA 118	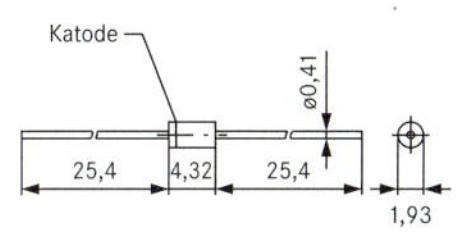 **Beispiel:** Silizium-Universal-Diode BAY 61	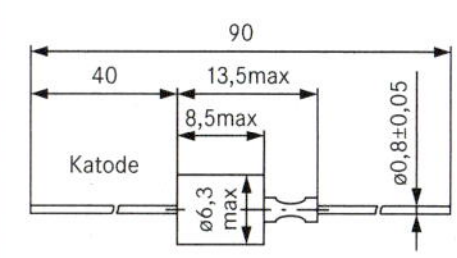 **Beispiel:** Z-Diode 1,3 Watt BZD 10 C 9 V 1

Schaltzeichen und Anschlüsse	Anwendungen
Anode 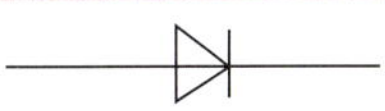 Katode Die Diode wirkt wie ein Ventil. Wenn an der Anode der Pluspol liegt, fließt Strom. Wenn an der Anode der Minuspol liegt, ist die Diode gesperrt.	■ Begrenzung von Spannungen ■ Gleichrichtung von Wechselspannung ■ Stabilisierung von Spannungen

Transistoren

Bauformen	Metallgehäuse T0-39	Kunststoffgehäuse T0-220 mit Metallflansch	Metallgehäuse T0-3
	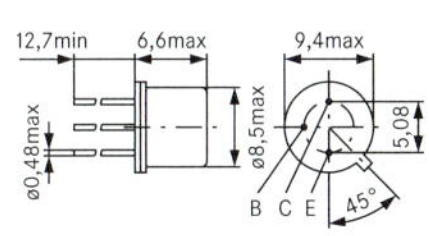 **Beispiel:** Silizium-NPN-Transistor BC 140	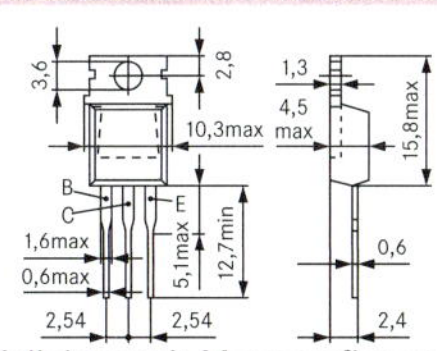 Kollektor mit Montageflansch verbunden **Beispiel:** Silizium-NPN-Darlingtransistor BD 649	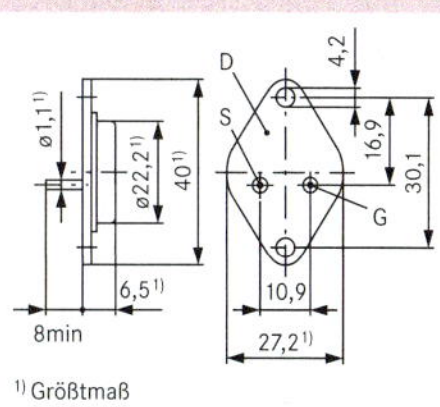 1) Größtmaß **Beispiel:** MOS-Leistungstransistor BUZ 32

Schaltzeichen und Anschlüsse	Anwendungen
Bipolare Transistoren 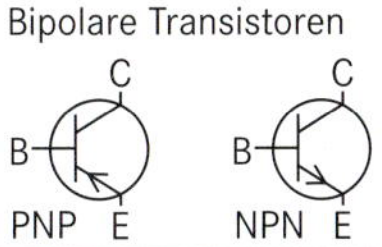 B: Basis (Eingangselektrode) E: Emitter (gemeinsame Elektrode) C: Kollektor (Ausgangselektrode)	■ Prinzip: Mit kleinen elektrischen Größen erfolgt eine Steuerung des Kollektorstromes ■ Verstärkung kleiner Wechselspannungen ■ Schalten von Spannungen und Stromstärken (elektronischer Schalter)

Begriffe

- **Ampere-Stunden**
  Stromstärke x Zeit: Bemessungskapazität der Quelle in Ah bzw. mAh
- **Batterie**
  Zwei oder mehrere Zellen, die zusammengeschaltet sind,
  Reihenschaltung: Spannungserhöhung
  Parallelschaltung: Erhöhung der Stromstärke
- **Bemessungsspannung**
  Durchschnittliche Zellenspannung während der Entladung
- **Kapazität**
  Die elektrische Energie, die eine Zelle bzw. Batterie abgeben kann (in mAh oder Ah)
- **Leerlaufspannung**
  Spannung der Quelle ohne Belastung
- **Memory-Effekt (Speicher-Effekt)**
  Aufgrund wiederholter zu geringer Entladungen verringert sich die Kapazität bestimmter Akkumulatoren (z. B. Ni-Cd, nicht bei Li-Ionen Akkus).
- **Primärelement**
  Nicht aufladbare elektrochemische Spannungsquelle, Chemische Energie wird in elektrische Energie umgewandelt
- **Sekundärelement (Akkumulator)**
  Wieder aufladbare elektrochemische Spannungsquelle (elektrische Energie wird gespeichert)
- **Selbstentladung**
  Abnahme der Kapazität durch inneren Ladungsausgleich
- **Zyklenfestigkeit**
  Anzahl der Auf- und Entladezyklen einer Zelle bzw. Batterie bis zum Versagen

Kennbuchstaben nach IEC

Kurzzeichen	Bedeutung
A	Zink-Luft-Element (saurer Elektrolyt)
M, N	Quecksilberoxid-Element
L	Alkali-Mangan-Element
P	Zink-Luft-Element (KOH-Elektrolyt)
S	Silberoxid-Element

Alkali-Mangan-Rundzellen und -Batterien

U_n in V	IEC-Bez.	C_n in mAh	Maße (max.) in mm *d*	*h*	*l*	*b*
Alkaline						
1,5	LR 1	800	12	30,2	–	–
1,5	LR 03	1.100	10,5	44,5	–	–
1,5	LR 6	2600	14,5	50,5	–	–
4,5	3 LR 12	6300	–	67	62	22
1,5	LR 14	7800	26,2	50	–	–
6	4 LR 61	605	–	9,2	48,5	35,6
1,5	LR 20	16.500	34,2	61,5	–	–
9	6 LR 61	550	–	48,5	26,5	17,5
1,5	LR 61	550	8,2	40,2	–	–
Foto						
1,5	LR 6	2.600	14,5	50,5	–	–
1,5	LR 03	1.100	10,5	44,5	–	–

Handelsbezeichnungen: Alkaline, extra longlife, FOTO
Schadstoffe: 0% Hg, 0% Cd

Entsorgung elektrochem. Spannungsquellen

- Keine Entsorgung über den Hausmüll
- Entsorgung über die dafür vorgesehenen Sammelbehälter
- Säuren, Laugen sowie Schwermetallverbindungen (z. B. Manganoxid) gefährden das Grundwasser

Primärelemente

Knopfzellen

Eigenschaft	Silberoxid/Zink	Quecksilberoxid/Zink	Lithium/Manganoxid
Spannung in V	1,55	1,35	3,0
Energiedichte in mWh/cm^3	450–700	500–800	400–800
Elektrolyt	Kalilauge	Kalilauge	org. Elektrolyt
Belastbarkeit	hoch	hoch	niedrig
Selbstentladung	ca. 5 %/Jahr	ca. 2 %/Jahr	< 1 %/Jahr
Umweltbelastung	gering, ca. 0,3 % Hg	hoch, ca. 30 % Hg	umweltverträglich
Anwendungen	Uhren, Taschenrechner, Fotoapparate	Hörgeräte, Messgeräte, Fotoapparate	elektron. Datenspeicher, Taschenrechner, Uhren

Gerätezellen und Gerätebatterien

Eigenschaft	Nickel-Cadmium (gasdicht)	Nickel-Metallhydrid	Lithium-Ionen
Spannung in V	1,2	1,2	3,6
Energie in mWh	840	1.200	1.800
Energiedichte in mWh/*l*	102	145	218
Kapazität in mAh	700	1.000	500
Zyklenfestigkeit	1.000	1.000	500–1.000
Selbstentladung	20 %/Monat	20 %/Monat	< 10 %/Monat
Schnelllade-Fähigkeit in min	10	60	120
Anwendungen	Fernsteuerungen, Mobiltelefone, Medizinische Geräte	Notebooks, Mobiltelefone, Spielzeug, Messgeräte, Haushaltsgeräte	Mobiltelefone, Videokameras, Notebooks, Elektrofahrzeuge

Begriffe

DIN VDE 0875-3: 88-12

- Von den Störquellen gehen **leitungsgebundene** und **strahlungsgebundene** elektromagnetische Störungen aus.
- Das **Frequenzspektrum** kann diskret oder/und kontinuierlich sein (z. B. 0,15 MHz bis 1 GHz).
- Der **Funkstörgrad** ist eine frequenzabhängige Grenze für Funkstörungen.

0 funkstörfrei
N funkentstört (Normalstörgrad)
K funkentstört (Kleinststörgrad)
G grobentstört (Einsatz beschränkt)

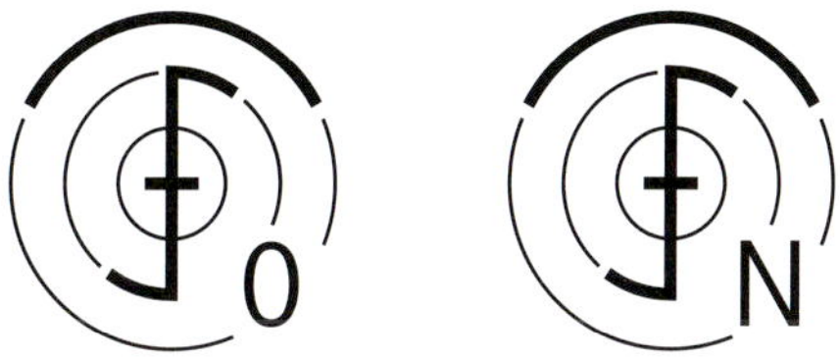

Funkschutzzeichen mit Angabe des Störgrades.

Kondensatoren zur Entstörung

Prinzip:
Einbau möglichst nahe und parallel zur Quelle, **kleiner Widerstand** für die HF-Störungen.

X-Kondensatoren:
Beliebige Kapazitäten, sie liegen parallel zur Quelle, die Störspannung wird auf einen kleinen Wert verringert.
Bei Ausfall darf es beim Berühren des Gehäuses zu keinem elektrischen Schlag kommen.

Y-Kondensatoren:
Beliebige Kapazitäten, sie überbrücken die Betriebsisolierung in elektrischen Geräten. Es gelten deshalb für sie besondere Sicherheitsanforderungen.

Beispiel Wechselstrommotor:

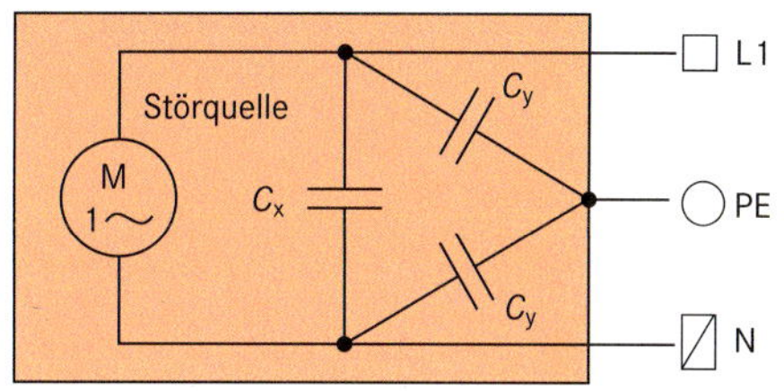

Leitungsgebundene Störungen

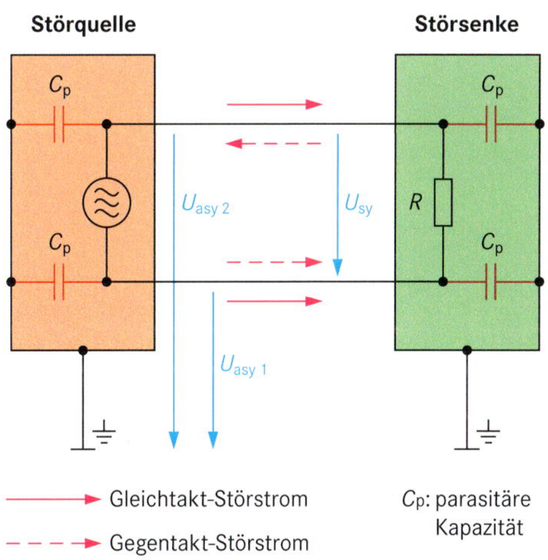

Gegentaktstörung (symmetrische Störung, differenzial-mode):
Ausbreitung längs der angeschlossenen Leitung.
Der Strom fließt auf den beiden Anschlussleitungen hin und zurück (symmetrische Störspannung U_{sy}).

Gleichtaktstörung (asymmetrische Störung, common-mode):
Der Strom fließt auf den beiden Anschlussleitungen zur Störsenke hin und über die Erdleitung zurück (asymmetrische Störspannung U_{asy}).
Ursache: Parasitäre Kapazitäten und Masseverbindungen.

Parasitäre Kapazitäten:
Unvermeidbare Kapazitäten zum Gehäuse, anderen Bauteilen, Leitungen usw.

Entstördrosseln

Prinzip:
Sie werden in die stromführenden Leitungen eingefügt und wirken für die HF-Störungen wie ein zusätzlicher und **großer Widerstand.**
Bei stromkompensierten Ringkerndrosseln heben sich die Magnetfelder auf.

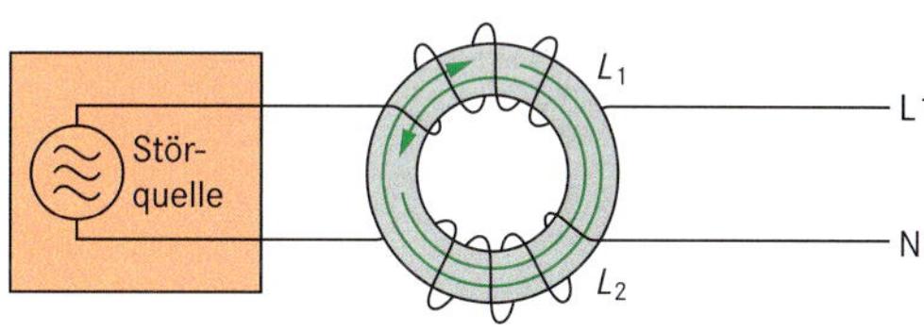

Filter

Entstöreigenschaften von Kondensatoren und Spulen werden gemeinsam genutzt.
Beispiel: Filter mit integriertem Gerätestecker (Bemessungsstromstärke 6 A).

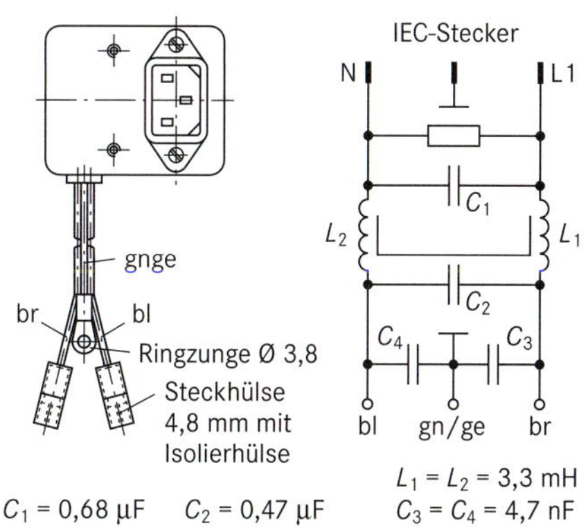

Normen/Standards
Norms/Standards

Definitionen

- **Norm** (engl.: **standard**) ist eine rechtlich anerkannte und veröffentlichte Regel zur Lösung eines Sachverhaltes.
- Sie ist durch ein **Normungsverfahren** verabschiedet und allgemeingültig.
- Normen werden von **unterschiedlichen Gremien** erarbeitet.
- Diese werden unterschieden nach
  - Internationalen Gremien,
  - Regionalen Gremien und
  - Nationalen Gremien.
- Behandelte Fachgebiete in den Gremien sind
  - **ein** spezifisches Fachgebiet (z. B.: ITU),
  - **verschiedene** Fachgebiete (z. B.: DIN).
- Der Begriff **Standard** wird häufig auch verwendet im Zusammenhang mit „Industriestandard" oder „Herstellerspezifischer Standard".
- **Industriestandards** beinhalten eine von vielen Anwendern und Herstellern erprobte Vorgehensweise bei der Lösung eines Problems, die sich als technisch nützlich und richtig erwiesen hat.
- **Industriestandards** durchlaufen kein nationales oder internationales Normungsverfahren.
- **Herstellerspezifische Standards** werden von einzelnen Anwendern eingesetzt und unterliegen der Pflege durch den jeweiligen Hersteller.
- **Empfehlungen** unterliegen keinerlei Verpflichtung und stellen somit die schwächste Form dar.
- Weiterhin gibt es sogenannte **Nutzervereinigungen**, die sich mit spezifischen Fachthemen beschäftigen (z. B.: ATM-Forum, Frame-Relay Forum).

Normungsgremien

	Telekommunikation	Elektrotechnik	Allgemein
International	ITU, IEEE	IEC, CISPR, IEEE	ISO, JTC … JTC
Europa	ETSI, ECMA, EBU	CENELEC, ITSTC	CEN
Deutschland	DKE, (Bundesnetzagentur)	VDI, VDE, DKE	DIN

Abkürzungen

CEN	Comité Européen de Normalisation
CENELEC	Comité Européen des Normalisation Electrotechniques
CISPR	Comité International Spécial des Pertubations Radioélectriques
DIN	Deutsches Institut für Normung
DKE	Deutsche Kommission Elektrotechnik Elektronik Informationstechnik
EBU	European Broadcasting Union
ECMA	European Computer Manufacturers Association
ETSI	European Telecommunications Standards Institute
IEC	International Electrotechnical Commission
IEEE	Institute of Electrical and Electronics Engineers
ISO	International Standards Organisation
ITSTC	Information Technology Steering Committee
ITU	International Telecommunications Union (früher CCITT)
JTC	Joint Technical Committee
VDE	Verband der Elektrotechnik Elektronik Informationstechnik e. V.
VDI	Verband Deutscher Ingenieure

Rechtscharakter technischer Normen

- Normen werden durch Einbeziehung in Rechts- oder Verwaltungsvorschriften verbindlich.
- Bei Einbindung in Lieferverträgen werden Normen ebenso rechtsverbindlich.
- Europäische Normen (EN) sind durch EU-Vertrag auch DIN-Normen.

Normenreihe des VDE

0	Allgemeines
1	Starkstromanlagen
2	Starkstromleitungen und Kabel
3	Isolierstoffe
4	Messung und Prüfen
5	Masch., Transformatoren
6	Installationsmaterial, Schaltgeräte, Hochspannungsgeräte
7	Verbrauchsgeräte
8	Fernmeldeanlagen und Rundfunkanlagen

- Die Bestimmungen der DIN VDE 0100 behandeln das „Errichten von Niederspannungsanlagen".
- Die Deutschen Normen der Reihe DIN VDE 0100 stehen im Zusammenhang mit den CENELEC. Es sind die Harmonisierungsdokumente der Reihe HD 384 ... und die internationalen Normen der Reihe IEC 60364-... (Electrical installations of buildings)

Normenübersicht

Gruppe 100	**Anwendungsbereich**
VDE 0100-100	Allgemeine Grundsätze, Bestimmungen allgemeiner Merkmale, Begriffe
Gruppe 200	**Begriffe**
VDE 0100-200	Begriffe
Gruppe 400	Schutzmaßnahmen
VDE 0100-410	Schutz gegen elektrischen Schlag
VDE 0100-420	Schutz gegen thermische Einflüsse
VDE 0100-430	Schutz bei Überstrom
VDE 0100-442	Schutz von Niederspannungsanlagen bei Erdschlüssen in Netzen mit höherer Spannung
VDE 0100-443	Schutz bei Überspannungen infolge atmosphärischer Einflüsse oder von Schaltvorgängen
VDE 0100-444	Schutz bei Störspannungen und elektromagnetischen Störgrößen
VDE 0100-450	Schutz gegen Unterspannung
VDE 0100-460	Trennen und Schalten
VDE 0100-482	Brandschutz bei besonderen Risiken oder Gefahren
Gruppe 500	**Auswahl und Errichtung elektrischer Betriebsmittel**
VDE 0100-510	Allgemeine Bestimmungen
VDE 0100-520	Kabel- und Leitungsanlagen
VDE 0100-530	Schalt- und Steuergeräte
VDE 0100-534	Überspannungs-Schutzeinrichtungen
VDE 0100-537	Geräte zum Trennen und Schalten
VDE 0100-540	Erdungsanlagen, Schutzleiter und Schutzpotenzialausgleichsleiter
VDE 0100-550	Steckvorrichtungen, Schalter und Installationsgeräte
VDE 0100-551	Niederspannungsstromerzeugungseinrichtungen
VDE 0100-557	Hilfsstromkreise
VDE 0100-559	Leuchten und Beleuchtungsanlagen
VDE 0100-560	Einrichtungen für Sicherheitszwecke
Gruppe 600	**Prüfungen**
VDE 0100-600	Prüfungen
Gruppe 700	**Anforderungen für Betriebsstätten, Räume und Anlagen besonderer Art**
VDE 0100-701	Räume mit Badewanne oder Dusche
VDE 0100-702	Becken von Schwimmbädern und anderen Becken
VDE 0100-703	Räume und Kabinen mit Saunaheizungen
VDE 0100-704	Baustellen
VDE 0100-705	Elektrische Anlagen von landwirtschaftlichen und gartenbaulichen Betriebsstätten
VDE 0100-706	Leitfähige Bereiche mit begrenzter Bewegungsfreiheit
VDE 0100-708	Caravanplätze, Campingplätze und ähnliche Bereiche
VDE 0100-709	Marinas und ähnliche Bereiche
VDE 0100-710	Medizinisch genutzte Bereiche
VDE 0100-711	Ausstellungen, Shows und Stände
VDE 0100-712	Solar-Photovoltaik (PV) Stromversorgungssysteme
VDE 0100-714	Beleuchtungsanlagen im Freien
VDE 0100-715	Kleinspannungsbeleuchtungsanlagen
VDE 0100-717	Ortsveränderliche oder transportable Baueinheiten
VDE 0100-718	Bauliche Anlagen für Menschenansammlungen
VDE 0100-721	Elektrische Anlagen von Caravans und Motorcaravans
VDE 0100-723	Unterrichtsräume mit Experimentiereinrichtungen
VDE 0100-724	Elektrische Anlagen in Möbeln und ähnlichen Einrichtungsgegenständen, z. B. Gardinenleisten, Dekorationsverkleidung
VDE 0100-729	Bedienungsgänge und Wartungsgänge
VDE 0100-731	Elektrische Betriebsstätten und abgeschlossene elektrische Betriebsstätten
VDE 0100-732	Hausanschlüsse in öffentlichen Kabelnetzen
VDE 0100-737	Feuchte und nasse Bereiche und Räume und Anlagen im Freien
VDE 0100-739	Zusätzlicher Schutz bei direktem Berühren in Wohnungen durch Schutzeinrichtungen mit $I_{\Delta n}$ = 30 mA in TN- und TT-Netzen
VDE 0100-740	Vorübergehend errichtete elektrische Anlagen für Aufbauten, Vergnügungseinrichtungen und Buden auf Kirmesplätzen, Vergnügungsparks und für Zirkusse
VDE 0100-753	Fußboden- und Decken-Flächenheizungen
VDE 0100-799	Lichtwerbeanlagen mit Leuchtröhren und/oder LED

Stand der Auflistung: September 2011
Änderungen, Ergänzungen und Aktualität sind bei http:/www.beuth.de einzusehen.
Nicht angegeben sind Normenentwürfe und gegebenenfalls Beiblätter.

Wirkungen des elektrischen Stromes auf den menschlichen Körper

Physiologische Wirkungen

- Bei I_k < 0,5 mA ① wird ein **leichtes Kribbeln** wahrgenommen.
- Bei I_k > 1 mA ② kommt es zu **Muskelverkrampfungen**. Die Berührungsstelle kann mitunter nicht mehr losgelassen werden.
- Bei I_k etwa ab 50 mA kann **Herzkammerflimmern** ③ zum **Herzstillstand** ④ führen.
- Kurze Stromeinwirkungen („Wischer") können zu **Folgeschäden** (z. B. Sturz von der Leiter) führen.

Wärmewirkungen

- Verbrennungsmarken an der Stromeintrittstelle
- Gerinnung von Bluteiweiß
- Platzen von roten Blutkörperchen

Chemische Wirkungen

- Zersetzung der Zellflüssigkeit
- Vergiftung durch Zersetzungsprodukte

Stromstärkenbereiche bei Wechselstrom (50 Hz) und Gefährdungsbereiche

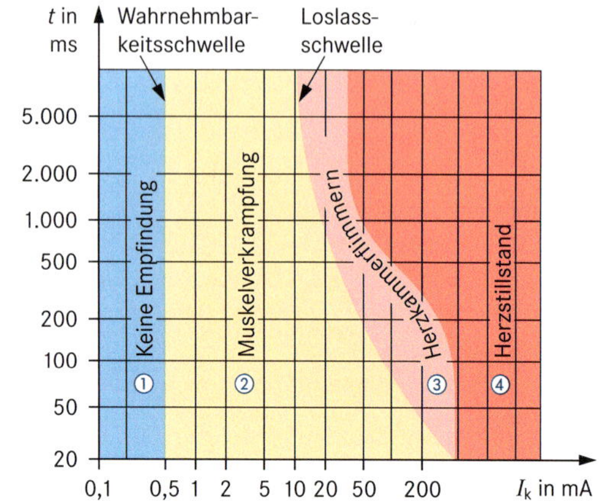

I_k: Stromstärke durch den menschlichen Körper

Weitere Einflussgrößen:
Einwirkungszeit, Körperbau, Hautbeschaffenheit (feucht, trocken), körperliche Verfassung.

Möglicher Weg des Stromes durch den Körper

Am Gerät sind keine Schutzmaßnahmen vorhanden.

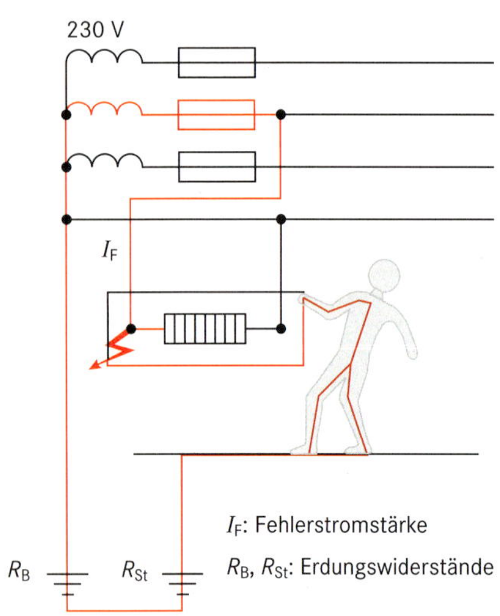

I_F: Fehlerstromstärke

R_B, R_{St}: Erdungswiderstände

Widerstände des menschlichen Körpers (vereinfacht).

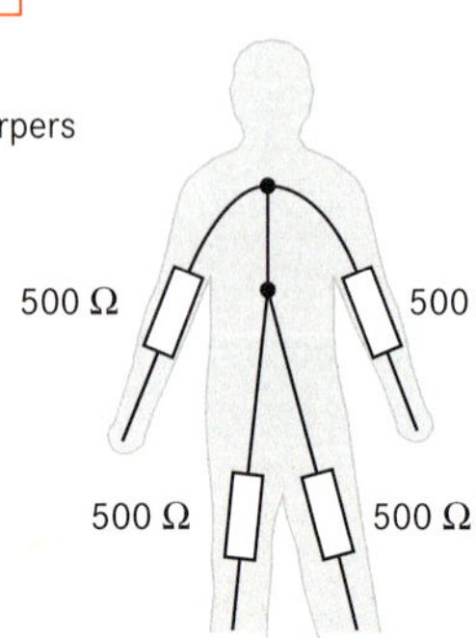

Erst-Maßnahmen je nach Notfallsituation

1. **Spannung abschalten**
2. **Verunglückten aus dem Gefahrenbereich bringen**
3. **Arzt oder Rettungsdienst rufen**
4. **Verletzung feststellen**
5. **Verunglückten in stabile Seitenlage bringen**
6. **Bei Atem- oder Kreislaufstillstand Atemspende oder Herzmassage veranlassen**
7. **Bei Schock den Verunglückten in Schocklage bringen**

Schmelzsicherungen

Diazed-Sicherungssystem (D-System)

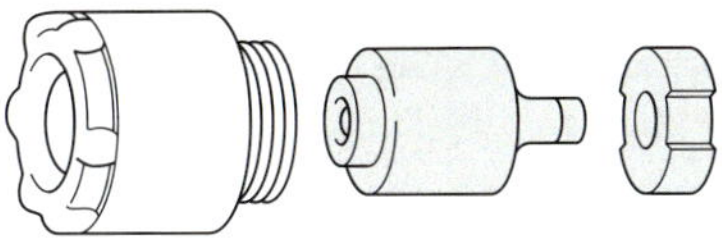

Neozed-Sicherungssystem (DO-System)

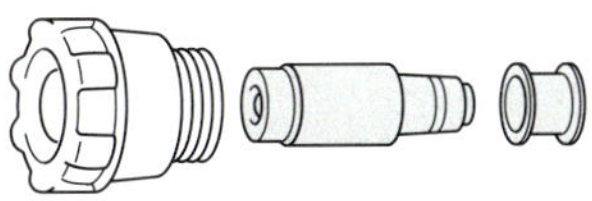

Kennzeichnung

Sicherung und Passeinsatz		Sockel Bemes-sungs strom in A	Gewindegröße der Schraubkappe	
Bemes-sungsstrom in A	Kenn-farbe		Diazed	Neozed
2	rosa			
4	braun			
6	grün			DO 1 (E 14)
10	rot	25	D II (E 27)	
16	grau			
20	blau			DO 2 (E 18)
25	gelb			
32/35/40	schwarz			
50	weiß	63	D III (E 33)	
62	kupfer			
80	silber			
100	rot	100	D IV (R ¼")	DO 3 (M 30 x 2)

Geräteschutzsicherung

Bauformen

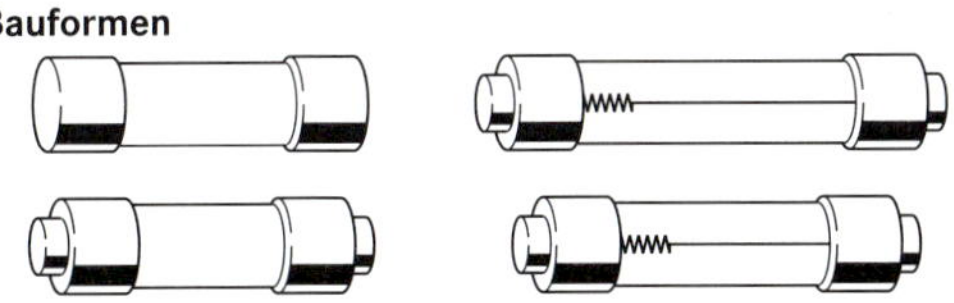

Kleinstsicherungseinsätze Ausschaltvermögen klein (flink)

Größe bis 10 mm x 10 mm

Bemessungsstrom: 2 mA bis 5 A
Bemessungsspannung: 125 V
Schmelzdauer bei:

I_n	1 x	2 x	2,75 x	4 x	10 x
t	4 h min	5 s max.	300 ms max.	30 ms max.	4 ms max.

Bemessungsstrom: 50 mA bis 5 A
Bemessungsspannung: 250 V
Schmelzdauer bei:

I_n	2,1 x	2,75 x		4 x		10 x
t	0,5 h max.	10 ms min.	3 s max.	3 ms min.	300 ms max.	20 ms max.

Leitungsschutz-Schalter

Auslösecharakteristiken, Anwendungen

Z Verwendung für
- Überstromschutz von Leitungen
- Steuerstromkreise ohne Stromspitzen
- Messstromkreise mit Wandlern
- Halbleiterschutz

B und **C** Verwendung u. a. in Hausinstallationen
- direkte Zuordnung der LS-Schalter nach I_z der Leitungen möglich
- 2. Bedingung $I_2 = 1{,}45 \cdot I_z$ ist erfüllt

K Verwendung für
- Stromkreise mit hohen Stromspitzen durch Motoren, Transformatoren, Kondensatoren
- Vorteil: Elektromagnetischer Auslöser hält hohe Einschalt-stromspitzen aus.

Auslösebedingungen

LS-Schalter laut DIN VDE 0100 T.430:

Bedingungen: 1. $I_b \leq I_n \leq I_z$ 2. $I_2 \leq 1{,}45 \cdot I_z$

Nach der 2. Bedingung ist I_2 der Strom, bei dem spätestens nach einer Stunde der LS-Schalter abschalten muss. Er darf maximal das 1,45-fache der maximalen Strombelastbarkeit der Leitung bzw. des Kabels betragen.

Auslöseverhalten

Typ	Überstrom-schutz - thermisch -	Zeit	Kurzschluss-schutz - elektrom.-	Zeit
Z[1)]	$1{,}05\ I_n - 1{,}2\ I_n$	< 2 h	$2\ I_n - 3\ I_n$	< 0,2 s
B[2)]	$1{,}13\ I_n - 1{,}45\ I_n$	< 1 h	$3\ I_n - 5\ I_n$	< 0,1 s
C[2)]	$1{,}13\ I_n - 1{,}45\ I_n$	< 1 h	$5\ I_n - 10\ I_n$	< 0,1 s
K[3)]	$1{,}05\ I_n - 1{,}2\ I_n$	< 2 h	$8\ I_n - 12\ I_n$	< 0,2 s
K[4)]	$1{,}05\ I_n - 1{,}5\ I_n$	< 2 min	$10\ I_n - 14\ I_n$	< 0,2 s

Gültig für Baureihen: [1)] 0,5–63 A [3)] 0,2–8 A
[2)] 6–40 A [4)] 10–63 A

Auslösekennlinien

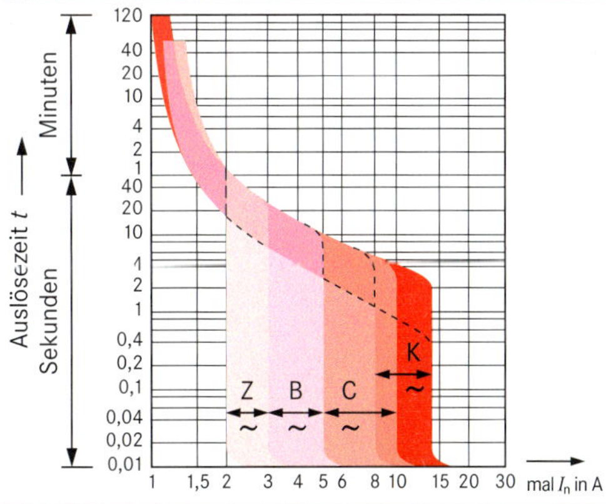

Basisschutz und Fehlerschutz

Sicherheitskleinspannung (SELV[1])

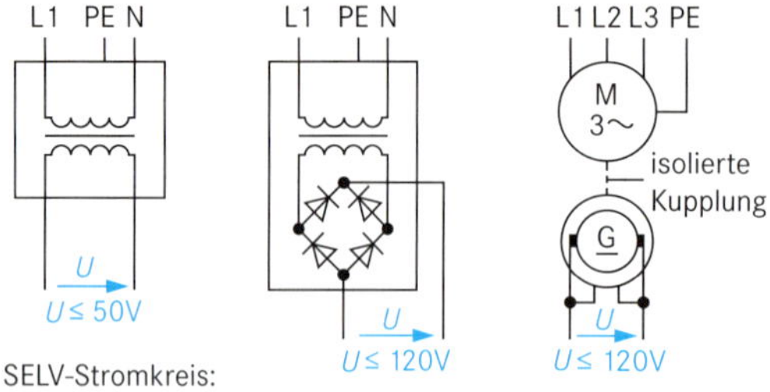

SELV-Stromkreis:
Keine Verbindung mit Erde, Schutzleiter oder aktiven Teilen anderer Stromkreise, sichere Trennung

[1] **S**afety **e**xtra-**l**ow **v**oltage

Funktionskleinspannung (PELV[2])

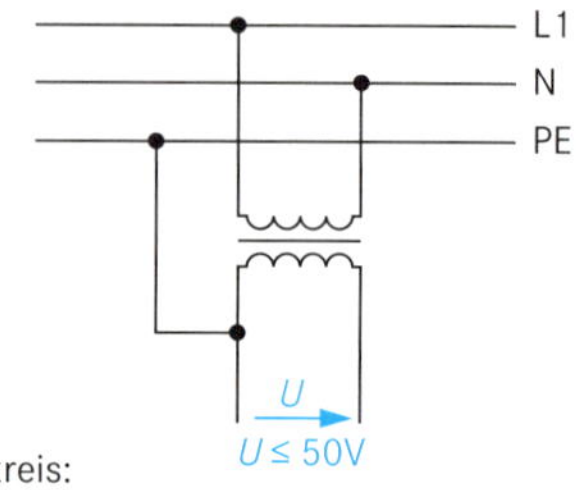

PELV-Stromkreis:
Erdung und Verbindung mit Schutzleiter anderer Stromkreise zulässig, sichere Trennung

[2] **P**rotective **e**xtra-**l**ow **v**oltage

Basisschutz

Isolierung aktiver Teile

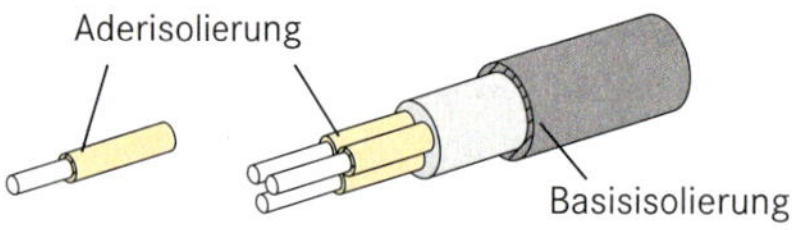

Abdeckungen und Umhüllungen

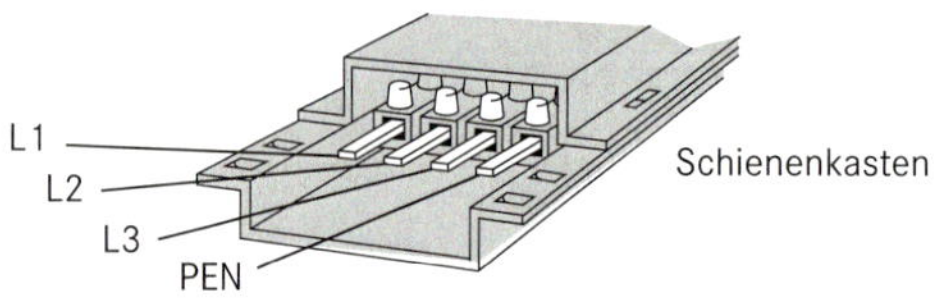

Hindernisse

z. B. Barrieren, Schranken

Anordnung außerhalb des Handbereichs

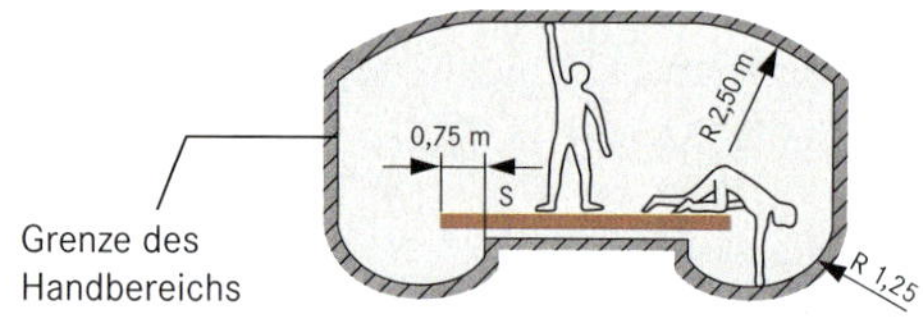

Zusätzlicher Schutz durch Fehlerstrom-Schutzeinrichtungen ($I_{\Delta n} \leq 30$ mA)

Fehlerschutz

Schutzpotenzialausgleich

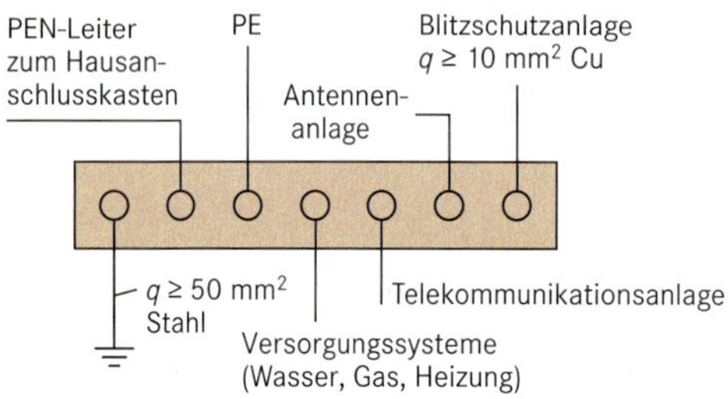

Doppelte oder verstärkte Isolierung

- Vollisolierung
- Isolierungsumkleidung
- Isolierauskleidung
- Zwischenisolierung

Nicht leitende Umgebung

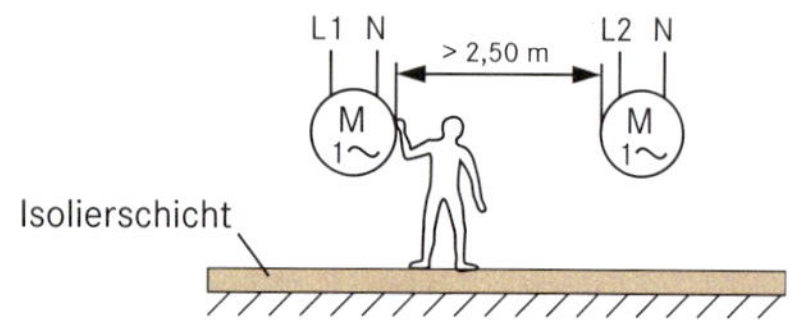

Schutztrennung

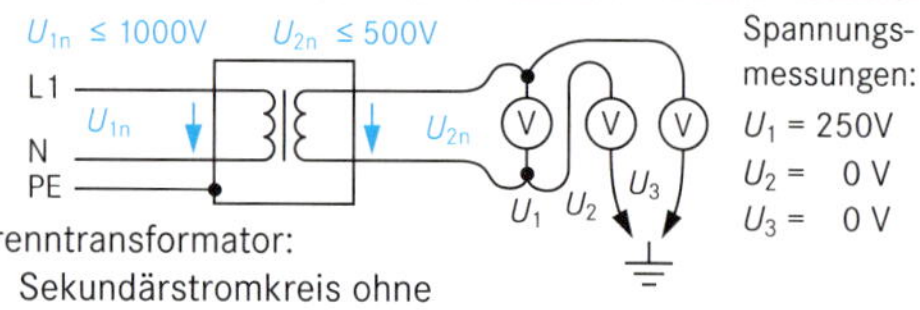

Spannungsmessungen:
$U_1 = 250$V
$U_2 = 0$ V
$U_3 = 0$ V

Trenntransformator:

- Sekundärstromkreis ohne Verbindung zu anderem Stromkreis oder Erde
- $l_{2max} \leq 500$ m; $U_{2n} \cdot l_2 \leq 100\,000$ Vm

Schutzmaßnahmen im TN-System

TN-C-S-System

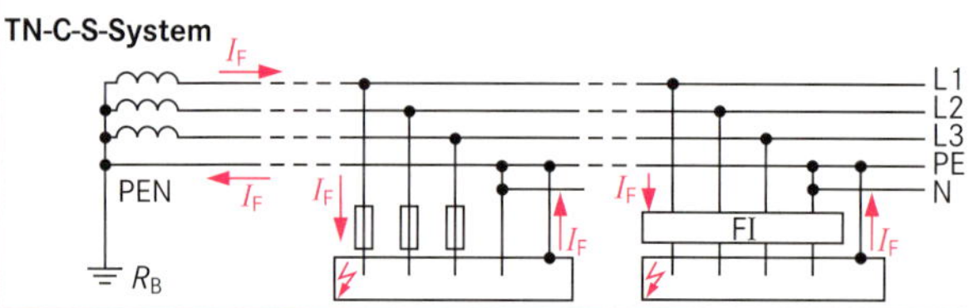

Schutzeinrichtungen:

- Schmelzsicherungen
- Leitungsschutzschalter
- RCDs

Prinzip: Fehlerstrom I_F wird zum Kurzschlussstrom und fließt über PE- und PEN-Leiter zur Spannungsquelle

Anwendung und Funktion

- Es handelt sich hierbei um eine Schutzeinrichtung, die bei Überschreiten eines bestimmten Fehlerstromes die Netzspannung allpolig abschaltet (RCD).
- Bezeichnung: **RCD** (**R**esidual **C**urrent protective **D**evice)
- RCDs schützen gegen das Bestehenbleiben einer Berührungsspannung. Die Abschaltung erfolgt innerhalb von 300 ms.
- RCDs sind kein Schutz gegen eine Überlastung des Energienetzes. Dafür werden Überstromschutzeinrichtungen verwendet (Leitungsschutz-schalter, Schmelzsicherungen).
- Fehlerfall:
  - In das Gerät fließt der Strom I ①. Wenn ein Körperschluss vorliegt, fließt ein Differenzstrom ΔI ② über den PE-Leiter.
  - Der Strom zum N-Leiter ist um ΔI kleiner.
  - Der RCD ③ überwacht den hinein und heraus fließenden Strom und schaltet bei einer Differenz (**Bemessungsdifferenzstromstärke**) ab.

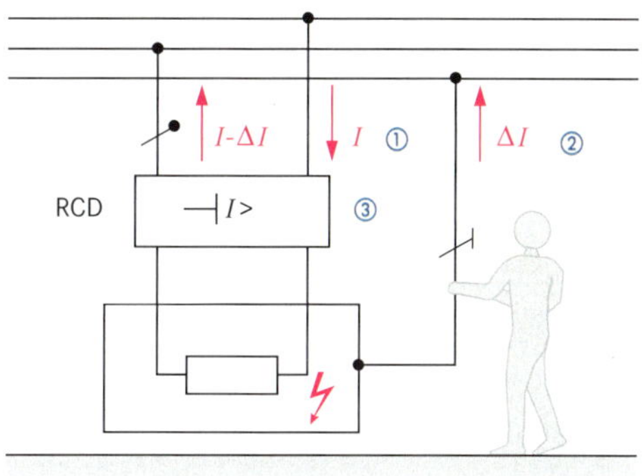

- Bemessungsstromstärke I in A:

16	25	40	63

- Bemessungsdifferenzstromstärke ΔI in mA:

10	30	100	300	500

- TEST und FI-Fehlerstromanzeige:
  Test-Taste halbjährlich drücken, RCD muss auslösen

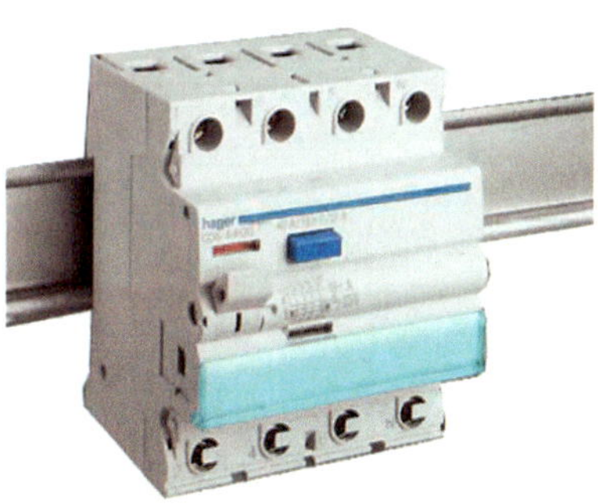

Fehlersuche beim Auslösen der RCD

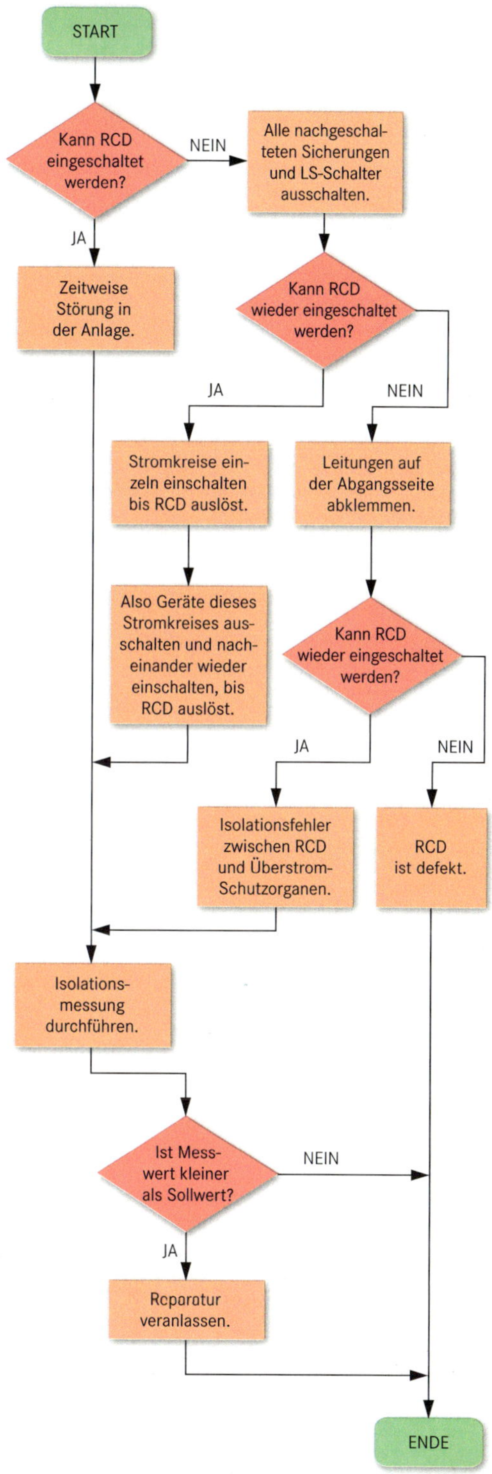

Überspannungsschutz
Overvoltage Protection

Störursachen

- Ferne Blitzeinschläge in Freileitungen mit Stoßspannungen > 10 kV, so dass die Spannungsfestigkeit von Geräten überschritten wird
- Elektromagnetische Störfelder durch atmosphärische Spannungsentladungen, die Übertragungsfelder in elektronischen Systemen verursachen
- Schalthandlungen in elektrischen Versorgungsnetzen und bei induktiven Verbrauchern, z. B. Motoren, Aufzügen
- Nahe Blitzeinschläge bis 1000 m, wobei starke Änderungen der magnetischen Feldstärke in Leiterschleifen, z. B. L1-N des Netzes zwischen Geräten und Gebäuden, hohe Induktionsspannungen hervorrufen
- Blitzeinschlag in Versorgungs- oder Datenkabel, wobei ein Teil des Blitzstromes kapazitiv oder galvanisch in die elektronische Anlage gekoppelt wird
- Höchste Gefährdung bei direktem Blitzeinschlag ins Gebäude oder im Nahbereich (< 1 km), Potenzialanhebung metallischer Gebäudeteile und Geräte gegen Erde; Durchschläge in geerdeten elektrischen Betriebsmitteln, Daten- und Informationssystemen

Maßnahmen gegen Überspannungen

Äußerer Blitzschutz:	Innerer Blitzschutz:
▪ Blitzableiter ▪ Erdungsanlage	▪ Schutzpotenzialausgleich ▪ Überspannungschutzgeräte

Überspannungsableiter

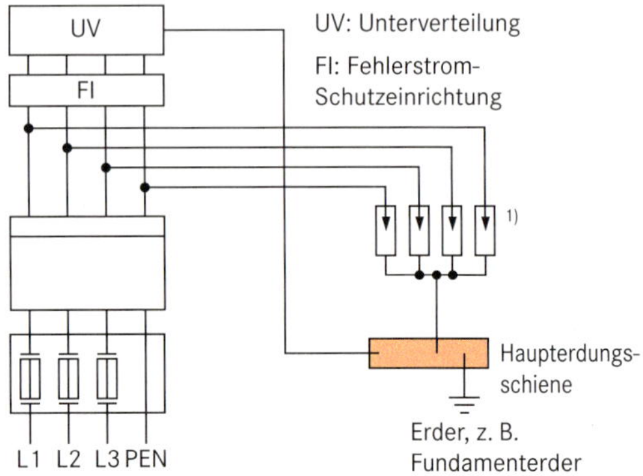

[1] mit Genehmigung des VNB auch vor dem Zähler

Erder, Erdungen, Schutzpotenzialausgleich
Earth Electrode, Earthing Arrangements, Protective Equipotential Bonding

Erdung und Schutzpotenzialausgleich für Antennen-Empfangsanlagen

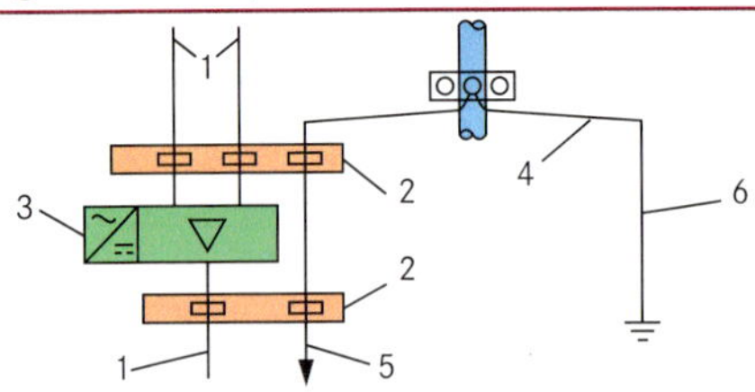

1 Koaxialkabel
2 Erdungsschienen
3 Verstärker mit Netzteil
4 Erdungsleitung vom Antennenstandrohr zu Erdungsschienen (Cu, $q \geq 4\ \text{mm}^2$)
5 Erdungsleitung zum Schutzpotenzialausgleich (PA) der Anlage
6 Erdungsleitung zum Erder (Cu, $q \geq 10\ \text{mm}^2$)

Erdung und Schutzpotenzialausgleich für BK-Empfangsanlagen

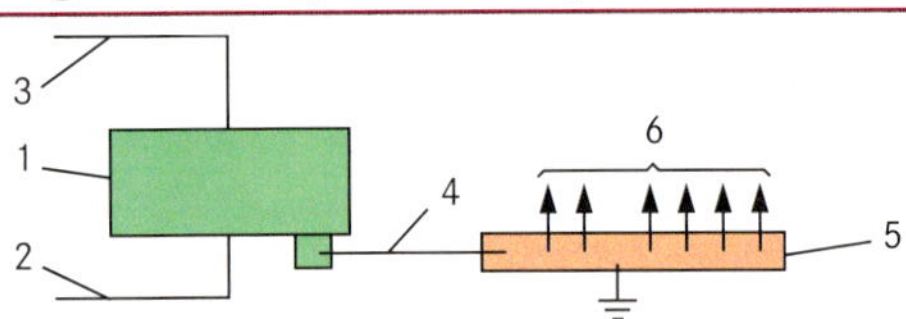

1 BK-Übergabepunkt
2 BK-Kabel
3 Koaxialkabel, doppelt geschirmt
4 Schutzpotenzialausgleichsleitung
5 Schutzpotenzialausgleich (PA)
6 Schutzpotenzialausgleichsleitung der Anlage

Funktionserdung einer Telekommunikationsanlage

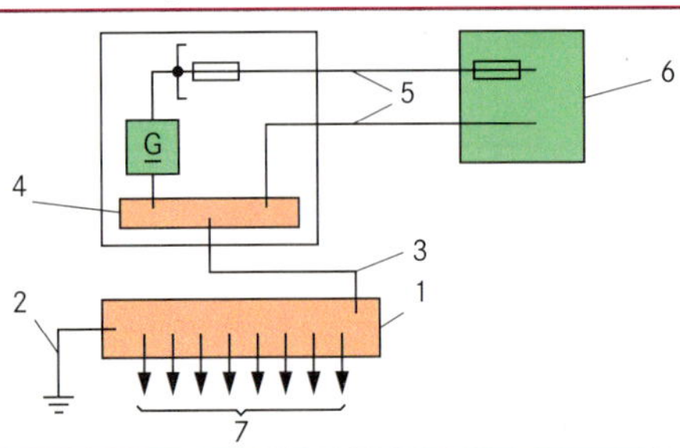

Betrieb bei:
a) Bemessungs-Gleichspannung ≤ 120 V oder
b) Bemessungs-Wechselspannung ≤ 50 V der Fernmelde-Stromversorgung

1 Schutzpotenzialausgleich der Verbraucheranlage
2 Erdungsleiter der Anlage
3 Funktionserdungsleiter FE
4 Erdungsschiene der Telekommunikations-Stromversorgung
5 Telekommunikations-Betriebsstromkreis
6 Telekommunikationseinrichtung
7 Schutzpotenzialausgleichsleitung der Anlage

Sicherheitsbestimmungen für netzbetriebene elektronische Geräte
Safety Regulations for Mains Powered Electronic Devices

Begriffe

- **Betriebserdanschluss:**
  Anschlussstelle für solche Teile, deren Erdung aus anderen Gründen als aus Sicherheitsgründen erforderlich ist.
- **Kriechstrecke:**
  Kürzeste Entfernung zwischen leitfähigen Teilen auf der Oberfläche der Isolierung.
- **Luftstrecke:**
  Kürzeste Entfernung zwischen leitfähigen Teilen durch die Luft.
- **Netzanschlussteil** für batteriebetriebene Geräte:
  Stromversorgungsgerät, das anstelle von Batterien zur Energieversorgung dient.
- **Schutzleiteranschluss:**
  Anschlussstelle, an die zu erdende Teile aus Sicherheitsgründen angeschlossen werden.
- **Signal-Eingangswandler:**
  Gerät, das Energie eines nicht elektrischen Signals in elektrische Energie umwandelt (z. B. Mikrofon, Tonabnehmer).
- **Signal-Ausgangswandler:**
  Gerät, das Energie eines elektrischen Signals in eine andere Energie umwandelt (z. B. Lautsprecher, Bildröhre).
- **Stromversorgungsgerät:**
  Gerät mit Energieaufnahme aus dem Netz, das einen oder mehrere Verbraucher speist.

Anforderungen

Bau und Bemessung des Geräts:
Gefahrloser Betrieb bei normaler Verwendung und bei Störung erforderlich.

Schutzfunktionen:
- Berührungsschutz
- Personenschutz gegen Auswirkungen zu hoher Temperaturen
- Personenschutz gegen Auswirkungen ionisierender Strahlung
- Personenschutz gegen Implosionswirkung
- Personenschutz gegen unzureichende Standsicherheit des Gerätes
- Schutz gegen Feuer
- Schutz gegen elektrischen Schlag durch Erdung (Schutzklasse I) oder durch Isolierungen (Schutzklasse II)

Prüfungen am Gerät:
- Reihenfolge laut DIN
- Normalbetrieb bei Umgebungstemperatur von 15 °C bis 35 °C, relativer Luftfeuchtigkeit von 45 % bis 75 % und Luftdruck von 860 mbar bis 1060 mbar
- Sinusförmige Spannungen und Ströme
- Verwendung von Messgeräten, die die zu messenden Werte nicht wesentlich beeinflussen

Reparatur und Änderung elektrischer Geräte
Repair and Modification of Electrical Devices

- Reparatur und Änderung fachgerecht ausführen
- Nach der Reparatur oder Änderung darf keine Gefahr für den Benutzer oder die Umgebung des Gerätes bestehen
- Nur die vom Hersteller vorgeschriebenen Ersatzteile einbauen
- Eingebaute Einzelteile, Bauelemente und Baugruppen müssen den Anforderungen an das Gerät und geltenden VDE-Vorschriften entsprechen
- Zur Sicherheit beitragende Teile des Gerätes dürfen nicht beschädigt werden

Prüfen reparierter und geänderter Geräte

1. Sichtprüfung
- Kontrollieren, ob Teile beschädigt oder ungeeignet sind und ob die Schutzklasse eingehalten wird.
- Sind Leitungen, Zugentlastung und Biegeschutzhülle ordnungsgemäß?

2. Kontrolle des Schutzleiters
- Anschluss und Verbindung durch Sicht- und Handprobe überprüfen.
- Messung des Widerstandes zwischen Gehäuse und dem Schutzkontakt des Netz- bzw. Gerätesteckers oder dem Schutzleiter am netzseitigen Ende der Anschlussleitung (Anschlussleitung dabei bewegen).

3. Isolationswiderstand messen
- Messung mit Geräten nach DIN VDE 0413 T.1.
- Schaltungen entsprechend den Schutzklassen verwenden.

4. Funktionsprüfung
- Kontrollieren, ob bestimmungsgemäßer Gebrauch des Gerätes möglich ist (Instandhaltungs- oder Instandsetzungsanleitungen benutzen).

5. Kontrolle der Aufschriften
- Aufschriften berichtigen oder ergänzen.

Schutzklassen elektrischer Betriebsmittel

Schutzklasse I	Schutzklasse II	Schutzklasse III
Schutzmaßnahme mit Schutzleiter Kennzeichen:	Doppelte Isolierung Kennzeichen:	Kleinspannung Kennzeichen:
Betriebsmittel mit Metallgehäuse	Betriebsmittel mit Kunststoffgehäuse	Betriebsmittel mit Bemessungsspannungen bis 25 V ~ bzw. 50 V ~ und bis 60 V – bzw. 120 V –
z. B. Elektromotor	z. B. TK- und FS-Geräte	z. B. Elektrische Handleuchten

Bildzeichen der Elektrotechnik
Symbols in Electrical Engineering

Bildzeichen	Benennung	Bildzeichen	Benennung	Bildzeichen	Benennung
	Ein On		Lautsprecher		Achtung, allgemeine Gefahrenstelle
	Aus Off		Hörer, Hörkapsel		Akustisches Signal, Klingel
	Vorbereiten		Kopfhörer		Sirene
	Ein-/Ausstellend		Fernsprecher		Akustisches Signal, Hupe
	Ein-/Austastend		Handapparat auflegen, aufgelegt		Uhr, zeitlicher Ablauf
	Start, Ingangsetzung		Fernsprechverkehr, kontinental		Ventilator
	Stopp, Anhalten der Bewegung		Fernsehen		Schreiber
	Handbetätigung		Farbfernsehen		Drucker
	Helligkeit		Fernsehempfänger		Elektrische Maschine
	Kontrast		Farbfernsehkamera		Notruf, Feuerwehr
	Farbsättigung		Lichtenergie		Elektrorasierer
	Farbton		Strahlung, allgemein		Türöffner
	Stereophon		Mechanische Energie		Beleuchtung, Licht
	Ton (Schall)		Wärmeenergie		Sicherheitsbeleuchtung in Bereitstellung
	Sprache		Elektrische Energie		Aufnahme einer Information auf Informationsträger
	Magnettongerät		Gefährliche elektrische Spannung		Wiedergabe einer Information von Informationsträger
	Tonabnehmer		Fußschalter		Aufnahmesperre
	Mikrophon		Umschalteinrichtung		Löschen einer Information vom Informationsträger

Symbolelemente

Schaltzeichen	Benennung
	Betriebsmittel Gerät Funktionseinheit
	Hülle Gehäuse Röhrenkolben
	Begrenzungslinie Trennlinie
	Abschirmung

Arten von Strömen und Spannungen

	Gleichstrom
	wenn das obere Zeichen zu Verwechslungen führt
∼ 50 Hz	Wechselstrom, 50 Hz
3N∼	Dreiphasen-Vierleitersystem
	Wechselstrom
	Niedrige Frequenzen
	Mittlere Frequenzen
	Hohe Frequenzen
	Gleichgerichteter Strom mit Wechselstromanteil

Impulsformen

	Positiver Impuls
	Wechselstrom-Impuls
	Positive Schrittfunktion
	Negative Schrittfunktion
	Sägezahn

Veränderbarkeiten

	Veränderbarkeit durch äußeren Einfluss
	nicht linear
	Veränderbarkeit durch Eigenschaft des Gegenstandes
	Einstellbarkeit
5	5stufig
	Einstellbarkeit, stetig

Antriebsarten

	Handantrieb, allgemein
	Betätigung durch Ziehen
	Betätigung durch Drehen
	Betätigung durch Drücken
	Betätigung durch Kippen
	Betätigung durch Annähern
	Betätigung durch Berühren

Erde, Masse, Äquipotenzial

	Erde
	Schutzerde
	Masse Gehäuse

Steckdosen

3	Mehrfachsteckdose dargestellt als Dreifachsteckdose
	Schutzkontaktsteckdose
	Antennensteckdose
TP	Fernmeldesteckdose, allgemein TP : Telefon M : Mikrofon Lautsprecher FM : UKW-Rundfunk TV : Fernsehen TX : Telex

Verbinder

•	Verbindung von Leitern
∘	Anschluss (z. B. Klemme), der Kreis darf ausgefüllt werden
11 12 13 14 15 16	Anschlussleiste, dargestellt mit Anschlussbezeichnungen
	Steckverbindung, 2 Buchsen durch einen Stecker verbunden
	Steckverbindung mit Adapter
	Abzweig von Leitern
	Doppelabzweig von Leitern
	Buchse, Pol einer Steckdose

Leiter

	Leiter, Gruppe von Leitern, Leitung, Kabel, Stromweg, Übertragungsweg (z. B. für Mikrowellen)
3	Einpolige Darstellung, drei Leiter, Anzahl der Leiter durch kleine Striche oder durch einen Strich mit einer Zahl angezeigt

Melder – Signaleinrichtungen

	Leuchte, allgemein Leuchtmelder, allgemein
	Horn, Hupe
	Wecker, Klingel
	Gong, Einschlagwecker
	Sirene

Widerstände	
	Widerstand, allgemein Dämpfungsglied, bevorzugte Form andere Form
	Scheinwiderstand
	Heizelement
	Widerstand, veränderbar, allgemein
	Widerstand, spannungsabhängig, Varistor
	Widerstand, gegensinnig, spannungsabhängig
	Widerstand, mit Schleifkontakt, Potenziometer
	Widerstand, einstellbar, mit Schleifkontakt
Kondensatoren	
	Kondensator, allgemein bevorzugte Form
	andere Form
	Kondensator, gepolt, Elektrolyt-Kondensator
	Kondensator, veränderbar
Induktivitäten	
	Induktivität, Spule, Wicklung, Drossel
	bevorzugte Form
	andere Form
	Induktivität mit Magnetkern
	Transformator mit zwei Wicklungen Spannungswandler

Halbleiterdioden	
	Halbleiterdiode, allgemein
	Leuchtdiode, allgemein
	Kapazitätsdiode
	Z-Diode Esaki-Diode
	Breakdown-Diode, gegeneinander geschaltete Z-Dioden
	Tunneldiode
	Backward-Diode Unitunneldiode
	Zweirichtungsdiode, Disc
Thyristoren	
	Thyristordiode rückwärts sperrend
	Thyristordiode rückwärts leitend
	Zweirichtungs-Thyristordiode
	Thyristortriode, Thyristor
	Thyristortriode, rückwärts sperrend, Anode gesteuert (N-Gate)
	Thyristortriode, rückwärts sperrend, Katode gesteuert (P-Gate)
	Abschalt-Thyristortriode
	Abschalt-Thyristortriode, Anode gesteuert (N-Gate)
	Thyristortriode, rückwärts sperrend
	Thyristortriode, bidirektional, Triac
	Thyristortriode rückwärts leitend
	Thyristortriode, rückwärts leitend, Anode gesteuert (N-Gate)

Transistoren	
	PNP-Transistor
	NPN-Avalanche-Transistor
	Unijunction-Transistor mit Basis vom P-Typ
	NPN-Transistor mit zwei Basisanschlüssen
	PNIN-Transistor
	Sperrschicht-Feldeffekt-Transistor (JFET) mit N-Kanal
	Sperrschicht-Feldeffekt-Transistor (JFET) mit P-Kanal
	Isolierschicht-Feldeffekt-Transistor (IGFET), Anreicherungstyp
	Isolierschicht-Feldeffekt-Transistor (IGFET), Anreicherungstyp, Substratanschluss
	Isolierschicht-Feldeffekt-Transistor (IGFET), Substrat intern mit Source verbunden
	Isolierschicht-Feldeffekt-Transistor (IGFET), Verarmungstyp
Sensoren	
	Diode, lichtempfindlich, Fotodiode
	Widerstand, lichtempfindlich, Fotowiderstand
	Fotoelement Fotozelle
	Optokoppler, Leuchtdiode und Fototransistor
	Hall-Generator
	Widerstand, magnetfeldempfindlich
Verstärker	
	Verstärker, allgemein Form 1
	Form 2

Elektromagnetische Antriebe

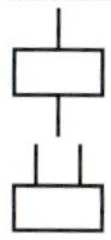

Elektromechanischer Antrieb, Relaisspule Form 1

Form 2

Schalter, Kontakte

Schließer, Schaltfunktion, allgemeine Schalter Form 1

Form 2

Öffner

Wechsler mit Unterbrechung

Zweiwegschließer mit Mittelstellung „Aus“

Schalter, Schaltgeräte - Beispiele

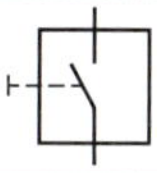

Tastschalter mit Schließer, handbetätigt

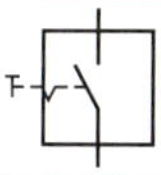

Stellschalter mit Schließer, handbetätigt **(Ausschalter)**

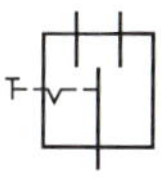

Stellschalter mit drei Schaltstellungen, Zweiwegschließer, handbetätigt **(Gruppenschalter)**

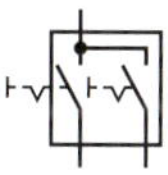

Stellschalter mit zwei Betätigungsstücken, handbetätigt **(Serienschalter)**

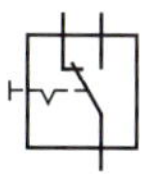

Stellschalter mit zwei Schaltstellungen, Umschaltglied, Wechsler, handbetätigt **(Wechselschalter)**

Fernsprecher

Fernsprecher, allgemein

Fernsprechgeräte

Hörer, allgemein

Mikrofon, allgemein

Lautsprecher, allgemein

Netzteile, Energiequellen

Gleichstromumrichter

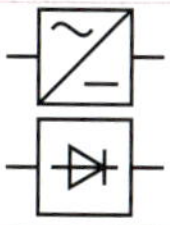

Gleichrichter

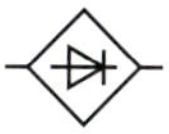

Gleichrichter in Brückenschaltung

Wechselrichter

Wechselstromumrichter

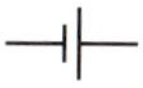

Primärzelle Primärelement Akkumulator

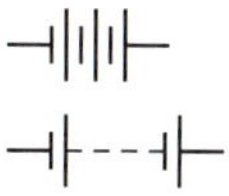

Batterie von Primärelementen, Akkumulatorenbatterie

Generatoren

Generator, allgemein

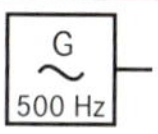

Sinusgenerator, 500 Hz

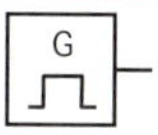

Pulsgenerator

Umsetzer

Analog/Digital-Umsetzer

Messgeräte

Spannungsmessgerät

Amperemeter Strommessgerät

Wattmeter, Leistungsmessgerät

Bus, Datenleitung

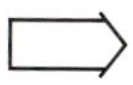

Bus, unidirektional, Signalflussrichtung von links nach rechts

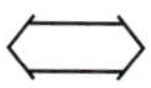

Bus, Signalfluss in beiden Richtungen

Filter

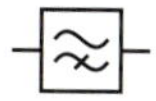

Hochpass

Tiefpass

Bandpass

Bandsperre

Antennen

Antenne, allgemein

Dipolantenne

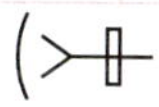

Parabol-Antenne

Kombinatorische Elemente

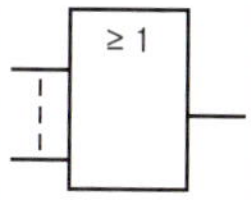

ODER-Element, allgemein

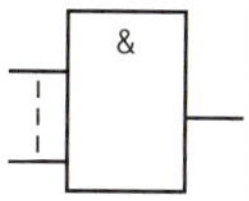

UND-Element, allgemein

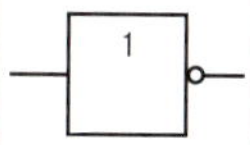

NICHT-Element, Inverter (in einem Schaltplan mit einheitlicher Logik-Vereinbarung)

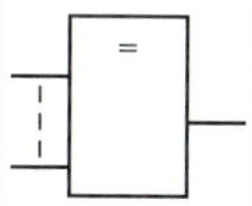

Äquivalenz-Element, allgemein

Bistabile Elemente

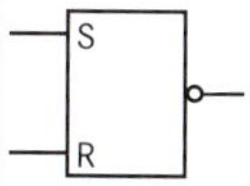

RS-Flipflop

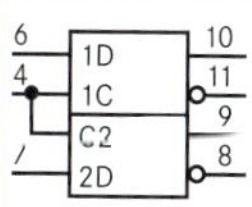

D-Flipflop, einzustands-gesteuert, zweifach

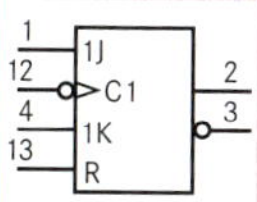

JK-Flipflop, einflanken-gesteuert

Elektromagnetische Umgebung

- Grundsatz: EMV ist die Fähigkeit einer elektrischen Einrichtung (Bauelement, Baugruppe, Gerät, System, Anlage), in einer vorgegebenen elektromagnetischen Umgebung in beabsichtigter Weise zu arbeiten, ohne die Umgebung durch elektromagnetische Wirkungen in unzulässiger Weise zu beeinträchtigen.
- Die **EM-Umgebung** eines Gerätes oder einer Einrichtung wird definiert durch alle am vorgesehenen Einsatzort auftretenden **elektromagnetischen Phänomene** (Erscheinungen) und die EMV-relevanten Randbedingungen (z. B. Luftfeuchtigkeit).
- Die Phänomene entstehen durch
  - **systemfremde** natürliche Störquellen (z. B. atmosphärische Entladungen),
  - **systemeigene** künstliche Störquellen (z. B. elektrische Maschinen).

Störquellen

- Blitzentladungen mit Direkt-, Nah- oder Ferneinschlägen,
- Elektrostatische Entladungen in Form von Gleit-, Büschel-, Funken- oder blitzähnlichen Entladungen
- Schalten von Sammelschienen mittels Kontakten
- Kurz-, Erd- und Doppelerdschlüsse
- Abschalten leerlaufender Hochspannungsleitungen, Prellvorgänge an mechanischen Kontakten
- Ein- und Ausschalten von Leuchtstofflampen
- Betrieb von Lichtbogenschmelzöfen
- Zuschalten leerlaufender Kabel
- Versorgungswechselspannung (50 Hz/60 Hz)
- Öffnen und Schließen von Kontakten (Funkenentladung)
- Abschaltvorgänge von Induktivitäten (Relaisspulen)
- Flankenwechsel auf Steuer- und Datenleitungen
- Lastwechsel auf Elektronik-Stromversorgungsleitungen
- Taktsignale (hoch- und niederfrequente)
- Reflexionserscheinungen auf Leitungen
- Magnetfelder von Speicherlaufwerken
- Nukleare Explosionen

Störgrößen

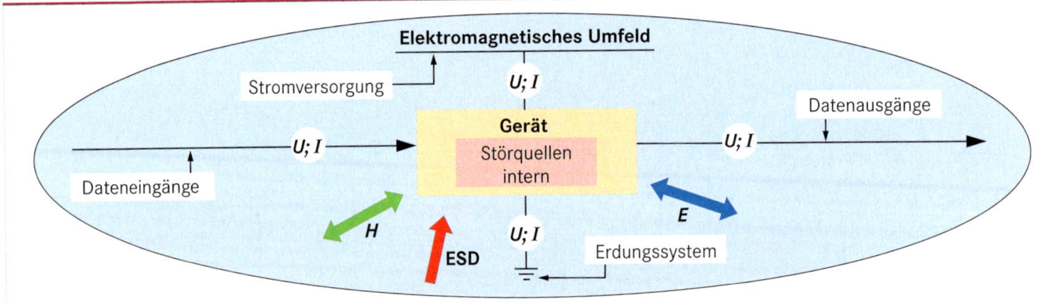

U; I	Spannung/ Stromstärke	*E*	Elektrisches Feld	*H*	Magnetisches Feld	*ESD*	Elektrostatische Entladung	Störquellen intern → *U; I H E*

Umgebungsklassen

- Umgebungsbedingungen sind eingeteilt in **Umgebungsklassen**.
- Umgebungsklassen beschreiben die unterschiedlichen Anforderungen an die elektromagnetische Verträglichkeit **(EMV)** der eingesetzten Geräte und Systeme für bestimmte Einsatzorte.

Klasse 1 Gut geschützte Umgebung	**Klasse 2** Geschützte Umgebung	**Klasse 3** Industrielle Umgebung	**Klasse 4** Erhöhte Beanspruchung
▪ EMV-gerechtes Erdungs-, Verkabelungs- und Schirmungskonzept ▪ Unterbrechungsfreie Stromversorgung für einzelne Anlagenteile ▪ Gebrauch von Sendeeinrichtungen jeglicher Art untersagt	▪ Keine Leistungsschalter in der Umgebung ▪ Abgestimmtes Erdungskonzept ▪ Steuer- und Leistungskreise teilweise mit Störschutz und Überspannungseinrichtungen ▪ Keine Funksprechgeräte oder Sendeeinrichtungen	▪ Kein Überspannungsschutz in Steuer- und Leistungskreisen ▪ Erdungsanlage vorhanden ▪ Getrennte Kabel für Steuer-, Signal- und Datenleitungen ▪ Ungenügende Trennung der Versorgungs-, Steuer- und Kommunikationsleitungen	▪ Kein Überspannungsschutz ▪ Undefinierte Erdungsverhältnisse ▪ Steuer- und Signalleitungen in einem Kabel ▪ Funksprechgeräte uneingeschränkt möglich ▪ Elektroöfen, Schweißgeräte in der Nähe

Systemkomponenten

5

Verknüpfungsbausteine

Schaltzeichen	Schaltfunktion, Benennung	Wertetabelle a	b	x
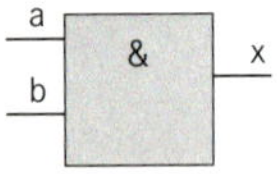	**UND-Verknüpfung** (Konjunktion) $x = a \wedge b$ $x = a \cdot b$ (a und b)[1]	0 0 1 1	0 1 0 1	0 0 0 1
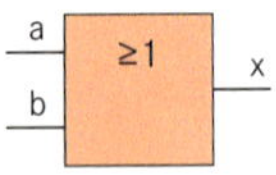	**ODER-Verknüpfung** (Disjunktion) $x = a \vee b$ $x = a + b$ (a oder b)[1]	0 0 1 1	0 1 0 1	0 1 1 1
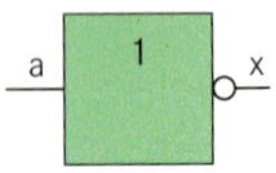	**NICHT** (Negation) $x = \bar{a}$ $\neg$ a (nicht a)[1]	0 1 – –	– – – –	1 0 – –
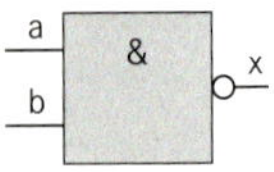	**NAND-Verknüpfung** $x = \overline{a \wedge b}$ $x = a \overline{\wedge} b$ (a nand b)[1]	0 0 1 1	0 1 0 1	1 1 1 0
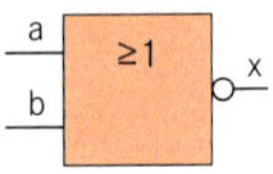	**NOR-Verknüpfung** $x = \overline{a \vee b}$ $x = a \overline{\vee} b$ (a nor b)[1]	0 0 1 1	0 1 0 1	1 0 0 0
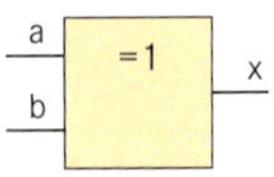	**Exklusiv-ODER** (Antivalenz) $x = (a \wedge \bar{b}) \vee (\bar{a} \wedge b)$ $x = a \nleftrightarrow b$ (a xor b)[1]	0 0 1 1	0 1 0 1	0 1 1 0
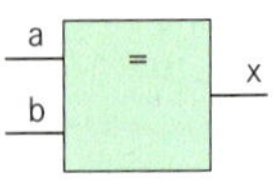	**Exklusiv-NOR** (Äquivalenz) $x = (a \wedge b) \vee (\bar{a} \wedge \bar{b})$ $x = a \leftrightarrow b$ (a Doppelpfeil b)[1]	0 0 1 1	0 1 0 1	1 0 0 1
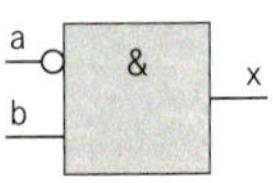	**Sperrgatter** (Inhibition) $x = \bar{a} \wedge b$	0 0 1 1	0 1 0 1	0 1 0 0
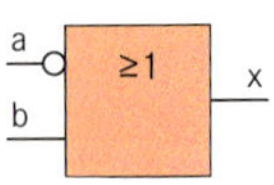	**Subjunktion** (Implikation) $x = \bar{a} \vee b$ $x = a \rightarrow b$ (a Pfeil b)[1]	0 0 1 1	0 1 0 1	1 1 0 1

[1] Benennung nach DIN 66000

Schaltalgebra

Konjunktion (UND-Funktion)	**Disjunktion** (ODER-Funktion)	**Negation** (NICHT-Funktion)
$x = a \wedge 0 = 0$	$x = a \vee 0 = a$	$x = \bar{a}$
$x = a \wedge 1 = a$	$x = a \vee 1 = 1$	$x = \bar{\bar{a}} = a$
$x = a \wedge a = a$	$x = a \vee a = a$	$x = \bar{\bar{\bar{a}}} = \bar{a}$
$x = a \wedge \bar{a} = 0$	$x = a \vee \bar{a} = 1$	

Rechenregeln

Vertauschungsregel (Kommutatives Gesetz)

$x = a \wedge b = b \wedge a$
$x = a \vee b = b \vee a$

Beispiel:

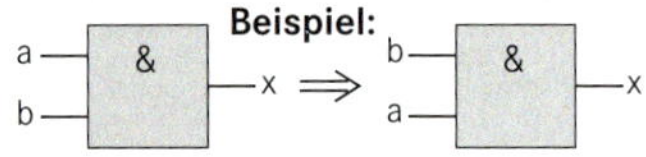

Verbindungsregel (Assoziatives Gesetz)

$x = a \wedge b \wedge c = a \wedge (b \wedge c) = b \wedge (a \wedge c) = c \wedge (a \wedge b)$
$x = a \vee b \vee c = a \vee (b \vee c) = b \vee (a \vee c) = c \vee (a \vee b)$

Beispiel:

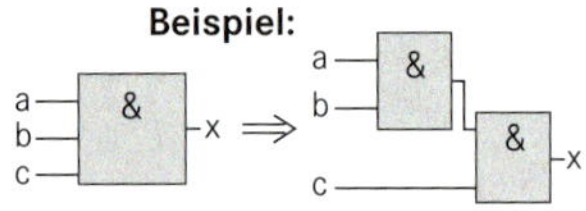

Verteilungsregel (Distributives Gesetz)

$x = a \wedge b \vee a \wedge c = a \wedge (b \vee c)$
UND-Funktion geht vor ODER-Funktion
$x = (a \vee b) \wedge (a \vee c) = a \vee (b \wedge c)$

Beispiel:

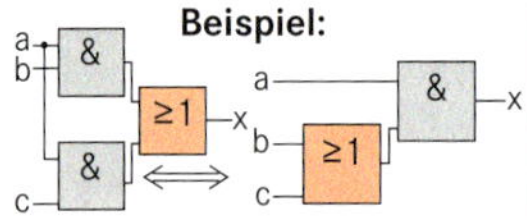

De Morgansches Gesetz

$x = a \wedge b = \overline{\bar{a} \vee \bar{b}}$

Beispiel:

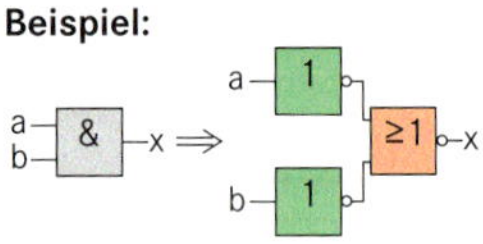

$x = \overline{a \wedge b} = \bar{a} \vee \bar{b}$

$x = a \vee b = \overline{\bar{a} \wedge \bar{b}}$

Beispiel:

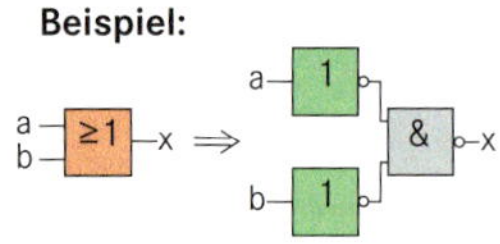

$x = \overline{a \vee b} = \bar{a} \wedge \bar{b}$

Vereinfachungen

Beispiel:

$x = a \wedge (a \vee b) = a$
$x = a \vee a \wedge b = a$

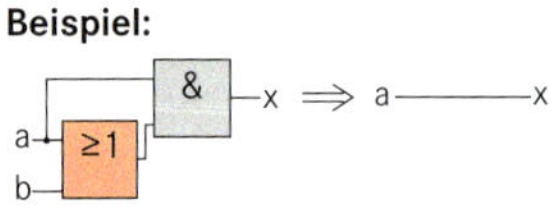

$x = a \wedge (\bar{a} \vee b) = a \wedge b$
$x = a \vee (\bar{a} \wedge b) = a \vee b$

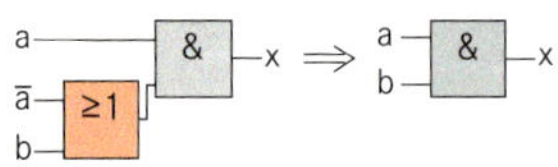

$x = a \vee \bar{a} \wedge \bar{b} = a \vee \bar{b}$
$x = \bar{a} \vee a \wedge b = \bar{a} \vee b$
$x = \bar{a} \vee a \wedge \bar{b} = \bar{a} \vee \bar{b}$

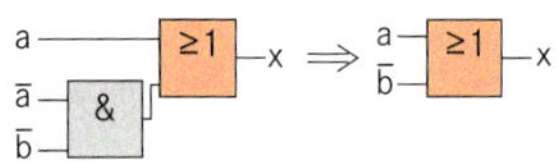

Ersetzen

UND durch ODER

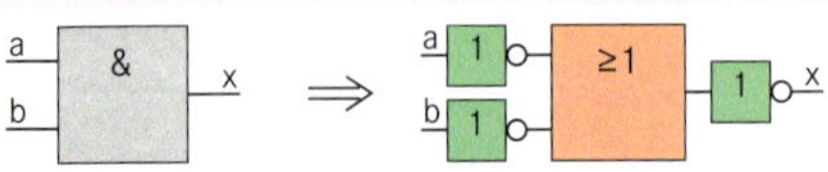

ODER durch UND

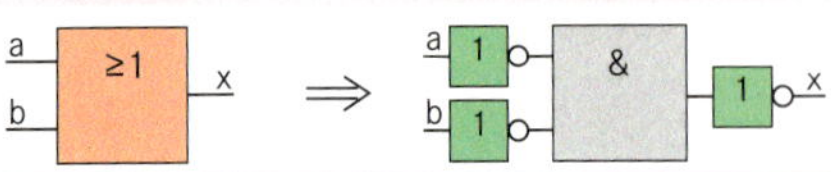

Ersetzen von Verknüpfungsgliedern
Man erhält gleichwertige Verknüpfungsglieder, wenn

1. alle UND durch ODER,
2. alle ODER durch UND ersetzt und
3. alle Anschlüsse gegenüber dem Ausgangszustand invertiert werden.
   (Ausnahme: NICHT-Glied)

Schmitt-Trigger

- Digitale Schnittstellen, insbesondere Eingangsinterfaces, verlangen Signale mit bestimmten maximalen Anstiegs- bzw. Abfallzeiten.
- Zur Erfüllung dieser Forderung werden in der Regel Impulsformerstufen eingebaut.
- Diese Impulsformerstufen werden mit Schmitt-Trigger-Schaltungen realisiert und erzeugen aus langsam ansteigenden Eingangssignalen schlagartig umschaltende Signale.

Sechsfach invertierend (74LS 14)

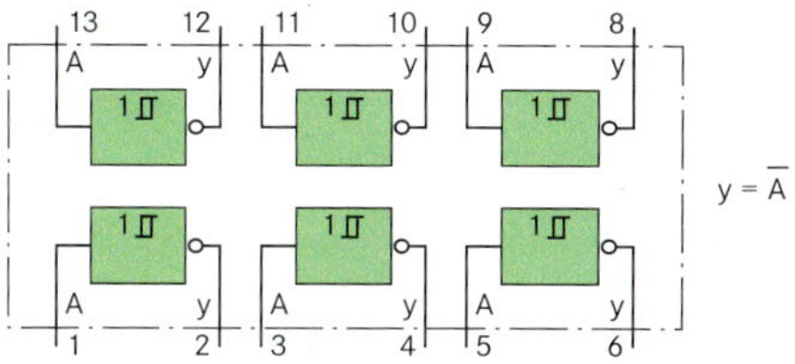

Schaltverhalten (Abhängigkeiten)

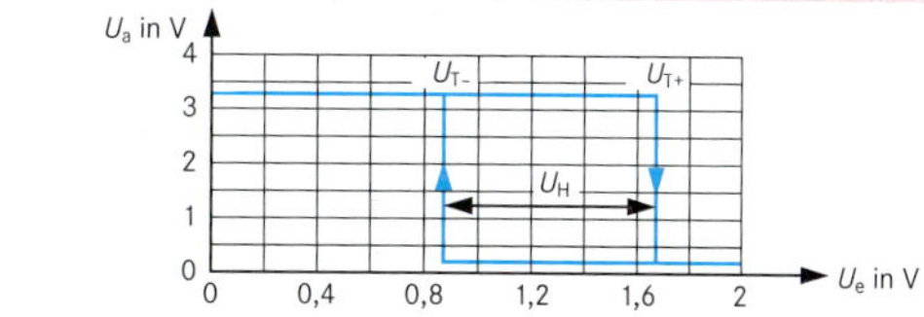

U_H: Hystereseschaltspannung
U_{T+}: obere Schaltschwelle
U_a: Ausgangsspannung
U_{T-}: untere Schaltschwelle

Analog-Digital-Umsetzer

- Analog-Digital Umsetzer setzen analoge Signale (die in der Regel gefiltert sind) in digitale Signale um.
- Sie arbeiten nach unterschiedlichen Umsetzungsverfahren.

Parallelverfahren

- Die Eingangsspannung wird **gleichzeitig** mit n festen Referenzspannungen verglichen.
- Das Ergebnis wird in einem Schritt ermittelt.

Direkt-Umsetzer

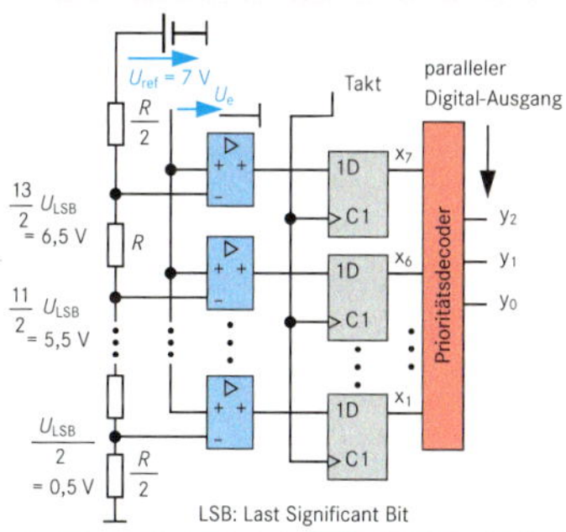

LSB: Last Significant Bit

Wägeverfahren

- Eingangsspannung wird **nacheinander** mit n-Referenzspannungen verglichen.
- Anzahl der Referenzspannungen entspricht der Stellenzahl der dualen Ausgangszahl.

Stufenrampen-Umsetzer

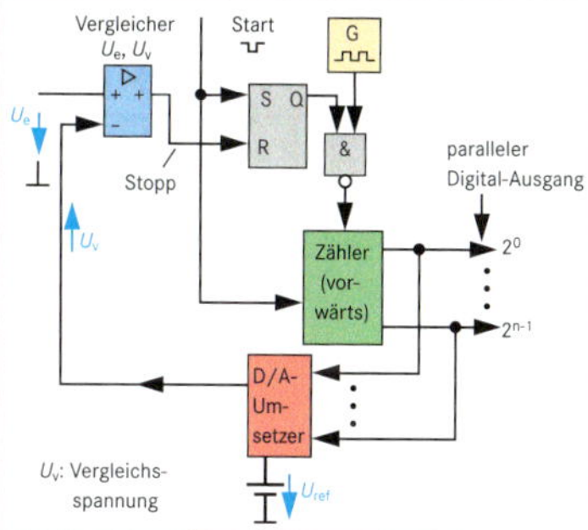

U_v: Vergleichsspannung

Zählverfahren

- Eingangsspannung wird mit einer Referenzspannung verglichen (kleinster Wert ≙ LSB).
- Dieser Wert wird so oft aufaddiert, bis Wert der Eingangsspannung erreicht ist.

Dual-Slope-Umsetzer

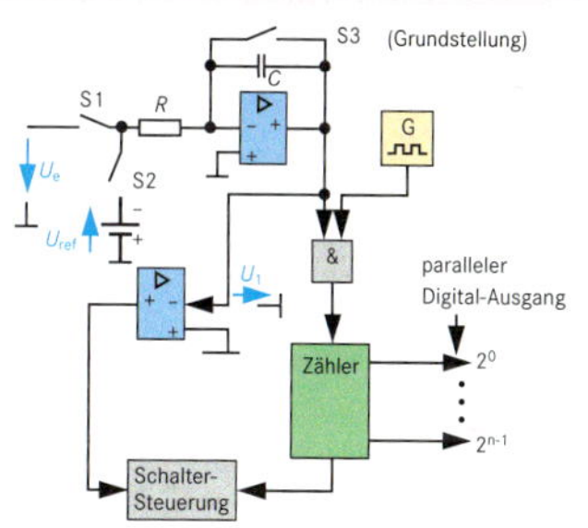

Impulse während t_2 entsprechen dem Wert der Eingangsspannung

Digital-Analog-Umsetzer

- Digital-Analog Umsetzer setzen digitale Signale in analoge Signale um.
- Sie arbeiten nach unterschiedlichen Umsetzungsverfahren.

Direktes Verfahren

- Für jede umzusetzende digitale Zahl ist eine diesem Wert entsprechende Spannungsquelle erforderlich.
- Die Spannungsquellen werden einzeln, getrennt eingeschaltet.

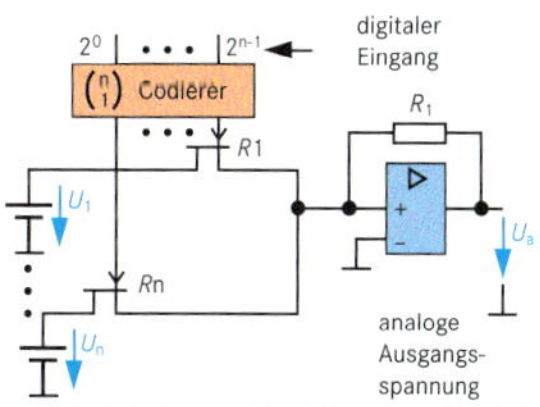

Paralleles Verfahren

- Jedem Digitaleingang ist eine unterschiedlich gewichtete Spannungs- oder Stromquelle zugeordnet.
- Sie werden entsprechend der anliegenden Dualzahl eingeschaltet und aufsummiert.

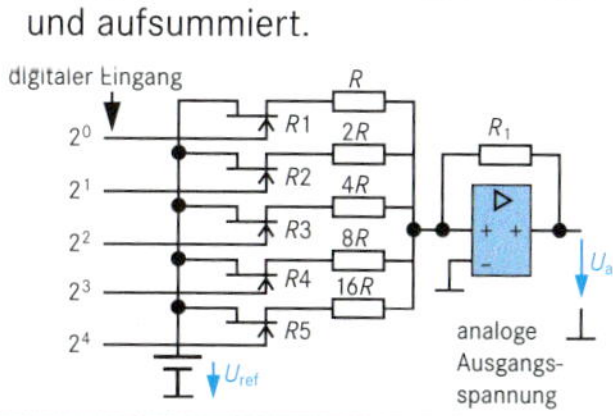

Sägezahnverfahren (Dual-Slope)

- Beim Sägezahnverfahren wird nur eine Referenzspannung benötigt.
- Digitalwert wird im Zähler auf Null gezählt. Benötigte Zeit ist proportional zum Digitalwert.

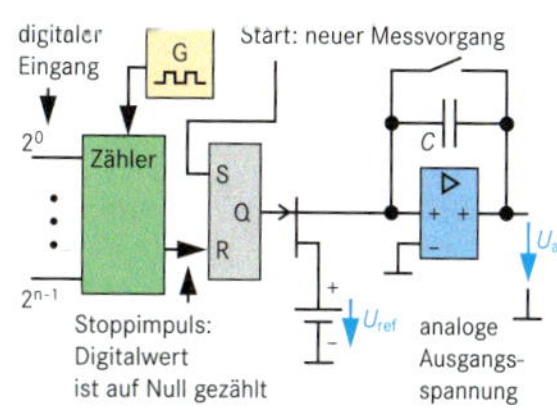

Rechnerarchitektur
Computer Architecture

Von-Neumann-Rechner

- 95 % aller Rechenanlagen arbeiten derzeit nach dem 1946 formulierten **Neumann-Prinzip**.
- Neumann unterscheidet folgende Anlagen-Komponenten:
  Zentralprozessor,
  Ein- und **Ausgabegeräte** für Daten und Befehle,
  Daten- und **Programmspeicher** und
  Bussystem zur internen Datenübertragung.
- Von-Neumann-Rechner zählt man auch zu den **SISD**-Rechnern (**S**ingle **I**nstruction, **S**ingle **D**ata). Diese Ein-Prozessor-Rechner arbeiten die Befehle grundsätzlich nacheinander (sequentiell) ab. Eine zusammenhängende Befehlsabfolge (Befehlseinheit) wird **Thread** genannt. Diese wird sequentiell verarbeitet. Rechenprozesse bauen sich aus Threads auf.
- Der **Zentralprozessor** (**CPU: c**entral **p**rocessing **u**nit) gliedert sich auf in ein **Leitwerk** und in ein **Rechenwerk**.
- Diese Rechnerstruktur ist an sich unabhängig von den zu bearbeitenden Problemen. Eine **Universalmaschine liegt** vor.
- Durch die im **Speicher** abgelegten **Befehlsfolgen** und die zu verarbeitenden **Informationen** werden unterschiedliche **Reaktionen** möglich.
- Der Neumann-Rechner ist **speicherprogrammierbar**.
- Der Speicherraum wird in einheitlich große **Zellen** zergliedert. Die Zellen sind eindeutig adressiert und können sowohl **Befehle** als auch zugeordnete **Daten** aufnehmen.
- Jeder Befehl besteht aus einer **Adresse** und einem **Operator**.
- Die einzelnen Befehle werden vom Leitwerk nacheinander (also in **serieller Abfolge**) aufgerufen.
- Die Anlagensteuerung wird vom Leitwerk organisiert.
- Alle Rechnerprozesse werden prinzipiell von der Leiteinheit überwacht. Ein **echter Parallelbetrieb** ist auf dieser Ebene nicht möglich.

Leistung des von-Neumann-Rechners

- Die Verarbeitungsgeschwindigkeit der **ALU** bestimmt die Leistungsfähigkeit des Prozessors und letztlich des Rechners.
- Das Arbeitsregister im Rechenwerk dient dazu, Operanden und Verknüpfungsergebnisse von Befehlen aufzunehmen.
- Bei leistungsfähigen Rechenwerken können auch mehrere Arbeitsregister vorliegen.

Modifikationen/Perspektiven

- Bei der **Harvard-Architektur** werden Daten- und Adressspeicher getrennt und mit unabhängigen Bussystemen organisiert.
- Bei **RISC-Architekturen** (**R**educed **I**nstruction **S**et **C**omputer) werden mehrere Befehle quasi gleichzeitig bearbeitet. Insofern wird eine Parallelverarbeitung ermöglicht.
- Bei **CISC-Architekturen** (**C**omplex **I**nstruction **S**et **C**omputer) werden komplexe Befehlsstrukturen verwendet.
- Durch die Verwendung von **Co-Prozessoren** werden Aufgaben zunehmend delegiert und quasi autonomisiert.
- Es werden Prozessoren mit mehreren Kernen (Multi-Core-Prozessoren; **Mehrprozessorkerne**) entwickelt:
  - **Doppelkernprozessoren** (Dual-Core-Prozessoren)
  - **Vier-Kern-Prozessoren** (Quad-Core-Prozessoren)
- Bei Großrechenanlagen treten gegenüber den SISD-Rechnern auch folgende Prinzipien auf: **SIMD** (**S**ingle **I**nstruction, **M**ultiple **D**ata), **MISD** (**M**ultiple **I**nstruction, **S**ingle **D**ata), **MIMD** (**M**ultiple **I**nstruction, **M**ultiple **D**ata). Durch die parallele Verarbeitung von Threads (**Hyper-Threading**) wird beschleunigte Verarbeitung ermöglicht.

Aufbau

- Das im Zentralspeicher vorliegende Programm steuert den Prozessor, der folgende Operationen ausführt:
  1. Verknüpfung von Daten aus dem Zentralspeicher,
  2. **Steuerung** des Programmablaufs unter Beachtung von **Programmverzweigungen, Schleifen** und **Sprüngen**,
  3. Datenführung im Rechner.
- Im Zentralprozessor sind zu unterscheiden:
  - Das **Rechenwerk** gestaltet die konkreten Rechenoperationen.
  - Im **Leitwerk** werden eingeleitet und überwacht:
    1. die Steuerung der Befehlsabfolge,
    2. die Entschlüsselung der Befehle und
    3. die konkrete Initiierung der Befehlsausführung.

Grundelemente des von-Neumann-Rechners

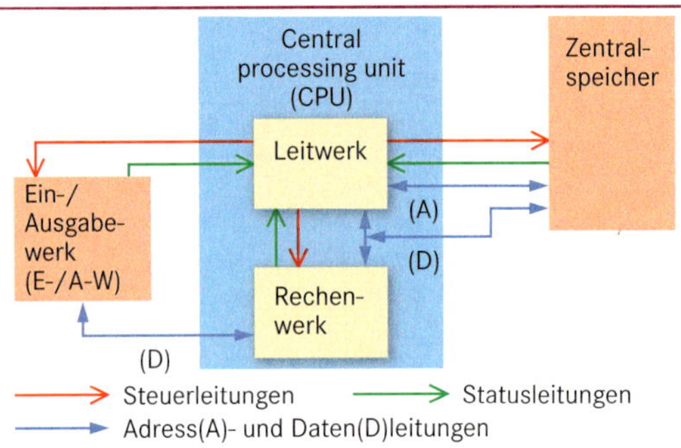

Die Datenleitungen übertragen die Daten in den verschiedenen Prozessorausprägungen seriell oder parallel.

Leitwerk

- Die **Ablaufsteuerung** ist der wichtigste Leitwerkteil.
- Sie kann als fest verdrahtetes Schaltwerk oder als ein mikroprogrammiertes Steuerwerk gestaltet sein.

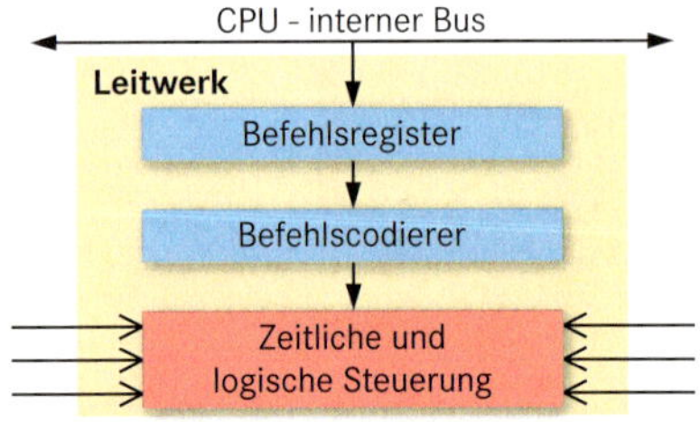

Rechenwerk (engl. core; Prozessorkern)

- Klassisch beinhaltet ein Rechenwerk nur eine ALU-Einheit.
- Es vollzieht alle arithmetischen und logischen Verknüpfungen.
- Zentral ist die **arithmetisch-logische Einheit (unit) (ALU)**. Typische ALU-Operationen sind:
  - logische und arithmetische Verknüpfungen
  - Rotations- und Schiebeoperationen
  - Register-Manipulationen und BIT-Veränderungen

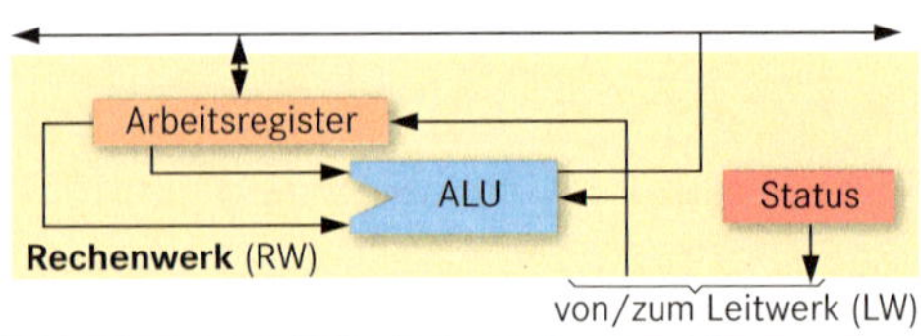

Merkmale

- Mikroprozessoren bestehen aus einer Ansammlung von Logik-/Funktionseinheiten, die auf einem Halbleiterchip integriert und durch entsprechende Verbindungen zusammengeschaltet sind.
- Die Einteilung der Prozessoren erfolgt nach der verarbeitbaren Wortbreite in 4 Bit, 8 Bit, 16 Bit oder 32 Bit.
- Wesentliche Funktionseinheiten aller Prozessoren sind u. a.
  - die Arithmetik- und Logik-Einheit (**ALU**: **A**rithmetic and **L**ogic **U**nit),
  - der Befehlszähler und Befehlsdekoder (**PC**: **P**rogramm **C**ounter; **ID**: **I**nstruction **D**ecoder),
  - Registersätze (Register Sets).
- Das grundsätzliche Arbeitsprinzip bei der Programmbearbeitung läuft wie folgt ab:

Fetch	→	Decode	→	Execute	→	Write Back
Befehl abrufen		Befehl dekodieren		Befehl ausführen		Ergebnis zurückschreiben

- Um die Verarbeitungsleistung der Prozessoren zu steigern, sind in aktuellen Prozessor-Architekturen verschiedene Maßnahmen realisiert, wie z. B.
  - **ILP** (**I**nstruction **L**evel **P**arallelism: paralle Befehlsverarbeitung),
  - **TLP** (**T**hread **L**evel **P**arallelism: parallele Aufgabenbearbeitung).
- Bei ILP werden mehrere Befehle in einer mehrstufigen Pipeline parallel verarbeitet.
- **Superskalare** Prozessoren verfügen über lange **Instruction Pipelines** und identische Ausführungseinheiten, die über einen Verteiler (**Scheduler**) mit den entsprechenden Teilaufgaben versorgt werden.
- Bei TLP (auch als **Multi-Threading** bezeichnet) werden die Ausführungseinheiten und die Speichereinheiten (Hauptspeicher, Cache-Speicher) auf die jeweiligen Threads (Aufgaben) aufgeteilt.
- Die wiederholte Bearbeitung von Datensätzen mit einem einzelnen Befehl (z. B. Summenbildung oder die Bearbeitung von Multi-Media-Daten) erfolgt über **Daten-Parallelisierung** (**Data Parallelismen**).
- Diese Art der Bearbeitung wird von Funktionseinheiten ausgeführt, die auf die Bearbeitung von **Vektoren** optimiert sind.
- Die Art der Behandlung von Daten wird generell bezeichnet als
  - **SISD** (**S**ingle **I**nstruction **S**ingle **D**ata: Ein Befehl, ein Datensatz),
  - **SIMD** (**S**ingle **I**nstruction **M**ultiple **D**ata: Ein Befehl, mehrere Datensätze).

Beispiel

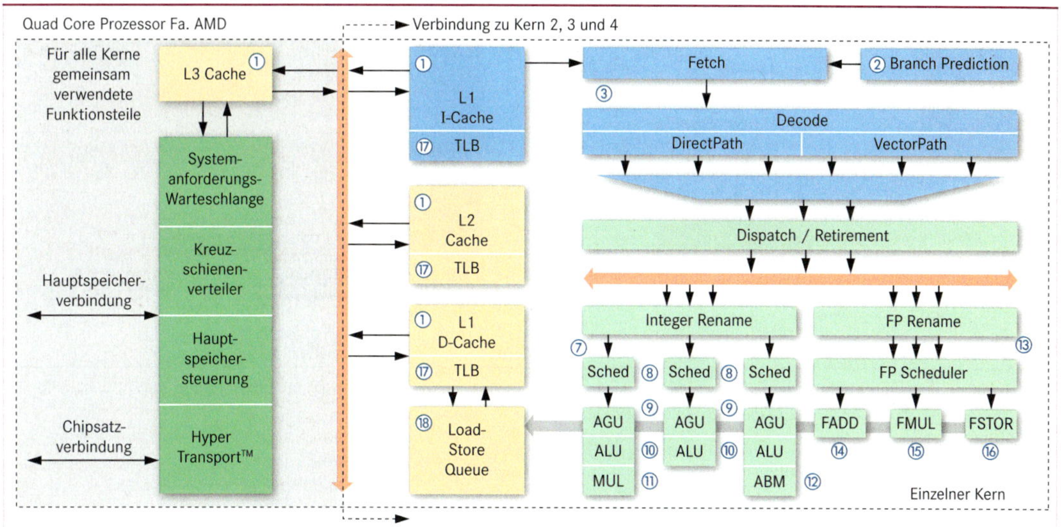

①	Cache	(schneller) Zwischenspeicher	⑩	**ALU** (**A**rithmetic **L**ogic **U**nit)	Arithmetik- und Logik-Einheit
②	Branch Prediction	Sprung-Vorhersage	⑪	**MUL** (**Mul**tiplication Unit)	Multiplikations-Einheit
③	Fetch-Decode Unit	Abruf-Dekodiereinheit	⑫	**ABM** (**A**dvanced **B**it **M**anipulation)	Verbesserte Bit-Bearbeitung
④	Direct Path	Direkter Pfad	⑬	**FPU** (**F**loating **P**oint **U**nit)	Fließkomma-Einheit
⑤	Vector Path	Vektor-Pfad	⑭	**FADD** (**F**loating **P**oint **Add** **U**nit)	Fließkomma-Additions-Einheit
⑥	Translation Lookaside Buffer	Adress-Übersetzungs-Puffer	⑮	**FMUL** (**F**loating Point **Mul**tiply Unit)	Fließkomma-Multiplikations-Einheit
⑦	Integer Unit	Festkomma-Einheit	⑯	**FSTOR** (**F**loating **P**oint **Stor**e **U**nit)	Fließkomma-Speichereinheit
⑧	Integer Scheduler	Festkomma-Verteiler	⑰	**TLB** (**T**ranslation **L**ookaside **B**uffer)	Adress-Übersetzungs-Puffer
⑨	**AGU** (**A**ddress **G**eneration **U**nit)	Adress-Erzeugungs-Einheit	⑱	Load Store Queue	Laden/Speichern-Warteschlange

Merkmale

- Multi-Core Prozessoren
  - beinhalten **mehrere Prozessorkerne** in einem Gehäuse,
  - ermöglichen die **parallele Verarbeitung** von Prozessen (threads),
  - erhöhen die Verarbeitungsleistung und
  - reduzieren den Energieverbrauch im Vergleich zu Einzelprozessoren.
- Weitere Bestandteile auf dem Multi-Core Chip sind u. a.
  - Cache-Speicher und
  - Hauptspeichercontroller.
- **Symmetrische** Multi-Core Prozessoren enthalten mehrere identische Kerne.
- **Asymmetrische** Multi-Core Prozessoren enthalten verschiedene Kerne, die u. a. unterschiedliche Funktionen (z. B. Grafikberechnung, Textverarbeitung) bearbeiten.
- In Desktop-, Laptop- und Serveranwendungen werden Prozessoren mit typisch 2 bis 4 Kernen eingesetzt.
- Für **spezielle Anwendungen** (z.B. Mobilfunk, Simulationsberechnungen) sind Multi-Core Prozessoren mit einer Vielzahl identischer Kerne (z. B. 100) verfügbar.
- Diese sind intern mit entsprechenden Bussystemen verbunden und können bedarfsweise zu **Clustern** zusammengefasst werden.
- Für die wirksame Ausnutzung ist eine
  - entsprechende Programmierung mit
  - entsprechender Compilerunterstützung

  erforderlich.
- Für den Anwendungsbereich **sicherheitsgerichteter** Systeme existieren Prozessoren, die neben der Multi-Core Architektur noch weitere Überwachungsfunktionen auf dem Chip enthalten.

Architekturen

Dual-Core	Quad-Core
Externer Memory Controller **Beispiel:** Intel	Integrierter Memory Controller **Beispiel:** AMD

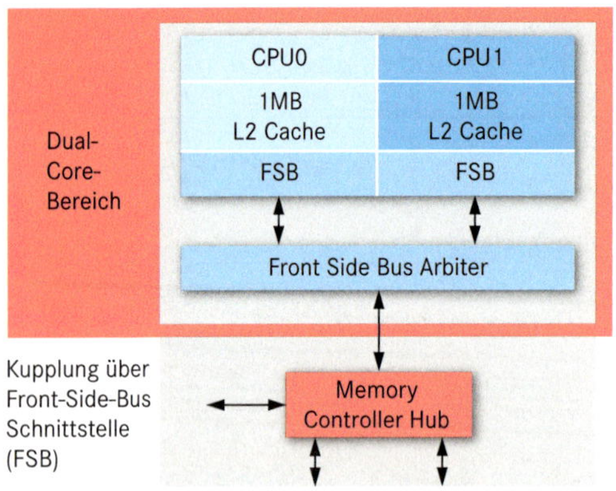

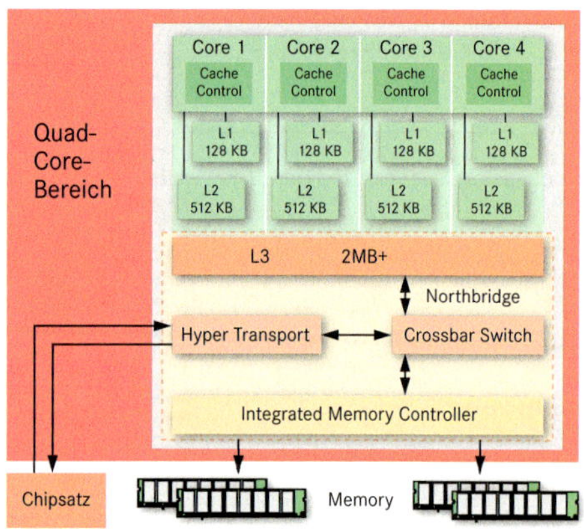

Funktionseinheiten

Die Architekturunterschiede liegen im Wesentlichen in der Anordnung bzw. in der Anzahl der Cache-Speicher und der Schnittstellen zum Hauptspeicher und zum Chipsatz auf dem Motherboard.

Quad-Core Merkmale:

- Zur Erhöhung der Verarbeitungsgeschwindigkeit ist z. B. im Quad Core ein zusätzlicher Cache (L3) integriert.
- **L1-Cache** ist unmittelbar am Rechenwerk angeordnet und kann somit sehr schnell Daten (Level 1 Data Cache) bzw. Befehle (Level 1 Instruction Cache) liefern. Falls L1 Cache Line aus dem L1 entfernt wird, wird sie im **L2-Cache** (Victim Cache) aufgefangen.
- L1- und L2-Caches operieren mit der Taktfrequenz der Kerne.
- **L3-Cache**
  - wird als Shared Cache für alle Kerne verwendet (puffert Daten aus L1 und L2),
  - wird von den Kernen nach dem Round-Robin-Verfahren verwendet,
  - organisiert zusammen mit dem Memory Controller die Kohärenz der Daten,
  - operiert mit der Taktfrequenz der Northbridge.
- **Memory Controller**
  - realisiert im Ganged Mode ein 128 Bit breites Speicherinterface,
  - im Unganged Mode stehen zweimal 64 Bit zur unabhängigen Adressierung von zwei Speicherbereichen zur Verfügung.
- **Crossbar Switch**
  - ist die zentrale Vermittlungsstelle zwischen Hypertransport-Interface, Memory Controller und L3 Cache,
  - wickelt die erforderliche Zusammenschaltung der Verbindungswege zwischen diesen ab.
- **Hypertransport**-Schnittstelle führt derzeit ein Port mit 16 Lanes zur Anbindung des Chipsatzes nach außen.

Merkmale

- Digitale Signalprozessoren werden zur digitalen Bearbeitung von analogen Signalen mit numerischen Methoden verwendet.
- Filtern unerwünschte Signalkomponenten aus einem Signalgemisch.
- Erzeugen gewünschte Wellenformen.
- Verändern Amplitudeneigenschaften.
- Ermitteln bestimmte Inhalte aus einem Signalgemisch.
- Arbeiten in Echtzeit.
- Verarbeiten die einzelnen Befehle des Befehlssatzes in einem Taktzyklus.
- Führen vollständige Multiplikation und Akkumulation in einem Taktzyklus durch.
- Sind intern in der Harvard-Architektur aufgebaut (getrennte Programm- und Datenspeicher)

Anwendungen

- Digitale Filtertechnik (Ersatz von analogen Filtern).
- Spracherkennung, Sprachsynthese.
- Bildübertragung, Bilddatenkompression.
- Robotersteuerung, Motorsteuerung.
- Digitale Vermittlungsanlagen.
- Freisprechtelefone, Funktelefon.
- Mustererkennung, Radartechnik.
- Spektralanalyse, Ultraschall-Geräte.

Anwendungsprinzip

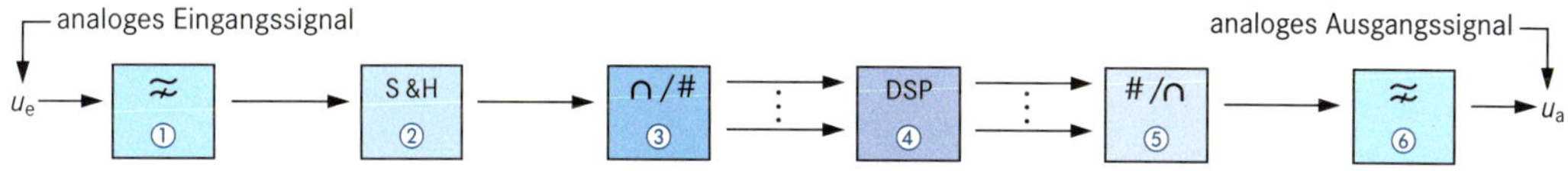

Tiefpassfilter ①

Begrenzt das Eingangssignal in seiner Bandbreite (filtert nicht gewünschte Signalanteile aus).

Sample & Hold-Schaltung ②

Tastet das Eingangssignal mit mindestens der doppelten Signalfrequenz ab (Nyquist Theorem) und stellt Amplitudenwert zur Digitalisierung bereit.

Analog-/Digital-Umsetzer ③

Setzt das analoge Signal in digitales Signal um.

Digitaler Signalprozessor ④

Verändert das digitale Eingangssignal entsprechend den Berechnungsformeln und den gespeicherten Daten.

Digital-/Analog-Umsetzer ⑤

Setzt die digitalen Ausgangssignale des DSP in analoge Werte um.

Ausgangsfilter ⑥

Filtert die bei der A/D-Umsetzung entstehenden hochfrequenten Signalanteile aus (Signalglättung).

Architektur

Beispiel: ADSP 2105

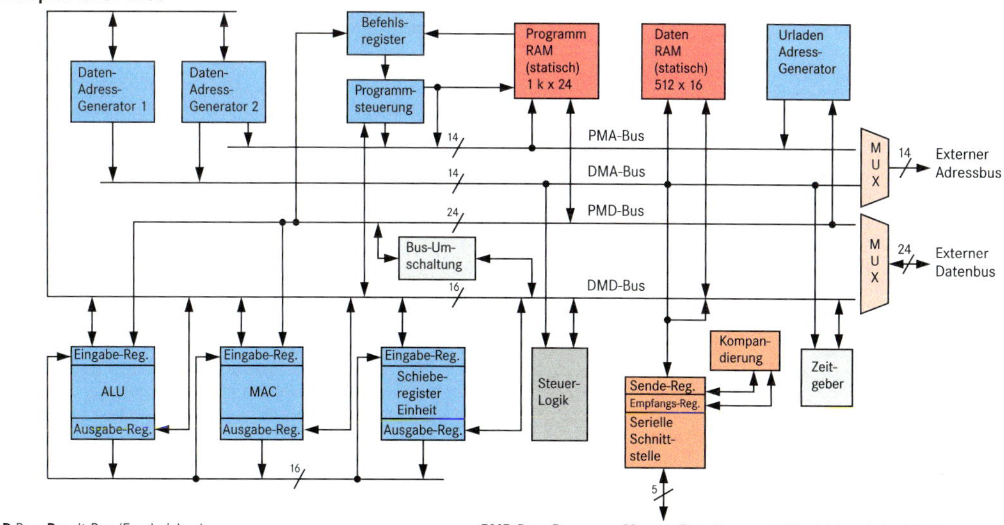

R-Bus: **R**esult-Bus (Ergebnisbus)
PMA-Bus: **P**rogram **M**emory **A**ddress-Bus (Programmspeicher Adressbus)
DMA-Bus: **D**ata **M**emory **A**ddress-Bus (Datenspeicher Adressbus)
PMD-Bus: **P**rogramm **M**emory **D**ata Bus (Programmspeicher Datenbus)
DMD-Bus: **D**ata **M**emory **D**ata Bus (Datenspeicher Datenbus)
ALU: **A**rithmetic **L**ogic **U**nit (Arithmetisch Logische Einheit)
MAC: **M**ultiplier/**A**ccumulator (Multiplizierer/Akkumulator)

Aufbau

Beispiel: ASUS P5WDG2 WS

PCI:
Peripheral
Component
Interconnect

PCIX:
Peripheral
Component
Interconnect
E**x**press

LAN:
Local
Area
Network

IDE:
Intelligent
Device
Electronics

DDR:
Double
Data
Rate

ESATA:
External
Serial
ATA

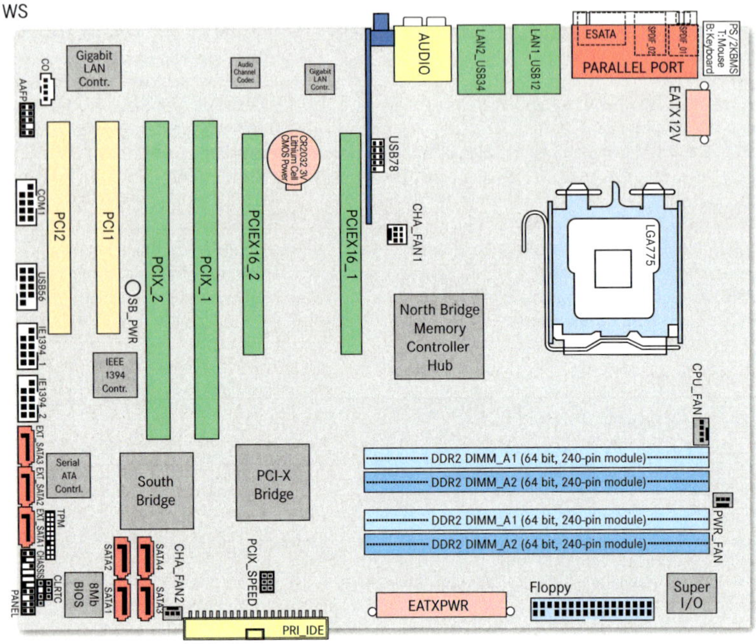

Rückseitige Anschlüsse

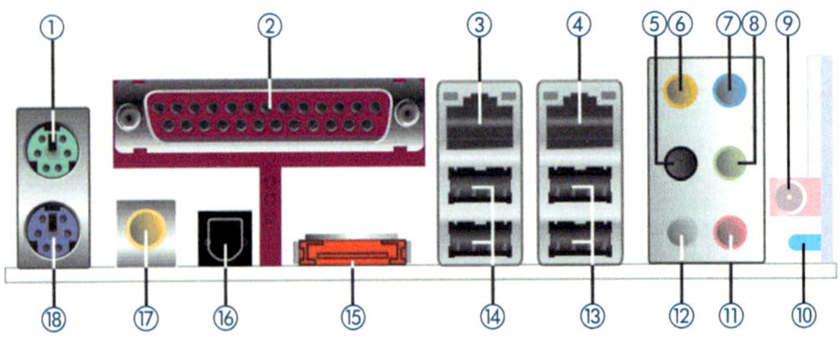

① PS/2-Mausanschluss
② Paralleler Anschluss, LPT
③ LAN 1 Anschluss
④ LAN 2 Anschluss
⑨ Antennen-Anschluss WLAN
⑩ WLAN LED-Anzeige
⑬ USB 2.0 Ports 3 und 4
⑭ USB 2.0 Ports 1 und 2
⑮ Externer SATA-Anschluss
⑯ Optischer S/PDIF-Ausgang
⑰ Koaxialer S/PDIF-Ausgang
⑱ PS/2 Tastaturanschluss

Audio-Konfiguration

Anschluss	Kopfhörer	4 Kanal	6 Kanal	8 Kanal
⑤	–	Hinterer Lautsprecher-Ausgang	Hinterer Lautsprecher-Ausgang	Hinterer Lautsprecher-Ausgang
⑥	–	–	Mitte/ Subwoofer	Mitte/ Subwoofer
⑦	Line In	Line In	Line In	Line In
⑧	Line Out	Vorderer Lautsprecher-ausgang	Hinterer Lautsprecher-Ausgang	Hinterer Lautsprecher-Ausgang
⑪	Mic In	Mic In	Mic In	Mic In
⑫	–	–	–	Seitenlaut-sprecher-Ausgang

S/PDIF

- **S/PDIF**: **S**ony/**P**hilips **D**igital **I**nter**f**ace (IEC 958 Type II) ist eine serielle Schnittstelle für die Übertragung digitaler Audio-Daten von z. B. CD oder DVD über Verstärker an TV.
- Wurde abgeleitet aus dem professionellen Audiobereich (AES/EBU: Audio Engineering Society/European Broadcasting Union) und findet Anwendung im Consumer-Bereich.
- Verwendet werden entweder Koaxialkabel mit 75 Ω (max. 10 m) oder Lichtwellenleiter (TOSLINK:Toshiba Link).
- Das Übertragungsformat hat keine festgelegte Datenrate und kann somit unterschiedliche Datenströme (z. B. DAT mit 48 kHz Abtastrate oder CD-Audio mit 44,1 kHz Abtastrate) übertragen.
- Datencodierung erfolgt mittels BMC (Biphase Marking Code) und ermöglicht somit die Taktrückgewinnung aus dem Datenstrom.
- Audio-Daten werden auf 32 Zeitschlitze (ein Bit pro Zeitschlitz) aufgeteilt und beinhalten neben den Daten auch Zustands- und Steuerinformationen (z. B. Präambel).

Begriffe

- **RAM: R**andom **A**ccess **M**emory
  Ein Speicher mit wahlfreiem Zugriff, der beliebig gelesen und beschrieben werden kann.
- **SRAM: S**tatic **RAM**
  - Bistabile Kippstufen in Form eines Flipflops pro Bit
  - Aufbau: 6-Transistor-Zelle in CMOS-Technologie
  - Der Speicherinhalt geht erst bei Abschaltung der Betriebsspannung verloren (flüchtiger Speicher).
- **DRAM: D**ynamic **RAM**
  Der Speicherinhalt muss nach kurzer Zeit wieder aufgefrischt werden (Refresh).
- **SDRAM: S**ynchronous **DRAM**
  - Der Speicher verfügt über einen Taktgeber, der mit dem Systemtakt synchronisiert ist (Taktfrequenzen z. B. 66 MHz, 100 MHz, 133 MHz).
  - Geringe Zugriffszeiten
  - Betriebsspannung 2,5 V
- **DDR-RAM: D**ouble **D**ata **R**ate **RAM (DDR-SDRAM)**
  - Daten werden auf der ansteigenden und abfallenden Flanke gelesen (doppelte Datenrate).
  - Betriebsspannung 1,8 V; 2,5 V
  - Varianten: DDR1 (Bezeichnung auch ohne Ziffer), DDR2, DDR3; 184 und 240 Kontakte
- **RDRAM: R**ambus **DRAM**
  - Speicher der Fa. Rambus mit hoher Datenrate, 10mal schneller als bei SDRAM.
  - Daten werden auf der ansteigenden und abfallenden Flanke gelesen.
  - Taktfrequenz bis 400 MHz
  - Betriebsspannung 2,5 V

Modulkennzeichnungen

- **Angaben**
  - Speicherkapazität (z. B. 256 MB, 512 MB, 1 GB, 2 GB, 4 GB)
  - Taktfrequenz (z. B. 100, 133, 400, 800 MHz)
  - Maximale Datenübertragungsrate (z. B. 1,6 GB/s)
- **Module mit SDRAM**
  Beispiele:
  - PC 100 (100 MHz Taktfrequenz)
  - PC 133 (133 MHz Taktfrequenz)
- **Module mit DDR-RAM**
  Beispiele:
  - PC 1600 (1600 MB/s max. Datenübertragungsrate)
  - PC 2100, PC 2700, PC 3200 oder höher
    Berechnung des Zahlenwertes für 2100:
    133 MHz Takt x 2 Flanken x 8 Byte = 2128

Beispiele für Kenndaten

	DDR-RAM	DDR2-RAM	DDR3-RAM
Chip	DDR-400	DDR2-800	DDR3-800
Modul	PC 3200	PC2 6400	PC3 6400
Taktfrequenz Speicher	200 MHz	200 MHz	100 MHz
I/O-Takt	200 MHz	400 MHz	400 MHz
Taktfrequenz Modul	400 MHz	800 MHz	800 MHz
Datenübertragungsrate pro Modul	3,2 GB/s	6,4 GB/s	6,4 GB/s

SIMM

- **SIMM: S**ingle **I**nline **M**emory **M**odule
  - Verbundene Kontakte auf beiden Seiten des Moduls
  - Seitliche Einbuchtung
  - 8 Bit Datenbusbreite: 30 Kontakte, in der Regel auf zwei Speicherbänke aufgeteilt (einreihig)
  - 32 Bit Datenbusbreite: 72 Kontakte
  - Bestückung mit **DRAM** bzw. **EDO-RAM** (**E**xtended **D**ata **O**utput **RAM**, erweiterte Datenausgabe)
- **PS/2 SIMM: P**ersonal **S**ystem**/2 SIMM**
  (IBM-Bezeichnung, PC-Nachfolger)
  - Kerbe in der Mitte (einreihig)
  - 32 Bit Datenbusbreite: 72 Kontakte

DIMM

- **DIMM: D**ual **I**nline **M**emory **M**odule
  - Doppelreihiger Speicherbaustein, Kontakte auf beiden Seiten sind unabhängig voneinander
  - 64 Bit Datenbusbreite: 168 Kontakte
  - Betriebsspannungen 3,3 V (Kerbe mittig), 5 V (Kerbe links)
- **SO-DIMM: S**mall **O**utline **DIMM**
  - Kleine kompakte Module, z. B. für Notebooks
  - 32 Bit Datenbusbreite: 72 Kontakte
  - 64 Bit Datenbusbreite: 144 Kontakte
- **DIMM** mit **SD-RAM** (PC 100, PC 133)
  - 168 Kontakte auf beiden Seiten der Platine
  - zwei Kerben

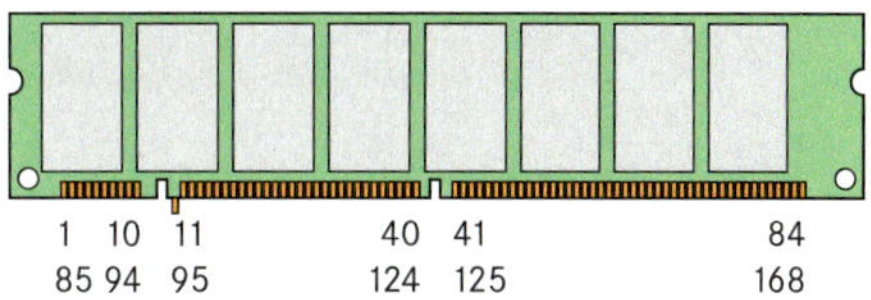

- **DIMM** mit **DDR-RAM** (PC 1600, PC 2100, ...)
  - 184 Kontakte auf beiden Seiten der Platine
  - eine Kerbe
  - Betriebsspannung 2,5 V bis 2,7 V

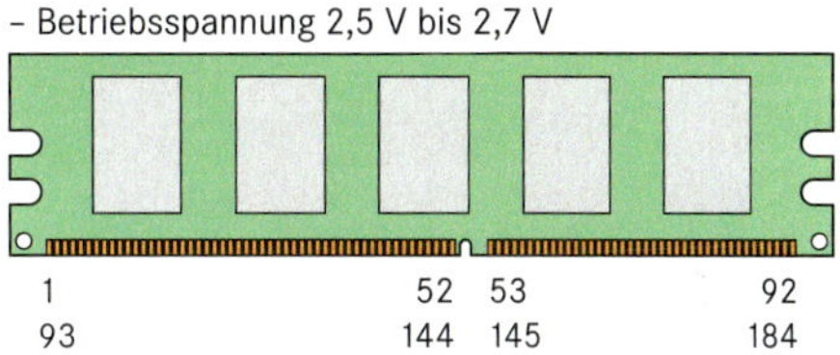

RIMM

- **RIMM: R**ambus **I**nline **M**emory **M**odule
  - 184 Kontakte auf beiden Seiten der Platine
  - 64 Bit Datenbusbreite, hohe Taktfrequenz bis 800 MHz
  - Betriebsspannung 2,5 V
- **RIMM** mit **RDRAM** (PC 800, PC 1600)

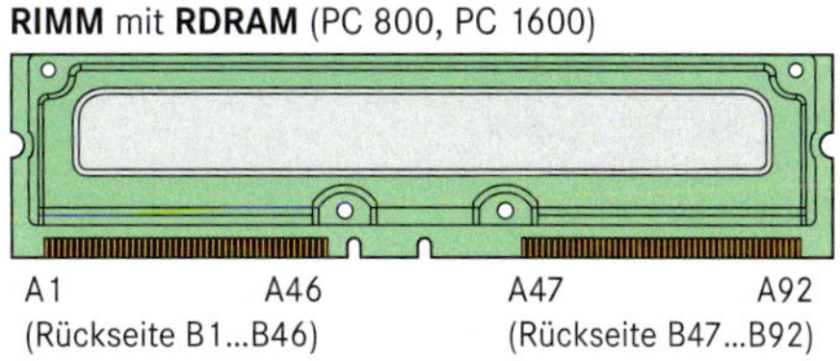

- **SO-RIMM: S**mall **O**utline **RIMM**
  - 160 Kontakte
  - Kleine kompakte Module mit geringem Platzbedarf, z. B. für Notebooks

Aufbau

- Die Scheiben einer Festplatte sind über eine Zentralverankerung miteinander verbunden.
- Oberhalb und unterhalb jeder Scheibe befindet sich mindestens ein Arm mit einem Schreib- und Lesekopf.
- Der Arm kann an jeder beliebigen Stelle der Platte positioniert werden.

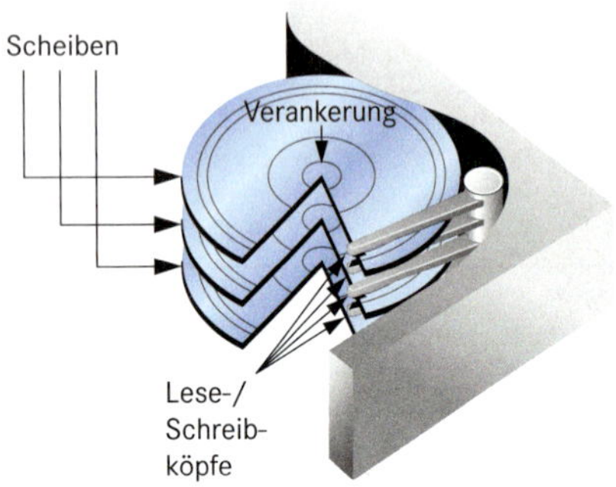

Partitionen

Eine Festplatte kann in einzelne in sich zusammenhängende Bereiche (Partitionen) aufgeteilt werden.
Sie wirken wie separate Laufwerke und werden deshalb durch fortlaufende eigene Buchstaben gekennzeichnet.

Vorteile:
- Organisation der Dateien
- Schnellerer Datenzugriff
- Datensicherung durch Verlagerung
- Effizientere Nutzung der Festplattenkapazität

Primärpartitionen

Gespeichert sind:
- Betriebssystem
- Anwendungsprogramme, Dateien usw.

Der PC wird von einer Primärpartition (C) aus gebootet.
Auf der Festplatte können mehrere Primärpartitionen für verschiedene Betriebssysteme eingerichtet sein. Es kann allerdings nur eine aktiv sein.

Physikalische Formatierung

Diese **Datenträgerorganisation** wird vom Hersteller durchgeführt.

Grundbausteine: Spuren, Sektoren und Zylinder.
- **Spuren:** Konzentrische Kreispfade auf jeder Scheibenseite; jede Spur erhält eine Nummer; die Spur 0 liegt am äußeren Rand.
- **Zylinder:** Der Spurensatz, der auf allen Seiten der Platten im gleichen Abstand von der Mitte angelegt wird, sind die Zylinder. Hardware und Software arbeiten häufig mit diesen Zylindern.
- **Sektoren:** Die Ausschnitte der Spuren werden als Sektoren bezeichnet. In ihnen kann eine bestimmte Datenmenge gespeichert werden.

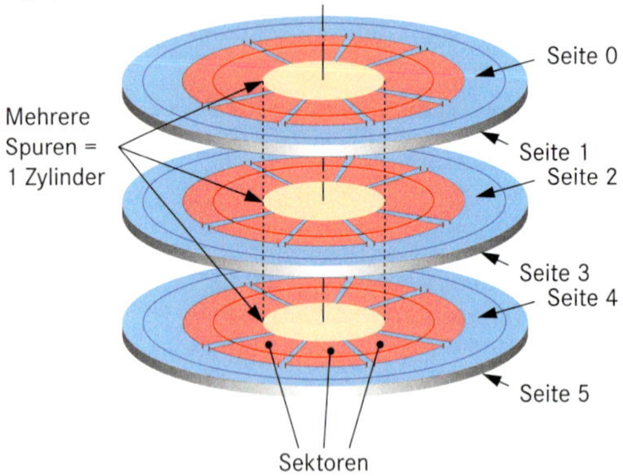

SMART

- **SMART: S**elf-**M**onitoring, **A**nalysis and **R**eporting **T**echnologie (Technologie zur Selbstüberwachung, Analyse und Statusmeldung)
- Die Festplatten protokollieren wichtige Systemwerte nach SMART. Die Auswertung kann mit entsprechender Software erfolgen.

Erweiterte Partitionen

Es handelt sich dabei um weitere physikalische Unterteilungen der Festplatte, für die eine logische Formatierung (logische Laufwerke) vorgenommen wird.

Logische Formatierung

Es handelt sich um die Einrichtung eines Dateisystems für Partitionen.

Aufgaben eines Dateisystems:
- Verwaltung der belegten und freien Speicher.
- Verwaltung der Verzeichnisse und Dateinamen.
- Festhalten, wo die unterschiedlichen Teile einer Datei auf der Festplatte gespeichert sind.

Dateisysteme:
- **FAT 16** (**F**ile **A**llocation **T**able: Dateizuordnungstabelle für DOS, Windows, NT, OS/2)
- **FAT 32** (für Win 95 ab OSR2, Win 98)
- **NTFS** (**N**ew **T**echnology **F**ile **S**ystem für NT, Win XP, Vista)
- **HPFS** (**H**igh **P**erformance **F**ile **S**ystem für OS/2)

Beispiel:

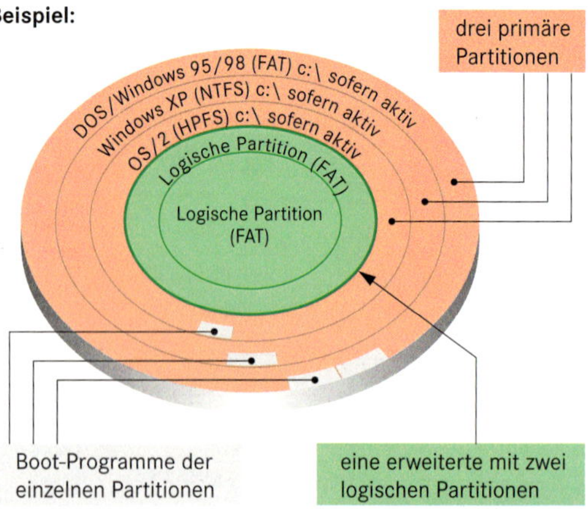

Vorgang

- **Partitionieren** ist das Aufteilen eines Datenträgers (Festplatte) in einzelne, voneinander unabhängige Speicherbereiche.
- Die einzelnen Partitionen werden vom Betriebssystem wie **logische Laufwerke** behandelt, deren Verwaltung durch eigene **Dateisysteme** erfolgt.
- Ein Betriebssystem kann bis zu vier Partitionen verwalten ①: drei bootfähige Partitionen ② und eine **erweiterte Partition** ③.
- Die erweiterte Partition kann in nicht bootfähige logische Laufwerke ④ aufgeteilt werden.
- Jede primäre Partition und jedes logische Laufwerk können unabhängig voneinander formatiert werden und durch unterschiedliche Dateiformate (z. B. NTFS, FAT32) organisiert werden.
- Jede Partition erhält zur **Kennzeichnung** einen Buchstaben mit Doppelpunkt (C bis Z).
- Die Partitionierung kann durch Programme (z. B. bei DOS mit fdisk-Befehl) oder direkt über das Betriebssystem (Vista) erfolgen.

Beispiel

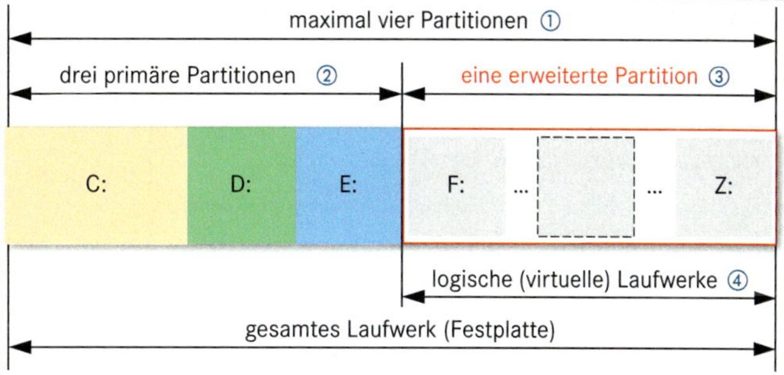

Die Kennzeichnungen A: und B: sind für Diskettenlaufwerke reserviert.

Gründe und Aufteilung

- Die Installation mehrerer Betriebssysteme ist möglich (z. B. Windows Vista, Windows 7 und Linux).
- In den einzelnen Partitionen können verschiedene Dateisysteme angelegt werden.
- Separate Partitionen können für die Speicherung bestimmter Daten (Texte, Bilder, ...) verwendet oder für Mitbenutzer reserviert werden.
- Datensicherheit wird durch Partitionierung erreicht. Wenn eine Partition Fehler aufweist, sind andere Partitionen nicht davon betroffen.
- Die Partition C: wird häufig für das Betriebssystem und die Programme verwendet.

SATA – Serial ATA

Merkmale

- **S**erial **A**dvanced **T**echnology **A**ttachment ist eine Weiterentwicklung (ab 2000) der parallelen ATA-Schnittstelle (parallel ATA, **PATA**) für Festplatten zu einer seriellen Schnittstelle.
- Vorteile gegenüber PATA:
  - vereinfachte Leitungsführung
  - Luftzirkulation im PC wird durch dünnere Leitungen weniger behindert
  - höhere Datentransferrate
  - Austausch von Datenträgern im laufenden Betrieb (Hot-Plug)
- Serial ATA ist nicht auf Festplatten beschränkt (auch z. B. für Bandlaufwerke, DVD-Laufwerke, DVD-Brenner).
- Es ist kein externer Taktgenerator zur Datensynchronisation erforderlich. Das Taktsignal wird aus dem Datensignal generiert.
- Versionen:
  - **Serial ATA 1.5 Gbit/s** (Serial ATA I bzw. 1), 150 MB/s
  - **Serial ATA 3.0 Gbit/s** (auch Serial ATA II bzw. 2), 300 MB/s, für Festplatten bis 3 TB; für externe Geräte: **eSATA** (**e**xternal **S**erial **ATA**), abgeschirmte Leitung bis 2 m, anderer Stecker
  - **Serial ATA 6.0 Gbit/s** (auch Serial ATA III bzw. 3), 600 MB/s
  - **mSATA** (**m**ini-**SATA**): Verkleinerter Anschluss, entspricht dem Mini-PCI-Express-Anschluss
  - **SATA Express 8 Gbit/s** und **16 Gbit/s** (in der Entwicklung)

Datenleitung und Steckverbinder

- 8 mm breit ($^{1}/_{4}$"), flexibel, 7 Adern, max. 6 m lang
- Punkt-zu-Punkt-Verbindung
- Terminierung nicht erforderlich
- Signalspannung 250 mV (LVDS: Low Voltage Differential Signaling), +250 mV und –250 mV

- **Beispiel:**

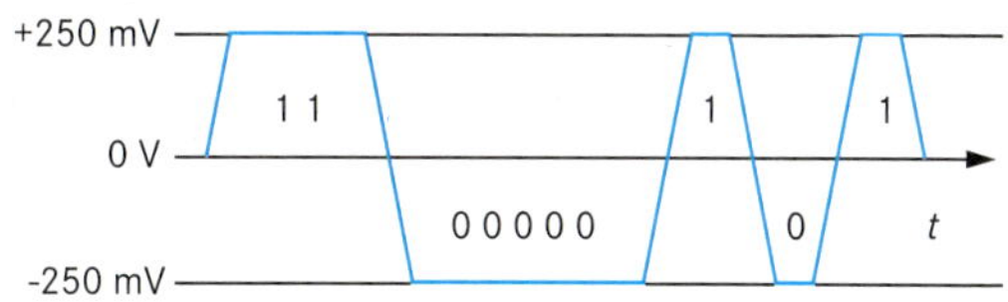

- Übertragungsfenster:
  666 ps, Zeitspanne von ansteigender bis abfallender Flanke

- Steckverbinder: (Spannungsversorgung)
  - 15 Pins
  - 3 Spannungen: 3,3 V; 5 V; 12 V
  - Stecker für 2$^{1}/_{2}$-Zoll-Notebook- und für 3$^{1}/_{2}$-Zoll-Festplatte
  - 5$^{1}/_{4}$"-Laufwerke

Merkmale

- **SSDs** (**S**olid **S**tate **D**isk) sind Speichermedien, die nur aus Halbleiterchips aufgebaut sind. Sie lassen sich wie Festplatten datenmäßig ansprechen.
- Vorteile gegenüber herkömmlichen Laufwerken: Mechanisch robust, kurze Zugriffszeiten, keine Geräusche
- Nachteile gegenüber herkömmlichen Laufwerken: Erheblich höherer Preis bei gleicher Kapazität.
- Aufgebaut sind die Speicherzellen in NAND-Technik (**NAND-Flash**).
- Die Speicherung der Bits erfolgt, indem man Ladungen in einer isolierten Zone eines Halbleiterbausteins (Flash-FET deponiert (Flash = Blitz).
- Ein integrierter Controller sorgt dafür, dass Daten gespeichert, gelesen und z.B. an den SATA-Anschluss (SATA 2 mit 3 Gbit/s oder SATA 3 mit 6 Gbit/s) weitergegeben werden.
- Lesevorgänge sind unbegrenzt möglich. Die erreichbaren Schreibzyklen liegen zwischen 100.000 und 5 Millionen. Um die Lebensdauer zu erhöhen, werden durch einen Controller im Speichermedium die Schreibvorgänge gleichmäßig auf alle Speicherzellen verteilt. Dazu wird mit der Speichersteuerung die Speicherhäufigkeit aller Blöcke überwacht. Fehlerhafte Blöcke werden ausgeblendet.
- Wenn eine herkömmliche Festplatte (**HDD**) mit einer SSD kombiniert ist, handelt es sich um eine **Hybridfestplatte** (**HHD**: **H**ybrid **H**ard **D**rive).

Vergleich mit einer Festplatte (1,0" bis 3,5")

		MLC SSD	HDD
Kapazität in GB		≤ 600	≤ 3000
Datentransferrate in MB/s	Lesen	bis 500	bis 150
	Schreiben	≤ 440	≤ 150
Zugriffszeit in ms (mittlere)	Lesen	ca. 0,2	ca. 3,5
	Schreiben	ca. 0,4	ca. 3,5
Leistung in W	Ruhe	0,1 ... 1,3	≥ 4
	bei Zugriff	0,5 ... 5,8	≥ 6

Speicherchiparten

- **SLC**-Chips (**S**ingle **L**evel **C**ell) speichern 1 Bit pro Speicherzelle.
- **MLC**-Chips (**M**ulti **L**evel **C**ell) speichern 2 Bit pro Speicherzelle.
  - Verwendung hauptsächlich ab 64 GB
  - Beim Lesen sind sie langsamer und beim Schreiben schneller als SLC-Chips.
- **Asynchrone Speicherchips**: Daten werden bei der aufsteigenden Flanke des Taktsignals übertragen.
- **Synchrone Speicherchips**: Daten werden bei der auf- und absteigenden Flanke des Taktsignals übertragen (wie beim DDR-RAM).

Speicherorganisation

- Mehrere Speicherzellen werden zu einer **Page** zusammengefasst, die Kapazitäten von 4 kB oder 8 kB besitzen. Pages lassen sich einzeln beschreiben, können aber nicht einzeln gelöscht werden.
- Pages werden in **Blocks** zusammengefasst, die gelöscht werden können. Beispiele:
  - 128 Pages mit 4 kB ergeben einen Block von 512 kB.
  - 256 Pages mit 8 kB ergeben einen Block von 2 MB.
- Schritte zur Datenspeicherung (**Read-Modify-Write-Zyklus**):
  1. Daten des Blocks werden ausgelesen und noch benötigte Daten werden in einem Speicher (Cache) abgelegt.
  2. Daten im Block werden gelöscht.
  3. Neue bzw. gespeicherte Daten werden im gelöschten Block abgelegt.

Speicherbereinigung

- Da die Schnelligkeit der Datenspeicherung abhängig von der Anzahl der freien Pages ist, wird bei SSDs die **Garbage Collection** (wörtlich: „Müllabfuhr“, automatische Speicherbereinigung oder Freispeichersammlung) eingesetzt.
- Prinzip Garbage Collection:
  - Der Controller sammelt Daten aus nur teilweise beschriebenen Blocks.
  - Diese werden anschließend zu wenigen vollen Blocks zusammengefasst.
  - Die jetzt frei gewordenen Blocks werden gelöscht und können bei Bedarf sofort beschrieben werden.

Abnutzungsausgleich

- Die Lebensdauer einer SSD erhöht sich, wenn die Schreibzugriffe gleichmäßig verteilt werden. Deshalb wird ein Abnutzungsausgleich (**Wear Leveling**) hergestellt. Dazu führt die SSD eine interne Statistik darüber, welche Blocks wie oft beschrieben wurden.
- **Dynamic Wear Leveling**: Verteilung der Daten, die sich im Moment ändern oder geschrieben werden.
- **Static Wear Leveling**: Bei Leerlauf Verteilung abgelegter Daten auf verschiedene Blocks.

CF Karte
CF Card

Merkmale

- **CF: C**ompact **F**lash (CompactFlash)
- Neben dem Flash-**Speicher** befindet sich auf dem Chip ein Controller, der den Speicher verwaltet und die Schnittstelle realisiert.
- **Typ I**: 42,8 mm x 36,4 mm x 3,3 mm (Typ I Karten funktionieren auch im Typ II Slot)
- **Typ II**: 42,8 mm x 36,4 mm x 5 mm
- Anwendungen: Digitale Fotoapparate (professionelle Spiegelreflexkameras), PCs, Netzwerkkomponenten, PDAs (Personal Digital Assistants)
- Der Anschluss (50-polig, geschützte Kontakte) ist kompatibel mit der PATA Schnittstelle, Varianten bauen darauf auf.
- Angabe der **Datenübertragungsraten**
  - Standardkarten besitzen häufig keine Angaben. Sie beträgt dann etwa 10 MB/s. Bezeichnungsvarianten sind: Pro, Ultra, Extreme, Highspeed
  - Direkte Angabe in MB/s
  - Vielfaches bezogen auf die Lesegeschwindigkeit von CD-ROM-Laufwerken (1x ca. 150 kB/s), z. B. 80x bedeutet: 12 MB/s
- **Dateisystem** beliebig (FAT 16/32 empfohlen)
- **Lesezugriff** < 1 ms
- **Schreibzugriff** 10 ms bis 35 ms
- Betriebsspannungen (CF I und CF II) 3,3 V ± 5 % oder 5 V ± 10 %, Stromstärke im Ruhezustand 0,5 mA bis 1 mA
- **Kapazität**: 2 MB bis 128 GB

Standards

Standard	Pins	Kapazität (max.) in GB	Datenübertragungsrate in MB/s	Schnittstelle
CF+, CompactFlash 2.0	50	128	16,6	PATA
CF+, CompactFlash 3.0	50	128	66	PATA
CF+, Compact Flash 4.0	50	128	133	PATA
CompactFlash 5.0, 6.0	50	128	167	SATA
CFast Typ I, Typ II	24	2048	300	SATA

Kartenadapter

Beispiel: SATA

SD Karte
SD Card

Merkmale

- **SD: S**ecure **D**igital (Memory Card); sichere digitale Speicherkarte
- Auf Basis der älteren MMC-Karte (MultiMediaCard) entwickelt
- Flash Speicherung, integrierter Controller
- Standardspeicherkarte für Mobiltelefone, Digitalkameras, MP3-Player, mobile Navigationsgeräte, ...
- Bezeichnungen für Kartenformate:
  - **SD** für Standardformate
  - **SDHC** (**SD H**igh **C**apacity), SD 2.0
  - **SDXC** (**SD** e**X**tended **C**apacity), SD 3.0
  - Für kleinere Speicherkarten folgende Vorsilben: **mini** ...; **micro** (Adapter für SD-Kartenformate)

Datenübertragungsraten, Leistungsklassen

- Die Zahl im rechts offenen Kreis (Speed-Klasse) kennzeichnet die folgenden Schreibgeschwindigkeiten (mindestens):

CLASS 2	16 Mbit/s (2 MB/s)
CLASS 4	32 Mbit/s (4 MB/s)
CLASS 6	48 Mbit/s (6 MB/s)
CLASS 10	80 Mbit/s (10 MB/s)

- **Schreibschutz**: Der Schieber an der Kartenseite ist kein mechanischer Schalter. Die Einstellung wird von der Gerätesoftware ausgewertet.

Kartenformate

	SD	SDHC	miniSD	miniSDHC	microSD	microSDHC
Merkmale	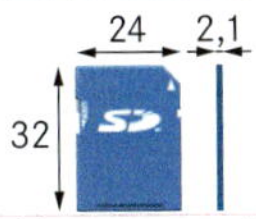 24 2,1 32	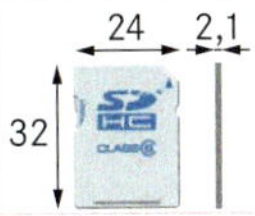 24 2,1 32	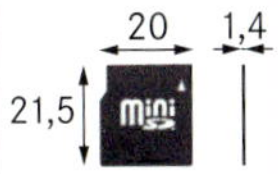 20 1,4 21,5	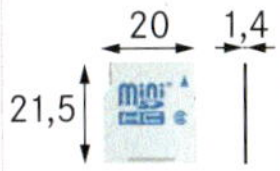 20 1,4 21,5	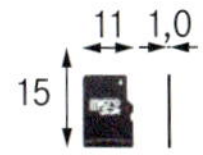 11 1,0 15	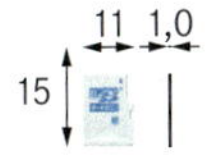 11 1,0 15
	Abmessungen in mm		Abmessungen in mm		Abmessungen in mm	
Masse	ca. 2 g		ca. 1 g		ca. 0,5 g	
Pins	9-polig		11 Pins		8 Pins	
Spannung	2,7 V–3,6 V		2,7 V–3,6 V		2,7 V–3,6 V	
Schreibschutzschalter	ja		nein		nein	
Kopierschutz	CPRM[1]		CPRM[1]		CPRM[1]	
Kompatibilität	–		ja mit Adapter		ja mit Adapter	
Dateisystem	FAT 16/32	FAT32	FAT 16/32	FAT32	FAT 16/32	FAT32
Kapazität	bis 2 GB	4 GB bis 32 GB	bis 2 GB	4 GB bis 32 GB	bis 2 GB	4 GB bis 32 GB

[1] **CPRM: C**ontent **P**rotection for **R**ecordable **M**edia

Chipsatz Intel 975x

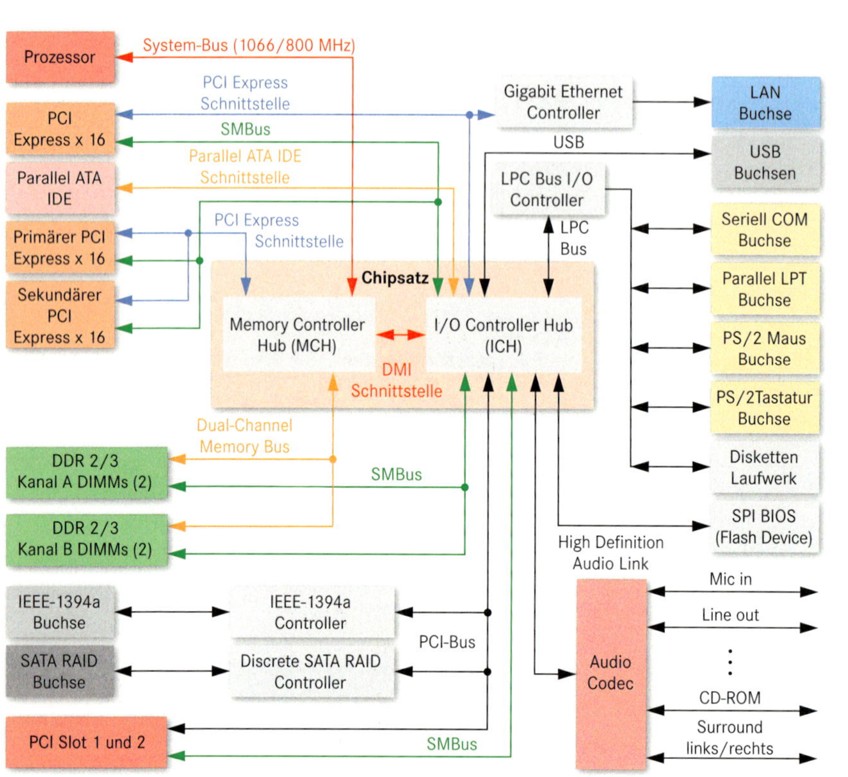

DMI:
Desktop **M**anagement **I**nterface (Schnittstelle)

LPC:
Legacy **P**ort **C**ontroller, entspricht dem seriellen ISA-Bus mit geringerer Leitungszahl, „alte“ PC-Schnittstellen

PCI:
Peripheral **C**omponent **I**nterconnect, für die interne Erweiterung durch Steckkarten

SMBus:
System **M**anagement **Bus**, Steuerbus, der dem I²C-Bus entspricht

Systembus:
verbindet Zentralspeichereinheit mit Hauptspeicher und Cache (Datenbus, Steuerbus, Adressbus)

Erläuterungen

- **AT: A**dvanced **T**echnology; fortschrittliche Technologie, Bezeichnung für PCs mit 80286 Prozessor oder höher
- **ATA: AT-A**ttachment; Synonym für IDE
- **BIOS: B**asic **I**nput **O**utput **S**ystem; Basis-Eingangs-Ausgangs-System, im BIOS werden wichtige Einstellungen für den PC in einem wieder beschreibbaren Speicher (EEPROM, meist als Flash-Speicher, 64 oder 128 Byte) auf der Hauptplatine abgelegt.
- **Chipsatz:** Er dient der Unterstützung der CPU bei der Steuerung und dem Datentransfer der einzelnen Komponenten des Mainboards und der peripheren Geräte. Er besteht hauptsächlich aus den Komponenten MCH und ICH.
- **Codec: Co**der und **Dec**oder; Einrichtung, Verfahren oder Programm, mit denen Daten oder Signale digital codiert und decodiert werden können
- **COM: Com**munication; serielle Schnittstelle zum Anschluss von Peripheriegeräten mit geringem Datentransfer (z. B. Maus, Tastatur, Modem)
- **DDR-RAM: D**ouble **D**ata **R**ate **RAM**; Arbeitsspeicher, dessen Daten bei der ansteigenden und abfallenden Flanke gelesen werden (doppelte Datenrate)
- **DIMM: D**ual **I**nline **M**emory **M**odul; Speichermodul mit 64 Bit breitem Datenbus
- **EIDE: E**nhanced **IDE**-Schnittstelle; erweiterte IDE-Schnittstelle, andere Bezeichnungen Fast-ATA, ATA-2
- **IEEE-1394a: I**nstitute of **E**lectrical and **E**lectronics **E**ngineers; serielle Schnittstelle zur Kopplung peripherer Geräte (z. B externe Festplatten, Videogeräte) an einen Rechner oder zur Kopplung von Geräten untereinander
- **ICH: I**/O **C**ontroller **H**ub; früher als Southbridge bezeichnet
- **IDE: I**ntegrated **D**evice **E**lectronics; Schnittstelle für Geräte mit integriertem Controller, andere Bezeichnungen ATA, AT-Bus
- **LPT: L**ine **P**rin**t**er; parallele Schnittstelle zum Anschluss von Peripheriegeräten, z. B. Scanner, Drucker
- **MCH: M**emory **C**ontroller **H**ubs; früher als Northbridge bezeichnet
- **PCI Express (PCIe);** Schnittstelle für Peripheriegeräte an die CPU, höhere Datenrate als PCI
- **PS/2: P**ersonal **S**ystem/**2**; serielle Schnittstelle für Tastatur und Maus
- **RAID: R**edundant **A**rray **I**ndependent **D**isc; redundante Anordnung von unabhängigen Festplatten (virtueller Massenspeicher)
- **USB: U**niversal **S**erial **B**us; serieller Bus-Anschluss zum vereinfachten Anschalten von Peripheriegeräten (Geräte während des Betriebs einsteckbar), bis zu 127 Geräte

Merkmale

- Der **PCI**-Bus ist ein **paralles taktsynchrones Bussystem** auf dem Motherboard zur Verbindung von Peripheriekomponenten (z. B. SCSI, LAN) untereinander und mit der CPU.
- Ist unabhängig vom CPU-Typ.
- Überträgt Adressen und Daten im **Zeitmultiplex** (32 Bit oder 64 Bit).
- Mit zusätzlichen Steuersignalen (C/BE) wird zwischen Kommando und Bytefreigaben unterschieden.
- Devices (Geräte) am Bus werden unterschieden in **Initiator** und **Target**, wobei der Initiator die Aktionen steuert und verwaltet.
- Geräte verfügen über einen **Konfigurationsspeicher**, der die spezifischen Anforderungen des Gerätes beschreibt (z. B. Adressbereich).
- Realisiert u. a.
  - Autokonfiguration (Interruptbelegung, Geräte-Erkennung),
  - Multi-Master-Fähigkeiten.
- Wird allgemein unterschieden in **PCI Conventional** und **PCI-X**.
- Verschiedene Versionen sind funktional kompatibel; spezifische Ausprägungen der Steckverbinder sind zu berücksichtigen.

Versionen

Typ	I/O Spannung in V	64 Bit		32 Bit		Fehlerkorrektur
		Steckplätze	MByte/s	Steckplätze	MByte/s	
PCI 33	5/3,3	4	266	4	133	P
PCI 66	3,3	2	533	2	266	P
PCI-X 66	3,3	4	533	4	266	P/ECC
PCI-X 133	3,3	2	800	2	400	P/ECC
PCI-X 133	3,3	1	1066	1	533	P/ECC
PCI-X 266	1,5	1	2133	1	1066	ECC
PCI-X 533	1,5	1	4266	1	2133	ECC

PCI Conventional PCI-X (Mode 1) PCI-X (Mode 2)

P: Parity ECC: Error Correction Code

Baugruppen Codierungen

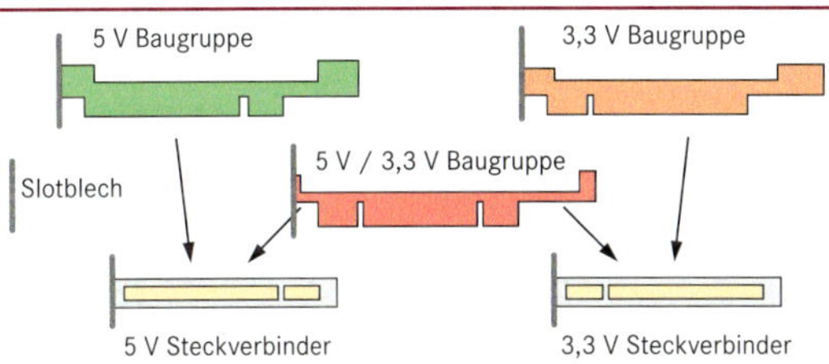

Signale

Name	Funktion
AD[....]	Adresse/Daten
C/BE(...)#	Bus - Kommando/Bytefreigabe
INT (A...D)#	Interruptleiteitung (Kanal A, B, C, D)
PAR	Parität für AD und C/BE
CLK/RST	Takt/Reset
Frame#	Zyklus Rahmen
IRDY#/TRDY#	Initiator bereit/Target bereit
STOP#	Unterbrechung
LOCK#	Sperre
IDSEL	Initialisierung
DEVSEL#	Geräteauswahl
REQ#	Anforderung

Name	Funktion
GNT#	Freigabe (Bus-)
PERR#	Paritätsfehler
SERR#	Systemfehler
PRSNT#	Anwesenheit
M66EN	66 MHz Freigabe
PME#	Stromversorgungsereignis
SMBCLK	SMBus Takt
SMBDAT	SMBus Daten
Txx	Test-Signale
REQ64#	Anforderung 64 Bit Transfer
ACK64#	Bestätigung 64 bit

Steckverbinder 32 Bit/3,3 V

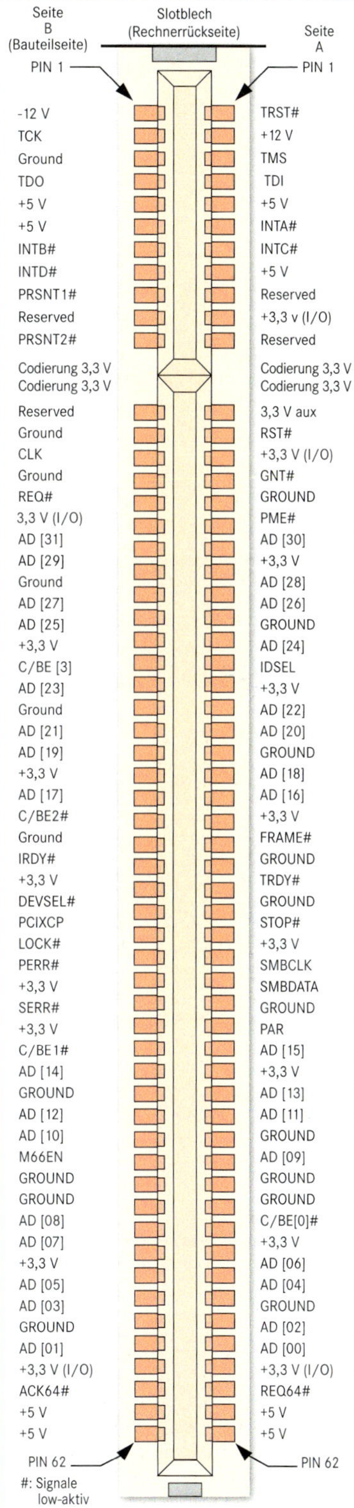

Merkmale

- Ist ein industrielles Rechnersystem und standardisiert von der **PICMG** (**P**CI **I**ndustrial **C**omputer **M**anufacturers **G**roup; in Europe: PICMG Europe)
- Besteht aus
  - passivem Rückwandbus (backplane),
  - PCI-Bus und
  - 19" Aufbautechnik.
- Besonderes Kennzeichen sind die hochpoligen Steckverbinder in 2 mm Stiftabstand (metrische Steckverbinder), wobei die Messerleisten in der Rückwandleiterplatte und die Federleisten auf den Baugruppen angeordnet sind.
- Die Steckverbinder sind in verschiedenen Typen (A, B, AB) verfügbar.
- Als Baugruppenformat werden das
  - einfache Europaformat (3U; 100 mm x 160 mm) und das
  - doppelte Europaformat (6U; 230 mm x 160 mm)

  verwendet.
- Die Anzahl der Steckverbinder ist abhängig von der Art der Baugruppe.
- Die CPU-Baugruppe enthält mindestens die Steckverbinder J1 und J2.
- Peripheriebaugruppen (z. B. I/O-Baugruppen) können auch nur mit dem Steckverbinder J1 ausgerüstet sein.
- Externe Signale (z. B. USB- oder Ethenetanschluss) werden über die Frontplatten herausgeführt.
- Über die Rückseite der Backplane könne zusätzliche Baugruppen angesteckt werden.
- Pro Rückwandbus-Einheit sind bis zu 8 PCI Einbauplätze realisierbar (über Brückenbaugruppen erweiterbar).
- **CompactPCI Serial** verwendet **serielle** Kommunikationsverbindungen (u. a. PCIe; SATA, USB, Ethernet) zwischen dem CPU-Board und den Peripheriebaugruppen.

Baugruppenformate

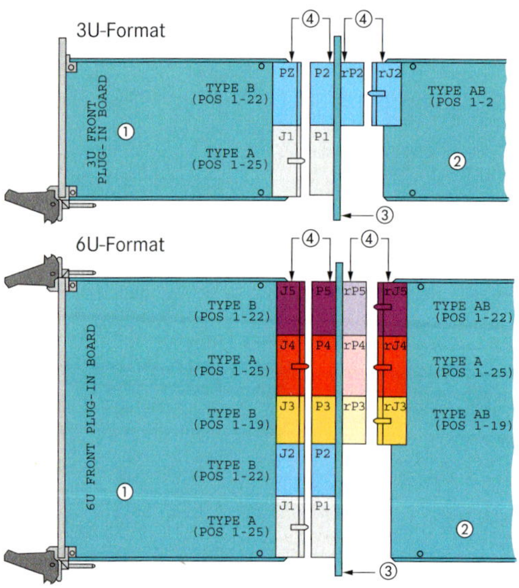

① Flachbaugruppe frontseitig
② Flachbaugruppe rückseitig
③ Backplane
④ Steckverbinder

Steckverbinderaufbau

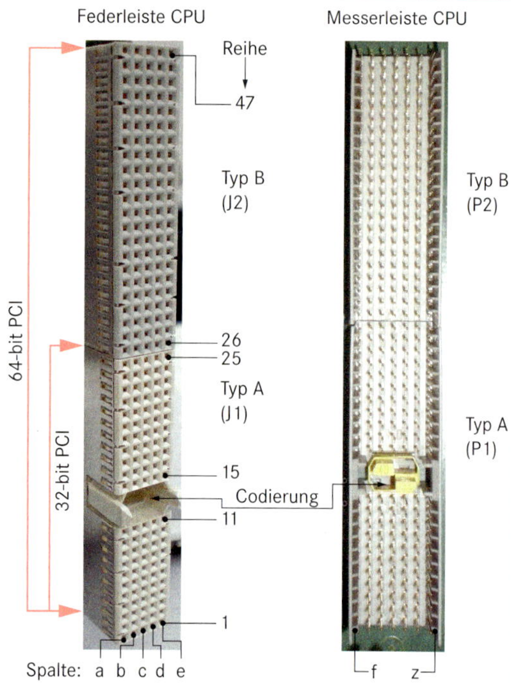

Aufbaubeispiel

CPU mit Backplane und rückseitiger Baugruppe

19" Gehäuse

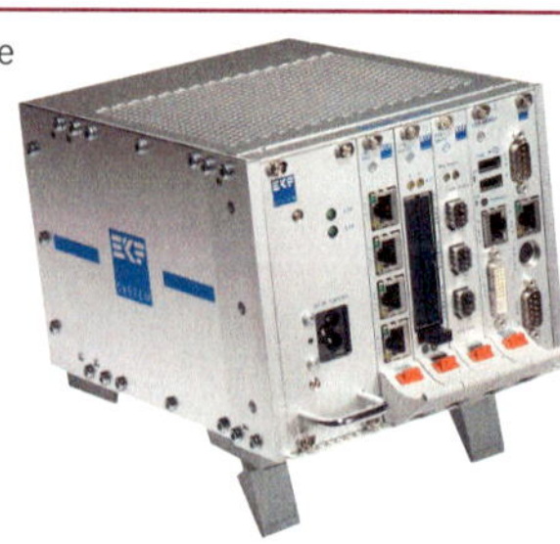

Merkmale

- **PCIe**
  - dient zur Anbindung von Peripherie-Einheiten an die CPU.
  - ist der Ersatz des bisherigen PCI-Busses.
- Die Datenübertragung erfolgt im Gegensatz zum PCI in serieller Form über sogenannte **Lanes** (unidirektionale Leitungspaare), wobei jeweils ein Paar zum Senden und das andere Paar zum Empfangen dient (Punkt zu Punkt).
- Die Anzahl der Lanes ist skalierbar mit x1, x2, x4, x8, x12, x16 und x32.
- Die Datenübertragung erfolgt in Paketen.
- Version 1.0 realisiert pro Lane 2,5 Gigatransfer pro Sekunde und Richtung.
- Version 2.0 realisiert pro Lane 5 Gigatransfer pro Sekunde und Richtung.
- Beide Versionen verwenden 8 Bit/10 Bit Codierung.
- Version 3.0 realisiert pro Lane 8 Gigatransfer pro Sekunde und Richtung bei 8 Bit Codierung.

Verbindungsprinzip

Beispiel: PCIe x1 (Version 1.0)

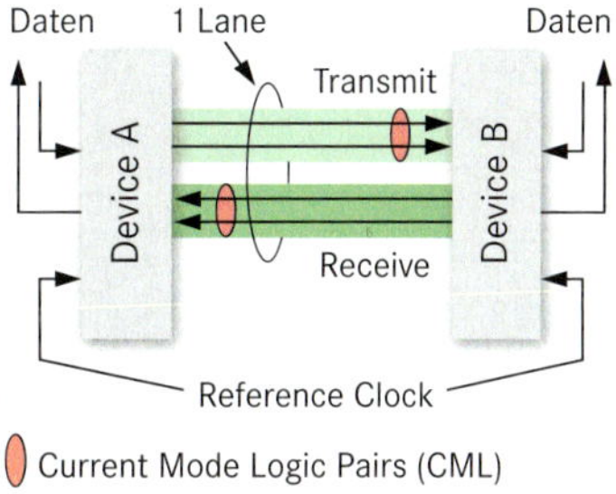

Datenraten

Version	Anzahl Lanes	Datenrate in MByte/s und Richtung
1,0		
PCIe x1	1	250
PCIe x8	8	2.000
2,0		
PCIe x1	1	500
PCIe x8	8	4.000
3,0		
PCIe x1	1	1.000
PCIe x8	8	8.000

Anwendung

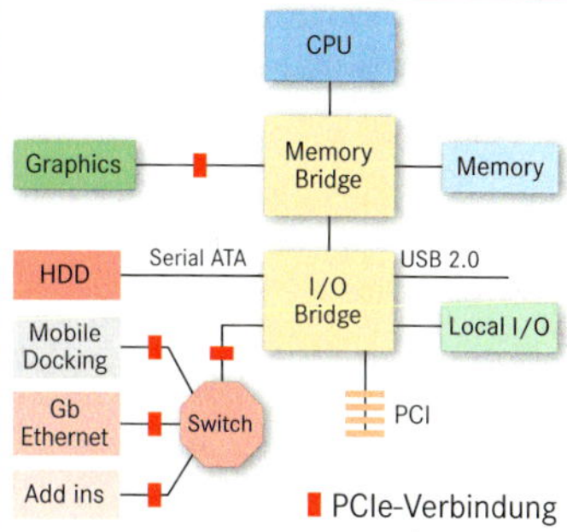

Steckverbinderbelegung PCIe 1x

Pin #	Side B Name	Side B Description	Side A Name	Side A Description
1	+12 V	12 V power	PRSNT1#	Hot plug presence detect
2	+12V	12 V power	+12V	12 V power
3	RSVD	Reserved	+12V	12 V power
4	GND	Ground	GND	Ground
5	SMCLK	SMBus (System Management	JTAG2	TCK (Test Clock), clock input for JTAG interface
6	SMDAT	Bus) clock	JTAG3	TDI (Test Data Input)
7	GND	Ground	JTAG4	TDO (Test Data Output)
8	+3,3 V	3,3 V power	JTAG5	TMS (Test Mode Select)
9	JTAG1	TRSAT# (Test Reset) resets the JTAG interface	+3,3 V	3,3 V power
10	3,3 Vaux	3,3 V auxiliary power	+3,3 V	3,3 V power
11	WAKE#	Signal for link reactivation	PWRGD	Power good
		Mechanical Key		
12	RSVD	Reserved	GND	Ground
13	GND	Ground	REFCLK+	Reference clock
14	HSOp(0)	Transmitter	REFCLK-	(differential pair)
15	HSOn(0)	differential pair, Lane 0	GND	Ground
16	GND	Ground	HSIp(0)	Receiver differential pair,
17	PRSNT2#	Hot plug presence detect	HSIn(0)	Lane 0
18	GND	Ground	GND	Ground
		End of the x1 Connector		

Mechanischer Aufbau

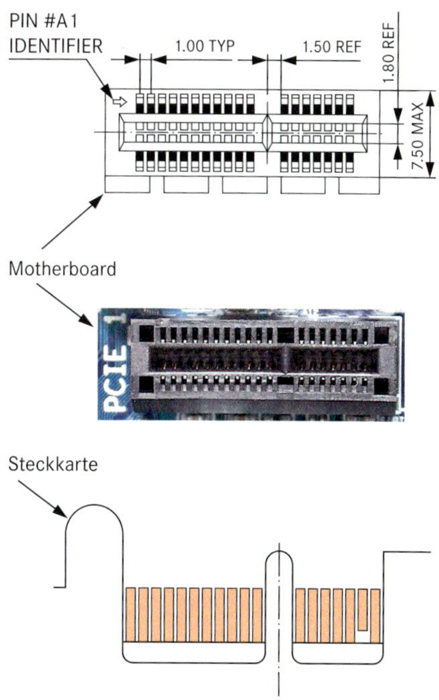

Steckverbinder PCIe x16

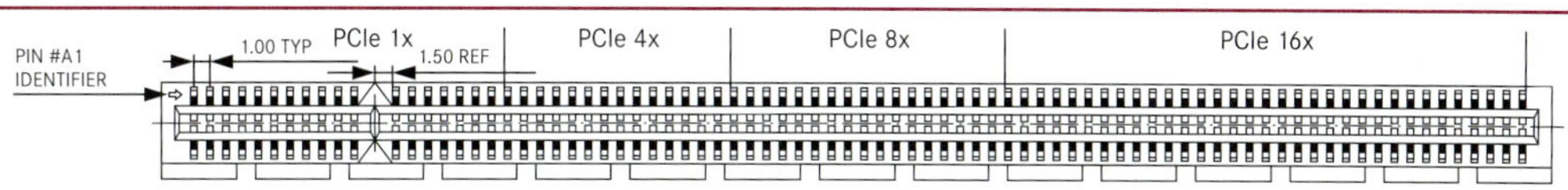

Merkmale

- SAS ist die Weiterentwicklung von SCSI.
- Verwendet ein **serielles Buskonzept** mit Punkt-zu-Punkt-Verbindungen.
- Pro Verbindung werden
  - zwei Aderpaare mit **LVDS** (Low Voltage Differential Signal),
  - im Vollduplex-Betrieb mit bis zu 6 Gbit/s pro Richtung (Receive und Transmit) verwendet.
- SAS-Laufwerke sind standardmäßig mit zwei getrennten Controllern über zwei Steckverbinder ausgerüstet und vermeiden somit den **„single point of failure“** (Ausfall aufgrund eines einzelnen Fehlers).
- Über Expander lassen sich 128 Geräte ansteuern
- Insgesamt können in einem System 16384 Geräte (128 Expander x 128 Geräte/Expander) betrieben werden.
- Geräte werden mit **WWN** (**W**orld **W**ide **N**ame) adressiert.
- Stecker und Kabelspezifikationen sind abgestimmt auf den Einsatz in Backplanes und ermöglichen den Einsatz in 1 U Servern, Blade-Servern und JBOD Speicherarrays (**JBOD: J**ust a **B**unch **o**f **D**isks).
- Auf der Protokollebene gibt es drei verschiedene Protokollvarianten:
  - **SSP** (**S**erial **S**CSI **P**rotocol) überträgt Steuerkommandos und Daten (SAS-Betrieb),
  - **SMP** (**S**erial **M**anagement **P**rotocol) dient der Steuerung der Expander,
  - **STP** (**S**ATA **T**unnelling **P**rotocol) ermöglicht den Betrieb von SATA-HDDs an SAS-Controllern.
- Ein Mischbetrieb von SATA- und SAS-HDDs ist an SAS-Controllern somit möglich (umgekehrt nicht!).

Standard-Übersicht

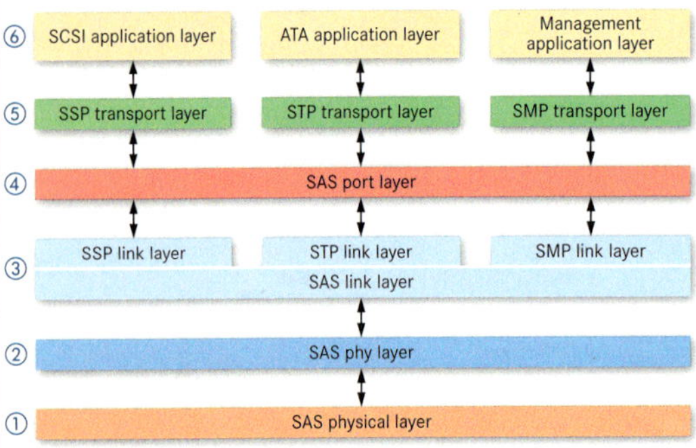

Inhalte (Beispiele)
① Steckverbinder, Kabel, elektrische Eigenschaften von Sender und Empfänger
② 8b/10b-Codierung, Bitreihenfolge, Rücksetzabläufe
③ CRC-Bildung, Adressrahmen, Erkennungsablauf
④ Port-Ebene (Verbindungsebene zwischen verschiedenen Transport- und Verbindungsebenen)
⑤ Rahmendefinition für SSP, STP und SMP
⑥ SCSI Protokolldienste, Betriebsartenparameter

Datenrahmen

4 Bytes	24 Bytes	Variable Länge	4 Bytes	4 Bytes
SOF	Header	Information Unit	CRC	EOF

SOF: Start of Frame (Rahmenanfang)
Header: Kopf (Daten-Vorspann)
Information Unit: Nutzdaten
CRC: Cyclic Redundancy Check (Prüfsumme)
EOF: End of Frame (Rahmenende)

Verbindungsprinzip

Beispiel: Narrow Link (schmale Verbindung)

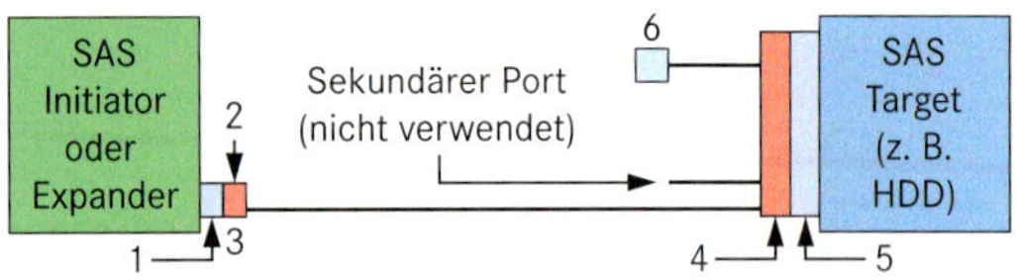

1: Host Steckverbinder
2: Host-Kabel Stecker
3: Primärer Port
4: Festplattenstecker
5: Festplattensteckverbinder
6: Stecker für Stromversorgung i.O. Anzeige (LED)

Steckverbinder Festplatte intern

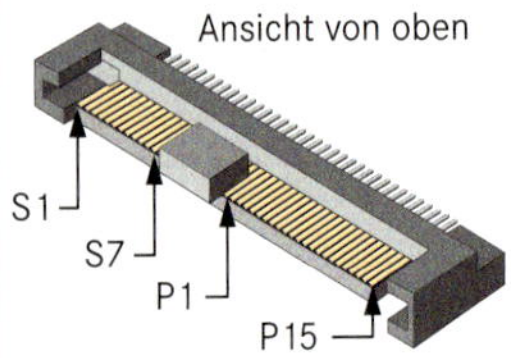

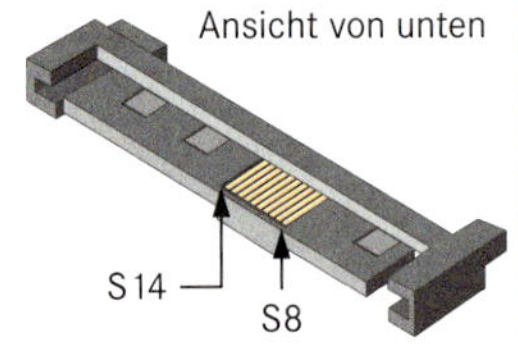

Stecker Festplatte intern

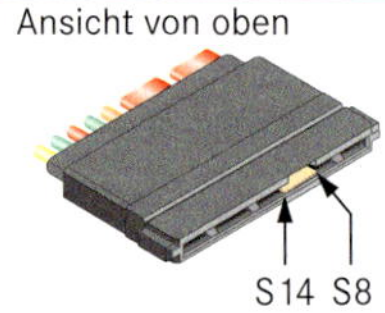

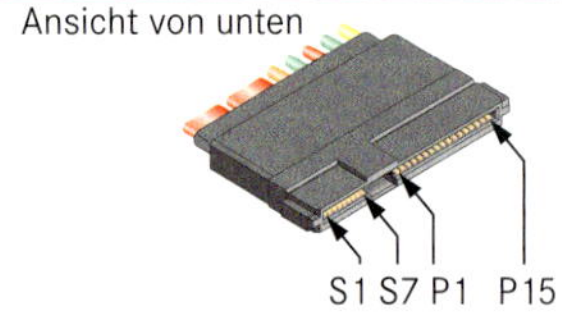

Primärer Port		Sekundärer Port	
PIN	Bezeichnung	PIN	Bezeichnung
S 1	Signal Ground	S 8	Signal Ground
S 2	RP +	S 9	RS +
S 3	RP –	S 10	RS –
S 4	Signal Ground	S 11	Signal Ground
S 5	TP –	S 12	TS +
S 6	TP +	S 13	TS –
S 7	Signal Ground	S 14	Signal Ground

RP: Receive Primary TP: Transmit Primary

Spannungsversorgung			
PIN	Bezeichnung	PIN	Bezeichnung
P 1	3,3 V	P 9	5 V
P 2	3,3 V	P 10	Ground
P 3	3,3 V	P 11	Ready LED
P 4	Ground	P 12	Ground
P 5	Ground	P 13	12 V Precharge
P 6	Ground	P 14	12 V
P 7	5 V Precharge	P 15	12 V
P 8	5 V		

RS: Receive Secondary TS: Transmitt: Secondary

Merkmale

- **RAID**
  Redundante Anordnung von unabhängigen Festplatten (virtueller Massenspeicher).
- **Fehlertolerante** (fault tolerant) und **redundante** Speicherung von Daten in Serversystemen.
- Erhöht die Systemleistung.
- Raid-Controller erzeugt und speichert 'online' **Redundanzdaten** zu den Anwenderdaten.
- Anwenderdaten stehen auch nach Ausfall einzelner Festplatten unbeschädigt zur Verfügung.
- Prinzip beruht auf **Datenverteilung in Blöcken** über mehrere Festplatten (striping) und Paritätserzeugung und Paritätsprüfung.
- **Raid-Level** definieren verschiedene Implementierungen (Raid 0 bis Raid 5).
- Realisierung in der Regel mit Hardwarekomponenten (Disk-Array-Controllern).
- Softwarelösungen erzeugen Redundanzen per Programm (geringer Systemdurchsatz).
- Verbindungen zum Rechner erfolgt mit getrennten oder gemeinsamen Festplattencontrollern (z. B. SCSI-Controller).
- **Levelbezeichnung** sagt nichts über Qualität der Datensicherheit bzw. Leistungsfähigkeit des Systems.
- Firmenspezifische Erweiterungen sind am Markt vorhanden.

RAID-Level 0

- Daten werden in Blöcke aufgeteilt und auf die vorhandenen Festplatten verteilt.
- Keine Paritätserzeugung.
- Bei Ausfall einer Festplatte müssen die Daten von einem Backup-Medium zurückgelesen werden.
- Anwendung bei hohen Geschwindigkeitsanforderungen.
- Bietet geringsten Schutz gegen Ausfall.

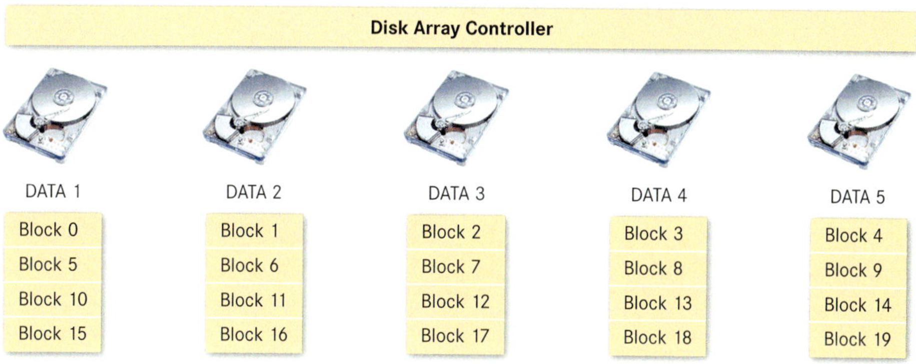

RAID-Level 1

- Jeder primären Festplatte ist eine **Spiegelplatte** (Mirror) zugeordnet.
- Inhalte der primären Festplatte und der Spiegelplatte sind identisch.
- Der Spiegelvorgang ist unsichtbar für den Anwender.
- Raid-Level 1 kann in Kombination mit Level 0 auf mehrere Festplatten angewendet werden.

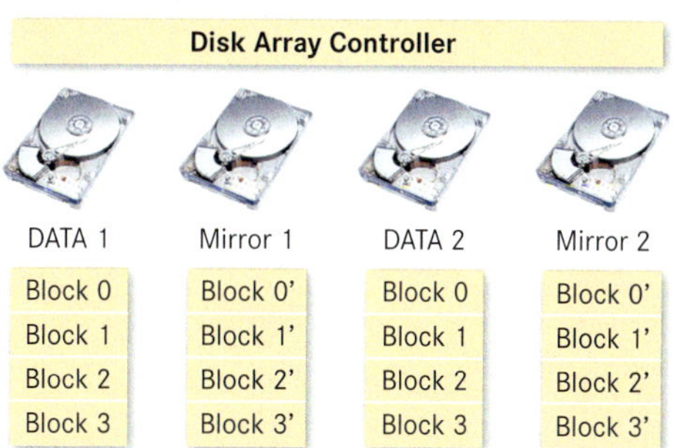

RAID-Level 5

- Verwendet **Datenblöcke** und **Paritätsbildung**.
- Anwenderdaten und Paritätsdaten sind auf allen Festplatten gleich verteilt.
- Unabhängige und/oder parallele Schreib-/Leseoperationen werden unterstützt.
- Bietet ausreichend Geschwindigkeit und ausreichenden Datenschutz.

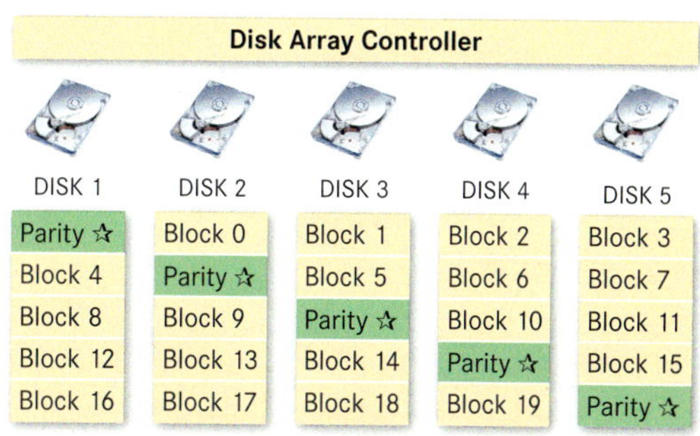

Kenndaten

- Universeller digitaler Verbindungsstandard für die Übertragung von Bild- und Tonsignalen des **VESA**-Gremiums (**V**ideo **E**lectronics **S**tandards **A**ssociation, April 2007).
- Anwendung: Verbindung von Bildschirmen und Fernsehgeräten mit PC, DVD, ... zur Übertragung hoher Datenraten.
- Gedacht als Ersatz für VGA und DVI, mit vergleichbaren Funktionen wie HDMI.
- Die Verschlüsselung erfolgt wie bei HDMI und DVI mittels **HDCP** 1.3 (**H**igh Bandwidth **D**igital **C**ontent **P**rotection) und **DPCP** (**D**isplay**P**ort **C**ontent **P**rotection).
- Die Datenübertragung erfolgt seriell, (skalierbare Punkt-zu-Punkt-Verbindung), die sich an die Eigenschaften des Übertragungskanals anpassen kann.
- Bei Verbindung zwischen Sender (z. B. Grafikkarte) und Empfänger (Display) erfolgt eine Synchronisation (ohne Taktleitung), bei der sich Signalpegel zwischen 200 mV und 600 mV einstellen.
- Mit dem DisplayPort-Anschluss können für die Übertragung 1, 2 oder 4 Kanäle (Bahnen, Leitungspaar) eingerichtet werden.
- **Video-Signal**: Die maximale Auflösung wird durch die verfügbare Bandbreite (Leitungslänge) begrenzt.

Kanäle	Leitungslängen	
	bis 2 m	bis 15 m
1	1280 x 1024 [1]	1024 x 768 [1]
2	1920 x 1200	1280 x 1024
4	2560 x 1600	1920 x 1200

[1] Pixel x Pixel

- **Datenraten** (maximal)
  1,62 Gbit/s; 2,7 Gbit/s oder 5,4 Gbit/s pro Kanal
  Beispiel:
  Mit 4 Kanälen mit jeweils 2,7 Gbit/s erreicht man bis zu 10,8 Gbit/s (max. 2 m Leitungslänge). Diese Datenrate reicht aus für ein WQXGA-Display mit 2560 x 1600 Pixeln und 30 Bit Farbtiefe pro Pixel.
- **Audio-Signal**
  1 bis 8 Kanäle, 16 oder 24-Bit-PCM, 32 bis 192 kHz Abtastrate, maximale Datenrate 49152 kbit/s
- **Zusatzkanal**
  - Verwendung zur bidirektionalen Datenkommunikation
  - **DDC** (**D**isplay **D**ata **C**hannel) für die Übertragung der Monitor-Daten
  - Übertragung der Daten von Webcams, Mikrofon, Lautsprecher
  - Datenraten: 1 Mbit/s bis 720 Mbit/s
- Die Steckverbindung ist im Vergleich zu VGA und DVI kompakter und verriegelbar.

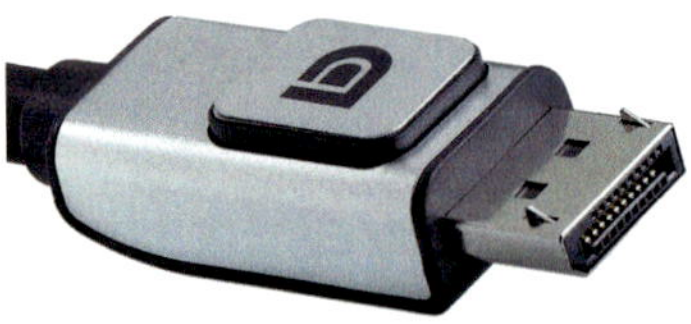

- Ausgänge an Grafikkarte

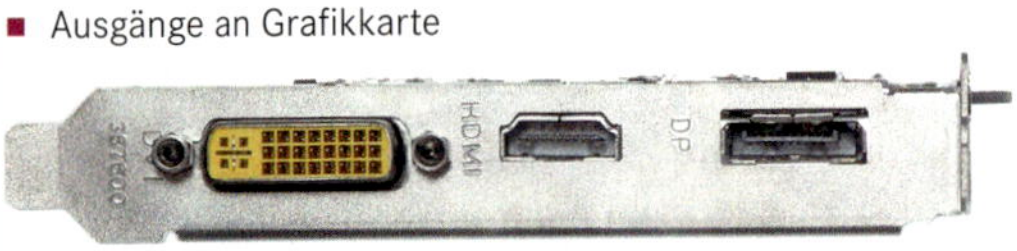

Pinbelegung

Pin	Bezeichnung	Pin	Bezeichnung
1	ML_Lane 0 (p)	11	GND
2	GND	12	ML_Lane 3 (n)
3	ML_Lane 0 (n)	13	Config 1 [1]
4	ML_Lane 1 (p)	14	Config 2 [1]
5	GND	15	AUX CH (p) [2]
6	ML_Lane 1 (n)	16	GND
7	ML_Lane 2 (p)	17	AUX CH (n) [2]
8	GND	18	Hot-Plug [3]
9	ML_Lane 2 (n)	19	Zurück
10	ML_Lane 3 (p)	20	DP_PWR [4]

- Lane: Spur, Bahn, Straße
- ML: Main Link (Hauptverbindung)
- p: positive
- n: negative

[1] kann direkt geerdet sein
[2] Zusatzkanal (AUX: Auxiliary-Wege: Hilfswege)
[3] Hot-Plug-Erkennung (Komponenten können während des Betriebs ausgetauscht werden)
[4] Anschluss 3,3 V 500 mA

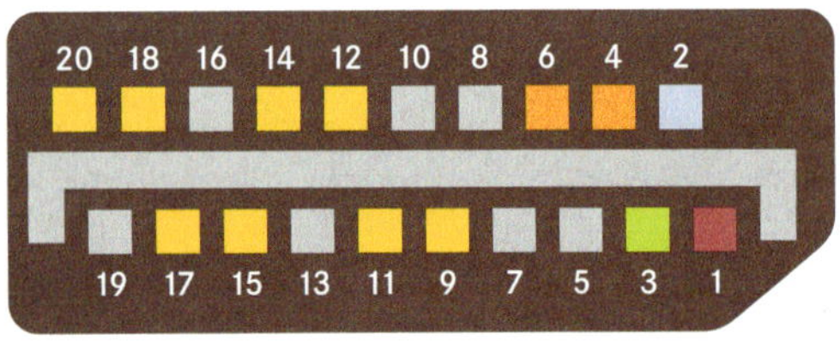

Adapter

- Die DisplayPort-Schnittstelle ist elektrisch kompatibel zu VGA- und DVI-Schnittstellen.
- In der Regel reicht zum Anschluss von Geräten mit VGA-, DVI- oder HDMI-Schnittstellen ein einfacher (fast) passiver Adapter.

- Befindet sich auf dem Weg zum Endgerät ein Adapter, erkennt die Grafikkarte eine andere Schnittstelle. Intern erzeugt die Grafikkarte dann ein Signal im richtigen Format und schickt es an den DisplayPort-Ausgang. Der Adapter sorgt dafür, dass die Signale zu den richtigen Kontakten geleitet werden.

Mini-DisplayPort

- Einführung vor allem für Notebooks
- Stecker und Buchsen sind kleiner
- Elektrische Kompatibilität zum „normalen" DisplayPort

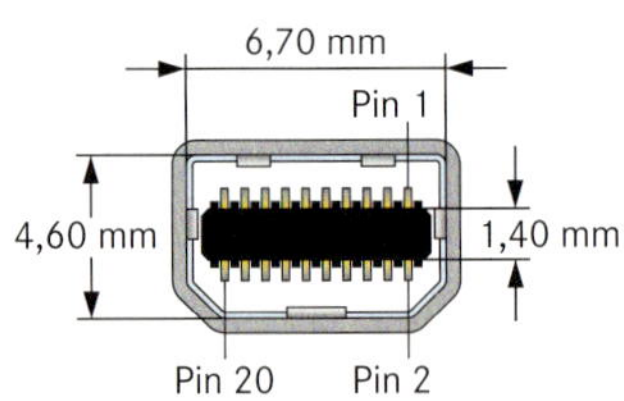

ExpressCard

- ExpressCard ist
  - Nachfolger für die bisher verwendete PC-Card,
  - dient zur modularen Erweiterung von Desktop- und Notebook-PCs.
- Verwendet zwei Formfaktoren (Maße kleiner als bei PC-Card).
- Kartendicke beträgt 5 mm
- Die Schnittstelle unterstützt
  - USB 2.0-Schnittstelle
  - eine PCI-Express Schnittstelle (single PCI-Express lane, x1, mit 2,5 Gbit/s je Richtung)
- **SMB** (**S**ide Band **M**anagement - **B**us) dient zur Steuerung getrennter Funktionen.
- Karten können im laufenden Betrieb gewechselt werden (hot-plug-fähig).
- Steckerverbindung besteht aus 26 Anschlüssen im Raster von 1 mm.
- Der elektrische Leistungsbedarf ist spezifiziert auf
  - 2,1 W für ExpressCard/54-Modul,
  - 1,6 W für ExpressCard/34-Modul.

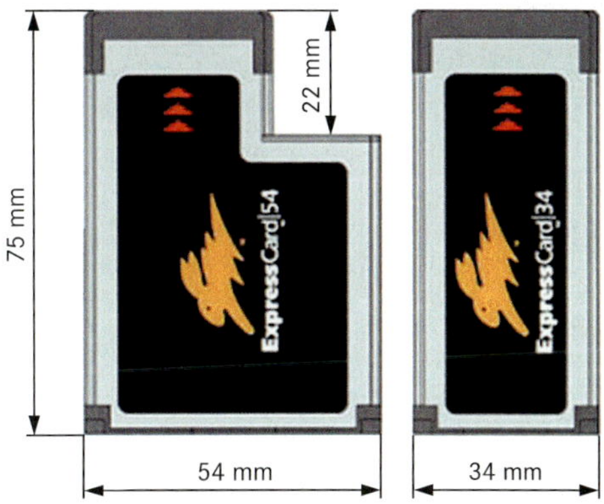

- ExpressCard/34-Module können in Steckplätze für ExpressCard/54-Module gesteckt werden.
- Einbauplätze sind nicht kompatibel zu PC-Card.

Steckplatz

Signal	Bedeutung
USBD+ USBD-	Differenzielle USB-Datenleitungen
SMB-DATA	Side Band Management - Bus Daten
SMB-CLK	Side Band Management - Bus Takt
PERn0 PERp0	Differenzielle PCI-Express Datenleitung (zum Host)
PETn0 PETp0	Differenzielle PCI-Express Datenleitung (zum Host)
WAKE#	Wecksignal von ExpressCard an PCI-Express Bus
PERST#	PCI-Express System-Reset
CPUSB#	USB-Erkennung

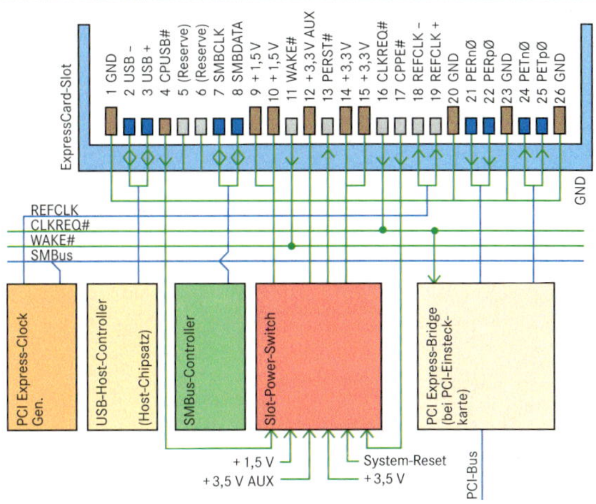

PCMCIA-Card

- PCMCIA: Personal Computer Memory Card International Association ist die Herstellervereinigung für scheckkartengroße PC-Erweiterungskarten
- Aktuelle Bezeichnung: PC-Card
- Verfügbar z. B. als Speicher-, E/A-, ISDN-, MODEM- oder Festplattenkarte
- Karten mit Versionsstand größer 2.x sind identisch mit dem **JEIDA**-Standard (**J**apanese **E**lectronic **I**ndustry **D**evelopment **A**ssociation).
- Version mit 32 Bit verwendet den gleichen Stecker (68 Pin) und wird als Cardbus-Interface bezeichnet.

Abmessungen

Version	Typ	Länge in mm	Breite in mm	Höhe in mm	
				Anschluss	Körper
1	-	85,6	54,0	3,3	3,3
2	I	85,6	54,0	3,3	3,3
2	II	85,6	54,0	3,3	5,0
2	III	85,6	54,0	3,3	10,5

Anschlüsse

Ansicht auf Steckverbinder der Karte

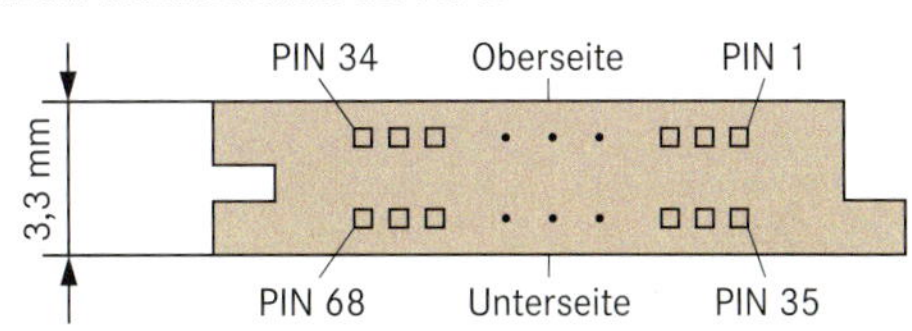

Merkmale

USB 2.0

- Ist ein serieller Bus zur Anschaltung von Peripheriegeräten (z. B. Drucker) an den PC.
- Ist ausgelegt als kaskadierte Sterntopologie mit bis zu 127 Geräten (Functions, inkl. Hub).
- Übertragungsrate: brutto ca. 60 MByte/s
- Stromversorgung für Endgeräte wird im Kabel mitgeführt

USB 3.0

- Ist die Erweiterung (SuperSpeed) von USB 2.0
- Verwendet einen doppelten seriellen Bus
- Übertragungsrate: brutto ca. 500 MByte/s
- Unterstützt Betriebsarten für die Energieeinsparung bei den Endgeräten
- Stecker sind nur zum Teil kompatibel zu USB 2.0

Topologie

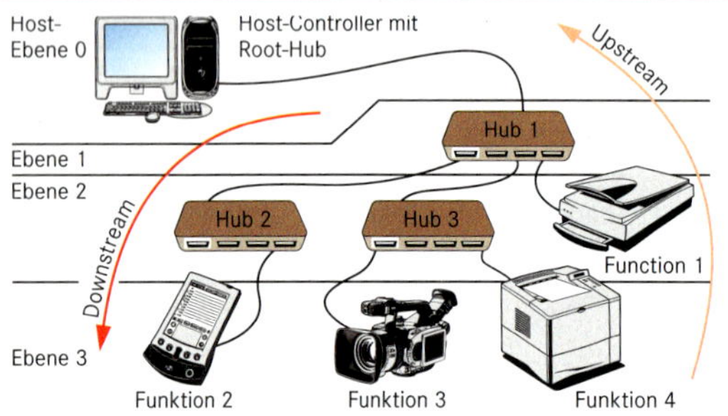

Stecker und Buchsen

Standard

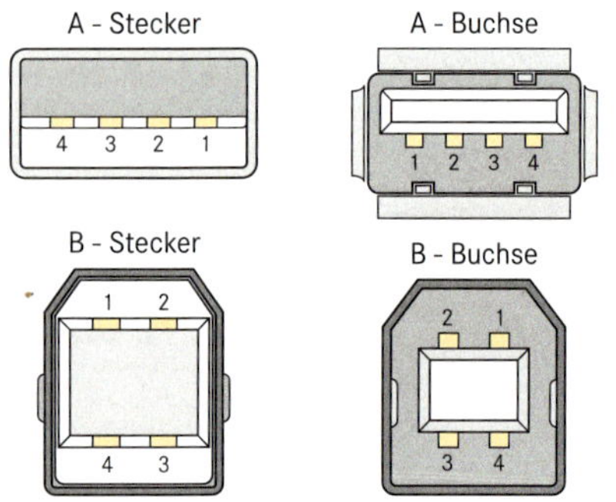

PIN Belegung
1 + V_{CC}
2 D –
3 D +
4 Gnd

Mini

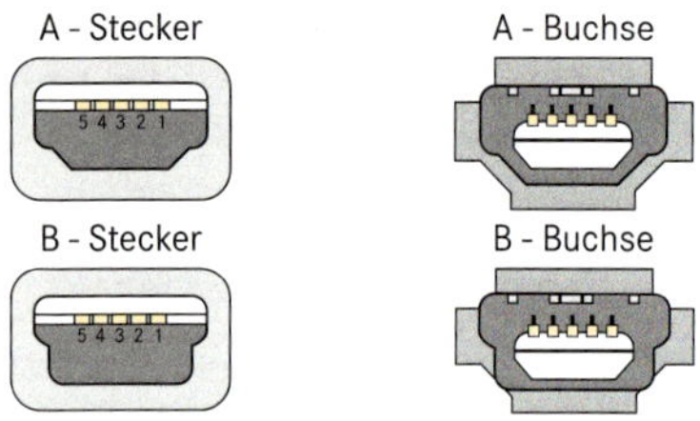

Micro

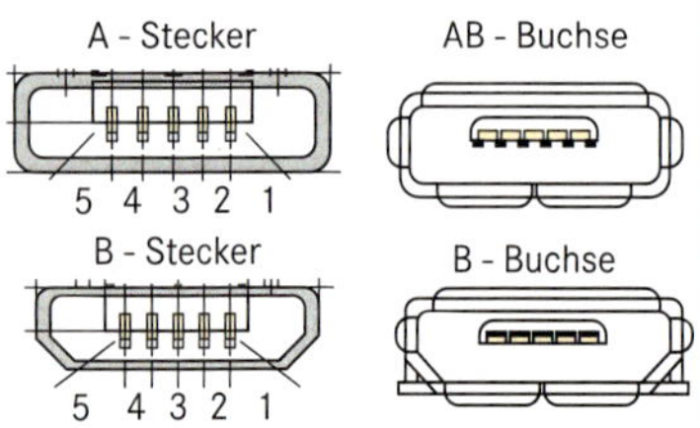

PIN-Belegung (Mini und Micro)

Pin	Typ A	Typ B
1	Vcc	
2	D –	
3	D +	
4	Gnd	n.c.
5	Gnd	

Kabelaufbau

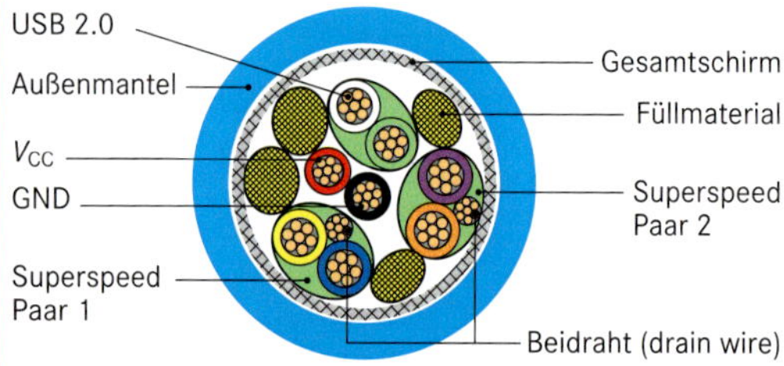

Aderfarbe	Signalname	Funktion
Rot	PWR	Stromversorgung ext. Geräte
Schwarz	GND_PWRrt	Stromversorgung Rückleiter
Weiß	UTP_D–	USB 2.0., negativ[1]
Grün	UTP_D+	USB 2.0., positiv[1]
Blau	SDP1–	Paar 1, negativ[2]
Gelb	SDP1+	Paar 1, positiv[2]
Purpur	SDP2–	Paar 2, negativ[2]
Orange	SDP2+	Paar 2, positiv[2]

[1] ungeschirmt [2] geschirmt

Stecker und Buchsen

Standard

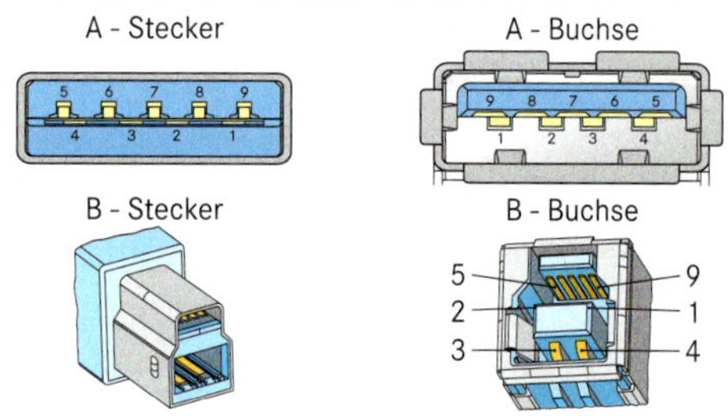

Pin-Nr.	Signalname	Funktion
1	UBUS	Stromversorgung
2 3	D– D+	USB 2.0 differenziell
4	Gnd	Stromversorgungsmasse
5 6	StdA_SSRX– StdA_SSRX+	Vom Gerät zum Host
7	GND_DRAIN	Rückleitung für Signaladern
8 9	StdA_SSTX- StdA_SSTX+	Vom Gerät zum Host
Shell	Shield	Schirmung

Merkmale

- IEEE 1394 definiert eine **serielle Schnittstelle** zur Kopplung peripherer Geräte (z. B externe Festplatten, Videogeräte) an einen Rechner oder zur Kopplung von Geräten untereinander.
- Verwendete Produktnamen sind FireWire (Apple), i.Link (Sony) und mLAN (Yamaha).
- Standard besteht aus mehreren Teilen: IEEE 1394a, IEEE 1394b und IEEE 1394c.
- Allgemeine Bezeichnungen sind FireWire 400 und FireWire 800.
- Basiert auf einer **seriellen Punkt-zu-Punkt**-Datenübertragung (peer to peer) zwischen benachbarten Geräten bzw. über mehrere Geräte hinweg zum Zielgerät.
- Erfordert keinen Host im System (Gegensatz: USB).
- Jedes Gerät kann die Masterfunktion übernehmen.
- Adressierung der Geräte in einem Bus durch 6 Bit; die einzelnen Busstränge werden über zusätzliche 10 Bit adressiert.
- Pro Bussystem sind 63 Geräte (Knoten) adressierbar.
- Geräte werden in Reihe (**Daisy Chain**) geschaltet.
- Bei Verwendung von Kupferverbindungskabeln können max. 17 Geräte (16 Kabelsegemente, je 4,5 m) in eine Reihe geschaltet werden (72 m Gesamtlänge).
- Durch Verwendung von Hubs (oder Mehrport-Geräten) können **Baumtopologien** aufgebaut werden.
- Max. sind 1023 Bussegmente über **Brücken** zusammen schaltbar.
- Realisiert Funktionen, wie z. B.:
  - **plug and play** (keine Adresseinstellung, keine Terminierung eforderlich),
  - **automatische Buskonfiguration** bei Hinzufügen oder Entfernen eines Gerätes,
  - **asynchroner** Datentransfer (zwischen zwei direkt adressierten Geräten, mit variablen Übertragungsintervallen und Handshake-Verfahren),
  - **isochroner** Datentransfer (feste, garantierte Übertragungsintervalle für jede teilnehmende Verbindung, ohne Wiederholung bei Datenverlust; 80 % der Bandbreite für einen oder mehrere isochrone Kanäle verfügbar),
  - bis zu 45 W elektrische Leistung bei Verwendung des 6- und 9-poligen Kabels übertragbar (**bus power**).
- **Übertragungsgeschwindigkeiten** (IEEE 1394a): **S 100** (98,304 Mbit/s), **S 200** (196,608 Mbit/s), und **S 400** (393,216 Mbit/s), bidirektional und halbduplex.
- IEEE 1394b ist abwärtskompatibel zu 1394a über bilinguale Verbindung; realisiert zusätzlich die Übertragungsgeschwindigkeit **S 800** mit 9-poliger Beta-Verbindung, bidirektional und vollduplex.
- IEEE 1394c realisiert Verbindungen mit S 800 (786,432 Mb/s) über Cat. 5e UTP.

Topologie

Daisy Chain-Prinzip

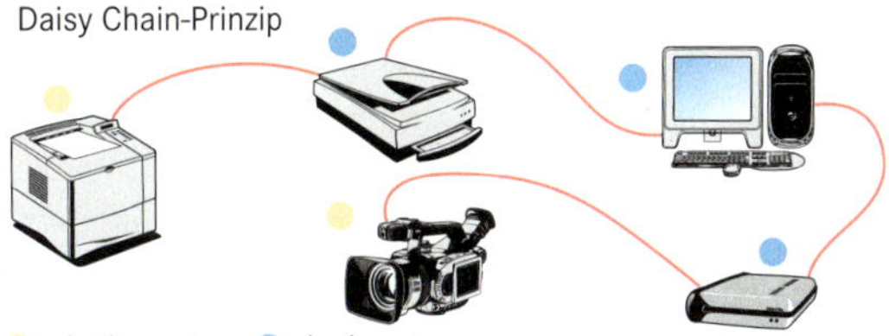

single port   dual port

Übertragungszyklus

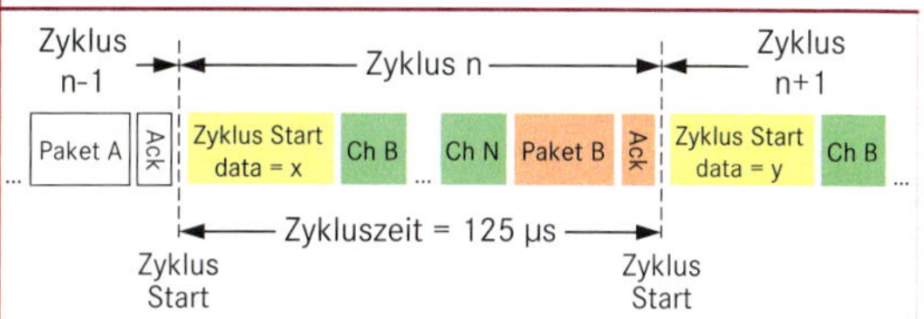

Isochroner Transfer   Asynchroner Transfer

Verbindungskabel 6-polig

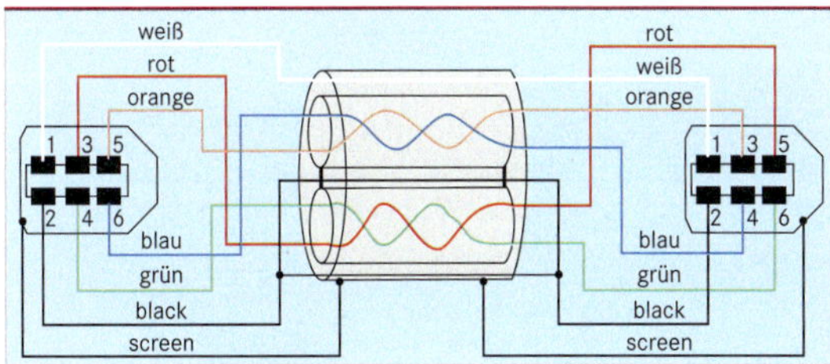

Übertragungsrichtung (DS-mode)

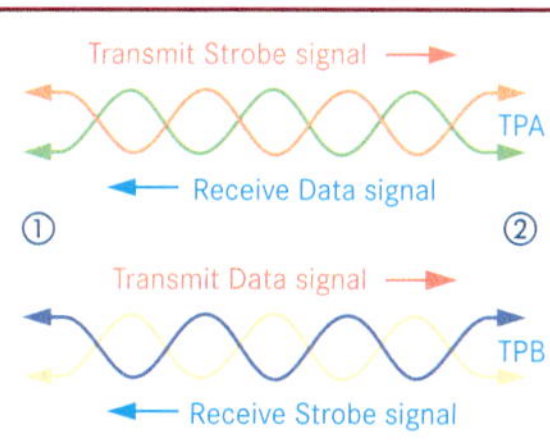

- Im DS-Mode werden Daten- und Strobesignale übertragen.
- Übertragung von ① nach ②: Strobe auf TPA und Daten auf TPB.
- Übertragung von ② nach ①: Strobe auf TPB und Daten auf TBA.

Geräteschnittstellen

4-polig

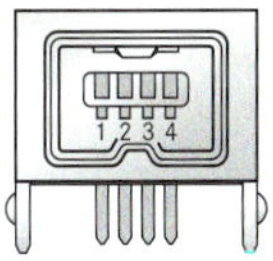

6-polig

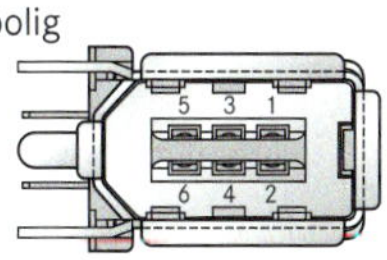

unterschiedlich breite Vertiefungen

9-polig Bilingual

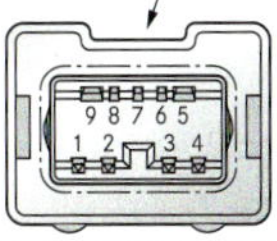

9-polig Beta

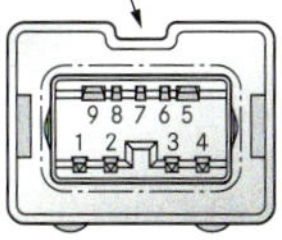

PIN-Nr. (Typ) (4-pin)	(6-pin)	(9-pin)	Bezeichnung	Funktion	Aderfarbe
-	1	8	Power	max. 30 V DC ohne Last	white
	2	6	Ground	Ground potential Innerer Schirm	black
1	3	1	TPB –	Twisted Pair B	orange
2	4	2	TPB +	Twisted Pair B	blue
3	5	3	TPA –	Twisted Pair A	red
4	6	4	TPA +	Twisted Pair A	green
		6/9	A/B shield		
–	–	7	n.c.		
			Gehäuse	Äußerer Schirm	

CD-Aufzeichnungsstandards
CD Recording Standards

Red Book[1]

Audio-CD, CD-Audio, CD-DA (**D**igital-**A**udio)
- 2.352 Byte als Nutzdaten/Sektor
- 882 Zusatzbyte (784 zur Fehlererkennung, 98 Kontroll-Bytes)
- Kapazität: 74 Minuten Musik, max. 98 Titel

CD-DA mit Grafik
- Grafikdaten werden in den Kontrollbytes transportiert.

Yellow Book[1]

CD-ROM
- Enthält Spezifikationen der CD-DA
- Zusätzlich:
  - Fehlererkennung (EDC)
  - Fehlerkorrektur (ECC)
- Aufzeichnungsstandard ISO 9660
- Mode 1: Computerdaten mit 682 MB Kapazität
- Mode 2: Audio- und Grafikdaten mit 778 MB Kapazität

Blue Book[1]

CD-Extra, CD-Plus, CD-V
- Audio und Daten
- Kombination aus Red- und Yellow-Book

Orange Book[1]

CD-MO (**M**agneto **O**ptical)
- Datenträger, die mehrfach beschrieben werden können.

CD-R (**R**ecordable)
- Optisch beschreibbarer Datenträger

CD-RW (**R**ead **W**rite)
- Mehrfach beschreibbare CD-Medien

Beige Book[1]

Photo-CD
- Aufzeichnung und Wiedergabe von Bildern

Green Book[1]

CD-I (**C**omputer **D**isk **I**nteraktiv)
- Computerdaten
- Musik und Bilder
- 650 MB (72 min Video oder 19 h Ton)

White Book[1]

Video-CD (MPEG-Standard)
- Video in VHS-Qualität
- Kapazität: 75 min Video

[1] Die technischen Spezifikationen (Standards) werden als „farbige“ Bücher bezeichnet.

Audio-CD

Aufbau und Kenndaten

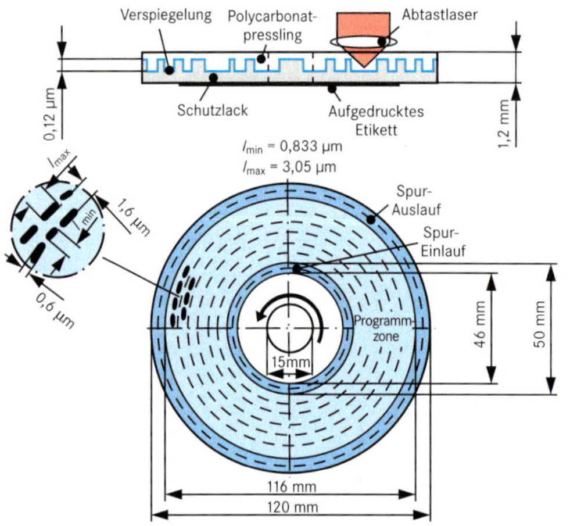

Wiedergabe-daten	20 Hz ... 20 kHz ± 0,5 dB, Dynamik: > 90 dB; Klirrfaktor: < 0,01 %; Kanaltrennung: > 90 dB
Spieldauer	max. 74 min
Drehzahl (veränderlich)	Innenabtastung: 500/min Außenabtastung: 215/min
Abtastge-schwindigkeit	1,2 m/s (70 min Spieldauer) ... 1,4 m/s (60 min Spieldauer)
Drehrichtung	gegen Uhrzeigersinn
Leserichtung	spiralförmig, von innen nach außen

Optisches System	
Lichtquelle	Halbleiter-Laser (≤ 2 mW) AlGaAs, 780 ... 820 nm
Tiefenschärfe	± 2 µm
Signalformat	
Abtastung	44,1 kHz Abtastfrequenz, L und R gleichzeitig, 1,41 Mbit/s
Codierung und Quantisierung	PCM, 2er-Komplement, 16 Bit linear
Aufzeichnungsformat	
Fehlerkorrek-tur-Code	CIRC: Cross-Interleaved-Reed-Solomon-Code (Verschachtelung mit Prüfwort ergänzt)
Kanal-Modulation	EFM: Eight to Fourteen Modulation; 8-14 Modulation; 8 Bit breite Symbole werden zu 14 Bit breiten Wörtern umgesetzt.
Sample	Abtastwert: je 16 Bit für L und R
Frame	Rahmen: 6 Samples ergeben 1 Frame
Frame-Länge	Rahmenlänge: 588 Bits; Synchronisation: 24 Kanalbits Steuerung/Anzeige: 8 Datenb., 14 Kanalb. 24 Datenbytes: 192 Datenb., 336 Kanalb. 8 Fehlerkorrektur-Bytes: 64 Datenb., 112 Kanalb. Zusatzbits: 102 Kanalbits
Merginbit	Koppelbit zur Synchronisation, für den Übergang von einem Wort zum anderen.
Kanalbitrate	4,3218 Mbit/s

DVD
Digital Versatile Disc

Vergleich DVD mit CD

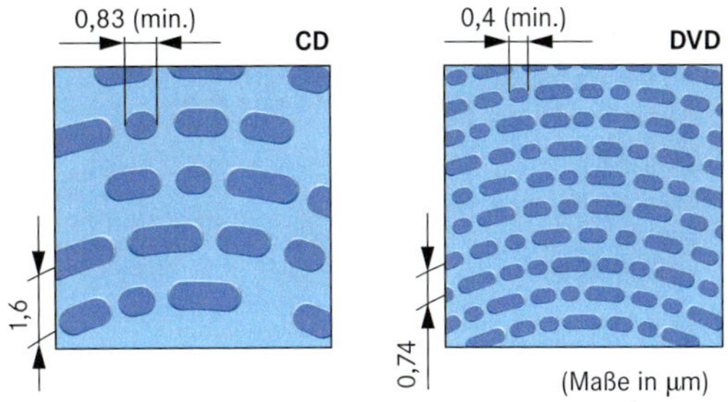

(Maße in µm)

Kenndaten

Durchmesser	120 mm (wie CD)
Dicke	1,2 mm (wie CD)
Spurweite	0,74 µm
Laser	635 nm, 650 nm (Rot)
Kapazität (Daten)	4,7 GB; 8,5 GB; 9,4 GB und 17 GB
Fehlerkorrektur	RS-PC (Reed Solomon Product Code)
Datentransferrate	1 bis 10 MB/s (Mittelwert für Audio/Video) MPEG-2
Bildkompression Dateisystem	Micro UDF (M-UDF) und/oder ISO 9660

DVD-5, einseitig und einschichtig (4,7 GB)

- Eine Aufzeichnungsebene
- Ca. 2,2 Stunden Videoaufzeichnung möglich

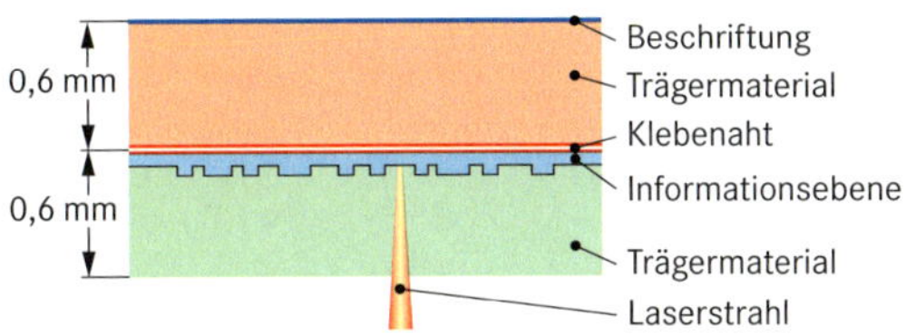

DVD-9, einseitig und zweischichtig (8,5 GB)

- Zwei Aufzeichnungsebenen
- Ca. 4,4 Stunden Videoaufzeichnung möglich

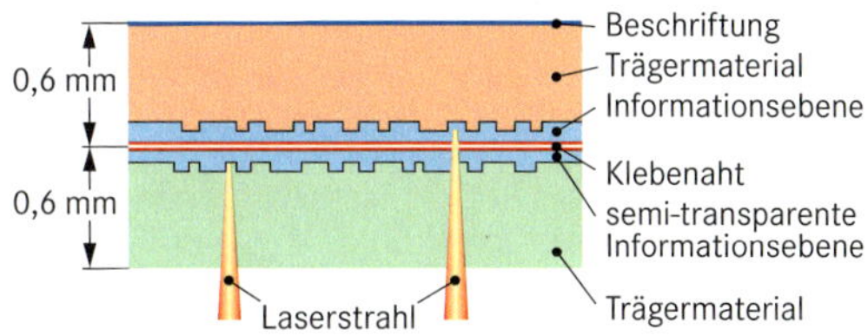

DVD-10, beidseitig und einschichtig (9,4 GB)

- Im Prinzip zwei zusammengeklebte einschichtige DVDs,
- Etwa 4 Stunden Videoaufzeichnung möglich

DVD-18, beidseitig und zweischichtig (17 GB)

- Im Prinzip zwei zusammengeklebte zweischichtige DVDs,
- Etwa 8 Stunden Videoaufzeichnung möglich.

Schreibformate

Format	DVD-R	DVD-RAM	DVD-RW	DVD+RW
Einführungsjahr	1997	1998	2000	2001
beschreibbar	einmal	100.000 Mal	1000 Mal	1000 Mal
Kapazität in GB/Seite	4,7	4,7 bzw. 9,4	4,7	4,7
Reflexionsgrad in %	45 bis 85	15 bis 35	18 bis 30	10 bis 20
Aufzeichnungsmethode	Wobbled groove[1]	Wobbled groove[1] and land[2]	Wobbled groove[1]	High-frequency wobbled groove[1]
Speicherverfahren	Organic Dye[5]	Phase Change[6]	Phase Change[6]	Phase Change[6]
Formatierung	CLV[3]	Zoned CLV	CLV	CLV oder CAV[4]
Laser Wellenlänge schreiben	635 bzw. 650 nm	650 nm	650 nm	650 nm
Laser Wellenlänge lesen	650 nm	650 nm	650 nm	650 nm

1) „Wackelnde" Vertiefungen
2) Land: Erhöhung
3) **CLV: C**onstant **L**inear **V**elocity
Die Drehzahl des Mediums variiert, die Transferrate der Daten bleibt deshalb konstant.
4) **CAV: C**onstant **A**ngular **V**elocity
Die Drehzahl des Mediums bleibt konstant, die Transferrate der Daten wird von innen nach außen größer.
5) Die Aufzeichnungsschicht besteht aus organischem Farbstoff (Organic Dye), der sich bei der Erhitzung durch den Schreib-Laserstrahl verfärbt, so dass von diesen Stellen der Laserstrahl beim Lesen weniger stark reflektiert wird (Pits). Die Leistung des Lasers beträgt 6 bis 12 mW.
6) Phasen-Wechsel: Der Laserstrahl erhitzt Zonen der Aufzeichnungsschicht (ca. 200 °C), die Metallatome ordnen sich kristallin an, der Refexionsgrad erhöht sich, der Zustand bleibt bei Abkühlung erhalten.
Beim Löschen erhitzt man die Aufzeichnungsschicht auf 500 bis 700 °C, nach der Abkühlung befindet sich das Metall wieder im amorphen Zustand (Ausgangszustand).

Merkmale

- Der Name ist eine verkürzte Fassung: Blauer Strahl (Blu-ray), blau-violetter Laser
- Blu-ray Discs sind Nachfolger für die DVD mit erhöhter Speicherkapazität zur Aufnahme von Videos auch im HDTV-Format (1920 x 1080 Pixel).
- Die Aufnahme im HDTV-Format ist in Echtzeit möglich.
- BDs sind nicht kompatibel zu CDs und DVDs
- Durchmesser wie bei CD und DVD 12 cm bzw. 8 cm
- Im Vergleich zur DVD ist der Abstand des Lasers zum Datenträger verkleinert worden.
- Die Schutzschicht ist im Vergleich zur DVD dünner (0,1 mm), deshalb sind BDs empfindlicher gegen Schmutz.
- Varianten:
  - BD-ROM, nur lesbar
  - BD-R, nur beschreibbar
  - BD-RE, wieder beschreibbar
- Es sind einseitige bzw. doppelseitige, ein- und zweischichtige Discs möglich.
- Kapazitäten:
  - Eine Schicht (SL: Single Layer) bis 27 GB (25,1 GiB)
  - Zwei Schichten (DL: Dual Layer) bis 54 GB (50 GiB)
- Im Rahmen der Spezifizierung ist eine Interaktive Anwendungsschicht (BD-J) definiert. Beispiele:
  - Interaktiver Film (z. B. Wahl eines von mehreren Handlungssträngen oder Wahl des Filmendes) Einblendungen, Spiele, Zusatzinformationen
- Regionalcodes wie bei der DVD (A/1, B/2 und C/3) werden verwendet. Der Code wird nicht vom Laufwerk oder Betriebssystem überprüft, sondern er ist in einer Datei der Abspielsoftware enthalten.
- Es werden die Abspielgeräte-Profile 1.0, 1.1, 2.0, 3.0 und 5.0 unterschieden. In das Profil 1.0 lassen sich die meisten Standgeräte einordnen, Profil 5.0 unterstützt stereoskopische 3D-Inhalte.
- Videocodecs: AVC, H.264 (MPEG-4), MPEG-2, VC-1 (WMV3)
- Audiocodecs:
  DTS, DTS-HD Master Audio, DTS-HD HighRes, Dolby TrueHD lineares PCM, Dolby Digital (AC-3)

Schutz

- Verwendet wird als **Kopierschutz AACS** (**A**dvanced **A**ccess **C**ontent **S**ystem)
- Verwaltung der Übertragung von Inhalten auf andere Geräte (s. Abbildung).

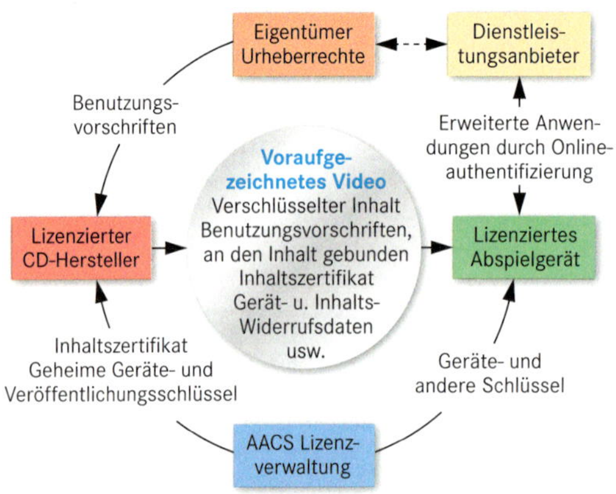

Vergleich

CD	DVD	Blu-ray Disc
Abstände der Pits in µm		
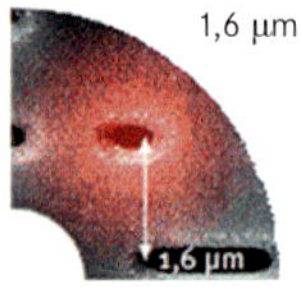 1,6 µm	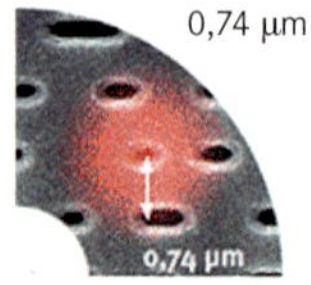 0,74 µm	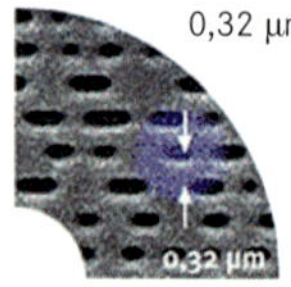 0,32 µm
Speicherkapazität in GB, SL: Single Layer, DL: Double Layer		
0,68–0,8	SL: 4,7; DL: 8,5	SL: 25; DL: 50
Wellenlänge des Lasers, Laserspot-Durchmesser		
780 nm, Infrarot 2,1 µm	650 nm, Rot 1,3 µm	405 nm, Violett 0,6 µm
Datentransferrate in Mbit/s		
Mode 1: 1,2288 Mode 2: 0,6112	11,08	36–54
Video-Codec		
MPEG-1 (VCD) MPEG-2 (SVCD)	MPEG-1 (VCD) MPEG-2 (SVCD)	MPEG-1 (VCD) MPEG-2 (SVCD) VC-1, H.264
Spurweite in µm		
1,6	0,74	0,32
Numerische Apertur		
0,45	0,6	0,85
Schutzschicht in mm		
0,6	0,6	SL: 0,1; DL: 0,075

Aufzeichnung

- Die Angabe „1x“ entspricht einer Datenrate von 36 Mbit/s (viermal schneller als bei einer DVD).
- Die Tabellenwerte beziehen sich auf den **CLV**-Modus (**C**onstant **L**inear **V**elocity: Die Drehzahl des Mediums variiert, die Datentransferrate bleibt dadurch konstant).

Geschwindigkeit	Datenrate		Schreibdauer in min
	in Mbit/s	in MB/s	Single Layer
1x	36	4,5	90
2x	72	9	45
4x	144	18	22,5
6x	216	27	15
8x	288	36	11,25
12x	432	54	7,5

- Datenstrom bei Blu-ray-Video:
  - Die Datenübertragungsrate ist auf 53,95 Mbit/s begrenzt.
  - Videostream: 40 Mbit/s
  - Tonstream: 13,95 Mbit/s

Kennzeichnungsprinzip für Audio-Systeme

Ziffer Punkt Ziffer
Beispiel: 5.1
5 Lautsprecher (Fullrange Kanäle)
1 Tieftöner (Subwoofer)

Lautsprecherpositionierung beim 5.1 System

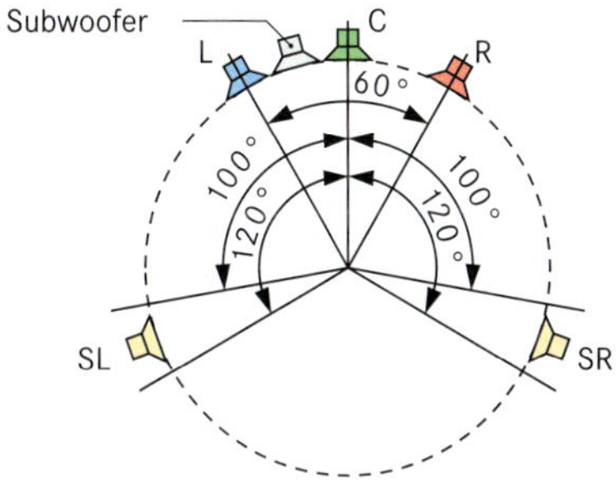

L: Stereosignal links
R: rechts
SR: Surround rechts
SL: Surround rechts
C: Zentrum, Sprachkanal
S: Hintergrund- und Nebengeräusche (Surround)

Tonformate

Symbole auf DVD-Hülle	Bedeutung
Mono 1.0	Das Schallereignis wird über einen Tonkanal wiedergegeben. Es entsteht kein räumlicher Klangeindruck.
Stereo 2.0	Das Schallereignis wird über zwei Tonkanäle wiedergegeben (links und rechts). Es entsteht ein räumlicher Klangeindruck.
Dolby Surround 3.0	Dem Stereosignal wird ein Surround-Signal verschlüsselt zugefügt. Es entsteht ein verbesserter räumlicher Klangeindruck durch einen hinteren Lautsprecher.
Dolby Pro Logic 4.0	Arbeitet wie Dolby Surround 3.0 mit zusätzlichem verschlüsselten Signal, das nach Entschlüsselung über einen weiteren Lautsprecher (Center) wiedergegeben wird.
Dolby Pro Logic II 5.1	Dem Stereo-Signal sind weitere verschlüsselte Signale zugefügt. Fünf Lautsprecher und ein Subwoofer können versorgt werden. Es entsteht ein realistischer Raumklang.
Dolby Digital 5.1, DTS 5.1	Sechs voneinander getrennte digitale Signale führen zu einem optimalen Raumklang. Mit dem 6. Kanal kann ein Subwoofer betrieben werden.
Dolby Digital Surround EX, DTS-ES 6.1	Arbeitet wie Dolby Digital 5.1, den beiden hinteren Tonkanälen wird ein weiteres Signal für besondere Effekte verschlüsselt zugefügt und über einen Effekt-Center-Lautsprecher (hinten in der Mitte) wiedergegeben.

Audio-Formate

MIDI

- **M**usical **I**nstruments **D**igital **I**nterface, seit 1983
- Im engeren Sinne kein Audio-Format, da es keine Audiodaten/Klangdaten enthält, sondern ist ein Textformat, welches Steuerdaten für Midigeräte enthält.
- Midigeräte werden über den Joystick Port der Soundkarte angeschlossen.
- Kleine Datenmengen
- Serielles Datenprotokoll: 31250 bit/s
- Serielle Datenübertragung, langsam und sicher
- 16 Kanäle
- Qualität ist von den Ausgabegeräten abhängig

AIFF

- **A**udio **I**nterchange **F**ile **F**ormat
- Von Apple 1988 entwickelt, von anderen Herstellern übernommen
- Format besitzt Chunkstruktur (Chunk: Happen, Brocken) wie Wave- und AVI-Formate.
- Daten können komprimiert werden. Größe hängt vom verwendeten Algorithmus ab. Informationen darüber werden in einem zusätzlichen Chunk gespeichert.
- Datenrate unkomprimiert 960 kbit/min
- Radioqualität (annähernd)

Wave

- Anfang 1980 von Microsoft und IBM entwickelt
- Standardformat für Window PCs
- Wave-Dateien enthalten digital codierte Analogsignale, z. B. Auflösung 16 Bit bei 44,1 kHz Samplingrate, Stereo
- Wave-Dateien sind sehr groß, in Chunks strukturiert
- Datenrate 10 MB/min

Real Audio

- Von RealNetworks 1995 als ein hochkomprimiertes Audio-Format für das Internet entwickelt
- Datei wird in kleine Pakete zerlegt und separat verschickt, in Echtzeit vom Server abspielbar (Streaming Audio)
- Geeignet für Internetradio
- Qualität hängt von der Bandbreite ab. Wenn die Bandbreite unter ein Minimum fällt, werden Datenpakete weggelassen.

VQF

- Von Yamaha 1995 entwickelt, Bezeichnung auch SoundVQ oder TwinVQ
- Aufgrund von Ähnlichkeiten der Elemente in Musikstücken lässt sich diesen „Grundbausteinen“ ein Index zuweisen, der einem Eintrag in einer Bitmustertabelle (mehrdimensional) entspricht. Der Decoder kann mit der gleichen Tabelle und dem jeweiligen Index die Originalbitstruktur zusammensetzen.
- Dateigröße 25 bis 35 % kleiner als bei MP3
- Maximale Abtastrate 96 kbit/s

AAC

- **A**dvanced **A**udio **C**oding
- Erweiterung zu MPEG 2 und Teil von MPEG 4
- Im Vergleich zu MP3 gleiche Qualität bei halber Dateigröße
- Bei 64 kbit/s (ISDN) Stereoübertragung möglich

MP3

Aufbau und Arbeitsweise

- Grundsätzliche Funktion: Steuerung der Bildschirmanzeige
- Die Eingangsdaten gelangen über eine Schnittstelle (① PCI, PCIe, AGP, ...) und einen **Grafikspeicher** mit großer Kapazität (256 MB und größer) in den **Grafikprozessor** ② (**GPU**: **G**raphic **P**rocessing **U**nit).
- Im Grafikprozessor erfolgt die Berechnung der Daten für die Bildschirmausgabe. Aufgrund der großen Rechenleistung in der GPU sind gegebenenfalls Kühlmaßnahmen erforderlich.
- Der Grafikspeicher dient auch zur Ablage der in der GPU verarbeiteten Daten.
- Die Ausgabeeinheit ③ liefert das jeweils gewünschte Signal über entsprechende Steckverbindungen (VGA, DVI, ...).
- Wenn die Grafikkarte einen VGA-Ausgang besitzt, erfolgt im **RAMDAC** (**RAM**-**D**igital-**A**nalog-**C**onverter) eine Umwandlung in ein analoges Ausgangssignal.

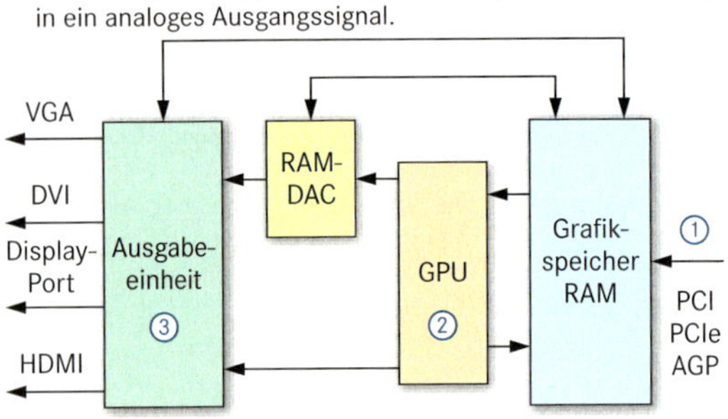

VGA-Anschluss

- Analoge Video-Datenübertragung
- **VGA: V**ideo **G**raphics **A**rray
- **DDC: D**isplay **D**ata **C**hannel (Anzeigedatenkanal)
  Die Signale dienen der Identifikation des angeschlossenen Monitor-Typs (z. B. Farbe, VGA, SVGA).
- Farben: Maximal 16 Farben
- Auflösung: Maximal 25 Zeilen x 80 Zeichen, 640 x 480 Pixel.

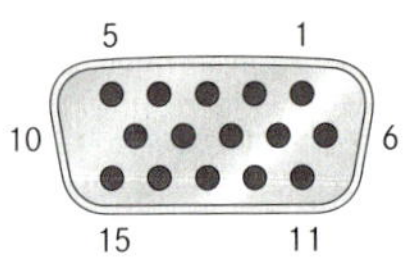

Pin	Signal, Funktion
1	Rot-Signal analog
2	Grün-Signal analog oder analoges Monochrom-Signal
3	Blau-Signal analog
4	Monitor Identifikations-Bit 2, Masse
5	Digitale Masse für DDC
6	Rot-Masse
7	Grün-Masse
8	Blau-Masse
9	Nicht belegt, DDC 1 (+5 V)
10	Synchronisations-Masse
11	Monitor Identifikations-Bit 0
12	Monitor Identifikations-Bit 1, DDC 1-Signal
13	Horizontale Synchronisation
14	Vertikale Synchronisation
15	Monitor Identifikations-Bit 3, DDC 1-Signal

DVI-Anschluss

- Schnittstelle zur Übertragung der digitalen Daten der Grafikkarte z. B. an ein TFT-Display.
- **DVI: D**igital **V**isual **I**nterface
- Pinbelegung:
  - 1...24 digitale Signale
  - C1...C4 analoge Signale
- **DVI-I** (DVI-Integrated):
  Digitale und analoge Übertragung
- **DVI-D:**
  Rein digitale Übertragung (nur Pin 1 bis 24, ohne C1 bis C5)
- **DVI-A:**
  Rein analoge Übertragung (C1 bis C5)

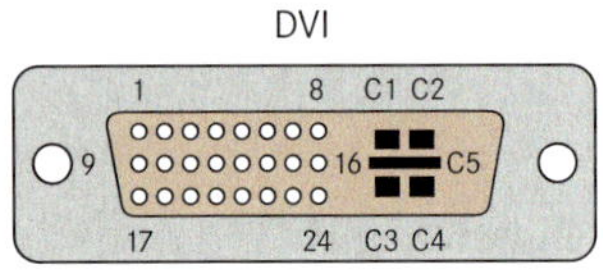

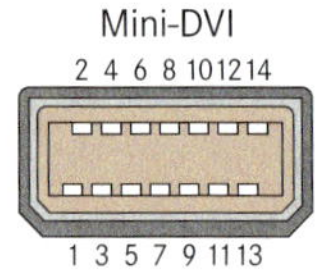

Computergrafikstandards und Bildschirmgröße

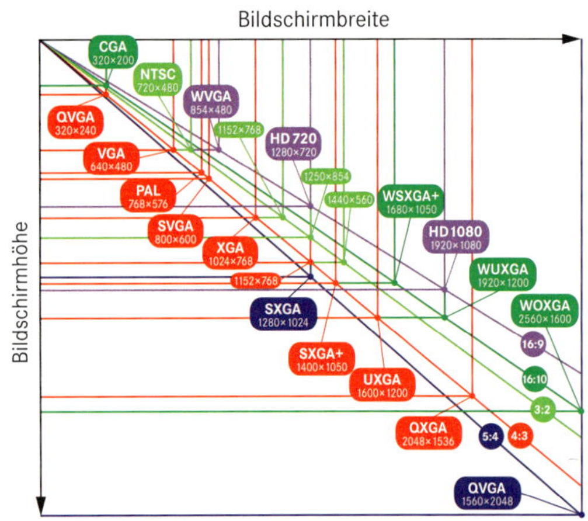

Q:	**Q**uarter	**VGA:**	**V**ideo **G**raphics **A**rray
S:	**S**uper	**XGA:**	E**x**tended **G**raphics **A**rray
U:	**U**ltra	**CGA:**	**C**olour **G**raphics **A**dapter
W:	**W**ide	**HD:**	**H**igh **D**efinition Television
PAL:	**P**hase **A**lternating **L**ine	**NTSC:**	**N**ational **T**elevision **S**ystem **C**ommittee

Pinbelegung VGA 9polig (VGA-DSUB)

Pin	Funktion	Pin	Funktion
1	Masse	8	Horizontale Synchronisation
2	2. Rot	9	Vertikale Synchronisation
3	Rot		
4	Grün		
5	Blau		
6	2. Grün		
7	2. Blau		

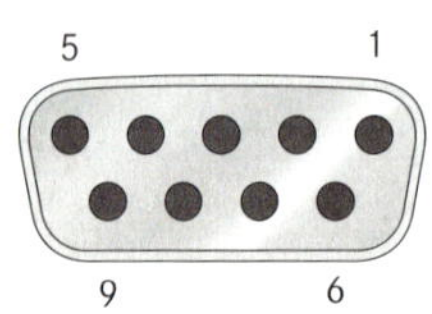

RGB

Funktion von Farbmodellen:
Beschreibung einzelner Farben durch Zahlenwerte.

Anwendung von RGB:
Farbdarstellung auf Displays, Farbmonitoren (aktiv lichterzeugende Medien)

RGB:
- **Additives** Farbmodell
- Primärfarben (Grundfarben)
  - **R**ot 610 nm (R);
  - **G**rün 535 nm (G) und
  - **B**lau 470 nm (B)
- Die Primärfarben ergeben zusammen Weiß.
  0,3 R + 0,59 G + 0,11 B = 1
- Weitere Farben lassen sich aus Mischung der drei Primärfarben erzeugen.

- Der Farbraum des RGB-Modells lässt sich in Form eines Würfels mit der Kantenlänge 1 darstellen.
- Vorteil: Alle Farben lassen sich durch Vektoren mit ihren Komponenten darstellen.

Beispiele:

Schwarz	(0, 0, 0);	Magenta	(1, 0, 1);
Blau	(0, 0, 1);	Weiß	(1, 1, 1);
Gelb	(1, 1, 0);	Grün	(0, 1, 0);
Rot	(1, 0, 0);	Cyan	(0, 1, 1);

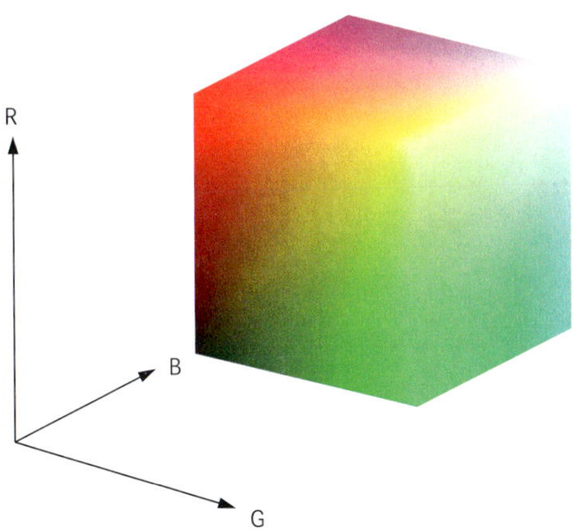

CYM

Anwendung:
Malerei und Farbausgabe durch Drucker (reflektierende Medien).

CYM:
- **Subtraktives** Farbmodell
- Grundfarben
  - **C**yan (C),
  - **Y**ellow (Y) und
  - **M**agenta (M)
- Alle Grundfarben zusammen ergeben Schwarz.

CMYK

- Neben den Grundfarben Cyan, Magenta und Yellow wird für den Farbdruck Schwarz eingesetzt (**Vierfarbendruck**).
- Bedeutung von „K“: key plate („Schlüsselplatte“, die schwarz druckende Platte)

Vorteile:
- Schwarz lässt sich klarer darstellen.
- Druckpapier würde durch das Auftragen der drei Farben zu stark durchnässt werden.

YUV

Verwendung beim PAL-Fernsehen.
Y: Leuchtdichtesignal, Helligkeitssignal (Luminanz)
U: Reduziertes Farbdifferenzsignal (R–Y)
V: Reduziertes Farbdifferenzsignal (B–Y)

Zusammenhang mit dem RGB-Farbsystem:

Y = 0,299 R + 0,587 G + 0,114 B
U = –0,169 R – 0,0331 G – 0,5 B
V = 0,5 R – 0,419 G – 0,081 B

Variante: **YCbCr (YC_BC_R)**
Y: Leuchtdichtesignal, Helligkeitssignal
Cb: Blaue Chrominanzkomponente
Cr: Rote Chrominanzkomponente

Zusammenhang mit dem RGB-Farbsystem:

Y = 0,299 R + 0,587 G + 0,114 B
Cr = 0,60 R – 0,28 G – 0,32 B
Cb = 0,21 R – 0,52 G + 0,31 B

YIQ

Verwendung beim NTSC-Fernsehen.
Y: Leuchtdichtesignal, Helligkeitssignal
I, Q: Reduzierte Farbdifferenzsignale

Bildarten

Schwarzweißbild	Graustufen- oder Halbtonbild	Farbbild
	Information neu pro Bildpunkt	
■ 1 Bit → $2^1 = 2$ 2 verschiedene Werte, Schwarz oder Weiß	■ 4 Bit → $2^4 = 16$ 16 verschiedene Werte möglich ■ 8 Bit → $2^8 = 256$ 256 verschiedene Werte möglich	■ 8 Bit für jeweils Rot, Grün und Blau 24 Bit → $2^{24} = 16.777.216$ 16,78 Millionen verschiedene Werte möglich (Truecolor)

Farbtiefe (Farbumfang Image Depth)

$C = 2^D$

C: Anzahl der verschiedenen Farben (bzw. Graustufen)

D: Farbtiefe in Bit/Pixel

Farbinformationen

- **Farbton** (Hue)
  Wellenlänge des Lichtes
- **Helligkeit** (Brightness)
  Wie nah an Schwarz (0 %), wie nah an Weiß (100 %)
- **Farbsättigung** (Chroma)
  Leuchtkraft der Farbe, Weißanteil

Beispiele für Farbtiefen

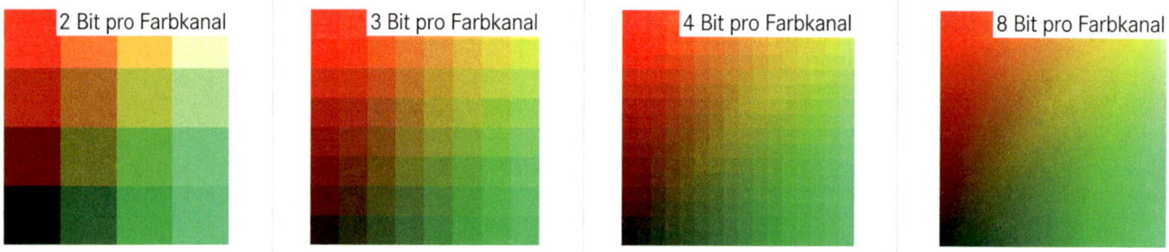

Auflösung und Bildpunkte

Auflösung:
Zwei Zahlen, die die Anzahl der darstellbaren Bildpunkte in horizontaler und vertikaler Richtung angeben.

Auflösung	Bildpunkte	Dateigröße im RGB in MB
320 x 240	76.800	0,225
640 x 480	307.200	0,900
800 x 600	480,000	1,37
1.280 x 1.024	1.310.720	3,67
1.528 x 1.146	1.751.088	5,01
1.600 x 1.200	1.920.000	5,49
2.048 x 2.048	4.194.304	12,29
3.060 x 2.036	6.230.160	17,85
6.144 x 6.144	37.748.736	110,00

Vektor-Grafiken

- Bei Vektor-Grafiken werden geometrische Formen (z. B. Kreise, Rechtecke) gespeichert. Ein Rechteck besitzt z. B. einen Ursprungspunkt und eine Ausdehnung in Form von Längen- und Breitenangaben.
- Vektor-Grafiken können ohne Qualitätsverlust frei gedreht und vergrößert werden (Skalierbarkeit).

Anwendung: Konstruktionsbereich (CAD)
Beispiele für Dateiendungen:
.ai: **A**dobe **I**llustrator
.cdr: **C**orel **D**raw
.eps: **E**ncapsulated **P**ost**s**cript

Rastergrafik, Pixelgrafik

- Bilder in Pixel-Formaten werden als Bitmaps bezeichnet.
- Die Speicherung erfolgt wie bei einem Mosaik. Jedes Pixel (Bildpunkt) wird mit Informationen über Lage (x-y-Achsen) und Farbe gespeichert.
- Pixel-Grafiken verlieren beim **Skalieren** (Vergrößern) stark an Qualität, da die Pixel vergrößert werden. Stufungen sind erkennbar.

- Anwendung:
  Wiedergabe von Fotos und Grafiken mit feinen Farbabstufungen
- Beispiele für Dateiendungen:

.bmp	**Bi**t**map**	.pdf	**P**ortabel **D**ocument **F**ormat
.cpt	**C**orel **P**hoto-**P**aint	.pgm	**P**ortable **G**ray**m**ap
.dds	**D**irect **D**raw **S**urface	.png	**P**ortable **N**etwork **G**raphics
.fif	**F**ractal **I**mage **F**ormat	.ppm	**P**ortable **P**ix**m**ap
.gif	**G**raphics **I**nterchange **F**ormat	.psd	**P**hoto**s**hop **D**ocument
.jpeg	**J**oint **P**hotographic **E**xperts **G**roup	.raw	RAW Graphics Format (Rohdatenformat)
.pcx	**P**i**c**ture E**x**change	.tif	**T**agged **I**mage **F**ile Format

Kalibrieren und Profilieren

- Wenn in einer Produktionskette in Geräten Farben verarbeitet bzw. dargestellt werden (z. B. mit Scanner, Monitor, Drucker), treten Farbfehler auf, die sich fortpflanzen. Ziel des Farbmanagements ist es, diese Fehler zu korrigieren.
- **Kalibrieren** bedeutet, dass bestimmte Werte bei einem Gerät eingestellt werden.
- **Profilieren** bedeutet, dass die Eigenschaften eines Gerätes gemessen und als Profil gespeichert werden.
- Mit einem **Profil** (in Form eines Datensatzes) wird der Farbraum eines Gerätes für seine Farbeingabe bzw. Farbausgabe beschrieben.
- Genormte Profile wurden von dem 1993 gegründeten **ICC** (**I**nternational **C**olor **C**onsortium) erstellt. Bei dem ICC handelt sich um einen Zusammenschluss zahlreicher Hersteller von Grafik-, Bildbearbeitungs- und Layoutprogrammen, mit dem Ziel, Farbmanagementsysteme zu vereinheitlichen.
- Folgende **Profilklassen** werden unterschieden:
  - **Monitor** (mntr): Anzeigegeräte, z. B. Monitor (LCD, CRT)
  - **Eingabe** (scnr): Eingabegeräte, z. B. Scanner, Digitalkameras
  - **Ausgabe** (prtr): Ausgabegeräte, z. B. Tintenstrahldrucker, Laserdrucker, Druckmaschinen
- Je nach Aufbau werden zwei Arten von ICC-Profilen unterschieden:
  - **Matrix-Profile** (ca. 1 kByte) enthalten 3 x 3-Matritzen und Kurvendefinitionen. Sie sind für die Beschreibung von Standard-Farbräumen und Ausgabegeräten (z. B. Monitore) geeignet.
  - **LUT-Profile** (**L**ook-**U**p-**T**able, Tabellen zum Nachschlagen, größer 1 MByte) enthalten Daten über konkrete Ausgabegeräte (z. B. Drucker).

Scanner-Profilierung

- Für die Scanner-Profilierung wir kein zusätzliches Messgerät benötigt.
- Zum Vermessen wird eine genormte Vorlage (**Target**) benötigt. Die Vorlagen werden als **IT8-Targets** bezeichnet. Sie dienen zum Kalibrieren von Scannern, Digitalkameras, Monitoren und Druckern.

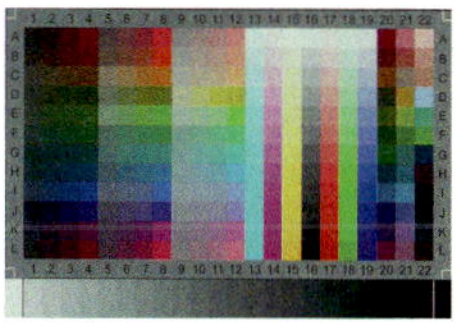

- Für die Scanner-Profilierung werden Durchsicht-Targets (IT8.7 / 1) bzw. Aufsicht-Targets (IT8.7 / 2) verwendet.
- Ein IT8-Target enthält 24 Graufelder sowie 264 Farbfelder in 22 Spalten.
- Profilierungsablauf:
  - Das IT8-Target wird mit der entsprechenden Software gescannt ①. Dadurch erhält der PC Daten über die Farben.
  - Im PC sind Referenzdaten ② von der Software (Referenztabelle) über die Farben gespeichert.
  - Aus dem folgenden Vergleich wird das ICC-Profil des Scanners ③ berechnet.

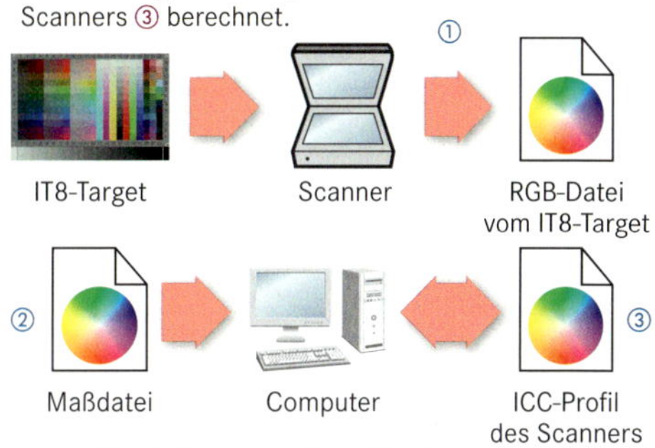

Monitor-Kalibrierung und -Profilierung

- Kalibrierungsvorbereitung durch Rücksetzung in den Hersteller-Zustand: Luminanzwert, Farbtemperatur (6500 K), Gammakorrektur (Übertragungsfunktion für eine Eingangs- in eine Ausgangsgröße als Potenzfunktion mit einem Exponenten, beim Monitor üblich 2,2)
- Messung mit einem **Kolorimeter** (Absorptions- oder Spektralfotometer)
  - Mit Hilfe einer Profilierungssoftware werden charakteristische Farben auf dem Bildschirm dargestellt (Soll-Werte).
  - Das Messgerät (z. B. über USB-Anschluss mit PC verbunden) wird vor dem Bildschirm befestigt und die Farben werden vermessen (Ist-Werte).
  - Aus dem Vergleich zwischen Soll- und Ist-Werten wird im PC das ICC-Profil berechnet und gespeichert.

Drucker-Profilierung

- Die Profilierung des Druckers entspricht der Profilierung des Monitors.
- Mit einer Profilierungssoftware werden Testfarben ausgedruckt.
- Danach wird der Testausdruck mit einem Spektralfotometer vermessen (s. Abbildung) und die Werte mit den Soll-Farbwerten im PC verglichen.
- Aus dem Vergleich wird dann das ICC-Profil des Druckers berechnet.

Zusätzliche Einflussfaktoren

- Zusätzliche Einflussfaktoren bestimmen das ICC-Profil. Aus diesem Grunde muss für jede Situation ein eigenes Profil erstellt werden.
- Weitere Einflüsse
  - Monitor: Lichtbedingungen (Tageslicht, Fremdlicht)
  - Scanner: Unterschiedliche Film- und Papiersorten
  - Drucker: Verwendetes Druckerpapier, verwendete Tinte

Tonwert

Jedem Farbkanal eines Pixels (R, G, B) ist ein bestimmter Helligkeitswert zugeordnet. Er wird als **Tonwert** bezeichnet. Bei einer 8 Bit Auflösung (Farbtiefe) ergeben sich im RGB-Modus 256 Abstufungen.

Die Anzahl der möglichen Farben berechnet sich wie folgt:

$256_R \times 256_G \times 256_B = 16.777.216_{RGB}$

In der Darstellung sind vereinfachend gleiche Höhen (Häufigkeiten) dargestellt.

Die Verteilung der Tonwerte eines Bildes sowie die vorkommende Häufigkeit werden in einem **Histogramm** grafisch dargestellt. Je öfter ein bestimmter Tonwert im Bild vorkommt (Häufigkeit), desto höher ist die Anzeige.

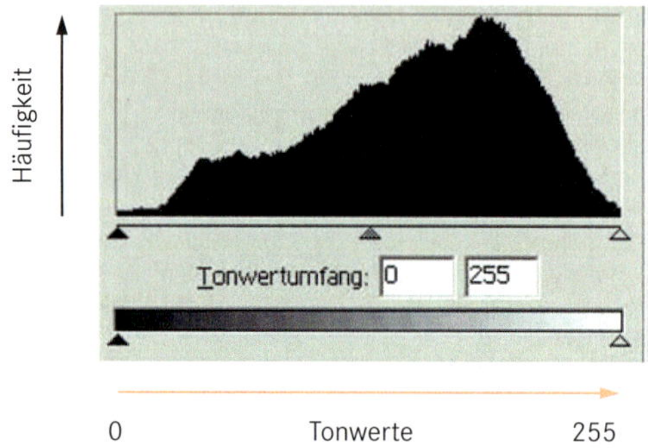

Tonwertkorrektur

Ohne Korrektur

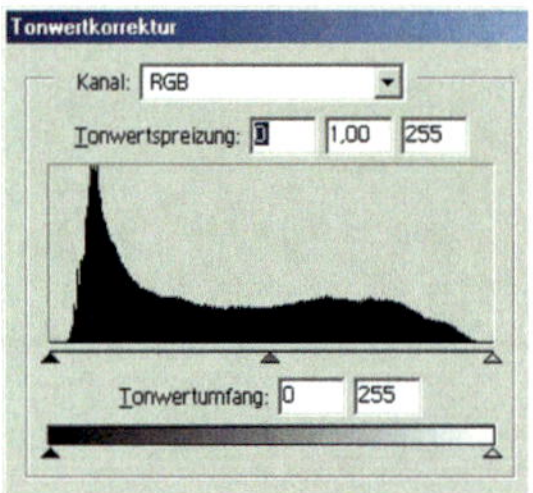

Bildbeurteilung:
Das Bild ist insgesamt recht dunkel. Es überwiegen Pixel im dunklen Bereich. Der Tonwertbereich ist nicht voll ausgeschöpft.

Automatische Tonwertkorrektur

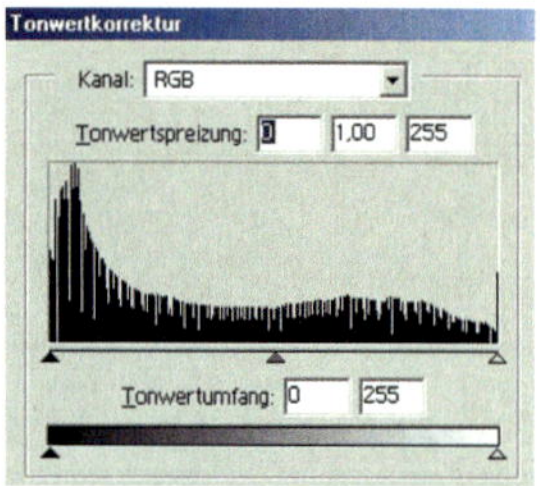

Ergebnis:
- Tonwertumfang von 0 bis 255 ist ausgeschöpft
- Durch die Spreizung entstehen im Tonwertumfang Lücken („Kammstruktur")

Korrektur mit Tonwertspreizung

Neue Verteilung der Häufigkeit der Tonwerte

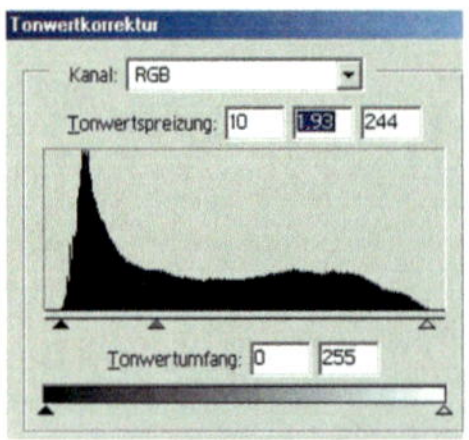

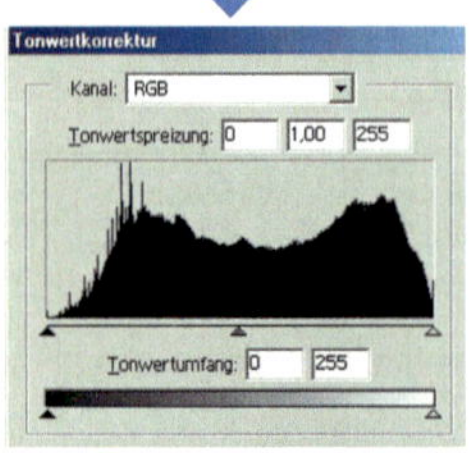

Ergebnis:

Korrektur durch Verändern der Gradation

Gradationskurve (Gammawert)
Durch Verändern der Kurve werden Helligkeitswerte verändert.

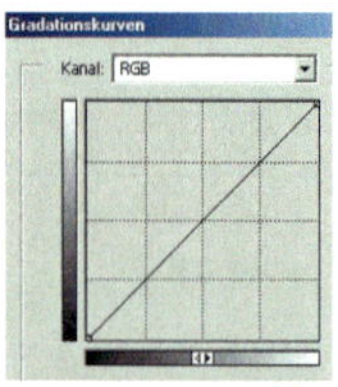

Ausgangskurve

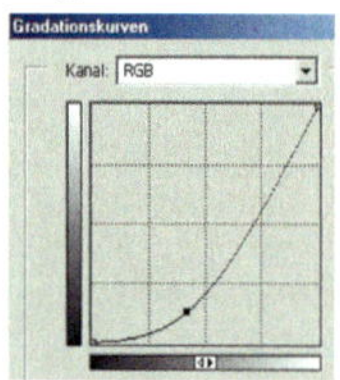

dunkler

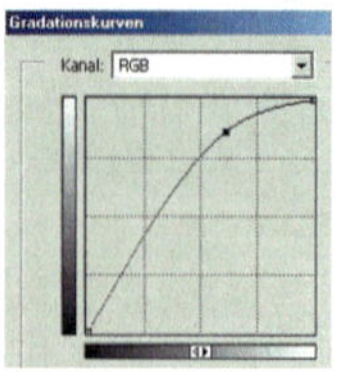

heller

korrigiertes Bild

Gruppen

- **Gruppe 1 und 2**
  Heute keine Bedeutung mehr, technisch veraltet.
- **Gruppe 3**
  Standardfaxgerät mit dem, die Vorlage als Schwarz-Weiß-Bild in Form digitaler Daten über das analoge TK-Netz übertragen wird.
  Anschlusssteckdose: TAE mit N-Codierung
- **Gruppe 4**
  Digitales Faxgerät, die Vorlage wird als Graustufenbild in Form digitaler Daten über das ISDN-Netz übertragen.
  Anschlussdose: IAE oder UAE

Senden

- Text bzw. Bild wird zeilenweise abgetastet (Scanvorgang) und in einzelne schwarze bzw. weiße Pixel zerlegt ①.
- Auflösungsbeispiel:
  Horizontal:
  8 Pixel/mm (200 dpi)
  Vertikal:
  Normalauflösung 3,85 Zeilen/mm (100 dpi),
  Feinauflösung 7,7 Zeilen/mm (200 dpi)
  Superfeinauflösung 15,4 Zeilen/mm
  dpi: dots **p**er **i**nch (Bildpunkte pro Zoll)
- Zeichenfolge wird codiert.
- Modulation in Tonfrequenzsignale innerhalb der analogen Bandbreite von 3,1 kHz ②.
  Modem: Modulator + **Dem**odulator

Empfangen

- Tonfrequente Signale werden im Modem demoduliert ②.
- Digitale Signale werden decodiert.
- Der Drucker gibt den Text bzw. das Bild in Form von schwarzen und weißen Pixeln wieder ③.

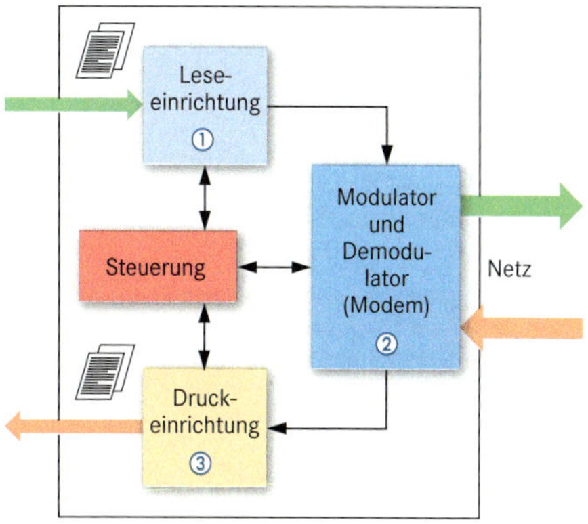

Kennung des Fernkopierers (im Ausdruck):
Beispiel: + 49 4141 935762

1. Pluszeichen (+)
2. Landeskennzahl
3. Vorwahlnummer ohne Null
4. Rufnummer

Weitere zusätzliche Angaben z. B. über den Anschlussinhaber können angefügt werden.

Kommunikationsvorgang beim Fernkopieren

1. Verbindungsaufbau
- Sendegerät meldet sich mit 2,1 kHz Rufsignal
- Empfangsgerät meldet sich mit 1,1 kHz Signal

2. Informationsaustausch
- Telefaxnummer des Absenders
- Rufnummer des Empfängeranschlusses
- Übertragungsparameter:
  Übertragungsgeschwindigkeit
  (z. B. Einigung auf 9600 bit/s), Codierung usw.
- Herstellerspezifische Funktionen

3. Kontrolle und Übertragung
- Verbindungskontrolle, Synchronisation
- Fehlerbehandlung
- Datenübertragung

4. Seitenende bzw. Fortsetzung der Übertragung
- Übertragung beendet – Bestätigung, bzw. Seite folgt noch (Mehrseitensignal)
- Ende der Übertragung

5. Ende der Verbindung
- Absender sendet Meldung zur Trennung
- Empfänger schließt sich der Trennung an

Übertragungsstandards

ITU/TS	Modulation	Bitrate
V.27ter[1]	**PSK** Phasen-umtastung	4 Phasenänderungen: 2400 bit/s 8 Phasenänderungen: 4800 bit/s
V.29	**QAM** Quadratur-Amplituden-modulation	2 Amplitudenstufen: 7200 bit/s 4 Amplitudenstufen: 9600 bit/s

[1] ter bedeutet 3. Version dieser Empfehlung
(ter: französisch „die Dritte")

Datenkompression

- **Modified Huffman Codierung (MHC)**
  Codiert wird nicht jedes einzelne Pixel, sondern in jeder Zeile (eindimensionales Verfahren), wie viele weiße und schwarze Pixel an welcher Stelle vorkommen (Lauflängen-Codierung).
- **Modified Read Code (MRC)**
  Für eine begrenzte Zahl von Zeilen werden nur die Änderungen codiert, die sich aus der vorangegangenen Zeile ergeben (zweidimensionales Verfahren).
- **Modified Modified Read (MMR)**
  Ab der zweiten Zeile werden nur die Unterschiede zur vorangegangenen Zeile übertragen.

Merkmale

- **Videokonferenzsysteme** werden zur Multimedia-Kommunikation zwischen räumlich entfernten (global verteilten) Teilnehmern eingesetzt.
- **Anwendungsbereiche** sind u. a.
  - Aus- und Weiterbildung von Firmenmitarbeitern (remote education, distant learning),
  - online Dokumentenbearbeitung (document sharing),
  - Fernüberwachung bzw. -steuerung von Anlagen, Systemen und Gebäuden (remote control).
- Systeme bieten die Möglichkeit zur **Video-**, **Audio-** und **Dokumentenübertragung** über unterschiedliche Übertragungsnetze.
- Die Kommunikation in Netzen zwischen Endgeräten und Teilnehmern werden geregelt durch
  - **Gateways** (Netzkoppler),
  - **Gatekeeper** (Netzverwalter),
  - **Multipoint Control Units** (**MCU**; Vielfachverbindungssteuerungs-Einheit).
- **Gateways** realisieren die durchgängigen Verbindungen von Endgeräten, die nach den unterschiedlichen H.32X-Standards arbeiten.
- **Gatekeeper** verwalten die Kommunikationsbeziehungen der Teilnehmer (z. B. Adressierung, Bandbreitenverwaltung, Abrechnung).
- **MCUs** regeln bei verteilten Teilnehmern die Punkt- zu Mehrpunktverbindungen; können als zentrales System in einem Netz oder verteilt in den Endgeräten vorhanden sein.
- **Desktop-Systeme** (Arbeitsplatzsysteme) werden in PCs installiert und bestehen aus
  - Schnittstellenbaugruppe mit PCI-Anschluss und Anschlussmöglichkeiten für die Endgeräte, wie Videokamera, Lautsprecher, Eingabemikrofon,
  - Anwendungssoftware (Kommunikationsprotokolle).
- Die **Standards** sind von der ITU festgelegt und werden nach der Art des eingesetzten Übertragungsweges unterschieden (z. B. H.323 für Internetübertragung).

Standards

Bezeichnung	H.324	H.323	H.322	H.321	H.320
Übertragungsnetz	Analoge Verbindungen	LAN ohne QoS	LAN mit QoS	Breitband ISDN/ATM	ISDN
Video	H.261	H.261	H.261	H.261	H.261
Audio	H.263 G.723.1	G.711 G.722 G.723.1 G.728 G.729	G.711 G.722 G.723.1 G.728	G.711 G.728	G.711 G.722 G.723.1 G.728 G.729
Dokumente	T.120	T.120	T.120	T.120	T.120
Multiplexing	H.223	H.225	H.221	H.221	H.221
Verbindungs-kontrolle	H.245	H.225 H.245	H.223 H.242	H.230 H.242 Q.2931	H.230 H.242
Multipoint	H.231 H.243	H.323	H.231 H.243	H.231 H.243	H.231 H.243
Verschlüsselung	H.233 H.234	H.233 H.234	H.233 H.234	H.233 H.234	H.233 H.234
Verbindungs-kontrolle	V.34	IP	I.400 IP	I.400 I.363 I.361	I.400

QoS: **Q**uality **o**f **S**ervice **IP**: **I**nternet **P**rotocol

Desktop System

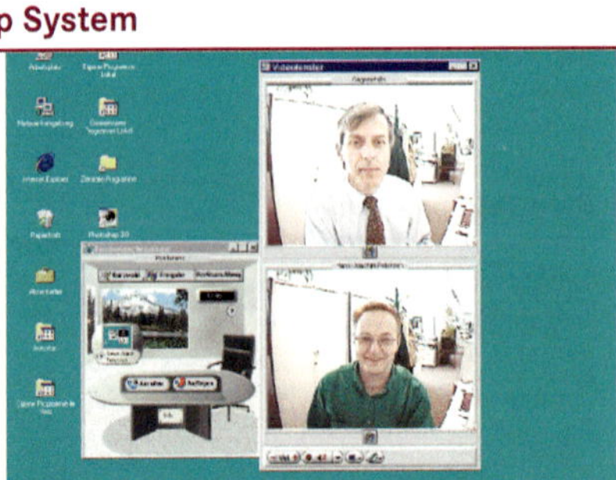

WEB Kamera

- Die WEB Kamera wird an ein LAN angeschlossen und ermöglicht damit die Bildübertragung über das Internet mit TCP/IP.
- Empfänger kann über Standard-Browser die aufgenommenen Bilder auf seinem PC darstellen.
- Aktualisierung eines JPEG-Bildes dauert ca. 0,7 s.

Möglichkeiten der Datenreduktion

- Nebeneinanderliegende Bildpunkte sind mitunter in Farbe und Helligkeit ähnlich. Es können Pixelblöcke mit Mittelwerten gebildet werden.
- Gröbere Bildstrukturen werden besser erkannt als feinere. Bei der Bildanalyse kann deshalb eine obere Grenze festgelegt werden.
- Helligkeitsunterschiede werden intensiver wahrgenommen als Farbunterschiede. Die Farbauflösung kann deshalb geringer sein als die Hell-Dunkel-Auflösung.
- Aufeinanderfolgende Bilder (Video) sind häufig ähnlich. Es müssen lediglich Änderungen übertragen werden.
- Informationen in der Mitte eines Bildes werden stärker wahrgenommen als am Rand. Deshalb ist eine verminderte Bildqualität am Rand zulässig.
- Strukturen von bewegten Objekten werden weniger gut wahrgenommen, als wenn sich das Objekt in Ruhe befindet. Deshalb kann die Übertragungsqualität von bewegten Bildern geringer sein als die von Standbildern.
- In Ruhe bleibende Bildteile (z. B. Hintergrund) müssen nicht ständig, sondern nur einmal übertragen werden.

MPEG-1 (ISO/ICE 11172)

- **MPEG:**
  Motion **P**icture **E**xpert **G**roup (auch Moving Pictures Experts Group);
- Expertengruppe, die Vorschläge für die Datenreduktion erarbeitet (MPEG-Standards).
- Einzelstandards für
  Video (Videocodierung und Reduktion),
  Audio (Reduktion mit psychoakustischem Modell),
  System (Synchronisation und Multiplexing).
- MPEG-1 wird auch allein für Audiodaten verwendet.
- Datenraten von 1 Mbit/s ... 1,5 Mbit/s
- Innerhalb des Standards werden drei Schichten (**Layer**) unterschieden.

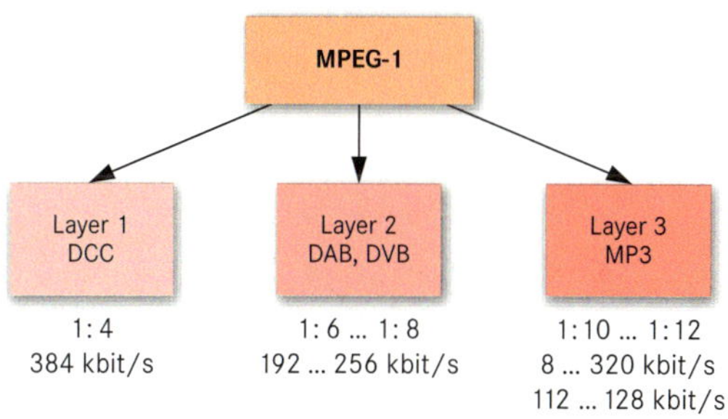

DCC: **D**igital **C**ompact **C**assette (Digitale Tonaufzeichnung),
DAB: **D**igital **A**udio **B**roadcasting (Digitale Übertragung von Audiodaten,Verfahren: MUSICAM)
DVB: **D**igital **V**ideo **B**roadcasting (Digitale Übertragung von Video-Daten)
MP3: Digitale Übertragung von Audiodaten über das Internet mit hoher Datenreduktion (1:12)

MPEG-2 (ISO/IEC 13818)

MPEG-2 ist eine Weiterentwicklung des MPEG-1 Standards und baut auf ihn auf. Die erreichbare Bildqualität erfüllt die Anforderungen gängiger FS-Normen (PAL, NTSC, HDTV).

Unterschiede zu MPEG-1:

- Die Bewegungsanalyse erfolgt halbbildbezogen und nicht bildbezogen. Das Zeilensprungverfahren kann also verarbeitet werden.
- 8 x 8 Pixel werden zu Makroblöcken zusammengefasst.
- Auflösung der Helligkeits- und Farbinformationen: 4 : 2 : 2 und 4 : 4 : 4.
- Maximale Bildgröße: 16383 x 16383 Pixel.
- Skalierbarkeit (scalability), der Endnutzer kann entscheiden, welche Teile der Übertragung er empfangen möchte (Zeit- und Qualitäts-Scalability).

Unterschiedliche Qualitätsebenen durch Levels:

Level	Bildgröße in Pixel x Pixel	Übertragungsraten		Anwendung
		M Pixel/s	Daten in Mbit/s	
Low	352 x 288	3	4	Konsumelektronik
Main	720 x 480	10	15	Studio TV
High 1440	1440 x 1152	47	60	Konsumelektronik, HDTV
High	1920 x 1080	63	80	Filmproduktion

- **Hauptanwendungen von MPEG-2:**
  - Digitale Video-, Übertragungs- und Fernsehtechnik bei Datenraten von 1,5 Mbit/s bis 15 Mbit/s
  - Codieren von Kinofilmen auf DVD, DVD-ROM
  - Digitales Fernsehen
- **Qualitätsebenen der Audiodaten:**
  - Verbesserte Tonqualität bei erweiterten Abtastfrequenzen (16; 22,05; 24 kHz) und niedrigen Datenraten (64 kbit/s pro Kanal)
  - 5 + 1 Tonkanäle (3 Front- und 2 Surroundkanäle)
  - Ein optionaler „Low Frequency Enhancement"-Kanal (unterhalb 120 Hz)
  - 7 Sprachkanäle für Dialoge bzw. mehrsprachige Kommentare

MPEG-4 (ISO/IEC 14496)

- Gegenüber MPEG-2 stärkere Datenreduktion
- Geringe Datenraten (s. Diagramm rechts, z. B. 90 min DVD-Qualität)
- Gute Videoqualität bereits bei Datenraten von 10 kbit/s ... 1 Mbit/s
- Anwendungsbeispiele: DVB-S2, Videoübertragungen zu mobilen Fahrzeugen und über das Internet, Handyempfang
- Audioanwendung z. B. **AAC** (**A**dvanced **A**udio **C**oding)

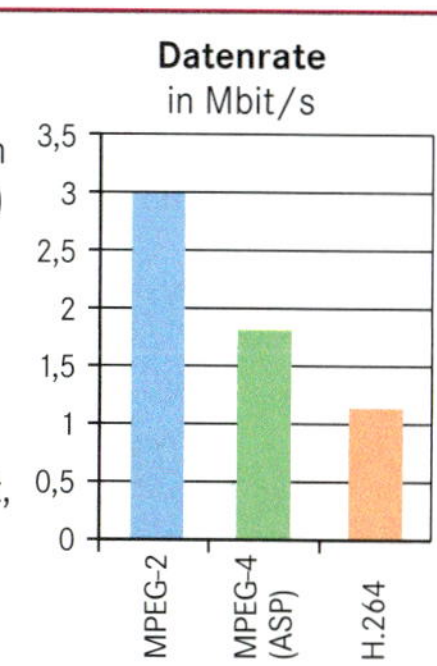

Merkmale

- **JPEG:** Vereinigte Gruppe von Fotografen
  - Datenreduktionsverfahren für digitalisierte Einzelbilder
- Maximale Bildformate:
  16.384 x 16.384 Pixel
- Das Ausgangsbild besteht aus kleinen Bildelementen (Pixeln).
- Die Farbinformation jedes Pixels im RGB-Farbraum wird in den YC_RC_B-Farbraum umgerechnet.
- Bei JPEG wird ein reduziertes Farbsystem verwendet: YC_RC_B ①
  Y: Helligkeitskomponente
  C_R: Rote Chrominanzkomponente
  C_B: Blaue Chrominanzkomponente
  Jede Komponente kann unabhängig voneinander reduziert werden.
- Farbinformationen werden mit geringerer Auflösung übertragen (Unterabtastung, Subsampling).
  Beispiel: $Y:C_R:C_B = 4:2:2$
- Ausgangsbild wird in Blöcken zu 8 x 8 Pixel zusammengefasst ②, Beispiel: Blockbildung beim 625-Zeilen-Fernsehbild (4:3).

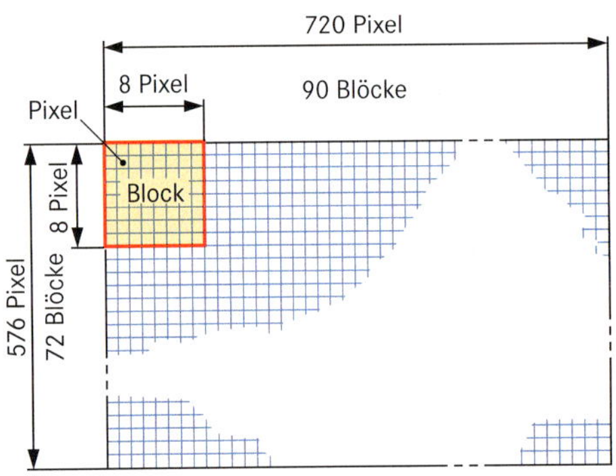

- Verwandlung der Helligkeits- und Farbinformationen in einen digitalen Datenstrom durch Diskrete Cosinus-Transformation (**DCT: D**iscrete **C**osine **T**ransformation).
  Prinzip:
  Örtlich verteilte Bildinformationen werden in den Frequenzbereich transformiert (**Ortsfrequenzen** werden ermittelt).
- DCT-Koeffizienten werden reduziert und quantisiert. In jedem Block werden alle 64 Koeffizienten durch Quantisierungskonstanten (in Tabellen festgelegte Werte, Gewichtung) und die Ergebnisse dann als Zahl gerundet.
- Der **DC-Koeffizient** gibt die tiefste Frequenz an (Gleichanteil, 0 Hz), die **AC-Koeffizienten** stellen höhere Frequenzen dar.
- Anschließend erfolgt eine Zick-Zack-Abtastung (ZigZag Scan), vom DC-Koeffizienten bis zum höchsten AC-Koeffizienten (DCT-Koeffizienten werden frequenzmäßig geordnet).

Prinzip der Datenreduktion bei JPEG

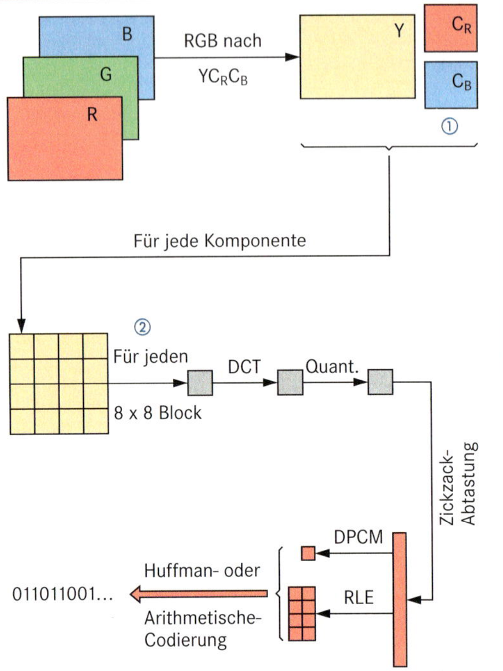

Verlustfreie Kompression

- Wenn die Informationen benachbarter Blöcke ähnlich sind, werden nur die Differenzen der DC-Koeffizienten codiert. Sie werden als AC-Anteile behandelt (**DPCM: D**ifferential **P**ulse **C**ode **M**odulation).
- Bei den AC-Koeffizienten wird die Lauflängencodierung (**RLE**) angewendet (gleiche Daten werden zusammengefasst und nur die Anzahl übertragen).
- Häufig vorkommende Informationen erhalten ein kurzes und selten vorkommende Informationen ein langes Codewort (**Huffman-Codierung**).

Zick-Zack-Abtastung

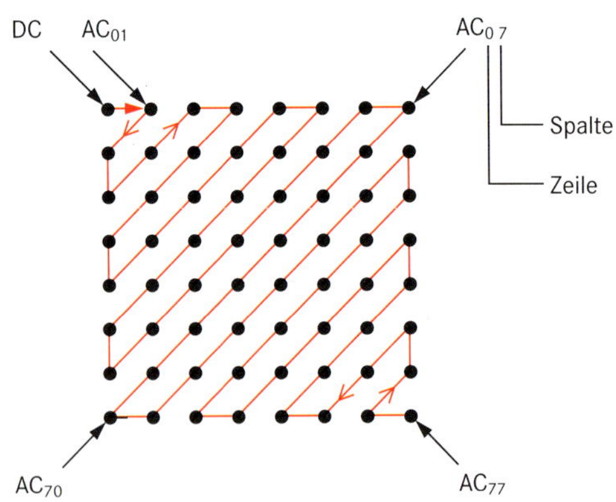

Streaming Media

Arbeitsweise

- Streaming Media ist der Oberbegriff für Streaming Audio und Streaming Video.
- Der Begriff wird verwendet bei der Übertragung von Audio- und Videodaten (z. B. Web-TV, Webradio) über ein Datennetz (Internet).
- Beim Streaming wird für den Nutzer auf dessen Anforderung eine Punkt-zu-Punkt Verbindung zwischen dem Medienserver und dem PC des Nutzers hergestellt.
- Die Aufgabe des Encoders (Umsetzer, Konverter, Wandler) auf der Quellenseite ist es, die Daten in eine über das Netzwerk versendbare Form zu transformieren.

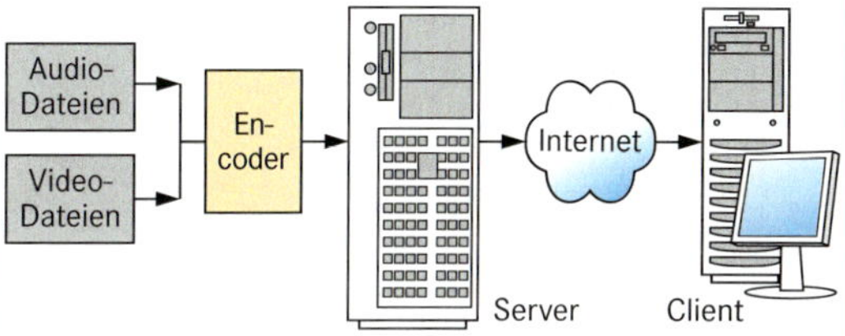

- Zwei Arten werden unterschieden:
  - **On-Demand**: Die auf einem Server liegenden Dateien werden wiedergegeben.
  - **Live-Streaming**: Live-Aufnahmen werden direkt in das Netzwerk eingespeist.
- Da die Daten aus Audio- und Videoquellen in der Regel groß sind, entfällt eine Direktübertragung. Die Daten werden in **Datenpakete** zerlegt und einzeln übertragen. Während der Ladezeit können Daten betrachtet bzw. angehört werden.

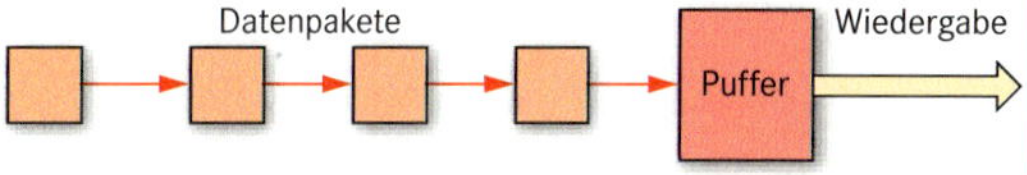

- Für einen ungestörten Empfang muss eine ausreichende Datenübertragungsrate zur Verfügung stehen. Sie muss größer sein als die für das Streaming verwendete Datenübertragungsrate.
- Um unterschiedliche Laufzeiten der Datenpakete auszugleichen, werden im Medienplayer Puffer (Datenspeicher) verwendet. Die Wiedergabe erfolgt deshalb um 2 bis 6 Sekunden verzögert.

Protokolle

- **RSVP** (**R**esource **R**eservation **P**rotocol)
  - Mit diesem Protokoll werden die erforderlichen Netzressourcen für den Datenstrom reserviert.
  - Es erlaubt Empfängern, Dienstanforderungen festzulegen. Die Reservierung erfolgt vom Empfänger, von Router zu Router bis zum Sender.
- **RTP** (**R**ealtime **T**ransport **P**rotocol)
  - Mit diesem Protokoll wird der Datentransport organisiert.
  - Beispiele: Zwischenpufferung, Erkennung der Reihenfolge der Datenpakete, Korrektur
  - RTP wird in der Regel mit dem UDP-Protokoll betrieben.
- **RTSP** (**R**ealtime **S**treaming **P**rotocol)
  - Kontrolle des Netzwerks für den Einsatz bei Entertainment- und Kommunikationssystemen
- **SMIL** (**S**ynchronized **M**ultimedia **I**ntegration **L**anguage)
  - Diese Programmiersprache dient der Stream-Beschreibung und der Formatierung.
  - SMIL basiert auf XML und ermöglicht eine einfache, textgesteuerte Synchronisation von Multimedia-Anwendungen.

Wiedergabe

- Die Wiedergabe kann erfolgen durch:
  - **Plugins** (herunterladbar und im Browser integriert)
  - **Wiedergabeprogramme** (als **Player** bezeichnet, z. B. von Quick Time, Adobe Flash, Real Media oder Windows Media)

Quick Time | Adobe Flash | Windows Media

- **Quick Time**
  - Entwickelt von Apple für Mac OS und Windows
  - Anwendungen von Quick Time sind z. B. Player, Broadcast und Streaming Server.
  - Es ist mit Quick Time möglich, einen kompletten Produktionsprozess durchzuführen (Capturing, Import, Synchronisation ... Wiedergabe).
  - Dateiendungen: .mov oder .qt
  - Unterstützte Videodateiformate: MPEG-1, -2, -4, Microsoft AVI und WMV, Shockwave Flash, DV, DVC, ...
  - Unterstützte Audiocodecs und Formate: MP3, AAC, WAV, MIDI, ...
  - Quicktime Pro ist eine kostenpflichtige Erweiterung
- **Adobe Flash**
  - Entwickelt von Adobe, früher Macromedia Flash
  - Es handelt sich um eine Plattform zur Programmierung und Darstellung multimedialer, interaktiver und animierter Inhalte.
  - Der Adobe Flash Player dient der Wiedergabe in Webseiten eingebetteten SWF-Dateien (**SWF**: **S**mall **W**eb **F**ormat, Dateiendung .swf)
  - Vorteil gegenüber anderen Playern: Interaktion
- **Windows Media**
  - Entwickelt von Microsoft
  - Windows Media Player ist ein Programm zum Abspielen von Audio- und Videodateien sowie zum Brennen von Audio-CDs
  - Durch Herunterladen weiterer Codecs können Sendungen nicht unterstützter Formate abgespielt werden.
  - Verwaltung der Medienarchive möglich
  - Synchronisation tragbarer Geräte (z. B. MP3-Player, PDAs)
  - Empfang von Sendungen des Internetradios
  - Schnittstelle zum Kauf von Musik und Videos
  - Dateiendungen: .wmv, .wma

Kommunikationsarten

- **Unicast**:
  Ein oder mehrere Sender schicken Datenpakete an einen Empfänger.
- **Broadcast**:
  Ein Sender schickt Datenpakete an mehrere Empfänger.
- **Concast**:
  Viele Sender schicken Daten an einen Empfänger.
- **Multipeer**:
  Viele Sender schicken Daten an viele Empfänger (z. B. Konferenz).

Tintenstrahldrucker

Thermo-Verfahren

- Druckdüsen mit Heizelementen
- Temperatur ca. 300 °C
- Dampfblase entsteht
- Tinte wird herausgespritzt (ca. 80 ms)
- Geschwindigkeit ca. 15 m/s
- Schussfrequenz bis 18 kHz

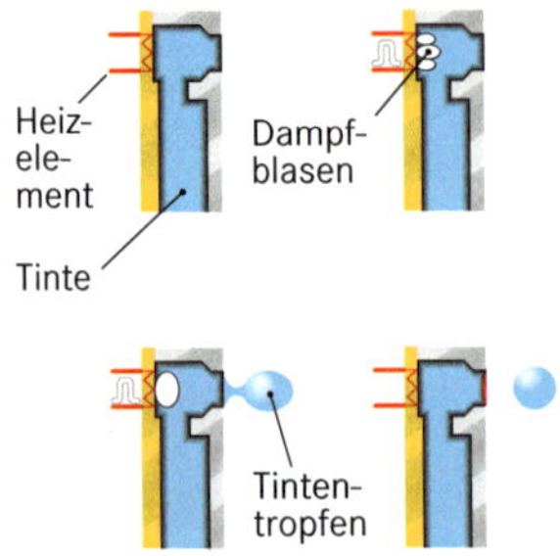

Druckdüse in Kartusche integriert

Piezoelektrisches Verfahren

- Druckdüse mit Piezo-Element
- Elektr. Spannung verformt das Element
- Zunächst Sog, dann Druck
- Tinte wird herausgedrückt
- Tropfengröße kann durch Spannung gesteuert werden

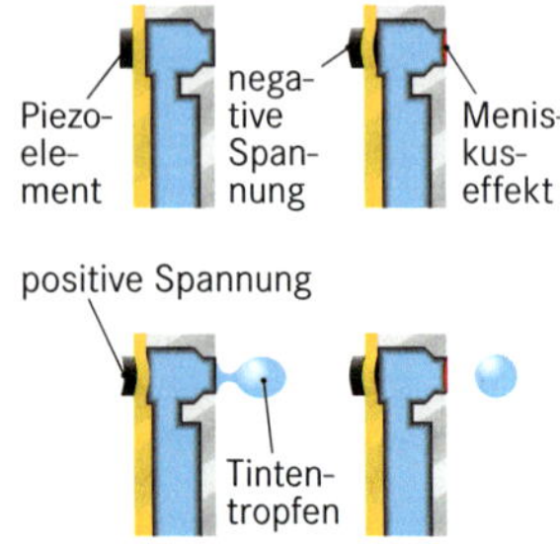

Druckdüsen befinden sich nicht in der Kartusche, sondern im Gerät

Druckvorgang

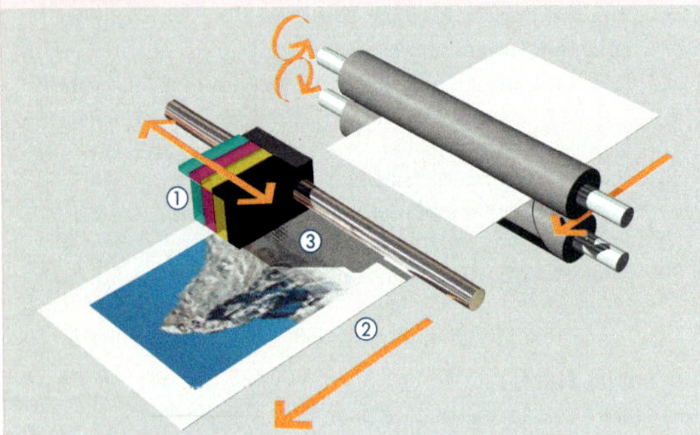

- Druckkopf bewegt sich zeilenweise über das Papier ①.
- Das Papier wird schrittweise in Längsrichtung durch den Drucker gezogen ②.
- Alle Druckfarben werden gleichzeitig auf das Papier gesprüht ③.
- Mehrere Druckpunkte bilden einen Rasterpunkt.
  Beispiel: Grüner Rasterpunkt besteht aus mehreren dicht nebeneinander oder übereinander gedruckten gelb- und cyanfarbigen Druckpunkten.

Druckauflösung (Auflösung):
Angabe in Druckpunkte pro Zoll (**dpi: D**ots **p**er **I**nch)
1 Zoll (Inch) = 2,54 cm

Beeinflussung der Druckqualität

- Erweiterung der vier Farben (CYMK) um weitere Farben (z. B. helles Cyan und helles Magenta) zur besseren Darstellung von Hauttönen.
- Für hochwertige Drucke sollte beschichtetes Papier verwendet werden, damit die Farbtropfen nicht zu tief eindringen.
- Das tiefe Eindringen der Tinte in das Papier kann durch vorheriges Aufbringen einer farblosen Flüssigkeit verringert werden.
- Größere farbige Flächen werden mit wenigen, aber größeren Tropfen schneller bedruckt.
- Die Tinte wird in mehreren Durchgängen aufgetragen. Ein Verlaufen der Tinte wird verringert.
- Pigmentierte Tinte verringert das zu tiefe Eindringen in das Papier.
- Für helle Farben (Farben mit geringer Sättigung) entstehen zwischen den Farbpunkten große störende weiße Flächen. Kleinere Druckpunkte verringern diese Störungen.
- Um das Verlaufen der Tinte aufgrund der Faserstruktur des Papiers zu verringern, wird schnelltrocknende Tinte eingesetzt.
- Neben diesen Hardwarelösungen werden von Herstellern verschiedene Softwarelösungen zur Steuerung der Druckpunkte eingesetzt.

Farblaserdrucker

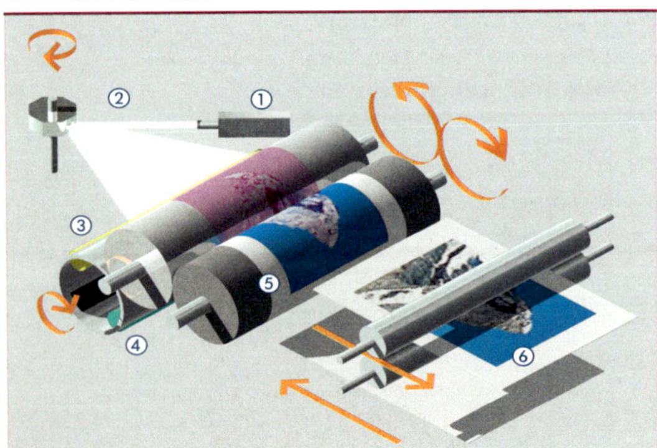

- Unbedrucktes Papier wird kontinuierlich zugeführt.
- Licht aus dem Laser ① gelangt über einen rotierenden Spiegel ② auf die lichtempfindliche Trommel ③.
- Die Trommel ist elektrostatisch aufgeladen.
- Sie dreht sich an der Tonerkartusche ④ vorbei.
  Der Toner gelangt durch elektrostatische Anziehungskräfte über die Belichtungstrommel auf das Papier ⑤.
- Für den Vierfarbendruck sind vier Durchläufe erforderlich.
- Am Ende wird das fertig bedruckte Papier ausgegeben ⑥.

Handscanner	Einzugscanner	Flachbettscanner	Trommelscanner	Dia- und Negativscanner
■ Vorlage wird manuell abgefahren. ■ Es entstehen Scanstreifen von einigen cm Breite. ■ Problem: Passgenaues Zusammenfügen der Streifen (Software).	■ Die Vorlage wird an den fest platzierten Sensoren entlang bewegt. ■ Problem: Vorlagen dürfen eine bestimmte Dicke nicht überschreiten.	■ Die Sensoren werden an der Vorlage entlang geführt. ■ Die Qualität des Scanners hängt von der Auflösung und der genauen Führung der Sensoren ab.	■ Die Vorlage befindet sich außerhalb einer rotierenden Trommel und wird von einer Lichtquelle abgetastet. ■ Problem: Vorlagen dürfen eine bestimmte Dicke nicht überschreiten.	■ Die durchscheinende Vorlage wird vom Licht abgetastet, das dann auf die Sensoren fällt. ■ Aufgrund der kleinen Vorlage ist eine hohe Auflösung erforderlich.

Arbeitsweise des Flachbettscanners

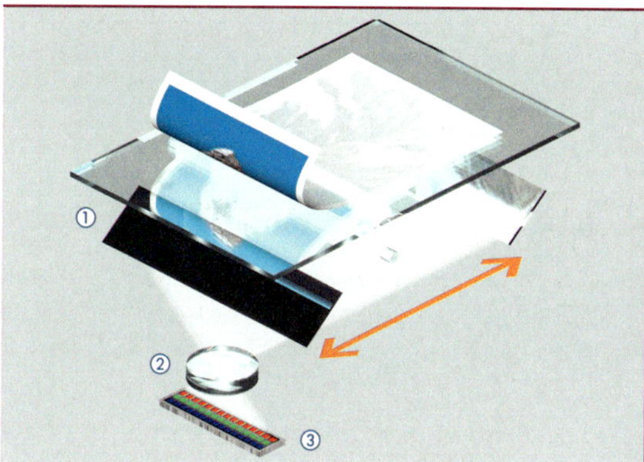

- Licht wird von der Aufsichtsvorlage reflektiert.
- Dieses gelangt dann über Spiegel ① und Linsen ② auf die lichtempfindlichen und zeilenmäßig angeordneten Sensoren ③ (CCD-Zellen, **CCD: C**harge **C**oupled **D**evice).
- Vor den Sensoren befinden sich Farbfilter für rotes, grünes und blaues Licht.
- Helligkeitsinformationen werden in den Sensoren in unterschiedlich große elektrische Ladungen umgewandelt, als Spannungen verstärkt und mit Hilfe von Analog-Digital-Umsetzern in einen Datenstrom umgeformt.

Arbeitsweise des Trommelscanners

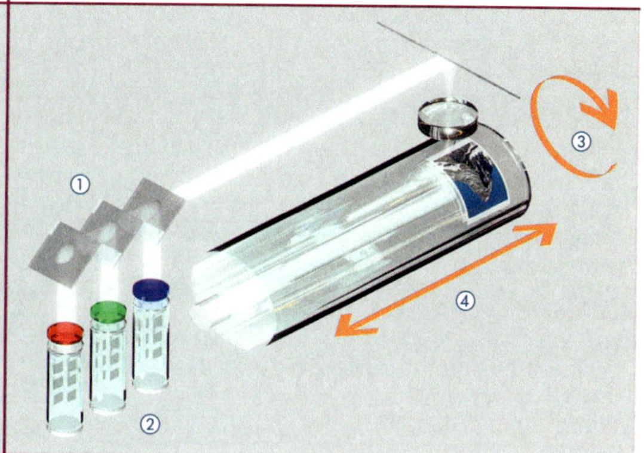

- Das von der Vorlage reflektierte oder durchgelassene Licht (je nach Vorlage) gelangt über Spiegel ① an die Photomultiplier ② (Sekundärelektronenvervielfacher).
- Durch Rot-, Grün- und Blaufilter erhält man die Farbinformationen der einzelnen Pixel.
- Die Trommel ③ rotiert, so dass die Vorlage zeilenweise abgetastet wird.
- Zusätzlich erfolgt nach jeder Zeile eine Bewegung der Trommel in Längsrichtung ④.
- Die Auflösung hängt von der Anzahl der Schritte bei der Trommelbewegung ab.

Auflösung beim Flachbettscanner

Optische Auflösung
Sie hängt von der Anzahl der CCD-Elemente ab.
Einheit: Pixel pro Zoll: **ppi** (**p**ixel **p**er **i**nch)
Punkte pro Zoll: **dpi** (**d**ots **p**er **i**nch)
Beispiel: 600 ppi
→ auf einer Länge von 1 Zoll (2,54 cm) werden 600 Pixel erfasst.

Interpolierte Auflösung
Pixel werden durch Software berechnet. Ihre Zahl ist größer als die optische Auflösung und kann zu fehlerhaften Ergebnissen führen.

Beispiel:

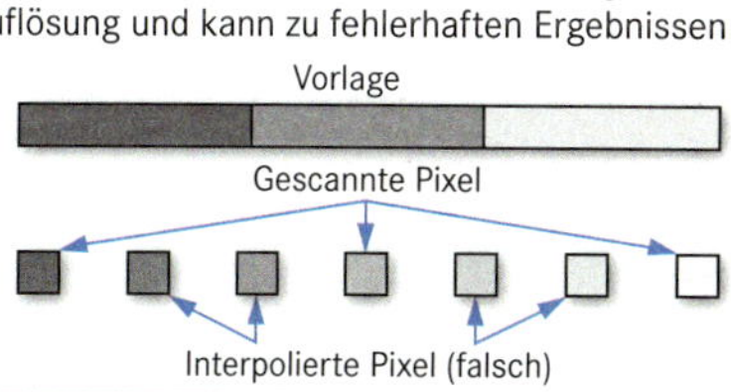

Schnittstelle

Je nach PC- und Scannerausführung:
Parallele Schnittstelle, USB- oder SCSI-Schnittstelle.

Zwischen dem Scanner als Hardware und den Anwendungsprogrammen ist oft ein **TWAIN**-Treiber in Form einer Software-Schnittstelle erforderlich.

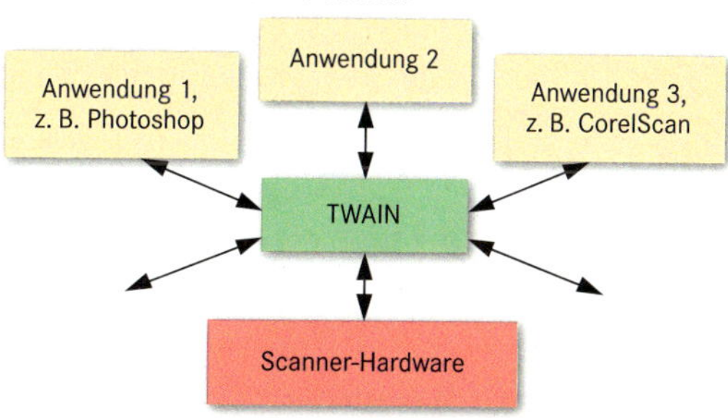

Kartengrößen

Kartenformate

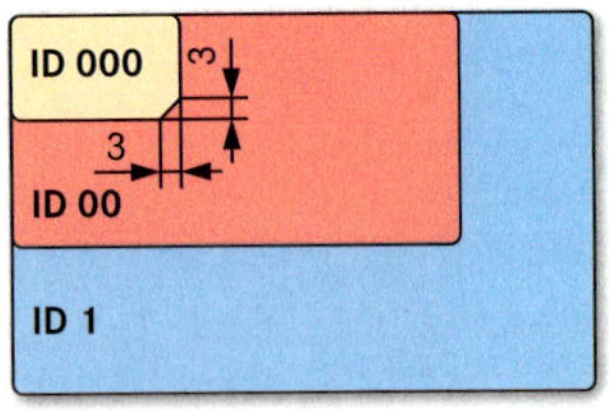

Kartenmaße

Kartenformat	Breite in mm	Höhe in mm	Dicke [1] in mm
ID 000	25	15	0,76
ID 00	66	33	0,76
ID 1	85,6	53,98	0,76
ID 2	105	74	0,76
ID 3	125	88	0,76

[1] Für Karten ohne Prägung und ohne magnetische Aufzeichnung dürfen andere Dickenwerte festgelegt werden.

Hochgeprägte Karten

Die geprägten Schriftzeichen sind für die Datenübertragung (durch Druckvorrichtung oder visuelles/maschinelles Lesen) bestimmt.

Identifikationsnummernzeile

Zeile für Schriftzeichen nach ISO 7811-1 mit maximal 19 Schriftzeichen-Positionen mit einer Nominaldichte von 7 Schriftzeichen je 25,4 mm. Die Zahl der benutzten geprägten Schriftzeichenpositionen hängt von den Erfordernissen der Anwender ab.

Namen- und Adressfeld

Vier Zeilen mit je 27 Schriftzeichen nach ISO 7811-1 mit einer Nominaldichte von 10 Schriftzeichen je 25,4 mm.

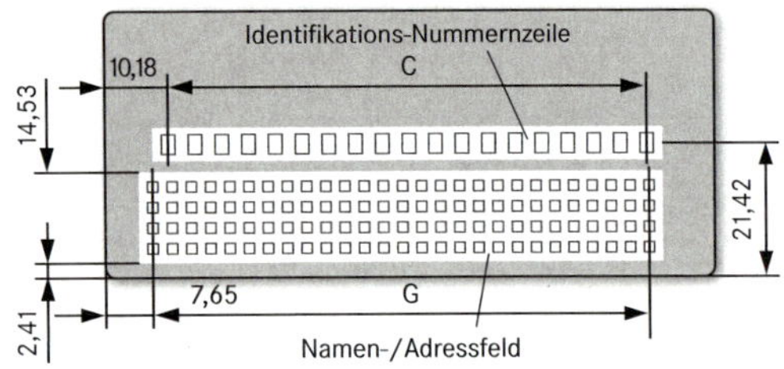

Größte kumulierte Grenzabweichung zwischen den Mittellinien des ersten und des letzten Schriftzeichens jeder Zeile +0,08 mm (Grenzabweichung von C und G).

Magnetstreifenkarten

Lage des Magnetstreifens

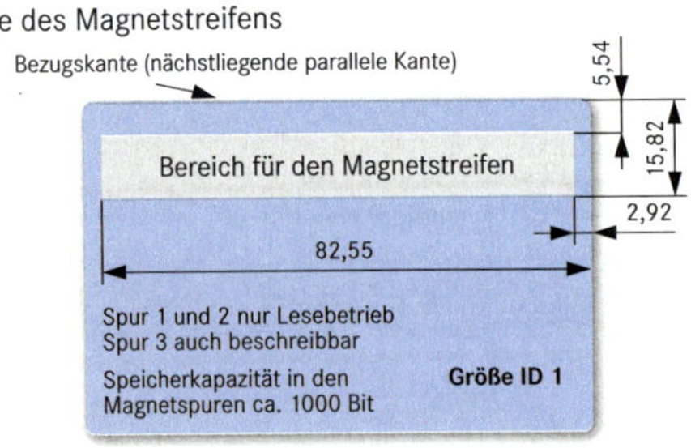

Lage der Spuren 1, 2 und 3

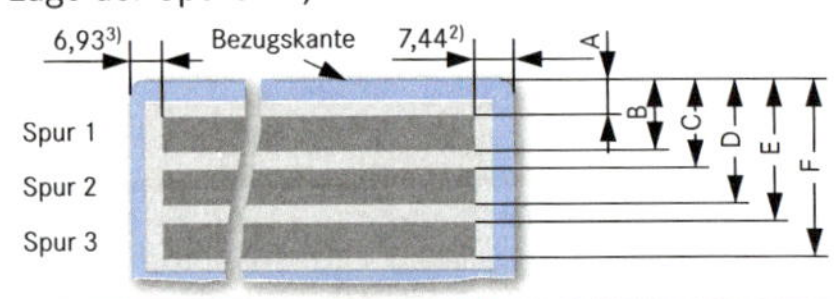

Maß	maximal	minimal	Maß	maximal	minimal
A	5,66	–	D [1]	12,27	11,76
B	8,97	8,46	E [1]	12,52	12,01
C	8,97	8,46	F [1]	15,82	15,32

[1] nur gültig, wenn Spur 3 vorhanden [2] 1. Bit [3] letztes Bit

Chipkarten

- **Speicherchipkarten**
  Ohne Sicherheitslogik, z. B. Krankenversicherungskarte (meist EEPROM)
- **Intelligente Speicherchipkarten**
  mit festverdrahteter Sicherheitslogik, z. B. Telefonkarte
- **Prozessorchipkarte**
  Intelligente Chipkarte (smartcard) mit Mikroprozessor, RAM, ROM, EEPROM und seriellem Ein- und Ausgabeport.

Prozessorchipkarte
1 Kontaktfelder des Chip
2 RAM
3 ROM
4 EEPROM
5 Serielle Ein-/Ausgabe-Schnittstelle

- **Cryptokarte mit mathematischem Coprozessor**

Kontaktbehaftete Karte

Kontaktbelegung

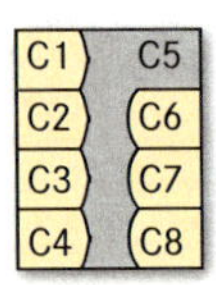

Kontakt	Signalname	Funktion
C1	V_{CC}	Versorgungsspannung
C2	RST	Reseteingang
C3	CLK	Takteingang
C4	RFU	Reserviert
C5	GND	Masse
C6	V_{PP}	Programmierspannung
C7	I/O	Ein-/Ausgang, seriell
C8	RFU	Reserviert

Kontaktlose Karte

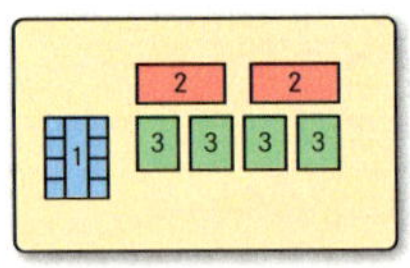

Energieübertragung meist induktiv, Datenübertragung induktiv oder kapazitiv
1 Interne Anschlüsse des Chip
2 Koppelspulen in der Chipkarte
3 Kapazitive Koppelflächen in der Chipkarte

Merkmale

- Biometrische Authentifizierung (Erkennung) dient
  - zur Überprüfung der behaupteten mit der tatsächlichen **Identität,**
  - Einhaltung der **Vertraulichkeit,**
  - Realisierung der **Integrität.**
- Grundsätzlich verwenden biometrische Verfahren für die Erkennung **menschlicher** (körperliche) **Merkmale** mit den Eigenschaften wie
  - Universalität,
  - Einzigartigkeit,
  - Dauerhaftigkeit und
  - Erfassbarkeit und Messbarkeit.
- Die spezifischen Merkmale sind einer einzigen Person zugeordnet.
- Vorteile gegenüber anderen Erkennungsverfahren:
  - Kein Verlust der Eigenschaften (Gegensatz z. B.: Chipkarten),
  - keine Erinnerung notwendig (Gegensatz: Geheimzahl),
  - keine Geheimhaltung erforderlich.
- Wird verwendet für
  - Durchführung elektronischer Transaktionen,
  - Zutrittskontrolle zu Gebäuden/Räumen,
  - Überwachung der Verweildauer in Gebäuden,
  - Zugriffsüberwachung auf Daten,
  - Überprüfung von Berechtigungen.
- Die Betriebsarten werden unterschieden nach **Verifikation** und **Identifikation.**
- Die Verifikation
  - beinhaltet die Bestätigung der Identität der Person, für die sie sich ausgibt,
  - führt einen Abgleich der präsentierten Daten mit einem zuvor abgelegten Datensatz durch (1:1-Vergleich).
- Bei der Identifikation
  - wird ermittelt, um welche Person es sich handelt,
  - werden die aktuellen Benutzerdaten mit allen gespeicherten Daten der anderen Benutzer verglichen (1: n-Vergleich).
- Die Sicherheit biometrischer Systeme basiert im Wesentlichen auf
  - dem Schutz der Referenzdaten (personenbezogene Daten) und
  - dem Vergleichsverfahren.
- Wesentliche Kriterien dabei sind:
  - Merkmale und Person müssen tatsächlich zusammen gehören,
  - Unverfälschtheit der Daten beim Einlesen und bei der Anwendung muss gewährleistet sein,
  - biometrische Daten dürfen nicht abgehört und mit oder ohne Hilfe des Nutzers einfach reproduziert werden.

Einteilung

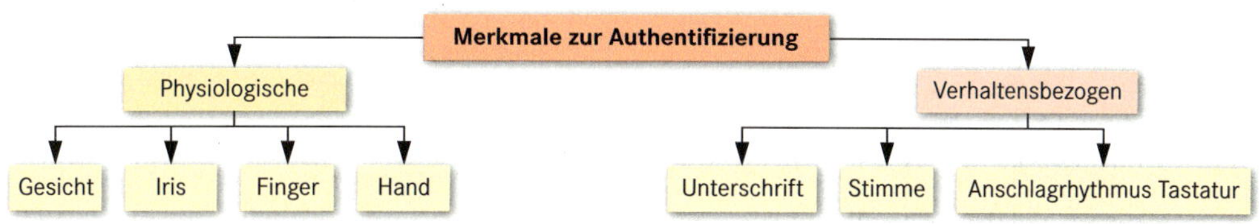

Iriserkennung

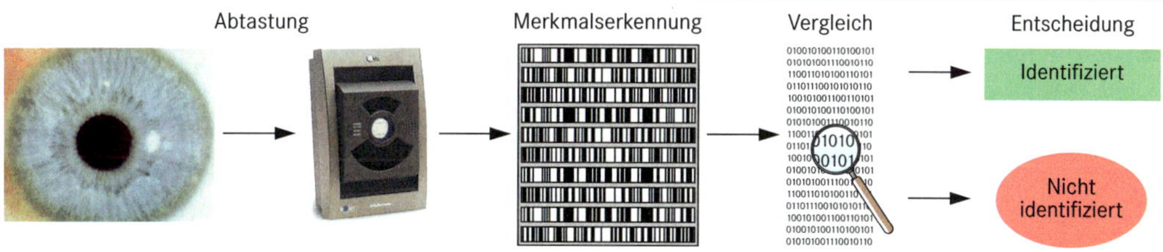

Fingerabdruckerkennung

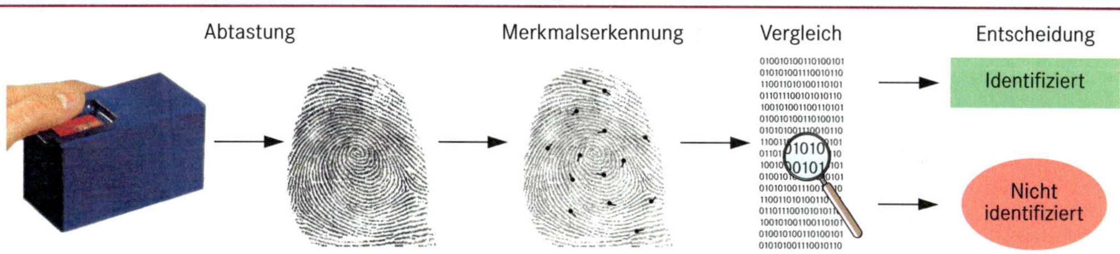

Einteilung

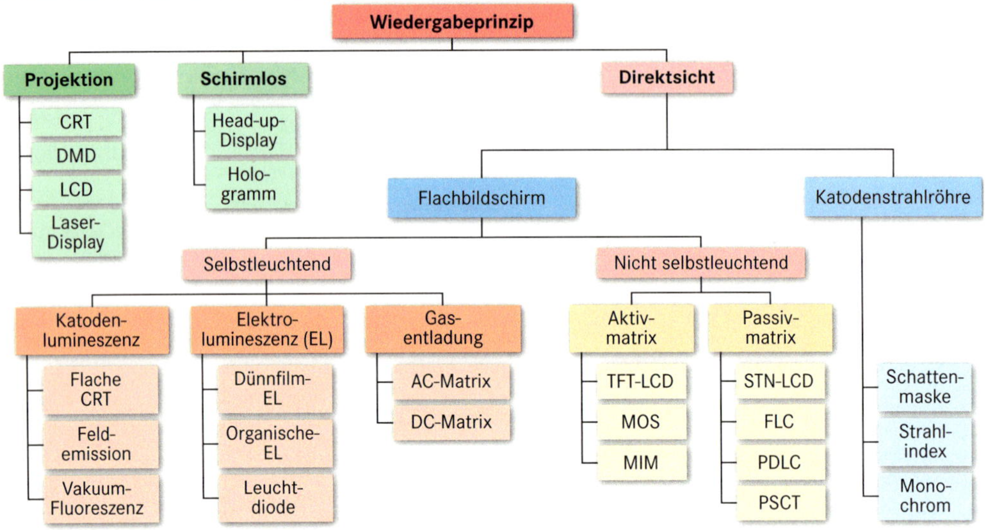

CRT: **C**athode **R**ay **T**ube (Kathodenstrahlröhre)
DMD: **D**ense **M**icromirror **D**isplay (Mikrospiegel)
LCD: **L**iquid **C**rystal **D**isplay (Flüssigkristall)
FLC: **F**erro **L**iquid **C**rystal (Ferroelektrisch)
MOS: **M**etall **O**xide **S**emiconductor (Metall-Oxid)
MIM: **M**etal **I**solator **M**etal (Metall Isolator Metall)

PDLC: **P**olymer **D**ispersed **L**iquid **C**rystal (Polymer dispergierter Flüssigkristall)
PSCT: **P**olymer **S**tabilized **C**holesteric **T**extured (Polymer stabilisierte cholestrische Textur)
STN: **S**uper **T**wisted **N**ematic (Super gedreht)
TFT: **T**hin **F**ilm **T**ransistor (Dünnschicht-Transistor)

LCD (Liquid Crystal Display)

- Flüssigkristall-Anzeigen
  basieren auf organischen Komponenten mit stäbchenhaften **Molekülen** und benötigen externe Lichtquellen,
  - wirken nach dem **Durchlicht-** oder **Reflexionsverfahren** oder einer Kombination aus beidem,
  - bilden im Temperaturbereich von −20 °C bis +85 °C **Kristallstäbchen**, die verschiebbar sind.
- Durch Anlegen elektrischer Spannungen wird die Ausrichtung der Moleküle beeinflusst.
- **Normal-White Zelle** ist ohne Spannung weiß.
- **Normal-Black Zelle** ist ohne Spannung dunkel.
- **Passiv-Matrix**-Displays beeinflussen auch Nachbarzellen (geringer Kontrast).
- **Aktiv-Matrix**-Displays sind in jeder Zelle mit einem Dünnschichttransistor als Schalter ausgerüstet und werden als **TFT-Displays** (Thin-Film-Transistor) bezeichnet.

Leuchtverfahren

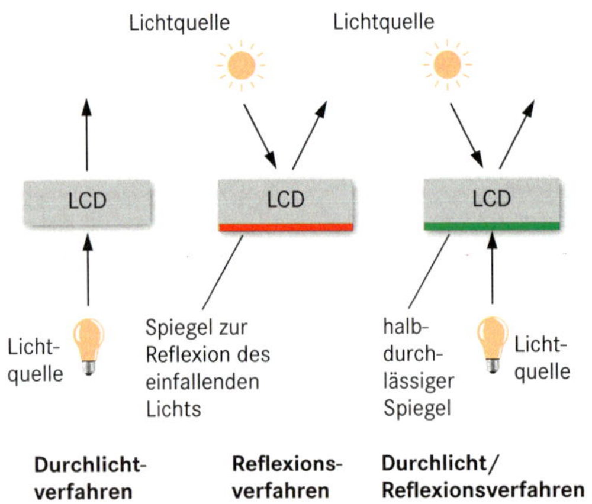

Funktion

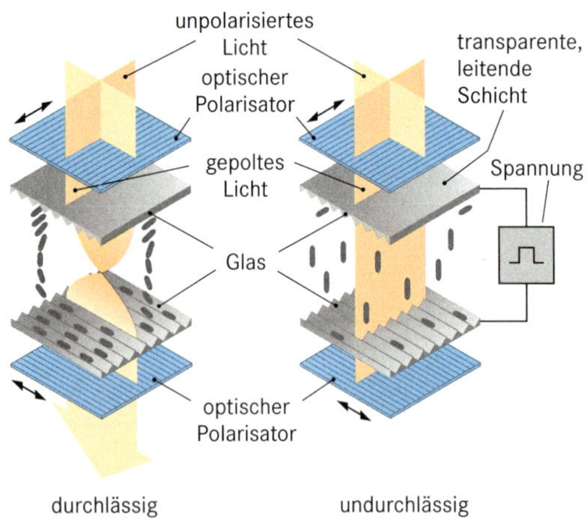

TFT-LCD

Funktion

- **TFT**-LCD (**T**hin-**F**ilm-**T**ransistor LCD)
  - bestehen aus LC-Zellen mit einem integrierten **Dünnschicht-Transistor** pro Farbe in jeder Zelle und werden deshalb als **Aktiv-Matrix-Displays** bezeichnet,
  - sind in der Bauform wesentlich dünner als Passiv-Displays.
- Die Transistoren steuern den Grad der Molekülablenkung und somit die Helligkeit der einzelnen Farben.
- Die **Refresh-Rate** liegt annähernd bei der von Bildröhren.
- Defekte Pixel sind entweder dauernd leuchtend bei schwarzem Hintergrund oder dunkel bei weißem Hintergrund.

Aufbau

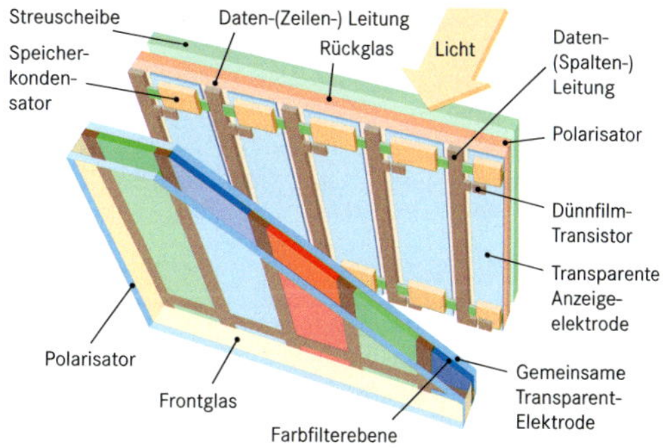

PLD

Funktion

- **Pl**asma-**D**isplays (**PLD**)
  - sind selbstleuchtend,
  - beinhalten eine Mischung aus Edelgasen (Argon, Neon) zur **Plasmaerzeugung**,
  - verwenden Phosphor (rot, grün, blau) als Leuchtmittel,
  - werden über eine x/y-Matrix angesteuert,
  - erzeugen durch **Stoßionisation** frei bewegliche Ionen und Elektronen.
- Gebundene Elektronen im Plasma werden durch die freien Elektronen auf höheres Energieniveau angehoben und erzeugen bei Rückfall auf normales Niveau **Ultraviolett-Strahlung**, die den Phosphor zum Leuchten anregt.
- Die Steuerung der Helligkeit erfolgt durch zeitabhängige Anschaltung der Zellen (Pulsdauermodulation).

Zellen-Aufbau

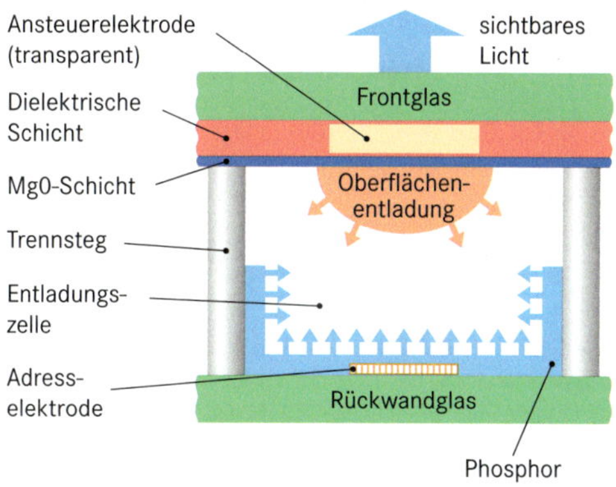

Display-Aufbau

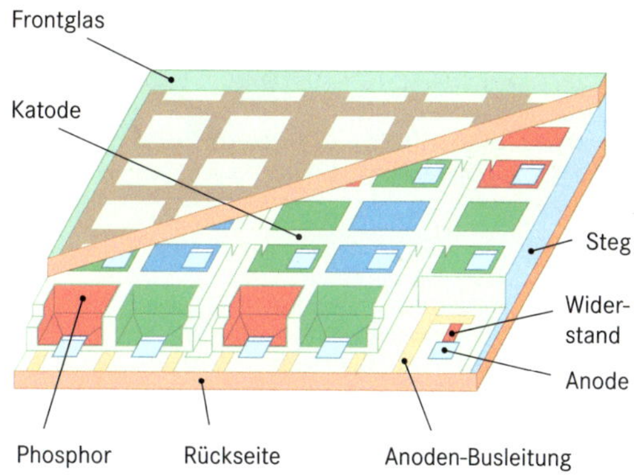

OLED

Funktion

- **O**rganic-**L**ight **E**mitting **D**iode (**OLED**) verwenden als Leuchtschicht organische Leuchtstoffe, in denen die positiven und negativen Ladungsträger beim Zusammentreffen sichtbares Licht erzeugen.
- OLED
  - sind selbstleuchtend (Elektrolumineszenz),
  - erfordern wenig Energie,
  - bieten hohe Kontrastverhältnisse,
  - sind als Passiv- und Aktiv-Matrix Displays eingesetzt (Mobiltelefone, Leuchtsymbole).

Zellen-Aufbau

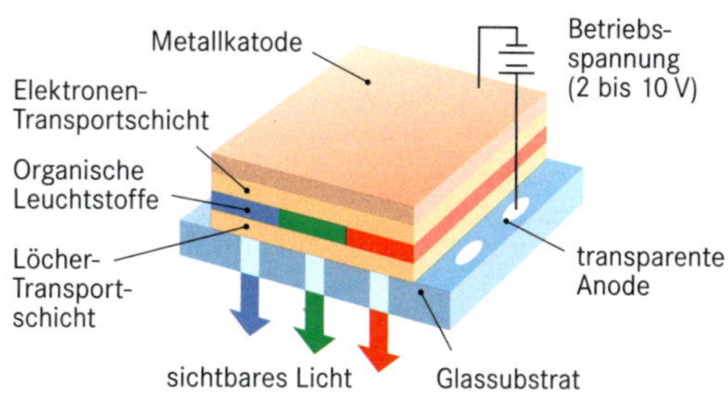

Anschlüsse (Beispiel)

- **Computer**
  15-polig D-Sub (RGB), DVI
- **Monitor**
  15-polig D-Sub (RGB), DVI
- **Maus/serielle Schnittstelle**
  9-polig D-Sub (RS232C), USB
- **Video** (PAL, SECAM, NTSC, HDTV)
  Video in, Audio in (Stereo), Audio out (Stereo), Cinch, Composite (S-VHS), Cinch/Miniklinke, Cinch

Auflösung

VGA:	640	x	480	(Video Graphics Array)
SVGA:	800	x	600	(Super VGA)
XGA:	1024	x	768	(Extended Graphics Array)
SXGA:	1280	x	1024	(Super XGA)
UXGA:	1600	x	1200	(Ultra XGA)
HDTV:	1920	x	1080	(High Definition Television)
QXGA:	2048	x	1536	(Quad XGA)

Ausleuchtung

Vergleich der Helligkeit: Die Helligkeit in der Projektionsmitte wird mit der Helligkeit am Rand verglichen. Je größer der Wert in %, desto gleichmäßiger ist die Ausleuchtung.

Gute Werte > 80 %

Kontrastverhältnis

Es handelt sich um ein Verhältniszahl, die aussagt, wie viel mal heller das projizierte Weiß gegenüber Schwarz ist. Je größer die Zahl, desto besser der Kontrast. Messung erfolgt mit einem Schachbrettmuster.

Gute Werte: 300:1, 400:1

Helligkeit

Die Angabe erfolgt durch den Lichtstrom in Lumen. Das Messverfahren ist durch ANSI festgelegt:
(**ANSI: A**merican **N**ational **S**tandards **I**nstitute)

Optimale Helligkeiten:

- Kleine Räume (ca. 2 m Bildbreite):
  ... 1400 Lumen (ANSI)
- Mittlere Räume (ca. 3 m Bildbreite):
  1400 ... 2000 Lumen (ANSI)
- Große bzw. sehr helle Räume (> 3 m Bildbreite):
  2000 Lumen (ANSI)

Keystone-Korrektur (Keystone-Shift)

Bei einer Aufwärtsprojektion treten Trapezverzerrungen auf (Keystone-Effekt).

Maßnahmen:

- Optische Korrektur (mechanische Einstellung)
- Digitale Korrektur: Durch die Umrechnung des Bildschirminhaltes kann sich die Bildschärfe und der Kontrast verringern (Auflösungsverlust).

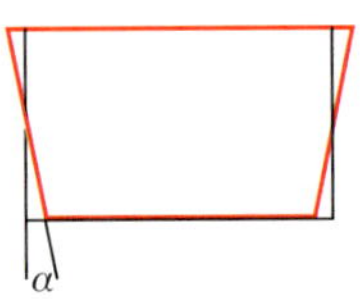

z. B.: $\alpha = 0 \ldots 12°$

LCD-Projektoren (transmissive)

LCD: Liquid **C**rystal **D**isplay

- Licht der Lichtquelle ① wird mit dichroitischen (selektiv lichtdurchlässig) Spiegeln ② in die Grundfarben Rot, Grün und Blau zerlegt.
- Für jede Grundfarbe (3 Panel) ist ein transmissives (lichtdurchlässiges) Polysilizium-LCD-Panel ③ (Psi-LCD) vorhanden (Diagonale: 0,7; 0,9; 1,3 oder 1,8 Zoll). Es entstehen einfarbige Teilbilder.
- Ein Prisma ④ mischt die Einzelbilder zu einem vollfarbigen Bild zusammen (additive Farbmischung), das durch ein Objektiv auf die Leinwand projiziert wird.

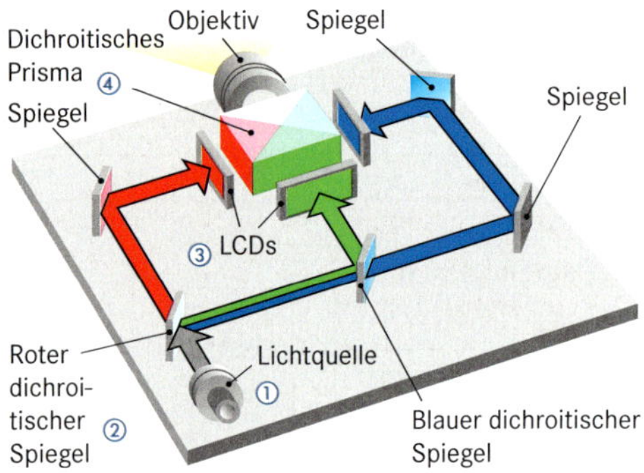

DLP-Projektoren

DLP: Digital **L**ight **P**rocessing

- Das Licht der Projektionslampe ① wird durch ein rotierendes Farbrad ② (3600 1/min, mindestens drei Farbsegmente für Rot, Grün und Blau; RGB) zerlegt. Es entstehen in schneller Folge rote, grüne und blaue Einzelbilder.
- Die Einzelbilder treffen auf den **DMD**-Chip (**D**igital **M**icromirror **D**evice, z. B. 15 x 13 mm). Auf der Chipoberfläche sind bis zu 2,4 Millionen beweglich gelagerte und einzeln angesteuerte Mikrospiegel ③ angebracht (16 µm, 14 µm, 12 µm).
- Die Speicherzellen (ähnlich SRAM) kippen über elektrostatische Anziehung die beweglichen Spiegel, so dass ein Bildpunkt hell oder dunkel projiziert werden kann. Die Spiegel können um etwa ±10° bis ±12° gekippt werden (20 µs).
- Die SRAM-Zellen werden zeilen- und spaltenweise mit einem Byte pro Pixel angesteuert (256 Helligkeitsabstufungen, 16,7 Millionen Farben).
- Durch die schnelle Folge der Einzelbilder entsteht für den Betrachter ein vollfarbiges Gesamtbild.

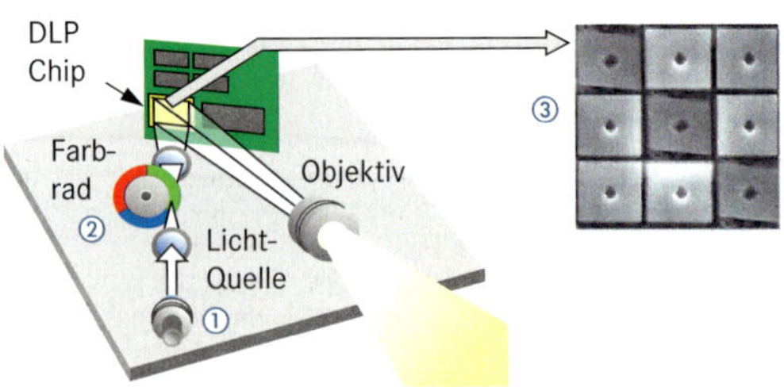

Merkmale

- Einrichtungen für die Telekommunikation oder für Rechnernetze müssen hochverfügbar sein.
- Der direkte Betrieb der Systeme oder Anlagen aus den öffentlichen Energienetzen, die eine Verfügbarkeit von 99 % bis 99,5 % erreichen, ist nicht möglich.
- Eingesetzt werden deshalb **unterbrechungsfreie Stromversorgungsanlagen** (IEC 62040-3).
- Unterbrechungsfreie Stromversorgungen werden aus dem öffentlichen Energienetz oder/und aus Netzersatzanlagen gespeist.
- Aufgaben von USV-Anlagen sind
  - **Umsetzen** der Spannungsart bzw. Spannungshöhe auf die erforderlichen Werte,
  - **Speichern** elektrischer Energie zur Überbrückung von Netzlücken bzw. -ausfällen,
  - **Regeln** der Speisespannungen unabhängig vom Über- oder Unterschreiten der Primärversorgung,
  - **Ausfiltern** von Überspannungen (z. B. Blitzschlag),
  - **Energieverteilung** an die nachgeschalteten Verbraucher.

Bezeichnungsschema

Beeinflussung Ausgangsspannung durch Eingangsspannung ①	① – ② ③ – ④ ⑤ ⑥	Änderung der Betriebsart ④ Linearer Lastsprung ⑤ Nicht linearer Lastsprung ⑥
	Normal o. Umgehung ②, Batteriebetrieb ③	
VFI: **V**oltage and **F**requency **I**ndependent (Spannungs- und Frequenzunabhängig) **VI:** **V**oltage **I**ndependent (Spannungsunabhängig) **VFD:** **V**oltage and **F**requency **D**ependent (Spannungs- und Frequenzabhängig)	**S:** Ausgangsspannung sinusförmig; Verzerrungsform D < 0,08 bei linearer und nichtlinearer Belastung **X:** Ausgangsspannung sinusförmig bei nichtlinearer Belastung; Verzerrungsfaktor D > 0,08 bei Überlastung **Y:** Ausgangsspannung nicht sinusförmig	**1:** unterbrechungsfrei **2:** Spannungsunterbrechung < 1 ms **3:** Spannungsunterbrechung < 10 ms **4:** Eigenschaften vom Hersteller definiert

VFD-Prinzip

bisherige Bezeichnung: Off-line USV

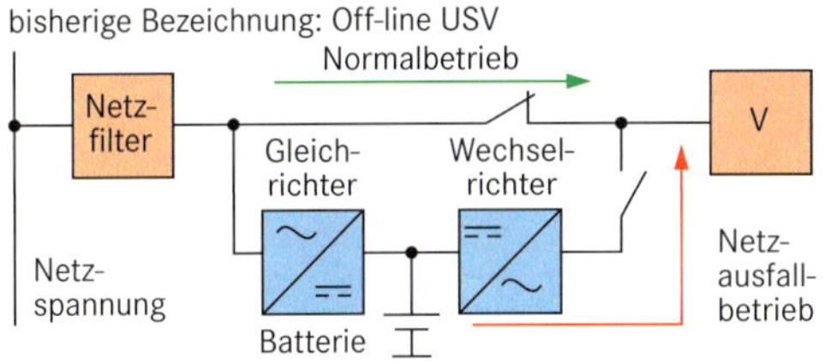

Wirkprinzip:
Normalbetrieb: Der Verbraucher (V) wird direkt aus dem Netz versorgt; die Batterie wird kontinuierlich über den Ladegleichrichter geladen. Bei Netzausfall erfolgt die Umschaltung auf den Batteriekreis über den Wechselrichter ('Backup'-Kreis).

VFI-Prinzip

bisherige Bezeichnung: On-line USV

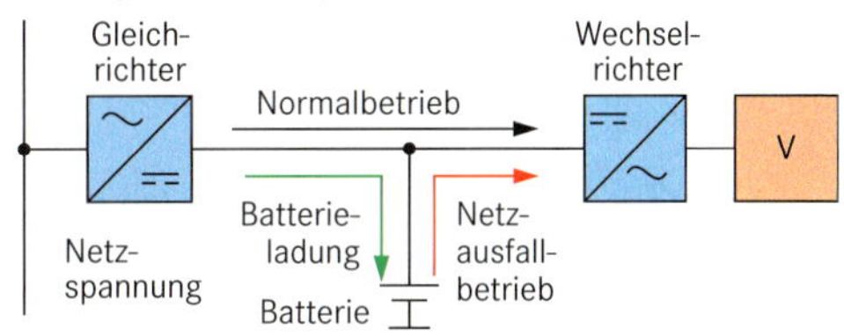

Wirkprinzip:
Normalbetrieb: Gleichgerichtete Netzwechselspannung versorgt Batterie und Wechselrichter der Gleichspannung versorgt Verbraucher (V).
Bei Netzausfall erfolgt lückenloser Übergang auf die Speisung aus der Batterie.

VI-Prinzip

bisherige Bezeichnung: Line-Interactive USV

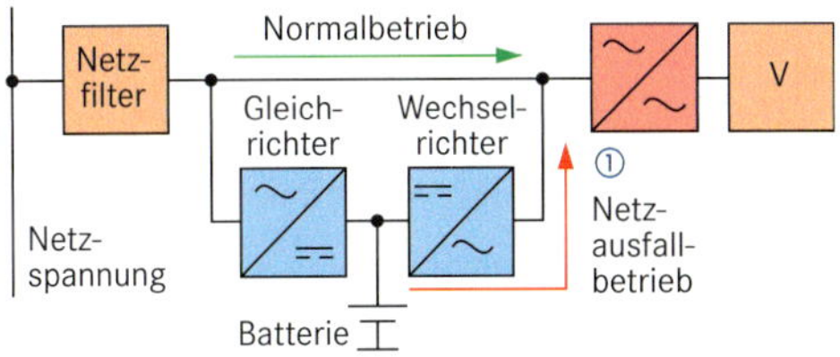

Wirkprinzip:
Normalbetrieb: Netzspannung wird über Wechselrichter ①, der die Netzschwankungen ausregelt, direkt an Verbraucher (V) geleitet; Batterie wird parallel geladen. Batteriekreis wird nur bei Totalausfall des Netzes zugeschaltet (insgesamt hoher Wirkungsgrad).

Anwendung

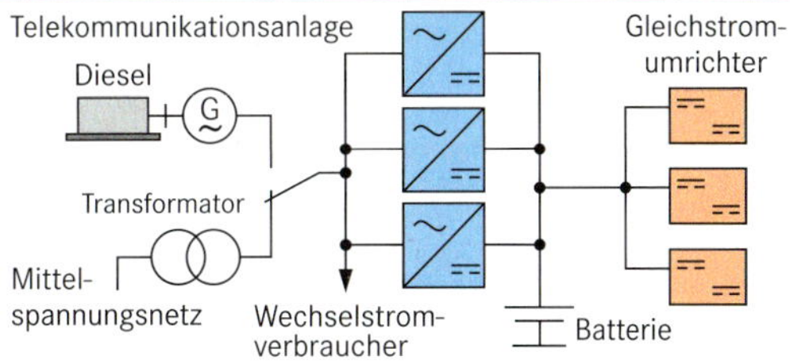

Aufbau:
Energieversorgung erfolgt aus öffentlichem Energienetz und rotierendem Umformer (Netzersatzanlage).
Netzgleichrichter sind zur Erhöhung der Verfügbarkeit mehrfach ausgeführt. Verbraucher, Gleichrichtergeräte und Batterien sind parallel an die Gleichstromsammelschiene angeschlossen.

Batterieanlagen
Battery Installations

Merkmale

- Stationäre Batterien und Batterieanlagen dienen zur **Energiespeicherung** und werden eingesetzt in
  - Telekommunikationsanlagen,
  - Kraftwerksanlagen,
  - Sicherheitsbeleuchtungen und Alarmsystemen,
  - unterbrechungsfreien Stromversorgungen,
  - ortsfesten Dieselstartanlagen,
  - photovoltaischen Anlagen.
- Die verwendeten Batterien können wieder aufgeladen werden und werden deshalb als Batterien mit **sekundären Zellen** bezeichnet.
- Die Zellen werden nach Bauart unterschieden in
  - **geschlossene Zelle** (mit Gehäusedeckel und Öffnung im Deckel zur Gasentweichung),
  - **verschlossene Zelle** (vollständig verschlossen, mit Überdruckventil zur Gasentweichung bei zu hohem Innendruck; Elektrolyt kann nicht nachgefüllt werden),
  - **gasdichte Zelle** (verschlossene Zelle, die im Betrieb weder Gas noch Elektrolyt freisetzt; überdimensionierte negative Elektrode; keine H_2 Entwicklung; kein Nachfüllen des Elektrolyten möglich; Zelle wird während der gesamten Lebensdauer im verschlossenen Zustand betrieben).
- Bei Batterien oder Batterieanlagen entstehen **Gefahren** durch
  - elektrischen Strom,
  - austretende Gase und
  - Elektrolytenflüssigkeiten.
- Zur **Vermeidung dieser Gefahren** sind Batterieanlagen mit entsprechenden Schutzmaßnahmen auszurüsten.

Schutzmaßnahmen

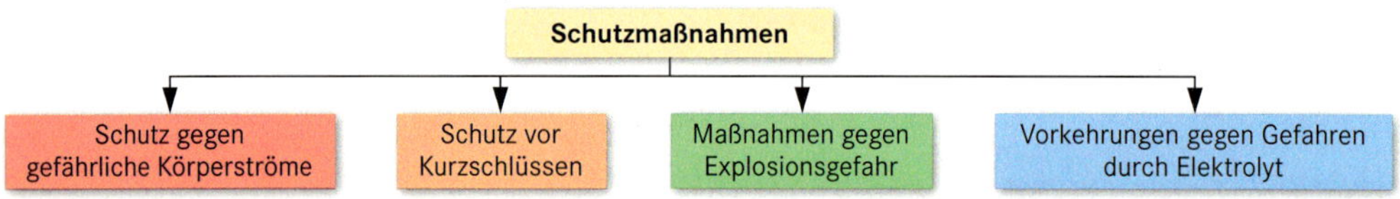

Direktes Berühren

- Schutz gegen **direktes Berühren aktiver Teile** ist durch folgende **Schutzmaßnahmen** realisierbar:
  - Isolierung aktiver Teile
  - Abdecken oder Umhüllen aktiver Teile
  - Einbau von Hindernissen
  - Einhalten von Schutzabstand
- Schutz durch Abdeckung oder Umhüllung muss nach Schutzart IEC 60529 P2X ausgeführt sein.
- Schutz durch **Hindernisse** oder durch **Abstand** ist z. B. bei Batterien mit DC 60 V bis 120 V zwischen den Polen bzw. gegen Erde die Unterbringung in **elektrischen Betriebsstätten**, bei höheren Spannungen die Unterbringung in **abgeschlossenen, elektrischen Betriebsstätten**.
- Batterien mit **Bemessungsspannungen bis zu DC 60 V** erfordern keinen Schutz gegen direktes Berühren, sofern die gesamte Anlage den Bedingungen für **SELV** (**S**afety **E**xtra **L**ow **V**oltage) und **PELV** (**P**rotective **E**xtra **L**ow **V**oltage) entspricht.

Indirektes Berühren

- **Schutz bei indirektem Berühren** (IEC 60364-4-41) kann wie folgt realisiert werden:
  - Automatische Abschaltung
  - Verwenden von Geräten der Schutzklasse II oder gleichwertiger Isolierung
  - Nichtleitende Räume (in besonderen Anwendungsgebieten)
  - Örtlicher, erdfreier Potenzialausgleich
  - Schutztrennung
- **Dauernd zulässige Berührungsspannung** ist festgelegt auf DC 120V (Grenzwert, IEC 60449).
- **Batteriegestelle oder -schränke** aus Metall müssen an den Schutzleiter angeschlossen oder gegen die Batterie und den Aufstellungsort isoliert sein.
- **Kriechstrecken** und **Sicherheitsabstände** sind nach IEC 60664, **Hochspannungsprüfung** mit AC 4000 V, 50 HZ, 1 Minute auszuführen.

Explosionsgefahr

- Während der Ladung, Erhaltungsladung und bei Überladung treten Gase aus allen Zellen aus.
- **Explosive Mischung** entsteht, wenn die Wasserstoffkonzentration mehr als 4 % Wasserstoff in der Luft übersteigt.
- **Batterieräume** und **Schränke** sind durch natürliche oder technische **Lüftung** unter dem oben genannten Grenzwert zu halten.

Elektrolyt

- **Bleibatterien:** Wässrige Lösung aus **Schwefelsäure**.
- **NiCd-Batterien:** Wässrige Lösung aus **Kaliumhydroxid.**
- Gefahr: **Starke Verätzungen** auf der Haut und in den Augen
- Schutz: Schutzbrille (Schutzschild), Schutzhandschuhe, Schürze zum Schutz der Haut.
- **Ausgetretener Elektrolyt** ist umgehend mit saugfähigen Materialien (neutralisierend) aufzunehmen.

Kurzschluss

- **Kurzschluss:** Gespeicherte Energie wird freigesetzt und kann zum Schmelzen von Metallen, zu Funkenbildung, zu Explosionen oder zum Verdampfen des Elektrolyten führen.
- Der **Isolationswiderstand** zwischen dem Batteriekreis und anderen leitfähigen örtlichen Teilen muss größer als 100 Ohm/V der Batteriespannung sein (Leckstrom < 10mA).

Wartungsarbeiten

- Bei **Arbeiten in der Anlage** darf nur isoliertes Werkzeug verwendet werden.
- Für **ungefährliche Wartungsarbeiten** sind Batterieanlagen wie folgt auszurüsten:
  - **Abdeckungen** für die Batteriepole
  - **Mindestabstand** von 1,5 m zwischen berührbaren, aktiven Leitern der Batterien, die ein Potenzial von mehr als DC 1 500 V führen
  - **Vorrichtung zur Auftrennung** von Zellengruppen

Software

6

Einteilungen

- Es wird zwischen **Soft-** und **Hardware** unterschieden. Mit Hardware werden die materiellen Geräte, mit Software werden die immaterielle Ware bzw. Systembestandteile bezeichnet.
- Oftmals wird unter Software ein Programm verstanden.
- Die Steuerung der informationstechnischen Geräte und die Verarbeitung der Daten erfolgt durch spezifische Software.
- Programmiersprachen gehören zur systemnahen Software.

Programmierspracheneinteilung

1	Hardwarebezogene Programmiersprachen
2	Maschinennahe Programmiersprachen
3	Höhere Sprachen

- Assemblersprachen sind maschinennahe Sprachen.

Softwareunterscheidungen

Systemsoftware vs. Anwendungssoftware	**Public Domain** freie, kostenlose, ungeschützt Software
Standardsoftware vs. Individualsoftware	Kostenpflichtige Software-Lizenz
Systemgebundene Software vs. Plattformunabhängige Software	**Freeware** geschützt, aber kostenfrei
	Shareware Software – bezahlbar nach einer Testphase

vs.: versus (gegen)

Programmiersprachenbeziehungen

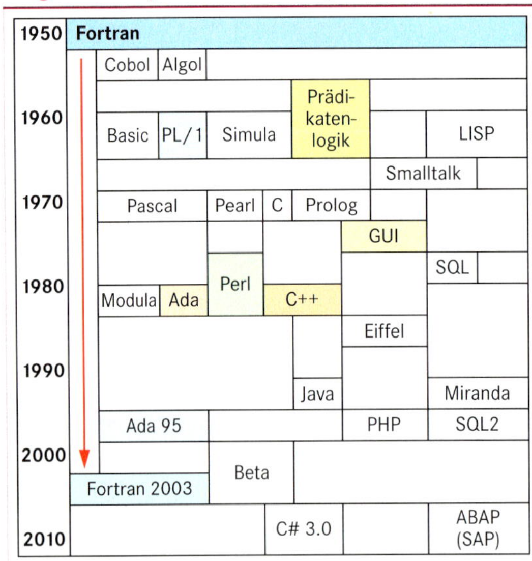

GUI: **G**raphic **U**ser **I**nterface [Graphische Schnittstelle (Maus)]

Prädikatenlogik: Vertiefte Erfassung von logischen Strukturen (Sätze); bedeutsam für KI-Sprachen und -Modelle (Lisp, Prolog, ...)

Programmierspracheneinteilungen

- **Variante A** (Fünf Generationen werden unterschieden)
  1. Maschinensprachen
  2. Assemblersprachen
  3. Problemorientierte Sprachen (Ada, C, Fortran, PL/1, ...)
  4. Nichtprozedurale Sprachen (Delphi, SQL, ...)
  5. Künstliche Intelligenz Sprachen (Lisp, Prolog, ...)

  Hierbei werden 1 und 2 zu den **systemabhängigen** und 3, 4 und 5 zu den **systemunabhängigen Sprachen** gezählt.
- **Variante B**
  Imperative (befehlsorientierte) **Sprachen**
  - Prozedurale Konzeption (Ada, FORTRAN, PASCAL, C, PL/1)
  - Funktionale Orientierung (Lisp)

  Deklarative (aussageorientierte) **Sprachen**
  - Logische Programmierung (Prolog)
  - Objektorientierung (C++, Java, Smalltalk)

Qualität

Kriterien von Programmiersprachen (nach DIN ISO 9126)

Kriterium	Inhalt
Änderbarkeit	Aufwand für Anpassungen und Korrekturen
Benutzbarkeit	Benutzungsaufwand – besonders auch aus der Sicht individueller Gruppen
Effizienz	Leistungsniveau der Software in Relation zum Umfang der eingesetzten Betriebsmittel
Funktionalität	Funktionen müssen mit festgelegten Eigenschaften vorliegen. Definierte Anforderungen müssen von den Funktionen erfüllt werden
Übertragbarkeit	Einsetzbarkeit der Software bei unterschiedlichen Bedingungen/Umgebungen
Zuverlässigkeit	Über einen definierten Zeitraum muss die Software ihre Leistung konstant erbringen können

Programmiersprachen-Entwicklung

- Ziele bei der derzeitigen Entwicklung professioneller Sprachen: Die Programmiersprache soll

1	**lernfähig** in komplexen Umgebungen (Prozessstrukturen; Internet; Netze) sein
2	**fehlertolerant** und **stabil funktionsfähig** sein
3	eine lange „**Gebrauchs-Halbwertszeit**" besitzen

- Aktuelle PS-Entwicklungen

- Einsatz von Entwicklungsumgebungen (zum Beispiel Eclipse) und von Software-Generatoren
- Integrale Programmierung (Windows-Programmierung)
- Cloud-Programmierung
- Plattform unabhängiger Programmgestaltungen
- Agenten-Programmierung
- Offene Quellcodegestaltung
- Metaprogrammierung
- Externe Programmierung
- Interface-Programmierung
- Refactoring
- Unit-Testen

Algorithmische Informationstheorie

- Bei der klassischen Problemlösung wird der Schwierigkeitsgrad des Problems nach der zu verwendenden mathematischen Funktion eingeteilt:
  - Lösung mit Polynomfunktionen
  - Lösung mit exponentiellen Funktionen ($e^x = \exp(x)$)
  - Lösung mit Fakultätsfunktionen (n!)
- Die Zuordnung von Problemlösungen zu entsprechenden mathematischen Funktionen wird näher von der Komplexitätstheorie untersucht (Komplexitätsproblematik).
- Bedeutsam sind Algorithmen unter Verwendung von **Polynomfunktionen**. Diese effizienten Algorithmen können vom Rechner zeitlich angemessen gelöst wwerden.
- **Polynomfunktionen**:
  Funktion auf der Basis von Polynomen p(x):
  p(x) $:= a_n \cdot x^n + \ldots a_1 \cdot x^1 + a_0 \cdot x^0$ $(a_n \ldots a_1 \in \mathbb{R};\ x^0 = 1$ für $x \neq 0)$
- Problemlösungen unter Verwendung von exponentiellen Funktionen (e^x) und/oder Fakultätsfunktionen gelten als unzugänglich (bzw. hart). (Fakultät von $n = n! = 1 \cdot \ldots \cdot n$; mit $0! = 1$)
- Die moderne Mathematik hat erkannt, dass es nicht entscheidbare Probleme gibt. Diese können nicht durch einen Algorithmus in endlicher Zeit exakt und vollständig gelöst werden.

P und NP

Unterschieden werden die Problemklassen **P** und **NP**.

- **P**: Polynome Laufzeit der Problemlösungsalgorithmen (es liegt eine deterministische Rechenzeitbeschränkung vor)
- **NP**: Klasse der probleme mit Lösungen in nichtdeterministischer polynominaler Zeit
- Allgemein gilt: $P \subset NP$; die Umkehrung ist unklar.

- Das **P-NP-Problem** gehört als eines der großen aus dem Bereich der Informatik zu den Milleniums-Problemen (nach Clay M. Institut, USA).

Elementare Programmiersprachen

- Jede Sprache besteht aus **Symbolfiguren** (z. B. Wörtern).
- Die Symbolmenge wird als **Alphabet** bezeichnet.
- Die Symbolfolgen dürfen unter Beachtung von Regeln (**Syntax**) verbunden werden.

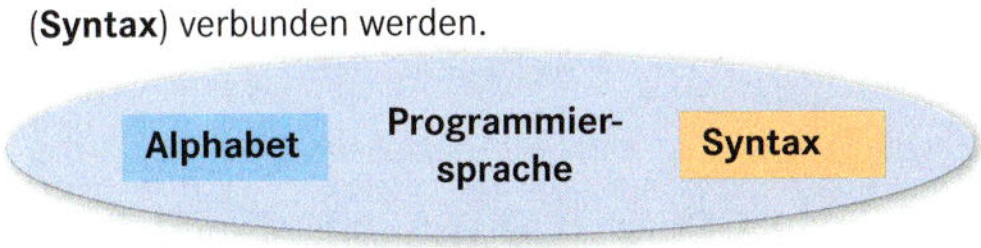

- In jeder Programmiersprache werden **Schlüsselzeichen** und -**wörter** verwendet, mit denen spezielle Aufgaben einhergehen und die nicht beliebig genutzt werden dürfen.
- **Programme**: Eine Lösungsidee für ein Problem kann mittels einer Programmiersprache in eine Anweisungsabfolge überführt werden. Diese Anweisungsabfolge wird auch kurz **Programm** genannt.
- Die Turing-Maschine ist eine Modellkonzeption zu einer (Register-)Maschine, mit der registerberechenbare Funktionen bewältigt werden können und die tatsächlich hard- bzw. softwaretechnisch realisiert werden kann.

Programmerstellung

- Ausgehend von der Problemlösungsidee wird ein geeignetes **Algorithmenkonzept** bestimmt. Diese wird in eine regelorientierte Struktur überführt. Dazu wird ein Bitcode erzeugt, der in eine maschinenlesbare Form überführt wird. Die Übersetzung wird von einem **Übersetzer** (**Compiler** bzw. **Interpreter**) vorgenommen.
- **Abfolge: Problem**
  Algorithmus
  Programm
  Allgemein wird angenommen, dass entscheidbare Probleme mit Blick auf die Maschinenkonzeption von Turing durch „do-while" - Befehlsstrukturen auflösbar sind.
- Im Detail werden u. a.
  - **Ablauf-**,
  - **Verarbeitungs-** und
  - **Berechnungs-**,
  - **Sortierstrukturen** ausgewählt.
- Gestaltung von Programmeinheiten zur **Datenein-** und **-ausgabe**.
- **Variablentypen** werden festgelegt. Den Variablen werden z. B. Namen zugeordnet und Initialisierungen erfolgen.
- Verarbeitungsanweisungen, Kontrollstrukturen und Bedingungen für Schleifenstrukturen werden bestimmt.
- Während der Programmgestaltung werden Tests vorgenommen.

Programmeinheiten

- Es werden von Herstellern vorgefertigte Programmeinheiten (**Routinen**) den Nutzern zur Verfügung gestellt. Diese sind zum Teil in der Entwicklungsumgebung integriert und können z. B. über „Schlüsselwörter" aktiviert werden. Beispiel: Der Befehl >CLS< („clear screen") verursacht eine „Bildschirmsäuberung". Der Bildschirm wird vollständig mit Leerzeichen überschrieben.
- Vorgefertigte Routinen werden zu **Bibliotheken** zusammengefasst. Sie werden zum Teil kostenlos zur Verfügung gestellt. Der Anwender kann die einzelnen Routinen an seine Fragestellung anpassen.
- Problemstellungen werden zu kleineren Problemeinheiten zusammengebunden. Hierfür werden Lösungen erstellt, die in Form von **Modulen** eingesetzt werden können.
- Durch die strikte Trennung von Funktionen und Inhalten (Daten) konnten allgemeine Problemlösungen gefunden werden. Die strikte Modularisierung der Probleme und Lösungen führt zu einer lokalen Verknüpfung von Daten und Methoden im Rahmen der objektorientierten Programmierung.

Entwicklungsprobleme

Bei vielen Softwareentwicklungen treten aufgrund von unrealistischen Vorgaben/Einschätzungen Zeitverzögerungen auf, z. B.:

Unklare Anforderungsvorgaben und kontinuierliche Veränderung der Wünsche/Ziele/Anforderungsprofile	Überschätzung der technischen Möglichkeiten und personellen Ressourcen beim Löser
Perfektionszwang bei Anwendern, Auftraggebern und Lösern.	Überschätzung der kognitiven Qualifikationen beim Löser und Anwender
Unrealistische Termin- und Kostenvorgaben	Unpassende bzw. ungeeignete Lösungskonzepte für die Erstellung von Funktionen, Eigenschaften, Bedienoberflächen
Defizitäre Dritt- und Fremdprodukte	

Name	Anwendung/Eigenschaften
Ada benannt nach Ada Byron	■ leichtes Programmieren durch klare Ausdrücke ■ gute Fehlererkennung ■ assemblernahe Programmierung ■ andere Programmiersprachen lassen sich leicht einbinden ■ echte Realtime-Sprache
Algol **Algo**rithmic-**L**anguage DIN 66 026	■ algorithmische Formelsprache ■ strukturiertes Programmieren möglich ■ Ursprache für neuere Programmiersprachen ■ keine Realtime-Sprache
Basic **B**eginners **A**ll Purpose **S**ymbolic **I**nstruction **C**ode DIN 66 284	■ leicht erlernbar ■ problemorientierte Sprache ■ Einsatz im technisch-wissenschaftlichen Bereich ■ vielfältige Abwandlungen verfügbar (GW-Basic, Turbo-Basic, ...) ■ bedingtes Realtime-Verhalten
C entwickelt aus Basic **C**ombined Programming Language	■ maschinennahe Programmierung ■ kompakter Code ■ Einsatz u. a. für Programmiersprachenentwicklung ■ Syntax sehr kompakt ■ strukturiertes Programmieren möglich ■ andere Programmiersprachen können eingebunden werden
C++	■ objektorientierte Variante von C
Cobol **Co**mmon **B**usiness **O**riented **L**anguage	■ problemorientierte Programmiersprache für kaufmännischen und administrativen Bereich ■ Programmcode ist lesbar wie englischer Text ■ entwickelt von der Mathematikerin Grace Murray Hopper ■ Cobol 85 ist standardisiert durch ANSI (ANSI-Cobol)
Fortran **For**mula **Tran**slation DIN 66 027	■ geeignet für Programmierung mathematischer Formeln ■ keine leistungsfähigen Sprachelemente für Ein-/Ausgaben ■ Buchstaben oder Zahlenfolgen nur umständlich programmierbar ■ strukturiertes Programmieren kaum möglich ■ Realtime-Verhalten bedingt ■ große Programmbibliotheken
JAVA	■ baut auf C++ auf ■ kleiner, portabler und leichter anwendbar als C++ ■ plattformneutral ■ Programme werden in Bytecode compiliert
Lisp **Lis**t **P**rocessing	■ listenverarbeitende Sprache (Listen: Aufzählung von Zahlen oder Zeichenfolgen) ■ nicht prozedural (keine Aneinanderreihung von Befehlen) ■ Programmaufbau besteht aus Funktionen ■ Anwendung in der künstlichen Intelligenz
Modula Modulare Sprache	■ Anwendung in der Prozesstechnik, Text-, Datei-Verarbeitung ■ maschinennahe Programmierung ■ Syntax ähnlich Pascal ■ Ablaufgeschwindigkeit ähnlich C-Programmen ■ für PCs verfügbar
Pascal benannt nach Blaise Pascal (1623 – 1662)	■ ursprünglich als Universalsprache gedacht ■ gute Strukturierung möglich ■ leichte Dokumentation ■ wenige Grundbefehle ■ mit Turbo-Pascal annähernd Realtime-Programmierung
Pearl **P**rocess and **E**xperiment **A**utomation **R**ealtime **L**anguage DIN 66 253	■ problemorientiert ■ rechnerunabhängig ■ Realtime Programmierung ■ Anwendung in Prozesssteuerung ■ Syntax ähnlich wie Pascal ■ unterstützt echtes paralleles Multitasking auf Multipozessor-Anlagen
PL/1 **P**rogramming **L**anguage No. **1**	■ problemorientierte Programmiersprache entwickelt von IBM ■ Anwendung auf Großrechnern ■ geeignet für technisch-wissenschaftliche und kaufmännische Anwendungen ■ enthält Elemente von Fortran und Cobol ■ weiterentwickelt zu PL/M
Prolog **Pro**gramming in **Log**ic	■ nichtalgorithmisch ■ anstelle von Prozeduren stehen Funktionen, die „wahr" oder „falsch" sein können ■ Anwendung bei der objektorientierten Programmierung
Simula **Simu**lation **La**nguage	■ erste objektorientierte Programmiersprache ■ einsetzbar für komplexe Anwendungen und zur Durchführung von Simulationen ■ entwickelt in Norwegen in den 60er Jahren
SMALLTALK	■ objektorientierte Programmiersprache ■ entwickelt von der Firma Rank Xerox (1970) ■ durch objektorientierte Entwicklungsumgebung (Editor, Compiler usw.) sehr benutzerfreundlich

Definition

- Software Engineering („Technik“) ist ein Teilgebiet der Informatik.
- Sie wird definiert als ein systematischer, disziplinierter und bewertbarer Vorgang zur
  - Entwicklung,
  - Betrieb und
  - Pflege (Wartung)

  von Software.
- Sie umfasst eine Reihe von Tätigkeiten und Aufgaben, die über die reine Codierung eines Programmes hinausgehen.
- Verlangt, wie jede andere technische Disziplin, u. a. die Einhaltung festgelegter Standards und das Verständnis über den Anwendungs- und Einsatzbereich der zu erstellenden Software.
- Software Engineering beinhaltet eine Reihe von sogenannten Wissensbereichen. Diese beschreiben bzw. definieren die jeweiligen Aktivitäten (Vorgänge) bzw. die erforderlichen Kenntnisse, die, je nach zu lösender Aufgabenstellung, entsprechend detailliert abgearbeitet werden müssen.
- Die systematische Vorgehensweise im Bereich Software-Engineering ist eine wesentliche Voraussetzung für eine erfolgreiche Produktentwicklung.

Inhalte

Wissensbereiche (knowledge areas) [1]

Anforderungen (requirements)

Themen	
Ermittlung Analyse Spezifikation Validierung	Beschreibung von funktionalen und nicht-funktionalen Eigenschaften des zu entwickelnden Systems (Lastenheft) Aufteilung der Funktionen auf Hard- und Softwarekomponenten. Anforderungen müssen widerspruchsfrei, konsistent und nachverfolgbar sein.

Konfigurationsmanagement (configuration management)

Themen	
Konfigurations-Kontrolle Audit	KM (CM) legt die Vorgehensweisen/Verfahren für die Entwicklung des Softwaresystems fest (z. B. V-Modell, Wasserfall-Modell) Beeinhaltet die Konfigurationsüberwachung, Versionierung (Releaseplanung), Freigabe und Auslieferung.

Entwurf (design)

Themen	
SW-Struktur SW-Architektur Strategien Methoden	Der Entwurf beinhaltet die Festlegung der Systemarchitektur (Aufteilung der Funktionen auf Hardware und Softwarekomponenten). Die Softwarearchitektur beinhaltet die Beschreibung des sichtbaren Systemverhaltens nach außen und zwischen den Komponenten innerhalb des Systems.

Entwicklungsmanagement (engineering management)

Themen	
Projekt-Planung Projekt-Einführung Review	EM beinhaltet planen, steuern und überwachen der Durchführung der Entwicklungstätigkeiten. Definiert beteiligte Abteilungen/Personen und ordnet diesen Rollen im Entwicklungsprozess zu. Realisiert das Ressourcemanagement. Identifiziert Risiken im Prozess und definiert Maßnahmen zur Risikominderung.

Implementierung (construction)

Themen	
Modelle Programmier-sprachen Methoden	Mit der Implementierung wird die eigentliche Codierung eines Softwaresystems bezeichnet. Anwendung finden hier die unterschiedlichen Programmiersprachen und Methoden: ▪ Activity Charts (Aktivitäts-Diagramme) ▪ Endliche Automaten ▪ optimiert für automatischen Test

Entwicklungsprozess (engineering process)

Themen	
Prozess - Definition - Einführung - Anpassung - Messungen	Planung und Einführung (Umsetzung) des Entwicklungsprozesses. Durchführung des Ressourcen-, Risiko-, Änderungsmanagements (change request) und Qualitäts-Managements. Durchführung der Prozessüberwachung, Prozesssteuerung und Berichterstattung.

Testen (testing)

Themen	
Ziele Techniken Prozess Messungen	Mit dem Testen soll die Sicherstellung der Korrektheit, Vollständigkeit und Qualität der erstellten Software erreicht werden. Die Art des Testens ist abhängig von der Art der gewählten Implementierung und kann z. B. auf formaler oder funktionaler Ebene erfolgen. Grundlage sind Testspezifikationen.

Entwicklungs-Tools und -Methoden

Themen	
Tools für - Design - Implementierung, - Methoden	Anwendungsbereiche/Leistungsmerkmale - SE-Tools für z. B. Anforderungsmodellierung und -nachverfolgung, Implementierung, Engineering Prozess usw.) - Methoden, wie z. B. Heuristische- (Objektorientiert, Datenorientiert), Formale-Methoden (Spezifikationssprachen, ...)

Wartung/Pflege (maintenance)

Themen	
Wartungs-Prozess Wartungs-Techniken	Wartung/Pflege ist der Teil des Lebenszyklus eines Systems nach seiner Auslieferung. Dabei ist ggf. die Korrektur von Fehlern, die Ergänzung von Funktionen oder die Umstellung auf eine andere Systemplattform erforderlich.

Qualität (quality)

Themen	
Management Verifikation Validierung Review Audit	Anwendung von - Qualitätsmodellen (Anwendungsbereiche), - Verifikations-Methoden/Techniken, - Validierungs-Methoden/Techniken, - Review- u. Audit (Organsiation u. Durchführung) Qualitätskriterien der spezifischen Applikation

Verwandte Disziplinen (related disciplines)

Computertechnk, Informatik, Informationstechnik, Mathematik, Systemengineering, Projektmanagement, Qualitätsmanagement, Softwareergonomie

[1] Siehe: SWEBOK (Guide to the Software Engineering Body of Knowledge)

Hintergrund

- Generell erfasst der Mensch nur **Teilaspekte** der Realität, die sich für ihn über Objekte und deren Beziehungen und vermittelnden Prozesse untereinander ausdrückt.
- Einzelne Objekte werden im Rahmen von Erkenntnismodellen zu **Objektmengen** vereinigt und mit maschinell erfassbaren Strukturen und Verfahren näher beschrieben, so dass Problemlösungen automatisiert werden können.

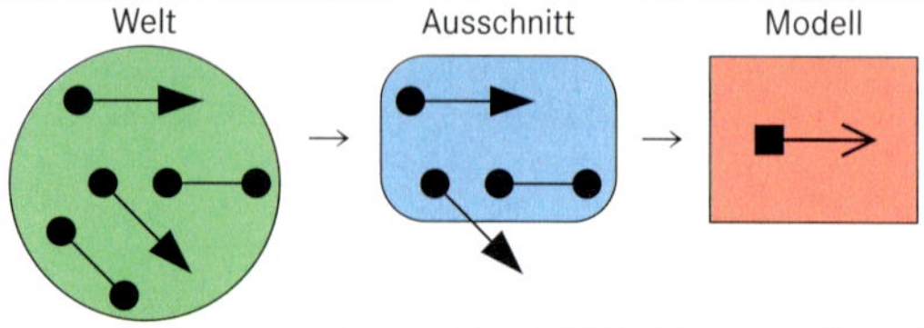

- Die Problemerfassung und -lösung hängt von der gewählten Lösungsbasis ab.
- Die methodischen Konzeptionen und technischen Werkzeuge ermöglichen verschiedenartige Lösungsperspektiven.
- Darüber hinaus müssen gerade bei komplexen Vorhaben Probleme aus den Bereichen der **Kommunikations- und Arbeitslehre** berücksichtigt werden. Angefangen von der Mehrdeutigkeit menschlicher Äußerungen bis zu uneffektiven Organisationsformen bestehen vielfältige Bereiche, die aufgrund ihrer Störbarkeit Entwicklungen beeinträchtigen können.

- Es existieren verschiedene Ebenen der Logik:
  - Bekannt sind **aussagen-** und **prädikatenlogische Kalküle**, mit denen Sprach- und Wissensstrukturen formalisiert werden können. Unter Verwendung prädikatenlogischer Konzeptionen zur Wissensrepräsentation entstand seit Mitte der 70er Jahre die KI (Künstliche Intelligenz)-orientierte Programmiersprache PROLOG (Programming in Logic).
  - Die Theorie der unscharfen Mengen führte zu **Fuzzy-Logik**, auf deren Basis leistungsfähige und schnelle Algorithmen zur Erfassung ungenauer und vager Aspekte erstellt werden können.

- Die systematische **Software-Entwicklung** unter ingenieurwissenschaftlichen Gesichtspunkten wurde aus folgenden Gründen notwendig:
  - Zunehmende Komplexität der Software-Produkte
  - Gestiegene Erwartungen an die Leistungsfähigkeit und Zuverlässigkeit der Programme

- Softwareprojekte ab etwa 100.000 Zeilen Quellcode werden als große Projekte bezeichnet:
  - Die Erfahrung zeigt, dass bei neu erstellter Software etwa 4 Fehler auf 1.000 Zeilen gefunden werden.
  - Die Wartungskosten machen etwa 70 % aus. Die Kosten der Programmkodierung nur 5 %.

Qualitätsebenen und -sichten

- Zur **inneren Ebene** gehören besonders die Aspekte Wartbarkeit und Systemdokumentation.
- Zur **äußeren Ebene** gehören die Aspekte Korrektheit, Robustheit, Zuverlässigkeit, Effizienz, Dokumentation für den Benutzer.

- Qualitätsaspekte aus **Sicht des Auftraggebers:** Effizienz, Zuverlässigkeit, Korrektheit, Wartbarkeit
- Qualitätsaspekte aus **Sicht des Benutzers:** Benutzerfreundlichkeit, Robustheit, Korrektheit, Zuverlässigkeit, Effizienz eines Programms
- Qualitätsaspekte aus **Sicht des Betreuers:** Wartbarkeit, Korrektheit, Zuverlässigkeit

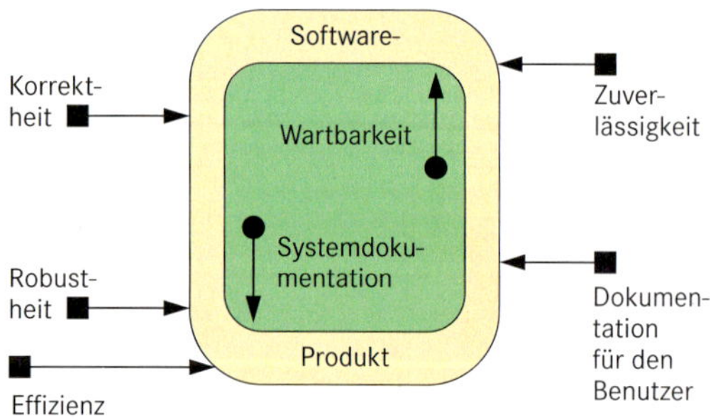

Prozessmodelle

Klassisches Phasenmodell (Wasserfallmodell)

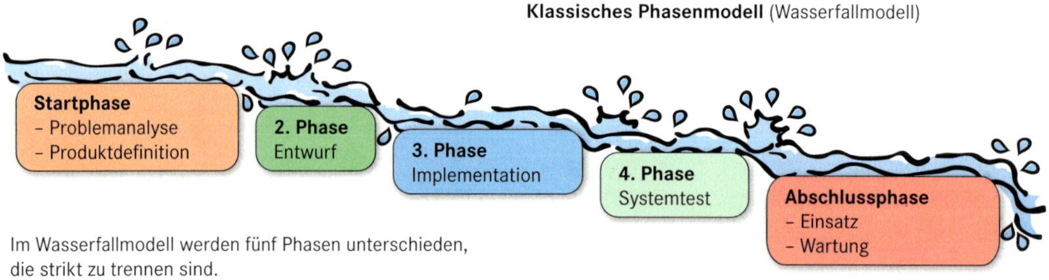

- Im Wasserfallmodell werden fünf Phasen unterschieden, die strikt zu trennen sind.

- In einigen Modellen werden sechs Phasen unterschieden:

1 Projektvorbereitung	4 Codierung
2 Spezifikation	5 Test/Inbetriebnahme
3 Entwurf	6 Nutzung/Wartung

- Seit 1975 sind Phasenkonzepte in der Softwareentwicklung zum Teil auch gesetzlich geregelt. Dies ist für die Festlegung der Lastenhefte von großer Bedeutung.

Grundelemente

- Das klassische Phasenmodell („Wasserfallmodell") wurde einer umfassenden **Kritik unterzogen**, **verfeinert** und **ergänzt**.
  Im Phasenmodell wurde die Phase „Erstellung eines Prototyps" zwischen den Phasen „Problemanalyse ..." und „Entwurf" eingefügt.
  Zur Beschreibung des Software-Entwicklungsprozesses wurden
  - **transformatorische Modelle** und
  - **evolutionäre Modelle** formuliert.
- Eine umfassende Prozessbeschreibung wird mit dem **Spiralmodell** nach Boehm ermöglicht.
  - Zunehmend wird die Entwicklung komplexer: durchläuft aber immer wieder gleichartige Entwicklungs-„phasen".
    Das klassische Phasenmodell, aber z. B. auch das evolutionäre Softwareentwicklungsmodell können als Sonderfälle des Spiralmodells verstanden werden.

Spiralmodell

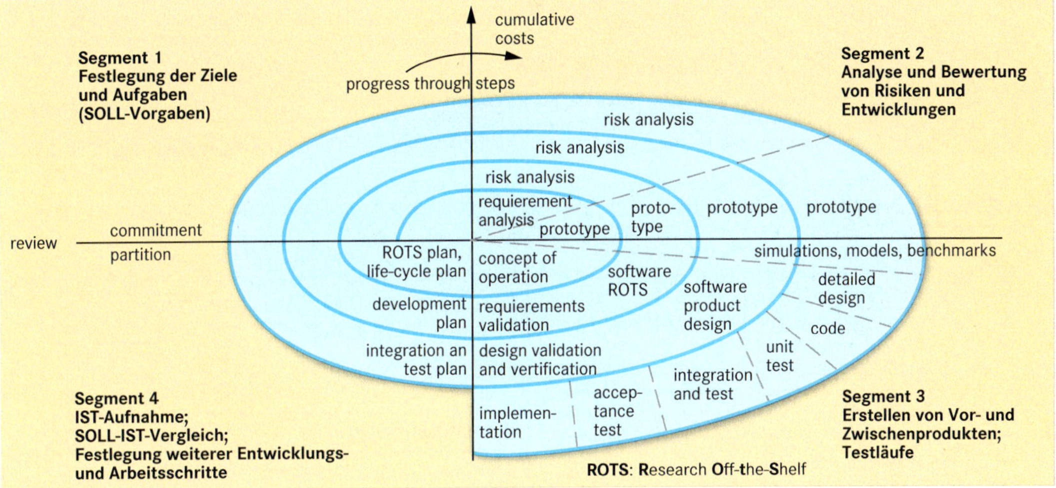

Optimierungsprinzipien

Komplexitätsreduktion

Bei der Problemformulierung und der Erstellung von Lösungen ist zu beachten, dass der einzelne Mensch nur eine **begrenzte Komplexität** erfassen und auflösen kann. Es ist ratsam, bei der Software-Entwicklung die Gesamtproduktion in überschaubare Teilprobleme zu zerlegen, die jeweils für sich entwickelt und auch getestet werden können.

Weiterverwendung entwickelter Software

- Analytische Ergebnisse und Softwareprodukte, die bereits entwickelt wurden oder aber als Marktprodukte erworben werden können, sollen so weit wie möglich verwendet werden.
- Sollten keine geeigneten Produkte vorliegen, ist zu prüfen, ob durch Anpassung und Weiterentwicklung vorhandener Software sinnvolle Ergebnisse zu erzielen sind.

Arbeitsprozessorganisation

- Die Notwendigkeit besteht, effektive **Arbeitsteilungen** vorzunehmen. Hierzu müssen die Aufgaben
  - in einzelne,
  - überblickbare,
  - in sich geschlossene und
  - (subjektiv) sinnvolle Teilaufgaben zerlegt werden.
- Die einzelnen **Arbeitsprozesse** müssen
  - in ihrer inneren Entwicklungslogik,
  - im Bezug zu anderen Tätigkeiten,
  - in ihren Voraussetzungen und Bedingungen im Zeitablauf und
  - im notwendigen Aufwand deutlich bestimmt werden.
- Die **Verantwortlichkeiten** müssen verbindlich und konfliktreduzierend festgelegt werden. **Termine** müssen realistisch festgelegt werden.

Dokumentation

- Auf allen Entwicklungsebenen und zu allen Zeitpunkten müssen die Problemstellungen und Lösungsansätze nachvollziehbar festgehalten werden.
- Die **Dokumentation** muss jederzeit allen Beteiligten zugänglich sein. Im Programm selbst müssen strukturelle Überlegungen und Vereinbarungen ausgewiesen werden.
- Vielfältige textliche und grafische Methoden und Mittel stehen zur Optimierung der Programmieraufgaben zur Verfügung. Zur Darstellung der Programmstrukturen können folgende Verdeutlichungsmittel verwendet werden:
  - Datenflusspläne
  - Petri-Netze
  - Struktogramme
  - Syntaxgraphen
  - V-Graphen
  - Datenstrukturdiagramme
  - Entscheidungstabellen
  - Interaktionsdiagramme
  - Programmablaufpläne

Evolutionäres Software Engineering

Hintergründe:
- Die Gestaltungsidee des Wasserfallmodells ist vollständig. Es ist in normaler Hinsicht sinnvoll einsetzbar. Im Rahmen der Softwareentwicklung ermöglicht es den „Blick von außen“ auf das Projekt.
- Problematisch ist das Wasserfallmodell da, wo speziell die internen Entwicklungsaspekte erfasst werden sollen. Insofern versperrt es die Prozessbeobachtung, den „inneren Blick“.
- Zur Erfassung der Entwicklungsmöglichkeiten wurde das Wasserfallmodell unter Beachtung von Detailaspekten erweitert. Neben dem Spiralmodell ist hierbei das evolutionäre Entwicklungsmodell hervorzuheben.
- Im modernen Projektmanagement werden in ergänzender Art - in Abhängigkeit von der Betrachtungsperspektive - verschiedene Modelle quasi zugleich eingesetzt.
- Im Rahmen der Modelle liegen jeweils veränderte Erwartungen und Anforderungen an die beteiligten Mitarbeiter vor. So müssen bei evolutionären Entwicklungen die leitungsebene vielfältige Aspekte ergänzend erfassen und managen.

Grundidee der Evolutionären Modelle

- Grundgedanke beim evolutionären Modell ist, das SW-Produkt vom Ansatz her stufenweise zu entwickeln. Jede Version (X) als Prototyp für die weitere Version (X + 1) zu verstehen.
- Jede Version durchläuft einen vollständigen Entwicklungszyklus im Sinne des Wasserfallmodells.
- Das Modell ist bedeutsam gerade für komplexe Entwicklungen, die dann auftreten, wenn der Auftraggeber seine Vorstellungen im Verlauf modifizieren wird bzw. muss.
- Unterschieden werden:
  - Evolutionäre Modelle mit partieller Analyse
  - Evolutionäre Modelle mit vollständiger Analyse
- Beim Modell mit vollständiger Analyse werden alle Daten bereits in der ersten Analysephase ermittelt. Diese Daten sollen stabil bleiben. Insofern werden die fachlichen Anforderungen in ihrer Gesamtheit in der ersten Analysphase erfasst.
- Beim Modell mit partieller Analyse entwickeln sich die Grunddaten im Verlaufsprozess.

Evolutionäre Modellstruktur

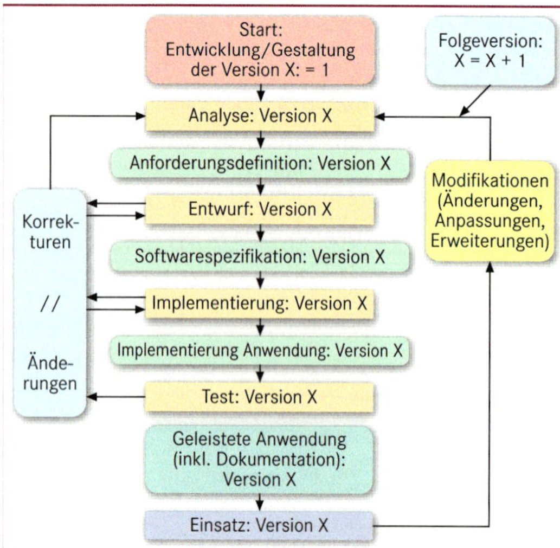

Softwareprojekte

Besondere Vertragsbedingungen:
- Der Gesetzgeber hat **b**esondere **V**ertrags**b**edingungen (**BVB**) für den Umgang mit EDV-Anlagen und DV-Programmen seit den 1970er Jahren erlassen.
- Veröffentlichung im **Bundesanzeiger** (**BAZ**).

EDV-Anlagen/DV-Programme

- **Miete** (BAZ 23; vom 2.2.1973)
- **Kauf** und **Wartung** (jeweils BAZ 135; vom 25.7.1974)
- **Erstellung** (BAZ 13a; vom 21.1.1986)
- **Pflege** (BAZ 139/79; vom 21.12.1979)
- **Planung** (BAZ 227a; vom 6.12.1988)
- **Überlassung** (BAZ 26/77; vom 19.11.1977)

Projektbegriffe

Vom Gesetzgeber definierte Begriffe für Softwareprojekte (BVB)		
Ausfallzeit	Einführung der Programme	Instandhaltung
Ausweichanlage		Instandsetzung
Betriebsbereitschaft	Fachliches Feinkonzept	Mängelbeseitigung
DV-Anlage		Programm
DV-Geräte	Grobkonzept	Vorbereitende Arbeiten
DV-technisches Feinkonzept	Grundsoftware	
		Wartung

Klassifikationen

- **Phasenkonzept** (nach BVB)
  Im Bundesanzeiger werden bei einem Projekt drei Verfahrensabschnitte/-phasen unterschieden:
  1. **Planung** 2. **Realisierung** 3. **Einführung**
- Der erste Abschnitt gehört zur **Planung von DV-gestützten Verfahren**. Der zweite (und wenn vorhanden auch der dritte) Abschnitt gehört zur **BVB-Erstellung**.

Kenngrößen für die Bestimmung von Projektgrößen:
- **APM**: **A**nzahl der am **P**rojekt beteiligten **M**itarbeiter
- **SAPM**: **S**umme der **A**rbeitsjahre der **P**rojekt**m**itarbeiter
- **GKP**: **G**esamt**k**osten des **P**rojekts

Projektumfang	**APM** (Anzahl)	**SAPM** (Jahre)	**GKP** (Mio. €)
sehr kleines Projekt	1 - 2	bis 0,5	unter 0,1
kleines Projekt	bis 5	bis 2	bis ca. 0,4
mittleres Projekt	5 - 50	2 - 50	bis ca. 10
großes Projekt	50 - 200	500	bis ca. 100
sehr großes Projekt	über 200	über 500	über 100

- Besonderheiten im Softwareverlauf ergeben sich, wenn aus rechtlichen Gründen ein **Datenschutzbeauftragter** bei Abstimmungen, Festlegungen und Kontrollen beteiligt wird.
- Die Überprüfung des Projektprodukts kann auf seine 1. **Korrektheit**, 2. **Vollständigkeit**, 3. **Robustheit**, 4. **Einwandfreiheit** und 5. **Effektivität** im Allgemeinen nur eingeschränkt und vorläufig erbracht werden.
- Die Erfahrung zeigt, dass Softwareprodukte erst durch umfangreiche **Praxistests** (⇒ **β-Versionen** usw.) optimiert werden können.

Grundanforderungen

- Vorgehensmodelle beschreiben definierte Prozesse und dienen somit u. a.
  - zur Veranschaulichung der Abläufe,
  - Festlegung der Arbeitsweise,
  - Definition von Aufgaben und Teilaufgaben,
  - Festlegung von Schnittstellen,
  - Beschreibung von Rollen und Zuordnungen in Software-Entwicklungsprojekten.
- Abhängig vom Projektumfang und den Kundenanforderungen können entsprechende Vorgehensmodelle eingesetzt werden, wie z. B.
  - Qualitätsmodell des **SEI** (**S**oftware **E**ngineering **I**nstitute),
  - Rational Unified Process,
  - V-Modell XT (weiterentwickeltes V-Modell 97),
  - Extreme Programming.
- Hauptziel in allen Modellen ist es,
  - eine hohe Produktivität und
  - eine ausgezeichnete Qualität bei der Erstellung und Pflege der Produktsoftware zu erreichen.

V-Modell XT

- Das **V-Modell XT** (**V**: Vorgehensmodell) ist für alle IT-Projekte des Bundes einzusetzen und beschreibt u. a. Projekttypen:
  - Systementwicklungsprojekt eines Auftraggebers,
  - Systementwicklungsprojekt eines Auftragnehmers,
  - Einführung und Pflege eines organisationsspezifischen Vorgehensmodells.
- Bei Anwendung des V-Modells XT in Projekten werden
  - Projektrisiken minimiert,
  - Entwicklungsergebnisse qualitativ verbessert,
  - Gesamtkosten über den gesamten Systemlebenszyklus transparent und beherschbar,
  - Kommunikation für alle Beteiligten verbessert.

Einfachste Variante

Beispiel: Inkrementelle Systementwicklung

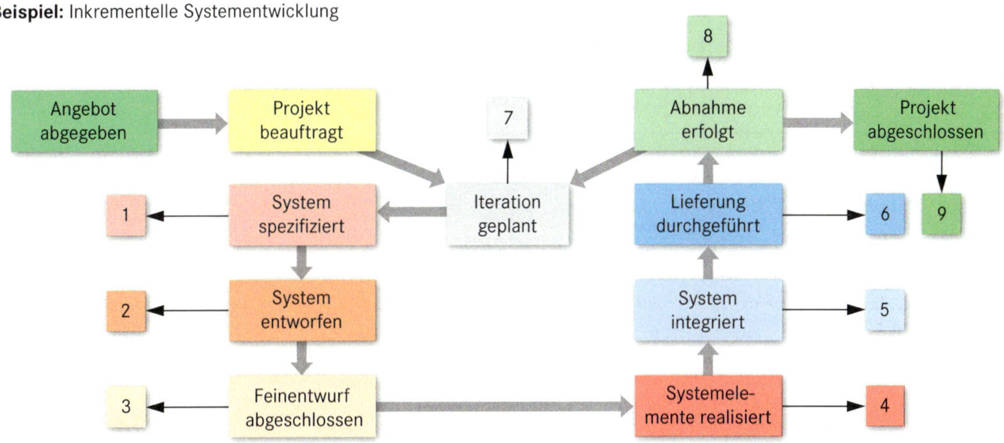

Dokumente (Beispiele)

1	■ Gesamtsystemspezifikation ■ Gefährdungs- und Systemsicherheitsanalyse ■ Prüfspezifikation Systemelement	4	■ Software-/Hardware-Einheiten ■ Externe Software-/Hardware-Module ■ Prüfprotokoll Systemelement
		5	■ System/Segmente/Externe Einheiten ■ Logistische Unterstützungsdokumente ■ Prüfprotokoll Systemelement
2	■ Systemspezifikation ■ Prüfspezifikation Systemelement ■ Implementierungs-, Integrations- und Prüfkonzepte	6	■ Prüfprotokoll Dokument ■ Prüfprotokoll Systemelemente
3	■ Software-/Hardware-Architektur ■ Software-/Hardware-Spezifikation ■ Prüfspezifikation Systemelement	7	■ Projekt-/QS-Handbuch
		8	■ Abnahmeerklärung des Auftraggebers
		9	■ Projektabschlussbericht

Merkmale

- Der Programmtest hat die Aufgabe, Fehlerwirkungen in der Software gezielt und systematisch aufzudecken.
- Er dient zum Nachweis der Korrektheit eines Programmes im Sinne der **Validation** und **Verifikation**.
- Die Validierung ist eine Prüfung auf Übereinstimmung von spezifischer Anforderung und implementierter Funktionalität.
- Die Verifikation ist ein formaler Beweis der Korrektheit eines Programmes mit mathematischen Hilfsmitteln.
- Die Basis für Programmtests sind alle Dokumente, aus denen Anforderungen ersichtlich werden, die an das Testobjekt gestellt werden. Hierzu gehören auch die Dokumente, die zur Erstellung der Testfälle verwendet wurden.
- Ein **Testfall** beinhaltet folgende Vorgaben:
  - Notwendige Vorbedingungen für die Ausführung des Testfalls
  - die Menge der Eingabewerte und die Menge der erwarteten Sollwerte
  - die Prüfanweisung, wie Eingaben an das Testobjekt übergeben und Sollwerte abzulesen sind
  - die erwarteten Nachbedingungen
- Das **Testkonzept** beschreibt
  - den Umfang
  - die Vorgehensweise
  - die erforderlichen Ressourcen und
  - die Zeitplanung

  der vorgesehenen Tests (z. B. Inhalt nach IEEE 829)
- Programmtests werden mit verschiedenen Methoden (Verfahren) durchgeführt.

Testverfahren

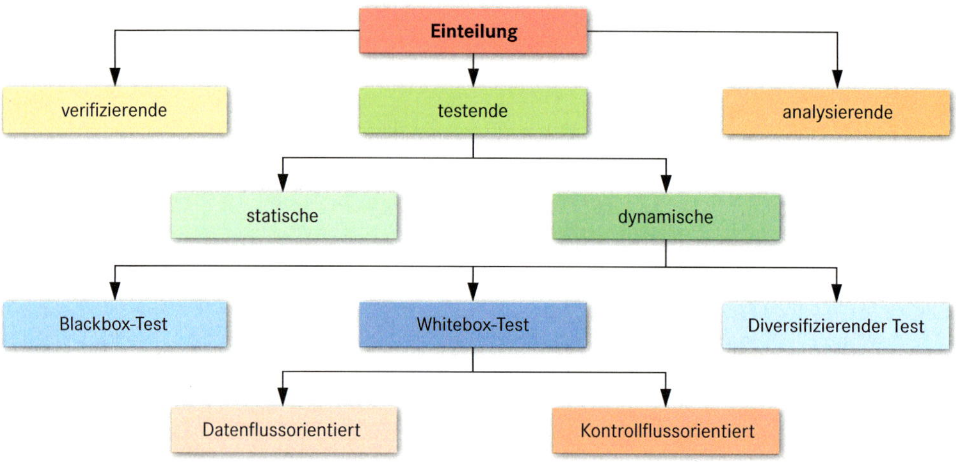

Verifizierende

- Stellen die Korrektheit des Programms sicher
- Werden unterschieden nach der eigentlichen Verifikation (s. o.) und der symbolischen Ausführung (Quellprogramm wird mit symbolischen Eingabewerten durch einen Interpreter getestet)

Analysierende

- Dienen zur Vermessung bzw. Darstellung von Systemkomponenten (z. B. Bindungsart)
- Verwenden **Metriken** zur Darstellung der Eigenschaften, wie z. B.
  - der strukturellen Komplexität
  - der Programmlänge
  - Anzahl der Kommentare

Statische

- Programmkomponenten werden anhand des Quellcodes getestet (Analyse auf Papier)
- Verwendet Methoden wie **Inspection, Review** und **Walkthrough** (Präsentation des Dokuments vor einer Gutachtergruppe)

Testende

- Sollen Fehler im Programm aufdecken
- Werden unterschieden nach dynamischen und statischen Testverfahren

Dynamische

- Übersetzte, ausführbare Programme werden mit konkreten Eingabewerten versehen und in einer realitätsnahen Umgebung getestet

Blackbox-Test

- Wird auch als funktionaler Test bezeichnet
- Testfälle werden aus der Spezifikation der Komponente abgeleitet (z. B. Test spezieller Werte)

Whitebox-Test

- Leitet die Testfälle aus dem Kontroll- oder Datenfluss ab. Verwendet z. B. **Anweisungs-, Zweig**- und **Datenkontext-überdeckung**.

Diversifizierender Test

- Vergleicht Ergebnisse verschiedener Programmversionen (z. B. **Mutationstest, Back-to-Back-Test**)

Merkmale

- In technischen und kommerziellen Softwaresystemen spielt die Qualität der Software eine entscheidende Rolle für den Erfolg von Produkten oder Unternehmen.
- **Qualität** ist definiert als:
  Die Beschaffenheit einer Einheit bezüglich ihrer Eignung, festgelegte und abgeleitete Erfordernisse zu erfüllen.
- Die Qualität einer Software wird durch eine Reihe von **Eigenschaften** bestimmt.
- Hersteller und Benutzer haben unterschiedliche Anforderungen an die Software.
- Einzelne Eigenschaften können in negativer Wechselwirkung zu anderen stehen.
- Die zu erreichende Qualität in einer Software ist in einer **Qualitätszielbestimmung** festzulegen.

Qualitätseigenschaften

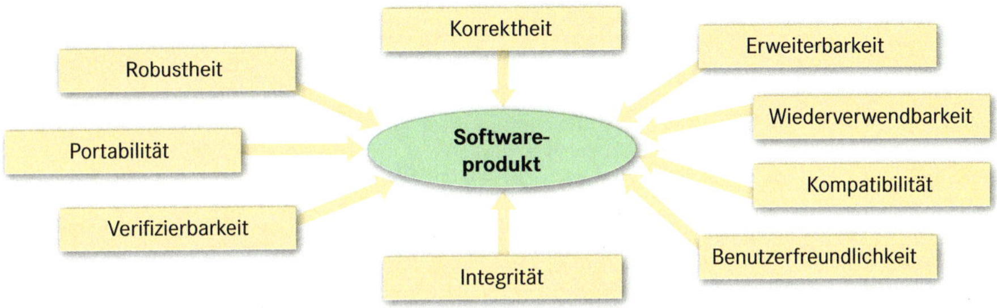

Korrektheit	Erweiterbarkeit
Übereinstimmung von Realisierung und Anforderung (exakte Erfüllung der Anforderungen).	Einfachheit der Anpassungsfähigkeit von Software an Spezifikationsänderungen.
Robustheit	Wiederverwendbarkeit
Verhalten gegen außergewöhnliche Bedingungen wie z. B. gegenüber Fehlprogrammierung, Fehlbedienung, Fehlerbehandlung.	Eigenschaft der Software, ganz oder teilweise für neue Anwendungen wieder verwendbar zu sein.
Portabilität	Kompatibilität
Einsetzbarkeit erstellter Software auf anderen Zielsystemen (andere Hard- und Software).	Einfachheit, mit der Software mit anderer Software verbunden werden kann.
Verifizierbarkeit	Benutzerfreundlichkeit
Aufwand, mit dem Abnahmeprozeduren während der Validations- und Betriebsphase durchgeführt werden können.	Einfachheit, mit der die Benutzung von Softwaresystemen (z. B. Bedienung, Art der Dateneingabe, Auswerten von Ergebnissen, Wiederaufsetzen nach Benutzerfehlern) erlernt werden kann.
Integrität	
Schutz der verschiedenen Komponenten gegen unberechtigten Zugriff und Veränderung.	

Software-Messung

- Software-Messung wird verwendet, um definierte **Eigenschaften** von Programmen zu **quantifizieren**.
- Software-Maße **(Metriken)** werden u. a. angewendet in den Bereichen
  - Qualitätskontrolle
  - Komplexitätskontrolle
  - Aufwands-, Kosten- und Zeitabschätzung
  - Definition/Kontrolle der Einhaltung von Standards
  - Vergleich und Beurteilung von Produkten
  - Kontrolle des Software-Entwicklungsprozesses
- Die **Darstellung** von Messwerten erfolgt in der Regel in grafischer Form, z. B. in Linien-, Balken- oder Flächendiagrammen. Eine übersichtliche Darstellung der Werte unterschiedlicher Maße bietet das **KIVIAT**-Diagramm.

Maßtypen werden u. a. unterschieden in
- **Produktmaße** (Eigenschaften des Programms)
- **Prozessmaße** (Eigenschaften des Entwicklungsprozesses)
- **Projektmaße** (Projektsteuerung)

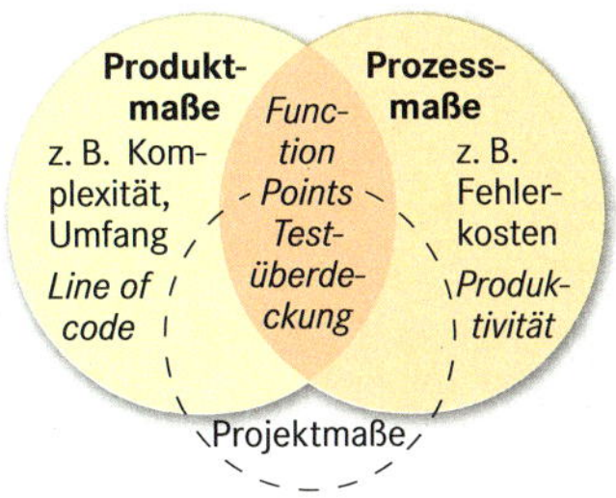

Merkmale

- Wird angewendet zur Feststellung
  - der Eigenschaften bzw.
  - der Unterschiede zwischen **tatsächlichem** und **erforderlichem** (geforderten) Zustand einer Software.
- Ist
  - Bestandteil der Qualitätssicherung und
  - der Umfang ist abhängig von jeweiligen Projekt.
- Beinhaltet die Prozessschritte
  - Testplanung,
  - Testvorbereitung,
  - Testfallspezifikation,
  - Testfalldurchführung,
  - Testauswertung und
  - Testabschluss.
- Kann verschiedene **Testarten** (z.B. Lasttest) beinhalten.

Grundsatz: Das Testen von Software kann lediglich das **Vorhandensein** von Fehlern nachweisen, nicht deren **Abwesenheit** (nach E. W. Dijkstra).

Prozessschritte

- Sind u.a. abhängig vom Entwicklungsmodell.
- Die Testphasen ❶ werden für jede Teststufe ❷ durchgeführt.
- Nach Abschluss des Komponententests 1 erfolgt der Integrationstest auf Subsystemebene.
- Nach Abschluss des Integrationstests 2 erfolgt der Systemtest.

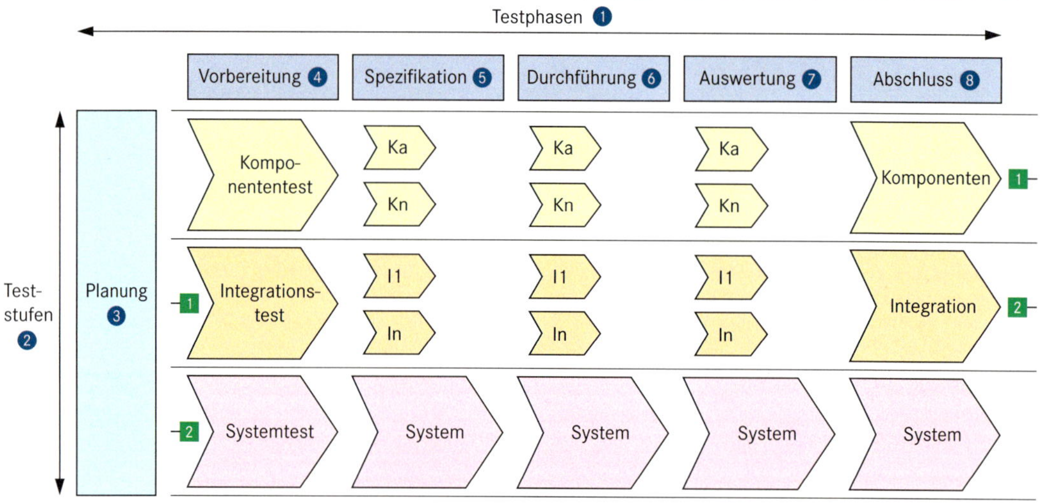

Ka ... Kn: Komponententest für Komponente a bis n   I1 ... In: Integrationstest für Subsystem 1 bis n

Planung ❸
- Testorganisation (z.B. Terminplan, erforderliche Resourcen, Personal)
- Teststrategie (z.B. Testumfang, Testabdeckung),
- Testziele (für alle Teststufen; Kriterien für Testbeginn, Testende oder Testabbruch)
- Testarten (z.B. statischer oder dynamischer Test)
- Testdaten (z.B. zulässige und unzulässige Eingabe- bzw. Ausgabewerte)
- Testumgebung (z.B. Simulator oder Zielsystem)
- Hilfsmittel und Werkzeuge (z.B. Messgeräte, Datengenerator)
- Dokumentation (u.a. Art, Inhalte)
- Metriken (z.B. Fehlerraten)

Vorbereitung ❹
- Dokumente der Testbasis bereitstellen
- Werkzeuge konfigurieren
- Testumgebung(en) aufbauen und einrichten (Systeme, Daten)
- Testobjekte in die Testumgebung integrieren
- Test- bzw. Eingabedaten projektieren/konfigurieren

Spezifikation ❺
- Spezifische Testfälle festlegen (Testfallfindung, Testfalloptimierung
- Exakte Testfallbeschreibung (was ist zu testen unter welchen Vorbedingungen)
- Abhängigkeiten zu anderen Testfällen festlegen
- Testreihenfolge, Soll-Ergebnis für Testerfüllung festlegen

Durchführung ❻
- Durchzuführende Testläufe auswählen und ausführen
- Testdaten, Testergebnisse und Umgebungsdaten dokumentieren und archivieren

Auswertung ❼
- Testergebnisse (je Testfall): Vergleich der Ist-Ergebnisse mit den Soll-Ergebnissen
- Entscheidung: Testergebnis in Ordnung oder fehlerhaft
- Wenn fehlerhaft: Fehlerklassifizierung, Fehlerbeschreibung, Weitergabe an Fehlermanagement (Testfall offen, muss nach Softwarekorrektur wiederholt werden)

Abschluss ❽
- Testdaten archivieren (Teststatistik)
- Entscheidungen über nicht erreichte Soll-Ergebnisse treffen

Sinnbilder (für (reale) Datenfluss- und Programmablaufpläne)

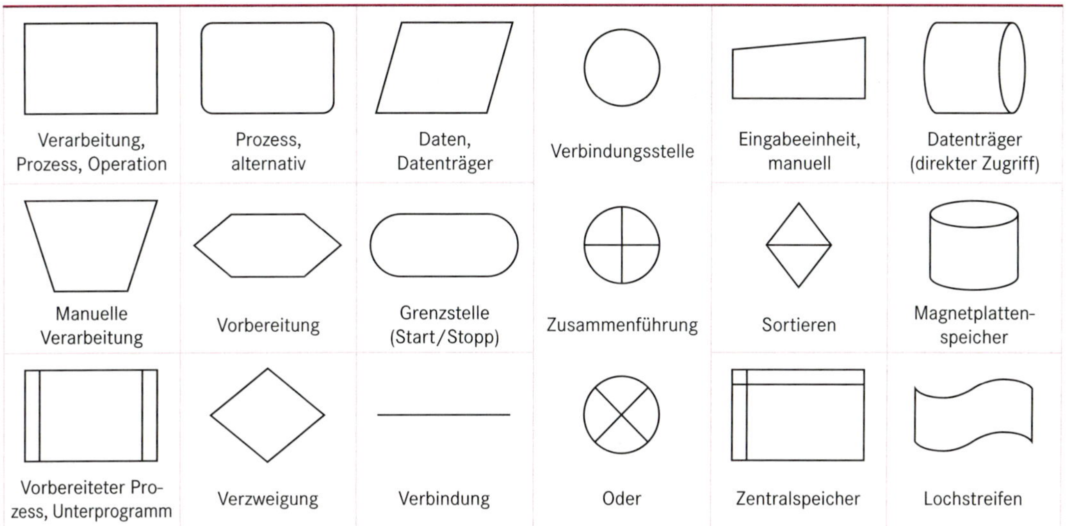

Regeln zur Erstellung von Plänen

- Pfeile geben die Flussrichtung an.
- Zwischen Sinnbildern dürfen mehrere Verbindungen verlaufen.
- Kreuzungen von Verbindungslinien vermeiden.
- Hintereinander gezeichnete Sinnbilder gleicher Art bilden eine Einheit mehrerer gleichartiger Datenträger. ①
- Sinnbilder können miteinander verknüpft werden, z. B. zu einer Ausgabeeinheit. ②
- Innenbeschriftungen sollen weitere Abläufe erkennen lassen und eindeutig zuordnen.
- Bezeichnung erfolgt oben links des Sinnbildes.
- Durch einen Querstrich oben im Sinnbild wird auf eine detaillierte Darstellung derselben Dokumentation hingewiesen, z. B. schrittweise Verfeinerung eines Programmablaufs. ③
- Mit zusätzlichen senkrechten Linien in den Sinnbildern „Daten" und „Verarbeitung" wird auf eine Dokumentation an anderer Stelle hingewiesen.

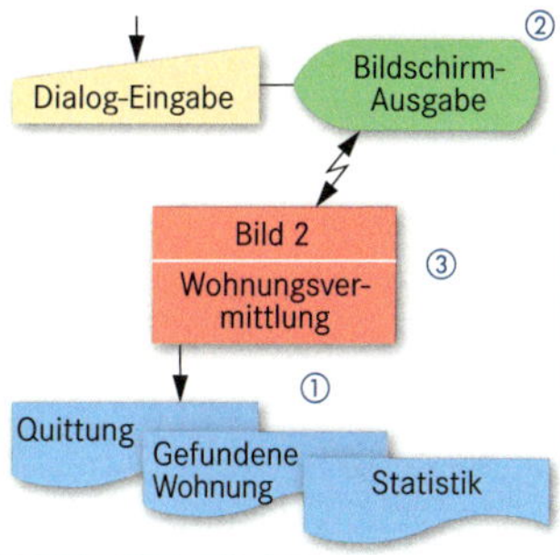

Pseudocode

Merkmale

- Pseudocode: **Code** zur Erfassung der Programmierstruktur und zur Beschreibung von Anweisungen.
- Die Pseudocode-Beschreibung stellt oftmals den Zwischenschritt vom Struktogramm bzw. Programmablaufplan zum Quellcode dar.
- Der Pseudocode ist nicht verbindlich geregelt bzw. definiert. „Pseudocode-Standards" wurden von verschiedenen Institutionen definiert.
- Keine Sprachelemente aus bekannten Programmiersprachen verwenden: Diese strenge Forderung kann nur bedingt eingehalten werden. Eindeutige und verständliche Beschreibungen wählen.

Typische Sprachelemente

- Deklarationen – ***INIT***
  - Vereinbarung einer Variablen (zahl-Z1) als Integer-Wert: ***INIT***: zahl-Z1: Integer
  - Deklaration und vorgängige Wertbelegung der Variablen zahl-Z1: ***INIT***: zahl-Z1 = 1;
- **Eingabe/Ausgaben:** (xxx: Ziel der Ein-/ Ausgabe; yyy: Inhalt der Ein-/Ausgabe)
  - Eingabe – E: E(xxx): yyy
  - Eingabe (E) über die Tastatur (T) – E(T): yyy
  - Ausgabe – A: A(xxx): yyy
  - Bildschirmausgabe (B): A(B): yyy
  - Textausgabe (Text: yyy): A(B): „yyy"
  - Ausgabe eines Variablenwerts auf dem Bildschirm: A(B): yyy
- Bedingte Anweisungen/Schleifen
  solange BEDINGUNG
  führe aus ANWEISUNG *falls* BEDINGUNG
  dann ANWEISUNG
- Orientiert an PASCAL existiert hierzu z. B. folgende Pseudocode-Darstellung:
  while BEDINGUNG
  do read WERT
  if BEDINGUNG
  then ANWEISUNG A
  endif
  ANWEISUNG B
  enddo
  write WERT

Übersicht

Programmablaufplan nach DIN 66 001	Nassi-Shneidermann Struktogramm DIN 66 261	Programmablaufplan nach DIN 66 001	Nassi-Shneidermann Struktogramm DIN 66 261

Verarbeitung (allgemein, Strukturblock, Elementarblock)

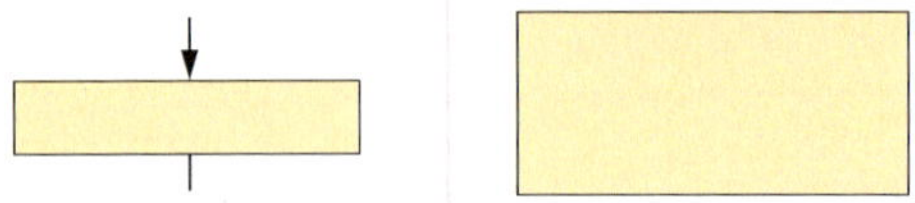

- Aufgabenkurzbeschreibungen
- Unterprogrammnamen
- Anweisungen, Programmiersprachenbefehle

Reihenfolge (Sequenz)

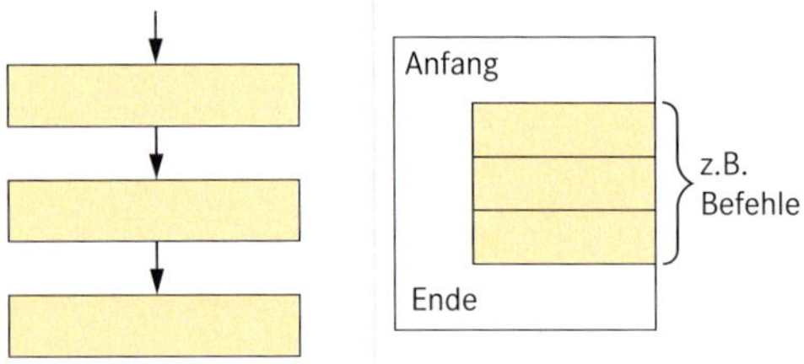

- Aneinanderreihung von mehreren Anweisungen oder Befehlen
- Aufzählung mehrerer nacheinander zu bearbeitender Aufgaben

Bedingte Verzweigung

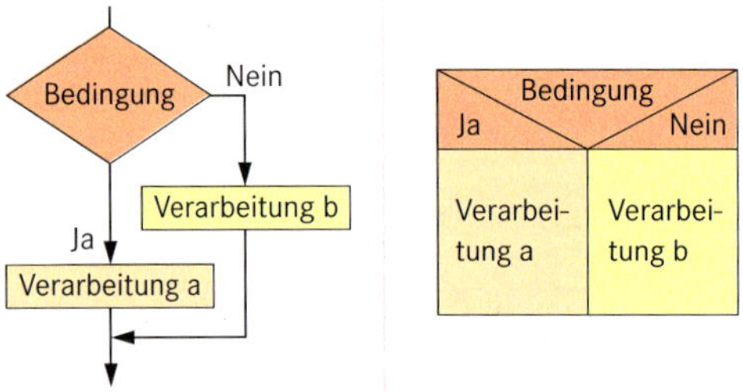

- Auswahl von einer Verarbeitung aus zwei möglichen, aufgrund einer logischen Entscheidung.
- Ist die Abfrage mit Ja beantwortet, dann Verarbeitung a, andernfalls Verarbeitung b. Diese Verzweigung wird auch als IF (wenn Bedingung erfüllt) THEN (dann Verarbeitung a) ELSE (sonst Verarbeitung b) Abfrage bezeichnet.

Fallabfrage, Fallunterscheidung

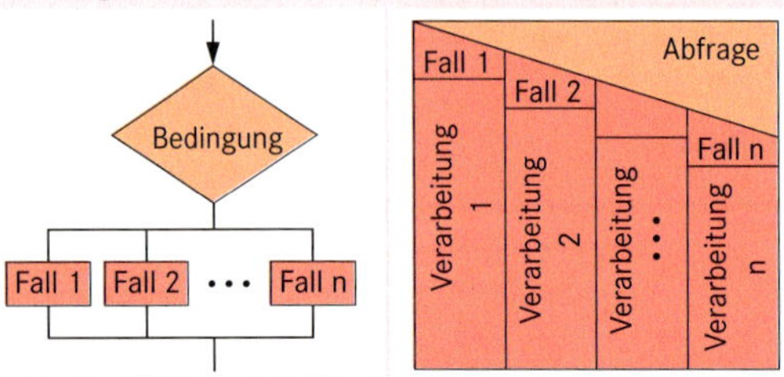

- Auswahl einer Möglichkeit aus mehreren Vorgaben (engl. Case-Block)

Wiederholung (kopfgesteuerte Schleife)

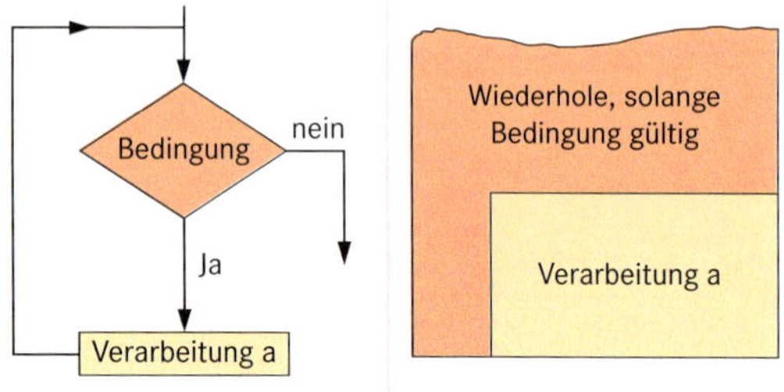

- Schleifendurchläufe
  Abfrage der Bedingung erfolgt vor der Durchführung der Verarbeitung a. Ist die Bedingung bei der ersten Abfrage schon **nicht** erfüllt, erfolgt **keine** Durchführung der Verarbeitung a (engl. WHILE-Schleife).

Wiederholung (fußgesteuerte Schleife)

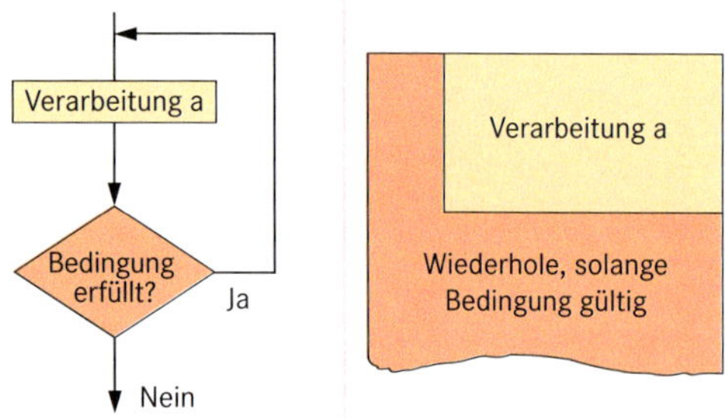

- Schleifendurchläufe
  Abfrage der Bedingung nach dem Durchlauf der Verarbeitung a (engl. REPEAT- oder UNTIL-Schleife).

Schleife mit Unterbrechung

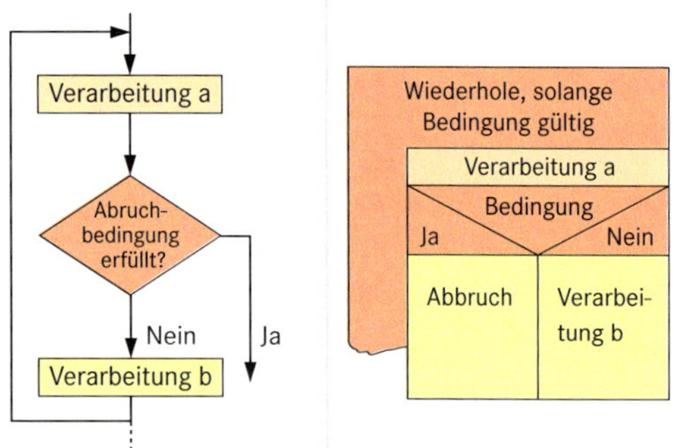

- Schleifendurchläufe
  Die Bedingung (Abbruch-Bedingung) wird während der Verarbeitung abgeprüft (engl. CYCLE-Schleife).

Fehler/Fehlerfreiheit

- Ziel technischer Realisierungen ist es an sich, fehlerfreie Abläufe zu gestalten.
- Fehlerursachen können psychologisch, soziologisch, technisch systematisch erfasst werden.
- Im modernen Verständnis werden **fehlertolerante** Systeme und Abläufe konzipiert. Dies gilt für soziale Prozesse (Strafprozessgestaltung, Notenermittlung, Geschäftsprozesse ...) ebenso wie für technische Realisierungen.
- Tippfehler, Unkonzentriertheit und Denkfehler verursachen die meisten Programmierfehler.
- Sinnvoll ist es, übersichtliche Programmeinheiten (Module) zu gestalten.

Bug

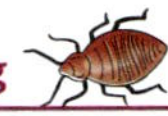

- In der Informationstechnik spricht man oftmals bei Fehlern von einem bug.
- bug: (engl.) Wanze bzw. Käfer
- Als Ursache für Funktionsfehler beim Computer Mark II wurden im Jahr 1947 Wanzen gefunden, die zwischen den Kontakte der Röhren und der Relais Kurzschlüsse erzeugten.
- Fehlersuche wird auch als debugging bezeichnet.
- Typische Fehlerraten (Fehleranzahl auf 10 000 Zeilen Quellcode):
  - Standard-SW (250) - Relevante SW (25) - Medizin-SW (2) - Rüstung/Raumfahrt (< 1)

Fehlerart	Erläuterung/Hintergrund	Mögliche Lösung/Reaktion
Konzeptfehler	■ Unklare Anforderungsvorstellungen: Missverständnisse zwischen dem Auftraggeber und dem Entwickler. ■ Unzutreffende bzw. widersprüchliche Problemvorstellung.	■ Das Problem muss genauer durchdrungen werden. ■ Eventuell muss der Kunde seine Vorstellungen präzisieren.
Entwurfs- bzw. Designfehler	■ Für die Problemlösungsidee wird in eine unzureichende Programmierkonzeption entwickelt. ■ Das Softwaredesign ist unzureichend.	■ Der Bezug zwischen der Problemlösungsidee und der Konzeption muss präzisiert werden. ■ Der materielle Fachbezug ist zu klären.
Programmierfehler		
logischer Fehler	■ Denkfehler, Fehlschluss ■ Ablauffehler (Algorithmusfehler)	■ Präzisierung des Problem- und Lösungsverständnisses
Syntaxfehler	■ Die grammatikalischen Regeln der jeweiligen Sprache werden nicht beachtet. Dies hat zur Folge, dass das Programm nicht kompiliert werden kann. Oder aber es wird durch die Kompilierung ein Produkt erstellt, das anderes erwirkt als an sich gewünscht. Interpreter brechen die Programmausführung an den Fehlstellen ab. ■ Oftmals liegen Missverständnisse oder Tippfehler vor.	■ Syntaxüberprüfung: - Datentypwahl/Kenndaten - Klammersetzung und -auswahl (Klammertyp) - Kommata/Semikolon - Schleifenbenennungen - Schreibweisen (Schlüsselwörter/Variablen ...) - Schlüsselwörterauswahl - Typzuweisungen/Typumwandlungen - Zuweisungen, Vereinbarungen ■ Pausen einlegen; eventuell eine andere Arbeit erledigen: danach neu analysieren.
■ **Ablauffehler** (fehlerhafte Übergabewerte, unzureichende Berechungen, fehlende Vereinbarungen) ■ **Datenfehler** (Datenübergabefehler) ■ **Rundungsfehler**	■ **Implementierungsfehler** ■ **Überlauffehler** (Cache)/Pufferüberlauf (Stack Overflow)	■ **Aufruffehler** (Funktionen, Objekte, Prozeduren) ■ **Laufzeitfehler** (→ zur Erfassung Testtools einsetzen) ■ **Verfahrensfehler**
Betriebsumgebung	■ (technisch/naturwissenschaftlich) Erschütterungen, Felder, Feuchtigkeit, Strahlung, Temperatur, Wasser ■ (betrieblich-sozial, körperlich-psychologisch) Alkohol, Erschöpfung, Müdigkeit, Stress, „Stimmung“ (Mobbing)	■ Diese Fehlerursachen treten in „besonderen“ Gefahrenlagen (Raumfahrt, Kraftwerke ...) auf und müssen bei der Gerätekonzeption berücksichtigt werden. ■ Belastungssymptome frühzeitig erkennen und lokalisieren. Geeignete Gegenmaßnahmen (Strategien) entwickeln. ■ Eigene Fehlerverursachungen systematisch erkunden und analysieren: Erfassung des individuellen Arbeitsprozesses (**PSP** – **P**ersönlicher **S**oftware**p**rozess)
Bedienkonzeptfehler	■ Das Programm arbeitet korrekt – Jedoch entspricht es den Kundenerwartungen und -wünschen nicht.	■ Klärung der Kundenvorstellungen. ■ Präzisierung der Produkterläuterungen und der Bedienungsanleitung.
Testfehler	■ Es wurden Fehler festgestellt, obwohl das Programm fehlerfrei ist. ■ Das Programm arbeitet fehlerfrei, obwohl es fehlerhaft ist.	■ Testprozesse bereits in der Entwicklungsphase der Software bedenken. ■ Testuntersuchungen systematisieren ■ Tests von „Dritten“ vornehmen lassen. ■ Kundentests gestalten.

Algorithmus
Algorithm

Grundlagen

- **Nach DIN 44300:** Vorschrift, nach der Ergebnisse systematisch ausgehend von Eingabedaten erzeugt (umgewandelt) werden können.
- Gesucht werden **Verfahrensabläufe**, mit denen Probleme

  - eindeutig **- erfolgreich** **- nachvollziehbar**

  in endlich vielen Schritten aufgelöst werden können.
- Im klassischen Verständnis besteht ein **Programm** im Kern aus einem **Algorithmus** kombiniert mit **Datenstrukturen**.

Darstellung von Algorithmen/Ablaufstrukturen

- Algebraische Darstellung
- Fluss-Diagramm
- Programmablaufpläne (PAP)
- UML
- Pseudocode
- Nassi-Shneidermann -Struktogramm

Elementare Beispiele

- **Alltägliche Lebenswelt**
  - Kochrezepte (Frühstückseier; Kuchen; ...)
  - Reparaturen/Gestaltungen (Fahrradreifen; .../ Schrankaufbau)
  - Geldabhebung bei einem Geldautomaten
  - Reinigung (Körper/Kleidung)/Medizinische Behandlungen
  - Telefonnutzung (Grundgebühr/Einzelkosten/Flatrate)
- **Mathematik**
  - **Bogenmaßbestimmung:** x (rad) = x (Grad) · 2 · π/360 mit x (rad): x in Bogenmaß und x (Grad): x in Grad
  - **Euklidischer Algorithmus:** Bestimmung des größten gemeinsamen Teilers (ggT) zweier Zahlen.
  - **Gaußscher Algorithmus:** Lösung von linearen Gleichungssystemen
  - **p-q-Formel:** Auflösung von quadratischen Funktionen
- **Technik**
  - Hausbau/Flugzeugsteuerung/Ampelsteuerung
  - Verfahrensabläufe in der chemischen Industrie
  - Aufbau von Systemen (Telefonanlagen; Rechnervernetzung)
- **Ökonomie/Zinsrechnung** (bei einmaliger Einzahlung)
  - Einfache Verzinsung: $K_t = K_0 \cdot (1 + t \cdot i)$
  - Verzinsung mit Zinseszins: $K_t = K_0 \cdot (1 + i)^t$

i: Zinssatz (Zinsen – engl.: interest); $i = p/100$
K: Kapital; K_0: Anfangskapital
K_t: Endkapital (Kapital am Ende des Jahres t)
p: Prozentwert; *t*: Zeit (Laufzeit (in Jahren)

Algorithmen-Einteilungen

Die konkrete Problemlösungsstruktur eines Programms wird im Algorithmus erfasst.

Basis-Algorithmen
(für Grundberechnungen/elementare Anwendungen/ ...)
- Anweisungen und Zuweisungen
- elementare Beziehungen (+/-/*/:/√/log/sin/ ...)
- Einfache Zählverfahren (Schleifenstrukturen)

Grundlegende Algorithmen
(für Datenbankanalysen/techn.-wissens. Berechnungen/ ...)
- Suchalgorithmen
- Sortieralgorithmen
- Iterative/Rekursive Algorithmen

IT-Anwendungsalgorithmen
(für Simulationen/Sicherheit/Wegesuche/Filter ...)
- Zufallsalgorithmen
- Routingalgorithmen

Komplexe Algorithmen
(für Mustererkennung/adaptive Verfahren (Lernen/ ...) ...)
- Transformationsalgorithmen
- Genetische Algorithmen
- Evolutionäre Algorithmen

Anforderungen an einen Algorithmus

Determinismus
Bei gleichen Eingabewerten und unter gleichen Rand- bzw. Anfangswerten des Programms muss jeweils das gleiche Resultat erzielt werden. (Bei veränderten (äußeren) Rahmenbedingungen kann die Programmausführung – in gewollter Art – variieren.)

Korrektheit
Ein Algorithmus soll (muss) zum richtigen (wahren) Ergebnis führen. Die Korrektheit muss überprüfbar sein. (Ein elementares Problem, da Programme im Allgemeinen nur falsifiziert und nicht im strengen Sinne verifiziert werden können. – Auch bleibt das Problem, wie der Test in seiner Korrektheit getestet werden kann.)

falsifizieren: widerlegen
verifizieren: Wahrheit nachweisen

Endlichkeit/Zielgerichtetheit
Nach einer endlichen Anzahl von Schritten muss der Lösungsalgorithmus
- vollständig beschrieben und
- technisch (maschinell; mechanisch; informationstechnisch) umsetzbar sein.

Der Beschreibungscode muss begrenzt (endlich) und die Ausführungszeit muss endlich sein.
Komplexität von Algorithmen: Untersucht wird, ob Problemstellungen überhaupt lösbar sind. Und es wird analysiert, ob in endlicher Zeit die Lösungen ermittelt werden können.

Eindeutigkeit
Jeder Befehl muss zu einem eindeutigen Ergebnis führen.

Universalität
Algorithmus ist jederzeit auf alle möglichen (definierten) Daten anwendbar.

Sortieralgorithmus
Sorting Algorithm

Suchalgorithmen

- Das Ziel ist, in einem gegebenen Datenbestand entsprechend dem Suchkriterium Daten zu identifizieren.
- Liegt nur ein Kriterium vor, dann spricht man auch von einem Primärschlüssel, der den Suchvorgang leitet.
- Unterschieden werden binäre und sequentielle Suchprozesse:
  - binäre Suche: ein linear sortierter Datenbestand liegt vor
  - sequentielle Suche: Verarbeitung beliebiger Datenbestände
- Algorithmuskern für eine sequentielle Suche ($n \in \mathbb{N}$)

```
ANFANG
  position = 1;
    while (position < n + 1) UND
          (daten[position] ≠ suchkriterium) do
          position = position + 1
    end-while
    if (position = n +1) then fund = false;
  else fund = true
  end-if
ENDE
```

- Die Qualität der Suchalgorithmen ist von hoher Bedeutung für die Leistungsfähigkeit von WWW-Suchmaschinen.

Zufallsalgorithmen

- **Zufallsabläufe** (random; rand; srand) können unter Verwendung von Algorithmen im Rechner simuliert werden.
- Die Abläufe sind rechentechnisch exakt definiert und laufen auch deterministisch nach dem Start ab. Durch die Aufnahme von „zufälligen“ Rand- bzw. Anfangsbedingungen (Zeit; Tastendruck; Temperatur; ...) können undeterminierte, aber doch exakt rechentechnisch erzeugte Funktionen kreiert werden.
- Elementare Realisierungen von Quasi-Zufallswerten
  - **Quadratmittenverfahren** (Neumann 1946):
  - **„Zahlabschneidungen“** ($x_{n+1} = \text{frac}(a \cdot x_n)$) (frac ordnet einer Zahl ihre Nachkommastellen zu)
  - **modulo-Rechnung** ($x_{n+1} = a \cdot x_n + b \pmod b$) (modulo: Restwert einer Division)
  - **Nichtlineare Funktionen** (iterative Berechnung): $X_{t+1} = X_t + r \cdot X_t \cdot (1 - X_t)$
- Echte Zufallsrealisierungen sind zum Beispiel durch die Nutzung von radioaktiven Quellen (Zerfallsprozesse) möglich.

Sortierverfahren

- Das Ziel dieser Verfahren ist es, eine Ordnung innerhalb der Elemente eines Datenbestands zu ermitteln.
- Im einfachsten Fall wird das Element e_1 identfiziert und abgespeichert. Danach e_2; usw.: $e_1 \geq e_2 \geq e_3 \geq \ldots \geq e_n$.
- Durch geschickte Vergleichs- und Tauschoperationen kann der Sortieraufwand reduziert werden.
- Unterschieden wird, ob bei der Sortierung ein Element ausgewählt und gesondert abgespeichert oder aber ob zwei Elemente im gleichen Speicherraum ausgetauscht werden.
- **Bekannte Sortierverfahren**
  - **Insertionsort:** Sortieren durch Einfügen
  - **Selectionsort:** Sortieren durch Auswählen
  - **Bubblesort** (warndernde Blase): Sortieren durch Austauschen
  - **Quicksort:** Sortieren durch Zerlegen
  - **Heapsort:** binäres Sortierverfahren

  Diese Suchverfahren werden zum Teil kombiniert und verfeinert: Zum Beispiel: - Bottom-Up-Heapsort
- Algorithmuskern für Insertionsort ($n \in \mathbb{N}$)

```
ANFANG
   for i = 2 to n do
         element = feld[i]
         feld[0] = feld [i]
         k = i
         while (element < feld[k - 1]) do
                feld[k] = feld[k - 1]
                k = k - 1
         end-while
         feld[k] = feld[0]
   end-for
ENDE
```

- Sortierkomplexität
  Die mittlere Anzahl der Vergleichsoperationen bei den Sortiervorgängen wird angegeben. Rechts steht die ungünstigste Vergleichsanzahl. Nicht alle Verfahren sind vollständig analysiert. ($\text{ldn} = \log_2(n)$; $n \in \mathbb{N}$)

Verfahren	Mittlere Anzahl	Ungünstige Anzahl
■ **Insertionsort**	$n \cdot (n - 1)/4$	$(n \cdot (n - 1))/4$
■ **Selectionsort**	$n \cdot (n - 1)/2$	$(n \cdot (n - 1))/2$
■ **Bubblesort**	$n \cdot (n - 1)/2$	$n \cdot (n - 1)/2$
■ **Quicksort**	$1{,}4\,(\text{ldn})\,(n + 1) - 2{,}8 \cdot n$	$(0{,}5 \cdot n^2 - 0{,}5 \cdot n)$

Mathematische Software
Mathematical Software

Bibliotheksname	Routinen für	Routinen für folgende Bereiche	
NAG (**N**umerical **A**lgorithms **G**roup)	Ada, FORTRAN, Pascal	Komplexe Arithmetik; Reihen; Differenzialgleichungen; Integralgleichungen; Matrizen; Orthogonalisierung; Lineare Algebra; Statistik; Zeitreihenanalysen und Operationsforschung	
Aachener Bibliothek	APL, MODULA 2, C, PL/1	Lösungsverfahren für nichtlineare Gleichungen und für Systeme linearer und nichtlinearer Gleichungen; Matrizen; Numerische Differentiation und Quadratur; Differenzialgleichungen	
IMSL (**I**nternational **M**athematical and **S**tatistical **L**ibrary)	FORTRAN	für allgemeine mathematische und statistische Problemstellungen	Lineare Systeme; Differenzialgleichungen; Eigenwerte; Regression Korrelation; Cluster; Probleme; Zeitreihenanalyse; Verteilungen
		für spezielle Funktionen	Gamma-Fkt.; Bessel-Fkt.; Kelvin-Fkt.; eliptische Integrale

Mathematische Anwendungsprogramme: Derive; Mathematica; Maple; SAS (Statistical Analysis System)
Technische Anwendungsprogramme: PSpice zur Simulation elektronischer Schaltungen; **EAGLE** zur Schaltplan-Erstellungen (CAD)

Merkmale

Mit Kontrollstrukturen wird der Ablauf eines Programms geregelt. Somit wird die Abfolge einzelner Anweisungen in Abhängigkeit von Bedingungen und Entscheidungen bestimmt.

- **Abfolge**
  Einzelne Aktivitätsanweisungen werden nacheinander (schrittweise) abgearbeitet.

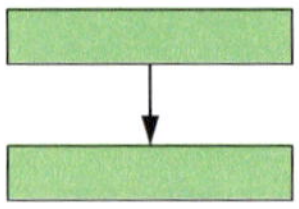

- **Verzweigung/Fallunterscheidung**
  In Abhängigkeit von Bedingungen erfolgt der Programmablauf gesondert.

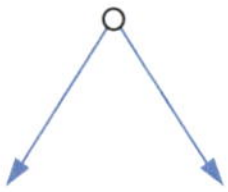

- **Schleife:** Unterschieden werden kopf- und fußgesteuerte Schleifen.
  - **Kopfgesteuerte Schleife**
    Vor Beginn der Schleife erfolgt die erste Bedingungsüberprüfung. Eventuell wird die Schleife gar nicht durchlaufen.

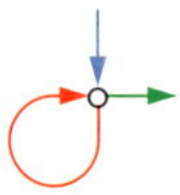

  - **Fußgesteuerte Schleife**
    Die Schleife wird wenigstens einmal durchlaufen. Erst am Ende des Schleifendurchlaufs erfolgt eine Bedingungsüberprüfung.

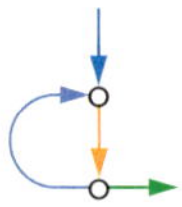

- **Sprünge**
  Bedingte und unbedingte Sprünge werden in Programmen eingesetzt (→ Schlüsselwort: z. B. GOTO)

  Ein Sprung erfolgt
  - zu Zeilennummern
  - zu Sprungmarkierungen bzw.
  - um eine relative Anzahl von Programmzeilen

  Ein guter Programmierstil sieht vor, dass Sprünge in Programmen zu vermeiden sind.

Kopfgesteuerte Schleife | **Fußgesteuerte Schleife**

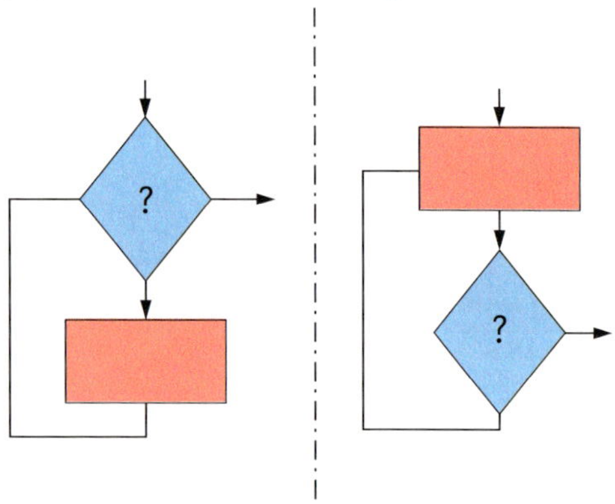

- **Rekursion**
  Im Programmablauf wird innerhalb einer Prozedur (Funktion) diese Prozedur (Funktion) selbst aufgerufen.

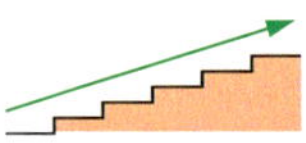

Beispiel A (Fakultätsberechnung)
n! = n · (n – 1)!

(Hinweis: n ∈ ℕ; z. B.: 6! = 1 · 2 · 3 · 4 · 5 · 6 = 720)

Beispiel B (Summe der Quadrate der Zahlen von 1 bis **n**):

```
prozedur qs-name (variable: n (typ));
    einstieg
        wenn (bedingungsüberprüfung zu n (n > 0)) dann
            Rückgabe (n · n + qs-name (n – 1));
        oder
            rückgabe 0;
        abschluss-von-wenn;
    ausstieg qs-name
```

mit n ∈ ℕ

- **Iteration**
  Eine Prozedur wird nacheinander neu aufgerufen, wobei an die Prozedur die bisher errechneten Werte übergeben werden.

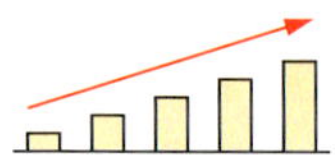

Beispiel C (Summe der Quadrate der Zahlen von 1 bis **n**):

```
prozedur qs-name (variable: n (typ));
    einstieg
        qs-name = 0;
        solange(bedingungsüberprüfung zu n (n > 0)) mache
            qs-name: = qs-name + (n · n);
            n: = n – 1;
        abschluss-von-solange;
    ausstieg qs-name
```

mit n ∈ ℕ

Beispiele nach **Fibonacci/Ackermann**

- **Fibonacci (F)**

```
F(n) = F(n - 1) + F(n - 2) für n > 2
Berechnungskomplexität: O(K^n)
```

- **Ackermann-Funktion (ack)** (vereinfachte Darstellung)

```
ack(0, m) = m + 1
ack(n + 1, 0) = ack(n, 1)
ack(n + 1, m + 1) = ack(n, ack(n + 1, m))
```

Merkmale

- Unterschieden werden **numerische, alphabetische** und **alphanumerische** Daten.
- Weitere Unterscheidungen:
  - formatierte/unformatierte Daten
  - sprachliche/bildliche/textliche (textuale)/Video-Daten
  - Basis- bzw. Stammdaten/Prozessdaten
  - Eingabe-/Ausgabedaten
  - Datumstypen (z. B.: tt.mm.jj oder jjjj-mm-tt)
  - Zeitangaben
- Datentypen können explizit vereinbart werden. Teilweise nehmen die Programmiersprachen automatisch Typzuweisungen bei Variablen (implizite Vereinbarungen) vor.
- Bei der Verarbeitung von Daten unterschiedlichen Typs ist es teilweise notwendig, Typanpassungen explizit vorzunehmen. Hierzu kann es notwendig sein, Zusatzvariable einzufügen.

integer (int)

- Ganzzahlige Zahlfolge (Werte liegt zwischen - 2.147.483.648 und 2.147.483.647); Speicherbedarf: 32 Bit
- Bei Integer-Werten, die zwischen -32.768 und 32.767 liegen, spricht man von **short int** (kurzen Integer-Werten); Speicherbedarf: 16 Bit
- Bei vorzeichenlosen Integer-Werten (unsigned int) liegen die Werte zwischen 0 bis 4.294.967.295; Speicherbedarf: 32 Bit
- Zum Teil können auch große (lange) Integer-Werte vereinbart werden: Bezeichnung long (z. B. in Java): die Werte liegen zwischen -2^{63} bis $+ 2^{63} - 1$ Speicherbedarf: 64 Bit

real; float

- Rationale Zahlen: Gleitkomma- (auch Gleitpunkt-) und Floatingpoint-Zahlen.
- Mit diesen Zahlen können rationale – und somit genähert – reelle Zahlen dargestellt werden.
- Unterschieden werden:
  - einfach genaue Zahlen (float: Speicherbedarf 32 Bit)
  - doppelt genaue Zahlen (double: Speicherbedarf: 64 Bit)
  - lange Zahlen (long double – Speicherbedarf: 80 Bit)

char (Character-Typ-Anweisung)

- Datentyp- für alpha-numerische-Zeichen.
- Speicherplatzbedarf: Üblicherweise 8 Bit.
- Char-Vereinbarungen für den Unicode nehmen dagegen – z. B. unter Java – 16 Bit Speicherplatz ein.

string (Zeichenfolge)

Ein String besteht aus einer Reihe von char-Werten.

Boolean

Dieser Datentyp nimmt nur den Wert „true“ („1“) bzw. „false“ („0“) ein. Speicherplatzbedarf: 1 Bit.

array (Felder) – (auch: Listen, Matrizen/Matrix)

- Ein Feld besteht aus einer Abfolge von Daten des gleichen Datentyps. Unterschieden werden
  - 1, 2 und mehrdimensionaler Felder
- Durch Indexangaben können die einzelnen Feldelemente identifiziert werden.

Record-Typ (Verbund-, z. T. auch Struktur-Typ (struct))

Aufbau wie beim array, jedoch können die Objekte von verschiedenen Datentypen sein

Zeiger (pointer)

- Ein Zeiger verweist auf die Adresse einer Variable, d. h. er beinhaltet als Wert die Speicheradresse von Objekten.
- Über Zeiger ist es problemlos möglich, auf die einzelnen Elemente eines Feldes zugreifen zu können.
- Definitionsmöglichkeiten für Zeiger am Beispiel der PS C:

  (1) `typ* zeiger_a;`
  (2) `typ *zeiger_a;`

  Über `zeiger_a` kann nun die Adresse angezeigt werden. `*zeiger_a` würde dagegen den Wert, auf den der Zeiger weist, angeben.

Strukturen

- Mit Strukturen kann der Anwender eigene Typen von Variablen unter Rückgriff auf vorab definierte „primitive“ Datentypen festlegen.
- Für die Festlegung von Strukturen existieren Schlüsselwörter.

  Beispiel in C:

```
struct Eigene-Struktur {
                int POS;
                char NAME[17]; };
```

Klassen und Objekte

- **Klasse** – Typ eines Objektes
  - Objekte werden über eine Klassenbeschreibung definiert.
  - Mit einer Klasse wird bestimmt, wie sich ein Objekt gegenüber seiner Umwelt verhält.
  - Dies drückt sich in den Reaktionsweisen von Objekten auf ausgewählte und zugelassene Botschaften aus.
  - Über eine Klasse wird der innere Zustand des Objekts bestimmt. Damit gehen die Festlegungen einher, in welcher Art Botschaften im Objekt verarbeitet werden.
  - Klassen werden über Methoden und Instanzenvariablen festgelegt. Die Instanzenvariablen bestimmen den inneren Objektzustand.
  - Eine Klasse kann im Rahmen der Testvorgänge vollständig für sich allein geprüft werden.
  - **Beispiele für Klassendefinition**

Java
```
public class ClassName {
        // Definition von Datenfeldern
        // Definition von Konstruktoren
        // Definition von Methoden }
```

C++
```
class KlassenName {
public: ... // öffentliche Daten und Funktionen
private: ... //private Daten und Funktionen };
```

- **Objekte** - Gekapselte Datenstruktur
  - Objekte können Zahlen, Texte, Felder, aber auch Prozesse und Rollen sein.
  - Objekte besitzen einen inneren Zustand, der nicht beliebig beeinflusst werden kann.
  - Durch die Aufnahme von äußeren Informationen (Botschaften) kann der innere Zustand modifiziert werden.
  - Die inneren Objektzustände sind nach außen unsichtbar.
  - Das Objekt selbst ist eine eindeutige Instanz einer Klasse.

Grundsätze

- Ziel dieses Ansatzes ist es, Programmkerne zu gestalten, die
  - Realitätsaspekte einheitlich darstellen und
  - zu überschaubaren Programmieranforderungen führen.
- Datenobjekte und die erlaubten Datenoperationen werden als Einheit gesehen. Dies hat zur Folge, dass die informationstechnischen Beschreibungskonzepte für die objektorientierte Beschreibung erweitert werden müssen.
- Prinzipiell müssen die statischen und dynamischen Struktur- und Beziehungsaspekte gesondert erfasst werden.
- Die Begriffe der Objektorientierung werden in vielen objektorientierten Programmiersprachen verwendet. Im Detail verbinden sich jeweils auch verschiedene Nuancen mit diesen Begriffen.

Begriffe

- **Objekte und Klassen:**
  - Objekte (object) sind reale Ausprägungen (auch: Instanzen (instance) von Klassen (class)), die vom Anwender selbst definiert werden können.
  - Bei einer Klasse werden Daten (Datenelemente) und Funktionen (Methoden) festgelegt.
  - Durch einen Zugriff auf eine Methode wird üblicherweise eine zugehörige Funktion aktiviert.
  - Der äußere Zugriff ist nur auf die unter „public“ deklarierten Elemente möglich. Die als „privat“ deklarierten Elemente sind vor äußeren Zugriffen geschützt.

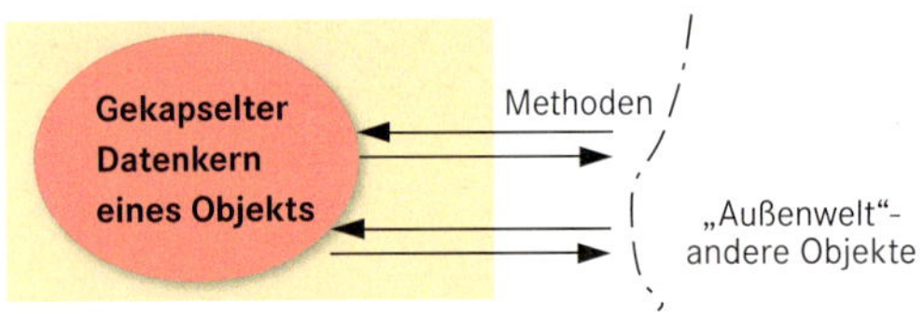

- **Botschaft:** Nachricht bzw. Daten an ein Objekt, die dort um Verarbeitung „bitten“.
  - Botschaften werden an Objekte verschickt.
  - An den Sender der Botschaft wird ein Resultat (Botschaft) über die Objektveränderungen geschickt.
  - Jedes Muster, das in einem Objekt durch eine Botschaft ausgelöst werden kann, muss über eine Methode definiert werden.
  - Botschaften können geschachtelt und mit Parametern bestückt sein. Botschaften sind Objektaufträge.
- **Kapselung:** Im Objekt werden Daten, die an das Objekt geführt werden, nach „autonomer“ Kontrolle selbstständig verarbeitet. Es erfolgt eine strikte Abgrenzung gegenüber anderen Objekten.
- **Methode:** Mit einer Methode wird die Reaktion der Instanzen (der inneren Objektzustände) auf Botschaften festgelegt (→ klassenspezifische Operation).
- **Protokoll:** Mit einem Protokoll wird beschrieben, wie Botschaften auf Objekte „stoßen“ können.
- **Vererbung:**
  - Eine Hierarchie von Klassen wird dadurch gebildet, dass eine „nachrangige“ Klasse, die das Ergebnis einer Ableitung aus ihrer Bezugs- bzw. Basisklasse ist, die Methoden der Basisklasse automatisch auch für sich übernimmt.
  - Eine Klasse kann sich auch auf mehrere vorab definierte Klassen beziehen. In diesem Fall liegt eine multiple Vererbung vor.
- **Polymorphie:** Die Wirkung von Botschaften (Funktionsaufrufe) bestimmt sich von der Situation des konkreten Objekts.

Objektorientierte Softwareentwicklung

- Im Kern werden vier Projektaspekte spiralförmig (siehe Software Engineering) durchlaufen.
  1. **Analysephase:** Ausgehend von den konkreten Geschäftsprozessen werden die Softwareerwartungen bestimmt.
  2. **Design- und Modellphase**
     Erarbeitung einer objektorientierten Lösungskonzeption
  3. **Realisierungsphase:** Codierung und Testen
  4. **Einsatzphase:** Schulung, Installation, Erprobung
- Bei den einzelnen Phasen werden unterschieden:
  - Auftretende Aktivitäten (z. B. Abstraktionen und Konzeptbildungen in der Analysephase)
  - Aktivitätsgegenstände (z. B. Module)
  - Wissensbasis - Ergebnisse
- Verschiedene **Objektmodelle** existieren:
  - **COM C**omponent **O**bject **M**odel (von Microsoft)
  - **ODP O**pen **D**istributed **P**rocessing – ISO-Rahmen zur Standardisierung innerhalb der objektorientierten IT-Welt
  - **OMA O**bject **M**anagement **A**rchitecture
  - **OMG O**bject **M**anagement **G**roup
  - **TINA T**echnical **I**nformation **N**etwork **A**rchitecture Consortiums
  - **USCM U**niversal **S**ervice **C**omponent **M**odel
- Bedeutsam sind die Modelle von **Booch** und **Rumbaugh**.

Rumbaugh- und Booch-Modelle

- Nach **Rumbaugh** werden drei Detailmodelle für die Realitätserfassung in fünf Schritten benötigt:
  1 ein **Objektmodell**
    1.1 Klassen und Objektidentifikation
    1.2 Datenbestimmung
    1.3 Aggregationsbestimmung (Objektbeziehungen)
    1.4 Festlegung der Attribute für die Objekte und Beziehungen
    1.5 Bestimmung von Vererbungshierarchien
    1.6 Anfragezugriffe auf Objekte werden bestimmt
    - Die Abfolge unter 1 bis 6 wird mehrfach durchlaufen. -
    1.7 Abschließend erfolgt eine modulartige Zusammenfassung der Klassen.
  2 ein Modell zur Erfassung der **dynamischen Beziehungen**
    2.1 Erfassung der relevanten Interaktionen und Folgen
    2.2 Ereignisidentifikation und -abfolge
    2.3 Bestimmung von Zustandsdiagrammen (der Objekte)
    2.4 Zuordnung Ereignis-Objekt
  3 ein **Funktionalitätsmodell**
    3.1 Bestimmung der Eingabe- und Ausgabedaten (Typ etc.)
    3.2 Erfassung der funktionalen Beziehungen (und Abhängigkeiten) über Flussdiagramme
    3.3 Festlegung und Beschreibung der Verarbeitungsfunktionen
  4 Einschränkungen, Begrenzungen, Rahmen, Bedingungen werden erfasst bzw. definiert
  5 Ausarbeitung und Festlegung von Regeln zur Optimierung
- Nach **Booch** soll gemäß einem Vorgehensmodell ein System in einzelnen Schritten – quasi abschnittsweise (inkrementelles Vorgehen) – entwickelt werden. Dabei sind **iterative Verfahrensweisen** zu bestimmen bzw. zu identifizieren:
  - Klassen und Strukturen
  - Verhalten zwischen Klassen/zwischen Objekten
  - Klassen- Objektbeziehungen
  - Gestaltung (Codierung) der Klassen und Objekte

  Verwendet werden zur Modellierung:
  - Klassen- und Objektdiagramme
  - Interaktionsdiagramme
  - Moduldiagramme
  - Prozessdiagramme

- Klassen fassen Datenattribute und -operationen zusammen. Generell werden in der objektorientierten Programmierung Daten und Funktionen verkapselt.
- Funktionen beziehen sich dann auf eine konkrete Klasse bzw. ein konkretes Objekt.
- Diese Funktionen (→ Methoden) können von außen in ihrer Funktionalität nicht aufgebrochen werden.
- Es werden u. a. Klassennotationen von **Booch** und **Rumbaugh** verwendet.

Klassennotation nach Booch

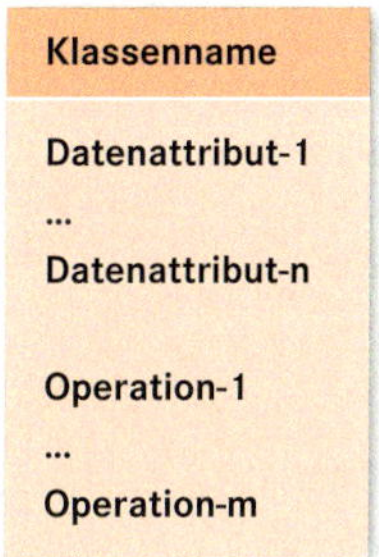

Klassennotation nach Rumbaugh

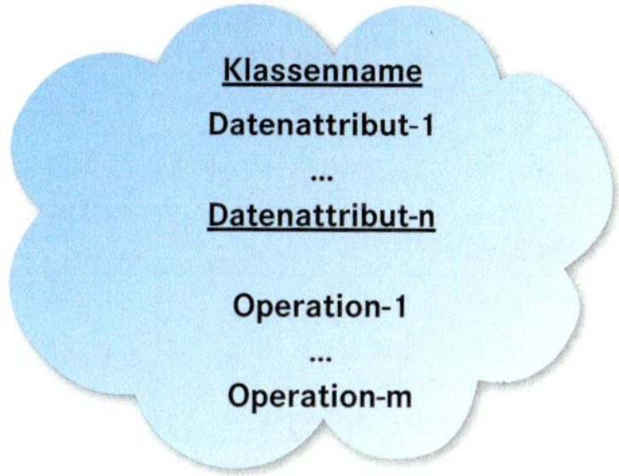

Realitätsdatenmodelle

Die Begriffe der objektorientierten Realitätsbeschreibung und die der Beschreibung der Realität über Tabellen können in einem ersten Schritt naiv zugeordnet werden.

UML

Begriff/Verwendung

- **UML** steht für **U**nified **M**odeling **L**anguage
- UML ist
  - eine graphische Notationsweise zur Darstellung objektorientierter Software-Entwicklungsschritte,
  - eine Modellierungssprache,
  - keine eigenständige Modellierungsmethode,
  - keine Programmiersprache (im engeren Sinne).
- Die UML-Techniken werden in Verbindung mit Projekmethoden zu objektorientierten Entwicklungsmethoden verbunden. Von besonderer Bedeutung sind (→ Software Engineering):
  - das Evolutionäre Entwicklungsmodell,
  - das Modell der inkrementellen Entwicklung,
  - das Konzept „Extreme Programmierung“,
  - das Spiralmodell,
  - das V-Modell,
  - das Wasserfallmodell,
  - der Objektory Process,
  - RUP (Rational Unified Process) und
  - SEPP/OT.

  Durch die UML allein erfolgt keine ausreichende Strukturierung des Programmentwicklungsprozesses.
- **OCL: O**bject **C**onstraint **L**anguage
  Formale Sprache – durch die den UML-Modellen inhaltliche Ergänzungen beigefügt werden können.

Standardisierungen

- Die UML wurde von der Object Management Group (OMG) standardisiert: siehe **www.omg.org**
- Zur Beschreibung von vielfältigen Aspekten existieren in der UML verschiedene Diagramme.

Klasse

Klasse

Klasse
Attribut

Klasse
Operation()

Objekt

Objekt: Klasse
Attribut1 = Wert1 Attribut2 = Wert2

Klasse
– privateAttribute # protectedAttribute ~ protectedAttribute (im Paket) + publicAttribute Attribut: Typ Attribut: Typ = Anfangswert
– privateOperation() # protectedOperation() ~ protectedOperation (im Paket) + publicOperation() Operation (in Par1: Typ1 = Wert, out Par2: Typ2): Ergebnistyp

Vererbungen

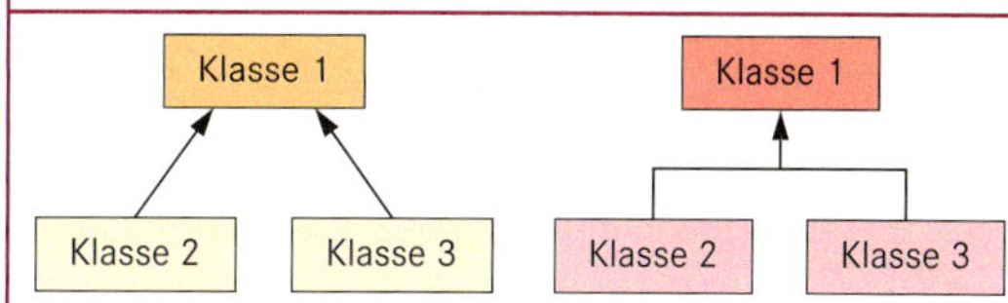

Mehrfachvererbung

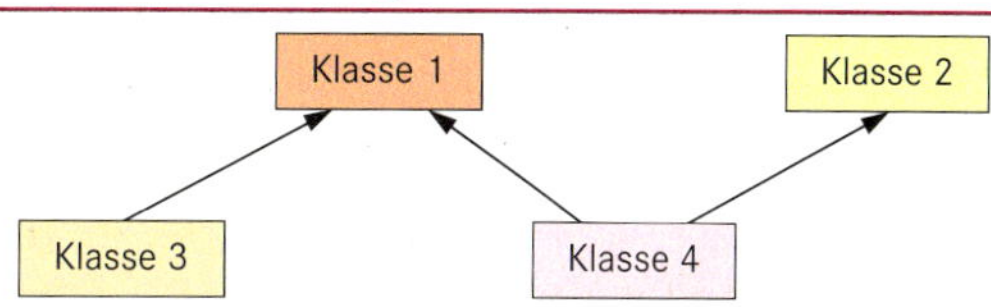

Elementare Begriffe

- **Attribut:** Datenelemente, die individuell zu einem Objekt gehören
- **Klasse:** allgemeine Struktur (allgemeiner Plan; auch Baubeschreibung). Einer Klasse sind Attribute und Operationen (Methoden) zugeordnet.
- **Objekt:** konkrete Ausprägung einer Klasse
- **Operation/Methode:** konkrete Verhaltensweisen (Anweisungen) bezüglich einer Klasse
- **Vererbung:** Beziehung zwischen Klassen
- **Zusicherung:** Operationsvoraussetzungen

Assoziations-Darstellung

Assoziation (→ A.): Klassenbeziehung

- allgemeine A.: ______________ (einfache Linie)

■ (A. mit) Kardinalität n	______ n	genau n
■ (A. mit) Kardinalität n – m	______ n .. m	**n** bis **m**
■ (A. mit) Kardinalität *	______ *	**0** bis **viele**
■ (A. mit) Kardinalität m, n, o	______ m, n, o	**m, n** oder **o**

Assoziationsbeziehung
>> „Person" „gehört zu" „Gruppe" <<
(Pfeil (◀) gibt die Leserichtung an.)

Analyseansichten

- Ausgehend von der Problemanalyse müssen die Zustände und Aktivitäten dargestellt werden.
- Die folgenden Sichten mit Inhalten und zugeordneten UML-Diagrammen werden unterschieden:

Logische Sicht
- funktionale Analyseergebnisse
- Klassenmodell

UML
- Klassendiagramme
- Paketdiagramme

Szenarien

UML
- Aktivitätsdiagramm
- Use-Case-Diagramm

Implementierungssicht
- Subsysteme
- Schnittstellen

UML
- Komponentendiagramm

Ablaufsicht
- Prozesse
- Nebenläufigkeit
- Synchronisation

UML
- Kommunikationsdiagramm
- Sequenzdiagramme
- Zustandsdiagramme

Physische Sicht
- Netzwerke (Server, ...)
- Zielhardware

UML
- Deploymentdiagramme (Verteilungsdiagramme)

Diagramme

Strukturdiagramme	Verhaltensdiagramme
Klassendiagramm	Aktivitätsdiagramm
Objektdiagramm	Interaktionsübersichtsdiagramm
Komponentendiagramm	Anwendungsfalldiagramm
Paketdiagramm	Kommunikationsdiagramm
Verteilungsdiagramm	Interaktionsdiagramm
Kompositionsstrukturdiagramm	Sequenzdiagramm
	Timingdiagramm
	Zustandsdiagramm

Schnittstelle

Schnittstelle
Eine > interface< – Klasse – eine Musterklasse.

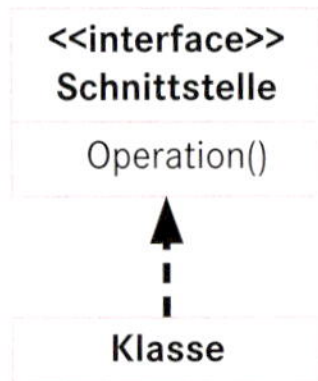

Akteur

Modellierungsansatz

Anwendungsfalldiagramme (use case diagrams)
Systemerwartungen (Anforderungen) aus der Sicht des Anwenders (hierbei Erfassung der realen Geschäftsprozesse).

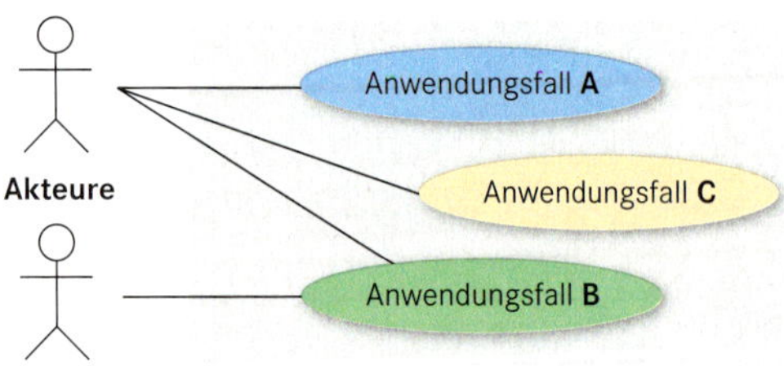

Gerüst der Softwareentwicklung: zur statischen Struktur

Klassendiagramm (class diagram) (auch Klassenstrukturdiagr.)
- Klassen und zugehörige Objekte werden bestimmt.
- Objektattribute werden definiert.
- Methoden (Objektoperationen) bestimmen die Möglichkeiten der Objektkommunikation.
- Klassenbeziehungen werden definiert.
- Die Objektbeziehungsaspekte Vererbung, Assoziation und Aggregation werden dargestellt.
- Die Informationskapselung der einzelnen Objekte wird erfasst.

UML und Geschäftsprozesse

- Reale Geschäftsprozesse können im Rahmen der Geschäftsprozessmodellierung (GPM) erfasst werden.
- Im Mittelpunkt der GPM stehen Aktivitätsanalysen, nicht Zustandsdarstellungen.
- GPM in Verbindung mit der UML wird zur übersichtlichen objektorientierten Darstellung komplexer Abläufe genutzt.

Darstellung der dynamischen Strukturbeziehungen mit Verhaltensdiagrammen (behaviour diagrams)

Zustandsdiagramme (statechart diagrams)
(Endliche, hierarchische) Automatendiagramme, die das vollständige Systemverhalten darstellen. (Mathematisch präzise abbildbar.) Zustände sind Klassen eindeutig zugeordnet.

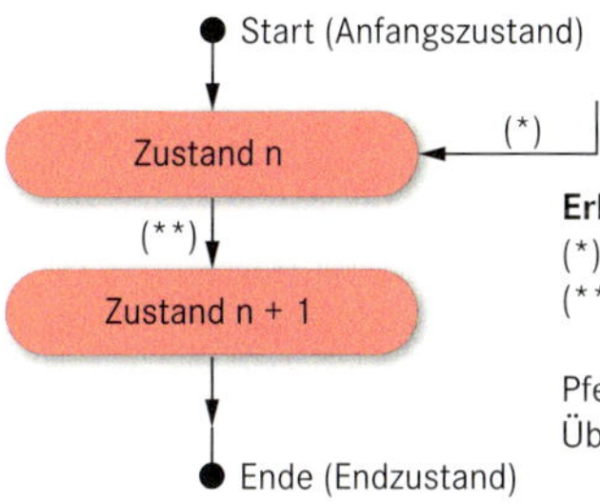

Erläuterungen
(*) Ereignis
(**) implizites

Pfeil steht für Übergang (Transition)

Aktivitätsdiagramme (activity diagrams)
Darstellung von **Workflow** und **Multithreading** – Zustandsübergänge ausgelöst durch Aktionsabschlüsse innerhalb einzelner Zustände. Die „innere" Ablauflogik wird dargestellt. Eine Ereignisreaktion ist nicht vorgesehen.

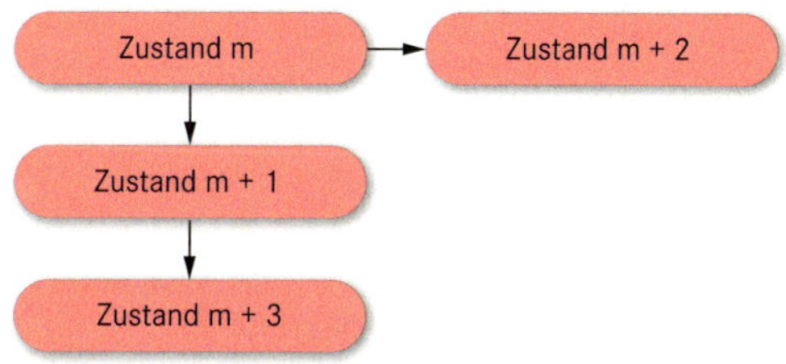

Sequenzendiagramme (sequence diagrams)
Darstellung der Interaktionsmöglichkeiten zwischen den Objekten – die zeitlichen Abläufe werden erfasst.
[Bei den Zusammenspieldiagrammen (Kollaborationsdiagrammen) wird der zeitliche Aspekt nicht berücksichtigt.]

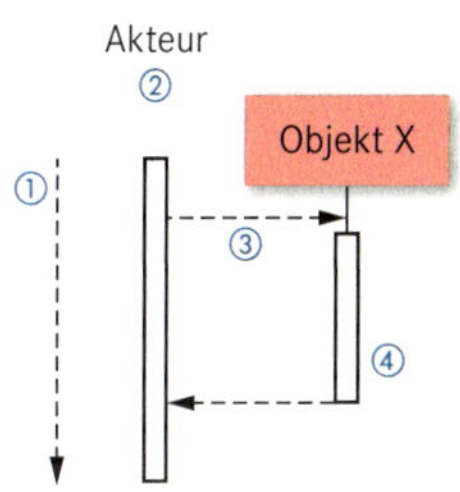

①: Zeitachse
②: Aufrufendes Objekt (hier: Akteur)
③: Botschaft (**Nachricht**) von Akteur an ObjektX
[Information vom objektA zum objektB: *nachricht*()]
④: Botschaft aktiviert Abarbeitung der Methode (Operation)
[Rückmeldung vom objektB zum objektA: *antwort*]

Kollaborationsdiagramme (collaborations diagrams)
(Diagramme der Zusammenarbeit)
Darstellung der Objektwechselwirkungen – der zeitliche Aspekt wird bei dieser Darstellung nur nachrangig dargestellt.
Dabei werden die Objektbeziehungen durch Verbindungslinien erfasst.

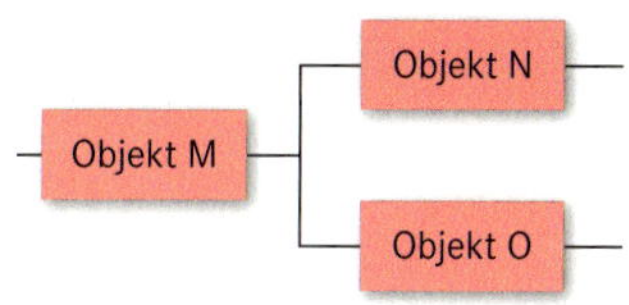

Implementierungsphase

- Im Rahmen der Beschreibung der Implementierung werden Komponenten- und Verteilungsdiagramme verwendet.
- **Komponentendiagramm** – component diagram Komponente: reale Quell-Code-Datei, die sich auf Klassen bzw. Objekte bezieht.
- **Verteilungsdiagramm** – deployment diagram Darstellung der physischen Systemzuordnung (z. B. Zuordnung der Software zu Systemkomponenten)

Letztlich muss die mit den UML-Diagrammen dargestellte Struktur in einen maschinenlesbaren Code überführt werden.

Geschäftsprozessanalyse – UML – Programm

Gemäß RUP werden folgende iterativ abzuarbeitende Analyseaspekte beachtet:

- Abstraktes Geschäftsprozessmodell
- Konkrete Geschäftsprozessgegebenheiten
- Anforderungsanalyse
- Design
- Implementierung
- Test
- Installation
- Konfigurations- und Änderungsmanagement
- Projektmanagement
- Projektumfeld

Im Entwicklungsprozess werden folgende Phasen beachtet:
1. Konzeption
2. Konstruktion
3. Ausarbeitung
4. Inbetriebnahme

Programmentwicklung

- Ausgehend von den Klassendiagrammen werden sogenannte Programmskelette erzeugt.
- Hierzu werden CASE-Instrumente (CASE: Computer Aided Software-Engineering) verwendet. Diese werden kommerziell bzw. auch als Open-Source-Software angeboten.
- Die Entwicklungsumgebung Eclipse ist unter http://eclipse.org zu beziehen.

Grundaspekte

- C wurde Anfang der 1970er Jahre von Dennis Ritchie an den Bell Laboratories entwickelt.
- Die Entwicklung des Betriebssystems UNIX ist untrennbar mit der C-Sprache und C-Gestaltung verbunden.
- C ist betriebssystemunabhängig und umfangsarm.
- Der gültige Standard für C wurde 1989 von der **ANSI** (**A**merican **N**ational **S**tandards **I**nsitute: **„ANSI – C"**) festgelegt.

Ein-/Ausgabe

- Für die Ein- und Ausgabe von Daten greift C bei den grundlegenden Formen auf die Definitionsdatei **`stdio.h`** zu. Im Programm wird die Anweisung **`#include<stdio.h>`** eingefügt.
- Mit <*Dateiname*> können Standarddateien und mit **`#include`** „*Dateiname*" benutzerdefinierte Dateien dem Programm zur Verfügung gestellt werden.
- Formatierte Ein- und Ausgaben mit **`printf`** und **`scanf`**
- **`putchar`** – Ausgabe eines Zeichens auf dem Bildschirm
- **`put`** – Ausgabe einer Zeichenfolge auf dem Bildschirm
- **`getchar`** – Einlesung eines Zeichens über die Tastatur
- **`gets`** – Einlesung einer Zeichenfolge

`\n` – Zeilenvorschub; `\b` – Backspace
`\t` – Horizontal-Tabulator; `\v` – Vertikal-Tabulator

`eof` – end of file; `eol` – end of line

Vordefinierte Datentypen

[in Klammern: Kennbuchstabe]

- Integer-Typ (`int`) [d / I / u / x / X]
  - mit und ohne Vorzeichen (signed/unsigned)
  - Unterscheidungen: short, long int, signed long int
  - Beziehungen: short int ≤ int ≤ long int
- Character-Typ (`char`) [c]
- Aufzählungstyp (`enum`)
- Fließkommatyp (`float`) [f / e / E]
  - float (einfach-genau)
  - double (mindestens so genau wie float) – long double
- Zusammengesetzte Typen
  - Zeigertypen (&: Adressoperator: `&variable` – benennt die Hauptspeicheradresse der Variable)
  - Feldtypen, Strukturtyp (`struct`), Bitfelder
  - Vereinigungstyp (`union`), Funktionstypen
- Leerer Typ (`void`)

Typ	Speicherplatz (in Byte)	Vorzeichen
unsigned char	1	nein
(signed) char	1	ja
unsigned short (int)	2	nein
(signed) short (int)	2	ja
unsigned int (16-Bit)	2	nein
(signed) int	2	ja
unsigned int (32-Bit)	4	nein
(signed) int	4	ja
unsigned long (int)	4	nein

Programmentwicklung

1. Ein **Lösungsalgorithmus** wird gefunden.
2. **Quellcodegestaltung:** C-Quellcodedatei ***xxx.c***
3. **Compilierungsprozess** (mit einem Präprozessor und C-Compiler) Erzeugt wird eine Datei ***xxx.obj.***
4. **Linkprozess:** Bibliotheken werden eingebunden

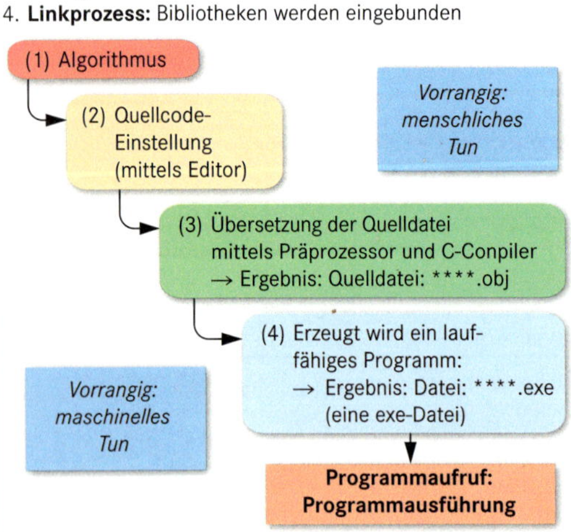

Benutzerdefinierte Datentypen

- **Konstanten**
  - `const` typ bezeichner = wert;
    Beispiel: `const double exp = 2.718281828459;`
    [const-Definitionen sind in C-Programmen vorrangig zu nutzen (→ Typsicherheit)]
  - `#define` <Name> <zeichenfolge>
    Beispiele: `#define pi 3.14159265358979323846`
    `#define EURO 1.95583`
    Definitionsende mit `#define` ohne Semikolon.
- **Strukturtyp:** `struct {...};`
  Daten verschiedenerer Typen werden im Verbund erfasst:
  Beispiel:
  ```
  struct Teilnehmer {
         int POS;
         char NAME [21];
         char VORNAME [15];
         float GEHALT;   };
  ```
  Aufruf erfolgt (z. B.) über:
  Teilnehmer person_1 = {1, „Einstein", „Albert", 10.5}
- **Aufzählungstyp:** `enum` (enumeration)
  Beispiele:
  `enum bool {false, true};`
  `enum` NOTEN {EINS = 1, ZWEI, DREI, VIER, FÜNF, SECHS};
  (ZWEI erhält nun den Wert 2 etc.
  Ohne die Angabe EINS = 1 hätte EINS den Wert 0 usw.)

Programmbeispiel

```
# include <stdio.h>              /* Vereinbarung der Standardbibliothek stdio.h */
void main(void)                  /* Das Hauptprogramm wird mit main bezeichnet. */
{   int i, y;                    /* Geöffnete Schleife: Programmanfang und Vereinbarung der Variablen. */
     i = 1;                      /* Zuweisung eines festen Werts an i */
   scanf(„%i", &y);              /* Wert für y wird eingelesen. */
   printf(„i = %i\n", i); }      /* Ausdruck des Wertes zu i und Ende des Programms. */
```

Strukturen

- **Schleifen**

while
```
while (ausdruck)
  anweisung
```

do-while
```
do anweisung
while (ausdruck);
```

for
```
for (ausdruck-1;...; ausdruck-n) anweisung
```

- **Auswahlanweisungen**

if
```
if (ausdruck)
anweisung
```

if-else
```
if (ausdruck)
    anweisung_1
else
    anweisung_2
```

switch
```
switch (ausdruck)
{ case konstante_1:
        anweisung_1
  case konstante_2:
        anweisung_2
  ...
  default: Anweisung }
```

else if
```
if (ausdruck_1)
    anweisung_1
else if (ausdruck_2)
    anweisung_2
...
else
    anweisung
```

- **Sprunganweisungen**

break
```
break;
```
Die innerste umgebende Schleife einer Anweisung wird verlassen.

goto
```
goto Marke
```
Sprung zu vorgegebenen Position (Marke). Möglichst zu vermeiden.

continue
```
continue;
```
Ein aktueller Schleifendurchlauf wird abgebrochen.

return
```
return ausdruck;
```
Rückkehr von einer Funktion zur aufrufenden Stelle.

Standardbibliotheken (Header-Vereinbarungen)

- `<assert.h>`: Fehlerdiagnose
- `<ctype.h>`: Test- und Umwandlungsfunktionen für Zeichen (Characterbehandlung)
- `<errno.h>`: Funktionen zur Fehlerbehandlung
- `<float.h>`: Grenzwerte der Fließkommadarstellung
- `<limits.h>`: Grenzwerte für Ganzzahltypen
- `<locale.h>`: Funktionen für lokale Besonderheiten
- `<math.h>`: Mathematische Funktionen (double)
- `<setjmp.h>`: Nichtlokale Sprünge über Funktionen
- `<signal.h>`: Signalbehandlung
- `<stdarg.h>`: Funktionen mit variablen Listen
- `<stddef.h>`: Allgemeine Typdefinitionen und Makros
- `<stdio.h>`: Ein-/Ausgabe- und Dateioperationen
- `<stdlib.h>`: Hilfefunktionen
- `<string.h>`: Zeichenfolge
- `<time.h>`: Zeitbestimmungsfunktionen

Dateiverwaltungsbefehle

- **Dateistruktur:** `FILE`
- **Dateizeiger:** `FILE` **datei_zeiger*
- **Dateiöffnung:** `datei_zeiger = fopen` (*Name der Datei, Zugriffsmodus*)
- **Dateischließung:** *int* `fclose` (*FILE *datei_zeiger*)
- **Abfrage Dateiende:** *int* `feof` (*FILE *datei_zeiger*)

Lesen aus einer Datei
- zeichenweise: *int* `fgetc` (*FILE *datei_zeiger*);
- zeilenweise:
  *char * fgets* (*char *string, int n, FILE *datei_zeiger*);
- satzweise: `fscanf` (datei_zeiger, steuerstring, & variable_1, ..., &variable_n);

Schreiben in eine Datei
- zeichenweise: *int* `fputc` *(int c, FILE datei_zeiger*)
- zeilenweise: *int* `fputs` (*char *string, FILE *datei_zeiger*)
- satzweise: `fprintf` (datei_zeiger, steuerstring, & variable_1, ..., &variable_n)

Zugriffsmodus

„r" – (read) Lesen aus einer Textdatei
„w" – (write) Schreiben einer Textdatei
„a" – (append) Anlegen einer Datei bzw. an eine bereits vorhandene anfügen
„r+" – Lesen und Schreiben einer bereits vorhandenen Datei
„w+" – Schreiben und Lesen einer neuen Datei

Typkonvertierungen

`atof`:	Text in Float	`atoi`:	Text in Integer
`atol`:	Text in Long	`strtod`:	String in Double
`strtol`:	String in Long		
`strtoul`:	String in Unsigned Long		
`tolower`:	in Kleinschreibung (ohne Umlaute)		
`toupper`:	in Großschreibung (ohne Umlaute)		

Dynamische Speicherplatzreservierung

Speicherplatzanforderung erfolgt während des Programmablaufs (Dynamische Vereinbarung während der Laufzeit)

Adressen	Name	Aufgabe/Funktion
hohe	**Heap**	– dynamische Speicherplätze
↑	**Stack**	– lokale Funktionsvariablen – aktuelle Parameter – Rücksprungadressen
↓	Daten	– globale Variablen – lokale static-Variablen
niedrige	Programm	– dynamische Speicherplätze

z. B.: Stack: Speicherraumumfang in C ca. 2048 Bytes

Reservierung von Heap-Speicherplatz erfolgt über
- **malloc:** Speicher einer vorgegebenen Größe werden reserviert (void * `malloc` (unsigned int size))
- **calloc:** Speicher für Felder werden reserviert (inkl. Initialisierung) (void* `calloc` (unsigned int n, unsigned int size))
- **realloc:** existierende Speicherbereiche werden erweitert
- **free:** Speicherraum wird wieder freigegeben (void `free` (void *block))

Die Möglichkeit zur dynamischen Vereinbarung gilt auch für Felder und Zeichenketten.

- C++ existiert seit etwa 1983
- Gegenüber C liegt in C++ eine strenge Typenkontrolle vor
- Mit C++ sollen sehr große Softwareprojekte realisiert werden
- In C++ können Objekte gebildet werden

Grundstrukturen

Speicherbedarf der Ganzzahl-Variablentypen

Typ	Bits	Zahlbereich
`char`	8	-128 bis 127
`int; short`	16	-32768 bis 32767
`long`	32	-2147483648 bis 2147483647

Genauigkeit der Fließkommazahlen

Typ	Bits	Wertebereich
`float`	32	3.4*(10**-38) bis 3.4*(10**38)
`double`	64	1.7*(10**-308) bis 1.7*(10**308)
`long double`	80	3.4*(10**-4932) bis 1.1*(10**4932)

Escape-Sequenzen

– `'\n'`	new line (neue Zeile)
– `'\r'`	carriage return (Wagenrücklauf)
– `'\\'`	Backslash
– `'\f'`	formfeed (neue Seite)
– `'\b'`	backspace (Leerfläche)
– `'\t'`	horizontaler Tabulator
– `'\v'`	vertikaler Tabulator
– `'\''`	Apostroph
– `'\"'`	Anführungszeichen
– `'\a`	Alarm

iostreams

Header	Name und Verwendung
`<iostream.h>`	ostream → Ausgabe istream → Eingabe iostream → Ein-/Ausgabe
`<fstream.h>`	ofstream → Datei-Ausgabe ifstream → Datei-Eingabe fstream → Datei-Ein-/Ausgabe
`<strstream.h>`	ostrstream → Speicher-Ausgabe istrstream → Speicher-Eingabe strstream → Speicher-Ein-/Ausgabe

Standardbefehle

Bezug	Bedeutung	// Bezeichnung
▪ istream	Standardeingabe:	**cin**
▪ ostream	Standardausgabe:	**cout**
▪ ostream	Standard-Fehlerausgabe:	**cerr**
▪ ostream	Log-Ausgabe:	**clog**

- Als Einleseoperator wird >> verwendet:
  `cin >> abc`
- Zur Ausgabe wird Einfügeoperator << verwendet:
  `out << def`

Nicht-objektorientierte Erweiterungen in C++ gegenüber C

- // Kommentareinleitung, geht bis zum Zeilenende
- Deklarationen können zwischen Anweisungen stehen
- Variablen können über Referenzen angesprochen werden: Hierzu wird das Zeichen & hinter den Typ bzw. vor den Namen gesetzt
- bool logischer Datentyp
- Typkonversionen (Casts) sind möglich
- :: Scope-Operator; ermöglicht den Zugriff auf gleichnamige globale Größen innerhalb von Blöcken

Operatoren **new** und **delete**:

- Mit `zeiger = new typ` wird eine dynam. Variable erzeugt und Speicherraum zur Verfügung gestellt
- Mit `delete zeiger` wird der Speicherraum wieder freigegeben

Objektorientierte Erweiterungen in C++ gegenüber C

Klassen

Eine Klasse ist eine vom Benutzer definierte Struktur: Gleichartige Objekte werden so beschrieben.

- **`class:`** Schlüsselwort, dient zur Definition einer Klasse.
- **`private:`** Alle Anweisungen hinter private können nur innerhalb der Klasse angesprochen werden.
- **`public:`** Die Anweisungen können von überall angesprochen werden.
- **`protected:`** Die Elementarfunktionen der Klasse und abgeleitete Klassen (→ Vererbung) können auf diese Abschnitte zugreifen.
- Die Reihenfolge ist vertauschbar.
- Mit **`struct`** kann die Vereinbarung auch bestimmt werden. (Achtung: Standardgemäß beginnt eine `class` mit `private` Angaben; bei `struct` liegt als Voreinstellung `public` vor.)

Beispiel einer Klassendefinition

```
class name
 {
 private:
   //klasseninterne Komponenten
 public:
   //allgemein zugängliche Komponenten
 protected:
   //geschützte Abschnitte
 };
```

Vererbung

- Eine neu gebildete Klasse kann Deklarationen einer bereits existierenden Klasse übernehmen.
- Die Bezugsklasse wird **Basisklasse** genannt.
- Die neu gebildete Klasse wird als **abgeleitete Klasse** bezeichnet.
- Syntax: `call X: public Y, public Z,` ...

Standardfunktionen

Funktion	Beispiel	Header	Hinweis
abs	`int abs(int i)`	stdlib.h	Absoluter Wert von i wird bestimmt
calloc	`void *calloc(size_t nitems, size_t elsize)`	stdlib.h	Zuweisung von Speicherplatz
clock	`clock_t clock (void)`	time.h	Abgelaufene Prozessorzeit
div	`div_t div (int num, int denom)`	stdlib.h	Division num/denom erfolgt
erf	`(typ) erfc (typ x)`	math.h	Wert der Fehlerfunktion von x
exp	`(typ) exp ((typ) x)`	math.h	Exponentialfunktion
fclose	`Int fclose(FILE *stream)`	stdio.h	Schließt eine Datei
fflush	`int fflush (FILE *stream)`	stdio.h	Puffer wird in Datei gespeichert
floor	`double floor (double x)`	math.h	Positive Zahlen werden abgerundet Negative werden aufgerundet
fmax	`double fmax (double x, double y)` `float fmaxf (float x, float y)`	math.h	Der größere Wert wird zurückgegeben
fmod	`float fmodf (float a, float b)`	math.h	Rückgabe vom Divisionrest a/b (→ a – n · b)
fopen	`FILE *fopen(char *filename, char *access)`	stdio.h	Dateiöffnung im Modus access
fprintf	`int fprint(FILE *stream, char *format, ...)`	stdio.h	Ausgabe in Datei
fputs	`int fputs(char *string, FILE *stream)`	stdio.h	String wird in stream-Datei geschrieben
free	`void free(void *block)`	stdlib.h	Gibt Speicherplatz frei
log	`double log (double x); float logf (float x); long flot logl (long double x)`	math.h	logarithmus naturalis (x muss größer Null sein)
malloc	`void *malloc(size_t size)`	stdlib.h	Speicherplatzreservierung
mktime	`time_t mkxtime (struct tmx *tp)`	time.h	Zeitstruktur wird in Ganzzahl umgewandelt
modf	`double modf(double x, double *ip); float modff(float x, float *ip); long double modfl(long double x, long double *ip)`	math.h	Zerlegung von x in ganzzahligen Anteil und einen Dezimalanteil. Dezimalanteil wird gespeichert unter der Adresse, auf die ip verweist
pow	`float powf(float a, float b)`	math.h	Potenzberechnung (a^b)
qsort	`void squort (void base, size_t n, size_t size, int (cmp)(const void *, const void *))`	stdlib.h	Sortierfunktion – bezogen auf Arrayelemente
remove	`int remove (const char *` *filename*`)`	stdio.h	*filename(Datei)* wird gelöscht
rename	`int rename (const char` **oldname*`, const char` **newname*`)`	stdio.h	Datei *oldname* wird in *newname* umgenannt
sin	`double sin (double x); float sinf (float x); long double sinl(long double x)`	math.h	Sinusberechnung mit x in Bogenmaß
sqrt	`double sqrt (double x); float sqrtf(float x); long double sqrtl(long double x)`	math.h	Berechnet die Quadratwurzel
srand	`void srand (unsigned int seed)`	stdlib.h	Zufallzahlenabfolge wird über seed geleitet
strlen	`size_t strlen (const char *string)`	string.h	Bestimmung der Anzahl eines String
tgamma	`double tgamme (double x);...`	math.h	Verallgemeinerte Fakultät (Gammafunktion G)
time	`time-t time (time-t *ip)`	time.h	Liefert die aktuelle Kalenderzeit

C#

- C# wird gesprochen „C Sharp".
- Von Microsoft im Jahr 2000 entwickelte Programmiersprache in Anlehnung an C/C++ und Java für die .NET-Technologie.
- Sie ist eine objektorientierte Programmiersprache.
- Anweisung und Schlüsselwörter von C# entsprechen den von C++.
- C# besteht vollständig aus Klassen; alle Typen (inkl. Konstanten) werden mit Klassen beschrieben.
- C# nutzt keine C-Bibliotheken.
- Es gibt keine Header-Angaben.
- Der Compiler verarbeitet die Anweisungen direkt.
- Zeichenketten sind Objekte von string-Typ.
- Es gibt keine festen Links.
- Das Ende einer Anweisung wird mit einem ; angegeben.
- C# ist case-sensitiv: Es wird strikt zwischen Groß- und Kleinschreibung unterschieden.
- Bei Arrays werden die Klammerangaben [...] an die Typangabe angehängt, z. B.:
  `int [ ] nummer; nummer = new int [9]`
- **System. Console** ist eine Klasse, über die Dateneingaben und -ausgaben möglich werden, z. B.:
  `System.Console.Writeline („\n" + „5 + 2=" + (5+ 2));`
- Die Hauptfunktion (**main**) tritt genau einmal auf.
- Innerhalb von Funktionen kann der goto-Befehl verwendet werden. Das Ziel von goto wird mit einem Label bestimmt.

Merkmale

- Es ist eine objektorientierte, plattformunabhängige Sprache, die von **SUN** entwickelt wurde. Die Syntax orientiert sich an der von C++; auf Zeiger und Mehrfachvererbungen wurde verzichtet.
- Die Programmcompilierung erfolgt für einen virtuellen Maschinenprozessor, der unabhängig vom realen Mikroprozessor arbeitet. Mit der Universalität von Javaprogrammen gehen aber verlängerte Laufzeiten einher.
- Java setzt den **Unicode 1.1.5** (ISO - 16-Bit-Zeichensatz) ein.
- **JDK** (**J**ava **D**evelopment **K**it) ist eine Entwicklungsumgebung.
- `javac` aktiviert den Java-Compiler. Er erzeugt einen Java-Bytecode. Er wird von `java` interpretativ verarbeitet.
- `java` aktiviert die virtuelle Maschine **JVM** (**J**ava **V**irtual **M**achine). Dies ist der Java-Interpreter. Unter einer virtuellen Maschine ist hierbei eine quasi nur gedachte Maschine zu verstehen.

Programmerstellung (Java-Prinzip)

1. Quelltext wird mit einem **Editor** geschrieben. Speicherung mit der Endung `.java` → Ergebnis: Quellmodul
2. Quellmodul wird mit dem **Compiler** (`javac`) compiliert: der Java-Bytecode wird so erzeugt.
   - Erzeugt wird so eine Class-Datei (Endung: `.class`)
   - Diese class-Datei enthält einen Byte Code, der auf der **V**irtuellen **M**aschine (**JVM**) zum Einsatz kommt.
3. Die virtuelle Maschine (`java`) interpretiert den Code.

- Durch die Verarbeitung des Bytecode kann der Interpreter eine größere Geschwindigkeit erzielen. Die Universalität in der Verwendung bleibt zugleich gewahrt.
- Unterschieden werden Applets und Applikationen.
  - **Applet:** Java-Programm, eingebettet in eine HTML-Seite. Es kann über das WWW aktiviert werden.
  - **Applikationen:** eigenständiges Java-Programm; es ist zum Beispiel unabhängig von einem WWW-Browser.
- Mittels **RMI** (**R**emote **M**ethod **I**nvocation) werden verteilte (netzweite) Anwendungen realisierbar.
- **J2EE** (**J**ava **2 E**nterprise **E**dition) ermöglicht:
  - Webserver-Anwendungen und
  - Datenbankanbindungen.
  - Auch wird ein Transaktionsmanagement realisierbar.
- **Java im Internet**
  Der Java-Compiler (javac) und der java-Interpreter (java) werden kostenlos im Internet angeboten (siehe Suchmaschine).

Basiselemente

- **Operationen**
  - arithmetische [++ -- + - * / %]
  - Vorzeichen [+ -] - Typumwandl. [(typ)]
  - Vergleichsop. [== != < <= > >=]
  - logische [! & ^ | && |<]
  - Bitoperationen [~ & ^ |]
- **Operatoren**
  - instanceof (→ *Objekt instanceof gesuchteKlasse*) Prüfung, ob ein Objekt zu einer Klasse gehört.
  - ? Konditional-Operator (→ *bool ? a1 : a2*) Bedingungsabhängig wird ein Objektwert zugeordnet.
- **Kommentare**
  // alle Zeichen in der Zeile werden ignoriert
  /* *alle eingeklammerten Zeichen werden ignoriert* */
  /** *Hinweise mittels* java-doc *zwecks Online-Dokumentation* */

Primitive Datentypen

- Vordefinierte Typen, die keine Methoden besitzen.

Name	Bit(s)	Ergebnisbereich
boolean	1	true or false
char	16	von \u0000 bis \uFFFF
byte	8	von -128 bis +127 (Ganzzahl)
short	16	-32768 bis +32767 (Ganzzahl)
int	32	von -2**31 bis +[2**31] - 1 (Ganzzahl mit Vorzeichen)
long	64	von -2**63 bis [+2**63] - 1 (Ganzzahl mit Vorzeichen)
float	32	von ± 1.40239846 E -45 bis ± 3.40282347 E +38; (Fließkommazahl)
double	64	von ± 4.940656458412465 E -324 bis ± 1.797693138462315750 E +308 (Fließkommazahl)

Kontrollstrukturen

Block	**{ Anweisung 1; ... }**
Entscheidungsanweisung	**if - else** - Anweisungen
geschachtelte if-Anweisung	**switch**-Anweisung
Abweisende Schleife	**while**
Nicht-abweisende Schleife	**do-while**
Zählschleife	**for**

Logische Operationen

- && - und
- || - oder
- ! - nicht (Negation)

Postfix-Notation

- i++ => i = i + 1
- i– => i = i - 1

Präfix-Notation

- ++1 => i = i + 1
- --1 => i = i - 1

Schlüsselwörter

```
abstract / boolean / break / byte / case /
char / class / const / continue / default /
do / double / else / float / for / goto /
if / implements / import / instanceof / int /
interface / long / new / pachage / private /
protected / public / return / static / switch /
synchronized / this / throw / throws /
transient / try / void / volatile / while
```

Namensbezeichner

Für Klassen, Objekte, Methoden gilt:

- Erstes Zeichen ist ein Buchstabe oder $ oder _
- Groß- und Kleinschreibung werden unterschieden
- Nach dem ersten Zeichen folgen beliebige Buchstaben/Zahlen
- Typischerweise ist der erste Buchstabe ein großer.

Beispiel für eine Programmklasse

```
class Name
    { public static void main (String [ ] args)
        {...
        }
    }
```

Aufbau einer Methode

```
Zugriffsrecht Ergebnistyp
        Methodenname (Parameterliste)
        { ...;
          return Ergebniswert;
        }
```

Zugriffsrechte auf Klassenkomponenten

Kernvereinbarungen innerhalb der bzw. zur Objektorientierung	
`public`	▪ öffentliche Komponenten ▪ Zugriff aus allen Klassen möglich
`protected`	▪ teilweise geöffnete Klassen ▪ Zugriff nur aus abgeleiteten Klassen und aus Klassen im gleichen Package
`private`	▪ private Komponente ▪ Zugriff nur innerhalb der Klasse
`default-Zustand`	▪ Zugriff nur innerhalb des Packages (abgeleitete Klassen haben kein Zugriff)

Abstrakte Klassen

- **Abstrakte Klassen** sind Klassen ohne eigene Objekte
  Quellcode:
  ```
  abstract class NameKlasse{
      }
  ```
- Diese Klassen können abstrakte und konkrete Methoden beinhalten.
- Von dieser Klasse können direkt keine Objekte gebildet werden. Jedoch können Klassen abgeleitet werden aus der abstrakten Klasse. Hierzu können Objekte gebildet werden.
- Objektbildung: Instantiierung einer Klasse (engl.: instantiated)
- Klassenhierarchisierungen sind in JAVA möglich. In diesem Fall liegen Ableitungen zwischen Klassen vor. Dies ist die Voraussetzung für die Polymorphie. Ein Objekt kann eine Zusammenfassung von Objekten verschiedenen Klassen sein, die zueinander in einer eindeutigen Ableitungsbeziehung stehen.

Vererbungen

- Klassen können aus Klassen abgeleitet werden.
  - Erblasser-Klasse (Erb-Lasser): Vater-Klasse
  - Abgeleitete Klasse (Erb-Nehmer): Kinder-Klasse
- Das Erbe kann erweitert werden. Es kann nicht beseitigt werden.
- Herstellung einer Vererbung:
  ```
  class Erb-NehmerKlasse extends Erb-LasserKlasse
  {
  }
  ```

Ableitungsbeziehung

(→ steht für „ist ein ...")

1: Kindklasse → Elternklasse
2: Subklasse → Superklasse
3: Abgeleitete Klasse → Basisklasse

Konkret kann dabei eine Superklasse auch wieder die Subklasse einer übergeordneten Superklasse sein.

Interface

- Dies ist eine abstrakte Klasse ohne Datenkern.
  Quellcode: `interface Name{ }`
- Weiterhin werden die Methoden nur als Prototyp bestimmt.
  Quellcode: `void schnittstelleXYZ();`

Datenkern und Methoden

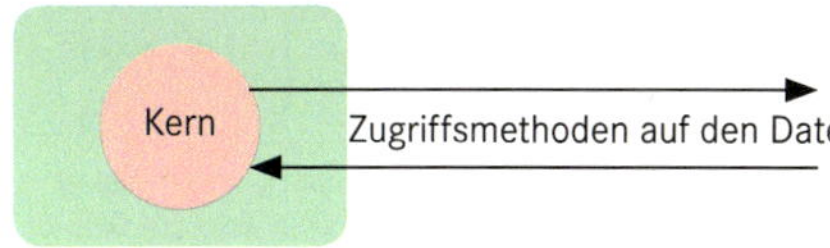

- Der Datenkern von Objekten ist geschützt.
- Der Anwender kann Daten aus dem Kern in Erfahrung bringen.
- Die Methoden beziehen sich jeweils zwingend auf die Klasse, zu der sie programmiert wurden.
- Die Klassen sind Paketen zugeordnet.

Programmierbeispiel für einen Datenkern

	Zugehörige Programmierung	Hinweis

	`class Schule{`
	`String Klasse;`
	`int anzahl;`
	`double d-alter;`
	`}`
		Festlegung Datenkern (Klasse)

	`//Klassenmethode`
	`public String`
	`holeSchule() {`
	`return Schule;`
	`}`
		Festlegung Methode zum Lesen der Dateninformation

Java-Packages (java.xxxx.xxx ...)

.applet (Klassen für Applets und ihren Kontext)
.awt (graphische Oberflächen)
.awt.dnd (Drag- und Drop-Klassen)
.awt.geom (geometrische Objekte)
.awt.image (Bildbearbeitung)
.awt.print (Druckaufgaben)
.io (Ein-/Ausgabe)
.lang (Fundamentalklassen)
.math (Arithmetiklassen)
.net (Netzwerkklassen)
.security (Sicherheitsklassen)
.sql (Datenbankzugriff)
.text (Textzugriff)
.sound (Audioklassen)

- Die Einbindung der Klassen und der zugehörigen Methoden erfolgt über eine Importierung zu Beginn des Quellcodes des Programms. Zum Beispiel: `import java.lang.XYZ;`

Java im Web (WWW)

- Programmspeicherung
  (Hinweis: Applet ist die Bezugsklasse; bezug über extends)
  ```
  import (Java-Packages); ...
  public class Name extends Applets { ....}
  ```
- Einbindung in HTML-Code
  ```
  <APPLET CODE="Name.class"
          WIDTH="..."
          HEIGHT="...">
  </APPLET>
  ```

Datenverarbeitung auf der Basis von Dateisystemen

- Eine Datei ist eine explizit benannte Ansammlung von Sätzen eines oder mehrerer Satztypen.
- Ein **Dateisystem** ist ein Softwarepaket, das den Zugriff auf einzelne Sätze in einer Datei organisiert, wenn das Anwendungsprogramm die entsprechenden Parameter liefert.
- Das Dateisystem kennzeichnet die „traditionelle Datenverarbeitung", dass jeder Anwendungsprogrammierer die Dateien definiert, die er für seine Anwendung braucht.
- Übliche Dateisysteme unterstützen nur den Zugriff über den Schlüssel eines Satzes, wobei der **Schlüssel** eine von vornherein festgelegte Kombination von Feldern ist, deren Werte den Satz identifizieren.
- Typisch für die konventionelle Datenverarbeitung auf der Basis von Dateisystemen ist es, dass die Dateien in aller Regel **für eine Anwendung** oder für **eng zusammenhängende Anwendungen** entworfen werden.

Traditionelle Datenverwaltung

- **Zur Redundanz:** Da die Daten nur für bestimmte Anwendungen entworfen werden, werden dieselben Daten in verschiedenen Dateien auftreten. Eine hohe Redundanz führt zu einem hohen Bedarf an Speicherplatz und zu wesentlich erhöhten Materialbereitstellungs- und Verarbeitungskosten.
- **Zur Inflexibilität:** Es ist sehr kompliziert, neue Datenanwendungen mit bereits erfassten Daten zu realisieren.
- **Zur Inkonsistenz:** Die Konsistenz (Einheitlichkeit) der Daten kann nur schwer gewährleistet werden. Durch Veränderungen von Dateien können in den einzelnen Dateien unterschiedliche (widersprüchliche) Aktualisierungen entstehen.
- **Daten-Programm-Abhängigkeit:** Dateiveränderungen machen Modifikationen an den darauf basierenden Programmen notwendig. Programmdeklarationen müssen angepasst und eventuell ganze Programmteile neu entwickelt werden.

Datenverarbeitungssysteme

- Die Daten werden als ein eigenständiges Betriebsmittel verstanden.
- Die Daten werden einmal definiert und für alle **Benutzer** zentral verwaltet.
- Die gesamte Kontrolle der Datenbank liegt beim **Datenbankmanagementsystem (DBMS)**.
- Datenbank und Datenbanksoftware bilden zusammen das **Datenbanksystem (DBS)**.
- Das **DBMS** ist ein Programm (Software), das die Beziehung zwischen den Benutzern und einer Datenbank organisiert.
- Die Beziehung zwischen der Datenbank und dem **DBMS** wird vom jeweiligen Betriebssystem des Rechners gestaltet. Durch das **DBMS** wird eine Trennung von Programm und Daten realisiert.
- Das **DBMS** übergibt dem Anwendungsprogramm nur noch die benötigten Datenelemente.

Datenbanksysteme

- **Vereinheitlichung:** Es gibt eine einheitliche Basis für alle Anwendungen.
- **Redundanz** wird reduziert; wo Redundanz nützlich ist, wird sie vom DBMS kontrolliert.
- Das Datenbanksystem kann nach dem Auftreten von Fehlern zentral **eine korrekte Datenbank** wieder erstellen.
- Die **Anwendungsprogrammierung vereinfacht** sich, da der Programmierer nicht die spezielle Organisation auf den Speichern kennen muss.
- Wegen des Wegfalls der Redundanz-Problematik **entfallen** alle **Konsistenzprobleme** der traditionellen Dateiorganisationen.
- Die **Abhängigkeit** zwischen Programmen und Daten wird **vermindert**.
- Die Datenauswertung wird flexibilisiert.
- Das Datenbanksystem kann **zentral** die Korrektheit von Daten **überprüfen**.

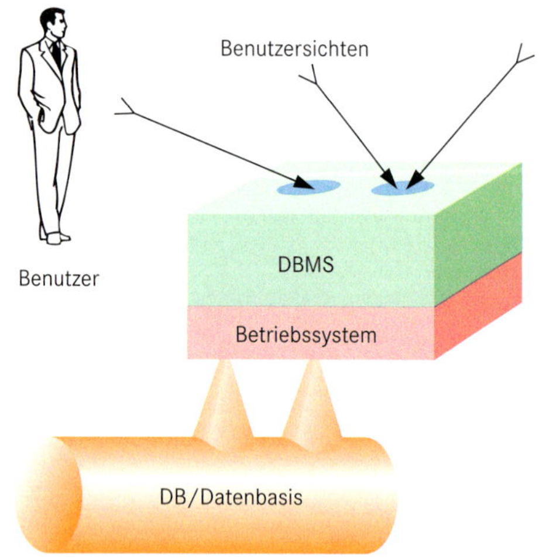

Architektur

- Drei Datenebenen werden unterschieden:
  - **Logische Gesamtsicht**
  - **Interne Sicht:** Die Datenorganisation der Daten auf den Speichern.
  - **Externe Sichten:** Die Sichten einzelner Benutzergruppen.
- Die Datenweltmodelle werden mit Datenbeschreibungssprachen in einer für das Datenbankmanagementsystem verständlichen Form beschrieben; diese Beschreibung heißt **Schema**.
- Jede Ebene der Daten modelliert die Daten auf einem anderen Abstraktionsniveau.

Datenbankarchitektur
Database Architecture

Drei-Schicht-Architektur

Unterschieden werden
- verschiedene externe Schemata,
- ein konzeptionelles Schema (logische Gesamtsicht) und ein internes Schema.

Konzeptionelles Modell

- Es erfasst die logische Gesamtsicht auf die Datenbank.
  - Alle Daten der Datenbank werden erfasst.
  - Die wesentlichen Beziehungen zwischen den Daten und den Bedingungen, die für die Daten gelten, werden beschrieben (**Integritätsbedingungen**).
  - Die erlaubten Datenoperationen werden festgelegt. Wird zum Beispiel in der Datenbank eine Verkaufsoperation gebucht, dann muss zugleich eine Veränderung im Lager erfolgen. Komplexe Buchungsschritte werden somit vereinbart.

Vorteile des konzeptionellen Systems

- Das konzeptionelle Modell stellt einen stabilen Bezugspunkt für alle Anwendungen dar.
- Alle wesentlichen Datenaspekte werden einheitlich gespeichert.
- Die Daten werden zentral kontrolliert.
- Die Datenunabhängigkeit der Anwendungsprogramme wird über das konzeptionelle Modell ermöglicht.

Datenbankmanagementsysteme

- Verbreitet sind Datenbankmanagementsysteme vom Typ
  - **hierarchisch**
  - **netzwerkorientiert**
  - **relational**

  Diese Systeme bieten generische Operationen (wie z. B.: speichern, lesen, löschen, modifizieren) an.
- Das relationale DBMS ist zur Zeit das wichtigste System.

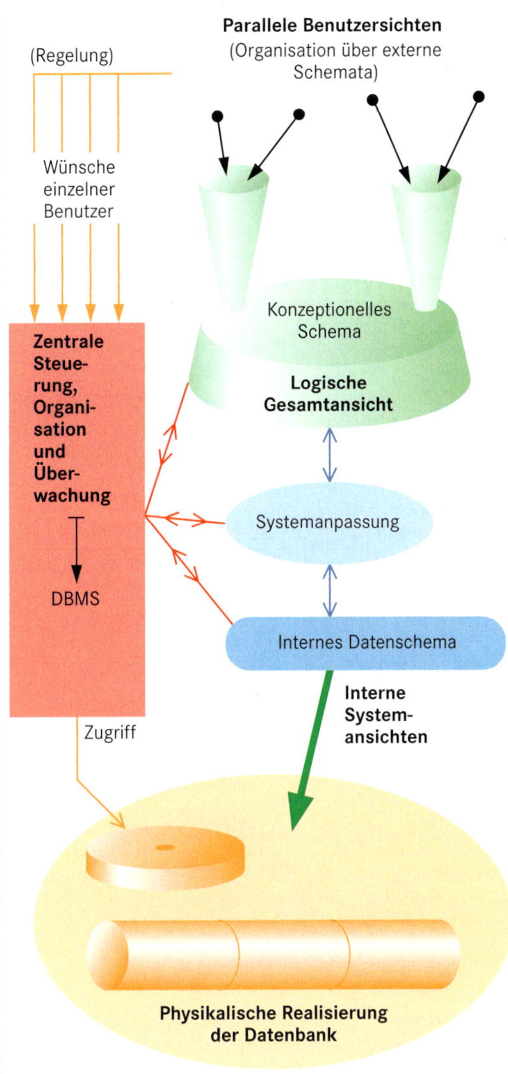

Datenmodellübersicht

- **Hierarchisches Modell:** Jedes Datenobjekt hat genau einen Vorgänger – eine Ausnahme bildet die oberste Ebene.
- **Netzwerkmodell:** Ein Datenobjekt hat wenigstens einen Vorgänger.
- **Relationales Modell:** Die Datengrößen stehen in Beziehungen zueinander, die in Tabellen dargestellt werden können.

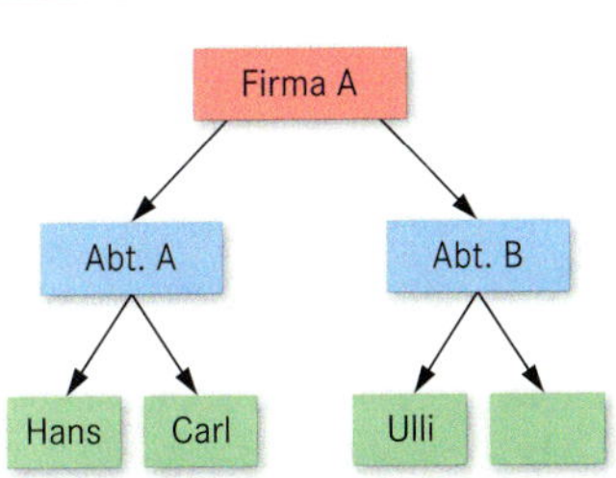

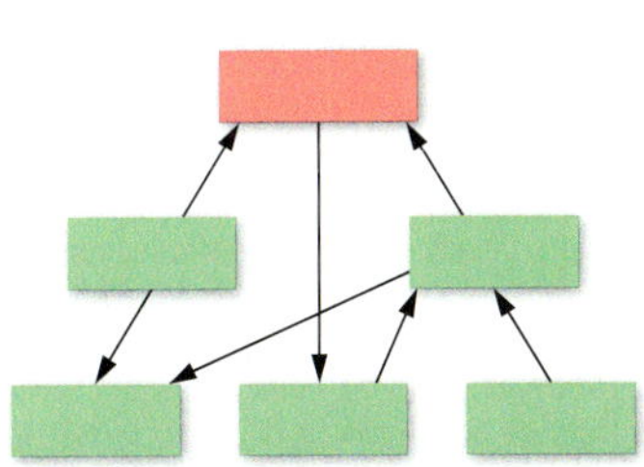

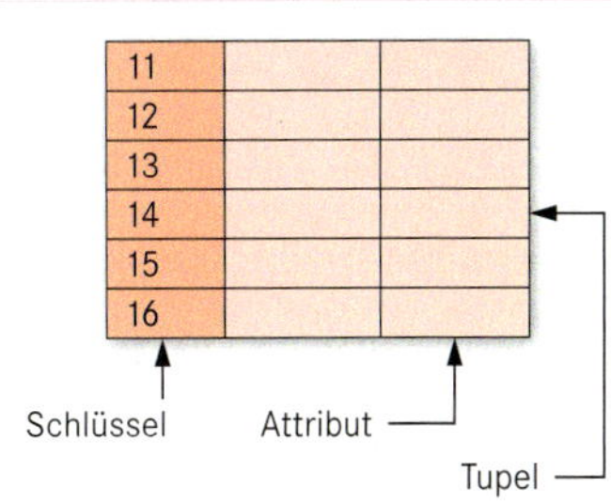

Relationale Datenbanken
Relational Databases

Merkmale

- Entwickelt wurde das Konzept von E.F. Codd 1970.
- Es ermöglicht eine übersichtliche, tabellarische Informationsdarstellung. Insofern können die Datenbeziehungen über eine zweidimensionale Tabelle dargestellt werden. Es basiert auf einem mengenorientiertem Zugriffsverfahren.
- Die Daten und deren Beziehung können grafisch über das Entity-Relationship-Modell dargestellt werden.

Vorgehensweise

- Die Daten und Beziehungen, die in Entity-Relationship-Diagrammen erfasst sind, können auf das relationale Datenmodell übertragen werden.
- Für die einzelnen Beziehungen werden Tabellen angelegt.
- Über einen Normalisierungsprozess können die Daten fehlerfrei und redundanzfrei erfasst und gespeichert werden.

Begriffe

- **Atomarität:** Ein atomares Attribut besteht nur aus einer einfachen Wertgröße: Mengen, Listen, Vektoren, Relationen sind nicht erlaubt.
- **Attribut:** Es beschreibt eine Eigenschaft. In einer Tabelle wird es als Spalte dargestellt.
- **Tupel:** Zusammenfassung verschiedener Attribute in einer Tabelle als Zeile dargestellt.
- **Relation:** Eine Sammlung von Tupeln, die tabellarisch dargestellt werden können.
- **Primärschlüssel:** Herausgehobenes Attribut in einer Tabelle. Alle Tupel unter dem Schlüssel müssen sich unterscheiden. In einer Tabelle kommt jeder Wert des Primärschlüssels nur einmal vor. Über diesen Primärschlüssel ist eine eindeutige Zuordnung einer Entität möglich.
- **Fremdschlüssel:** Ein Schlüssel (in einer Tabelle), der in einer anderen Tabelle ein Primärschlüssel ist.

Beispieltabelle

Relationsname →
(„IT-Auszubildender...")

- In der Tabelle liegen fünf **Tupel** vor.
- Jedes Tupel enthält vier **Attribute**.

IT-Auszubildender in einer Klasse			
Personal-Nr.	Name	Alter	Betrieb
7.899	Meier	26	UBZ
7.900	Scheuch	22	BBU
7.901	Maier	19	BZU
7.902	Adlus	22	ZUZ
7.903	Meyer	38	UZZ

→ Bezeichnung der einzelnen Attribute (Spalten in der Tabelle)

- Über das Attribut „Personal-Nr." wird der Datensatz eindeutig beschrieben (**Primärschlüssel**).

Relationsbeziehungen (Beziehungstypen)

Durch einen Beziehungstyp werden die Elemente der verschiedenen Datenmengen einander zugeordnet.

- **1:1-Beziehung** z.B.: Jede Ausbildungsklasse (A-Klasse) besitzt genau eine Benennung. Das Schlüsselfeld der ersten Tabelle („1"-Tabelle) wird in die zweite Tabelle („n"-Tabelle) eingefügt.
- **1:n-Beziehung** z.B.: In einer A-Klasse sind n Schüler. Jeder Schüler ist nur in einer A-Klasse.
- **m:n-Beziehung** z.B.: Jeder Schüler bearbeitet m Projekte; an jedem Projekt arbeiten n Schüler mit. In diesem Fall muss eine zusätzliche Entitätsmenge eingefügt werden, durch die eindeutige Beziehungen festgelegt werden können. Aus der m:n-Beziehung wird eine 1:m/n:1-Beziehung. Für die zusätzliche Entitätsmenge wird eine gesonderte Tabelle im Datenbankentwurf angelegt, die die Primärschlüssel der „m"- und der „n"-Tabellen übernimmt.

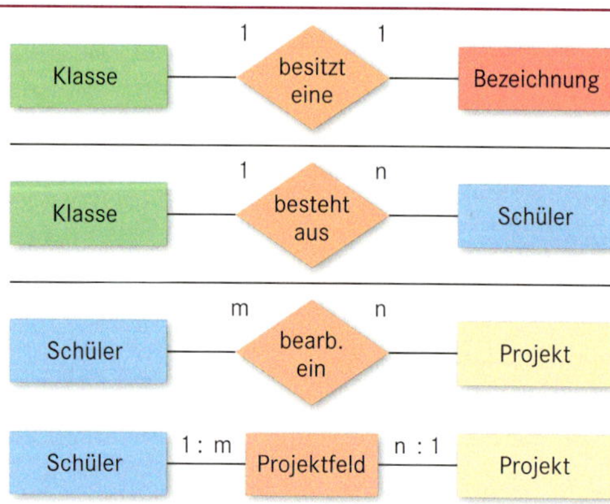

Normalisierungen

Die Daten werden in Tabellen eingetragen. Durch den Normalisierungsprozess werden übersichtliche Relationen ermittelt. Das Ziel ist es, redundanzfreie Datenbeziehungen zu finden/zu gestalten. Üblicherweise werden drei Normalisierungen durchgeführt:

- **Erste Normalform:** Ein Datenfeld in einer Tabelle darf nur einen Wert beinhalten. Es treten nur noch atomare Attribute auf. Mehrfachzuweisungen sind nicht erlaubt.
- **Zweite Normalform:** Die Tabelle, die bereits in der ersten Normalform sein muss, wird thematisch aufgeteilt und so gestaltet, dass jedes Attribut vollständig abhängig wird vom Primärschlüssel.
- **Dritte Normalform:** Die Tabelle muss bereits in der zweiten Normalform sein. Es dürfen keine transitiven Abhängigkeiten vorliegen; d.h., abhängig sollen alle Datenfelder nur direkt vom Schlüssel sein.

Es gibt insgesamt sechs Normalisierungsstufen.

Grundelemente

- Die Daten der Datenbank beziehen sich auf **Objekte** der Welt, die physikalisch oder gedanklich eindeutig identifiziert werden können.
- Die Objektbeziehungen der **Realwelt** müssen in eine programmiertechnisch abbildbare **Modellwelt** transformiert werden.
- Bei den Datenbanksprachen werden prinzipiell drei **Aufgabenbereiche** voneinander abgegrenzt:
  1. **DDL** (**D**ata **D**efinition **L**anguage: Datendefinitionssprache) - dient zur abstrakten Beschreibung der verschiedenen Bereiche und Ebenen in einer Datenbank.
  2. **DML** (**D**ata **M**anipulation **L**anguage: Datenmanipulationssprache) - mit ihr werden Eingriffsoperationen auf die Datenbank beschrieben: z. B. zur Änderung, Findung und Löschung von Daten.
  3. **DCL** (**D**ata **C**ontrol **L**anguage: Datenkontrollsprache) - mit ihr wird die innere Situation der Daten (Konsistenz; Integrität) erfasst.

Von den verschiedenen Datenbanksprachen müssen diese drei Aspekte bewältigt werden.

- Von großer Bedeutung ist das **Entity-Relationship-Modell** (ERM) für die konzeptionelle Ebene im Datenbankmanagemententwurf. Hierbei werden im Wesentlichen die logischen Zusammenhänge erfasst.
- Die ERM-Notation wurde 1976 von P. Chen entwickelt.
- Objekte der Realwelt, die voneinander zu unterscheiden sind, werden **Entities** genannt.
- Die einzelnen Entities sind Ausprägungen eines Entity-Typs (Entity-Sets).
- Ein Entity-Typ wird durch **Attribute** näher gekennzeichnet, die auch sehr abstrakte Aspekte erfassen können. Die identifizierenden Attribute, die einzeln oder aber auch in eine Menge gefügt sein können, mit denen ein Entity-Typ erfasst wird, werden **Schlüssel** genannt.
- Entity-Typen und die zugehörigen Attribute verändern sich nicht in der Zeit.
- Ein Entity-Typ wird üblicherweise durch ein **Rechteck**, ein Attribut durch einen **Kreis bzw. ein Oval** symbolisiert.
- Der Inhalt eines Entity-Typs ist zeitlich veränderlich.

Symbolik

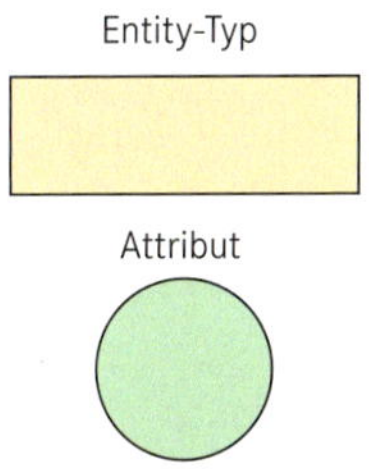

Beispiel: Entity-Diagramm über Auszubildende einer IT-Klasse

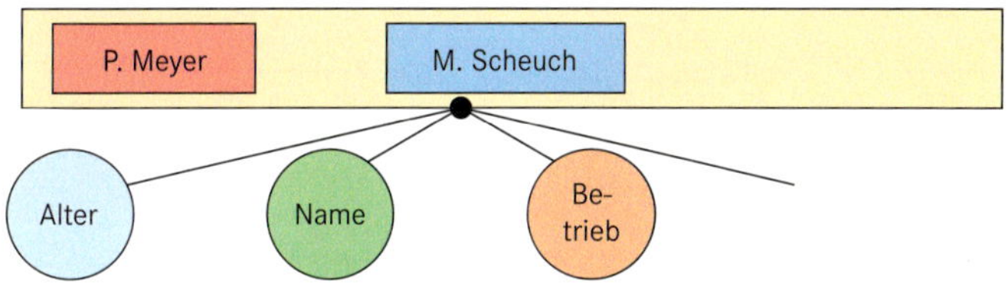

Relationale Abfragesprachen

- Bekannte relationale Abfragesprachen für die Gestaltung von Datenbanken sind:
  - **Structured Query Language (SQL)**
  - **Query by Example (QBE)**
- Mit SQL können Daten definiert und mittels SQL-Abfragen Dateninformationen unter Vorgabe von definierten Sichten erfasst werden.
- SQL ist eine eigenständige Programmiersprache.
- SQL kann verbunden mit Hochsprachen verwendet werden. Hierzu wird SQL in eine Wirtssprache eingebettet.
- Weitverbreitete DBMS für Datenbanksysteme mit der Abfragesprache SQL sind z. B.:
  - DB2 - ORACLE - SQL/DS - SYBASE
- Mit QBL steht eine grafisch orientierte Sprache zur Verfügung, die eine dialogorientierte Datenbankgestaltung und -verwaltung am Bildschirm ermöglicht.

Sprachenerweiterungen

- Es existieren objektorientierte SQL-Erweiterungen: **O_2SQL** als objektorientierte SQL-Version für das O_2 Datenbanksystem. Für dieses System steht auch O_2C als Sprache zur Verfügung.
- **OPAL:** Eine wichtige, an Smalltalk angelehnte objektorientierte Datenbanksprache, die eine für das GemStone System entwickelte Datendefinitions- und Datenmanipulationssprache ist.

Entwicklungen/Ausblick

- Entwickelt werden deduktive Datenbanken unter Verwendung der Programmiersprache PROLOG.
- **Objektorientierte Datenbanken** werden entwickelt, um die Grundüberlegungen der objektorientierten Programmierung zu verwenden. Auch sollen die Modellansätze aus dem Bereich der Künstliche-Intelligenz-Forschung zur Wissensrepräsentation eingesetzt werden, um die interne Organisation der Informationsbeziehungen zu gestalten. Mit diesen Ansätzen soll die Trennung von Daten und (externen) Funktionsbeziehungen durch eine integrative Darstellung und Verarbeitung aufgehoben werden.
- Bei den objektorientierten Datenbankansätzen werden die Daten verkapselt. Von außen ist somit die interne Datenstruktur nicht erkennbar. Neue semantisch orientierte Datenmodelle werden im Rahmen der automatischen Wissensverarbeitung ausgearbeitet.
- Derzeit werden verteilte Datenbanksysteme entwickelt, die auch in offenen Systemstrukturen unter Verwendung objektorientierter Konzeptionen eingesetzt werden können. Zum Beispiel wird so das gesamte Internetsystem als Datenbank verstanden.

Basis

- SQL: Standard Query Language (ursprünglich: Structured Query Language).
- Gesprochen: „S – Q – L“ bzw. auch: „Sequel“.
- Bedeutende Abfragesprache für relationale Datenbanken. Wurde von IBM entwickelt. Es existieren verschiedene Dialekte.
- In den Datentabellen müssen die einzelnen Zeilen durch eindeutige Angaben (Leitgrößen) identifizierbar werden. Die Leitgröße wird Schlüssel genannt. Es gibt Primär- und Fremdschlüssel (auch: Bezugs bzw. Sekundärschlüssel). Bei der Festlegung der Datentabellen müssen die Coddschen Regeln beachtet werden.

Datentypen

- **Ganzzahlen**
  TINYINT – 8 Bit — SMALLINT – 16 Bit
  MEDIUMINT – 24 Bit — INT – 32 Bit
  BIGINT – 64 Bit
- **Fließkommazahlen**
  FLOAT – 4 Byte
  DOUBLE – 8 Byte (auch REAL statt DOUBLE)
- **Festkommazahl**
  DECIMAL – beliebige Stellenzahl: werden als String gespeichert
- **Binärdaten (Basis: BLOB-Format – Binary Large OBject)**
  TINYLOB – bis zu 255 BYTE
  BLOB – bis zu 65.535 Byte
  MEDIUMLOB – bis zu 16,7 Mio. Byte
  LONGBLOB – bis zu 4 Mrd. Byte
- **Aufzählungstypen**
  ENUM – Zeichenketten (maximal 65535)
  SET – Zeichenketten (maximal 255)
- **Textdatentypen**
  CHAR(n) – Zeichenkette mit n Zeichen
  ($n \leq 255$; Speicherlänge ist fest bestimmt)
  VARCHAR(n) – Zeichenkette mit veränderbarer Länge
  ($n \leq 255$)
  TINYTEXT steht für VARCHAR(255)
  TEXT – Text mit bis zu 65.535 Zeichen (Länge variabel)
  MEDIUMTEXT – Text mit bis zu 16,7 Mio. Zeichen
  LONGTEXT – Text mit über 4 Mrd. Zeichen
- **Datumsangaben/Uhrzeitangaben**
  DATE – Datum jjjj-mm-tt (von 1000-01-01 bis 9999-12-31)
  DATETIME – Datum mit Uhrzeitangabe
  TIME – Zeitangabe gemäß hh:mm:ss (z. B.: 23:47:39)
  TIMESTAMP – trennungslose Angabe von:
  Jahr/Monat/Tag/Stunden/Minuten/Sekunden
  z. B.: 20090317181047
  17. März 2009, 18 Uhr 10 Minuten 47 Sekunden
  YEAR – Jahreszahl (von 1900 bis 2155)

Feldoptionen

- **BINARY** – Umwandlung von Textdatentypen in Binärtypen
- **UNSIGNED** – Absehen vom Vorzeichen (inkl. Transformation in den positiven Wertbereich: Verschiebung)
- **ZEROFILL** – Leere Felder erhalten den Wert Null
- **NULL/NOT NULL** – Festlegung, ob Felder leer sein dürfen.
- **DEFAULT** – Standardwertvorgabe (Vorbelegung)
- **AUTO_INCREMENT** – Spaltenwerte erhalten automatisch fortlaufende Integer-Werte
- **PRIMARY KEY** – In jeder Tabelle wird genau ein Feld als Primärschlüssel bestimmt.

Schlüsselwörter/Funktionen

ABS(zahl) - Absolut		commit - übergeben
concat - verketten		copy - kopieren
help - Hilfe	TABLE – Tabelle	Value - Wert
SET - Setzen (Festlegen)		SQR(zahl) - Quadratwurzel
EXP(zahl) – Exponentalfunktion		LOG() – Natürlicher Logarithmus
RANDOMIZE() ; RND() - Zufallszahl		

Trigonometrische Funktionen

ATN(zahl) – Arkustangens	COS(bogenmaßangabe) – Cosinus
SIN(bogenmaßangabe) – Sinus	TAN(bogenmaßangabe) – Tangens

Vergleichsoperatoren

<= kleiner/gleich	< kleiner als
= gleich	<> ungleich
>= größer gleich	> größer als
! nicht (Negation)	

Basisbefehle

- Anlegen einer Datenbank: `CREATE DATABASE` schuldaten
- Löschen einer Datenbank: `DROP DATABASE` schuldaten
- Schließen einer Datenbank: `CLOSE DATABASE` schuldaten
- Dateneingabe: `INSERT INTO` schuldaten `VALUES`(42,'AGS','SB','BG',137)
- Detail-Dateneingabe: `INSERT INTO` schuldaten (schulnr) `VALUES`(1076)

Abfragen

- Grundstruktur einer Abfrage
  SELECT A_1, ..., A_n
  FROM R_1, ..., R_n
  WHERE Prädikat (R_1, ..., R_n)
- `Select Queries` – Auswahlabfragen
  Tabellenfelder werden – auch kriteriengeleitet – geliefert
- `Insert Queries` – Einfügeabfragen
  Neue Datensätze werden in Tabellen eingefügt
- `Update Queries` – Änderungsabfragen
  Felderwerte werden regelorientiert modifiziert
- `Delete Queries` – Löschabfragen
  Datensatzentfernung – gemäß festgelegter Kriterien

Beziehungen

Beziehungsarten zwischen Tabellen	
Art der Beziehung	Notation
Eins-zu-Eins-Beziehung	1 : 1
Eins-zu-Mehrfach-Beziehung	1 : m
Mehrfach-zu-Mehrfach-Beziehung	m : m
Eins-zu-Eins-bedingt-Beziehung	1 : 1c
Eins-zu-Mehrfach-bedingt-Beziehung	1 : mc

JOINS

- Verknüpfungen zwischen Tabellen werden gestiftet.
- `EQUIL-JOIN`: Gleichheitsverknüpfung
- `INNER JOIN`: Beziehung zwischen Primärschlüssel der einen Tabelle und dem Fremdschlüssel der anderen, bei 1:n
- Beispiel: `SELECT ... FROM ... INNER JOIN ...`

Befehl	Erklärung	Beispiel mit Erläuterung
ALTER TABLE...	Ändern von Tabellen ...	`ALTER TABLE...` `ADD` (Einfügen neuer Spalten) `ALTER TABLE...` `MODIFY` (Neuer Datentyp einer Spalte) `ALTER TABLE...` `DROP` (xyz) [Löschen der Spalte (xyz) in der Tabelle ...]
CLOSE...	Schließen von ...	`CLOSE TABLE...` (Schließen einer Tabelle ...) `CLOSE DATABASE...` (Schließen einer Datenbank ...)
CREATE...	Erzeugen (Anlegen) ...	`CREATE DATABASE` ... (Anlegen einer Datenbank ...) `CREATE TABLE...` (Anlegen einer Tabelle ...)
DELETE...	Löschen	`DELETE FROM...` (Löschen aller Tabellendaten) `DELETE FROM... WHERE` (Bedingtes Löschen)
DROP...	Löschen (von Datenbankobjekten)	`DROP DATABASE...` (Löschen einer Datenbank ...) `DROP TABLE...` (Löschen einer Tabelle ...)
GROUP BY...	Gruppierung von Zeilen	`GROUP BY xyz, abc` (Gruppierung nach xyz und abc)
INSERT...	Einfügen (neuer Tupel)	`INSERT INTO... SELECT` (Übergabe aus anderen Tabellen) `INSERT INTO... VALUES` (...) (Zeilenweise Eingabe von Werten in Tabellen)
LIKE...	Zeichenkettenvergleich	`WHERE ... LIKE „...“`
MAX...	Größter Spaltenwert	`SELECT MAX(...) FROM ...`
MIN...	Kleinster Spaltenwert	`SELECT MIN(...) FROM ...`
ORDER BY...	Sortieren von Daten	`ORDER BY... ASC` (Aufsteigende Sortierung) `ORDER BY... DESC` (Absteigende Sortierung)
RENAME...	Umbenennung von Tabellen	`RENAME TABLE abc TO xyz` (Umbenennung von abc zu xyz) `RENAME COLUMNE...` (Umbenennung einer Spalte)
SELECT...	Auswahl (Abfrage aus)	`SELECT... FROM...` (Ausgabe aller Tabellendaten)
SHOW...	Anzeigen	`SHOW DATABASE` (Anzeigen der Datenbanken)
SUM...	Summenbildung einer Spalte	`SELECT SUM(...) FROM ...`
START...	Öffnen	`START DATBASE...` (Öffnen einer Datenbank ...)
STOP...	Schließen ...	`STOP DATABASE...` (Schließen einer Datenbank ...)
UPDATE...	Ändern ...	`UPDATE - SET` (Bedingungsabhängige Datenänderung)
WHERE...	Suchbeschränkung	`SELECT... FROM... WHERE... LIKE...`

Relationale Datenbankerstellung
Relational Database Design

Entwicklungsziele und -phasen

- Ziel ist es, die Daten auf überschaubare Tabellen zu verteilen.
- Im Sinne der konzeptuellen Ebene soll die Datenbank stabil für die Anwendungen sein. Die Daten sollen mit ihren Beziehungen konzeptionell vollständig und widerspruchsfrei erfasst werden.
- Zu gewährleisten ist, dass der (externe) Nutzer nur die für ihn relevanten Daten einsehen kann.
- **Begriffsentsprechungen**:

ER-Begriffe	Objektorientierte SW-Welt
Entität	Klasse
Beziehung	Beziehung
Datensatz	Objekt
Merkmale	Objektvariablen

Entwicklungsphasen

1. **Planungsebene**:
1.1 Auffinden der Informationen; Analyse der Daten im Sinne des Lastenhefts (Anforderungsanalyse).
1.2 Erstellung des ER-Modells (**ER**: **E**ntity-**R**elationship – Entitäten, Beziehungen, Attribute, Schlüssel, ...)
Prüfung, Modifikation und Erweiterung des ER-Modells
1.3 Einsatz bestehender Tabellen und Datenbanken
2. **Umsetzungsphase** (ER-Modell in Tabellen):
2.1 Konkrete Ausgestaltung eines ER-Modells als relationale Datenbank – Erzeugung der zugehörigen konkreten Tabellen
2.2 Überprüfungen: Konsistenz- und Integritätsprüfung unter Beachtung der Normalform-Vorgaben – 1. NF ... 3. NF – Referentielle Integrität – Analyse der Konsistenzen
2.3 Realisierung eines relationalen DBMS (RDBMS)
3. **Test- u. Optimierungsphase** – Zugriffsverhalten der Nutzer

Symbole

- Entität
- Beziehungen

ID-Angabe

- Merkmale mit **ID_** ... Angabe
ID: Eindeutiger Schlüssel

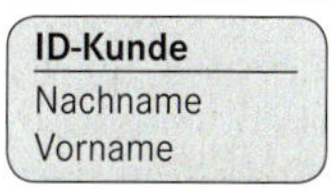

Relationserfassung

- R ist die Relation einer Menge von Tupeln (A_i). R (A_1, A_2, ..., A_n) sei eine Menge von n-Tupeln. Jedes Tupel steht für ein atomares Attribut. Die Relationen verkörpern die **Informationen**.
- Eine Relationsbeschreibung erfolgt unter Beachtung der Attribute (= Tabellenspalten):

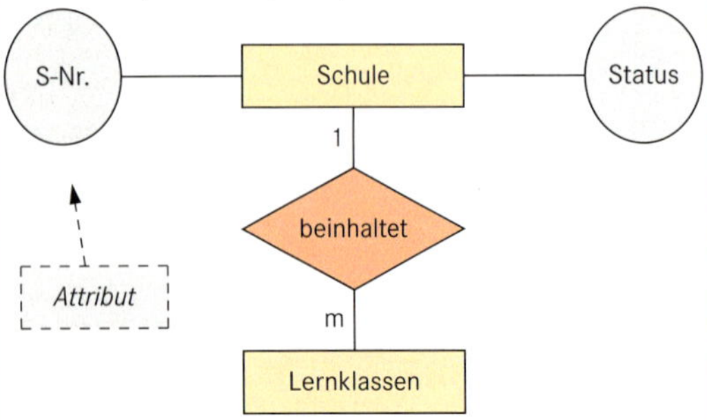

- Prinzipiell sind Entities und Relationen über Relationen zu erfassende Einheiten. Sowohl interne als auch externe Tabellenbeziehungen können mit Relationen erfasst werden.
- Begriffsentsprechungen:

ER-Begriffe	Objektorientierte SW-Welt
Entität	Klasse
Beziehung	Beziehung
Datensatz	Objekt
Merkmale	Objektvariablen

Beziehungsdarstellungen

- Mehrfachbeziehung

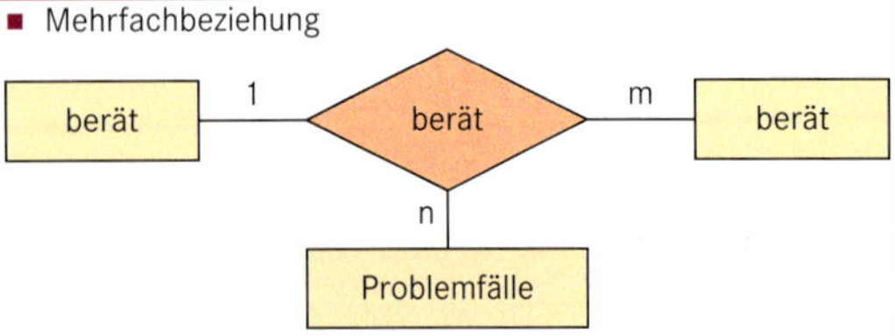

- Darstellung einer überlappenden Beziehung

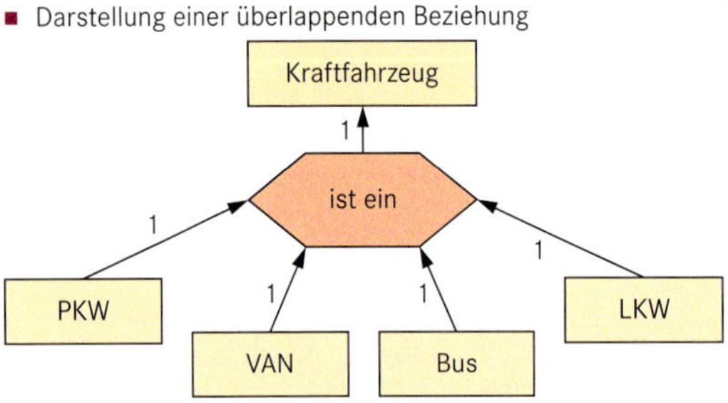

- Die Merkmale (Attribute) werden mit der Entität verknüpft.

Schlüssel

- Für jede Tabelle wird zumindest ein Bezugsschlüssel (`PRIMARY KEY`; auch: Hauptschlüssel bzw. Schlüssel) ermittelt. Über ihn ergibt sich eine eindeutige Datenzuschreibung und Identifizierung (in einer Bezugstabelle).
- Die Tabellen werden mit Schlüsseln in Beziehung gesetzt. Die Schlüssel ordnen die Beziehungen.
- Fremdschlüssel werden zum Teil aus der Kombination von Einzelschlüsseln fremder Tabellen gebildet.

Tabellenerstellung

- Tabellen zur Darstellung der Daten werden gebildet – z. B.

ID_Autor	Name	Geburtsort	Geburtsjahr
1	Kant	Königsberg	1724
2	Shannon	Petoskey	1916

ID_Buch	Titel	Jahr
1	Kritik der reinen Vernunft	1781
2	Kritik der Urteilskraft	1790
3	A Mathematical Theory of Communication	1948

  Bei einem Buch ist zum Beispiel auch die ISBN eindeutig, quasi als ID_Buch vergeben. Über die **ID_...** kann eine Tabelle zügig durchsucht werden. Ansonsten müssten alle Tabellenzeilen in ihrer Gesamtheit aufwändig analysiert werden.
- Eine m:n-Beziehung wird durch die Einschaltung einer Verbindungstabelle ausdifferenziert. Insofern wird hier für die m:n-Beziehung („schreibt") eine Tabelle erstellt:

ID_Autor	ID_Buch
1	1
1	2
2	3

Tabellenerstellung

- Die DB-Konstruktion erfolgt gemäß der Relationsalgebra. Unterschieden werden hierbei folgende Grundoperationen:
  1. Vereinigung (von Tupelmengen)
  2. Bildung der Mengendifferenz zweier Tupel R und S: R-S
  3. Kartesisches Produkt: Bildung der Verbindung aller möglichen Verknüpfungstupel zweier Relationen R und S
  4. Tabellenmodifikationen: Spalten- und Zeilenentfernung bzw. -zufügung
  5. Selektion aller Tupel unter Beachtung der Bedingungen
  6. Einfügen von Verbundoperationen (join)
- Es sind die Daten- und die Relationskonsistenzen und die referentielle Integrität zu überprüfen.
- Konkret erfolgt die Tabellenkontrolle durch die schrittweise Beachtung der Anforderungen im Rahmen der Normalisierungen.
- Es gilt (1. NF) $\subset$ (2. NF) $\subset$ (3. NF) $\subset$ ...
  Betrachtet werden die Mengen der funktionalen Abhängigkeiten: **Fd**-Menge (Fd: **f**unctional **d**ependencies).
  1. NF: Die Merkmale besitzen atomare (elementare) Werte
  2. NF: Über den Primärschlüssel werden in der Tabelle alle Attribute eindeutig erfasst.
  3. NF: Es existieren keine transitiven Abhängigkeiten. D. h. Attribute, die nicht zum Primärbereich gehören, sind nicht voneinander abhängig. Vertieft wird innerhalb der 3. NF die **B**oyce-**C**odd-**N**ormal**f**orm (**BCNF**) bestimmt. Sie hat zum Ziel, dass die Beziehungen zwischen den Attributen der Schlüssel bestimmt werden.
- Beziehungen sind als Entitäten – über gesonderte Tabellen – zu erfassen, wenn Merkmale eigene Objekte bezeichnen.

SQL-Tabellenoperationen

Mit SELECT (Merkmal(e)) FROM (Tabelle) WHERE (Prädikat); wird die Tabelle selektiert.

Festlegung der Benutzer: CREATE USER name;

Passwortfestlegung: IDENTIFIED BY 'passwort';

Löschen eines Nutzers: DROP USER name;

WYSIWYG-Applikationen

Grundideen von Microsoft

1. Alle Programme beziehen sich auf einen gemeinsamen Softwarekern. Die Anwendungsprogramme sind untereinander eng verbunden: Sie werden integral vom Betriebssystem erfasst und gesteuert.
2. Die Bildschirmdarstellung von Texten und Bildern orientiert sich an der WYSIWYG-Idee:
   WYSIWYG steht für: „**W**hat **Y**ou **S**ee **I**s **W**hat **Y**ou **G**et":
   In Abhängigkeit vom Zusammenspiel der Software mit den Treibern der Drucker können jedoch (geringfügige) Unterschiede zwischen der Bildschirmdarstellung und einem Ausdruck auftreten.

- Die Office-Software gehört zur Anwendungssoftware.
- Es wird auch von „**Applikationen**" (nach (engl.) Application) gesprochen.
- Diese Programme werden speziell im geschäftlichen und privaten Bürobereich eingesetzt.
- Vielfältige Aufgaben können damit bewältigt werden, wie z. B.:
  - Texterstellung, -verarbeitung und Drucken von Texten (integriert können auch Bilder, Zeichnungen und Fotos bearbeitet werden)
  - Bildbearbeitung
  - Erstellung von Bildschirmpräsentationen
  - Verarbeitung von Zahlen u. Daten (Kalkulationsprogramme)
  - Gestaltung von Datenbanken
  - Organisation von Terminen, Adressen usw.
- Zur Bewältigung dieser Aufgaben werden Standardprogramme angeboten, die oftmals Sonderfunktionen besitzen. Diese Programme werden zum Teil kostenfrei angeboten.
- Kommerzielle Programme und Programmpakete können als Anwenderprogramme erworben werden.
  Hierzu zählen auch Virensuchprogramme, Browser, ...

Office-Paket von Microsoft

- Von großer Bedeutung ist das Office-Softwarepaket von Microsoft mit den Einzelprogrammen:
  - **Access** (Datenbankprogramm)
  - **Document Imaging** (Bildverwaltung, ...)
  - **Excel** (Kalkulationsprogramm)
  - **Infopath** (dynamische Formulare)
  - **Outlook** (Organisator)
  - **Power-Point** (Präsentationserstellung)
  - **Word** (Textverarbeitung)

  Von herausgehobener Bedeutung sind:
  Excel, **Power-Point**, **Outlook** und **Word**
  Mit den Programmen gehen Ergänzungsprogramme einher, z. B.:
  - Basic, QBasic bzw. VisualBasic-Programme
  - Druckprogramme
  - Grafikprogramme
  - Rechtschreibprogramme
  - Suchprogramme
- Einige Anwendungsprogramme sind bei Microsoft Teil der Betriebssystemsoftware (MS XP, MS Vista, ...), wie z. B.:
  - Browserprogramme
  - Netzwerkeinrichtungsprogramme
  - Rechtschreibhilfen
  - Sicherungsprogramme
  - Spielprogramme
  - Suchhilfen
  - Taschenrechner
  - Texteditoren
  - Zeichenprogramme
  - Zeileneingabekonsolen

Norm-Dokumente

- Für die Texterstellung speziell im Internet haben Skriptsprachen eine große Bedeutung. Hierbei ist besonders HTML zu nennen. Zur „HTML-Welt" gehören auch die Sprachen bzw. Gestaltungsinstrumente:
  DHTML, PHP, JavaScript und Typo3
- Große Bedeutung hat der Adobe Reader für pdf-Dokumente.
- Ein besonders leistungsfähiges Texterstellungsprogramm liegt mit TeX vor. In einer reduzierten Version existiert es als LaTeX.
- Mit HTML, TeX und LaTeX liegen nicht-kommerzielle, an offiziellen Dokumentenstandards orientierte Applikationen vor, deren Quellcode einsehbar ist.

TeX ($\TeX$)

- $\TeX$ wurde von Donald E. Knuth entwickelt.
- Gesprochen: „Tech". Gebräuchliche Schreibweisen: TeX, **τεχ**
- Leistungsfähiges Textgestaltungssystem, mit dem umfangreiche (Bücher) und wissenschaftliche Texte in professioneller Qualität erstellt werden können.
- TeX verarbeitet Layoutinformationen über einzelen Befehle.
- LaTeX (gesprochen „Lah-tech") wurde von Leslie Lamport entwickelt. Es basiert auf TeX.
- TeX und LaTeX sind keine WYSIWYG-Programme. Es sind Formatierungsprogramme.

Leistungsmerkmale von TeX/LaTeX

Vorteile	Nachteile
- Möglichkeit zur Verarbeitung komplexer Strukturen und Zeichen (mathematische Symbole und Formeln, Tabellen, ...) - professionelle Layouts	- Größerer bedarf an Speicherplatz - Rechenkapazitäten (Rechenzeit) - aufwändigere Einarbeitungszeit (Lernbedarf)

TeX-Realisierung

Basisstruktur	
(1)	\documentstyle[options]{style}
(2)	\begin{document}
(3)	\end{document}

Erläuterung:
Zu (1): Erster Befehl im LaTeX-File:
Optionale Angaben werden in den eckigen Klammern festgehalten. Document Styles werden in den geschweiften Klammern angegeben.
Zu (2): Anfang eines Schriftstücks
Zu (3): Abschluss vom Schriftstücke – Ende eines Textes

Beispielprogramm

```
\documentsstyle[artikel}
\begin[document}
    Hallo! Dies ist nur ein
    einfacher Satz.
\end{document}
```

Dies ist eines der einfachsten LaTeX-Files mit dem Ausdruck:
Hallo! Dies ist nur ein einfacher Satz.

Gestaltungsinstrumente

In TeX (und LaTeX) existieren vielfältige vorgegebene Befehle, die individuelle Gestaltungen ermöglichen, z. B.: Dokumentarten, Mathematische Symbole, Textteile, Schriftgrößen/Schriftarten und Überschriften.

Web-Technologien
Web technologies

Grundidee

- Mit dem Schlagwort „Web 2.0“ wird ein Netzzugang bezeichnet, bei dem u. a. folgende Aspekte bedeutsam sind:
  - Aktive Inhalte (Aktivität des Einzelnen)
  - Interaktivität zwischen gleichberechtigten Partnern
  - Kontrolle der individuellen Daten und Sphären
  - Transparenz der Übertragungen
  - Individuelle Softwaregestaltungen (von unten)
  - Simulation von (virtuellen) Spiel- und Lebenswelten
- In technischer Hinsicht um die kreative Kombination bekannter Technologien (Ajax, RSS, DHTML, XML), um neuartige Verständigungs- und Nutzerräume zu ermöglichen, wie:
  - Bildsharing Portale bzw. Anwendungen
  - Newsfeeds
  - Permalinks
  - Videosharing Portale bzw. Anwendungen
  - Weblogs (digitales Online Tagebuch; Blogger: Weblog-Autor)
  - Wikis

  Die zugehörigen Techniken gehören zum **semantischen Web**.
- Zum Teil werden dafür entsprechende graphische Steuerungs-elemente) entwickelt, wie zum Beispiel **Widgets**:
  - Dashboard bei Mac OS X
  - Gadgets bei MS Vista
- Im Jahr 2006 wurde von Tim Berners-Lee und anderen der Begriff „Web-Wissenschaft“ geprägt. Es geht hierbei um die Entwicklung einer eigenständigen **Computer-Web-Wissenschaft**:
  - Kreative Gestaltung und Modellierung von Sprachen,
  - Algorithmen und Konzepten,
  - (gleichzeitige) Beachtung von Rechts- und Sicherheitsfragen.

long tail

- Untersuchungen – unter anderem von Chris Andersen aus dem Jahr 2004 – zeigen, dass über das Internet Produkt stark individualisiert – mit Gewinn – angeboten werden können.

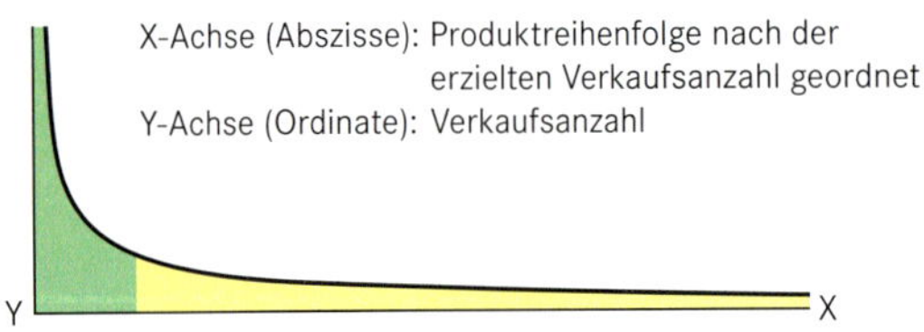

- Die Kundenbeziehungen werden komplexer und virtueller.
- Dies hat zur Folge, dass im Sinne der Gleichberechtigung vielfältige Kundenzugänge geebnet werden können.

Kompetenzentwicklung und Lernen

- **Soziales Lernen** und die individuelle **Kompetenzentwicklung** gewinnen über netzorganisierte Beziehungsräume eine herausgehobene, zum Teil sogar neuartige Bedeutung. Die Technik wird als Teil der sozialen Welt interpretiert. Die kommunikative Vernetzung der Individuen wird besonders betont. In Folge wird die **Kompetenzentwicklung** der Lernenden und die Bedeutung des Vertrauens in die Netz-Begegnungen thematisiert.
- Unter **Kompetenz** wird eine grundlegende Fähigkeit des Menschen zum effektiven Handeln und Problemlösen verstanden. Die Herausbildung dieser Fähigkeit übersteigt die bloße Wissens-, Informations- und Kenntnisvermittlung. Es werden im Rahmen der Kompetenzentwicklung persönliche, soziale, methodische und fachliche Aspekte unterschieden.
- Über die Kompetenzentwicklung sollen die **Selbstlernfähigkeiten** der Individuen gestärkt werden.

Technologien

Ajax (Asynchronous JavaScript und XML)

- Diese Technik ermöglicht das sukzessive Nachladen und die Aktualisierung veränderter Datenanteile von Webseiten. Der Ladeprozess greift auf im Cache-Inhalte zurück, die unverändert geblieben sind. Dieser Prozess wird zeitlich und nach Bedarf gesteuert. Er verläuft im Hintergrund quasi automatisch. Der Nutzer hat somit jederzeit die aktuelle Seite zur Verfügung.
- Die Basis für die interaktiven Prozesse wird durch JavaScript bzw. DHTML gegeben. Optional sind die XML Anteile.

RSS (seit 2002: Really Simple Syndication)

- Mit RSS können Daten aus verschiedenen Kontexten abonniert werden. Es wird vorrangig von News-Seiten im Internet genutzt.
- RSS liefert eine Überschrift und verweist auf einen Bezugslink. Es ist quasi ein Nachrichtenticker der auf Web-Seiten zugreift.
- Diese Datenzuführung wird auch als RSS-Feed bezeichnet (Feed: (engl.) zuführen, versorgen).
- Über RSS kann der Empfänger eine Nachrichtenzuführung autonom aktivieren.
- RSS kann für vielfältige Aufgaben und Dienste eingesetzt werden, wie zum Beispiel: Informationssuche, Realisierung von Foren.

DHTML (Dynamic HTML)

- Ergänzung zu HTML.
- Möglichkeit zur Gestaltung von dynamischen Webseiten

CSS (Cascading Style Sheets)

- Mit CSS werden fürs Web die HTML-Formatvorlagen designtechnisch beschrieben.
- Style Sheets bestimmen folgende Aspekte:
  - Farben
  - Schriftarten
  - Rahmengestaltung (Ränder, Schatten)
  - Form
  - Größe
- Tabellen werden weiterhin mit HTML beschrieben.

SSI (Server Side Includes)

- Dateiendungen: .shtm bzw. .shtml
- Shtml – Server parsed HTML
- Im HTML-Code werden Includes vereinbart:
  <! -- #angabe-Includes -->
- Es können externe Dateien eingebunden werden.
- Mit SSI können Module als Vorlagen gestaltet werden.

FTP (File Transfer Protocol)

- Bezug: RFC 172, RFC 959.
- Besonders geeignet für den Zugang zur Website; aber auch zum Abruf von E-Mail-Daten (zusammen mit POP3).
- Möglichkeit zur zeilenorientierten Klartexteingabe; es existiert auch ein graphisch orientiertes FTP-Programm.
- Kommandozeileneingabe: Ftp> ... xyz ...
- **Elementare Befehle** (orientiert an UNIX und Basic):

pwd	print working directory	Arbeitsverzeichnis
cd	change directory	Verzeichniswechsel
ls	list - Inhaltsangabe zum Verzeichnis	
help	Anzeigen aller Befehle	
put	Hochladen einer Datei	
quit	Beenden einer Programms bzw. einer Sitzung	

Merkmale

- **HTML** (**H**ypertext **M**arkup **L**anguage) ist ein **SGML** (**S**tandard **G**eneralized **M**arkup **L**anguage) Derivat (nach ISO 8879). Informationen zu HTML-Spezifikationen unter http: //www.w3.org/TR
- Darstellung der HTML-Dokumente mit einem WWW-**Browser** (browse – blättern). Die Darstellung ist abhängig vom Browser.
- **DHTML** (**D**ynamic **HTML**) ermöglicht die Modifikation des Aussehens eines HTML-Dokuments im Betrieb.
- Im HTML-Code werden
  - **Inhalte** und
  - **Steuerinformationen** (**Tag** – Schildchen) festgelegt.
- **Strukturelemente** werden von HTML bestimmt, z. B.:
  - Texttitel
  - Gliederung
  - Listen
  - Hervorhebungen

Verweise (Hyperlinks)

- Bezugs-Verweis: `<A HREF = „[Ziel]"> text </A>`
- Verweise können zu anderen Web-Adressen und Dateien und zu entfernten Seiten in der gleichen Datei führen.
- Verweisaufbau ist einheitlich `(a: anchor [Anker]; href: hyper reference [Hyper-Referenz]): <A …> </A>`

Tabellen, Listen und Formatierungen

Stichwort	Ordnungsbefehl
Dokumentstruktur	
Kommentar	<!--...--< bzw. <!-- ... ... //-->
Identifikation	<HTML> </HTML>
Kopfteil	<HEAD> </HEAD>
Dokumentinhalt	<BODY> </BODY>
Textfarbe	<BODY TEXT= >
Hintergrundfarbe	<BODY BGCOLOR= >
Basis-URL	<BASE HREF= >
Objektvernetzung	<LINK >
Blockformat des Dokuments	
Urheber	<ADRESS> </ADRESS>
Zeilenumbruch	
Zentrierung	<CENTER> </CENTER>
Schriftgröße	<FONT SIZE= >
Art der Schrift	<FONT FACE= >
Linie	<HR>
Textspalten	<MULTICOL> </MULTICOL>
Absatz	<P> </P>

Tabellen, Listen und Formatierungen

Stichwort	Ordnungsbefehl
Tabelle	
<TR>: Einleitung einer Tabellenzeile (tr – table row) <TH>: Kopfzeile (fett gedruckt; th – table header) <TD>: Allg. Tabellenzeile (td – table data)	
Rahmen	<TABLE> </TABLE>
Dicke der Linien	<TABLE BORDER= >
Breite	<TABLE WIDHT=... >
Höhe	<TABLE HEIGHT=...>
Listenelemente	
Blockzählung	<DIR> </DIR>
Menüliste	<MENU> </MENU>
Nummerierung	<OL> ... </OL>
Art der „Nr."	<OL TYPE=...>
Innere Zählung	<UL> ... </UL>
Schriftformatierungen	
Betonung	<EM> ... </EM>
Hervorhebung	<SAMP> </SAMP>
Fett/Kursiv	<B>... </B> / <I> ... </I>

Einbindungen

Stichwort	Ordnungsbefehl
Frames	
Fenster	<FRAMESET ...> <FRAMESET...>
Segmentteilung	<FRAMESET rows= „..., ... ">
	<FRAMESET cols= „..., ... ">
Formulare Sie ermöglichen eine Dokument-Interaktion.	
Definition	<FORM> ... </FORM>
Eingabe	<INPUT>
Typ der Eingabe	<INPUT TYPE=...>
Auswahlliste	<SELECT ...> ... </SELECT>
Auswahllist	<SELECT MULTIPLE>
Bilder, Videos	
Grafik	<IMG SRC=...>
Video	<IMG DYNSRC=...>
SOUND	<SOUND SRC=...>
Objekte	<EMBED>
JAVA	<APPLET> ... </APPLET>
Musik	<BGSOUND SRC=...>

Umlaute

ä, Ä, ü, Ü	&auml, &Auml, &uuml, &Uuml	ö, Ö, ß	&ouml, &Ouml, szlig

Beispiel – Quellcode

```
<html>
<!--HTML-Beispielprogramm-->
  <head>
    <title> Beispiel - HTML! </title>
  </head>
    <body>
    Guten Tag! Dies ist der Inhalt des Programms.
  </body>
</html>
```

Erläuterung zum Beispiel

- Beginn des HTML-Programms
- Kommentartext
- Kopf des HTML-Programms beginnt
- Dieser Titel (>Beispiel - HTML!<) erscheint im Browser
- Ende vom Kopf
- Der Textteil (das Textdokument) beginnt
- Inhalt, der ausgedruckt wird
- Ende vom Textdokument
- Ende vom HTML-Programm

Hintergrund und Grundidee

- **CMS** - **C**ontent **M**anagement **S**ystem; Inhaltsverwaltungssystem. Auch: Redakteurssysteme bzw. Redaktionssystem
- Die CMS-Konzeption ist bedeutsam für die Gestaltung und den Einsatz von Webseiten, Blogs und Weblogs.
- Gemäß CMS werden Content, Struktur und Design einer Webseite getrennt behandelt.
- Content: Behälter und Gestaltung; Medieninhalt von Web-Seiten.
- Content-Charakteristika: Kommunikationsabsicht; Publikums- und Kontextbezug; urheberrechtlicher Schutz; Speicherort
- Kern der Gestaltung ist die Idee einer Aufgabentrennung:
  - Autoren: sie beschreiben die Inhalte (Content)
  - Redakteure: Sichten die Qualität der Beiträge
  - Layouter: gestalten das Design
- Software, zur Unterstützung für die Herstellung und den Betrieb von Websites geeignet ist, wird **Web-CMS** (**WCMS**) bzw. auch **Weblog-Software** genannt. Es existieren verschiedene Unterstützungssysteme (Weblog-SW), wie Drupal, Joomla, OpenCms, Typo3, WordPress, ...
- **Content-Prozess**: Erstellung - Prüfung und Überarbeitung - Explizite Freigabe (!) - Veröffentlichung - Archivierung (!)
- Es existieren vielfältige CMS-Ausgestaltungen.

Charakteristika/Leistungsmerkmale eines Web-CMS

- **Webseitengestaltung** ohne Kenntnisse einer Script-Sprache (HTML, DHTML, ...) - relativ leicht zu erlernen
- **Trennung von Inhalt und Form** (Speicherung der Inhalte in einer Datenbank)
- (Automatische) Generierung von **Navigations-Elementen** (Hyperlinks ...)
- Externspeicherung der Inhalte (Datenbank)
- **Management** von: Dokumenten, Layout, Links
- Konsistente Designplanung und -gestaltung: eindeutige **Design-Gestaltung** (Corporate Design (visuelle Identität)) als Teil einer Corporate Identity (CI; (Unternehmensidentität))
- Explizite **Zuweisungen** von Nutzerrollen und Rechten
- **Dynamische Inhalte** (Aktivierung über integrierte Module)
- Zeitliche Steuerung (der Veröffentlichung von Inhalten etc.): Content-Life-Cycle-Management
- **Dezentralisierte Wartung**

Schnittstellen
Interfaces

Grundidee

- Schnittstelle: Verbindung zwischen an sich getrennten Systemen
- **interface:** Technische Schnittstelle
- **API: A**nwendungs-**P**rogrammier-**I**nterface
- **Technische Übertragungsrealisierung**
  parallele und serielle Schnittstellen
- **Funktions-, geräte- bzw. nutzerspezifische Schnittstellen**
  - Benutzerschnittstelle - Druckerschnittstelle
  - Hardwareschnittstelle - Programmierschnittstelle
  - Speicherschnittstelle - Softwareschnittstelle
  - Übertragungsschnittstelle
- **Schnittstellengeräte**
  - Tastatur - Maus - Bildschirm
  - Drucker - Netzwerkkarte - Modem - Proxy

Barrierefreier Zugriff

- Ein barrierefreier Zugriff wird gerade für technikfernen, behinderten und älteren Mitmenschen verlangt.
- **Gesetzliche Vorgaben**
  GG (Grundgesetz), Artikel 3, Absatz 3
  BGG (Behindertengleichstellungsgesetz)
  BGG, § 7: „Benachteiligungsverbot"
  BGG, § 11: „Barrierefreie Informationstechnik"

JCR-Schnittstelle

- **JCR**: **J**ava **C**ontent **R**epository
- Universelle Datenschnittstelle: entwickelt von der Sun Java Community (im Jahr 2003)
- als **API** im Jahr 2009: **JSR** (**J**ava **S**pecification **R**equest) 283
- Die JCR-API vermittelt zwischen dem konkreten Speicherraum und seiner Architektur (Datenbank, File-System, DMS, ...) und den (Web orientierten) Anwendungen.
- Unterstützt wird die JCR-API bei Web-Anwendungen durch:
  - **CMIS**: Content Management Interoperability Services
  - **WebDAV**: **Web**-based **D**istributed **A**uthoring and **V**ersioning

Benutzerschnittstelle nach IFIP

- **IFIP**: **I**nternational **F**ederation for **I**nformation **P**rocessing
- Gemäß IFIG müssen vier zentrale Schnittstellen im komplexen Umfeld von Nutzer, Rechner, Anwendung, Arbeitsumfeld betrachtet werden:
  - Organisationsschnittstelle - Funktionsschnittstelle
  - Dialogschnittstelle - Ein-/Ausgabeschnittstelle
- **Dialogschnittstelle:** Sie regelt die Mensch-Computer-Interaktion im engeren Sinne.
- **Funktionsschnittstelle:** Sie bestimmt die anwendungsspezifischen Funktionalitäten.

IFIP-Schnittstellenmodell

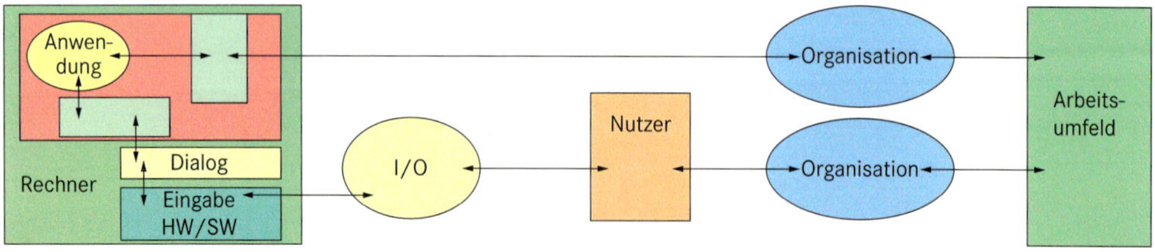

XML

Merkmale

- **XML:** e**X**tensible **M**arkup **L**anguage - erweiterbare Auszeichnungssprache.
- XML ist eine Abfolge von SGML (Standard Generalized Markup Language) - und entstand 1998.
- XML nutzt ca. 20 % der SGML-Befehle.
- Im Gegensatz zu HTML kann XML **beliebig viele Tags** nutzen. (Tag: Formatierungsbefehl)
- **Tags** müssen geschlossen werden.
- Prinzipiell kann XML andere Auszeichnungssprachen - zum Teil unter Verwendung einer Dokumentationstyp-Definition - „erfinden“: so z. B. **XHTML**. Hierbei wird HTML zur XML-Anwendung. Insofern ist XML eine **Meta-Sprache**.
- Eine Dokumentstyp-Definition (**DTD: D**ocument **T**ype **D**efinition) begrenzt dabei die nutzbare Tags-Vielfalt.
- XML unterscheidet zwischen Groß- und Kleinschreibung.
- Ein **wohlgeformtes XML-Dokument** ist grammatikalisch einwandfrei: dies kann im Rahmen einer Basisüberprüfung von einem Parser erkannt werden.
- XML verwendet den **Unicode**.
- HTML-Dokumente können in XHTML-Dokumente (automatisch) umgewandelt werden.
- **Kommentare:** <! -- ... -->
- Nur mittels einer **API** (**A**pplication **P**rogramming **I**nterface - Anwendungsschnittstelle) kann aus einer Anwendungen heraus ein XML-Dokument aktiviert werden.
- Aufbau eines **Elements**
  <(öffnender) Tag> - <Inhalt> - <(schließender) Tag>
- **Element-Deklaration**
  <!ELEMENT *Name-des-Elements* (Inhaltsmodell)>
- **Inhaltsmodelle**
  EMPTY - leeres Element
  #PCDATA - parsed Character (nur Zeichentext)
- Aufbau eines **Attributs:** Attributname = *Attributwert*
- **Attribute-Deklaration**
  Ein Attribut bezieht sich auf ein bestehendes Element.
  <!ATTLIST *Element-Name Attribut1*, ... >
- **Attribut-Standardwerte**
  1. #IMPLIED (optional)
  2. #REQUIRED (verpflichtend)
  3. #FIXED *Wert* (fester Wert)
  4. „*Wert*“ (direkte Wertzuweisung)
- **Entity-Referenzen:** Darstellung von Zeichen im Text, die an sich eine Meta-Bedeutung (Steuerfunktion) besitzen:
  < - lt; > - > & - & " - " ' - &apos

JavaScript

Merkmale

- Eine eigenständige, von HTML unabhängige Programmiersprache, die von Netscape mit Blick auf HTML-Dokumente entwickelt wurde: Eine Scriptsprache.
- Mit ihr können in HTML-Programmen dynamische Elemente eingebunden werden. (Hierzu können zum Beispiel auch die Sprachen VHScript und JScript verwendet werden.)
- JavaScript-Programme können auch als eigenständige xxx.js-Dateien Verwendung finden.
- Keine echte objektorientierte Sprache: Klassen können nicht bestimmt werden; Vererbungen sind nicht möglich.
- Es gibt vordefinierte Objekte (vom jeweiligen Browser). Und es können eigene Objekte definiert werden.

Basiselemente

- Einleitung eines JavaScript-Teils im HTML-Code:
  <SCRIPT LANGUAGE=„JavaScript“> bzw.
  <SCRIPT TYPE=„text/javascript“>
- Abschluss: </SCRIPT>
- Im HTML-Dokument wird ein JavaScript-Teil als HTML-Kommentar deklariert: <!-- ... //-->

Anweisungen

- Wert = WERT;
- **(z. B.:)** Quadrat(x) = X · X;
- if(wert < WERT-A) Wert = WERT-B;

- Es können bedingte Anweisungen mit if-else-Strukturen realisiert werden.
- Fallunterscheidungen können gestaltet werden mit: switch (...) {case „...“: ... break;}.

```
if(zahl > WERT)
{zahl = ...;
        anweisung;}
```

```
while(i <= WERT)
{SUMME(i);
i = i + 1;}
```

Neben while-Schleifen existieren auch noch:

for- Schleifen

```
for (i = ; i <= ...; i++)
    {...;}
```

do-while-Schleifen:

```
do {...;}
```

- Kommentare innerhalb von JavaScript: /* ...*/

Beispiel (mit Kommentar)

```
<HTML><HEAD><TITLE> Bspl. f. JavaScript</TITLE>
<script language=„JavaScript“>
<!--
 function Quadratzahl(ZAHL)
 {
   var ERGEBNIS=ZAHL*ZAHL;
   alert("Die Quadratzahl ist " + ERGEBNIS);
 }
//-->
</script></HEAD></HTML>
```

HTML-Dokument, HTML-Kopf, Titel
Festlegung der Scriptsprache
Beginn HTML-Kommentar
Definition einer Funktion
Funktionsanweisungen stehen in Klammern: (...)
Defintion der Variablen ERGEBNIS
Ausgabe des Ergebnisses in einem Meldefenster
Ende der Funktion
Abschluss des HTML-Kommentars
Skriptende, Kopfende, Ende HTML-Dokument

Objekte

- Vielfältige Objekte sind in JavaScript vordefiniert.
- Zu einem Objekt gehören spezifische Eigenschaften und (eventuell) streng zugehörige Methoden.
- Methoden sind den Objekten zugeordnete Funktionen, mit denen spezifische Aktionen vorgenommen werden.
- Die Objektbeziehungen sind zum Teil hierarchisch geordnet.
- Das höchste Objekt – im Sinne der Hierachie – ist **window** (ein Fenster-Objekt). **document** ist das erste nachrangige Objekt. Insofern ist das Objekt **document** ein Inhalt im Objekt **window**.
- Durch die Definition einer Funktion
  `function ... {...; ...;}`
  kann ein neues, individuelles Objekt bestimmt werden. Die Funktionsparameter, die beim Aufruf übergeben werden, entsprechen den Objekteigenschaften.
- Durch den Aufruf der Funktion verbunden mit dem Schlüsselwort **new** wird eine Objektinstanz im Programm bestimmt.
- Zu jedem Objekt gehören spezifische Eigenschaften und Methoden (Unterobjekte sind festgelegt).
- **CSS** (**C**ascading **S**tyle-**S**heets) ist eine HTML-Ergänzungssprache für detailliertere Formatierungen.
- Das Frame-Fenster ist eine Variante des Window-Fensters.

Objekthierarchie	
1	window (Anzeigefenster)
2	array (Feld (Ketten/Vektor) von gleichartigen Variablen)
3	boolean (Logische Werte (Ja/Nein – true/false))
4	date (Zeitangabe und Datum)
5	function (Funktion)
6	math (Mathematische Berechnungen)
7	navigator (Informationen zum Browser)
8	number (numerische Werte)
9	reg exp (reguläre Ausdrücke)
10	screen (Informationen zum Anwender-Bildschirm)
11	string (Zeichenketten)

Dialogboxen/Eingabefelder

- `function dialog () {alert („...");}` ... => `alert` erzeugt ein **Dialogfenster** (OK-Knopf und Ausrufezeichen)
- `function dialog () {var Eingabe; Eingabe = confirm („..."); if (Eingabe == true) {...;}}` ...
  => `confirm` erzeugt ein Fenster mit **zwei Schaltern**
- `function dialog() { var Eingabe; Eingabe = prompt („..."); if (...) {...;} else {...} }` ...
  → `prompt` erzeugt ein Fenster mit einem **Eingabefeld**
- `function fenster() {var fen; fen=window.open („", „Fenster", „width =..., height= ...");}`
  → ein Fenster wird über `window.open` erzeugt.

Operatoren

Elementare (der C-Welt) entnommene Operatoren sind:

- i++: i = i + 1 → Inkrement (→ aufwärts zählen)
- i--: i = i - 1 → Dekrement (→ abwärts zählen)

Zuweisung	Programmieroperation	Mathe. Operation
+=	n+ = 10	n = n + 10
-=	n- = 10	n = n - 10
*=	n* = 10	n = n * 10
/=	n/ = 10	n = n / 10
%=	n % = 10	n = n % 10
∧=	n∧ = 10	n = n ∧10

Objekt `window`

Eigenschaften	
closed	geschlossenes Fenster
defaultStatus	Normalanzeige in der Statusanzeige
innerHeight	Höhe des Anzeigenbereichs
innerWidth	Breite des Anzeigenbereichs
locationbar	URL-Adresszeile
menubar	Menüleiste
name	Fenstername
outerHeight	Höhe des gesamten Fensters
outerWidth	Breite des gesamten Fensters
pageXOffset	Fensterstartposition von links
pageYOffset	Fensterstartposition von oben
personalbar	Zeile für Lieblingsadressen
scrollbars	Scroll-Leisten
statusbar	Statuszeile
status	Inhalt der Statuszeile
toolbar	Werkzeugleiste

Methoden	
alert ()	Dialogfenster mit Informationen
back ()	Zurück in History (history.back() – zurück zu bereits besuchten URL-Adressen)
blur ()	Fenster verlassen
captureEvents ()	Überwachung von Ereignissen
clearIntervall ()	Abbrechen der zeitlichen Anweisungsfolge
close ()	Schließen des Fensters
confirm ()	Dialogfenster zum Bestätigen
find ()	Suche von Text
focus ()	Aktivierung eines Fensters
forward ()	Vorwärts in History – history.forward()
home ()	Zur Startseite
open ()	Öffnen eines neuen Fensters
print ()	drucken
prompt ()	Dialogfenster für Werteingabe
releaseEvents ()	Ereignisabschluss
scrollBy ()	Scrollen um Pixel-Anzahl
scrollTo ()	Scrollen zur Position
stop ()	Abbruch

Unterobjekte

- document
- history
- event
- location

Objekt `document`

charset	verwendeter Zeichensatz
defaultVharset	normaler Zeichensatz
referrer	letzte besuchte Seite
title	Dateititel

Methoden	
captureEvents()	Überwachung der Ereignisse
close()	schließen
getSelection()	selektierter Text
handleEvents()	Ereignisse verarbeiten
open()	Dokument öffnen
releaseEvents()	Abschließen der Ereignisse
write()	Schreiben ins Dokumentfenster
writeln()	zeilenweise schreiben

Unterobjekte

- all
- anchors
- applets
- forms
- images
- layers
- links

Merkmale

- **PHP** steht heutzutage für (**P**ersonal) **H**ypertext **P**reprocessor; ursprünglich für **P**ersonal **H**ome **P**ages.
- Es ist eine Skriptsprache, die stark von den Programmiersprachen C, Java und Perl beeinflusst ist.
- PHP-Skripte werden nicht vom Browser, sondern vom (Web-) Server interpretiert und umgesetzt.
- Bevorzugt wird der Apache-Webserver verwendet.
- PHP kann als **C**ommon **G**ateway **I**nterface (**CGI**)-Programm oder – vorrangig – als Modul unter Apache installiert werden.
- Codezeilen von PHP werden direkt in den HTML-Code geschrieben. Für den Aufruf existieren vier Möglichkeiten:

```
1: <? ... ?>
2: <?php ... ?>
3: <SCRIPT LANGUAGE = „PHP"> ... >/SCRIPT>
4: <%.... %>
```

- Code-Darstellung auf dem Bildschirm über den Befehl `echo` (`echo` „Dies wird geschrieben.")
- PHP ist case-sensitiv: insofern ist auf Groß- und Kleinschreibung bei den Variablen zu achten.

Sprachelemente

- Mehrzeiliger Kommentar: `/* ..... */`
- Einzeiliger Kommentar: `// ...`
- Variablen: `$xxx` ; mit Zuweisungen über: =
- Felder: `$xxx[i]`
- Anweisungsende: `;`

Datentypen in PHP

- Boolean – Wahrheitswert (0/1; TRUE/FALSE)
- Integer – Ganzzahl (–2147483648 bis + 2147483647)
- Double – doppeltgenaue Gleitpunktzahl ($-1{,}7 \cdot 10^{-308}$ bis $-1{,}7 \cdot 10^{-308}$)
- String – Textvariable (mit alphanumerischen Zeichen) (Vereinbarungsbeispiel: $stringA = „Hallo Welt";)
- Array-Felder (können unterschiedliche Datentypen enthalten.)
  Vereinbarungsbeispiel: $feld[0] = 26: Die Adressierung beginnt mit der Nummer Null ([0]).
- Object – konkrete Ausprägung einer Klasse
  `class` ZEUGNISFOLIE ... ;
  $Zeugnis-Müller = `new` ZEUGNISFOLIE

Basis-Operationen

Addition	+	Subtraktion	–	Multiplikation	*
Division	/	Reste	%	Stringverknüpfung	.

Kontrollstrukturen

- if-Struktur mit Bedingung

```
if (Bedingung) {Befehle;}
  else {Befehle;}
```

- while-Schleife:

```
while (Ausdruck) Befehl
```

- switch-Befehl:

```
switch (Ausdruck) {
  case 0: Befehl
  ...
  case n: Befehl
  default: Befehl
  }
```

- Schleifen:

```
for (Ausdruck-A [, ...];
  Ausdruck-B [, ...])
Befehl
```

```
do Befehl
  while (Ausdruck)
```

www-Kommunikation von php

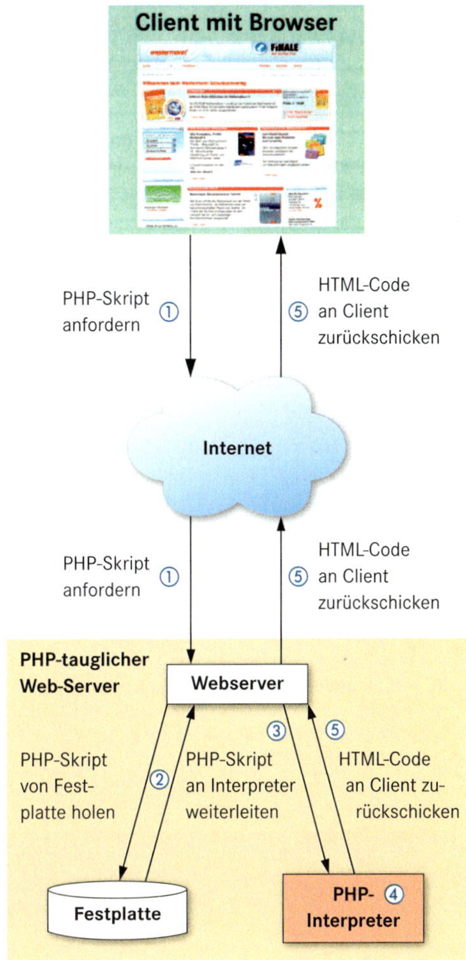

① ... ⑤ : Ablaufreihenfolge

Bearbeiten von (Server-)Dateien

- Dateiöffnung: `fopen`
- Dateispeicherung: `$datei`

  `$datei = fopen` („Datei", „Parameter")

- Schließen der Datei: `fclose($datei)`
- Auslesen einer Datei (auf dem Browser): `readfile`
- Schreiben in die Datei: `fwrite`
- **Parameter**
  - `r` ausschließlich lesen (vom Dateianfang her)
  - `r+` lesen und schreiben
  - `w` ausschließlich schreiben
  - `a` ausschließlich schreiben (vom Dateiende her)

- Formulardatei: `formular.htm`
- Funktionen: `function name ($parameter, ...)`
- Datumsfunktion: `getdate ()`
- Konfigurationsanzeige: `phpinfo ()`

Benutzungsschnittstelle
Graphical User Interface

Merkmale

- Graphische Benutzungsschnittstelle (z.T. auch Benutzeroberfläche) eignen sich für die Gestaltung von anwenderfreundlichen Programmieroberflächen
- Über die GUI wird eine ereignisgesteuerte Benutzerinteraktion – unter anderem durch die Verwendung einer Maus – ermöglicht.
- GUI – Systeme existieren u. a. von Microsoft („**Windows**“), von IBM („**Presentation Manager**“) und „**Motif**“ im Unix-Bereich.
- Bedeutsam für die Gestaltung von Oberflächen sind besonders **Fenster, Menüs** und **Dialogfelder**.

Fenster

- **Fenstertechniken**
  - **SDI**-Fenster (single document interface) und **MDI**-Fenster (**m**ultiple **d**ocument **i**nterface) werden unterschieden.
  - Im Rahmen der **SDI-Technik** kann nur eine Datei (oder eine Datenbank), im Rahmen der **MDI-Technik** können mehrere Dateien zugleich geöffnet sein.
- **Typische Fensterelemente**
  - Titelbalken
  - Symbolleisten
  - Statusleiste
  - Fenster
  - Menübalken
  - Rollbalken (vertikal und horizontal)
  - Arbeitsfenster
  - Knöpfe für Bildgröße/Beenden/Minimierung
- **Übliche Fenstertypen**
  - **Anwendungsfenster:** Zentrales Primärfenster
  - **Primärfenster:** für die Primärdialoge des Benutzers
  - **Sekundärfenster:** geeignet für sekundäre Benutzerdialoge
  - **Dialogboxen** (Dialogfenster; „aktives Fenster“): Basale Fenster; geeignet zur Aufnahme von Daten etc.
  - **Mitteilungsfenster** („passives Fenster“): Statusmitteilungen werden gegeben Dialogfelder

Dialoganforderungen

- Die Dialoggestaltung wird durch die **ISO 9241-10** beschrieben.
- Gemäß der Norm sollen gebrauchstaugliche und konsistente Benutzerschnittstellen gestaltet werden, um eine höhere Produktivität zu erzielen.
- Ermittlung der Gebrauchstauglichkeit nach **ISO 9241-11** über die
  - **Effektivität:** Genauigkeit und Vollständigkeit der Ergebnisse
  - **Effizienz:** benötigter Aufwand zur Zielerreichung
  - **Zufriedenheit:** Nutzungsakzeptanz und Beeinträchtigungsfreiheit
- Dialoganforderungen gemäß **ISO 9241-10**:
  - **Angemessenheit** gegenüber der Aufgabe: Effektive und effiziente Unterstützung des Benutzers bei der Aufgabenbewältigung
  - **Dialogverständlichkeit/Lernförderung:** Die Dialoggestaltung soll den Systemumgang verständlich machen.
  - **Erwartungshorizont** (Erwartungskonformität): Die Dialoge sollen in sich eindeutig und konsistent sein. Sie sollen verständlich sein und den Anforderungen entsprechen. Sie sollen den üblichen Erwartungen der Benutzer (Kenntnisund Erfahrungshintergrund) entsprechen.
  - **Fehlertoleranz** und **Korrekturfähigkeit**: Fehler bei der Eingabe und Steuerung sollen die Systemstabilität nicht beeinträchtigen. Auch soll ein Laie Korrekturen leichtgängig vornehmen können.
  - **Individualisierbarkeit:** In Abhängigkeit von den Anforderungen und Aufgaben und den individuellen Konfigurationsbedürfnissen und Vorlieben sollen die Dialoge angepasst werden können.
  - **Selbsterklärung** (Selbstbeschreibungsfähigkeit): Jeder Dialog soll aus sich heraus verständlich sein. Rückmeldungen sollen sich die Dialogschritte erklären.
  - **Steuerbarkeit:** Der Benutzer soll die Dialogabfolge starten und die Geschwindigkeit und Richtung steuern können.

Komplexe Anwendungssysteme
Complex Systems of Application

Merkmale

- Durch die Nutzung intelligenter Techniken, speziell von **Such-**, **Verarbeitungs-** und **Aufbereitungsalgorithmen** sollen in der IT-Welt automatisiert **Daten, Informationen** und Strukturen zuverlässig erfasst werden.
- Dies betrifft die automatisiert organisierbaren Bereiche:
  - Suchmaschinen (lycos, rrzn, google, ...),
  - Datenarchive,
  - Kataloge,
- Zur Realisierung werden Methoden aus vielfältigen Informatikbereichen (Algorithmen, Graphen, Logik, KI, ...) eingesetzt.

Begriffe

- **Expertensystem** (gebräuchliche Abkürzung: **XS**) System mit einer Wissensbasis und einer Schlussfolgerungskonzeption zur automatischen Lösung von Problemen.
- **Inferenz** (engl. to infer – schließen): Schlussfolgerungsformen auf der Basis unterschiedlicher logischer Konzepte.
- **Shells** (auch: **leere Expertensysteme**) Reine Wissenserwerbs- und -verarbeitungssysteme.
- **XS-Werkzeuge** (auch: **XS-tools/Toolkits**) Programmiersprachenkonzeptionen, mit denen Expertensysteme (konstruktiv) entwickelt werden.

Forschungs-/Anwendungsfelder

Forschungsbereiche		Anwendungen	
Software	Hardware	Software Engineering (Sprachen/Strukturen)	Mustererkennung
Simulationen Klimamodelle	Sensorik		Fertigung (Roboter)
Expertensystem	Roboter	**Sprachsysteme** Übersetzung, Ansagen, Auskunft (Abfragen)	Multimedia (Bildverarbeitung)
Neuronale Netze	Grammatik		Medizin/Meteorologie/... (Geräte/Analyse)
Logische Systeme	Kognitive Strukturen		
	Sprachverarbeitung	Meteorologie (Wetter)	
	Lernkonzepte	Wirtschaft	

Merkmale

- Unter Verwendung von informationstechnischen Systemen soll die (virtuelle – unternehmensweite) **Kommunikation** ermöglicht, erleichtert bzw. verbessert werden, um so das – Informieren – Koordinieren – Kollaborieren – Kooperieren zwischen Menschen zu ermöglichen.
- Bezüglich der **K**ommunikation, **K**oordination und **K**ooperation in Gruppen spricht man vom **3K-Modell**.
- **Kenntnisbereiche:** Neben den technischen Realisierungs- und theoretischen Beschreibungsmöglichkeiten sind Kenntnisse aus folgenden Bereichen relevant:
  - Arbeitswissenschaften
  - Soziologie
  - Ergonomie
  - Design
  - Lern- und Arbeitspsychologie
  - Kognitionswissenschaften

Systemabkürzungen

- **CSCL: C**omputer **S**upported **C**ooperative/**C**ollaboratives **L**earning – Computerunterstütztes Lernen
- **CSCW: C**omputer **S**upported **C**ooperative **W**ork – Computerunterstütztes kooperatives Arbeiten (Gruppenarbeit)
- **HCI: H**uman **C**omputer **I**nteraction – Endbenutzergerechte Gestaltung interaktiver Systeme (Individualsystem)
- **MIS**: **M**anagement **I**nformation **S**ystems – EDV gestützte Informationsverarbeitung (System zur Organisationsunterstützung)
- **SIS: S**ocial **I**nformation **S**ystems – Gemeinschaftsunterstützende System

Konkrete Systeme

- Nachrichtensysteme: Information Lens, Imail
- Mehrbenutzereditoren (M)
  - asynchrone M.: Quilt
  - synchrone M.: CoWord, CoPowerPoint, DistEdit, Grove, Iris
- Elektronische Sitzungsräume: DOLPHIN
- Rechnergesteuerte Konferenzen: Cognoter, Video, Link, MMConf, Rapport
- Intelligente Agenten: LIZA
- Koordinierungssysteme: DOMINIO, ECF (Electronic-Circulation- Folder) System, COORDINATOR

Gestaltungsprinzipien

- Relevant für die Gestaltung von kooperierenden Gruppenprozessen ist, den Anwendern zeitlich möglichst gleiche (identische) Prozesskonzeptionen/Produktvorstellungen zugänglich zu machen.
- Hierzu sind die „WYSIWIS"-Ideen bedeutsam:
  - **WYSIWIS:** what you see is what I see
  - **WYSIWYG:** what you see is what you get
  - **WHSIWIMS:** what you see is what I may see
  - **WYSIWNIS:** what you see is not what I see
- **Netiquette (Network Etiquette):** Verständigungsregeln für die Internet-Kommunikation:
  - Den Kommunikationspartner als Mensch sehen und achten.
  - Texte sorgfältig erstellen und präzise berichten.
  - **Rechtsregeln** beachten (bezüglich Beleidigung, üble Nachrede und Verleumdung siehe §§ 185ff, StGB).
  - **Betreff-Zeile** sinnvoll nutzen.

Kommunikationsmöglichkeiten

Unterschieden wird: **asynchrone** und **synchrone** Kommunikation:

- asynchrone
  E-Mail-Kommunikation
- synchrone
  - Textbasierte Konferenzsysteme: IMS, IRC, Talk
  - Audiokonferenzsysteme
  - Videokonferenzsysteme

CSCW-Klassifikation nach Zeit und Raum (Ort)		
Zeit\Ort →	getrennt	gleich
getrennt	Meeting – gemeinsam	Pinwand; schw. Brett
gleich	Tele-/Videokonferenz	E-Mail

Zuordnungen der Dienste im 3K-Modell

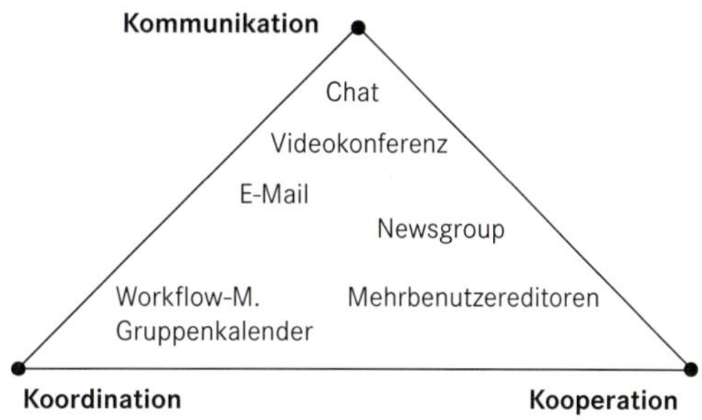

Die Systemgruppen können entsprechend zugeordnet werden.

Workflow-Systeme

- **Workflow** – auch Geschäftsvorgang, -prozess, Prozesskette
- Unterschieden werden bei den Geschäftsprozessen
  - starre Abläufe (Produktionsworkflow)
  - ad-hoc Abläufe
  - semistrukturierte bzw. semiflexible Abläufe
- Beim Management von Workflow-Prozessen müssen folgende Aspekte erfasst bzw. bewältigt werden:
  1. Modellierung (Ist-Erfassung/Soll-Konzept)
  2. Spezifikation
  3. Simulation
  4. Ausführung
  5. Steuerung
- Modellierungserfassung mit:
  - Fluss- und UML-Diagrammen
  - Use-Case-/Interaktionsdiagramme
  - Prozess-Algebren
  - Petri-Netze
- Im Rahmen der Gruppenarbeit werden erfolgreich virtuelle Realitäten **kreiert und eingesetzt**.

Verständigungssysteme (Unterstützungsbereich(e))

- Bulletin-Board-Systeme (K, I)
- E-Mail (K, WM)
- Mehrbenutzereditoren/ Planungssysteme (WC)
- Verteilte Hypertextsysteme (I, WC)
- Videokonferenzsysteme (K)
- Elektronische Sitzungsräume (WC)
- Datenbanken (I, WM)
- Workflow-Management-Systeme (WM)

Unterstützungsbereich(e))
K: Kommunikationsunterstützungssystem
I: Gemeinsame **I**nformationsräume; **WC: W**orkgroup **C**omputing
WM: Workflow **M**anagementsysteme

Merkmale von PostScript

- Geräteunabhängige und stackorientierte Programmiersprache zur **Seitenbeschreibung** (Versionen 1 bis 3).
- 1983 von Adobe Systems entwickelt.
- Grundlegende Sprache für computer-unterstütztes Publishing und die digitale Drucktechnik.
- Mit PostScript ist eine Ausgabe von
  - Text,
  - geometrischen Figuren und
  - gerasterten Bildern möglich.
- Eine PostScript-Datei liefert eine **geräteunabhängige** Schnittstelle für die Ausgabe der Dateien auf Drucker, Kopierer, Bildschirm, Belichtungs- oder Publishing-Geräten (Vorstufe für den Druck).
- Eine PostScript-Datei besteht aus ASCII-Text.
- Da Ausgabegeräte in der Regel rasterorientiert arbeiten, muss die programmierte Seite in das Bildpunkte umgewandelt werden. Dazu ist ein **PS-Interpreter** (**RIP: R**aster **I**mage **P**rocessor) erforderlich. Er führt PS-Anweisungen aus und erzeugt die jeweilige Ausgabe.
- PS-Interpreter analysieren die Anweisungen und wandeln diese in eine Sprache um, die das Ausgabegerät versteht. Er ist gewissermaßen das Betriebssystem des Ausgabegerätes und analysiert die PS-Datei zeilenweise. Vom Ausgabegerät hängt es ab, ob der Interpreter Rasterformate (z. B. TIFF, GIF) oder objektorientierte Grafikformate (z. B. WMF, PICT) erzeugt.
- Grundlage für die Struktur einer Seite in PostScript ist ein kartesisches Koordinatensystem, in mathematische Objekte eingefügt werden. Der Ursprung ist in der Regel die linke untere Blattecke. Das Koordinatensystem besitzt für den Programmierer keine Begrenzungen. Erst bei der Ausgabe wird dieses Benutzerkoordinatensystem in ein gerätespezifisches Koordinatensystem umgerechnet. Folgende Manipulationen des Koordinatensystems sind möglich:
  - Translation
  - Rotation
  - Skalierung (Streckung, Stauchung)
- Schriften werden als PostScript-Informationen dargestellt. Der Umriss wird durch Linien- und Kurvensegmente geometrisch beschrieben. Dadurch wird die Schrift in der Ausgabe beliebig skalierbar.

PostScript-Interpreter

- **Hardware-RIP**
  PS-Controller befindet sich auf einer Platine im Drucker mit Speicher und ROM.
- **Software-RIP**
  Interpretation wird durch Software im Rechner geleistet, z. B. mit Ghostscript.

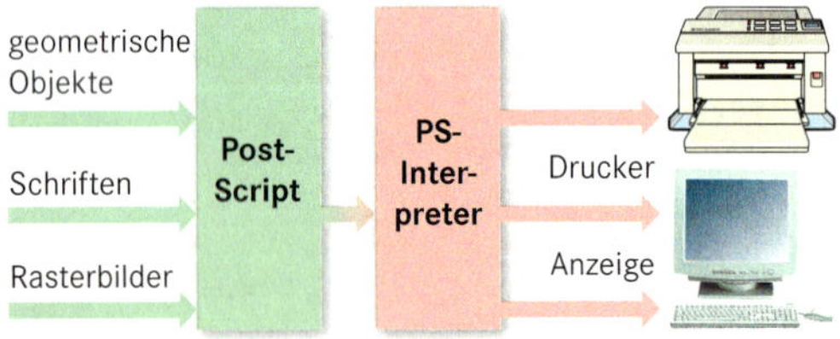

Erzeugung von PS-Dateien

- **Quelltext erstellen**
  Lesbare Anweisungen, die den Aufbau der auszugebenden Seite beschreibt (Prolog, Strukturkommentar, Autor, Titel, Seitenzahl, PS-Version und Skript zur Seitenbeschreibung).
- **Systemtreiber**
  Verwendet werden hierbei Treiber, die im Betriebssystem verankert sind. Über standardisierte und aktualisierbare Schnittstellen (Windows GDI, Mac QuickDraw) aktiviert die Anwendungssoftware den Systemtreiber und erstellt ausgabefähige Seiten.
- **Anwendungsprogramm**
  PS-Treiber werden durch das Anwendungsprogramm (z. B. Adobe Illustrator, Photoshop) zur Verfügung gestellt. Dadurch ist das Verfahren unabhängig vom Betriebssystem.
- **PS-Konverter (Filter)**
  Das Eingangsformat wird durch Filter in PostScript übersetzt. Man unterscheidet Text- und Grafikkonverter. Das Ergebnis ist häufig eine **EPS**-Datei (Encapsulated PostScript).

Das Ergebnis in allen Fällen ist eine **geräteunabhängige** PS-Datei.

PDF

- **P**ortable **D**ocument **F**ormat
- Offenes Dateiformat zum Austausch elektronischer Dokumente. Schriftarten, Bilder, Grafiken und Layout jedes Ausgangsdokuments bleiben unverändert, unabhängig von der Anwendung und der Plattform (z. B. MacOS, Windows), die zur Erstellung verwendet wurde. Zum Öffnen der Datei ist ein „Leseprogramm“ erforderlich, z. B. Adobe Acrobat.
- PDF ist keine Programmiersprache. Es sind keine Kontrollstrukturen wie z. B. Schleifen oder Abfragen vorhanden.
- PDF baut auf PostScript auf, verwendet jedoch nur einen eingeschränkten Befehlssatz.
- Die Dateien sind kleiner (komprimiert) als PS-Dateien und lassen sich dadurch einfacher auswerten.
- Die Verwendung von hierarchisch geordneten Lesezeichen ist möglich (Hypertext Funktionaltät).
- Vorschaugrafiken einzelner Seiten können erstellt werden.

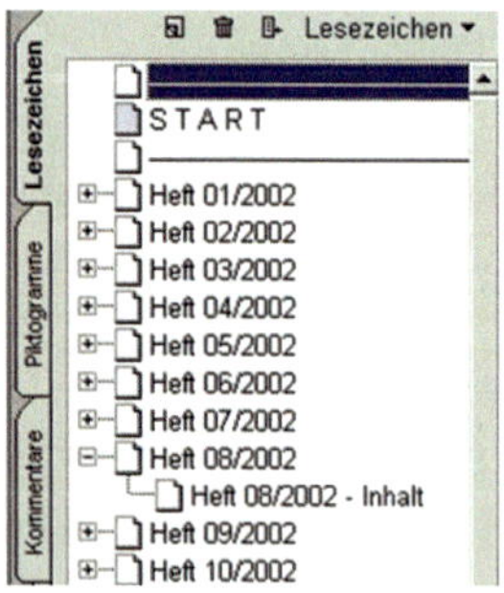

- PDF-Dokumente können mit speziellen Zugriffsrechten und digitalen Signaturen versehen werden.
- Die mit Tags versehenen Dateien enthalten Informationen zum Inhalt und der Struktur eines Dokuments. Sie können abgerufen und dargestellt werden.
- Dokumentenerstellung: Beliebiges Dokument → Speicherung als PostScript-Datei → Interpretation der Datei z. B. durch Acrobat Distiller (ein Post-Script RIP) und Speicherung als PDF-Datei.

Prinzip und Funktion

- Es handelt sich bei UEFI um eine „Vereinheitlichte erweiterbare Firmware Schnittstelle".
- Die Schnittstelle liegt zwischen der Firmware, den einzelnen PC-Komponenten und dem Betriebssystem.
- Vorgänger: **EFI** (**E**xtensible **F**irmware **I**nterface)

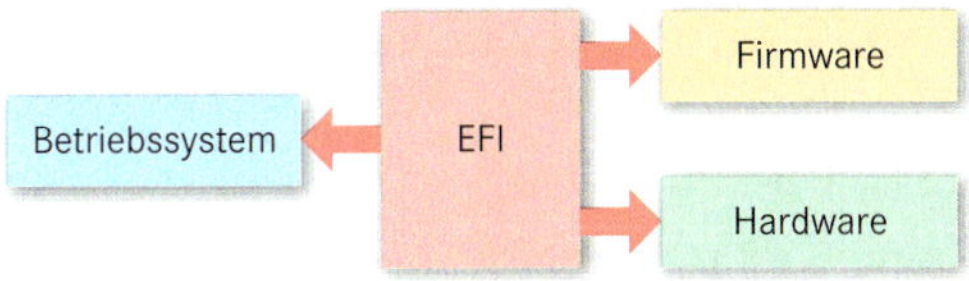

- Die **Firmware** (engl. firm = fest) ist eine Software, die in der Hardware funktional fest eingebettet ist (meist in einem nicht flüchtigen Speicher, Flash-Speicher).
- UEFI wird das traditionelle BIOS ersetzen. Auf den Windows-8-PCs wird UEFI bereits vorhanden sein. Für die Installation auf älteren PCs wird Windows 8 auch weiterhin das herkömmliche BIOS unterstützen.
- UEFI wird unterstützt von Linux, diversen Unix-Versionen, Windows Vista (SP1) und Windows 7 in den 64-Bit-Versionen.
- Gründe für eine BIOS-Ablösung:
  - Die Bedienung des Setup-Screens entspricht nicht mehr den zeitgemäßen Anforderungen (Bedienoberfläche, Einstellmöglichkeiten).
  - Größe der Boot-Festplatte < 2 TB
  - Lange Boot-Zeiten

Bedienoberfläche

- Der Unterbau von UEFI ist standardisiert. Die Hersteller (Asus, Gigabyte, MSI, AS Rock ...) verwenden aber unterschiedlich höher auflösende grafische Oberflächen zur leichten Bedienung mit der Maus. Textbasierte Darstellungen sind ebenfalls möglich.
- Angeboten werden auf der Bedienoberfläche aber auch wichtige Informationen.
  Beispiele: Prozessor, Speicher, Temperatur, Lüfterdrehzahl
- Die Auswahl des Boot-Laufwerks kann in der Regel per Drag and Drop erfolgen.

Textbasierte Bedienoberfläche (Beispiel)

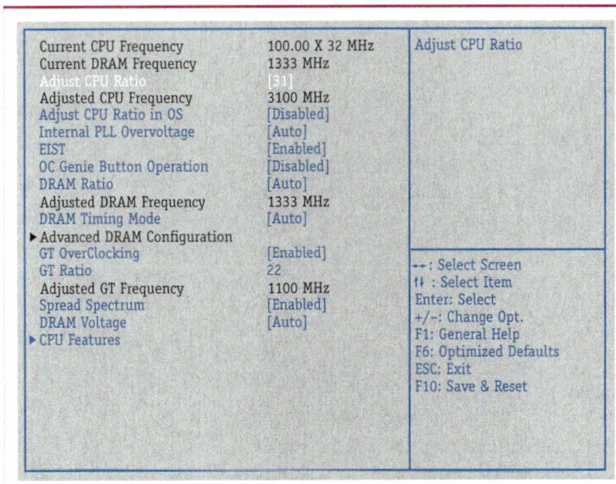

Techniken und Möglichkeiten

- Übergreifende Prinzipien:
  - Einfach veränder- und erweiterbar
  - Weniger Zeit zum Booten (angestrebt < 8 s)
- Mit dem integrierten Netzwerktreiber lässt sich über UEFI bereits der Netzwerkanschluss nutzen (z. B. Fernwartung).
- Grundfunktionen der Grafikkarte (**GOP**: **G**raphic **O**utput **P**rotocol) stehen beim PC-Start bereits zur Verfügung (höhere Auflösung).
- Es besteht durch Emulation Kompatibilität zu einem vorhandenen BIOS.
- Über eine Shell können EFI-Applikationen (.efi) aufgerufen werden.
- Treiber können integriert sein, so dass sie nicht vom Betriebssystem geladen werden müssen.
- Anstatt auf dem Betriebssystem können Netzwerk- und Speicherverwaltung auf der Firmware laufen.
- Installierte Betriebssysteme können problemlos ausgewählt werden (Boot-Loader nicht erforderlich).
- Boot-Möglichkeiten von Festplatten > 2 TB sind durch **GPT** (**G**UID **P**artition **T**able, GUID: Globally Unique Identifier) möglich.
- Eine Beschränkung auf vier primäre Partitionen pro Festplatte entfällt.

Grafische Bedienoberflächen (Beispiele)

① BIOS-Einstellungen ② Restart (PC startet neu)
③ Save CMOS (Änderungen im BIOS werden gespeichert)

① Sprachwahl ② Systeminfos ③ Systemleistung
④ Boot-Priorität

Aufgaben

- Ein Betriebssystem
  - steuert und überwacht die Prozessabläufe im System
  - verwaltet die technischen Komponenten eines Rechners
  - regelt den Einsatz von Anwendungen und Programmen
  - verwaltet die Daten und managt die Speicherzugänge
  - gestaltet den Zugriff auf das System (Eingaben/Datenzuflüsse)
  - leitet die Datenausgabe auf periphere Geräte und Komponenten
- Hierzu nutzt ein Betriebssystem vielfältige unterstützende Geräte (Prozessoren) und Treiber.
- **Elementare Systemkriterien**
  - Nur ein Nutzer: **s**ingle **u**ser system
  - Nur ein Auftragsbearbeitung im System: **s**ingle **t**asking system
  - Mehrere Nutzer parallel: **m**ulti **u**ser system
  - Mehrere Aufträge parallel im System: **m**ulti **t**asking system

Dateisysteme

- **FAT 16** (**F**ile **A**llocation **T**able mit 16 Bit; oftmals FAT): Verzeichnis der Speichereinheiten
- **FAT 32:** Partitionen bis zu 2 TByte sind möglich.
- **VFAT** (**V**irtual **F**ile **A**llocation **T**able): Im Gegensatz zu FAT16 werden lange Dateinamen ermöglicht.
- **NTFS** (**N**ew **T**echnology **F**ile **S**ystem von MS (Windows))
- **HPFS** (**H**igh **P**erformance **F**ile **S**ystem): Partitionen bis 2 TByte

Einteilungen

Einsatzebenen: Echtzeitbetriebssysteme, Embedded Systems, Handheld Systems, Mainframes, Minicomputer, PC-Systeme, PDA, Server, Smartphone-Systeme, Tablets, Workstation

Systeme	Beispiel(e)
Großrechner-BS	OSD BS 2000/OSD (Siemens Fujitsu)
Netbooks	Chrome OS (Goolge)
PC-Systeme	Unix, Linux, MS Win: XP, Vista, 7, 8
Smartphone-BS, PDA, (Tablets)	Android, Apple iOS, BlackBerry (10)
Workstation, Server	FreeBSD, HP-UX, JVM (Java Virtual Machine), Mac OS X, Open Solaris, Server 2008 Banyan Vines, VMS-DEC

Betriebsarten

Systemkategorien	Beispiele
Abwicklung (Prozesse)	Stapelverarbeitung/Dialogverarbeitung
Benutzerzugang	Offener/Geschlossener Betrieb
Programmanzahl	Einprogramm-/Mehrprogrammbetrieb
Prozessoranzahl	Einprozessor-/Mehrprozessorbetrieb
Taskanzahl	Singletasking/Multitasking
Verteilung (Räumlich)	Lokaler Betrieb/Verteilte Struktur/ Fernverarbeitung
Programmnutzung	Teilnehmerbetrieb/Teilhaberbetrieb

Betriebsprobleme beim PC

Phänomen	(mögliche) Ursache(n)	(mögliche) Reaktion(en)
■ Bildschirm bleibt schwarz ■ Keine Aktivitäten ■ Keine Geräusche	■ Die Energieversorgung ist ausgeschaltet ■ Netzstecker ist nicht eingesteckt ■ Netzversorgungskabel ist beschädigt	■ Energieversorgung zu Verfügung stellen ■ Netzverbindung stabil (wackelfrei) einschalten ■ Gerätehauptschalter betätigen (Rechnerrückseite)
■ Bildschirm bleibt schwarz ■ Gerätegeräusche liegen vor	■ Energieversorgung zum Bildschirm ist fehlerhaft (eventuell direkt am PC) ■ Datenverbindung zum Bildschirm ist fehlerhaft	■ Kabelverbindungen überprüfen (Wackelkontakt)
■ Bildschirm bleibt schwarz	■ eventuell befindet sich der PC im Standby-Modus	■ Maus bewegen ■ Tastatur betätigen ■ „Sleep"-, „Freen"-, Standby"-Taste betätigen
■ Rechner fährt nicht hoch	■ Maus- und Tastaturanschlüsse sind nicht bzw. fehlerhaft angeschlossen	■ Maus- und Tastatur anschließen (eventuell die Anschlüsse von Maus und Tastatur austauschen)
	■ Ausfall der Festplatte	■ Austausch der Festplatte (=> Fachhändler)
	■ Befindet sich im Stand-by-modus	■ Aktivierung der Maus bzw. einer Taste
■ Akustische Fehlersignale	■ Konfigurationsproblem interner Komponenten	■ beachte Fehlermeldeangaben des BIOS-Herstellers
■ Bildschirmausgabe: „non system disk or disk error"	■ Es wird kein Betriebssystem gefunden	■ Datenträger aus dem zuerst angesprochenen Laufwerk entfernen und auf **ENTER** drücken ■ Bootreihenfolge ändern (BIOS: BOOT SEQUENCE) ■ Es liegt gar kein BS vor ■ Festplatte ist beschädigt
■ Maus kann nicht bewegt werden	■ Verbindung zwischen Maus und PC ist unterbrochen bzw. (noch) nicht aktiviert	■ Maus anschließen ■ Maustreiber installieren ■ die Einbindung der Maus abwarten (!)
■ Bildschirm: „Check sum" bzw. „Parity error"	■ Arbeitsspeicher (RAM) ist nicht korrekt einsetzbar	■ RAM ist fehlerhaft eingesteckt ■ verkehrte Speicherbausteinparität/-bankbelegung
■ Bildschirm: „No ROM-Basic"	■ es konnte kein BIOS aktiviert werden	■ Überprüfung des BIOS-Chip
■ Bildschirmmeldung „Hdd-/fdd controller failure"	Controller der Festplatte (hdd) oder des Laufwerks (fdd) ist fehlerhaft	■ Gerätefehler ■ Verkabelungsfehler ■ Anmeldefehler im BIOS

HW-SW-Grundbeziehung

HW: Hardware (**1, 2, 3**); **SW:** Software (**5, 6, 7, 8**)

Bereich	Nr.	Inhalt/Aufgabe
SW	8	Anwendungen (Office, ...) (Benutzermodus)
	7	Schnittstelle (System-Anwendungen [**JVM; CLR**])
	6	Betriebssystemnahe SW (Compiler, Interpreter, ...)
	5	(eigentliches) Betriebssystem (**BS**)
HW/SW	4	Schnittstelle (HW-SW) (**vBM; VM**-*Monitor*)
HW	3	Maschinenorganisation (M,-sprache) [Firmware]
	2	Mikroarchitektur
	1	Geräte (Physikalische Ebene)

- Mit **Kernel** (engl.; Obstkern) wird das prozessornahe Computerkernprogramm bezeichnet. Bei jeder Anwendung läuft es mit.
- Zum **Kernel** gehören die Aufgaben unter **5** und **6** (Kernelmodus). Er kann einheitlich oder auch schichtorientiert gestaltet sein.
- Arbeitet das Betriebssystem insgesamt als integrierter und geschlossener Kern, dann spricht man von einem monolithischen Kernel. Alle Teilprogramme beziehen sich auf diese Einheit.
- Durch die Auslagerung von Betriebssystemaufgaben kann eine Kernelreduktion auf einen Microkernel erzielt werden.
- Auf der HW-SW-Schnittstellenschicht (**4**) können virtuelle Organisationseinheiten (virtuelle Infrastruktur) realisiert werden.
  vBM: virtuelle **B**asis**m**aschine
  VM-Monitor: Virtuelle **M**aschine - **Monitor**
  Durch die virtuellen Maschinen können verschiedene Betriebssysteme parallel auf einer Maschine zum Einsatz kommen.
- Die Firmware kann sowohl hard- als auch softwareorientiert aufgebaut sein. Sie ist fest implementiert und gehört zur HW-Ebene.
- Auf der oberen Schnittstellenebene (**7**) können virtuelle Maschinen verwendet werden. Diese gehören dann nicht mehr zum Kernel des Betriebssystems (**BS**).
  JVM: Java **V**irtual **M**aschine; **CLR: C**ommon **L**anguage **R**untime
- Virtuelle Maschinen können auch als Schnittstelle zu einem Server- Netz (auch Internet) agieren. Parallel können dann verschiedene Kernel und von daher auch unterschiedliche BS für verteilte Aufgaben betrieben werden.
- Anwenderprogramme aktivieren das BS über Systemaufrufe. Der Programmablauf wird als **Prozess** bzw. **Task** (Aufgabe) gestaltet. Zum Prozess-Kontext gehören jeweils vielfältige Zustandsinformationen.
- Das gleichzeitige Bewältigen von verschiedenen Prozessen wird als **Multitasking** bezeichnet. Im Detail werden unterschieden:
  - Kooperatives Multitasking (Steuerung über Interrupts)
  - Präemptives Multitasking (Steuerung über den Systemkern unter Verwendung von Warteschlangen)
- Prozesse können in selbstständige Teilabläufe (**Threads**) aufgegliedert werden.
- Unter **Thread** [Θɹɛd] (engl.: Faden (auch Strang)) werden schmale Prozessaktivitäten verstanden. Sie werden in einem einheitlichen Datenkontext aktiviert. So erfolgt eine dynamische, effiziente und ressourcensparende Verarbeitung von Programmanforderungen. Ein Thread ist letztlich immer ein Teilprozess.
- **Hyper-Threading Technology (HTT)** wird auf Intelprozessoren eingesetzt. So können Prozesse parallel ablaufen.

Kommunikationsprozesse

Polling

- Eine zyklische Abfrage von Geräten und Prozessen.
- Dazu kann ein Poll von einer Abfragestation zur anderen geordnet weitergereicht werden. Die Meldungen erfolgen an die Zentraleinheit.
- Der Pollabruf kann aber auch - nach einem geordneten Schema - direkt von der Zentrale an die einzelnen zugeordneten Einheiten geleitet werden. Eine Einheit kann dann Informationen übertragen, wenn ihr ein Poll vorliegt.

Interrupt (**IRQ: I**nterrupt **Req**uest)

- Bei diesem Verfahren wird die Zentraleinheit über Meldungen aktiviert. Diese werden von den Einheiten selbstständig verschickt.
- Unterschieden werden zum Beispiel:
  - Hardware-Interrupts und Software-Interrupts (Traps)
  - Synchrone (Systemcalls etc.) und asynchrone Interrupts. Asynchrone Interrupts gehen auf nicht vorhersehbare Ereignisse zurück.
- Interrupts provozieren eine Kernelreaktion.
- Interrupts sind gemäß ihrer Relevanz gewichtet. Hierzu werden Prioritäten bestimmt (**IRQL** (**I**nterrupt-**Req**uest-**L**evels)).
- Für die einzelnen Interrupts stehen Software-Routinen zur Bearbeitung zur Verfügung: **ISP** (**I**nterrupt **S**ervice **R**outine)
- Unterdrückte Interrupts sind maskierte Interrupts. Hierfür existiert ein **I**nterrupt **M**ask **R**egister (**IMR:** Maskenregister zur Kennzeichnung von Interrupts)
- Ein Interrupt-Controller erfasst Hardware-Interrupts. Dieser veranlasst ein **IRQ** (**I**nterrupt-**Req**uest (Anforderung)) an die CPU.
- Nach jedem Befehlszyklus überprüft die CPU, ob eine Interrupt-Anforderung existiert.
- Die Identifizierung von Interrupts erfolgt über eine **IDT**-Tabelle (**I**nterrupt-**D**ispatcher-**T**abelle). Sie erfasst ie **ISP**-Reaktionen gemäß der IRQL.
- Standard-IRQ-Belegung (Auswahl)

1	Tastatur	3; 4	serielle Schnittstellen
8	Uhr	6	Diskettenlaufwerk
12	Maus	7	parallele Schnitstelle

Scheduling

- Mit Scheldung [sch edju:l] (engl.: Tabelle, Fahrplan) wird der zeitliche Befehlsablauf beschrieben.
- Eine optimale CPU-Auslastung soll erreicht werden.
- Zentral werden unterschieden:
  - preemptives Scheduling: Prozesse dürfen unterbrochen werden;
  - non-preemptives Scheduling: Prozesse müssen vollständig abgearbeitet werden.
- Die konkreten Zielsetzungen und Bewältigungsweisen beim Scheduling sind vom Betriebssystemkonzept abhängig. Unterschieden werden hierbei folgenden Systemkonzeptionen:
  - Batch-Systeme - Dialog-Systeme - Realtime-Systeme
- Beachtet werden die Aspekte:
  - Antwortzeiten, Durchlaufzeit, Fairness, Wartezeit, CPU-Auslastung, Durchsatz, Vorhersehbarkeit

Merkmale

- Mit der **Virtualisierungstechnologie** (von lat. virtus: Tüchtigkeit, Kraft) ist die gleichzeitige Ausführung von zwei oder mehreren Betriebssystemen (VM: virtuelle Maschinen) auf einer Rechnerhardware (Host) möglich.
- Wesentliches Ziel dieser Technologie ist die Steigerung bzw. optimale Auslastung der vorhandenen Rechnerhardware.
- Bei der Virtualisierung gibt es die beiden grundsätzlichen Konzepte
  - **Hosted Virtualisierung** („Gastgeber") und
  - **Bare-Metal Virtualisierung** („nacktes System").
- Bei der Hosted Virtualisierung werden die virtuellen Maschinen auf die vorhandene Rechnerhardware und das vorhandene Host Betriebssystem aufgesetzt.
- Bei der Bare-Metal Virtualisierung werden die virtuellen Maschinen direkt auf der Systemhardware ohne Host-Betriebssystem aufgesetzt.
- Für beide Realisierungen ist eine Steuerungssoftware zur Verwaltung der Ressourcen für die jeweiligen virtuellen Maschinen erforderlich.
- Diese Software wird mit **VMM** (**V**irtual **M**achine **M**onitor: virtueller Maschinenüberwacher) oder auch mit **Hypervisor** (Überwacher) bezeichnet.
- Angewendet wird die Virtualisierung zum Beispiel im Bereich
  - Parallellaufender Applikationen (Datenbanken),
  - Softwareentwicklung (Entwicklungs- und Zielsystem auf einer Maschine),
  - Nutzen von Multicore-Prozessoren und
  - Sicheres Surfen im Internet.
- Vorteile der Virtualisierung sind unter anderem
  - Bessere Ausnutzung der leistungsfähigen Hardware durch die Zusammenlegung verteilter Systeme auf wenige konzentrierte Systeme (Servereinsparung) mit Energieeinsparung und Stellflächenreduzierung),
  - Optimierung von Softwareentwicklungen und -tests durch gleichzeitigen Betrieb mehrerer (unterschiedlicher) Betriebssysteme auf einem Rechner ohne zusätzlich zu erstellende Testumgebung.
- Höhere Sicherheit durch Abschottung der VMs untereinander und gegen ein Host-System.
- Nachteile der Virtualisierung sind zum Beispiel
  - Leistungsfähigkeit der virtuellen Maschine,
  - Umfangreiche Kenntnisse bei der Umsetzung eines Virtualisierungskonzeptes erforderlich.

Standardarchitektur

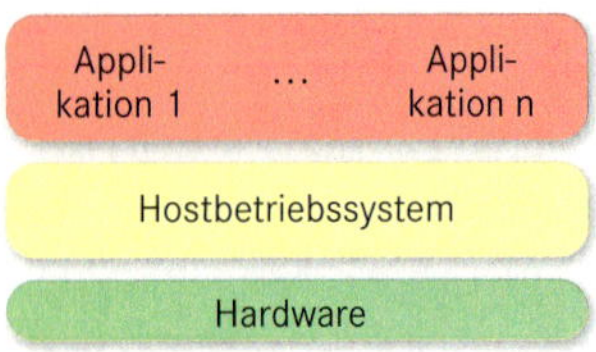

- In der Standradarchitektur erfolgt die Steuerung der Hardware und der Applikationen durch das eingesetzte Betriebssystem.
- Das Betriebssystem hat dabei Zugriff auf alle Ressourcen.

Hosted Virtualisierung

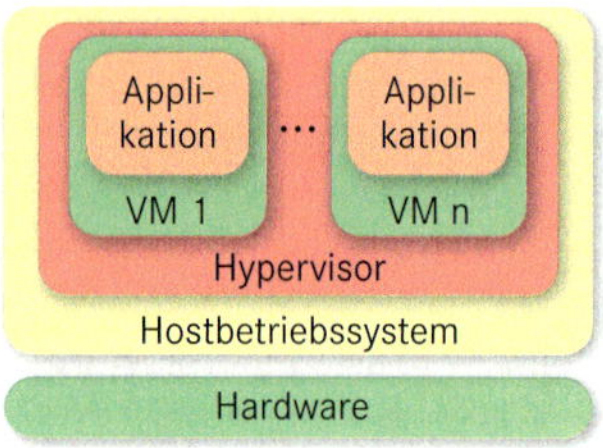

- Das Host Betriebssystem
  - bildet die Grundlage auf dem der Hypervisor und die VM-Betriebssysteme installiert werden und
  - behält die Kontrolle über alle angeschlossenen Geräte.
- Der Hypervisor läuft oberhalb des Host-Betriebssystems.
- Beispiele für Desktopanwendungen: VMWare-View, Microsoft Virtual PC.

Bare-Metal Virtualisierung

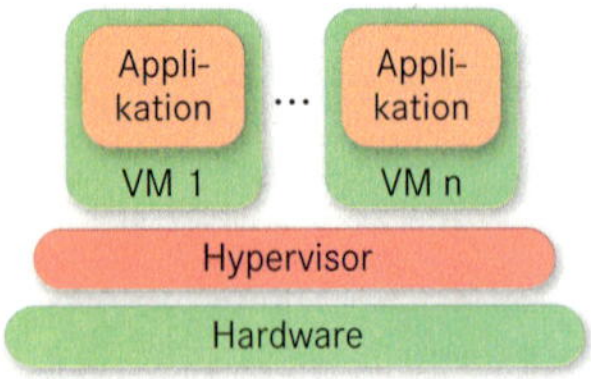

- Der Hypervisor
  - arbeitet als Hardwarecontroller und Überwacher der VM-Betriebssysteme und
  - bildet (emuliert) für jede VM die erforderlichen CPU-Eigenschaften nach (Nachteil: u. a. hoher Zeitbedarf)
- **Beispiel:** VMWare ESX

Paravirtualisierung

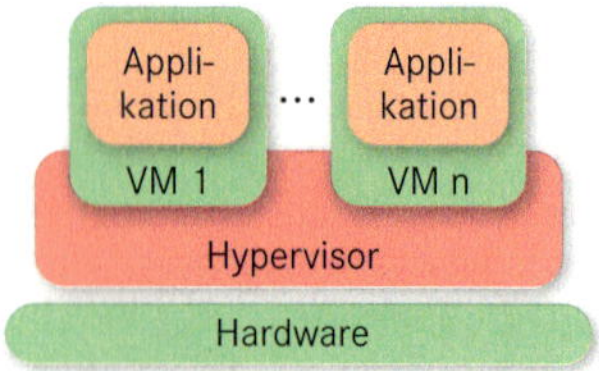

- Bei der Paravirtualisierung ist der Kern des VM-Betriebssystems spezifisch an den Hypervisor angepasst.
- Durch die direkte Kommunikation zwischen Hypervisor und VM-Betriebssystem wird eine hohe Verarbeitungsgeschwindigkeit erreicht.
- **Beispiel:** Microsoft Hyper-V, Citrix XenServer

UNIX-Konzept

- Im UNIX-Konzept erfolgt der Zugriff der Nutzer über gesonderte Shells von der Anwendungsebene auf den Kernel des Betriebssystems über ein einheitliches Interface.

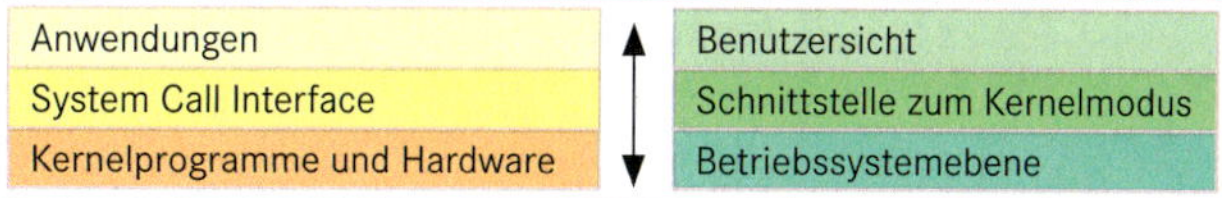

Charakteristika

- Das UNIX-Betriebssystem ist aus verschiedenen„Programmschichten" aufgebaut.
  1. Schicht: hardwarenahe Schicht, der sog. **Kernel**
  2. Schicht: Shell
  3. Schicht: Anwendungsprogramme
- Die erste Schicht wird vom Prozessortyp bestimmt. Sie umfasst etwa 10 % des gesamten Programmcodes: Hiervon sind nur 10 % herstellervariant.
- Entwickelt von AT&T (1969; Tompson und Ritchie). 1973 einheitlich neu in C erstellt (von Ritchie).
- Prägende Unix-Entwicklungen [Startup-Skripten]
  1. **BSD** (Berkeley Software Distribution – Version 4.4-1990 **[*/etc/rc**]**
  2. **System V.4.2** (Stand 1993; von AT&T entwickelt) **[*/etc/inittab*]**
- Befehl zur Erfassung der verwendeten Unix-Version: `uname -a`
- Im UNIX-Konzept erfolgt der Zugriff der Nutzer über gesonderte Shells von der Anwendungsebene auf den Kernel des Betriebssystems über ein einheitliches Interface.

Anwendungen	Benutzersicht
System Call Interfase	Schnittstelle zum Kernelmodus
Kernelprogramme u. Hardware	Betriebssystemebene

- Betriebsmerkmale von UNIX auf der Anwenderebene: Multithreading, Multitasking, Multiuser
- Betriebsmerkmale von UNIX auf der technischen Ebene: Daemonen-Konzept, Virtuelle Speichertechnik, IP-Netzwerkfähigkeit
- Es ist ein echtes Timesharing-System: D. h. verschiedenen Programmen wird (nacheinander) in etwa die gleiche Rechenzeit eingeräumt, so dass die Programme quasi parallel arbeiten.

Allgemeiner Installationsablauf

Unterschieden werden: Update-Installation und Neuinstallation

1. **Einschalten** des Rechners
2. Interne (automatische) **Überprüfung** der Hardware-Komponenten
3. CD-ROM wird aktiviert
   (Alternative: Installation im Netz über Server)
   System nimmt den Zustand **SASH (S**tand **A**lone **Sh**ell**)** ein.
   Das **Betriebssystem wird geladen**
   (**Installationsbefehl** (eventuell ***install***) eingegeben.)
4. **Installation erfolgt dialoggesteuert** (menügesteuert)
   - Auswahl von: Dialogsprache, Bildschirm- und Tastaturtyp
   - Basisinformationen und aktuelle Mitteilungen (Readme) können eingesehen werden
   - Daten auf Festplatte können gesichert werden
   - Formatierung und Partitionierung der Festplatten erfolgen
   - Eingaben zu: Rechnername (IP-Adresse), Passwort, Landessprache, Zeitzone, Plattenpartition usw.
5. **Neustart** (**Überprüfung** der angezeigten Abläufe und Daten)
6. **Vervollkommnung** der Konfiguration (Anwendungen, Drucker, ...)

Benutzersicht

- Groß- und Kleinschreibung werden unterschieden.
- Bei den benutzern gibt es drei Benutzerklassen (Kl: Klasse): Kl 1: u = login user; Kl 2: g = group; Kl 3: o = others
- **Anmeldung**
  1. Eingabe des Benutzernamens: **`login:`** Benutzername
  2. Eingabe des Passwortes: **`password:`** Passwort
- **Abmeldung** (Verlassen des Systems)
  1. Möglichkeit: Eingabe des Befehls **`$ exit`**
  2. Möglichkeit: Gleichzeitiges betätigen der Tasten CRTL (bzw. Strg) und d: ***<CRTL D>; <Strg D>***

Timesharing in UNIX

Die Struktur der Dateien ist unter UNIX hierarchisch aufgebaut (root: Wurzel). Ein Aufbau mit typischen Dateien:

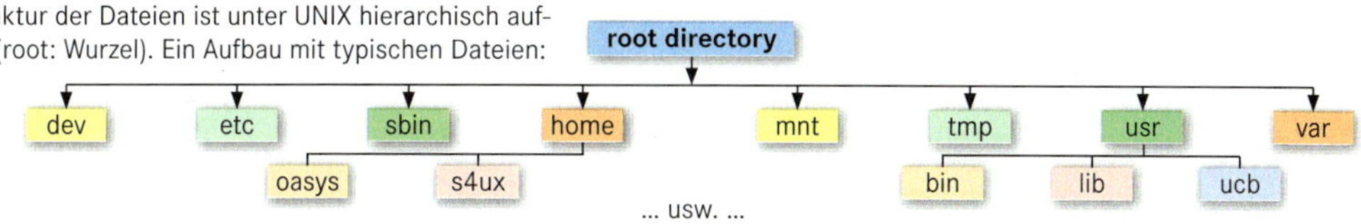

bin: Dienstprogramme; **dev**: Geräteeinträge; **etc**: Systemverwaltungsprogramme; **home**: Benutzer Directories; **lib**: Systembibliotheken; **mnt**: leeres Verzeichnis; **sbin**: Systemverwaltung; **tmp**: temporäre Dateien; **usr**: user-Verzeichnis; **var**: variable Systemdateien

Zugriffsrechte unter UNIX

- Das Kommando ***ls -l*** zeigt die File Informationen im Detail an
- Aufbau der Darstellung auf den Befehl ***ls -l***:

(1)	(2)	(3)	(4)	(5)

(1): Filetyp (Dateityp); (2): Zugriff für den Besitzer; (3): Zugriff für die Gruppe; (4): Zugriff für den Rest; (5): (Besitzer/Gruppe/Speicherdatum/Name)

- Bei den Zugriffsrechten können jeweils – in dieser Abfolge – die Buchstaben **r**, **w** und **x** eingetragen sein. (r: read; w: write; x: execute); Ein steht für fehlende (Teil-)Rechte

Strukturaufbau

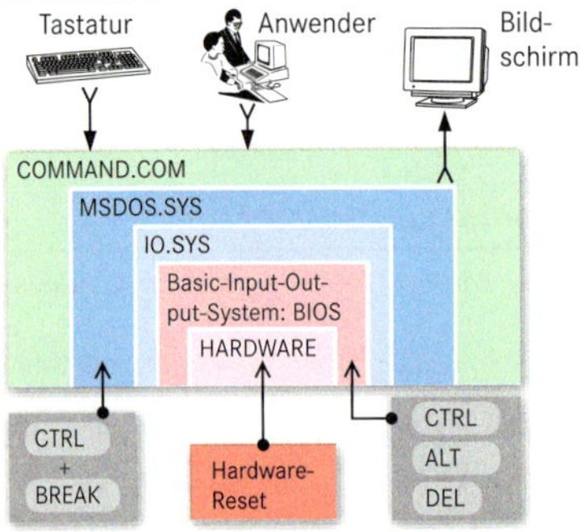

Dateien

- **Unveränderbare Dateien:**
  - IO.SYS
  - MSDOS.SYS
  - COMMAND.COM
- **Veränderbare Dateien** (durch den Anwender):
  - AUTOEXEC.BAT
  - CONFIG.SYS
  - **COMMAND.COM** ist in MS-DOS das Kernstück.
    (Auch: Befehlsinterpreter, Befehlsprozessor, Benutzer schnittstelle)
    Sie enthält in Maschinensprache den Code der internen Befehle. Alle Befehle werden von ihr analysiert.

Befehlsvergleich MS-DOS/UNIX

MS-DOS	Vorgang	UNIX
`DIR .. (directory);` speziell: `DIR/R, DIR/W, DIR/A, DIR/O, DIR/S, DIR/B, DIR/L`	Auflistung von Dateien und Verzeichnissen	`ls`
`CD name`	Auswahl eines Verzeichnisses	`cd name`
`CD .. (CDDIR)`	Wechsel des Verzeichnisses	`cd ..`
`CD \`	Rückgang ins Wurzelverzeichnis	`cd /`
`MD (MKDIR) name`	Anlegen eines Verzeichnisses	`mkdir name`
`DEL name`	Löschung einer Datei	`rm name`
`Copy alt neu`	Kopieren einer Datei	`cp alt neu`
`MD name`	Anlegen von Verzeichnissen	`mkdir name`
`RD (RMDIR) name`	Entfernen (Löschung!) eines Verzeichnisses	`rmdir name`
`PRINT name`	Drucken einer Datei	`Lp name`

Linux

Hintergrund

- Linux ist ein Mehrbenutzer-Multitasking-Betriebssystem.
- Linux orientiert sich vergleichbar UNIX am Kernel-Konzept.
- Der Quellcode ist vollständig einsehbar.

Prozesse

- Alle Rechnerbearbeitungsprogramme sind Prozesse.
- Die parallel laufenden Prozesse können durch den Befehl ***ps*(Process Status)** dargestellt werden. Einzelinformationen werden tabellarisch dargestellt: (PID) (TTY) (STAT) (TIME) (COMMAND) – (Inhalte einer ***ps ax*** Abfrage)
- **TTY**: Angabe des Ausgabegerätes (Tty) des Prozesses
- **PID**: Process Identification
- **STAT**: Prozessstatus wird angegeben:
  - R "runnable": Ein laufender Prozess
  - S "sleeping": Ein schlafender Prozess
  - D "dead": Prozess schläft und kann nicht gestört werden
  - T "stopped or traced": Ein gestoppter Prozess bzw. ein vom Debugger verfolgter Prozess.
  - Z "zombie": Ein verloren gegangener Prozess

Shell

- Bezeichnung für den primären Befehlsinterpreter.
- Es ermöglicht den Zugriff auf das Betriebssystem.
- Verschiedene Shells (z. B.: bash, ksh, tcsh, zsh) existieren.

Befehle

- `man` – (manual) Beschreibung von Befehlen (Hilfe)
- `ps (-help)` (Process Status) – Prozessinformationen
- `alias` – Festlegung von Befehlsnamen
- `exit` – Verlassen der Shell
- `ls` – Angabe des Dateinamens u. zugehöriger Informationen
- `cd` – Aktuelles Verzeichnis wird gewechselt
- `pwd` – (print working directory) Aktuelles Verz. anzeigen
- `mv` – Umbenennung/Verschiebung von Dateien
- `mkdir` – Datenverzeichnis anlegen
- `rmdir` – Löschen von leeren Verzeichnissen
- `rm -r` – Löschung von Verzeichnissen mit Dateien
- `cat` – Ausgabe eines Dateiinhalts
- `less` – Angeben des Dateiinhalts (nacheinander)
- `cp` – Kopieren von Dateien
- `find` – Suche nach Dateien mit bestimmten Eigenschaften
- `grep` – Suche nach (Text-)Mustern in Dateien
- `head` – Dateianfang wird dargestellt
- `tail` – Dateiabschluss wird dargestellt
- `fsck` – Überprüfung (und Reparatur) von Dateisystemen

Befehle zur Systemadministration

- `group` – Angabe des Zugriffs auf Gruppen
- `passwd` – Passwortänderungen
- `chown` – Besitzer einer Datei können gewechselt werden
- `chmod` – Veränderung der Datei- bzw. Verzeichniszugriffsrechte
- `finger` – Benutzerinformationen werden angezeigt

MS Windows-Konzept

- Vielfältige Anwendungen sind integrierbar ins Windows-System.
- Der Ablauf erfolgt weitgehend im Windows-Kernelsystem.
- Die Verbindung zwischen der Rechnerhardware und dem Kernelsystem erfolgt über die **HAL** (**H**ardware **A**bstraktion **L**ayer). So wird eine vollständige Hardwareabkapselung erreicht.
- Kernelleistung wird den Diensten über Ntdll.dll zur Verfügung gestellt.

Grundeinteilungen

- Vielfältige Microsoft Windows Versionen werden derzeit nebeneinander auf dem PC-Markt eingesetzt. Unterstützt werden aktuell u. a. Windows Vista, 7 und 8.
- Die Hardwarevoraussetzungen von MS Windows 8 entsprechen denen von Win 7.
- Anforderungen für den betrieb Windows 7:
  - Prozessor: 1 GHz (32 Bit/64 Bit)
  - Arbeitsspeicher: bei 32 Bit: RAM - 1 Bit; bei 64 Bit: RAM - 2 GB
  - Grafikkarte: z. B. DirectX-9
  - Grafikspeicher: 128 MB (mit Blick auf Aero Glass)
  - Festplatte: bei 32 Bit - 16 Bit; bei 64 Bit - 20 GB
- Versionen von Win 8:
  a. Windows 8 (reduzierte Basisversion)
  b. Windows 8 Pro (erweiterte Basisversion)
  c. Windows 8 Enterprise (Firmerversion)
  d. Windows RT (ARM-Prozessor-Version)

Systemwiederherstellung

- Unterschieden werden: Installationsprüfpunkte, Programmprüfpunkte, Update-Prüfpunkte, zeitabhängige Prüfpunkte
- Manuelle Prüfpunkte/Aktivierung der Wiederherstellung unter: Start/Alle Programme/Zubehör Systemprogramme/Systemwiederherstellung
- Abgesicherten Modus aktivieren: BIOS-Test ⟶ Windows-Start: Taste F8 aktivieren

Leistungsaspekte (von Win 7)

Win 7 Versionen	Leistungsaspekte										
	(1)	(2)	(3)	(4)	(5)	(6)	(7)	(8)	(9)	(10)	(11)
Starter	X	-	-	-	-	-	-	-	-	-	-
Home Basic	X	X	X	-	-	-	-	-	-	-	-
Home Premium	X	X	X	X	X	X	X	X	-	-	-
Professional	X	X	X	X	X	X	X	X	X	X	-
Ultimate	X	X	X	X	X	X	X	X	X	X	X
Enterprise	X	X	X	X	X	X	X	X	X	X	X

(1): 32 Bit-Betrieb (2): 64 Bit-Betrieb (3): Multi-Touch
(4): Grafikmodus AeroGlass (5): Media Player
(6): HDTV (7): Brenner DVDs (8): mehrere Monitore
(9): XP-Modus möglich (sofern der Prozessor VM unterstützt)
(10): Arbeitsspeicher bis 192 GB
(11): Festplattenverschlüsselung - BitLocker

- Unter Win 7 kann ein zusätzliches Betriebssystem als virtuelles eingerichtet werden. Die Einrichtung erfolgt unter MS Virtual PC.
- Eine Online-Unterstützung für die BS wird von MS angeboten. Sie betrifft die Aktualisierung von Treibern und Sicherheitsaspekten.
- Generell können verschiedene Personen bei diesen BS einen PC mit spezifisch bestimmten Benutzerkonten nutzen.
- Übergeordnete Rechte besitzt dann nur der Administrator.
- Vielfältige Systemdetails können individuell konfiguriert werden (z.B. die Maus, der Bildschirm, Soundeinstellungen).
- Im Ruhezustand schaltet sich der PC in den Standby-Modus (Stromsparmodus): der aktuelle Zustand wird gespeichert.
- Im abgesicherten Modus kann, z. B. bei Funktionsproblemen, ein früherer (funktionsfähiger) Zustand reaktiviert werden.

Task-Manager

- Mit **Strg + Alt + Ent** (zugleich) zu aktivieren
- Er zeigt unter anderem die aktuellen Prozesszustände (>Systemleistung<) an.
- Unter >Datei< kann (speziell im Störungsfall) ein neuer Task akiviert werden. Hierzu explorer< unter >Öffnen< eingeben.

Softwaregeneratoren
Software Generators

Ansatz

- Im Rahmen der professionellen und industriellen Codeentwicklung sind sie ein bedeutsames Entwicklungsinstrument.
- Softwaregeneratoren werden
  a) zur Analyse von Datenbeziehungen und
  b) zur Strukturierung von Informationen verwendet.
- Ein Softwaregenerator überführt eine Problemlösungsstruktur in eine höhere (abstraktere) oder tiefere (feinere; reichhaltigere) Struktur.
- Sie können z. B. zu gegebenen Formallösungen in Form von Struktogrammen Quellcodeanteile automatisch generieren.
- Auch können sie einen Quellcode strukturell darstellen.
- Es besteht die Möglichkeit, direkte Übersetzungen von einer Quellcodesprache in eine andere Sprache vorzunehmen.
- Ein Softwaregenerator kann durch Softwaregestaltungen realisiert werden.

Aufbau

- Folgende Teilgeräte bilden einen Softwaregenerator:

1. **Scanner**: Zuständig für die lexikalische Analyse von Zeichen. Er liest Bitfolgen und kombiniert diese zu Wörtern und Zeichen.
2. **Parser**: Zuständig für eine syntaktische Analyse von Symbolfolgen (Grammatik). Er übernimmt vom Scanner die Symbole und kombiniert sie zu Sätzen.
3. **Compiler**: Er nimmt die semantische Satzanalyse vor.
4. **Codegenerator**: Zuständig für die Umsetzung der Lösung in einen Quellcode.

- Bei der Generierung arbeiten Scanner, Parser, Compiler und Codegenerator komplex zusammen. Es liegt kein eindimensionaler Produktionsprozess vor.
- **Beispiel**: EasyCODE ist ein Instrument zur Analyse und zum Design von Quellcodes. Es unterstützt die Code-Erstellungen in vielfältigen Sprachen.

Aufbau und Struktur

- Bei der Registry (Windows Registrierungsdatenbank) handelt es sich um eine Datenbank, in der wichtige Informationen über das Betriebssystem und die installierten Programme gespeichert sind.
- Die Einträge sind in einer Baumstruktur angeordnet und werden als **Schlüssel** (**keys**) bezeichnet. Sie stammen von **fünf Hauptschlüsseln** ab.
- In der Registry können die Schlüssel und ihre Werte angelegt, bearbeitet und gelöscht werden. Teile können exportiert und importiert werden.
  Vorsicht bei Änderungen:
  Gefahren durch Instabilität des Systems, Sicherheitskopien
- Neben direkten Änderungen können Programme verwendet werden, mit denen sich bestimmte Einstellungen bearbeiten lassen (z. B. Gratis-Tool von Microsoft: Tweak UI). Vor Änderungen sollte die ursprüngliche Registry gesichert werden.
- Ein Schutz vor ungewollten Änderungen durch Benutzer erreicht man durch die Funktion „Berechtigungen“.

Registry-Editor

- Er wird standardmäßig zur Bearbeitung von Registry-Einträgen verwendet und wird über die Eingabe von **regedit** unter Start/Ausführen geöffnet.

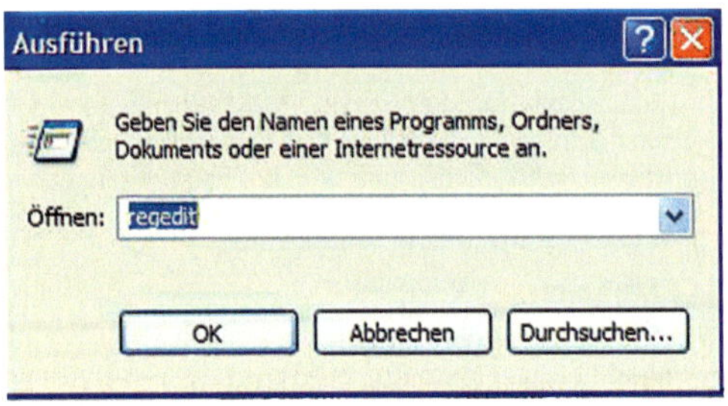

- Ein Schlüssel kann geöffnet werden, inden man auf das Minuszeichen klickt ① ②.

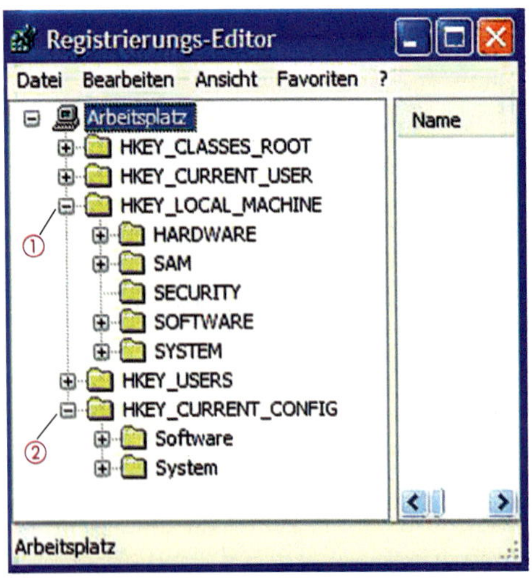

Fünf Schlüsseldateien

Name	Abkürzung
HKEY_CLASSES_ROOT	HKCR

- In dieser „Wurzel“ sind alle Verknüpfungen von Dateitypen mit Anwendungen enthalten.
- Zusammengeführt sind HKEY_LOCAL_MACHINE\Software\Classes und HKEY_CURRENT_USER\Software\Classes.
- Jeder Dateityp verfügt über einen Unterschlüssel.
- In der Regel sind hier keine Änderungen erforderlich, da sich diese Einstellungen einfacher über den Explorer vornehmen lassen.

HKEY_CURRENT_USER	HKCU

- Es sind hier die benutzerspezifischen Konfigurationsdaten für aktuell angemeldete Benutzer gespeichert.
- Es handelt sich um einen Teil von HKEY_USERS.
- Der Unterschlüssel „Software“ enthält benutzerbezogene Anwendungseinstellungen.
- Für jeden Softwarehersteller wird ein eigener Unterschlüssel angelegt (z. B. Microsoft).

HKEY_LOCAL_MACHINE	HKML

- Enthalten sind alle computerspezifischen Einstellungen (komplette Hardware- und Softwarekonfiguration, einschließlich der peripheren Geräte).

HKEY_USERS	HKU

- Enthalten sind die benutzerspezifische Konfigurationsdaten der Benutzer (Benutzerprofil), die sich im System angemeldet haben, z. B. die Liste der installierten Software.

HKEY_CURRENT_CONFIG	HKCC

- Gespeichert sind hier die Informationen über das jeweilige Hardwareprofil, mit dem der PC gestartet wurde.

- Die Daten werden in mehreren Dateien (Hives) in einem speziellen Datenbank-Format gespeichert.
  Beispiele:
  - HKEY_LOCAL_MACHINE bei Windows XP in den Verzeichnissen „%windir%\System32\Config“
  - HKEY_CURRENT_USER ist im Benutzerprofilverzeichnis gespeichert
- Da die Unversehrtheit dieser Dateien wesentlich für ein funktionierendes System ist, wird bei Windows automatisch eine Sicherheitskopie angelegt.

Registry Einträge finden

- Einträge können vom Typ her als Zeichenkette (REG_SZ ③), Binärwert (REG_BINARY) oder DWORD (REG_DWORD ④) vorkommen.
- Einträge können mit einem Doppelklick oder über das Untermenü (Rechtsklick) über „Ändern“ angepasst werden.
- Beispiel für einen Suchvorgang zum Internetexplorer.
  Einstellung:
  Arbeitsplatz\HKEY_LOCAL_MACHINE\Software\Microsoft\InternetExplorer\Setup\7.0
  Ergebnis:

Name	Typ	Wert
(Standard)	REG_SZ ③	(Wert nicht gesetzt)
IE6UpdatesHidden	REG_DWORD ④	0x00000001 (1)

ActiveX

Merkmale

- Es handelt sich um eine Technologie, über die Softwarekomponenten miteinander in Netzwerkumgebung interagieren können (Softwarekomponenten für aktive Inhalte).
- ActiveX-Komponenten sind unabhängig einsetzbar von der Sprache, in der die Komponenten erstellt wurden.
- ActiveX ist eine Entwicklung von Microsoft und als solche im Internet Explorer implementiert.
- Die Verwaltung und Konfiguration erfolgt über den Internet Explorer (Add-Ons).
- WWW-Seiten können mit ActiveX um eine Vielzahl von multimedialen Effekten, unterschiedliche Layouts und ausführbare Applikationen geladen und erweitert werden.

ActiveX-Techniken im Internet

- **ActiveX-Steuerelemente**
  Komponenten oder Objekte, die in eine Webseite oder eine andere Anwendung eingefügt werden können.
- **ActiveX-Dokumente**
  Dateien, die nicht als HTML-Dateien gespeichert sind (z. B. Excel-, Word-Dateien), können mit Webbrowser geöffnet werden.
- **ActiveX-Scripting**
  Unterstützung von gängigen Skriptsprachen (einschließlich Visual Basic Script, JavaScript)

Gefahren

- ActiveX-Komponenten unterliegen keinerlei Einschränkungen bezüglich der Systemfunktionalität. Deshalb besteht ein hohes Sicherheitsrisiko.
- Bei Einsatz besteht die Gefahr, dass sicherheitsrelevante Daten ausgelesen, gelöscht oder manipuliert werden. Der Rechner kann umkonfiguriert, ein Virus oder ein Trojaner installiert werden.
- Lösung: ActiveX-Komponenten bei Bedarf aktivieren bzw. deaktivieren.

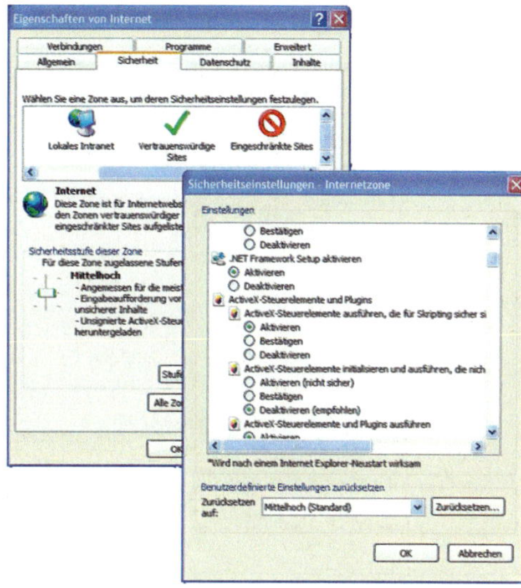

DirectX

Merkmale

- DirectX ist eine multimediale Schnittstelle.
- Sie besteht aus einer Sammlung von **DLL**s (**D**ynamic **L**ink **L**ibraries) zur Erweiterung des Betriebssystems.
- Es erfolgt ein Zugriff auf die Hardware, ohne die Programme von der Hardware abhängig zu machen.
- Folgende Programmiersprachen werden unterstützt:
  - MS Visual C und C++
  - MS Visual Basic
  - Borland Delphi
  - Smalltalk MT
  - Java
- **DirectX-Foundation**
  Sie stellt den Hardware Abstraction Layer (HAL) zur Verfügung, der die Anwendung mit der Hardware verbindet.

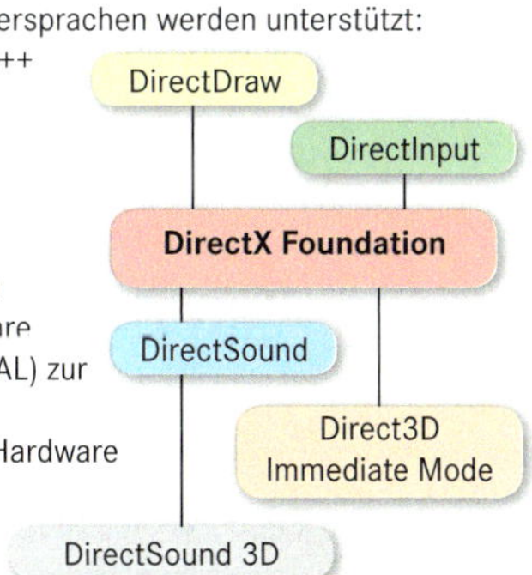

Komponenten (ab Version 8.1)

- **DirectX Graphics**
  Grafikprogrammierung, Direct2D, Direct3D (3D-Grafik)
- **DirectSound**
  Wiedergabe und Aufnahme von Soundeffekten
- **DirectMusic**
  Wiedergabe von Musik (MIDI-Musik)
- **DirectInput**
  Unterstützung von Eingabegeräten wie z. B. Tastatur, Maus, Joystick
- **DirectPlay**
  Kommunikation von Multiplayerspielen untereinander
- **DirectShow**
  Verarbeitung von Video- und Audio-Dateien (AVI, MPEG, MP3)
- **DirectSetup**
  Automatische Überprüfung programmierter Installationsroutinen
- **DirectX Media Objects**
  Veränderung von Audio- und Video-Strömen
- **XInput**
  Xbox-360-Controller unter Windows

Informationszuordnungen

- Bei der Realitätsbeschreibung unterscheidet der Mensch verschiedene Grundkategorien, wie zum Beispiel: Abbild, Bewusstsein, Figur, Form, Idee, Inhalt, Materie, Verstand und auch Energie, Entropie, Information.
- Große Bedeutung haben heutzutage die Begriffe Daten – Information – Wissen.
- Im Übertragungsprozess sind fünf Ebenen zu unterscheiden:

1. Statistik: **Signal**
2. Sytax: **Code**
3. Semantik: **Bedeutung**
4. Pragmatik: **Handlung**
5. Apobetik: **Zielorientierung/Wertzielorientierung**

- Eine präzise Zusammenstelung erfasst sieben Schichten, die drei Ebenen zugeordnet werden:

Blau: Erkenntnisebene
Grün: Ebene der Pragmatik/Ethik
Rot: Ebene der Ökonomie/Verwertung/Verwaltung-Recht

Zeichen	Blau
+ Beachtung der Syntax	Blau
Daten	Blau
+ Beachtung der Bedeutungslehre	Blau
Informationen	Blau
+ Beachtung begrifflicher Vernetzungen und Kontexte	Blau
Wissen	Blau
+ Beachtung der Anwenderbezüge	Grün
Handeln (zielorientierte Tätigkeit)	Grün
+ Beachtung der (technisch-ethischen) Korrektheit	Grün
(individuelle) Kompetenz	Grün
+ Beachtung von Einmaligkeit und Besonderheit	Rot
Ökonomischer Wert/Wettbewerbsfähigkeit	Rot

- Die **D**eutsche **G**esellschaft für **I**nformantions- und Daten**q**ualität (**DGIQ**) hat zur Beschreibung der Informationsqualität **Beurteilungskriterien** bestimmt.

Bf	**Informationsqualitätskriterien** (gemäß DGIQ)
Z	Angemessener Umfang (appropriate amount of data)
Z	Aktualität (timeliness)
I	Ansehen (hohes Ansehen; Wertschätzung) (reputation)
S	Bearbeitbarkeit (ease of manipulation)
D	Eindeutige Auslegbarkeit (Interpretationsfähigkeit/ Klarheit) (interpretability)
D	Einheitliche Darstellung (consistent representation)
I	Fehlerfreiheit (free of error)
I	Glaubwürdigkeit (believability)
I	Objektivität (objectivity)
Z	Relevanz (relevancy)
D	Übersichtlichkeit (concise representation)
D	Verständlichkeit (understandability)
Z	Vollständigkeit (completeness)
Z	Wertschöpfung (value-added)
S	Zugänglichkeit (accessibility)

Bf (**B**eschreibungs**f**acetten):
D: Darstellungsbezogene Aspekte; **I**: Inhärente Aspekte
S: Systemunterstützende Aspekte; **Z**: Zweckabhängige Aspekte

- In vergleichbaren Modellen werden zum Teil noch erfasst:
  - Integrität – Richtigkeit – Systemzugang – Vollständigkeit
  - Widerspruchsfreiheit – Zugangssicherheit – Zusatznutzen

Wissenspyramide

- Im Rahmen einer Wissenspyramide werden betrachtet: Daten-, Informations- und Wissensmanagement:

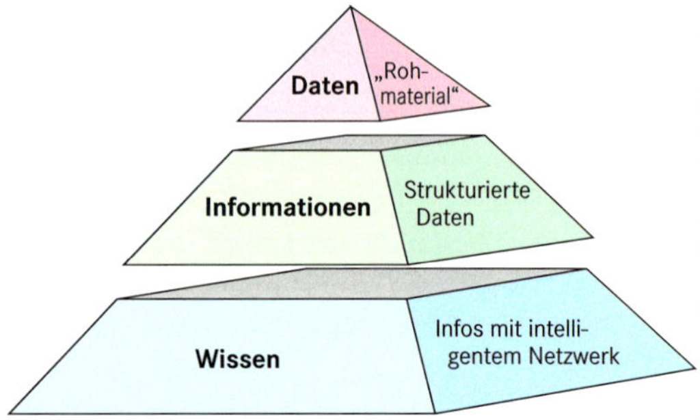

Technische Information

- Nach Claude Elwood Shannon (1916 – 2001) kann eine Information da auftreten, wo zufällige Geschehnisse vorliegen. Mit vollständig festgelegten Signalfolgen geht keine Information einher. Über die Wahrscheinlichkeit eines Ereignisses als Ausdruck seiner Zufälligkeit findet Shannon ein Informationsmaß.
- Die Entropie wird nach Shannon zum Maß der Information:

Entropie = Information

Übertragungsgegebenheiten

- Unter Übertragungen sind allgemein Übertragungen in der Zeit und/oder örtlich gemeint. Dies gilt für:
  - Übertragung von einem System zu einem anderen
  - Übertragung (z. B. über Busse) in einem System
  - „Übertragung" von einem Zeitmoment zum anderen (z. B. Datenerhalt in der Zeit auf einem Speichermedium)
- Im einfachsten Fall können die Übertragungsgegebenheiten über ein symmetrisches Binärkanal-Modell dargestellt werden.
  X_A: gesendete Information A der Quelle usw.
  Y_A: Empfang der Information A in der Sinke.
- Nachrichtenverfälschungen können beim Übergang auftreten.
- p: Wahrscheinlichkeit für die Verfälschung der Information

Modell des symmetrischen Binärkanals

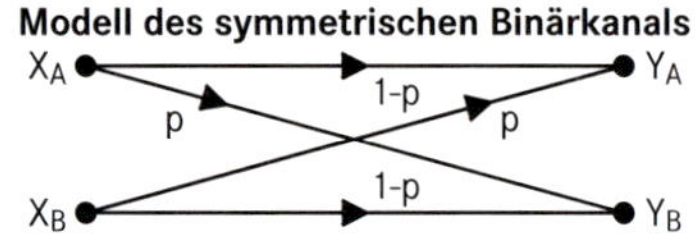

- Bedingte Wahrscheinlichkeit: $P(A \mid B) = [P(A \cap B)]/P(B)$

Informationsgehalt

- Informationsgehalt eines Symbols: $I(x) = -\log_2(P(x)) = -\operatorname{ld}(P(x))$
  P(x): Wahrscheinlichkeit für das Auftreten des Symbols x
  (logarithmus dualis: $\log_2(x) = \operatorname{ld}(x)$)
  Interpretation: Je seltener x auftritt (– d. h. P (x) ist klein –), um so größer ist der Informationsgehalt.
- Bzgl. ld(x) gilt : $\operatorname{ld}(x) = \log_2(x) = (1/\ln(2)) \cdot \ln(x)$
- Bei statistisch unabhängigen Symbolen (x; y) gilt:
  $P(x \cdot y) = P(x) \cdot P(y) \rightarrow \mathbf{I}(x \cdot y) = \mathbf{I}(x) \cdot \mathbf{I}(y)$
- **Erwartungswert** ($\boldsymbol{E}\{...\}$) von I(x):
  $\mathbf{H} = \boldsymbol{E}\{I(x)\} = P(x) \cdot \mathbf{I}(x) = -P(x) \cdot \operatorname{ld}(P(x))$
- **H:** Symbolentropie (einer Signalquelle); [**H**] = bit/Symbol
- **H** gibt den mittleren Informationsgehalt der Quellsymbole an.

Informationsbestimmungen in der IT-Technik

„Kanal"-betrachtungen

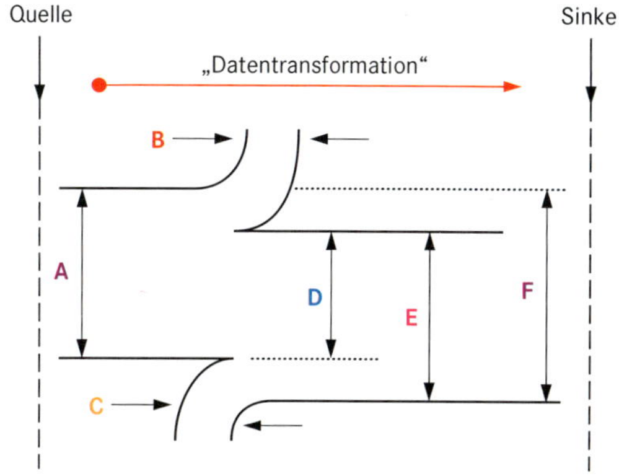

Entropien (Informationen)

- A = **H** (X): **Kanaleingangsentropie**
- B = **H** (X | Y): **Rückschlussentropie** – (Äquivokation); „Verluste"
- C = **H** (Y | X): **Irrelevanz** (Streuentropie) – „Rauschen"
- D = **H** (X; Y): **Synentropie** (Mittlerer Transinformationsgehalt)
- E = **H** (Y): **Kanalausgangsentropie**
- F = **H** (X, Y): **Gesamt-Verbundentropie**

- Für Signalfolgen gilt (**Erwartungswert** – (***E*** {...}):
  $\mathbf{H_x} = E\{\mathbf{I}(x)\} = P(x_1) \cdot \mathbf{I}(x_1) + P(x_2) \cdot \mathbf{I}(x_2) + \ldots + P(x_n) \cdot \mathbf{I}(x_n)$
  $\mathbf{H_x} = -[P(x_1) \cdot \mathrm{ld}(P(x_1)) + P(x_2) \cdot \mathrm{ld}(P(x_2)) + \ldots + P(x_n) \cdot \mathrm{ld}(P(x_n))]$

Sätze von Shannon/Informationsgrenzen

- Es liegen zwei in Reihe geschaltete Kanäle K_1 und K_2 vor.
  Es gilt: $H(X; Z) = H(X; Y) - H((X; Y)/Z)$
  $\Rightarrow (*)\ H(X; Z) \leq H(X; Y)$

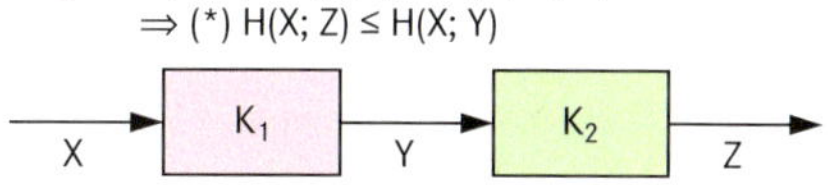

K_1: erster Kanal; K_2: zweiter Kanal
X: erstes Eingangssignal; Z: zweites Ausgangssignal
Y: erstes und zweites Ausgangssignal

- Es gilt weiterhin: $H(Y; Z/X) = H(Z/X) - H(Z/XY)$
  und $H(X; Z) \leq H(Y; Z)$
- Shannon-Funktion (Entropie von Binärquellen)
  $H_b(p) = p \cdot \mathrm{ld}p - (1 - p) \cdot \mathrm{ld}(1 - p)$

- Diese Beziehung (*) ist als der
  Hauptsatz der Datenverarbeitung
  bekannt.
  Die im ersten Kanal als Äquivokation (H(X/Y)) verloren gegangene Information kann durch die Verarbeitung im zweiten Kanal nicht zurück gewonnen werden.
  Dieser Informationsteil ist unwiederbringlich verloren.

- Verloren gegangene Quellinformation kann nur dann rekonstruiert werden, wenn durch geeignete Codierungen Fehlerkorrekturen möglich werden.
- Durch die Quellcodierung wird die Redundanz minimiert. Über die Kanalcodierung werden Redundanzen systematisch zugeführt, um Fehlererkennungen und -korrekturen zu ermöglichen.

Elementare Kanaldiagramme

	Eingang – Ausgang	Erläuterungen
A.)	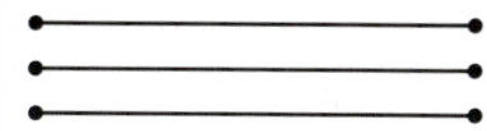	Der Kanal ist rauschfrei und verlustfrei.
B.)	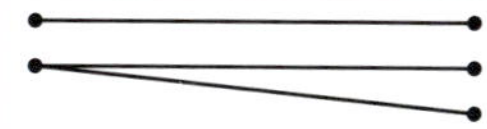	Der Kanal ist verlustfrei, aber rauschbehaftet.
C.)		Der Kanal ist rauschfrei, aber verlustbehaftet.
D.)	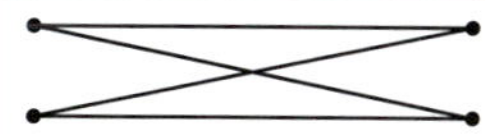	Der Kanal ist rauschbehaftet und verlustbehaftet.

Maßeinheiten:
Informationsgehalt $\mathbf{I}(ai) = \log_r(P(a_i))$

- $r = 2$: $\mathbf{I}(a_i) = \log_r(P(a_i)) = \mathrm{ld}(P(a_i))$; $[\mathbf{I}(a_i)] =$ **bit**
- $r = e$: $\mathbf{I}(a_i) = \log_e(P(a_i)) = \ln(P(a_i))$; $[\mathbf{I}(a_i)] =$ **nat**
- $r = 10$: $\mathbf{I}(a_i) = \log_r(P(a_i)) = \lg(P(a_i))$; $[\mathbf{I}(a_i)] =$ **Hartley**

Wissensmanagement

Wissensbeschreibung in der Informationstechnik:

- Schlüsse von Repräsentationen zur Welt (bzw. von einer Repräsentation zu einer anderen Repräsentation*) erfolgen unter Beachtung unterschiedlicher Schlussweisen.

Wissensoperation	Status
Abduktion	A unvollständig
Analogie	A zu B unvollständig A* zu B* bekannt
Deduktion	A vollständig bekannt; B gesucht
Induktion	A im Regelteil unvollständig
Planen	A ist ressourcensensitiv
Probalistik	A unsicher; probabilistische Informationen nutzbar
Vagheit	A und B unpräzise

Schlussweisen (Inferenzformen)

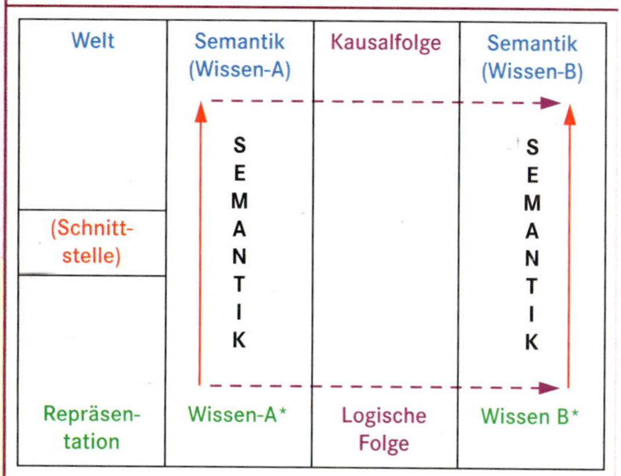

Agile Methoden
Agile Methods

Merkmale

- Basis ist das **Agile Manifesto** (Agile Manifest: Grundsatzerklärung)
- Agile Methoden (agil: flink, schnell) beinhalten als Grundansatz die **schnelle Entwicklung** von Software.
- Realisiert wird dieses durch
  - **wiederholte Zyklen** (iterativ: schrittweise wiederholend) in
  - **kurzen Zeitabständen** (inkrementel: aufeinander aufbauend).
- **Ziel** ist die **frühzeitige Bereitstellung** von funktionsfähigen Teilen der Software für den Anwender (Kunden).
- Diese wird dann in der Regel in weiteren Zyklen vervollständigt und optimiert.
- **Vorteil**: Entwickler und Anwender können gemachte Erfahrungen und neue oder geänderte Anforderungen im neuen Zyklus berücksichtigen.
- Bei **konventionellen Verfahren** (z. B. Wasserfallmodel) erfolgt die Bearbeitung des folgenden Schritts erst nach vollständiger Abarbeitung des vorangegangenen Schritts (z. B. Softwaretest erst am Ende aller Entwicklungen).

Wertigkeiten im Agilen Manifest	
Höher	Niedriger
Individuen und Interaktionen	Prozesse und Werkzeuge
Funktionierende Software	Umfassende Dokumentation
Zusammenarbeit mit dem Kunden	Vertragsverhandlungen
Reagieren auf Veränderung	Befolgen eines Plans

Hinweis: Die Inhalte beider Themenblöcke sind vorhanden, werden aber nach höherer und niedrigerer Wichtigkeit kategorisiert und bearbeitet.

- Prinzipien sind z. B.
  - Funktionierende Software ist das wichtigste Fortschrittsmaß
  - Errichte Projekte rund um motivierte Individuen

Methodenbeispiele

- ActiF
- Adaptive Software Development (ASD)
- Agile Enterprise
- Agile Model Driven Development (AMDD)
- Behavior Driven Development (BDD)
- Crystal
- Design Driven Development (D3)
- Dynamic System Development Method (DSDM)
- Eclipse Way Process
- Evolutionary Process For Integrating Cots-Based-Systems (EPIC)
- Evolutionary Project Management & Product Development (EVO)
- Extreme Programming (XP)
- Feature Driven Development (FDD)
- Iconix
- Internet-Speed Development
- Lean Software Development
- Microsoft Solutions Framework For Agile Software Development
- Mobile-D
- Rapid Application Development (RAD)
- Rational Unified Process (RUP)
- Scrum
- Test Driven Development
- Agile Unified Process (AUP)
- Essential Unified Process (EssUP)
- Open Unified Process (OpenUP)

Funktionsumfang

Der Funktionsumfang der Methoden ist unterschiedlich:
Projektmanagement: ja nein Prozess: ja nein Praktiken/Ergebnisse: ja nein

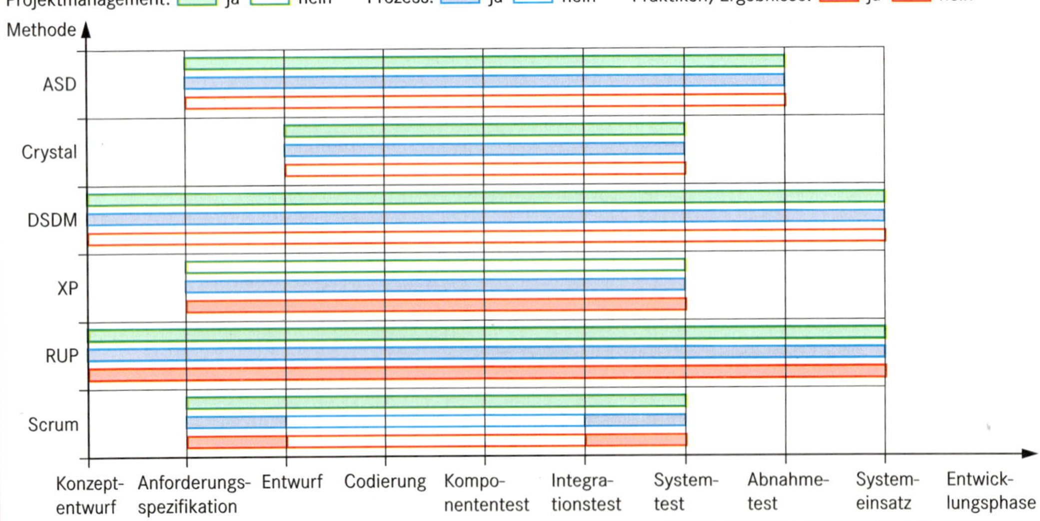

Merkmale

- Gehört zu den agilen Methoden
- Oberstes Ziel ist die Lieferbarkeit von funktionierender Software innerhalb kurzer Zeiträume
- Schreibt keine spezifische Entwicklungsmethode vor
- Anforderungen sind im Product Backlog (‚Auftragsbestand') festgehalten
- Entwicklung erfolgt in Schritten, z. B. (monatlichen) Sprints (Spurt, Kurzstreckenlauf)
- Teams sind selbstorganisierend mit begrenzter Anzahl an Teammitgliedern
- Verzichtet auf vollständige Durchplanung des Projekts am Anfang

Prozessdarstellung

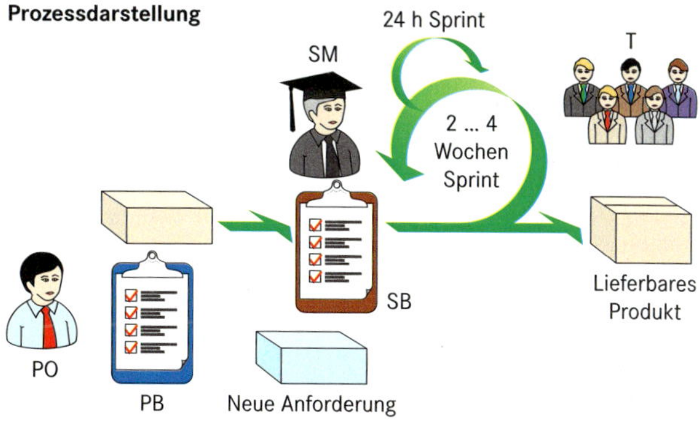

Rollen

Product Owner (PO)

- Definiert Produkt-Features (Merkmale, Eigenschaften, Funktionen)
- Bestimmt Auslieferungsdatum und Inhalt
- Ist verantwortlich für das finanzielle Ergebnis des Projekts (ROI)
- Priorisiert Features abhängig vom Marktwert
- Passt Features und Prioritäten nach Bedarf für jeden *Sprint* an
- Akzeptiert oder weist Arbeitsergebnisse zurück

Scrum Master (SM)

- Repräsentiert das Management gegenüber dem Projekt
- Verantwortlich für die Einhaltung von Scrum-Werten und -Techniken
- Beseitigt Hindernisse
- Stellt sicher, dass das Team vollständig funktional und produktiv ist
- Unterstützt die enge Zusammenarbeit zwischen allen Rollen und Funktionen
- Schützt das Team vor äußeren Störungen

Team (T)

- Typisch: 5 (+/- 2) Personen
- Funktionsübergreifend (z. B. Qualitätssicherung, Programmierer)
- Vollzeitmitglieder (Ausnahme z. B. Systemadministratoren)
- Selbstorganisierend
- Teammitglieder sind gleichberechtigt (z. B. keine Titel)
- Mitgliedschaft kann sich nur zwischen Sprints verändern

Stakeholder

- Beobachten und empfehlen

Meetings

Sprint Planning

- Alle Teammitglieder; max. 0,5 Tage
- Input: Product Backlog, letzter Zuwachs; Geschäfts- und Technolgiebedingungen
- Output: Sprint Ziel, Sprint Backlog
- PO präsentiert Sprint – Ziel und höchstpriore Product Backlog-Einträge
- T schätzt Einträge und Budget ab
- T wählt Einträge entsprechend der Prioritäten für den anstehenden Sprint aus

Daily Scrum

- Täglich; max. 15 Minuten lang; stehend (Stand-up); alle sind eingeladen; reden dürfen nur Teammitglieder, der SM und der PO (falls gefragt)
- Jeder Teilnehmer beantwortet die drei Fragen:
  - Was hast Du gestern getan?
  - Was wirst Du heute tun?
  - Was steht Dir im Weg?
- Ist kein Statusbericht an den SM; dient nicht zur Problemlösung
- Persönliche Verpflichtung in Anwesenheit der Kollegen!

Sprint Review

- Vollständiges T präsentiert (formlos) was während des letzten Sprints erreicht wurde, z. B. Demonstration der neuen Features
- Informell; keine Folien
- Max. zwei Stunden zur Vorbereitung

Sprint Retrospektive

- Regelmäßige Überprüfung: Was funktioniert gut und was nicht

Artefakte

Product Backlog (PB)

- Liste aller gewünschten Projektarbeiten
- Einträge sollen wertvoll für Benutzer des Produktes oder Kunden sein
- Vom PO priorisiert
- Zu Beginn jedes Sprints neu priorisiert

Sprint Goal

- Zusammenfassung in einem Satz
- Gemeinsam akzeptiert vom T und PO

Sprint Backlog

- Liste von Aufgaben für jede ausgewählte Anforderung des Product Backlogs
- Inhaber: T; Status und Abschätzungen täglich
- Änderung nur durch T

Blocks List

- Behinderungen, ausstehende Entscheidungen
- Inhaber: SM; täglich aktualisiert

Product Burndown Chart

- Visualisiert Gesamtfortschritt und Team-Geschwindigkeit; aktualisiert nach jedem Sprint

Sprint Burndown Chart

- Visualisiert Sprint-Fortschritt; dient zur Ermittlung von Problemen; täglich aktualisiert

Definition of Done (DoD)

- Liste zutreffender Qualitätskriterien für alle Anforderungen; gemeinsam akzeptiert durch T und PO

Product Increment

Information Radiators

Product **O**wner (PO): ‚Produkteigentümer'
Scrum **M**aster (SM): Scrum ‚Meister'

Stakeholder: Geschäftsinteressent
Retrospektive: Rückblick

Backlog: Rückstand
Burndown: ‚Abarbeitung'

Anforderungsmanagement
Requirements Engineering

Definition

Anforderungen sind **Bedingungen** oder **Fähigkeiten**, die ein System erfüllen oder besitzen muss, um einen Vertrag, eine Norm oder eine Spezifikation zu erfüllen. [1]

- Anforderungen werden gestellt u. a.
  - vom Auftraggeber
  - vom Projektleiter
  - von Projektmitarbeitern
  - von der Geschäftsführung
- Sie werden eingeteilt in
  - **Funktionale Anforderungen**,
  - **Qualitätsanforderungen** und
  - **Randbedingungen**.
- Qualitätsanforderungen und Randbedingungen werden auch als **nichtfunktionale Anforderungen** bezeichnet.
- Anforderungen
  - werden zu Beginn eines Projektes festgelegt (Anforderungsermittlung, -erhebung)
  - sind die Grundlage für die Projektkalkulation (Kosten, Termin, Laufzeit)
  - können sich im Projektverlauf durch innere oder äußere Einflüsse ändern
  - müssen vom Projektteam ganzheitlich verstanden werden
  - sind im Projektteam zu kommunizieren und abzustimmen
  - sind in geeigneter Form zu dokumentieren und zu verwalten
  - beinhalten auch die Vorgaben für den Test des Systems bzw. der Komponenten

[1] nach IEEE Std 610.12

Einteilung

Arten

Funktionale Anforderungen

Was soll das System können?
- **Basisfunktionen** (muss sein, unverzichtbar)
- **Zusatzfunktionen** (soll sein, unter Umständen verzichtbar)
- **Wunschfunktionen** (kann sein, muss aber nicht)
- Funktionsaufteilung (Hardware/Software)
- Einsatzbedingungen (z. B. Umwelt)
- Energiebedarf
- ...

Qualitätsanforderungen

Wie sollen die Funktionen ausgelegt sein?
- Zuverlässigkeit
- Wartbarkeit
- Wiederverwendbarkeit
- Portierbarkeit
- Leistung
- Sicherheit
- Flexibilität
- Anwendbarkeit
- ...

Randbedingungen

Welche Randbedingungen sind zu berücksichtigen?
- Termin
- Kosten
- Mitarbeiter
- Kundenintegration
- Infrastruktur
- Make or Buy
- Marktentwicklung
- Technologie-Entwicklung
- ...

Tätigkeiten und Methoden

Ermitteln [2]

Anforderungsquellen festlegen, auswerten Anforderungen analysieren und klassifizieren

- Projektspezifikation
- Vorgängerprodukte
- Wettbewerbsanalyse
- Erfahrungsträger
- Machbarkeitsstudien
- Kundenanforderungen
- Modelle

Methoden
- Befragungstechniken
- Dokumentenauswertung
- Brainstorming
- Analogietechnik
- Feldbeobachtung

Prüfen/Abstimmen [3]

Gesammelte Anforderungen prüfen, abgleichen und gemeinsames Verständnis entwickeln

- Vollständigkeit
- Korrektheit
- Konsistenz
- Realisierbarkeit
- Verifizierbarkeit
- Testbarkeit
- Notwendigkeit

Methoden
- Stellungnahme
- Inspektion
- Checklisten
- Prototypen
- Walkthrough

Verwalten [4]

Anforderungen aktualisieren, kommunizieren und verteilen

- Eindeutige Identifikationen
- Änderungseinträge
- Quellenangabe
- Stabilitätskriterien
- Prioritätsfestlegung

Methoden
- Einsatz von CARE-Werkzeugen (Computer Aided Requirement Engineering)

Dokumentieren [5]

Dokumentationsform, Dokumentenarten, -struktur, -archivierung festlegen

- Prosaform
- Tabellen
- Use-Case Diagramme
- Aktivitätsdiagramme
- Zustandsdiagramme
- Funktionsablaufpläne

Methoden
- Anwendung von Referenzstrukturen (z.B. IEEE 830)
- Aufbau eines Glossars

[2] Anforderungsermittlung: Requirements elicitation
[3] Anforderungsprüfung (-abgleich): Requirements review
[4] Anforderungsverwaltung: Requirements management
[5] Anforderungsdokumentation: Requirements documentation

Kommunikationsnetze

7

OSI-Referenzmodell
OSI-Reference Model – Open System Interconnection

Prinzip

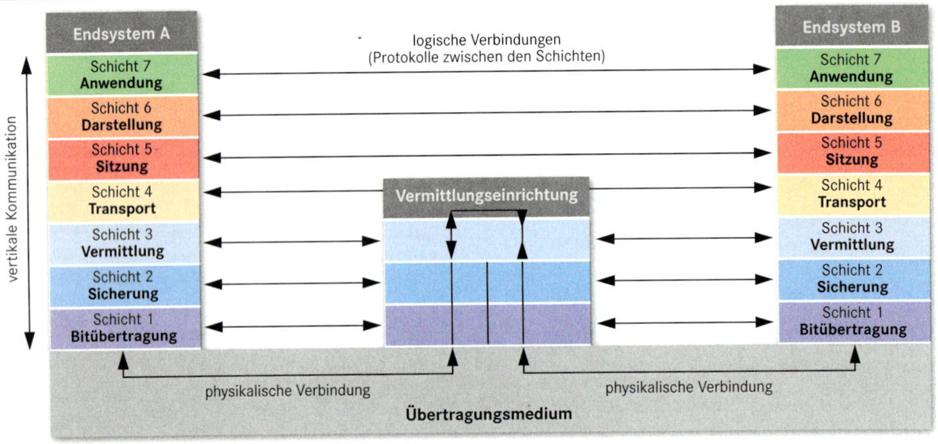

Erläuterungen

- OSI-7 Schichtenmodell ist Referenzmodell für herstellerunabhängige Kommunikationssysteme.
- Jede Schicht bietet der darüberliegenden Schicht definierte Dienste an und realisiert seinerseits die Dienste für die darunterliegende Schicht.
- Schichteneinteilung erfolgt mit definierten Schnittstellen.
- Einzelne Schichten können ohne große Gesamtsystemänderungen ausgetauscht und angepasst werden.
- Schichten 1...4 sind die transportorientierten Schichten (physikalischer Datentransport bis zu den physikalischen Endpunkten der Systeme).
- Schichten 5 ... 7 sind anwendungsorientierte Schichten (Handhabung der Schnittstellen).
- Übertragungsmedium (Verbindungskabel) ist nicht im OSI-Modell festgelegt.

Bitübertragungsschicht

Schicht 1 (Physical)

- Zuständig für den physikalischen Transport der digitalen Informationen.
- Spezifiziert Schnittstellen (mechanisch, elektrisch, optisch, Funk) und deren Übertragungseigenschaften und Funktionen zum Übertragungsmedium.

Datensicherungsschicht

Schicht 2 (Link)

- Zuständig für den unverfälschten Datentransport über einen einzelnen Übermittlungsabschnitt.
- Flusssteuerung überwacht die vollständige und richtige Übertragung der Daten von der darunter liegenden Schicht.

Vermittlungsschicht

Schicht 3 (Network)

- Zuständig für die Überbrückung geografischer Entfernungen zwischen den Endsystemen durch Einbeziehung von Vermittlungssystemen.
- Steuert die zeitlich und logisch getrennte Kommunikation zwischen verschiedenen Endsystemen.

Transportschicht

Schicht 4 (Transport)

- Zuständig für die Erweiterung von Verbindungen zwischen Endsystemen zu Teilnehmerverbindungen.
- Bildet die Verbindungsschicht zu den anwendungsorientierten Schichten.

Sitzungsschicht

Schicht 5 (Session)

- Zuständig für den geordneten Ablauf des Dialoges zwischen den Endsystemen.
- Festlegen und verwalten der Berechtigungsmarken für die Kommunikation.

Darstellungsschicht

Schicht 6 (Presentation)

- Zuständig für den gemeinsamen Zeichensatz und die gemeinsame Syntax.
- Umwandeln der lokalen Syntax in die für den Transport festgelegte Syntax und umgekehrt.

Anwendungsschicht

Schicht 7 (Application)

- Zuständig für die Steuerung der untergeordneten Schichten.
- Übernimmt die Anpassung an die jeweilige Anwendung.
- Stellt dem Anwenderprogramm die Verbindung zur Außenwelt zur Verfügung.

Klassifikationen

- **Netztopologie**
  - Stern- oder Baumstruktur
  - Ring- oder Maschenstruktur
- **Übertragungstechnik**
  - analoge Netze
  - digitale Netze
- **Vermittlungstechnik**
  - Festgeschaltete Leitungen
  - Leitungsvermittelte Netze
  - Paketvermittelte Netze
- **Übertragungsweisen**
  - serielle
  - parallele
  - asynchrone
  - synchrone
- **Übertragungsmedium**
  - Kupferkabelnetze
  - Koaxialnetze
  - Funknetz
  - Glasfasernetze
- **Übertragungsbandbreite**
  - Schmalbandnetze
  - Breitbandnetze
- **Kommunikationsrichtung**
  - Einwegkommunikation (Simplex)
  - alternative Zweiwegkommunikation (Halbduplex)
  - simultane Zweiwegkommunikation (Vollduplex)
- **Diensteintegration**
  - Dienstspezifische Netze (z. B. Telexnetz)
  - Diensteintegrierende Netze (z. B. ISDN, IBDN)

Einteilungen

- **CAN** (**C**ontroller **A**rea **N**etwork bzw. **C**ar **A**rea **N**etwork, da Herkunft aus der Kfz-Industrie): Ausdehnung bis ca. 1 m. Insofern wird der PC als Netz verstanden.
- **PAN** (**P**ersonal **A**rea **N**etwork): Netze im Heimbereich
- **LAN** (**L**ocal **A**rea **N**etwork): Netze im Office- und Firmenbereich. Sie erstrecken sich über einen Verbindungsraum von wenigen Kilometern.
- **MAN** (**M**etropolitan **A**rea **N**etwork): Sie besitzen Ausdehnungen von bis zu 100 km.
- **WAN** (**W**ide **A**rea **N**etwork): Sie überspannen ganze Länder und ermöglichen weltweite Übertragungen.
- **Terminalnetze** (Terminals an Rechenanlagen)
- **Mehrpunktnetze** bzw. Netze mit Multiplex- oder Konzentrationsverbindungen

Gebräuchliche LANs

- **Sternförmige Vernetzung** zur Verbindung von
  - Arbeitsplatz-PCs mit Switch über Twisted Pair-Kupferkabel,
  - Switch mit Server über Twisted Pair-Kupferkabel oder Lichtwellenleiter und
  - Switch untereinander zur Verbindung von Netzwerksegmenten mit Lichtwellenleiter.
- **Ringförmige Vernetzung** zur Verbindung von Rechnersystemen mit ausfallsicherer und deterministischer Datenübertragung

Netzstrukturen

Stern

- Punkt-zu-Punkt-Verbindung der DEEn zur Zentrale
- Daten werden über Zentrale weitergeleitet

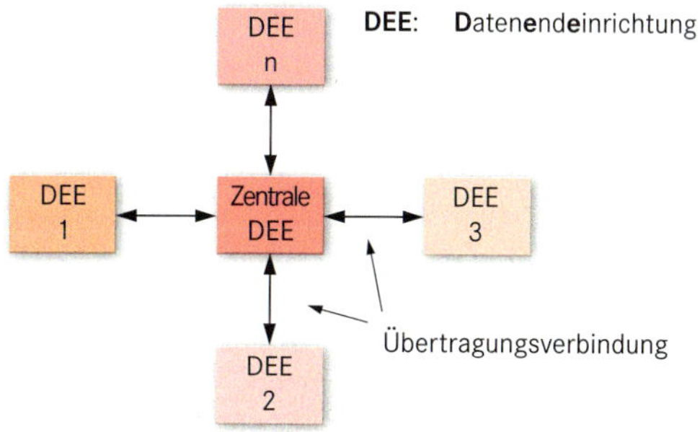

Bus

- DEEn elektrisch parallel an ein Kabel angeschlossen
- Daten werden direkt zwischen den jeweiligen DEEn ausgetauscht

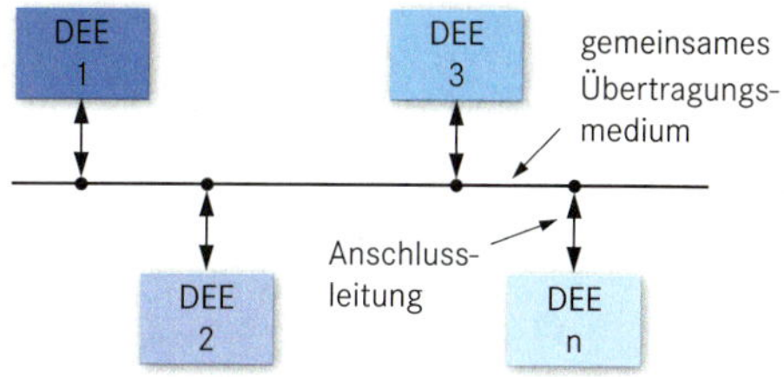

Ring

- Ringförmige Verbindung der Stationen untereinander
- Daten werden von DEE zu DEE weitergeleitet

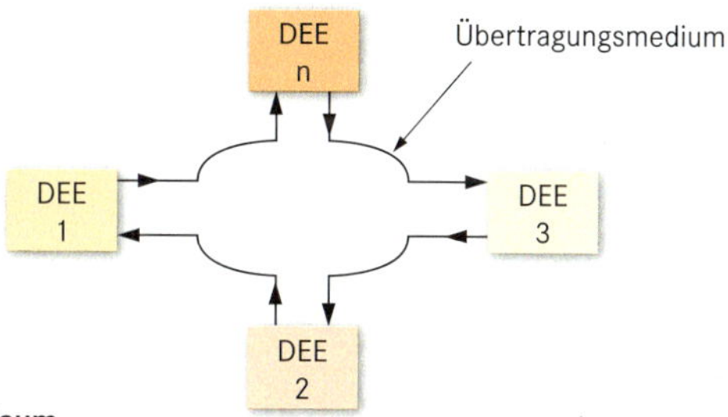

Baum

- Struktur ähnlich dem Bus, der um Abzweige erweitert wurde
- Daten werden direkt zwischen den jeweiligen Datenendeinrichtungen ausgetauscht

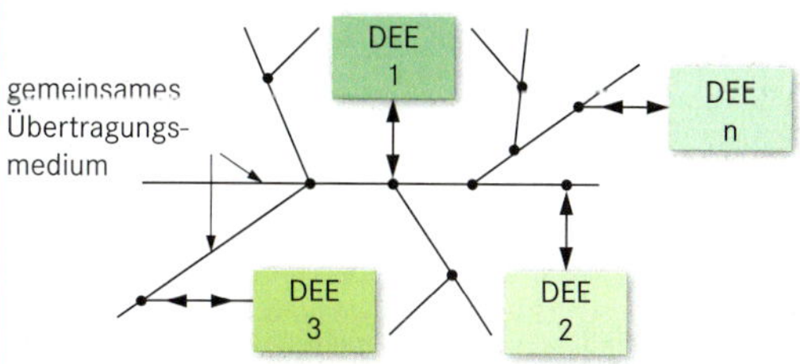

Lokale Netze	Möglichkeiten	Standard
■ Sind räumlich abgegrenzt ■ Werden von einem Betreiber verwaltet und organisiert ■ Ermöglichen einen direkten Datenaustausch zwischen den Teilnehmern des Netzes ■ Übertragungsmedien sind Kupferleitungen, Lichtwellenleiter oder Funkwellen. Sie bieten unterschiedliche Übertragungsgeschwindigkeiten und Reichweiten	■ Zentrale Datenhaltung auf großen Massenspeichern ■ Elektronischer Datenaustausch zwischen den einzelnen Stationen untereinander bzw. mit der Zentralstation ■ Gemeinsame Nutzung von Programmen, Geräten und Kommunikationsschnittstellen zu externen Datenübertragungseinrichtungen	■ Standardisiert nach IEEE 802 (Institute of Electrical and Electronic Engineers) in verschiedenen Normenreihen (z. B. IEEE 802.3, IEEE 802.16) ■ Unterschieden anhand der Zugriffsverfahren auf das Übertragungsmedium (z. B. CSMA/CD: Carriers Sense Multiple Access/Collision Detection: Trägerkennung mit Mehrfachzugriff/Kollisionserkennung)

IEEE 802.3

- Bei lokalen, leitungsgebundenen Netzen ist Ethernet die bevorzugt eingesetzte Technologie.
- Gründe dafür sind u.a.
  - stabile und verfügbare Standards,
  - große Produktvielfalt,
  - hohe Konfigurationsflexibilität,
  - große Marktakzeptanz und
  - niedrige Produktkosten.

OSI-Referenzmodell [1]		IEEE-Standard		
Schicht	Funktion	Schicht	Funktion	Standardisiert durch
3	Vermittlungsschicht (Network-Layer) (Packet)	**3 (HILI)**	Netzwerkverwaltung Netz-/Netz-Verwaltung (Higher-Layer-Interface)	IEEE 802.1
2	Sicherungsschicht (Data-Link-Layer) (Frame)	**2b (LLC)**	Logische Verknüpfungssteuerung (Logical-Link-Control)	IEEE 802.2
		2a (MAC)	Mediumszugriff-Steuerung (Medium-Access-Control)	IEEE 802.3
1	Bitübertragungsschicht (Bitstrom) (Physical-Layer)	**1 (Phy)**	Elektronischer und mechanischer Aufbau (Physical-Layer)	Ethernet siehe 802.3 Varianten

IEEE 802.3 Varianten

10 Mb/s	1000 Mb/s (1 Gb/s)	40 Gb/s
10BASE [1] -5, -2, -T, -F, -FL, -FB, -FP	100BASE [1] -X, -SX, -LX, -CX, -T, -KX	40GBASE [1] -KR4, -CR4, -SR4, -LR4, -FR
100 Mb/s	**10 Gb/s**	**100 Gb/s**
1000BASE [1] -T2, -T4, -TX, -FX, -SX	10GBASE [1] -SR, -LR, -ER, -SW, -LW, -EW, -LX4, -CX4, -T, -LRM, -KX4, -KR	100GBASE [1] -CR10, -SR10, -LR4, -ER4

[1] Erläuterungen siehe unter Ethernet-Bezeichnungen

IEEE 802.xxx

IEEE 802.5	IEEE 802.11	IEEE 802.15	IEEE 802.16
Token Ring	Wireless LAN	Wireless Personal Area Network (WPAN)	Broadband Wireless Access

IEEE 802.17	IEEE 802.18	IEEE 802.19	IEEE 802.20	IEEE 802.21	IEEE 802.22	IEEE 802.23
Resilient Packet Ring Access Protocol	LAN/MAN Radio Regulatory	Wireless Coexistance Technical Advisory Group	Mobile Broadband Wireless Access	Media Independent Handover Services	Wireless Regional Networks (WRANs)	Emergency Services

[1] OSI; Open System Interconnection: Referenzmodell für allgemeine herstellerunabhängige Kommunikationsstruktur 1983 von der ISO (International Standard Organisation) festgelegt.

Merkmale

- Ist die Bezeichnung für eine **serielle** Datenübertragung zwischen mehreren Teilnehmern, die an einem gemeinsam genutzten Medium über Netzwerkkarten angeschlossen sind.
- Die Datenübertragung erfolgt dabei in **Rahmenformat** (Frames).
- Die Zuteilung der Sendeerlaubnis wird durch **CSMA/CD** (**C**arrier **S**ense **M**ultiple **A**ccess/**C**ollision **D**etection: Trägererkennung mit Mehrfachzugriff/Kollisionserkennung) gesteuert.
- Ist verfügbar in verschiedenen Übertragungsgeschwindigkeiten (10 Mbit/s, 100 Mbit/s, 1000 Mbit/s und 10 Gbit/s).
- 10 Mbit Ethernet überträgt die Daten auf dem physikalischen Medium im **Basisband** als Manchester-Kodierung.
- Die existierenden **Rahmenformate** stammen aus der Entwicklungsgeschichte und werden bezeichnet als
  - IEEE 802.3 (Ethernet 802.2),
  - IEEE 802.3 SNAP (Ethernet SNAP),
  - Ethernet Version II (Ethernet II),
  - IEEE 802.3 RAWS (Novell Proprietary).
- Jeder zu übertragende Rahmen beginnt mit einer **Präambel** (Rahmeneinleitung) und dient zur Synchronisation der angeschlossenen asynchron betriebenen Netzwerkbaugruppen.

Rahmenformate

Präambel

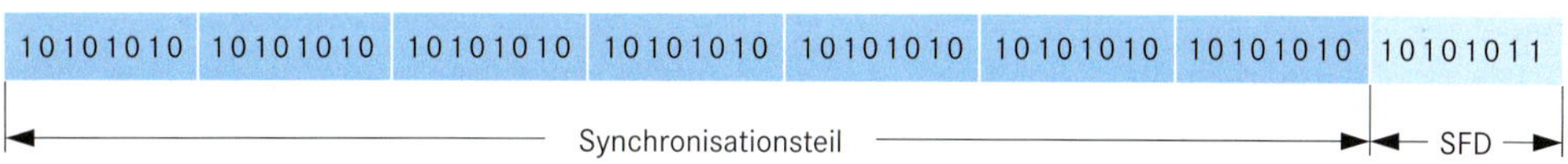

SFD: Start Frame Delimiter

IEEE 802.3

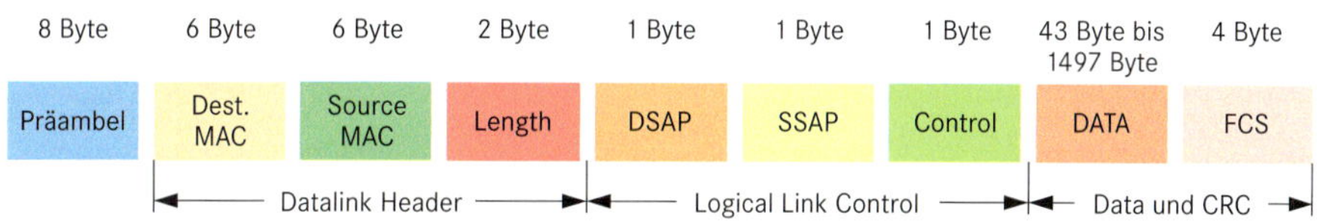

IEEE 802.3 SNAP

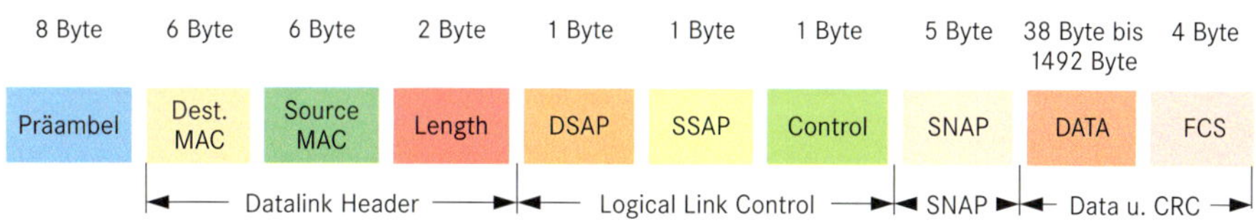

Ethernet II

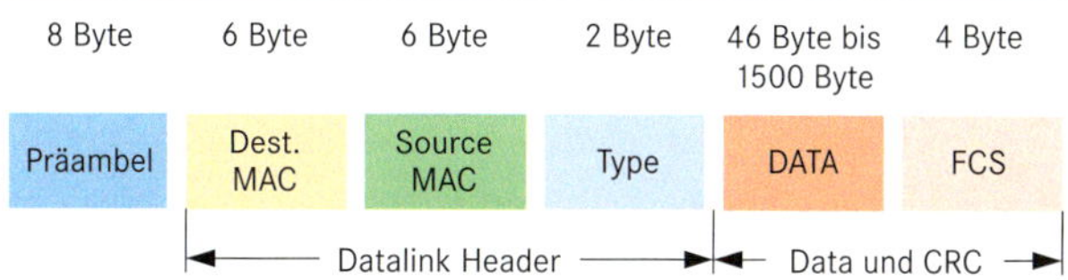

IEEE 802.3 RAWS

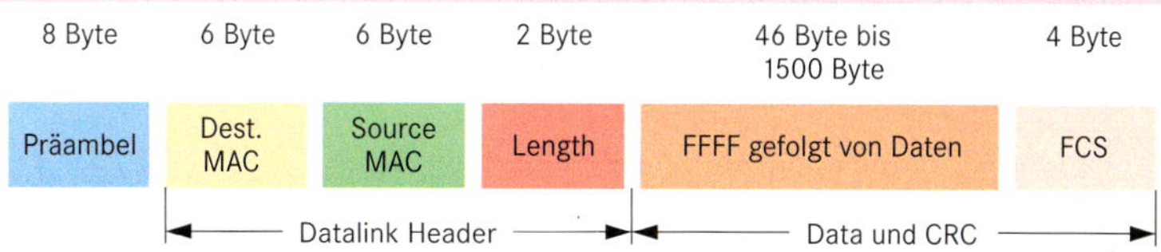

Implementierung der Fa. Novell

Rahmendefinitionen

- **Destination MAC** (**D**estination **M**edium **A**ccess **C**ontrol: Zieladresse)
  - definiert die Zieladresse (Netzwerkkarte), zu der die Daten gesendet werden sollen
  - beinhaltet in den ersten drei Byte die Kennzeichnung des **Kartenherstellers**, wobei niederwertigste Bit des ersten Bytes nachfolgendes definiert: Bit = 0 bedeutet Adresse für **individuelle** Zielstation, Bit = 1 bedeutet Adresse für **logische Gruppe** von Zielstationen und das **zweite Bit** zur Unterscheidung zwischen lokaler und globaler Adresse verwendet wird
  - definiert mit den folgenden drei Byte den Typ der Netzwerkkarte
  - Sonderfall: alle 48 Bit = 1 bedeutet **Broadcasting** (Rundsendung) an alle Stationen

- **Source MAC** (**S**ource **M**edium **A**ccess **C**ontrol: Absender-Adresse)
  - beinhaltet die Absender-Adresse mit drei Byte als feste Kennung für den Kartenhersteller

- **Length** (Länge)
  - dient zur Angabe der Anzahl von Byte im Logical Link Control (LLC) Feld

  Hinweis: Ethernetrahmen dürfen nicht kürzer als 64 Byte bzw. länger als 1518 Byte sein.

- **DSAP** (**D**estination **S**ervice **A**ccess **P**oint: Dienstzugangspunkt)
  - entspricht einem Zeiger auf dem Pufferspeicher im empfangenden Netzwerkadapter zur Ablage der Daten

- **SSAP** (**S**ource **S**ervice **A**ccess **P**oint: Dienstausgangspunkt)
  - definiert die Quelle des sendenden Prozesses

- **Control Byte** (Kontroll-Byte)
  - spezifiziert den Type des LCC-Rahmens

- **Data** (Daten)
  - beinhaltet die Daten (Header und Daten) der höher liegenden Protokollschichten von z. B. TCP/IP oder IPX/SPX

- **FCS** (**F**rame **C**heck **S**equence: Rahmenprüfbits)
  - dient zur Sicherung der übertragenen Bits gegen Verfälschung mittels **CRC-Verfahren** (**C**yclic **R**edundancy **C**heck)
  - verwendet Generatorplynom $G(x) = x^{32} + x^{26} + x^{23} + x^{22} + x^{16} + x^{12} + x^{11} + x^{10} + x^{8} + x^{7} + x^{5} + x^{4} + x^{2} + x + 1$

- **SNAP**
  - beinhaltet auf den ersten drei Byte die Herstellerkennung (wie in der Absender-Adresse), die normalerweise auf null gesetzt ist
  - die folgenden zwei Byte beinhalten eine Kennung zum Ethertyp, um die Anwärtskompatibilität zu Ethernet II zu erhalten

- **Type** (Typenfeld)
  - kennzeichnet den Typ des darüber liegenden Protokolls
  - Werte sind grundsätzlich größer als 05DC (Hex) bzw. 1500 Dez. zur Kennzeichnung, ob der nachfolgende Rahmen ein Ethernet II-Rahmen oder z. B. ein 802.3 Rahmen ist

- **Novell-Daten-Rahmen**
  - beginnen in den Anwender-Daten mit einem IPX-Protokollkopf
  - diese beinhalten in den ersten beiden Bytes optional eine Prüfsumme (FFFF)
  - zeigen damit an, dass die Prüfsumme nicht verwendet wird
  - damit unterscheiden die Netzwerkkarten zwischen Novell-Rahmen und anderen Rahmen

Ethernet Parameter

Parameter	Bezeichnung Formel	Einheit	100Base-TX	100Base-FX	1000Base-SX
Übertragungsrate	u	bit/s	100 000 000		1 000 000 000
Lichtgeschwindigkeit	c	m/s	299 792 458		
Ausbreitungskoeffizient	n		0,75	0,68	0,68
Maximale Segmentlänge	l_{max}	m	100	450	550
Maximale Signallaufzeit	$t_{max} = l_{max}/n \cdot c$	µs	0,445	2,207	2,698
Dauer eines Bits	$t_{bit} = 1/u$	µs/bit	0,01	0,01	0,001
Länge eines Bits	$l_{bit} = n \cdot c \cdot t_{bit}$	m/bit	2,248	2,038	0,203
Anzahl Bits pro Segment	$b_{Segment} = l_{max}/l_{bit}$		44,48	220,80	2709,35
Dauer von 64 Bytes	$t_{64Byte} = t_{bit} \cdot 8 \cdot 64$	µs	5,12	5,12	0,51

Grundlagen

- Gigabit Ethernet ist eine Erweiterung des 10 Mbit/ 100 Mbit-Ethernet Standards auf eine Übertragungsrate von 1 Gbit/s
- IEEE-Spezifikation beinhaltet die unteren beiden Schichten des OSI-Modells
- Übertragungsmedien sind Lichtwellenleiter und Kupferkabel
- Arbeitet bei **Kupferkabel** im Halb- und im Vollduplexbetrieb
- Rahmenformat wie bei 10 Mbit/100 Mbit-Ethernet (64 Byte Rahmengröße automatisch auf 512 Byte verlängert)
- **Cat. 5 (Category)** Übertragung verwendet 4B/5B Leitungscodierung
- Verwendet 4 Aderpaare [pro Aderpaar 125 Mbit Symbolrate, 5-stufige Pegelcodierung (PAM 5) mit 2 Bit pro Symbol]
- Bei **Einsatz auf Cat. 5 (Category)** ist die Leistungsfähigkeit der Verkabelung zu berücksichtigen:
  - **FEXT** (**F**ar-**E**nd Cross **T**alk: Fernübersprechen)
  - **Return Loss** (Rücklaufverluste)
  - **NEXT** (**N**ear-**E**nd Cross **T**alk: Nahübersprechen)
  - **Attenuation** (Dämpfung)
- **Delay** (Laufzeitverzögerung)
- Anwendungsbereiche sind z. B.:
  - Kopplung von Switches
  - Verbindung von Switch mit Servern

Übertragungsmedien

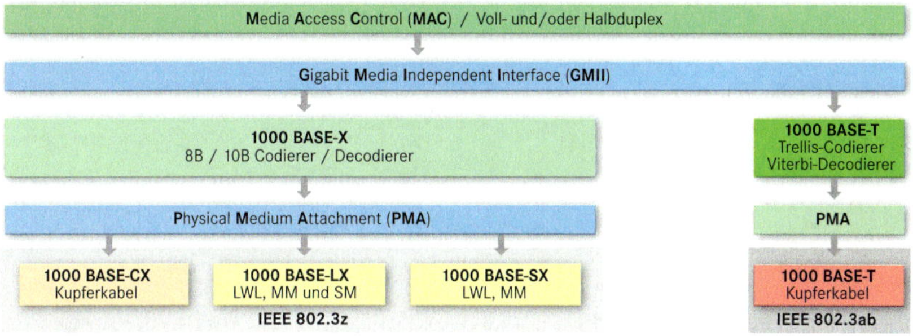

Medien-Spezifikationen

Transceiver-Typ	Medien-Typ	Bandbreiten-Längen-Produkt in MHz x km	Zulässige Länge in m	Typische Anwendung
1000BASE-CX	Kupferkabel, 150 Ω, symmetrisch, geschirmt	-	25	Verkabelungsschrank
1000BASE-LX (1300 nm)	LWL MM 62,5 µm LWL MM 50 µm LWL MM 50 µm LWL SM 10 µm	500 400 500 -	2 bis 550 2 bis 550 2 bis 550 2 bis 5000	Horizontale Verkabelung Kurzes Backbone Kurzes Backbone Gelände Backbone
1000BASE-SX (850 nm)	LWL MM 62,5 µm LWL MM 62,5 µm LWL MM 50 µm LWL MM 50 µm	160 200 400 500	2 bis 220 2 bis 274 2 bis 500 2 bis 550	Horizontale Verkabelung Horizontale Verkabelung Kurzes Backbone Kurzes Backbone
1000BASE-T	Cat. 5 Kupferkabel	-	100	Horizontale Verkabelung

MM: **M**ulti-**M**ode Faser **SM**: **S**ingle-**M**ode Faser (Mono-Mode)

Anwendung

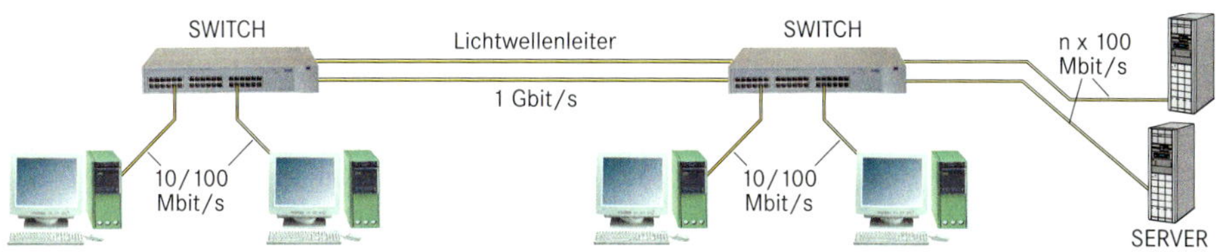

Merkmale

- 10 Gbit Ethernet ist die Erweiterung der Ethernet-Technologie auf eine Übertragungsrate von 10 Gbit/s
- Standard ist spezifiziert in IEEE 802.3 ae und 802.3 an
- Arbeitet nur im **Vollduplex-Betrieb** als **Punkt-zu-Punkt Verbindung** (ohne Kollisionen)
- Verwendet als **Übertragungsmedium**
  - **LWL** (Single- und Multi-Mode mit Wellenlängen 850 nm, 1310 nm, 1550 nm).
  - **Kupferkabel** (4 Paare, Twisted Pair, 55 m über Klasse E/CAT. 6 und 100 m über Klasse F/CAT. 7
- Kupferkabel **Übertragungsparameter** (pro Aderpaar):
  - 2,5 Gbit/s bei 833 Mega-Symbolen/s (1,25 ns Symboldauer)
  - 3 bit Nutzdaten pro Symbol
- Verwendet **16-stufige Pulsamplitudenmodulation** als Leitungscodierung
- Amplitudenwerte liegen zwischen +1V und -1V
- Amplitudenabstand zwischen zwei benachbarten Signalen beträgt 0,13 V
- **Bitfehlerrate** spezifiziert auf max. 1×10^{-12} pro Sekunde über alle unterstützten Klassen und Entfernungen

Architektur

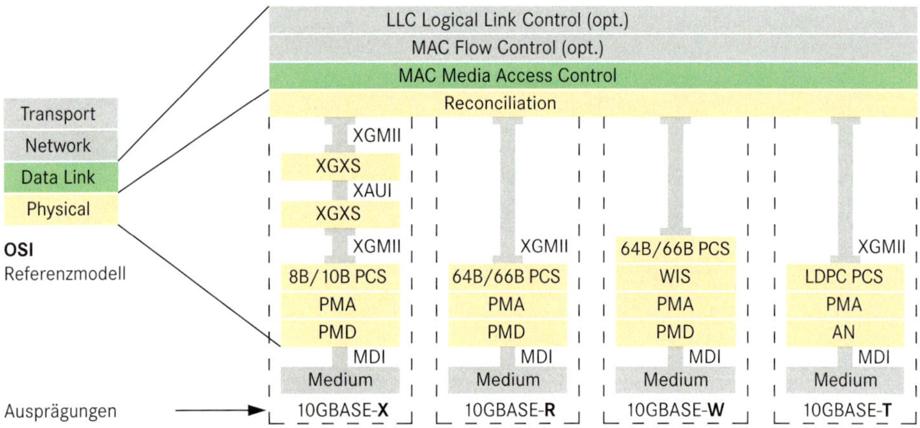

AN: **A**uto **N**egotiation
LDPC: **L**ow **D**ensity **P**arity **C**heck
MDI: **M**edium **D**ependet **I**nterface
PMA: **P**hysical **M**edium **A**ttached
PCS: **P**hysical **C**oding **S**ublayer
PMD: **P**hysical **M**edium **D**ependant
WIS: **WAN** **I**nterface **S**ublayer
XAUI: **X** **A**ttachment **U**nit **I**nterface
XGMII: **X** **M**edium **I**ndependant **I**nterface
XGXS: **XGMII** **EX**tender **S**ublayer

X entspricht der römischen 10

Bezeichnungsschema

Bezeichnung	Wellenlänge in nm	Codierung	Typ	Multi-Mode Fibre	Single-Mode Fibre
10GBASE-S R	850	64b/66b	seriell	65 (300) m	nicht unterstützt
10GBASE-S W	850	64b/66b	SONET/SDH	65 (300) m	nicht unterstützt
10GBASE-L X 4	1310	8b/10b	WWDM	300 m	10 km
10GBASE-L R	1310	64b/66b	seriell	nicht unterstützt	10 km
10GBASE-L W	1310	64b/66b	SONET/SDH	nicht unterstützt	10 km
10GBASE-E R	1550	64b/66b	seriell	nicht unterstützt	40 km
10GBASE-E E	1550	64b/66b	SONET/SDH	nicht unterstützt	40 km
10GBASE-T	–	64b/65b	–	–	–

Wellenlängen-Multiplex: 1 → serielle Übertragung;
n → Anzahl der Wellenlängen (4 für WWDM)

Codierung: X → LAN 8B/10B; R → LAN 64B/66B Blockcodierung; W → WAN

Wellenlänge: S(hort) → 850 nm; L(ong) → 1310 nm; E(xtra long) → 1550 nm

T: Kupferkabel (4 Paare, Twisted Pair)

Merkmale

- Power over Ethernet (Leistung über Ethernet)
  - ist standardisiert nach IEEE 802.3at (Poe+; ersetzt IEEE 802.3af)
  - versorgt Ethernet-Geräte (z. B. IP-Telefon) gleichzeitig mit elektrischer Energie und Daten über das Kupfer-Netzwerkkabel
  - unterscheidet Endgeräte nach Typ 1 und Typ 2
- Leistung für Endgeräte (PD: Powered Device): Typ 1 max. 13 W, Typ 2 max. 25,5 W
- Die Energie für alle versorgten Geräte wird von dem **PSE** (**P**ower **S**ourcing **E**quipment) bis zu einer maximalen Leistung pro Anschluss bereitgestellt.
- Netzanschlüsse für Endgeräte entfallen.

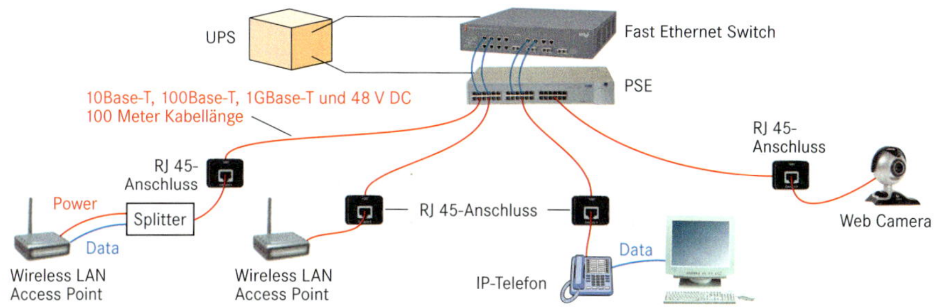

Übertragungsprinzip

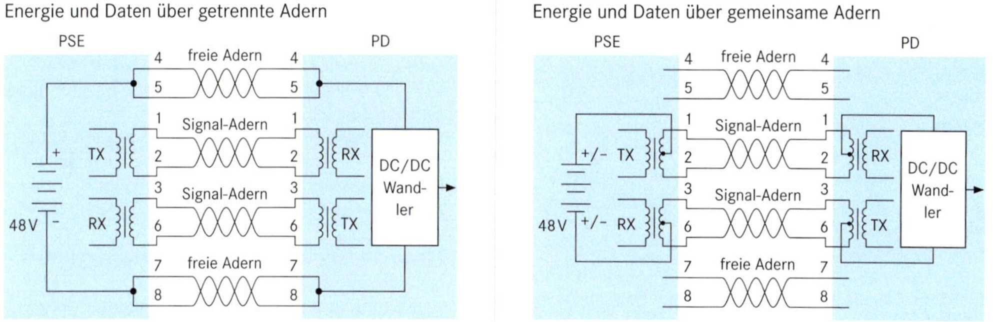

PSE: **P**ower **S**ourcing **E**quipment – Leistungsquelle

PD: **P**owered **D**evice – Versorgtes Gerät

Geräteklassen

Klasse	Erkennungsstrom in mA	PD-Leistung (maximal in W)	PSE-Leistung (minimal in W)	Klassenbeschreibung
0	0 bis 4	12,95	15,4	Unbekannt, PD entspricht nicht der Klassifikation
1	9 bis 12	3,84	4,0	PD mit niedriger Leistung
2	17 bis 20	6,49	7,0	PD mit mittlerer Leistung
3	26 bis 30	12,95	15,4	PD mit hoher Leistung
4	36 bis 44	25,5	30,0	Typ 2 Geräte

Verbindungsaufbau PSE-PD

PSE Spannungsbereich in V	PD Spannungsbereich in V	Zustand	Funktion
0 bis 2,8	–	Ruhe	PSE liefert Leistung
2,8 bis 10	2,7 bis 10,1	Erkennung	PSE testet PD auf 25 kΩ Widerstand
15,5 bis 20,5	14,5 bis 20,5	Klassifikation	PSE erhöht Spannung und misst PD Stromaufnahme
30 bis 44	30 bis 42	Start	PSE schaltet Leistung
44 bis 57	36 bis 57	Dauerversorgung	PSE schaltet auf Dauerversorgung

Repeater
- Ein Repeater verbindet verschiedene Netze mit vollkommen gleichartigen Zugriffsweisen und Protokollen.
- Er reduziert Signalverzerrungen und -dämpfungen.
- Es wird auch als **Aufholverstärker** bezeichnet.
- Moderne Repeater verbinden auch unterschiedliche Medien.

Hub (engl. Nabe)
- Im engeren Sinne ein Sternkoppler bzw. Sternverteiler (auch Kabelkonzentrator).
- Ein Hub ist quasi die Verbindung eines Konzentrators mit einem Repeater. Es sind Multiport-Repeater.
- Hubs haben die Repeater in vielen Bereichen verdrängt.

Bridge (engl. Brücke)

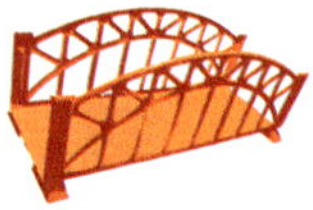

- Verbindet Netze auf den Teilschichten MAC oder LLC der OSI-Schicht 2 (→ MAC-Level-Bridge)
- Die Netze können eine unterschiedliche Topologie besitzen.

Router (engl. „ruter"; us-engl. „rauter")
- Analysiert selbstständig das Netz (Transparenz).
- Sucht geeignete Wege im Netz auf der Basis routbarer Protokolle. Erstellt Wegetabellen (Routingtabellen).
- Vermittelt zielgerichtet Datenpakete.
- **Bridging Router – BRouter**: Router mit integrierter Bridge.

Gateway
- Es realisiert einen umfassenden Netzübergang und die komplette Anpassung von an sich getrennten Netzwelten.
- Es nimmt folgende Über- und Umsetzungen zwischen den verschiedenen Netzen vor:
  1. Adressübersetzungen
  2. Übersetzung der Datenübertragungsgeschwindigkeiten
  3. Protokollanpassungen (Konvertierung bzw. Umschreibung)
- Es ist eine intelligente Schnittstelle, die besonders Funktionsaufgaben der Schichten 3 bis 7 übernehmen kann.
- Es ermöglicht hohe Sicherheitsstandards.

Switch (engl. Schalter)
- Ein Switch ist quasi eine Bridge mit mehreren Zugängen für Rechner, aber auch für Netze.
- Ein paralleler Datenaustausch zwischen den verschiedenen Switch-Zugängen ist möglich.
- Ein Switch ermöglicht eine Punkt-zu-Punkt-Geräte-Verbindung.
  Ein Switch ist oftmals ein Hardware-Produkt.
- Typen
  - Layer 1-Switches: Es erfolgt keine Adressauswahl (Hub-System)
  - Layer 2-Switches/Layer 2/3-Switches: Die Zieladressen der Datenpakete werden über Adresstabellen automatisch ermittelt. Die Adressinformation werden den im Datenpaket festgehaltenen MAC-Adressen entnommen
  - Layer 3-Switches arbeiten auf der Schicht 3 – es verarbeitet (auch) IP-Adressen
- **Leistungsdaten:**
  - **Durchleitrate** (Forwarding Rate): Pakete/s
  - **Filterrate** (Filter Rate): Bearbeitete Paketanzahl/s
  - **Adressanzahl:** Verwaltete (MAC-)Adressen
  - **Backplanedurchsatz:** Transportkapazität auf den Vermittlungsbussen
- **Funktionsprinzipien:**
  - **Store-and-Forward:** Ein Datenpaket wird komplett über ein Port eingelesen; erst dann wird die Adresse verarbeitet. Ein sehr sicheres Verfahren. Es erfolgt eine vollständige Fehlerüberprüfung. Fehlerhafte Pakete werden selbstständig verworfen.
  - **Cut-Through:** Die Auswertung der Adresse erfolgt bereits nach dem Einlesen des Steuerkopfs der Datenpakete. Parallel dazu werden die Nutzinformationen aufgenommen. So wird die Latenzzeit reduziert. Datenkollisionen sind möglich.
  - **Fragment-Free:** Die Datenweitergabe erfolgt bereits nach der Aufnahme der ersten 72 Bytes.

  Ein modernes Switch realisiert alle drei Prinzipien zeitgleich (**adaptives Switching**, auch **Error-Free-Cut-Through**). Es wird situationsabhängig das optimalste Verfahren ausgewählt.
- Netzausdehnung von bis zu 150 km wird versorgt/betreut.
- Üblicherweise haben Switches 4 bis 32 Ports.

Charakteristika

Kriterium/Gerät	Repeater/Hub	Switch/Bridge	Layer3-Switch/Router	Gateway
Aufgabe	(einfache) Signalverstärkung (bzw./inkl. Signalgenerierung)	MAC-Adressierung: Datenpakete werden zwischengespeichert	Verarbeitung der IPAdressen (IP-Adressierung; Routing)	Komplexe Anpassung (zum Beispiel an verschiedene Protokolle)
OSI/ISO-Layer	Physical	Data Link	Network	
OSI-Schicht	1	2	3	((1), 2, 3)-4, 5, 6, 7
Store-and-Forward	Bits	Frames	Messages	
Datenraten – unterschiedliche	nein	ja	ja	ja
Datentransport	Bits	Pakete	Pakete	
Durchsatz	hoch	mittel	geringer	
Datenfilterung	nein	ja	ja	ja
Medien – unterschiedliche	ja	z. T. ja	ja	ja
Medienanpassung	(nein)/ja	nein	ja	ja
Protokolle – unterschiedliche	ja	ja	z. T. ja	ja
Protokollanpassungen	nein	z. T. ja/nein	ja/nein	ja
Zugriffsverfahren – verschiedene	nein	ja	ja	ja
Flusskontrolle	nein	nein	ja	ja
Entfernung	begrenzt	beliebig	beliebig	ja

Merkmale

- Server: Dienst-Erbringer
- Clients beziehen sich auf Server (Client: Kunde)
- Server können auf einem lokal orientierten Gerät installiert sein.
- Server können im Rahmen offener Systemstrukturen auch als verteilte Systeme realisiert werden. In diesem Sinne können Dienste verteilt angeboten werden. Einzelne Rechner können in komplexen und offenen Strukturen einerseits als Client operieren und zugleich Serverteilleistungsfunktionen (Teildienste) offerieren.

Einteilungen

- **SQL-Server**: Arbeitet als relationales Datenbank-Management-System innerhalb von verteilten Netzstrukturen.
- **Exchange Server**: Gemeinsame Verwaltung von E-Mails, Formularen, Groupware-Anwendungen und Terminsystemen.
- **SMTP-Server** (**S**imple **M**ail **T**ransport **P**rotocol-Server): Server zum Versenden von E-Mails. (Versandrichtung nur vom Client zum Server. Rücktransport nur über SMTP-Clients.)
- **SNA-Server**: Arbeitet als Gateway im Hinblick auf IBM-Mainframes und Mini-Computer.
- **Systems Management Server**: Verwaltet den Zugriff auf ein Gesamtsystem.
- **Proxy Server**: (Proxy – Stellvertreter-„Software": quasi „an Stelle von".) Ermöglicht den Einzelrechnern einen Internetzugang und steht zwischen Client und Netz. Einfachste Firewall-Funktionen werden zugleich realisiert. Unterschieden werden: -http, -FTP-, -SMTP- und Telnet-Proxies.

Weiterhin werden unterschieden:

- **Server**: DHCP-Server, DNS-Server, POP3-Server, Webserver, Streaming Server und Terminal Server
- **Serverdienste**: Backup-Dienste, Dateidienste, Druckdienste, Kommunikationsdienste und Webdienste

Domänen

- Eine technisch-organisatorische (logische) Einheit von Rechnern (Nutzern), die im Netz gemeinsam verwaltet und sicherheitstechnisch organisiert werden. Es gibt einzelne Domänen und komplexe Domänenstrukturen. Es charakterisiert Microsofts NT-Selbstverständnis.
- Eine Domäne besteht aus einem **PDC** und eventuell mehreren **BDCs**.
- **PDC: P**rimary **D**omain **C**ontroller – erster Domänen-Rechner: zuständig für die (primäre) Benutzerkontenverwaltung. Zu jeder Domäne gehört nur ein PDC.
- **BDC: B**ackup **D**omain **C**ontroller – Sicherungs-Domänen-Rechner: zuständig für alle Ressourcen und Kopien.
- Es gibt autonome Server, die ohne PDC- oder BDC-Zuordnung operieren.

Domänenkonzepte

- **Single Domain Model**: Geeignet für Netze mittlerer Größe (max. 15.000 Nutzer); zentrale Verwaltung der Rechte.
- **Single Master Domain Model**: Geeignet für große Netze.
- **Complete Trust Model**: Geeignet für Netze, die ohne gesonderte Zentrale existieren; jede Domaine operiert im Netz autonom – allerdings vertrauen sich die Domainen gegenseitig.
- **Multiple Master Domain Model**: Geeignet für große Netze mit denzentralen Zentren.

Apache-Server (Apache-http-Server)

- Web-Server (Bereitstellung von Webseiten)
- Erfüllt die Spezifikationen der RFC 2616 zu http/1.1
- Marktanteil bei etwa 70 % – Open-Source-Produkt
- Unterstützt vielfältige Laufzeitmodelle (**MPM: M**ulti-**P**rocessing-**M**odule); Prozesse gemäß Standard-UNIX-MPM (prefork)/Threads (worker)
- **Adressen:** http://modules.apache.org
  http://www.apachefriends.org/de/xampp.html

ICMP
Internet Control Message Protocol

- **ICMP: I**nternet **C**ontrol **M**essage **P**rotocol
- Es gehört zur TCP/IP-Protokollfamilie.
- Es gestaltet folgende Aufgaben (mit) unter IPv4:
  - **Diagnose von Verbindungen**
  - **Überlastvermeidung** bei Routern durch Flusskontrolle,
  - Verwaltung von **Routing-Tabellen**.
- **ICMPv4:** ICMP in der Verwendung unter IPv4
- **ICMPv6:** ICMP in der Verwendung unter IPv6
- Neben der Erfassung und Übertragung von
  - **Diagnoseinformationen** und
  - **Fehlermeldungen** dient das ICMPv6 auch dazu, die **automatische Konfiguration** von **Adressen** zu unterstützen.

ICMPv4 – Angaben

Type	Inhalt der Nachricht
0	Echo Reply Message: Echo-Antwort
3	Destination Unreachable Message
4	Source Quench Message: Drosselung der Senderate
5	Redirect Message: Route ändern
8	Echo Request Message: Echo-Anforderung
9	Router Advertisement Message: Router-Bekanntmachung
10	Router Solicitation Message: Suche nach einem Router
11	Time Exceede Message: Lebenszeit des IP-Pakets ist überschritten
12	Parameter Problem Message: Parameterfehler im IP-Paket
13	Time Stamp Request Message: Uhrzeitangabe-Anforderung
14	Time Stamp Reply Message: Uhrzeitangabe-Antwort
15	Information Request Message: Informationsanforderung
16	Information Reply Message: Antwort auf Informationsanfrage
17	Address Mask Request: Abfrage der Subnetz-Maske
18	Adress Mask Response: Antwort auf Abfrage der Subnetmaske

Merkmale

- Blade-Server (sinngemäß: Blatt-Server) sind Server, die aus mehreren eigenständigen Server-Modulen aufgebaut sind.
- Jedes Server-Modul entspricht dabei einem vollständigen PC mit
  - einer oder mehreren CPUs
  - Festplatte(n)
  - Arbeitsspeichern

  auf **einer** Flachbaugruppe.
- Die Höhe der Flachbaugruppe wird in Units (1 U = 1,75 inch) angegeben und definiert damit auch die Bezeichnung des Servers (z. B. 7 U).
- Die Blade-Server werden in einem Baugruppenträger (Chassis) eingesteckt und sind über einen oder mehrere rückseitige Platter miteinander verbunden.
- Die Verbindungen zur Außenwelt (z. B. Firmen-Netzwerk) können über entsprechende Netzwerk-Switche, die ebenfalls in das Chassis gesteckt werden, erfolgen.
- Diese Aufbauform bietet Vorteile
  - durch Reduzierung des Bauvolumens
  - keinen zusätzlichen Verdrahtungsaufwand, da alle Verbindungen für die Module bereits im Chassis enthalten sind
  - einfachen Austausch der Module gegen Nachfolge-Systeme (Investitionssicherheit)
- Das Management für die Module wird von eigenen Management-Modulen im Chassis übernommen.
- Die Funktionen der einzelnen Server-Blades werden vom Anwender durch entsprechende Konfigurationen festgelegt und können z. B. sein
  - Web-Server
  - Mail-Server
  - Datei-Server
  - Backup-Server
- Zur Erhöhung der Systemverfügbarkeit besteht die Möglichkeit, die vorhandenen Stromversorgungen ebenfalls zu verdoppeln.

Server-Blade

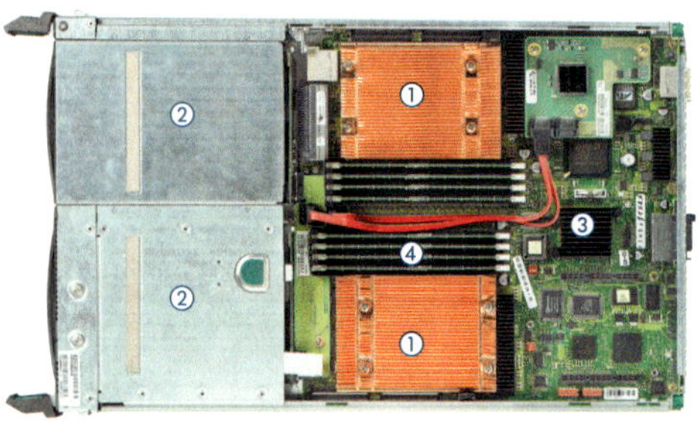

① Prozessoren (bis max. 4)
② Festplatten
③ Anschaltung für Rückwandbus (z. B. Fibre Channel oder Gbit-Ethernet)
④ Arbeitsspeicher

Portzuordnung

Beispiel:
Pro Server-Blade zwei LAN-Kanäle:
Jeweils ein Kanal verbunden mit entsprechendem Ethernet-Switch-Blade.

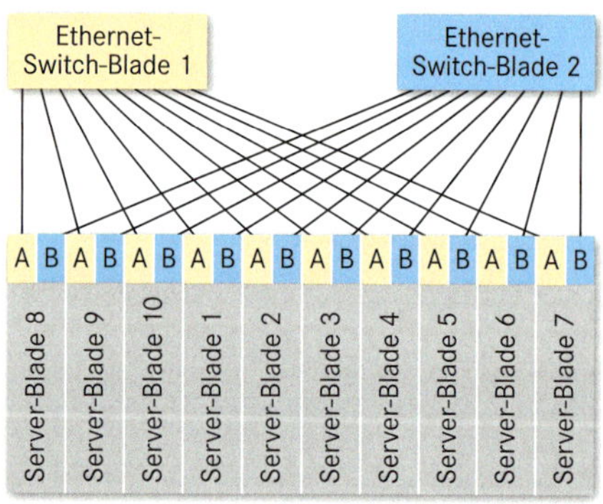

7-U Rack

Frontseite

① ... ⑩ Server-Blade Einbauplätze

Rückseite

① Up-Link LAN Anschlüsse
② Fibre Channel oder Ethernet Switch Blade

Definitionen

- Storage-Systems sind Speicher-Einrichtungen, die als Massenspeicher große Datenmengen zuverlässig und mit hohen Geschwindigkeiten speichern.
- Grundsätzlich werden Storage-Systeme nach Art der technischen Realisierung unterschieden in
  - **DAS** (**D**irect **A**ttached **S**torage: direkt zugeordneter Speicher)
  - **NAS** (**N**etwork **A**ttached **S**torage: Netzwerk zugeodnete Speicher)
  - **SAN** (**S**torage **A**ttached **N**etwork: zugeordnetes Speicher-Netzwerk)
- Kombinationen aus NAS und SAN nutzen die Vorteile beider Systeme und bauen auf IP-Kommunikation auf wie z. B. Internet **SCSI** (**iSCSI**) oder **I**nternet **F**ibre **C**hannel **P**rotocol (**iFCP**).

DAS

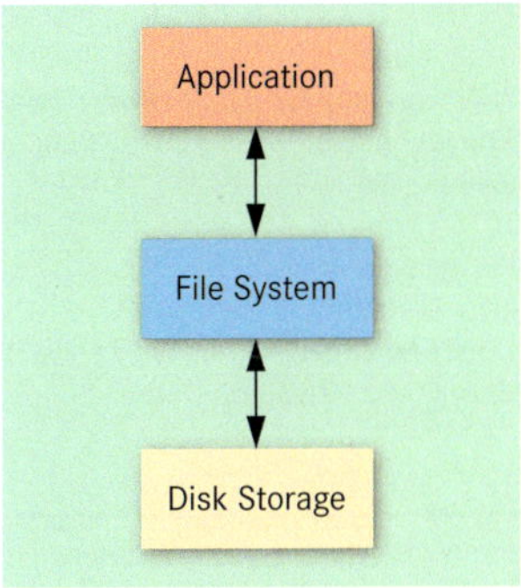

Standalone Computer

- Ist die herkömmliche Art, die Speichereinrichtungen direkt mit den Applikationsservern zu verbinden
- Ist geeignet für blockweise Datenspeicherung
- Nachteilig sind die hohen Kosten und die geringe Zuverlässigkeit

NAS

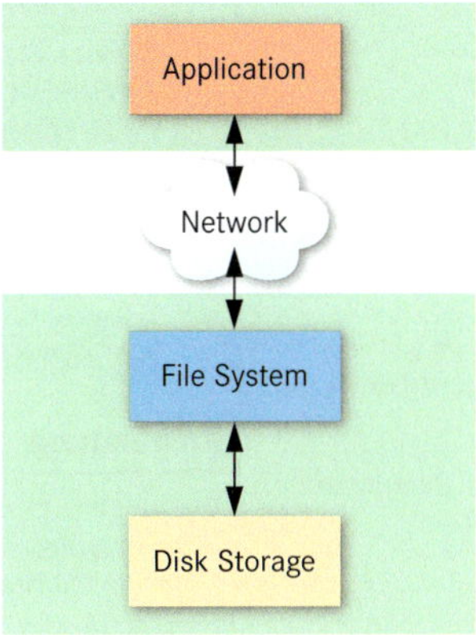

- Direkter Anschluss der Speicher an das lokale Datennetzwerk
- Arbeitet wie ein Server in einer Client-Server-Architektur
- Der Datenzugriff erfolgt mittels Internet-Protokoll
- Gut geeignet für File-Sharing-Betrieb

SAN

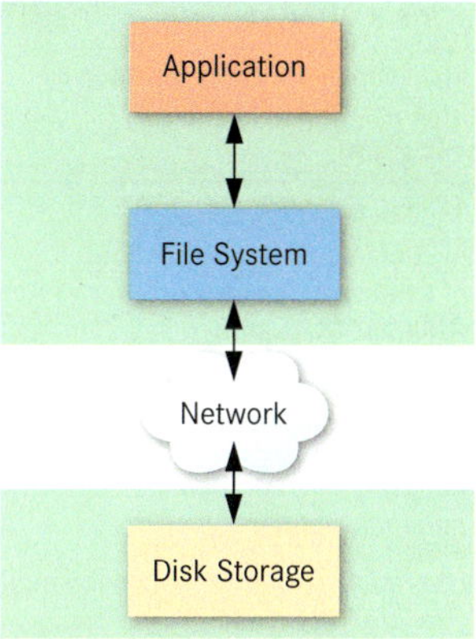

- Bindet die Speicher hinter den Servern über ein separates Hochgeschindigkeits-Netz ein
- Basiert in der Regel auf Fibre-Channel-Technik
- Bietet Vorteile bei blockweisem Zugriff auf große Datenvolumina

SAN mit Fibre Channel

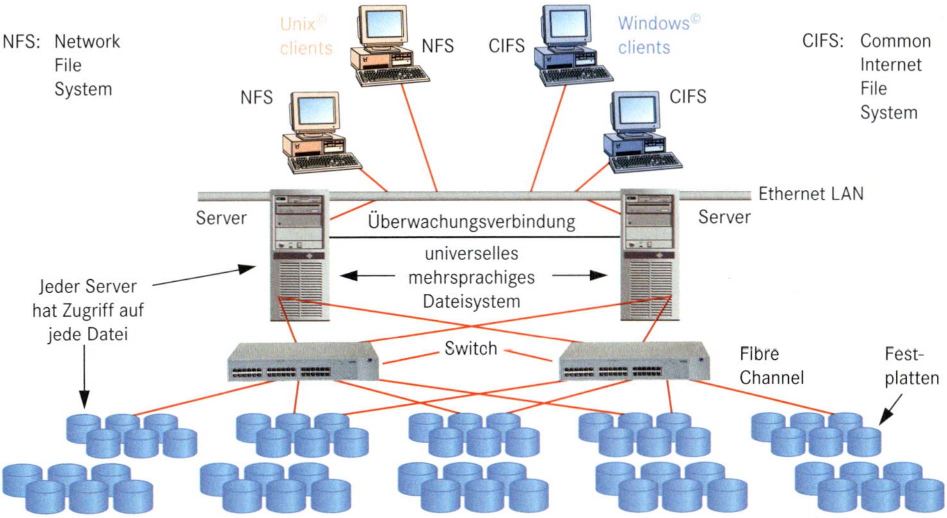

Merkmale

- **FC** (Faserkanal) ist ein Hochgeschwindigkeitsübertragungskanal mit Übertragungsraten von 133 Mbit/s, 266 Mbit/s, 531 Mbit/s und 1,062 Gbit/s
- Übertragungsmedium sowohl Kupfer (STP) als auch LWL
- Kupferübertragung erfordert zwei Aderpaare, eines zum Senden, eines zum Empfangen, deshalb ‚full duplex' möglich
- Übertragungsentfernungen:
  - Kupfer maximal 47 m zwischen zwei Knoten
  - LWL (9 µm single mode bzw. 50/60 µm multimode) maximal 10 km
- Mischung der Medien ist möglich

Topologien

- Topologien können sein:
  - Punkt-zu-Punkt-Verbindung
  - **Arbitrated Loop** (gesteuerter Ring)
  - **Fabric-Switching** (Fibre Channel Switching)
- Punkt-zu-Punkt-Verbindungen verlangen gleiche Datenraten bei den Teilnehmern
- Bei Switching Ports können unterschiedliche Datenraten gefahren werden
- Übertragung ist protokollunabhängig

Dienste

- Dienste werden in Klassen eingeteilt:
  - **Service Class 1** (Dienstklasse)
    Punkt-zu-Punkt-Verbindung mit Standleitung. Anwendung bei Kopplung von Servern mit Massenspeichern
  - **Service Class 2** (Dienstklasse 2)
    Verbindungslose Übertragung, gesteuert über Rahmenaufbau, mit Rückmeldung.
    Anwendung in gemischten Systemen mit Netzwerken und Massenspeichern
  - **Service Class 3** (Dienstklasse 3)
    Ähnlich wie Klasse 2; Anwendung für ‚one to many' (einer für viele); keine Rückmeldung über versendete Daten; keine Datenwiederholung
  - **Service Class 4** (Dienstklasse 4)
    Verbindungsgesteuerter Dienst mit garantierter Bandbreite und garantiertem Zeitverhalten; isochrone Datenübertragung für realtime Video und Daten

Anwendung

Übertragung großer Datenmengen wie z. B. bei Bilddaten, 3-D Rendering, CAD-Daten, Video-Erstellung, Massenspeicherkopplung mit Netzwerken

Topologie

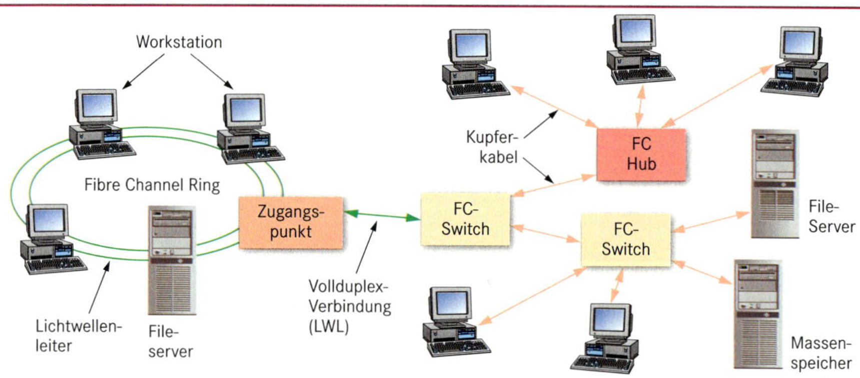

Kommunikationsstruktur

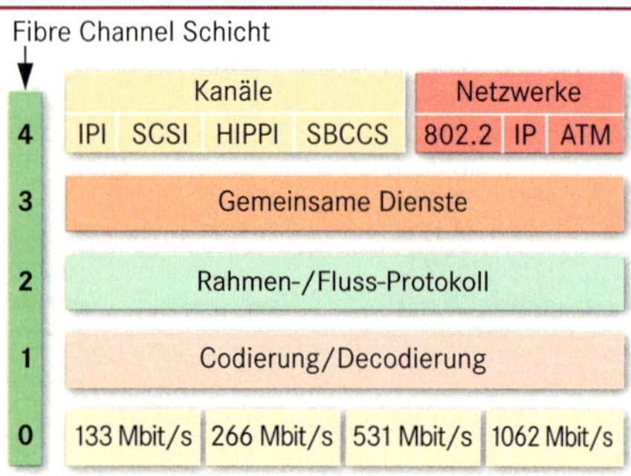

IPI: **I**ntelligent **P**eripheral **I**nterface
HIPPI: **H**igh **P**erformance **P**arallel **I**nterface

Rahmenstruktur

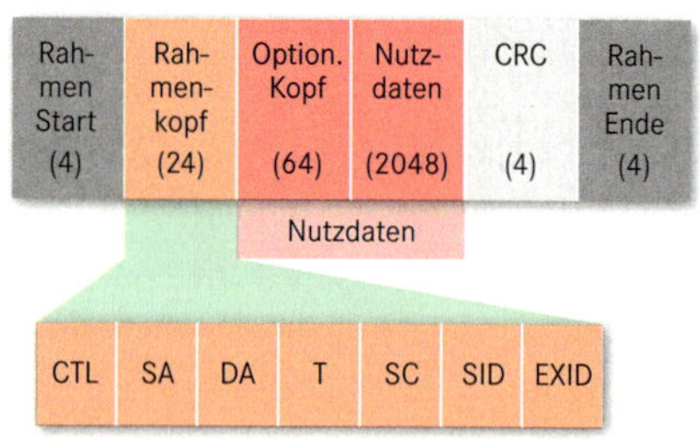

(n) entspricht Anzahl der Bytes

SA: **S**ource **A**ddress
DA: **D**estination **A**ddress
T: **T**ype
SC: **S**equence **C**ounter
SID: **S**equence **Id**entifier
EXID: **Ex**change **Id**entifier

Merkmale

- Kommunikationskabelanlagen sind der Hauptbestandteil in der Kommunikationstechnik und stellen einen hohen Investitionsaufwand dar.
- Sie werden zu einem bestimmten Zeitpunkt errichtet und sollen dann über längere Zeiträume für die unterschiedlichsten Dienste genutzt werden (anwendungsneutrale Verkabelung).
- Kabelanlagen sind deshalb sehr sorgfältig zu planen, zu errichten, zu betreiben und zu überwachen.
- Grundlagen für die Gestaltung einer Kabelanlage sind u. a.
  - zu übertragende Datenvolumina
  - gefordertes Zeitverhalten
  - Anzahl der Kommunikationsteilnehmer
  - Verfügbarkeitsanforderungen
  - Sicherheitsanforderungen
  - Einsatzbereiche (Umweltbedingungen)
  - Schnittstellen zu anderen Kommunkationsnetzen

Strukturierte Verkabelung

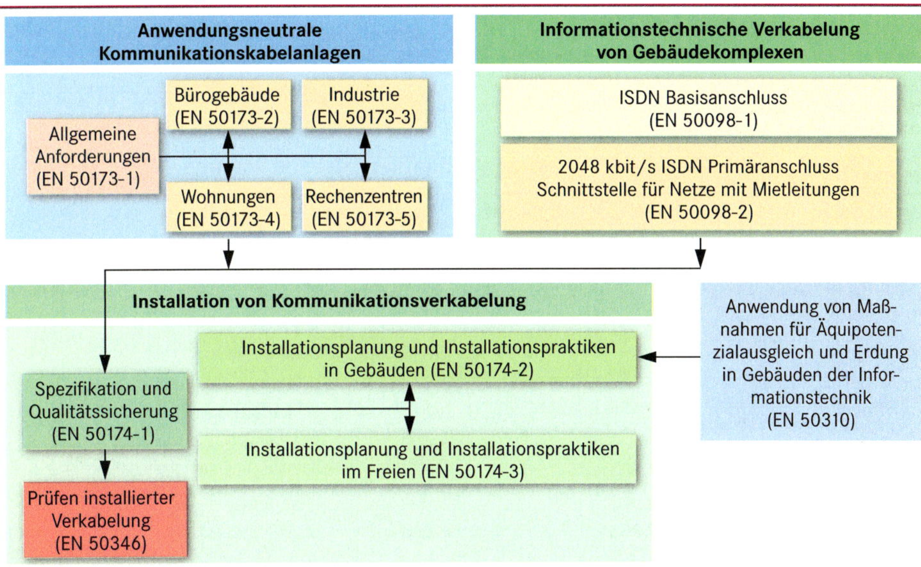

Anwendungsbereiche

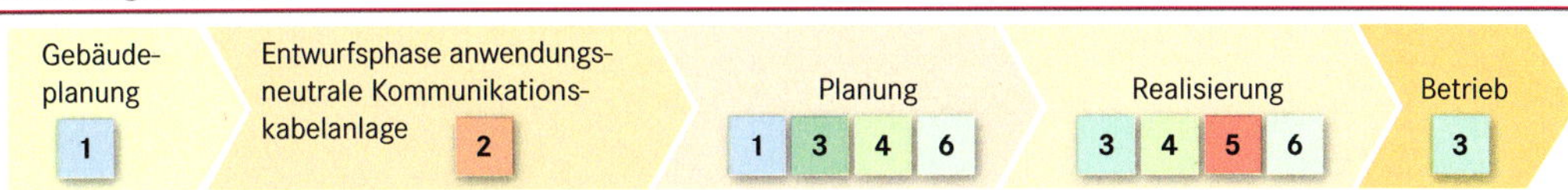

1 EN 50310	■ Gemeinsame Potenzialausgleichsanlage im Gebäude ■ Wechselstromverteilung und Schutzleiteranschluss	3 EN 50174-1	■ Qualitätssicherung ■ Verwaltung der Verkabelung ■ Dokumentation ■ Instandsetzung/Instandhaltung
2 EN 50173	■ Topologie ■ Leistungsvermögen der Übertragungsstrecke ■ Anforderungen an – Kabel – Verbindungstechnik – Schnüre ■ Grenzwerte für Strecken	4 EN 50174-2	■ Sicherheitsanforderungen ■ Festlegungen für die Verlegung metallener Verkabelung und Lichtwellenleiterverkabelung
		5 EN 50346	■ Prüfung/Prüfparameter für symmetrische Verkabelung und Lichtwellenleiterverkabelung
		6 EN 50174-3	■ Installationsplanung und -praktiken im Freien

Grundlagen

- Anwendungsneutrales **Verkabelungssystem** dient zur Vereinheitlichung des Aufbaues von Kabelnetzwerken für die **Integration unterschiedlicher Dienste** (z. B. Sprache, Daten)
- Kategorie: Definiert die Anforderungen an die eingesetzten Komponenten (z. B. Datenkabel, Steckverbinder)
- Klasse: Definiert die Leistungsmerkmale der gesamten Übertragungsstrecke.
- Verkabelungsstruktur wird eingeteilt in:
  - **Tertiären Bereich** (Stockwerk, horizontal) mit Einteilung in **Übertragungsstrecke** und **Installationsstrecke** (permanent link)
  - **Sekundären** Bereich (Stockwerksverbindung, vertikal)
  - **Primären** Bereich (Gebäudeverbindung)
- Eingesetzt werden Kupferkabel mit einem Nenn-Wellenwiderstand von 100 Ω und einem Gleichstrom-Schleifenwiderstand von z. B. 25 Ω (Klasse E) oder Lichtwellenleiter (Mehrmoden oder Einmoden) für 850 nm, 1300 nm, 1310 nm und 1550 nm Wellenlänge
- Steckverbindungen: Bis Cat.6 RJ45
  Für Cat.7/7a GG45 oder TERA
- Jeder Arbeitsplatz soll mind. zwei Informationstechnische Anschlüsse erhalten (Anschluss 1: Kupfer, symmetrisch, Category 5, s. u.; Anschluss 2: wie zuvor oder LWL)
- **Tertiäre** Verkabelung mit Kupferkabel oder LWL
- **Sekundäre** Verkabelung mit Kupfer oder LWL
- **Primäre** Verkabelung erfolgt mit LWL
- **Parameter** für Übertragungs- und Installationsstrecken sind abhängig von der Verkabelungsklasse und spezifisch festgelegt
- Höhere Klasse unterstützt jeweils niedrigere Klassen
- Installationsverfahren zur Berücksichtigung der Elektromagnetischen Verträglichkeit, Erdung und Potenzialausgleich sind in EN 50174 und EN 50310 festgelegt

Übertragungsstrecken-Klassifikation

Kupfer-Verkabelung

Category (Cenelec/ ISO)	Class (Cenelec/ ISO)	Frequenzbereich in MHz	Netz-Anwendung
–	A	0,1	Analoge Sprache
Cat. 3	B	1	Digitales Telefon
Cat. 4	C	16	Einfache Datendienste
Cat. 5	D	100	100Base-T 1000Base-T
Cat. 6	E	250	100Base-T 1000Base-T
Cat. 6A	EA	500	10GBase-T
Cat. 7	F	600	10GBase-T Breitband Kabel-TV
Cat. 7A	FA	1000	10GBase-T >10GBase-T

A: Augmented (verstärkt)

Lichtwellenleiter-Verkabelung

Unterscheidung nach Streckenlänge

Bezeichnung	LWL-Typ	Länge in m (min).
OF-25	Plastikfaser	25
OF-50	Plastikfaser	50
OF-100	Plastikfaser/kunststoffbeschichtete Quarzglasfaser	100
OF-200	Plastikfaser/kunststoffbeschichtete Quarzglasfaser	200
OF-300	Quarzglasfaser	300
OF-500	Quarzglasfaser	500
OF-2 000	Quarzglasfaser	2 000
OF-5 000	Quarzglasfaser	5 000
OF-10 000	Quarzglasfaser	10 000

- Faser-Kategorien sind entsprechend dem jeweiligen Dämpfungskoeffizienten festgelegt, z. B.:
  - Mehrmoden-LWL in OM 1–3 (3,5 dB/km bzw. 1,5 dB/km)
  - Einmoden-LWL in OS 1 (1 dB/km) und OS 2 (0,4 dB/km)

Verkabelungsstruktur

Prinzip

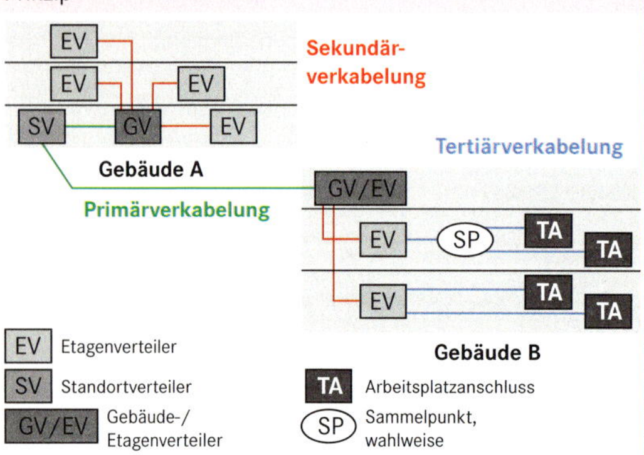

Symmetrische Tertiärverkabelung

Anwendung: Kupferkabel mit Etagenverteiler

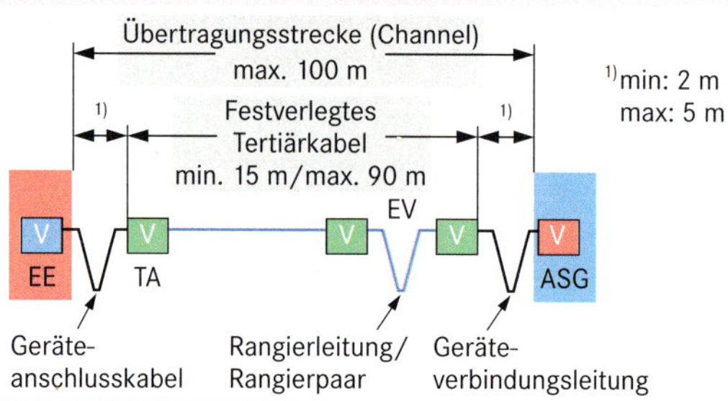

V: Verbindung (Stecker/Buchse)
EE: Endgerät Arbeitsplatz
TA: Arbeitsplatzanschluss
EV: Etagenverteiler
ASG: Gerät im Etagenverteiler

U/UTP Cat.5

U: **U**nshielded (ungeschirmt)
UTP: **U**nshielded **T**wisted **P**air (ungeschirmtes Aderpaar)

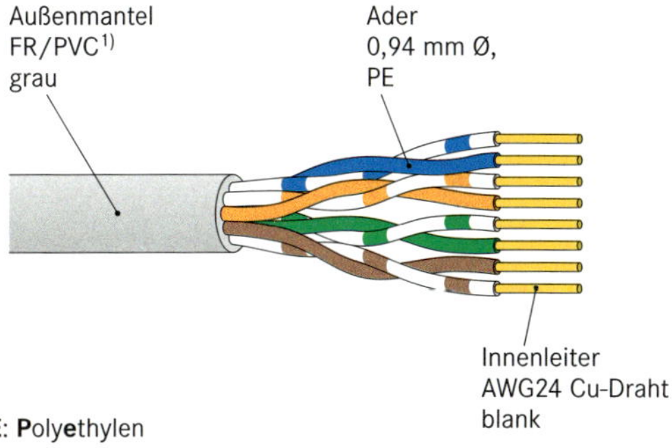

PE: **P**oly**e**thylen
AWG: **A**merican **W**ire **G**auge

F/UTP Cat.5/Cat.5e

F: **F**oiled (Gesamtschirm Folie)
UTP: **U**nshielded **T**wisted **P**air (ungeschirmtes Aderpaar)

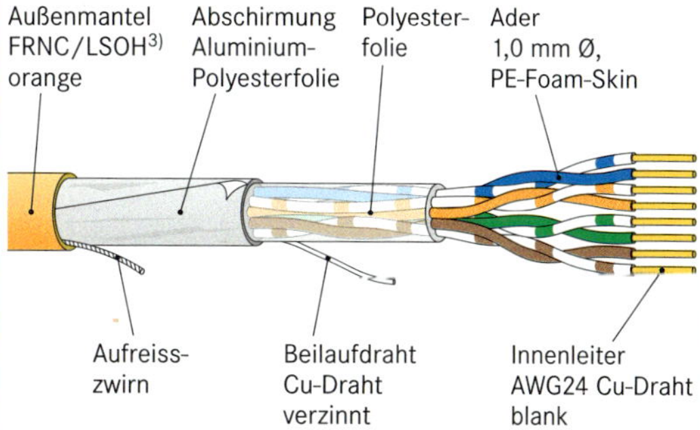

AWG: **A**merican **W**ire **G**auge

U/FTP Cat.6

U: **U**nshielded (ungeschirmt)
FTP: **F**oiled **T**wisted **P**air (Folienschirm je Aderpaar)

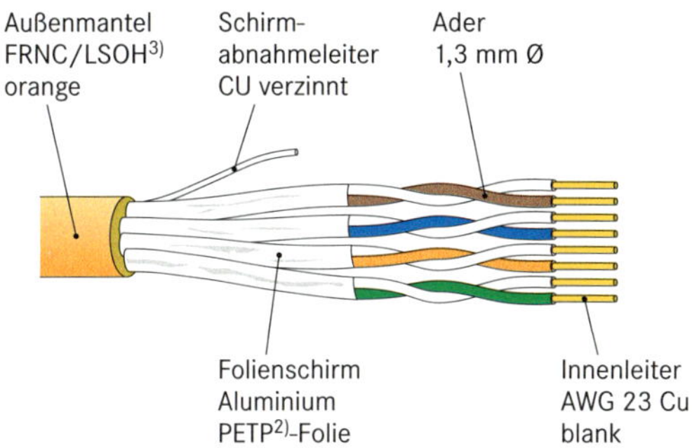

AWG: American Wire Gauge

S/FTP Cat.7_A

S: **S**hielded (Gesamtschirm Schirmgeflecht)
FTP: **F**oiled **T**wisted **P**air (Folienschirm je Aderpaar)

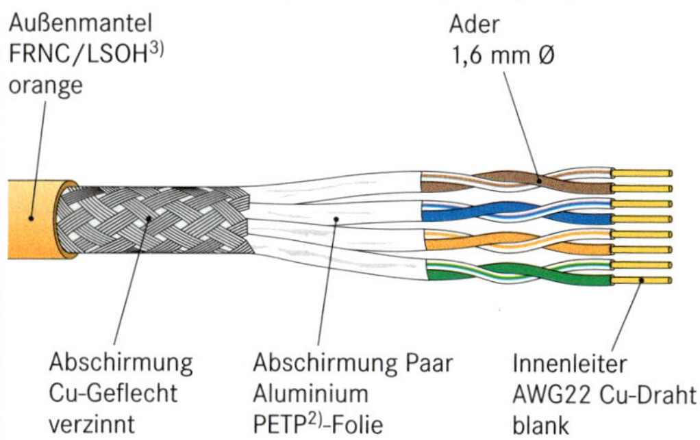

AWG: American Wire Gauge

[1) **FR**/PVC: **F**lame **R**etardant/Polyvinylchlorid (flammwidrig/Polyvinylchlorid)
[2) **PETP**: **P**oly**e**thylen**t**ere**p**hthalat
[3) **FRNC**/LSOH: **F**lame **R**etardant **N**on **C**orrosive/Low Smoke Zero Halogen (flammwidrig, nicht korrosiv/raucharm, halogenfrei)

Anschlussbelegung

RJ 45

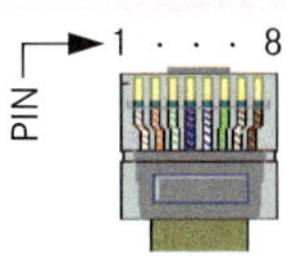

EIA/TIA 568A

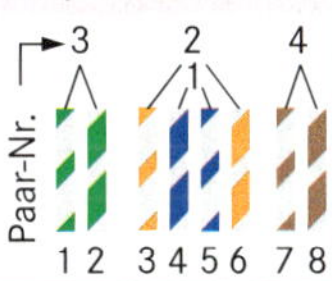

EIA/TIA 568B

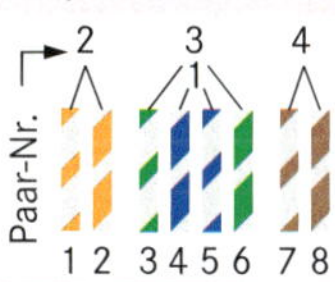

EIA/TIA: Electr.-/Telecomm. Ind. Association

GG 45

- Datenraten ab 10 Gbit/s erfordern geschirmte Steckverbinder (Cat. 7)
- Verfügbar sind TERA, GG 45 und EC 7
- GG 45 Buchse ist kompatibel zu RJ 45 Stecker

GG 45 Stecker

GG 45 Buchse

Kontaktbelegung Endgerät

Dienst	Steckeranschluss-Nr.			
	1 und 2	3 und 6	4 und 5	7 und 8
Analoges Telefon	n	T/R	n	n
ISDN, Token Ring	n	T	R	n
10Base-T (802.3)	T	R	n	n
100Base-TX (802.u)	T	R	n	n
FDDI 100 Mbit/s (TP)	T	O	O	R
ATM User Device	T	O	O	R
ATM Network Equipm.	R	O	O	T
1000Base-T 10GBase-T 40GBase-T	B	B	B	B

T: Transmit; R: Receive; B: Bidirectional; O: Optional
n: nicht verwendet

Messprinzip

- Die Messanordnung besteht aus dem Messgerät ① (Senden, Empfangen, Auswerten) und der Remote-Einheit ②.
- Die Messergebnisse werden mit Normwerten verglichen und als erfüllt (pass) oder nicht erfüllt (fail) gekennzeichnet.
- **Channel Link:** Messung der Übertragungsstrecke ohne Steckverbinder
- **Permanent Link:** Messung der Übertragungsstrecke mit Steckverbinder auf beiden Seiten

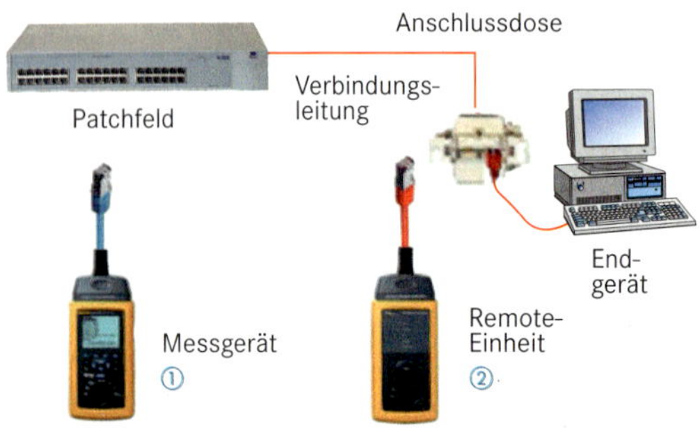

Dämpfung

- **Leitungsdämpfung**
  - Logarithmisches Maß in dB
  - Abhängigkeit von Länge, Frequenz, Wirkwiderstand, induktivem und kapazitivem Belag der Leitung
- **Rückflussdämpfung** (return loss)
  - Leitung wird mit einem Widerstand abgeschlossen

Die Dämpfung der Übertragungsstrecke ändert sich z. B. durch Klemmen oder Anschlüsse in Dosen; Signale werden teilweise reflektiert.

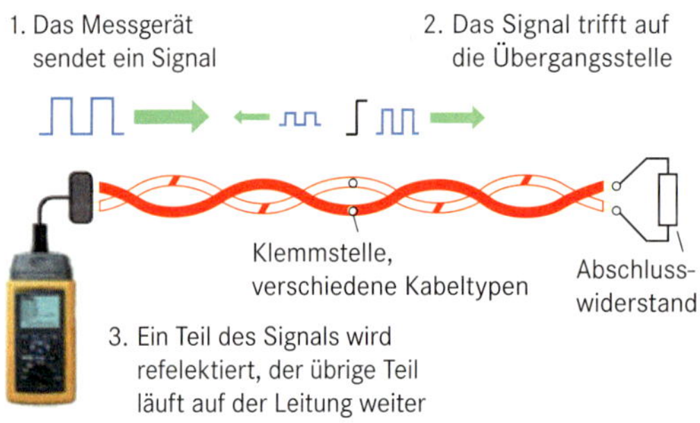

Laufzeit und Länge

- Offener Ausgang
- Über die Signallaufzeit wird die Länge der einzelnen Adernpaare ermittelt und angezeigt.

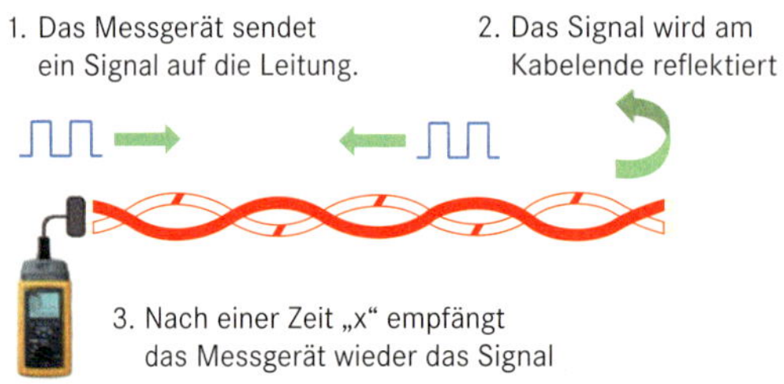

Nebensprechen

- **Nebensprechen** (crosstalk)
  - Das sendende Signal (Leitung 1) induziert eine Spannung in die Leitungspaare 2, 3 und 4.
  - Durch die Kabeldämpfung wird das Nebensprechen mit zunehmender Leitungslänge geringer.

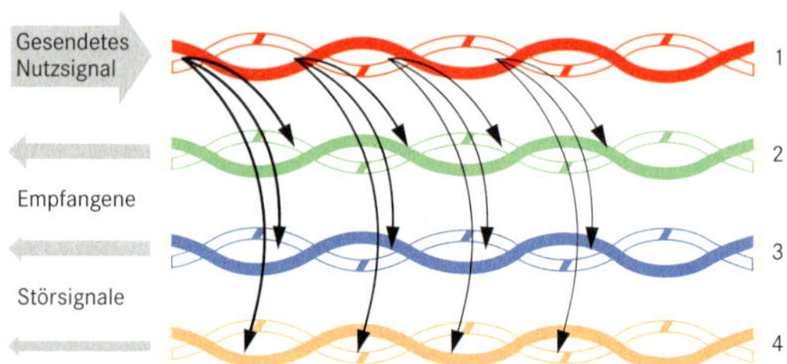

- **Nahes Nebensprechen** (NEXT, near end crosstalk)
  - NEXT entsteht zwischen anliegenden Leitungspaaren, z. B. Leitungspaar 1 und 2,
  - ist frequenzunabhängig und verursacht die häufigsten Fehler in Datennetzen.
- **Fernes Nebensprechen** (FEXT, far end crosstalk)
  - wird am fernen Ende gemessen und entspricht dem Nahen Nebensprechen (NEXT).

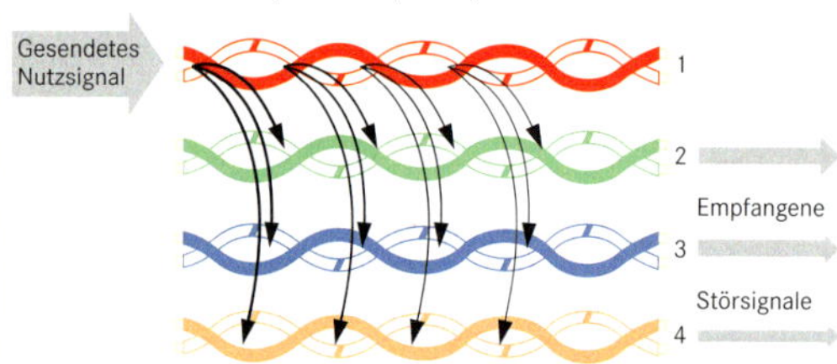

- **Längenabhängiges Nebensprechen am fernen Ende** (ELFEXT, equal level far end crosstalk)
  - Den ELFEXT-Wert erhält man, wenn man die Differenz zwischen FEXT und Dämpfung bildet.
  - Der ELFEXT-Wert ist längenunabhängig und kann mit verschieden langen Leitungen verglichen werden.

Rausch-Signal-Abstand

- **ACR:** attenuation to crosstalk ratio
- Differenz aus dem NEXT-Wert ① und der Dämpfung (ACR = NEXT – Dämpfung)
- Abstand zwischen Nutzsignal und Störsignal
- Je größer der ACR-Wert, desto besser kann das Nutzsignal erkannt werden.
- Der ACR-Wert ist ein Maßstab für die Qualität der gesamten Verbindung.

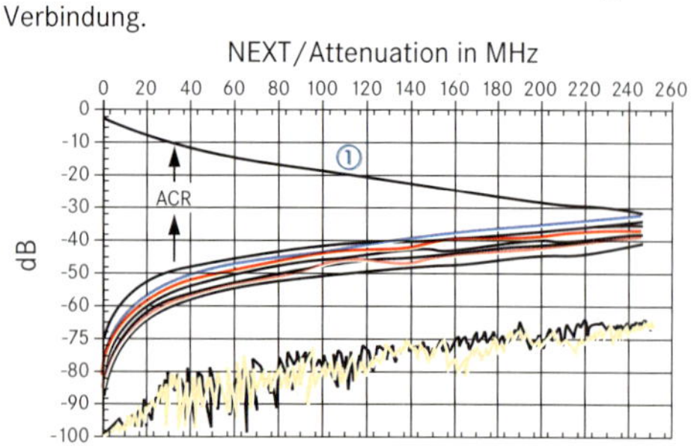

Mehrmoden-Stufenfaser

- **Stufenindex-Profil**

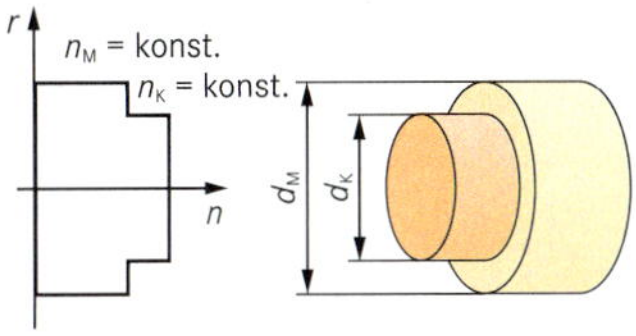

Typische Werte:
n_M = 1,517 (Mantel)
n_K = 1,527 (Kern)
d_K = 100 µm, 200 µm, 400 µm
d_M = 200 µm, 300 µm, 500 µm

n: Brechzahl

- **Modenausbreitung Multimode**
  - Große Laufzeitunterschiede der Lichtstrahlen
  - Starke Impulsverbreiterung
  - **Bandbreite-Reichweite-Produkt**: $B \cdot l > 100$ MHz · km

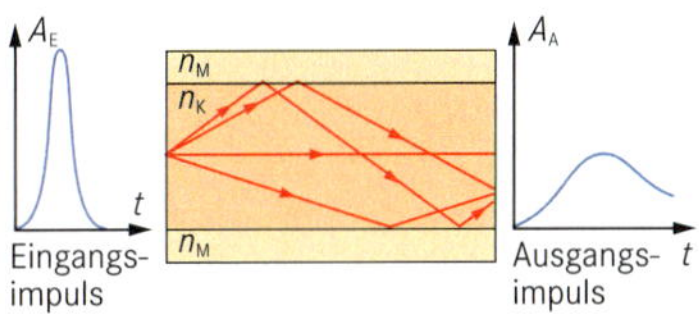

  - Einsatzbereich: Kurzstrecken, in Gebäuden

Mehrmoden-Gradientenfaser

- **Gradientenindex-Profil**

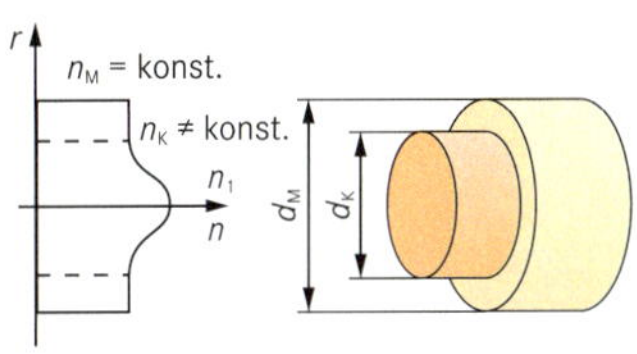

Typische Werte:
n_M = 1,417 (Mantel)
n_K = 1,457 (Kern)
d_K = 50 µm
d_M = 125 µm

- **Modenausbreitung Multimode**
  - Große Laufzeitunterschiede der Lichtstrahlen
  - Geringe Impulsverbreiterung, $B \cdot l > 1$ GHz · km

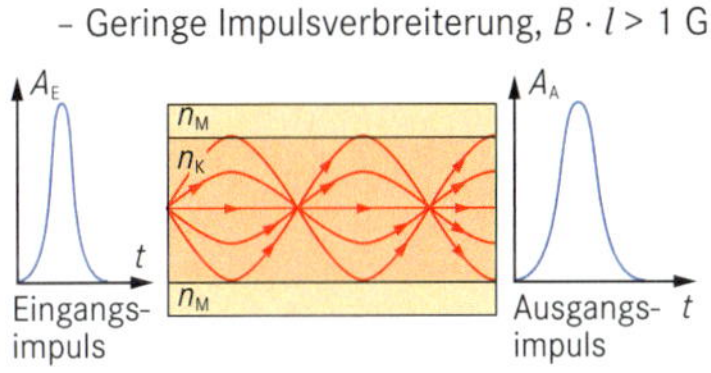

  - Einsatzbereich: Ortsnetz, Bezirksnetz

Einmoden-Stufenfaser

- **Stufenindex-Profil**

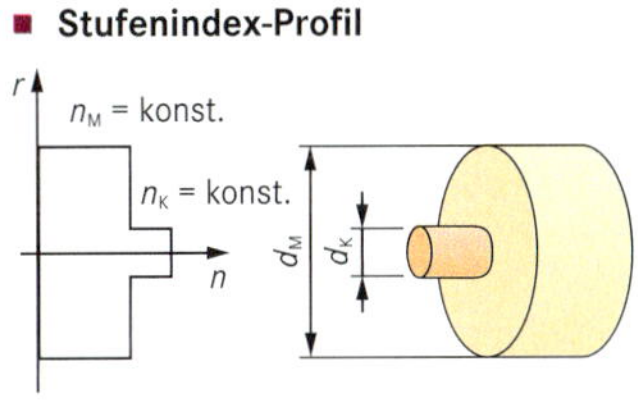

Typische Werte:
n_M = 1,417 (Mantel)
n_K = 1,457 (Kern)
d_K = 10 µm
d_M = 125 µm

- **Modenausbreitung Singlemode**
  - Keine Laufzeitunterschiede, da nur eine Ausbreitungsrichtung
  - Formtreue Impulsübertragung $B \cdot l > 10$ GHz · km

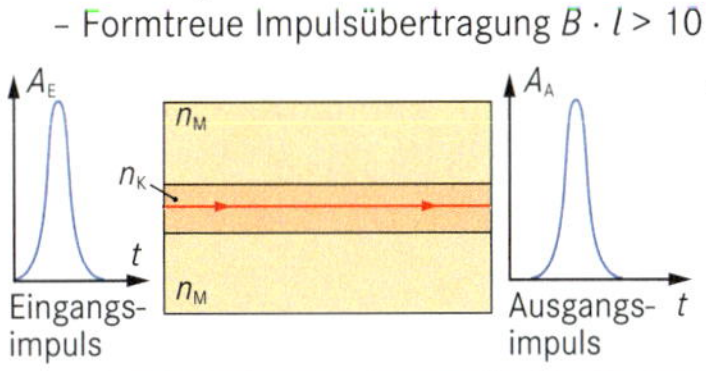

  - Einsatzbereich: Fernverkehr

Dämpfung

- Dämpfung wird hervorgerufen durch: Abstrahlende Moden, Abstrahlung durch Krümmung, Absorption, Streuung, Leckmoden
- **Optische Fenster**: Wellenlängenbereiche mit geringer Dampfung bei 850 nm, 1300 nm und 1550 nm.

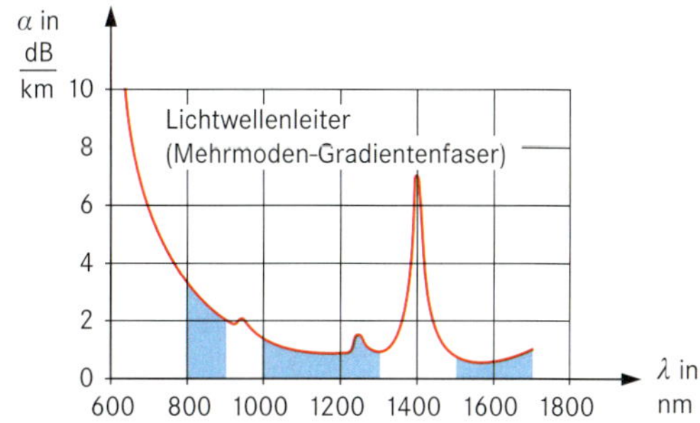

Steckverbinder

- **Grundsätzlicher Aufbau**:
  - Der zylinderförmige Steckerhals (**Ferul**) aus Silbermetall, Hartmetall oder Keramik (auch Kombinationen verschiedener Materialien) enthält in einer zentrischen Bohrung die meist eingeklebte Faser.
  - Ein schlupffreier, aber nicht klemmender Sitz zwischen Steckerhals und Kupplung wird durch eine geschlitzte Kupplungshülse gewährleistet.
- Befestigungsarten:
  - Gewinde, Bajonettverschluss, Schnappvorrichtung
  - Beispiel **ST** (**S**ingle **T**erminator): Faser wird durch Drücken und Verdrehen des Bajonettverschlusses mit der Kupplung verrastet (in der Regel Drehverhinderung).
- **Einfügeverluste** entstehen durch Radialer Versatz, Winkelfehler, Lücken
- **Beispiele**:

Simplex (eine einzige Faser)

FC	ST	SC	DIN	FSMA

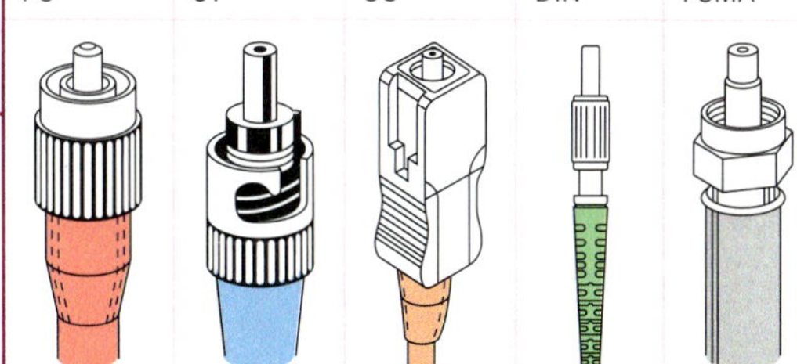

Duplex (zwei Fasern für Sender und Empfänger)

Escon	SC Duplex	FDDI Duplex

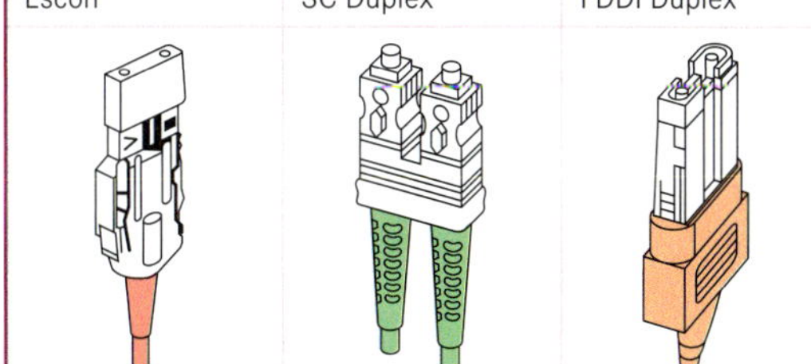

Merkmale

- **L**icht**w**ellen**l**eiter **K**ommunikations**s**ysteme (LWLKS) sind Bestandteile heutiger Datenübertragungssysteme.
- Sie werden eingesetzt im Nah- und Weitverkehrsbereich sowie im LAN-Bereich (**FTTH: F**ibre **T**o **T**he **H**ome, **FTTD: F**ibre **T**o **T**he **D**esk, Ethernet usw.).
- Bestandteile sind u. a. Sendeelemente auf Basis von LED (Light Emitting Diode), Laserdioden (**L**ight **A**mplification by **S**timulated **E**mission of **R**adiation), optische Verstärker und Pumplaser.
- Wesentliche Eigenschaft dieser Komponenten ist die Erzeugung von energiereichen und schmalbandigen optischen Strahlungen im sichtbaren und unsichtbaren-Wellenlängenbereich, die über Lichtwellenleiter (Kunststofffaser oder Glasfaser) übertragen werden.
- Diese optische Strahlung (zugänglich z. B. am Kabelende stellt primär eine Gefahrenquelle für das menschliche Auge und die menschliche Haut dar.
- Der Grund dafür ist Fokussierung des kohärenten (gleichförmigen) Lichtstrahls durch die Augenlinse auf die Netzhaut.
- Die Höhe der Gefährdung ist u. a. abhängig von der Wellenlänge, dem Betrachtungsabstand zur Austrittsquelle, der Betrachtungsdauer, der Strahlungsleistung

Definitionen

- Zum Schutz gegen diese Gefährdung sind Maßnahmen zu treffen, die die Bereiche Betrieb, Wartung, Instandhaltung, Entwicklung und Herstellung abdecken.
- **MZB** (**M**aximal **z**ulässige **B**estrahlung) definiert den Grenzwert von Laserstrahlung (400 nm bis 1400 nm), dem Personen ausgesetzt werden dürfen, ohne schädliche Folgen zu erleiden.
- **GZB** (**G**renzwerte **z**ugänglicher **B**estrahlung) ist der Maximalwert zugänglicher Strahlung, der innerhalb einer bestimmten Klasse zugelassen ist (abgeleitet aus MZB).
- Grundsätzlich sind sämtliche Systeme auf Basis optischer Übertragungstechnik zu bewerten und zu klassifizieren.
- Für Lasersysteme sind deshalb Laserklassen festgelegt.
- **Zusätzlich** sind für LWLKS **Gefährdungsgrade** definiert.
- Standorte mit **uneingeschränktem Zugang** müssen den Gefährdungsgrad 1, 1M, 2 oder 2M haben.
- Standorte mit **eingeschränktem Zugang** müssen den Gefährdungsgrad 1, 1M, 2, 2M oder 3R haben.
- Standorte mit **kontrolliertem Zugang** müssen den Gefährdungsgrad 1, 1M, 2, 2M, 3R oder 3B haben.
- Die erforderlichen Schutzmaßnahmen ergeben sich aus dem Gefährdungsgrad und einer kategorisierten Zugänglichkeit des jeweiligen Standortes.
- Folgende Schutzmaßnahmen (in der Rangfolge) sind einzuhalten
  - technische (z. B. Abschirmung)
  - organisatorische (z. B. Betriebsanweisung)
  - persönliche (z. B. Schutzbrillen)

Laser-Klassifizierung

Steigende Gefährdung ↓

Laser-Klasse	Wellenlänge in nm	Potenzielle Gefahren	**G**renzwerte **z**ulässiger **B**estrahlung (**GZB**)
1	alle	Augensicher (auch bei längerer Bestrahlung)	40 µW im blauen Spektralbereich 40 µW im roten Spektralbereich
		Gekapselte Laser höherer Leistung	Kein Strahlaustritt
1M	302,5 ... 4000	Augensicher für das freie Auge (Augenschaden möglich bei Betrachtung mit Lupen)	wie Klasse 1 (Messblende für das freie Auge)
2	400 ... 700	Augensicher innerhalb 0,25 s (Lidschlussreflex) (auch bei Betrachtung mit Lupen)	max. 1 mW
2M	400 ... 700	Augensicher innerhalb 0,25 s (Lidschlussreflex)	wie Klasse 2; max. 1 mW auf Netzhaut
3R	400 ... 700	Praktisch keine Gefahr bei kurzzeitiger unabsichtlicher Bestrahlung	5-facher Wert von Klasse 2 im sichtbaren Bereich
	302,5 ... 1 x 10^6	Gefahr bei unsachgemäßer Verwendung	5-facher Wert von Klasse 1 außerhalb des sichtbaren Bereichs
3B	200 ... 1 x 10^6	Gefahr für Augen durch direkten Strahl und spiegelnde Reflexionen; geringfügige Hautverletzungen nahe der Leistungsobergrenze	< 500 mW
4	alle	Gefahr für Augen durch direkten und diffus reflektierten Strahl; Gefahr für Haut; Brandgefahr	nach oben hin offen

Kennzeichnung

Zugänglicher Gefährdungsgrad	Standort uneingeschränkt	Standort eingeschränkt	Standort kontrolliert
1	–	–	–
1M	–	X	–
2	X	X	X
2M	X	X	X
3R	nicht zulässig	X	X
3B	nicht zulässig	nicht zulässig	X
4	nicht vorgesehen		

Beispiel

Laser Klasse 2

Standort uneingeschränkt oder eingeschränkt oder kontrolliert

allg. Gefahrensymbol

LASERSTRAHLUNG
NICHT IN DEN STRAHL BLICKEN
LASER KLASSE 2
NACH EN 60825-1;2001
P ≤ 1 mW; λ= 632,8 nm

Hinweisschild (zusätzlich)

Anwendungsbereiche

- Analog zur elektrischen Messtechnik gibt es für die optische Messtechnik eine Reihe von Geräten für die unterschiedlichen Messaufgaben.
- Die Anwendung der Geräte erfolgt u. a.
  - an optischen Bauelementen und
  - Lichtwellenleiter-Übertragungsstrecken

Sicherheitshinweis

Grundsätzlich sollten die Test- und Messanschlüsse der Geräte niemals direkt mit dem Auge betrachtet werden, da durch die austretende Strahlungsleistung irreparable Schäden am Auge entstehen können.

Gerät / Funktion	Optische Leistung	Lichtquellen-Wellenlänge	Leistungs-verlust	Optische Erkennung	Anpassungs-dämpfung	Lichtwellenleiter-untersuchung
Leistungsmesser	✓		✓		✓	✓
Dämpfungsmesser	✓		✓	✓	✓	✓
Spektrumanalysator	✓	✓	✓		✓	
Wellenlängenmultiplex-Tester	✓	✓	✓			
Optisches Rückstreumessgerät	✓		✓	✓	✓	✓

Optisches Rückstreumessgerät

- Optische Rückstreumessgeräte (**O**ptical **T**ime **D**omain **R**eflectometer [**OTDR**]) messen die Reflexionen eines in den Lichtwellenleiter eingekoppelten Impulses.
- Reflexionen im Lichtwellenleiter entstehen u. a. durch
  - Steckverbinder
  - mechanische Spleiße
  - Faserbeschädigungen (Anriss)
  - Faserende
- Nicht reflektierende Zustände entstehen zum Beispiel beim
  - Schmelzspleißen
  - unzulässigen Biegungen der Faser
- Die auf dem Messgerät dargestellte Kurve zeigt sowohl die Reflexionsstellen als auch die nicht reflektierenden Ereignisse in Abhängigkeit von der jeweiligen örtlichen Lage (Entfernung von der Messstelle).
- Die ermittelte Dämpfung gibt die Gesamtdämpfung der Übertragungsstrecke wieder (keine absolute Leistungsmessung).
- Als Messimpulse werden optische Impulse mit unterschiedlichen Impulsbreiten verwendet.
- Kurze Impulse (5 ns bis 1 μs)
  - ergeben bessere Entfernungsauflösung, allerdings mit höherem Rauschen
  - dienen zur Verlustmessung an Spleißen oder Steckverbindern in der mittelbaren Nähe
- Lange Impulse (100 ns bis 10 μs)
  - ergeben geringere Auflösung
  - dienen zur Erkennung von Unterbrechungen

Messkurve

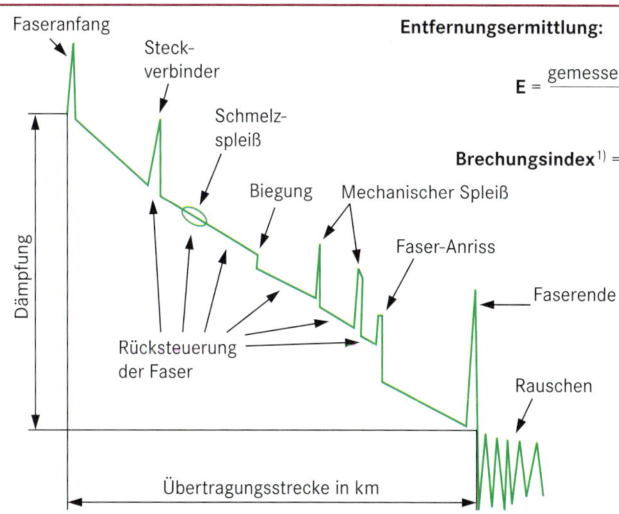

Entfernungsermittlung:

$$\mathbf{E} = \frac{\text{gemessene Rücklaufzeit x Lichtgeschwindigkeit im Vakuum}}{\text{Brechungsindex der Faser}}$$

$$\textbf{Brechungsindex}^{1)} = \frac{\text{Lichtgeschwindigkeit im Vakuum}}{\text{Geschwindigkeit des Lichtempulses in der Faser}}$$

- Die Messungen erfolgen von beiden Seiten, um z. B. Geister-Reflexionen zu erkennen.
- Diese Reflexionen enstehen u. a. bei der Verbindung von zwei Fasern mit unterschiedlichen Brechungsindizes.

1) Der Brechungsindex ist abhängig vom verwendeten Fasermaterial und wird vom Faserhersteller mitgeteilt.

Merkmale

- Drahtlose Netzwerk-Technologien basieren für die Datenübertragung auf der Anwendung von Funktechniken und verwenden somit die Luft als Übertragungskanal.
- Damit besteht die Möglichkeit, bisher nicht erschlossene Regionen ohne die Verlegung von Kabeln (Kupfer, LWL) kostengünstig zu vernetzen.

Einteilung

- Die unterschiedlichen Technologien bieten spezifische Leistungsmerkmale und werden, wie die drahtgebundenen Netzwerke, in folgende Segmente eingeteilt:
  - **PAN** (**P**ersonal **A**rea **N**etwork)
  - **LAN** (**L**ocal **A**rea **N**etwork)
  - **MAN** (**M**etropolitan **A**rea **N**etwork)
  - **WAN** (**W**ide **A**rea **N**etwork)
- Die segmentspezifischen Leistungsmerkmale unterscheiden sich in
  - erforderliche Bandbreite
  - Übertragungsentfernungen
  - Funkleistung
  - angebotene Dienste
  - Netzbetreiber

Standards

- Standardisiert werden die Technologien durch
  - **IEEE** (**I**nstitute of **E**lectrical and **E**lectronics **E**ngineers)
  - **ETSI** (**E**uropean **T**elecommunications **S**tandards **I**nstitute)
  - **3GPP** (Third-**G**eneration **P**artnership **P**roject)
- IEEE- und ETSI-Standards sind
  - interoperabel
  - konzentrieren sich hauptsächlich auf paketbasierende Netzwerke
- 3GPP-Standards konzentrieren sich auf zellulare Netzwerke mobiler Systeme der 3. Generation.
- Zwischen den Segmenten gibt es Überlappungen, die aus der jeweiligen Implementierung resultieren.

Anwendungen

- PAN: Vernetzung von lokalen Rechnern, Rechnerperipherie, Digital Video usw.
- WiFi: Überbrückung der letzten Meile als Alternative zu DSL
- WiMAX: Überbrückung der letzten Meile mit optimierter Service-Qualität

Leistungsmerkmale

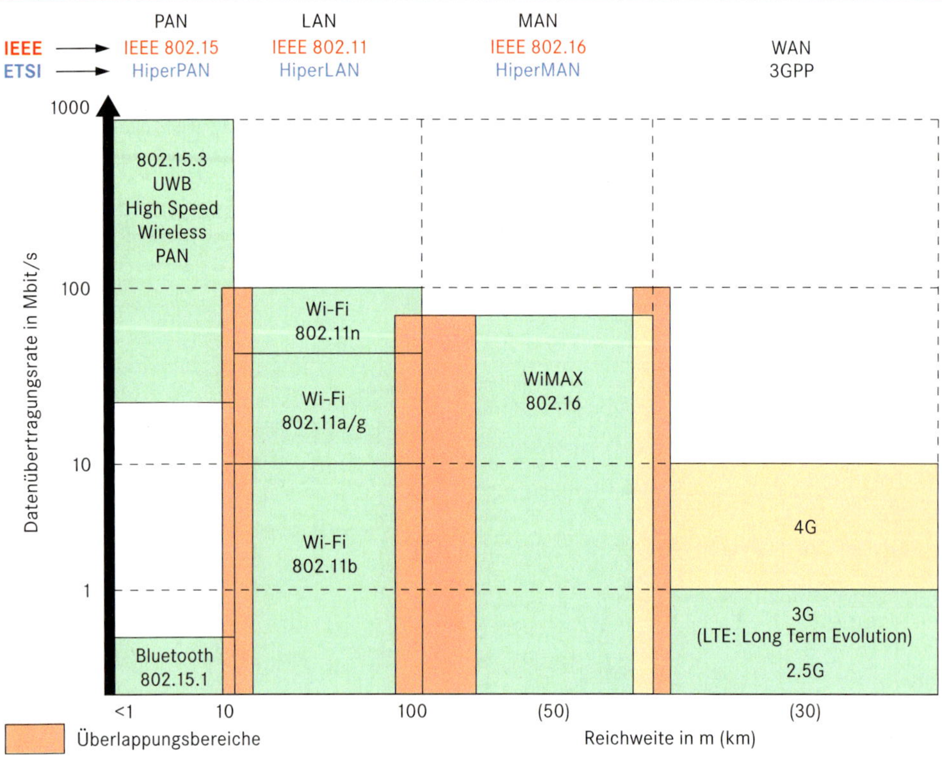

UWB: **U**ltra-**W**ide **B**and (Ultra Breitband)
PAN: **P**ersonal **A**rea **N**etwork
Wi-Fi: **Wi**reless **Fi**delity (Allgemeiner Begriff für drahtlose Netzwerke, wie 802.11b, 802.11a usw.)

WiMAX: **W**orldwide **I**nteroperability for **M**icrowave **A**ccess (Weltweite Interoperabilität für Netzzugang auf Mikrowellen-Basis)
IEEE: **I**nstitute of **E**lectrical and **E**lectronics **E**ngineers

Merkmale

- **WLAN** (**W**ireless **LAN**: drahtlose LAN) sind lokale Netzwerke, die auf Funkbasis arbeiten.
- Endgeräte werden mit Funkeinrichtungen ausgerüstet.
- Der Zugang zu ortsfesten LAN erfolgt über Zugangspunkte (**Access Point**, AP).
- Wireless LAN sind spezifiziert nach **IEEE 802.11**, dem **DECT**-Standard oder nach **HIPER** LAN (**Hi**gh **Per**formance LAN) oder **WPAN** (**W**ireless **P**ersonal **A**rea **N**etwork: drahtloses persönliches Netzwerk).
- WLAN-Funktionen sind auf OSI-Schicht 1 und 2 geregelt.
- Gegen **externe Störungen** sind Maßnahmen im Funkkanal und in den Kommunikationsprotokollen realisiert.
- Die **Reichweiten** dieser Netzwerke sind durch HF-Leistungsbeschränkungen begrenzt.
- Bedingt durch die Übertragung der Daten über eine Luftschnittstelle sind besondere **Schutzmaßnahmen** gegen Abhören (z. B. hochwertige Verschlüsselung) vorzusehen.
- **Vorteile** von WLAN-Einrichtungen sind u. a.
  - weltweite Standardisierung
  - lizenzfreier Betrieb
  - große Flexibilität (anpassbar z. B. an Baulichkeiten)
  - einfache Administration in den Endgeräten

IEEE 802.11

- In WLAN nach IEEE 802.11 sind eine Reihe von Einzelspezifikationen enthalten, die unterschiedliche Anforderungen abdecken.
- Als Grundlage sind folgende Architekturelemente spezifiziert:
  - **BSS** (**B**asic **S**ervice **S**et: Basis-Dienstelement) ist das grundlegende Architekturelement
  - **STA** (**Sta**tion: Station) ist das Mitglied eines BSS
  - **IBSS** (**I**ndependent **BSS**: unabhängiges BSS) ist ein BSS, in dem die Kommunikation der STA direkt untereinander erfolgt
  - **DS** (**D**istribution **S**ystem: Verteilungssystem) ist das Element zur Verbindung mehrerer BSS untereinander oder der Zugang zum Festnetz
  - **AP** (**A**ccess **P**oint: Zugangspunkt) ist der Zugang zum DS; nutzt das Wireless Medium (WM) und das Distributed System Medium (DSM)
  - **ESS** (**E**xtended **S**ervice **S**et: erweiterte Dienstelemente) ist die Zusammenschaltung mehrerer BSS über DS
  - **Portal** realisiert den Übergang zu einem anderen LAN
- Grundsätzlich wird bei IEEE 802.11 das CSMA/CA-Verfahren angewendet (Kollisionsvermeidung).

IEEE 802.11 Standards

Standard	Inhalt	Standard	Inhalt
802.11	1 Mbit/s und 2Mbit/s im 2,4 GHz Band	802.11k	System Management
802.11a	54 Mbit/s im 5 GHz Band	802.11m	Maintainance von 802.11 Version 2003 zu Version 2007
802.11b	11 Mbit/s im 2,4 GHz Band	802.11n	Reichweiten- und Durchsatzerhöhung bis 600 Mbit/s im 2,4 GHz und 5 GHz Band
802.11c	Wireless Bridging	802.11p	Drahtloser Zugang für Fahrzeugeinsatz
802.11d	Regionsspezifische Anpassungen	802.11r	Schneller Zellenwechsel
802.11e	Quality of Service und Streaming-Erweiterung für IEEE 802.11a/g/h	802.11s	Erweiterte Dienste vermaschte Netze
802.11g	54 Mbit/s im 2,4 GHz Band	802.11t	Leistungsvorhersage, Testmethoden
802.11h	54 Mbit/s im 5 GHz Band mit Frequency Selection (DFS) und Transmit Power Control (TPC)	802.11u	Vernetzung mit nicht 802 Netzwerken
		802.11v	Netzwerk-Management
802.11i	Authentifizierung und Verschlüsselung für IEEE 802.11a/g/h	802.11w	Geschützte Managementrahmen
		802.11z	Erweiterung für Direktverbindungsaufbau

Buchstaben: l, o, q und x sind nicht verwendet, um Verwechselungen zu vermeiden

Betriebsarten

ad hoc-Mode (IBSS)

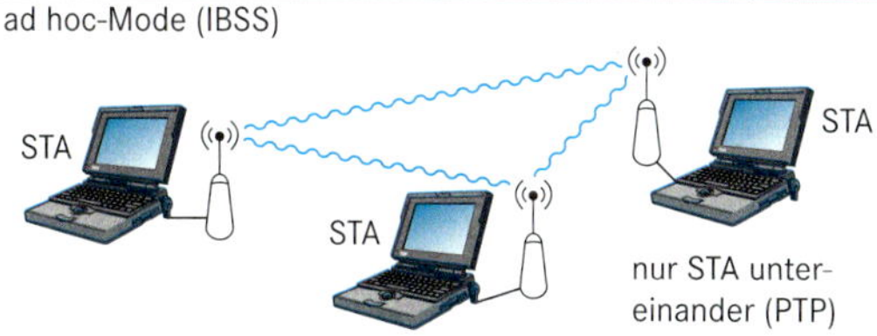

Infrastructur-Mode

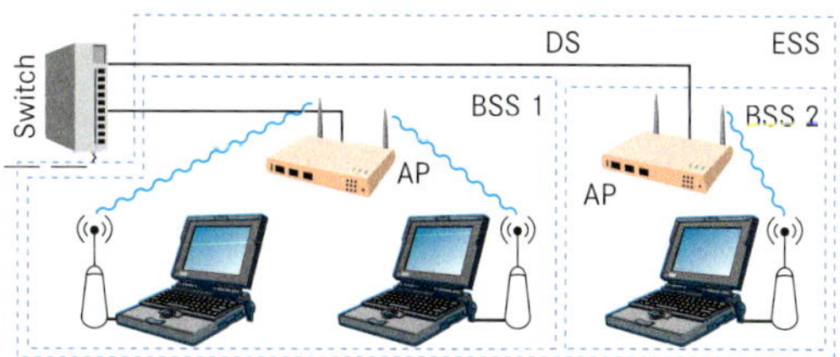

Typische Daten (Europa)

Bezeichnung	802.11a/h	802.11b	802.11g	802.11n
Frequenzbereich in GHz lt. Bundesnetzagentur	5,150 5,725	2,40 2,4835	2,40 2,4835	2,40 2,4835 5,150 5,725
Datenrate brutto (Mbit/s)	54	11	54	bis 600
Codierung	OFDM	DSSS CCK	OFDM CCK DSSS	OFDM CCK DSSS
Kanäle (max.) (in Europa)	19	13	13	13[1] 19[2]
ohne Überlappung	19	3	3	13[1] 19[2]

[1] im 2,4 GHz-Bereich [2] im 5 GHz-Bereich
OFDM (Orthogonal Frequency Division Multiplex)
CCK (Complementary Code Keying)
DSSS (Direct Sequence Spread Spectrum)

Grundlagen

- Die **Einrichtung** (Anwendung) von WLAN-Technik erfordert eine **detaillierte Planung** u. a. in der Bereichen
  - der einzusetzenden WLAN-Technik,
  - des Aufbaus und
  - des Betriebes.
- Die einzusetzende **WLAN-Technik** wird bestimmt durch
  - Leistungsanforderungen und
  - Verfügbarkeit der Systemtechnik (Stabilität des Standards).
- Der **Aufbau** (Architektur) eines WLANs ist in hohem Maße abhängig von
  - betrieblichen Anforderungen und
  - örtlichen Gegebenheiten
- Beim **WLAN-Betrieb** sind neben den funktionalen Aspekten die Anforderungen an die systemtechnische Sicherheit (z. B. Manipulation von außen und innen) zu berücksichtigen.
- Hierzu gehören neben den **technischen Maßnahmen** auch die entsprechenden **organisatorischen Maßnahmen** in Form von Anwendungs- und Sicherheitsrichtlinien (Security Policy), die jedem Anwender bekannt sein müssen und eingehalten werden müssen.

Ablauf

1. Klärung

Anforderungen spezifizieren
- Welche Anwendungen sollen betrieben werden, wie viele Anwender (Anwendergruppen) sind zu berücksichtigen
- Welche Zugriffs- bzw. Durchsatzzeiten sind erforderlich
- Welche rechtlichen Grundlagen sind zu berücksichtigen
- Welche Sicherheitsmaßnahmen sind erforderlich
- Zukünftige Änderungen (Erweiterungen/Rückbauten) festlegen
- ...

2. Standortbesichtigung

Objektbesichtigung durchführen
- Gebäudestruktur (Wand- und Deckenaufbau) ermitteln
- Einrichtungen (Mobiliar) feststellen
- Raumgrößen und auszuleuchtende Flächen erfassen
- vorhandene Funknetze ermitteln
- Verkabelungswege und Aufstellmöglichkeiten der Access Points ermitteln
- Umweltbedingungen (Temperatur, Staub, Feuchte, ...) ermitteln
- Stromversorgung klären
- ...

3. Planen

Planung/Projektierung durchführen
- Funkausleuchtung berechnen, simulieren, modellieren
- WLAN-Standards auswählen und festlegen
- Ortsfeste Verkabelung planen
- Aufstellorte der APs festlegen
- Stromversorgung (Spannungen, Leistungsbedarf) ermitteln
- Schutzmaßnahmen (Zugangsschutz, Bitzschutz, ...) festlegen
- Baustellenbelieferung und Montageablauf festlegen
- ...

4. Beschaffen

Beschaffung organisieren
- Ausschreibung für zu liefernde Geräte, Materialien, Bauleistungen, erstellen und herausgeben
- Angebote einholen und auswerten
- Lieferanten beauftragen
- Materialien auf Baustelle ausliefern und sachgerecht lagern
- ...

5. Realisieren

Montage/Einrichtung/Inbetriebsetzung durchführen
- Technik installieren
- Schutzmaßnahmen einbauen
- Systeme einrichten
- Abnahmemessung realisieren (Funkausleuchtung, Datendurchsatz, ...)
- Redundanzmaßnahmen überprüfen
- ...

6. Betreiben

Betrieb/Überwachung/Wartung
- Aktive Überwachung (Monitoring) des Systems auf Funktionstüchtigkeit
- Störfallerkennung und Behebung
- Sabotageerkennung betreiben
- Zyklische Wartungsmaßnahmen (Sicherheitsüberprüfung) durchführen
- Umbauten, Rückbauten vorbereiten
- ...

Funkausleuchtung

- Ein wesentlicher Aspekt bei der Einrichtung eines WLANs ist die **Funkausleuchtung** innerhalb bzw. außerhalb von Gebäuden.
- Die Funkwellen des WLANs können durch lokale Gegebenheiten in der Ausbreitung gestört werden.
- **Störfaktoren** sind u. a.
  - Abschattung durch Wände oder Büroschränke
  - Reflexion durch große Metallteile
  - erhöhte Dämpfung durch Wände und Decken
- Insgesamt kommt es durch diese Eigenschaften zu **Ausbreitungsverzögerungen** und **Mehrwegausbreitung** der ausgesendeten Funksignale.
- Eine sorgfältige Auswahl der einzusetzenden **Antennen** und der **Aufstellstandorte** der Access Points ist daher erforderlich.
- Die **Antennenarten** unterscheiden sich durch die Abstrahlcharakteristik (Antennengewinn).

Beispiel: Büroraum

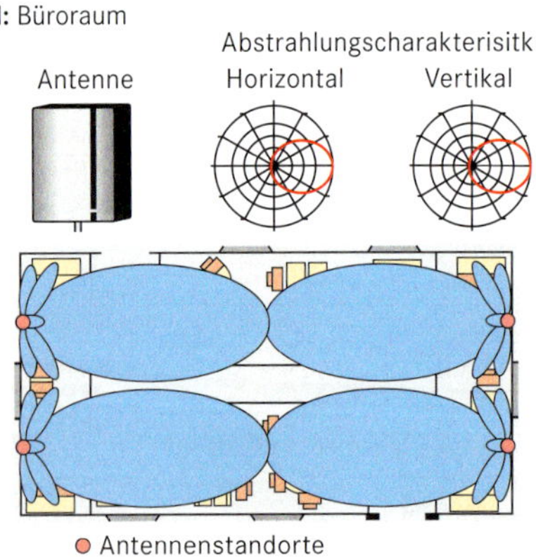

AES (**A**dvanced **E**ncryption **S**tandard: Erweiterter Verschlüsselungsstandard)	Symmetrisches Verschlüsselungsverfahren mit einer variablen Schlüssellänge von 128, 192 oder 256 Bit. AES bietet ein sehr hohes Maß an Sicherheit.
Authentication (Authentisierung: Beglaubigung)	Prüfen der Identität (Echtheit) eines Benutzers oder eines Gerätes. Zweck ist in der Regel die anschließende Autorisierung (Zuweisung von Rechten) für Zugriffe im WLAN. Ohne Authentisierung ist i. A. keine sinnvolle Autorisierung möglich.
Beacon („Leuchtfeuer“)	Von einem Access Point zyklisch übertragenes Paket. Enthält Daten für die Übertragungsparameter und dient den Clients u. a. als Information zur Parametereinstellung.
CBC (**C**ipher **B**lock **C**haining Mode: Blockchiffre mit Blockverkettung)	Betriebsart, in der Blockchiffrierungsalgorithmen arbeiten; vor dem Verschlüsseln eines Klartextblocks wird dieser erst mit dem im letzten Schritt erzeugten Geheimtextblock per XOR (exklusive Oder) verknüpft.
CCM (**C**ounter with **C**BC-**M**AC [CBC-MAC = Cipher Block Chaining with Message Authentication Code])	Ist eine generische Methode für die Verschlüsselung und Authentisierung von Daten. Ist für die Verwendung einer 128-Bit-Blockchiffrierung (z. B. AES) spezifiziert.
Certificate (Zertifikat, Urkunde)	Von einer Certificate Authority beglaubigter öffentlicher Schlüssel, der einer Person oder einem Objekt zugeordnet ist.
DoS (**D**enial **o**f **S**ervice: Dienstblockade)	Ein Angriff vom Typ Denial of Service hat zum Ziel, die Arbeitsfähigkeit des angegriffenen Objektes möglichst stark zu reduzieren (z. B. systematische Überlastung eines Netzknotens durch unsinnigen Verkehr [„Dummy Traffic“]).
EAP (**E**xtensible **A**uthentication **P**rotocol: Erweiterbares Authentifizierungsprotokoll)	Allgemeines Authentifizierungs-Protokoll, das unterschiedliche Authentisierungsverfahren (z.B. Username/Passwort) unterstützt (z. B. RFC 3748).
EAPOL (**E**xtensible **A**uthentication **P**rotocol **o**ver **L**AN: erweiterbares Authentifizierungsprotokoll über LAN)	Anwendung von EAP über LAN-Verbindungen. Kernprotokoll des IEEE 802.1X-Standards.
EAP-TLS (**EAP**-**T**ransport-**L**ayer **S**ecurity: EAP-Transport-Layer-Sicherheit)	EAP-Methode, die Zertifikate zur gegenseitigen Authentisierung benutzt.
Hotspot („heißer Fleck“)	Öffentlicher Internet-Zugang über ein WLAN.
IDS (**I**ntrusion **D**etection **S**ystem: Eindring-Erkennungssystem)	Überwachungssystem, um unerwünschte Zugriffe, Inhalte und Angriffe zu erkennen. Sobald das IDS einen Verstoß gegen die vereinbarten Regeln erkennt, erfolgen z. B. eine Protokollierung und eine Meldung an den Administrator.
Man in the Middle („Mann in der Mitte“)	Ein Angreifer, der sich zwischen zwei Kommunikationspartnern positioniert. Täuscht beiden Parteien vor, der jeweils erwartete eigentliche Partner zu sein. Kann den Dialog zwischen den beiden Parteien belauschen oder auch verfälschen. Ziel ist oft die Ermittlung von Passwörtern.
MIC (**M**essage **I**ntegrity **C**heck: Nachrichten Unversehrtheitsüberprüfung)	Kryptografischer Integritätsschutzmechanismus.
Michael	Name des MIC, der bei WPA und TKIP Verwendung findet.
Nonce (for the nonce: einstweilen, für dieses eine Mal)	Zufallszahl (Zahlen u./o. Buchstaben), die spontan gewählt wird und nach einmaliger Verwendung verworfen wird. Wird u. a. eingesetzt zur Abwehr von „man in the middle-Attacken“.
PSK (**P**re-**S**hared-**K**ey: Vorab vereinbarter bzw. verteilter Schlüssel)	Schlüssel, der bis zur Verteilung eines neuen PSK für jede Verbindung verwendet wird.
PKI (**P**ublic **K**ey **I**nfrastructure: Öffentliche Schlüssel-Infrastruktur)	System zum Erstellen, Verteilen und Prüfen von digitalen Zertifikaten.
RADIUS (**R**emote **A**uthentication **D**ial-**I**n **U**ser **S**ervice: Fern-Authentisierungs-Einwahl-Anwender-Dienst)	Authentisierungs- und Überwachungsprotokoll auf Anwendungsebene für Authentisierung, Integritätsschutz und Accounting im Bereich Netzzugang (AAA: protocol für Authentication, Authorization and Accounting).
RSN (**R**obust **S**ecurity **N**etwork: Robustes, sicheres Netz)	WLAN, das ausschließlich eine durch die in IEEE 802.11i spezifizierten Sicherheitsmechanismen geschützte Kommunikation erlaubt.
Supplicant (Antragsteller)	Komponente eines Gerätes (Clients), die sich über IEEE 802.1x an einem Port authentifiziert.
Spoofing (Vortäuschung; Verschleierung)	Untergrabung von Authentisierungs- und Identifikationsverfahren durch Methoden, die auf der Verwendung vertrauenswürdiger Adressen oder Hostnamen beruhen.
TKIP (**T**emporal **K**ey **I**ntegrity **P**rotocol: Temporäres Schlüssel-Integritätsprotokoll)	Im Standard IEEE 802.11i spezifiziertes Protokoll zur Verschlüsselung und zum Integritätsschutz in WLAN; abwärtskompatibel zu WEP.
Wi-Fi Alliance (Wi-Fi-Vereinigung)	Markenname einer Hersteller-Vereinigung, die u. a. Sicherheits-Standards veröffentlicht und durch Zertifizierung die Kompatibilität der Geräte verschiedener Hersteller bescheinigt.

Merkmale

- **WiMAX** (**W**orldwide **I**nteroperability for **M**icrowave **A**ccess: Weltweite Interoperabilität für Netzzugang auf Mikrowellen-Basis) ist der Vermarktungsname (WiMAX-Forum) für den Standard IEEE 802.16
- Dieser Standard definiert eine Technologie
  - für eine Funktechnik (Radio interface)
  - mit einem drahtlosen Breitband-Zugang zur Anbindung von Endkunden.
- Die Anschlüsse sind vorgesehen für
  - stationären Betrieb (fixed)
  - portablen Betrieb (mobile)
  - wandernden Betrieb (roaming)
- Betrieb ist dabei möglich
  - ohne Sichtverbindung (**N**on **L**ine **o**f **S**ight)
  - mit Sichtverbindung (**L**ine **o**f **S**ight) zur Basisstation
- Verwendete Frequenzbereiche liegen zwischen 2 GHz und 68 GHz
- Reichweiten bis zu 50 Kilometer
- Wird als Alternative zu DSL und Leitungsmodems eingesetzt
- Der Physical-Layer beinhaltet mehrere Sub-Standards, um eine leichte Anpassung an die jeweiligen landesspezifischen Vorgaben und Einschränkungen für die Nutzung von Frequenzbändern zu ermöglichen
- WiMAX 2.0 ist eine Erweiterung mit höherem Datendurchsatz (300 Mbit/s downlink, 135 Mbit/s uplink) unter Verwendung der MIMO-Technologie und einer Kanalbandbreite von 20 MHz
- Wird bevorzugt in Ländern und Regionen eingesetzt, in denen keine drahtgebundene Infrastruktur vorhanden ist bzw. aufgebaut wird

Standard-Übersicht

Frequenzband in GHz	10 ... 66	2 ... 11	2 ... 6
Anwendung	Rücktransportverbindung (Backhaul)	Drahtloses DSL Rücktransportverbindung	Mobiles Internet
Kanalanforderungen	Sichtverbindung	Keine Sichtverbindung	Keine Sichtverbindung
Bitrate in Mbit/s	32 ... 134	bis zu 75	bis zu 15
Modulationsprinzip	QPSK, 16 und 64 QAM	OFDM 256 Unterträger QPSK, 16 und 64 QAM	Skalierbares OFDM
Kanal-Bandbreite in MHz	20, 25, 28	1,5 u 20 (wählbar)	802.16a mit Unterkanälen
Zellradius (typ.) in km	1,6 ... 4,8	6,4 ... 9,6 (max. 48, abhängig von Masthöhe und Sendeleistung)	1,6 ... 4,8

Netzaufbau

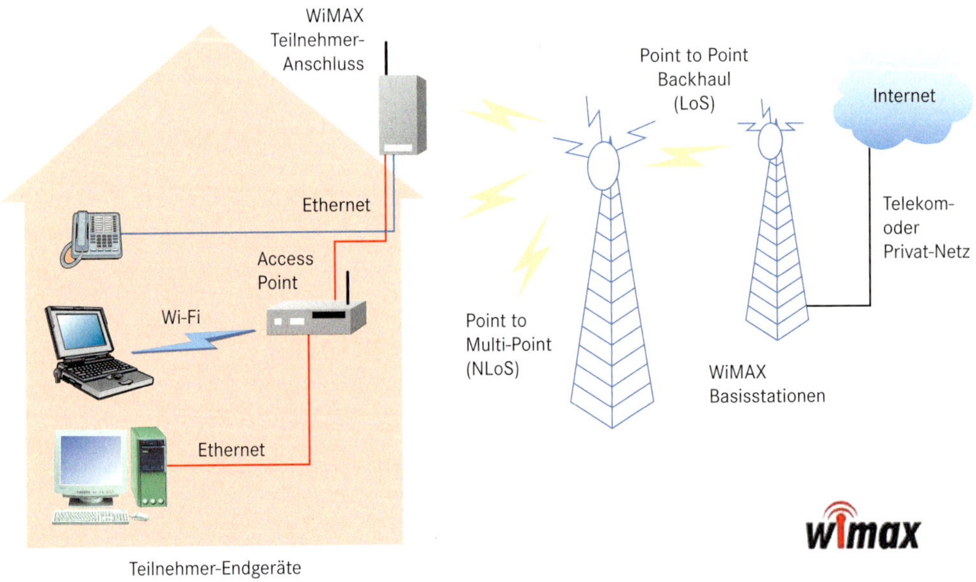

Merkmale

- **W**ireless **USB** (**WUSB**)
  - ist die drahtlose Version von USB (Universal Serial Bus)
  - arbeitet auf Funkbasis
  - verwendet den Polling-Betrieb auf TDMA-Basis
- Analog zu USB werden die Verbindungen zwischen dem Host und den Teilnehmern (max. 127) grundsätzlich vom Host gesteuert.
- Basis für die Funktechnik ist die **UWB**-Technologie (**U**ltra **W**ide **B**and: Ultra Breitband).
- UWB verwendet OFDM (Orthogonal Frequency Division Multiplex).
- Bedingt durch die von den Regulierungsbehörden zugelassenen Sendeleistungen in den vorgegebenen Frequenzbereichen sind bei kurzen Entfernungen sehr hohe Datenraten übertragbar (z. B. 480 Mbit/s bei 3 m Distanz).
- Durch diese Begrenzung wird die Beeinflussung anderer Funktechniken (z. B. drahtlose Telefone, Bluetooth, IEEE 802.11) verhindert.
- Die verwendeten Frequenzbänder liegen im GHz-Bereich.
- Die Bandbreiten der jeweiligen Kanäle liegen bei 528 MHz.
- Die begrenzte Reichweite ermöglicht auch eine einfache Wiederverwendbarkeit der Frequenzen durch benachbarte Systeme.
- Die bei Funkanwendungen erforderliche Sicherheit (z. B. gegen Abhören) wird u. a. erreicht durch
  - Authentifizierung der Teilnehmer
  - Verschlüsselung der Kommunikation
- Wesentlicher Vorteil von WUSB ist die Kommunikation z. B. zwischen PC und Multimedia-Geräten ohne die bisher erforderlichen Verbindungskabel mit den unterschiedlichsten Steckeinrichtungen.

Spektrale Leistungsdichte

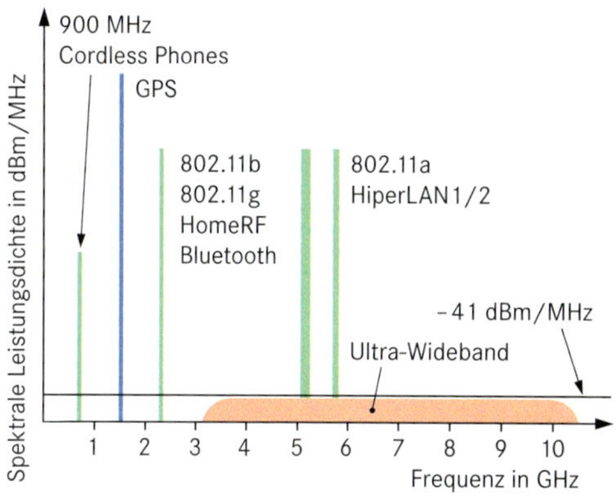

Kommunikations-Architektur

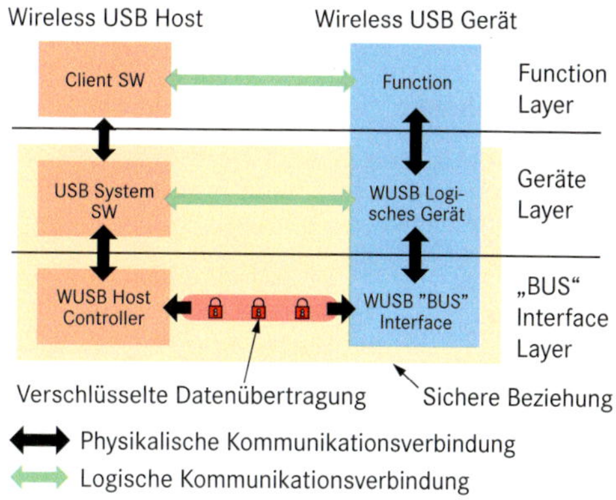

Frequenzbandeinteilung

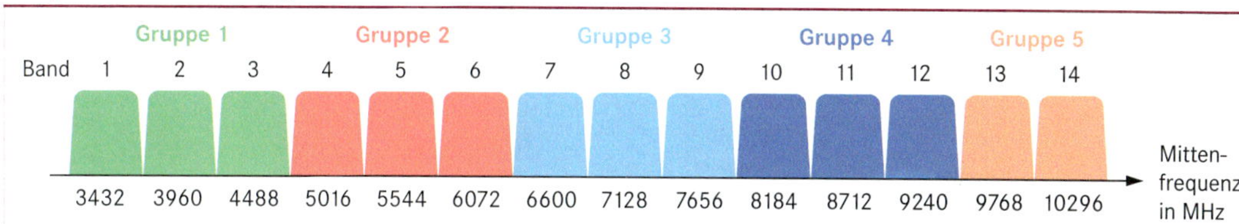

Jedes Band verfügt über eine Bandbreite von 528 MHz und kann 480 Mbit/s übertragen.

Bus-Protokoll

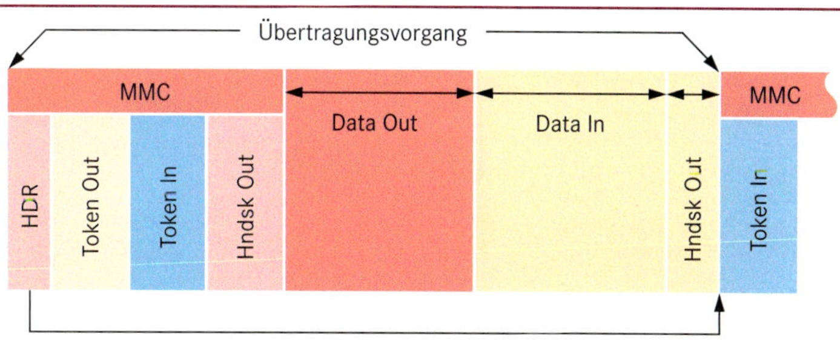

MMC: Micro-scheduled Management Command HDR: Header Hndsk: Handshake

- Jede Übertragung (Host → Gerät) beinhaltet Token-, Daten- und Handshake-Pakete
- Token-Inhalte sind u. a.
  - spezifizierter Zeitpunkt für die Datenübergabe
  - für Datenübernahme
  - Handshake-Paket

Merkmale

- **Drahtlose** Kommunikationsverbindung für **Kurzstrecken** auf Funkbasis
- Arbeitet im Bereich von 2,402 GHz bis 2,480 GHz (2,4 GHz **ISM-Band**)
- Frequenzband ist unterteilt in **79 Kanäle** mit je 1 MHz Abstand
- Übertragung erfolgt durch **Frequenzsprungverfahren** (**FHSS: F**requency **H**opping **S**pread **S**pectrum)
- Insgesamt werden 79 **HOPS** (Sprünge) mit einer maximalen **Hopping-Frequenz** von 1600 Hz realisiert
- **Hopping-Sequenz** wird über die Geräteadresse des Masters ausgewählt
- Kommunikation zwischen Master und Slave erfolgt im **T**ime **D**ivision **D**uplex (**TDD**)
- Sendeleistung ist in drei Klassen eingeteilt
  - **Klasse 1:** 100 mW (20 dBm); automatische Sendeleistungsanpassung ist erforderlich
  - **Klasse 2:** 2,5 mW (4 dBm) und
  - **Klasse 3:** 1 mW (0 dBm)
- Reichweite 10 cm bis 10 m (100 m)
- Pro **Pico-Netz** werden 8 aktive Geräte (1 Master und 7 Slaves) unterstützt (zusätzlich noch bis zu 255 passive Slaves möglich)
- Pro System sind maximal 10 Pico-Netze möglich (**Scatter**-Netz)

Datenübertragungsarten

- Punkt zu Punkt (**SCO: S**ynchronous **C**onnection **O**riented)
- Punkt zu Multipunkt (**ACL: A**synchronous **C**onnection**l**ess)
- SCO dient der synchronen Sprachübertragung mit symmetrischen Datenraten (64 kbit/s)
- Sprachcodierung erfolgt mittels **C**ontinuous **V**ariable **S**lope **D**elta Verfahren (**CVSD**);
- ACL-Übertragung ist asynchron und verbindungsunabhängig
- Datenpakete können dabei auch 3 oder 5 Zeitschlitze beanspruchen (ohne Frequenzwechsel)
- Symmetrie der Datenraten wird vom Master festgelegt:
  - asymmetrisch: max. 721 kbit/s vorwärts und 57,6 kbit/s rückwärts
  - symmetrisch: 432,6 kbit/s in beiden Richtungen
- Maximal **7 Datenkanäle** und **3 Sprachkanäle** pro Pico-Netz

Schutzmaßnahmen

- Schutz gegen **Übertragungsstörungen** durch
  - **FEC**-Codierung (**F**orward **E**rror **C**orrection: Vorwärts-Fehlerkorrektur) und
  - **ARQ** (**A**utomatic **R**etransmission **Q**uery: Wiederholungs-anforderung)
- Header jedes Paketes grundsätzlich mit FEC geschützt
- Datenschutz für die Übertragung auf physikalischer Schicht durch **Authentifizierung** und **Verschlüsselung**
- Verschlüsselung erfolgt mit **Stream-Cipher**-Verfahren über Schlüssellängen von 40 Bit oder 60 Bit
- Jedes Bluetooth-Gerät verfügt über eine eindeutige **Geräte-Adresse** mit **48 Bit** (ähnlich MAC-Adresse bei LAN-Netzwerken):
  - **LAP** (**L**ower **A**ddress **P**art) 24 Bit
  - **UAP** (**U**pper **A**ddress **P**art) 8 Bit
  - **NAP** (**N**on Significant **A**ddress **P**art) 16 Bit
- **Profile** definieren die gemeinsame Basis für Geräte mit identischen Diensten und ermöglichen damit die Interoperabilität zwischen den Geräten
- Die **Leistungsaufnahme** der Geräte wird über Betriebsarten (Active, Sniff, Park, Hold) gesteuert

Netzstruktur

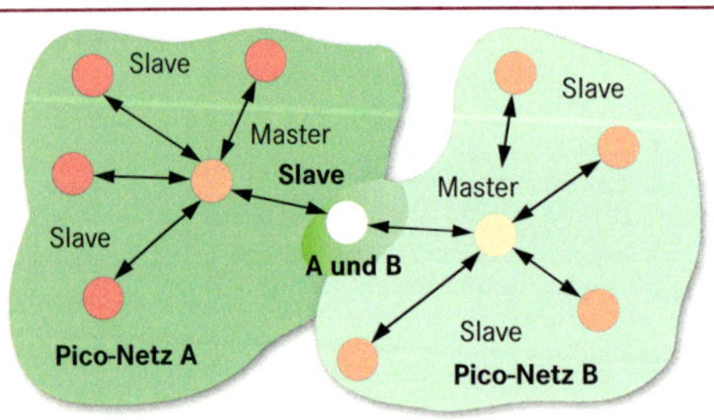

Time Division Duplex

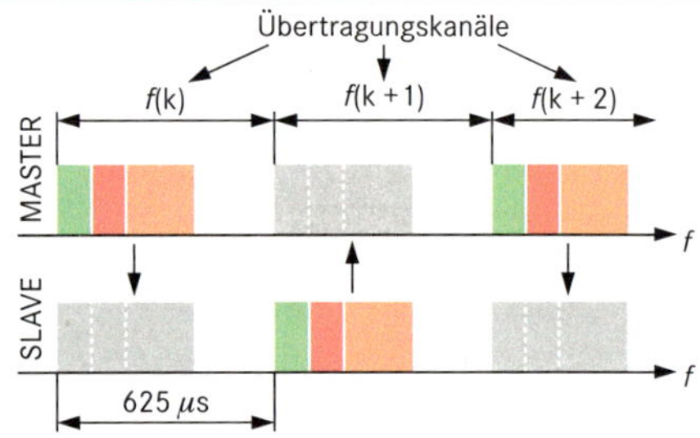

Rahmenformat

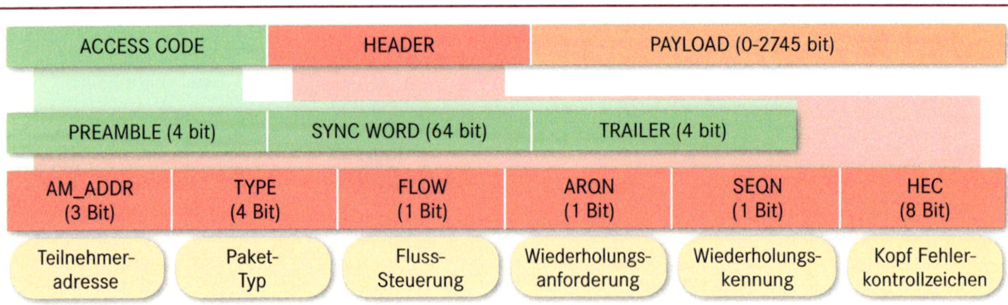

Merkmale

- **R**adio **F**requency **I**dentification (funkbasierte Erkennung) gehört zu den kontaktlosen Erkennungssystemen.
- Besteht aus passiven oder aktiven Transpondern (transceive und respond) und Lesegeräten.
- Der Datenaustausch erfolgt über magnetische bzw. elektrische Felder.
- Die Transponder beinhalten dabei codierte Daten von Personen oder Gegenständen, die von den Lesestellen kontaktlos empfangen und ausgewertet werden.

Transponderarten

- **Passive Transponder** [auch als Tag (Anhänger)] bezeichnet
  - bestehen aus einem Siliziumchip
  - einer integrierten Antenne
  - entnehmen die Energie zum Senden aus dem HF-Feld des Lesegerätes
- Bauformen passiver Tags sind u.a.
  - Plastikkarten
  - Münzformen
  - Glasröhrchen
  - Armbänder
- Der Aktivierungsbereich bei passiven Transpondern ist auf kurze Entfernungen zwischen Lesegerät und Transponder begrenzt
- Aktive Transponder
  - beinhalten eine zusätzliche Energiequelle (Batterie), die nach entsprechender Betriebszeit ausgetauscht werden muss
  - bieten größere Reichweiten als passive Transponder
  - beinhalten zusätzliche elektronische Schaltungsteile
  - sind in der Regel mechanisch größer aufgebaut
- Transponder können fest codiert oder wiederbeschreibbar sein
- Arbeitsfrequenzen liegen im Bereich von 100 kHz bis ca. 30 MHz
- Niederfrequente Systeme bieten eine wesentlich geringere Dämpfung als hochfrequente Systeme
- Die Luftschnittstelle wird gegen mögliche Übertragungsstörungen geschützt durch
  - Prüfsummenverfahren oder
  - Mehrfachübertragungen.
- Der zulässige Schreib-Leseabstand zwischen Transponder und Lesegerät ergibt sich aus
  - der verwendeten Frequenz
  - der Geschwindigkeit des Transponders
  - der Aufenthaltsdauer im Ansprechbereich
- Transponder sind im Allgemeinen unempfindlich unter anderem gegen
  - Staub
  - Feuchtigkeit
  - Gase
- Glas- oder Kunststofftransponder sind darüber hinaus
  - vollkommen staub- und wasserdicht
  - werden als Implantate eingesetzt
- Anwendung finden RFID-Systeme u. a. bei
  - Zugangskontrolle
  - Warenverfolgung
  - Dokumentenkennzeichnung
  - Mautstellen (z. B. Skilifte)
  - Personen-Nahverkehr

Systemaufbau

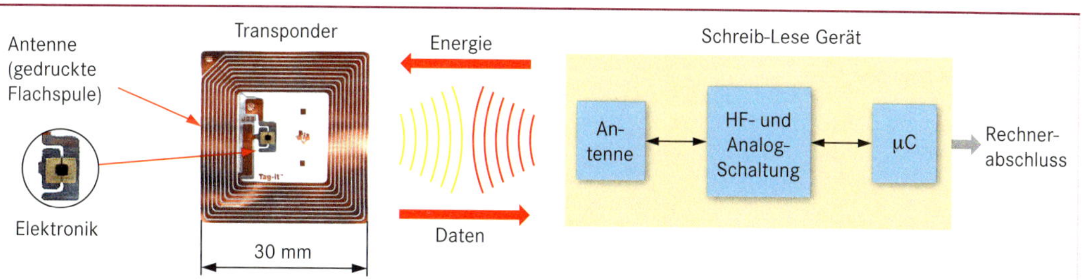

Richtdiagramm

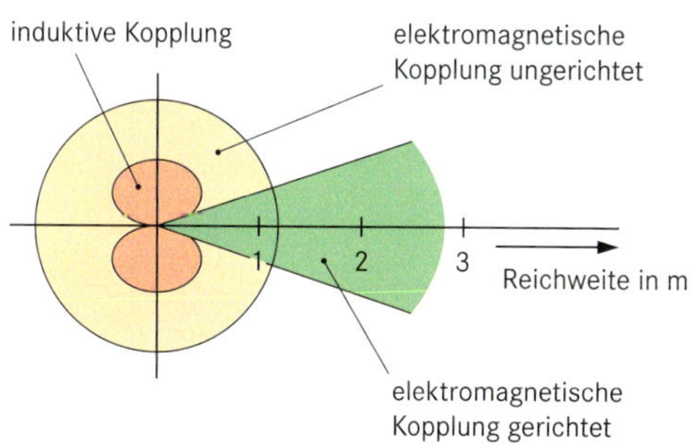

Beispiele

Glas-Tag

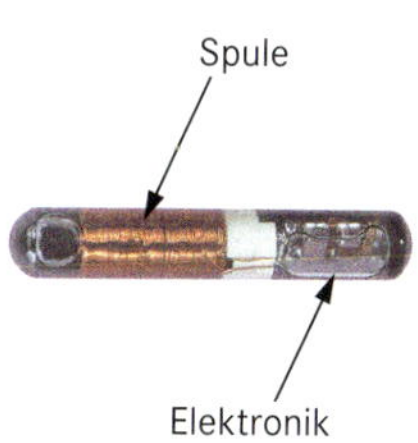

Bekleidungs-Tag

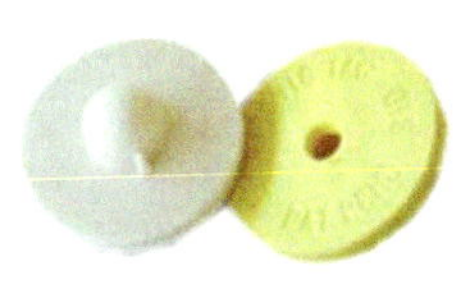

Grundlagen

- RFC-Dokumente werden erstellt von
  - Spezialisten und
  - Arbeitsgruppen

  auf freiwilliger Basis in Form einer Empfehlung (**Internet Drafts**), die im Internet zur Diskussion veröffentlicht wird.
- Nach Abschluss der Diskussion werden diese Dokumente durch offizielle Bekanntgabe im Internet zur Umsetzung in Hard- und/oder Software freigegeben.
- Die offiziellen Spezifikationsdokumente für die **Internet Protocol Suite** werden
  - durch **IETF** (**I**nternet **E**ngineering **T**ask **F**orce) und
  - **IESG** (**I**nternet **E**ngineering **S**teering **G**roup) als standard tracks RFCs veröffentlicht
- **R**equest **f**or **C**omments („Bitte um Stellungnahme") beschreiben
  - sämtliche Internetprotokolle
  - Standards
  - Verfahren
  - Algorithmen
  - Regeln und
  - Strategien

  der Kommunikationstechnik in Netzwerken
- Die Herausgabe und Verwaltung der RFCs erfolgt vom RFC Editor. (http://www.rfc-editor.org/)

Beispiele

RFC-Nr.	Kurzform	Bezeichnung
3700	–	Internet Official Protocol Standards
791	P√4	Internet Protocol , Version 4
792	ICMP	Internet Control Message Protocol
919	–	Broadcasting Internet Datagrams
950	–	Internet Standard Subnetting Procedure
1112	IGMP	Host extensions for IP multicasting
768	UDP	User Datagram Protocol
793	TCP	Transmission Control Protocol
854	TELNET	Telnet Protocol Specification
855	TELNET	Telnet Option Specifications
959	FTP	File Transfer Protocol
821	SMTP	Simple Mail Transfer Protocol
1034	DOMAIN	Domain names – concepts and facilities
1035	DOMAIN	Domain names – implementation and specification
1155	SMI	Structure and identification of management information for TCP/IP-based internets
1001	NETBIOS	Protocol standard for a NetBIOS service on a TCP/UDP transport
862	ECHO	Echo Protocol
866	USERS	Active users
867	DAYTIME	Daytime Protocol
856	TOPT-BIN	Telnet Binary Transmission
857	TOPT-ECHO	Telnet Echo Option
1350	TFTP	The TFTP Protocol (Revision 2)

RFC-Nr.	Kurzform	Bezeichnung
1006	TP-TCP	ISO Transport services on top of the TCP: Version 3
1390	IP-FDDI	Transmission of IP and ARP over FDDI Networks
826	ARP	Ethernet Address Resolution Protocol
907	IP-WB	Host Access Protocol specification
894	IP-E	Standard for the transmission of IP datagrams over Ethernet networks
895	IP-EE	Standard for the transmission of IP datagrams over experimental Ethernet networks
1055	IP-SLIP	Nonstandard for transmission of IP datagrams over serial lines: SLIP
1088	IP-NETBIOS	Standard for the transmission of IP datagrams over NetBIOS networks
1132	IP-IPX	Standard for the transmission of 802.2 packets over IPX networks
1661	PPP	The Point-to-Point Protocol (PPP)
1662	PPP-HDLC	PPP in HDLC-like Framing
1209	IP-SMDS	Transmission of IP datagrams over the SMDS Service
1939	POP3	Post Office Protocol – Version 3
2328	OSPF2	OSPF Version 2
2460	IPv6	Internet Protocol, Version 6
2865	RADIUS	Remote Authentication Dial In User Service
3853	SIP S/MIME	AES Requirement for the Session Initiation Protocol (SIP)

Zugriffsformen

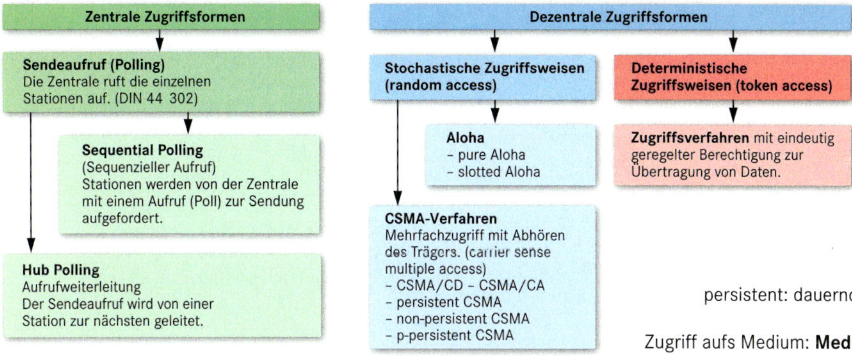

persistent: dauernd (abhörend)

Zugriff aufs Medium: **Medium Access**

CSMA-Verfahren

Prinzipien

- Grundsätzlich wird ein Sendezugriff dezentral von den einzelnen Stationen selbst eingeleitet.
- Vor dem Senden wird das Übertragungsmedium abgehört („listen before talk").
- Kollisionen können auftreten, wenn zeitgleich verschiedene Stationen mit einer Nachrichtenübermittlung beginnen.
- Datenkollisionen können auch auftreten, wenn eine Station mit einer Übertragung beginnt und – zum Beispiel auf Grund einer größeren Entfernung einer anderen sendenden Station – ohne ihre Kenntnis eine andere Station bereits sendet.

Übertragungsverhalten

- **Nonpersistent:** ein nichtbeharrendes-Verhalten. Bei einer vorliegenden Datenübertragung auf dem Medium zieht sich eine sendewillige Station für eine zufällig bestimmte Zeit zurück und beginnt erst dann wieder zu prüfen, ob das Medium für eine Übertragung frei ist. (Durchsatzrate max. 90 %)
- **Persistent:** das beharrende Verhalten. Das Übertragungsmedium wird kontinuierlich abgehört. Sobald das Medium frei ist, wird eine Übertragung aufgenommen. (Durchsatz max. 55 %.)
- **P-persistent:** ein beharrendes, mit einer bestimmten Wahrscheinlichkeit sendendes Verhalten. Das Medium wird kontinuierlich bei einem Sendewunsch überwacht. Bei einem freien Medium wird mit der Wahrscheinlichkeit p eine Übertragung aufgenommen. (Durchsatzrate max. 92 % bei p = 0,01.)

Datenkollisionserkennung unter CSMA/CD

- Ein Sender benötigt eine Kollisionsmeldung, die ihm vor Abschluss seiner Datensendung vorliegen muss. Die Datenpaketmindestlänge muss mindestens dem doppelten Stationsabstand entsprechen.
- **Berechnung:**
  1. Bestimmung der Signalübertragungsgeschwindigkeit: Es gilt: $c = c_0/n$; mit c_0 = 300.000 km/s und dem Brechungsindex n des Materials (Koaxial: $c = c_0 \cdot 0{,}77$; Twisted-Pair: $c = c_0 \cdot 0{,}6$)
  2. Ermittlung der maximalen Stationsentfernung (l)
  3. Mindestübertragungszeit: $t = 2 \cdot l/c$
  4. Bestimmung der minimalen Paketlänge (P_L) unter Beachtung der Übertragungsrate und einer Toleranz von 30 %.

Varianten

- **CSMA/CD** (**C**arrier **S**ense **M**ultiple **A**ccess (**with**) **C**ollision **D**etection): Bei einer **Datenkollision** wird von der Station, die die Störung erkennt, ein Störsignal (ein **jam**) gesendet. Zugleich bricht diese Station ihre eigene Datenübertragung ab.

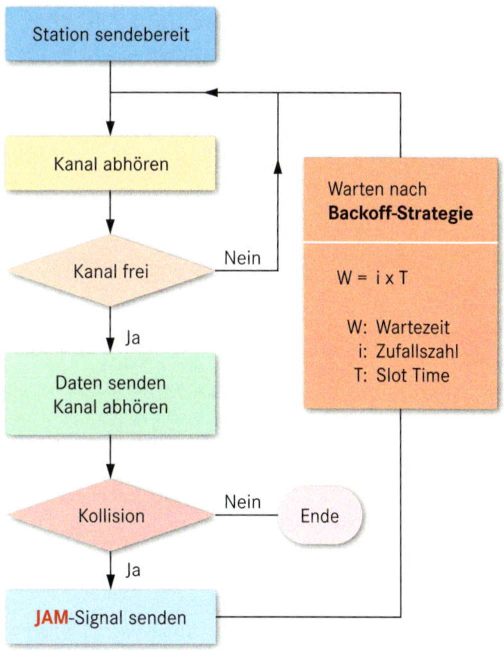

- **CSMA/CA** (**C**arrier **S**ense **M**ultiple **A**ccess (with) **C**ollision **A**voidance): Ein Übertragungswunsch wird anderen Stationen mit einem „**R**eady-**t**o-**S**end"-Signal (**RTS**) mitgeteilt. Ein RTS-Signaleingang führt zum Aufschub eines eigenen Sendewunsches. Angerufene Stationen senden ein „**C**lear-**t**o-**S**end"-Signal (CTS). Dies führt zur Reservierung einer Verbindung. Mit einem Quittungssignal (acknowledgement; **ACK**-Signal) wird das Datenübertragungsende den anderen Stationen mitgeteilt.

ISO - OSI (ISO-Modell)	SNA	TCP/IP	TCP/IP-Protokollstruktur	DEC NET	IEEE Local Area Network (Referenzmodell)
Anwendungs-schicht	End User (SMB: Server Message Block)	Process/Application Layer	File Transfer [FTP - File Transfer Protocol] [HTTP WWW - Hyper-Text Transfer Protocol] E-Mail [SMTP - Simple Mail Transfer Protocol] Terminal Emulation [TELNET Protocol] Network Management [Simple Network Management Protocol]	Application	Höhere Protokolle
Darstellungs-schicht	Presentation Services				
Kommunikationssteuerungs (sitzungs)-schicht	Data Flow Control			Session Control	
Transport-schicht	Transmission Control	Host-to-Host Layer	[TCP - Transmission Control Protocol] [UDP - User Datagram Protocol]	End-to-End Communication	
Vermittlungs-schicht	Path Control	Internet Layer	Address Resolution [IP - Internet Protocol] Internet Control Message Protocol	Routing	
Sicherungs-schicht	Data Link Control	Network Access or Local Network Layer	Ethernet, IEEE 802, Arcnet, X.25 [SNAP: Sub-Network-Access Protocol] [ISL: Inter-Switch Link] [IEEE 802.4 (Token Bus); IEEE 802.5 (Token Ring); FDDI (Fiber Distributed Data Interface)] [IEEE 802.3/Ethernet (CSMA/CD)] [BPDU: Bridge Spanning Tree Protocol] [Ethernet DIX V2]	Data Link Control	2d - Bridging 2c - Secure Data Exchange 2b - Logical Link Control (LLC) (Verbindungs-steuerungsschicht) 2a - Media Access Control (MAC) (Medienzugriffsschicht)
Bitübertragungsschicht	Physical			Physical	Physical Layer

Schicht „Null“: Physikalische Beschreibungsebene – z. B. Kupfer-, Koaxial-, Glasfaserkabel (Ethernet 50 Ohm Coax; 10 BASE-T/-F/5/2; 100 BASE-T/-F)

Abkürzungen: [Protokollbezeichnungen werden oben in rechteckigen Klammern aufgeführt.]

ISO: International Standardization Organisation
SNA: Systems Network Architecture (IBM-Architec.)
TCP: Transmission Control Protocol
OSI: Open System Interconnection
DEC NET: Digital Equipment Corporation
IP: Internet Protocol

Protokollgestaltungen

- Bei den Protokollzuordnungen und -gestaltungen werden auch
  - **Funktionsprinzipien** (Peer-to-Peer; Client-Server; (Terminal)),
  - **Übertragungsprinzipien** (Punkt-zu-Punkt; Punkt-zu-Mehrpunkt) und
  - **sendetechnische Aspekte wie**

    a): Kanalvermittlung (Durchschalteverbindung);
    b): Speichervermittlung (Sendungsvermittlung: Paketverfahren/Datagrammtechnik))

  der Datenvermittlung beachtet.

- Im Kern wird das OSI-Modell bei der **logischen** Strukturierung beachtet. Auf Grund seiner strukturellen Komplexität wird es bei den konkreten technischen Gestaltungen jedoch nicht im Detail realisiert.

- Bei Lokalen Netzen (LAN) und im Bereich der ATM-Technik bzw. der **zellorientierten** Übertragung erfolgt abweichend vom 7-Schichten-Modell der ISO eine Orientierung an einem **3-Schichten-Modell**.
  Hierbei werden unterschieden:
  1. Schicht: Bitübertragungsschicht
  2. Schicht: Zellvermittlungsschicht
  3. Schicht: Anwendungsschicht

- Der logische Strukturierungsgedanke (Module) des OSI-Modells ist weiterhin bedeutsam.

Protokoll-Aufbau bzgl. OSI (ISO-Modell)

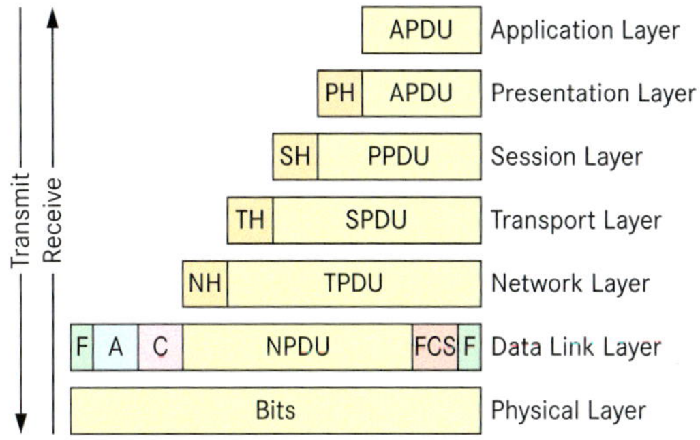

H (**H**eader): Kopffeld;
PDU (**P**rotocol **D**ata **U**nit): Informationsfelder

Übliches (vereinfachtes) Netz-Referenzmodell

- Bei der Beschreibung der Netzgegebenheiten wird zumeist auf ein vereinfachtes Modell zurück gegriffen.
- Die Anwendungsschichten werden hierbei zu einer Schicht zusammen gefasst. Dies vereinfacht besonders die Sicherheitsbetrachtungen.
- Dieser Modellzugang ist besonders für die Beschreibung von Server-Firewall-Proxy-Beziehungen bedeutsam.

Nr.	Bezeichnung	Übertragungsleitidee
5	Applikationen	Organisation: Ende zu Ende
4	Transport	
3	Netzwerk	Organisation: Vermittlung über Zwischenstationen
2	Datenverbindungen	
1	Physikalische	

Schicht	Protokolle	OSI-Aufgaben
1 Bitübertragung	■ ISO 802.3 (CSMA/CD) ■ ISO 802.4 (Token Ring) ■ ISO 802.5 (Token Ring) ■ ISO 802.6 (DQDB) ■ X.21/X.21bis (Leitungsvermittlung) ■ V.24 (Modem-Interface) ■ I.430 (Bitübertragung) ■ Modem: V.21, V.22, V.26, V.32, V.42 ■ MAC-CDPD (Medium Access Control – Cellular Digital Packet Data)	■ Übertragungsmedien werden aktiviert und deaktiviert. ■ Die Nachricht wird als Folge von Bits übertragen. ■ Mit geeigneten Leitungscodes werden effektive Übertragungen ermöglicht und die Energieversorgung für die Datenübertragung wird zur Verfügung gestellt, auch die Notversorgung. ■ Bei Fernübertragungen wird die Bitsynchronisation zwischen benachbarten Systemen organisiert.
2 Sicherung	■ SNAP (Sub-Network Access Protocol) ■ ISO 8802.2; Ethernet DIX V2 ■ IEEE 802.3 (CSMA/CD); IEEE 802.4 (Token Bus) ■ IEEE 802.5 (Token Ring) ■ FDDI (Fiber Distributed Data Interface) ■ MLP – X.25 (Multi-Link-Protocol) ■ MAC (FDDI) (Medium Access Protocol) ■ X.212/222; T.71; I.440 (Sicherung); HDLC ■ MNLP (Mobile Network Location Protocol) ■ Frame Relay; PPP (Point-to-point) ■ SSCOP (Service-Specific Connection-Oriented Prot.)	■ Die zur Verfügung gestellten Daten von den Diensten der Schicht 1 (wortweise Multiplexbildung) werden strukturiert und der Datenfluss wird kontrolliert. Außerdem wird von ihr die Datensicherung bei der Übertragung auf Teilstrecken durchgeführt. ■ Zur Strukturierung der Datensätze werden Synchronisationszeichenfolgen eingeführt. – Beim Protokoll X.25 wird z. B. die Zeichenfolge 01111110 verwendet. – Bei der PCM 30-Technik wird die Zeichenfolge 0011011 eingesetzt.
3 Vermittlung	■ ISO 8880/8473/9542/10589/8208/8881 ■ X.25 (Paketvermittlung) ■ X.213; T.30; I.450 ■ X.75 (Packet Switched Signaling between Public Networks) ■ DDP (Datagram Delivery Protocol) ■ IP (Internet Protocol) ■ IPX (Internet Packet Exchange) ■ SNA XID (Exchange ID – IBM Protocol)	■ Routen und Ersatzrouten werden bestimmt: Verbindungen zum Datenaustausch werden über die gesicherten Teilstrecken aufgebaut. Feste Datenübertragungswege können geschaltet werden. Denkbar sind virtuelle Verbindungswege für die Paketvermittlung (alle Pakete nehmen den gleichen Weg) oder für das Datagramm-Verfahren (jedes Paket nimmt seinen Weg). ■ Netzverbindungen werden verwaltet und überwacht.
4 Transport	■ TCP (Transport Control Protocol) (RFC 793) ■ T.70 ■ UDP (User Datagram Protocol) (RFC 768) ■ X.214/224 ■ ISO 8072/3 ■ NSP (Network Services Protocol) ■ ISO TP (Transport Protocol) ■ SNA RH (Request/Response Header – IBM Prot.)	– Authentifizierungen, – Codierungen, – Datenverschlüsselungen – Flussendkontrollen zwischen Endsystemen, – Ende-zu-Ende-Sicherungen (inkl. Auf- und Abbau der Ende-zu-Ende-Verbindungen), – Kanalaufteilungen (Multiplexing) und – Datensegmentierung
5 Kommunikation	■ ISO 8326/7 ■ X.215/225, T.62 ■ SNA FMD (Function Management Data – IBM Prot.)	– Verwaltung von Sitzungen (Senderechtvergabe) – Dialogsynchronisation – Sitzungsorganisation
6 Darstellung	■ ISO 8822/3/4/5 ■ X.216/226 ■ T.50/51/61	■ Sie stellt die Informationen der Schicht 7 einheitlich dar. Hierbei werden lokale und neutrale Datendarstellungen angeglichen.
7 Anwendungen	■ ISO 9579 (Remote Database Access) ■ ISO 10026 (Distributed Transaction Processing) ■ ISO 8571 (FTAM); ISO 8831/2 (JTAM); ISO 9040 ■ X.400 (Message Handling); TTX (Teletex); ■ IBMNM (IBM Network Management) ■ SMB (Server Message Block – IBM Protocol)	■ Sie ist der Ausgangspunkt (Quelle) und das Ziel (Senke/Sinke) der Informationsübertragung (File Transfer). Die Kommunikationsbeteiligten werden zum Beispiel identifiziert.

Die Schichten 1 bis 4 sind **transportorientierte Schichten**. Die Schichten 5 bis 7 sind **anwendungsorientierte Schichten**.

X.25

- Netzzugangsprotokoll für paketorientierte Datenübermittlung, entsprechend dem Schicht 3 Protokoll im OSI-Referenzmodell.
- Die Pakete werden stoßweise über eine einheitliche Route (virtuelle Verbindung) im Netz geführt.
- Die Transportreihenfolge der Pakete muss eingehalten werden (→ Paketvermittlungsverfahren).
- Ein Datagramm-Transport wird nicht unterstützt.

TCP – Transmission Control Protocol

- Es ist im OSI-Modell auf der vierten Schicht (Transport-Schicht) angesiedelt. Über TCP werden **verbindungsorientierte Datenübertragungen** ermöglicht. Es ist dem Internet Protokoll (IP) überlagert.
- Es zergliedert die zu übermittelnde Datei in kleine Datenpakete, die dann nummeriert als IP-Pakete im Netz transportiert werden.
- Beim Empfänger der Datenpakete setzt TCP die IP-Pakete in richtiger Reihenfolge wieder zusammen.

UDP – User Datagram Protocol

- Wie TCP jedoch verbindungslos und ohne Quittierung.

IP – Internet Protocol

- Es gehört zur dritten Schicht des OSI-Modells.
- Die einzelnen Daten werden mit einem Adresskopf versehen.
- Es ermöglicht eine **verbindungslose Datenübertragung**. Die IP-Pakete werden als **Datagramme** bezeichnet. Die Transportreihenfolge der einzelnen Datagramme ist beliebig.
- Jeder Rechner im Internet besitzt eine unverwechselbare IP-Adresse, der einem Host-Namen entspricht.
- Unterschieden werden besonders IPv4 und IPv6.
- IPv5 wird für Forschungs- u. miltärische Aufgaben eingesetzt.

IEEE 802.4 Format (Token-Bus)

≥ 1 Byte	1	1	*	*	≥ 0 Bytes	4	1
(1)	(2)	(3)	(4)	(5)	(6)	(7)	(8)

(Längenangaben in Bytes; *: 2 bzw. 6 Bytes)
(1): Vorspann im Protokoll (Preamble)
(2): SD: Start Delimiter
(3): FC: Frame Control
(4): Zieladresse (DA: Destination Address)
(5): Quelladresse (SA: Source Address)
(6): Informationsdaten
(7): 32-Bit-Prüfsequenz (CS: Frame Check Sequence: CRC 32)
(8): End Delimiter

SNMP – Simple Network Management Protocol

- Liegt oberhalb der Schicht 4: In dieser Hinsicht vergleichbar zu: ftp, telnet, SMTP, WWW
- Es wird zur Überwachung von Netzwerkaktivitäten eingesetzt.

Protokollzusammenspiel

Im Übertragungsprozess werden die einzelnen Protokolle auf den tieferen OSI-Schichten als Nutzdaten aufgenommen und transportiert.

Protokollaufbau

X.25-Protokoll
(Zugeordnet der Schicht 3 im OSI-Modell. Es ermöglicht eine Datenpaketvermittlung.)

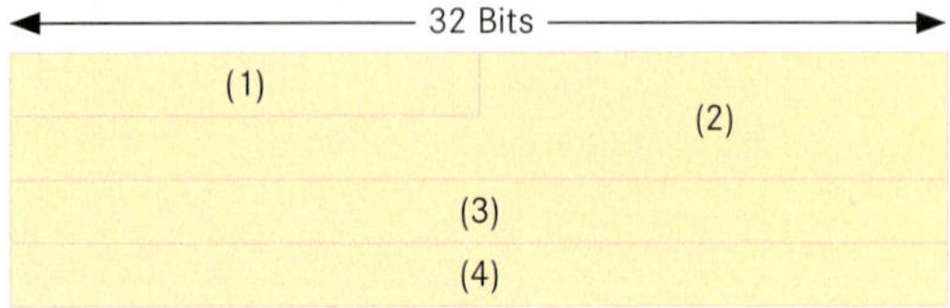

(1): Formatangabe (GFI: General Format Identifier)
(2): Adresse der (virtuellen) Verbindung (LCI: Logical Channel Identifier)
(3): Meldungstyp (packet type)
(4): Meldungsinhalt (Remainder)

TCP-Protokoll

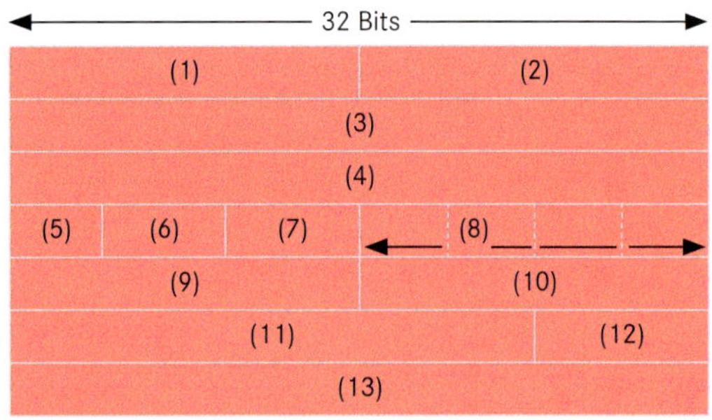

(1): Quellport; (2): Zielport; (3): Sequenznummer
(4): Bestätigungsnummer; (5): Offset;
(6): Reservierter Raum (6 Bits); (7): Flags
(8): Fenster (16 Bits); (9): Prüfsumme
(10): Dringlichkeitsangabe;
(11): Ergänzende Informationen (Optionen);
(12): Füllbits; (13): Eigentlicher Informationsbereich

IP-Protokoll – Version v4 (Adressenumfang 32 Bits)

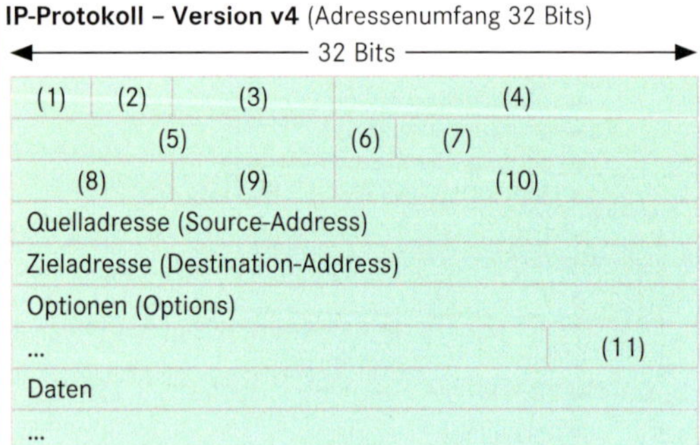

(1): Versionsnummer im IP-System
(2): Kopfgröße (-länge) (IHL: Internet Header Length)
(3): Dienstart (Priorität und spezifische Anforderungen)
(4): Datagramm-Länge (Gesamtgröße des Datagramms in Bytes)
(5): Kennung (Identification)
(6): Steuerungsinformationen für die Fragmentierung (Flags)
(7): Positionsinformation für Fragmente im Datagramm (Fragment-Offset)
(8): Lebensdauer des Datagramms im Netz (Time-to-Live)
(9): Protokollangaben für die Transportschicht (Protocol)
(10): Prüfsumme für den IP-Protokollkopf (Header-Checksum)
(11): Füll-Bits (Padding)

IPv6

- Der Adressumfang beträgt 128 Bit.
- $2^{128} = (2^4)^{32} = 16^{32} = 3{,}4 \cdot 10^{38}$ Adressen
- Die Einteilung in Netzklassen kann abgebaut werden.
- Die Verwendung von DHCP wird reduziert.
- IPsec wird integriert in IPv6.

	0	4	8	12	16	24	Bits 31
1	Version	Traffic Class			Flow Label		
2	Payload Length				Next Header		Hop Limit
3	Source Address						
4	Source Address						
5	Source Address						
6	Source Address						
7	Destination Address						
8	Destination Address						
9	Destination Address						
10	Destination Address						

Version: 4 Bits – Angabe zur Version	traffic class (Verkehrsklasse): 8 Bits – Priorität des Paktes (Dringlichkeit)
flow label (Flussangabe; Flusskontrolle: 20 Bits – Angaben zu den Datentypen	Payload – Length (Länge der Nutzlats): 16 Bits – Nutzdatenlänge nach dem IPv6 – Header (Extension Header)
next header (nh): 8 Bits – Headertyp nach der Zieladresse	hop limit (hl) (Sprunglimit): 8 Bits – Angabe der maximalen „Sprünge“ im Netz. Basiswert 254: jeder Systemabschnitt reduziert den Wert um 1. Bei Null erfolgt die Datagramm-Vernichtung. hl kann individuell eingestellt werden.
Source Address (Quelladresse): 128 Bit (ermöglicht in etwa 340 Sextilionen = 3,4 · 1038 Adressen)	
Destination Address (Zieladresse): 128 Bits	
Extension Header: Erweiterungs-Header – Aufruf über **nh**	

NGN-Protokolle (Next Generation Networks Protocols)

- Im Rahmen der NGN-Technik, durch die in einheitlicher Art vielfältige Netzfunktionen und Übertragungsarten gestaltet werden sollen, werden neuartige Protokolle auf der Basis bereits existierender eingesetzt. Hierbei sollen auch Telephonie- und TV-Übertragungen integriert ermöglicht werden.
- Typische NGN-Protokolle (**P.**: Protocol):
  NTP: **N**etwork **T**iming **P.** **RSVP**: **R**esource **R**eservation **P.**
  PSTN: **P**ublic **S**witched **T**elephone **N**etwork
  RTCP: **R**ealtime **T**ransport **C**ontrol **P.**
  RTP: **R**ealtime **T**ransport **P.** **SAP**: **S**ession **A**nnouncement **P.**
  SCTP: **S**tream **C**ontrol **T**ransmission **P**rotocol – verbindungsorientiertes Transportprotokoll: Verbindung von TCP mit UDP. Der Header der SCTP-Meldung besteht aus 3 x 32 Bit. Dazu treten Informationen (Chunk Meldungen) zur transportierten Information. So können z.B. Payload-Daten übertragen werden.

8 Bit	8 Bit	8 Bit	8 Bit
Source Port Number		Destination Port Number	
Verification Tag			
Checksum (vergleichbar TCP)			
Chunk Type	Chunk Flags	Chunk Length	

SDP: **S**ession **D**escription **P**rotocol; **SIP**: **S**ession **I**nitiation **P.**

ARP – Address Resolution Protocol

- Es dient dazu, die zu einer IP-Adresse gehörende MAC-Adress zu bestimmen.
- **Protokoll-Aufbau** (ARP-Header):

Zeilen	Bitbreite							
	1	2	3	4	5	6	7	8
1	Hardware Type							
2								
3	Protocol Type							
4								
5	Hardware Length							
6	Software Length							
7	Option Code							
8								
9	Hardware Source Address							
10								
...								
14								
15	Software Source Address							
...								
18								
19	Hardware Destination Address							
...								
24								
25	Software Destination Address							
...								
28								

- **Hardware Type**; Umfang: 2 Bytes
  Angabe des Netzwerktyps:

1	Ethernet 10 Mps
2	Experimental Ethernet
3	Amateur-Radio AX.25
4	Proteon PROnet Token-Ring
5	CHAOSnet
6	IEEE 802.x LANs
7	ARCnet

- **Protocol Type**; Umfang: 2 Bytes
  Protokoll-Kennung unter Verwendung der EtherType-IDs
- **Hardware Length**; Umfang: 1 Byte
  Angabe zur Länge der MAC-Adresse (Hardware-Adresse)
- **Software Length**; Umfang: 1 Byte
  Angabe zur Länge der IP-Adresse (Software-Adresse)
- **Options Code**; Umfang: 2 Bytes
  ARP-Funktionskennzeichnung:

0	ARP Request
1	ARP Reply
2	RARP Request
3	RARP Reply

- **Hardware Source Address**; Umfang: 6 Bytes
  Es wird die MAC-Adresse des Senderechners angegeben.
- **Software Source Address**; Umfang: 4 Bytes
  Es wird die IP-Adresse des Senderechners angegeben.
- **Hardware Destination Address**; Umfang: 6 Bytes
  Es wird die MAC-Adresse des Empfangsrechners angegeben.
- **Software Destination Address**; Umfang: 4 Bytes
  Es wird die IP-Adresse des Empfangsrechners angegeben.

Hintergründe und Grundlagen

- Bezeichnung **Diameter**: Kunstwort, Diameter (engl.) bezeichnet den Durchmesser. Somit ist Diameter größer (und somit besser) als Radius (RADIUS-Protokoll: Remote Authentication Dial-In User Service – RFC 2058).
- Diameter ist ein **AAA**-Protokoll. Die AAA-Definitionen finden sich in RFC 3539.
- Es basiert auf dem **RADIUS**-Protokoll.
- Diameter nutzt TCP und SCTP (und IP) zum sicheren Transport und für die Verschlüsselung TLS und IPSec.
- Diameter ist in RFC 3588 definiert.
- Es ist – in Erweiterung zum RADIUS – für mobile Zugriffe auf IP-Netze geeignet.
- Protokolleinbettung:

IP	TCP/SCTP	DH	AVP 1	AVP 2	...

  IP: IP-Protokoll; TCP: TCP-Protokoll
  DH: Diameter Header; AVP: Attribute Value Pair
- Zu Diameter gehören eine Sicherheitsergänzungen (CMS) und Dienste-Anwendungen, wie zum Beispiel: Credit-Control, EAP, MIPv4, NAS, ...
- Diameter wird im IP Multimedia Subsystem eingesetzt.
- Es ermöglicht die Peer-to-Peer-Kommunikation und das Roaming.

Begriffe und Abkürzungen

- **AAA**: **A**uthentication, **A**uthorization, **A**ccounting (Triple-A-System)
- **AVP: A**ttribute **V**alue **P**air – 32 Bitraum zur Darstellung von 256 Attributen.
- **CMS: C**ryptographic **M**essage **S**yntax
- **Credit-Control:** Dienstnutzung über Prepaid Guthaben
- **Dial-in-Zugang:** Zugriff auf ein Netz von außen
- **EAP** (**E**xtensible **A**uthentication **P**rotocol): WLAN-Authentifizierungsprotokoll gemäß RFC 4072
- **MIPv4** (**M**obile **IPv4** Anwendungen): Ermöglicht die Netzmobilität gemäß RFC 4004
- **NAS: N**etwork **A**ccess **S**erver
- **RADIUS: R**emote **A**uthentication **D**ial-**i**n **U**ser **S**ervice (Standard fürs Internet: RFC 2058 (1997) bis RFC 2865 (2000)) Radius nutzt zum Transport das unsichere **UDP**.
- **RAS: R**emote **A**ccess **S**ervices – ermöglicht den Zugriff auf ein Firmennetz (Intranet) aus dem mobilen Internet heraus
- **SCTP: S**tream **C**ontrol **T**ransmission **P**rotocol (verbindungsorientiertes Transportprotokoll)
- **TLP: T**ransport **L**ayer **S**ecurithy
- **UDP: U**ser **D**atagram **P**rotocol (unsichere TCP Alternative, da quittierungslos)

Protokollaufbau

Header

1 … 8	9 … 16	17 … 24	25 … 32
Version	Message Length		
Command F.	Command Code		
Application- Identifier			
Hop-by-Hop- Identifier			
End-to-End- Identifier			
AVPs...			

Aufbau der AVPs

1 … 8	9 … 16	17 … 24	25 … 32
AVP Code			
Flags-AVP	AVP Length		
Vendor-ID (optional)			
Daten ...			

- Im AVP Code (32 Bit) wird angegeben, welcher Bedeutungsinhalt im Datenbereich dargestellt wird.
- Die AVP-Dateninhalte sind im Detail vorbestimmt. Die RADIUS-Mitteilungen werden vollständig berücksichtigt.
- **AVPs**

Code	Name	Code	Name
257	Host IP-Adresse	281	Error Message
258	Auth-Application ID	283	Destination Realm
263	Session ID	291	Authorization Lifetime
273	Disconnect Cause	292	Redirect Host

Architekturprinzipien

A: Client und Server kommunizieren direkt miteinander.
B: Die Kommunikation zwischen Client und Server wird über ein **DRLA** (**D**iameter-**Rel**ay-**A**genten) ermöglicht.
C: Wie unter B erfolgt die Kommunikation über ein DRLA. Der DRLA greift dabei auf ein zugeordnetes **DRDA** (**D**iameter- **Red**irect-**A**genten) zurück.
D: Die Kommunikation wird vermittelt durch einen **TLA** (**T**rans**l**ation-**A**genten).

AAA

Beim Zugriff auf einen Dienst bzw. auf eine Ressource müssen in geordneter Abfolge die Zugangsberechtigung und die erlaubten Details geklärt werden:

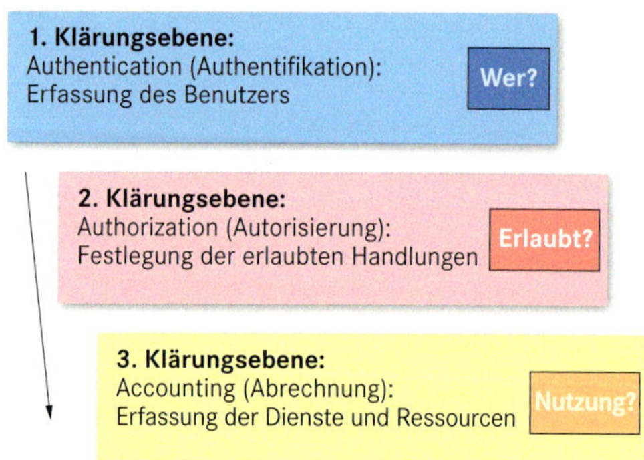

Diameter-Nachrichten

Command Code	Abkürzung	Information
257	CER	Capabilities Exchange Request
257	CEA	Capabilities Exchange Request
258	RAR	Re-Auth Request
258	RAA	Re-Auth Answer
268	AAR	AA-Request
268	AAA	AA-Answer
271	ACR	Accounting Request
271	ACA	Accounting Request
274	ASR	Abort Session Request
274	ASA	Abort Session Answer
275	STR	Session Termination Request
275	STA	Session Termination Answer
282	DPA	Disconnect Peer Answer

Port

- Mit der IP-Adresse wird ein PC als Netz-Einheit erkannt. Eine präzise Identifikation (zum Dienst usw.) wird über diese erreicht. Über die Protnummern kann ein Verständigungsprozess ablaufen.
- Auch bei einer Server-Client-Kommunikation, die vom **RPC**-Protokoll (**R**emote **P**rocedure **C**all) organisiert wird, werden RPC-Dienste über Portnummern näher erfasst.
- Die Port-Nummer wird als 16-Bit große Zahl bestimmt.

Portnummer	Dienst/Hinweis
0 - 511	Well know services (ftp; telnet; ...)
0 - 1023	trusted ports: systemnahe Serverprozesse
512 - 767	Berkley-services (UNIX-Services)
768 - 1023	dynamische privilegierte Client-Anwendungen
1024 - 32767	dynamische unprivilegierte Client-Anwendung.

Port-Nr.	Dienst	Port-Nr.	Dienst	Port-Nr.	Dienst
0	`ip`	20	`ftp (data)`	79	`finger`
1	`icmp`	21	`ftp (control)`	109	`pop2`
6	`tcp`	23	`telnet`	110	`pop3`
80	`http`	25	`smtp`	513	`login`

Socket

- Bezeichnung und Konzeption gehen auf das BS BSD Unix (Berkeley Software Distribution) von 1976/77 zurück. Im Rahmen des Socket-Konzepts wird eine freie Zuordnung zu beliebigen Netzzielen ermöglicht.
- Eine IP-Adresse verbunden mit einer Port-Nummer wird als Socket bezeichnet. Allgemein versteht man hierunter eine Angabe, die aus den IP- und Port-Nummern der miteinander kommunizierenden Rechner und der Angabe des Übertragungsprotokolls besteht. So kann von der IP-Schicht über die TCP-Schicht ein eindeutiger Zugang zum „oberhalb" von TCP (bzw. UDP) liegenden (Verarbeitungs-)Protokoll gefunden werden.
- Bedeutsam ist das Socket-Konzept für die programmiertechnische Gestaltung der Schnittstellen für Kommunikationsprozesse in verteilten Systemen bei TCP/UDP - IP. Die damit einhergehende „hardwarenähe" steht in Spannung zu den favorisierten Objekt-Beziehungen der objektorientierten Programmierung.
- Mit der Erstellung eines Sockets [allgemein: `socket()`] bzgl. TCP: `socket(AF_INET, OCK_STREAM, 0)` und bzgl. UDP: `socket(AF_INET, SOCK_DRAM, 0` wird im Kommunikationsprozess ein Bezugspunkt erzeugt.
- Geöffnet wird ein Socket über einen `open`-Befehl. Mit einem `close`-Befehl muss es auch wieder geschlossen werden.
- In der Server-Client-Kommunikation erfolgt auf der Seite des Servers die Übertragung über die „Stationen" `socket()`, `bind()`, `listen()`, `accept()`. Die Client-Seite kann über `socket()`, `connect()` einen Verbindungsaufbau vornehmen. Mit `read()` und `write()` wird der Server-Client-Datenaustausch gestaltet.
- **Netzverbindungsbefehle**:

`socket`	Kommunikationsendpunkt wird angefordert
`bind`	Festlegung von Portnummern
`listen`	Verbindungsanzahl (Pufferzahl) wird bestimmt
`accept`	Bereitschaft zum Empfangen wird signalisiert
`connect`	Anforderung einer Verbindung
`send`	Senden von Daten
`recv`	Warten auf eine Antwort
`close`	Auflösen einer Verbindung

DNS – Domain Name Service

- Die Einführung des Dienstes erfolgte 1984. Unter Verwendung von Tabellen werden IP-Adressen den zugehörigen logischen Namen (Host-Name) zuordnet. DNS arbeitet weltweit.
- Eine IP-Adresse besteht prinzipiell aus dem konkreten lokalen Anteil (Rechner-Adresse) und der Subnetz-Adresse.
- Die Adressvergabe wird von der **IANA** organisiert und überwacht.
- **IANA**: **I**nternet **A**ssigned **N**umbers **A**uthority (USA)
- Die Vergabe wird zum Teil regionalisiert – an die **RIR**s.
- **RIR**: **R**egional **I**nternet **R**egistrics.
- Adressvergabe in Europa: durch die RIPE NCC (Amsterdam).
- Der DNS-Namensraum ist von hierarchischer Struktur. Ausgehend von einer Wurzel (Root) werden mit den einzelnen Baumverzweigungen separierte Räume (Domain) erreicht, denen weitere Unterräume zugeordnet sind. Den einzelnen Knoten im Baum sind Name-Server zugeordnet.

Top Level Domain (TLD) – Einteilungen

- Länderspezifische Zuordnungen (**ccTLDs** – **C**ountry **C**ode **TLDs**) – auch Geographische Domänen (z. B. Deutschland: .de; Polen: .pl)
- Generische TLDs (gTDLs; auch Organisatorische Domänen) Beschränkte (A) und unbeschränkte (B) gTDLs:
  (A) Firmen – .com; ...; .net; .info; .org; ...
  (B) Regierungsorganisationen: .gov
  Bildungseinrichtungen: .edu; usw.

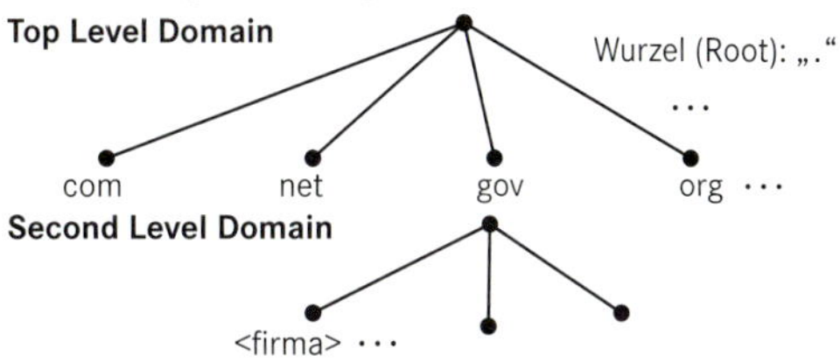

Basisspezifikationen: RFC 882; RFC 883
und später RFC 1034, RFC 1035

DHCP – Dynamic Host Configuration Protocol

- **DHCP** („dynamisches Protokoll für die Konfiguration des Computers") wurde 1993 entwickelt.
- Ein DHCP-Server kann in dynamischer Art IP-Adressen automatisch an Clients vergeben. Es ist ein Netzwerkdienst (Daemon) und gehört zur Gruppe der Internet-Protokolle.
- DHCP bezieht sich dabei direkt auf das IP-Protokoll.
- Nutzer erhalten eine identifizierenden IP-Adresse. Nach der Nutzung kann sie anderen Rechnern zugeordnet werden.
- Client und Server müssen sich auf das gleiche Subnetz beziehen, da die Initialisierungskommunikation über **Rundsendungen** (**broadcast**) erfolgt. Sollte die Nachricht über die Grenzen eines Subnetzes hinaus gehen, dann muss in den jeweiligen Routern der einzelnen Subnetze geeignete Agenten (**DHCP-Relay-Agenten**) installiert werden. Router selbst geben Broadcasts über das Subnetz hinaus nicht weiter.
- Quellport-Nummer: Port 68; Zielport-Nummer: Port 67
- Vergabevorgang (Prozesse: Client →; Server ←)
  1. DHCP - discover - Nachricht →:
  2. DHCP - offer - Nachricht ←:
  3. DHCP - request - Nachricht →:
  4. DHCP - acknowledge - Nachricht ←:
- Bezugs-RFCs: 1531, 1533, 1534, 1541, 2131

- Das WWW wird grundsätzlich von einer **Client-Server-Struktur** geprägt. Die Clients fordern über WWW-Verbindungen Server-Dienste ein.
- Die Verbindung zwischen lokal definierten Netzbereichen und dem WWW kann über **Proxy-Server** gestaltet werden.
- Ein Proxy-Server arbeitet für den Client als Server, für einen WWW-Server als Client. Mit dem Proxy-Server kann eine **Firewall** gestaltet werden.
- Ein Proxy-Server kann Informationen, die oftmals im Netz abgerufen werden, zwischenspeichern (im cache). Insofern ist eine vereinfachte und kostengünstige Datenübermittlung möglich.

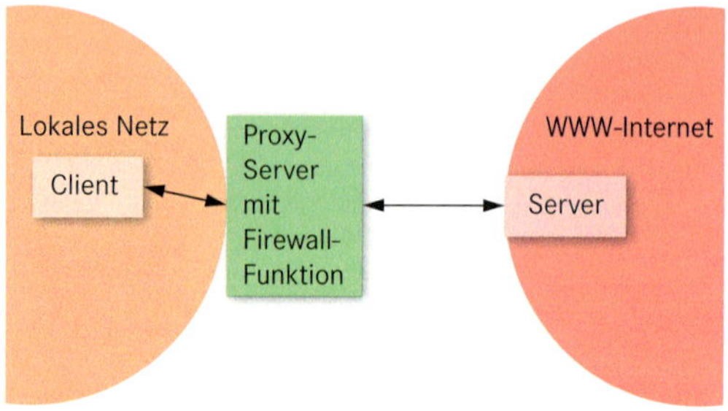

- Nach dem OSI-Modell kann jede Schicht nur mit den direkt benachbarten Schichten über **Primärmeldungen** (**Primitives**) kommunizieren.
- Die Kommunikation wird in einer Schicht jeweils von einer Instanz (aktive Schichteinheit) gestaltet. Zur Datenübertragung muss eine Datenverbindung aufgebaut werden.
- Hierzu wird ein Datenübertragungswunsch z. B. von einem Client-Rechner an einen Proxy-Server gesendet.
- Grundsätzlich unterscheidet man folgende Phasen:
  ① Verbindungsaufbau
  ② Verbindung (Datenaustauschphase)
  ③ Abbau der Verbindung

Übertragungsfolge

Folgende **Primärmeldungen** werden ausgetauscht:

Verbindungsaufbau ①
A: Verbindungswunsch (Connect Request)
B: Anzeige des Verbindungswunsches (Connect Indication)
C: Verbindungsannahme (Connect Response)
D: Bestätigung des Verbindungsaufbaus (Connect Confirm)

Datenaustauschphase (Verbindungsphase) ②
A: Datenübertragungswunsch (Data Request)
B: Anzeige des Datenpakets (Data Indication)
C: Annahme des Datenpakets (Data Response)
D: Bestätigung der Datenübermittlung (Data Confirm)

Verbindungsabbau ③
A: Verbindungsabbauwunsch (Disconnect Request)
B: Anzeige des Abbauwunsches (Disconnect Indication)
C: Annahme des Wunsches zum Abbau (Disconnect Response)
D: Bestätigung des Verbindungsabbaus (Disconnect Confirm)

HTTP – Hypertext Transport Protocol

Grundlagen

- **HTTP** steht für **H**ypertext **T**ransport **P**rotocol.
- Es ist neben ftp ein zentrales Übertragungsverfahren in Netzen.
- Wird im Internet keine Protokollangabe vor der Adresse gegeben (**www**.westermann ...), dann wird automatisch das HTTP-Protokoll (**http:// www**.westermann ...) eingesetzt.
- HTTP unterstützt die das WWW prinzipiell prägende Client-Server-Struktur.
- Das HTTP überträgt alle vorhandenen Datenformen im Netz.
- Es ist der Port-Nummer 80 im Rahmen des Socket-Konzeptes zugeordnet (TCP-Port und UDP-Port).
- HTTP ist ein zustandsloses und persistentes Verfahren.
- SHTTP ist eine Variante von HTTP, die Verschlüsselungen ermöglicht: SHTTP – Secure HTTP.

Die HTTP-Protokoll-Informationen werden als ASCII-Text übertragen.

In den übertragenen HTTP-Protokoll-Informationen wird nach der Angabe zur HTTP-Version eine Status-Code-Angabe gegeben.

Status-Mitteilungen unter HTTP

1XX – eine nur informative Nachricht (Informational)	
100 – Continue	101 – Switching Protocols
2XX (Sucessfull)	
200 – OK 201 – Created 202 – Accepted	203 – Non-Authoritive Information 204 – No Content 205 – Reset Content
3XX – Die Client-Anfrage geht an eine andere URL (Redirection)	
300 – Multiple Choices 301 – Moved Permanently	305 – Use Proxy
4XX – Es liegt ein Clientfehler vor (Client Error)	
400 – Bad Request 401 – Unauthorized 403 – Forbidden 404 – URL not found 405 – Method Not Allowed 406 – Not Acceptable 407 – Proxy Authentification Required 408 – Request Timeout	409 – Conflict 410 – Gone 411 – Length Required 412 – Precondition Failed 413 – Method Not Allowed 414 – Request Entity Too Long 415 – Requets-URI Too Long 408 – Unsupported Media Type
5XX – Es liegt ein Servicefehler vor (Server Error)	
500 – Internal Server Error 501 – Not Implemented 502 – Bad Gateway	503 – Service Unavailable 504 – Gateway Timeout 505 – HTTP Version not supported

VLAN – Virtual LAN

Merkmale

- Mit **VLAN**s (**V**irtual **LAN**: virtuelles LAN) werden physikalische Netzwerke in **logische Gruppen** (z. B. für eine Projektteam und ein Entwicklungsteam) eingeteilt.
- Die Teilnehmer jeder logischen Gruppe können sich dabei räumlich an beliebigen Orten befinden.
- Somit ist es z. B. möglich an einem Unternehmensstandort einzelne Mitarbeiter verschiedener Abteilungen in ein zugeordnetes VLAN zu integrieren, ohne das die jeweiligen Mitarbeiter ihren bisherigen Arbeitspalatz wechseln müssen.
- VLANs sind nich auf einen geografischen oder physischen LAN-Standort begrenzt und können somit auch weltweit (über Internet) aufgebaut werden.
- Das jeweilige VLAN bildet dabei eine **Broadcast-Domäne**, die sich über mehrere Switche ausdehnen kann.
- Eine wesentliche Komponente beim Aufbau eines VLANs sind die eingesetzten Switche, die verwaltet (gemanaged) werden können.
- Die Zuordnung zu einem bestimmten VLAN kann wahlweise erfolgen durch
  - **portbasierte** Zuordnung an einem Switch (statische Zuordnung),
  - MAC-Adressen-Zuordnung (dynamische Zuordnung) oder auf der Protokollebene.
- Bei der portbasierten Zuordnung werden am Switch die Endgeräteanschlüsse fest dem jeweiligen VLAN zugeordnet (konfiguriert).
- In VLAN Netzwerken mit mehreren Switchen erfolgt die Übertragung der Datenpakete zwischen den Switchen mit einer Kennzeichnung für das jeweilige VLAN (**802.1Q TAG** ①).
- Diese Kennung wird im absendenden Switch in den Datenrahmen eingefügt und im empfangenden Switch wieder entfernt.
- Zur Übertragung über das Internet wird eine zusätzliche Kennung (**Outer TAG, auch QinQ** ②) zur Erweiterung des Adressraumes für VLANs eingefügt.
- Vorteile von VLANs sind u. a.
  - ein geringer administrativer Aufwand bei Umzug oder Änderung von Endgeräten,
  - ein reduzierter Bandbreitenbedarf in den einzelnen VLANs,
  - eine erhöhte Sicherheit durch isolierte Bereiche und
  - eine vereinfachte Fehlersuche bzw. -behebung.

Netzarchitektur

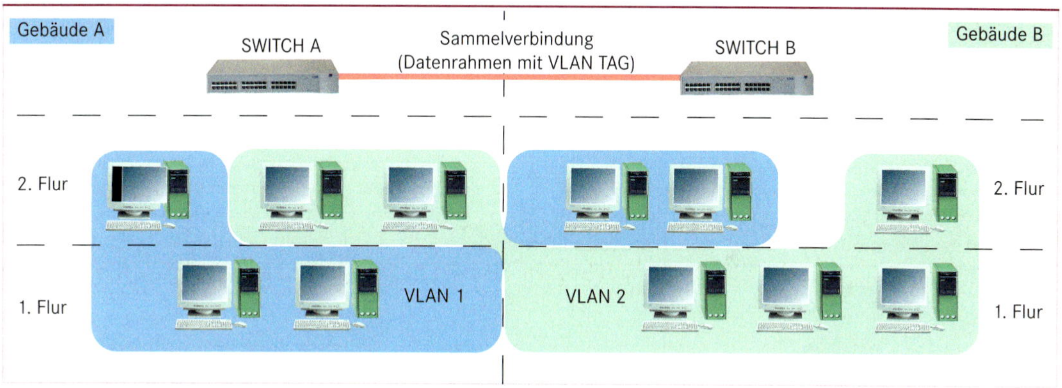

Rahmenformate

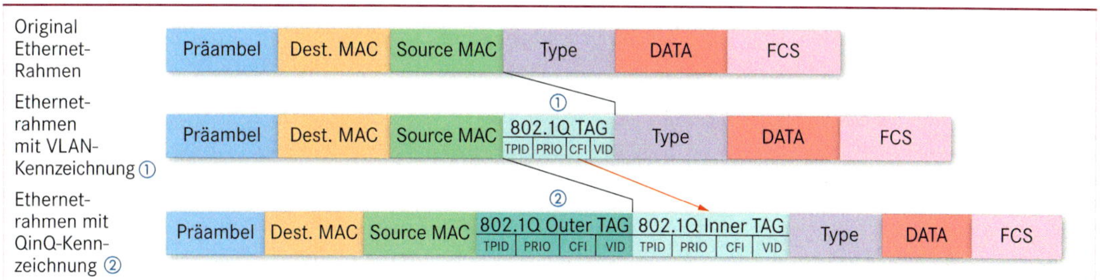

802.1Q TAG	IEEE 802.1Q Kennzeichen, Marke	**PRIO** (3 bit)	**Prio**rity (Kennzeichnet die Rahmenpriorität; Wert 0 bis 7)
Inner TAG	Kennzeichnet internes VLAN	**CFI** (1 bit)	**C**anonical **F**ormat **I**dentifier (Kennzeichnet Ethernet bzw. Token Ring Netzwerke; bei Ethernet CFI = 0)
Outer TAG (QinQ)	Kennzeichnet den erweiterten Adressbereich für z. B. Internetzugriff		
TPID (16 bit)	**T**ag **P**rotocol **Id**entifier (Kennzeichnet den Rahmen als VLAN-Rahmen; Wert: 0x8100 für 802.1Q und Inner Tag bzw. 0x9100 für Outer Tag)	**VID** (12 bit)	**V**LAN **Id**entifier (Kennzeichnet das zugehörige VLAN; Wert von 0 bis 4095, somit max. 4096 VLANs möglich)

Merkmale

- **VPN**
  - ist ein **geschlossenes** logisches Netzwerk zur **sicheren** Datenübertragung über öffentlich zugängliche Übertragungsnetzwerke (z. B. Internet), bei denen die Verbindungen durch einen öffentlichen **ISP** (**I**nternet **S**ervice **P**rovider) bereitgestellt werden
  - erzeugt zur Übertragung im Internet einen sogenannten **Tunnel** (Tunneling)
- Grundprinzip des Tunneling ist das Verpacken (encapsulation) von Anwendungspaketen in die Datenpakete des Transportprotokolls.
- Angewendete **Sicherheitsmechanismen** wie Identifikation, Authentifikation und Verschlüsselung der Daten verhindern den Zugang durch Unbefugte.
- **Vorteile** gegenüber echten privaten Netzen (z. B. Corporate Network) sind
  - höhere Flexibilität (u. a. eigene Adressierung)
  - niedrigere Kosten für die Übertragung

Anwendungen

- **Einsatzfelder** von VPN sind
  - **Remotezugriff** auf Unternehmensdaten über das öffentliche Internet durch Außendienstmitarbeiter oder Heimarbeiter
  - Verbindung von Netzwerken (Zweigstelle mit Unternehmenszentrale)
  - Verbinden von Computern über ein **Intranet** (firmeneigenes Netzwerk) zum Aufbau geschlossener Benutzergruppen

Protokolle

- Protokolle zur Implementierung eines VPN sind z. B.
  - **PPTP**
    (**P**oint-to-**P**oint **T**unnelling **P**rotocol: Punkt-zu-Punkt-Tunnel Protokoll)
  - **L2TP**
    (**L**ayer **2** **T**unneling **P**rotocol: Ebene 2 Tunnel Protokoll)
  - **IPSec**
    (**IP Sec**urity Protocol: Internet Sicherheits Protokoll)
- **PPTP**
  - Transport von IP, IPX oder Net BEUI über IP-Netzwerke
  - arbeitet auf Schicht 2 des OSI-Modells und nur über IP-Netzwerke
  - packt die Datenpakete in Rahmen des PPP (Point-to-Point Protokoll)
- **L2TP**
  - Transport von IP, IPX oder NetBEUI über beliebige Medien wie z. B. X25, Frame Relay, ATM (Punkt-zu-Punkt Datagramm Übertragung) oder IP-Netzwerke
  - arbeitet auf Schicht 2 des OSI-Modells
  - packt die Datenpakete in Rahmen des PPP
- **IPSec**
  - Transport von IP-Daten über ein IP-Netzwerk
  - arbeitet auf Schicht 3 des OSI-Modells
  - verwendet Transport- oder Tunnelmodus
  - Protokolle sind **AH** (**A**uthentication **H**eader: Authentifikations-Kopf) und/oder **ESP** (**E**ncapsulated **S**ecurity **P**ayload: verschlüsselter Kopf und Anhang)
  - kann auch als normales Transportprotokoll verwendet werden (nur Nutzlast verschlüsselt, Header bleibt original erhalten, ergibt geringere Bandbreitenbelastung)

Heimarbeiter-Anbindung

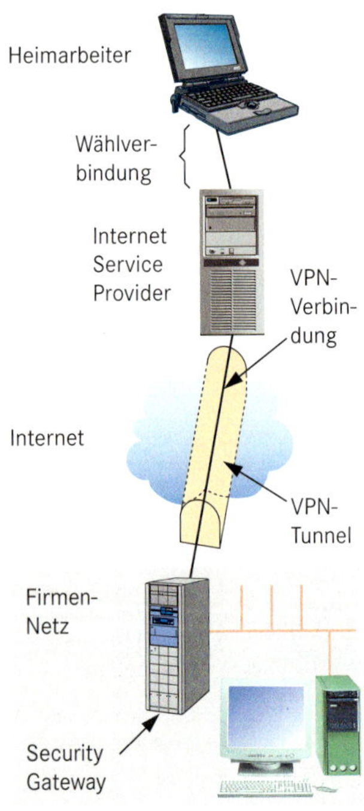

Protokoll-Struktur

PPTP

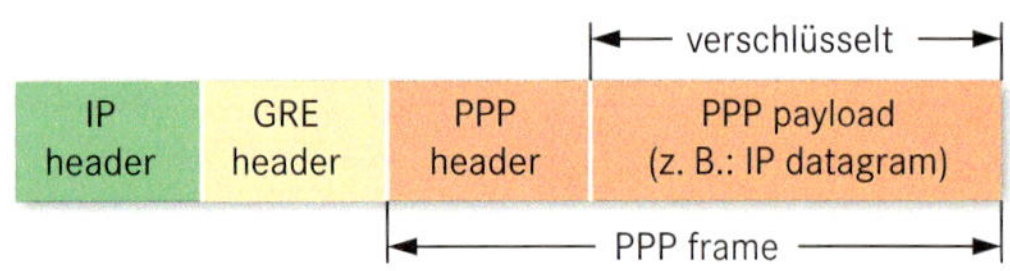

GRE: **G**eneric **R**outing **E**ncapsulation

L2TP

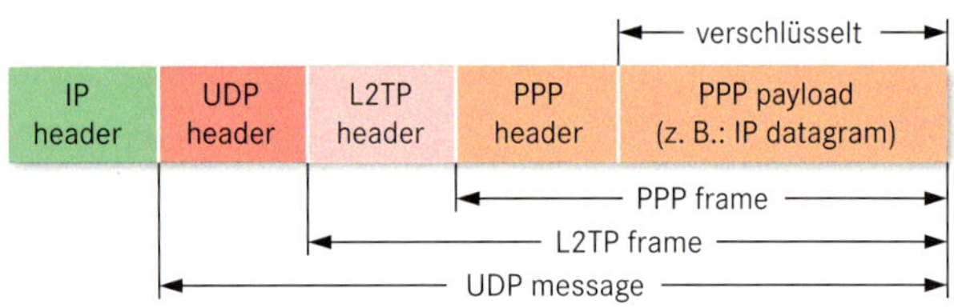

IPSec mit ESP (Tunnel)

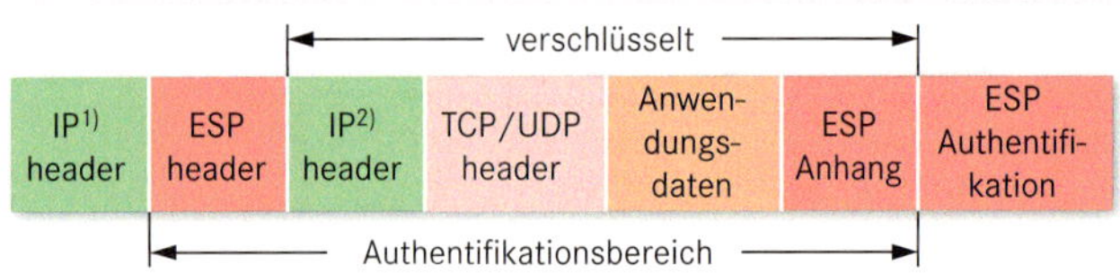

[1] neuer Header [2] ursprünglicher Header

Merkmale

- **VoIP** (**V**oice **o**ver **IP**: Sprache über IP) ist die Bezeichnung für Sprachübertragung über IP-Netzwerke (Internet, Intranet, LAN); wird auch als **IP-Telefonie** bezeichnet.
- Anwendung zwischen
  - PC zu Telefon (und umgekehrt)
  - Telefon zu Telefon
- Im Gegensatz zu ISDN wird die codierte Sprache in Daten-Paketen über das Netz übertragen.

Standards

- Wesentliche Standards:
  - ITU-T (International Telecommunication Union)
  - IETF (Internet Engineering Task Force)
- ITU-T normiert die Standards nach **H.323** (Packet Based Multimedia Communication Systems: Paket basierende Multimedia-Kommunikation)
- H.323 ist die Zusammenfassung einer Reihe von Standards und definiert die technischen Voraussetzungen für
  - die Komponenten (z. B.: Terminal)
  - Verarbeitung von Sprache, Daten und Video
  - Verbindungsmanagement
  - Internetworking verschiedener Netze
- Die Architektur von H.323 beinhaltet
  - **Terminal** (z. B. IP-Telefon)
  - **Gateway** (Verbindung von paketorientiertem Netz mit leitungsvermitteltem Netz)
  - **Gatekeeper** (Terminal Registrierung, Verbindungsaufbau und -abbau, Zugriffskontrolle)
  - **M**ultipoint **C**ontrol **U**nit (**MCU**) (Aushandlung der Terminaleigenschaften und Steuerung von Multimedia-Konferenzen)
- **SIP** (**S**ession **I**nitiation **P**rotocol: Sitzungs-Initiierungs Protokoll) ist von der IETF entwickeltes Signalisierungsprotokoll auf OSI Schicht 5 bis 7
- SIP dient zum Aufbau, zur Veränderung und Abbau von Sitzungen mit einem oder mehreren Teilnehmern und kann sowohl TCP als auch UDP verwenden.
- SIP ist einfacher strukturiert und schneller als H.323

H.323 Architektur

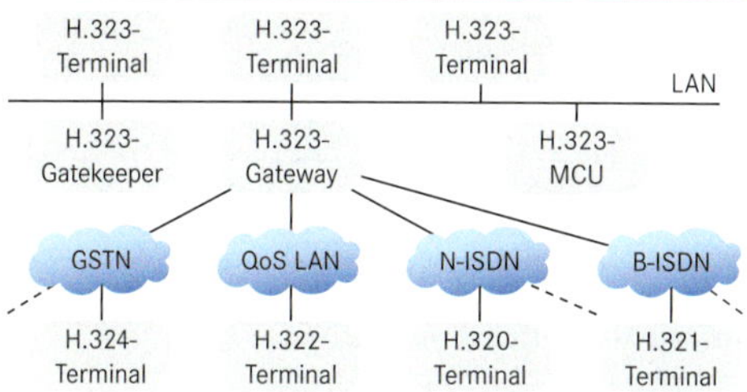

Anwendung

Beispiel:

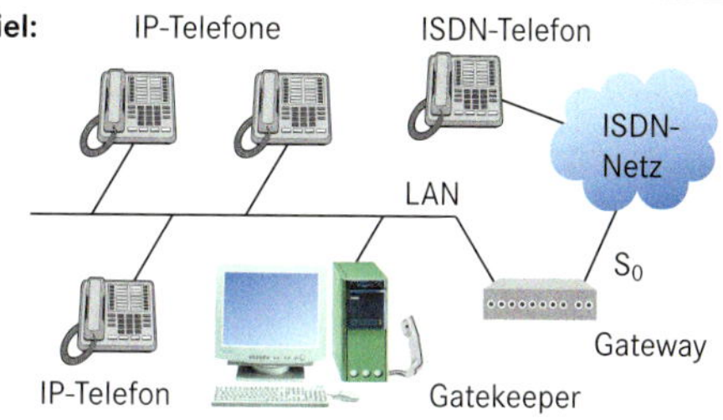

H.323 Protokoll-Übersicht

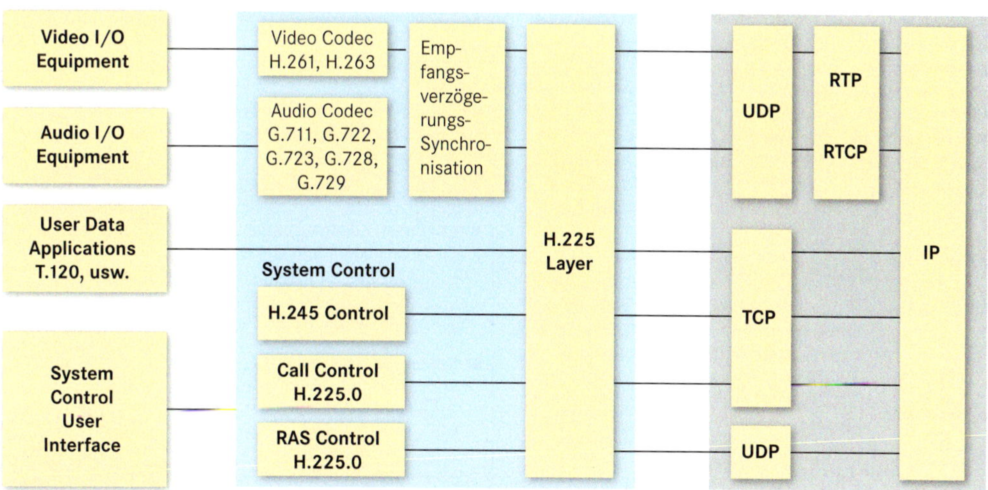

UDP: **U**ser **D**atagram **P**rotocol
RTP: **R**eal **T**ime **P**rotocol
RTCP: **R**eal **T**ime **C**ontrol **P**rotocol
TCP: **T**ransport **C**ontrol **P**rotocol
IP: **I**nternet **P**rotocol
RAS: **R**emote **A**ccess **S**ervice

MAC-IP-Adressen

MAC-Adressen – **MAC**: **M**edia **A**ccess **C**ontrol

- Diese Adresse wird der Netzwerkkarte des Rechners in Form einer 48 Bit großen Zahl zugeordnet.
- Adressaufbau: Die ersten 24 Bit kennzeichnen den Hersteller und die letzten 24 Bit die konkrete Karte. Bezogen auf eine Herstellernummer können 16.777.216 Rechner unterschieden werden.

IP-Adressen

- Den Netzwerkkarten kann auch eine (logische) IP-Adresse zugeordnet werden. Die IP-Adresse verweist auf eine MAC-Adresse.
- Eine IP-Adresse ist im Rahmen der IPv4-Konzeption 32 Bit (4 Bytes) lang. Im Rahmen der IPv6-Konzeption besteht eine IPAdresse aus 128 Bit. (IPv5 wird unter anderem für experimentelle Untersuchungen verwendet.)
- Die 32 Bit unter IPv4 werden in vier 8-Bit-Blöcke aufgeteilt. Acht Bit werden üblicherweise als Dezimalzahlen genannt. Insofern geht mit jedem Block eine Zahl von 0 bis 255 einher. Zum Bspl.: 10001101.10000101.00000101.10010001 ® 141.133.5.145
- Mit der IP-Adresse wird ein konkretes Teilnetz (Subnetz) und die Rechnernummer in dem jeweiligen Netz angegeben. Die Kennzeichnung erfolgt über eine zugeordnete Subnet-Mask. Sie beschreibt, welche Anteile der IP-Adresse ein Bezugsnetz (Subnet) und welche (nachgeordneten) Nummernanteile eine konkrete Netzkarte benennen.
- Üblicherweise werden fünf Netzklassen unterschieden. Im LAN-Bereich werden die Klassen A, B und C eingesetzt. Seit 1993 können die Netzmasken auch variabel gestaltet werden. Dies wird speziell bei WAN genutzt.

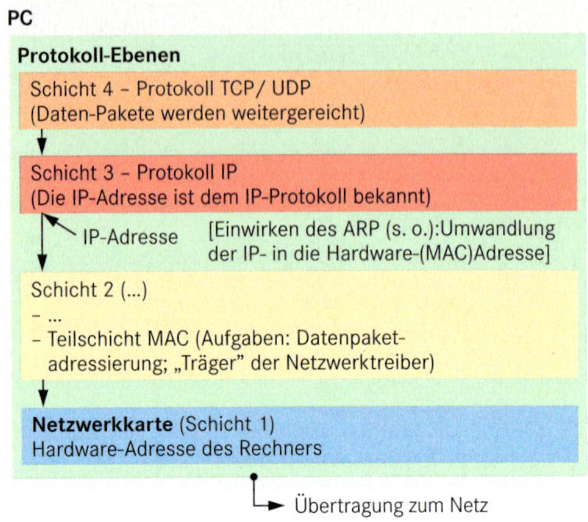

- Die IP-Adressen müssen eindeutig vergeben werden. Dies wird zentral durch eine Vergabebehörde geregelt.
- Den IP-Adressen werden nun im öffentlichen Netz leicht lesund merkbare (alphanumerische) Bezeichnungen zugeordnet.
- Die Zuordnung eines Namen zu einer Hardwareadresse im Netzbetrieb über **DNS**-Server vorgenommen. (**DNS: D**omain **N**ame **S**ervice.)
- Die (aktuellen) RFC-Bezüge lauten: 1918, 2544, 3171, 3232, 3330, 3927, 5735

IP-Adressenaufbau unter IPv4

Die 32 Bit werden in 4 Bytes aufgeteilt. Ein Byte repräsentiert eine natürliche Zahl im Bereich von 0 bis 255. Üblich ist folgende Nummerierung:

Bit 1 bis 8	Bit 9 bis 16	Bit 17 bis 24	Bit 25 bis 32
Byte 1	Byte 2	Byte 3	Byte 4

Unterschieden werden folgende Klassen:

- **Klasse A (Class A):** Der Wert des ersten Byte muss kleiner $128_{|10}$ sein. D. h., das erste Bit muss eine 0 sein. Insgesamt gibt es max. 128 Netze (praktisch nur 125) dieser Größe. Zur Kennzeichnung der Rechner stehen 24 Bit zur Verfügung: D. h., es können 16.777.216 Rechner maximal in einem Netz der Klasse A unterschieden werden.
- **Klasse B (Class B):** Das erste Byte beginnt mit einer 10. D.h., es gilt: $128_{|10} \leq$ Byte $1 \leq 191_{|10}$ Das Netzwerk wird durch die ersten beiden Bytes erfasst. Es gibt 16.384 Netzwerke. In jedem Netz können max. 65.536 Rechner (praktisch 65.534) unterschieden werden.
- **Klasse C (Class C):** Startbits im ersten Byte: 110
  D.h., es gilt: $192_{|10} \leq$ Byte $1 \leq 223_{|10}$
  Das Netzwerk wird durch die ersten drei Bytes erfasst. Es gibt max. 2.097.152 Netze. Jedem Netz können max. 256 Rechner (Knoten) (praktisch 254) zugeordnet werden.
  (Die Nummern 0 und 255 werden nicht individuell vergeben.)

Spezielle Adressen

- xxx.xxx.xxx.255: Nachricht geht an alle Knoten im Netz (→ Broadcast).
- xxx.xxx.xxx.0: Das Netz wird direkt adressiert (→ Loopback-Adresse).
- 192.168.xxx.xxx: Diese Adresse wird nicht im Netz geroutet (Adresse der Klasse C).

Subnetze

- Mit Subnetz-Masken kann ein Netz in einzelne Segmente aufgeteilt werden. Die einzelnen Subnetze bleiben autonom.
- Subnetz-Maske für ein Netz der Klasse A:
  Ein Byte wird mit acht Einsen belegt:
  $11111111_{|2} = 255_{|10}$
  (→ Ein Byte wird mit dem Wert 255 maskiert.)
- Subnetz-Maske für ein Netz der
  Klasse B: 255.255 ...
  Klasse C: 255.255.255 ...
- Der Wert der Maskierbytes bestimmt sich aus der Differenz von 256 und der Anzahl der Knoten im zu betrachtenden Segment: Bytewert = 256 – Knotenzahl im Segment

Subnetze variabler Länge

- Es können Subnetze variabler Länge durch eine Bitverschiebung vereinbart werden: Subnetzmaske variabler Länge (**VLSM** – **V**ariable **L**ength **S**ubnet **M**ask). So kann der Adressraum um ein (oder zwei) Bit erweitert werden.
- Es kann sich das Problem ergeben, dass verschiedene Rechner mit einer Adresse versehen werden. Mittels spezieller Routing-Protokolle, die das VLSM unterstützen, kann dies bewältigt werden.

Subnetz-Präfix

Hinter einer IP-Adresse wird (nach einem Schrägstrich) die Anzahl der Bits der Subnetzmaske notiert. Xxx.xxx.xxx.xxx/24 kennzeichnet z. B. ein Subnetz der Klasse C.

Rechnernetze

- Die mit Graphen abgebildeten Rechnernetze können mit Matrizen algebraisch erfasst und programmiertechnisch unter Beachtung von zusätzlichen Bewertungsgrößen
  - Übertragungsdauer
  - Auslastungsgrad
  - Verbindungs- bzw. Vermittlungskosten
  - Ausfall- und Blockierungswahrscheinlichkeit
  - Verfälschungssicherheit
  - Abhörgrad etc. dargestellt werden
- Auf Basis der Festlegungen werden die Übertragungsvorgänge in Netzen auch rechentechnisch simuliert. So können auch unter Beachtung von ökonomischen Vorgaben geeignete Netzstrukturen entwickelt werden.

Reale Rechnervernetzung

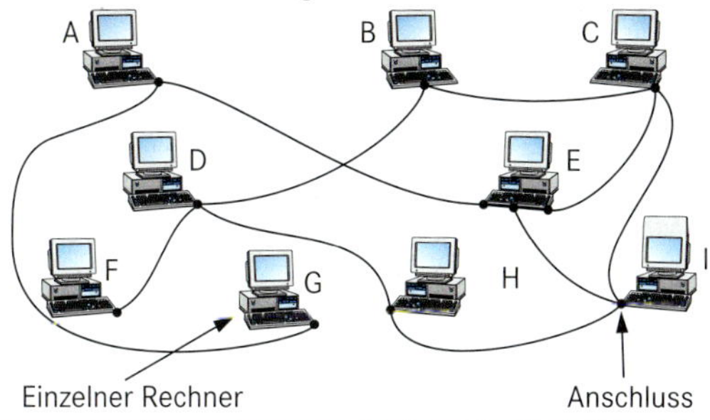

Zugehöriges Graphenmodell

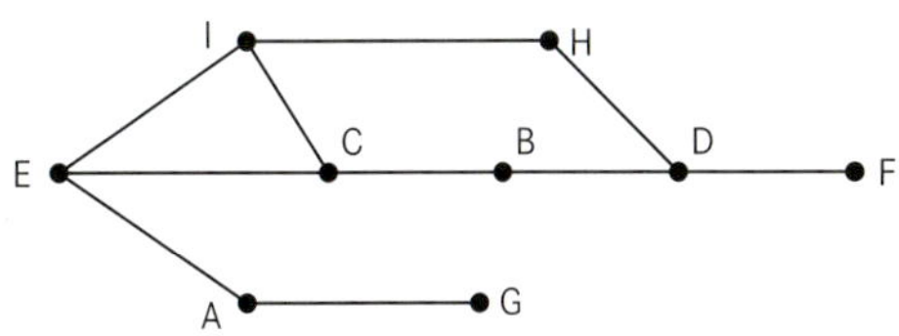

Gerüst zum Graphenmodell

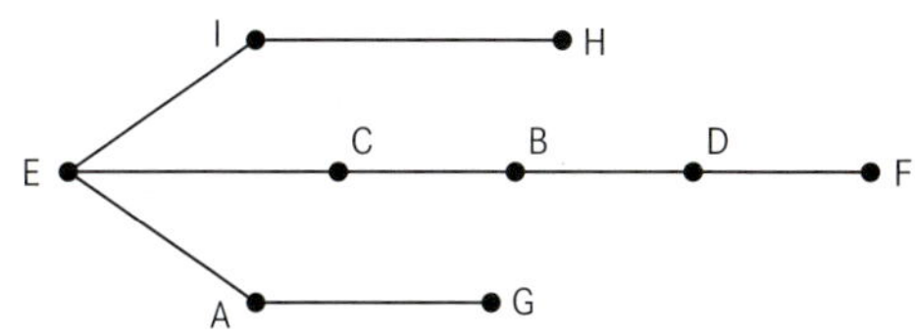

Knotenabstand

Betrachtet wird ein schlichter, ungerichteter Graph.

- Die minimale Entfernung zwischen zwei Knoten in einem Netz kann zum Beispiel in Anlehnung an einen von **DANTZIG** angegebenen Algorithmus bestimmt werden.
- Es wird die **Adjazenzmatrix (Distanzmatrix) D** eines schlichten Graphen G aufgestellt, dessen Kanten ungerichtet sein sollen. Es werden dann die Potenzen von D ermittelt. Im Graph G wird die Anzahl der Kantenfolgen vom Knoten (i) zum Knoten (j) durch den Wert (a_{ij}) in der n-ten Potenz von D wiedergegeben.
- Im nebenstehenden Beispiel werden in D^2 die Anzahl aller Kantenfolgen der Länge 2 festgehalten, die zwischen zwei Knoten liegen.
- Zwischen den Knotenpunkten (1) und (2) existiert somit nur eine Kantenfolge der Länge 2: Sie verläuft von (1) über (5) zu (2). Drei Kantenfolgen der Länge 2 gehen dagegen vom Knoten (2) zum Knoten (2):
  - von (2) über (1) zu (2);
  - von (2) über (3) zu (2) und
  - von (2) über (5) zu (2).

Schlichter Graph

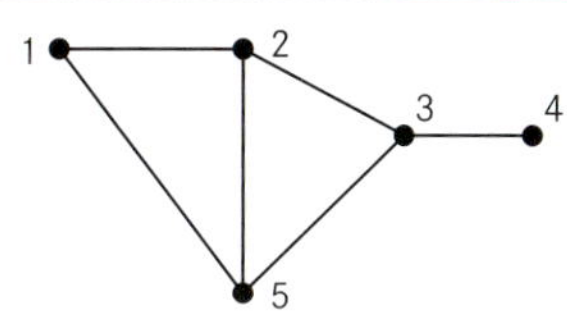

Zugehörige Adjazenzmatrix

$$D = \begin{vmatrix} 0 & 1 & 0 & 0 & 1 \\ 1 & 0 & 1 & 0 & 1 \\ 0 & 1 & 0 & 1 & 1 \\ 0 & 0 & 1 & 0 & 0 \\ 1 & 1 & 1 & 0 & 0 \end{vmatrix}$$

Quadrat der Adjazenzmatrix D

$$D^2 = \begin{vmatrix} 2 & 1 & 2 & 0 & 1 \\ 1 & 3 & 1 & 1 & 2 \\ 2 & 1 & 3 & 0 & 1 \\ 0 & 1 & 0 & 1 & 1 \\ 1 & 2 & 1 & 1 & 3 \end{vmatrix}$$

Funktionsbeziehungen für Graphen

- In einem Graphen mit **n** Knoten, **m** Kanten und der Vorgabe, dass der Graph in **k** eigenständige Komponenten zerfällt, gilt:
  - **Rang** des Graphen: **r(M) = n – k**
  - Anzahl der Sehnen (jene Kanten, die nicht zum Gerüst des Graphen gehören): **m(M) = m – n + k**
- Mit **dist(u,v)** wird die Anzahl der zwischen den Knoten u und v liegenden Kanten bezeichnet (auch **dist uv**).
- Grad eines Knotens (auch **deg**): Anzahl der mit dem Knoten verbundenen (indizierten) Kanten
  - Isolierte Knoten (n): deg(n) = 0
  - Δ(G): Höchste Gradzahl eines Knoten im Graphen (G); Maximalgrad
  - δ(G): Geringste Gradzahl eines Knoten im Graphen (G); Minimalgrad

Planarität eines Graphen

- Ein in der Ebene IR^2 vollständig darstellbarer Graph, bei dem sich die Kanten nicht überschneiden, wird **planar** genannt.
- Für einen solchen Graphen gilt: $k \leq 3n-6$
- **Eulersche Polyederformel**
  Für einen zusammenhängenden, planaren Graphen gilt: $n - m + r = 2$ (r: Einzelne Graphengebiete)
- **Nichtplanare Graphen**

Graph K_5

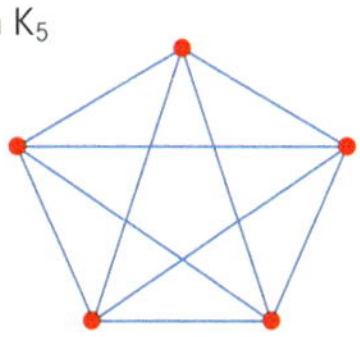

Graph $K_{3,3}$

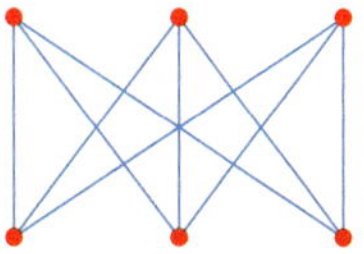

Grundlagen

Ziel

- Mit Routing-Verfahren sollen in Netzen
  - kostengünstige, - schnelle, - stabile und - sichere Datenübertragungsstrecken ermittelt werden.

Allgemeine Verfahrensanforderungen

- Möglichst **einfache** Algorithmen und Realisierungen nutzen
- Gleichberechtigte Akzeptanz der angeschlossenen Rechner (**Fairness**)
- Verfahrens**korrektheit** (Ziele sollen erreicht werden)
- **Robustes** Verfahren, das jeweils situationsabhängig optimiert wird (→ **selbstadaptives** Verfahren)
- **Optimale** Realisierungen unter Beachtung der gewichteten Leitgrößen wie zum Beispiel:
- a) Auslastung b) Ausnutzung c) Kosten
  d) Sicherheit e) (Paket-)Verzögerungszeiten
  f) Laufzeitschwankungen g) Verlustraten
  e)–g) sind bedeutsam für VoIP und Echtzeitverständigungen im Internet (Kooperationsbeziehungen und Multimedia)
- **Stabiles** Verfahren (Verfahrensgleichheit bei gleichen Bedingungen und Vorgaben)
- Topologieunabhängigkeit

Algorithmus nach Dijkstra

((1930–2002) - niederländischer Informatiker)

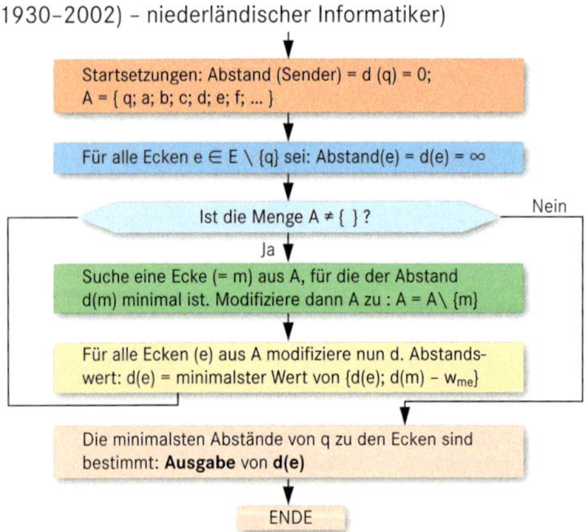

Vorgaben

- Alle Kanten sollen eine „Länge" [=: w] (einen Wert) größer/gleich Null besitzen: $w \geq 0$. (w_{ij} ist hierbei die Länge der Kante zwischen den Ecken i und j.)
- Zu Beginn soll die Menge A aus allen Eckpunkten eines Netzwerkes bestehen. A = E = {q; a; b; c; d; e; f;...}
- Der sendende Rechner (Quelle) soll als q bezeichnet (q für Quelle) werden.
- Die minimalsten Wege von q zu allen anderen Ecken (real: Rechnern) im Netzwerk sollen bestimmt werden.
- Der Abstand wird als **d** (**d**istance) für eine Ecke, bezogen auf die betrachtete Quelle q bestimmt.

Merkmal: Mit dem Dijkstra-Algorithmus wird der vollsständige Verbindungsweg im Netz von der Quelle zur Sinke erfasst.

Routingkonzepte

- Unterschieden werden das zentrale und das verteilte Routing.
  - Beim **zentralen Routing** wird ein Weg vorab vollständig festgelegt und zum Beispiel in MAC-Tabellen festgehalten.
  - Beim **verteilten Routing** wird die zu übertragende Information von einer Vermittlungsstation an die nächste weitergereicht. Die jeweils nächste Station wird lokal ermittelt (Suchalgorithmen).
- Unterschieden werden **dynamisches** und **statisches** Routing:
  - Beim **statischen Routing** wird für die - auch virtuelle - Datenübertragung nur einmal ein Weg festgelegt.
  - Beim **dynamischen Routing** wird der Übertragungsweg in Abhängigkeit von den lokalen Gegebenheiten im Übertragungsprozess immer wieder neu bestimmt.
- Im Rahmen des Datagrammverkehrs werden verschiedene Paketwege individuell bestimmt.
- **MPLS** (**M**ulti **P**rotocol **L**abel **S**witching – RFC 3031, 3036) ermöglicht es, für eine Zieladresse verschiedene Verbindungswege im Netz alternativ zu bestimmen.
- **Routingalgorithmen**
  - Zur Findung von optimalen Verbindungswegen werden spezielle Suchalgorithmen genutzt.
  - Bedeutende Standard-Algorithmen wurden von Dantzig, **Dijkstra** und **Floyd-Warshall** gefunden bzw. entwickelt.

Routingtabellen

- Die ermittelten Netzdaten werden tabelliert erfasst und den anderen Servern zur Verfügung gestellt.
- Beispiel: Einzelne Vermittlungsrechner: A, B, C, D, E

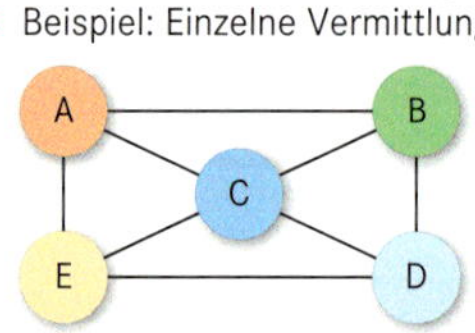

Verbindungswege
(inkl. Weglänge (in LE)):
AB: 5; AC: 19; AE: 14;
CB: 17; CD: 3; CE: 2;
ED: 14; BD: 26

Entwicklungsschritt *(in Längeneinheiten (LE))*

1: AB-5 / 2: AC-19 / 3: AE-14
1.1: ABC-22 / 1.2: **ABD-31** / **1.3:** ACB-36
2.2: **ACD-22** / **2.3:** ACE-21
3.1: AEC-16 / **3.2: AED-28**
1.1.1: **ABCD-25** / 1.2.1: ABCE-24
2.1.1: **ACBD-62** / 2.3.1: **ACED-35**
3.1.1: AECD-19 / **3.2.1:** AECB-33
1.2.1.1: ABCED-38 / **3.2.1.1: AECBD-59**

- Ergebnisse:
  Kürzester Weg: **Weg 3.1.1-AECD** mit nur **19 LE**
  Kürzester Weg mit den geringsten Zwischenstationen: **Weg 2.2-ACD** (nur eine Vermittlungsstation) mit **22 LE**)
- Unter Beachtung von Gewichtungsfaktoren können vielfältige Aspekte (Kosten, Längen, Blockierungswahrscheinlichkeiten ...) über eine konstruierte Gütefunktion verrechnet werden. So kann ein optimaler Weg bestimmt werden.

Routingprotokolle im Internet

RIP: Routing Information Protocol

Ein einfaches Protokoll, das zum Betriebssystem Unix gehört. Auswahlkriterium für einen Verbindungsweg im Netz ist die Anzahl der benötigten Vermittlungsrouter („Hops": Übergänge von einem Router zum folgenden) von der Quelle zur Senke. Maximal sind 16 Sprünge erlaubt.

OSPF: Open **S**hortest **P**ath **F**irst

Dieses Protokoll basiert auf dem **Dijkstra-Algorithmus.** Es gilt üblicherweise als RIP-Nachfolgeprotokoll. Es wird zum dynamischen Routing eingesetzt. Dadurch können bessere Übertragungsraten im Netz erreicht werden.

Grundlagen

- **ITU** (**I**nternational **T**elecommunication **U**nion) wurde 1865 als International Telegraph Union gegründet
- Ist Teil der **Vereinten Nationen**
- Weltweit zuständig für die Entwicklung der Telekommunikation
- Organisiert die Verwendung der **Frequenzspektren** im terrestrischen-, Raum- und geostationären Satelliten Bereich
- Tätigkeitsbereiche liegen u. a.
  - bei der **Entwicklung** und dem **Einsatz** effizienter Telekommunikationseinrichtungen
  - bei der Unterstützung von **Entwicklungsländern** bei der Einführung und dem Betrieb von Telekommunikationseinrichtungen
- ITU beinhaltet u. a.
  - ITU-**T**: **T**elecommunication Standardization Sector
  - ITU-**R**: **R**adiocommunication Sector
- ITU erarbeitet **Empfehlungen**, die in Serien zusammengefasst sind
- Empfehlungen sind keine **Dienstvorschriften**, werden aber in der Regel dort berücksichtigt

ITU-T

Serie	Inhalt	Serie	Inhalt
A	Organisation der Arbeit der CCITT	**M**	Unterhaltung von Fernsprechleitungen und Trägerfrequenzsystemen
B	Ausdrucksmittel (Definitionen, Vokabular, Symbole, Klassifizierung)	**N**	Unterhaltung von Ton- und Fernsehübertragungswegen
C	Statistiken	**O**	Eigenschaften von Messgeräten
D	Vermietung internationaler Fernmeldewege	**P**	Fernsprechübertragungsgüte, Teilnehmereinrichtungen und Fernsprechortsnetze
E	Fernsprechbetrieb, Tarife	**Q**	Fernsprech-Zeichengabe, Fernsprechvermittlung
F	Telegrafenbetrieb, Tarife	**R**	Telegrafenkanäle
G	Fernsprechübertragung über drahtgebundene Verbindungen, Satelliten- und Funkverbindungen	**S**	Apparate der alphabetischen Telegrafie
H	Einsatz von Leitungen für Telegrafie (einschließlich Bildtelegrafie)	**T**	Faksimileapparate und Telematikprotokolle
I	Diensteintegrierende Netze (ISDN)	**U**	Telegrafievermittlung
J	Ton- und Fernsehübertragung	**V**	Datenübertragung über das Fernsprechnetz
K	Schutz gegen Störungen	**X**	Datenübertragung über öffentliche Datenübermittlungsnetze
L	Schutz gegen Korrosion	**Z**	Programmiersprachen für rechnergesteuerte Vermittlungen

V-Serie (Datenübertragung über das Telefonnetz)

V.1 ... V.7	Grundlagen und allgemeine Festlegungen	**V.50 ... V.57**	Übertragungsqualität und Unterhaltung
V.10 ... V.32	Schnittstellen und Modems im Fernsprechband	**V.100**	Verknüpfung von öffentlichen Daten- und Telefonnetzen
V.35 ... V.37	Breitbandmodems	**V.110**	Unterstützung von Datenendeinrichtungen mit V-Schnittstellen durch ein ISDN
V.40 ... V.41	Fehlersicherung		

Beispiele einzelner Empfehlungen			
V.1	Äquivalenz zwischen den Binärzeichen 0 und 1 und den Kennzuständen eines Zwei-Zustands-Codes	**V.22**	Duplex-Modem mit 1200 bit/s zur Benutzung im öffentlichen Telefonwählnetz und auf festgeschalteten Zweidrahtleitungen
V.2	Leistungspegel für Datenübertragung über Fernsprechleitungen	**V.24**	Liste der Definitionen der Schnittstellenleitungen zwischen Datenend- und Datenübertragungseinrichtungen
V.5	Normierung der Übertragungsgeschwindigkeit für synchrone Datenübertragung über das öffentliche Telefonwählnetz	**V.90**	Digitales und analoges Modem-Paar zur Anwendung im öffentlichen Telefonnetz. Übertragungsraten bis zu 56 kbit/s in Empfangs- und 33,6 kbit/s in Senderichtung
V.15	Anwendung von akustischer Kopplung für die Datenübertragung		
V.21	Modem mit 300 bit/s zur Benutzung im öffentlichen Telefonwählnetz	**V.92**	Erweiterung der V.90 Empfehlung mit bis zu 48 kbit/s in Senderichtung und „Modem on hold“ Funktion

ITU-T

Empfehlungen der X-Serie (Datenübermittlungsnetze)			
X.1... X.4	Dienste und Leistungsmerkmale in Datennetzen	**X.200... X.229**	OSI-Modell, Dienste und Protokolle
X.20... X.32	Schnittstellen in Datennetzen	**X.300... X.330**	Zusammenarbeit von verschiedenen Netzen
X.40... X.87	Übertragung, Kennzeichengabe und Vermittlung in Datennetzen	**X.400... X.430**	Nachrichten Behandlungs-Systeme
X.92... X.141	Netzaspekte in Datennetzen		

Beispiele einzelner Empfehlungen			
X.1	Internationale Klassen für Benutzer in öffentlichen Datennetzen	**X.21**	Schnittstelle zwischen Datenendeinrichtung und Datenübertragungseinrichtung für Synchronverfahren zur Anwendung in öffentlichen Datennetzen
X.2	Internationale- und Leistungsmerkmale für Benutzer in öffentlichen und ISDN-basierenden Netzen	**X.21 bis**	Betrieb von Datenendeinrichtungen, die für den Anschluß an synchrone Modems der V.-Serie konzipiert sind in öffentlichen Datennetzen
X.4	Allgemeine Struktur von Signalen, die nach dem internationalen Alphabet Nr. 5 codiert sind und zur Übertragung in öffentlichen Datennetzen verwendet wird (entspricht im wesentlichen der Empfehlung V.4)	**X.25**	Schnittstelle zwischen Datenendeinrichtung und Datenübertragungseinrichtung für Endeinrichtungen, die im Paketmodus in öffentlichen Netzen arbeiten. (Hier werden u. a. die Eigenschaften der DEE/DÜE-Schnittstelle, die Zugriffsprozeduren und der Paketierungs-Modus beschrieben.)
X.20	Schnittstelle zwischen Datenendeinrichtung (DEE) und Datenübertragungseinrichtung (DÜE) für Start-Stop-Verfahren in öffentlichen Datennetzen		

Beispiele der I-Serie (ISDN)			
I.112	Verzeichnis der Begriffe des ISDN	I.254	Zusätzliche Dienste mit mehreren Teilnehmern
I.120	Diensteintegrierte digitale Netze	I.310	ISDN; funktionelle Netzprinzipien
I.121	Breitbandaspekte für ISDN	I.320	ISDN Protokoll-Referenzmodell
I.150	Asynchrone Übertragungsform im B-ISDN; Funktionsbeschreibung	I.324	ISDN Netz-Architektur
I.210	Grundsätze der durch ein ISDN unterstützten Telekommunikationsdienste und Mittel zu deren Beschreibung	I.327	Funktions-Architektur des B-ISDN
I.211	Diensteaspekte des B-ISDN	I.330	ISDN Nummern- und Adressierungs-Prinzipien
I.230	Definition der Kategorien von Träger-Diensten	I.340	ISDN Verbindungsarten
I.240	Definition der Tele-Dienste	I.361	Spezifikation der ATM-Schicht des B-ISDN
I.241	Von einem ISDN unterstützte Tele-Dienste	I.375	Netzwerkfähigkeiten für Multimedia-Dienste
I.250	Definition zusätzlicher Dienste	I.380	Internet Protokoll Datenübertragungs-Dienst
I.251.2	ISDN Mehrfachrufnummer	I.420	Basis-Nutzer-Netz-Schnittstelle
I.251.7	Identifizierung böswilliger Anrufe		

ITU-R Serien

BO	Broadcasting-satellite service (sound and television)	RA	Radioastronomy
BR	Sound and television recording	S	Fixed-satellite service
BS	Broadcasting service (sound)	SA	Space applications and meteorology
BT	Broadcasting service (television)	SF	Frequency sharing between the fixed-satellite service and the fixed service
F	Fixed service	SM	Spectrum management
IS	Interservice sharing and compatibility	SNG	Satellite news gathering
M	Mobile, radiodetermination, amateur and related satellite service	TF	Time signals and frequency standards emissions
P	Radiowave propagation	V	Vocabulary and related subjects

TAE

TAE:
Steckdose zum Anschluss analoger Endgeräte an das **TK**-Netz (**Te**le**k**ommunikations-Netz).
Es dürfen nur zugelassene Geräte angeschlossen werden (**B**undesamt für **Z**ulassung in der **T**elekommunikation, **BZT**).

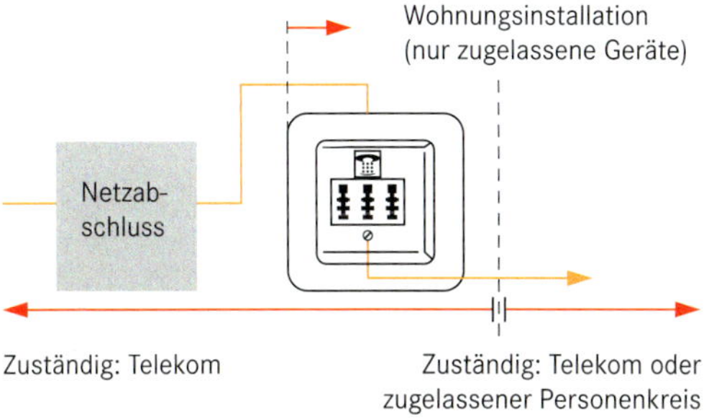

TAE 3 x 6 NFN

Mechanische Codierung:

- **N: N**icht-Fernsprechbetrieb, z. B. Anrufbeantworter, Fax, Modem
- **F: F**ernsprechbetrieb, z. B. Telefon, TK-Anlage

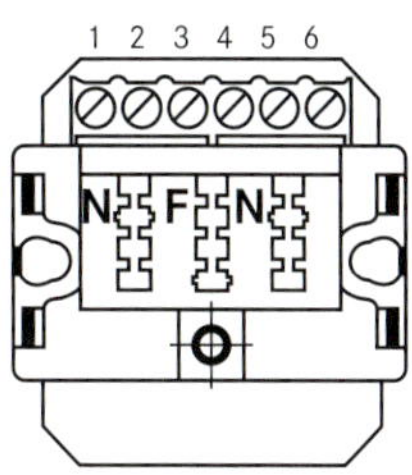

Innenschaltung der TAE 3 x 6 NFN

Durch die Stecker werden in der Dose Schalter betätigt (Schaltbuchsen), die den Signalfluss unterbrechen.

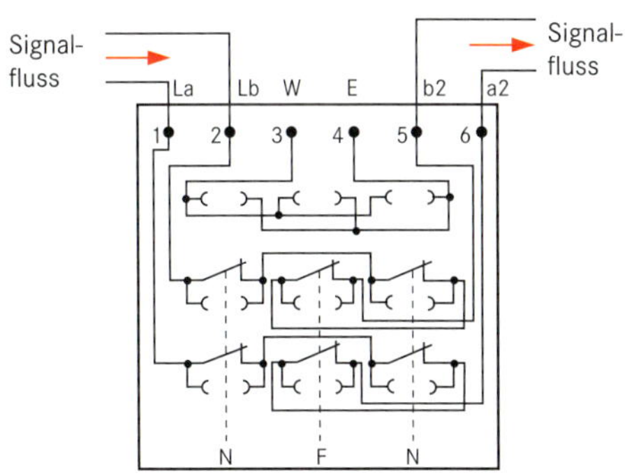

Kontakte der TAE-Stecker

Kontakt	Bedeutung der Anschlüsse	Farbe
1	La, a-Ader, Signalleitung	ws ... weiß
2	Lb, b-Ader, Signalleitung	br ... braun
3	W, Wecker	(gn) ... grün
4	E, Erde, Nebenstelle	ge ... gelb
5	b2, b-Ader, Weiterführung	(br) ... braun
6	a-Ader, Weiterführung	gn ... grün

TAE-Stecker

F-Codierung

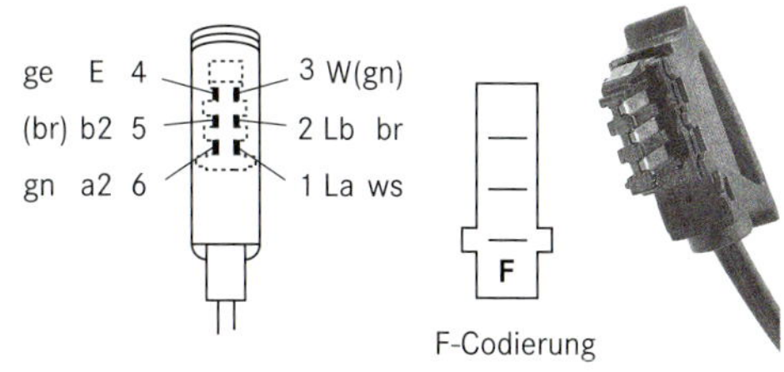

N-Codierung

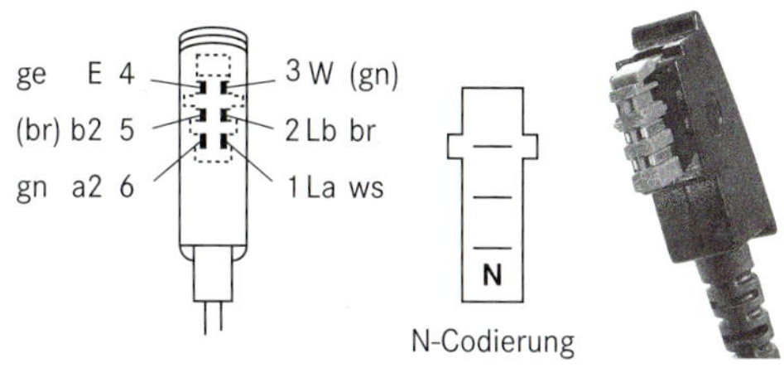

Western-Steckverbindung

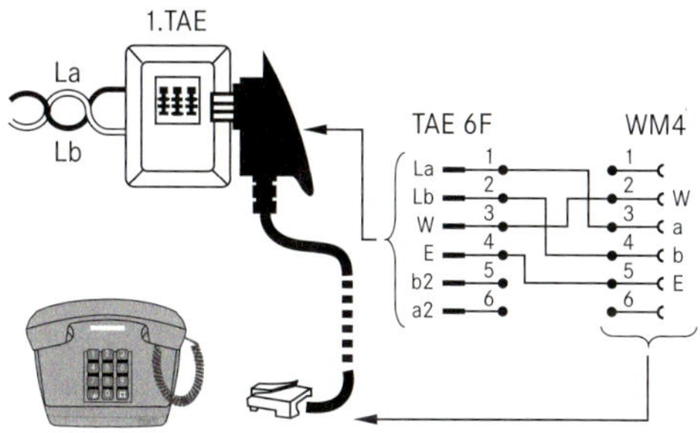

Telefonkabel (Sternvierer)

Ringcodierung bei einem Sternvierer (Farbe: Rot)
1. Paar: 1a, a-Ader, ohne Ring
1b, b-Ader, ein Ring
2. Paar: 2a, a-Ader, zwei Ringe mit großen Intervallen
2b, b-Ader, zwei Ringen mit kleinen Intervallen

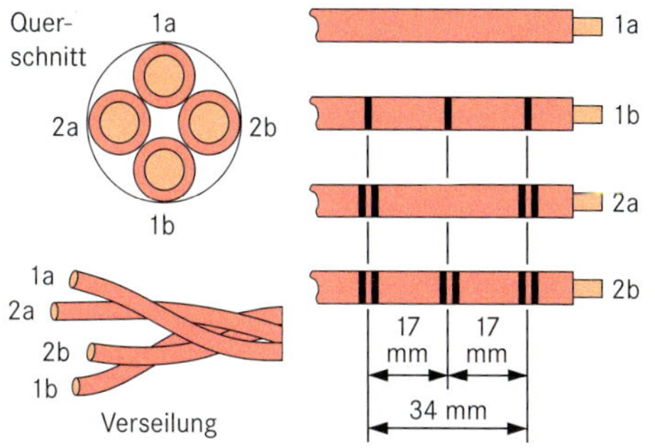

ISDN-Anschlussarten

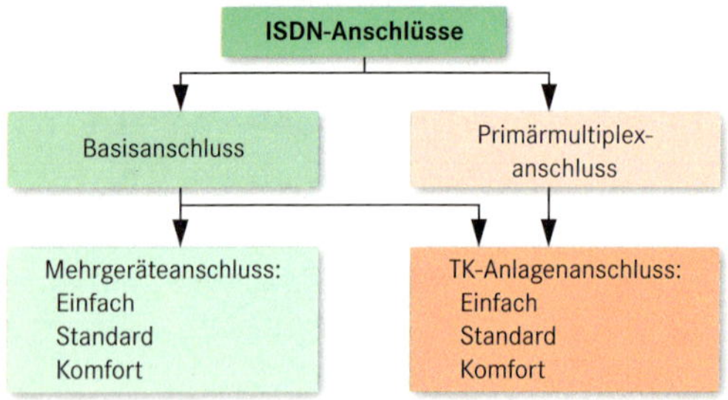

Schnittstelle für Basisanschluss

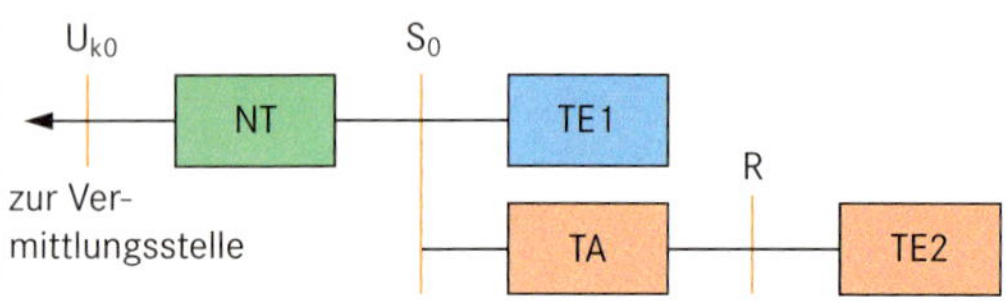

NT: Netzabschluss (Network Terminator)
TE1: ISDN-Endgerät
TA: Endgeräteanpassung (Terminaladapter)
TE2: Nicht-ISDN-Endgerät (z. B. analoges Telefon)
R, S, U: Schnittstellen

Basisanschluss (BaAs)

NTBA: Network **T**ermination for ISDN **B**asic **A**ccess (Netzabschlussgerät für den ISDN-Basisanschluss)

- U_{k0}: Netzseitige ISDN-Schnittstelle
- S_0: Kundenseitige ISDN-Schnittstelle
- B1, B2: Nutzkanäle mit jeweils 64 kbit/s
- D: Steuer- und Zeichengabekanal mit 16 kbit/s (DSS1-Protokoll)

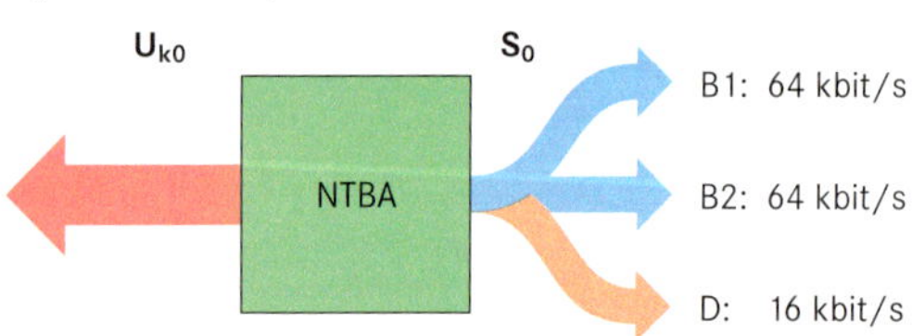

Primärmultiplexanschluss

NTPMA: Network **T**ermination for ISDN-**P**rimary Rate **A**ccess

- U_{2M}: Netzseitige ISDN-Schnittstelle
- S_{2M}: Kundenseitige ISDN-Schnittstelle
- Synchronisationskanal mit 64 kbit/s
- B1 bis B15: Nutzkanäle mit jeweils 64 kbit/s
- B16 bis B30: Nutzkanäle mit jeweils 64 kbit/s
- D-Kanal: 64 kbit/s (DSS1-Protokoll)

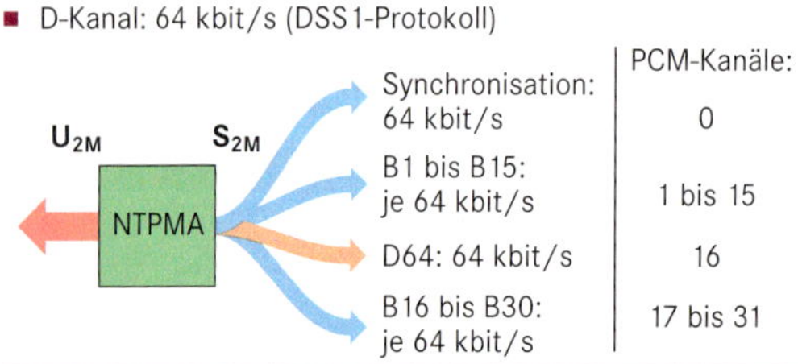

Mehrgeräteanschluss

- Bis zu zwölf Anschlusssteckdosen (IEA) können installiert werden.
- Acht ISDN-Endgeräte oder eine TK-Anlage können gleichzeitig eingesteckt/angeschlossen sein (maximal vier Telefone).
- Drei Rufnummern (**Mehrfachnummern**, **MSN: M**ultiple **S**ubscriber **N**umber) stehen zur Verfügung. Sieben weitere können beantragt werden.
- Entfernung vom NTBA zur letzten Dose: Bis 180 m

Beispiel:

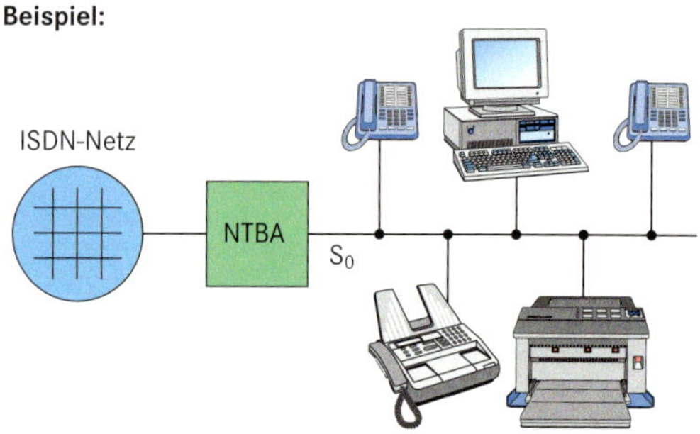

Anlagenanschluss

- Anschluss einer TK-Anlage:
  - Eine Durchwahl zu jedem Teilnehmer der Nebenstelle ist möglich.
  - Entfernung vom NTBA zur letzten Dose: 1 km
  - Keine Einschränkung der Zahl der anzuschließenden Telefone
  - Kostenlose interne Gespräche
  - Mehrere Basiskanäle sind möglich

Beispiel:

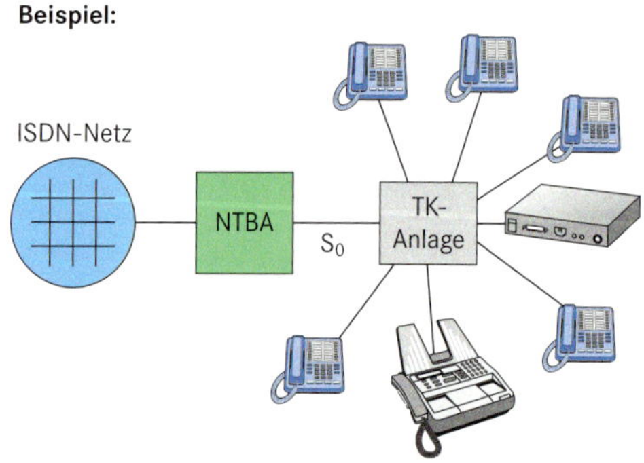

Anschluss analoger Endgeräte

Analoge Endgeräte können über a/b-Terminal-Adapter angeschlossen werden. In TK-Anlagen sind a/b-Adapter mitunter integriert.

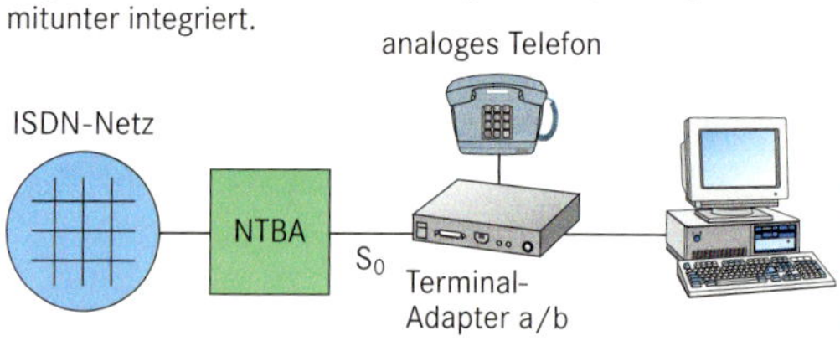

NTBA

NTBA: Network **T**ermination for ISDN **B**asic **A**ccess (Netzabschlussgerät für den ISDN-Basisanschluss)
Mit ihm erfolgt die Umsetzung der 2-Draht-Leitung in eine hausinterne 4-Draht-Leitung (S_0-Schnittstelle).

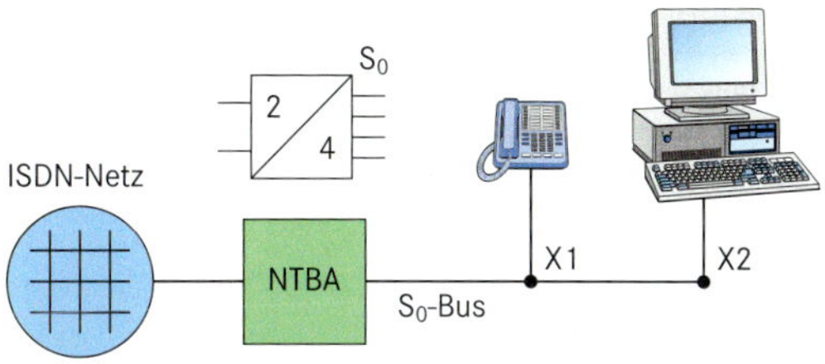

ISDN Anschlusseinheit IAE

Beispiel: IAE 8 (4) (8-polig, 4 Buchsenkanäle)

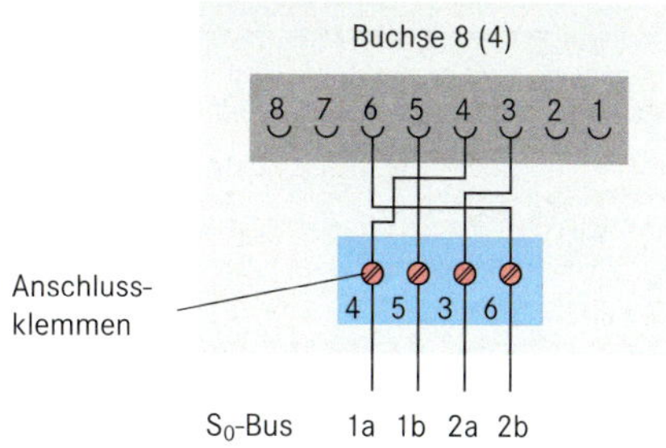

S_0-Bus

- Für die Leitungsverlegung vom NTBA muss die Busstruktur eingehalten werden (s. Abb.).
- Leitungen:
  - 1a und 1b (Sendeleitungen)
  - 2a und 2b (Empfangsleitungen)
- Die Anschlussdosen werden mit **IAE** (**I**SDN-**A**nschluss**e**inheiten) bezeichnet.
- Zwölf IAEs sind möglich, acht ISDN-Endgeräte können gleichzeitig angeschlossen sein, zwei können gleichzeitig betrieben werden.
- Die Leitung in der letzten IAE muss mit zwei Widerständen von 100 +/-5 % abgeschlossen werden.
- Die Anschlussleitung für ein Gerät darf 10 m nicht überschreiten.
- Die Gesamtlänge des Busses darf 180 m nicht überschreiten (hängt vom Leitungstyp ab).

Universal-Anschlusseinheit UAE

UAE: Universal **A**nschluss**e**inheit

Beispiel: UAE 8 (4)
(8-polig, 4 Buchsenkontakte)

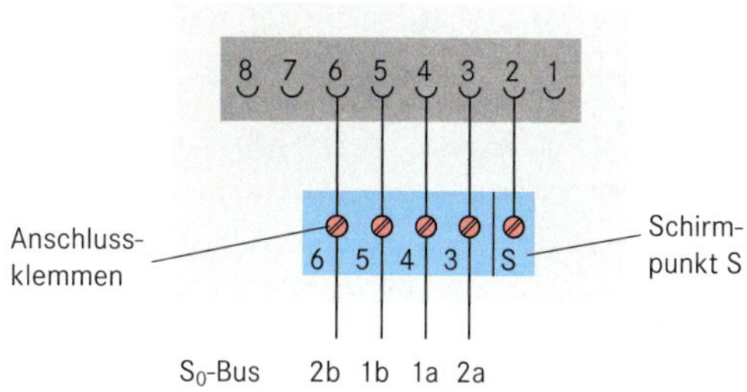

Bus-Strukturen

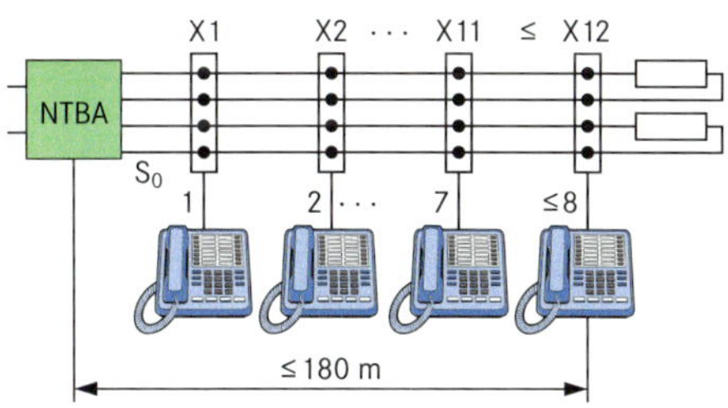

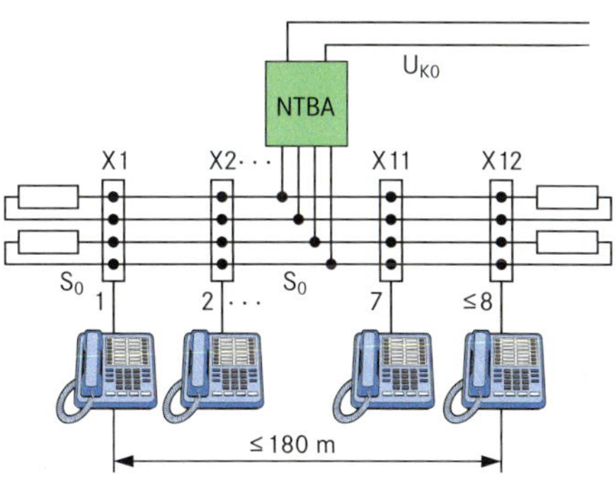

Western-Steckverbinder

- Sie wurden von der US-Telefongesellschaft Western Bell entwickelt.
- Die Steckerform entspricht einem 8-poligen Stecker, wie sie für ISDN-Geräte zum Anschluss an die IAE bzw. UAE verwendet werden.
- Andere Bezeichnung: RJ-45.
- Verwendet werden auch Stecker mit 4 (IAE-Stecker) oder 6 Kontakten.
- Vierpolige Stecker werden auch für Telefonhörer verwendet.

Belegung der Buchsenkontakte

Klemmen-Nummer	**4**	**5**	**3**	**6**
ISDN-Anschluss	1a	1b	2a	2b
Analoger Anschluss	a	b	E	W

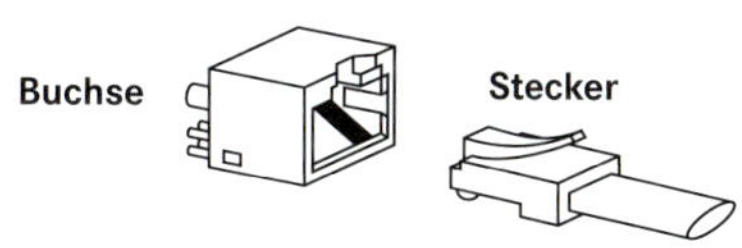

Buchsen-Formen

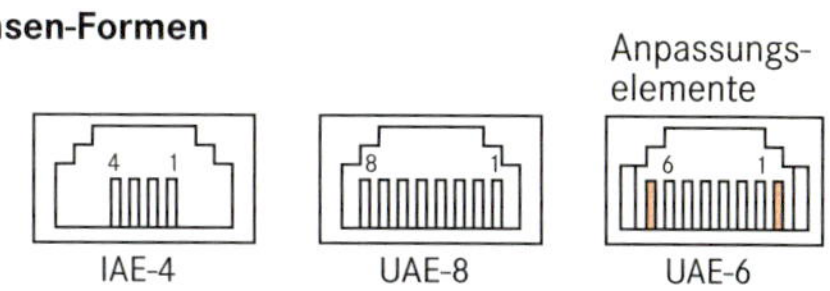

Merkmale

- **DSL**
- Übertragungstechnik zur Erhöhung des Datendurchsatzes auf Teilnehmeranschlussleitungen im Ortsnetz
- Verwendet die vorhandene Teilnehmer-Kupferleitung mit der gesamten verfügbaren Leitungsbandbreite
- Übertragenes Signal ist nicht digital, sondern definiertes analoges Signal
- Signalcodierung/-decodierung erfolgt durch entsprechende Endgeräte beim Teilnehmer und in der Vermittlungsstelle
- Angewendete **Leitungscodes** sind
  - **2B1Q** (**2 B**inary **1 Q**uaternary), 4B3T und TCPAM
  - **PAM** (**P**ulse-**A**mplitude **M**odulation)
  - **CAP** (**C**arrierless **A**M/**P**M: Trägerloses AM/PM)
  - **QAM** (**Q**uadrature **A**mplitude **M**odulation)
  - **DMT** (**D**iscrete **M**ulti **T**one: Einzelne Vielfach-Träger)
- Filter übernehmen die Aufteilung des Frequenzspektrums in Sprach- und Datenband
- Übertragungsrichtungen werden bezeichnet mit
  - **Upstream** (aufwärts): Teilnehmer zur Vermittlungsstelle
  - **Downstream** (abwärts): Vermittlungsstelle zum Teilnehmer
- **DSL Varianten** werden durch vorangestellten Buchstaben gekennzeichnet:
  z. B. **A**DSL: **A**symmetric DSL (asymmetrisches DSL)
- Anwendung bei **Video on Demand** (Video auf Anforderung), interaktive Multimedia Dienste, **SOHO** (**S**mall **O**ffice – **H**ome **O**ffice: Kleines Büro – Heimbüro)

Frequenzbandaufteilung

FDM

FDM: Frequency **D**ivision **M**ultiplex

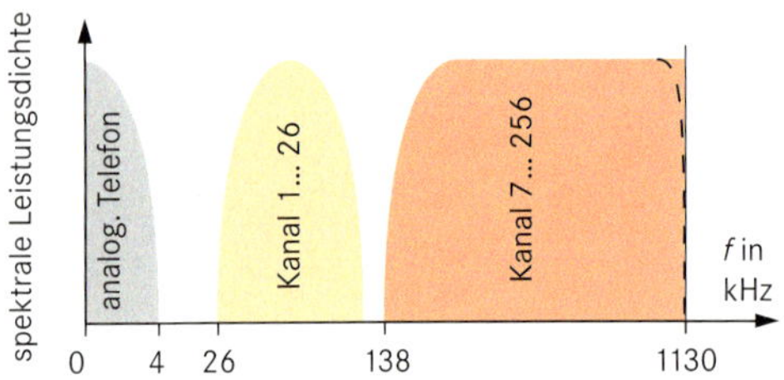

EC

EC: Echo **C**ancellation

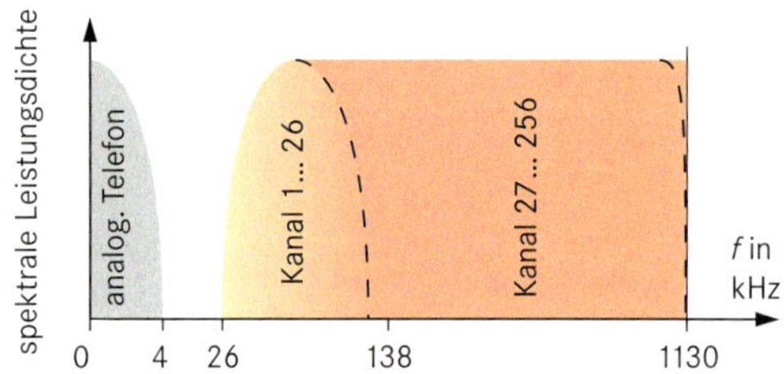

DMT

DMT: Discrete **M**ulti **T**one (einzelne Vielfachträger)

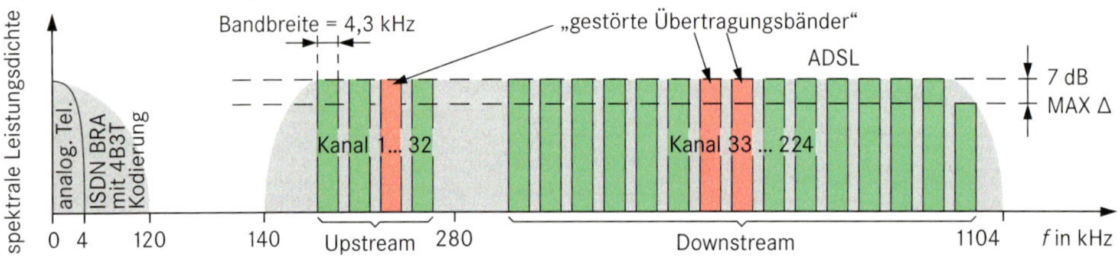

ca. 256 Frequenzbänder, pro Frequenzband bis zu 15 bit/Symbol (64 kbit/s) übertragbar.

Varianten

Variante Standard	Bezeichnung	Übertragungsart Leitungspaare	Upstream-Datenrate in Mbit/s*	Downstream-Datenrate in Mbit/s*	Reichweite in km ca.*
ADSL TS 101388	**A**symmetric **D**igital **S**ubscriber **L**ine	asymmetrisch 1	0,768	8	5
SDSL TS 101524	**S**ymmetric **D**igital **S**ubscriber **L**ine	symmetrisch 1	2,048	2,048	2,5
HDSL ETSI TS 101135	**H**igh Data Rate **D**igital **S**ubscriber **L**ine	symmetrisch 3 bei 2,048 Mbit/s	2,048	2,048	4
VDSL ETSI TS 1011270	**V**ery High Data Rate **D**igital **S**ubscriber **L**ine	sym./asymmtr. 1	2,3	52	1,5
SHDSL ITU G.991.2	**S**ingle-Pair **H**igh-Speed **D**igital **S**ubscriber **L**ine	symmetrisch 1	2,3	2,3	3
VDSL2 ITU G.993.2	**V**ery High Data Rate **D**igital **S**ubscriber **L**ine	sym./asymmtr. 1	100	100	0,5

* Datenraten und Entfernungen sind abhängig von Leitungsqualität und vom Leitungsquerschnitt.

Begriffe und Merkmale

- Die Begriffe DSL und ADSL werden häufig synonym verwendet. Auf dieser Seite werden asymmetrische Übertragungsverfahren (ADSL) besprochen.
- **ADSL-Prinzip**

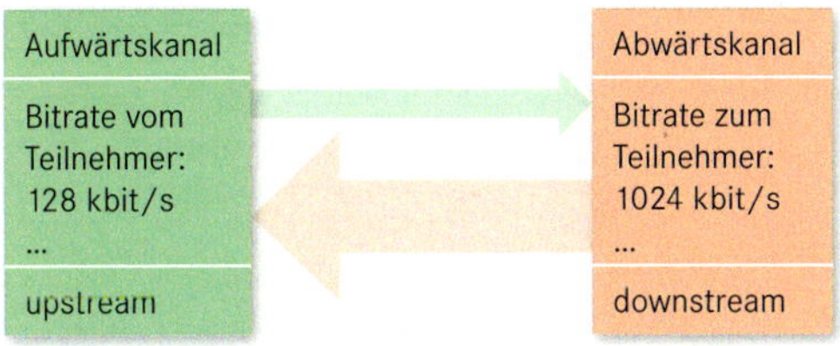

- **POTS**
  Plain **O**ld **T**elephone **S**ervice: Analoger Bereich der Telekommunikation (300 Hz bis 3,4 kHz)
- **BBAE, Splitter** ①
  Die **B**reit**b**and**a**nschluss**e**inheit wird zur Trennung der Signale (POTS, ISDN, ADSL) verwendet

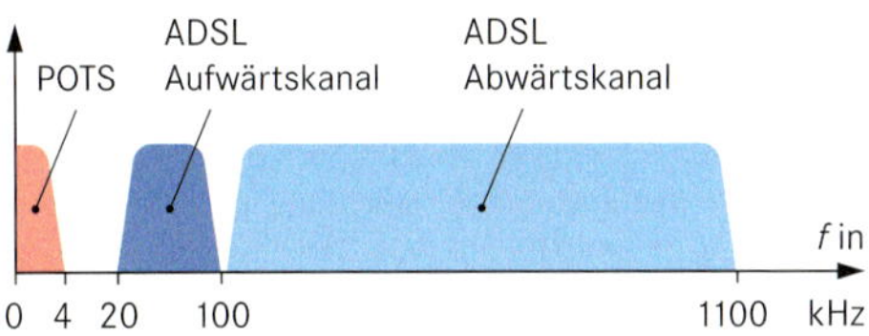

- **Upstream-Kanal** (Aufwärtskanal)
  Aufwärtskanal vom Teilnehmer aus (bei ADSL von 20 kHz bis 100 kHz)
- **Downstream-Kanal** (Abwärtskanal)
  Abwärtskanal zum Teilnehmer (bei ADSL von 100 kHz bis 1,1 MHz)
- **NTBBA** ②
  Netzwerk**t**erminationspunkt **B**reit**b**and**a**nschluss: ADSL-Modem zur bidirektionalen Verarbeitung der ADSL-Signale. Die Verbindung zum PC erfolgt über RJ 45 Steckverbinder und Netzwerkkarte
- **ISDN-NTBA** ③
  Weiterleitung der ISDN-Signale zur TK-Anlage
- **Datenraten**

Datenrate in kbit/s	ADSL 1000	ADSL 2000	ADSL 3000	ADSL 2 6000
Downstream	1024	2084	3072	6016
Upstream	128	193	384	576

- **Theoretische Datenraten**
  Die tatsächlich erreichte Datenrate hängt von der Leitungsdämpfung, der Entfernung des Nutzers bis zum DSL-Multiplexer (**DSLAM**) und vom Übersprechen zwischen den Leitungen ab.

ADSL	ADSL 2	ADSL 2+	VDSL
8 Mbit/s	12 Mbit/s	25 Mbit/s	52 Mbit/s

- **ADSL 2+**
  - Der Frequenzbereich wurde gegenüber ADSL 2 auf 2,2 MHz erweitert
  - Es stehen dadurch doppelt so viele Multiträger zur Verfügung
  - Die erreichbare Datenrate beträgt 25 Mbit/s

Anschlussbeispiele

PC mit Ethernet-Karte

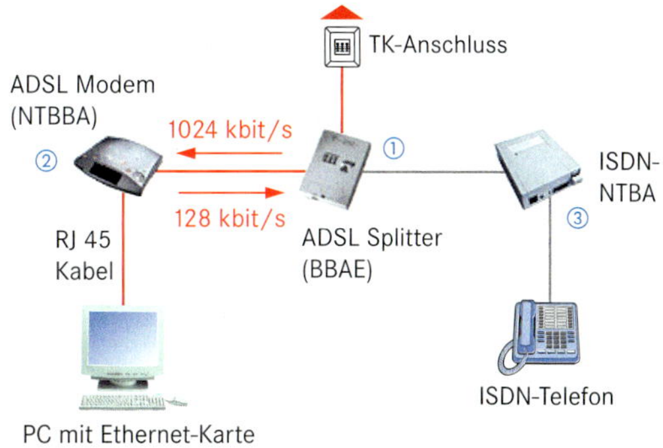

Anschluss über einen Hub

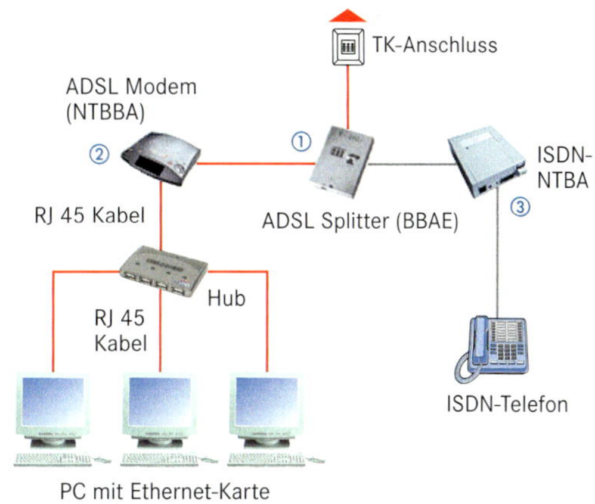

- Der Hub verbindet mehrere PCs mit individuellen Zugangsdaten über einen ADSL-Anschluss mit dem Internet.
- Die PCs stellen eigenständig und unabhängig voneinander ihre Verbindung her.

Anschluss über einen Router

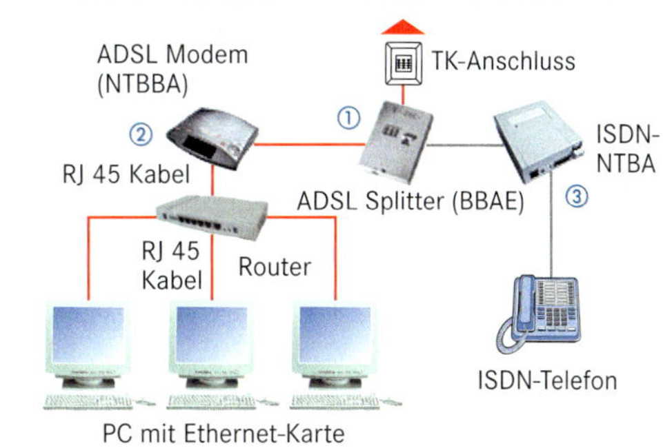

- Der Router verbindet über einen gemeinsamen ADSL-Zugang mehrere PCs mit dem Internet.
- Er übernimmt auf Anforderung eines PCs die Einwahl.
- Er sorgt für die Verteilung der Datenströme zwischen den einzelnen PCs.
- Alle PCs verwenden dieselben Zugangsdaten.

Merkmale

- VDSL-Techniken werden besonders in hybriden Netzen (Glasfaser-/Kupferkabelnetzen) für Datenraten bis 100 Mbit/s bei Downstream (Downlink) und Upstream (Uplink) eingesetzt.
- Die Datenrate von 100 Mbit/s ist ein theoretischer Wert ①. Die tatsächliche Datenrate hängt von der Entfernung sowie von der Länge und Qualität der Kupferleitung vom Kabelverzweiger ② bis zum Teilnehmeranschluss ab.

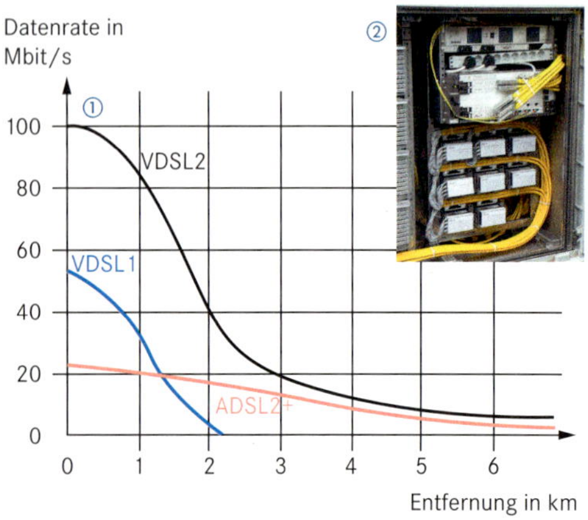

- Das schnelle VDSL-Übertragunsverfahren wird auch als Breitband-Internet bezeichnet und bei **Triple Play** eingesetzt (gemeinsames Angebot von Internet, Telefonie (VoIP) und Fernsehen (IPTV)).
- VDSL1 hat sich in Deutschland nicht durchgesetzt. Es ist nicht kompatibel zu VDSL2.
- VDSL2 reicht bis zum Frequenzbereich von 30 MHz, ist zu ADSL, ADSL2 und ADSL2+ abwärtskompatibel und kann mit symmetrischer oder asymmetrischer Übertragung arbeiten.
- Die symmetrische Übertragung wird vor allem von Unternehmen genutzt, die nicht nur Informationen aus dem Internet beziehen, sondern auch als Informationsanbieter agieren.

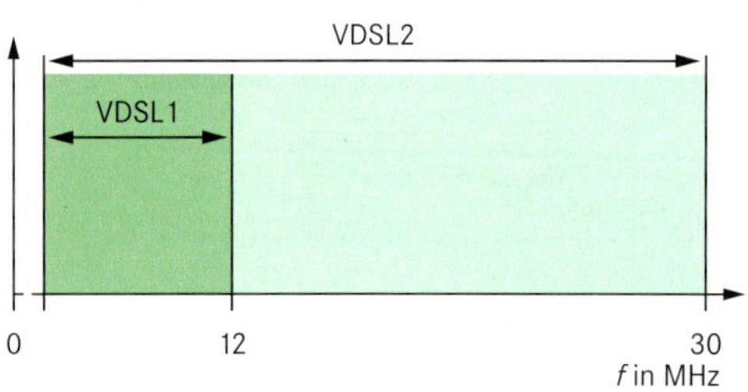

- VDSL2 ermöglicht garantierte Datenraten (**QoS: Q**uality **o**f **S**ervice).
- Das Netz wird vorwiegend in Baumstruktur aufgebaut. Die DSL-Vermittlungsstelle (**DSLAM: D**igital **S**ubscriber **L**ine **A**ccess **M**ultiplexer) befindet sich nicht in der Ortsvermittlungsstelle, sondern in den Kabelverzweigern (KVz, Ortsverteiler), z. B. am Straßenrand (FTTC).
- Ein DSLAM kann ca. 100 Haushalte versorgen.

VDSL-Profile und Frequenzen

- In den Profilen sind u. a. die Grenzfrequenz, der Trägerabstand und die Signalstärke definiert.
- Der Netzbetreiber legt sein jeweiliges Profil fest.
- Zusätzlich zum Profil gibt es einen Frequenzbandplan, in dem die gemeinsame Nutzung der Frequenzen mit POTS, ISDN, ADSL ... festgelegt ist.

Profil	Bandbreite in MHz	Anzahl der genutzten Frequenzen ③	Frequenzabstand in kHz ④	Übertragungspegel in dBm	Max. Datenrate ⑤ 1)
8a	8,832	2047	4,3125	+ 17,5	50
8b	8,832	2047	4,3125	+ 20,5	50
8c	8,5	1971	4,3125	+ 11,5	50
8d	8,832	2047	4,3125	+ 14,5	50
12a	12	2782	4,3125	+ 14,5	68
12b	12	2782	4,3125	+ 14,5	68
17a	17,6604	4095	4,3125	+ 14,5	100
30a	30	3478	8,625	+ 14,5	200

1) symmetrisch

- Die Modulation erfolgt mit **DMT** (**D**iscrete **M**ulti**t**one **M**odulation, **QAM: Q**uadratur**a**mplituden**m**odulation). Dabei wird der genutzte Frequenzbereich in bis zu 4096 Träger unterteilt ③. Die Bandbreite beträgt 4,3125 bzw. 8,625 kHz ④.
- Der gesamte Frequenzbereich wird in unterschiedliche Downstream- und Upstream-Bereiche aufgeteilt ⑤.
- In Deutschland wird der Frequenzbereich bis mindestens 138 kHz für POTS (analoges Telefon) und ISDN ausgeblendet, um gegenseitige Störungen zu vermeiden.

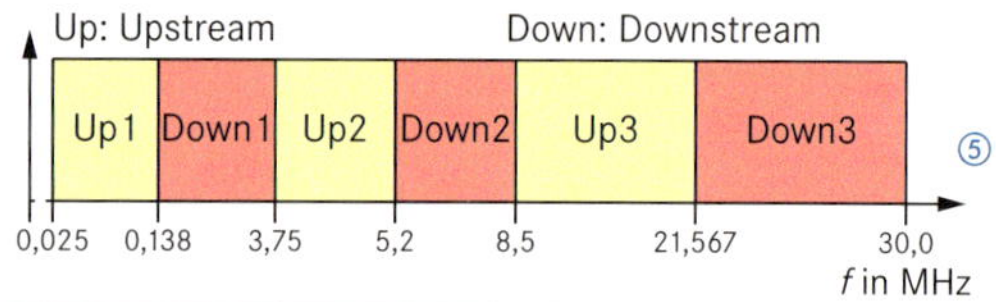

Netzarchitekturen

- **FTTN** (**F**iber-**t**o-**t**he-**n**ode, node: Knoten) Das Glasfaserkabel ist weit weg vom Endkunden, bis zu mehreren Kilometern.
- **FTTC** (**F**iber-**t**o-**t**he-**c**abinet, cabinet: Schrank) Das Glasfaserkabel endet in einer Straße (am Bürgersteig), typischerweise 300 m von dem Standort des Kunden. Die endgültige Anschlussleitung ist aus Kupfer (städtischer Bereich ⑥).
- **FTTP** (**F**iber-**t**o-**t**he-**p**remises, premises: Gelände) Glasfaserkabel reicht bis zum Gelände
- **FTTB** (**F**iber-**t**o-**t**he-**b**uilding, building: Gebäude) Glasfaserkabel reicht bis zur Grenze des Gebäudes
- **FTTH** (**F**iber-**t**o-**t**he-**h**ome, home: Wohnraum) Glasfaserkabel reicht bis zur Grenze des Wohnraums ⑦

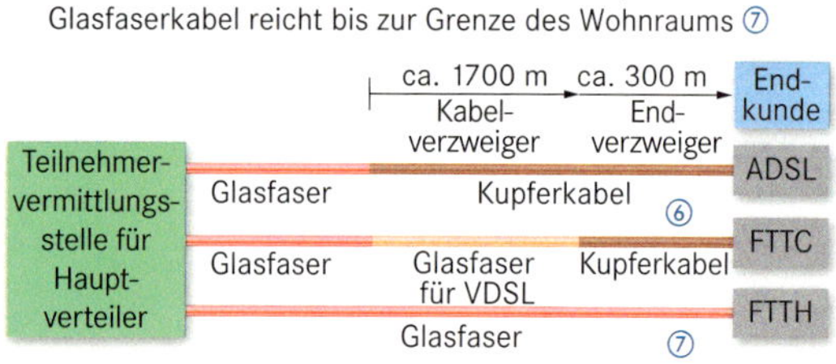

Merkmale

- **DECT** ist ein europäischer Standard für schnurlose Telekommunikation.
- Ist standardisiert durch ETSI in ETS 300175.
- Anwendungsbereiche sind
  - Telefonie, Datenübertragung
- Anwendungsgebiete werden definiert für
  - Privathaushalte
  - Klein-, Mittel- und Großbetriebe
  - öffentliche Netze
- Reichweiten innerhalb von Gebäuden liegen zwischen 20 m und 50 m, außerhalb bis zu 300 m. DECT ist multizellenfähig und unterstützt Verfahren wie Roaming und Handover.
- Übergänge in das ISDN sind realisiert; für GSM in der Realisierungsphase.
- Verkehrswerte von bis zu 10000 Erlang/km^2, d. h. 100000 Teilnehmer pro Quadratkilometer.
- Sprachqualität aufgrund der verwendeten Codierung (**ADPCM: A**daptive **P**uls **C**ode **M**odulation; nach G.726) besser als bei GSM.
- Die Sprachcodierung erfolgt mit 32 kbit/s.
- Verwendeter Frequenzbereich liegt europaweit zwischen 1880 MHz und 1900 MHz mit 10 Trägerfrequenzen bei 1,8 MHz Bandbreite pro Träger.
- Übertragungsverfahren verwenden **TDMA** (**T**ime **D**ivision **M**ultiple **A**ccess) und **TDD** (**T**ime **D**ivision **D**uplex).
- Jede Trägerfrequenz arbeitet mit 12 Duplex- bzw. 24 Simplex-Übertragungskanälen; insgesamt also 120 Übertragungskanäle bidirektional.
- Durch Zeitmultiplexverfahren können mehrere Mobilgeräte gleichzeitig mit einer Basisstation und untereinander kommunizieren.
- Mobilteile können an mehreren Basisstationen angemeldet werden und sind dann über verschiedene Rufnummern erreichbar (Multilink); angewendet überwiegend bei schnurlosen Telekommunikationsanlagen.
- Die Grundlage für alle Sprachanwendungen in DECT sind im **GAP** (**G**eneric **A**ccess **P**rofile) festgelegt.
- Durch die verwendeten Zugriffsverfahren ist eine hohe Übertragungssicherheit gegen Abhören gegeben.
- Für Datenübertragungen ist die Möglichkeit von Kanalbündelungen mit n x 24 kbit/s bis auf max. 552 kbit/s gegeben.

Rahmenstruktur

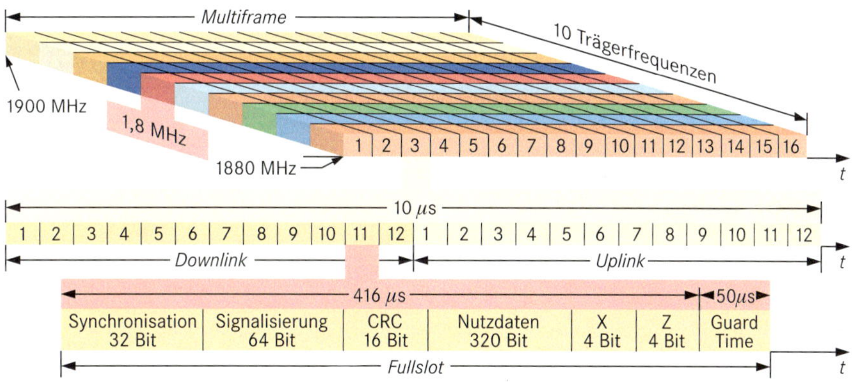

Guardtime: Schutzzeit (entspricht 40 Bit-Zeiten); X- und Z-Feld sind spezielle Kennungsfelder.

Mobilgerät

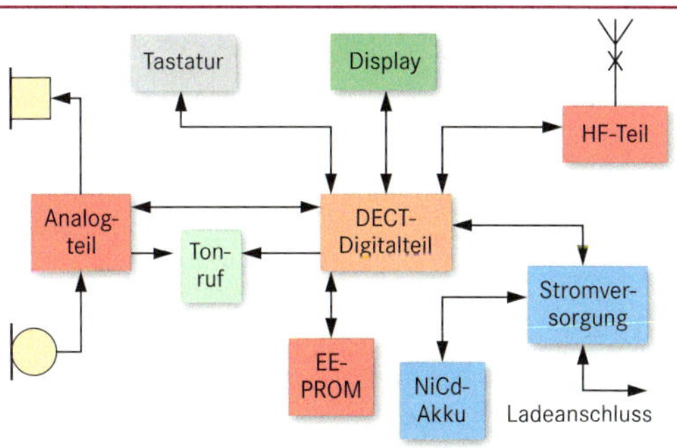

Systemaufbau

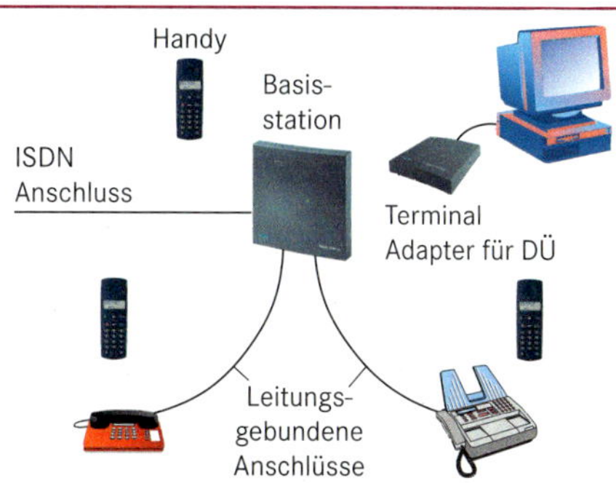

Merkmale

- **ATM** ist eine verbindungsorientierte Multiplex- und Vermittlungstechnik
- Findet Anwendung im Bereich **globaler Netze** und lokaler **multimediafähiger Netze**
- Ist eine Kombination der Vorteile von **paket**- und **leitungsvermittelnden** Netzen (paketvermittelt bietet variable Bitraten; leitungsvermittelt bietet Echtzeit)
- Ist derzeit die Grundlage für **B-ISDN** (**B**reitband **ISDN**)
- Dient zur Übertragung von digital codierten Informationen, wie z. B.
  - Sprache
  - Stand- und Bewegungsbilder
  - Daten und Texte
  - Datenströme jeder Kapazität (z. B. **Video on Demand** Video auf Anfrage)
- Arbeitet mit Nutz- und Steuerungskanälen, über die **Nutzzellen** und **Steuerungszellen** übertragen werden
- Zellen haben das einheitliche Format mit 53 Byte (Kopffeld 5 Byte, Informationsfeld 48 Byte)
- Im **Kopffeld** sind die Adressierungsdaten zur Vermittlung enthalten
- Die Vermittlungsknoten werten lediglich die Adressinformationen (mit Hardwareschaltungen) aus, wodurch die hohe Vermittlungsgeschwindigkeit erreicht wird
- Für die Teilnehmer-Schnittstelle (**UNI: U**ser **N**etwork **I**nterface) sind Datenraten spezifiziert mit 2, 34, 140, 155, 622 Mbit/s
- Zwischen den Netzknoten (**NNI: N**etwork **N**ode **I**nterface) und dem Übergang zwischen Netzen verschiedener Betreiber (**BICI: B**roadband **I**nter**c**arrier **I**nterface) sind Datenraten mit 34, 140, 155 und 622 Mbit/s festgelegt
- ATM arbeitet nach OSI-Referenzmodell auf der Schicht 1 und Teilen von Schicht 2

Schichtenmodell

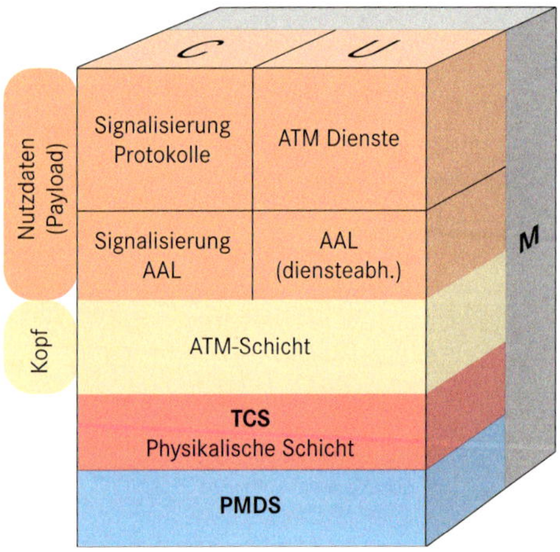

- **U-Plane** (**U**ser-Plane: Anwender-Säule) enthält Regeln und Protokolle für die Übertragung der Nutzinformationen über ATM-Verbindungen.
- **C-Plane** (**C**ontrol-Plane: Signalisierungssäule) enthält Regeln und Protokolle für die Übertragung der Steuerung, die für die Signalisierung benötigt werden.
- **M-Plane** (**M**anagement-Säule) enthält Regeln und Protokolle für die Übertragung der Managementinformationen der Nutz- und Signalisierungsverbindungen.
- **ATM**-Schicht realisiert den dienstunabhängigen Transport von ATM-Zellen sowie die Identifikation virtueller ATM-Verbindungen.
- **AAL**-Schicht (**A**TM **A**daptation **L**ayer: ATM Anpassung) realisiert Funktionen zur Unterstützung unterschiedlicher Telekommunikationsdienste; bildet die ATM-Zellen.

Physikalische Schicht

- Die physikalische Schicht ist wegen der Abhängigkeit vom Übertragungsmedium in zwei Schichten unterteilt.
- **TCS** (**T**ransmission **C**onvergence **S**ublayer) erzeugt beim Senden
  - Prüfsumme für den Zellkopf (**HEC: H**eader **E**rror **C**heck); wird auf Empfangsseite zur Fehlererkennung verwendet;
  - Leerzellen für einen kontinuierlichen Zellenstrom
- Leerzellen werden besonders markiert und an der Empfangsseite wieder entfernt.
- **PMDS** (**P**hysical **M**edium **D**ependent **S**ublayer) realisiert:
  - Leitungscodierung
  - Timing und Synchronisation auf dem Signalniveau

Zellenaufbau

Beispiel: UNI-Schnittstelle

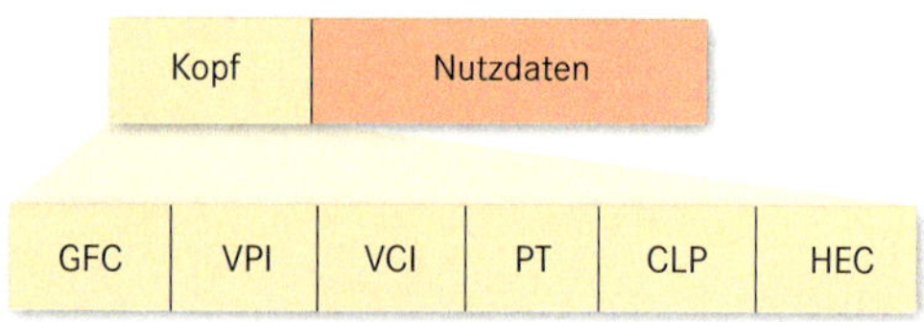

GFC: **G**eneric **F**low **C**ontrol (Flusskontrolle)
VPI: **V**irtual **P**ath **I**dentifier (virtuelle Pfadkennung)
VCI: **V**irtual **C**hannel **I**dentifier (virt. Kanalkennung)
PT: **P**ayload **T**ype (Nutzlastkennung)
CLP: **C**ell **L**oss **P**riority (Zellen Verlustpriorität)
HEC: **H**eader **E**rror **C**ontrol (Kopfprüfsumme)

Einteilung

- Zur Übertragung mehrerer logischer Kommunikationskanäle über einen physikalischen Übertragungsweg (Kabel) wird die **Multiplextechnik** angewendet.
- Anwendung hauptsächlich auf Fernleitungen, um Kosten für Übertragungskabel gering zu halten.
- Grundsätzliche Multiplexprinzipien sind:
  - **Frequenzmultiplex** (Leitungsbandbreite wird in mehrere Frequenzbereiche aufgeteilt)
  - **Zeitmultiplex** (Übertragungskanälen werden einzelne Zeitabschnitte zugeteilt)

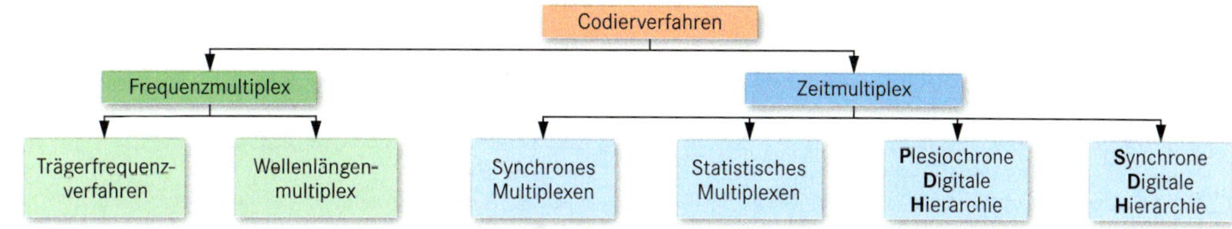

PDH: ‚fast' synchrone Multiplextechnik; Vorgänger der SDH-Technik

Synchrone Digitale Hierarchie

- Die **S**ynchrone **D**igitale **H**ierarchie (**SDH**)-Technik ist eine spezielle digitale, transparente, zeitsynchrone Multiplex-Übertragungstechnik für Weitverkehrsnetze.
- Übertragungsmedium sind Lichtwellenleiter und Richtfunkstrecken (niedrige Bitraten).
- Datenströme mit unterschiedlichen (niedrigeren) Bitraten werden auf einheitliche, standardisierte höhere Bitraten für den Transport umgesetzt (gemultiplext), bzw. am Empfangsort wieder entnommen (demultiplext).
- Zentrale Elemente eines SDH-Systems sind u. a.:
  - **Terminalmultiplexer** (fassen Eingangssignale mit unterschiedlichen Bitraten zusammen)
  - **Add Drop Multiplexer**
  - **Regeneratoren**
- SDH-Strecken können als **Ring-** oder **Maschenstruktur** aufgebaut werden.
- Netzweit wird mit einem **Mastertakt** gearbeitet.
- Mastertakt wird in kleinen Netzen von einem Multiplexknoten erzeugt.
- Bei größeren Netzen (internationale Verbindungen) werden spezielle, hochgenaue Taktgeneratoren (z. B. GPS oder Caesium-Zeitnormale) eingesetzt. Verwendet zur Übertragung zwischen den Netzknoten (Multiplexern) strukturierte Zeitrahmen. Zeitrahmen werden als Synchronous Transport Module (STM-1, da erste Multiplexerstufe) bezeichnet.
- Die Gesamtdatenrate an der STM-1 Schnittstelle beträgt 155,520 Mbit/s.
- **Höhere Hierarchiestufen** der SDH-Technik werden durch Zusammenfassen von STM-1 Modulen erreicht.
  - **STM-4** besteht aus 4 x STM-1 mit einer Bitrate von 622,080 Mbit/s
  - **STM-16** besteht aus 16 x STM-1 Rahmen mit einer Bitrate von 2488,320 Mbit/s
- SDH-Technik ist standardisiert von der ITU-T in der G-Reihe:
  - G.707 (Bitraten), G.708 (Signalstrukturen) G.709 (Multiplexstruktur)

Rahmenaufbau

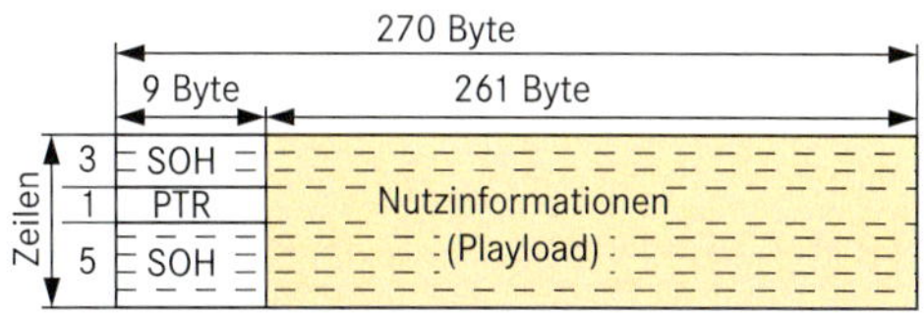

SOH (**S**ection **O**ver**h**ead): Transportinformation
PTR (**Poi**n**t**e**r**): Anfangsadresse der Nutzinformation

- Jeder STM-1 Rahmen besteht aus 2430 Byte, die in 9 Zellen zu je 270 Byte eingeteilt sind.
- In jeder Zelle sind 9 Byte für die Rahmenorganisation und die Steuerung reserviert.
- Die Nutzlast (Payload) ist in 261 Byte pro Zelle enthalten.
- Insgesamt werden pro Sekunde 8000 Rahmen übertragen (125 µs pro Rahmen).

Netzstruktur Ring

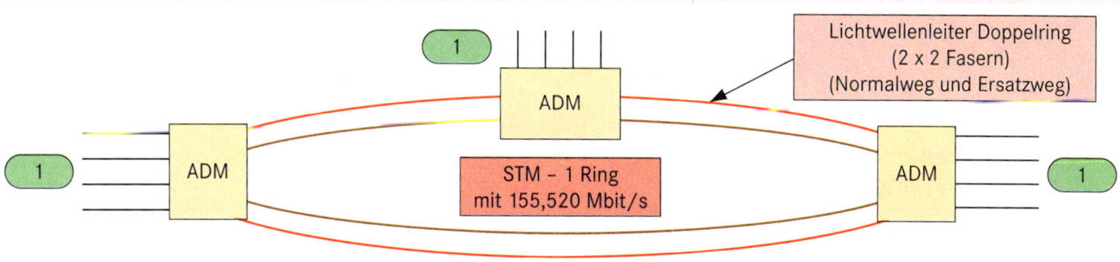

ADM: **A**dd **D**rop **M**ultiplexer

1 Zubringersignale (z. B.: 2 Mbit, 64 kBit)

Merkmale

- **FDDI:** verteilte Schnittstelle auf LWL-Basis
- Kommunikationsnetz für höhere Geschwindigkeiten, größere Entfernungen und große Anzahl von Endgeräten
- Netzwerk besteht aus zwei LWL-Ringen (**Primär-** und **Sekundärring**; werden in entgegengesetzter oder gleicher Richtung betrieben)
- LWL-Ring ist definiert für:
  - Maximal 100 km Leitungslänge (pro Ring)
  - Maximal 1000 optische Transceiver, die jeweils bis zu 2 km bei Gradientenfaser und 60 km bei Monomodefaser auseinander liegen dürfen
  - Übertragungsrate beträgt 100 Mbit/s
- Zugriff zum Übertragungsmedium erfolgt im **Token-Passing-Verfahren**, wobei der Frei-Token unmittelbar nach Aussenden des letzten Datenpaketes von der sendenden Station erzeugt wird (Early Token Release: Frühestmögliche Freigabe), Stationen sind mit zwei oder vier LWL-Anschlüssen ausgerüstet
- Stationen mit vier LWL-Anschlüssen werden direkt an doppelten Glasfaserring angeschlossen (**Class A**)
- Stationen mit zwei Anschlüssen (**Class B**) werden über Konzentrator (**Class C**) an den doppelten Ring angeschlossen
- Konzentrator übernimmt die 'back-up'-Funktion als eine Art Ringleitungsverteiler
- Class A und C werden als **DAS**-Stationen (**D**ual-**A**ttached-**S**tation), Class B als **SAS** (**S**ingle-**A**ttached-**S**tation) bezeichnet
- **FDDI 1** Standard unterstützt asynchrone und synchrone Datenübertragung
- **FDDI 2** Standard realisiert auch isochrone Datenübertragung; hierzu wird der Ring zentral verwaltet (cycle master: Zyklus Meister).
- FDDI ist auch mit Kupferleitungen realisierbar (twisted pair: Verdrilltes Paar)
  - **SDDI** (**S**hielded **D**istributed **D**ata **I**nterface: Verteilte Datenschnittstelle mit Schirmung)
  - **CDDI** (**C**opper **DDI**: Verteilte Datenschnittstelle mit Kupfer, ungeschirmt, RJ 45 Stecker)
  - **FDDI TP-PMD** (**T**wisted **P**air **P**hysical Layer **M**edium **D**ependent: Verdrilltes Paar Medienabhängig, mit STP oder UTP, Codierung gemäß MLT-3 (Multi Level Transmit-3 Kodierung))
  - **FDDI nach Greenbook** (FDDI nach Grünbuch: Mit 150 Ω oder 100 Ω STP, Kategorie 5 Kabel, höhere Pegel als SDDI)
  - Versionen beziehen sich alle auf 100 m Leitungslänge in Sternverkabelung

Topologie

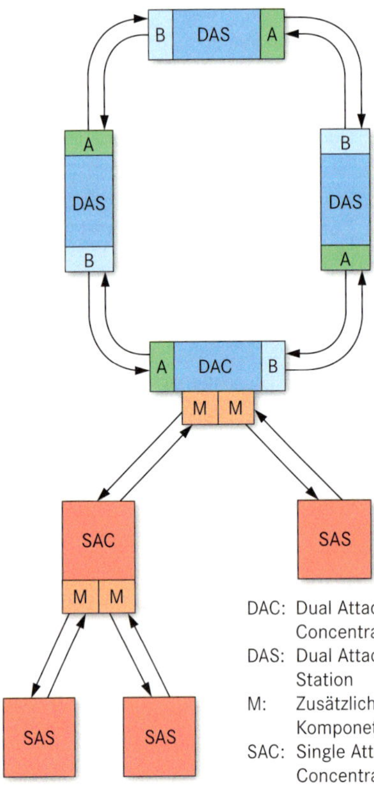

DAC: Dual Attached Concentrator
DAS: Dual Attached Station
M: Zusätzliche MAC-Komponete
SAC: Single Attached Concentrator
SAS: Single Attached Station

Rahmenformat

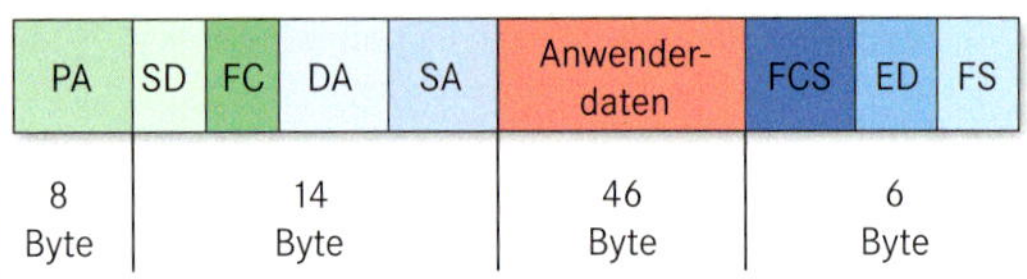

PA: **Pre**amb**le** (Vorlauf)
SD: **S**tart **D**elimiter (Anfangsbegrenzung)
FC: **F**rame **C**ontrol (Rahmenkontrolle)
DA: **D**estination **A**ddress (Zieladresse)
SA: **S**ource **A**ddress (Quelladresse)
FCS: **F**rame **C**heck **S**um (Rahmenprüfsumme)
ED: **E**nd **D**elimeter (Ende Begrenzung)
FS: **F**rame **S**tatus (Rahmen Status)

NRZI/MLT-3-Codierung

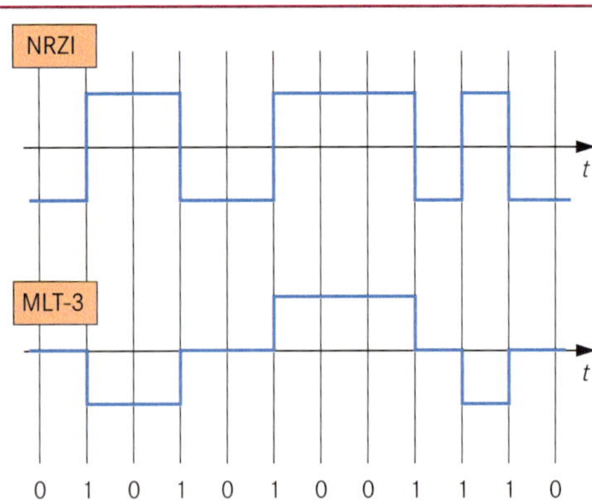

GSM – Global System for Mobile Communication

Merkmale

- **GSM: G**lobal **S**ystem for **M**obile Communication (Mobilfunksystem).
- Weltweit sind drei Frequenzbänder für GSM freigegeben:
  - GSM 900 (Up: 890 MHz...915 MHz/Down: 935 MHz... 960 MHz)
  - GSM 1800 (Up: 1710 MHz...1785 MHz/Down: 1805 MHz... 1880 MHz)
  - GSM 1900 (Up: 1850 MHz...1910 MHz/ Down: 1930 MHz... 1990 MHz)
- Dienste im GSM orientieren sich an den Diensten im ISDN
- Neben Sprachdiensten werden auch Datendienste angeboten, z. B. GPRS: General Packet Radio Service (Paketorientierter Datendienst)
- Versorgungsgebiet ist in Funkbereiche aufgeteilt (Funkzelle max. 35 km Durchmesser)

Netzarchitektur

Wabenförmige Anordnung der Funkzellen

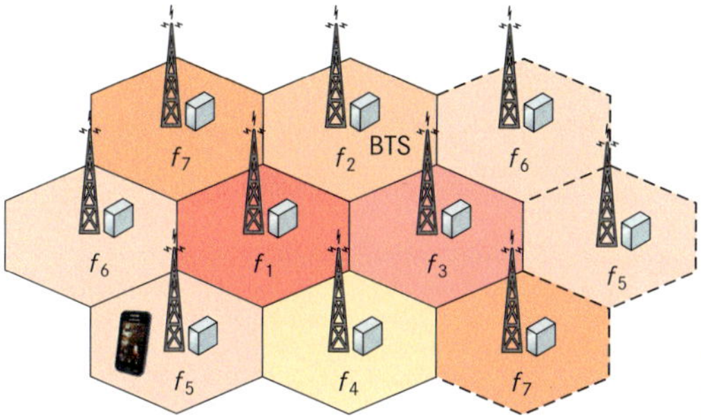

f_1 ... f_7: Funkzellen mit fest zugeteilten Frequenzbündeln. Wegen begrenzter Reichweite können Frequenzbündel in anderen Zellen wieder verwendet werden.

Technische Daten

Funkübertragung erfolgt nach **TDMA**-Prinzip (**T**ime **D**ivision **M**ultiple **A**ccess: Zeitschlitz mit Vielfachzugriff)

Frequenzen	
Uplink (UL) Mobilstation → Basisstation	890 ... 915 MHz
Downlink (DL) Basisstation → Mobilstation	935 ... 960 MHz
Kanalraster	200 kHz
Trägerfrequenzen (gesamt)	2 x 124
Bitrate (gesamt)	270,833 kBit/s
Sprachkanal	13 kBit/s
Anzahl Sprachkanäle/Träger	8
Modulationsverfahren	GMSK
Modulationsindex	0,3

Netzkonfiguration

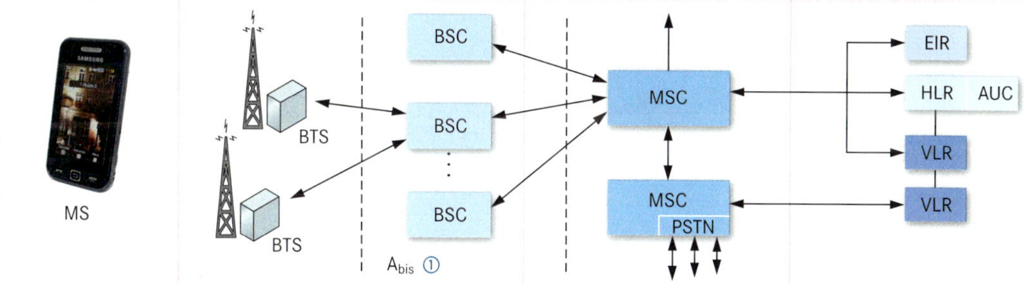

MS (**M**obile **S**tation)

Teilnehmereinrichtung; Teilnehmer wird unabhängig vom Gerät über **SIM** (**S**ubscriber **I**dentity **M**odule: Teilnehmer Erkennungs-Modul) identifiziert.

BTS (**B**ase **T**ransceiver **S**tation)

Basisstation versorgt jeweils eine Funkzelle und wickelt Funkverkehr mit Mobilstationen über Luftschnittstelle ab.

BSC (**B**ase **S**tation **C**ontroller)

- Steuert eine oder mehrere BTS
- Ist über Datenleitungen (A_{bis}-Schnittstelle) ① mit den BTS verbunden
- Verwaltet die Funkkanäle
- Steuert HF-Leistung der Basis- und Mobilstationen und Handover zwischen BTS

MSC (**M**obile **S**witching **C**entre)

- Mobilfunkvermittlungsstelle verwaltet die BSCs und stellt den Übergang in das Drahtnetz (PSTN-Public Switched Telephone Network) her.
- Führt zentrale Steuerung durch, z. B. für
  - Gesprächsaufbau und Gesprächsabbau
  - Location Update (Orts-Aktualisierung)
  - Handover (Gesprächsweitergabe)
- **EIR** (**E**quipment **I**dentity **R**egister): Geräte-Kennungsverzeichnis
- **HLR** (**H**ome **L**ocation **R**egister): Heimat-Standortverzeichnis
- **VLR** (**V**isitor **L**ocation **R**egister): Besucher-Standortverzeichnis
- **AUC** (**Au**thentication **C**enter): Authentisierungszentrum

Merkmale

- **UMTS** (**U**niversal **M**obile **T**elecommunications **S**ystem: Universelles mobiles Telekommunikations System) wird als **Mobilfunk der dritten Generation** (3G) bezeichnet und wurde von **ETSI** (**E**uropean **T**elecommunication **S**tandards **I**nstitut: Europäisches Telekommunikations Standardisierungs Behörde) spezifiziert.
- International wird UMTS von der ITU mit **IMT** (**I**nternational **M**obile **T**elecommunication: Internationale Mobile Kommunikation) bezeichnet.
- UMTS erlaubt weltweit angeglichene drahtlose **paketorientierte** Kommunikation mit im Wesentlichen zwei Endgerätetypen.
- Endgeräte müssen in der Lage sein, im **Multi-Band-Betrieb** arbeiten zu können.
- Insgesamt realisiert UMTS ein modulares Kommunikationskonzept mit terrestrisch festen und mobilen Bestandteilen und auch satellitengestützten Bestandteilen.
- Luftschnittstelle **UTRA** (**U**niversal **T**errestrial **R**adio **A**ccess: Universeller terrestrischer Funkzugriff) wird realisiert über
  - **W-CDMA** (**W**ideband **C**ode **D**ivision **M**ultiple **A**ccess) für Versorgung größerer Bereiche
  - **TD-CDMA** (**T**ime **D**ivision **CDMA**) für lokale Gebiete
- **Angebotene Dienste** sind:
  - Sprachübertragung (hohe Qualität)
  - E-Mail Versand
  - SMS (short message service)
  - Informationsdienste (Nachrichten, Wetter, Verkehr)
  - Internet-Zugriff (mittels WAP)
  - electronic shopping
  - Multimedia-Dienste (interaktiv)
  - Verteildienste, breitbandig (Video- und Audiodaten in Echtzeit)
  - Bildtelefonie und
  - elektronische Finanzdienstleistungen (electronic bankingelectronic cash, Börsendienste)
- **Gebietseinteilung** erfolgt in vier Bereichen:
  - **Piko-Zelle, Heim-Zelle:** Hohe Teilnehmerzahlen, hoher Kommunikationsverkehr, Radius ca. 500 m, Datenrate bis 2 Mbit/s
  - **Mikro-Zelle:** Innerstädtischer Betrieb, erhöhter Kommunikationsaufwand, Radius ca. 3 km, Datenrate bis 384 kbit/s
  - **Makro-Zelle:** Außerstädtische Gebiete, niedriges Verkehrsaufkommen, höhere Mobilität der Teilnehmer, Datenrate deutlich über 144 kbit/s
  - **Welt-Zelle:** Uneingeschränkte Mobilität (Kommunikation auch aus Flugzeugen), Übertragungsraten noch oberhalb 144 kbit/s

Gebietseinteilung

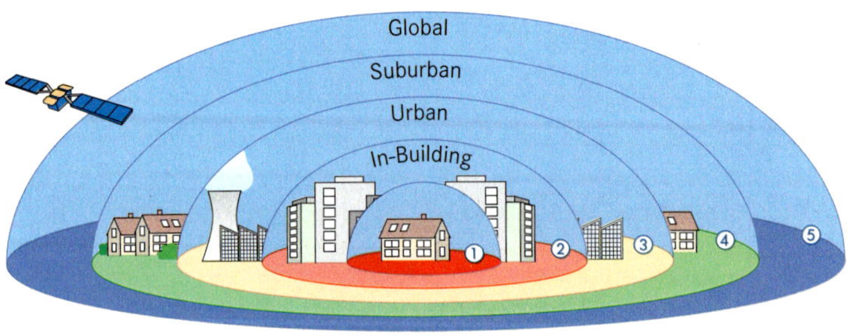

① Heim-Zelle
② Piko-Zelle
③ Mikro-Zelle
④ Makro-Zelle
⑤ Welt-Zelle

Frequenzbereichseinteilung

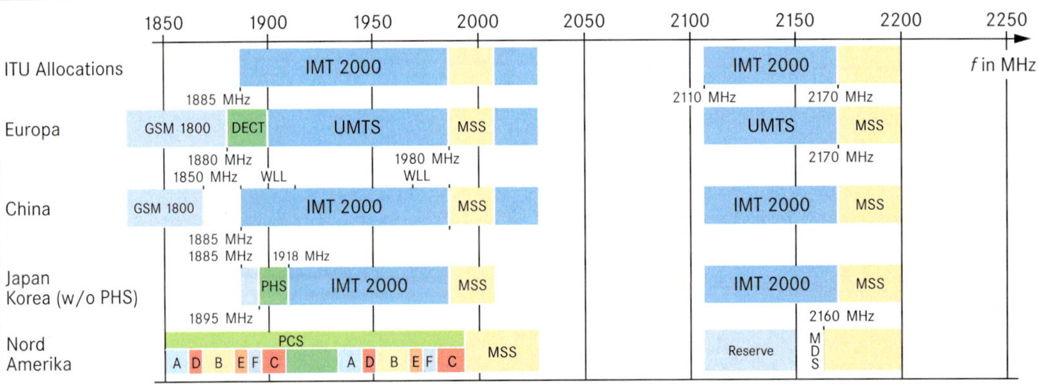

Dargestellt ist der Stand Jahr 2000. Ab Jahr 2010 kommen die Bänder **MSS** (**M**obile **S**atellite **S**ystem) und **PCS** (**P**ersonal **C**ommunication **S**ystem) hinzu: 806 ... 960 MHz; 1710 ... 1885 MHz und 2500 ... 2690 MHz.

Merkmale der Netzarchitektur

- Die UMTS Netzarchitektur besteht aus den Komponenten
  - **CN** (**C**ore **N**etwork: Kernnetz),
  - **UTRAN** (**U**MTS **R**adio **A**ccess **N**etwork: UMTS Funkzugangsnetz) und
  - **UE** (**U**ser **E**quipment: Endgerät)
- Da für UMTS eine andere Funktechnik eingesetzt wird als für GSM, müssen Endgeräte auch entsprechend ausgerüstet sein.
- Das UTRAN besteht aus den Komponenten
  - **RNC** (**R**adio **N**etwork **C**ontroller: Funknetzwerkcontroller) und
  - einem oder mehreren (typisch 3) **NodeB**s (Basisstationen).
- Jeder RNC verwaltet die Funkresourcen (z. B. Sendeleistung, WCDMA Kanalcodes) seiner an ihn angeschlossenen **RNS** (**R**adio **N**etwork **S**ystem).
- Im NodeB wird die Funkverbindung über die physikalische und die Netzwerkschicht realisiert (z. B. die Kanalcodierung, Modulation, Demodulation).

Netzarchitekturbeispiel

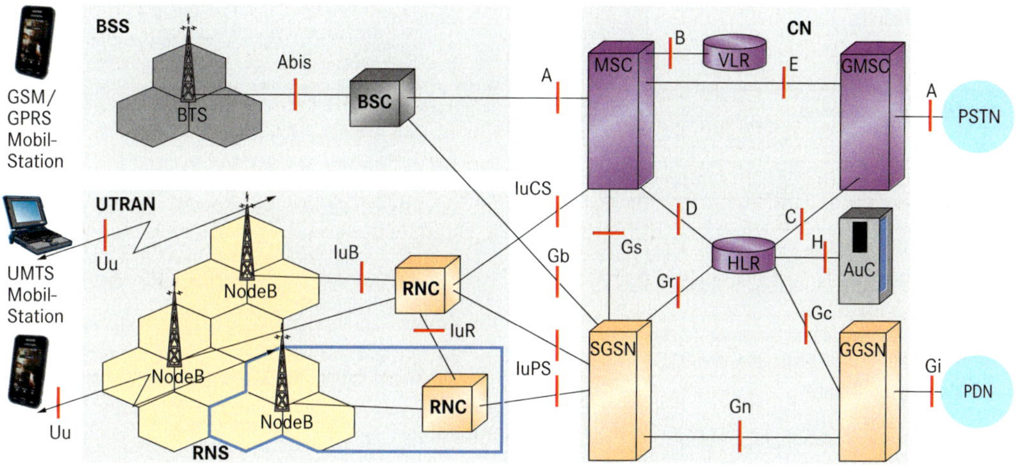

AuC	**Au**thenticantion **C**entre
BSC	**B**ase **S**tation **C**ontroller
BSS	**B**ase **S**tation **S**ubsystem
BTS	**B**ase **T**ransceiver **S**tation
CN	**C**ore **N**etwork
GGSN	**G**ateway **GPRS** **S**ervice **N**ode
GMSC	**G**ateway **M**obile Services **S**witching **C**entre
HLR	**H**ome **L**ocation **R**egister
MSC	**M**obile Services **S**witching **C**entre
NodeB	Base Station
PDN	**P**acket **D**ata **N**etwork
PSTN	**P**ublic **S**witched **T**elephone **N**etwork
RNC	**R**adio **N**etwork **C**ontroller
RNS	**R**adio **N**etwork **S**ystem
SGSN	**S**erving **GPRS** **S**ystem **N**ode
UTRAN	**U**niversal **T**errestrial **R**adio **A**ccess **N**etwork
Uu	**U**MTS Air Interface
VLR	**V**isitor **L**ocation **R**egister
| XY	Schnittstellenbezeichnung

Weiterentwicklungen

- **HSDPA** (**H**igh **S**peed **D**ownlink **P**acket **A**ccess)
  - Hochgeschwindigkeits-Paket Zugang in Abwärtsrichtung (Downlink)
  - Übertragungsraten von 5,76 Mbit/s (Empfänger Kategorie 8)
  - Latenzzeit (Verzögerungszeit bei Übertragung) liegt zwischen 50 ms und 100 ms.
  - Erweiterung auf bis zu 15 Kanäle
  - **QPSK**-Modulation (**Q**uadrature **P**hase **S**hift **K**eying, Vierphasenmodulation), bei guter Empfangslage **16QAM** (**Q**uadratur **A**mplituden **M**odulation)
- **HSUPA** (**H**igh **S**peed **U**plink **P**acket **A**ccess)
  - Hochgeschwindigkeits-Paket Zugang in Aufwärtsrichtung (Uplink)
  - Übertragungsraten 5,76 Mbit/s (Kategorie 69 und bis 23 Mbit/s (Kategorie 9)
- **HSPA+**
  - **MIMO**-Antennentechnologie (**M**ultiple **I**nput **M**ultiple **O**utput), Verbesserung der Funkverbindung durch mehrere Antennen
  - Übertragungsrate bis 28 Mbit/s (Downlink) und 11 Mbit/s (Uplink), Release 7
  - Modulationsverfahren Uplink 16QAM, Downlink zusätzlich 64QAM
  - Kanalbündelung (Dual-Carrier), Zusammenfassung von zwei 5 MHz Kanälen
- **HSOPA** (**H**igh **S**peed **O**FDM **P**acket **A**ccess)
  - Effektivere Nutzung des Frequenzspektrums durch **OFD** (**O**rthogonal **F**requency **D**ivision **M**ultiplexing)
  - Kanalbandbreite zwischen 1,25 MHz und 20 MHz (5 MHz bei UMTS)
  - Vorgängertechnik von **LTE** (**L**ong **T**erm **E**volution)

Merkmale

- LTE wird als **4G** (4. Mobilfunkgeneration) bezeichnet, kann als Nachfolger von UMTS (3G) aufgefasst werden, mit u. a. erhöhter Datenrate, größerer Bandbreiteneffizienz, geringeren Verzögerungszeiten, verbesserten Modulationsverfahren (**QAM**: **Q**uadratur**a**mplituden**m**odulation), geringerem Energieaufwand.
- Begründung für die Einführung: Durch eine verstärkte Internetnutzung im Mobilfunkbereich reicht die Kapazität des UMTS-Netzes nicht mehr aus.
- Für die Nutzung des LTE-Netzes sind eigene Endgeräte erforderlich.
- Durchmesser der Zellengrößen bis zu 5 km.
- Verwendung von Mehrfachantennen (**MIMO**: **M**ultiple **I**nput **M**ultiple **O**utput)

Frequenzbänder

- **800-MHz-Frequenzband**

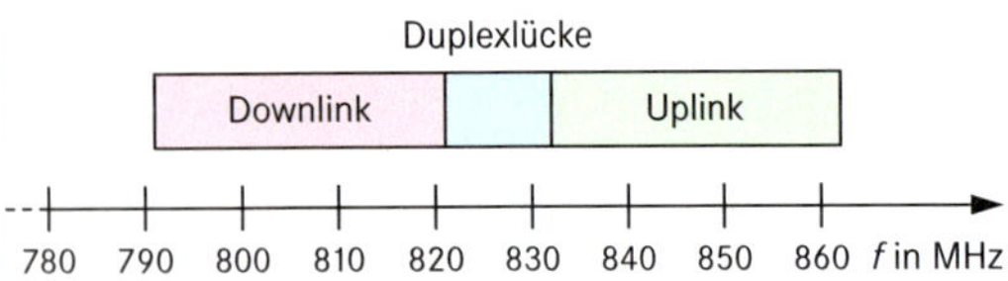

- 791 MHz ... 862 MHz, Aufteilung in 5 MHz Bänder
- Duplexlücke 11 MHz
- Beispiel der Nutzung durch Deutsche Telekom: Uplink 852 MHz ... 862 MHz, Downlink 811 MHz ... 821 MHz

- **2,6-GHz-Frequenzband**

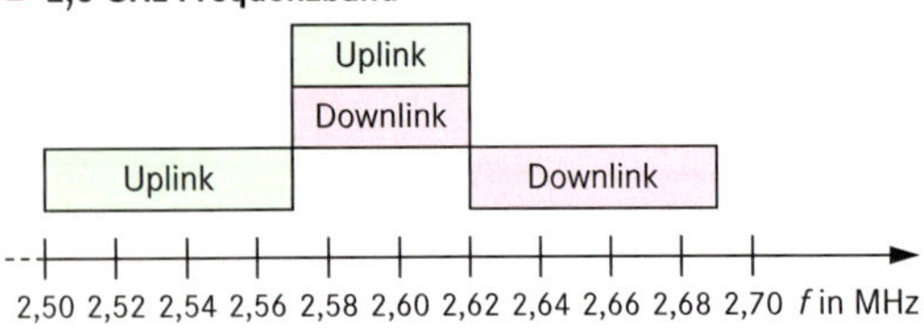

- 2,5 GHz ... 2,69 GHz
- Einsatz besonders in Metropolregionen
- Beispiel der Nutzung durch Deutsche Telekom:
  - Frequenzduplex (**FDD**)
    Uplink 2,52 MGHz ... 2,54 MGHz,
    Downlink 2,64 GHz ... 2,66 GHz
  - Zeitduplex (**TDD**)
    Uplink und Downlink 2,605 GHz ... 2,61 GHz

Vergleich

	UMTS	LTE	
Frequenzband in GHz	2,1	0,8	2,6
Datenraten			
– maximal in Mbit/s	21,6	50	100
– durchschnittlich in Mbit/s	< 2	mindestens 2	
– bei Drosselung[1] in kbit/s	64	384	
Verlust durch geteilte Datenrate[2], je nach Nutzeranzahl	deutlich	geringer	
Bandbreite in MHz	5	5, 10, 20	
Reichweite in km	bis 5	bis 10	
Antennenzahl	1	4 (MIMO)	

[1] bei Ausschöpfung des Tarifvolumens
[2] mehrere Nutzer teilen sich die maximale Datenrate

Modulation

- **OFDMA** (**O**rthogonal **F**requency **D**ivision **M**ultiple **A**ccess)
  - Festgelegt bei LTE für den Downlink
  - Die verfügbare Bandbreite wird in viele Subträger aufgeteilt (orthogonale zueinander, dadurch kaum gegenseitige Beeinflussung der Trägersignale).
  - Bei 20 MHz sind beispielsweise im Abstand von 15 kHz 1333 Subträger vorhanden.
  - Jeder Subträger kann unabhängig moduliert werden, je nach Empfangslage z. B. mit QPSK, 16QAM (4 Bits pro Signal) oder 64QAM (8 Bits pro Signal).
  - Jeder Subträger enthält nur die Informationen eines Signals.
  - Mehrere Nutzer können auf die verfügbare Bandbreite zugreifen.
  - Zeitintervall 1 ms, vor jedem Zeitintervall wird entschieden, welcher Nutzer welche Ressourcen erhält.
- **SC-FDMA** (**S**ingle **C**arrier-**F**requency **D**ivision **M**ultiple **A**ccess)
  - Festgelegt für den Uplink
  - Ähnlich OFDMA, verringerte Leistung bei LTE-Geräten
  - Jeder Subträger enthält die Informationen über alle in einer Periode übertragenen Signale.
- **TDD** (**T**ime **D**ivision **D**uplex, Zeitduplexverfahren)
  - Aufteilung der Signale in Subframes von 1 ms
  - Up- und Downlink-Frames werden zeitlich getrennt über den selben Kanal übertragen.
  - Zwischen der Umschaltung vom Down- zum Uplink wird ein Subframe benötigt (**DwPTS**: **Dow**nlink **P**ilot **T**ime**s**lot, **GP**: **G**uard **P**eriod, **UpPTS**: **Up**link **P**ilot **T**ime**s**lot).

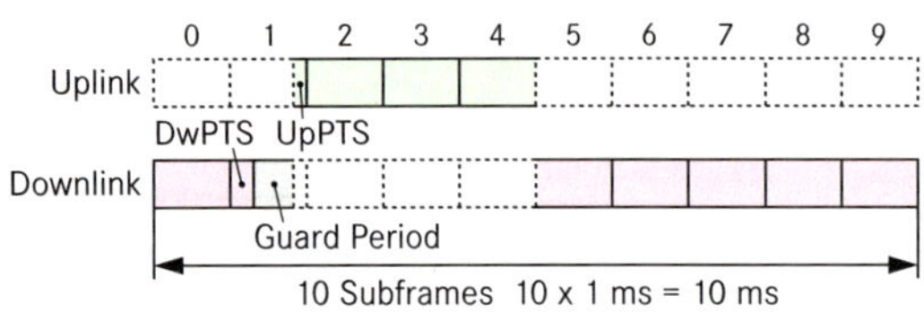

- **FDD** (**F**requency **D**ivision **D**uplex, Frequenzduplexverfahren)
  - Je ein Kanal wird für Up- und Downlink-Frames verwendet.

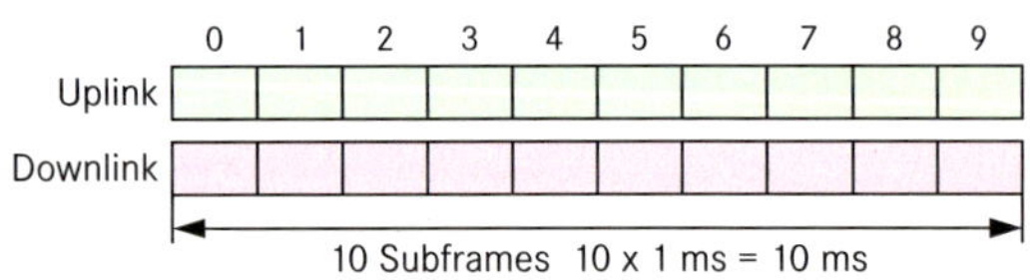

Netzarchitektur

- LTE besitzt gegenüber UMTS eine vereinfachte Netzarchitektur.
- Die einzelnen Funknetze werden als **E-UTRAN** (Evolved UTRAN) bezeichnet (**UTRAN**: **U**niversal **T**errestrial **R**adio **A**ccess **N**etwork, evolved: entwickelt). E-UTRAN wird auch als LTE-Luftschnittstelle bezeichnet.
- Ein RNC (Radio Network Controller) wie bei UMTS wird nicht mehr benötigt. Seine Funktionen übernehmen LTE-Basisstationen (**eNodeB**, Evolved Node B).
- eNodeB sind miteinander vermascht und kommunizieren untereinander über X2-Schnittstellen.
- Über S1-Schnittstellen kommunizieren die eNodeB direkt mit dem Kernnetz (**EPC**: **E**volved **P**acket **C**ore Network).
- Weiterentwicklung: **LTE-Advanced** mit Datenraten bis zu 1000 Mbit/s und geringeren Latenzzeiten

Merkmale

- Cloud Computing (‚Rechnen in der Wolke‘) bezeichnet das **dynamisch an den Bedarf** angepasste
  - **Anbieten**,
  - **Nutzen** und
  - **Abrechnen** von IT-Dienstleistungen

  über ein Netz.
- Angebot und Nutzung dieser Dienstleistungen erfolgen dabei ausschließlich über
  - definierte technische Schnittstellen und
  - Protokolle.

(Definition nach BSI [Bundesamt für Sicherheit in der Informationstechnik])

- Angebotene Dienstleistungen beinhalten das komplette Spektrum der Informationstechnik z. B.
  - Rechenleistung, Speicherplatz,
  - Plattformen und
  - Software.
- **Vorteile** u. a.:
  - Einsparungen bei eigener IT-Infrastruktur (z. B. bei IT-Systemen, Energiekosten, Personal)
  - Ressourcen können auf Anforderung genutzt werden
- **Nachteile** u. a.:
  - Datenschutz und -kontrolle bei Speicherung von Daten (insbesondere länderübergreifend)

Cloud-Arten

Private Cloud (Private Cloud)	**Public Cloud** (Öffentliche Cloud)	**Community Cloud** (Gemeinschafts-Cloud)
■ Cloud-Infrastruktur wird nur für eine Institution betrieben. ■ Sie kann von der Institution selbst oder einem Dritten organisiert und geführt werden. Kann im Rechenzentrum der eigenen oder einer fremden Institution stehen.	■ Die Services können von der Allgemeinheit oder einer großen Gruppe (z. B. ganze Industriebranche) genutzt werden. ■ Die Services werden von einem Anbieter (Provider) zur Verfügung gestellt.	■ Die Infrastruktur wird von mehreren Institutionen geteilt, die ähnliche Interessen haben (z. B. öffentliche Verwaltungen). ■ Kann von einer dieser Institutionen oder einem Dritten betrieben werden.
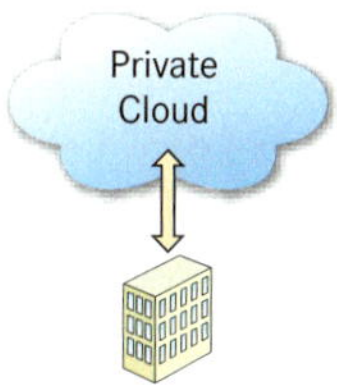	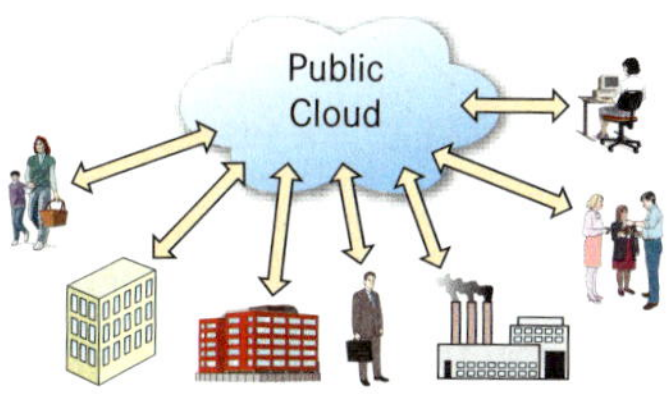	

Hybrid Cloud (Gemischte Cloud)

- Mehrere Cloud-Infrastrukturen, die für sich selbst eigenständig sind, werden über standardisierte Schnittstellen gemeinsam genutzt (z. B. private Cloud in Verbindung mit öffentlicher Cloud)

Basis-Servicemodelle

IaaS ①
(**I**nfrastructure **as a S**ervice: Infrastruktur als Service)

- Hier werden IT-Ressourcen als Service zur Nutzung angeboten (z. B. Rechenleistung, Datenspeicher oder Netze).
- Der Cloud-Kunde kauft bzw. mietet diese virtualisierten (in hohem Maß standardisierten Services) und baut darauf eigene Services zum internen oder externen Gebrauch auf (z. B. Betriebssystem mit Anwendungen).

PaaS ②
(**P**latform **as a S**ervice: Plattform als Service)

- PaaS-Provider stellt komplette Infrastruktur bereit und bietet dem Kunden standardisierte Schnittstellen an, die von den Services des Kunden genutzt werden.
- Der Kunde hat keinen Zugriff auf die darunterliegenden Schichten (Betriebssystem, Hardware); kann aber auf der Plattform eigene Anwendungen laufen lassen.

SaaS ③
(**S**oftware **as a S**ervice: Software als Service)

- Vom Kunden gewünschte Anwendungen werden vom Provider bereitgestellt, aktualisiert und gewartet
- Beispiele: Finanzbuchhaltung, Textverarbeitung

Referenzarchitektur

- Gibt eine Übersicht über die Komponenten, die vom **Service Provider** vorzuhalten und zu managen sind.
- Zur Umsetzung der vielfältigen und komplexen Aufgaben wird die Anwendung von Vorgehensmodellen (z. B. ILTIL oder COBIT) empfohlen.

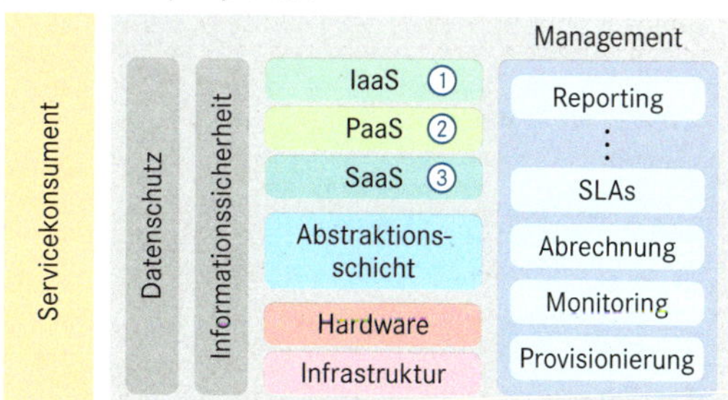

① ② ③ Externe Service Leistungen
Reporting: Berichterstattung (u. a. Störungsstatistik)
ALA (Service Level Agreement: Dienstgütevertrag)
Monitoring: Überwachung des Betriebes
Provisioning: Bereitstellung von Software und Hardware

Merkmale

- **WAP** (**W**ireless **A**pplication **P**rotocol: Drahtloses Anwendungsprotokoll) ist ein Stamdard für drahtlose Informationsdienste über digitale mobile Telefone und andere drahtlose Terminals, z. B. **PDA** (**P**ersonal **D**igital **A**ssistant)
- Überträgt Internet-Inhalte, E-Mail und FTP-Dienste
- Unterstützt verschiedene **Übermittlungsdienste** und **Übertragungssysteme**
- Spezifikation beschreibt die Architektur als Cient-Server-Modell
- Schichtenmodell lehnt sich an OSI an
- Nutzt Standardaufrufe des WWW mit URLs
- Verwendet HTML, Java Script und HTTP
- Endgeräte enthalten **Mikro-Browser** (arbeiten analog zu Standard WEB-Browsern)
- Kommunikation zwischen Client (Endgerät) und Server erfolgt über **WAP-Proxy**
- WAP-Proxy arbeitet als **Protokoll-Gateway** und Codierer bzw. Decodierer
- Übersetzt Anfragen (requests) aus dem WAP-Protokoll-Stack (z. B. **WSP: W**ireless **S**ession **P**rotocol) in WWW Protocol-Stacks wie HTTP oder TCP/IP
- Kodierfunktion übersetzt u.a. den WAP-Inhalt in kompaktes Format zur Reduzierung des Datenaufkommens im Netz
- **WTA** (**W**ireless **T**elephony **S**erver: Drahtloser Telefon Server) für normale Sprachkommunikation dient zum Übergang vom digitalen Mobilfunknetz in entsprechendes Festnetz
- **WML** (**W**ireless **M**ark-up **L**anguage: Drahtlose Darstellungssprache) ist eine spezielle Sprache zur Wiedergabe von Informationen auf Displays von mobilen Endgeräten

Protokolle

- **WDP** (**W**ireless **D**atagram **P**rotocol: Drahtloses Daten-Protokoll) ist das Transport-Layer-Programm
- WDP verwendet unterschiedliche Anpassungen (Profile) für die Übermittlungsdienste
- Enthält **WCMP** (**W**ireless **C**ontrol **M**essaging **P**rotocol: Drahtloses Kontroll-Nachrichten-Protokoll) zur Übertragung von Fehlermeldungen an Netzknoten
- **WTLS** (**W**ireless **T**ransport **L**ayer **S**ecurity) ist ein Sicherheitsprotokoll mit der Realisierung folgender Funktionen:
  - Daten-Integrität zwischen Server und Client
  - Privacy (Vertraulichkeit)
  - Authentication (Schutz vor unberechtigtem Zugriff)
  - Denial of Service Protection (Zugriffsverweigerung auf Dienste) zum Entdecken und Zurückweisen unkorrekt verifizierter Daten
- **WTP** (**W**ireless **T**ransaction **P**rotocol) realisiert den Datagramm-Dienst, arbeitet transaktionsorientiert und bietet drei Dienstklassen:
  - **Erste Klasse:** Unzuverlässige Einwege-Kommunikation für gelegentlichen Datenverkehr ohne Antwort
  - **Zweite Klasse:** Zuverlässige Einwege-Kommunikation mit Antwort
  - **Dritte Klasse:** Zuverlässige Zweiwege-Kommunikation für gegenseitigen Datenaustausch mit wechselseitiger Bestätigung
- **WSP** (**W**ireless **S**ession **P**rotocol) bietet WAE zwei Dienste zur Datenübertragung:
  - **Erster Dienst:** Sicher, verbindungsorientiert
  - **Zweiter Dienst:** Verbindungslos, sicher oder nicht sicher

Protokollstruktur

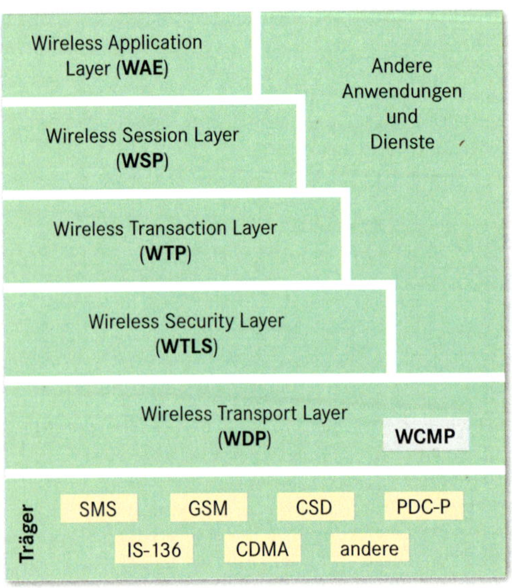

WAP-Modell

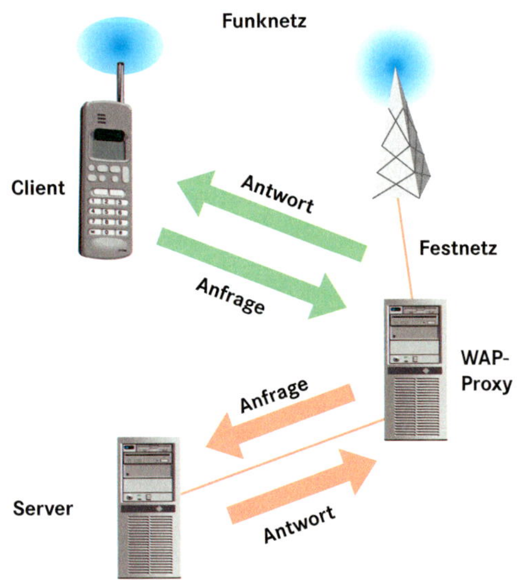

Merkmale

- **TETRA** (**Te**rrestrial **T**runked **Ra**dio: „gebündelter irdischer Funk") ist ein zellulares digitales **Bündelfunksystem** für Sprach- und Datenübertragung
- Wird eingesetzt für private und öffentliche **Betriebsfunknetze** (z. B. Taxi- und Fuhrunternehmen) und für Sicherheitsfunkanwendungen (z. B. Polizei und Feuerwehr) in Form geschlossener Benutzergruppen
- Standardisiert durch ETSI in
  - ETS 300 392 TETRA **V**oice + **D**ata
  - ETS 300 383 TETRA **P**acket **D**ata **O**ptimised
  - ETS 300 396 TETRA **D**irect **M**ode **O**peration
  - ETS 300 394 TETRA Testing
- Im Gegensatz zu öffentlichen Mobilfunksystemen bietet TETRA schnellen Verbindungsaufbau (max 500 ms)
- Angebotene Dienste (Teledienste):
  - Individual Call (Individualruf)
  - Group Call (Gruppenruf)
  - Broadcast Call (Punkt-zu Multipunkt-Ruf)
  - Emergency Call (Notruf)
  - Open Channel (Offener Sprechkanal)
- **Datendienste:**
  - Status Transmission
  - Short Data Service
  - Leitungsvermittelte Datendienste (ungeschützte, geschützte und hochgeschützte Datenübertragung)
  - Paketvermittelte Datendienste (verbindungsorientiert, verbindungslos und TCP/IP-Zugriff)
- **Zusatzdienste** sind u. a. Priority Call, Discreet und Ambience Listening
- Frequenzbereiche in Europa:
  - 410 ... 430 MHz; 450 ... 470 MHz
  - 870 ... 876 MHz gepaart mit 915 ... 921 MHz
  - 385 ... 390 MHz gepaart mit 395 ... 399,9 MHz
- Pro Zelle werden typisch vier bis fünf Träger (16 bis 20 logische Kanäle) aufgebaut

Netzstruktur

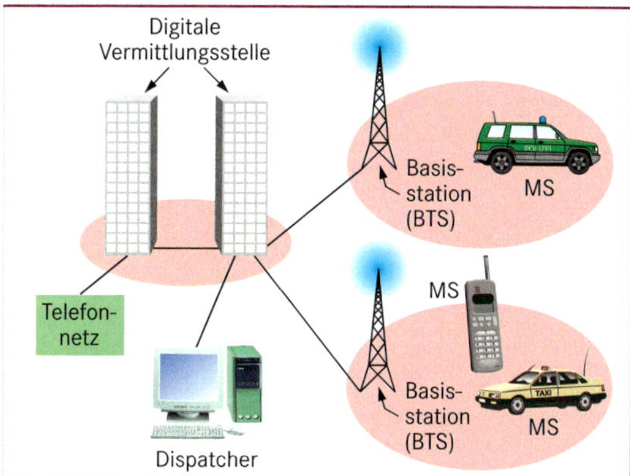

Betriebsarten

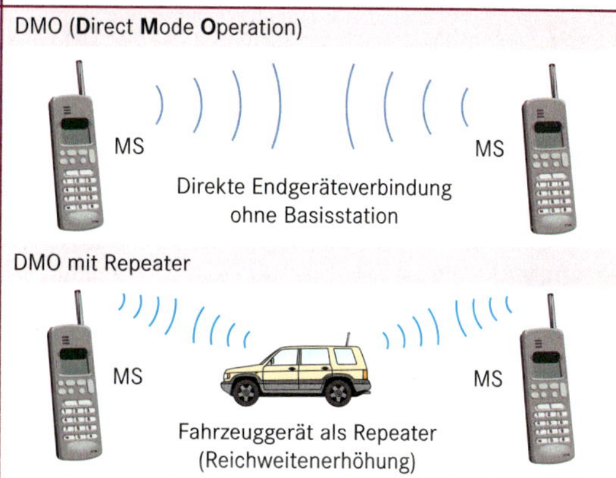

Kenndaten

Parameter	Wert
Kanalraster	25 kHz
Sendeleistung Basisstation pro Trägerfrequenz (typ.)	25 W ERP
Sendeleistung Mobilgerät	1 W, 3 W, 10 W
Empfängerempfindichkeit statisch (BER = 1,2 %; 4,8 kBit/s; N = 4)	MS: –113 dBm BTS: –115 dBm
Empfängerempfindichkeit dynamisch (TU50; N = 4; BER = 1,2 %; 4,8 kBit/s)	MS: –104 dBm BTS: –106 dBm
Betriebsart	Semi-, Vollduplex
Kanalzugriffsverfahren	TDMA
Modulation	$\pi/4$-DQPSK
Kanalbitrate	36 kbit/s
Maximale Datenrate, ungeschützt (gross bit rate)	28,8 kbit/s

Parameter	Wert
Netto-Datenrate: – non-protected – low-protected – high-protected	(n = 1, 2, 3, 4) n x 7,2 kbit/s n x 4,8 kbit/s n x 2,4 kbit/s
Sprachcodierung (**A-CELP: A**lgebraic **C**ode-**E**xcited **L**inear **P**redictive)	4,567 kbit/s
Spektrumseffiziens in interferenzbegrenzter Umgebung (viel Verkehr, viele Zellen)	50 bit/(s · kHz · Zelle)
Spektrumseffiziens in rauschbegrenzter Umgebung (eine isolierte Zelle)	384 bit/(s · kHz)
Reichweite: – Rural – Suburban	 ca. 14 km ca. 14,5 km

Merkmale

- Bei Richtfunk wird eine Funkstrecke zwischen zwei festen Punkten (Antennen) aufgebaut.
- Die elektromagnetische Energie wird gebündelt im Freiraum übertragen.
- Durch starke Bündelung bleibt der Einfluss auf gleicher Frequenz sehr klein und ermöglicht kleine Sendeleistungen.
- Unterer anwendbarer Frequenzbereich liegt bei 200 MHz.
- Allgemein verwendet wird der Frequenzbereich zwischen 2 GHz und 60 GHz.
- Übertragungskapazitäten: 2 Mbit/s, 4 Mbit/s, 8 Mbit/s, 2 x 8 Mbit/s, 34 Mbit/s, 140 Mbit/s.
- Modulationsverfahren: 4 PSK, 4 FSK, 16 QAM, 64 QAM, 128 TCM.
- Übertragungsentfernungen liegen zwischen 5 km und 50 km (freie Sichtverhältnisse); größere Entfernungen werden durch hintereinander geschaltete Stationen erreicht.
- Reichweite wird begrenzt durch:
  - **Flachschwund**; entsteht durch Änderung des Brechungsindexes der Luft (breitbandige Reduzierung des Empfängersignals), Niederschläge (Regen oder Nassschnee).
  - **Mehrwegeschwund**; entsteht durch Beugung oder Reflexion an Luftschichten oder Reflexionen an der Erdoberfläche (Verzerrungen).
- Freiraumausbreitung bedeutet freie optische Sicht zwischen den Antennen (Fresnelzone).
- Fresnelzone beschreibt ein Ellipsoid mit den Antennen als Brennpunkte.

Frequenzbandeinteilung

- Schwerpunktmäßig genutzter Bereich im Richtfunk verwendet 4 GHz bis 38 GHz mit Teilbändern von 200 MHz bis 2 GHz
- Frequenzbereiche werden in **Ober-** und **Unterband** eingeteilt
- Teilbänder werden durch Mittenlücke getrennt (in der Regel größer als der Nachbarkanalabstand)
- Bänder mit gleichen Ziffern in beiden Bändern bilden Frequenzpaare für die Hin- und Rückübertragung einer Verbindung

Fresnel-Zone

Reflexionsfreie Übertragung ist gegeben, wenn keine Hindernisse in die 1. Fresnelsche Zone ragen.

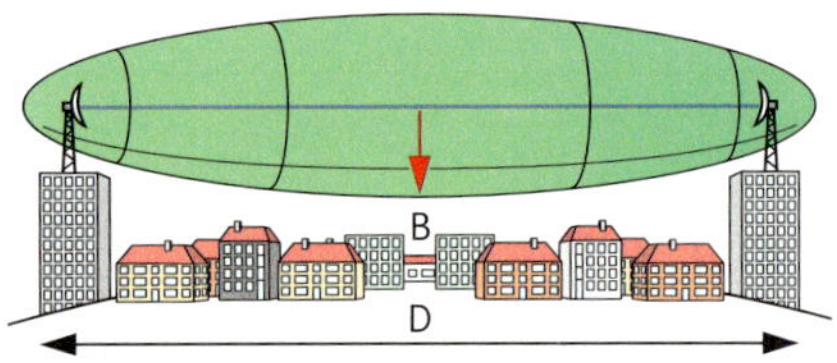

$B = 0{,}5 \cdot \sqrt{\lambda \cdot D}$ λ: Wellenlänge

Antennen

- Sendeantennen wandeln die Leitungswelle in eine Raumwelle
- Empfangsantennen wandeln die Raumwelle in eine Leitungswelle
- Die abgestrahlte Energie wird durch die Bauform der Antenne scharf gebündelt und in bevorzugter Richtung abgestrahlt

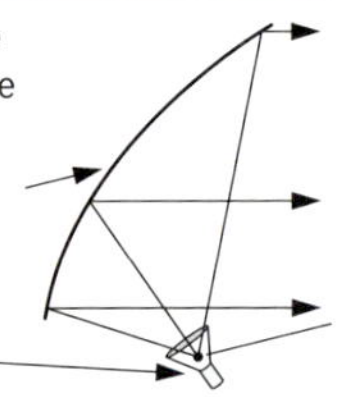

Beispiel Standortvernetzung

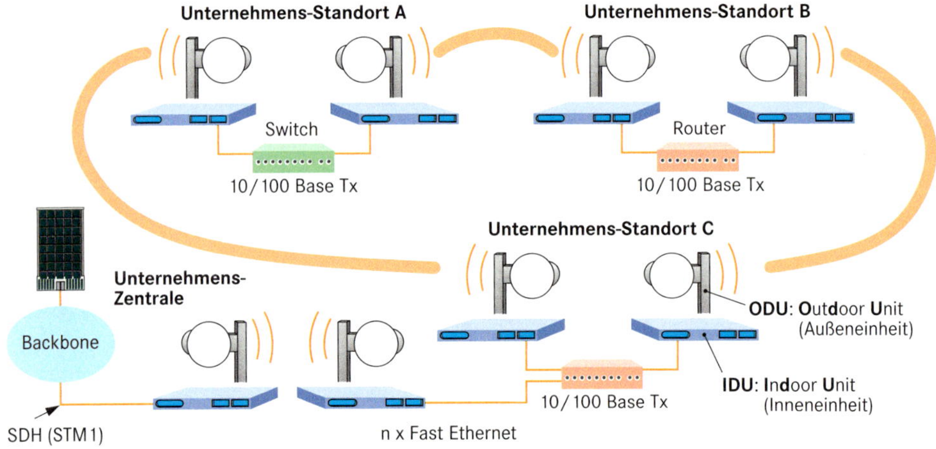

DVB

- **DVB: D**igital **V**ideo **B**roadcasting (Digitaler Fernsehempfang)
- **DVB-T** (**D**igital **V**ideo **T**errestrial)
  - Drahtlose Ausbreitung über terrestrische Sender
  - 4 bis 32 Mbit/s, Bandbreite 7 MHz bzw. 8 MHz
  - Modulation QPSK und QAM-16, QAM-64
- **DVB-C** (**DVB C**able)
  - Ausbreitung über Kabelnetze
  - Hyperbandkanäle S21 bis S41
  - Datenrate bis 51 Mbit/s, Bandbreite 8 MHz
  - Modulation QAM-64, QAM-256
- **DVB-C2**
  - Effektivere Datenreduktion durch MPEG-4 (H.264), dadurch Steigerung der Übertragungskapazität
  - Neue Dienste wie z. B. Video on Demand, interaktive Angebote
- **DVB-S** (**DVB S**atellite)
  - Drahtlose Ausbreitung über Satelliten
  - Transponder zwischen 26 und 54 MHz
  - Modulation QPSK, Datenrate bis 65 Mbit/s
- **DVB-S2**
  - Andere Modulationsverfahren als bei DVB-S (z. B. PSK, APSK)
  - Datenübertragungsrate um ca. 30 % höher als bei DVB-S

HDTV

- **HDTV: H**igh **D**efinition **T**ele**v**ision (hochauflösendes Fernsehen)
- Größere Bildauflösung (siehe Tabelle rechts) im Vergleich zum analogen PAL-Fernsehen
- Bildformat 16:9 (Kinoformat), PAL-Fernsehen 4:3
- Verbesserte Tonübertragung (Dolby Digital 5.1 oder Dolby Digital Plus)
- Die Datenraten betragen bis zu 25 Mbit/s. Der Bandbreitenbedarf steigt dadurch auf das Vierfache.
- Datenreduktion (Codecs) mit MPEG-2, MPEG-4, H.264/AVC
- Bei der Abtastung der Bildvorlage werden folgende Verfahren angewendet:
  - **Vollbildverfahren** (Kennzeichnung: **p**)
    Jede Zeile wird nacheinander abgetastet (progressive scan).
  - **Zeilensprungverfahren** (Kennzeichnung: **i**)
    Das Bild wird in zwei Teilbilder zerlegt, wobei beim ersten Halbbild die geraden Zeilen und beim zweiten Halbbild die ungeraden Zeilen abgetastet und übertragen werden (**interlaced**).

HDTV Standards

HD ready 1080p

- Auflösung: 1.920 x 1.080 Bildpunkte
- Analoger Eingange **YUV** (Y: Helligkeit und Farbdifferenzsignale U: Rot, V: Blau), Signale werden direkt Cinch-Verbindung weitergegeben (ab 2007)
- Digitale Eingänge mit
  - **HDMI** (**H**igh **D**efinition **M**ultimedia **I**nterface)
  - oder **DVI** (**D**igital **V**isual **I**nterface), rein digitales Signal, bis zu 4,9 Gbit/s und
  - mit Kopierschutz **HDCP** (**H**igh Bandwidth **D**igital **C**ontent **P**rotection).
- **Overscan** (Bereich an den äußeren Rändern eines Videobildes) im Setup-Menü ist abschaltbar.
- **Auflösungen**, die über YUV unterstützt werden müssen:
  - 720p (1.280 x 720 Pixel progressiv) und
  - 1080i (1.920 x 1.080 interlaced) mit 50 und 60 Hz
- **Auflösungen**, die über HDMI oder DVI unterstützt werden müssen:
  - 720p (1.280 x 720 Pixel progressive[1)])
  - 1080i (1.920 x 1.080 interlaced[2)]) mit 50 und 60 Hz
  - 1080p (1.920 x 1.080 progressive) mit 50 und 60 Hz
  - 1080p/24 Hz (24p) (1.920 x 1.080 progressive)

1) Progressive Scan: Vollbildverfahren
2) Interlace: Zeilensprungsverfahren

HDTV 1080p

- Es gelten die gleichen Bedingungen wie beim Logo „HD ready 1080p".
- Zusätzlich muss das Gerät direkt HDTV-Signale über DVB-C, DVB-S und DVB-S2 verarbeiten können und in 720p/1080i an das Display weiterleiten können.
- Die Decodierung von MPEG-2 und MPEG-4/AVC muss unterstützt werden.

Vergleich

Merkmale	PAL	720p	1080i
Auflösung	786 x 576	1.280 x 720	1.920 x 1.080
Pixel gesamt	442.368	921.600	2.073.600
Pixel/s	11.059.200	46.080.000	51.840.000
Bildaufbau	Halbbild (interlaced)	Vollbild (progressive)	Halbbild (interlaced)
Bildfrequenz	50 Hz	50 Hz	50 Hz
Bildformat	4:3	16:9	16:9

TV-Standards

Qualität	LDTV **L**ow **D**efinition **T**elevision VHS-Qualität	SDTV **S**tandard **D**efinition **T**elevision PAL-Qualität	EDTV **E**nhanced **D**efinition **T**elevision Studioqualität	HDTV **H**igh **D**efinition **T**elevision – Hochauflösendes Fernsehen
Auflösung in Pixel x Pixel	376 x 282	640 x 480	704 x 480	1920 x 1080
Datenrate in Mbit/s	1,5	4 ... 6	8	24 ... 30

Merkmale

- Unter IPTV versteht man eine Fernsehübertragung unter Verwendung des Internetprotokolls (IP).
- Weitere Protokolle sind
  - **IGMP** (**I**nternet **G**roup **M**anagement **P**rotocol) für die Kanal-Signalisierung beim Livestream ① (s. Abb. unten) und
  - **RSTP** (**R**apid **S**panning **T**ree **P**rotocol) für zeitversetztes ② On-Demand (auf Anforderung, bei Bedarf).

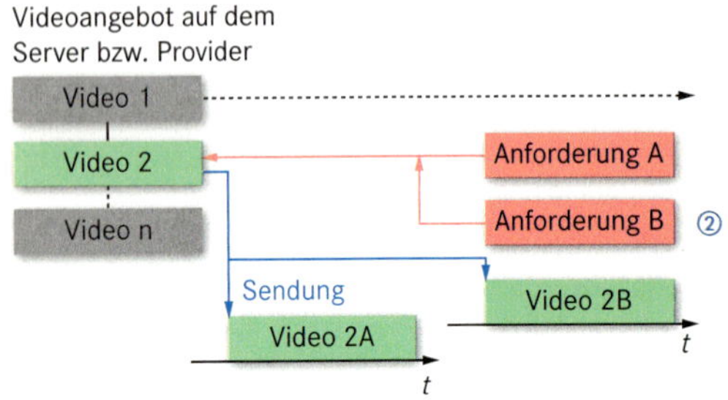

- Der Datenstrom setzt sich aus Paketen konstanter Größe zusammen, die auf verschiedenen Wegen den Empfänger über das Internet erreichen. Durch die IP-Adressen erfolgt ein gezielter Informationsaustausch zwischen zwischen dem Provider und den jeweiligen Endgeräten.
- Im Gegensatz zum Digital-TV ist IPTV **interaktiv** verwendbar:
  - Bereitgestellte Programme können gleichzeitig von vielen Teilnehmern abgerufen werden ②.
  - Die Sendungen lassen sich bedarfsgerecht und zeitversetzt (On-Demand, Timeshift-TV) abrufen bzw. speichern ④.
- Für die Übertragung von IPTV werden die Daten in Videocodecs komprimiert. Verwendet werden z. B. MPEG-2, MPEG-4, H.264/AVC, XviD, DivX oder WMV9.
- Für die Qualität und Abbildungsgröße auf dem Bildschirm ist die benutzte Hard- und Software sowie die im Netz verfügbare Datenübertragungsrate (Bandbreite) entscheidend. ADSL ist für IPTV gerade ausreichend. Eine höhere Qualität wird mit ADSL2+, VDSL und VDSL2 erzielt. Es können aber auch optische Netze oder die Funknetztechnik (WiMAX) eingesetzt werden. Für HDTV (1920 x 1080 Pixel) ist eine Datenübertragungsrate von 8 Mbit/s erforderlich.

Unterschied zum TV-Empfang über ein Kabelnetz

- Im TV-Kabelnetz (BK-Netz) sind alle Programme und Dienste bestimmten Frequenzbereichen zugeordnet. Sie können deshalb von den Abnehmern gleichzeitig genutzt werden.
- IPTV erfolgt in der Regel über den DSL-Anschluss des TK-Netzes. Grundsätzlich ist auch eine Überragung über das BK-Netz und über Funknetze möglich.
- Bei IPTV hängt die gleichzeitige Nutzung von der zur Verfügung gestellten Daterate (Bandbreite) des Anbieters ab. Bei z. B. 2 Mbit/s kann nur auf ein Programm bzw. einen Dienst gleichzeitig zugegriffen werden.

Streaming-Verfahren

- Beim Streaming ③ (Strömung) handelt sich um eine kontinuierliche Übertragung von Daten, bei der diese im Endgerät sofort für die Wiedergabe aufbereitet werden (Echtzeit).
- Für die Laufzeitunterschiede der Datenpakete werden je nach Bedarf Zwischenspeicher von einigen Sekunden eingesetzt.
- Im Gegensatz zum Rundfunk werden beim Streaming jedem Empfänger die Daten direkt zugeführt.
- Für die Wiedergabe wird entsprechende Software eingesetzt, die als Player bezeichnet werden. Beispiele: Windows Media Player, Real Player, Quicktime Player, Flash Player

Podcasting

- Allgemein wird beim Podcasting ④ (Kunstwort aus **iPod** und Broad**casting**) auf gespeicherte Daten eines Servers zurückgegriffen.
- Die Wiedergabe kann in der Regel erst dann erfolgen, wenn die Speicherung abgeschlossen ist.
- Wenn die gespeicherten Daten eines Servers genutzt werden, kann dieses als On-Demand oder als Download erfolgen.
- Unter Podcasting wird auch das Anbieten und abonnieren von Multimediadateien (Audio und Video) über das Internet verstanden. Das Abonnieren kann automatisiert werden, so dass der Abnehmer stets auf dem neusten Stand gehalten wird. Das Aufrufen der Webseite und das manuelle Abrufen der Daten entfallen.

Möglichkeiten für IPTV

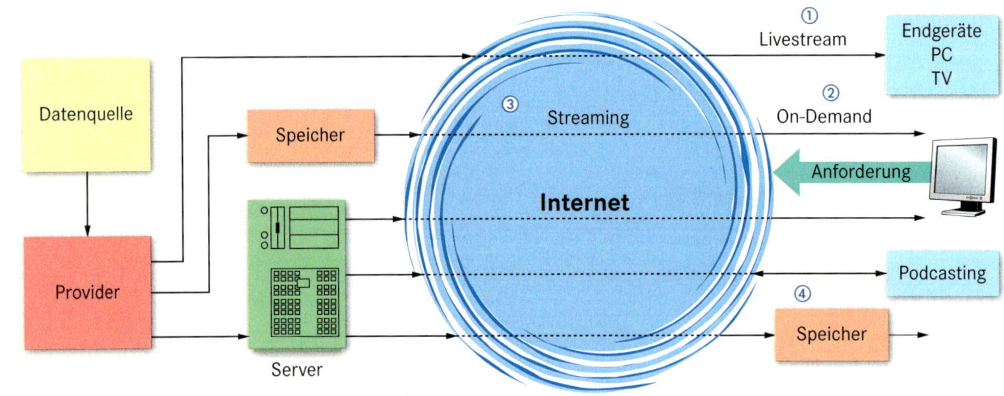

Breitbandkabelnetz

- Breitbandkabelnetze (BK-Netze) sind in der Regel Hausverteilanlagen bis zu einer Frequenz von 862 MHz mit einem Rückkanal (z. B. das bestehende analoge Kabelnetz) in Baumtopologie.
- Anbieterseite:
  CMTS (**C**able **M**odem **T**ermination **S**ystem)
  Diese Einheit befindet sich in der Regel in oder der Nähe der Kopfstelle und ist für die bidirektionale Datenübertragung im Hin- und Rückkanal verantwortlich (arbeitet wie eine Vermittlungsstelle).
- Jede CMTS besitzt nur eine bestimmte Anzahl von Modulatoren für die Hinkanäle und eine entsprechende Zahl von Demodulatoren für die Rückkanäle. Deshalb kann nur eine begrenzte Teilnehmerzahl angeschlossen werden (z. B. 5000 bis 10000).
- Bei großen Kabelnetzen werden Teilnetze (Cluster) gebildet.
- Die Up- und Downstreamdaten liegen in unterschiedlichen Frequenzbändern.
  - Downstream: Kanäle oberhalb 450 MHz, Quadraturamplitudenmodulation (QAM)
  - Upstream (Rückkanal): 10 MHz bis 65 MHz, Quadraturphasenumtastung (QPSK)
- Auf der Teilnehmerseite befindet sich das Kabelmodem.

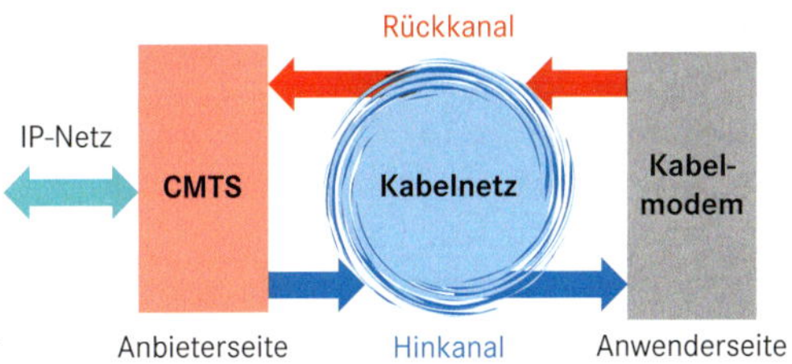

- Für das Zusammenwirken zwischen CMTS und Kabelmodem wird der **DOCSIS**-Standard (**D**ata **O**ver **C**able **S**ervice) verwendet. Mit DOCIS werden Kabelinternet und -telefonie realisisert (Voice over Cable, Variante von IP-Telefonie).
- Die DOCIS-Komponente **MAC** (**M**edia **A**ccess **C**ontrol) steuert folgende Funktionen:
  - Konfiguration des Kabelmodems
  - Aktivierung und Deaktivierung der Dienste
  - Verschlüsselung (Data Encryption Standard)
- DOCSIS 3.0:
  - Hinkanal max. 200 Mbit/s bei Bündelung von vier Kanälen
  - Rückkanal max. 120 Mbit/s

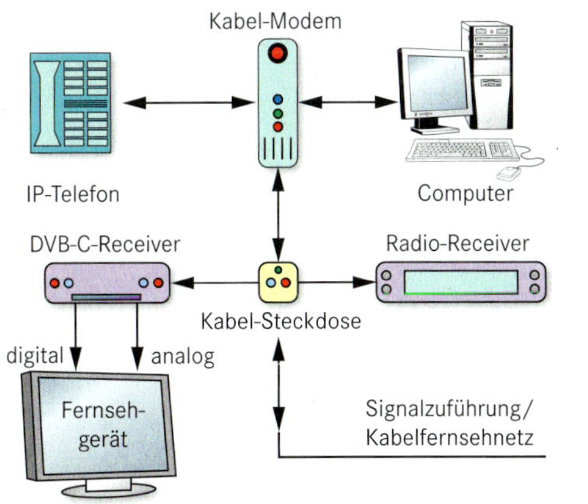

Kabelmodem

- Das Kabelmodem ist ein Gerät, mit dem Daten im Breitbandkabelnetz übertragen werden. Es befindet sich zwischen dem Kabelanschluss und dem Router bzw. PC.
- Ein Splitter zur Frequenztrennung ist nicht erforderlich.
- Die Verbindung erfolgt über Ethernet oder die USB-Schnittstelle.
- Der Netzwerkanschluss des PCs wird nicht benötigt.

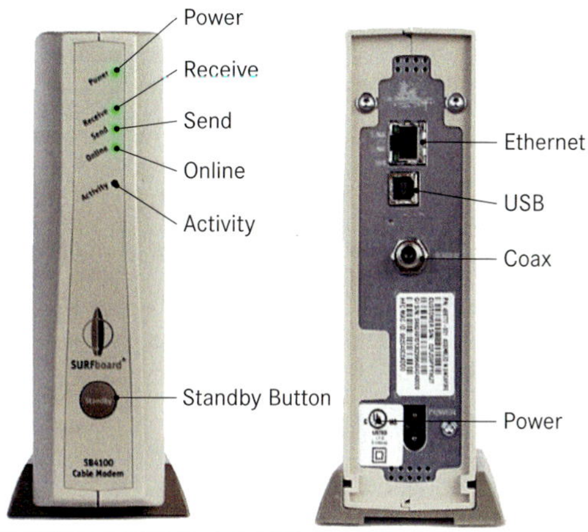

TK-Netz

- Breitbandige, zuverlässige und verzögerungsarme IP-basierte Zugänge (ADSL, VDSL, Glasfasern) sind für die Übertragung erforderlich.
- Leistungsfähige Datenreduktionen werden benutzt (z. B. MPEG-4, AVC).

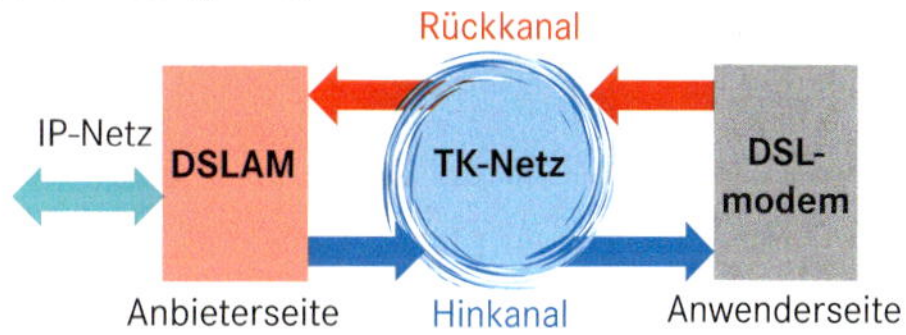

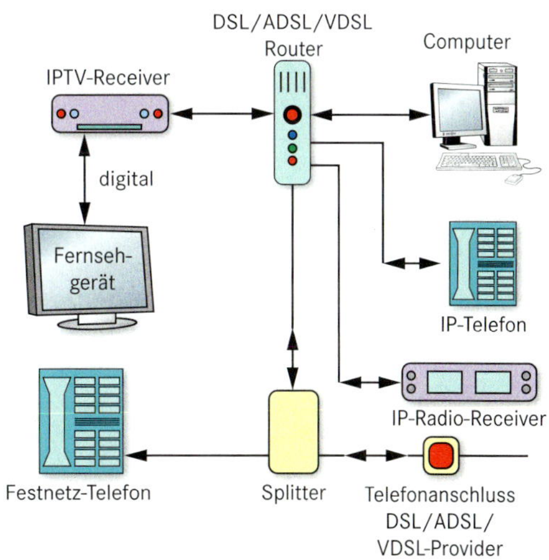

Merkmale

- Satellitendirektempfang erfolgt über Empfangsanlagen, die aus einer **Satellitenantenne** (Schüssel), einem **LNB** (**L**ow **N**oise **B**lock: Beinhaltet Verstärker und Down Converter) und dem **Satelliten-Receiver** oder einer **PC-Karte** bestehen.
- Empfangen werden die Signale geostationärer Satelliten, auf die die Empfangsantenne mit freier Sicht ausgerichtet sein muss.
- Zur Ausnutzung des Frequenzbereichs werden die Signale **horizontal, vertikal, linksdrehend** und **rechtsdrehend zirkular polarisiert** ausgestrahlt.

Dienste

- Dienste bei ASTRA NET sind
  - **IP-Multicast-Package-Delivery** (Übertragen von Datenpaketen an geschlossene Benutzergruppen, z. B. Firmenzentrale an Außenfilialen).
  - **IP-Multicast-Streaming-Service** (Übermittlung von PC-TV, Audio- oder Datentickern, z. B. Börsenkurse).
  - **Internet-Services** (Internetdienste).
- Für Internetdienste war bisher als Rückkanal (Kunde zum Provider) ein Telefonanschluss erforderlich; zukünftig wird mit direktem Rückkanal zum Satelliten – **Satellite Interactive Terminal** (**SIT**) – eine Übertragung mit 150 kbit/s möglich.

LNB-Arten

- Bei Empfang des Satellitensystems ASTRA ist ein Universal LNB mit **Empfangsbereich von 10,70 GHZ bis 12,75 GHz** erforderlich (analoger und digitaler Empfang).
- **Universal LNB** erlaubt die Auswahl zwischen unterem oder oberen ASTRA-Band (22 kHz Schaltton) sowie zwischen horizontaler und vertikaler Polaristion (14 V oder 18 V Schalt-Gleichspannung jeweils vom Receiver ausgegeben).
- Universal **Twin LNB** verfügt über zwei getrennte Ausgänge; damit ist die gleichzeitige Ansteuerung von zwei digitalen, einem digitalen und einem analogen oder von zwei analogen Empfängern möglich.
- **Quatro LNBs** liefern über vier Ausgänge beide Bandbreiten und Polarisationen gleichzeitig.
- Satellitenempfänger sind verfügbar für analogen und digitalen Empfang.
- Digitale Empfänger sind als **Set-Top-Box** für freie Dienste oder **Pay-TV-Box** eines Anbieters digitaler Programmpakete erhältlich.
- **Multimedia-Dienste** über Satellit versenden Inhalte direkt an adressierte PCs in Unternehmen oder Privathaushalte (z. B. ASTRA NET).
- Die Datenübertragung erfolgt dabei verschlüsselt oder unverschlüsselt auf der Basis von Internet-Protokollen und den DVB/MPEG-Standards.
- Die **Nettodatenrate** liegt bei 6,5 Mbit/s (einzelner PC) und 38 Mbit/s bei Server-Anschluss.

Satellitenstandorte

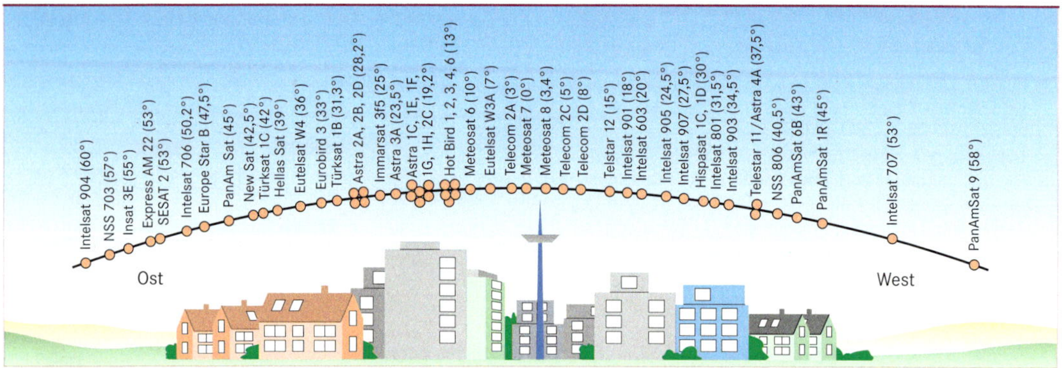

Empfangsanlage

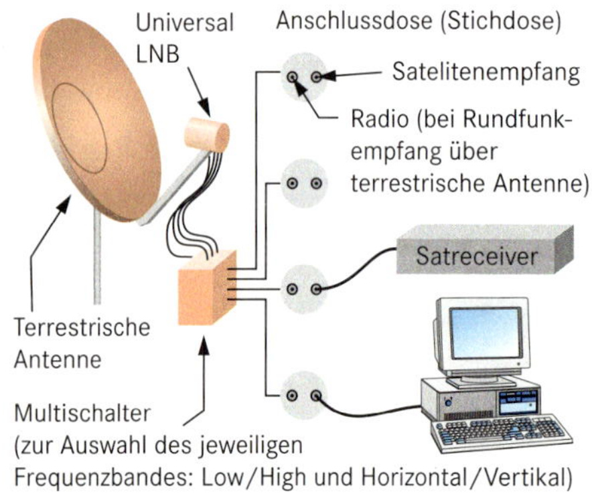

Bidirektionale Satelliten-Kommunikation

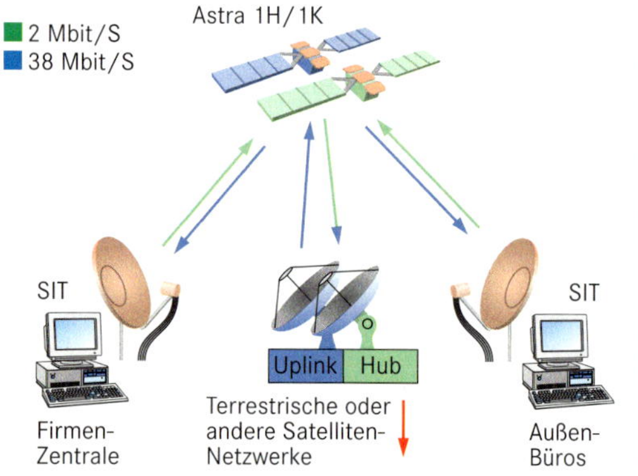

Ortungsprinzip

Nacheinander werden zwei Entfernungen zu einem sich bewegenden Satelliten gemessen (Messung der **Entfernungsänderung**).
a_1: Entfernung zum Satelliten zum Zeitpunkt t_1
a_2: Entfernung zum Satelliten zum Zeitpunkt t_2
$\Delta a = a_2 - a_1$
Diese Entfernungsänderung ist ein Messgröße, die für eine Ortung verwendbar ist.

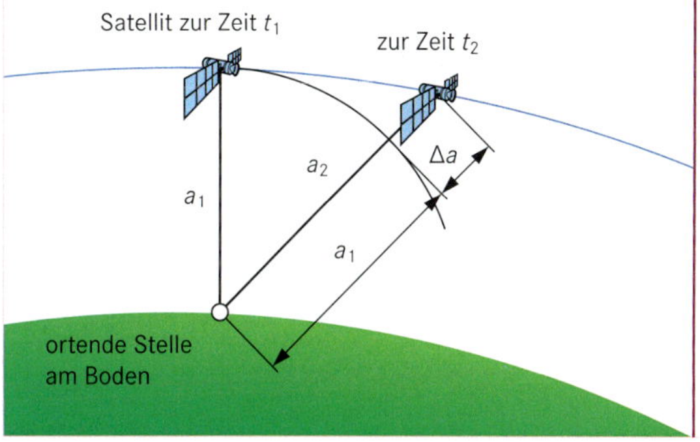

Segmente im GPS-System

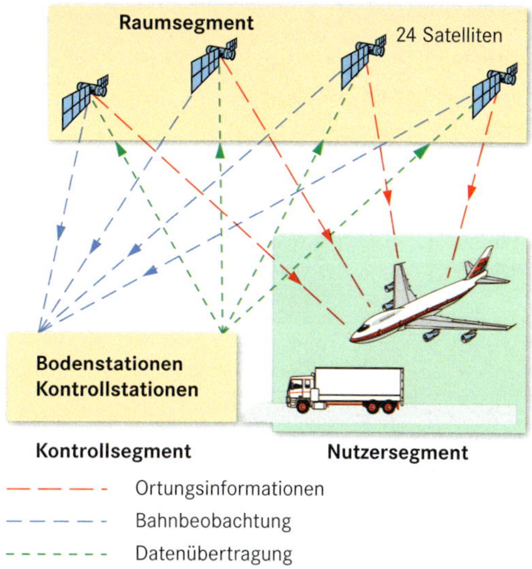

GPS-Grundkonzeption

Aufgaben	Positionsbestimmung (Ortung), Geschwindigkeitsbestimmung, Zeitinformationsbestimmung
Ortungsverfahren	Entfernungsmessung, dreidimensional
Satelliten	24 umlaufende Satelliten (21 aktiv, 3 Ersatz)
Bahnhöhe	20 230 km
Sendefrequenzen (Träger)	Träger L1: f_1 = 1575,42 MHz Träger L2: f_2 = 1227,60 MHz (aus Atomfrequenznormal f_0 = 10,23 MHz abgeleitet)
Messgrößen	Entfernung durch Messen von **Signallaufzeiten** (Impulslaufzeitverfahren), **Trägerphasendifferenz** (kontinuierliche Schwingungen, CW-Verfahren)
Positionsbestimmung	Genauigkeit: Signallaufzeitmessung: 30 bis 100 m Trägerphasendifferenz: 3 bis 30 cm
Geschwindigkeit	Genauigkeit: Fehler 3 m/s
Zeitinformation	Genauigkeit: Fehler 100 ns

Anwendung von GPS im zivilen Bereich

Ortung und Navigation:
- **C/A**-Code (**C**oarse **A**cquisation) des Trägers L1 wird empfangen, ausgewertet und daraus die Position berechnet.
- Zur Berechnung muss der Standort des Satelliten bekannt sein. Die Daten liefern 5 auf der Erde verteilte Kontrollstationen (Kontrollsegmente).
- Zur dreidimensionalen Positionsbestimmung sind Signale von drei Satelliten erforderlich.
- Voraussetzung für eine exakte Messung ist die mitgesendete „Uhrzeit" (GPS-Zeit).

Differenzial-GPS (DGPS)

Bei der Auswertung der GPS-Signale können Abweichungen von 30 bis 500 m auftreten. Eine verbesserte Positionsbestimmung wird durch eine **Differenzialmessung** erreicht.

Prinzip:
- Genau vermessene Referenzstation mit GPS-Empfänger, Referenzprozessor, Referenzsender.
- Die Differenz zwischen den über die GPS-Daten ermittelten Koordinaten und den geodätischen Koordinaten wird ständig ermittelt, ausgewertet und Korrekturdaten errechnet.
- Die Korrekturdaten werden über einen Sender abgestrahlt (z. B. über RDS, Langewelle).
- Der GPS-Nutzer kann beide Signale verwenden, um seine Position zu bestimmen. Genauigkeit bis zu 10 m.

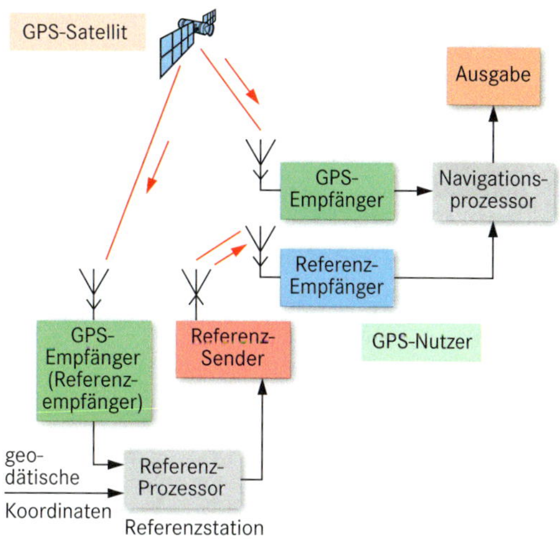

Elektromagnetischer Frequenz- und Wellenlängenbereich

$$c = \lambda \cdot f$$

c: Ausbreitungsgeschwindigkeit der elektromagnetischen Welle
c = 299792,5 m/s

λ: Wellenlänge f: Frequenz

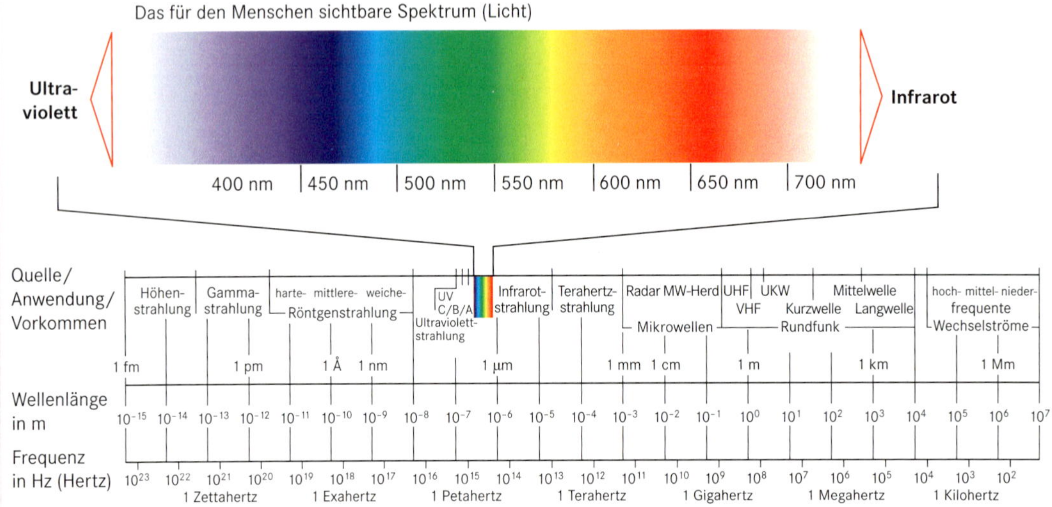

Frequenzbänder von Mobilfunksystemen

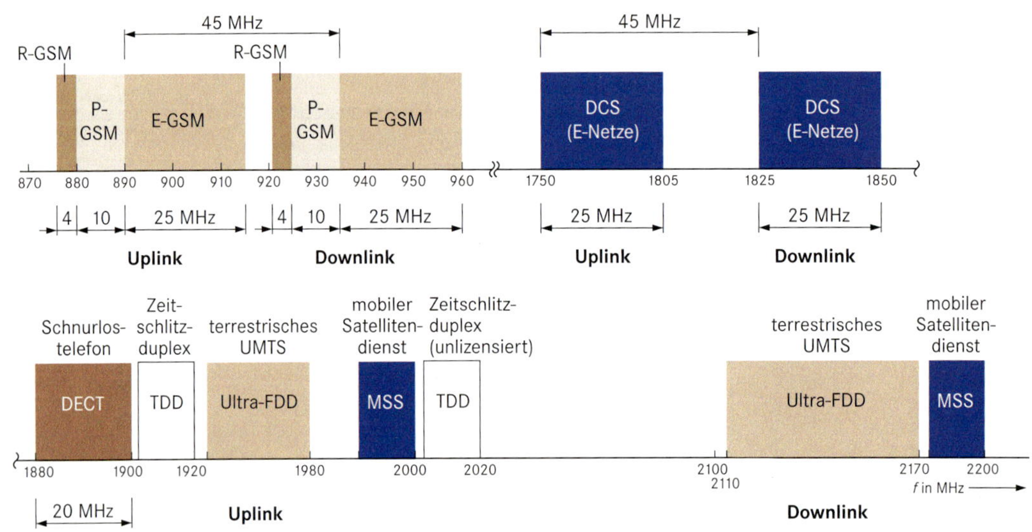

GSM: **Gl**obal **S**ystem for **M**obile Communication (Mobilfunksystem)
R-GSM: **R**ail (Eisenbahn) **GSM**
E-GSM: **E**xtended (erweitert) **GSM**
P-GSM: **P**ublic (öffentlich) **GSM**
DCS: **D**igital **C**ommunication **S**ystems (GSM-System im E-Netz)
DECT: **D**igital **E**nhanced **C**ordless **T**elephone (schnurlose Telekommunikation)

TDD: **T**ime **D**ivison **D**uplex (Zeitmultiplex-Zugriff mit zeitgesteuertem Duplexbetrieb)
Ultra-FDD: **U**ltra **F**requency **D**ivision **D**uplexing (Verfahren im Verkehrsfunk)
MSS: **M**obile **S**atellite **S**ervice (Versorgung ländlicher Gebiete mit Internet, Fernsehen und Radio)
UMTS: **U**niversal **M**obile **T**elecommunications **S**ystem

Projekte, Sicherheit, Qualität

8

Charakteristika

- Projekte sind zeitlich befristet und einmalige Vorhaben.
- Der Zeitrahmen von Projekten kann vorab festgelegt werden, bzw. er wird vom Auftraggeber vorgegeben.
- Die **Zielfestlegung** erfolgt zum Projektbeginn.
- In Projekten werden umfangreiche und vielschichtige Aufgabenstellungen behandelt.
- Während eines Projektes arbeiten verschiedene Abteilungen (Stellen) und Personen zusammen.
- Die Zusammenarbeit der einzelnen Mitarbeiter muss koordiniert werden.
- Zur Projektdurchführung können nur begrenzte Ressourcen verwendet werden.
- Unterschieden werden **sachzielorientierte** von **prozessorientierten Projekten** und **Produkt**- und **Anlagen-Projekten**.
- Während der Projektdurchführung müssen erreichte Ziele, Probleme usw. dokumentiert werden.
- Liegen konkurrierende Zielkomponenten vor, müssen die Prioritäten festgelegt werden.
- Der **Projektträger** erteilt den Projektauftrag und trägt letztlich die Entscheidungen.
- Das **Projektmanagement** ist für die konkrete Projektdurchführung verantwortlich.
- Die **Projektdefinition** wird vom Projektmanagement in Abstimmung mit dem Projektträger vorgenommen.
- Aufgaben des Projektmanagements:
  - **Planung** (Entwurf eines Projektablaufs)
  - **Organisation** (Definition der Arbeitsstrukturen)
  - **Personaleinsatz** (Personalauswahl/-fortbildung)
  - **Führung** [Überwachung] (Leitung der Arbeiten und des Personals)
  - **Kontrolle** (Überprüfung der erreichten Ergebnisse)
- **Interne Projekte:** Im Unternehmen werden Projekte von Führungsstellen durchgeführt.
- **Externe Projekte:** Auftraggeber eines Projektes ist ein Kunde außerhalb des Unternehmens.

Projektvorgaben /-ziele

Einzuhaltende Aspekte eines Projektauftrages

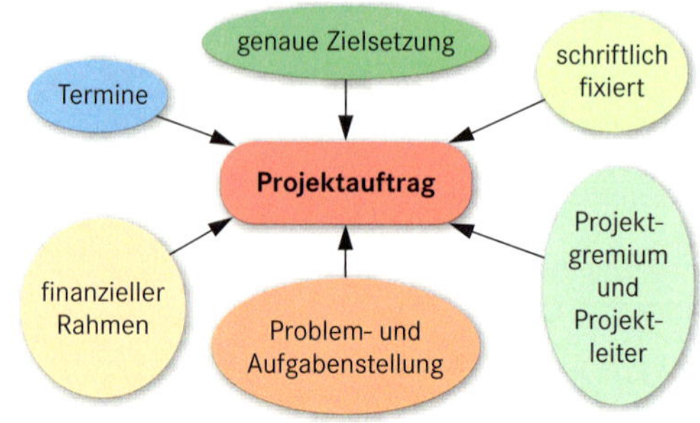

- Wesentlich ist eine exakte Bestimmung des **Projektziels**, das verbindlich für **Auftraggeber** und **-nehmer** ist.
- Bei der **Zielfestlegung** müssen
  - **sachliche**
  - **ökonomische (finanzielle)**
  - **zeitliche**
  - **soziale** Vorgaben und Möglichkeiten (→ **Rahmenbedingungen**) beachtet werden.
- Die festgelegten Ziele müssen
  - schriftlich festgelegt
  - eindeutig definiert
  - klar und widerspruchsfrei formuliert
  - realistisch ausgewählt
  - transparent festgelegt
  - überprüf- und beurteilbar sein.
- Mit der konkreten Zielbestimmung müssen
  - ein exakter **Anforderungskatalog,**
  - die **Nachweisform der erreichten Ergebnisse,**
  - die denkbaren Verhaltensweisen bei **Durchführungsschwierigkeiten** und
  - die Kriterien zur Erfassung der **Projektergebnisse**
- nachvollziehbar festgelegt werden.

Projektablauf

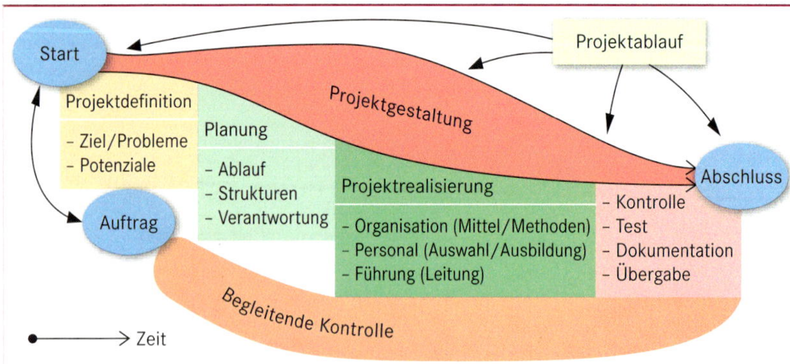

Projektstart

- Initiierung und Gründung des Projektes
- Definition der Projektziele
- Analyse der zu lösenden Probleme
- Bestimmung der Lösungsmöglichkeiten
- Festlegung eines Lösungsansatzes
- Ermittlung der organisatorischen Möglichkeiten
- Festlegung eines Projektauftrages

Planungsphase

Aufgaben innerhalb der **Planungsphase**

- Inhaltliche und terminliche Strukturierung der Projektarbeit
- Abschätzung des Arbeitsaufwands
- Festlegung des Kostenrahmens
- Bestimmung der Projektteilverantwortung
- Definition wesentlicher Zwischenziele
- Im Rahmen der Planung ist festzulegen, auf welchen Wegen die einzelnen Teilziele zu erreichen sind.
- Die Zielerreichungskriterien (Maßstäbe/Qualitätskriterien) sind festzulegen.
- Die Vernetzung und Abhängigkeit der Inhalte und Ziele ist übersichtlich darzustellen.

Planungsdarstellung

- Planungsabläufe, Planungsaktivitäten, Zwischenziele und Termine können mit **Tabellen**, **Diagrammen** und **Graphen** anschaulich dargestellt werden.
- Wesentliche Zwischenergebnisse werden auch als **Meilensteine** in der Projektabwicklung bezeichnet.
- Mit den **Ablaufplänen** können Aktivitätsabhängigkeiten übersichtlich dargestellt werden.

Entwicklungswege mit wesentlichen Zwischenergebnissen

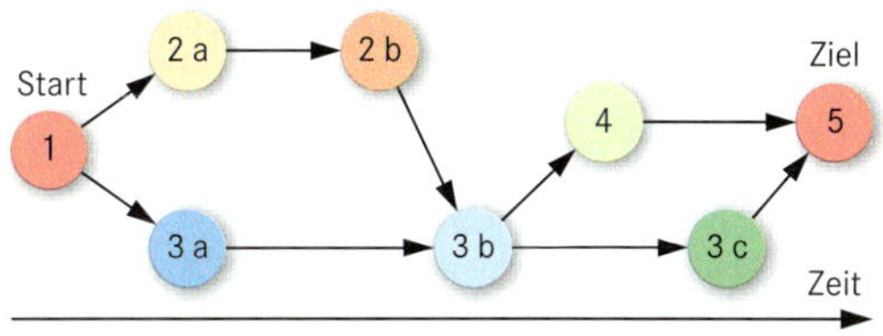

Projektrealisierung

Während der Projektrealisierung müssen drei Managementfunktionen erfüllt werden:
- die konkrete **Projektorganisation**
- der **Personaleinsatz**
- die konkrete **Leitung der Arbeitsausführung**

Personaleinsatz

Aufgaben beim **Personaleinsatz**
- Bestimmung der notwendigen Personalqualifikationen
- Personalsuche/-werbung (Stellenanzeigen)
- Personalauswahl
- Weiter- und Fortbildung des Personals
- Zuordnung des Personals auf Stellen
- Gestaltung einer leistungsgerechten Entlohnung

Projektorganisation

Aufgaben innerhalb der **Projektorganisation**
- Erstellung eines zielorientierten Handlungsgefüges
- Festlegung von überschaubaren Aufgabeneinheiten
- Kompetenz- und Stellenzuweisungen
- Schaffung einer Kommunikationsstruktur

Projektführung

Aufgaben innerhalb der **Projektführung**
- Feinregelung der alltäglichen Arbeitsaufgaben
- Kontinuierliche und konkrete Motivation, Regulierung und Entscheidungen im Arbeitsprozess
- Abstimmungen zwischen den Beteiligten
- Gestaltung der konkreten Kommunikation
- Kontinuierliche Überprüfung der Arbeiten

Teamarbeit

Die vorherrschende Arbeitsform ist die Teamarbeit innerhalb der Projektarbeiten. Deren Qualität bestimmt auch die Qualität der Projektarbeit. Die Gestaltung der Kommunikationsbeziehungen (Effektivität, Sensibilität, Klarheit, Eindeutigkeit und Zielorientierung) bestimmt die Qualität der Arbeitsbeziehungen.

Projektkontrolle

- Die Projektkontrolle erfolgt kontinuierlich während der Projektdurchführung und stellt darüber hinaus auch eine eigenständige Phase dar.
- Generell wird ein SOLL-IST-Abgleich vorgenommen.
- Die kontinuierliche Kontrolle ist vom Projektleiter vorzunehmen.
- Bei umfangreichen Projekten sind autonome Kontrollteams zu bilden.

Kontrollaspekte im Projekt
- Aufwands- und Kostenkontrolle (Budgetrahmen)
- Terminkontrolle
- Projekt- und Produktfortschritt
- Qualitätsentwicklung
- Gestaltung der Produktdokumentation
- Entwicklung der Projekt-/Fortschrittsberichte
- Projektdokumentation und -präsentation

Projektabschluss

Aufgaben gegenüber dem Auftraggeber
- Dem Auftraggeber ist das Produkt zu präsentieren.
- Die Abnahmetestergebnisse sind vorzustellen.
- Das Produkt ist zu übergeben.
- Eine Produktdokumentation ist auszuhändigen.
- Eine Analyse der Produkteigenschaften (Abweichungsanalyse) ist zu erstellen.
- Ein Produktabnahmebericht ist zu erstellen.
- Eine Abschlusskalkulation muss erarbeitet und dem Auftraggeber übergeben werden.

Aufgaben innerhalb der Projektgruppe
- Der Projektphasenablauf muss analysiert werden.
- Herausstellung der Stärken und der Schwachpunkte.
- Diskussion der Qualität des Projektmanagements und der Projektleitung.
- Die Produktqualität, die Qualität der Dokumentation und der Präsentation müssen erfasst werden.
- Erstellung einer internen Kostenanalyse.
- Beurteilung der Projektteilnehmer (→ Zeugnisse).
- Das Projekt und die Projektgruppe sind aufzulösen.

Alltag von Projektmanagern

- Projektmanager benötigen etwa **70 %** ihrer Arbeitszeit für **Gespräche.**
- Die Kontakte/Begegnungen sind durch **Fragen** und **Zuhören** bestimmt.
- **Anweisungen** treten nur selten auf.
- **Probleme** sind oftmals nicht eindeutig aufzulösen.
- **Sach- und Personalaspekte** sind oft nicht klar voneinander zu trennen.
- **Freie Gestaltungsräume** treten nur begrenzt auf.
- Die **Prozessabläufe** sind oft sehr komplex, ineinander verschränkt und können nur schwer strukturiert werden.
- Die **Informationsbasis** zur Lösung (**Entscheidung**) vieler Probleme ist fast immer unvollständig und uneindeutig.
- **Handlungserfordernisse** und innere und äußere **Handlungsbegrenzungen** bestimmen wesentliche Entscheidungsmöglichkeiten der Projektbeteiligten.

Team-Kennzeichen

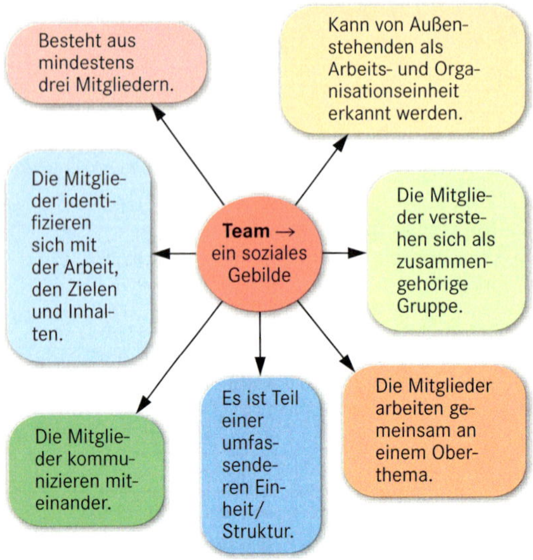

Teamarbeitsqualität

- Offene und transparente **Kommunikationsbeziehungen** unter den Mitgliedern
- **Klare** und **eindeutige Aufgabenkoordination** durch die Projektleitung
- **Gerechte** und **einsichtige Arbeitsverteilungen** innerhalb des Teams
- **Gleichberechtigung** der Mitgliederbeiträge
- Gegenseitige **Unterstützung** der Teammitglieder
- **Einheitliche** (Arbeits-)**Erwartungsnormen** bei den Mitgliedern
- **Zufriedenheit** des einzelnen Mitarbeiters mit dem Arbeitsprozess im Team
- **Positive Akzeptanz** der eigenen Rolle im Team
- **„Innere Identität“** (Zusammenarbeit/Kohäsion) in der Gruppe
- **Positive Einschätzung** der Teamarbeitsziele durch die Mitarbeiter (**„Innere Übereinstimmung“** mit dem Projekt)
- Eindruck/Einschätzung/Gefühl der **Sinnhaftigkeit** des Tuns der Teamgruppe, wobei dieser Sinn einheitlich – von allen Mitgliedern – benannt werden kann.

Optimierungsregeln für die Teamarbeit

- **Zuhören** ist (oftmals) wichtiger als reden.
- **Schweigen** ist weder als Zustimmung noch als Ablehnung zu verstehen.
- **Konflikte** und Irritationen sollen benannt und besprochen werden.
- **Missverständnisse** sind (unverzüglich) aufzuklären.
- Probleme sollen selbstständig gelöst werden.
- Besprechungsergebnisse sind zu **dokumentieren.**
- Alle Vereinbarungen, Festlegungen, Dokumente usw. sind **für alle jederzeit einsehbar.**
- **Zuständigkeiten** sind überprüfbar und eindeutig festzulegen.
- **Vorgehensweise** und Positionen sind abzusprechen und einzuhalten.
- **Alle Mitglieder** begreifen sich **als vollwertige** und **gleichberechtigte** Projektmitarbeiter.
- **Probleme** der Projektentwicklung sind zu thematisieren.
- Der **Kundenwunsch** steht zentral im Mittelpunkt des Arbeitsinteresses (**Kundenorientierung** der Arbeit).

Ebenen der Kommunikationsbeziehungen

(1) Eigen- und Selbstverständigung (innerer Monolog)
(2) Dialogische Kommunikationsstruktur (Ich-Du-Beziehung)
(3) Verständigung zwischen Gruppen und Abteilungen
(4) Komplexe (taktische und strategische) interne und externe Unternehmenskommunikation

Training schrittweise von (1) zu (4).

Formale Projektbeschreibungen

1. Funktionsmatrix /-diagramm	2. Verantwortungsmatrix
3. Meilensteinpläne /-listen	4. Netzablaufpläne
5. Aktivitätspläne	6. Fortschrittsberichte

Zu allen Aspekten existieren Anwenderprogramme (MS Project ...).

Projektarbeitsaufwand

Zur Festlegung von Projektteams muss der zu erwartende Arbeitsaufwand geschätzt und der Bedarf an Mitarbeitern festgelegt werden.

- Der Zeitaufwand für die Kommunikation in Teamgruppen hängt von der Anzahl der Mitarbeiter exponentiell ab:

  $\mathbf{KA = A \cdot exp\,(AM \cdot B) = A \cdot e^{AM \cdot B}}$

  PM: Projektmonate; **A, B:** Faktoren

  KA: Kommunikationaufwand in PM

  AM: Anzahl der Projektmitarbeiter
- Der Zeitaufwand für die Lösung einer Projektaufgabe nimmt mit der Zahl der Mitarbeiter ab.

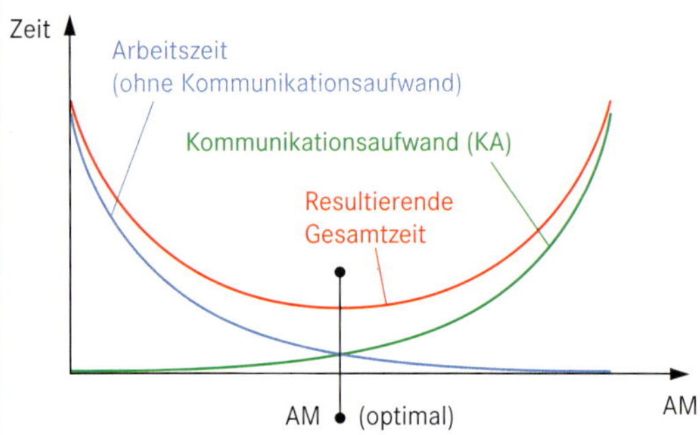

Der Projektaufwand kann mit folgenden – auch kombiniert eingesetzten – Methoden abgeschätzt werden:

- **Expertenschätzung**: Ein Fachmann hat bereits entsprechende Pojekte durchgeführt.
- **Delphi-Methode**: Mehrere Fachleute prognostizieren unabhängig voneinander den Aufwand. Diese Einschätzungen werden später offen diskutiert und die ursprünglichen Einschätzungen werden modifiziert.
- **Berechnungsmethoden**: Expertenwissen wird mathematisch aufbereitet.

Begriffe von Softwareprojekten

Ausfallzeit:
Die Zeit, in der die Anlage oder Geräte keine oder fehlerhafte Leistungen erbringen.

Ausweichanlage:
Eine der Konfigurationen des Anwenders entsprechende Anlage, die für seine Programme geeignet ist.

Betriebsbereitschaft:
Uneingeschränkte Einsatzfähigkeit der Anlage(n) oder Geräte

DV-Anlage:
Zentraleinheit(en) einschließlich angeschlossener und zugeordneter Geräte

DV-Geräte:
Zentraleinheit oder die an diese unmittelbar oder mittelbar angeschlossenen oder der Anlage zugeordneten Maschinen.

DV-technisches Feinkonzept:
Festlegung der DV-technischen Realisierungen der maschinell auszuführenden Funktionen eines DV-gestützten Verfahrens zur Erfüllung der Programmanforderungen. Die Festlegung ermöglicht unmittelbar und ohne weitere Vorarbeiten die Programmierung.

Fachliches Feinkonzept:
Vollständige Festlegung eines Verfahrens durch die detaillierte Beschreibung der Funktionen und Schnittstellen sowie der von ihnen benötigten und zu erzeugenden Informationen. Bei DV-gestützten Verfahren sind deren maschinell auszuführende Funktionen als solche ausgewiesen.

Grobkonzept:
Der nach vorbereitenden Arbeiten vorgeschlagene Lösungsweg. Lösungsweg in diesem Sinne ist ein Verfahrenskonzept, das die Forderungen an Leistung und Eigenschaften des Verfahrens berücksichtigt.

Grundsoftware:
Elementare Betriebsprogramme speziell zur Steuerung, Überwachung, Wartung und Diagnose der einzelnen Systeme (Zentraleinheit, Arbeitsspeicher, Anschlussgeräte) sowie die zur Verwaltung/Kontrolle der Programmabläufe erforderlichen Betriebsprogramme.

Instandhaltung:
Alle vorbeugenden, zur Werterhaltung und Aufrechterhaltung der Betriebsbereitschaft der Anlage oder Geräte erforderlichen Leistungen.

Instandsetzung:
Beseitigung von Störungen an der Anlage durch Reparatur und/oder Ersatz.

Mängelbeseitigung:
Umfasst neben der endgültigen Beseitigung des Mangels auch die Diagnose und gegebenenfalls eine behelfsmäßige Lösung.

Programm:
Eine Anweisung zur Aufgabenlösung zusammen mit allen erforderlichen Vereinbarungen (DIN 44300). In den BVB auch benutzt für Programmsysteme einschließlich der für deren Funktionsfähigkeit notwendigen Hilfsmittel.

Programmeinführung:
Der Programmzustand auf einer EDV-Anlage ermöglicht die Aufnahme der Funktionsüberprüfung.

Vorbereitende Arbeiten:
Vorarbeiten für ein Grobkonzept (Verfahrensiodee, Ist-Analyse, Forderungen)

Wartung:
Leistungen zur Instandhaltung und Instandsetzung der EDV-Anlage bzw. Geräte

IT-Projektmitarbeiter/Führungsorganisation

Grundsätzlich ist die intrinsische und extrinsische Motivation der Mitarbeiter zu beachten. Anreizsysteme (Entlohnung ...) können die Motivation lenken und stärken. Einzelne Mitarbeiter sind für spezielle Aufgaben besoonders geeignet.

Mitarbeitertypologie speziell mit Blick auf die IT-Projektarbeit (Benennung und nähere Charakterisierung)	
Completer, Finisher sorgfältig, zielorientiert, Interesse an vollständigen Handlungen	**Plant** originelle, anregend, mit Blick auf die Hauptlinie, Details vernachlässigend
Implementer pragmatische Machbarkeitsorientierung, kein Visionär	**Monitor Evaluator** hohe Analysefähigkeit, kreativ, zum Teil distanziert
Coordinator Teamführer, diszipliniert, ruhig, gelassen	**Resource Investigator** Kommunikator (nach außen)
Shaper Teamkoordinierung, problemlösungsorientiert	**Spezialist** technisches Detailinteresse
Teamworker anpassungsfähig, Kooperationsfähigkeit	

Arbeitstreffen (Gestaltungsprinzipien)

Veranstaltung langfristig planen und organisieren	Tagesordnungspunkte vorab allen rechtzeitig mitteilen
Allen Teilnehmern alle Materialien (vorab) zustellen	Pünktliche, präzise Gestaltung
Klare Vorstellung/Absprachen	Thema und Teilnehmer vorstellen/bekannt machen
Termine vereinbaren	Verbindliche Vergabe von Aufträgen und Vorgaben
Kontrollen, Rückmeldungen und Überprüfungen festlegen	Erfolgskontrolle (IST-SOLL-Vergleich; Schwachstellenanalyse)
Protokolle zeitnah erstellen und allen zugänglich machen	
Vorleben der eigenen Maßstäbe und Ideen	

Prinzipien der Mitarbeiterführung

Klare, eigene Wertvorstellungen und Beurteilungsmaßstäbe	Präzise, eindeutig und zeitlich knapp fragen und antworten
Ohne Hektik, ohne Zeitnot in der Begegnung	Keine Abwertungen von Beiträgen und Mitteilungen
Lösungsorientiert arbeiten und diskutieren	Trennung von sachlichen und persönlichen Facetten
Konzentration auf das Wesentliche	Delegation von Routineaufgaben
Vorleben der eigenen Maßstäbe und Ideen	

Lastenheft

Definition

DIN VDI/VDE 3694: 91-04

- Das Lastenheft enthält alle Forderungen des Auftraggebers (Kunden) an die Lieferungen und/oder Leistungen eines Auftragnehmers.
- Die Forderungen sind aus Anwendersicht einschließlich aller Randbedingungen zu beschreiben. Diese sollten quantifizierbar und prüfbar sein.
- Im Lastenheft wird definiert, was für eine Aufgabe vorliegt und wofür diese zu lösen ist.

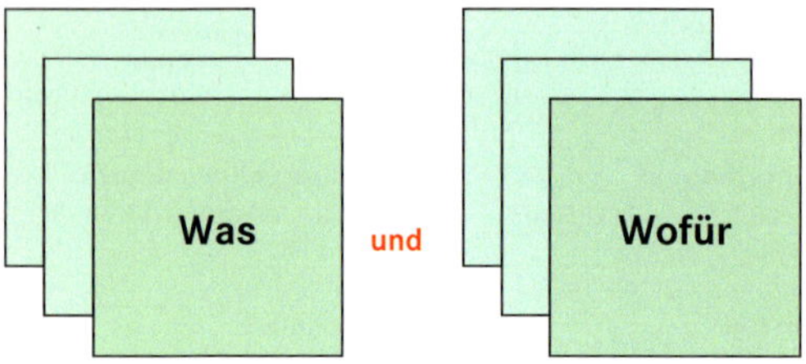

Voraussetzungen für die Erstellung

- Guten Kontakt zwischen allen Beteiligten herstellen
- Wesentliche Anforderungen durch Markt-, Kunden- und Umfeldanalyse ermitteln

Durchführung

- Keine allgemeingültigen Vorgaben
- Umfang und Inhalt ist stark von der Zielsetzung abhängig
- Ermittlung der z. B.
  - Anforderungsträger
  - Produktfaktoren aus Kundensicht
  - Kaufentscheidende Faktoren
  - Anforderungen aus dem Umfeld
  - Anforderungen aus dem Unternehmen
  - Anforderungen des Vertriebs
  - Anforderungen von Lieferanten und von Kooperationspartnern
  - Produktionsprofile

Vorteile

- Einheitliche Vorgabe für alle am Entwicklungsprozess Beteiligten
- Weniger Missverständnisse und Versäumnisse durch eine systematische Dokumentation
- Rechtsverbindliche Festlegungen

Nachteile

- Hoher Aufwand
- Individuelle Erstellung (keine Standardisierung)
- Statische Problemlösungsstruktur

Einsatzbereiche

- Dokumentation der Anforderungen als Abschluss der Planung eines Produktes bzw. einer Dienstleistung
- Prinzipiell für alle Produkte bzw. Dienstleistungen einsetzbar

Pflichtenheft

Definition

DIN VDI/VDE 3694: 91-04

- Das Pflichtenheft enthält das vom Auftragnehmer erarbeitete Realisierungsvorhaben auf der Grundlage des Lastenheftes.
- Das Pflichtenheft enthält als Anlage das Lastenheft.
- Im Pflichtenheft werden die Anwendervorgaben detailliert und in einer Erweiterung die Realisierungsforderungen unter Berücksichtigung konkreter Lösungsansätze beschrieben.
- Im Pflichtenheft wird definiert, wie und womit die Forderungen zu realisieren sind.

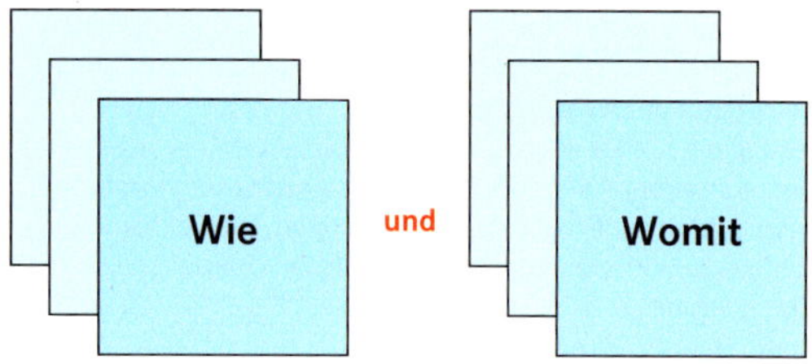

Funktion

- „Roter Faden" während des Ablaufs der Entwicklung, Produktion, ...

Wesentliche Bestandteile (Beispiele)

- Name des Prozesses, Projektes, Vorhabens, ...
- Verfasser des Pflichtenheftes
- Version
- Ablage der Datei, Dokumentation
- Ziele
  Beschreibung, Nutzen für den Auftraggeber (Kunden), aktuelle Situation (z. B. bisheriges System)
- Anforderungen
  - **Vollständigkeit**
    Alle Details der Anforderungen sind zu definieren. Es sollten so wenig wie möglich Aspekte als selbstverständlich eingeschätzt werden.
  - **Eindeutigkeit**
    Damit keine Missverständnisse entstehen, sind die Anforderungen möglichst mit einfachen Worten zu definieren.
  - **Testbarkeit**
    Alle Anforderungen müssen überprüfbar sein. Dieses ist eine Voraussetzung für die Abnahme durch den Auftraggeber.
- Schnittstellen
  (Verbindungen zu anderen Systemen, Projekten usw.)
- Randbedingungen
- Service- und Wartungshinweise
  (Kontaktadressen)
- Unterschriften
  (Projektauftraggeber/Projektleiter/...)

Abnahmebereitschaft

Zustand, in dem alle Bedingungen von Seiten des Auftraggebers und Auftragnehmers erfüllt sind, die für die Durchführung der Abnahme erforderlich sind.

Abnahmeerklärung; Abnahmebestätigung

Bestätigung durch den Abnahmeberechtigten, dass vertraglich vereinbarte Lieferungen und Leistungen erbracht sind.

Abnahmephase

Projektphase, in der eine oder mehrere Abnahmen erfolgen.

Abwicklungsmanagement

Aufgabengebiet innerhalb des Projektmanagements, das sich auf die auftrags- bzw. vertragsgerechte Realisierung des Projektziels (Objektes) erstreckt.

Auftragsverhandlung

Verhandlung zwischen Auftraggeber und Anbieter zur Festlegung der für den Fall der Auftragserteilung zum Auftrag gehörenden Lieferungen und Leistungen beider Seiten sowie der sonstigen vertraglichen Bedingungen.

Freigabe

Erlaubnis zur Durchführung nachfolgender Arbeiten festgelegten Inhalts.

Nachforderungsmanagement (engl.: claim management)

Aufgabengebiet innerhalb des Projektmanagements zur Übrwachung und Beurteilung von Abweichungen bzw. Änderungen und deren wirtschaftlichen Folgen zwecks Ermittlung und Durchsetzung von Ansprüchen.

Restleistungen (engl.: pending points)

Zum Auftragsumfang gehörende, nicht planmäßig erbrachte Liefer- und Leistungsanteile von untergeordneter Bedeutung, die erst nachträglich erbracht werden.

Projektabschluss

Beendigung aller Tätigkeiten, die mit dem Projekt in Zusammenhang stehen.

Projektabwicklung

Aufgabendurchführung vom Anfang bis zum Ende eines Projekts.

Projektaudit

Von einem unabhängigen Auditor systematisch durchgeführte Projektanalyse.

Projektgegenstand

Durch die Aufgabenstellung gefordertes materielles oder immaterielles Ergebnis der Projektarbeit.

Projekthandbuch

Zusammenstellung von Informationen und Regelungen, die für die Planung und Durchführung eines bestimmten Projekts gelten sollen.

Projektinformationsmanagement

Aufgabengebiet innerhalb des Projektmanagements, das sich mit der Erfassung, Weiterleitung, Be- und Verarbeitung, Auswertung und Speicherung der Projektinformationen befasst.

Projektinfrastruktur

Alle materiellen und immateriellen Einrichtungen und Hilfsmittel, die zur Durchführung eines Projekts notwendig sind.

Projektkalkulation

Ermittlung der voraussichtlichen kostenwirksamen Projektleistungen und ihre Bewertung.

Projektmanagementhandbuch

Zusammenstellung von Regelungen, die innerhalb einer Organisation generell für die Planung und Durchführung von Projekten gelten.

Projektmanagement-Instrumentarium

Gesamtheit der Arbeitsmittel, Methoden, Verfahren und Vorgehensweisen, die dem Projektmanagement zur Verfügung stehen. Unter diesen werden diejenigen im Einzelfall ausgewählt, die der Durchführung der Aufgaben dienen sollen.

Projektbeobachtung (engl.: project monitoring)

Fortlaufende Erfassung von Ist-Werten der Projektabwicklung einschließlich Berichterstattung.

Projektplan; Projektmanagementplan

Gesamtheit aller im Projekt vorhandenen Pläne.

Projektrisiko

Risiko, durch das der vorgesehene Ablauf oder Ziele des Projekts gefährdet werden.

Projektziel

Gesamtheit von Einzelzielen, die durch das Projekt erreicht werden sollen, bezogen auf Projektgegenstand und Projektablauf.

Risikoanalyse; Projektrisikoanalyse

Teil einer Projektanalyse, der sich auf das Projektrisiko bezieht.

Risikomanagement

Aufgabengebiet innerhalb des Projektmanagements zur Ausschaltung, Vermeidung oder Verringerung von Projektrisiken.

Sistierung

Vom Auftraggeber formell geforderter Stillstand in der Auftrags- bzw. Projektabwicklung, bei dem zunächst offenbleibt, ob der Auftrag bzw. das Projekt weitergeführt wird.

Teilabnahme

Abnahme einer Teillieferung oder Teilleistung aus dem Vertrag, die funktions- bzw. objektbezogen oder aufgrund besonderer Umstände abgegrenzt wird.

Übergabe

Nach Form, Inhalt und Durchführung vertraglich vereinbarte oder durch Rechtsvorschriften geregelte Abgabe von Lieferungen und Leistungen an den Empfänger.

Übernahme

Nach Form, Inhalt und Durchführung vertraglich vereinbarte oder durch Rechtsvorschriften geregelte Entgegennahme von Lieferungen und Leistungen von einem Abgebenden.

Vertragsmanagement

Aufgabengebiet innerhalb des Projektmanagements zur Steuerung der Gestaltung, des Abschlusses, der Fortschreibung und der Abwicklung von Verträgen zur Erreichung der Projektziele.

Vorabangebot; Richtangebot; Schätzangebot

Angebot mit vorläufigem Charakter zum Abstecken des Rahmens.

Grundlagen

- Die **Bildschirmarbeitsverordnung** (BildscharbV) wurde durch die BGI 650 (**B**erufs**g**enossenschaftliche **I**nformation) konkretisiert.
- **BGI 650**
  Ein Leitfaden als praktische Hilfen für die Gestaltung der Arbeit an Bildschirm- und Büroarbeitsplätzen (im Rahmen der Schriftenreihe „Prävention")
- **DIN EN ISO 9241**
  Ergonomie der Mensch-System-Interaktion, Ergonomische Anforderungen für Bürotätigkeiten mit Bildschirmgeräten
- **DIN EN 1335-1: 2002-08**
  Büromöbel – Büro-Arbeitsstuhl (Maße; Bestimmung der Maße)
- **DIN EN 527-1: 2011**
  Büromöbel – Büroarbeitstische

Sehraum

- Der Sehraum ist der Bereich, in dem Objekte durch Augen- und Kopfbewegungen wahrgenommen werden.
  A: bevorzugt B: zulässig

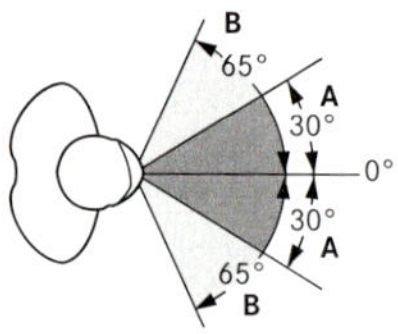

Greifraum

- Abmessungen für den Greifraum werden bestimmt aus den Maßen für die „Reichweite nach vorn" und die „Schulterbreite"
- DIN 33 402-2:2005-12, Ergonomie – Körpermaße des Menschen
  A: Bevorzugter Greifraum B: Zulässiger Greifraum
  A_b: beidhändig
  A_l: linke Hand
  A_r: rechte Hand

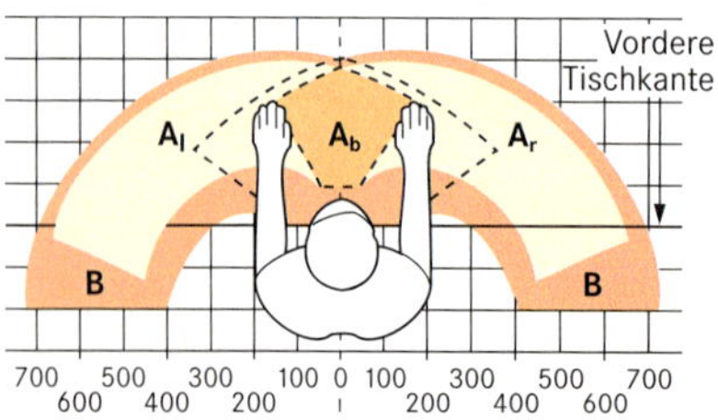

Beispiel für einen Büroarbeitsplatz

Maße in cm

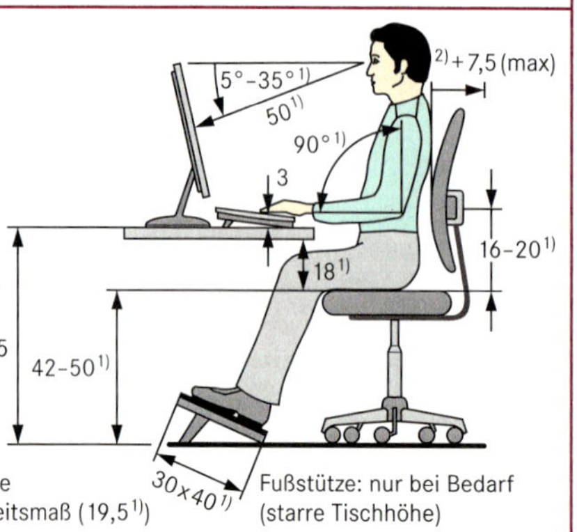

höhenverstellbar[1]: 68–76
besser bis: 115
starr: 72

Fußstütze: nur bei Bedarf (starre Tischhöhe)

[1] Mindestmaße
[2] Kippsicherheitsmaß (19,5[1])

Ergonomische Anforderungen

- **Bildschirmgeräte**
  - Bildschirmdiagonale: 19 bis 21 Zoll (bei Grafik)
  - Bildschirm frei von Reflexionen und Blendungen
  - Bildschirm frei drehbar und neigbar (25 bis 30 Grad)
  - Bild stabil, flimmerfrei, ohne Verzerrungen
  - Zeichen scharf, deutlich und ausreichend groß, keine „verwaschenen" Konturen
    Zeichenbreite: mind. 50 % der Schrifthöhe
    Strichstärke: 10 % ... 20 % der Zeichenhöhe
    Zeichenabstand: mind. 15 % der Schrifthöhe
    Zeilenabstand: mind. 15 % der Schrifthöhe
    Rasterung: mind. 5 x 7 Punkte
  - Schrifthöhe

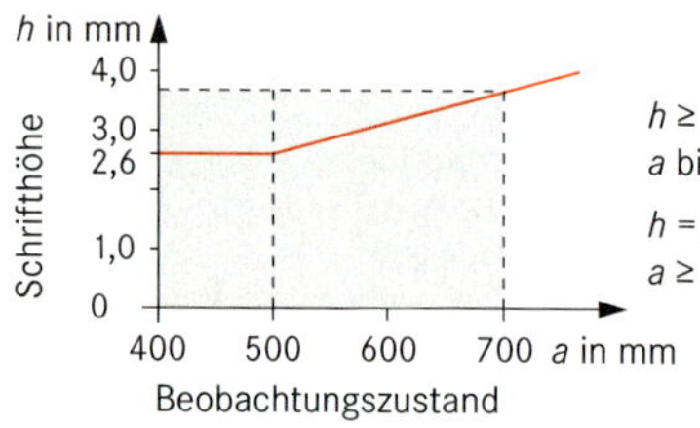

$h \geq 2{,}6$ mm bei a bis 500 mm
$h = a/190$ mm bei $a \geq 500$ mm

  - Helligkeit und Kontrast leicht der Umgebung anpassbar
  - Kontrast:
    Helle Zeichen auf dunklem Grund 5:1 bis 10:1
    Dunkle Zeichen auf hellem Grund: > 5:1
  - Farbwahl der Funktion angepasst (Verzicht auf gesättigte Farben bei großen Flächen)
- **Tastatur**
  - Ergonomische Bedienung
  - Vor Bildschirmgerät getrennt neigbar (bis 15 Grad)
  - Variabel anzuordnen
  - Auflegen der Hände möglich
  - Reflexionsarme Oberfläche (20 bis 50 %)
  - Tastendurchmesser 12 mm bis 15 mm
  - Tastenhub 2 mm bis 4 mm
- **Arbeitstisch**
  - Schreibfläche mindestens 1600 mm x 800 mm mit reflexionsfreier Oberfläche
  - Abgerundete Ecken, Tischplatte max. 30 mm stark
  - Ausreichender Raum für ergonomisch günstige Arbeitshaltung
  - Beinraum ohne Einschränkungen
  - Kabelkanäle zur einwandfreien Führung der Gerätezuleitungen
- **Arbeitsstuhl**
  - Ergonomisch gestaltet sowie stand- und kippsicher
  - Fünf Rollen, gegen unbeabsichtigtes Wegrollen gesichert
  - Rollenwiderstand angepasst an Fußbodenbelag
  - Sitzflächenhöhe 40 cm bis 50 cm, verstellbar
  - Verstellbare Armauflagen
- **Arbeitsumgebung**
  - Ausreichender Raum für wechselnde Arbeitshaltungen und Bewegungen
  - Beleuchtung der Sehaufgabe und an das Sehvermögen angepasst
  - Lichtschutzvorrichtungen verhindern Blendungen und Reflexionen
  - Kein Lärm durch Arbeitsmittel
  - Keine erhöhten Wärmebelastungen durch Arbeitsmittel

Nationale Prüfzeichen an elektrischen Betriebsmitteln und Geräten

Zeichen	Erklärung	Zeichen	Erklärung	Zeichen	Erklärung
D V E	VDE-Zeichen Verband der Elektrotechnik Elektronik Informationstechnik e.V.	GS geprüfte Sicherheit	Sicherheitszeichen Prüfzeichen Geprüfte Sicherheit	IZE	Informationszentrale der Elektrizitätswirtschaft in Frankfurt/M.
◁VDE▷◁HAR▷	VDE-Harmonisierungszeichen für Kabel und Leitungen	D V E GS geprüfte Sicherheit	Sicherheitszeichen Prüfstelle: VDE	DIN AGI	Qualitätszeichen für geräuscharme Ausführung elektr. Geräte
	Funkschutzzeichen Im freien Ausschnitt Funkstörgrad: G, N, K oder O	TÜV GS geprüfte Sicherheit	Sicherheitszeichen Prüfstelle: TÜV (Technischer Überwachungsverein)	SISIR ISO 9000	Qualitätssicherheit für gasdichte, wiederaufladbare Knopfzellen, Norm: DIN-ISO 9001
B Z T A999 999N	Bundesamt für Zulassungen in der Telekommunikation	DIN-DVGW GS geprüfte Sicherheit	Sicherheitszeichen Prüfstelle: DIN	ZERTIFIZIERTES DIN ISO 9001 LGA QUALITÄTSSICHERUNGSSYSTEM	Qualitätssicherheit für Schutzbauelemente, Norm: DIN-ISO 9001
	Zulassungszeichen für Messwandler und Zähler der Phys.-Technischen Bundesanstalt Braunschweig	A-ET 87026 GS geprüfte Sicherheit	Sicherheitszeichen Prüfstelle: Berufsgenossenschaft		Prüfzeichen Sicherheitsprüfung z. B. bei elektrischen Geräten
	Zulassungszeichen für Tarifschaltuhren der Phys.-Technischen Bundesanstalt Braunschweig		Kennzeichen, Vereinigung der Hersteller und Verarbeiter von Kunststoffen		Recyclingzeichen Wiederaufbereitung nach Verwendung

Internationale Prüfzeichen an elektrischen Betriebsmitteln und Geräten

Zeichen	Zeichen	Zeichen	Zeichen
CEBEC Belgien	Italien	Polen	MEEI Ungarn
D Dänemark	Japan	S Schweden	UL USA (Einzelgeräte)
SF Finnland	SA Kanada	S Schweiz	USA (Geräte in Anlagen)
NF Frankreich	KEMA KEUR Niederlande		
Großbritannien	N Norwegen		
Island	ÖVE Österreich		

Zeichen	Erklärung
E 1	ECE: Kommission der UN für Europa mit Kennzahl des Landes, das Genehmigung erteilt hat, z. B. 1 für Deutschland.
	CCE: Internationale Kommission für Regeln zur Begutachtung elektrotechnischer Erzeugnisse.
CE	Kennzeichnung nach EU-Recht für Produkte im Zusammenhang mit der Produktionssicherheit (CE: Conformité Européenne)
	IEC (CEI): International Electrotechnical Commission Internationale Elektrotechnische Kommission

Funktion

- Prüfsiegel geben **Auskunft über Qualitätskriterien.**
  Beispiele:
  Bildschirmstrahlung, Bildschirmergonomie, Ergonomie allgemein, Umweltverträglichkeit, Energiesparfunktion, Recycllingfähigkeit, Lärmemission, Arbeitssicherheit, Betriebssicherheit, Elektromagnetische Verträglichkeit usw.
- **Vergabe und Kontrolle**
  - Bei einigen Prüfsiegeln reicht es aus, wenn Hersteller die Einhaltung der Kriterien schriftlich erklären.
  - In anderen Fällen müssen Prüfberichte unabhängiger Prüfinstitute (z. B. Jury „Umweltzeichen“) vorliegen.

Blauer Engel

Arbeitssicherheit
Bildschirmstrahlung
Bildschirmergonomie
Energiesparfunktion
Lärmemission
Recyclingfähigkeit
Umweltverträglichkeit

- Bei der Konstruktion ist auf recyclinggerechte Konstruktion zu achten (u. a. Steck- statt Schraubverbindungen)
- Gehäuse ohne PVC
- Bildröhre cadmiumfrei
- Verpackung ohne FCKW
- Garantie auf Rechner 3 Jahre, Monitore mindestens 1 Jahr
- Geringe Geräuschabgabe
- Energiesparfunktion

Vergabe: Schriftliche Erklärung der Hersteller bzw. Jury.

ECO-Kreis 99

Arbeitssicherheit
Betriebssicherheit
Bildschirmstrahlung
Bildschirmergonomie
EMV
Energiesparfunktion
Ergonomie
Lärmemission
Produkterweiterung
Recyclingfähigkeit
Softwareergonomie
Umweltverträglichkeit

Prüfsiegel für:
PC, Monitor, Tastatur, Notebook

- EMV: EN 55022, EN 61000, EN 50082
- Energiespareigenschaften: Einhaltung der EPA durch Protokolle und unabhängige Prüfstelle
- Ergonomie: ISO 9241, MPR II oder EN 50279
- Lärm: DIN EN 27779
- Recycling: Anforderungskatalog ‚Recycling von Bürogeräten‘
- Schadstofffreiheit: Prüfstellen und Herstellererklärung
- Sicherheit: Einhaltung der EN 60950
- Qualitätsmanagementsystem: Zertifikat QMS ISO 9000 und UMS ISO 14000

Vergabe: TÜV-Rheinland in Verbindung mit anerkannten Prüflabors.

Europäisches Umweltzeichen

- Prüfsiegel für Computer, Systemeinheiten, Monitore und Tastaturen
- Geprüft werden
  - Energieverbrauchsanforderungen gemäß Energy Star
  - Recyclinggerechte Konstruktion
  - Umweltfreundliche Materialien (frei von Blei- und Cadmiumzusätzen)
  - Emissionsgrenzwerte für elektromagnetische Strahlung
  - Geräuschemission

Quality Office

- Qualitätszeichen für Büroarbeitsplätze
- Die Leitlinien definieren Qualitätsstandards unter Berücksichtigung ergonomischer Erkenntnisse für:
  - Büroarbeitsstühle
  - Büroarbeitstische
  - Büroschränke
  - Raumgliederungselemente
  - ...

TCO-Gütesiegel

- Das TCO-Gütesiegel wird vom Dachverband der schwedischen Angestellten- und Beamtengewerkschaft (**TCO: T**jänstemännens **C**entral**o**rganisation) vergeben.
- Es handelt sich um ein Qualitäts- und Umweltsiegel, mit dessen Hilfe man die Entwicklung von Produkten mit guten Anwendungseigenschaften und geringer Umweltbelastung fördern will.
- Die TCO-Gütesiegel erleichtert dem Konsumenten die Auswahl von umweltfreundlichen IT- und Büroausrüstungen.
- Beispiele:

TCO'03, Display

- Auflösung
  - Anzeige mindestens 30 Pixel/Grad
- Helligkeit
  - Mindestens 150 cd/m^2
- Kontrast
  - Kontrastmodulation ≥ 0,8 bei 30° in der Horizontalen
- Farbwiedergabe
  - Anpassmöglichkeit der Farbtemperatur
  - Farben dürfen bei winkliger Betrachtung nicht verzerrt werden
- Emission (bestimmte Abstände vor dem Display, 30 cm und 50 cm vor dem Display)
  - Elektrische Wechselfelder ≤ 10 V/cm bei 5 Hz bis 2 kHz; ≤ 1,0 V/cm bei 2 kHz bis 400 kHz
  - Magnetische Wechselfelder ≤ 200 nT bei 5 Hz bis 2 kHz; ≤ 25 nT bei 2 kHz bis 400 kHz
- Energie
  - Maximal 2 W im niedrigsten Standby-Modus
  - Anzeige der Energiesparfunktion

TCO'05, Desktop

- Ergonomie
  - Flimmerfreies Bild, gute Helligkeit, guter Kontrast
- Emission
  - Deutliche Reduzierung von elektrischen und magnetischen Feldern
  - Niedriger Geräuschpegel
- Energie
  - Niedriger Energieverbrauch, Energiespar-Funktion
- Ökologie
  - Reduzierung umweltschädlicher Stoffe

Wirkungsbereich

- Energy Star ist ein Gütezeichen für ein umweltbewusstes (energiesparsames) Gerät.
- Es handelt sich um eine US-amerikanische Produktbezeichnung für energiesparsame Geräte. Energy Star kennzeichnet, dass Energiesparkriterien der amerikanischen Umweltschutzbehörde **EPA** (**E**nviroment **P**rotection **A**gency) und des US-Department of Energy erfüllt werden.
- Energy Star wurde 2003 durch eine EU-Verordnung in Europa eingeführt.
- Ab 1. Juli 2009 gilt die Richtlinie Energy Star 5.0. Sie gilt für
  - Desktop-PCs
  - Notebooks
  - Thin Clients
  - Workstations
  - Kleine Server-Systeme

Betriebszustände

- **IDLE**
  Das System ist vollständig aktiv. Das Betriebssystem, alle Tools oder Anwendungen der Hersteller sind geladen.
- **Sleep**
  Dieser Energiesparmodus wird vom System nach einer vorgegebenen Zeit erreicht. Aus diesem Zustand kann das System innerhalb von maximal 5 Sekunden aktiviert werden.
- **Off Mode (Stand-by)**
  Es handelt sich um den Zustand des geringsten Energieverbrauchs.
- **Active State**
  Vom System werden einfache Aufgaben verrichtet. Der Prozessor, die Festwertspeicher und die Arbeitsspeicher sind aktiviert.
- **Typical Energy Consumption (TEC)**
  Es handelt sich um eine Methode, bei der man die Energieausnutzung eines Systems ermittelt bzw. Systeme miteinander vergleichen kann, wenn im Zeitraum eines Jahres definierte Aufgaben verrichtet werden. Die Angabe erfolgt in kWh.

Weitere Vorgaben

Bei Inaktivität Umschaltung in den Energiesparmodus:

- Monitor nach spätestens 15 Minuten
- Gesamtsystem nach 30 Minuten

Sleep-Mode:

- GBit-Netzwerkarte mit niedriger Datenübertragungsrate

Kenngrößen für Energy Star

Desktop-PCs

Kategorie	A	B	C	D
Prozessorkerne	–	2	≥ 2	≥ 2
TEC in kWh	≥ 148	≥ 175	≥ 209	≥ 234
Weitere Merkmale	weder B, C noch D	≥ 2 GB RAM	≥ 2 GB RAM oder diskrete GPU[1]	≥ 2 GB RAM oder diskrete GPU[1] > 128 Bit
Hauptspeicher	+ 1 kWh je zusätzlichem 1 GB			
Diskrete GPU[1]	+ 35 kWh für FB-Bus < 128 Bit; + 50 kWh für FB-Bus > 128 Bit;		+ 50 kWh für FB-Bus > 128 Bit;	
Zusätzliche HDD[2]	+ 25 kWh			
Netzteil	80 Plus Bronze			

Notebooks

Kategorie	A	B	C
TEC in kWh	≥ 40	≥ 53	≥ 88,5
Hauptspeicher	+ 0,4 kWh je zusätzlichem 1 GB		
Diskrete GPU[1]		+ 3 kWh für FB-Bus > 64-Bit;	
Zusätzliche HDD[2]	+ 3 kWh		

1) GPU: Graphics Processing Unit (Prozessor auf Grafikkarte)

2) HDD: Hard Disk Drive (Permanent-/Massenspeicher, Festplatte)

80 PLUS

- Es handelt sich hierbei um eine Initiative zur Förderung von PC-Netzteilen, die einen Wirkungsgrad > 80 % aufweisen.
- Die Wirkungsgrade (η) der Netzteile sind bei den Belastungen von 20 %, 50 % und 100 % festgelegt

80 PLUS	80 PLUS BRONZE	80 PLUS SILVER	80 PLUS GOLD
Belastung 20 %			
$\eta \geq 80$ %	$\eta \geq 80$ %	$\eta \geq 85$ %	$\eta \geq 87$ %
Belastung 50 %			
$\eta \geq 80$ %	$\eta \geq 85$ %	$\eta \geq 88$ %	$\eta \geq 90$ %
Belastung 100 %			
$\eta \geq 80$ %	$\eta \geq 82$ %	$\eta \geq 85$ %	$\eta \geq 87$ %

5 Sicherheitsregeln

Freigabe der Anlage zur Arbeit
durch die verantwortliche Aufsichtsperson nach Befolgen aller 5 Sicherheitsregeln.

Vor Beginn der Arbeiten:

1. Freischalten
2. Gegen Wiedereinschalten sichern
3. Spannungsfreiheit feststellen
4. Erden und kurzschließen[1)]
5. Benachbarte, unter Spannung stehende Teile abdecken oder abschranken

Wiedereinschalten

- Werkzeug und Hilfsmittel entfernen
- Gefahrenbereich verlassen
- Kurzschließung und Erdung zuerst an der Arbeitsstelle, dann an den übrigen Stellen aufheben
- Erdungsseil zuerst von den Anlagenteilen (z. B. Leitung), dann erst von der Erde heben
- Anlagenteile und Leitungen ohne Erdungsseil dürfen nicht mehr berührt werden
- Entfernte Schutzverkleidungen und Sicherheitsschilder wieder anbringen
- Schutzmaßnahmen an den Schaltstellen erst nach Freimeldung von den Arbeitsstellen aufheben

Erste Hilfe

- Strom sofort unterbrechen
- Feststellen, ob Atemstillstand vorliegt, dann mit Beatmung einsetzen
- Feststellen, ob Kreislaufstillstand vorliegt, dann neben Beatmung auch mit Herzmassagen beginnen
- Liegt kein Atem- oder Kreislaufstillstand vor, dann Verunglückten in Seitenlage bringen
- Bei Atem- und Kreislaufstillstand, größeren Verbrennungen, Ohnmacht schnellen Transport ins Krankenhaus veranlassen

[1)] In Anlagen mit Nennspannungen bis 1000 V darf unter bestimmten Umständen hiervon abgewichen werden (vgl. DIN VDE 0105 T. 1).

Sicherheitsschilder

Darstellung	
P9 	Verbotsschild: Nicht berühren, Gehäuse unter Spannung
P10 	Verbotsschild: Nicht schalten
ZS 1 Es wird gearbeitet! Ort: Entfernen des Schildes nur durch:	Zusatzschild
W8 	Warnschild: Warnung vor gefährlicher elektrischer Spannung
ZS 2 Hochspannung Lebensgefahr	Zusatzschild
W10 	Warnschild: Warnung vor Laserstrahl
W20 	Warnschild: Warnung vor Gefahren durch Batterien
M13 	Gebotsschild: Vor Öffnen Netzstecker ziehen

Hinweisschilder

HS 1	HS 2	HS 3	HS 4
Entladezeit länger als 1 Minute	Teil kann im Fehlerfall unter Spannung stehen	Fünf Sicherheitsregeln Vor Beginn der Arbeiten: • Freischalten • Gegen Wiedereinschalten sichern • Spannungsfreiheit feststellen • Erden und kurzschließen • Benachbarte, unter Spannung stehende Teile abdecken oder abschranken	Vor Berühren: Entladen Erden Kurzschließen

Grundlegende Standards

ISO/IEC 13335	Management of information and communications technology security (Management von Sicherheit der Informations und Kommunikationstechnik (IuK))
ISO/IEC 27001	Information security management systems – Requirements (Informationssicherheits-Managementsysteme – Anforderungen)
ISO/IEC 27002	Code of practice for information security management (Leitfaden zum Informationssicherheitsmanagem.ent)
IT-GS	IT-Grundschutz
ISO/IEC 18028	IT network security (IT Netzwerksicherheit)
ISO/IEC TR18044	Information security incident management (Management von Sicherheitsvorfällen in der Informationssicherheit)
ISO/IEC 18043	Selection, deployment and operation of intrusion detection systems (IDS) (Auswahl, Einsatz und Betrieb von Systemen zur Erkennung des Eindringens in Netze und Systeme)
ISO/IEC TR15947	IT intrusion detection systems (IDS) (Leitfaden für Systeme zur Erkennung des Eindringens in Netze und Systeme (IDS))
ISO/IEC 15816	Security information objects for access control (Sicherheitsobjekte für Zugriffskontrolle)

Standards mit Sicherheitsaspekten

Cobit	Control Objectives for Information and Related Technology (Kontrollziele Informations- und verwandte Techniken)
ITIL IT	Infrastructure Library (IT Infrastruktur Verfahrensbibliothek)
IDW PS 330	Abschlussprüfung bei Einsatz von Informationstechnologie

Vorschriften

KonTraG	Gesetz zur Kontrolle und Transparenz im Unternehmensbereich
Basel II	–
SOX	Sarbanes-Oxley Act
BDSG	Bundesdatenschutzgesetz

Evaluierung von IT-Sicherheit

ISO/IEC 15408 (CC)	Evaluation criteria for IT security (CC) (Evaluationskriterien für IT-Sicherheit)
ISO/IEC TR 15443	A framework for IT security assurance (Rahmenrichtlinien für Sicherung von IT-Sicherheit)
ISO/IEC 18045	Methodology for IT security evaluation (Methodik zur Evaluation von IT-Sicherheit)
ISO/IEC TR 19791	Security assessment for operational systems (Bewertung Sicherheit von Systemen im Betrieb)
ISO/IEC 19790 (FIPS140-2)	Security Requirements for Cryptographic Modules (Anforderungen an kryptographische Module)
ISO/IEC 19792	Security evaluation of biometrics (Evaluation der IT-Sicherheit biometrischen Technologien)
ISO/IEC 21827 (SSE-CMM)	System Security Engineering – CMM Modell der Ablaufstauglichkeit (ISO 21827)

Kryptografische-/IT-Sicherheitsverfahren

ISO/IEC 7064	Check character systems (Prüfsummensysteme)
ISO/IEC 18033	Encryption algorithms (Verschlüsselungsalgorithmen)
ISO/IEC 10116	Modes of operation for an n-bit block cipher (Betriebsarten für einen n-bit-Blockschlüssel-Algorithmus)
ISO/IEC 19772	Data encapsulation mechanisms (Daten verkapselnde Mechanismen)
ISO/IEC 9796	Digital signature schemes giving message recovery (Digitaler Unterschriftsmechanismus mit Rückgewinnung der Nachricht)
ISO/IEC 14888	Digital signatures with appendix (Digitale Signaturen mit Anhang)
ISO/IEC 15946	Cryptographic techniques based on elliptic curves (Auf elliptischen Kurven aufbauende kryptografischeTechniken)
ISO/IEC 10118	Hash functions (Hash-Funktionen)
ISO/IEC 18031	Random bit generation (Erzeugung von Zufallszahlen)
ISO/IEC 18032	Prime number generation (Primzahlerzeugung)
ISO/IEC 9798	Entity authentication (Authentisierung von Instanzen)
ISO/IEC 9797	Message Authentication Codes (Nachrichten-Authentisierungscodes)
ISO/IEC 15945	Specification of TTP services to support the application of digital signatures (Spezifizierung der Dienste eines vertrauenswürdigen Dritten zur Unterstützung der Anwendung von digitalen Signaturen)
ISO/IEC TR14516	Guidelines for the use and management of Trusted Third Party Services (Richtlinien für die Nutzung und das Management eines vertrauenswürdigen Dritten)
ISO/IEC 11770	Key management (Schlüsselmanagement)
ISO/IEC 13888	Non-repudiation (Nicht-Abstreitbarkeit)
ISO/IEC 18014	Time-stamping services (Zeitstempeldienste)

Physische Sicherheit

Technische	Produkte für die materielle Sicherheit
DIN 4102	Brandverhalten von Baustoffen und Bauteilen
DIN 18095	Rauchschutztüren
DIN EN 1047	Wertbehältnisse – Klassifizierung/Methoden zur Prüfung des Widerstandes gegen Brand
DIN EN 1143-1	Widerstandsgrad
DIN V ENV 1627	Fenster, Türen, Abschlüsse – Einbruchhemmung
DIN EN 60529	Schutzart durch Gehäuse
DIN 32757	Vernichtung von Informationsträgern

Quelle:
BITKOM/DIN: Kompass der IT-Sicherheitsstandards V 3.0

Vorgaben

- IT-Systeme werden von einem großen Anwenderkreis (Benutzer, Instandhalter) verwendet.
- Deshalb müssen diese Systeme
  - die bestimmungsgemäßen Funktionen und
  - entsprechende Sicherheitsfunktionen erfüllen.
- Bei der Entwicklung und Konstruktion sind deshalb neben gerätetypischen Sicherheitsanforderungen u. a. folgende allgemeine Sicherheitsanforderungen zu beachten.
  - wahrscheinliche Fehlerbedingungen (Fehler oder Ausfall),
  - Folgefehler,
  - vorhersehbarer Missbrauch,
  - äußere Einflüsse, wie z. B. Temperatur, Höhenlage, Verschmutzung, Feuchte, Überspannungen.
- Im Rahmen der Entwicklung bzw. Konstruktion sind deshalb folgende Maßnahmen anzuwenden (Reihenfolge der Priorität: 1, 2, 3):

1. Merkmale festlegen, die Gefahren
   - ausschließen,
   - verringern,
   - Schutz davor bieten.
2. Schutzmaßnahmen festlegen (z. B. Personenschutzeinrichtungen).
3. Falls 1. und 2. nicht durchführbar, mit Aufschriften und/oder Anleitungen auf die verbliebene Gefahr hinweisen.

Übersicht

Gefahrenquellen

Elektrischer Schlag

Ursachen
- Teile mit betriebsmäßig gefährlichen Spannungen berühren
- Isolationsdurchschlag zwischen Teilen mit betriebsmäßig gefährlichen Spannungen und leitfähigen Teilen
- Stromkreise mit mehr als 42,4 V Scheitelspannung oder 60 V Gleichspannung (verbunden mit einem Telekommunikationsnetz) berühren
- Ausfall einer Schutzleiterverbindung
- Ableitstrom von Teilen mit gefährlicher Spannung (z. B. Netzfilter) zu berührbaren Teilen

Maßnahmen
- Benutzerzugang durch Abdeckungen (fest angebracht oder verschlossen) verhindern
- Basisisolierung verwenden
- Schutzleiter mit leitfähigen Teilen verbinden
- Doppelte Isolierung verwenden
- Berührbarkeit und Berührungsflächen begrenzen
- Stromkreise von ungeerdeten Teilen trennen
- Ausreichende mechanische und elektrische Festigkeit der Isolierung berücksichtigen
- Berührungsstrom auf sicheren Wert begrenzen
- Schutzleiterverbindung hoher Zuverlässigkeit verwenden

Brand

Ursachen	Maßnahmen
Überlastung eines Bauteils	Überstrom-Schutzeinrichtung
Bauelementeausfall	Konstruktionswerkstoffe mit angemessenen Entflammbarkeitseigenschaften
Durchschlag der Isolierung	Zündquellen abschirmen
Lockere Kontakt-/Schraubverbindung	Geeignete Werkstoffe für Umhüllungen verwenden
Unzureichende Kühlung	

Hitze

Ursachen	Maßnahmen
Verbrennungen bei Berührung heißer Teile	hohe Temperaturen an berührbaren Teilen vermeiden
Verschlechterung von Isolierungseigenschaften	Warnaufschriften

Strahlung

Ursachen	Maßnahmen
Schall	Strahlungsquellen in der Energieabgabe begrenzen
Hochfrequenz	Strahlungsquellen abschirmen
kohärentes Licht (Laser)	Sicherheitsverriegelungen vorsehen
ionisierende/infrarote/ultraviolette Strahlung	Aufschriften mit Warnhinweisen anbringen
sichtbares Licht (mit hoher Energie)	Schutzausrüstung verwenden

Mechanik

Ursachen	Maßnahmen
Scharfe Ecken oder Kanten an Gehäusen/Abdeckungen	Ecken/Kanten abrunden
Bewegende Teile	Kantenschutz vorsehen
Standfestigkeit von Schränken bzw. Verteilern	Sicherheitsverriegelungen vorsehen
	Ausreichende Befestigungsmöglichkeiten vorsehen

Energie

Ursachen	Maßnahmen
Kurzschluss zwischen benachbarten Polen von Stromversorgungen (hohe Energie/große Kapazität)	Anschlüsse räumlich trennen bzw. abdecken
Lichtbögen	Sicherheitsverriegelungen einbauen
Heiße Metallpartikel	Leistungkondensatoren gezielt entladen

Chemie

Ursachen	Maßnahmen
Kontakt mit Chemikalien	Schädigende Konstruktions-/Verbrauchsstoffe vermeiden
einatmen der Gase bzw. Dämpfe von Chemikalien	

Energiebedarf

- Der für den Betrieb eines Rechenzentrums erforderliche elektrische Energiebedarf (Energieverbrauch)
  - steigt mit zunehmendem Datenaufkommen (Rechenleistung, Speichervolumen, Serveranzahl) und
  - teilt sich auf verschiedene Verbraucher auf.
- Die **Energieeffizienz** eines RZs wird durch Kennzahlen dargestellt (z. B. PUE).
- Die Kennzahlanalyse ermöglicht die Ermittlung von Optimierungspotenzial z. B. für
  - Beschaffung leistungsarmer IT-Infrastruktur
  - USV Anlagen
  - Lüftung, Klimatisierung, Kühlung
  - Outsourcing, Cloud-Computing
- Grundlage für die Kennzahlen ist das Verhältnis des Energieverbrauchs für die reine Rechenleistung zum gesamten Energieverbrauch des Rechenzentrums.

Beispiel: Energiebedarfsaufteilung eines RZs (in %)

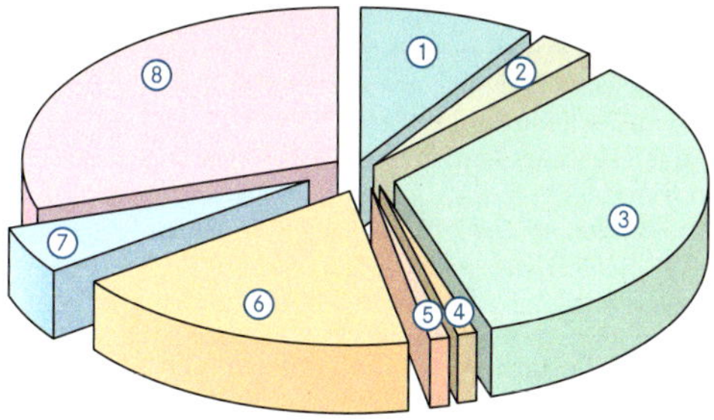

① Klimaanlage 9 % ② Luftbefeuchter 3 % ③ Kühlgeräte 33 % ④ Beleuchtung 1 % ⑤ Schaltanlagen 1 % ⑥ USV Verluste 18 % ⑦ Stromverteilung 5 % ⑧ IT-Ausrüstung 30 %

PUE Kennzahl

Allgemein

$$PUE = \frac{\text{Gesamtenergieverbrauch des RZ}}{\text{Energieverbrauch der IT-Einrichtungen}}$$

PUE (**P**ower **U**sage **E**ffectiveness): Energieeinsatz-Effektivität

RZ: Rechenzentrum

- Gesamtenergieverbrauch: **Alle** elektrisch betriebenen Geräte und Systeme **einschließlich** der IT-Einrichtungen
- Energieverbrauch der IT-Einrichtungen: **Nur** die IT-Technik
- PUE Wertebereich: $1 \leq PUE \leq \infty$
- Beispielwert (abhängig vom Aufbau des RZs): $PUE = 2{,}0$ (Uptime Institute, Studie 2011, 500 RZ)

PUE Kategorien

	0	1	2	3
Ort der Energiemessung	USV Ausgang ①	USV Ausgang ①	PDU Ausgang ②	IT-Einrichtung Eingang ③
Definition der elektrischen Leistung bzw. IT-Energie	Elektrische Spitzenleistung (in kW) der IT-Einrichtungen	Jährlicher Energieverbrauch (in kWh) der IT-Einrichtungen	Jährlicher Energieverbrauch der IT-Einrichtungen	Jährlicher Energieverbrauch der IT-Einrichtungen
Defintion Gesamtenergie	Elektrische Gesamtspitzenleistung (in kW)	Jährlicher Gesamtenergieverbrauch (in kWh)	Jährlicher Gesamtenergieverbrauch (in kWh)	Jährlicher Gesamtenergieverbrauch (in kWh)

Kategorie 0: Ursprüngliche Definitionsgröße; nur **wenn ausschließlich** elektrische Energie eingesetzt wird (kein Erdgas, keine Fernkälte)

Kategorie 1 bis 3: Falls zusätzlich andere Energieträger eingesetzt werden, sind diese entsprechend zu messen und in elektrische Energiewerte umzurechnen.

Messstellen

Beispiel: Einfache Stromversorgungsanlage

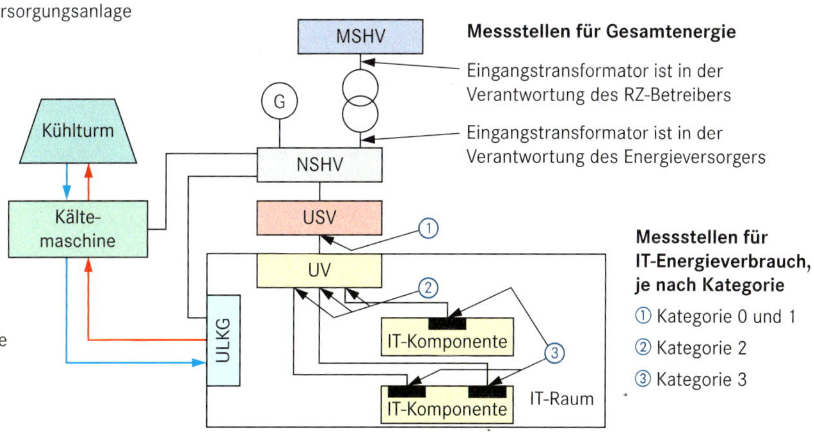

MSHV: Mittelspannungs-Hauptverteilung
NSHV: Niederspannungs-Hauptverteilung
USV: Unterbrechungsfreie Stromversorgung
UV: Unterverteilung
ULKG: Umluftkühlgeräte

Merkmale

- Als **Firewall**-Systeme werden alle Schutzmaßnahmen bezeichnet, die einen unerlaubten Zugriff von außen auf ein **Privates Netzwerk** verhindern.
- Diese Systeme können in Form von Hardware, Software oder einer Kombination von beidem realisiert werden.
- Hauptsächlicher Anwendungsbereich liegt im Schutz von **Intranets** (firmenspezifischen Netzwerken), die mit unsicheren Netzwerken (z. B. **Internet** oder Remote-Zugriff über ISDN Router) verbunden sind.
- Firewalls werden auch zur Strukturierung eigener Netze verwendet, um **Domänen** mit unterschiedlichem Schutzbedarf zu realisieren.
- Die grundsätzliche Schutzfunktion eines Firewalls ist das Blockieren von Kommunikationsdaten zwischen den Netzen, wenn bestimmte festgelegte Sicherheitskriterien verletzt werden.
- Firewall-Systeme sollen verhindern (**Schutzziel**):
  - Unerlaubten Zugriff auf Daten,
  - Datenverlust,
  - Einschleppen von Viren.
- Grundsätzlich werden diese Systeme nach ihrer Funktion unterschieden in
  - **Packet filter**
  - **Application gateway und**
  - **Proxy server**
- **DMZ** (**Demi**litarized **Z**one: entmilitarisierte Zone) ist ein abgegrenztes Netzwerk, das z. B. Dienste für Internet-Nutzer bereitstellt.
- Das eingesetzte Firewall-System stellt bei der Kopplung verschiedener Netze den **Common Point of Trust** (gemeinsamer Punkt des Vertrauens) dar.

Aufbau

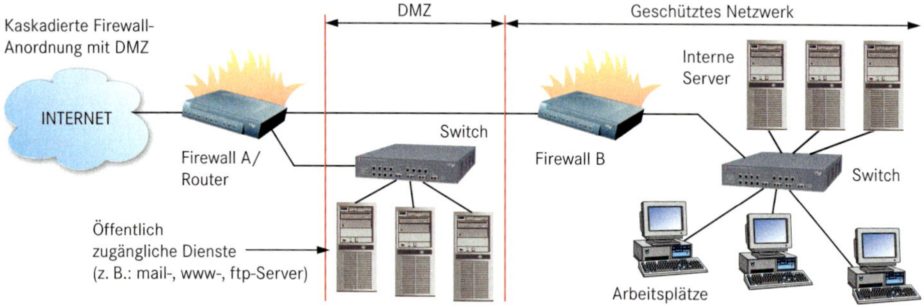

Packet filter

- **Packet filter** (Paketfilter) ist ein Softwarepaket, das in der Regel auf Routern läuft, die zur Netzwerkkopplung eingesetzt werden.
- Analysiert und kontrolliert alle ein- und ausgehenden Datenpakete auf der
  - **Netzzugangsebene**
  - **Netzwerkebene**
  - **Transportebene**
- Wertet die Inhalte der Pakete aus und überprüft die Einhaltung der festgelegten Regeln
- Geprüft werden die
  - **Quelladressen**
  - **Zieladressen**
  - **Portnummern** von **TCP**- und **UDP** Paketen
  - Richtung des Datenverkehrs
- Die zugehörigen Regeln werden vom Systemadministrator in entsprechenden Tabellen im Router (Verbindungsrechner) abgelegt.
- Die Erstellung der Überwachungstabellen ist zeitaufwändig und fehleranfällig, insbesondere bei größeren Netzen
- Dieses Verfahren schützt nicht gegen gezielte Datenverfälschung (z. B. **Address Spoofing:** Adressenvortäuschung).
- Es ist das schwächste Verfahren gegen unerlaubte Netzwerkeinbrüche.

Application gateway

- **Application Gateways** (Anwendungs-Verbinder) sind eigene Kommunikationrechner
- Sie sind in der Regel mit zwei Netzwerkanschlüssen (auch zwei Adressen) ausgerüstet (**dual homed gateway**)
- Eine Adresse gehört zum geschützten Netzwerk, die zweite Adresse ist die Ansprechadresse von außerhalb.
- Das Application Gateway trennt die Netze sowohl logisch als auch physikalisch.
- Da alle Kommunikationsabläufe über diesen einen Rechner laufen, bleiben die internen Netzwerkstrukturen nach außen hin verborgen.
- Jeder externe Kommunikationspartner benötigt auf dem Gateway eine Zugangskennung (**Identifikation** und **Authentisierung**).
- Ist der Partner akzeptiert, arbeitet das Gateway transparent für die weitere Kommunikation.
- Weitere Kontrollmechanismen sind:
  - **Passworterkennung** und -verwaltung
  - **Nutzerprofilüberwachung**
- Nutzerprofile sind z. B.:
  - Unterschiedliche Zugriffsrechte für verschiedene Personen oder Gruppen
  - Zeitpunkt des Zugriffs
- Application Gateways sind wegen der Vielfalt der Dienste zwar relativ langsam, bieten aber den höchsten Zugangsschutz.
- **Proxy** (sinngemäß: Stellvertreter-Funktionen) sind zusätzliche Softwarepakete, die u. a. zur Analyse und Kontrolle der Kommandos der Anwenderprotokolle eingesetzt werden.

Grundlagen

- Die **Betriebsfähigkeit** und **Stabilität** datentechnischer Anlagen kann durch die **Infiltration** unerwünschter Software gefährdet werden. Dies betrifft Funktionsabläufe und Datensätze.
- Die Schädigungen reichen von manipulierten Bildschirmausgaben bis zur Zerstörung von Programmen.
- Schädigende Software wird zumeist über das **Internet** transportiert. Sie befinden sich aber auch auf **Datenträgern**.
- Zum Teil besitzt diese Software die Fähigkeit, sich selbst reproduzieren und eventuell auch **modifizieren** bzw. **mutieren** („evolutionär entwickeln") zu können. Diese **Selbstreproduktionsfähigkeit** wurde von Neumann (1946) beschrieben und von Cohen um 1970 erprobt.
- Große Schadwirkungen entfaltet auch **Spamware** („Müllsoftware" zum Sammeln von Mail-Adressen.
- **Problematisch sind auch Dialer** (kostenverursachende Einwählsoftware) und **Spionageprogramme** (unerwünschte **Agenten; Spyware**).
- Zur **Abwehr** und Aufhebung der Schadwirkung werden
  - **Proxy-Server und Firewalls**
  - **Spam-Schutzsysteme** und Anti-Spam-Filter
  - **Virenscanner (Antivirensoftware)**
  - verbessertes maschinelles Lernen (Switch) und intelligente Filter eingesetzt.

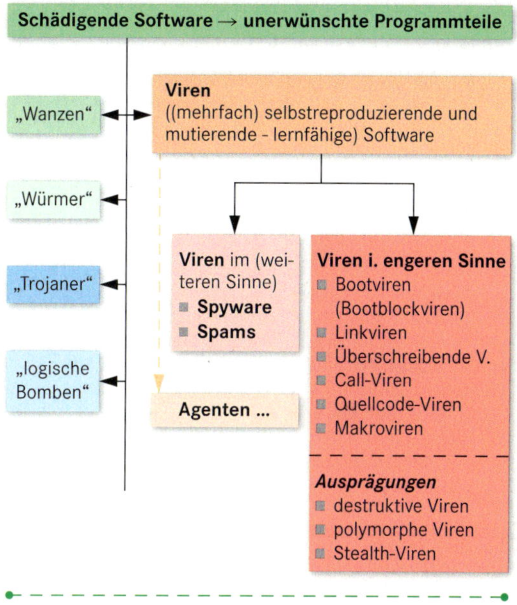

Viren, Wanzen, Würmer, Trojanische Pferde

- **Bootsektorviren** (Speicherresidente Viren): Sie setzen sich im Bootbereich des Speichers fest. Sie nehmen einen festen Platz in der Konfiguration der Systemsoftware ein, da sie den Originalcode im Bootsektor ersetzen.
  Sie reagieren u. a. auf Systemanforderung.
- **Call-Viren:** Ein Virenprogramm wird als ein (externes) Unterprogramm abgelegt und über einen Call-Aufruf aktiviert. Nach außen wird ein veränderter Speicherplatzbedarf selten sichtbar, da diese Viren sehr klein sein können.
- **Linkviren**: Nicht überschreibende Viren: Sie nisten sich im Wirtsprogramm ein. Oftmals besetzen sie den Speicherplatz direkt vor oder nach dem Trägerprogramm. Das Wirtsprogramm bleibt dabei funktionsfähig. Die Prüfsummen der einzelnen Programme werden oftmals nicht verändert, manipulieren Informationen zur Dateilänge, die Dateiattribute und Einsatzzeit des Programms. Bei MS-DOS sind besonders *.COM-, *.Bat-, und *.EXE-Dateien betroffen.
- **Makro-Viren:** Aktivierung über Dokumenten-Makros.
- **Quellcode-Viren:** Sie sind Bestandteile von Programmbibliotheken. Aktivierung über Anwendungsprogramme.
- **Überschreibende Viren:** Sie zerstören in Wirtsprogrammen Programmabschnitte. Wird das entsprechende Programm aufgerufen, arbeitet nur das Virenprogramm – das Wirtsprogramm ist funktionsunfähig.
- **Computerwanzen:** Sie können Software und Betriebssysteme manipulieren. Ihre Wirkung bleibt jedoch lokal begrenzt.
- **Computerwürmer:** Durch ihre Aktivierung werden meistens ungefährliche Meldungen in den befallenen Rechner ausgegeben. Selten kommt es zu tiefgreifenden Funktionsbeeinträchtigungen.
- **Trojanische Pferde:** Es sind funktionsfähige Programme, die eine gewünschte Aufgabe kontrolliert ausführen. Erst durch spezifische Aktivierungen – zum Beispiel Kalenderdaten – werden die Wirkungen hervorgerufen.

Speicherposition eines Virus

- angehängte Viren

Virus	Ursprüngliche Datei

- eingebettetes Virenprogramm (in einer Datei)

D-1	V-Ta	D-2	V-Tb	D-3	V-Tc

D-i : Dateianteile V-Ti : Virenteil

Fehlermerkmale

- Werbefenster öffnen sich unaufgefordert.
- PC läuft verzögert hoch (Bootprozess)/... arbeitet langsamer.
- Unbekannte Startseiten öffnen sich beim Internetzugang/ beim Aktivieren des Browsers.
- Datenaustauschvorgänge im Internet werden angezeigt, obwohl der Internetzugang nicht aktiviert wurde.

Dateiendungen

- Dateien mit folgenden Endungen kritisch „ansehen" und vermeiden. Zum Teil akzeptieren die Provider diese Dateien nicht.
  1. ***.bat**, ***.com**, ***.exe**, ***.js**, ***.pif**, ***.shs**, ***.vbs**
  2. ***.doc**, ***.etc**, ***.mbd**, ***.scr**, ***.wpd**, ***.xls**
- „Sichere" Dateien sind: ***.dat**, ***.txt**, ***.zip**, ***.rtf**

Abwehrstrategien

- Im E-Mail-Verkehr möglichst nur einfache Textdateien – ohne Anhänge versenden
- Regelmäßig das **Betriebssystem**, die **Anwendungssoftware** und die **Anti-Virensoftware** aktualisieren

Systemsicherheitsbewertung

Geschichte/Hintergrund

- 1983 wurde das **„Orange Book“** vom amerikanischen Verteidigungsministerium (Pentagon) verabschiedet
  - Darin werden Sicherheitsstandards zum Schutz von Kommunikationssystemen vor unberechtigter Benutzung festgelegt. Es wird auch mit **TCSEC** (**T**rusted **C**omputer **S**ystem **E**valuation **C**riteria) bezeichnet.
  - Es definiert sieben Sicherheitsebenen, die jeweils verschiedene Sicherheitsmechanismen vorsehen:
    Level D: kein Schutz
    Level C: vom Benutzer festlegbarer Grundschutz
    Level B: vorab definierter (regelorientierter) Schutz
    Level A: nachprüfbare Schutzvorgänge
- 1987: HP legt kommerzielle Fassung vom „Orange Book“ vor
- 1987 wurden Sicherheitskriterien vom Pentagon für Netze unter der Bezeichnung **TNI** (**T**rusted **N**etwork **I**nterpretation) bzw. auch **„Red Book“** veröffentlicht
- 1988: ISO veröffentlichte **„Security Architecture“**
- 1989: **ZSI** (**Z**entralstelle für **S**icherheit in der **I**nformationstechnik, später **BSI**) legt die Sicherheitsklassen F1 bis F10 fest

Kern der Sicherheitsstruktur

- Der Zugriff eines Nutzers (eines Systems) auf Hardware, Datenspeicher, Daten, Betriebssysteme, Software eines anderen System (Zugriffs-Objekt) wird im Sinne des „Orange Book“ auf der Basis definierter (externer) Sicherheitsregeln durch einen Referenzmonitor ermöglicht und kontrolliert.

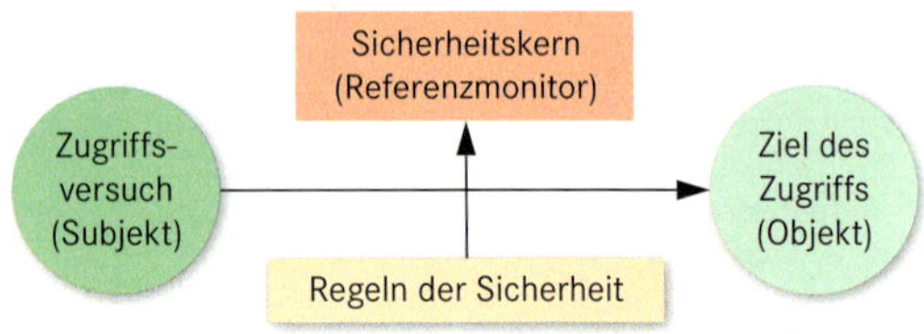

- Wesentlich ist das Interesse der Informationsbeteiligten, dass die Informationen privat (also geheim) bleiben.
- Darüber hinaus ist es bedeutsam, dass die Informationen nicht verfälscht werden. Hierzu werden z. B. Prüfsummen gebildet. Es werden kryptologische Verfahren benötigt.

Systemsicherheitsebenen

Sicherheitsebenen		Aufgabe	Sicherungsvorgang
1	Identifikation	Identitätsbestimmung der Teilnehmer	Anonymität
2	Authentizität	Verifizierung der angegebenen Identität – auch während der Datenübertragung. **Teilnehmerauthentifizierung:** Teilnehmer beweist seine Identität, **Datenursprungsauthentifizierung:** Empfänger kennt den Datenursprung	(Permanenter) Nachweis der Identität
3	Zugriffskontrolle	Überprüfung der Zugangsberechtigung des Teilnehmers auf ein System, eine Ressource oder einen Datenbestand	Prüfung und Verwaltung der Rechte
4	Protokollierung	Protokollierung der Abläufe (Systemeinsatz, Datum, Zeit, Aktionen)	Erfassung der Zugriffe und der Ausübung von Rechten
5	Regeneration	Regeneration der Betriebssoftware	Wiederaufbereitung/Erneuerung
6	Datenintegrität	Überprüfung und Gewährleistung der **Fälschungssicherheit** von Daten und Gewährung der **Datenkonsistenz**	Authentizität und Unversehrtheit von Nachrichten
7	Vertraulichkeit	Verhinderung der Ausforschung einer Nachricht	Vertraulichkeit einer Nachricht garantieren
8	Fehlerfolgenreduktion	Reduzierung der Fehlverhaltensfolgen	Funktionalität des Systems ermöglichen
9	Systemfunktionalität	Funktionalitätsgewährung eines Systems und seiner Prozesse und Sicherung von Datenübertragungen	

IT-Sicherheitszertifizierungen

Zertifizierungsinhalte/-bereiche

- Wichtige Prüfaspekte nach der **ITSEC** (**I**nformation **T**echnology **S**ecurity **E**valuation **C**riteria) von 1991 sind:
  - **Funktionalität** und **Vertrauenswürdigkeit**
- Die Vertrauenswürdigkeit wird in die Aspekte
  - **Korrektheit** und **Wirksamkeit** aufgegliedert
- **Zertifizierungsbereiche** (Produkte/Produktbereiche):
  - Großrechner-Systeme
  - Mittlere Systeme
  - Sicherheitsoberflächen
  - Viren-Scanner und Integritätsschutz
  - Datenübertragung
  - Smartcard (Betriebssysteme, Kartenleser) und
  - Chipkarten-Lesegeräte

Zertifizierungsklassen

- F1 bis F10: IT-Sicherheitsklassen in Deutschland
- Die Klassen F1 bis F5 betreffen **Betriebssysteme** Definiert wurden Anforderungen bezüglich
  - der **Identifikation** und **Authentisierung**
  - der **Rechteverwaltung** und **-prüfung**
  - der **Beweissicherung** und der **Wiederaufbereitung**
- F1: geringste Anforderungen;
- F5: umfassende Anforderungen
- F6: Kriterien bezüglich der integrität der Daten
- Bzgl. **Fehlerüberbrückung** und **Gewährleistung der Funktionalität** wurden in der Klasse F7 Anforderungen bestimmt
- In der Klasse F8 werden Forderungen für die
  - **Identifikation** und **Authentisierung**
  - **Übertragungssicherung** und
  - **Beweissicherung** vorgenommen
- F9–F10: Forderungen zur Datenverschlüsselung

Sicherheitsebenen
Security Levels

Gegenüberstellung der Sicherheitsebenen von TCSEC/BSI

TCSEC	Inhalte der Sicherheitsebenen des „Orange Book“/BSI-Funktionalitätsklassen	BSI
D	Kein Schutz (bzw. nur ein minimaler Schutz)	-
C1	Benutzergesteuerter Zugangsschutz (Authentifizierung und Identifikation)	F1
C2	Kontrollierter Zugriffsschutz auf die Systeme; alle Vorgänge (Zugriffe und Prozesse) werden protokolliert	F2
B1	Objektklassifikation – Vorgeschriebene Zugriffskontrolle	F3
B2	Strukturierungsschutz	F4
B3	Anlegen von Sicherheitsdomänen – Systemverwaltung durch einen zentralen Administrator	F5
A1	Komplexer Sicherheitsentwurf	
–	Integritäts-Anforderungen für Datenbanken	F6
–	Verfügbarkeit besonders bei Prozessrechner	F7
–	Beweis-, Integritäts- und Übertragungssicherung bei Datenübertragungen (im Netz)	F8
–	Verschlüsselung/Geheimhaltung von Nutzdaten bei Datenübertragungen (Vertraulichkeit)	F9
–	Integrität und Vertraulichkeit bei vernetzten Strukturen	F10

Qualität
Quality

Begriff und Grundlagen

- **Qualität** heißt im eigentlichen Sinne des Wortes **„Beschaffenheit“** (auch „Eigenschaft“)
- Umgangssprachlich wird das Wort nicht einheitlich verwendet
- Qualität und Qualitätssicherung sind in den Unternehmen zu strategischen Zielen geworden, da nur so Kunden zufriedengestellt, langfristig gebunden und kostengünstige – auch umweltfreundliche – Produkte erstellt werden können.
- **Klassische Qualitätssicherung** in der Industrie wurde als **Abnahmeprüfung** verstanden. Diese Kontrolle basierte auf der Erhebung von Stichproben. Hierzu wurde eine umfangreiche statistische Testtheorie entwickelt. In zunehmendem Maße wird der gesamte Fertigungsprozess überwacht.
- Im Rahmen der Qualitätssicherung sind zu unterscheiden:
  - die **Qualitätsplanung** unter Beachtung der Qualitätsziele,
  - die **Qualitätsprüfung** und
  - die **Qualitätslenkung.**

ISO 9000–9004 ff

- Die ISO 9000 – 9004 Normen legen Maßnahmen fest, durch deren Einhaltung ein Unternehmen eine hochwertige Qualitätssicherung erreichen kann.
- Die ISO 9000 gibt Hinweise zur Anwendung der ISO 9001 – 9004 Normen.
- 20 Einzelaspekte müssen von einem Unternehmen im Rahmen der Qualitätssicherung beachtet werden.

Elemente der ISO 9001

Ebene der Unternehmensleitung	(1): **Verantwortung der Unternehmensführung** für den Qualitätsprozess (Qualitätspolitik des Unternehmens); (2): Konkret eingesetztes **Qualitätsmanagementsystem;**
Ebene des Produktionsprozesses	(3): **Vertragsprüfung;** (4): Steuerung von **Design** und **Entwicklung;** (6, 7): Steuerung der **Beschaffung;** (9): Steuerung des Produktionsprozesses
Regelungsebene (Controlling)	(5): Lenkung der Dokumente und Daten; (8): Kennzeichnung der Produkte; (10): Testuntersuchungen; Prüfungen; (11): Überwachung von Test- und Prüfmitteln; (12): Test- und Prüfstatus; (13, 14): Fehlersteuerung; korrigierende Maßnahmen; (16): Lenkung d. Qualitätsaufzeichnungen; (17): Gestaltung interner Qualitätsaudits; (20): Methoden zur statistischen Erschließung
Ebene von Lager, Versand, Service	(15): Handhabung, Lagerung, Verpackung, Konservierung und Versand; (19): Wartung (Kundendienst) und Service;
Ebene der Mitarbeiter	(18): (interne) Schulung und Training der Mitarbeiter

ISO 9002, 9003, 9004

ISO 9002: Mit Ausnahme der Positionen (4) und (19) müssen alle ISO 9001 Normpositionen erfüllt werden.
ISO 9003: Die Positionen (3), (4), (6), (7), (9), (14), (17) und (19) der ISO 9001 entfallen.
ISO 9004: Beschreibung der einzelnen Qualitätssicherungselemente.

Qualitätskreis

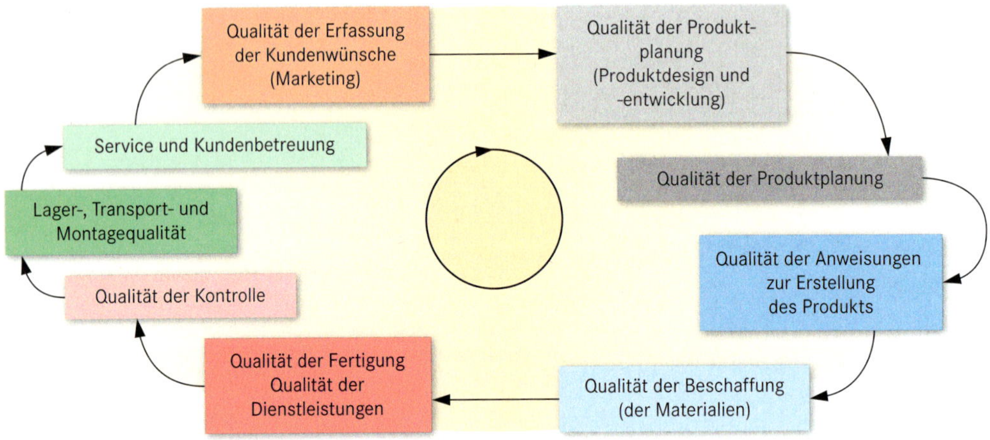

- Die ISO 9000ff ist gültig in Deutschland (DIN) und Europa (EN). Es wird auch von der DIN EN ISO 9000 Normenreihe gesprochen. ISO steht für die weltweite Gültigkeit der Norm.
- Unternehmen können sich durch unparteiische Dritte ihr internes Qualitätsmanagement – orientiert an der DIN 9000 – zertifizieren lassen. Dies wird auch von Unternehmen aus dem Dienstleistungs- und Bildungsbereich vorgenommen.
- Grundlegende Qualitätssicherungsnormen sind in der **ISO 9000ff** definiert.
- Im Rahmen der umfassenden Qualitätsorientierung wurde ein **Total Quality Management** (**TQM**) – Ansatz entwickelt. Dieser erfasst die gesamte Unternehmenskultur. Definiert wird dieser Ausdruck des Total Quality Managements (TQM) in der DIN EN ISO 8402, die 1995 veröffentlicht wurde.

Qualitätsbeurteilungsaspekte in Unternehmen

- Bei der Umsetzung eines umfassenden betrieblichen Qualitätsmanagementsystems werden neun Kernbereiche von der European Foundation for Quality – u. a. auch für einen jährlichen Preis – betrachtet.
- Die internen Faktoren – wie z. B. die transparente Gestaltung der Unternehmensprozesse – werden dabei ebenso beachtet wie Ergebnisse, zu denen u. a. auch grundsätzlich die Kundenzufriedenheit gehört.

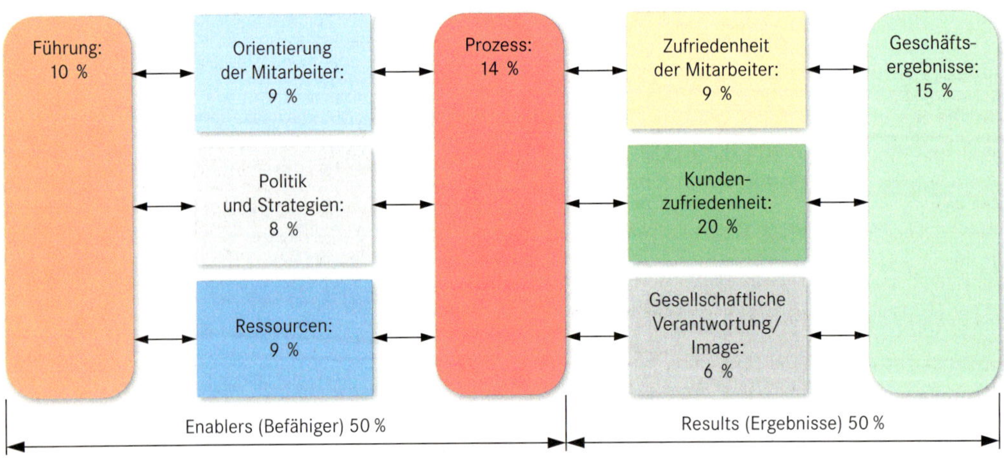

(Prozentzahlen geben die Gewichtung an)

Bewertbarkeit

Jeder Stelle der Binärzeichen ist hierbei eine definierte Wertigkeit zugeordnet.
Beispiel: Mögliche Wertigkeiten von BCD-Codes.

Nr.	Wertigkeit			
1	8	4	2	1
2	7	4	2	1
3	6	4	2	1
4	5	4	2	1
5	4	4	2	1
6	7	3	2	1
7	6	3	2	1
8	5	3	2	1

Nr.	Wertigkeit			
9	4	3	2	1
10	3	3	2	1
11	6	2	2	1
12	5	2	2	1
13	4	2	2	1
14	6	3	1	1
15	5	3	1	1
16	4	3	1	1
17	5	2	1	1

Zusammenhang zwischen Wertigkeit und Dezimalzahl bei BCD-Codes:

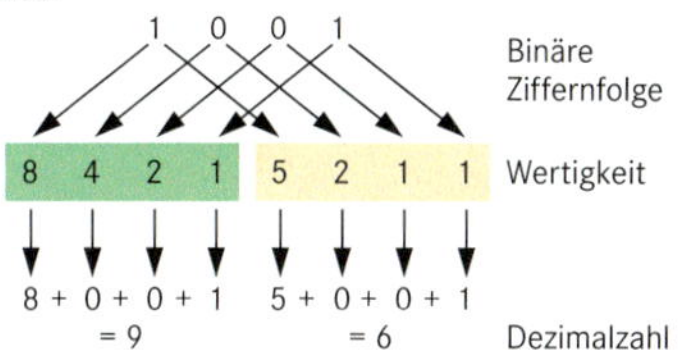

Fehlererkennbarkeit

Codes, die einfache oder mehrfache Verfälschungen von Stellen innerhalb eines Codewortes aufzeigen, sind fehlererkennbar (z. B. 1 aus 10- und 2 aus 5-Code).

Parität

Jedem Codewort kann durch Hinzufügen einer einzelnen Prüfstelle die Fähigkeit zum Erkennen einfacher Fehler gegeben werden.

- **Gerade Parität:** Paritätsbit wird auf 0 gesetzt, wenn Quersumme der mit 1 besetzten Stellen im Codewort gerade ist Paritätsbit = 1, wenn Quersumme ungerade
- **Ungerade Parität:** Paritätsbit = 1, wenn Quersumme gerade; Paritätsbit = 0, wenn Quersumme ungerade

Beispiel:

Parität	gerade (even)	ungerade (odd)
Codewort 1	0110 0	0110 1
Codewort 2	1110 1	1110 0

Paritätsbit (→ jeweils letzte Stelle)

Rechenfähigkeit

Beispiel: Aiken-Code

Subtraktion		Addition durch Neunerkomplement	
Dezimalzahlen	Aiken-Code	Aiken-Code	
8	1110	1110	
–	+	+	
5	1011	0100	Invertieren
=	=	=	
		1 0010	Abtrennen der ersten Stelle
		+	
		0001	Addition von 1
3	0011	0011	

Blockprüfung

Auch als Longitudinale Redundanzprüfung bezeichnet. Sichert durch **BCC** (**B**lock **C**heck **C**haracter: Paritätszeichen) einen Datenblock.

- Alle Bitstellen mit derselben Bitnummer innerhalb des Blockes werden addiert
- Dafür wird jeweils ein Paritätsbit gebildet
- Die zusammengefassten Paritätsbits ergeben das BCC

Beispiel:

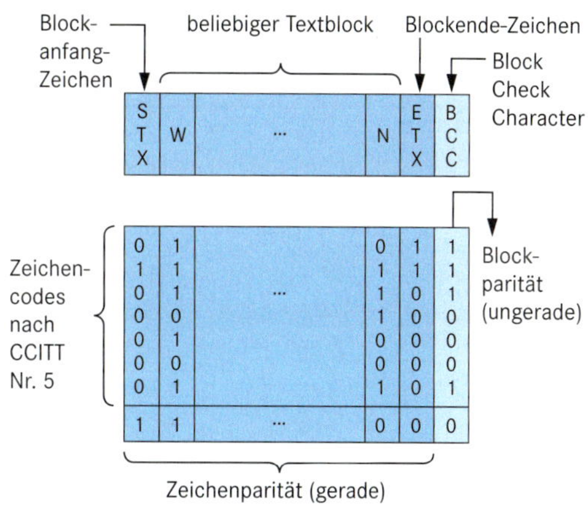

Zyklische Redundanzprüfung

- Beim **CRC**-Verfahren (**C**yclic **R**edundancy **C**heck) wird die gesamte Nachricht als serieller Bitstrom betrachtet.
- Alle Bits werden an einen CRC-Generator gegeben.
- Hier wird der Bitstrom durch ein Generatorpolynom dividiert und eine Kontrollzahl erzeugt.
- Daten und Kontrollzahl werden vom Empfänger ebenfalls durch Generatorpolynom dividert.
- Wenn der Divisionsrest gleich 0 ist, dann hat keine Verfälschung stattgefunden.
- CRC-Generator besteht aus Schieberegistern, die an bestimmten Stellen über Exclusiv-Oder-Gatter zurückgekoppelt sind.

Übertragungsprinzip mit CRC-Verfahren

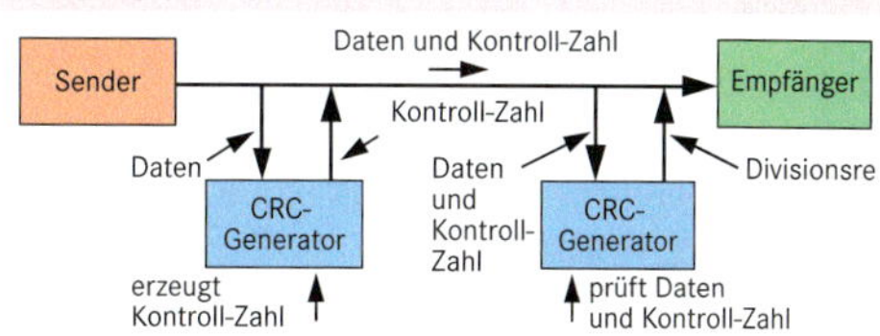

Generatorpolynome für CRC-Generator

ITU-T: $G(x) = x^{16} + x^{12} + x^5 + 1$	CRC-12: $G(x) = x^{12} + x^{11} + x^3 + x^2 + x + 1$
CRC-16 (IBM): $G(x) = x^{16} + x^{15} + x^2 + 1$	CRC-8 (LRC): $G(x) = x^8 + 1$

- Codieren bedeutet, den gegebenen Vorrat an Symbolen eines Zeichensatzes den Symbolen eines anderen Zeichensatzes zuzuordnen.
- Codieren erfolgt aus verschiedenen Gründen:
  - Bei Datenübertragung: Einfache und zeitsparende Übertragung der Symbole.
  - Für Datensicherheit: Daten möglichst schwer entschlüsselbar (kryptologische Codierungen).
- Für Datenverarbeitung: Mathematische Operationen mit geringem technischen Aufwand durchführen.
- Überwiegend verwendet werden binäre Codes.
- Besondere Bedeutung haben die Codes, bei denen die Codewörter aus gleich vielen Elementen bestehen (z. B. vier Bit).
- Bei n Elementen pro Codewort und v unterscheidbaren Zuständen pro Element sind $M = v^n$ Codewörter darstellbar. (Binärsystem mit $v = 2$ ist $M = 2^n$.)

Tetradische Codes

- Bestehen aus vier Bit (**Tetrade**) je Codewort
- Codieren die Dezimalziffern 0...9
- Enthalten sechs Codewörter (Dezimalzahlen 10 ... 15), die **nicht** verwendet werden (**Pseudotetraden**)

Mehrschrittige Tetradische Codes

- Ändern mehrere Binärstellen beim Übergang von einem Codewort zum folgenden
- **BCD**-Code: **B**inary-**C**oded **D**ecimals (binärcodierte Dezimalziffern), geeignet für Addition
- **Aiken**-Code: geeignet für Addition und Subtraktion

Einschrittige Tetradische Codes

- Ändern nur eine Binärstelle beim Übergang von einem Codewort zum folgenden
- Anwendung bei Analog-Digital-Umsetzern (z. B. Winkelcodierern)

Dezimal-Ziffer	BCD-Code	Aiken-Code	Gray-Code	Glixon-Code	O'Brien-Code
0	0 0 0 0	0 0 0 0	0 0 0 0	0 0 0 0	0 0 0 1
1	0 0 0 1	0 0 0 1	0 0 0 1	0 0 0 1	0 0 1 1
2	0 0 1 0	0 0 1 0	0 0 1 1	0 0 1 1	0 0 1 0
3	0 0 1 1	0 0 1 1	0 0 1 0	0 0 1 0	0 1 1 0
4	0 1 0 0	0 1 0 0	0 1 1 0	0 1 1 0	0 1 0 0
5	0 1 0 1	1 0 1 1	0 1 1 1	0 1 1 1	1 1 0 0
6	0 1 1 0	1 1 0 0	0 1 0 1	0 1 0 1	1 1 1 0
7	0 1 1 1	1 1 0 1	0 1 0 0	0 1 0 0	1 0 1 0
8	1 0 0 0	1 1 1 0	1 1 0 0	1 1 0 0	1 0 1 1
9	1 0 0 1	1 1 1 1	1 1 0 1	1 0 0 0	1 0 0 1
Wertigkeit	8 4 2 1	2 4 2 1			
Stelle	4 3 2 1	4 3 2 1	4 3 2 1	4 3 2 1	4 3 2 1

Höherstellige Codes

- Verwenden mehr als vier Stellen zur Darstellung eines Codewortes
- 2 aus 5-Code: gleichgewichtiger Code; jeweils zwei von fünf Stellen sind in jedem Codewort mit 1 besetzt; fehlererkennbar
- 1 aus 10-Code: fehlererkennbar
- Libaw-Craig-Code: einschrittiger Code
- Biquinär-Code: 2 aus 7-Code

Dezimal-Ziffer	2 aus 5-Code	1 aus 10-Code	Libaw-Craig-Code	Biquinär-Code
0	0 0 0 1 1	0 0 0 0 0 0 0 0 0 1	0 0 0 0 1	1 0 0 0 0 0 1
1	0 0 1 0 1	0 0 0 0 0 0 0 0 1 0	0 0 0 1 1	1 0 0 0 0 1 0
2	0 0 1 1 0	0 0 0 0 0 0 0 1 0 0	0 0 1 1 1	1 0 0 0 1 0 0
3	0 1 0 0 1	0 0 0 0 0 0 1 0 0 0	0 1 1 1 1	1 0 0 1 0 0 0
4	0 1 0 1 0	0 0 0 0 0 1 0 0 0 0	1 1 1 1 1	1 0 1 0 0 0 0
5	0 1 1 0 0	0 0 0 0 1 0 0 0 0 0	1 1 1 1 0	0 1 0 0 0 0 1
6	1 0 0 0 1	0 0 0 1 0 0 0 0 0 0	1 1 1 0 0	0 1 0 0 0 1 0
7	1 0 0 1 0	0 0 1 0 0 0 0 0 0 0	1 1 0 0 0	0 1 0 0 1 0 0
8	1 0 1 0 0	0 1 0 0 0 0 0 0 0 0	1 0 0 0 0	0 1 0 1 0 0 0
9	1 1 0 0 0	1 0 0 0 0 0 0 0 0 0	0 0 0 0 0	0 1 1 0 0 0 0
Stelle	5 4 3 2 1	9 8 7 6 5 4 3 2 1 0	5 4 3 2 1	6 5 4 3 2 1 0

Nichtdekadische Codes

- Zahlen werden vollständig in einem Codewort dargestellt
- Codes müssen auf die Menge der zu codierenden Zahlen ausgelegt sein

Dezimal-Ziffer	Dual-Code	Hamming-Code	Dezimal-Ziffer	Dual-Code	Hamming-Code
0	0 0 0 0	0 0 0 0 0 0 0	8	1 0 0 0	1 0 0 1 0 1 1
1	0 0 0 1	0 0 0 0 1 1 1	9	1 0 0 1	1 0 0 1 1 0 0
2	0 0 1 0	0 0 1 1 0 0 1	10	1 0 1 0	1 0 1 0 0 1 0
3	0 0 1 1	0 0 1 1 1 1 0	11	1 0 1 1	1 0 1 0 1 0 1
4	0 1 0 0	0 1 0 1 0 1 0	12	1 1 0 0	1 1 0 0 0 0 1
5	0 1 0 1	0 1 0 1 1 0 1	13	1 1 0 1	1 1 0 0 1 1 0
6	0 1 1 0	0 1 1 0 0 1 1	14	1 1 1 0	1 1 1 1 0 0 0
7	0 1 1 1	0 1 1 0 1 0 0	15	1 1 1 1	1 1 1 1 1 1 1

Zeile \ Spalte	00	hex	dez	binär	oktal	01	hex	dez	binär	oktal
00	**NUL**	0	0	P000 0000	000	**DLE**	10	16	P001 0000	020
01	**SOH**	01	1	P000 0001	001	**DC_1**	11	17	P001 0001	021
02	**STX**	02	2	P000 0010	002	**DC_2**	12	18	P001 0010	022
03	**ETX**	03	3	P000 0011	003	**DC_3**	13	19	P001 0011	023
04	**EOT**	04	4	P000 0100	004	**DC_4**	14	20	P001 0100	024
05	**ENQ**	05	5	P000 0101	005	**NAK**	15	21	P001 0101	025
06	**ACK**	06	6	P000 0110	006	**SYN**	16	22	P001 0110	026
07	**BEL**	07	7	P000 0111	007	**ETB**	17	23	P001 0111	027
08	**BS**	08	8	P000 1000	010	**CAN**	18	24	P001 1000	030
09	**HT**	09	9	P000 1001	011	**EM**	19	25	P001 1001	031
10	**LF**	0A	10	P000 1010	012	**SUB**	1A	26	P001 1010	032
11	**VT**	0B	11	P000 1011	013	**ESC**	1B	27	P001 1011	033
12	**FF**	0C	12	P000 1100	014	**FS**	1C	28	P001 1100	034
13	**CR**	0D	13	P000 1101	015	**GS**	1D	29	P001 1101	035
14	**SO**	0E	14	P000 1110	16	**RS**	1E	30	P001 1110	036
15	**SI**	0F	15	P000 1111	17	**US**	1F	31	P001 1111	037

Zeile \ Spalte	02	hex	dez	binär	oktal	03	hex	dez	binär	oktal
00	**SP**	20	32	P010 0000	040	**0**	30	48	P011 0000	060
01	**!**	21	33	P010 0001	41	**1**	31	49	P011 0001	061
02	**“**	22	34	P010 0010	042	**2**	32	50	P011 0010	062
03	**#**	23	35	P010 0011	043	**3**	33	51	P011 0011	063
04	**$**	24	36	P010 0100	044	**4**	34	52	P011 0100	064
05	**%**	25	37	P010 0101	045	**5**	35	53	P011 0101	065
06	**&**	26	38	P010 0110	046	**6**	36	54	P011 0110	066
07	**’**	27	39	P010 0111	047	**7**	37	55	P011 0111	067
08	**(**	28	40	P010 1000	050	**8**	38	56	P011 1000	070
09	**)**	29	41	P010 1001	051	**9**	39	57	P011 1001	071
10	*	2A	42	P010 1010	052	**:**	3A	58	P011 1010	072
11	**+**	2B	43	P010 1011	053	**;**	3B	59	P011 1011	073
12	**,**	2C	44	P010 1100	054	**<**	3C	60	P011 1100	074
13	**–**	2D	45	P010 1101	055	**=**	3D	61	P011 1101	075
14	**.**	2E	46	P010 1110	056	**>**	3E	62	P011 1110	076
15	**/**	2F	47	P010 1111	057	**?**	3F	63	P011 1111	077

Zeile \ Spalte	04	hex	dez	binär	oktal	05	hex	dez	binär	oktal
00	**@**	40	64	P100 0000	100	**P**	50	80	P101 0000	120
01	**A**	41	65	P100 0001	101	**Q**	51	81	P101 0001	121
02	**B**	42	66	P100 0010	102	**R**	52	82	P101 0010	122
03	**C**	43	67	P100 0011	103	**S**	53	83	P101 0011	123
04	**D**	44	68	P100 0100	104	**T**	54	84	P101 0100	124
05	**E**	45	69	P100 0101	105	**U**	55	85	P101 0101	125
06	**F**	46	70	P100 0110	106	**V**	56	86	P101 0110	126
07	**G**	47	71	P100 0111	107	**W**	57	87	P101 0111	127
08	**H**	48	72	P100 1000	110	**X**	58	88	P101 1000	130
09	**I**	49	73	P100 1001	111	**Y**	59	89	P101 1001	131
10	**J**	4A	74	P100 1010	112	**Z**	5A	90	P101 1010	132
11	**K**	4B	75	P100 1011	113	**[**	5B	91	P101 1011	133
12	**L**	4C	76	P100 1100	114	****	5C	92	P101 1100	134
13	**M**	4D	77	P100 1101	115	**]**	5D	93	P101 1101	135
14	**N**	4E	78	P100 1110	116	**^**	5E	94	P101 1110	136
15	**O**	4F	79	P100 1111	117	**_**	5F	95	P101 1111	137

Zeile \ Spalte	06	hex	dez	binär	oktal	07	hex	dez	binär	oktal
00	**`**	60	96	P110 0000	140	**p**	70	112	P111 0000	160
01	**a**	61	97	P110 0001	141	**q**	71	113	P111 0001	161
02	**b**	62	98	P110 0010	142	**r**	72	114	P111 0010	162
03	**c**	63	99	P110 0011	143	**s**	73	115	P111 0011	163
04	**d**	64	100	P110 0100	144	**t**	74	116	P111 0100	164
05	**e**	65	101	P110 0101	145	**u**	75	117	P111 0101	165
06	**f**	66	102	P110 0110	146	**v**	76	118	P111 0110	166
07	**g**	67	103	P110 0111	147	**w**	77	119	P111 0111	167
08	**h**	68	104	P110 1000	150	**x**	78	120	P111 1000	170
09	**i**	69	105	P110 1001	151	**y**	79	121	P111 1001	171
10	**j**	6A	106	P110 1010	152	**z**	7A	122	P111 1010	172
11	**k**	6B	107	P110 1011	153	**{**	7B	123	P111 1011	173
12	**l**	6C	108	P110 1100	154	**¦**	7C	124	P111 1100	174
13	**m**	6D	109	P110 1101	155	**}**	7D	125	P111 1101	175
14	**n**	6E	110	P110 1110	156	**~**	7E	126	P111 1110	176
15	**o**	6F	111	P110 1111	157	**DEL**	7F	127	P111 1111	177

Erklärung

ASCII-Zeichen —	**DLE**	20	— Wert hexadezimal
		16	— Wert dezimal
Wert binär —	P001 0000	020	— Wert oktal

LSB (Least Significant Bit: niederwertiges Bit)

MSB (Most Significant Bit: höchstwertiges Bit)

P: Paritätsbit (P = 0 oder P = 1 muss vereinbart sein; s. DIN 66 022).

Befehl	Art des Befehls	Bedeutung englisch	Bedeutung deutsch
NUL	-	NULL	Null, Nichts
SOH	TC	START OF HEADING	Kopfzeilenbeginn
STX	TC	START OF TEXT	Textanfangzeichen
ETX	TC	END OF TEXT	Textendezeichen
EOT	TC	END OF TRANSMISSION	Ende der Übertragung
ENQ	TC	ENQUIRY	Aufforderung zur Datenübertragung
ACK	TC	ACKNOWLEDGE	Positive Rückmeldung
BEL	-	BELL	Klingelzeichen
BS	FE	BACKSPACE	Rückwärtsschritt
HT	FE	HORIZONTAL TABULATION	Horizontal-Tabulator
LF	FE	LINE FEED	Zeilenvorschub
VT	FE	VERTICAL TABULATION	Vertikal-Tabulator
FF	FE	FORM FEED	Formularvorschub
CR	FE	CARRIAGE RETURN	Wagenrücklauf
SO	-	SHIFT OUT	Dauerumschaltungs-zeichen
SI	-	SHIFT IN	Rückschaltungszeichen
DLE	TC	DATALINE ESCAPE	Datenübertragungs-Umschaltung
DC 1...4	DC	DEVICE CONTROL 1...4	Gerätesteuerzeichen 1...4
NAK	TC	NEGATIVE ACKNOWLEDGE	Negative Rückmeldung
SYN	TC	SYNCHRONOUS IDLE	Synchronisierung
ETB	TC	END OF TRANSMISSION BLOCK	Ende des Übertragungsblocks
CAN	-	CANCEL	Ungültig
EM	-	END OF MEDIUM	Ende der Aufzeichnung
SUB	-	SUBSTITUTE	Substitution
ESC	-	ESCAPE	Umschaltung
FS	IS	FILE SEPARATOR	Hauptgruppen-Trenn-zeichen
GS	IS	GROUP SEPARATOR	Gruppentrennzeichen
RS	IS	RECORD SEPARATOR	Untergruppen-Trenn-zeichen
US	IS	UNIT SEPARATOR	Teilgruppen-Trenn-zeichen
SP	-	SPACE	Leerzeichen
DEL	-	DELETE	Löschen

Begriffe und Prinzipien

- Bezeichnungen:
  - Strichcode
  - Balkencode
  - Barcode (engl. Bar: Balken)
  - Linearer 1D Barcode
- Der dargestellte Code besteht aus verschieden breiten, parallelen Strichen und Lücken, die nebeneinander liegen. Breitenverhältnis zwischen schmalen und breiten Balken: 1 : 1,8 bis 1 : 3,4 (üblich: 1 : 2 bis 1 : 3)
- Um den Code einwandfrei dekodieren zu können bleibt nach dem Code ein Feld frei (Ruhezone) oder es sind Trennungslinien vorhanden.
- Als erstes und als letztes Zeichen sind in der Regel Start- und Stoppzeichen eingefügt.
- Die Daten im Strichcode lassen sich optisch erfassen durch:
  - Lesestift (Bewegung von Hand über den Barcode, Decodierer empfängt das Hell-/Dunkel-Signal)
  - CCD-Scanner (Beleuchtung des Codes mit LEDs, reflektiertes Licht wird ausgewertet)
  - Laser-Scanner (ein oder mehrere Laserstrahlen werden auf den Barcode gerichtet und werden verschieden reflektiert)
  - Handy-Scanner (Barcode wird als Bild erfasst und decodiert)
- Anwendungen:
  Automatische Identifikation und Datenerfassung, **AIDC** (**A**utomatic **I**dentification and **D**ata **C**apture), z. B.:
  - Produktion (Produktkennzeichnung, ...)
  - Lager (Lagerplatzcode, ...)
  - Transport (Zielort, ...)
- Vorteile:
  - Sicher, geringe Fehlerwahrscheinlichkeit
  - Einfach, mit Druckern herstellbar
- Nachteil:
  Begrenzte Datenmenge

Fehlererkennung

Beispiel:
- Code 2/5 Industrial
- Am Ende des Codes befindet sich eine Prüfziffer.
- Stimmt die errechnete Prüfsumme nicht mit der übertragenen Ziffer (im unteren Beispiel 4) überein, wird erneut gelesen.

Start | Prüfziffer | Stop

Dezimal-Code:	8 | 5 | 1 | 4 | 2 | 6 | 3 | 9 | 4	
Quersumme u:	8 + 1 + 2 + 3	= 14
Quersumme v:	5 + 4 + 6 + 9	= 24
Produkt w = v · 3:	24 · 3	= 72
Summe x = u + w:	14 + 72	= 86
Differenz y (zum nächsten Vielfachen von 10):	90 − 86	= 4
Prüfziffer z = y:		= 4

EAN

- **EAN** (**E**uropean **A**rticle **N**umber) wird zur Produktkennzeichnung für Handelsartikel verwendet (**Handelsstrichcode**).
- Die Artikelnummer besteht aus 8 bzw. 13 Ziffern (**EAN 8** und **EAN 13**). Die ersten 2 bzw. 3 oder 7, 8 oder 9 werden zentral durch die **GSI**-Gruppe (**G**lobal **T**rade **I**tem **N**umber) verwaltet und vergeben.
- Der numerische Code hat eine feste Länge, darstellbar sind die Zahlen 0 bis 9, die üblicherweise auch analog angezeigt werden.

6583 3254

Code 2/5 Industrial (Code 2 of 5 Industrial)

- Numerischer Code, Zeichensatz 0 bis 9
- Die Zahlen 2 und 5 sagen aus, dass jedes Strichcodezeichen aus 2 breiten und 3 schmalen, also insgesamt 5 Elementen besteht. Die Lücken enthalten keine Information.
- Anwendung: Warenhäuser Flugtickets

Code 2/5 Interleaved (Code 2 of 5 Interleaved)

- Bezeichnungen auch: **ITF** (**I**nterleaved **T**wo of **F**ive), Interleaving: Verschränkung
- Numerischer Code, Zeichensatz 0 bis 9
- Der Code ist aufgebaut aus zwei breiten und drei schmalen Strichen bzw. zwei breiten und drei schmalen Lücken (immer fünf Elemente). Striche und Lücken tragen also eine Information. Zwischen dem Start- und Stoppzeichen sind somit zwei Ziffern codiert (überlappend, verschränkt).
- Vorteil: Hohe Informationsdichte
- Anwendung: Paketdienst, Industrieanwendung

74380707240152655700

Code 128

- 128 bezieht sich auf die 128 darstellbaren ASCII-Zeichen
- Es handelt sich um einen alphanumerischen Code hoher Informationsdichte.
  - Zeichensatz A: Ziffern, Großbuchstaben, Sonderzeichen, ASCII-Steuerzeichen
  - Zeichensatz B: Ziffern, alle Groß- und Kleinbuchstaben, Sonderzeichen und Umschaltzeichen
- Jedes Zeichen besteht aus 11 Modulen, die in drei Striche und drei Lücken aufgeteilt sind. Die vier Strich- und vier Lückenbreiten variieren.
- Vorteil: ASCII-Zeichnsatz, hohe Informationsdichte
- Anwendung: Paketdienste, Elektronik-Industrie, Chemische Industrie, Gesundheitssektor

W i k i p e d i a

Begriff und Prinzipien

- Bezeichnungen:
  Matrix-Code, 2D-Barcode, Punktcode
- Es handelt sich um eine Anordnung verschieden breiter Quadrate, Punkte oder Striche, die durch Lücken getrennt sind. Die darin enthaltenen Informationen sind mit entsprechenden optoelektronischen Geräten lesbar (Kamera-Scanner).
- Die Daten sind nicht in eine Richtung (eindimensional) sondern in der Fläche (zweidimensional) codiert.
- Vorteil gegenüber dem Barcode (eindimensional):
  Höhere Dichte an Nutzinformationen
- Verwendung:
  - Warenkennzeichnung (verschiedenartige), Informationsspeicherung
  - Mobile-Tagging
- Gruppen:
  - Gestapelte Codes (übereinander gestapelte Strichcodes) z.B. Codablock, Code 49, PDF417
  - Matrix-Codes z. B. QR-Code, DataMatrix-Code, MaxiCode, Aztec-Code
  - Punktcodes

Mobile-Tagging

- Mit diesem Begriff kennzeichnet man ein Verfahren, bei dem man mit Hilfe der Kamera eines Handys die in einem 2D-Code enthaltenen Informationen (Codeinhalt) ausliest.

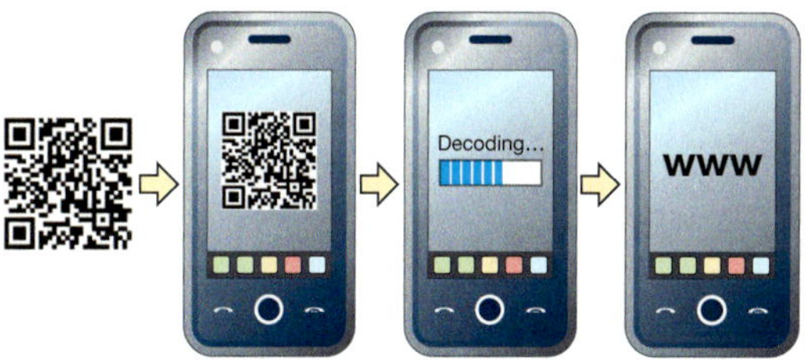

- Beispiele für Codeinhalte:
  - Internetadresse, direkte Weiterleitung ist möglich
  - Transaktionscode zur Durchführung von Programmschritten
  - Zugangscode für den einmaligen Zugriff
  - Adressensatz (z. B. in Form einer Visitenkarte)

Aztec-Code

- Der Name leitet sich ab von den Azteken in Zentralmexiko (Blick auf eine Stufenpyramide aus der Vogelperspektive).
- Aufbau:
  - In der Mitte das Suchelement, mehrere ineinander verschachtelte Quadrate
  - Symbolelemente sind quadratisch
- Kapazität: über 3000 Zeichen
- Reed-Solomon-Fehlerkorrektur bis zu 32 Levels
- Anwendung:
  - Online-Tickets der Deutschen, Österreichischen und Schweizer Bundesbahn sowie Verband Deutscher Verkehrsunternehmen, Mobile-Tickets
  - Speicherung biometrischer Daten (USA)

QR-Code

- **QR**: **Q**uick **R**esponse (schnelle Antwort)
- Aufbau:
  Quadratische Matrix aus mindestens 21 x 21 bis 177 x 177 schwarzen und weißen Flächen mit speziellen Markierungen an drei Ecken (Position).

- Fehlerkorrektur-Levels (Kapazität der Fehlerkorrektur in %)
  L: 7 %; M: 15 %; Q: 25 %; H: 30 %
- Beispiel für den Informationsgehalt:
  177 x 177 Elemente, Fehlerkorrekturlevel L $\Rightarrow$ 23.624 Bit (7.089 Dezimalziffern, 4.296 alphanumerische Zeichen sind darstellbar)
- Vielfältige Anwendungsmöglichkeiten: Produktionslogistik, Fahrplanauskunft, Navigation, Werbung, Aufruf von Websites, usw.
- **Weiterentwicklungen**:
  - **Micro-QR-Code**
    ist verwendbar für kleine Abmessungen, besitzt nur eine Orientierugsmarkierung, max. 35 Zahlen bzw. 21 alphanumersiche Zeichen sind codierbar
  - **Secure-QR-Code**
    enthält erweiterte Funktionen zum Verschlüsseln von Daten
  - **iQR-Code**
    besitzt rechteckiges Format, ist kleiner als der QR-Code und kann mehr Daten speichern

DataMatrix-Code

- Aufbau:
  - Variable rechteckige Form als Matrix
  - 10 x 10 bis 144 x 144 Symbolelemente
  - waagerechte und senkrechte Umrandung dient der Orientierung
- Kapazität bei 7 Bit z. B. 2.334 ASCII-Zeichen oder 3.116 Ziffern
- Vorteile:
  Kompakt und sicher, sehr gute Fehlerkorrektur (Reed-Solomon), Rekonstruktion des Dateninhalts bei Beschädigungen bis 25 %
- Anwendungen:
  - Direktbeschriftung mit Laser oder durch Nadelprägung in der Produktion
  - Analysegeräte für die Chemieindustrie, Medizintechnik
  - Gedruckte Form: Tickets, Postversand, elektronische Briefmarke

Codierungsverfahren
Encoding Methods

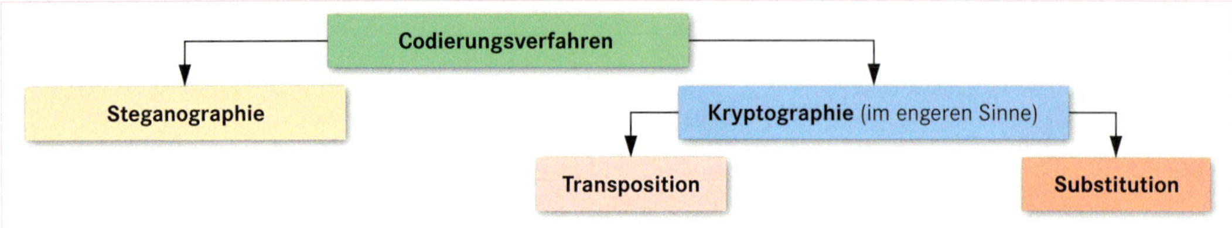

Basisbegriffe

- **Steganographie** (steganos (gr.: bedeckt); graphein (gr.: schreiben)). Zum Beispiel:
  - Texte/Bilder (räumlich) verstecken
  - Verwendung von unsichtbarer Tinte
  - Information wird im offenen Text versteckt
- Die **„versteckten Verfahren"** (Steganographie) zählen auch zu den „indirekten Chiffrierverfahren".
  Hierzu zählen auch **„Chaffing"** und **„Frequency Hopping"**.
  - Beim **Chaffing** werden Bitpakete übertragen, die zum Teil aus **Zufallsbitfolgen** bestehen
  - Beim **Frequency Hopping** wird die Nachricht im Ablauf mit verschiedenen Trägerfrequenzen übertragen
- **Kryptographie** (kryptos (gr.: verbergen))
  Der Inhalt (der Sinn der Nachricht) wird verborgen.
- **Transposition (auch: Permutationsverfahren)**
  Der Informationsträger bleibt gleich; er erhält jedoch einen neuen Ort. - Z. B.: die Folge von Buchstaben wird vertauscht.
- **Substitution:** Der Informationsträger behält seinen Ort/seine Position; er wird jedoch verändert dargestellt. Z. B. werden Buchstaben durch Zahlen dargestellt.
- **Substitutions-**, **Permutations-** und **Stromverfahren** zählen zu den **„Direkten Chiffrierverfahren"**. Mit einem Schlüssel wird der Algorithmus-Einsatz zur Klartext-Verwandlung gesteuert.
- **Klartextalphabet (KTA):** Ursprüngliche Zeichenmenge, aus der ein **Klartext** (engl. **plain text**) geschrieben wurde.
- **Verschlüsselungsalphabet (Geheimtextalphabet (GTA)):** Zeichenmenge, auf die die Zeichen des Klartextalphabets zum Geheimtext (engl.: **cipher text**) übersetzt werden.

Monoalphabetische Verschlüsselung

Die Zeichen des KTA werden auf ein beliebig angeordnetes GTA in einheitlicher Art abgebildet.

- **Beispiel: Cäsar-Kodierung**
  Geht auf C. J. Cäsar (100–44 v. Chr.) zurück und ist eine Sonderform der monoalphabetischen Verschlüsselung.
  - Die Zeichenfolge der GTA entspricht der Abfolge der KTA. Der Schlüssel gibt die Buchstabenverschiebung an.
    Beispiel (Verschiebung um eine Position):
    KTA: A, B, C, D, ..., X, Y, Z
    GTA: B, C, D, E, ..., Y, Z, A
  - Allgemeine Übersetzungsvorschrift (Verschiebung: n)
    Zeichen(GTA) = Zeichen((Nr-KTA + n) [mod 26])

Polyalphabetische Verschlüsselung

- Es werden mehrere unabhängige GTA verwendet.
  Zum Beispiel wird mit einem Schlüsselwort festgelegt, in welches GTA die einzelnen Buchstaben übersetzt werden.
- **Beispiel: Vigenère-Codierung:**
  Sie geht auf Blaise de Vigenère (1523–1585) zurück und ist eine Sonderform der polyalphabetischen Verschlüsselung.
  Die Zeichenfolgen der einzelnen GTA entspricht der des KTA.
  Zum Beispiel – verwendet werden zwei GTA –:
  KTA: A, B, C, ..., X, Y, Z
  GTA-1: B, C, D, ..., Y, Z, A
  GTA-2: D, E, F, ..., A, B, C
  Der 1., 3., ... Buchstabe wird zum Beispiel ins GTA-1 übersetzt; der 2., 4., ... Buchstabe ins GTA-2.

Buchstabenhäufigkeiten

In der deutschen (oberer Wert) und englischen (unterer Wert) Schriftsprache (Wert jeweils in %)

A	B	C	D	E	F	G	H	I
6,51	2,57	2,84	5,41	16,7	2,04	3,65	4,06	7,82
8,20	1,50	2,80	4,30	12,7	2,20	2,00	6,10	7,00

J	K	L	M	N	O	P	Q	R
0,19	1,88	2,83	3,01	9,92	2,29	0,94	0,07	6,54
0,20	0,80	4,00	2,40	6,70	7,50	1,90	0,10	6,00

S	T	U	V	W	X	Y	Z
6,78	6,74	3,70	1,07	1,40	0,02	0,03	1,00
6,30	9,10	2,80	1,00	2,40	0,20	2,00	0,10

- Häufigkeit von **Bigrammen** in der deutschen Sprache (Bigramme: zwei Buchstaben in Folge)
  en (4,47 %); er (3,40 %); ch (2,80 %); nd (2,58 %); ei (2,26 %); de (2,14 %); in (2,04 %); es (1,81 %); te (1,78 %); ie (1,76 %); un (1,73 %); ge (1,68 %); st (1,24 %); ic (1,19 %); he (1,17 %)
- Häufigkeit von **Trigrammen** in der deutschen Sprache (Trigramme: drei Buchstaben in Folge)
  ein (1,22 %); ich (1,11 %); nde (0,89 %); die (0,87 %); und (0,87 %); der (0,86 %); che (0,75 %); end (0,75 %); gen (0,71 %); sch (0,66 %)

Mono- und polyalphabetische Verschlüsselungen können durch statistische Analysen zur Häufigkeit einzelner Zeichen und ganzer Zeichenfolgen entschlüsselt werden: **statistische Kryptoanalyse** nach **Kasiski** (polnischer Mathematiker; Entdeckung 1863)

Information und Codierungen

- **Quellcodierung:** Findung von geeigneten Quellsymbolverteilungen, zur Eliminierung (Reduktion) der Redundanzen.
- **Kanalcodierung:** Kontrollierte Erhöhung der Redundanz, um eine Fehlererkennung und -korrektur zu ermöglichen.
- **Leitungscodierung:** Konkrete Endcodierung.

Anforderungen an die Leitungscodierung

1. Hohe Effizienz
2. Hoher Taktgehalt
3. Gleichstromfreiheit
4. Geringer Implementierungsaufwand
5. Geringe Störempfindlichkeit
6. Transparenz (Bitübertragungsprinzip)

Kanalbeziehungen

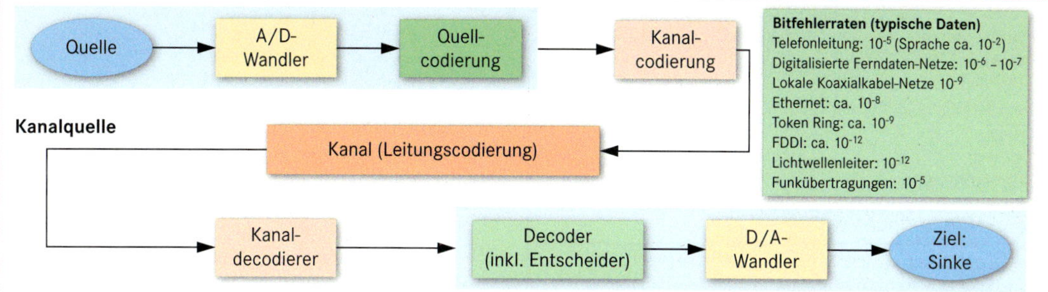

Abstand und Fehler

- Abstand (a) zwischen zwei Codewörtern ist definiert als Anzahl unterschiedlicher Stellen von zwei Codewörtern.
- Hamming-Distanz (t): Mindestabstand zwischen Codewörtern in einem Hamming-Code (Codematrix ist aus linear unabhängigen Codewörtern aufgebaut).
- Fehlererkennung ist möglich bei (t - 1) Fehlern
- Fehlerkorrektur ist möglich bei f Fehlern mit $(t - 1)/2 \geq f$

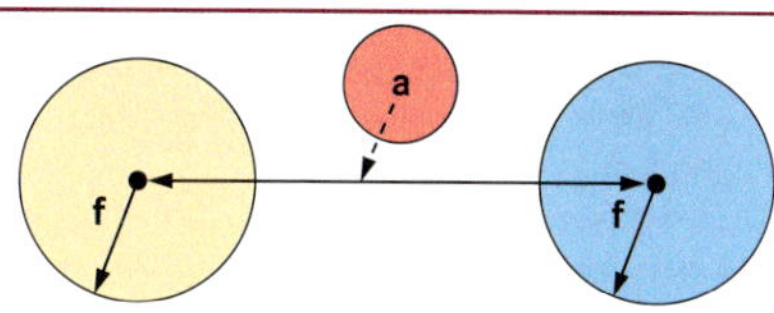

Bei überlappenden Sphären ist keine Korrektur möglich.

Huffman-Codierung

- Konstruktionsprinzip zur Findung einer geeigneten Quellsymbolcodierung
- **Verfahrensablauf:**
  A. Sortierung der Quellsymbole nach der Wahrscheinlichkeit ihres Auftretens
  B. Zusammenfassung von immer zwei Symbole bzw. Einheiten beginnend bei den kleinsten Wahrscheinlichkeitswerten. Sukzessives Fortführen der Sortierung (Pos. A). Prozessabschluss, wenn alle Symbole erfasst sind.
  C. Schrittweise Zuordnung von Codewörter zu den gefundenen Einheiten
- **Redundanzsparende Codierungsideen** und **-konzepte** existieren auch von **Fano** und **Shannon**

Codebäume

- Prinzipiell können Codewörter als Knoten in einem Codebaum verstanden werden. Die Codebäume entsprechen vom Prinzip Baumdiagrammen.
- Beim **Präfixcode** nimmt jedes Codewort nur die Stellung eines Endknoten ein: kein Codewort ist Anfang eines anderen Codewortes.

Beispiel

i	1	2	3	4	5
P (x_i)	**0,5**	**0,25**	**0,15**	**0,06**	**0,04**

Umsortiert ergibt das folgende Zuordnung:
x_4 (0), x_5 (1); x_3 (0), x_4x_5 (1); x_2 (0), $x_3x_4x_5$ (1) x_1 (0), $x_2x_3x_4x_5$ (1)

Ergebnis:

i	1	2	3	4	5
Codewort	0	10	110	1110	1111

Zugehöriger Codebaum

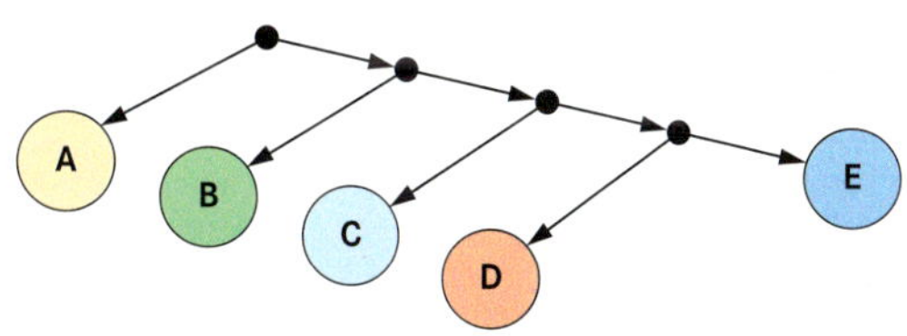

E: x_5; D: x_4; C: x_3; B: x_2; A: x_1
Die Codewörter sind hierbei unterschiedlich lang.

Modulo-2-Rechnung

- Binäre Codes basieren auf der Modulo-2-Rechnung
- **Die Verrechnung erfolgt dabei pro Bitstelle**

Addition			**Multiplikation**		
$\oplus$	- 1 -	- 0 -	$(\bullet) \equiv \otimes$	- 1 -	- 0 -
- 1 -	0	1	- 1 -	1	0
- 0 -	1	0	- 0 -	0	0

Blockcodes
Durch einheitliche Codewortlängen kann der Code aus sich selbst synchronisiert werden. Hierzu werden Block-Codes verwendet.

Blockcode-Einteilungen

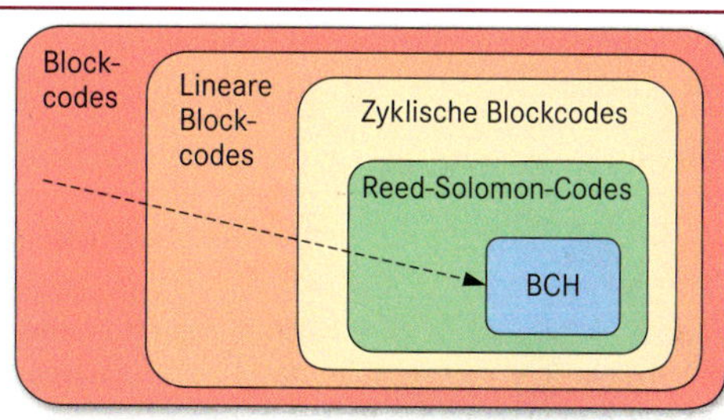

BCH: Bose-**C**haudhuri-**H**ocquenghem-Codes

Blockcodes

- Nachrichten werden in Blöcke (Bitfolge als Vektor Y_i) zergliedert, die gesondert codiert und einzeln übertragen werden
- Die Codewörter (X_i) errechnen sich durch die Multiplikation der Bitfolgen (Y_i) mit der Generatormatrix G
- Allgemein gilt: **X = Y · G (X, Y:** Vektoren; **G:** Matrix)
- $g_m = (g_{m1}\, g_{m2}\, g_{m3} \dots g_{mj})$ ist ein Basisvektor der Generatormatrix G, mit $1 \leq m \leq k$

Lineare Block-Codes

- Sie bestehen aus linear unabhängigen Zeilenvektoren. Durch das Anhängen einer Einheitsmatrix (E) an die Generatormatrix eines Block-Codes kann die Generatormatrix eines linearen Block-Codes gebildet werden.
- Die Zeilen einer Generatormatrix eines linearen Codes sind linear unabhängig voneinander. D. h., eine Zeile wird nicht durch eine beliebige Kombination anderer Zeilen der Matrix bestimmt.
- Die Diagonalmatrix wird – als eine Möglichkeit – an die (k, j)-Matrix angeheftet.

DES

- **DES** ist die Abkürzung für **D**ata **E**ncryption **S**tandard, der 1976 in den USA entwickelt wurde.
- Er gehört zu den Blockalgorithmen.
- Klartexte werden als Bitfolge dargestellt.
- Er ist in seinem Aufbau vollständig veröffentlicht.
- Einsatz z. B.: Geheimzahlbestimmung eines Geldkassenchip
- Die Zeichenfolge des Klartextes wird in Datenblöcke von 64 Bits umgewandelt. Der DES nimmt die Verschlüsselung dieser Blöcke vor. Hierzu wird ein 56 Bit langer Schlüssel eingesetzt.
- Heutzutage wird der Triple-DES verwendet.

Hamming-Codes

- Hamming-Codes sind einfache lineare Blockcodes
- Eigenschaften:
  - Codewortlänge: $n = 2^m - 1$
  - Nachrichtenstellen im Codewort: $k = 2^m - 1 - m$
  - Anzahl der Prüfstellen im Codewort: $m = n - k$
  - Fehlerkorrekturmöglichkeit: $t = 1$; $d_{min} = 3$
- Durch das Anhängen von jeweils einer Null an eine Generator-Codezeile und dem Einfügen einer zusätzlichen Zeile aus Einsen – dies garantiert die lineare Unabhängigkeit der Codezeilen – kann der Grad des Hamming-Codes um Eins erhöht werden

CRC

- CRC steht für **C**yclic-**R**edundancy-**C**heck-Codes
- Sie werden auch Abramson-Codes genannt
- Sie sind eine Erweiterung zyklischer Hamming-Codes
- Das Generatorpolynom eines CRC-Codes wird über eine Polynommultiplikation der Art $g(X) = (1 + X) \cdot g_1(X)$ bestimmt, Hierbei ist $g_1(X)$ ein primitives Polynom vom Grad k_1
- Durch die Polynommultiplikation mit x wird der Grad des Polynoms um Eins erhöht. Somit steigt auch die Hamming-Distanz
- Sie werden bei vielen technischen Anwendungen wie z. B.
  - X25-Protokoll
  - HDLC
  - ISDN D-Kanal-Protokoll
  - ATM-Technik;

  eingesetzt.
  Zum Beispiel bestimmen sie dort die FCS-Werte (Frame-Checking-Sequence).

RSA

- RSA bezieht sich auf die Namen **R**ivest, **S**hamir, **A**dleman (Veröffentlichung des Verfahrens 1977).
- Das RSA-Verfahren basiert im Kern auf dem kleinen Satz von Fermat. Von besonderem Interesse ist hierbei zu wissen, ob zwei Zahlen teilerfremd sind.
- **Teilerfremde Zahlen:** Für die Anzahl $\varphi(n)$ der teilerfremden Zahlen zur Zahl n gilt:

Anzahl der teilerfremden Zahlen

n	**1**	**2**	**3**	**4**	**5**	**6**	**7**	**8**	**9**
$\varphi(n)$	1	1	2	2	4	2	6	4	6
n	**10**	**11**	**12**	**13**	**14**	**15**	**16**	**17**	**18**
$\varphi(n)$	4	10	4	12	6	8	8	16	6

Basis des RSA-Verfahrens

- Mit $s \in N$ gilt: $a^{s[(p_1 - 1) \cdot (p_2 - 1)] + 1} = a \bmod n$

  $\rightarrow a^{s[(p_1 - 1)(p_2 - 1)] + 1} \bmod n = a$, mit $a < n = p \times q$
  Weiter gilt: $e \times d = s\,(p_1 - 1) \times (p_2 - 1) + 1$;

  p_1 und p_2 sind hierbei zwei große Primzahlen, mit $n = p_1 \times p_2$
- **RSA-Prinzip:** e und d werden gebildet und veröffentlicht d bleibt geheim. Ein Angreifer muss n in p_1 und p_2 zerlegen.

RSA-Sicherheit

- Die Sicherheit des RSA-Verfahrens begründet sich in der Problematik, große Zahlen schnell in ihre Primzahlen zerlegen zu müssen/zu wollen.
- Von daher ist das RSA-Verfahren prinzipiell lösbar, aber unter Beachtung der aktuellen Lösungsfähigkeit faktisch sicher.
- Von hierher begründet sich das Interesse an geeigneten Verfahren zur Primzahlzerlegung.

RSA-Verfahrensgestaltung

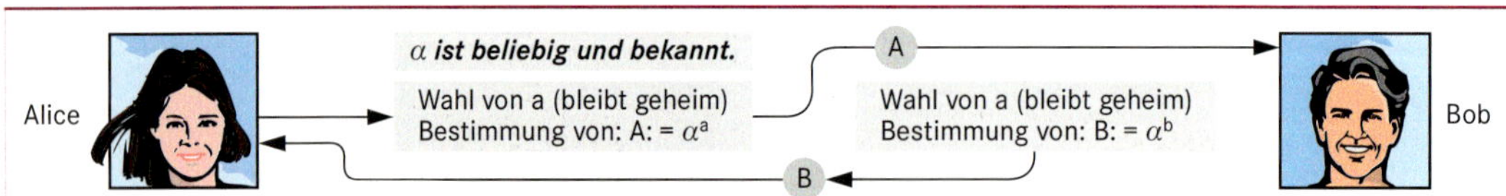

Nun gilt: $B^a = \alpha^{ba} = A^b = \alpha^{ab}$, da die Einwegfunktion ($\alpha^{ba} = \alpha^{ab}$) kommutativ ist.

RSA-Verfahrensablauf

	Allgemeiner Ablauf	Beispiel (gerechnet mit übersichtlichen Primzahlwerten)
1.	Alice wählt p und q. p, q sind (möglichst große) Primzahlen. Es gilt dann $N = p \cdot q$	$p = 13; q = 23$ $N = 13 \cdot 23 = 299$
2.	Wahl von e Hierbei sind e und $(p-1) \cdot (q-1)$ teilerfremd	$e = 7; (p-1) \cdot (q-1) = 12 \cdot 22 = 264$ $264 = 2 \cdot 2 \cdot 2 \cdot 3 \cdot 11$ (Dies ist teilerfremd zu 7)
3.	Alice veröffentlicht die Zahlen e und N Dies ist der **öffentliche** Schlüssel	$e = 7$ und $N = 299$
4.	Die zu **verschlüsselnde Nachricht** M (eine dezimale Zahl) wird von Bob nun verarbeitet: $C = M^e \pmod N$. M ist hierbei die Klartextzahl.	$M = 123_{\mid 10}$; $M^e = (123)^7$; $M^e = 425927596977747$ $Me/N = 425927596977747/299$ $C = 150$ (Also: $M^e = 1424507013303 \cdot 299 + 150$)
5.	$e \cdot d = 1 \pmod{(p-1) \cdot (q-1)}$ Es soll d bestimmt werden. d wird auch als **privater** Schlüssel bezeichnet.	$e \cdot d = 7 \cdot d = 1 (\bmod((p-1) \cdot (q-1))) = 1 \bmod (264)$ Nun gilt: $7 \cdot d = 265$ oder 529 oder ... Es folgt: $e \cdot d = 1057 (\bmod 264) = 1$ für $d = 151$
6.	Zur **Entschlüsselung** wird nun gerechnet: $M = C^d \pmod N = 150^{151} \pmod{299}$	$M = 150^{151} \pmod{299} = 150^1 \pmod{299} \cdot ((150^6 \pmod{299}))^{25} = \ldots =$ $= 150 \cdot 246 \pmod{299} = 123 = M$

Primzahlen und RSA

- Die **RSA-Verfahrenssicherheit** ist keine absolute. Angesichts der Problematik, große Zahlen in Primzahlen zu zerlegen, ergibt sich eine relative Sicherheit in Abhängigkeit vom technischen Stand.
- Von hierher begründet sich z. B. das Interesse an schnellen Algorithmen, um geeignete Primzahlzerlegungen zu finden. Insofern interessiert man sich für die Verteilung der Primzahlen.

RSA-Schlüssel

Schlüssellänge	Max. Dezimalzahl	Primzahlanzahl	Berechnungszeit (2002)
8 Bit	256	54	
512 Bit	$1{,}3 \cdot 10^{154}$	$3{,}8 \cdot 10^{151}$	Ca. 1 Jahr
768 Bit	$1{,}6 \cdot 10^{231}$	$1{,}5 \cdot 10^{228}$	
1024 Bit	$1{,}8 \cdot 10^{308}$	$2{,}5 \cdot 10^{305}$	Ca. 10 Jahre
2048 Bit	Ca. 10^{617}		Ca. 500 Jahre

Weitere Verschlüsselungsalgorithmen

- **BB84-Verfahren** (nach Bennett und Brassard; 1984): ein polyalphabetisches Verschlüsselungsverfahren
- **CAST** (1996): Blockcode; symmetrischer Code. Schlüssellänge zwischen 40 bis 128 Bit. Wird auch im PGP-Verfahren genutzt.
- **IDEA** (**I**nternational **D**ata **E**ncryption **A**lgorithm; von Xueija Lai und James Massey (ETH Zürich); 1990/1992): Ein Blockcode mit 64 Bit; Schlüssellänge: 128 Bit. Es ist ein symmetrisches Verfahren mit Blockchiffren.
- **MPEG** (MP3-Format (Uni. Erlangen; 1988): ein asymmetrisches Verschlüsselungsverfahren (MPEG1 folgt JPEG)
- **PEM** (Privacy Enhanced Mail; 1988): asymmetrisches Verschlüsselungsverfahren für E-Mails
- **PGP** (**P**retty **G**ood **P**rivacy – von Philipp R. Zimmermann; 1991): Verschlüsselungsverfahren für E-Mails basiert unter anderem auf dem **RSA-Verfahren** und dem **IDEA**.
- **Rijndael-Algorithmus:** Funktionsweise entspricht dem AES. Jedoch sind hier auch Datenblöcke mit 192 und 256 Bit möglich.
- **Ron's Cipher 4 (RC4)** (von Rivest; 1987): ein Stromchiffre (einmalige Zufallsfolge wird mit Klartext verknüpft).
- **S/MIME** (**S**ecure/**M**ultipurpose **I**nternet **M**ail **E**xtensions): asymmetrisches Verschlüsselungsverfahren für E-Mails.
- **SSH** nutzt zur Verschlüsselung **RC4**.
- **WAP/WAP2:** Verschlüsselungsverfahren, das WEP ersetzt hat. (Normierung unter IEEE 802.11i)
- **WEP** (Wired Equivalent Privacy): basiert auf **RC4**
- **Zero-Knowledge-Verfahren**
  - Goldwasser, Micali und Racoff; 1985
  - Amos Fiat und Adi Shamir; 1986

Anforderungen zum RSA-Verfahren

- Folgende Anforderungen an Verschlüsselungsverfahren wurden von der Regulierungsbehörde für Telekommunikation und Post mit Blick auf die elektronische Signatur festgelegt.
  Zur Lage von q und p soll beachtet werden:
  $\varepsilon 1 < | \log_2(p) - \log_2(q) | < \varepsilon_2$ mit $\varepsilon_1 \approx 0{,}1$ und $\varepsilon_2 \approx 30$
  p und q sollen zufällig und unabhängig voneinander sein.
  Für e (den öffentlichen Exponenten) gilt:
  $ggt(e, (p-1), (q-1)) = 1$ (e soll unabhängig von n sein)
  Für **d** (den **geheimen Exponenten**) gilt:
  $e \cdot d = 1 \bmod kgV(p-1, q-1)$

Anwendungen (Angaben in bit)

Verfahren	Schlüssellänge	Block	Anwendungsbereiche
DES	56	64	Standardschlüssel
3DES	56, 112, 168	64	VPN mit Hardwarechips
IDEA	128	64	PGP, OpenPGP
Blowfish	von 32 bis 448	64	Open-Source-Tools
AES	128, 192, 256	128,192, 256	VPN-Standard
Twofish	128, 192, 256	128	Mailverschlüsselung
RC6	max. 2040	128	RSA-Produkte

Geeignete Signaturverfahren

- RSA-Verfahren
- **DSA** (**D**igital **S**ignatur **A**lgorithmen)
- DSA-Verfahren unter Verwendung elliptischer Kurven: EC-DAS, EC-KDSA, EC-GDSA (auch: EC-ElGamal) Nyberg-Rueppel-Signaturen

Zuverlässigkeit, Ausfall, Verfügbarkeit
Reliability, Failure, Availability

- Bei technischen Systemen ist Zuverlässigkeit definiert als die Beschaffenheit einer Einheit (z. B. Bauelement, Baugruppe, Anlage) bezüglich ihrer Eignung während oder nach vorgegebenen Zeitspannen bei vorgegebenen Anwendungsbedingungen die Zuverlässigkeitsforderung zu erfüllen (DIN 40 041).
- Zur Berechnung der vorausgesagten Zuverlässigkeit werden zahlreiche Zuverlässigkeitsmodelle angewendet, z. B.:
  - Fehlerbaumanalyse (Analyse potenzieller Störfälle)
  - Monte-Carlo-Simulation (Simulationsmodelle mit Zufallsvariablen)

Ausfall, Ausfallrate

- Der **Ausfall** ist die Beendigung der Funktionsfähigkeit einer Einheit, im Rahmen der zugelassenen Beanspruchung.
- Die **Ausfallrate** λ (failure rate) ist der Anteil ausgefallener Bauelemente (oder Systeme) während einer Beanspruchungsdauer geteilt durch die Beanspruchungsdauer.
- Die Ausfallrate wird in **fit** (**f**ailure **i**n **t**ime) angegeben. 1 fit entspricht einem Ausfall in 1 Million Betriebsstunden.

Beispiele für Ausfallraten:

Pentium Prozessor	300 fit
Bestückte Leiterplatte	800 bis 4000 fit
Maschinenlötstelle	0,01 fit

- Das Ausfallverhalten von technischen Bauelementen und Geräten wird u.a. durch eine „Badewannenkurve" beschrieben
  - Phase A: Frühausfälle
  - Phase B: Zufallsausfälle **(konstante Ausfallrate)**
  - Phase C: Verschleißausfälle

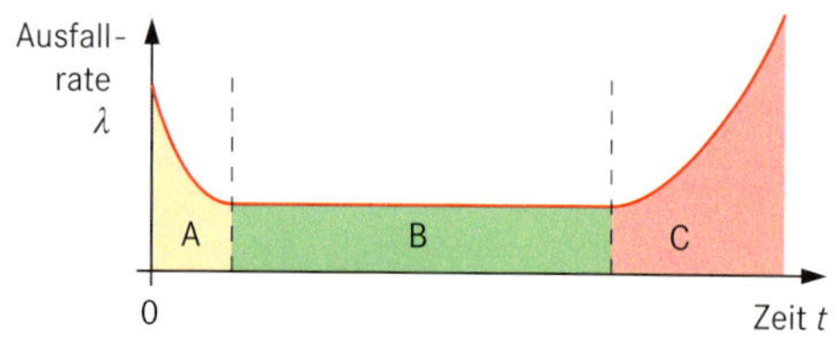

- *MTBF* (**M**ean **T**ime **B**etween **F**ailure) ist die mittlere Betriebsdauer zwischen zwei Ausfällen $MTBF = \frac{1}{\lambda}$

Verfügbarkeit

- Die **Momentane Verfügbarkeit** ist die **Wahrscheinlichkeit**, eine Einheit zu einem vorgegebenen Zeitpunkt der geforderten Anwendungsdauer in einem funktionsfähigen Zustand anzutreffen.
- Die **Stationäre Verfügbarkeit** ist die mittlere Betriebsdauer zwischen zwei Ausfällen dividiert durch die Summe von mittlerer Betriebsdauer zwischen zwei Ausfällen und mittlerer Störungsdauer.

Bei konstanter Ausfallrate und Instandsetzungsrate ist die stationäre Verfügbarkeit definiert als

$$P_A = \frac{MTBF}{MTBF + MDT}$$

***P*_A:** **P**oint **A**vailability (Stationäre Verfügbarkeit)
***MTBF*:** **M**ean **T**ime **B**etween **F**ailure (mittlere Betriebsdauer zwischen zwei Ausfällen)
***MDT*:** **M**ean **D**own **T**ime (mittlere Störungsdauer)

Lebenszykluskosten
Life Cycle Costs

- Lebenszykluskosten **LCC** (**L**ife **C**ycle **C**osts) sind alle Kosten einer Anlage oder eines Systems, die während der gesamten Lebenszeit der Anlage oder des Systems entstehen.
- Die Berechnung der Lebenszykluskosten dient als Vergleichsmaßstab für Varianten von Anlagen oder Systemen und ist Basis der Wirtschaftlichkeitsbetrachtung.

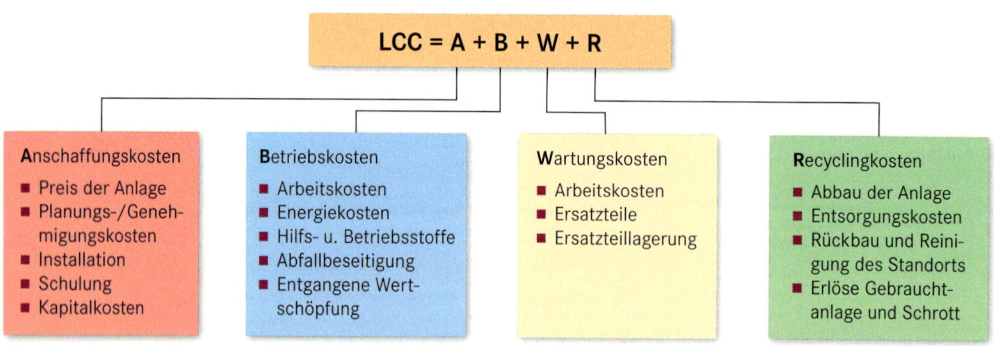

Fehlerbaumanalyse
Fault Tree Analysis

Merkmale

- Die Fehlerbaumanalyse **FTA** (**F**ault **T**ree **A**nalysis) dient zur systematischen Ermittlung der logischen Verknüpfung von Komponenten- und Teilsystemausfällen, die zu einem **unerwünschten Ereignis** (TOP-EVENT) führen.
- Die Vorgehensweise bei der Fehlerbaumanalyse umfasst dabei alle möglichen Ausfallkombinationen, die zu dem unerwünschten „Top“-Ereignis (z. B. Totalausfall) führen.
- Die **Ausfallkombinationen** werden durch einen endlichen Grafen mit endlich vielen Eingängen und einem Ausgang (Top-Ereignis) dargestellt.
- FTA Basiert auf der mathematischen Theorie der Boolschen Algebra.
- Ziel ist die Ermittlung von **Zuverlässigkeitskenngrößen** wie z. B.:
  - Eintrittshäufigkeit der Ausfallkombinationen
  - Nichtverfügbarkeiten des Systems/Produkts bei den gestellten Anforderungen
  - Aufstellen eines grafischen Systemmodells

Ablaufvorgang

Systemanalyse
Detaillierte Untersuchung des Systems
(z. B.: Identifikation der Funktionen, verschiedener Betriebszustände, Zusammenwirken der Komponenten)

Erstellung des Fehlerbaums
Festlegung des unerwünschten Ereignisses und der Ausfallkriterien
Bestimmung der Ausfallarten der Komponenten
Aufstellung des Fehlerbaums
Bewertung der Eingänge des Fehlerbaums

Auswertung des Fehlerbaums
Analyse des Fehlerbaums nach qualitativen oder quantitativen Gesichtspunkten

Bildzeichen

Standardeingang
steht für Funktionselementausfall, wenn primäres Versagen möglich ist.

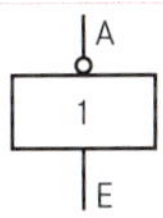

NICHT-Verknüpfung
steht für Negation

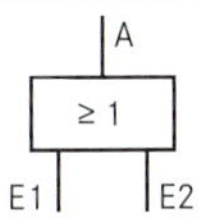

ODER-Verknüpfung
steht für logische Vereinigung

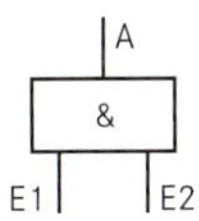

UND-Verknüpfung
steht für logischen Durchschnitt

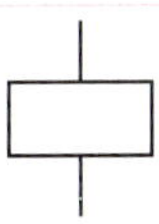

Kommentar
Beschreibung von Ein-, Ausgängen und Verknüpfungen

Übertragung-Eingang

Übertragung-Ausgang

Abbruch bzw. Fortsetzung des Fehlerbaums an anderer Stelle

Struktur

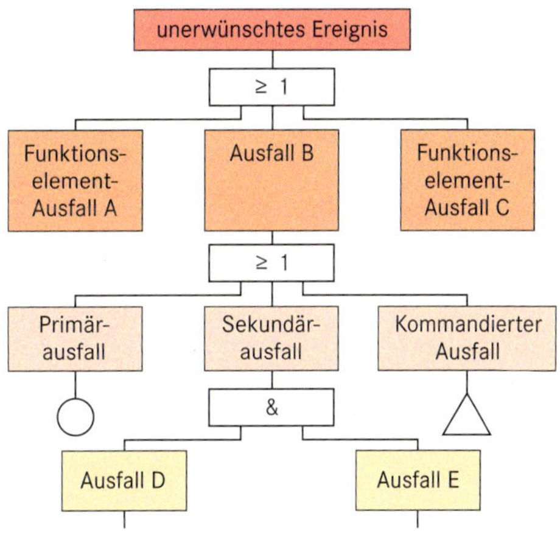

Primärausfall
Ausfall ist durch innewohnende Schwäche verursacht.

Sekundärausfall
Folgeausfall eines Teilsystems (Komponente) durch unzulässige Einsatzbedingungen oder Umgebungsbedingungen.

Kommandierter Ausfall
Ausfall infolge einer falschen oder fehlenden Ansteuerung oder Ausfall einer Hilfsquelle.

Merkmale

- **QFD** (**Q**uality **F**unction **D**eployment)
  - ist eine strukturierte Methode zur systematischen und ganzheitlichen Produkt- und Qualitätsplanung
  - wird angewendet zur gezielten Umsetzung von **Kundenwünschen** (Forderungen) in Produktmerkmale und in Prozessabläufe
  - hat bei konsequenter Anwendung einen hohen Einfluss auf die Qualität
  - wird eingesetzt in den Phasen von der **Produktidee** bis zur **Prozessplanung**
- Ziele von QFD sind:
  - Gewinnung zufriedener Kunden
  - Optimierung des Kundennutzens
  - Verbesserung der relativen Wettbewerbsposition
  - Gewinnung von Marktanteilen
- Aus der Orientierung an den Kundenwünschen (Stimme des Kunden) werden alle Anforderungen an das Produkt in Form eines Lastenheftes für alle betroffenen Abteilungen innerhalb einer Firma zur Realisierung als verbindlich vorgegeben.

Qualitätshaus

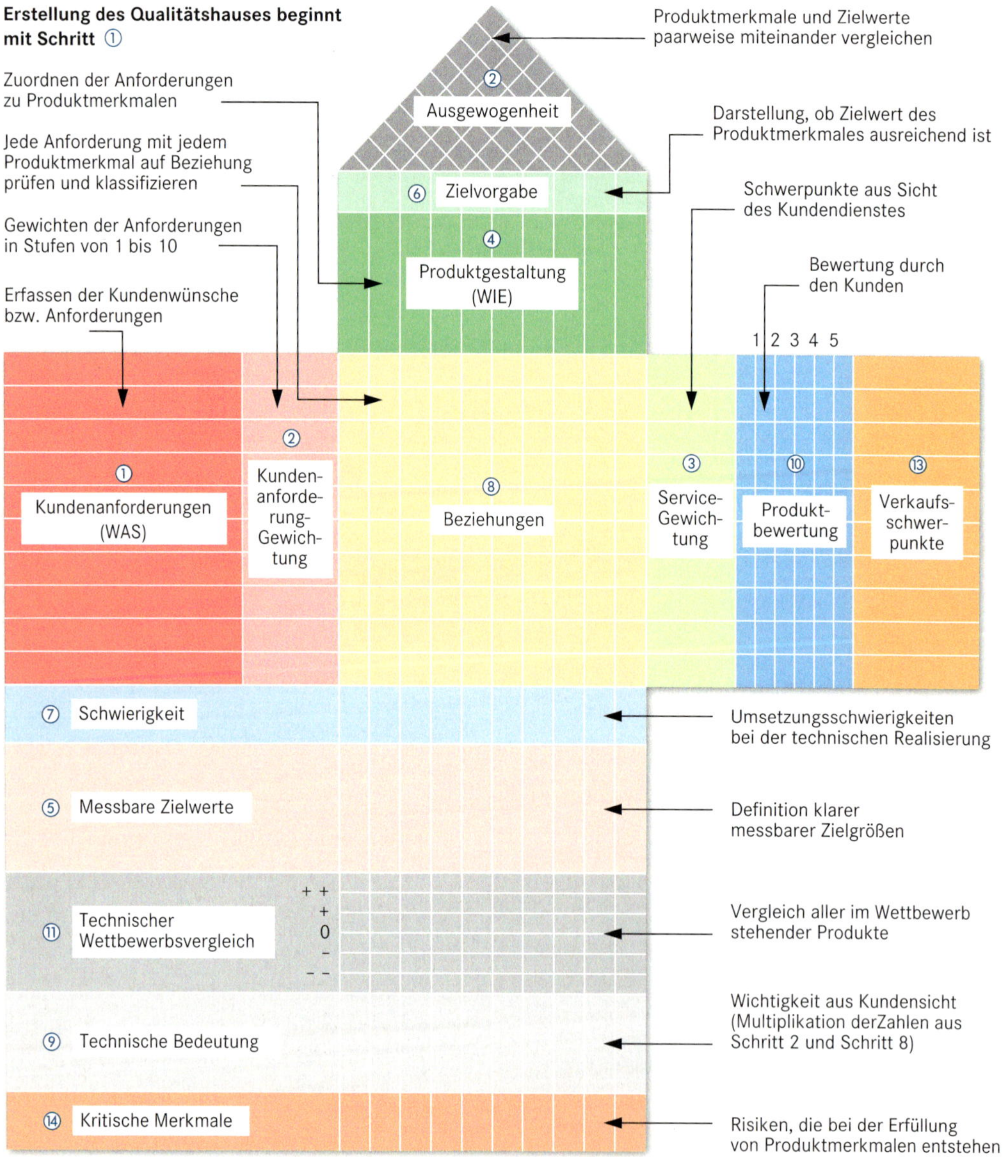

Markt- und Kundenbeziehungen

9

Unternehmensphilosophie
Corporate Philosophy

Langfristige Grundlage für das Agieren eines Unternehmens im Markt ist die **Unternehmensphilosophie**. Diese „Weltanschauung“ des Unternehmens legt grundlegende Wertvorstellungen und Ziele fest, die detailliert in Form von Unternehmensgrundsätzen im **Unternehmensleitbild** schriftlich fixiert werden. Eine ganz spezifische Unternehmensethik kann zum Beispiel dazu führen, dass ein Unternehmen sich spezielle soziale oder ökologische Ziele setzt. Gerade aber bei der Verfolgung dieser gewählten sozialen oder ökologischen Ziele kann es zu **Zielkonflikten** mit wirtschaftlichen Zielen kommen. Wird zum Beispiel in wirtschaftlich schwierigen Zeiten auf die Verfolgung vorher festgelegter sozialer oder ökologischer Ziele verzichtet, kann es unter Umständen zu langfristigen Problemen mit den Kunden kommen – die **Unternehmensidentität** wird aus Kundensicht nachhaltig gestört. Die Folge könnte sein, dass die Kunden zu einem Mitbewerber wechseln.

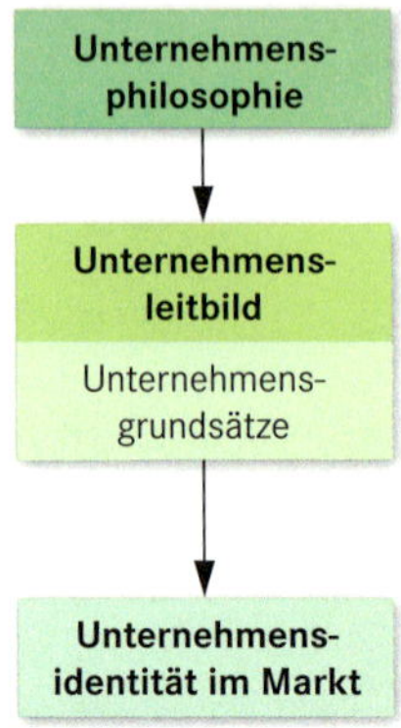

Beispiel:
Gesundheitsbedürfnisse der Kunden im Bereich Wohnen befriedigen

↓

Unternehmensgrundsätze der Lifestyle AG (Auszug):
- Wir orientieren uns an den konkreten Kundenbedürfnissen.
- Wir berücksichtigen ökologische Wohnbedürfnisse.

↓

Bereitstellung ergonomisch gestalteter Wohnmöbel

Unternehmensstrategie
Corporate Strategy

Begriff

Mithilfe von **Unternehmensstrategien**, d. h. langfristigen Planungen, positioniert sich das Unternehmen im Markt. Dazu gehören:
- Festlegung der **Geschäftsfelder**, in denen das Unternehmen tätig sein soll
- Aufstellung von **obersten Unternehmenszielen**
- Bestimmung **unternehmenspolitischer Instrumente** (z. B. im Absatzbereich die Festlegung der Preispolitik) zur Beeinflussung der Marktgegebenheiten

Zielhierarchie

Um **oberste Unternehmensziele**, die sich direkt aus der Unternehmensphilosophie ableiten, verwirklichen zu können, müssen verschiedene **Einzelziele** in eine Rangfolge gebracht werden: man spricht von einer **Zielhierarchie**.

Beispiele von Einzelzielen:

Wirtschaftliche Ziele
- **Wachstumsziele:** Steigerung von Absatz, Marktanteil, Umsatz, Produktqualität
- **Erfolgsziele:** Gewinn, Rentabilität des Eigenkapitals bzw. des Gesamtkapitals
- **Finanzziele:** Sicherung der Liquidität, der Kreditwürdigkeit, der Kapitalstruktur

- **Soziale Ziele**
  Sicherung des Arbeitsplatzes, der Arbeitszufriedenheit, Ausbau der sozialen Leistung
- **Ökologische Ziele**
  Umweltverträgliche Produkte, Produktionsverfahren
- **Gesellschaftliche Ziele**
  Image, Corporate Identity, Macht

Zielarten (Auswahl)

Unterscheidungskriterium	Ausprägungen	Erklärung	Beispiele
Priorität	**strategische Ziele**	werden langfristig verfolgt	grundlegende Positionierung im Markt
	operative Ziele	werden kurzfristig verfolgt	Aufbau eines neuen Vertriebssystems
Formalisierungsgrad der Ziele	**Formalziele**	beschreiben langfristige, wünschenswerte Zielvorstellungen	Erhöhung des Marktanteils auf 60 %
	Sachziele	dienen der Verwirklichung der Formalziele durch Festlegung von konkreten Maßnahmen	Schnellere Abwicklung der Auftragsabwicklung durch Software
Hierachische Einordnung	**Oberziele**	werden im Topmanagement festgelegt	Langfristige Gewinnmaximierung
	Unterziele	werden im Middle Management zur Verwirklichung der Oberziele festgelegt	Senkung der Personalkosten im Bereich des Vertriebs

Die Marktsituation und unternehmerisches Handeln

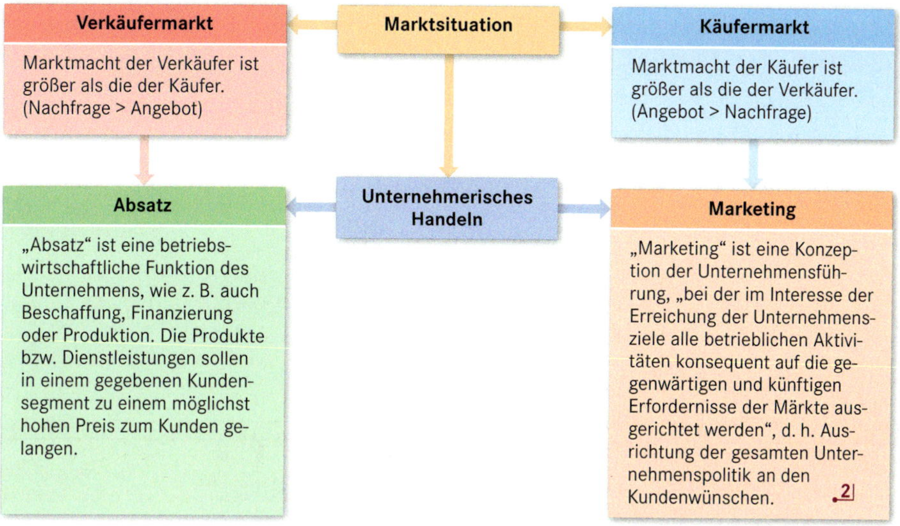

Marketingkonzeption

Damit das IT-Unternehmen ein klares **Marketingkonzept** entwickeln kann, benötigt es genaue **Daten** über den zu bearbeitenden Markt, über die Merkmale der zu versorgenden Kunden. Eine genaue **Marktuntersuchung** liefert die entsprechenden Informationen. Daneben müssen die Mitbewerber (die Konkurrenten) auf dem Markt beobachtet und beurteilt werden, man spricht von einer **Konkurrenzanalyse**. Als Ergebnis der Abstimmung der erhobenen Daten mit der eigenen Unternehmensphilosophie (siehe auch S. 338) werden **Marketingziele** (z. B. Verstärkung der Kundenbindung) und das **Leistungsprogramm** (z. B. Breite und Tiefe des Sortimentes) festgelegt.

Mit ganz bestimmten absatzpolitischen Instrumenten (z. B. Produkt- und Sortiments-, Preis- und Kommunikationspolitik) wird die **Marktbearbeitung** vorgenommen, damit die Unternehmens- bzw. Marketingziele erreicht werden können.

Die laufende **Überprüfung** des Marketingkonzeptes führt zu neuen Daten und kann zur **Veränderung** der **Unternehmensphilosophie** und des **Marketingkonzeptes** führen.

3

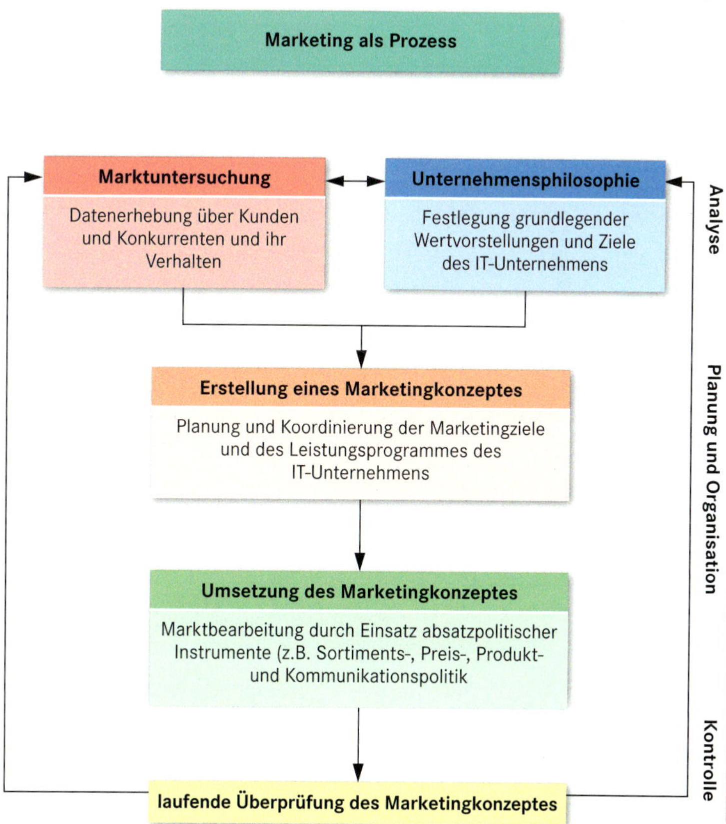

Quantitative Analyse des Marktes

Bei der quantitativen Marktanalyse geht es um die Erfassung der mengen- und wertmäßigen Größe des Marktes sowie um die Prognose seiner Entwicklung in der Zukunft.

Dabei sind drei Marktgrößen zu unterscheiden:

Das **Marktpotenzial** entspricht der überhaupt möglichen Aufnahmefähigkeit eines Marktes für eine Güterart oder eine Art von Dienstleistungen.

Das **Marktvolumen** ist die realisierte oder prognostizierte effektive Absatzmenge aller Hersteller in einem Markt.

Der **Marktanteil** ist der realisierte Umsatz oder die realisierte Absatzmenge einer Unternehmung, ausgedrückt als Prozentsatz des Marktvolumens.

4

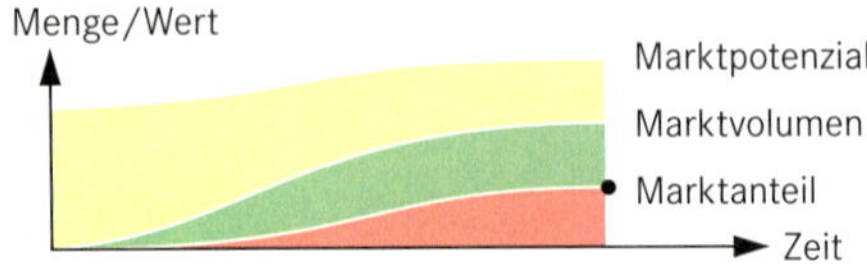

Marktwachstum und Marktanteil 5

Marktvolumen \ Marktanteil	steigern	halten
wächst	+	+
stagniert	+	=
schrumpft	?	–

Absatzmenge: + steigt, – sinkt, = bleibt konstant, ? Wirkung offen

Von der Marktuntersuchung zur Marketingkonzeption

6

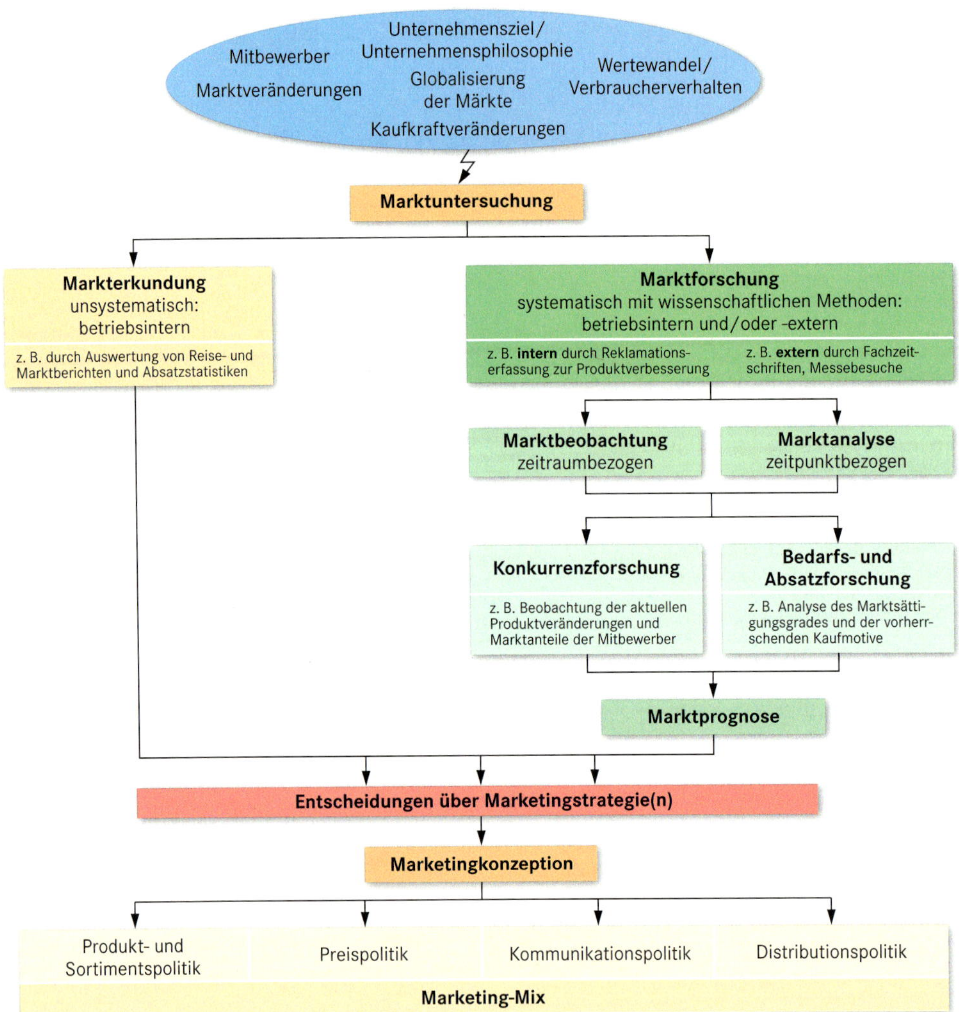

Marktuntersuchung

Gründe

Ständige internationale und nationale Marktveränderungen, hervorgerufen z. B. durch den Wertewandel in der Gesellschaft oder durch die unterschiedliche ökonomische Entwicklung einzelner Regionen, machen eine Marktuntersuchung für die agierenden Unternehmen unverzichtbar. Unterbleibt die Beobachtung und Untersuchung von Marktveränderungen, besteht die Gefahr, dass einzelne Unternehmen vom Markt verschwinden und sich Mitbewerber durchsetzen.

Formen

- Bei der **Markterkundung** handelt es sich um eine betriebsinterne, unsystematische Informationssammlung durch Einzelbeobachtungen und Gespräche, z. B. Auswerten von Reiseberichten und Marktberichten, Auswerten interner Absatzstatistiken, Gespräche mit Kunden etc.
- Bei der **Marktforschung** handelt es sich um das systematische Beschaffen und Verarbeiten von Informationen mit Hilfe wissenschaftlicher Methoden. Bei der Marktforschung werden unternehmensintern (Buchhaltung, Verkaufsberichte, Reklamationen etc.) und/oder unternehmensextern (Statistiken, Fachzeitschriften, Messebesuche etc.) Daten beschafft.

7

Marktprognose

Bei der **Marktprognose** handelt es sich um eine Vorhersage zur Marktentwicklung auf der Grundlage gesammelter Daten der Markterkundung bzw. -forschung. Die Marktprognose unterstützt die Entscheidung über absatzpolitische Aktivitäten des Unternehmens.

7

Marktforschung

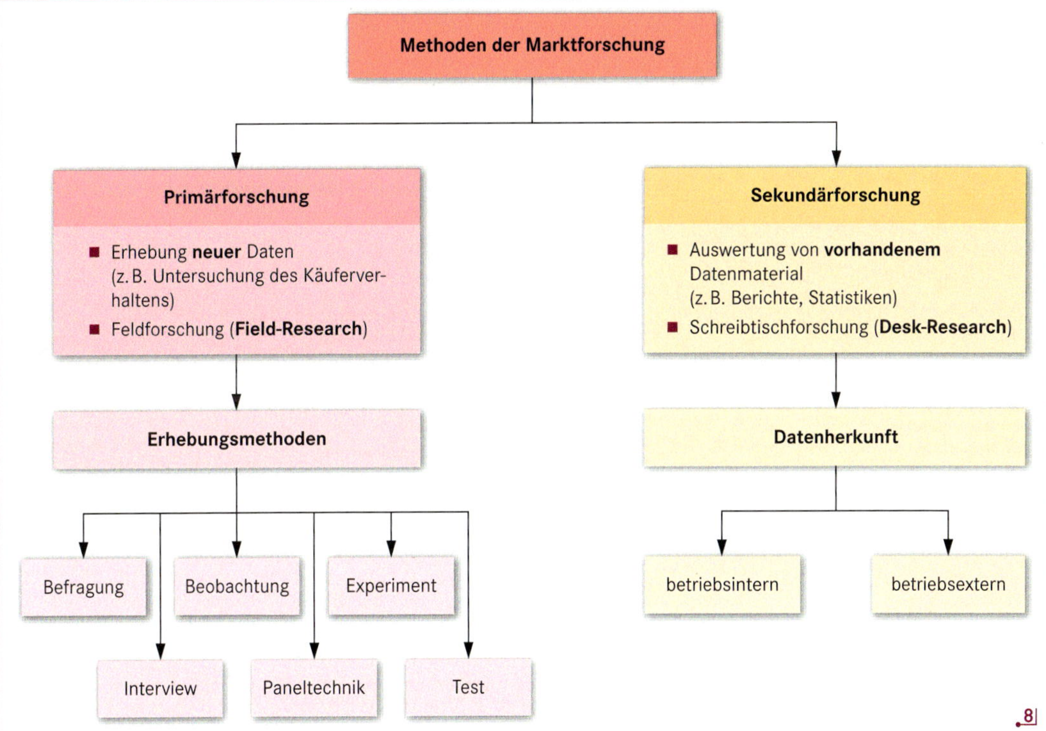

8

Marketingforschungsprozess

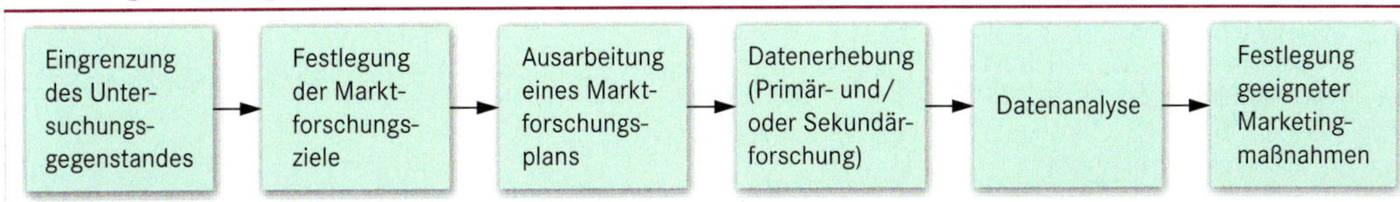

Marktforschung: Zielgruppen
Market Research: Target Groups

Konkurrenzanalyse
Competitor Analysis

Konkurrenzforschung

Unternehmen erheben im Rahmen der **Konkurrenzforschung** vor allem folgende Daten:

- Welche Konkurrenten (Mitbewerber) existieren regional, national und international?
- Welche Produkte bzw. Dienstleistungen bieten die Mitbewerber an?
- Welche Marktanteile besitzen die Mitbewerber im Hinblick auf die angebotenen Produkte bzw. Dienstleistungen im Gesamtmarkt bzw. in bestimmten Teilmärkten (z. B. Ausland)?
- Welche Marketingstrategie(n) verfolgen die Mitbewerber?
- Welche Stärken und Schwächen weisen die Mitbewerber auf?
- Mit welchen potenziellen Mitbewerbern muss demnächst gerechnet werden?

Beispiele

Die **Konkurrenzanalyse** kann sich außerdem an einzelnen Daten der verschiedenen **Funktionsbereiche** der zu analysierenden Unternehmen orientieren:

Beschaffung:
- Bezugsquellen
- Einkaufsorganisation
- Beschaffungswege

Absatz/Marketing:
- Absatzmärkte
- Absatzorganisation
- Werbestrategien
- Werbeaktivitäten

Personal:
- Anzahl der Beschäftigten
- Struktur der Beschäftigten
- Personalkosten

Produktion:
- Produktionsstätten
- Produktionskapazität
- Technologien

Finanzierung:
- Gesamtkapital
- Eigenkapital
- Umsatz/Gewinn
- Cashflow

Forschung und Entwicklung:
- Investitionen
- Patente
- Produktinnovationen

Konkurrenzanalyse als Prozess

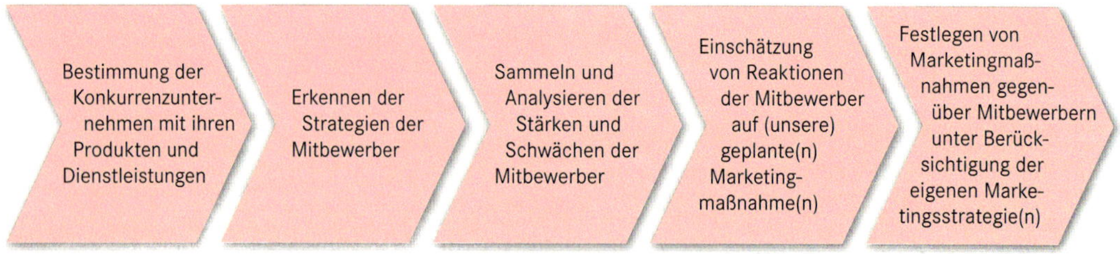

Primärforschung: Auswahlverfahren und Erhebungsmethoden
Initial Research: Selection Principles and Survey Methods

Auswahlverfahren der Primärforschung

Vollerhebung: **Alle** Angehörigen einer Zielgruppe werden untersucht; nur bei kleiner, überschaubarer Zielgruppe praktikabel (z. B. Käufer von Spezialmaschinen).

Teilerhebung: Angehörige einer Zielgruppe werden stichprobenhaft (i. d. R. repräsentativ) untersucht. Man unterscheidet insbesondere zwischen der **Zufallsauswahl** (Randomverfahren) und dem **Quotenverfahren**.

Bei der Zufallsauswahl wird aufgrund der Wahrscheinlichkeitstheorie zum Beispiel jeder hundertste Bürger aus einem Adressbuch ausgesucht.

Bei dem Quotenverfahren werden nach vorher festgelegten Merkmalen, wie z. B. Alter, Geschlecht, Einkommen, beliebige Bürger nach bestimmten prozentualen Anteilen (Quoten) ausgewählt.

Die Teilerhebung bietet sich bei sehr großen Zielgruppen (z. B. Käufer von Fernsehzeitschriften) an.

9

Beispiel: Quotenanweisung

Befragung Nr.:	125	
Fragebogen Nr.:	851-866	
Interviewer/-in:	Claudia Buchholz	
Ausweis Nr.:	86	
Gesamtzahl der Interviews:		16
Planquadrate des Erhebungsgebietes:		
	B6	4
	B7	7
	B8	5
Geschlecht:	männlich:	7
	weiblich:	9
Alter:	18–25	3
	26–35	4
	36–45	3
	46–55	3
	56–65	2
	66–75	1
Berufsgruppe:	Arbeiter	5
	Angestellte	6
	Beamte	2
	Selbstständige	2
	ohne Beruf	1

10

Erhebungsmethoden der Primärforschung

Befragung: Schriftliche, mündliche oder fernmündliche Datenerhebung zur Erstellung eines Meinungsbildes zu einem bestimmten Produkt bzw. zu einer bestimmten Produktgruppe.

Interview: Erhebung zu einer grundsätzlichen Meinung, die für ein bestimmtes Konsumverhalten ausschlaggebend sein kann, um wirkliche Kaufmotive offenzulegen.

Paneltechnik: Regelmäßige Befragung einer bestimmten Personengruppe über einen längeren Zeitraum anhand von speziellen Fragebögen (z. B. regelmäßige Aufzeichnung des Konsumverhaltens eines 4-Personen-Haushaltes).

Test: Meinungserhebung in einer Zielgruppe für ein bestimmtes Produkt anhand von neutral verpackten Warenproben.

Experiment: Spezielle Form der Beobachtung oder Erfragung von Reaktionen auf unterschiedliche Produktmerkmale (z. B. Gestaltung, Qualität und Preise).

Beobachtung: Erhebung von Sachverhalten und Verhaltensweisen ohne Befragung. 11

Sekundärforschung: Betriebsinterne und -externe Quellen
Secondary Research: Firm Internal and External Sources

Betriebsinterne Quellen

- Berichte der Außendienstmitarbeiter
- Daten der Lagerbuchhaltung
- Absatz- und Umsatzstatistiken
- Kundendateien
- Eigene Messeberichte
- Daten des Rechnungswesens
- Auswertung des Verhaltens der Mitbewerber

Betriebsexterne Quellen

- Statistische Jahrbücher
- Veröffentlichungen der Industrie- und Handelskammern bzw. Handwerkskammern
- Publikationen staatlicher Stellen, z. B. von Ministerien
- Veröffentlichungen der EZB und der Bundesbank
- Publikationen von Branchen- und anderen Wirtschaftsverbänden
- Geschäftsberichte, Kataloge
- Daten von Unternehmensberatern und Marktforschungsinstituten
- Fachbücher und -zeitschriften

Clusteranalyse

Die Clusteranalyse stellt eine Möglichkeit dar, durch die **Primärerhebung** gewonnene, große **Datenmengen** mit Hilfe **mathematisch-statistischer Verfahren** auszuwerten.

Die Zielsetzung der Clusteranalyse ist es, große Datenmengen von Befragten **nach bestimmten Merkmalen** zu **aussagefähigen Größen** (Gruppen) **zusammenzufassen**.

12

Beispiel:

Von vielen Konsumenten liegen aufgrund einer Befragung Merkmale, wie z. B. Haushaltseinkommen, Haushaltsgröße, Alter, Geschlecht, vor. Die befragten Konsumenten werden mithilfe der Clusteranalyse so zusammengefasst, dass verschiedene (heterogene) Konsumentengruppen (Cluster) mit möglichst ähnlichen (homogenen) Merkmalen entstehen. So können Konsumentengruppen, wie z. B. gut verdienende Singles, allein Erziehende mit geringem Einkommen, gebildet werden.

Kundentypologie (Beispiel)

13	Typ 1 Umweltbewusster Konsument	Typ 2 Fortschrittsbewusster Konsument	Typ 3 Die Neuen Alten	Typ 4 Einkommensschwache Teens und Twens
Einstellung	Persönlicher Beitrag zur Umwelt	Orientierung an technischem Stand/Zeitgeist	Persönlicher Beitrag zur Umwelt	nicht signifikant
Geschlecht (Prozentanteile)	weibl.: 62 % männl.: 38 %	weibl.: 42 % männl.: 58 %	weibl.: 59 % männl.: 41 %	weibl.: 47 % männl.: 53 %
durchschnittl. Alter	29 Jahre	38 Jahre	64 Jahre	20 Jahre
durchschnittliche Haushaltsgröße	2,6 Personen	1,5 Personen	1,7 Personen	1,2 Personen
durchschnittl. Haushaltsnettoeinkommen	2.100 Euro	2.400 Euro	1.500 Euro	900 Euro
durchschnittl. akzept. Mehraufwand	70 Euro	80 Euro	100 Euro	10 Euro

Typen von Käuferverhalten/Faktoren der Kaufentscheidung

14

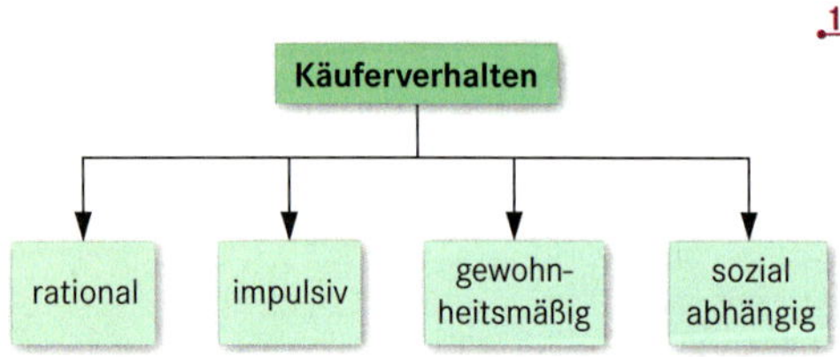

15

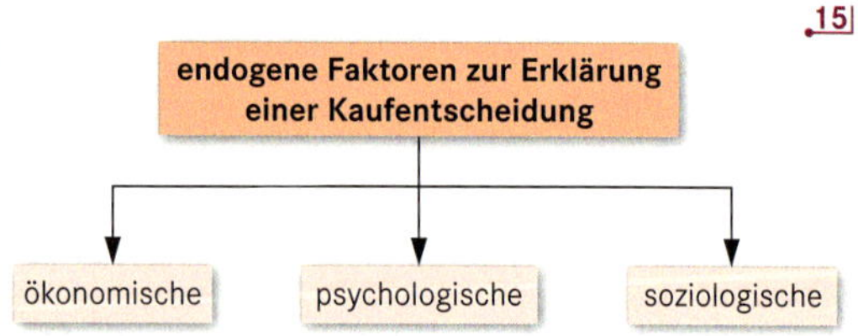

Erklärung konsumtiven Verhaltens

16

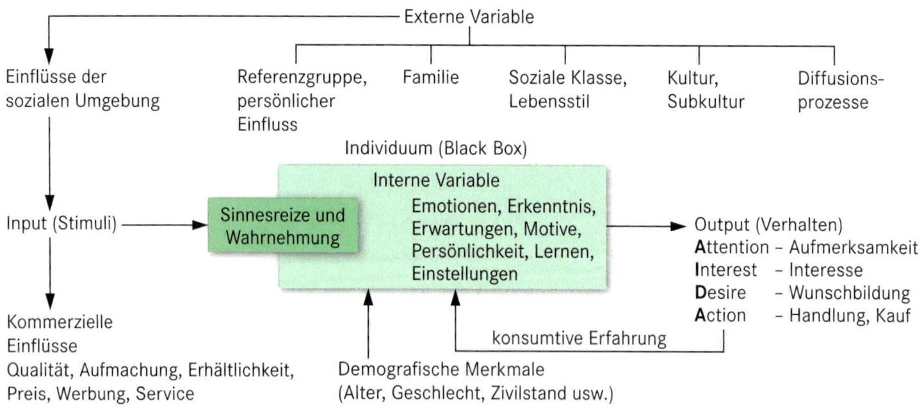

Marktsegmentierung

Begriff

Die Auswertung der Clusteranalyse dient dazu, den Markt in **Teilmärkte** (Marktsegmente) mit relativ **homogenen Kundengruppen** aufzuteilen. Die Clusteranalyse ist demnach ein Instrument der Marktsegmentierung.

Die Segmentierung des Marktes in Teilmärkte führt dazu, dass die entstandenen Kundengruppen jeweils gezielt mit einer **individuellen Marketingkonzeption** bearbeitet werden können. Letztendlich muss aber der Einsatz dieser individuellen Konzeptionen gegenüber den entstandenen Kosten einen Mehrerlös für das Unternehmen erbringen.

Das Unternehmen muss prüfen, welche Marktsegmente mit welchen Produkten bedient werden können. Dabei kann auch entschieden werden, bestimmte Marktsegmente bzw. Kundenzielgruppen nicht mit dafür speziell geschaffenen Produkten zu versorgen, da die erwartete Absatzmenge zu gering ist. Für lukrativ erscheinende Marktsegmente mit entsprechenden Kundenzielgruppen werden dagegen gezielt Produkte entwickelt, sie werden speziell im **Markt positioniert**. Die Kunden verbinden dann mit diesen Produkten bestimmte Eigenschaften und Vorstellungen. Dadurch grenzen sich diese Produkte von Konkurrenzprodukten deutlich ab. Das Unternehmen kann diese **Marktpositionierung** nutzen, um z. B. eine bestimmte Preispolitik zu verfolgen.

Ist ein Produkt aus der Sicht der Kunden mit positiven Attributen belegt, wird es Mitbewerbern sehr schwer fallen, Marktanteile zu gewinnen.

17

Vorausetzungen zur Bildung von Marktsegmenten

- Die Marktsegmente müssen eine zeitliche Stabilität aufweisen. Die Kundengruppen müssen zeitlich so lange bestehen, dass geeignete Marketingkonzeptionen eingesetzt werden können.
- Die Bearbeitung der Marktsegmente muss wirtschaftlich sein. Sind die Kundengruppen zu klein, ist eine kundenspezifische Marketingkonzeption für das Unternehmen nicht rentabel.
- Die Verhaltensweisen der Kundengruppen in den Marktsegmenten müssen zuverlässig und objektiv messbar sein.
- Die gebildeten Marktsegmente müssen mithilfe der jeweils gewählten Marketingkonzeption für das Unternehmen zugänglich sein.
- Die ermittelten Verhaltensweisen der Kundengruppen müssen für den Einsatz einer segmentspezifischen Marketingkonzeption relevant, also von Bedeutung sein.

SWOT-Analyse

Die sogenannte **SWOT-Analyse** wird sowohl im Rahmen des **strategischen Marketings** als z. B. auch bei der **Planung der Produkt- und Sortimentspolitik** genutzt. Der Begriff „**SWOT**" stellt eine Abkürzung der vier folgenden Wörter dar:

Strengths → Stärken
Weaknesses → Schwächen
Opportunities → Chancen
Threats → Risiken

Mit dieser Methode werden sowohl die **internen Stärken** und **Schwächen** des Unternehmens als auch die **Chancen** und **Risiken** analysiert, denen das Unternehmen **im Markt** begegnet.

Die betriebswirtschaftliche Bestandsaufnahme durch die SWOT-Analyse kann in der anschließenden Auswertungsphase dazu führen, dass bestehende **Geschäftsfelder** (Tätigkeitsbereiche/Einsatzgebiete des Unternehmens im Markt) eingeschränkt oder neue erschlossen werden, um das Ziel der langfristigen Gewinnmaximierung zu erreichen.

Beispiele für:

Stärken	Schwächen	Chancen	Risiken
▪ Gute Marktpositionierung durch bewährte Markenprodukte	▪ Kostennachteile durch rein inländische Standorte	▪ neue Technologien ermöglichen Produktinnovationen	▪ bisherige Technologien laufen aus
▪ Wettbewerbsvorsprung durch hoch qualifizierte Mitarbeiter	▪ begrenzte Liquiditätsreserven engen die Unternehmensentwicklung ein	▪ neue ausländische Absatzmärkte können durch die Globalisierung entstehen	▪ schärfere ökologische Bestimmungen auf EU-Ebene

Festgestellte **Stärken** werden vom Unternehmen taktisch und strategisch genutzt, analysierte **Schwächen** müssen langfristig beseitigt werden.

Externe **Chancen** (z. B. sich abzeichnende Markttrends) müssen erkannt und durch entsprechende marketingpolitische Entscheidungen sinnvoll für das eigene Unternehmen genutzt werden.

Externe **Risiken** (z. B. sich abzeichnende demografische Veränderungen) müssen in ihrer Dimension eingeschätzt und unter Umständen Abwehrkonzepte entwickelt werden.

18

Produkt- und Sortimentspolitik

In Industrie- und Handwerksbetrieben spricht man von Produkt-/Programmpolitik, in Handelsbetrieben von Sortimentspolitik

Entscheidungsbereiche

Produkt-/Programmpolitik in Industrie- und Handwerksbetrieben

Sortimentspolitik in Handelsbetrieben

Produktgestaltung

- **Qualität** (Langlebigkeit, Umweltverträglichkeit)
- **Aufmachung** (Form, Größe, Farbe)
- **Verpackung** (werbewirksam, transportgerecht)
- **Markierung** (Name, Schriftzug)

Produktbegleitende Servicepolitik

- **Kundendienst**
- **Garantieleistungen**
- **Verkäuferschulung**

Prozessorientierte Produktpolitik

- **Innovation** (Einführung neuer Produkte)
- **Variation** (Änderung von Produkteigenschaften)
- **Elimination** (Herausnahme von Produkten aus dem Programm)

Programm- und Sortimentspolitik

- **Maßnahmen**
  - Sortimentserweiterung
  - Sortimentsbereinigung
  - Sortimentsveränderung
- **Zusammensetzung**
  - Kernsortiment (hauptsächliche Artikel)
  - Randsortiment (zusätzliche Artikel)
- **Struktur**
  - Sortimentsbreite (Anzahl der Artikelgruppen)
  - Sortimentstiefe (Anzahl der Artikel pro Artikelgruppe)

19

Strategien der Produktinnovation

Produktdifferenzierung
Aufnahme programmnaher Produkte
Beispiel: Produktion von Laserdruckern neben Tintenstrahldruckern

Produktdiversifikation
Aufnahme programmferner Produkte
Beispiel: Erweiterung um neue Produktlinien

horizontal
Angebot von weiteren Produkten der gleichen Wirtschaftsstufe
Beispiel: Druckerhersteller vertreibt PCs

vertikal
Angebot von weiteren Produkten vor- oder nachgelagerter Wirtschaftsstufen
Beispiel: Druckerhersteller kauft Großkunden auf

lateral
Angebot von weiteren Produkten ohne jeden Zusammenhang mit bisherigem Produktionsprogramm
Beispiel: Druckerhersteller kauft Versicherungsunternehmen auf

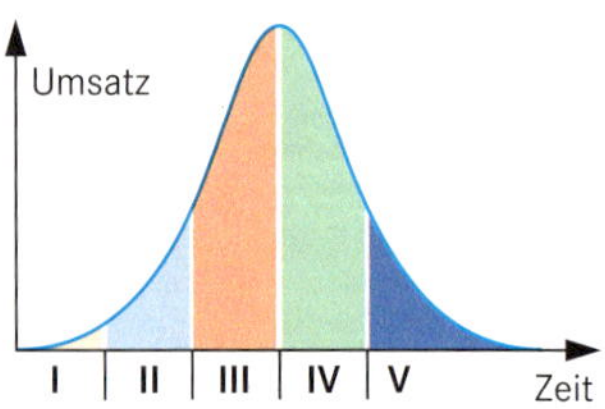

Produktpolitische Entscheidungen im Verlauf des Produktlebenszyklus

I	II	III	IV	V
Einführung	Wachstum	Reife	Sättigung	Degeneration
Innovation, Produktdifferenzierung, Produktpflege	Produktdifferenzierung, Produktpflege	Produktdifferenzierung	Elimination, Produktvariation	Elimination, Produktvariation

Begriff

Die **Portfolio-Analyse** (portfolio (engl.) = Mappe, hier im übertragenen Sinn eine Mappe mit den Produkten eines Unternehmens) ist ein weit verbreitetes Instrument strategischer Unternehmens- und Marketingplanung, mit der Chancen und Risiken der Produkte im Absatzmarkt sichtbar gemacht werden.

Ziele

Das Hauptziel der Portfolio-Analyse besteht darin, die Wachstumsmöglichkeiten des Unternehmens unter Berücksichtigung vorhandener Ressourcen zu erkennen und betriebswirtschaftliche Schlussfolgerungen zu ziehen.

Portfolio-Matrix

Ein Unternehmen muss sich laufend über die aktuelle Wettbewerbsposition seiner Produkte informieren. Hierfür wird häufig das Instrument der Portfolio-Matrix angewandt. Sie stellt in vier Feldern die beiden zentralen Einflussfaktoren „Marktanteil" und „Marktwachstum" gegenüber und unterscheidet auf jeder Achse die Intensitätsgrade „niedrig" und „hoch". In jedem der vier Matrixfelder treffen hohes und niedriges Marktwachstum mit hohen oder niedrigen Marktanteilen zusammen. Mithilfe der Matrix werden die Produkte eines Unternehmens aufgeteilt in:

I Fragezeichen/Hoffnungen („Question marks"), d. h. Nachwuchsprodukte
II Sterne („Stars"), d. h. Zukunftsprodukte
III Milchkühe („Cash cows"), d. h. Basisprodukte und
IV Arme Hunde („Poor dogs"), d. h. Ergänzungsprodukte.

Diese vier Begriffe beschreiben die derzeitige Wettbewerbssituation der Produkte (Maßstab ist der prozentuale Marktanteil) sowie deren zu erwartendes Marktwachstum (gemessen in Prozent).

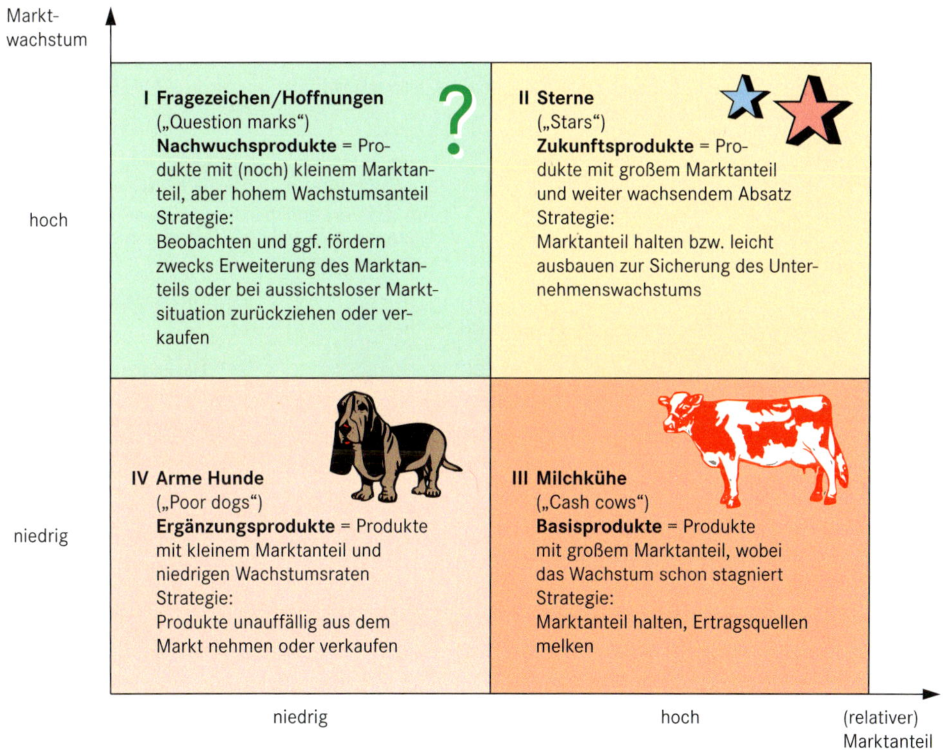

Betriebswirtschaftliche Bedeutung

Aus der Portfolio-Analyse lassen sich erste Hinweise und Ansatzpunkte für die künftige strategische Gestaltung von Produkt-Markt-Aktivitäten ableiten.
Jedes Unternehmen muss also Vorsorge treffen, dass es jederzeit über genügend „Fragezeichen/Hoffnungen", „Sterne" und „Milchkühe" verfügt, damit es auch „arme Hunde" verkraften kann, zu denen alle Produkte in der Endphase ihres Produktlebenszyklus einmal werden. Dabei ist es besonders wichtig, ständig für genügend Nachwuchs an Produkten, d. h. für „Hoffnungen" zu sorgen, damit das Unternehmen fortbestehen kann.

Begriffliche Abgrenzung

Die Preis- und Konditionenpolitik, in der fachwissenschaftlichen Literatur häufig als Kontrahierungspolitik zusammengefasst, kennzeichnet die folgenden Entscheidungsbereiche eines Unternehmens bei der Berechnung des Verkaufspreises:

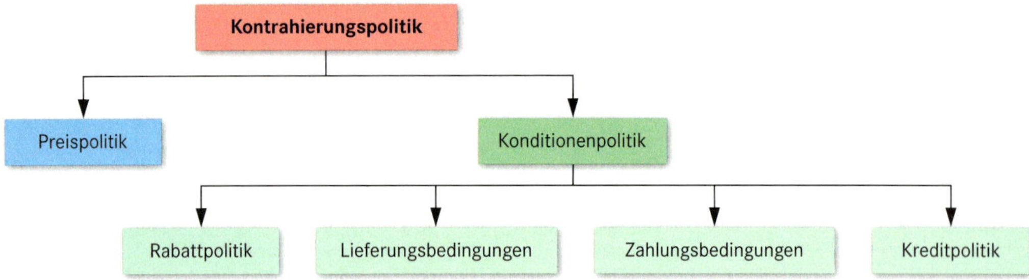

Zielsetzung

Ziel des Einsatzes dieses absatzpolitischen Instrumentes ist es, unter Berücksichtigung der Kosten im Unternehmen und des preispolitischen Verhaltens der Mitbewerber (Konkurrenten) und der Konsumenten, langfristig den Unternehmensgewinn zu sichern und zu steigern. Die Kontrahierungspolitik muss in die Unternehmensphilosophie, die allgemeine Unternehmenszielsetzung, eingebettet sein.

Entscheidungsbereiche der Preis- und Konditionenpolitik

Einflussgrößen der Preispolitik

Der Preis eines Produktes wird betriebsintern durch die Kosten und betriebsextern durch die Marktbedingungen – das Verhalten der Mitbewerber und Kunden – beeinflusst. Ein Unternehmen muss versuchen zwischen der kosten- und der marktorientierten Preisbildung eine Verbindung herzustellen.

Kostenorientierte Preisfindung

Jedes Unternehmen wird bei der kostenorientierten Preisfindung zunächst fragen, welche Kosten die Herstellung und der Vertrieb eines Produktes verursachen. Zu diesem Zweck ermitteln Industrieunternehmen den Verkaufspreis eines Produktes mit Hilfe des folgenden Kalkulationsschemas:

Rechenbeispiel:

Fertigungmaterial (Einzelkosten)[1]		300,00 EUR		
+ Materialgemeinkosten[2]	5 %	15,00 EUR		
= Materialkosten (I)		**315,00 EUR**		
Fertigungslöhne (Einzelkosten)[1]		235,00 EUR		
+ Fertigungsgemeinkosten[2]	150 %	352,50 EUR		
+ Sondereinzelkosten der Fertigung[3]		7,50 EUR		
= Fertigungskosten (II)		**595,00 EUR**		
= Herstellkosten (I + II)				**910,00 EUR**
+ Verwaltungsgemeinkosten[2]	14 %			127,40 EUR
+ Vertriebsgemeinkosten[2]	12 %			109,20 EUR
+ Sondereinzelkosten des Vertriebs[3]				53,40 EUR
= Selbstkosten		100 %		**1.200,00 EUR**
+ Gewinnzuschlag	15 %	15 %		180,00 EUR
= Barverkaufspreis		115 %	95 %	**1.380,00 EUR**
+ Kundenskonto (i. H.)	3 %		3 %	43,58 EUR
+ Vertreterprovision (i. H.)	2 %		2 %	29,05 EUR
= Zielverkaufspreis		95 %	100 %	**1.452,63 EUR**
+ Kundenrabatt (i. H.)	5 %	5 %		76,45 EUR
= Listenverkaufspreis		100 %		**1.529,08 EUR**

Erläuterungen:

1) **Einzelkosten:** Kosten, die dem Produkt direkt zugerechnet werden können (z. B. Kosten eines Elektromotors für eine Waschmaschine).

2) **Gemeinkosten:** Kosten, die dem Produkt nicht direkt zugerechnet werden können (z. B. Gehalt für eine Chefsekretärin). Die Gemeinkosten werden den Einzelkosten prozentual zugeschlagen (z. B. über einen Verteilungsschlüssel).

3) **Sondereinzelkosten:** Kosten, die aufgrund eines speziellen Kundenauftrages entstehen (z. B. Maschineneinstellkosten für die Herstellung von Sondermaßen oder Kosten für Sondertransporte).

Einflussgrößen der Preispolitik

21

Kostenorientierte Preisfindung

Der Wettbewerbsdruck durch die Mitbewerber kann ein Unternehmen dazu zwingen, den kalkulierten Verkaufspreis zu unterschreiten. In dieser Situation stellt sich für ein Unternehmen die Frage, bis zu welcher **Preisuntergrenze** ein Produkt auf dem Markt angeboten werden kann.

Für einen längeren Zeitraum kann ein Unternehmen das Produkt zum Selbstkostenpreis anbieten (z. B. in konjunkturschwachen Zeiten).
Kurzfristig kann der Verkaufspreis bis zur Höhe der variablen Kosten gesenkt werden, da die fixen Kosten unabhängig von der Produktionsmenge gleich bleibend anfallen.

langfristige Preisuntergrenze = Höhe der Selbstkosten

kurzfristige Preisuntergrenze = Höhe der variablen Kosten

Variable Kosten:
Beschäftigungs- (umsatz-) abhängige Kosten, z. B. Materialkosten.

Fixe Kosten:
Beschäftigungs- (umsatz-) unabhängige Kosten, z. B. Leasing-Rate für EDV-Anlage.

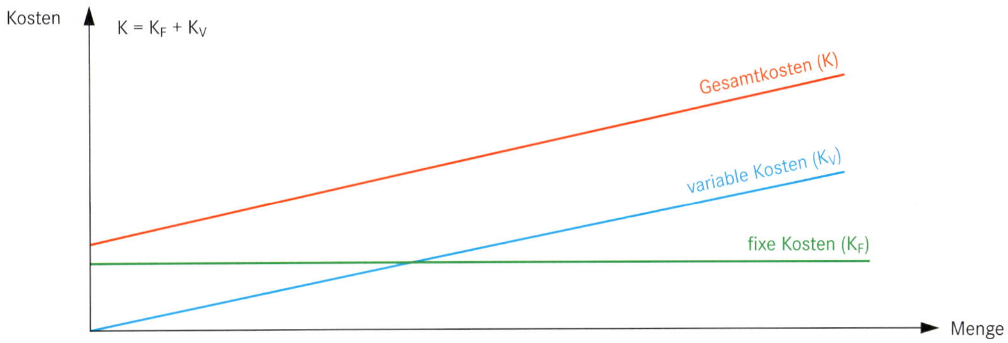

Gesamtbezogene Kostenentwicklung bei linearen Kostenverläufen

Kundenorientierte Preisfindung

Jedes Unternehmen muss sich bei der Preisfindung an der **Kaufkraft der Kunden** orientieren. Deshalb wird sich die Preisgestaltung auch an den am Markt erzielbaren Preisen ausrichten. Liegt der bisher kalkulierte Preis über dem am Markt realisierbaren, muss das Unternehmen nach Möglichkeiten suchen, Kosten zu senken, z. B. bei der Beschaffung oder Herstellung. Kosten können auch reduziert werden, indem die Absatzmenge gesteigert wird. In diesem Fall werden die Fixkosten auf eine größere Produktionsmenge verteilt; man spricht von der Fixkostendegression.

Den Zusammenhang zwischen der abgesetzten Menge und den erzielbaren Marktpreisen drückt die so genannte Preis-Absatzfunktion aus. Sie zeigt auf, welche Mengen zu welchen Preisen absetzbar sind.

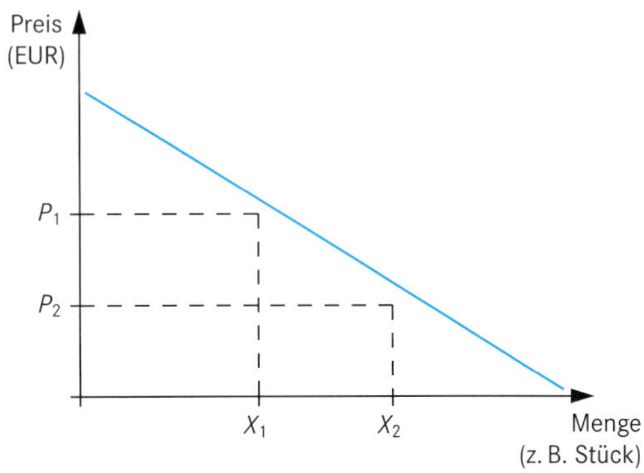

Konkurrenzorientierte Preisfindung

Bei der konkurrenzorientierten Preisfindung beziehen die Unternehmen die preispolitischen **Verhaltensweisen der Mitbewerber** in ihre Preisgestaltung ein.

Die Unternehmen können einerseits aggressive Preispolitik betreiben, um so Marktanteile auf Kosten der Mitbewerber zu gewinnen.

Sinnvoll ist diese Preispolitik nur, wenn durch den gesteigerten Gesamtumsatz der geringere Erlös pro Stück mindestens ausgeglichen werden kann.

Andererseits können sich die Unternehmen an die Preispolitik der Mitbewerber anpassen, die Preisführerschaft von mächtigen Konkurrenten wird dabei anerkannt.

Strategien der Preis- und Konditionenpolitik

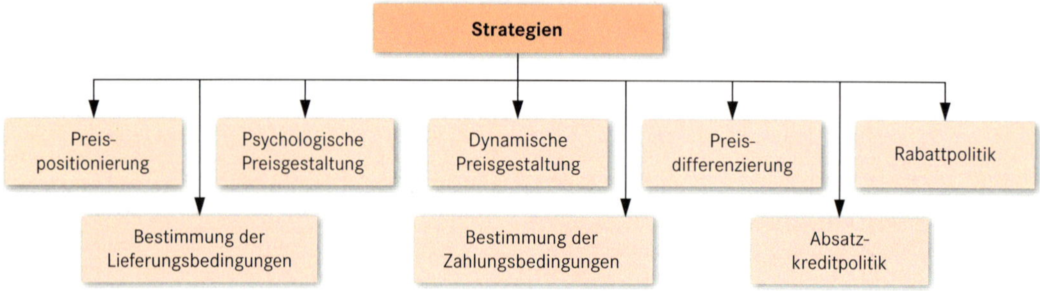

Preispositionierung

Mit der Preispositionierung steuert ein Unternehmen mit seinem Produkt einen bestimmten Preisbereich an. Dies erfolgt z. B. bei **Markenwaren**, die im oberen Preissegment angeboten werden. Ein hoher gleich bleibender Qualitätsstandard, verbunden mit einem entsprechenden Markenimage, soll über empfohlene Verkaufspreise zu einer einheitlichen Preisgestaltung im Facheinzelhandel führen.

Psychologische Preisgestaltung

Die häufig in Unternehmen anzutreffende **psychologische Preisgestaltung** ist v. a. in **drei Varianten** anzutreffen:

- **Preise unterhalb runder Preise**,
  z. B. 1,99 € statt 2,00 €
  Der Kunde soll durch die geschickte psychologische, optische Gestaltung eines „gebrochenen Preises" verleitet werden, die preiswert erscheinende Ware zu kaufen.
- **„runde Preise"**
  Durch runde Preise (z. B. 200 € oder alle Artikel zu 1 €) soll der Eindruck erweckt werden, die Preise seien vertrauensvoll kalkuliert worden, auf „psychologische Tricks" habe man verzichtet.
- **„Multipack-Preise"**
  Bei dieser Preisgestaltung wird das Produkt in Multipacks angeboten (z. B. drei Dosensuppen zu 2,99 € statt zum Einzelpreis von 0,95 €), um den Kunden zum Kauf von vermeintlich günstigeren Großabnahmemengen zu verleiten. Dass drei Einzeldosen zu je 0,95 € 2,85 € ergeben, merken die Kunden häufig nicht, da sie nicht nachrechnen.

Dynamische Preisgestaltung

Mit der dynamischen Preisgestaltung versucht ein Unternehmen Preise flexibel an die Marktsituation anzupassen. Dies kann z. B. durch einen niedrigen Einführungspreis für ein neues Produkt geschehen, um so schnell einen großen Umsatz zu erzielen (sogenannte **Penetrationsstrategie**).

Eine andere Möglichkeit wäre, zunächst einen hohen Preis zu verlangen, der von einer bestimmten Käuferschicht akzeptiert wird. Um danach neue Käuferschichten zu erschließen, wird der Preis schrittweise gesenkt (sogenannte **Skimmingstrategie**).

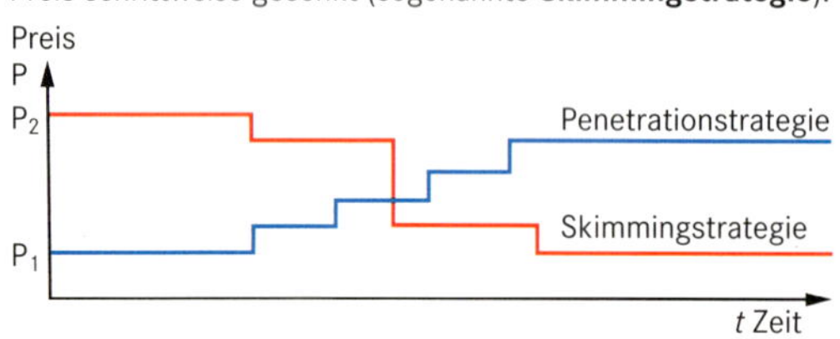

Preisdifferenzierung

Formen:*

- **räumliche** Preisdifferenzierung (unterschiedliche Preise, z. B. in Großstädten und ländlichen Gebieten)
- **mengenmäßige** Preisdifferenzierung (z. B. Mengenrabatt)
- **zeitliche** Preisdifferenzierung (z. B. Saisonpreise)
- **verwendungsbezogene** Preisdifferenzierung (z. B unterschiedliche Mietpreise für private und gewerbliche Nutzung)
- **personenbezogene** Preisdifferenzierung (z. B. Sondertarife für Schüler/-innen in öffentlichen Verkehrsmitteln)

* [Vgl. Hüttner, M. u. a.: Marketing-Management, München 1994]

Rabattpolitik

Die Unternehmen nutzen z. B. folgende Preisnachlässe, um Preisdifferenzierungen (s. o.) vornehmen zu können:

- **Mengenrabatt** (z. B. für Großabnehmer)
- **Wiederverkäuferrabatt** (z. B. für Großhändler)
- **Treuerabatt** (z. B. für Stammkunden)
- **Saisonrabatt**
- **Sonderrabatt** (z. B. bei Messen)
- **Bonus** (nachträglicher Preisnachlass bei Erreichen eines Mindestumsatzes)
- **Skonto** (Nachlass für vorzeitige Zahlung)

Bestimmung der Lieferungsbedingungen

Kundenorientierte Lieferungsbedingungen können dazu beitragen, sich von Wettbewerbern abzuheben.

Zu den wichtigen Lieferungsbedingungen gehören:

- Gestaltung der Transport- und Versicherungskosten (besonders wichtig im Auslandsgeschäft)
- Verpflichtung des Herstellers zur Zahlung einer Konventionalstrafe (Vertragsstrafe) bei verspäteter Lieferung, Regelung des Umtauschrechtes (besonders wichtig bei Versandhäusern)

Bestimmung der Zahlungsbedingungen

Zu den wichtigsten Zahlungsbedingungen gehören:

- Bestimmung von Zahlungsfristen (z. B. Skontofrist)
- Regelung der Zahlungsweise/Zahlungsabwicklung (z. B. Barzahlung, Ratenzahlung)
- Zahlungssicherung (z. B. Eigentumsvorbehalt)

Absatzkreditpolitik

Wichtige absatzkreditpolitische Maßnahmen:

- Einräumen eines Kreditrahmens unter Gewährung eines günstigen Zinssatzes
- Zahlungsaufschub
- Leasing (Leistung einer geringen Anzahlung und laufender Ratenzahlungen während der vertraglichen Nutzungsdauer)

Ziele

Die Kommunikationspolitik versucht gezielt das Verhalten potenzieller Kunden mithilfe besonderer Kommunikationsmittel oder -instrumente zu beeinflussen, um bestimmte Ziele zu erreichen. Beim Einsatz der Kommunikationspolitik werden prinzipiell ökonomische und psychologische Ziele unterschieden:

- **Ökonomische Ziele** sind in der Regel leichter messbar, da sie leicht quantifizierbar sind, z. B. die Erhöhung des Umsatzes oder die Steigerung des Marktanteils. Die ermittelten Zahlenwerte lassen sich über den Zeitablauf einfach vergleichen.
- **Psychologische Ziele** sind meist nicht so leicht messbar wie ökonomische Ziele. Es geht in der Regel darum, die Wirkung der Unternehmensleistungen am Markt auf die Kunden zu ermitteln und zu verändern. Beispielsweise sollen das wahrgenommene Produkt- oder Unternehmensimage verbessert und die Kundenzufriedenheit erhöht werden.

Strategische Entscheidungen

Bevor einzelne Instrumente der Kommunikationspolitik (z. B. Werbung oder Direktmarketing) vom Unternehmen eingesetzt werden, ist eine übergeordnete **Corporate-Identity-Strategie** auf Basis einer vorher bestimmten **Unternehmensphilosophie** (vgl. Seite 338) festzulegen. Diese Strategie hat das Ziel, die Unternehmensidentität im Markt zu verankern. Die folgende Abbildung zeigt die einzelnen Bestandteile der Corporate Identity:[1]

Schematische Darstellung der Corporate Identity (Identitätsmix)

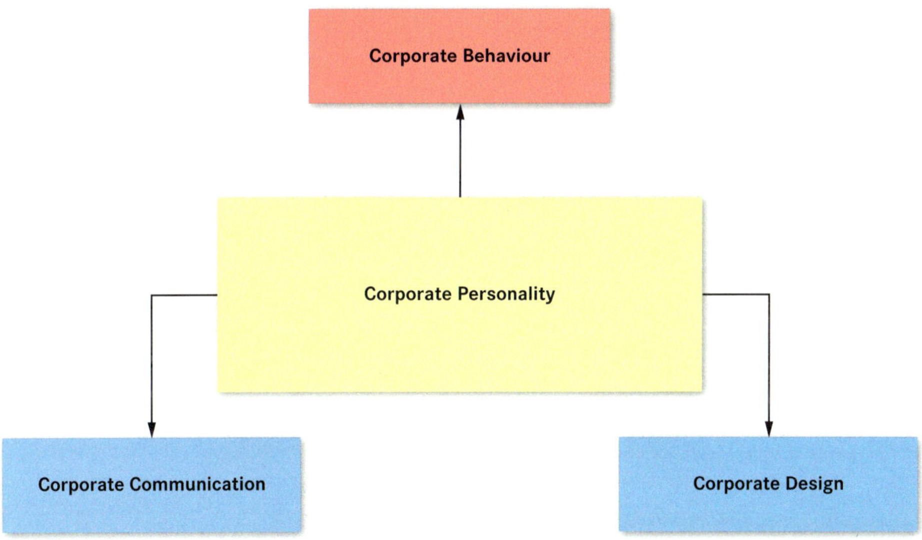

Im Zentrum der strategischen Überlegungen steht die Corporate Personality, das historisch gewachsene Selbstverständnis des Unternehmens. Als Instrumente der Corporate Identity dienen die drei folgenden Bereiche:[2]

- **Corporate Communication** (Unternehmenskommunikation): Alle vom Unternehmen eingesetzten Instrumente der Kommunikationspolitik werden so aufeinander abgestimmt, dass das Unternehmen von außen als ein einheitlich wirkendes Ganzes wahrgenommen wird.
- **Corporate Design** (Unternehmenserscheinungsbild): Die optische Erscheinung des Unternehmens im Markt wird durch aufeinander abgestimmte optische Elemente, z. B. Nutzung eines Firmenlogos, von ausgewählten Farben und Schriftzeichen, wiedererkennungsfähig gestaltet.
- **Corporate Behaviour** (Unternehmensverhalten): Die Mitarbeiter des Industrieunternehmens sollen einheitliche Verhaltensweisen gegenüber externen Kunden praktizieren, ein „Wir-Gefühl" sollte im Rahmen dieses Abstimmungsprozesses entstehen.

[1] vgl.: Theis, Hans-Joachim: Handbuch Handelsmarketing. Band 1, Frankfurt am Main 2007, S. 635 ff.
[2] vgl.: Theis, Hans-Joachim: Handbuch Handelsmarketing. Band 1, Frankfurt am Main 2007, S. 633 ff.

24|

Begriffliche Abgrenzung und Zielsetzung

Die Kommunikationspolitik versucht gezielt das Verhalten von potenziellen Kunden mit Hilfe besonderer Kommunikationsmittel zu beeinflussen:

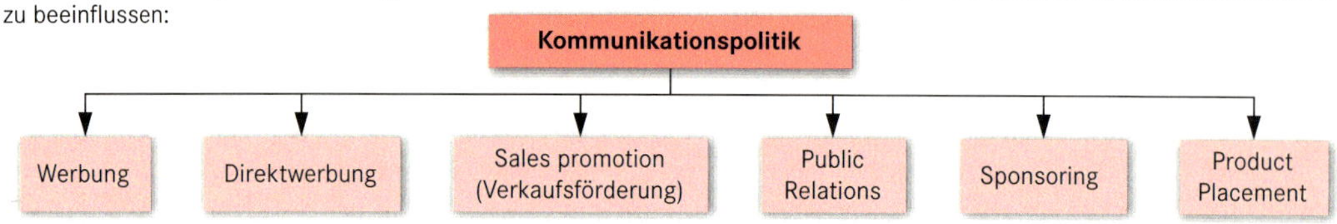

Entscheidungsbereiche der Kommunikationspolitik

(Klassische) Werbung

- **Werbende:** Wer wirbt?

  Nach der Stellung der Werbenden im Absatzprozess unterscheidet man zwischen **Herstellerwerbung** und **Handelswerbung.**

  Nach der Anzahl der Werbenden unterteilt man in **Einzelwerbung** und **Kollektivwerbung**, die sich wiederum in **Sammelwerbung** (mehrere Unternehmen werben unter Nennung der Einzelfirmen) und **Gemeinschaftswerbung** (mehrere Unternehmen werben ohne Nennung ihrer Firma, z. B. „Die Milch machts") aufgliedert.

- **Werbeziel:** Welche Wirkung soll erzielt werden?*

  In der Fachliteratur werden **ökonomische** (z. B. Umsatzsteigerung) und **außerökonomische Ziele** (z. B. Markenimage verbessern) unterschieden.

  Eine weitere geläufige Unterteilung von Werbezielen lautet: **Einführungswerbung** (z. B. für ein neues Produkt), **Expansionswerbung** (z. B. zur Erhöhung des Marktanteils) und **Erinnerungswerbung** (z. B. zum Erhalt des bisherigen Bekanntheitsgrades).

- **Werbezielgruppen:** Wer soll umworben werden?*

  Die Werbezielgruppe muss genau bestimmt werden, um **Streuverluste** beim Einsatz der Werbeträger und Werbemittel so gering wie möglich zu halten.

- **Werbezielgebiet:** Wo soll geworben werden?

  Das Unternehmen hat zu entscheiden, ob auf dem **Gesamtmarkt** oder auf bestimmten **Teilmärkten** geworben werden soll.

- **Werbeträger:** Welche Medien sollen genutzt werden?*

  Werbeträger werden gewöhnlich in **Printmedien** (z. B. Zeitschriften), **elektronische Medien** (z. B. Internet) und **Außenwerbung** (z. B. Plakaten) unterteilt, deren Nutzung sich in sehr unterschiedlich hohen Werbekosten niederschlagen kann.

- **Werbebotschaft:** Wie soll geworben werden?*

  Die Werbebotschaft sollte den **Nutzen, den Vorteil** des Produktes für den Umworbenen herausstellen.

- **Werbeetat:** Welche Geldmittel stehen zur Verfügung?*

  Häufig wird ein **prozentualer Anteil der Werbeausgaben** am Umsatz festgelegt, obwohl ein antizyklisches Vorgehen sinnvoller wäre. Der Werbeetat soll vor allem an den Werbezielen ausgerichtet werden.

* [Vgl. Hüttner, a. a. O., S. 220 ff.]

- **Werbemittel:** In welcher Form soll geworben werden?*

  Die Auswahl der geeigneten Werbemittel muss Erkenntnisse der Wahrnehmungspsychologie berücksichtigen.

  Die Gestaltung des Werbemittels entscheidet meistens darüber, ob die Werbebotschaft den Umworbenen zielgerichtet erreicht und die beabsichtigte Wirkung erzielt (siehe auch Seite 354: AIDA-Regel).

Beispiele	
Werbeträger	Werbemittel
Zeitung, Zeitschrift	Anzeige, Beilage
Fernsehen	Fernsehspot
Kino	Dia, Kinospot, Werbefilm
Fahrzeuge	Beschriftung von Firmenwagen, Straßenbahnen
Internet	Pop-ups, homepage

- **Werbetiming:** Wann soll (wie) geworben werden?*

  Die Werbemaßnahmen sollten in einem **Werbeplan** festgehalten werden, auch wenn Werbeaktionen der Mitbewerber kurzfristige Änderungen hervorrufen können.

  Das Werbetiming ist gerade bei der Einführung neuer Produkte besonders wichtig.

  Die folgende Grafik zeigt, wie sich Umsatz und Werbeausgaben in den einzelnen Produktphasen entwickeln können:

25|

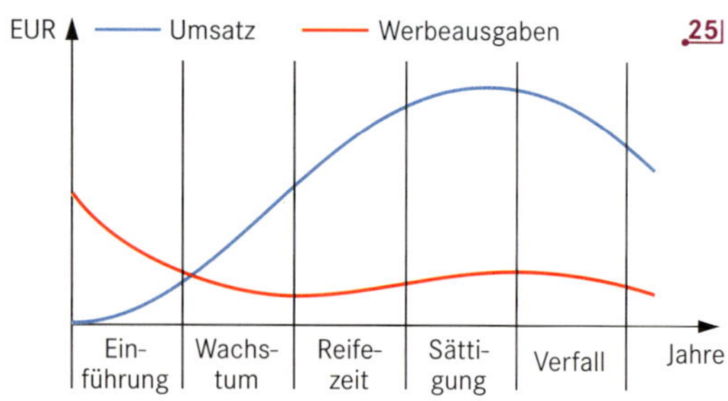

Entscheidungsbereiche der Kommunikationspolitik

- **Werbeerfolgskontrolle:**
  Wie soll der Werbeerfolg gemessen werden?

Man unterscheidet die **ökonomische** von der **außerökonomischen Werbeerfolgskontrolle**. Der ökonomische Werbeerfolg soll sich auf Grund der folgenden Formel berechnen lassen:

Werbegewinn = werbebedingter Mehrumsatz - Werbekosten

Gerade die genaue Ermittlung des werbebedingten Mehrumsatzes ist aber auf Grund von Zuordnungsproblemen kaum möglich.

Die **außerökonomische Werbeerfolgskontrolle** versucht z. B. über Befragungen Werbekontakte und Werbewirkungen zu messen.

Werbung im Internet

Im Internet wird im Wesentlichen auf drei verschiedene Arten geworben:

Werbung im Internet

- Imagewerbung und Serviceangebote auf exklusiven WWW-Seiten
- Bannerwerbung[1] auf so genannten Portalseiten[2]
- Direktwerbung mittels Electronic Mail (UCE)[3]

[1] Werbebanner sind kleine Werbeflächen im Kopfbereich der Portalseiten.
[2] Portalseiten sind speziell gestaltete WWW-Einstiegsadressen mit Such-, Nachrichten- und Verzeichnisdienst.
[3] **UCE** = (engl.) **U**nsolicited **C**ommercial **E**-Mail; unverlangt zugesandte Werbe-E-Mail, oft auch **„SPAM"** genannt. Versender erwerben käuflich Listen von E-Mail-Adressen.

Bannerwerbung und **UCE** sind allgemein im Internet unbeliebt. Die oft aufwändig gestalteten so genannten „Ads" (von engl. Advertising = Werbung) verbrauchen zur Übertragung auf den PC des Internetbenutzers zusätzliche Zeit und verschwenden so die - oft teure - Onlinezeit.

Werbegrundsätze

Die Werbung eines Unternehmens sollte sich prinzipiell an folgenden **Werbegrundsätzen** ausrichten:

- **Wahrheit der Werbeaussage**
  Die Werbung darf keine Unwahrheiten enthalten, Näheres regelt das Gesetz gegen den unlauteren Wettbewerb (UWG).

- **Klarheit**
  Die Werbeaussage muss für den Umworbenen klar verständlich sein, das werbende Unternehmen sollte dabei auch berücksichtigen, dass sich bestimmte Werbeaussagen leicht einprägen lassen (z. B. durch einen Werbeslogan).

- **Wirksamkeit**
  Damit die Werbemaßnahme optimal wirkt, müssen Werbebotschaft, Werbemittel und -träger treffsicher ausgewählt werden. Die Wirksamkeit wird erhöht, wenn gezielt Wiederholungen der Werbemaßnahme genutzt werden.

- **Soziale Verantwortung**
  Viele Branchenverbände setzen sich dafür ein, dass die Werbemaßnahmen sozial verantwortlich gestaltet werden, da ansonsten die Werbeaktion eher Schaden für das Unternehmen zur Folge hat. Im Medienzeitalter wird dieser Werbegrundsatz immer wichtiger. Text- und Bildaussagen sollten den gesellschaftlichen Werten grundsätzlich entsprechen.

- **Wirtschaftlichkeit**
  Die Werbeaussagen sollten in einem angemessenen Verhältnis zum Werbeerfolg stehen.

Gelegentlich fühlen sich Umworbene von bestimmten Werbemaßnahmen negativ berührt. Die Institution des **Deutschen Werberates** bietet ein **Konfliktmanagement zwischen** werbender **Wirtschaft** und den **Umworbenen** an. Der Werberat ist eine Institution der 43 vom Zentralverband der deutschen Werbewirtschaft (*ZAW*) vertretenen Organisationen der werbenden Firmen, Medien, Agenturen, Werbeberufe und Forschung. Der Werberat stellt zum einen **Grundregeln der Werbung** auf, zum anderen bietet er allen Umworbenen ein Beschwerdeverfahren für anstößige Werbung an. Jeder kann sich per Telefon, Fax, Post oder E-Mail (werberat@werberat.de) über eine konkrete Werbemaßnahme beschweren (Weiteres siehe unter www.werberat.de). 26

Deutscher Werberat 27

407 kritisierte Werbeaktivitäten	**2011**	**2010**
davon nicht vom Werberat zu entscheiden		
Behaupteter Rechtsverstoß; weitergeleitet an zuständige Stelle	110	112
Werberat nicht zuständig, da keine Wirtschaftswerbung	26	33
Beschwerdeführer darauf verwiesen, Rechte selbst geltend zu machen	9	11
gesamt	**145**	**156**
davon vor dem Werberat Anzeigen, Spots, Plakate ...		
Unternehmen stellten die Werbung ein	72	63
... änderten kritisierte Werbung	8	18
Öffentliche Rüge	7	8
Von Kritik freigesprochene Werbekampagnen	175	209
Werbeaktivitäten gesamt vor dem Werberat	**262**	**298**

AIDA-Regel 28

Beim **Abfassen von Werbetexten** sollte die sogenannte **AIDA-Regel** berücksichtigt werden:

A: Attention: Der Werbetext muss die **Aufmerksamkeit** beim Umworbenen wecken. Die geschickte Platzierung eines sogenannten **Eye-Catchers** (z. B. eines Fotos) oder eines **Werbeslogans** entscheidet häufig schon innerhalb der ersten Sekunde beim Betrachter darüber, ob er gewillt ist, weiterzulesen.

I: Interest: Das sprachlich und grafisch gut gestaltete Werbemittel (z. B. ein Werbebrief) soll Interesse beim Betrachter wecken. Wichtig ist es, die Interessen, die Bedürfnisse des potenziellen Kunden zu erkennen – diese Interessen müssen gezielt angesprochen werden.

D: Desire: Das Interesse des Kunden ist bereits geweckt, jetzt gilt es, den **Kaufwunsch** gezielt anzusprechen. Der Leser des Werbetextes soll ja schließlich dazu angeregt werden, das Produkt oder die Dienstleistung zu erwerben. Produktvorteile müssen kundenorientiert herausgestellt werden.

A: Action: Nachdem der Kaufwunsch angesprochen wurde, muss der Kunde konkret **zum Kauf veranlasst** werden. Zum Beispiel kann eine fertig gestaltete Bestellpostkarte oder ein Bestell-Fax diese Kundenaktivität herausfordern.

Werbeplan 26

Ein vollständiger Werbeplan sollte folgende Inhalte aufweisen:

- **Werbeinhalt:** Wofür soll geworben werden?
- **Werbeziel(e):** Welche Wirkung soll bei den Umworbenen erreicht werden?
- **Streukreis:** Welche Zielgruppe(n) werden umworben?
- **Werbebotschaft:** Welchen Nutzen, welchen Vorteil hat das Produkt für den Umworbenen?
- **Reichweitenbestimmung:** Wie hoch ist die Anzahl der Umworbenen?
- **Streugebiet:** In welchem geografischen Raum wird geworben?
- **Streuzeit:** Zu welchen Zeitpunkten in welchem Zeitraum wird geworben?
- **Streuweg:** Welche Werbemittel und Werbeträger werden ausgewählt?
- **Werbeetat/Streudichte:** In welchem Verhältnis stehen die eingesetzten Werbemittel, der Werbeetat, zum Streugebiet?

Der Werbeetat, auch Werbebudget genannt, kann zu Beginn der Werbeplanung festgelegt werden. Der Umfang der Werbemaßnahme(n) hat sich dann am Werbeetat auszurichten. Möglich ist aber auch, dass der Werbeetat nach allen anderen inhaltlichen Festlegungen am Schluss der Höhe nach geplant wird. Werbeziel(e), Streukreis, Streugebiet usw. bestimmen dann den Umfang des Werbeetats.

Grenzen der Werbung

Kreative Mitarbeiter in **Werbeagenturen** arbeiten täglich an der Verbesserung der von ihnen geplanten Werbeaktionen, um gezielt ausgewählte Kundengruppen anzusprechen. Allerdings sind häufig professionell ausgearbeitete Werbeaktionen für die Unternehmen kaum noch finanzierbar – die Werbung stößt an **wirtschaftliche Grenzen**. Die Grenzen der Werbung sind aber nicht nur wirtschaftlicher (ökonomischer) Art, auch **rechtliche und ethische Grenzen** müssen beachtet werden:

Grenzen der Werbung

wirtschaftliche Grenzen
Problem:
Ist die Werbeaktion noch finanzierbar für das Unternehmen?

rechtliche Grenzen
Problem:
Ist die Werbeaktion vereinbar mit geltenden Rechtsbestimmungen?
Beispiel:
Werbung für Lübecker Marzipan, das in Tschechien hergestellt wird

ethische Grenzen
Problem:
Ist die Art und Weise, wie geworben wird, mit ethischen Grundsätzen vereinbar?
Beispiel:
Werbung, die die Menschenwürde verletzt

Schlussfolgerung
Ganzheitliche Betrachtung der Werbung:
Beachtung wirtschaftlicher, rechtlicher und ethischer Aspekte

Entscheidungsbereiche der Kommunikationspolitik

29

Direktwerbung

Im Gegensatz zur anonymen Massenumwerbung werden bei der **Direktwerbung** die Zielpersonen direkt, individuell angesprochen.

Diese Form der Werbung hat an Bedeutung so stark zugenommen, dass zusammen mit dem Direktverkauf an Letztverwender und -verbraucher vom so genannten **Direktmarketing** gesprochen wird. Neben individuell adressierten Werbesendungen zählt zur Direktwerbung vor allem das **Telefonmarketing**. Die neuen elektronischen Medien bieten eine Vielzahl von Möglichkeiten für Direktwerbung.

Um eine zielgenaue Direktwerbung durchführen zu können, wird eine umfangreiche Datei (Datenbank) über die anzusprechenden Zielgruppen geführt.

Bei dieser Form der Werbung lässt sich der Werbeerfolg in der Regel besser messen.

Sales Promotion (Verkaufsförderung)

Sales Promotion umfasst eine Vielzahl von verkaufsfördernden Aktionen, um den Absatz kurzfristig zu steigern.
Nach den **Zielgruppen** dieser Aktion unterscheidet man:

- Verbraucher-Promotions

  Die Konsumenten werden auf ein Produkt aufmerksam gemacht oder zum Kauf angeregt.

  Beispiele: Gewinnspiele, Produktproben, Warengutscheine, Produktvorführung im Einzelhandelsgeschäft.

- Außendienst-Promotions

  Der firmeneigene Außendienst wird z. B. durch Sonderprämien oder Wettbewerbe motiviert; Schulungen und geeignete Verkaufsunterlagen unterstützen den Außendienst.

- Händler-Promotions

  Sonderrabatte, Verkaufsprämien und Rücknahmegarantien motivieren die Handelspartner; das Zurverfügungstellen von Display-Material (z. B. Aufsteller, Schaufensterdekoration) und die Durchführung von Schulungen unterstützen die Beratungs- und Verkaufstätigkeit des Handels.

Public Relations (PR)

Im Mittelpunkt der Öffentlichkeitsarbeit (PR) steht nicht ein Produkt des Unternehmens, sondern das ganze Unternehmen. Ziel der PR-Maßnahmen ist vor allem die Imagepflege des Unternehmens in der Öffentlichkeit, daneben auch eine nach innen gerichtete Wirkung: Die Mitarbeiter/-innen des Unternehmens sollen ein **Wir-Gefühl** entwickeln, die Motivation gesteigert werden. Ein besonderes Interesse gilt bei den PR-Aktivitäten so genannten Meinungsführern oder Multiplikatoren (z. B. Medienvertreter). Gute Pressebeziehungen werden in der Regel durch eine Presseabteilung unterstützt.

Mögliche **PR-Maßnahmen** sind:

- Veröffentlichungen (Pressemitteilungen, Erstellung von Sozial- und Ökobilanzen),
- Vorträge und Diskussionsrunden,
- Veranstaltungen und Ausstellungen,
- Werksbesichtigungen.

Der PR-Gedanke wird bei der Gestaltung einer **Corporate Identity** (Unternehmensidentität) aufgegriffen. Ein einheitliches Bild des Unternehmens nach außen, eine Unternehmenskultur soll geschaffen werden. Dies geschieht z. B. durch Schaffung von einheitlichen Zeichen (Symbolen) des Unternehmens (z. B. auf Briefbögen, Visitenkarten, Firmen-PKWs und -LKWs) oder durch besondere Verhaltensregeln, die von den Mitarbeiterinnen und Mitarbeitern gegenüber Kunden, Lieferanten und der Öffentlichkeit einzuhalten sind.

Sponsoring

Das Unternehmen (der Sponsor) unterstützt durch Finanz-, Sach- oder Dienstleistungen Personen, Organisationen oder Institutionen (Gesponsorte) und erwartet dafür bestimmte Gegenleistungen (z. B. besondere Werbemöglichkeiten), die vertraglich abgesichert sind.

Mit Hilfe des Sponsoring versucht das Unternehmen das positive Image des Gesponsorten auf sich zu übertragen.

Die Sponsoring-Aktivitäten erreichen auch Zielgruppen, die sich mit herkömmlichen Mitteln der Kommunikationspolitik nicht oder kaum ansprechen lassen.

Formen des Sponsoring sind vor allem:

- Sportsponsoring
- Kultursponsoring
- Sozialsponsoring
- Umweltsponsoring

Product Placement*

Durch Product Placement versucht ein Unternehmen **Markenartikel** z. B. in Kinofilmen, Fernsehsendungen, Videoclips oder Theateraufführungen so geschickt zu platzieren, dass sie vom Zuschauer nicht als Werbemaßnahme identifiziert werden. Produktinnovationen (z. B. neue Automodelle) werden gern in neue Filmproduktionen eingebaut (Innovation Placement).

Insbesondere das Zapping, d. h. das Umschalten des Fernsehprogramms mit Hilfe der Fernbedienung bei Werbeblöcken, führt zu einem sprunghaften Anstieg des Product Placement. In Privatfernsehgesellschaften haben sich spezielle Dauerwerbesendungen etabliert, bei denen Firmenprodukte geschickt als Gewinne platziert werden.

* [Vgl. Hüttner, a. a. O., S.250 ff.]

Begriffliche Abgrenzung und Zielsetzung

Die **Zielsetzung** der Distributionspolitik, die mit den übergeordneten Zielen der Unternehmenspolitik (Unternehmensphilosophie) abgestimmt sein muss, besteht darin, „... das richtige Produkt zur richtigen Zeit, im richtigen Zustand, in der richtigen Menge am richtigen Ort den Abnehmern zur Verfügung zu stellen."

[Vgl. Knoblich, H.: Absatzpolitik, Göttingen 1994, S. 158]

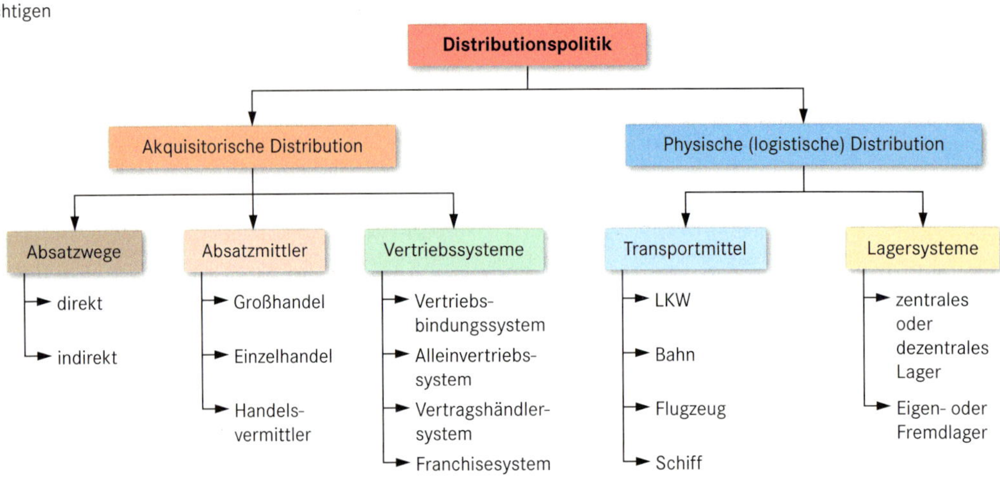

Die **akquisitorische Distribution** kann als das Management der Verteilungskanäle bezeichnet werden. Sie beschäftigt sich vor allem mit der Wahl des Distributionssystems.

[Vgl. Hüttner, a. a. O., S. 255]

Unter **physischer Distribution** (**Marketinglogistik**) versteht man die Planung, Steuerung, Realisation und Kontrolle aller Güter und Dienstleistungen, die von Anbietern zu den Abnehmern gelangen sollen.

[Vgl. Weis, H. C.: Marketing, Ludwigshafen 2007, S. 411 ff.]

Entscheidungsbereiche der akquisitorischen Distribution

1. Entscheidung über den Absatzweg

Direkter Absatzweg

Beim direkten Absatzweg übernimmt der Hersteller alle Verteilerfunktionen seines Produktes bis zum Verwender bzw. Konsumenten unter Umgehung des institutionellen Handels. Der Hersteller kann sich dabei entweder direkt an den Kunden wenden (z. B. bei Großkunden) oder es werden betriebseigene Absatzorgane (u. a. Verkaufsniederlassungen und/oder **Reisende**) dazwischengeschaltet.

Indirekter Absatzweg

Beim indirekten Absatzweg verteilt der Hersteller sein Produkt mit Hilfe betriebsfremder Organe: Selbstständige Handelskettenglieder (Groß- und Einzelhandel) und/oder selbstständige Handelsvermittler (Handelsvertreter, Kommissionär, Handelsmakler).

Bestimmungsfaktoren für die Wahl des Absatzweges *

- Betriebsinterne Faktoren, wie u. a. Betriebsgröße (z. B. Groß- oder Kleinbetrieb) oder eigene Absatzorganisation (stark oder schwach ausgebaut).
- Die Eigenart der Ware, wie z. B. der Verwendungszweck (Produktionsmittel/Konsumgut) oder die Erklärungsbedürftigkeit (technische Komplexität).
- Betriebsexterne Faktoren, wie z. B. die Anzahl und Größe der Abnehmer, Entfernung zu den Absatzmärkten oder gesetzliche Bestimmungen.

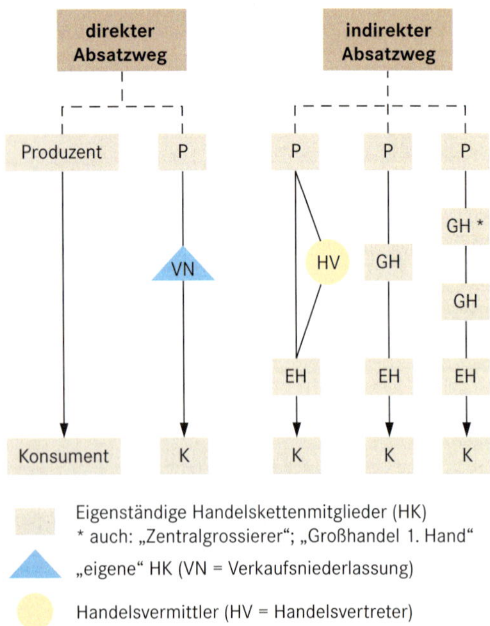

* [Vgl. Knoblich, H.: Absatzpolotik, a. a. O., S. 162 f.]

Entscheidungsbereiche der akquisitorischen Distribution

2. Entscheidung über Absatzmittler

Großhandel

Der Großhandel kauft in der Regel von Produktionsunternehmen in eigenem Namen und für eigene oder fremde Rechnung Waren.
Es ist u. a. abhängig von der jeweiligen Betriebsform (z. B. Sortiments- und/oder Spezialgroßhandel), welche Distributionsfunktionen (u. a. Lagerung, Transport, Sortimentsbildung, Qualitätskontrolle etc.) vom Großhandel übernommen werden können.

Einzelhandel

Der Einzelhandel kauft entweder direkt vom Hersteller und/oder über Handelsvermittler oder dem Großhandel in eigenem Namen und für eigene oder fremde Rechnung Waren, um sie an den Konsumenten weiterzuverkaufen. Für den Hersteller ist es von Bedeutung, inwiefern der Einzelhändler das Marketing-Konzept des Herstellers mitträgt.

Handelsvermittler

Zu den Handelsvermittlern zählen der Handelsvertreter (§§ 84–92 HGB), Kommissionär (§§ 383–406 HGB) und Handelsmakler (§§ 93–104 HGB).

- Der **Handelsvertreter** ist selbstständiger Gewerbetreibender und ständig damit beauftragt, für andere Unternehmen (d. h. in fremdem Namen) Geschäfte abzuschließen. Er kann im Wesentlichen seine Tätigkeit selbst bestimmen. In der Regel ist er für mehrere Unternehmen tätig (Mehrfirmenvertreter). Als Vergütung erhält er eine Vermittlungs- oder Abschlussprovision.

- Der **Kommissionär** ist selbstständiger Gewerbetreibender und übernimmt es gewerbsmäßig, Verträge im eigenen Namen auf fremde Rechnung abzuschließen. Der Kommissionär trägt kein Absatzrisiko, da er nicht verkaufte Ware an den Hersteller zurückgeben kann. Als Vergütung erhält er eine Provision (festen Prozentsatz) vom vereinbarten Preis.

- Der **Handelsmakler** ist selbstständiger Gewerbetreibender und wird nur im Bedarfsfall aufgrund seiner guten Marktkenntnisse mit der Anschaffung oder dem Verkauf von Waren oder Dienstleistungen beauftragt. Als Vergütung erhält er je zur Hälfte vom Verkäufer und Käufer (falls nicht anders vertraglich vereinbart) einen bestimmten Prozentsatz vom Auftragsvolumen.

3. Entscheidung über die Form des vertraglichen Vertriebssystems

Durch den Aufbau eines vertraglichen Vertriebssystems versucht der Hersteller bestimmte Abnehmer seiner Produkte von der Belieferung durch Vertragsregelungen auszuschließen. Der Hersteller verfolgt damit die Absicht, die ausgewählten selbstständigen Handelsunternehmen in seine Vertriebskonzeption einzubinden.

Vertriebsbindungssystem

Vertriebsbindungen können sich je nach Gestaltung der Verträge u. a. erstrecken auf:

- Vertriebswegebindungen in räumlicher Hinsicht, z. B. Exportverbot für inländische Abnehmer,
- Vertriebswegebindungen in personeller Hinsicht, z. B. Vertriebsbeschränkung auf bestimmte Abnehmerkreise (so genannte Kundenbeschränkungsklauseln),
- Vertriebsbindungen in zeitlicher Hinsicht, z. B. Beschränkungen hinsichtlich der Vertriebszeit neuer bzw. auslaufender Modelle.*

Vertragshändlersystem

Der Vertragshändler verpflichtet sich durch vertragliche Regelungen in eigenem Namen und auf eigene Rechnung Waren des Herstellers unter Einhaltung der Marketingkonzeption zu vertreiben (u. a. Bewahrung des Images und angemessener Kundendienst).

Alleinvertriebssystem

Der Hersteller verpflichtet sich in einem bestimmten Absatzgebiet nur den alleinvertriebsberechtigten Händler zu beliefern (z. B. bei Neueinführung eines Produktes).

Franchisesystem

Der Franchisenehmer (z. B. Groß- oder Einzelhandelsbetrieb) schließt mit einem Franchisegeber (z. B. Hersteller) einen Vertrag.
Der Franchisevertrag geht in der vertraglichen Bindung über den Vertrag mit dem Vertragshändler hinaus, da der Name bzw. die Firma des Franchisenehmers in den Hintergrund treten. Für die Übernahme eines ausgereiften Marketing- und Verkaufskonzepts (z. B. Fast-Food-Kette) hat der Franchisenehmer eine Gebühr an den Franchisegeber zu entrichten.

* [Vgl. Knoblich, a. a. O., S. 189]

Intensitätsskala der Bindungen in Absatzkanälen

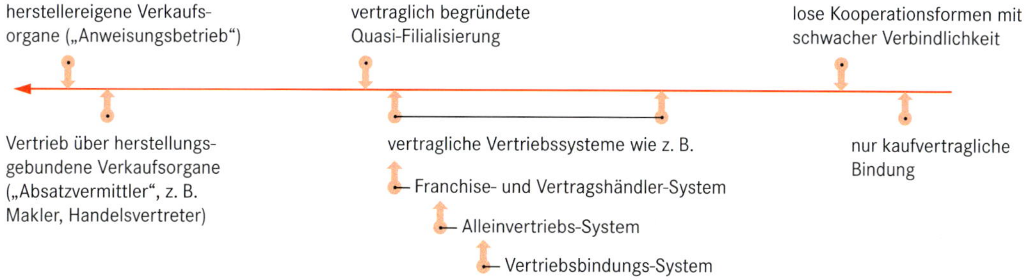

Entscheidungsbereiche der akquisitorischen Distribution

4. Festlegung eines vertikalen Marketings

Unter **vertikalem Marketing** versteht man die Einflussnahme auf die zwischen Hersteller und Handel auftretenden Zielkonflikte, die u. a. aus der Aufteilung der Vertriebsspanne resultieren. Zur Problemlösung werden deshalb zwischen Hersteller und Handel häufig vertragliche Vereinbarungen zur Durchsetzung eines einheitlichen Marketings eingesetzt.

[Vgl. Hüttner, a. a. O., S. 265]

Entscheidungsbereiche der physischen Distribution

1. Entscheidung über die Transportmittel

Im Rahmen der physischen Distribution (**Marketinglogistik**) geht es um die Problemlösung, wie Güter durch Transportmittel und die entsprechenden Transportvorgänge über Lagersysteme in die Nähe des Verwenders/Kunden (gewerbliche Abnehmer, Händler, Verbraucher) gelangen.

Die wichtigsten **Gründe** für die **Auswahl eines Transportmittels** sind:

- Eigenart des Produkts (z. B. Verderblichkeit, Gewicht, Größe des Produkts)
- Kosten des Transportmittels
- Transportgeschwindigkeit
- Zuverlässigkeit des Transportträgers
- Haftungsumfang
- Umweltverträglichkeit des Transportmittels

Diese Bestimmungsgründe entscheiden auch darüber, ob ein eigener oder fremder Fuhrpark genutzt werden soll.

2. Entscheidung über das Lagersystem

Bei der Festlegung des Lagersystems muss zunächst geklärt werden, ob nur **ein Zentrallager** oder auch regionale Auslieferungslager (**dezentrale Lager**) errichtet werden sollen. Das hat nicht nur Auswirkungen auf die Kosten im Unternehmen, genauso wichtig sind beispielsweise die Gesichtspunkte Lieferfähigkeit und -geschwindigkeit. Gerade Letzteres wird langfristig über den Unternehmenserfolg entscheiden. Auch hier gilt, die **Kundenzufriedenheit** in den Mittelpunkt der unternehmerischen Entscheidungen zu stellen.

- Zentrallager oder Regionallager

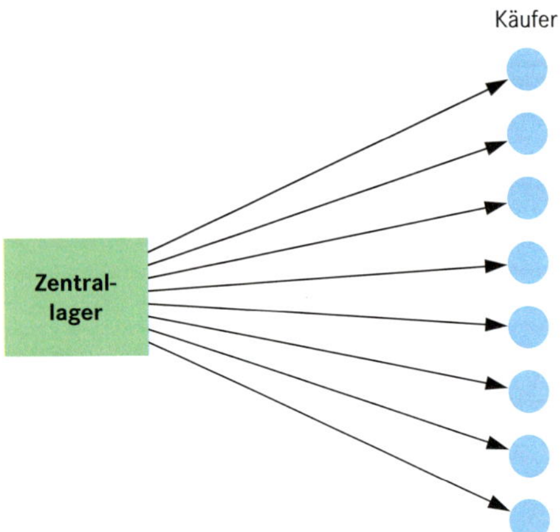

Fall A:
- hohe Transportkosten
- niedrige Lagerkosten
- langsame Liefermöglichkeiten

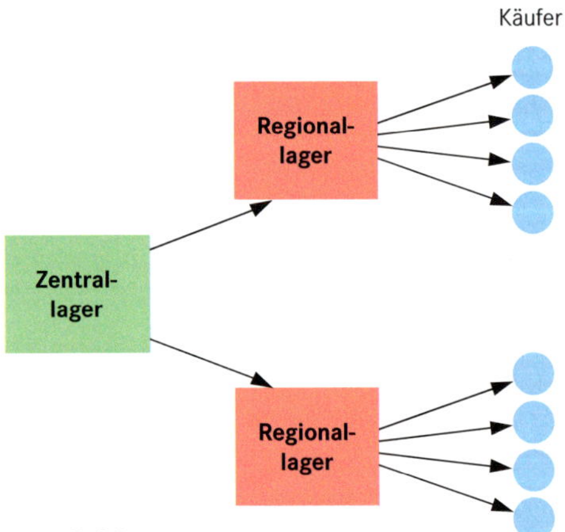

Fall B:
- geringe Transportkosten
- hohe Lagerkosten
- schnelle Liefermöglichkeiten

Aus: Weiss, a. a. O., S. 417 f.

- Eigen- und Fremdlager

  Für die Entscheidung, ob ein Lager in Eigen- oder Fremdregie geführt werden soll, sind vor allem die unterschiedlich hohen Kosten ausschlaggebend (z. B. hohe Fixkosten beim Eigenlager). Ein weiterer Grund für diese Entscheidung könnte z. B. die Einflussnahme auf die Kontrolle des Lagerpersonals sein.

Die absatzpolitischen Instrumente dürfen nicht isoliert voneinander eingesetzt werden, sie müssen **aufeinander abgestimmt** sein, um oberste Unternehmens- bzw. Marketing-Ziele zu verfolgen. Wird diese Abstimmung nicht beachtet, kann das Image des Unternehmens bei den Kunden schweren Schaden erleiden. Diese eintretende Verunsicherung auf Kundenseite kann das Unternehmen langfristig in seinem Bestand gefährden.

Marketing ist als eine Konzeption der Unternehmensführung zu verstehen, „bei der im Interesse der Erreichung der Unternehmensziele alle betrieblichen Aktivitäten konsequent auf die gegenwärtigen und künftigen Erfordernisse der Märkte ausgerichtet werden“.* Die zunehmende Marktmacht der Kunden zwingt die Unternehmen dazu, sich in ihrer gesamten Unternehmenspolitik an den Kundenwünschen auszurichten.

* [Vgl. Bidlingmaier, J.: Marketing, Reinbek 1973, S. 15]

Das so genannte **Marketing-Mix** ist eine möglichst optimale Kombination des Mitteleinsatzes, d. h. eine „zielgerichtete Auswahl und qualitative, quantitative sowie zeitliche Kombination der absatzpolitischen Instrumente“.[1] Der qualitative Aspekt des Marketing-Mix betrifft die Art der einzelnen Instrumente, der quantitative Aspekt bezieht sich auf das Gewicht der einzelnen Instrumente innerhalb des Marketing-Mix, und der zeitliche Aspekt beinhaltet Dauer und Abfolge des Einsatzes der einzelnen Instrumente.[2] Das Marketing-Mix ist eingebettet in die vom Unternehmen festgelegten **Marketingstrategien**, also in unternehmenspolitische Richtlinien, die einen Handlungsrahmen für den Einsatz der absatzpolitischen Instrumente vorgeben.[3]

1) [Vgl. Hüttner, a. a. O., S. 278]
2) [Vgl. Knoblich, a. a. O., S. 300 f.]
3) [Vgl. Hüttner, a. a. O., S. 81]

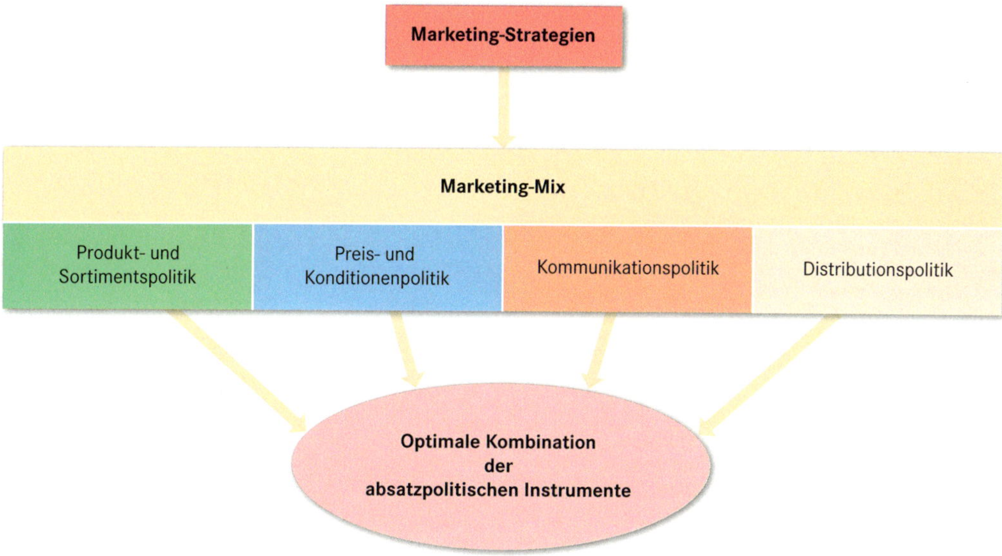

Im Rahmen des Marketing-Mix müssen die unterschiedlichen **Beziehungen** beachtet werden, die prinzipiell zwischen diesen Instrumenten bestehen können:

- Konkurrierende Beziehungen

  d. h. zwei Instrumente stören sich in ihrer Wirkung (z. B. stehen Premiumpreise im Widerspruch zum Vertrieb über Absatzkanäle, welche untere Einkommensschichten ansprechen).

- Substitutive Beziehungen

  d. h. zwei Instrumente sind austauschbar in Bezug auf eine bestimmte Wirkung (z. B. lassen sich durch den Vertrieb über den Fachhandel in gewissen Grenzen unternehmenseigene Beratungsleistungen – „begleitende“ Servicepolitik – ersetzen).

- Komplementäre Beziehungen

  d. h. zwei Instrumente stützen sich in ihrer Wirkung (z. B. wird das Image hoher Qualität, das durch entsprechende Werbung erzeugt werden soll, durch eine aufwendige Verpackung unterstützt).

- Konditionale Beziehungen

  d. h. der Einsatz des einen setzt den Einsatz des anderen voraus (z. B. setzt die Präsentation der Produktverpackung im Rahmen der Werbung deren Gestaltung voraus).

- Indifferente Beziehungen*

  d. h. es bestehen keine erkennbaren gegenseitigen Beeinflussungen zwischen zwei Instrumenten (z. B. Werbung und Marketing-Logistik).

* [Vgl. Hüttner, a. a. O., S. 281]

Das Marketingmix dient letztendlich dazu, bei den anvisierten Kundenzielgruppen eine **Positionierung** der Produkte bzw. des Unternehmens im Markt (vgl. auch Seite 345) zu ermöglichen, um sich von den Produkten der Mitbewerber abzugrenzen.

Unter **Internationalem Marketing** versteht man Marketing-Aktivitäten eines Unternehmens, das nennenswerte Umsätze im Auslandsgeschäft tätigt. Dabei müssen exportorientierte Unternehmen, die im Inland produzieren, aber einen wichtigen Teil ihres Umsatzes im Ausland erzielen, von multinationalen Unternehmen unterschieden werden, die in mehreren Ländern produzieren, ein- und verkaufen.

Je stärker die Integration in internationale Märkte erfolgt, um so größer ist die Komplexität von Marketingentscheidungen. Internationales Marketing muss die besonderen **Risiken** auf Auslandsmärkten berücksichtigen – sowohl wirtschaftliche (z. B. Wechselkurs-Risiko) als auch politische (z. B. Einfluss des Staates auf die Wirtschaftspolitik).

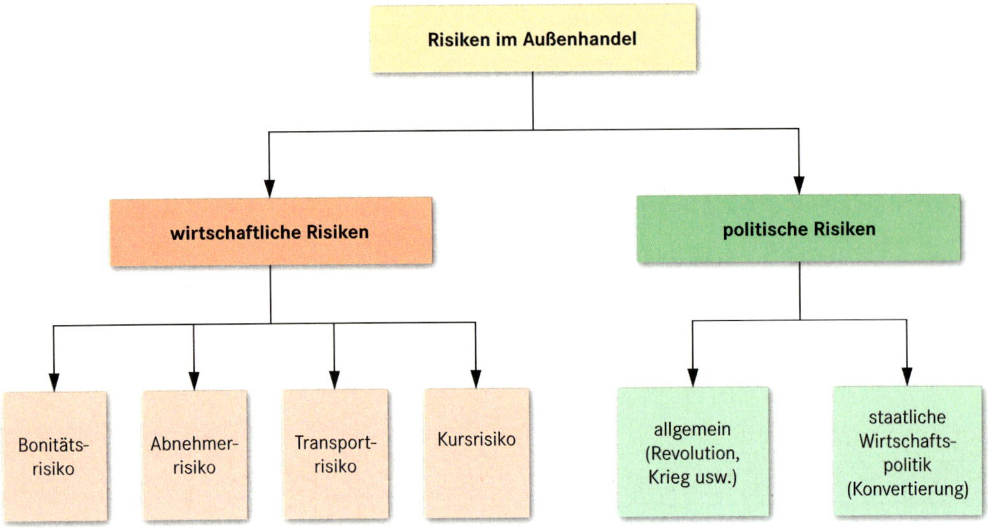

[Vgl. Hüttner, a. a. O., S. 506]

Bevor die absatzpolitischen Instrumente (Produkt-und Sortimentspolitik, Preispolitik, Kommunikationspolitik, Distributionspolitik) zielgerichtet auf Auslandsmärkten eingesetzt werden können, muss die Strategie des internationalen Marketing festgelegt werden. Mindestens die folgenden **internationalen Marketing-Strategien** können unterschieden werden:

- Erschließung ausgesuchter Auslandsmärkte (z. B. Nachbarländer, Wirtschaftsregionen, Kontinente).
- Reine Wachstumsstrategie, unabhängig von Eingrenzungen auf bestimmte Auslandsmärkte (z. B. Umsatzmaximierung).
- Erschließung ausgesuchter Marktsegmente in internationalen Märkten (z. B. Bearbeitung nur des oberen Preissegments in verschiedenen Ländern).

Bei der Umsetzung dieser Strategien ist weiterhin zu fragen, ob das Produktionsprogramm **standardisiert**, d. h. international einheitlich angeboten werden soll (globales Marketing) oder ob die Produkte und die Marktbearbeitungsmethoden nach nationalen Märkten **differenziert** werden sollen (z. B. unterschiedliche PKW-Modelle eines Automobilunternehmens in den jeweiligen nationalen Märkten).

[Vgl. Hüttner, a. a. O., S. 491 ff. und Hill, W. u. Rieser, J.: Marketing-Management; Bern, Stuttgart, Wien 1993]

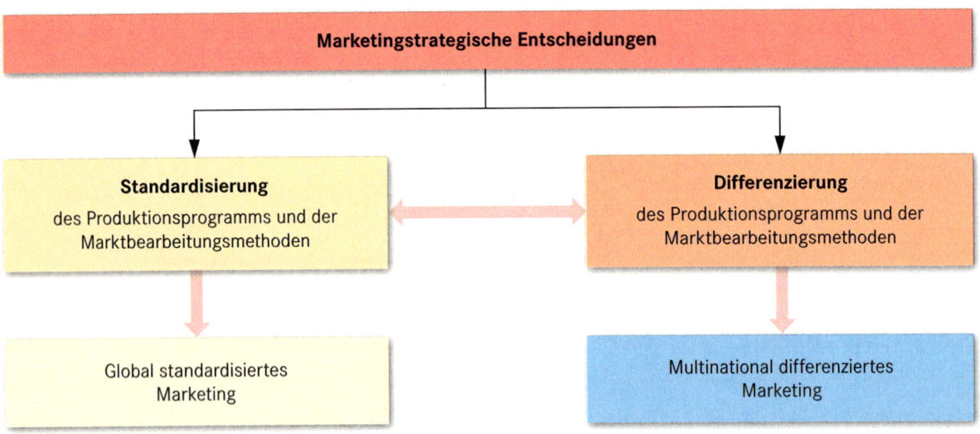

Betriebswirtschaftliche und rechtliche Bedeutung des Angebotes

Ein **vollständiges** Angebot enthält Angaben über:
Ware, Preis, evtl. Rabatt, Verpackungs- und Beförderungskosten, Lieferzeit und Zahlungsbedingungen. Außerdem enthält es den Erfüllungsort (Ort, an dem der Schuldner seine Leistungen zu erfüllen hat) und den Gerichtsstand (Sitz des Gerichtes, das im Streitfall zuständig ist).
Ein Angebot ist grundsätzlich **verbindlich**. Falls ein Lieferant sich nicht binden will, muss das Angebot entweder zeitlich befristet sein oder so genannte Freizeichnungsklauseln (z. B. „unverbindlich", „freibleibend") enthalten.

Widerruf
Ein Angebot kann widerrufen werden. Der Widerruf muss vor oder gleichzeitig mit dem Angebot eintreffen (z. B. Telegramm).

Anpreisungen
Bei Schaufensterauslagen und Anzeigen in Zeitungen oder Zeitschriften handelt es sich nicht um Angebote, sondern um so genannte Anpreisungen, die sich an die Allgemeinheit richten und daher unverbindlich sind.

Aufbau und Inhalt eines Angebotes

- Eingehen auf Anfrage (verlangtes Angebot) oder Vorstellen des Unternehmens (unverlangtes Angebot)
- Beschreiben des Artikels bzw. des Sortiments
- Nennen der Angebotsbedingungen (Preise, Lieferungs- und Zahlungsbedingungen, Lieferzeit, Erfüllungsort, Gerichtsstand)
- Freundlicher Abschlusssatz (Hoffnung auf Bestellung)

Allgemeine Geschäftsbedingungen (AGB)

Die Allgemeinen Geschäftsbedingungen regeln alles, was nicht im konkreten Angebot enthalten ist. Weichen einzelne Bestimmungen der AGB vom Angebot ab, gelten die Angebotsabsprachen.

Die AGB-Bestimmungen des BGB sollen den Kunden vor unlauteren AGB schützen.

Verkaufskalkulation
Sales Calculation

Zusammenhang zwischen Einkaufs- und Verkaufskalkulation

Die rechnerische Ermittlung des Einstandspreises wird als **Bezugskalkulation** bezeichnet. Ebenso wichtig ist die als **Verkaufskalkulation** bezeichnete Ermittlung des eigenen **Listenverkaufspreises**. Sie soll berücksichtigen, dass die Kosten des Unternehmens gedeckt werden und ein angemessener Gewinn erzielt wird. In der Praxis werden die Bezugs- und die Verkaufskalkulation in enger Abstimmung miteinander durchgeführt.

Rechengrößen der **Verkaufskalkulation**	Schema und Rechenbeispiel **Verkaufskalkulation**
Handlungskostenzuschlag (HKZ) Prozentualer Zuschlagssatz zur Deckung aller Kosten des Unternehmens. Der HKZ wird dem Einstandspreis vom Hundert zugeschlagen, so dass sich die Selbstkosten ergeben.	Einstandspreis : 200,00 EUR ≙ 100 % + **HKZ** 20 % : 40,00 EUR ≙ 20 % Selbstkosten-Preis : 240,00 EUR ≙ 120 %
Gewinnzuschlag Prozentualer Zuschlagssatz, der den Gewinn mit berücksichtigt. Er wird den Selbstkosten vom Hundert zugeschlagen und ergibt den Barverkaufspreis.	Selbstkosten-Preis : 240,00 EUR ≙ 100 % + **Gewinnzuschlag** 10 % : 24,00 EUR ≙ 10 % Bar-VKP : 264,00 EUR ≙ 110 %
Kundenskonto und -rabatt Prozentuale Preisnachlässe, die die Kundschaft erwartet. Mittels Prozentrechnung wird – ausgehend vom Bar-VKP – der Kundenskonto im Hundert errechnet: Das ergibt den Ziel-VKP. Ebenso wird – ausgehend vom Ziel-VKP – der Rabatt im Hundert errechnet: Man erhält den Listen-VKP.	Bar-VKP : 264,00 EUR ≙ 97 % + **Skonto** 3 % : 8,16 EUR ≙ 3 % Ziel-VKP : 272,16 EUR ≙ 100 % Ziel-VKP : 272,16 EUR ≙ 95 % + **Rabatt** 5 % : 14,32 EUR ≙ 5 % Listen-VKP : 286,48 EUR ≙ 100 %

Prozentrechnung bei Kundenskonto

97 % ≙ 264,00 EUR
3 % ≙ x EUR

$$x = \frac{264 \cdot 3}{97} = 8{,}16$$

Kundenskonto = 8,16 EUR

Prozentrechnung bei Kundenrabatt

95 % ≙ 272,16 EUR
5 % ≙ x EUR

$$x = \frac{272{,}16 \cdot 5}{95} = 14{,}32$$

Kundenrabatt = 14,32 EUR

1. Unterscheidungsgesichtspunkt: Welche Rechtsstellung haben die Kapitalgeber?

Eigenfinanzierung
Bilanzwerte werden durch eigene finanzielle Mittel (Eigenkapital) finanziert.

Fremdfinanzierung
Bilanzwerte werden durch fremde Mittel (Fremdkapital) finanziert.

2. Unterscheidungsgesichtspunkt: In welcher Form können Eigen- und Fremdfinanzierung auftreten?

Finanzierung aus:

Kapitalzufuhr alter/neuer Eigentümer
= externe Eigenfinanzierung
= Beteiligungsfinanzierung

Fremkapitalaufnahme
= externe Fremdfinanzierung

zurückbehaltenen Gewinnen
= interne Eigenfinanzierung
= Selbstfinanzierung

Abschreibungen
= interne Eigenfinanzierung

dem Verkauf von Anlagegütern
= Finanzierung aus Kapitalfreisetzung (Eigen- oder Fremdkapital)

3. Unterscheidungsgesichtspunkt: Welche Herkunft hat das Kapital?

Innenfinanzierung
Das Kapital wird von dem Unternehmen selbst erwirtschaftet.

- **Selbstfinanzierung**
  Beispiel: Gewinne werden im Unternehmen einbehalten und stehen für den Kauf einer Maschine zur Verfügung.
- **Finanzierung aus Kapitalfreisetzung**
  Beispiel: Jährliche Abschreibungsrückflüsse bei einer Spezialmaschine
- **Rückstellungen**
  Beispiel: Rückstellungen für mögliche Gewerbesteuernachzahlungen

Außenfinanzierung
Das Kapital fließt dem Unternehmen von außen zu.

- **Beteiligungsfinanzierung**
  Beispiel: Aufnahme eines stillen Gesellschafters
- **Finanzierung aus Fremdkapitalaufnahme**
  Beispiel: Bankkredit zur Finanzierung eines Hallenneubaus

4. Unterscheidungsgesichtspunkt: Wie lange wird das Kapital überlassen?

- kurzfristiges Kapital
- mittelfristiges Kapital
- langfristiges Kapital

Lieferantenkredit
Supplier's Credit

38

Bei dieser Kreditart räumt der Lieferant dem Industrieunternehmen einen **Kredit** ein, sodass dieses die gelieferte Ware erst nach einer bestimmten Zeit, z. B. nach 4 Wochen, bezahlen muss. Das Industrieunternehmen hat dieses **Zahlungsziel** mit dem Lieferanten im Kaufvertrag vereinbart. Dadurch wird es ihm möglich, seine Warenverbindlichkeiten aus den Umsatzerlösen der verkauften Waren zu begleichen; es benötigt dadurch wesentlich weniger Kapital von seiner Hausbank. Dem Industrieunternehmen werden für die Inanspruchnahme des späteren Zahlungszeitpunktes direkt keine Zinsen ausgewiesen, sie werden aber vorher in die Verkaufspreise einkalkuliert. Um das Industrieunternehmen zu einer vorzeitigen Zahlung zu bewegen, wird ihm der Lieferant die Gewährung von **Skonto**, z. B. 2 % Skonto bei Zahlung binnen 10 Tagen, anbieten. Der Lieferant kann den Lieferantenkredit über die Vereinbarung eines **Eigentumvorbehalts** (siehe Seite 357) zusätzlich absichern.

Beispiel:
Kaufvertragsabschluss: 5. März
Vereinbartes Zahlungsziel: 15. April
Vereinbartes Lieferdatum: 15. März
Skonto: 2 % Skonto bei Zahlung innerhalb 14 Tagen

Kontokorrentkredit
Current Account Advance

39

Die Hausbank des Industrieunternehmens, also ein Kreditinstitut, gewährt ihm einen **Überziehungskredit** bis zu einem vereinbarten Höchstbetrag (**Kreditlimit**). Das Industrieunternehmen kann je nach Finanzbedarf das Geschäftskonto bis zum Limit überziehen. Die Bank verzinst nur den tatsächlich beanspruchten Kreditbetrag. Dafür berechnet sie ihm einen vereinbarten **Zinssatz**, zusätzlich kann die Bank - je nach Vereinbarung - noch eine Kreditprovision (Bereitsstellungsgebühr) für das Kreditlimit und eine Umsatzprovision für die Kontoführung berechnen. Sollte das Kreditlimit überzogen werden, wird das Kreditistitut einen erhöhten **Überziehungszinssatz** berechnen. Allerdings ist die Möglichkeit des Überziehens in der Höhe begrenzt.
Ein **Guthaben** wird in der Regel in Form von Habenzinsen verzinst. Kontokorrentkredite werden individuell zwischen Kreditinstitut und Industrieunternehmen ausgehandelt, die Konditionen (insbesondere Sollzinsen) richten sich vor allem nach der **Bonität** (dem Ruf, der Zahlungsfähigkeit) des Unternehmens.

Beispiel:
Einem Industrieunternehmen wird ein Kontokorrentkredit bis zu einem Limit von 250.000,00 € zu einem Zinssatz von 9,5 % eingeräumt, eine weitere Überziehung ist in Ausnahmefällen gegen einen höheren Zinssatz von 12,5 % bis zu einer Kredithöhe von 300.000,00 € möglich.

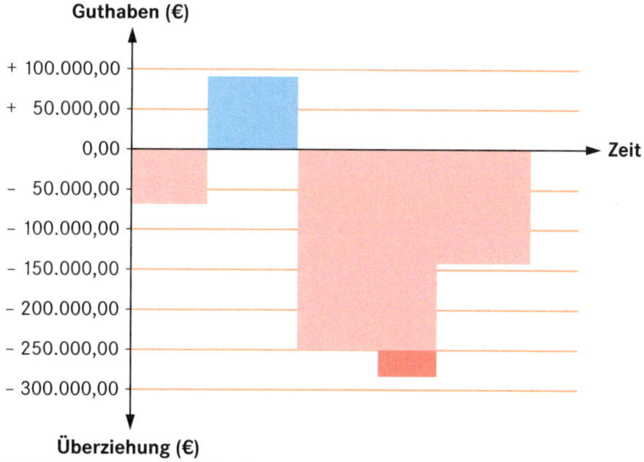

Darlehen
Credit

40

In einem **Darlehensvertrag** wird zwischen Darlehensgeber und -nehmer die **Überlassung eines Geldbetrages** gegen **Entgelt** (z. B. **Zinsen**) vereinbart. Diese Kreditform zählt zu den längerfristigen Kreditarten. Das Industrieunternehmen wird in der Regel ein Darlehen bei seinem Kreditinstitut aufnehmen, auch wenn andere Darlehensgeber denkbar sind, wie z. B. Geschäftsfreunde. Die Darlehenssumme kann je nach Vertragsart entweder in einer Summe am Tag der Fälligkeit oder in der Form gleich hoher Raten zurückgezahlt werden. Die Höhe des Zinssatzes richtet sich nach der Bonität des Darlehensnehmers, nach der Höhe des Darlehens, nach den angebotenen Sicherheiten und nach dem Zinsniveau auf dem Kapitalmarkt.

Sicherungsmöglichkeiten von Kreditarten

Personalsicherheiten

Bei so genannten Personalkrediten haften die Person oder Dritte für die Kreditsumme.

Nach der Art der **persönlichen Haftung** werden folgende **Personalkredite** unterschieden:

Blankokredit

Der Kreditgeber gewährt Kredit ohne besondere Sicherheit.

Bürgschaftskredit

Ihm liegen zwei Verträge zugrunde:
Der **Kreditvertrag** (zwischen Kreditnehmer und -geber) und der **Bürgschaftsvertrag** (zwischen Bürge und Kreditgeber).
Beim **Bürgschaftsvertrag** verpflichtet sich der **Bürge,** für die Verbindlichkeiten des Kreditnehmers einzustehen, wenn dieser nicht leisten kann.

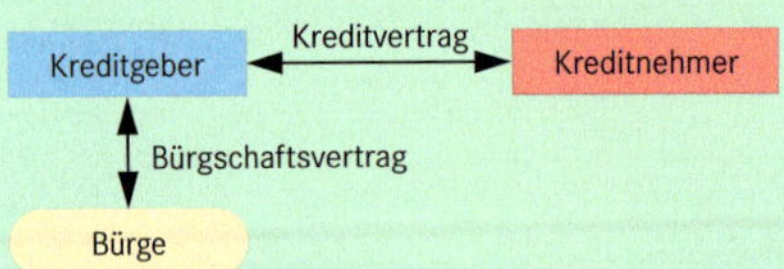

Zessionskredit (Sicherungsabtretung)

Bei dieser Kreditart werden Forderungen des Kreditnehmers gegenüber Dritten an den Kreditgeber als Sicherheit abgetreten.
Beispiel:
Ein Kreditnehmer tritt eine Forderung aus einer bereits bestehenden Lebensversicherung an den Kreditgeber für den Fall ab, dass der Kreditnehmer den Kredit nicht zurückzahlen kann.

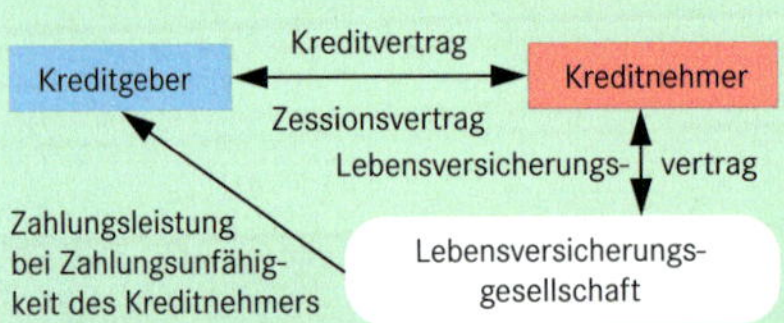

Zessionsarten

Bei der **stillen Zession** weiß der so genannte Drittschuldner (z. B. Lebensversicherung) nichts von der Forderungsabtretung seines Gläubigers. Bei der **offenen Zession** wird der Drittschuldner von der Forderungsabtretung benachrichtigt.

Realsicherheiten

Bei so genannnten Realkrediten stehen nicht Personen, sondern bewegliche oder unbewegliche Sachen (dringliche Sicherheit) im Mittelpunkt der Kreditsicherung.

Nach der Art der **dringlichen Haftung** werden folgende **Realkredite** unterschieden:

Eigentumsvorbehalt

Der Verkäufer einer Ware bleibt bis zur vollständigen Bezahlung Eigentümer, der Käufer ist zunächst nur Besitzer der Ware.

Arten des Eigentumsvorbehalts

Beim einfachen Eigentumsvorbehalt erlischt der Anspruch auf Herausgabe der gelieferten Ware z. B. beim gutgläubigen Erwerb durch Dritte oder bei Weiterverarbeitung. Soll dieser rechtliche Nachteil für den Verkäufer ausgeschlossen werden, kann der **verlängerte Eigentumsvorbehalt** von beiden Seiten vertraglich vereinbart werden: er sieht z. B. eine Forderungsabtretung vor. Wird der so genannte **erweiterte Eigentumsvorbehalt** vereinbart, erweitert sich der Zugriff des Verkäufers auch auf andere von ihm an den Käufer gelieferte Ware.

Sicherungsübereignungskredit

Bei dieser Kreditart wird das Eigentum an einer beweglichen Sache (z. B. einer Maschine, einem Auto) zur Kreditsicherung an den Kreditgeber abgetreten. Der Kreditnehmer bleibt aber im Besitz des Gegenstandes und kann ihn weiter nutzen.

Lombardkredit (Pfandrecht)

Das Pfandrecht dient dem Kreditgeber zur Absicherung eines Lombardkredites. Der Kreditnehmer kann hierbei bewegliche Sachen (z. B. Pelzmantel, Wertpapiere) verpfänden. Durch die Pfandübergabe geht der Besitz auf den Kreditgeber über, der Kreditnehmer bleibt aber Eigentümer des Gegenstandes.

Hypothek

Bei dieser Kreditart wird zur Absicherung einer Forderung dem Kreditgeber sowohl ein Pfandrecht an einem Grundstück (dringliche Sicherheit) als auch der Zugriff auf das gesamte Vermögen (persönliche Haftung) des Kreditnehmers eingeräumt. Die Hypothek ist mit einer Forderung untrennbar verbunden und wird ins Grundbuch eingetragen.

Grundschuld

Hierbei besteht ebenso wie bei der Hypothek ein Pfandrecht des Kreditgebers an einem Grundstück (dringliche Sicherheit), allerdings keine persönliche Haftung des Kreditnehmers. Die Grundschuld setzt das Bestehen einer Forderung nicht voraus.

 42

Auskunfteien sind Unternehmen, häufig in der Form eines Vereins geführt, die interessierten Unternehmen Informationen über bestehende oder zukünftige Geschäftsverbindungen anbieten. Die Auskünfte beziehen sich beispielsweise auf:

- Inhaber/Gesellschafter
- Rechtsform
- Haftungsverhältnisse
- Branche
- Kapitalausstattung
- Anzahl der Mitarbeiter/-innen
- Umsatz und Gewinn
- Strukturdaten von Aktiva und Passiva der Bilanz (z. B. Höhe von Forderungen und Verbindlichkeiten)
- Zahlungsverhalten gegenüber Gläubigern
- Kreditrisiken und Kreditlimits

Nicht in jedem Falle können die Auskunfteien Informationen über alle angeforderten Daten bieten, wie z. B. über die Gewinnhöhe bei bestimmten Rechtsformen.

Als zusätzliche Dienstleistungen bieten viele Auskunfteien Folgendes an:

- Inkassoleistungen (Abwicklung des kaufmännischen Mahnverfahrens, Einbringung von ausstehenden Forderungen),
- Marktuntersuchungen (z. B. bei beabsichtigten Firmenkäufen).

Auskunfteien mindern durch ihre Dienstleistungen die **Finanzierungsrisiken** von Unternehmen und unterstützen die unternehmerische **Entscheidungsfindung** (z. B. bei Firmenzusammenschlüssen).

Ort: Neuss
Z. u. H. Nr.: Normalauskunft
Kontroll.-Nr.:
Ihr Zeichen c/dh 1258-23

Datum: 22.01.2005/142
Nr. B/: 1/135/0000058
Dch. VC: Neuss
Mitgl. VC: 100-123456

Creditreform

Auskunft über: 100.0009875 — Creditreform-Nummer

Musterfirma GmbH
Musterstraße 123
12345 Musterstadt
Tel.: 01234 97865-0
Fax: 01234 98765-99

Bonitätsindex	Bonitätsindex * 2 1 9 *			
	Rechtsform	GmbH	(10)	Creditreform-Schlüsselwerte
	Gründung	16.5.1980 als Gewerbebetrieb	(03)	
		10.12.1990 als GmbH	(10)	
	Handelsregister	19.12.1990, AG Musterstadt, HRB 9876	(1234)	
	Gesellschafter	Moritz Mustermann, Musterstadt	€ 135.000,00	
			€ 65.000,00	
	Stammkapital		€ 2 000.000,00	
	Geschäftführer	Max Mustermann, Maurermeister geb. 10.5.1941, verheiratet Musterstr. 99, 12345 Musterstadt, allein vertretungsberechtigt		
Produkte und Tätigkeitsbeschreibung	Allgemeines	Bauunternehmung: gearbeitet wird überwiegend im Hochbau. Betriebsräume gemietet		
		konstante Unternehmensentwicklung	(30)	Entwicklung
		zufriedenstellende Auftragslage	(30)	
		Branche: Hoch- und Tiefbau	(45211)	Branchenschlüssel
	Mitarbeiter	2003 3 Beschäftigte 2004 3 Beschäftigte		
	Jahresumsatz	2003	€ 350.000,00	
		2004	€ 360.000,00	
	Immobilien	keine		
Finanzdaten	Aktiva	Betriebs- und Geschäftsausstattung	€ 50.000,00	
		Forderungen	€ 40.000,00	
	Passiva	Gezeichnetes Kapital	€ 200.000,00	
		Verbindlichkeiten	€ 30.000,00	
		im Bedarfsfall steht Bankkredit zur Verfügung		
	Anmerkung	Die Eheleute Musterperson gelten als Eigentümer des Wohnhauses Musterstr. 99, 12345 Musterstadt.		
	Banken	Deutsche Bank AG, Musterstadt	BLZ 30099999	
		Sparkasse Musterstadt, Musterstadt	BLZ 30599999	
Zahlungsweise	Zahlungsweise	innerhalb vereinbarter Ziele	(21)	Klassifizierende Merkmale
Kreditfrage	Kreditfrage	Geschäftsverbindung ist zulässig	(21)	
Höchstkredit		Höchstkredit € 10.000,00 (zehntausend)	(25)	

43

44

Begriff

Werden Leasingobjekte (z. B. Maschinen, Autos) durch einen Leasinggeber (z. B. einen Hersteller) vermietet, spricht man von Leasing.
Im Leasingvertrag sind in der Regel die folgenden Größen vereinbart:

- Höhe der Anzahlung,
- Vertragslaufzeit und
- Höhe der monatlichen Leasingrate.

Diese Größen werden individuell nach Kundenwünschen festgelegt.

Nach Ablauf der Vertragslaufzeit kann das Leasingobjekt weiter gemietet, zum Restwert gekauft oder zurückgegeben werden.

Grundform des Leasings

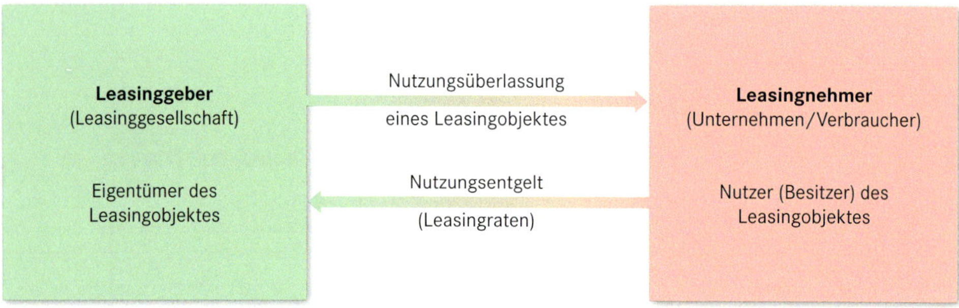

Merkmale des Leasings 45

1. 100 %ige Fremdfinanzierung, also kein Eigenkapitalbedarf
2. Steuerliche Berücksichtigung der Leasingraten als Aufwand
3. In der Regel keine Bilanzierung von Leasingobjekt und Leasingfinanzierung
4. Kein Eigentum
5. Häufig Einbeziehung von Dienstleistungen
6. Vielfältige Erscheinungsformen mit unterschiedlicher Vertragsgestaltung
7. Die Vorteilhaftigkeit des Leasings lässt sich nur individuell ermitteln, da sie von einer Mehrzahl von Einflussfaktoren abhängt, die für jedes Unternehmen unterschiedlich sein können.

Vorteile des Firmenleasings aus der Sicht des Leasingnehmers

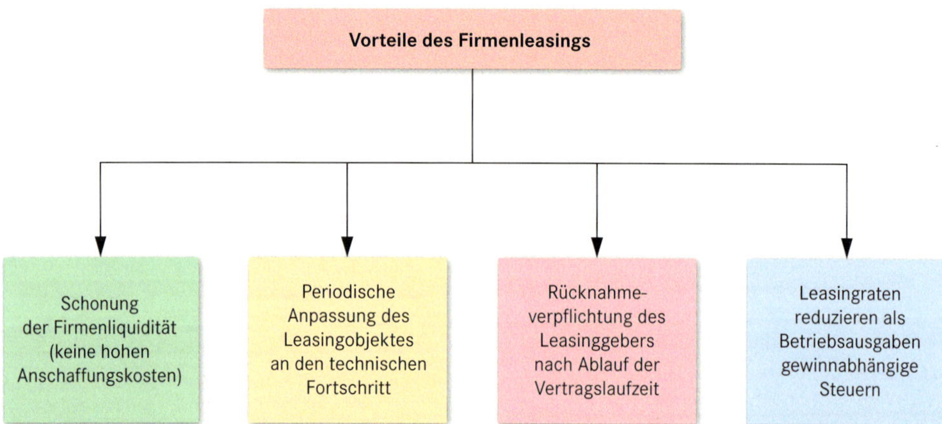

Nachteile des Firmenleasings aus der Sicht des Leasingnehmers

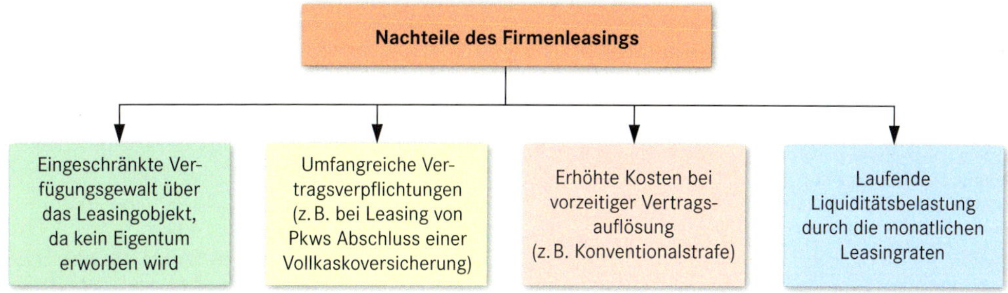

Leasingarten

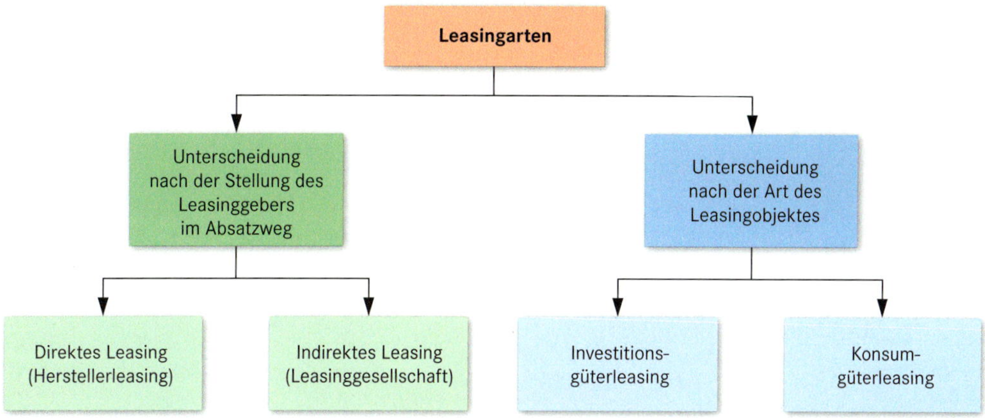

Direktes Leasing

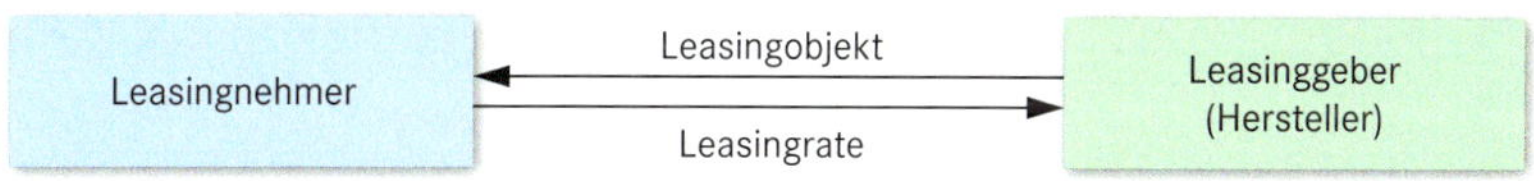

Indirektes Leasing

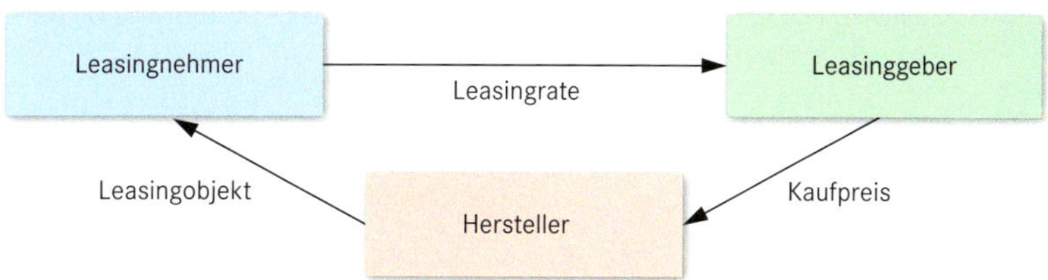

Privatleasing

Leasen Privatpersonen Leasingobjekte (z. B. Autos, PCs), entfällt der steuerliche Vorteil für den Leasingnehmer. Trotzdem gibt es Leasingverträge, bei denen die Privatperson nicht schlechter gestellt sein muss als beim Finanzierungskauf. In diesen Fällen wird zur Förderung des Absatzes eines Produktes ein Kostenvorteil gewährt (z. B. bei Pkws einer auslaufenden Serie).

Begriff

Unter **Factoring** versteht man den **Verkauf von Forderungen** an einen **Factor** (eine Factoring-Gesellschaft), man spricht auch von einer Forderungsabtretung. Grundlage dafür ist ein **Factoringvertrag** zwischen dem Factor und dem **Factoring-Kunden**.

Der Verkauf der Forderung geschieht vor der Fälligkeit der Forderung, in der Regel zum Zeitpunkt der Entstehung der Forderung. Der Factoring-Kunde erhält das Geld vor der Fälligkeit und kann somit mit dem Geld arbeiten, zum Beispiel bei seinem Lieferanten Skonto ausnutzen.

Der Factor zieht die Forderung bei Fälligkeit direkt bei dem Vertragspartner des Factoring-Kunden ein. Der Factor berechnet dem Factoring-Kunden für die Dienstleistung (z. B. Buchhaltung, Inkasso, Mahnwesen) eine **Factoring-Gebühr** und für die frühzeitige Zahlung (Vorschuss-)**Zinsen**.

Bedeutung

Viele Unternehmen möchten mit dem Forderungseinzug nichts zu tun haben, da der Verwaltungsaufwand zu hoch und zu kostenintensiv ist. Die Unternehmen ziehen es vor, ihre Kräfte im **Kerngeschäft** zu bündeln und freie Kapazitäten dort zu investieren. Außerdem spielt für viele Unternehmen die Sicherung der **Liquidität** („Flüssigkeit") eine sehr große Rolle. Schließlich ist die fehlende Liquidität - nicht die fehlende Wirtschaftlichkeit - für viele Unternehmen die Hauptursache der Insolvenz.

Factoring-Gesellschaften sind häufig Tochtergesellschaften von Kreditinstituten.

Der Factoringvertrag beinhaltet meist nicht den Verkauf einer einzelnen Forderung, sondern eher die langfristige Zusammenarbeit zwischen Factor und Factoring-Kunden, um eine Vielzahl von Einzelforderungen einzuziehen.

Ablauf

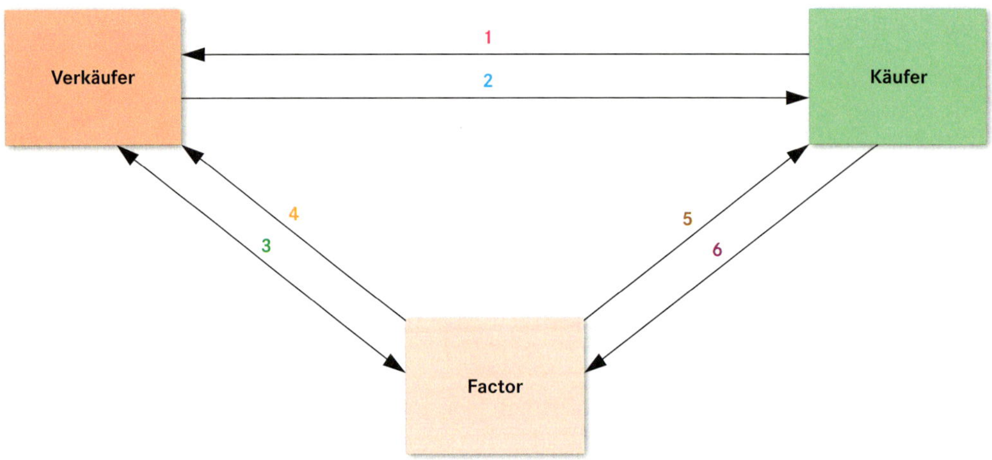

1 Käufer und Verkäufer schließen einen Kaufvertrag über die Lieferung einer Ware oder Dienstleistung.

2 Verkäufer liefert dem Käufer die vereinbarte Leistung.

3 Verkäufer und Factor schließen einen Factoringvertrag über den Verkauf der Forderung vor der Fälligkeit.

4 Factor zahlt dem Verkäufer den ausstehenden Forderungsbetrag abzüglich der Gebühren und Zinsen.

5 Factor erhebt Forderung gegenüber dem Käufer.

6 Käufer bezahlt die Forderung zum Zeitpunkt der Fälligkeit an den Factor.

Factoringfunktionen

- **Dienstleistungsfunktion:**

  Der Factor übernimmt die notwendigen Buchhaltungsarbeiten, das Inkasso- und Mahnwesen sowie eventuelle Sonderleistungen (z. B. statistische Erhebungen und Auswertungen).

- **Delkrederefunktion** (Kreditversicherungsfunktion):

  Der Factor übernimmt das Risiko der Zahlungsunfähigkeit des Käufers und die damit entstehenden Kosten.

- **Finanzierungsfunktion:**

  Der Factor-Kunde sichert sich durch die Zahlungen des Factors hohe Liquidität und kann somit Lieferantenkredite refinanzieren. Durch den frühzeitigen Zahlungseingang kann er Skontoabzug bei seinem Lieferanten ausnutzen.

Begriff

Als **Beschaffung im weiteren Sinne** können alle Tätigkeiten des Unternehmens bezeichnet werden, die dazu dienen, die Mittel zu erhalten, die zur Leistungserstellung notwendig sind. Dies können neben Betriebsmitteln alle zu beschaffenden Materialien, das Personal und das notwendige Kapital sein. Bei der **Beschaffung im engeren Sinne** betrachtet man dagegen nur die zu beschaffenden Roh-, Hilfs- und Betriebsstoffe, die notwendigen Teile und ergänzende Dienstleistungen.

Beschaffungsprozess

48

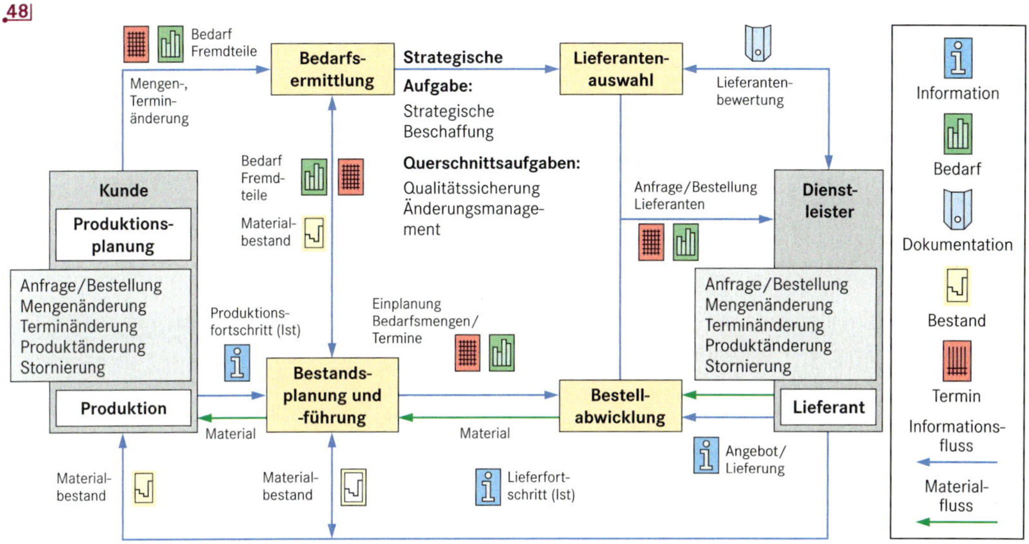

Der Beschaffungsprozess kann nicht losgelöst von anderen unternehmensbezogenen Teilprozessen, wie z. B. dem Produktions- und Absatzprozess, betrachtet werden. Die Prozessbetrachtung geht prinzipiell davon aus, dass alle unternehmensbezogenen Teilprozesse letztendlich von den Kundenanforderungen oder -wünschen abhängig sind (siehe auch Marketing S. 339 f.)

Beschaffungsorganisation

Überblick

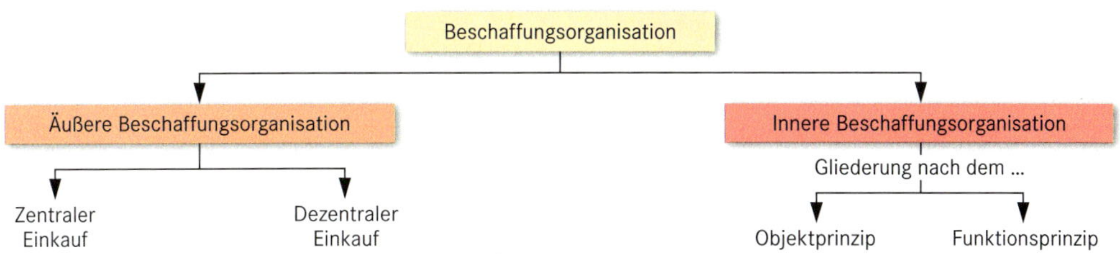

Äußere Beschaffungsorganisation

Vom **zentralen Einkauf** wird gesprochen, wenn eine Stelle alle zu beschaffenden Güter und Dienstleistungen beschafft. Als **Vorteile** können z. B. günstigere Einkaufskonditionen und organisatorische Vereinfachungen gerade im Hinblick auf Terminplanung und -überwachung genannt werden. Als **Nachteile** werden vor allem die Bürokratisierung des Einkaufs und der damit verbundene Kostenaspekt angesehen. Beim **dezentralen Einkauf** können unterschiedliche Unternehmensteile (z. B. Abteilungen) den Einkauf getrennt vornehmen oder der Einkauf wird jeweils für bestimmte Produktgruppen gebündelt.

Innere Beschaffungsorganisation

Wird die Beschaffungsorganisation auf Objekte, z. B. auf bestimmte Materialien, ausgerichtet, ist ein Mitarbeiter für alle entsprechenden Beschaffungstätigkeiten zuständig. Wird die Beschaffungsorganisation dagegen auf **Funktionen** (oder Verrichtungen) ausgerichtet, ist ein Mitarbeiter jeweils nur für eine bestimmte Beschaffungstätigkeit, z. B. die Lieferantenauswahl, zuständig – aber für alle Materialien (siehe dazu auch S. 45).

Begriff und Zielsetzung

Die **Beschaffungslogistik** befasst sich mit der **Planung, Steuerung** und **Kontrolle** von **Material-** und **Informationsflüssen** zwischen dem Unternehmen und seinen **Lieferanten** und den so genannten **Logistikdienstleistern** (z. B. Transportunternehmen).

Als Teil der gesamten Logistik von Unternehmen muss die Beschaffungslogistik im Rahmen des Beschaffungsprozesses Güter und Informationen

- in der richtigen Menge,
- zum richtigen Zeitpunkt,
- in der notwendigen Qualität,
- am richtigen Ort,
- zu möglichst geringen Kosten

beschaffen.

Aufgabenbereiche

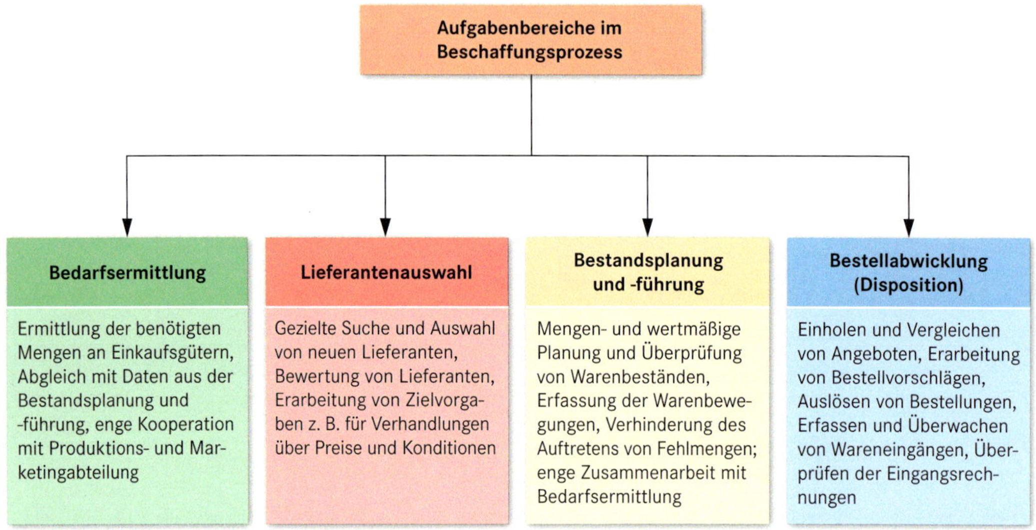

Logistiksoftware

Um die so genannte **Logistikkette (Supply Chain)** im Hinblick auf die Faktoren **Qualität**, **Zeit** und **Kosten** zu optimieren, wird mithilfe spezieller Software eng mit Lieferanten und Logistikdienstleistern zusammengearbeitet (siehe zu Supply Chain Management S. 397). Die notwendigen Informationen (z. B. Übermittlung von Bestelldaten, sofortiger Zugriff auf Liefer- und Transporttermine) können somit zeitgleich von allen Beteiligten genutzt werden. Wird bei Beschaffungsaktivitäten das Internet genutzt (z. B. mithilfe von elektronischen Marktplätzen), spricht man vom **E-Procurement** (siehe zum E-Commerce S. 396).

Fragen der optimalen Lagerhaltung (z. B. Nutzung von Eigen- oder Fremdlagern) werden von der **Lagerlogistik** beantwortet (siehe zur Lagerhaltung S. 400).

Einsparung von Lagerkosten

Um Lagerkosten im Rahmen des Beschaffungsprozesses zu minimieren oder sogar gänzlich einzusparen, werden verschiedene Konzepte genutzt. Die beiden bekanntesten sind das **Just-in-time-Konzept** und die Nutzung von **Konsignationslagern**.

Just-in-time-Konzept

Inhalt des Konzepts ist die Überlegung, dass Lagerkosten im Unternehmen eingespart werden können, wenn die Zulieferer die zur Produktion benötigten Materialien in der notwendigen Menge genau zum Zeitpunkt des Produktionsbeginns anliefern. Bei dieser produktionssynchronen Logistik werden praktisch die Lagerkosten des Produktionsunternehmens auf die Zuliefererbetriebe in Form von Transport- und Lagerkosten abgewälzt. Kritik wird an diesem Konzept vor allem aus ökologischer Sicht geübt, da die Anzahl von Transportfahrten – zum Beispiel per Lkw – dadurch häufig zugenommen hat.

Konsignationslager

Unter einem Konsignationslager versteht man ein produktionsnahes Lager des Zulieferers beim Abnehmer (Produktionsunternehmen), das auf Kosten des Zulieferers betrieben wird. Erst bei Entnahme der Waren entstehen dem Abnehmer Kosten. Da dem Zulieferer dadurch hohe Kosten für Einrichtung und Führung des Lagers entstehen, sind meist langfristige Lieferbeziehungen Voraussetzung.

Beschaffungsplanung 50

Beschaffungsplanung

Beschaffungsplanung	Beispiele:
Materialplanung Was soll bestellt werden?	Welche Art von Soundkarte soll beschafft werden?
Mengenplanung Wie viel soll bestellt werden?	Soll zunächst nur eine Probemenge bestellt werden?
Zeitplanung Wann soll bestellt werden?	Soll sofort oder zu einem späteren Zeitpunkt bestellt werden?
Preisplanung Wie hoch darf der maximal akzeptierbare Einkaufspreis sein?	Kann der Einkaufspreis von . . . EUR unterschritten werden?
Bezugsquellenplanung Wo soll bestellt werden?	Soll bei einem Lieferanten bestellt werden, dessen Standort in der Nähe ist, oder bei dem, der die größte Sortimentstiefe hat?

Ökologie im Rahmen der Beschaffungsplanung 51

Ökologische Gesichtspunkte der Beschaffungspolitik eines Unternehmens

Ökologische Gesichtspunkte	Beispiele:
Reduzierung des Verpackungsaufwandes bei einzukaufenden Produkten	■ Recyclingfähiges Verpackungsmaterial ■ Mehrwegverpackungen
Reduzierung des Transportaufwandes bei einzukaufenden Produkten	■ Verringerung der Entfernung zum Lieferanten ■ Einkauf von Großmengen
Beachtung von Kundenwünschen im Hinblick auf umweltfreundliche Produktionsweise und ökologische Materialien	■ Vermeidung/Verringerung von Schadstoffemissionen bei der Herstellung der Produkte ■ Herstellung recyclingfähiger Produkte
Beachtung staatlicher Auflagen bei Beschaffungstätigkeiten	■ Klärung von Entsorgungsfragen bei Einkaufsverhandlungen ■ Einhaltung gesetzlicher Bestimmungen

Auswirkungen

ökonomisch
- Einsparung/Erhöhung betriebswirtschaftlicher Kosten
- Einsparung volkswirtschaftlicher Folgekosten

ökologisch

Verbesserung der Umweltqualität (z. B. durch Verringerung der Luft-, Wasser- und Bodenbelastung, Einsparung von Rohstoffen)

Anfrage
Enquiry

52

Betriebswirtschaftliche und rechtliche Bedeutung der Anfrage	Aufbau und Inhalt einer Anfrage
Eine Anfrage dient der Geschäftsanbahnung und Information und ist **unverbindlich**. **Allgemeine Anfrage:** Bitte um Zusendung von allgemeinem Informationsmaterial (z. B. Katalog), gegebenenfalls mit Mustern. **Spezielle Frage:** Bitte um spezielle Informationen über die Lieferung von bestimmten Artikeln, ggf. mit Mustern.	1. Grund der Anfrage 2. Nennen der gewünschten Ware 3. Angabe der erforderlichen Menge 4. Erfragen der Preise, Lieferungs- und Zahlungsbedingungen 5. Hinweis auf gewünschten Liefertermin

Textbausteine zur Anfrage

53

Anfrage

Aufbau und Inhalt	Formulierungvorschläge
1. Grund der Anfrage	Ihre Erzeugnisse sind uns von einem anderen Unternehmen empfohlen worden. Wir werden in nächster Zeit mehrfach Bedarf an ...... haben und bitten um ein Angebot. Wir haben Ihre Anzeige in der Fachzeitschrift ...... vom ...... gelesen und bitten um ein Angebot über: ......
2. Nennen der gewünschten Ware	Wir erwarten ein ausführliches Angebot über: ...... Wir interessieren uns für ...... Für eine Sonderaktion benötigen wir ......
3. Angabe der erforderlichen Menge	Wir benötigen ...... Stück. Beachten Sie bitte, dass für unser Unternehmen nur große Mengen in Frage kommen.
4. Erfragen der Preise, Lieferungs- und Zahlungsbedingungen	Bitte schreiben Sie uns, ob Sie die Artikel ...... in der erforderlichen Menge binnen ...... Tagen liefern können. Informieren Sie uns auch über Ihre Lieferungs- und Zahlungsbedingungen.
5. Hinweis auf gewünschten Liefertermin	Wir benötigen die Ware bis zum ...... Die Artikel müssen in der ...... Kalenderwoche geliefert werden.

DIN 5008: Erstellung von Geschäftsbriefen
DIN 5008: Creation of Business Letters

54

Geschäftsbriefe sollten formgerecht nach den Vorgaben der DIN 5008 erstellt werden:

① Der **Briefkopf** enthält die Firma des Absenders, häufig wird zusätzlich ein werbewirksames Firmenlogo hinzugefügt.

② Oberhalb des Anschriftfeldes erscheint die **Postanschrift des Absenders**.

③ Inhalte des neunzeiligen **Anschriftfeldes**:
- In den ersten drei Zeilen, der so genannten **Zusatz**- und **Vermerkzone**, werden – soweit notwendig – postalische Vermerke, z. B. die Versendungsform („Einschreiben") genannt.
- Es folgt die sechszeilige **Anschriftzone**, in der mit der Empfängerbezeichnung begonnen wird.
- Unter der Empfängerbezeichnung folgen Postfach oder Straße und Hausnummer; die Postfachnummer ist von rechts beginnend zweistellig zu gliedern.
- Unmittelbar darunter werden Postleitzahl und Bestimmungsort genannt; bei Auslandsanschriften werden Bestimmungsort und -land in Großbuchstaben geschrieben.

④ Inhalte der **Bezugszeichenzeile**:
- In Kurzform Zeichen (in der Regel Buchstaben), die zur Identifizierung des Schreibenden dienen („Ihr Zeichen" bzw. „Unser Zeichen");
- Daten des vorangegangenen Schriftverkehrs („Ihre Nachricht vom" bzw. „Unsere Nachricht vom");
- Telefonnummer (funktionsbezogen gegliedert, z. B.: 0531 12345);
- Absendedatum in numerischer (z. B.: 2013-10-04) oder alphanumerischer Schreibung (z. B.: 4. Oktober 2013).

Neben der Bezugszeichenzeile können weitere Kommunikationsangaben in einer **Kommunikationszeile rechts neben dem Anschriftfeld** genannt werden. Möglich ist auch ein eigenständiger **Informationsblock** (siehe S. 374) rechts neben dem Anschriftfeld.

⑤ Nach zwei Leerzeilen folgt der **Betreff**, der den Inhalt des Briefes in Kurzform nennt, um z. B. die Postverteilung in der Poststelle von Großunternehmen zu beschleunigen. Der Betreff wird in der Regel in Fettdruck geschrieben.

⑥ Nach zwei Leerzeilen wird die **Anrede** formuliert, die in der Regel mit einem Komma schließt.

⑦ Nach einer Leerzeile beginnt der eigentliche **Brieftext**. Längere Textteile sind sinnvoll durch Absätze zu untergliedern. Nach jedem Absatz ist eine Leerzeile einzuplanen.

⑧ Nach einer Leerzeile erscheint die **Grußformel**, die stets mit einem Großbuchstaben beginnt.

⑨ Nach einer Leerzeile wird die **Firma des Absenders** genannt. Darunter ist Platz für die handschriftliche Unterschrift des Unterzeichners zu lassen, eventuell erfolgt zusätzlich eine maschinenschriftliche Namenswiedergabe des Unterzeichners.

⑩ In Fettdruck erscheinen in der Regel **Anlagen**- bzw. **Verteilervermerke**.

⑪ Der **Brieffuß** enthält in vorgedruckter Form **Geschäftsangaben** des Absenders (vgl. § 37a bzw. § 125 a HGB).

①

BELLHEIM-BÜROSERVICE GMBH

Haberstraße
12055 Berlin

② Bellheim-BüroService GmbH · Postfach 13 31 · 12055 Berlin
.
.
Einschreiben
OfficeCom AG
③ Frau Petra Glahn
Hansestraße 120
38112 Braunschweig
.
.

Ihr Zeichen, Ihre Nachricht von	Unsere Zeichen, unsere Nachricht von	☎ 030 2537- Apparat	Berlin
④ gl-bi 20..-09-11	me-be	3467	20..-10-03

.
.
⑤ **2. Mahnung**
.
.
⑥ Sehr geehrte Frau Glahn,
.
⑦ xxxxxxxxxxxxxxxxxxxxxxxxxxxxxxxxxxxxxxxxxxxxxxxxxxxxxxxxxxxxxxxxxxx
xxxxxxxxxxxxxxxxxxxxxxxxxxxxxxxxxxxxxxxxxxxxxxxx.
.
xxxxxxxxxxxxxxxxxxxxxxxxxxxxxxxxxxxxxxxxxxxxxxxxxxxxxxxxxxxxxxxxxxx
xxxxxxxxxxxxxxxxxxxxxxxxxxxxxxxxxxxxxxxxxxxxxxxxxxxxxxxxxxxxxxxxxxx
xxxxxxxxxxxxxxxxxxxxxxxxxxxx.
.
xxxxxxxxxxxxxxxxxxxxxxxxxxxxxxxxxxxxxxxxxxxxxxxxxxxxxxxxxxxx
xxxxxxxxxxxxxxxxxxxxxxxxxxxxxxxxxxxxxxxxxxxxxxxxxxxx.
.
xxxxxxxxxxxxxxxxxxxxxxxxxxxxxxxxxxxxxxxxxxxxxxxxxxxxxxxxxxxxxxxxxxx
xxxxxxxxxxxxxxxxxxxxxxxxxxxxxxxxxxxxxx.
.
⑧ Mit freundlichen Grüßen
.
⑨ Bellheim-BüroService GmbH
.
ppa.
.
Siegfried Merkel
.
⑩ **Anlage**

⑪ Bellheim-BüroService GmbH Haberstraße 8 12057 Berlin	Telefon: 030 23537-0 Telefax: 030 23537-99 Internet: www.bellheim.de	BÄR-Bank Berlin BLZ 100 347 11 Konto-Nr. 1234 056 IBAN: DE 16100347110001234056 BIC: BAERDEBEXXX	Geschäftsführerin: Ulrike Jürgens Berlin HRB 56 894 Steuer-Nr. 15/610/27233 USt-IdNr. DE 811 918 273

Kommunikationsangaben: Überblick

Die Kommunikationsangaben auf Geschäftsbriefen (z. B. Telefonnummer oder E-Mail-Adresse) haben den Zweck, sofort mit dem Geschäftspartner in Verbindung treten zu können, zum Beispiel durch das Schreiben eines Antwortbriefes oder durch das Versenden eines Telefaxes. Die notwendigen Angaben dazu stehen z. B. in der **Bezugszeichenzeile** (siehe S. 373) oder im **Brieffuß** (siehe S. 373). Sollte der dort zur Verfügung stehende Raum nicht ausreichen, um alle notwendigen Kommunikationsangaben einzufügen, empfiehlt die DIN 5008, rechts neben dem Anschriftfeld entweder eine sogenannte **Kommunikationszeile** oder einen **Informationsblock** einzusetzen.

Kommunikationszeile

Die **beiden Leitwörter** der **Kommunikationszeile**, z. B. Telefax und E-Mail, stehen rechts neben dem Anschriftfeld 125 mm von der linken Blattkante entfernt. Die unter den Leitwörtern eingetragenen Kommunikationsangaben (z. B. Telefaxnummer) stimmen in ihrer Höhe mit der letzten Zeile des neunzeiligen Anschriftfeldes überein:

	Telefax	**E-Mail**
9	0531 771-463	kunzekg@t-online.de

Informationsblock

Statt der Bezugszeichenzeile wird bei Geschäftsbriefen immer mehr der sogenannte **Informationsblock** gewählt, der es ermöglicht, **mehr Kommunikationsangaben** als in der Bezugszeichenzeile unterzubringen. Dieser Informationsblock erscheint rechts neben dem Anschriftfeld 125 mm von der linken Blattkante entfernt. Die erste Kommunikationsangabe steht in der Höhe der ersten Zeile des Anschriftfeldes:

1	**Ihr Zeichen**: lw-mu
2	**Ihre Nachricht vom:** 2013-08-11
3	**Unser Zeichen:** kr-bs
4	**Unsere Nachricht vom:** 2013-08-04
5	
6	**Name:** Frau von Lieres und Wilkau
7	**Telefon:** 0711 124-871
8	**Mobil:** 0170 713972
9	**Telefax:** 0711 124-890
	E-Mail: inselwall@t-online.de
	Datum: 2013-08-14

E-Mail

Eine **geschäftliche E-Mail** besteht aus:

- **E-Mail-Kopf** (E-Mail-Adresse, Verteiler, Betreff)
- **Text mit Anrede** (Die Anrede wird vom folgenden Text durch eine Leerzeile getrennt.)
- **Abschluss** (meist in Form eines elektronischen Textbausteins zugesteuert, enthällt Grußformel, Kommunikations- und Geschäftsangaben)

Eine geschäftliche E-Mail unterliegt denselben gesetzlichen Vorschriften wie ein Geschäftsbrief, d. h., es müssen am Ende einer E-Mail die notwendigen **Kommunikationsangaben** sowie der jeweiligen Rechtsform entsprechende **Geschäftsangaben** gemacht werden:

Telefon: +49 453 996-583
Telefax: +49 436 996-5689
E-Mail: martin.mueller@westermann.de
Internet: www.westermann.de

Bildungshaus Schulbuchverlage Westermann Schroedel
Diesterweg Schöningh Winklers GmbH
Georg-Westermann-Allee 66
38104 Braunschweig
Geschäftsführer: Ulrike Jürgens, Thomas Michael, Dr. Peter Schell
Amtsgericht Braunschweig - HRB 9572

HERSHAM PAPERS

① **32 VAUX Crescent**
Walton-on-Thames
SURREY KT12 4 HD

② Your ref.: Our ref.: GG
③ 16 March 20-

Messrs Fell & Franklin (Builders)
1 Cottimore Avenue
④ Walton-on-Thames
SURREY
KT12 5FG

⑤ Dear Sirs

⑥ Enquiry

xxxxxxxxxxxxxxxxxxxxxxxxxxxxxxxxxxxxxxxxxxxxxxxxxxxxxx
xxxxxxxxxxxxxxxxxxxxxxxxxxxxxxxxxxxxxxxxxxxxxxxxxxxxxx
xxxxxxxxxxxxxxxxxxxxxxxxxxxxxxxxxxxxxxxxxxxxxxxxxxxxxx
⑦ xxxxxxxxxxxxxxxxxxxxxxxxxxxxxxxxxxxxxxxxxxxxxxxxxxxxxx
xxxxxxxxxxxxxxxxxxxxxxxxxxxxxxxxxxxxxxxxxxxxxxxxxxxxxx
xxxxxxxxxxxxxxxxxxxxxxxxxxxxxxxxxxxxxxxxxxxxxxxxxxxxxx
xxxxxxxxxxxxxxxxxxxxxxxxxxxxxxxxxxxxxxxxxxxxxxxxxxxxxx

⑧ Yours faithfully

⑨ *C. F. Green*

⑩ C. F. Green
Hersham Papers

⑪ Enc.

⑫ 2/4

Hersham Papers Registered Office	32 Vaux Crescent Walton-on-Thames SURREY KT12 4HD	Telephone: 0933224468 Fax: 0933265567	Registered in England No. 2102783

Nach: Hemmer-Hiltenkamp, M., Kavanagh, P., Bentin, M. u. a.: Purchasing.
Practical Business Studies, Braunschweig 1997, S. 21

Layout of the letter

① Letterhead: Briefkopf
② Reference line/code: Bezugszeile
③ Date of the letter: Briefdatum
④ Recipient's/addressee's name and address: Adresse des Empfängers
⑤ Salutation: Anrede
⑥ Subject line: Betreffzeile
⑦ Main body of the letter: Textteil
⑧ Complimentary close: Grußformel
⑨ Signature: Unterschrift
⑩ Sender's name: Name des Absenders
⑪ Enclosures line: Anlagen
⑫ Copies to ...: Verteiler

Salutations		Complimentary closes
Dear Mr Miller	→	Yours sincerely
Dear Mrs Brown	→	Yours sincerely
Dear Sir	→	Yours faithfully
Dear Sirs	→	Yours faithfully
Dear Madam	→	Yours faithfully

Enquiry[1)]

I. The commercial and legal importance of the enquiry
The purpose of an enquiry is to obtain information. It serves to begin a commercial relationship and is without obligation.

Informal enquiry: This is the most common form of enquiry and is used in the retail trade. A person enters a shop and asks about a certain article and its price.

General enquiry: The request for general information and perhaps also samples. You want to know what the company can supply and its prices.

Specific enquiry: In this form of enquiry you ask for detailed information about a specific product including samples.

II. The contents of an enquiry

1. reason for the enquiry
2. description of the goods
3. quantity
4. quality
5. price, discounts, etc.
6. kind of packing
7. time of delivery
8. terms of payment
9. terms of delivery

Offer[2)]

I. The commercial and legal meaning of the offer
An offer can be submitted orally or in writing.
Making an offer the seller expresses his intention to conclude a contract of sale provided that his offer is accepted by the buyer.
In addition to the offer most British companies enclose their general terms of business and sale which become part of the contract when they are sent to the buyer together with the offer and the seller can prove that the buyer has come to know them. Thus the companies have, for example, the possibility to exclude being made responsible for any kind of damage occuring.

Acceptance and cancellation
An offer has to be accepted within a certain time, otherwise it will expire. If there is no time mentioned the seller is supposed to be bound to it for an appropriate period of time. An offer can be cancelled at any time unless it is accepted. The buyer can accept the offer until it expires by being cancelled. The seller has to make sure that the cancellation reaches the customer. On the contrary, the acceptance of the offer by the buyer (order) has only to be posted to be valid and result in the conclusion of a contract of sale.

Exhibited articles
Window-displays or advertisements in news-papers and magazines are no offers; they are only exhibitions/displays addressed to the public, i.e. general information on the product or service.

II. Composition and contents of the offer
1. Reference to the enquiry (solicited offer) or presentation of the company (unsolicited offer)
2. Description of the range of products
3. Quotation of the terms of sale (prices, terms of delivery and payment, (legal) domicile, (cash) discount)
4. Polite final sentence (expressing the hope that the customer will place an order)

[1)] und [2)]: Aus: Hemmer-Hiltenkamp, M., Kavanagh, P., Bentin, M. u. a.: Purchasing. Practical Business Studies, Braunschweig 1997, S. 20[1)] und S. 32[2)]

Verpackungskosten 55

Gesetzliche Regelung:

Die Kosten der **Schutz- und Versandverpackung** sind Kosten der Abnahme. Sie sind vom Käufer zu tragen. Da viele Waren sich nicht ohne Verpackung verkaufen lassen, sind die Kosten der **Verkaufsverpackung** schon im Kaufpreis enthalten. Ist der Kaufpreis nach dem Gewicht der Ware zu berechnen, ist das Verpackungsgewicht abzuziehen.

Wichtig: Bruttogewicht (Ware und Verpackung = Rohgewicht oder Gesamtgewicht)
– Tara (Gewicht der Versandverpackung)
= Nettogewicht (Reingewicht der Ware)

Vertragliche Regelung:

- **Reingewicht einschließlich Verpackung**
  Die Verpackungskosten sind im Preis enthalten, Verpackung wird nicht berechnet. Der Verkäufer trägt die Verpackungskosten.

- **Reingewicht ausschließlich Verpackung**
  Die Verpackungskosten werden zusätzlich berechnet, der Käufer trägt die Verpackungskosten.

  Die Verpackung kann

  a) Eigentum des Käufers werden,

  b) vom Lieferanten dem Käufer leihweise überlassen werden. Bei Rückgabe erfolgt eine Gutschrift der Verpackungskosten entweder ganz oder teilweise.

  Beispiel:

  Holzpaletten, faltbare Alubehälter, Getränkekästen

- **Rohgewicht einschließlich Verpackung**
  (brutto für netto = bfn = b/n) Die Verpackung wird wie Ware berechnet, die Verpackung wird Eigentum des Käufers, der Käufer zahlt die Verpackung.

  Beispiel: Obst und Gemüse in Kisten und Kartons

Lieferzeit 56

Gesetzliche Regelung:

Ist im Angebot keine Regelung über den Zeitpunkt der Lieferung vereinbart worden, kann der Käufer sofortige Lieferung verlangen und der Verkäufer muss sofort liefern.

Vertragliche Regelung:

Es kann eine vertragliche Regelung über die Lieferzeit vereinbart werden. Dann hat der Käufer zwei Möglichkeiten:

- **Terminkauf:**
  Lieferung innerhalb einer bestimmten Frist
  (z. B. Lieferung innerhalb 90 Tagen) oder zu einem bestimmten Zeitpunkt (Termin)

- **Fixkauf:**
  Lieferung zu einem genau festgelegten Zeitpunkt, wobei die Klauseln fest, fix, genau, exakt mit angegeben werden müssen.

Beförderungskosten 57

Verkäufer	Anfuhr und Verladen	**Versandstation**	Transport	**Empfangsstation**	Zufuhr	**Käufer**
Beförderungskosten / Vertragsklauseln	Rollgeld bzw. Hausfracht (Versand)	Beladekosten	Fracht	Entladekosten	Rollgeld bzw. Hausfracht (Empfang)	... übernimmt
1. „ab Werk“ „ab Lager“	———	———	———	**Käufer** ———	———→	... alle Beförderungskosten
2. „unfrei“ „ab hier“ (gesetzliche Regelung lt. BGB)	**Verkäufer** ———→	———	———	**Käufer** ———	———→	... Beförderungskosten ab Versandstelle einschl. Beladekosten
3. „frei Waggon“ „frei Schiff“	**Verkäufer** ———	———→	———	**Käufer** ———	———→	... Beförderungskosten ab Versandstelle ohne Beladekosten
4. „frei“ „frachtfrei“ „frei dort“	**Verkäufer** ———	———	———→	**Käufer** ———	———→	... Beförderungskosten ab Empfangsstelle
5. „frei Haus“ „frei Lager“	**Verkäufer** ———	———	———	———	———→	... keine Beförderungskosten

58

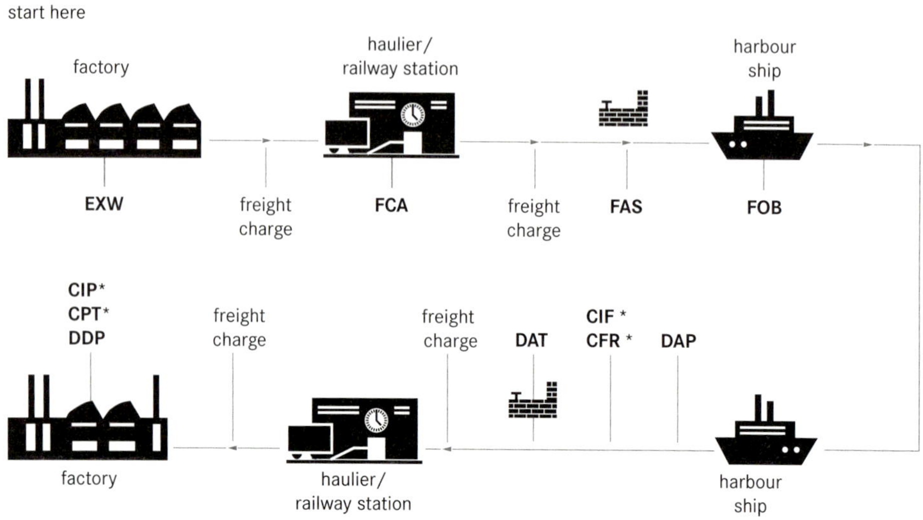

*These incoterms are only shown with regard to the costs. No reference is made to the risks.
[1] valid from 1st of January 2011.

59

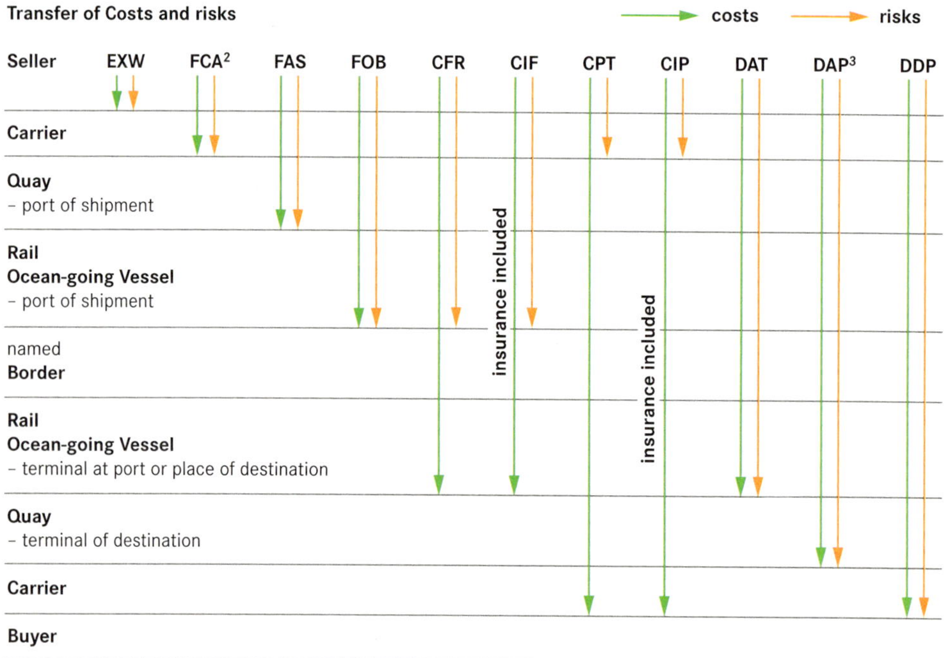

[2] Der bestimmte Ort der Lieferung entscheidet über die Pflichten bei der Be- und Entladung der Ware.
[3] Einfuhrformalitäten sowie Zölle und Abgaben sind vom Käufer zu übernehmen.

Die 11 Klauseln und die notwendigen Ortsangaben:

EXW **Ex W**orks (... benannter Lieferort)
FCA **F**ree **Ca**rrier (... benannter Lieferort)
FAS **F**ree **A**longside **S**hip (... benannter Verschiffungshafen)
FOB **F**ree **O**n **B**oard (... benannter Verschiffungshafen)
CFR **C**ost and **Fr**eight (... benannter Bestimmungshafen)
CIF **C**ost, **I**nsurance and **F**reight (... benannter Bestimmungshafen)
CPT **C**arriage **P**aid **T**o (... benannter Verschiffungshafen)
CIP **C**arriage and **I**nsurance **P**aid To (... benannter Bestimmungsort)
DAT **D**elivered **A**t **T**erminal (... benannter Terminal im Bestimmungshafen/-ort)
DAP **D**elivered **A**t **P**lace (... benannter Bestimmungsort)
DDP **D**elivered **D**uty **P**aid (... benannter Bestimmungsort)

60

Effektivzins bei Skontoausnutzung

Skonto: Gewährung eines Preisnachlasses für eine vorzeitige Bezahlung des Rechnungsbetrages

Beispiel für Effektivzinsberechnung

Wir bekommen von unserem Lieferanten eine Rechnung über 4.220,00 EUR. Die Zahlungsbedingungen lauten: Zahlbar innerhalb 10 Tagen mit 2 % Skonto oder in 30 Tagen ohne Abzug.

Wir bezahlen innerhalb 10 Tagen und ziehen vom Rechnungsbetrag 2 % Skonto ab:

	Rechnungsbetrag	4.220,00 EUR
–	Skonto 2 %	84,40 EUR
	Überweisungsbetrag	4.135,60 EUR

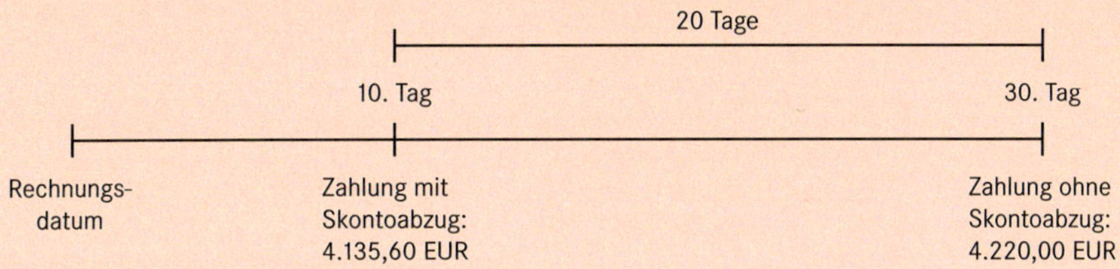

Fragesatz:
Welchem Jahreszins entspricht der Skontoabzug?

Lösung durch Dreisatz: 20 Tage ≙ 2 % Skonto
360 Tage ≙ x % Skonto

Bruchsatz: $x = \frac{2 \cdot 360}{20} = 36$

Antwortsatz:
Erfolgt der Rechnungsausgleich 20 Tage vor Ablauf des Zahlungsziels, entspricht die Ersparnis durch den Skontoabzug einem Jahreszinssatz von 36 %.

Unsere Hausbank berchnet uns für die 20-tägige Überziehung unseres Kontokorrentkontos 12 % p. a. Welche Schlussfolgerung ist daraus zu ziehen?

Lösung durch Vergleichsrechnung:

	Effektivzins bei Skontoausnutzung	: 36 %
–	Überziehungszinssatz	: 12 %
	Differenz in Prozentpunkten	: 24 %

Folgerung

Wenn der Effektivzins bei Skontoausnutzung den Überziehungszinssatz der Bank überschreitet, lohnt es sich, Skonto in Anspruch zu nehmen.

61

Angebotsvergleich: Rabattarten und ihre Funktion

Rabatt: Gewährung eines Preisnachlasses aus unterschiedlichen Gründen, in unterschiedlichen Formen und zu unterschiedlichen Zeitpunkten.

Rabattart	Erklärung	Funktion (Aufgabe)
Mengenrabatt	Der Lieferant gewährt einen Preisnachlass auf die Abnahme größerer Warenmengen; oftmals gestaffelt nach Abnahmemengen.	Anreiz zur Bestellung größerer Warenmengen; Reduzierung von Bestellkosten; Erhöhung der Lagerumschlagshäufigkeit.
Wiederverkäuferrabatt	Der Hersteller gewährt einen Preisnachlass an Abnehmer, die die Ware weiterverkaufen (z. B. an Einzelhändler).	Schaffung von einheitlichen und überschaubaren Kalkulationsgrundlagen für Abnehmer der unterschiedlichen Wirtschaftsstufen; möglichst Durchsetzung einer einheitlichen Preisgestaltung gegenüber Endverbrauchern.
Treuerabatt	Der Lieferant gewährt Stammkunden einen Preisnachlass.	Dauerhafte Bindung von Kunden an das Unternehmen.
Sonderrabatt	Der Verkäufer gewährt einen Preisnachlass bei bestimmten Anlässen (z. B. Geschäftsjubiläum, Messe).	Anlocken von Kunden aus einem besonderen Anlass.
Naturalrabatt	Der Lieferant gewährt einen Preisnachlass in Form von Waren. Entweder liefert der Verkäufer zur bestellten Warenmenge noch Ware kostenlos hinzu (Draufgabe) oder er berechnet nicht die gesamte Lieferung (Dreingabe).	Anreiz zur Bestellung größerer Warenmengen; Reduzierung von Bestellkosten; Erhöhung der Lagerumschlagshäufigkeit.
Bonus	Der Verkäufer gewährt nachträglich einen Preisnachlass, der meistens nach Abschluss des Geschäftsjahres eingeräumt wird, wenn der Abnehmer einen Mindestumsatz erreicht oder überschritten hat.	Anreiz zu höheren Abnahmemengen durch einen insgesamt günstigeren Einkaufspreis; langjährige Bindung von Kunden an das Unternehmen.
Skonto*	Der Lieferant möchte Kunden zur möglichst schnellen Bezahlung von Rechnungen veranlassen.	Anreiz zur Zahlung vor Ablauf des Zahlungsziels; Erhöhung der Liquidität beim Verkäufer.

*Der Skonto wird häufig wegen seiner besonderen Funktion nicht als Rabattart definiert.

Zahlungszeitpunkt
Payment Date

62

Zahlung

vor der Lieferung

Beispiele:
- „Vorauszahlung“
- „Anzahlung der Hälfte des Kaufpreises, bei Lieferung Zahlung des Restbetrages“

bei der Lieferung

Beispiele:
- „gegen bar“
- „gegen Nachnahme“
- „sofort netto Kasse“

nach der Lieferung

Beispiele:
- „3 Monate Ziel“ (Zielkauf)
- „innerhalb 8 Tagen 3 % Skonto oder 30 Tage Ziel“
- Ratenzahlung

Gesetzliche Regelung:
Der Käufer ist verpflichtet die Ware unverzüglich bei Lieferung zu bezahlen.
Die Kosten der Zahlung (z. B. Überweisungsgebühren) muss der Käufer tragen, „Geldschulden sind Schickschulden“.

Angebotsvergleich
Offer Comparison

63

Angebotsvergleich

Ziel

Ermittlung des Lieferanten, bei dem bestellt werden soll

Entscheidungskriterien

Quantitatives Kriterium

Einstandspreis bestimmt durch:
- Listenpreis
- Lieferantenrabatt
- Lieferantenskonto/ Zahlungsziel
- Bezugskosten
  - Verpackungskosten
  - Transportkosten

Es sollte ein möglichst günstiger Einstandspreis erzielt werden.

Qualitatives Kriterium

- Qualität der Ware
- Liefermenge
- Lieferzeit
- Zuverlässigkeit des Lieferanten
- Verhalten des Lieferanten bei Reklamationen
- Kulanz des Lieferanten
- Kundendienst des Lieferanten
- Gewährleistungsbedingungen

Qualitative Gesichtspunkte können das Kriterium des Einstandspreises relativieren.

Beispiel für einen Preisspiegel

Artikel-Nr.: *x*	Artikel: *Laserdrucker*		Datum: *x*	
Lieferant:	*A*		*B*	
Angebot vom:	*x*		*x*	
Bestellmenge:	*15*		*15*	
I. Quantitativer Vergleich:		**EUR**		**EUR**
	pro Stück	Gesamt	pro Stück	Gesamt
Listeneinkaufpreis	*1.290,00*	*19.350,00*	*1.325,00*	*19.875,00*
./. Rabatt	*15 %*	*2.902,50*	*12 %*	*2.385,00*
= Zieleinkaufspreis		*16.447,50*		*17.490,00*
./. Lieferantenskonto	*2 %* *10 Tage*	*328,95*	*3 %* *14 Tage*	*524,70*
= Bareinkaufspreis		*16.118,55*		*16.965,30*
+ Verpackungskosten	–	–	–	–
+ Transportkosten	*frei Haus*		*frei Haus*	
= Einstandspreis	*1.074,57*	*16.118,55*	*1.131,02*	*16.965,30*
II. Qualitativer Vergleich:				
Mindestbestellmenge	–		–	
Lieferzeit	*vier Wochen*		*drei Wochen*	
Kundendienst	*unbekannt*		*gut*	
weitere qualitative Kriterien	*neuer Anbieter*		*stellt zuverlässige und langlebige Geräte her*	
Bestellung bei	*abhängig von der Gewichtung der Kriterien*			

Nutzwertanalyse
Benefit Analysis

Begriff

Lieferantenauswahl auf der Grundlage

- **quantifizierbarer Größen** wie Einkaufspreis, Lieferungs- und Zahlungsbedingungen und
- **qualitativer Aspekte** wie Qualität und Umweltverträglichkeit der Produkte, Kulanzverhalten, Zuverlässigkeit, Kundendienst usw.

Als Entscheidungsgrundlage dient die **Lieferantenmatrix**.

Vorgehensweise

(1) Auswahl der Entscheidungskriterien

(2) Gewichtung der Kriterien in v. H.; je höher die Prozentzahl, desto wichtiger ist das entsprechende Kriterium für den Entscheidungsprozess.

(3) Bewertung der in Frage kommenden Lieferanten anhand der Kriterien (z. B. sehr gut = 5 Punkte; ungenügend = 0 Punkte).

(4) Errechnung der gewichteten Punktewerte durch Multiplikation der Gewichtungsfaktoren mit den vergebenen Punktezahlen.

(5) Addition der gewichteten Punktewerte; der Lieferant mit der höchsten Punktewertsumme erhält den Zuschlag.

Beispiel

Entscheidungskriterien	Gewichtung der Kriterien	Lieferant A		Lieferant B	
		Punkte	gewichtete Punkte	Punkte	gewichtete Punkte
Preis	40 %	5	200	4	160
Qualität	30 %	3	90	5	150
Zuverlässigkeit	20 %	4	80	2	40
Kulanzverhalten	10 %	2	20	3	30
Summe	100 %		390		380

Eigenfertigung oder Fremdbezug
Make or Buy

64

Insourcing/Outsourcing

Unternehmen überlegen prinzipiell, ob sie Güter und Dienstleistungen selbst erstellen oder von anderen Unternehmen beziehen sollen. Entscheidet man sich dafür, bisher im eigenen Unternehmen erstellte Leistungen von anderen erstellen zu lassen, spricht man von **Outsourcing**. Umgekehrt bedeutet die Erstellung bisher fremder Leistungen in eigener Regie **Insourcing**.

Einflussgrößen

- Kosten
- Sicherheit (Unabhängigkeit vom Lieferanten)
- betriebliche Einflussnahme auf die Endleistung (z. B. Produktqualität, Kundenservice)
- ökologische Aspekte (z. B. Entsorgung)
- organisatorischer Aufwand
- Qualifikation des Personals

Kostenvergleich

Werden nur die Kosten als Entscheidungsgrundlage herangezogen, könnte sich ergeben, dass ab einer bestimmten Menge **(kritische Menge)** die Eigenfertigung günstiger ist als der Fremdbezug (Fixkostendegression durch Auslastung der teueren Maschinen).

Beispiel:
Das Unternehmen kann ein Einbauteil, das es bisher selbst gefertigt hat, auch von einem Lieferanten beziehen:

Kosten der **Eigenfertigung**:
K_f = 12.000 €; k_v = 20 €
→ K_E = 12.000 + 20 x

Kosten des **Fremdbezugs**:
Bezugspreis: 50 €
→ K_F = 50 x

Bei der Entscheidung „Eigenfertigung oder Fremdbezug" spielen neben den Kosten auch die übrigen Einflussgrößen und deren Gewichtung eine Rolle.

Die **kritische Menge** ist die Menge, bei der die Kosten von Eigenfertigung und Fremdbezug gleich hoch sind und bei der langfristig über die Beschaffungsalternative entschieden werden muss.

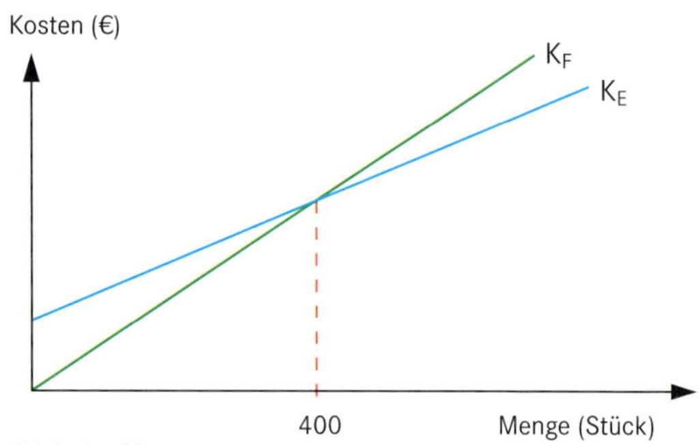

Kritische Menge:
12.000 + 20 x = 50 x
x = 400

Begriff	Bedeutung
Die ABC-Analyse ist ein Verfahren, das der wirtschaftlichen Bewertung der zu beschaffenden und zu lagernden Werkstoffe und damit der Wirtschaftlichkeitskontrolle dient. Die benötigten Werkstoffe werden in A-Güter, B-Güter und C-Güter klassifiziert. ▪ **A-Güter** haben einen hohen Wertanteil, aber einen geringen Mengenanteil am Gesamtverbrauch aller Werkstoffe. ▪ **B-Güter** haben einen mittleren Wert- und Mengenanteil am Gesamtverbrauch der Werkstoffe. ▪ **C-Güter** haben einen geringen Wertanteil, jedoch einen hohen Mengenanteil am Gesamtverbrauch der Werkstoffe.	Entsprechend ihrer Wichtigkeit, gemessen an ihrem Wertanteil am Gesamtvolumen, werden bei den A-, B- und C-Gütern unterschiedliche **Maßnahmen zur Kostenkontrolle** und -senkung vorgenommen. **A-Güter:** Hoher Beschaffungsaufwand wegen der Höhe des Einsparungspotenzials; Einsatz des gesamten Beschaffungsinstrumentariums wie z. B. Markt- und Nutzwertanalyse bei der Lieferantenauswahl, Einsatz von Bestellverfahren für Bestandsführung und -überwachung, Ermittlung optimaler Bestellmengen, Errechnung von Lagerkennziffern, Aushandeln günstiger Beschaffungskonditionen (Skonti, Rabatte, Boni, Transport- und Verpackungskosten), Entscheiden zwischen Eigenfertigung und Fremdbezug **C-Güter:** Minimierung des Beschaffungsaufwandes; häufig telefonische Bestellungen ohne Angebotsvergleich **B-Güter:** Nehmen eine Mittelstellung ein; gegenüber den A-Gütern verringerter Einsatz der beschaffungspolitischen Instrumente.

Vorgehensweise

- Erfassung des mengenmäßigen Verbrauchs der verschiedenen Werkstoffe
- Berechnung der jeweiligen mengenmäßigen Anteile der Werkstoffe am Gesamtverbrauch
- Ermittlung der Rangfolge der Werkstoffe (Der Werkstoff mit dem höchsten Mengenanteil erhält die Rangziffer 1.)
- Bewertung des mengenmäßigen Verbrauchs mit den Einstandspreisen
- Berechnung der jeweiligen wertmäßigen Anteile der Werkstoffe am Gesamtwert
- Ermittlung der Rangfolge der Werkstoffe (Der Werkstoff mit dem höchsten Wertanteil erhält die Rangziffer 1.)
- **Klassifizierung** der Werkstoffe in A-, B- und C-Güter **entsprechend** ihrem **Wertanteil** am Gesamtwert

Beispiel

Die OfficeCom AG will das Lager für Bauteilkomponenten einer umfangreichen Modellserie (Serie 501) wirtschaftlich optimieren. Zu diesem Zweck wird u. a. für flexible Verbindungselemente eine ABC-Analyse durchgeführt.

Artikelnummer	Verbrauchsmengen			Verbrauchswerte				Artikelgruppe
	Einheiten	Anteil	Rang	Stückpreis	Materialwert	Anteil	Rang	
	Stück	%		€	€	%		
501-01	70	5,9	5	271,00	18.970,00	30,9	2	A
501-05	80	6,8	4	251,00	20.080,00	32,7	1	A
501-03	290	24,6	3	43,00	12.470,00	20,3	3	B
501-02	340	28,8	2	22,00	7.480,00	12,2	4	C
501-04	400	33,9	1	6,00	2.400,00	3,9	5	C
Gesamt	1180	100,0			61.400,00	100,0		

Grafische Darstellung (prozentuale Mengen- und Wertanteile kumuliert)

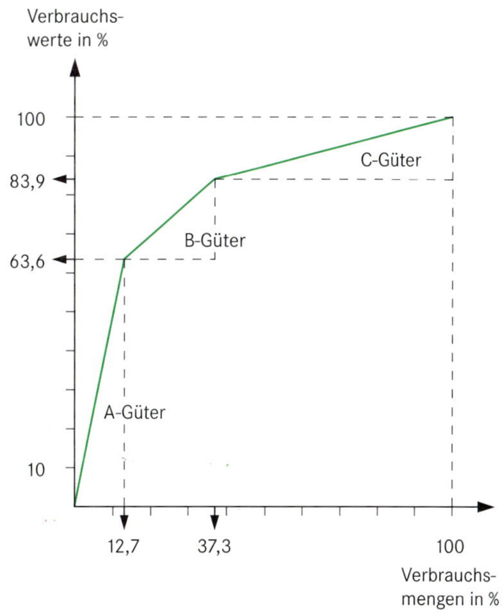

Optimale Bestellmenge

66

Begriff

Bei der Planung der Bestellmengen muss die Einkaufsabteilung eines Betriebes die entstehenden Kosten grundsätzlich möglichst gering halten.
Die optimale Bestellmenge ist die Menge, bei der die Summe aus Lager- und Bestellkosten am geringsten ist.

Zielkonflikt zwischen Lager- und Bestellkosten

- Die Beschaffung größerer Mengen in größeren Zeitabständen verursacht relativ hohe Lagerkosten.
- Die Beschaffung kleinerer Mengen in kleineren Zeitabständen verursacht relativ hohe Bestellkosten.

Beispiel

Die OfficeCom AG ermittelt in der nachstehenden Tabelle die optimale Bestellmenge für den Laserdrucker LD 02, der vor einiger Zeit in das Sortiment aufgenommen wurde, aufgrund folgender Bedingungen:

- Pro Jahr werden aufgrund der Nachfrage 20 000 Laserdrucker benötigt. Eine Bestelleinheit umfasst eine Palette mit 50 Laserdruckern. Im Jahr werden somit 400 Paletten benötigt.
- Unser Lieferant berechnet bei jeder Bestellung unabhängig von der Menge 20,00 € für die Auftragsbearbeitung.
- Die OfficeCom AG kalkuliert – ebenfalls unabhängig von der Bestellmenge – 20,00 € für die Arbeitsvorgänge beim Wareneingang und bei der Rechnungsprüfung ein.
- Eine Palette mit 50 Laserdruckern verursacht während der Lagerdauer durchschnittliche Lagerkosten (anteilige Lagerverwaltungs- und Zinskosten für das in der Ware gebundene Kapital) von 5 €.
- In einem Jahr besteht die Möglichkeit, bis zu sechzehnmal zu bestellen.

Bei der Ermittlung der optimalen Bestellmenge (siehe Tabelle) sind für die OfficeCom AG folgende Fragen zu klären:

a) Bei welcher Bestellhäufigkeit sind die Gesamtkosten am geringsten?
*(hier: bei **8 Bestellungen** pro Jahr = 570,00 € Gesamtkosten)*

b) Wie viele Paletten müssen jeweils bestellt werden, um die Summe aus Lager- und Bestellkosten zu minimieren (optimale Bestellmenge)?
*(hier: **50 Paletten**)*

**Ermittlung der optimalen Bestellmenge
– Laserdrucker LD 02 –**

Mögliche Anzahl der Bestellungen bei unserem Lieferanten pro Jahr	Bestellmenge Palette	Lagerkosten €	Bestellkosten €	Gesamtkosten €
1	400	2.000	40	2.040
2	200	1.000	80	1.080
4	100	500	160	660
5	80	400	200	600
8	**50**	**250**	**320**	**570**
10	40	200	400	600
16	25	125	640	765

Optimale Bestellmenge

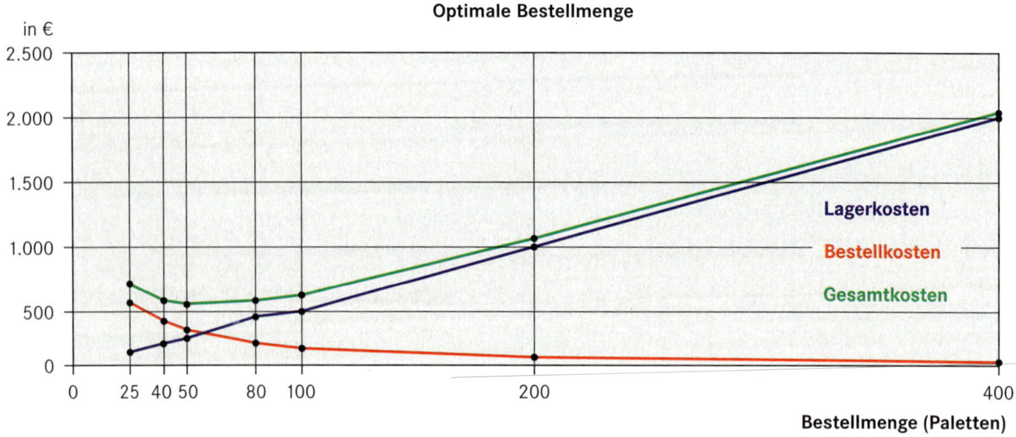

Bestellung
Order

Bestellung

67

Rechtliche Bedeutung

Eine Bestellung ist **verbindlich**, sie kann schriftlich oder mündlich erteilt werden. Bei einer mündlichen Bestellung ist eine sofortige schriftliche Bestätigung empfehlenswert, um Missverständnisse zu vermeiden.

Bestellung aufgrund eines Angebotes:
Ein Kaufvertrag wird abgeschlossen. In der Bestellung wird auf das Angebot Bezug genommen. Es liegen zwei übereinstimmende Willenserklärungen vor.

Bestellung ohne vorheriges Angebot:
Die Bestellung muss konkrete Angaben enthalten.
Sie ist nur für den Auftraggeber/die Auftraggeberin verbindlich, der Lieferant kann ablehnen oder zustimmen. Es liegt nur eine Willenserklärung vor; die zweite erfolgt durch Auftragsbestätigung oder Warenlieferung.

Widerruf:
Der Widerruf muss vor oder gleichzeitig mit der Bestellung eintreffen, z. B. per Telefon oder als Fax.

Aufbau und Inhalt

1. Auf das Angebot, den Katalog, die Preisliste etc. eingehen
2. Art, Preis, Menge und Qualität der Ware angeben
3. Liefertermin und Lieferungsbedingungen nennen
4. Gewünschte Zahlungsweise angeben

Kaufvertrag
Purchase Contract

68

- Bei einem Kaufvertrag handelt es sich um ein zwei- oder mehrseitiges Rechtsgeschäft.
- Willenserklärungen, die im Rahmen eines Kaufvertrages abgegeben werden, heißen **Antrag** und **Annahme**.

I. Verpflichtungsgeschäft

a) Zustandekommen des Kaufvertrages

		Antrag		Annahme	
1. Möglichkeit	Verkäufer	Angebot →	**Kaufvertrag**	← Bestellung	Käufer
2. Möglichkeit	Käufer	Bestellung →	**Kaufvertrag**	← Bestellungsannahme	Verkäufer
3. Möglichkeit	Käufer	Bestellung →	**Kaufvertrag**	← Lieferung	Verkäufer

Das Verpflichtungsgeschäft ist abgeschlossen, wenn zwei übereinstimmende Willenserklärungen vorliegen.

b) Pflichten des Verkäufers und Käufers

Pflichten

des **Verkäufers**

- Die Ware zur rechten Zeit, am richtigen Ort, in der richtigen Art und Weise liefern;
- Eigentum an der Ware übertragen;
- den Kaufpreis annehmen.

des **Käufers**

- Die ordnungsgemäß gelieferte Ware annehmen und prüfen;
- den Kaufpreis vereinbarungsgemäß bezahlen.

II. Erfüllungsgeschäft

Das Erfüllungsgeschäft ist abgeschlossen, wenn Verkäufer und Käufer ihre Pflichten erfüllt haben.
Werden die Pflichten nicht erfüllt, spricht man von **Störungen des Kaufvertrages.**

Kaufvertragsarten: Unterscheidung nach ...

der Art, Güte und Beschaffenheit der Ware

- **Kauf auf Probe**
  Rückgaberecht innerhalb einer vereinbarten Frist (z. B. Rückgabe innerhalb zweier Wochen)
- **Kauf nach Probe**
  Qualität der kostenlosen Probe ist für Folgemenge verbindlich (z. B. Kauf von Sweatshirts aufgrund eines Musters)
- **Kauf zur Probe**
  Kauf einer kleinen Menge zu Testzwecken
- **Gattungskauf**
  Kauf von vertretbarer Ware (nur der Gattung nach bestimmbare Ware, also mehrfach vorhanden), die sich nach Maß, Zahl oder Gewicht bestimmen lässt (z. B. fabrikneue Markenskier)
- **Stückkauf**
  Kauf nicht vertretbarer Ware (einmalig nur vorhanden), z. B. Kauf eines gebrauchten Paar Skier
- **Spezifikationskauf**
  Bei Vertragsabschluss werden nur Art und Menge der Ware bestimmt, die nähere Bestimmung der Ware (z. B. Farbe) erfolgt innerhalb einer vereinbarten Frist (z. B. bei Kauf von Trainingsanzügen: Farbe, Maß, Form)
- **Ramschkauf**
  Kauf der gesamten Warenmenge zu einem Pauschalpreis (z. B. bei einer Insolvenz Pauschalpreis für Gesamtwarenbestand)

dem Zeitpunkt der Zahlung

- **Kauf auf Anzahlung**
  Käufer leistet eine Anzahlung vor der Warenlieferung (z. B. wenn keine zuverlässigen Angaben über die Zahlungsfähigkeit eines neuen Kunden vorliegen)
- **Kauf auf Vorauszahlung**
  Käufer zahlt Ware vor der Lieferung (z. B. bei Sonderanfertigung)
- **Barkauf**
  Käufer zahlt Ware bei Übergabe (z. B. Wocheneinkauf in einem Supermarkt)
- **Zielkauf**
  Käufer zahlt nach der Lieferung (z. B. vereinbartes Zahlungsziel 30 Tage)
- **Ratenkauf**
  Käufer zahlt in mehreren Raten

der rechtlichen Stellung der Vertragspartner

- **Verbrauchsgüterkauf**
  Endverbraucher kauft Ware vom Unternehmer, laut § 476 ff. BGB gilt die **Beweislastumkehr**. (Tritt in den ersten 6 Monaten nach Kauf ein Sachmangel auf, wird davon ausgegangen, dass er schon bei Lieferung bestand. Der Verkäufer hat die Ware zurückzunehmen. Nach Ablauf von 6 Monaten liegt die Beweislast beim Käufer.)
- **Bürgerlicher Kauf**
  Beide Vertragspartner sind Privatpersonen (z. B. Wolfgang kauft das gebrauchte Fahrrad von Kai)
- **Einseitiger Handelskauf**
  Ein Vertragspartner ist Kaufmann laut HGB, der andere Privatperson (z. B. ein Unternehmer kauft in einem Fachgeschäft Handschuhe)
- **Zweiseitiger Handelskauf**
  Beide Vertragspartner sind Kaufleute laut HGB (z. B. die Sports Fashion GmbH kauft Sweatshirts vom Hersteller)

der Lieferzeit

- **Sofortkauf**
  Kauf einer Ware gegen sofortige Zahlung (Zug-um-Zug-Geschäft)
- **Terminkauf**
  Kauf einer Ware und Lieferung innerhalb eines festgelegten Zeitraums oder bis zu einem Zeitpunkt (z. B. „Lieferung binnen 10 Tagen nach Auftragseingang")
- **Fixkauf**
  Kauf einer Ware und Lieferung zu einem genau festgelegten Lieferzeitpunkt (z. B. „fix am 30. Mai"), Liefertermin ist wesentlicher Vertragsbestandteil, d. h., nach Ablauf des Liefertermins hat Lieferung keinen Sinn mehr für Käufer
- **Kauf auf Abruf**
  Kauf einer Ware und Lieferung zu vom Käufer zu bestimmenden Lieferzeitpunkten

dem Ort der Warenübergabe

- **Handkauf**
  Ware wird im Geschäftssitz des Verkäufers gegen Bezahlung dem Käufer übergeben
- **Platzkauf**
  Ware wird an den Geschäftssitz des Käufers gesendet; Käufer und Verkäufer haben Geschäftssitz am selben Ort
- **Versendungskauf**
  Ware wird zum Käufer versendet; Käufer und Verkäufer haben Geschäftssitz an verschiedenen Orten

Erfüllungsort
Place of Fulfilment

Begriff

Der Erfüllungsort ist der Ort, an dem der Verkäufer die Ware liefert bzw. der Käufer die Ware bezahlt. Der Erfüllungsort kann vertraglich festgelegt werden.
Geschieht dies nicht, gilt die gesetzliche Regelung:
Der Erfüllungsort ist der Wohn- bzw. Geschäftssitz des Waren- bzw. Geldschuldners (§ 269 f. BGB).

Bedeutung

Am Erfüllungsort geht die Gefahr im Rahmen der Warenlieferung auf den Käufer über (z. B. bei Sachbeschädigung). Geldschulden sind Schick- oder Bringschulden, daher hat der Käufer das Geld auf seine Gefahr und Kosten an den Wohn- bzw. Firmensitz des Verkäufers zu senden (§ 270 BGB). Der Erfüllungsort bestimmt den Gerichtsstand.

Gerichtsstand
Court of Jurisdiction

Kommt es zwischen Käufer und Verkäufer zu Streitfällen, wird der so genannte Gerichtsstand wichtig, also der Ort, an dem in einem Prozess der Streitfall gerichtlich geklärt wird. Nach der gesetzlichen Regelung ist der Gerichtsstand abhängig vom Wohn- oder Geschäftssitz des jeweiligen Schuldners.

Bei einem Streitwert bis zu 5.000 € ist das Amtsgericht zuständig, bei einem höheren Streitwert das Landgericht. Bei einem zweiseitigen Handelskauf kann der Gerichtsstand vertraglich festgelegt werden.

Gesetz gegen den unlauteren Wettbewerb (UWG)
Law Against Unfair Competition

Begriff

Das UWG soll sowohl die **Unternehmen** als auch die **Verbraucher** vor unlauterem Wettbewerb schützen, d. h. vor Aktivitäten bewahren, die nicht einem fairen Wettbewerb zwischen den Marktteilnehmern entsprechen. § 3 UWG (so genannte **Generalklausel**) bestimmt, dass **unlautere geschäftliche Handlungen unzulässig** sind, die die Interessen der Marktteilnehmer spürbar beeinträchtigen. Wer dieser Vorschrift **vorsätzlich** oder **fahrlässig** zuwiderhandelt, ist den Mitbewerbern laut § 9 UWG zum **Ersatz des** daraus entstehenden **Schadens** verpflichtet.

Beispiele unlauteren Wettbewerbs

Unlauter im Sinne von § 4 UWG handelt, wer z. B.

1. Geschäftliche Handlungen vornimmt, die die **Entscheidungsfreiheit** von Marktteilnehmern durch Ausübung von **Druck** oder in **menschenverachtender Weise** beeinträchtigt;
2. Geschäftliche Handlungen vornimmt, die die geschäftliche **Unerfahrenheit** insbesondere von **Kindern** oder **Jugendlichen** ausnutzt;
3. die Teilnahme von Verbrauchern an einem **Preisausschreiben** oder **Gewinnspiel** von dem Erwerb einer Ware oder der Inanspruchnahme einer Dienstleistung abhängig macht;
4. die Kennzeichen, Waren, Dienstleistungen oder persönliche oder geschäftliche Verhältnisse eines Mitbewerbers **herabsetzt** oder **verunglimpft**;
5. **gesetzlichen Vorschriften** zuwiderhandelt.

Irreführende geschäftliche Handlungen

Verboten sind **nicht wahrheitsgemäße** oder **irreführende Aussagen** in der Werbung z. B. über

- die Verfügbarkeit,
- die Art,
- die Ausführung,
- die Zusammensetzung,
- das Verfahren und den Zeitpunkt der Herstellung,
- die Verwendungsmöglichkeiten,
- die Menge,
- die Beschaffenheit,
- die Herkunft der Ware oder Dienstleistung.

In § 5 Absatz 4 UWG wird die sogenannte **Mondpreiswerbung** verboten. Demnach darf nicht mit der Preisherabsetzung geworben werden, wenn der unmittelbar vorher geforderte (höhere) Preis nur für eine unangemessen kurze Zeit verlangt wurde.

Vergleichende Werbung

Verboten ist beispielsweise vergleichende Werbung laut § 6 UWG, wenn der **Vergleich**

- sich nicht auf Waren oder Dienstleistungen für den **gleichen Bedarf** oder **dieselbe Zweckbestimmung** bezieht;
- nicht objektiv auf eine oder mehrere wesentliche, relevante, nachprüfbare oder typische **Eigenschaften** oder den **Preis** dieser Waren oder Dienstleistungen bezogen ist;
- die Waren, Dienstleistungen, Tätigkeiten oder persönlichen oder gesellschaftlichen Verhältnisse eines Mitbewerbers **herabsetzt** oder **verunglimpft**.

Belästigende Werbung

Verboten sind laut § 7 UWG **unzumutbare Belästigungen** z. B. durch **Telefon-** oder **elektronische Werbung** (E-Mail-, SMS-Werbung).

Bei diesen Werbemaßnahmen ist die **vorherige Einwilligung** des Adressaten erforderlich, ein Unterdrücken der Rufnummer des Anrufenden ist unzulässig.

Auch muss ein entsprechender Vermerk auf einem **Briefkasten** (z. B. „Keine Werbung“, „Keine kostenlosen Zeitungen“) respektiert werden.

Begriff

Nach § 305 BGB sind **Allgemeine Geschäftsbedingungen (AGB)** „alle für eine Vielzahl von Verträgen vorformulierten Vertragsbedingungen, die eine Vertragspartei (Verwender) der anderen Vertragspartei bei Abschluss eines Vertrages stellt“.

Der Endverbraucher spricht in diesem Zusammenhang von dem **„Kleingedruckten“**, das sich meist auf der Rückseite von Kaufvertragsformularen befindet. Geregelt werden darin z. B. Erfüllungsort und Gerichtsstand oder die Zahlungsbedingungen.

Merkmale

Allgemeine Geschäftsbedingungen:

- sind **vorformulierte Vertragsbedingungen** (also nicht zwischen Käufer und Verkäufer einzeln ausgehandelte Vertragsbedingungen),
- werden für eine **Vielzahl von Verträgen** „gestellt“, d. h. formuliert,
- können für **einzelne Wirtschaftsbereiche**, z. B. für das Speditionsgewerbe, speziell von den beteiligten Unternehmen ausgearbeitet werden, man spricht dann von den **„zum Handelsbrauch erstarkten AGB“**.

Gründe

Allgemeine Geschäftsbedingungen sind aus dem heutigen Vertragsrecht nicht wegzudenken; man fragt sich, warum sie sich so stark durchgesetzt haben. Die **Gründe** dafür sind:

- **Zeit-** und damit **Kostenersparnis** für die beteiligten Unternehmen. Das einzelne Aushandeln von Vertragsbedingungen würde demgegenüber hohe Personalkosten verursachen.
- Das **Vertragsrisiko** wird für die Vertragspartei **begrenzt**, die die AGB im eigenen Interesse vorformuliert. Häufig akzeptiert die andere Vertragspartei stillschweigend die vorgelegten Allgemeinen Geschäftsbedingungen.
- Die Bestimmungen des BGB zu den AGB **schützen** im besonderen Maße **Endverbraucher**, da bestimmte Sonderbestimmungen im Vertragsrecht für den Verkauf an Endverbraucher gelten.
- Da einzelne AGB-Bestimmungen laut BGB verboten sind (z. B. kurzfristige Preiserhöhungen von bestellter, aber noch nicht ausgelieferter Ware), **schützen** die AGB-Bestimmungen **vor unfairen Vertragsbestimmungen**. Die **Rechtssicherheit** im Wirtschaftsleben wird damit erhöht. Dies unterstützt auch der Inhalt des § 307 BGB, nach dem Bestimmungen in AGB unwirksam sind, wenn sie den Vertragspartner entgegen den Geboten von Treu und Glauben unangemessen benachteiligen.

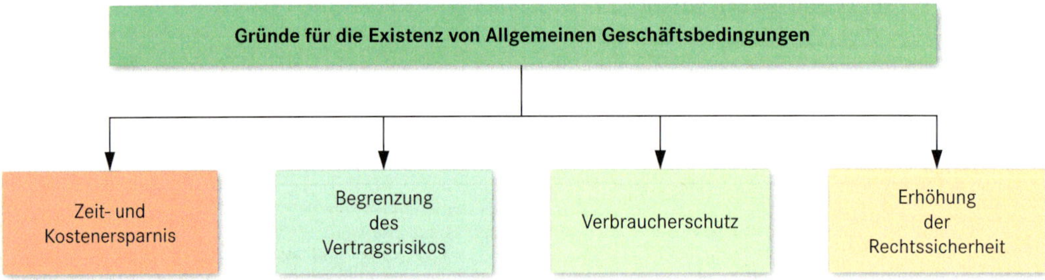

Geltung von Allgemeinen Geschäftsbedingungen

- Häufig werden neben Allgemeinen Geschäftsbedingungen individuelle Vereinbarungen im Vertrag festgehalten, z. B. in Hinsicht auf Lieferungs- und Zahlungsbedingungen. Eventuell widersprechen einzelne Teile der AGB den einzeln ausgehandelten Bedingungen. In diesem Fall gilt der **„Vorrang der Individualabrede“**, d. h., dass einzeln ausgehandelte Vertragsabreden stets Vorrang vor den AGB haben.
- Möglich ist es auch, dass beide Vertragspartner AGB benutzen. Denkbar ist, dass sie sich in einzelnen Punkten **widersprechen**. In diesem Fall tritt an deren Stelle das **gesetzliche Recht** laut BGB.
- Werden völlig ungewöhnliche Vertragsklauseln als AGB benutzt (so genannte **Überraschungsklauseln**), so werden sie rechtlich gesehen nicht Vertragsbestandteil, sind also unwirksam.
- Treten bei der Auslegung von AGB **Zweifel** zwischen den Vertragsparteien auf, gehen sie prinzipiell zulasten des Verwenders, werden also in dieser Hinsicht auch nicht wirksam.

Sonderbestimmungen für den Verkauf an Endverbraucher

Da **Endverbraucher** im Gegensatz zu Unternehmern als besonders **schutzwürdig** gelten, räumt ihnen das BGB im Umgang mit Allgemeinen Geschäftsbedingungen besondere **Rechte** ein, z. B.:

- Endverbraucher müssen **ausdrücklich** auf die Allgemeinen Geschäftsbedingungen hingewiesen werden (z. B. auf der Vorderseite des Vertrages wird auf das „Kleingedruckte" auf der Rückseite hingewiesen). Dieser ausdrückliche Hinweis kann in bestimmten Fällen auch durch einen **deutlich sichtbaren Aushang** am Ort des Vertragsabschlusses umgesetzt werden (z. B. bei der Benutzung von Parkplätzen). Dazu gehört, dass der Vertragspartner in zumutbarer Weise vom Inhalt der AGB Kenntnis nehmen kann und er mit ihnen **einverstanden** ist.
- Nachträgliche **kurzfristige Preiserhöhungen** für bestellte, aber noch nicht ausgelieferte Waren sind innerhalb vier Monaten nach Vertragsabschluss verboten und somit unwirksam.

Als prinzipiell **verboten** und damit unwirksam gelten weiterhin:

- eine **Verkürzung der gesetzlichen Gewährleistungsfrist** im Rahmen der Mängelhaftung,
- das Setzen einer **unangemessen langen Lieferfrist**,
- ein **Ausschluss der Haftung** des Verkäufers bei **grobem Verschulden**,
- der **Ausschluss des Rücktritts vom Vertrag** bei Leistungsstörungen,
- ein **Ausschluss von Kundenrechten** bei Leistungsstörungen (z. B. bei Reklamationsrechten oder beim Lieferungsverzug).

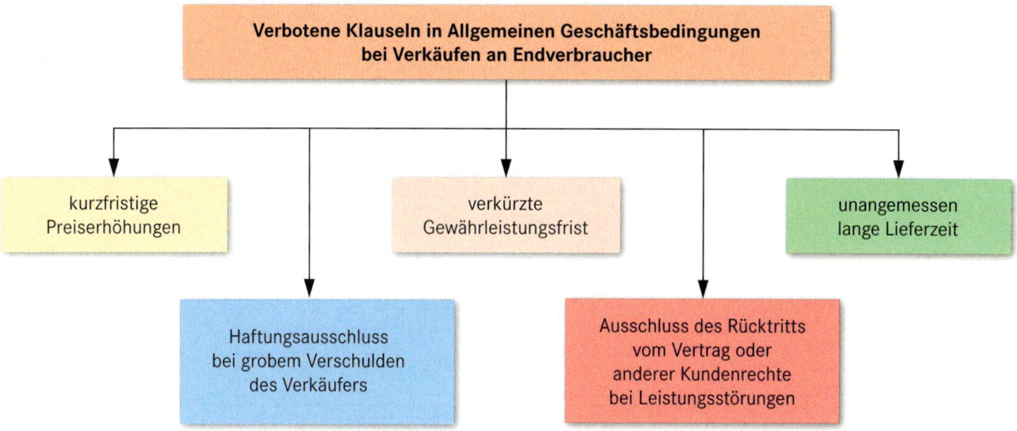

Tipps für Endverbraucher beim Umgang mit Allgemeinen Geschäftsbedingungen

- Vor jedem Vertragsabschluss sollten Allgemeine Geschäftsbedingungen genau und **in Ruhe durchgelesen** werden, für Fragen sollte sich Zeit genommen werden.
- Es ist stets zu prüfen, ob der Käufer auf die Allgemeinen Geschäftsbedingungen **hingewiesen** wurde bzw. ob er sein **Einverständnis** zu den AGB gegeben hat.
- Hat der Endverbraucher bei Allgemeinen Geschäftsbedingungen eines Vertrages das Gefühl, diese wären einseitig zugunsten des Verkäufers formuliert, sollte er sich **fachkundig beraten** lassen, zum Beispiel durch einen Rechtsanwalt oder durch Verbraucherberatungszentralen.
- Hat der Endverbraucher eine besonderes Interesse an einzelnen Vertragsbedingungen (z. B. eine kurze Lieferfrist oder eine bestimmte Zahlungsweise), sollte er diese **Vertragsbestandteile einzeln** mit dem Verkäufer **aushandeln**, denn es gilt der Vorrang der Individualabrede.

Zahlungsformen: Überblick

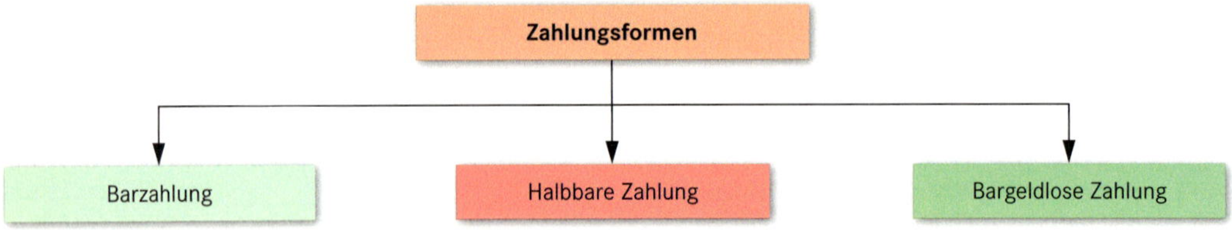

Barzahlung

- Begleichung einer Geldschuld durch **Übergabe** von Münzen oder/und Geldscheinen.
- Befinden sich Zahlungspflichtiger und -empfänger nicht am selben Ort, kann die Geldschuld durch die Deutsche Post AG mithilfe eines versicherten **ExpressBriefes mit Geldinhalt** oder durch die Postbank mittels **„Western Union Bargeldtransfer“** bezahlt werden.

Halbbare Zahlung

- Hat nur der Zahlungspflichtige (Schuldner) ein Konto, so kann er seine Schuld mit einem **Barscheck** bezahlen, den der Zahlungsempfänger (Gläubiger) bei dem bezogenen Kreditinstitut bar einlösen kann.
- Hat nur der Zahlungsempfänger ein Konto, kann der Zahlungspflichtige mithilfe eines **Zahlscheins** den geschuldeten Betrag auf das Konto des Gläubigers einzahlen.

Bargeldlose Zahlung: Überblick

Beim bargeldlosen Zahlungsverkehr verfügen sowohl der Zahlungspflichtige als auch der Zahlungsempfänger über ein Konto.

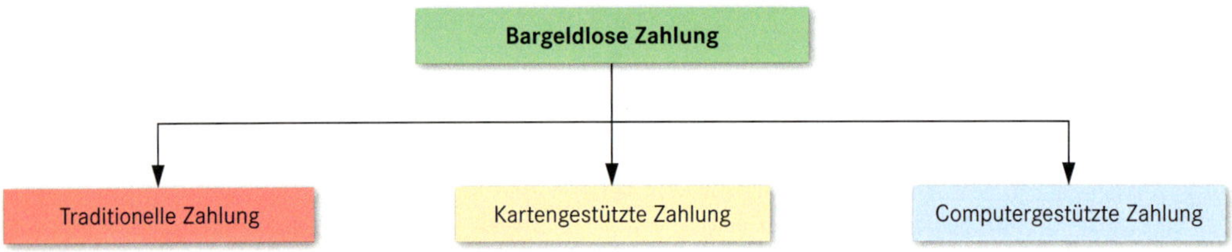

Traditionelle Zahlung

Verrechnungsscheck

- Mithilfe des Verrechnungsschecks weist der Zahlungspflichtige (Aussteller des Schecks) sein Kreditinstitut an, den Scheck bei Vorlage durch den Zahlungsempfänger einzulösen.
- Die Einlösung erfolgt durch Gutschrift auf dem Konto des Zahlungsempfängers.

Beispiel:
Die SCHARFCOMP GMBH kauft beim Autohaus Wagner OHG einen Geschäfts-PKW im Wert von 30.000 € gegen Verrechnungsscheck.

① Übergabe des Verrechnungsschecks
② Vorlage des Verrechnungsschecks zum Einzug
③ Kontogutschrift (zunächst unter Vorbehalt, bis die Hausbank des Scheckausstellers den Scheckbetrag gutschreibt)
④ Weitergabe des Verrechnungsschecks
⑤ Gutschrift des Scheckbetrages
⑥ Lastschrift auf dem Konto des Scheckausstellers

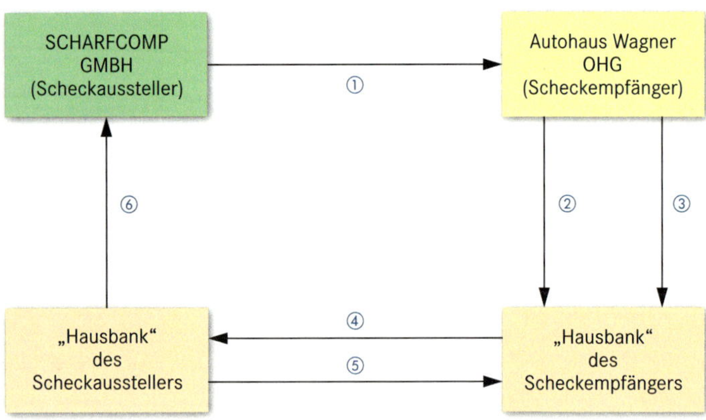

Zahlungsvorgänge
Proceedings in Payment

Überweisung

- Mit einer **Überweisung** beauftragt der Kontoinhaber sein Kreditinstitut, einen bestimmten Geldbetrag von seinem Konto abzubuchen und dem Konto des Empfängers gutschreiben zu lassen.
- Die Überweisung kann auf **verschiedene Weise** erfolgen, nämlich durch Überweisungsformular, Selbstbedienungsterminal in den Geschäftsräumen des Kreditinstituts, fernmündlich (Telefonbanking) und elektronisch (Homebanking).

Folgende **Überweisungsarten** werden unterschieden:

- **Einzelüberweisung:** Ein einzelner Überweisungsauftrag wird erteilt.
- **Sammelüberweisung:** Mehrere Überweisungen an unterschiedliche Zahlungsempfänger werden auf einem Sammelbeleg erfasst: Nur der Gesamtbetrag wird dem Konto des Auftraggebers belastet.
- **Einstufige Überweisung:** Zahlungspflichtiger und -empfänger haben ihre Konten bei demselben Kreditinstitut.
- **Mehrstufige Überweisung:** Zahlungspflichtiger und -empfänger haben ihre Konten bei unterschiedlichen Kreditinstituten. Der Geldbetrag wird über Verrechnungsstellen (Clearingverkehr) von Konto zu Konto geleitet.

Beispiel: Die SCHARFCOMP GMBH bezahlt die Rechnung eines Lieferers durch Banküberweisung.

① Erteilung des Überweisungsauftags

② Belastung des Girokontos

③ Verrechnung (ggfs. über Clearingstelle)

④ Gutschrift auf dem Girokonto

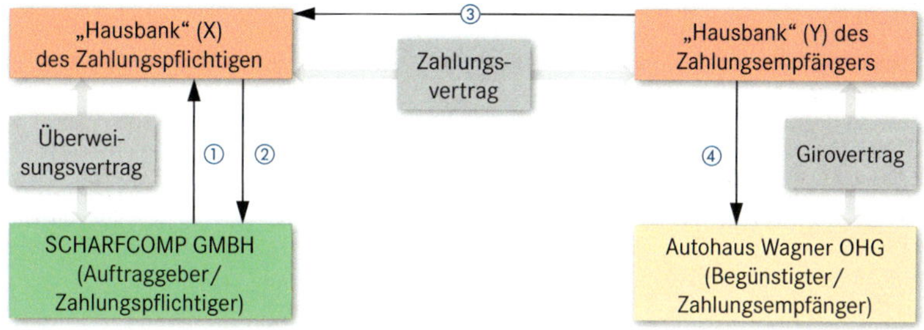

Lastschriftverfahren

- Während bei der Überweisung der Zahlungsvorgang durch den Zahlungspflichtigen ausgelöst wird, geschieht dies beim Lastschriftverfahren
  - nach vorheriger Zustimmung des Zahlungspflichtigen
  - durch den Zahlungsempfänger.
- Bei der Erteilung der Lastschrift (Sonderform der Überweisung) werden zwei Verfahren unterschieden:
  - das Einzugsermächtigungsverfahren,
  - das Abbuchungsauftragsverfahren.

Einzugsermächtigungsverfahren

- Der Zahlungspflichtige **ermächtigt** schriftlich den **Zahlungsempfänger**, fällige Zahlungen von seinem Konto einzuziehen.
- Das **Kreditinstitut** des Zahlungspflichtigen **prüft** die Rechtmäßigkeit einer Zahlung **nicht**.
- Der Zahlungspflichtige hat innerhalb sechs Wochen nach der Belastung seines Kontos ein **Widerrufsrecht**.
- Hauptsächlich bei **häufig wiederkehrenden Zahlungen** wie z. B. Telefongebühren, Zins- und Tilgungszahlungen, Krankenkassenbeiträgen.

Abbuchungsauftragsverfahren

- Der Zahlungspflichtige **ermächtigt** schriftlich **sein Kreditinstitut**, die vorgelegten Lastschriften der von ihm benannten Zahlungsempfänger zu Lasten seines Kontos einzulösen.
- Das **Kreditinstitut** des Zahlunsgpflichtigen **prüft** jede Lastschrift darauf, ob ein Abbuchungsauftrag vorliegt.
- Nach Einlösung der Lastschrift ist ein **Widerspruch nicht** mehr **möglich**.
- Weniger häufig angewandtes Verfahren, das nur in bestimmten Branchen vorkommt, z. B. zwischen Tankstellen und Mineralölkonzernen, Gaststätten und Brauereien.

① A Erteilung Einzugsermächtigung

① B Erteilung Abbuchungsauftrag

② Einreichung Lastschrift

③ Gutschrift (Eingang vorbehalten)

④ Einzug und Verrechnung

⑤ Belastung

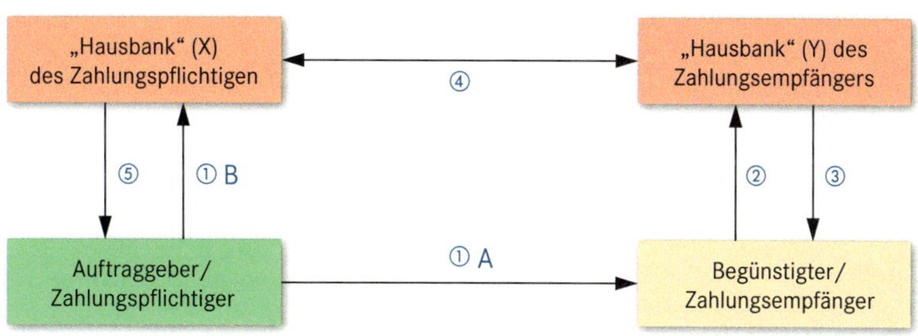

Kartengestützte Zahlung

Kartensysteme Überblick

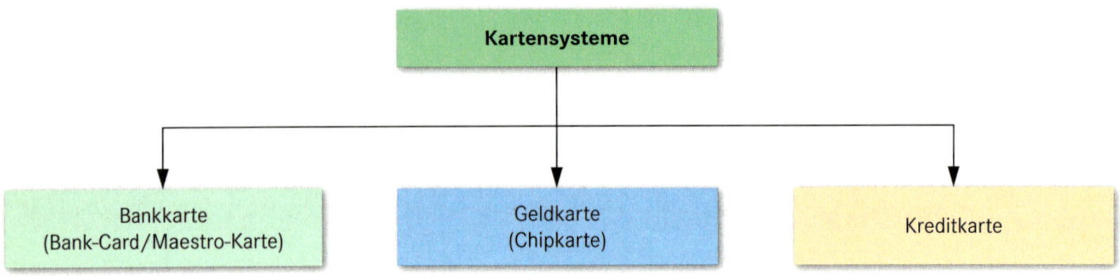

Bankkarte

Die Bankkarte ist **kontogebunden** und hat folgende **Funktionen**:

- Zahlung im electronic cash-system (POS: Point of Sale)
- Zahlung an automatisierten Kassen
- Bargeldbeschaffung an Geldausgabeautomaten
- Nutzung von Kontoauszugsdruckern und Selbstbedienungsterminals

Zahlungsablauf beim **POS-System** (System mit Zahlungsgarantie)*.

- Rechnungsbetrag wird dem Kunden angezeigt
- Einlesen der Bankkarte in das System
- Eingabe und Bestätigung der **PIN** (**P**ersonal **I**dentity **N**umber) löst Autorisierungsanfrage beim Rechenzentrum des bezogenen Kreditinstituts aus. Geprüft werden Richtigkeit der PIN, Echtheit und mögliche Sperrung der Bankkarte, Einhaltung des Verfügungsrahmens.
- Bei positiver Prüfung erfolgt Zahlung durch Gutschrift auf Konto des Zahlungsempfängers und Lastschrift auf Konto des Kunden.

* Der bargeldlose Zahlungsverkehr des EURO-Währungsraumes wird im Rahmen der „**S**ingle **E**uropean **P**ayment **A**rea“ (**SEPA**) für nationale und grenzüberschreitende Zahlungen vereinheitlicht.

Geldkarte

- Die Geldkarte ist eine vorausbezahlte Wertkarte (prepaid-card), die kontoungebunden herausgegeben werden kann (in der Praxis können Bankkarten gleichzeitig als Geldkarten dienen).
- Mithilfe eines „aufladbaren“, als Geldspeicher verwendeten **Chips** kann an entsprechenden Terminals im Handels- und Dienstleistungsbereich bargeldlos bezahlt werden.

Kreditkarte

- Kreditkarten (z. B. VISA, American Express, Diners Club, Master Card) ermöglichen den weltweiten, bargeldlosen Einkauf von Gütern/Dienstleistungen und die Beschaffung von Bargeld gegen Eingabe der PIN.
- Sie werden von Kreditinstituten oder Kreditkarteninstituten nach Prüfung der Kundenbonität mit einer Gültigkeitsdauer von drei Jahren und einem bestimmten Verfügungslimit herausgegeben.
- Die Abrechnung der Umsätze erfolgt monatlich. Nicht durch Guthaben gedeckte Beträge werden dem Kontokorrentkonto des Karteninhabers belastet.

Computergestützte Zahlung (Onlinebanking)

- Unabhängig von Standort und Geschäftszeiten des Kreditinstituts können Überweisungen, Daueraufträge, Lastschriften und andere Bankgeschäfte wie Wertpapieran- und -verkäufe 24 Stunden am Tag weltweit kostengünstig getätigt werden.
- Neben dem Girokonto müssen die technischen **Voraussetzungen** PC mit Modem oder ISDN-Karte, Telefonanschluss und Internetzugang erfüllt sein.
- **PIN-TAN-Verfahren:** Für alle Transaktionen muss das Konto aus Sicherheitsgründen durch Eingabe der **Kontonummer** und der **PIN** freigeschaltet werden. Für jeden Geschäftsfall ist eine andere Transaktionsnummer (**TAN**) einzugeben.
- **HBCI-Verfahren** (**H**ome**b**anking **C**omputer **I**nterface): Kernelement ist die **elektronische Signatur**, die in der Regel auf einer Chipkarte (Voraussetzung: Chipkartenleser) gespeichert wird. Die Abwicklung der Geschäftsfälle wird durch Eingabe der PIN und Einlesen der Chipkarte ermöglicht. HBCI ist sicherer als PIN-TAN.
- **FinTS** (**Fin**ancial **T**ransaction **S**ervices) ist eine Weiterentwicklung des 1996 erstmals veröffentlichten Online-Banking Standards HBCI.

Telefonbanking

- Mit Angabe von Kontonummer und PIN kann der Kontoinhaber auch Serviceleistungen des Kreditinstituts im Zahlungsverkehr telefonisch in Anspruch nehmen.
- Mithilfe eines WAP*-fähigen Handys oder per SMS kann der Kontoinhaber ebenfalls auf sein Bankkonto zugreifen.
  * **WAP: W**ireless **A**pplication-**P**rotocol

Rechtsgeschäfte von natürlichen und juristischen Personen
Legal Transactions of Natural and Legal Persons

Sowohl **natürliche Personen** (Menschen) als auch **juristische Personen** (des öffentlichen Rechts: z. B. Bund, Länder und Gemeinden; des privaten Rechts: z. B. Aktiengesellschaften) können rechtswirksame **Rechtsgeschäfte** abschließen.
Sie kommen durch **Willenserklärungen** zustande.
Entsteht ein Rechtsgeschäft durch die Willenserklärung einer Person (z. B. Testament), spricht man vom **einseitigen Rechtsgeschäft**.
Zwei- bzw. **mehrseitige Rechtsgeschäfte** kommen durch übereinstimmende Willenserklärungen von zwei oder mehreren Personen zustande, diese Rechtsgeschäfte werden als Vertrag bezeichnet.

Vertragsarten
Kinds of Contracts

Vertragsart	Vertragspartner	Vertragsinhalt	Gesetzliche Regelung
Kaufvertrag	Käufer/Verkäufer	Entgeltliche Veräußerung von Sachen und Rechten	§§ 433–473 BGB
Verbrauchsgüterkauf	Verbraucher/ Unternehmer	Entgeltliche Veräußerung von beweglichen Sachen	§§ 474–479 BGB
Darlehensvertrag	Darlehensgeber/ Darlehensnehmer	Entgeltliche Überlassung eines Geldbetrages	§§ 488–498 BGB
Sachdarlehensvertrag	Darlehensgeber/ Darlehensnehmer	Unentgeltliche oder entgeltliche Überlassung von vertretbaren Sachen gegen spätere Rückerstattung gleicher Art, Güte und Menge	§§ 607–609 BGB
Ratenlieferungsvertrag	Verbraucher/ Unternehmer	Lieferung mehrerer zusammengehörend gekaufter Sachen in Teilleistungen und entgeltliche Entrichtung in Teilzahlungen	§ 505 BGB
Schenkungsvertrag	Schenker/ Beschenkter	Unentgeltliche Zuwendung	§§ 516–534 BGB
Mietvertrag	Mieter/Vermieter	Entgeltliche Überlassung der vermieteten Sache zum Gebrauch	§§ 535–580 BGB
Pachtvertrag	Pächter/Verpächter	Entgeltliche Überlassung der verpachteten Sache zum Gebrauch sowie Genuss der Erträge	§§ 581–597 BGB
Leihvertrag	Verleiher/Entleiher	Unentgeltliche Überlassung von Sachen zum Gebrauch	§§ 598–606 BGB
Dienstvertrag	Arbeitnehmer/ Arbeitgeber	Entgeltliche Leistung von Diensten	§§ 611–630 BGB
Werkvertrag	Unternehmer/Besteller	Herstellung eines versprochenen Werks gegen Entgelt	§§ 631–651 BGB
Reisevertrag	Reisender/ Reiseveranstalter	Entgeltliche Erbringung einer Gesamtheit von Reiseleistungen (Reise)	§ 651 a–m BGB
Gesellschaftsvertrag	Gesellschafter/ Gesellschafter	Gegenseitige Verpflichtung der Gesellschafter, die Erreichung eines gemeinsamen Zweckes in der durch den Vertrag bestimmten Weise zu fördern	§§ 705–740 BGB

Rechts- und Geschäftsfähigkeit

Im kaufmännischen Alltag ist es wichtig, über rechtliche Grundkenntnisse zu verfügen, da täglich eine Vielzahl von Verträgen geschlossen werden und die Vertragspartner dabei Rechte wahrnehmen und Pflichten erfüllen. Träger von Rechten und Pflichten werden als sogenannte **Rechtssubjekte** bezeichnet. Dabei unterscheidet man zwischen **natürlichen** und **juristischen Personen**. Natürliche Personen sind Menschen. Ihre Rechtsfähigkeit beginnt mit der Vollendung der Geburt und endet mit dem Tod. Juristische Personen (z. B. eine Aktiengesellschaft) sind Personenvereinigungen oder sogenannte Vermögensmassen.

Rechtssubjekte

- **natürliche Personen** (Menschen)
- **juristische Personen** (Personenvereinigungen oder Vermögensmassen)

Sowohl natürliche als auch juristische Personen sind **rechtsfähig**, d. h., sie verfügen über die **Fähigkeit, Träger von Rechten und Pflichten zu sein.**

Juristische Personen sind zwar ebenso rechtsfähig wie natürliche Personen, verfügen aber im Gegensatz zu Menschen über keine eigene **Handlungsfähigkeit**. Darunter versteht man im rechtlichen Sinn die **Fähigkeit**, **verantwortlich und rechtswirksam handeln zu können**. Juristische Personen handeln mittels ihrer Organe (z. B. über einen Vorstand).

Zur Handlungsfähigkeit gehört die **Geschäftsfähigkeit**. Diese wird verstanden als die **Fähigkeit**, durch eigene Willenserklärungen **Rechtsgeschäfte wirksam abschließen zu können**. Das Bürgerliche Gesetzbuch (BGB) unterscheidet dabei grundsätzlich zwischen der **Geschäftsunfähigkeit**, der **beschränkten** und der **unbeschränkten** (vollen) **Geschäftsfähigkeit**.

Geschäftsfähigkeit:
Fähigkeit, durch eigene Willenserklärungen Rechtsgeschäfte wirksam abschließen zu können

geschäftsunfähige Personen:
- Kinder bis zur Vollendung des 7. Lebensjahres
- Geisteskranke, soweit nicht nur eine vorübergehende Störung vorliegt

beschränkt geschäftsfähige Personen:
- Minderjährige vom vollendeten 7. bis zum 18. Lebensjahr

Personen mit unbeschränkter Geschäftsfähigkeit:
- Volljährige ab dem 18. Lebensjahr, soweit keine Geisteskrankheit vorliegt

Rechtsfolgen

- **Geschäftsunfähige Personen** können Willenserklärungen weder rechtlich wirksam abgeben noch entgegennehmen (also z. B. Verträge abschließen), **Personen mit unbeschränkter Geschäftsfähigkeit** handeln dagegen in diesen Fällen rechtlich wirksam.

- **Beschränkt geschäftsfähige Personen** können Willenserklärungen rechtlich wirksam abgeben, soweit sie für diese Personen **nur einen rechtlichen Vorteil** bedeuten – rechtliche Nachteile also ausgeschlossen sind.

  Im anderen Fall bedarf der Personenkreis entweder der **Einwilligung**, d. h. der vorherigen Zustimmung, oder der nachträglichen **Genehmigung** durch den gesetzlichen Vertreter.

  Bei beschränkt geschäftsfähigen Personen spricht man in folgenden Fällen von **generellen Einwilligungstatbeständen**, bei denen diese Personengruppe auch für sie nachteilige Rechtsgeschäfte abschließen kann:

  a) bei Verträgen im Rahmen des sogenannten **Taschengeldparagrafen** (§ 110 BGB): der beschränkt Geschäftsfähige bewirkt eine Leistung mit eigenen Mitteln, d. h. mit Geldmitteln aus seinem Taschengeld;

  b) bei Rechtsgeschäften im Rahmen der **Führung eines Erwerbsgeschäfts** (§ 112 BGB) durch einen Minderjährigen;

  c) bei Rechtsgeschäften, die ein Minderjähriger bei der **Eingehung** oder **Aufhebung eines Dienst-** oder **Arbeitsverhältnisses** abschließt (§ 113 BGB).

Nichtigkeit von Rechtsgeschäften
Nullity of Legal Acts

In bestimmten Fällen kann ein **Rechtsgeschäft** von Anfang an **nichtig** sein, es ist also ungültig.

Von **nichtigen Rechtsgeschäften** spricht man in folgenden Situationen:

1. bei **Rechtsgeschäften mit** einem **Geschäftsunfähigen** (§ 105 BGB);
2. bei **Scheingeschäften** (§ 117 BGB);
3. bei **Scherzgeschäften** (§ 118 BGB), z. B.: „1.000 € für ein frisch gezapftes Bier";
4. bei **Verstößen gegen Formvorschriften** (§ 125 BGB), z. B. falls bei einem Grundstückskauf die notarielle Beurkundung fehlt;
5. bei Rechtsgeschäften, die gegen ein **gesetzliches Verbot** verstoßen (§ 134 BGB);
6. bei Rechtsgeschäften, die **„gegen die guten Sitten"** (§ 138 BGB) **verstoßen**, z. B. sogenannte Wuchergeschäfte.

Anfechtbarkeit von Rechtsgeschäften
Voidability of Legal Acts

Wird ein **Rechtsgeschäft** von einem Vertragspartner **angefochten**, kann die Anfechtung zur Nichtigkeit der Willenserklärung führen.

Anfechtungsgründe können sein:

1. **Anfechtbarkeit** des Rechtsgeschäftes **wegen Irrtums** (§ 119 BGB), z. B. ein Zahlendreher bei einer Preisangabe;
2. **Anfechtbarkeit** des Rechtsgeschäftes **wegen falscher Übermittlung** (§ 120 BGB), z. B. bei fehlender Übermittlung einer Preisangabe durch einen Boten;
3. **Anfechtbarkeit** des Rechtsgeschäftes **wegen arglistiger Täuschung** (Unfall-PKW wird als unfallfrei ausgegeben) oder **widerrechtlicher Drohung**.

Rechtsgeschäft – nichtig oder anfechtbar?

Fallbeispiel	Falllösung
Bei der elektronischen Übermittlung eines Preises für einen zu verkaufenden Kunstgegenstand gibt der Verkäufer versehentlich einen Preis von 25,50 € anstatt von 2.550 € an.	Das Rechtsgeschäft (RG) ist anfechtbar, da es sich um einen Irrtum des Verkäufers handelt.
Ein Sechsjähriger kauft eine Tafel Schokolade in einem Warenhaus.	Das RG ist nichtig, da es sich um ein RG mit einem Geschäftsunfähigen handelt.
Bei einem Kreditvertrag über 3.000 € wird ein Jahreszinssatz von 40 % vereinbart.	Das RG ist nichtig, da das RG gegen die „guten Sitten" verstößt („Wucher").
Der Verkäufer eines Gegenstandes droht dem Käufer, dessen Ehebruch zu verraten, wenn er den Gegenstand nicht kauft.	Das RG ist anfechtbar, da es sich in diesem Fall um eine widerrechtliche Drohung handelt.
Ein Arbeitgeber verpflichtet seinen Arbeitnehmer, bei einem Kunden einen Diebstahl zu begehen.	Das RG ist nichtig, da das RG gegen ein gesetzliches Verbot verstößt.
Ein müder Wanderer sagt an der Rezeption des Hotels zu dem Angestellten: „Sie bekommen meinen neuen Mercedes für ein freies Bett!"	Das RG ist nichtig, da es sich um ein Scherzgeschäft handelt.

Begriff

Electronic-Commerce („E-Commerce“ oder „E-Business“) ermöglicht die umfassende, digitale Abwicklung von Geschäftsprozessen zwischen Unternehmen und deren Kunden über private und öffentliche (Internet) Netze. Dabei beinhaltet das Electronic-Commerce auch die digitale Bezahlung und, was digitalisierbare Güter (z. B. Musik, Videoclips) und Dienstleistungen angeht, eine digitale Übertragung.

Ziele

E-Commerce beschleunigt die Abwicklung von Geschäftsprozessen, gestaltet häufig Prozessabläufe effizienter und senkt damit die Kosten für die Beteiligten. Auf Marktveränderungen (z. B. Preisveränderungen) kann mithilfe von E-Commerce in der Regel schneller reagiert werden (z. B. über sofortigen Informationsaustausch).

Formen des E-Commerce

B 2 B = Business-to-Business: Geschäftsbeziehungen zwischen Unternehmen sowie öffentlichen Institutionen

B 2 C = Business-to-Consumer oder Business-to-Customer: „Electronic Shopping“ von Konsumenten, die über das Internet oder per Onlinedienst Waren kaufen

B 2 G = Business-to-Government: Geschäftsbeziehungen zwischen Unternehmen und staatlichen Einrichtungen

Intra-Business: Intra- und/oder Extranet unterstützen Geschäftsprozesse und Kommunikationsbeziehungen

Elektronische Marktplätze im Beschaffungsprozess

Unternehmen vereinbaren mit Mitbewerbern für den kostengünstigen Einkauf von Produkten einen gemeinsamen **Handelsplatz** im Internet einzurichten. Beispielsweise entstand über eine derartige Vereinbarung ein elektronischer Megamarktplatz für die Zulieferbetriebe von Autokonzernen. Spezielle Softwarehäuser richten dazu geeignete **Portale** ein. Die entstandenen **Online-Marktplätze** ermöglichen aufgrund der raschen elektronischen Reaktionsmöglichkeiten kurzfristige Dispositionen, die Preistransparenz erhöht sich. Viele Einzelarbeitsschritte des bisherigen Beschaffungsvorganges werden verzichtbar. Die Einkäufer können sofort vergleichen, wer das günstigste Angebot offeriert; sie können sich auch zusammenschließen, um höhere Rabattsätze zu erreichen, oder sie führen Auktionen durch, bei denen die Lieferanten mit ihren Angeboten in Wettbewerb treten.

Der Einkauf mittels der E-Commerce-**Plattform** führt in der Regel zu einer deutlichen Kostensenkung. Diese Preisvorteile beim Einkauf können kalkulatorisch dazu führen, dass die Unternehmen ihre Produkte und Dienstleistungen preiswerter im Absatzmarkt anbieten können. Betriebswirtschaftlich effizientere Lösungen führen somit volkswirtschaftlich zu einem verstärkten (internationalen) Wettbewerb und zu einer möglichen Erhöhung des Bruttoinlandsproduktes.

Arten von Portalen

Ziel: Reduzierung der Informationsflut des Internets (Kosten- und Zeitersparnis) beim User, zielgruppenspezifisches Direktmarketing beim Anbieter (Vermeidung von Streuverlusten, Erhöhung der Kontaktrate)

↓

Lösung: Zielgruppenspezifischer Einsatz des Internets durch Nutzung von **Portalen**

↓

Arten von Portalen

B 2 B-Portale

für spezielle Produkte/Leistungen eines informationssuchenden **Unternehmers**

Beispiel: Ein Industriebetrieb sucht in einem Portal für Büroausstattung nach Schreibtischen.

B 2 C-Portale

für spezielle Produkte/Leistungen eines informationssuchenden **Konsumenten**

Beispiel: Ein Endverbraucher sucht in einem Portal für Musik nach einer CD-Rarität.

Portal-Networks

„Eingangstore“ für spezifische User, die Verknüpfungen zu **sämtlichen Bedürfnissen** des Users bieten

Beispiel: Ein Autokäufer sucht in einem Portal für Autos nach einem neuen Auto, einer geeigneten Finanzierung und einer günstigen Versicherung.

Supply Chain Management (SCM) 71

Begriff

Bei **SCM** handelt es sich um ein **Managementkonzept**, das die Optimierung der gesamten Wertschöpfungskette zwischen den Lieferanten, Logistikdienstleistern und dem betreffenden Unternehmen durch Abstimmung des Geld-, Informations- und Materialflusses unter Umständen bis hin zum Kunden zum Inhalt hat. Gerade in Zeiten, in denen ergänzende Wertschöpfungsprozesse zunehmend in andere Unternehmen ausgelagert werden (siehe auch „Outsourcing“ S. 382), ist es um so wichtiger, eng mit den Zulieferern zusammenzuarbeiten.

Ziele

Mithilfe einer speziellen SCM-Software sollen folgende **Ziele** im Unternehmen erreicht werden:

- **Kostensenkung** im Beschaffungs-, Produktions- und Distributionsbereich durch schnelle Verfügbarkeit relevanter Entscheidungsdaten, Verringerung von Lagerbeständen und Beschleunigung von Durchlaufzeiten.
- **Zeitersparnis** durch Optimierung von Entscheidungsprozessen. Zum Beispiel kann das Unternehmen flexibler auf sich verändernde Rahmenbedingungen reagieren.
- Verbesserung der **Kundenorientierung** durch genauere Prognose von Entwicklungen entlang der gesamten Wertschöpfungskette. Zum Beispiel können Kundenwünsche umgehend an Lieferanten und Logistikdienstleister weitergeleitet werden.
- **Optimierung** von unternehmensübergreifenden **Planungs-** und **Steuerungsprozessen** durch enge Kooperation mit Geschäftspartnern.

Customer Relationship Management (CRM) 72

Begriff

CRM stellt eine **Managementphilosophie** dar, die eine vollständige Ausrichtung des Unternehmens auf vorhandene und potenzielle Kundenbeziehungen zum Inhalt hat. Das Unternehmen hat sich also eher am Kunden und seinen Wünschen als am Produkt auszurichten.

CRM-Systeme koordinieren und optimieren marketingpolitische Entscheidungen in einem Anwendungssystem, das neben der Kunden- und Artikelstammdatenverwaltung z. B. noch die Komponenten Versandwegverfolgung und Callcenterunterstützung beinhaltet.

Ziele

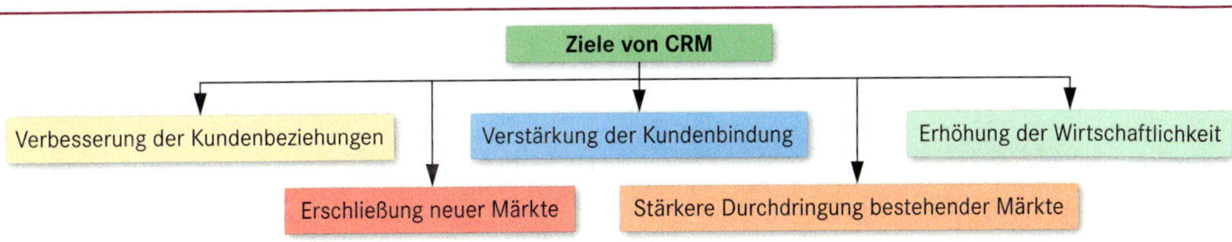

Kundenorientierung 73

Die zehn Gebote für kundenorientierte Unternehmen (Auszug)

1. Gebot
Pflegen Sie einen engen Kontakt mit Ihren Kunden, dies gilt insbesondere für leitende Angestellte (dazu gehören: sehen, berühren, fühlen, sich treffen und in regelmäßigen Abständen – außerhalb der Geschäftsräume – ein Gespräch von Angesicht zu Angesicht mit dem Kunden zu führen).

2. Gebot
Machen Sie sich mit den Bedürfnissen, Erwartungen und Wünschen Ihrer Kunden vertraut. Es sollte das Ziel Ihrer gesamten Organisation sein, die Erwartungen Ihrer Kunden noch zu übertreffen.

3. Gebot
Überprüfen Sie regelmäßig die Zufriedenheit Ihrer Kunden mit Ihren Produkten und Dienstleistungen.
Ein ständiger Informationsfluss zwischen Ihnen und Ihren Kunden ist sehr wichtig – sei er positiv, neutral oder negativ. Verschließen Sie sich dem nicht, heißen Sie es willkommen!

4. Gebot
Konzentrieren Sie sich auf alle Ihre Leistungen, mit denen Sie die Wertschöpfung für den Kunden erhöhen, wie z. B. Qualität und Service, Umweltfreundlichkeit, Wirtschaftlichkeit, Eingehen auf die Wünsche und Bedürfnisse des Kunden, schnelle Lieferung sowie Leistung, Sicherheit u. a.

5. Gebot
Beziehen Sie Ihre Kunden in Ihre Entscheidungsfindung, in themenmäßige Schwerpunktgruppen, Treffen, Planungen und sogar in betriebsinterne Überlegungen ein. Schließen Sie sie nicht aus.

6. Gebot
Verlangen Sie von jeder Person innerhalb der Organisation, Ihre Kunden mindestens einen oder mehrere Tage im Jahr persönlich zu treffen und zu bedienen. Es gibt keinen Ersatz dafür, um am Puls Ihres Unternehmens und Ihrer Kunden zu bleiben. ...

Begriff und Zielsetzung

Internationaler Wettbewerbsdruck macht es für die Unternehmen zunehmend erforderlich, von der **Produkt**- zur **Kundenorientierung** überzugehen, das heißt der Kundengewinnung und -pflege erhöhte Aufmerksamkeit zu schenken.

Aufgrund der IT-Technologie ist es heutzutage möglich, zu vertretbaren Kosten mit dem **einzelnen** Kunden in Interaktion zu treten, z. B. durch die Nutzung von Datenbanken. Wird dies verwirklicht, spricht man vom **Kundenmanagement** (siehe auch S. 395 zum **C**ustomer **R**elationship **M**anagement).

Phasen

Phase des Kundenmanagements	Hauptaufgabe 75
Die Zielkunden finden	■ Zielmärkte definieren ■ Zielkunden gewinnen
Die Bedürfnisse der Zielkunden befriedigen	■ Den Kundenwert in konkrete Kundenvorteile verwandeln ■ Die Marktangebote auf den Entscheidungskontext des Kunden abstimmen
Eine Bindung zu den Zielkunden aufbauen	■ Loyalität der Kunden fördern ■ Ein Marktinformationssystem entwickeln

Erläuterungen:

Zielkunden finden: Zu diesem Zweck wird der Gesamtmarkt in Teilmärkte, in **Marktsegmente**, zerlegt. In diesen Marktsegmenten werden die für das Unternehmen als am wichtigsten geltenden Kunden als **Zielkunden** identifiziert bzw. definiert. Da nicht alle Kunden in einem Teilmarkt gleich wertvoll für das Unternehmen sind, muss ihr **gegenwärtiger** und ihr **zukünftiger** Wert für das Unternehmen eingeschätzt werden. Die Folge könnte z. B. sein, dass man sich intensiver um die bestehenden Top-Kunden des Unternehmens kümmert, mit dem Ziel, sie langfristig an das Unternehmen zu binden.

↓

Bedürfnisse der Zielkunden befriedigen: Einzelne Kundenzielgruppen erwarten je nach Marktsegment unterschiedliche oder unterschiedlich gewichtete Kundenvorteile (z. B. abhängig vom Einkommen), die vom Unternehmen individuell befriedigt werden müssen.

Wie man beim Produkt vom Produktlebenszyklus spricht (siehe S. 346), so spricht man auch beim Kunden vom **Kundenlebenszyklus**: In unterschiedlichen Lebenssituationen erwartet der Kunde andere Produkte (z. B. Kleinwagen als Jugendlicher, später Familienwagen). Die Positionierung des Produktangebotes muss darauf jeweils genau abgestimmt werden, damit die Unternehmensziele realisiert werden können.

↓

Bindung zu den Zielkunden aufbauen: Das Kundenmanagement erfordert umfassende **Marktinformationssysteme**, mit denen die Kundendaten gesammelt und schließlich auch ausgewertet werden müssen.

Neben Angaben über Einkommen, Alter und Bildungsstand sind genaue Kundenpräferenzen, bestimmte Konsummuster zu erheben, man spricht von **Kundenprofildaten**. Die Erhebung der Daten muss zu passgenauen Kundenangeboten führen.

Eine enge Verzahnung mit der Beschaffungsabteilung bzw. der Produktentwicklung ist aus diesem Grund notwendig. Softwaregestützte Plattformen wie **E**nterprise **R**esource **P**lanning und **S**upply **C**hain **M**anagement (siehe S. 395) unterstützen diesen Abstimmungsprozess.

Kann dem einzelnen Kunden ein individuelles Angebot unterbreitet werden, das den Kundenvorteil erhöht, lassen sich meist auch **langfristige Kundenbeziehungen** aufbauen.

Kundenbindung
Customer Relations

76

Mithilfe der Kundenbindung sollen das Abwandern von Kunden verhindert und Folge- bzw. Wiederholungskäufe ausgelöst werden. Voraussetzung ist die Kundenzufriedenheit. Um sie zu erreichen, ist es notwendig, die Kundenwünsche zu kennen.

Kundenwünsche		Leistungserwartung des Kunden
gute Qualität	→	Das Produkt überzeugt, es ist besser als das der Mitbewerber.
Sortimentserweiterung	→	stetige Erweiterung der Angebotspalette
angemessener Preis	→	Das Preis-Leistungs-Verhältnis stimmt.
kurze Lieferzeit	→	Die Zeitspanne zwischen Auftragserteilung und Leistungserbringung ist klein.
pünktliche Lieferung	→	Der Liefertermin wird eingehalten.
offene Kommunikation	→	Der Kunde kann jederzeit Informationen über den Auftrag erhalten.
guter Kundenservice	→	Eingehen auf individuelle Kundenwünsche
Eingehen auf Reklamationen	→	kundenfreundliches Verhalten bei Problemen im Rahmen der Auftragsabwicklung

Wirkungen von Kundenzufriedenheit	
500–700 %	teurer ist es, neue Kunden zu gewinnen, als alte zu halten.
300 % ...	größer ist die Wahrscheinlichkeit, dass sehr zufriedene (= begeisterte) Kunden im Gegensatz zu zufriedenen Kunden das Unternehmen erneut aufsuchen.
Fast 100 % ...	ist die Wahrscheinlichkeit, dass sehr zufriedene Kunden zu den besten Werbeträgern des Unternehmens werden.
50–70 % ...	aller Käufe sind auf Empfehlungen von Bekannten zurückzuführen.
75 % ...	der zu Wettbewerbern wechselnde Kunde stört sich an mangelnder Servicequalität.
25–85 % ...	beträgt die Steigerung des RoI[1], die jeder Prozentpunkt nachhaltig erhöhter Kundenzufriedenheit bewirkt.
25 % ...	der zu Wettbewerbern wechselnde Kunde stört sich an unzureichender Produktgüte und/oder zu hohem Preis.
7,25 % ...	beträgt die Gewinnsteigerung, wenn die Abwanderungsrate von Kunden um 5 % reduziert und damit die Kundenbindung erhöht wird.

[1] RoI = Return on Investment
in Anlehnung an: Töpfer, Mann: Kundenzufriedenheit als Messlatte für den Erfolg, S. 61 sowie Lötscher: Warum ist die Kundenzufriedenheit so wichtig?, S. 4 f.

Kundenrückgewinnung
Customer Win-Back

77

Prozess einer systematischen Kundenrückgewinnung

Leider wird der Rückgewinnung von ehemaligen Kunden häufig zu wenig Aufmerksamkeit geschenkt, der entstandene Schaden für das Unternehmen ist meist beträchtlich. Wie der Prozess einer systematischen **Kundenrückgewinnung** aussehen kann, verdeutlicht folgendes **Prozessschema**:

1. Identifikation →	Verlorene Kunden werden mit geeigneten Instrumenten identifiziert.
2. Analyse →	Ursachen der Abwanderung werden aufgedeckt und systematisiert. Rückgewinnungsmaßnahmen werden hinsichtlich ihrer Kosten-Nutzen-Relation bewertet.
3. Problembehebung →	Die Probleme, die der Abwanderung zugrunde liegen, werden behoben.
4. Rückgewinnung →	Maßnahmen zur Rückgewinnung werden eingeleitet, insbesondere Kommunikation und Anreizschaffung.
5. Nachbetreuung →	Zurückgewonnene Kunden werden im Rahmen eines Kundenbindungssystems weiter betreut.

Überbrückungsfunktionen

78

Überbrückung von …

… Zeitproblemen

- zwischen der Beschaffung des Lagergutes und dessen Weiterverkauf (Handelsbetrieb)
- zwischen der Beschaffung des Lagergutes und dessen Verwendung bei der Produktion (Industriebetrieb)

… Raumproblemen

- zur Herstellung der Lieferfähigkeit vor Ort (Handelsbetrieb)
- zur Aufrechterhaltung der Produktionsfähigkeit vor Ort (Industriebetrieb)

… Mengenproblemen

- zur Herstellung der Lieferfähigkeit in ausreichenden Mengen
- zur Schaffung eines Spielraumes bei erhöhter Nachfrage

… Preisproblemen

- zur Nutzung von Mengenrabatten
- zur Inanspruchnahme von Sonderangeboten
- zur Vorbeugung gegen vorhersehbare Preiserhöhungen

Ziele

79

Ziele der Lagerhaltung

Leistungsziele

Ertragswirtschaftlich

Möglichst hohe Liefer- bzw. Produktionsbereitschaft

- ständige Bereitschaft zur Erfüllung der Kundennachfrage (Handelsbetrieb)
- ständige Gewährleistung eines reibungslosen Produktionsablaufes (Industriebetrieb)

Zielkonflikt

Kostenwirtschaftlich

Möglichst geringe Kapitalbindung

- niedriger Kapitalbdarf
- geringe Zinskosten
- geringe Lagerkosten

Spekulationsziele

Ertragswirtschaftlich

Erwartung von Warenpreiserhöhungen

Kostenwirtschaftlich

Erwartung von Kostensteigerungen

Lagerbestandsdatei

Artikel-Nr.:	Artikelbezeichnung:	Einheit:
04-0187	Recycling-Kopierpapier A 4 80 g	1 000 Blatt

Mindestbestand:	Meldebestand:	Höchstbestand:
40 Einheiten	120 Einheiten	1 500 Einheiten

Lagerbewegung					Bedarfsmeldung		
Datum	Beleg-Nr.	Eingang	Ausgang	Bestand	Datum	angef. Menge	Unterschrift
31. 12.				600			
07. 01.			125	475			
12. 01.			100	375			
18. 01.			250	125	13. 01.	1 200	Wo
21. 01.			75	50			
22. 01.		1.200	200	1.050			
28. 01.			150	900			
02. 02.			200	700			

Aus der Lagerbestandsdatei sich ergebende Monatsendbestände (Einheiten):

Januar	900	Februar	325	März	465
April	420	Mai	275	Juni	515
Juli	220	August	775	September	550
Oktober	820	November	615	Dezember	670

Unterlagen aus der Buchhaltung

S Gewinn- und Verlustkonto H

Wareneinsatz	Verkaufserlöse

BÄR-BANK BERLIN

Bankleitzahl	Datum	Auszug-Nr.	Blatt-Nr.	KONTOAUSZUG für Konto-Nr.
100 347 11	31.05.20..	128	1	1 234 056

Datum	Buchungstag	Valuta	Umsatz Soll = –
Melchior GmbH, Nürnberg Warenrücksendung v. 30.04.20..	31.05.	30.05.	870,00
Papiermühle AG, Magdeburg Rechnung 1830/25.05.20..	31.05.	30.05.	– 1149,80

Herrn/Frau/Fräulein/Firma
Bellheim BüroService GmbH
Haberstraße 8
12057 Berlin

Soll – Alter Saldo – Haben: 4890,00 EUR

Soll – Neuer Saldo – Haben: 5169,80 EUR

Genehmigte Kontoüberziehung: 80 000,– EUR zu 12 % p.a.
Geduldete Überziehung: 16 % p.a.

Lagerkennziffern

Formeln	Rechenbeispiele

durchschnittlicher monatlicher Lagerbestand [1]

$$= \frac{\text{Anfangsbestand} + 12 \text{ Monatsbestände}}{13} = \frac{600.000 + 6.550.000}{13} = 550.000$$

Der durchschnittliche monatliche Lagerbestand beträgt 550.000 Stück. Das sind bei einem Einstandspreis von 10,85 € je 1000 Stück 5.967,50 €.

Umschlagshäufigkeit

$$= \frac{\text{Wareneinsatz pro Jahr}}{\text{durchschnittlicher Lagerbestand}} = \frac{107.415{,}00^{2)}}{5.967{,}50} = 18$$

Der durchschnittliche Lagerbestand wird 18mal pro Jahr umgeschlagen.

durchschnittliche Lagerdauer

$$= \frac{360}{\text{Umschlagshäufigkeit}} = \frac{360}{18} = 20$$

Die durchschnittliche Lagerdauer beträgt 20 Tage.

Lagerzinssatz

$$= \frac{\text{Jahreszinssatz} \cdot \text{durchschnittliche Lagerdauer}}{360} = \frac{12 \cdot 20}{360} \triangleq 0{,}67$$

Für die Berechnung des Lagerzinssatzes wird der Zinssatz für eine kurzfristige Kontoüberziehung bei der Bank zugrunde gelegt. Der Zinssatz beträgt 0,67 %.

Lagerzinskosten

$$= \frac{\text{Lagerzinssatz} \cdot \text{durchschnittlicher Lagerbestand}}{100} = \frac{0{,}67 \cdot 5.967{,}50}{100} \triangleq 39{,}98$$

Die Lagerzinskosten für das Produkt betragen 39,98 EUR pro Lagerperiode.

[1] Es gibt auch andere Zeiteinteilungen, z. B. quartalsmäßig, jährlich. [2] Beim Wareneinsatz handelt es sich um einen angenommenen Wert.

Lagerbestandsgrößen
Stock on Hand Quantities

Mindestbestand (Eiserner Bestand)

Er gibt die Vorratsmenge an, die nur bei außerordentlichen Lieferschwierigkeiten (z. B. Streik) in Anspruch genommen werden darf. Dazu muss der zu überbrückende Zeitraum geschätzt und als Rechengröße festgelegt werden.

Höchstbestand

Er gibt die Warenmenge an, die höchstens eingelagert werden kann (z. B. abhängig von Lagerkapazität, Verderb).

Meldebestand

Er gibt die Warenmenge an, bei der die Lagerverwaltung der Einkaufsabteilung mitteilt, dass Ware nachbestellt werden muss.

Meldebestand = (Tagesabsatz · Lieferzeit) + Mindestbestand

Tätigkeiten 82

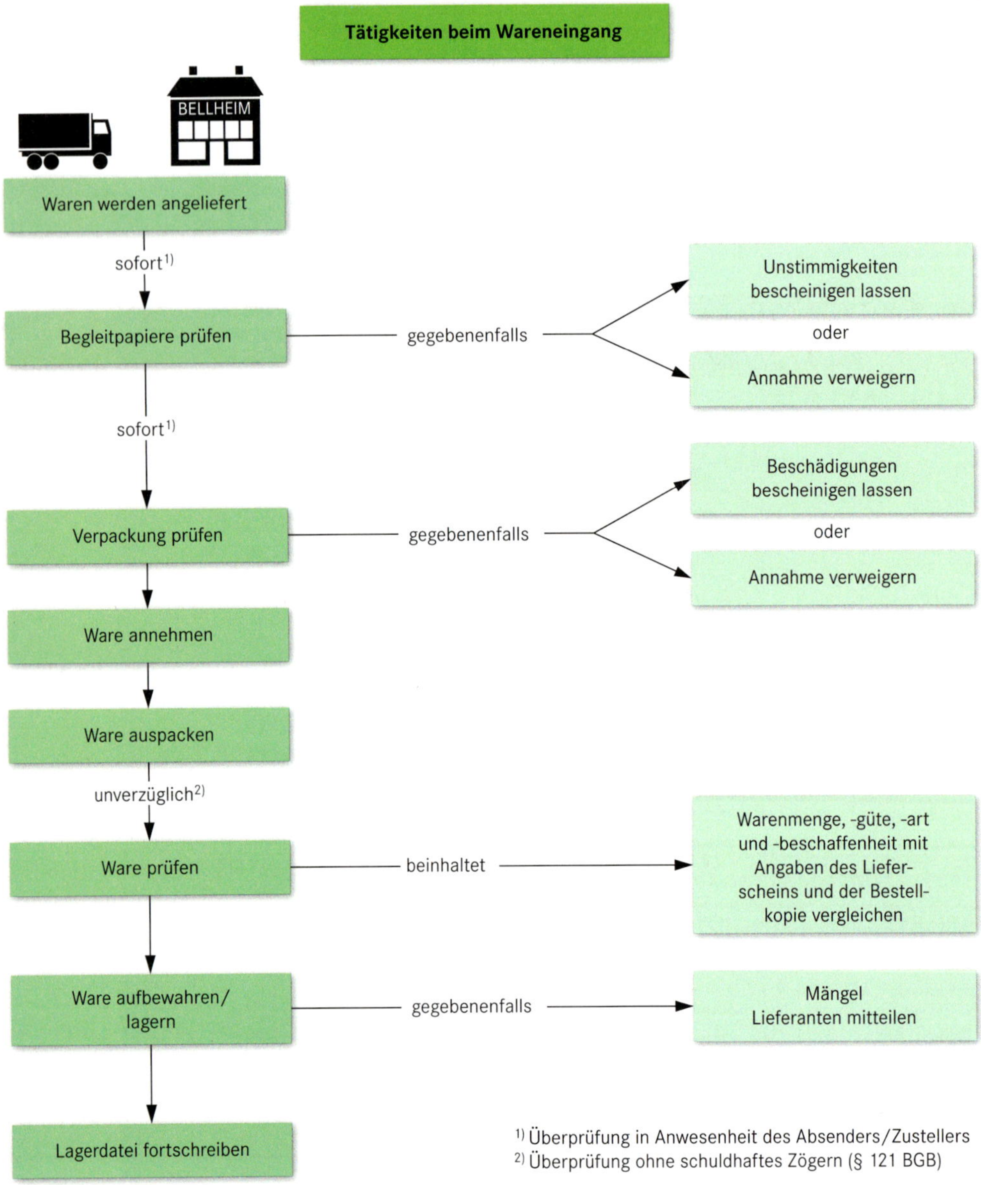

1) Überprüfung in Anwesenheit des Absenders/Zustellers
2) Überprüfung ohne schuldhaftes Zögern (§ 121 BGB)

Prüfungs- und Rügepflicht 83

Zweiseitiger Handelskauf (beide Vertragspartner handeln als Kaufleute):

Die Ware muss **unverzüglich**, d. h. ohne schuldhafte Verzögerung, geprüft werden. Offene (sofort erkennbare) Mängel sind unverzüglich, versteckte Mängel unverzüglich nach Entdeckung, jedoch innerhalb zweier Jahre nach Lieferung zu rügen (HGB § 377 I-IV und BGB § 438).

Einseitiger Handelskauf (ein Vertragspartner handelt als Privatperson):

Die Ware muss innerhalb **zweier Jahre** nach Lieferung geprüft und gegebenenfalls gerügt werden (BGB § 438).

Rechnungsprüfung
Invoice Auditing

Arten 84

Ist die eingetroffene Ware mangelfrei, wird die Rechnung wegen Nutzung möglicher Skontofristen unverzüglich geprüft.

Rechnerische Prüfung:
Überprüfung der rechnerischen Daten (z. B. Listenpreis, Rabatt, Transportkosten)

Sachliche Prüfung:
Überprüfung von Art, Güte und Menge der aufgeführten Waren anhand des Bestelldurchschlages und des Lieferscheines.

Geldschulden 85

Geldschulden sind **Schick-** oder **Bringschulden** (§ 270 ff. BGB). Daraus ergibt sich für den Käufer:

- Er muss die **Überweisungskosten** übernehmen;
- er muss das **Transportrisiko** für das Geld tragen;
- er muss darauf achten, dass das Geld rechtzeitig auf dem Konto des Zahlungsempfängers eingeht, wenn als vertraglicher Erfüllungsort der Geschäftssitz des Verkäufers vereinbart ist (geschäftsüblich).

Gilt nur der **gesetzliche** Erfüllungsort, genügt die rechtzeitige **Absendung** des Geldbetrages.

Kaufvertragsstörungen: Überblick
Anomalies in Sales Contracts: Overview 86

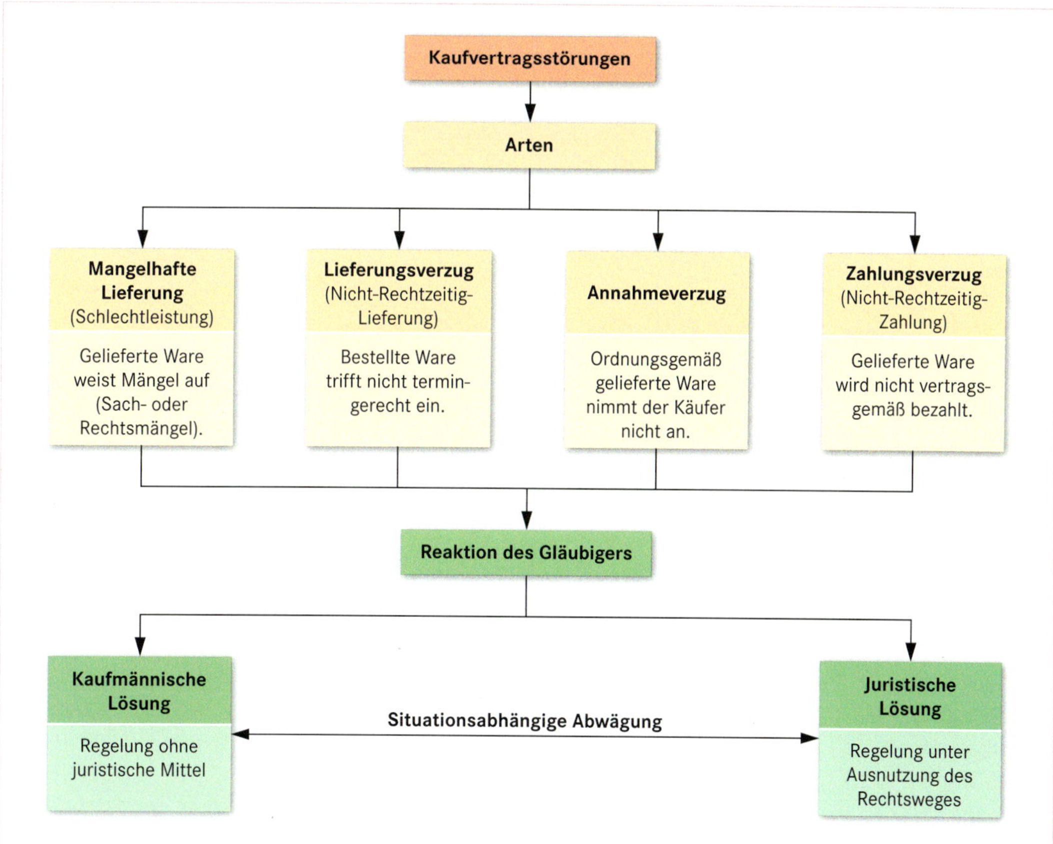

Kaufmännische Lösungen bei Kaufvertragsstörungen

Der Unternehmer wird nur in Ausnahmefällen zum Kaufvertragsrecht des BGBs und HGBs greifen, um nach Lösungen für Kaufvertragsstörungen zu suchen. Zunächst wird er stets eine **kaufmännische Lösung** für Vertragsstörungen suchen, da es für ihn am wichtigsten ist, zu Kunden und Lieferanten gute Geschäftsverbindungen aufrechtzuerhalten. Er wird dem Vertragspartner entgegenkommen, damit sich **langfristige Geschäftsbeziehungen** ergeben können, denn nur dadurch wird er seine **Unternehmensziele** erreichen können.
Im Zweifel wird er sogar dem Vertragspartner Rechte zubilligen, die BGB bzw. HGB gar nicht vorsehen. Nur wenn eine gütige Einigung nicht möglich ist, wird er vom Vertragsrecht Gebrauch machen und eventuell den **Rechtsweg**, z. B. mithilfe eines Rechtsanwaltes, einschlagen.

Mangelarten

- **Sachmangel**
  - **Mangel in der Art**: Gattungsmangel (falsche Ware geliefert)
  - **Mangel in der Menge**: Quantitätsmangel (zu wenig Ware geliefert)
  - **Mangel in der Qualität**: Mangel in der Beschaffenheit (verdorbene/beschädigte Ware, Fehlen einer zugesicherten Eigenschaft)
  - **Montagemangel**: mangelhafte Montage/Montageanleitung
- **Rechtsmangel**

Rügefristen (vgl. S. 386 und S. 402)

Mängelarten / Arten des Kaufes	offene Mängel	versteckte Mängel	arglistig verschwiegene Mängel
zweiseitiger Handelskauf	unverzüglich	unverzüglich nach Entdeckung, jedoch innerhalb zweier Jahre	innerhalb dreier Jahre
einseitiger Handelskauf	innerhalb zweier Jahre nach Lieferung		innerhalb dreier Jahre

Reklamation (Mängelrüge)

Benachrichtigung des Lieferanten über die Lieferung mangelhafter Ware mit genauer Information über die Art des Mangels

Rechte des Käufers

Nacherfüllung

- **Beseitigung des Mangels (Nachbesserung: max. 2 mal)**
- **Ersatzlieferung (Lieferung gleichartiger Ware)**

nach abgelaufener Frist zur Nacherfüllung[1]

- **Minderung**: Herabsetzung des Kaufpreises
- **Rücktritt**: Rückgängigmachung des Kaufvertrages
- **Schadensersatz**: auch bei Rücktritt vom Kaufvertrag möglich
- **Ersatz vergeblicher Aufwendungen**: statt Schadensersatz

[1] Das Setzen einer angemessenen Nachfrist ist z. B. entbehrlich (vgl. § 281 BGB), wenn
- der Verkäufer die Nacherfüllung verweigert oder
- wenn besondere Umstände vorliegen, die unter Abwägung der beiderseitigen Interessen die sofortige Geltendmachung des Schadenersatzanspruches rechtfertigen

Lieferungsverzug
Delay in Delivery

88

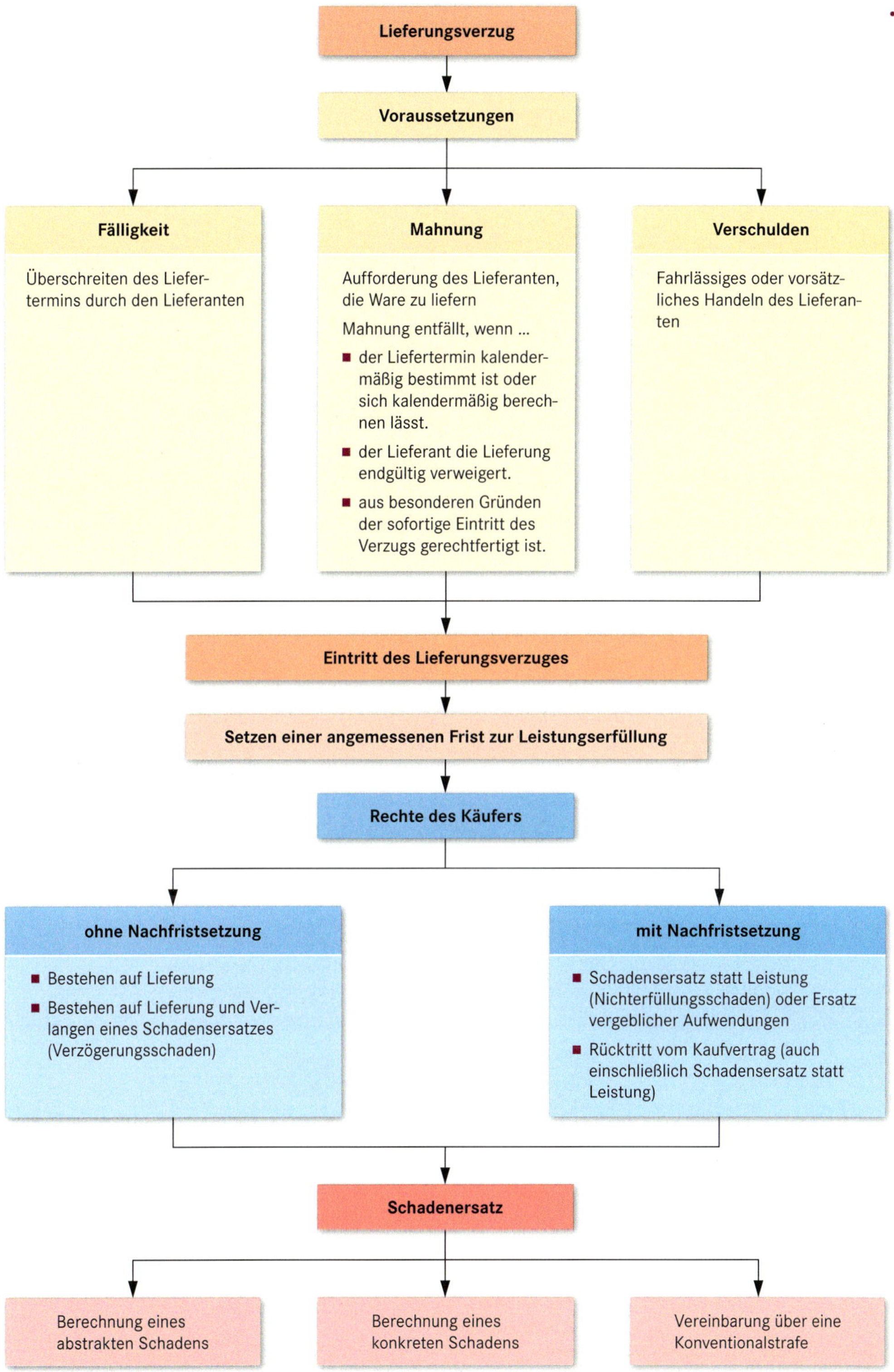

Annahmeverzug
Delay in Acceptance

89

Voraussetzung des Annahmeverzuges

Ordnungsgemäße Lieferung der Ware, die der Käufer nicht annimmt

Eintritt des Annahmeverzuges

In diesem Fall haftet der Käufer prinzipiell für die Beschädigung oder Vernichtung der Ware; der Lieferant haftet nur noch bei Vorsatz oder grober Fahrlässigkeit.

Rechtsfolgen

Rechte des Verkäufers

- Klage auf Abnahme der Ware
- Selbsthilfeverkauf mittels einer öffentlichen Versteigerung (z. B. durch einen Gerichtsvollzieher) oder im freihändigen Verkauf (z. B. durch einen Handelsmakler), wenn die Ware einen Börsen- oder Marktpreis hat (z. B. Rohkaffee), oder als Notverkauf bei leicht verderblichen Waren (z.B. Obst).
- Anspruch auf Ersatz von Mehraufwendungen (z. B. Kosten für die Versteigerung)

Pflichten des Verkäufers

- Einlagerung der Ware auf Kosten und Gefahr des Käufers im eigenen Lager oder in einem öffentlichen Lagerhaus
- Verwahrung hinterlegungsfähiger Sachen beim Amtsgericht (z. B. Geld)
- Mitteilung an den Käufer, wo sich die Ware befindet
- Fristsetzung für die Warenabnahme
- Androhung des Selbsthilfeverkaufs und Mitteilung an den Käufer über Ort und Zeitpunkt des Selbsthilfeverkaufs, soweit kein Notverkauf (verderbliche Ware) vorliegt
- Abrechnen des Selbsthilfeverkaufs mit dem Käufer (Mehrerlös erhält/Mindererlös trägt der Käufer)

Zahlungsverzug
Delay in Payment

Voraussetzung des Zahlungsverzuges

Gelieferte Ware wird nicht fristgerecht bezahlt.

Eintritt des Zahlungsverzuges

Der Zahlungsverzug tritt bei kalendermäßig bestimmbaren Zahlungsterminen mit dem Ablauf des Zahlungszeitpunktes ein. Ansonsten tritt der Zahlungsverzug 30 Tage nach Fälligkeit und Zugang einer Rechnung oder einer gleichwertigen Zahlungsaufforderung ein.

Rechte des Gläubigers

ohne Nachfristsetzung

- Bestehen auf Bezahlung der Ware
- Berechnung von Verzugszinsen laut BGB bzw. HGB

mit Nachfristsetzung

- Schadensersatz statt Leistung oder Ersatz für vergebliche Aufwendung
- Rücktritt vom Kaufvertrag (auch einschließlich Schadensersatz statt der Leistung)

Vorgehensweise beim Zahlungsverzug

- **Kaufmännisches Mahnverfahren**
- **Gerichtliches Mahnverfahren**

Gerichtliches Mahnverfahren
Court Proceedings for Order to Pay Debt

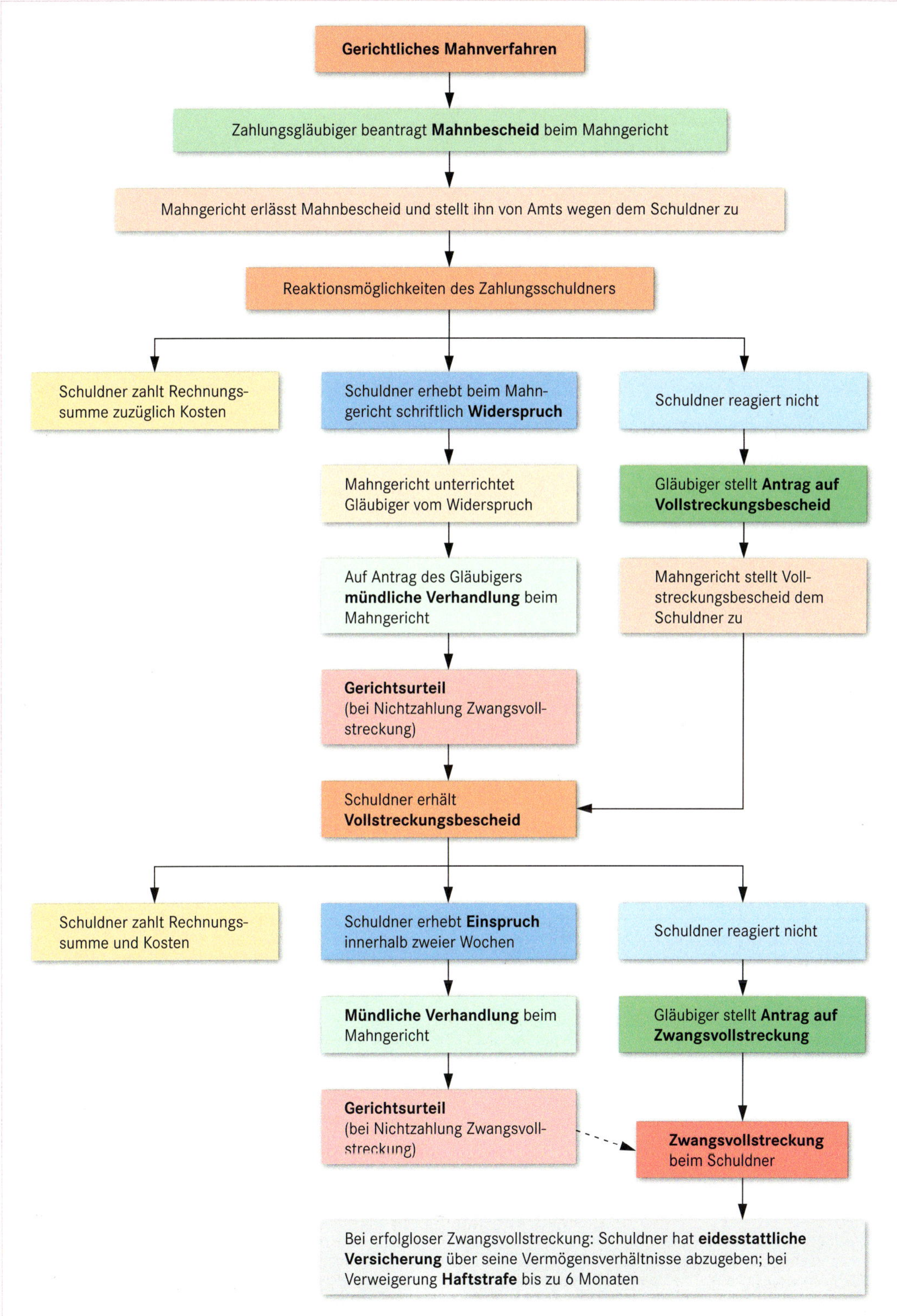

Verjährung von Forderungen
Limitation of Claims

Begriff

Als **Verjährung** bezeichnet man den Ablauf eines Zeitraumes (einer Frist), innerhalb dessen ein Anspruch, eine Forderung mithilfe des Gerichtes durchgesetzt werden kann. Der Anspruch des Gläubigers erlischt aber nicht automatisch am Ende des Verjährungszeitraumes, vielmehr muss der Schuldner die „**Einrede der Verjährung**" geltend machen.

Verjährungsfristen

Laut §195 BGB beträgt die **regelmäßige Verjährungsfrist** von Ansprüchen **drei Jahre**.
Daneben gibt es für besondere Ansprüche jeweils gesonderte Verjährungsfristen:

Verjährungsfrist	**Ansprüche** (Beispiele)	**Verjährungsbeginn**	**BGB**
2 Jahre	Mängelansprüche an einer gekauften Sache	Ablieferung der gekauften Sache	§ 438
3 Jahre	Mängelansprüche bei arglistig verschwiegenen Mängeln, Ansprüche auf regelmäßig wiederkehrende Leistungen	Mit Schluss des Jahres, in dem der Anspruch entstanden ist (so genannte Ultimo-Regelung)	§ 438, 195 ff.
5 Jahre	Mängelansprüche bei einem Bauwerk und Sachen für ein Bauwerk	Übergabe des Grundstücks, Ablieferung der Sache	§ 438
10 Jahre	Ansprüche auf Übertragung des Eigentums an einem Grundstück	Entstehung des Anspruchs	§ 196
30 Jahre	▪ Herausgabeansprüche aus Eigentum und anderen dringlichen Rechten ▪ familien- und erbrechtliche Ansprüche ▪ rechtskräftig festgestellte Ansprüche ▪ Ansprüche aus vollstreckbaren Vergleichen oder Urkunden ▪ vollstreckbare Ansprüche in einem Insolvenzverfahren	Entstehung des Anspruchs	§§ 197, 438

Hemmung der Verjährung

Man spricht von einer **Hemmung** der Verjährung, wenn sich die Verjährungsfrist um einen bestimmten **Zeitraum verlängert**. **Gründe der Hemmung** können z. B. sein:

- **Schwebende Verhandlungen** zwischen Schuldner und Gläubiger über einen Anspruch, bis eine Seite die Verhandlungen abbricht (§ 203 BGB). Die Verjährung tritt frühestens **drei Monate** nach dem Ende der Hemmung ein.
- **Rechtsverfolgung** laut § 204 BGB, wie z. B.:
  - Erhebung der Klage auf Leistung
  - Zustellung des Mahnbescheides im Mahnverfahren
  - Anmeldung des Anspruchs im Insolvenzverfahren
- **Leistungsverweigerungsrecht** laut § 205 BGB
- **Höhere Gewalt** laut § 206 BGB

Die Hemmung endet **sechs Monate** nach der rechtskräftigen Entscheidung oder andersweitiger Beendigung des eingeleiteten Verfahrens (§ 204 BGB).

Neubeginn der Verjährung

Die **Verjährung beginnt** laut § 212 BGB **erneut**, wenn
- der Schuldner dem Gläubiger gegenüber den Anspruch durch Abschlagszahlung, Zinszahlung, Sicherheitsleistung oder in anderer Weise anerkennt.
- eine gerichtliche oder behördliche Vollstreckungshandlung vorgenommen oder beantragt wird.

Rechnungswesen/Controlling

10

Begriff

- Betriebliches Rechnungswesen als **Tätigkeit** ist das systematische zahlenmäßige Erfassen, Aufbereiten, Analysieren, Auswerten und Darstellen von Zahlen als Mengen- und Wertgrößen aller wirtschaftlichen Tatbestände eines Betriebes und seiner Beziehungen zu anderen Betrieben.
- Betriebliches Rechnungswesen als das **Ergebnis einer Tätigkeit** ist nach H. K. Weber ein System von Zahlen über den einzelnen Betrieb und seine Beziehungen zu anderen Wirtschaftssubjekten.

1

Allgemeine Aufgaben des betrieblichen Rechnungswesens

- **Dokumentation**
  Erfassen von Einnahmen und Ausgaben, ...
- **Information**
  Herkunft der Einnahmen und Ausgaben, ...
- **Kontrolle**
  Ursachen eines Verlustes, ...
- **Rechenschaftslegung**
  Legitimation gegenüber den Geldgebern des Unternehmens, ...
- **Planung**
  Abschätzung von Investitionsentscheidungen, ...

Teilbereiche des betrieblichen Rechnungswesens

- Finanzbuchhaltung
- Kosten- und Leistungsrechnung
- Statistik
- Planung

Verknüpfung der Teilbereiche des betrieblichen Rechnungswesens

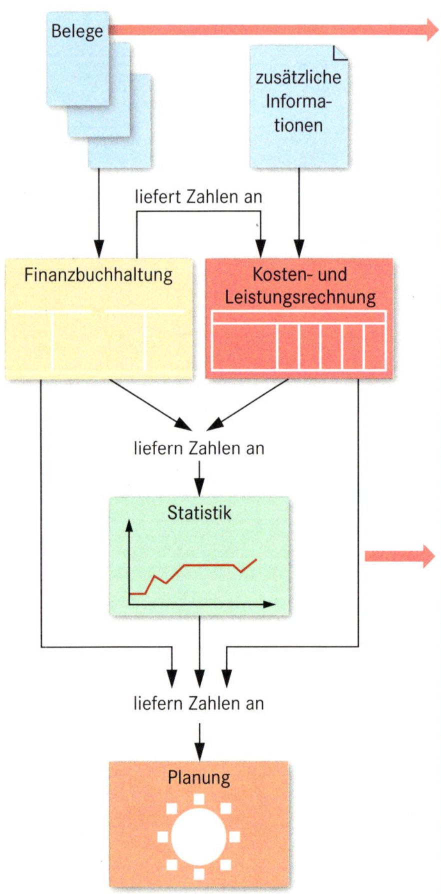

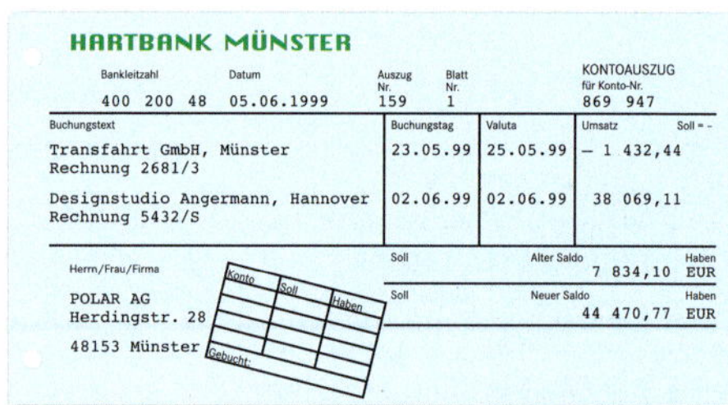
HARTBANK MÜNSTER

Bankleitzahl	Datum	Auszug Nr.	Blatt Nr.	KONTOAUSZUG für Konto-Nr.
400 200 48	05.06.1999	159	1	869 947

Buchungstext	Buchungstag	Valuta	Umsatz Soll = -
Transfahrt GmbH, Münster Rechnung 2681/3	23.05.99	25.05.99	– 1 432,44
Designstudio Angermann, Hannover Rechnung 5432/S	02.06.99	02.06.99	38 069,11

Herrn/Frau/Firma
POLAR AG
Herdingstr. 28
48153 Münster

Konto | Soll | Haben
Gebucht:

Soll – Alter Saldo – Haben: 7 834,10 EUR
Soll – Neuer Saldo – Haben: 44 470,77 EUR

Monatsumsätze 20.. in EUR				
	Produkt A	Produkt B	Produkt C	Produkt D
Januar	10.000,00	12.000,00	35.000,00	22.000,00
Februar	12.000,00	18.000,00	40.000,00	20.000,00
März	15.000,00	16.000,00	37.000,00	18.000,00
April	20.000,00	9.000,00	34.000,00	24.000,00
Mai	16.000,00	4.000,00	41.000,00	28.000,00
Juni	24.000,00	15.000,00	39.000,00	26.000,00
Juli	18.000,00	13.000,00	38.000,00	16.000,00
August	10.000,00	17.000,00	36.000,00	20.000,00
September	14.000,00	15.000,00	39.000,00	26.000,00
Oktober	19.000,00	10.000,00	40.000,00	24.000,00
November	20.000,00	11.000,00	33.000,00	21.000,00
Dezember	21.000,00	14.000,00	36.000,00	20.000,00

Teilbereiche des betrieblichen Rechnungswesens
Sub-areas of Company's Accountancy

Finanzbuchhaltung

Die Finanzbuchhaltung

- ist eine **externe** Rechnung, die überwiegend die finanziellen Beziehungen zwischen dem Unternehmen und der Außenwelt (z. B. Kunden) erfasst;
- ist eine **unternehmensbezogene** Rechnung, die **alle** Erträge und Aufwendungen einer Abrechnungsperiode, unabhängig von ihrem Entstehungsgrund, aufzeichnet;
- ermittelt aus deren Gegenüberstellung in der Gewinn- und Verlustrechnung das **Gesamtergebnis** der Unternehmung;
- wird auf **Konten** durchgeführt;
- unterliegt **gesetzlichen Vorschriften** wie dem HGB, EStG, UStG usw.

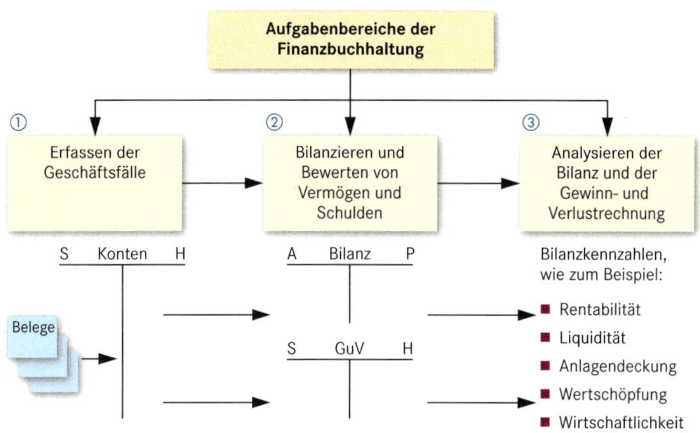

① Erfassung aller wirtschaftlich relevanten Geschäftsfälle wie Einkäufe, Verkäufe, Gehaltszahlungen u. a. m. auf Konten

② Erstellung der Bilanz, aus der die Bestände der verschiedenen betrieblichen Vermögensgegenstände, der Schulden und des Eigenkapitals hervorgehen, und der Gewinn- und Verlustrechnung (GuV) als Gegenüberstellung von Erträgen und Aufwendungen

③ Analyse von Bilanz und Gewinn- und Verlustrechnung mit Hilfe von Bilanzkennzahlen

Kosten- und Leistungsrechnung

Die **Kosten- und Leistungsrechnung**

- ist eine **interne** Rechnung, die der Planung, Steuerung und Kontrolle dient;
- ist eine **betriebsbezogene** Rechnung, die nur die Erträge (Leistungen) und Aufwendungen (Kosten) einer Abrechnungsperiode erfasst, die in engem Zusammenhang mit dem eigentlichen **Betriebszweck** – in einem Industriebetrieb Beschaffung, Produktion und Absatz – stehen;
- ermittelt aus der Gegenüberstellung von Leistungen und Kosten das **Betriebsergebnis**;
- wird in der Regel außerhalb der Konten in **tabellarischer Form** durchgeführt;
- unterliegt **keinen gesetzlichen Vorschriften**.

Aufeinander aufbauende Stufen der KLR sind Kostenarten-, Kostenstellen- und Kostenträgertrechnung.

Statistik

Begriffe	Ziele	Beispiele
■ Zahlenmäßige Erfassung und Analyse von Massenerscheinungen im Sinne großer Mengen – als Tätigkeit oder als Ergebnis dieser Tätigkeit ■ in neuerer Zeit auch Analyse von Stichproben kleinen Umfanges, sodass das Wort „Masse“ nur als „Mehrheit“ interpretiert werden darf	■ Betriebliche Information ■ Kontrolle der Wirtschaftlichkeit durch innerbetriebliche und zwischenbetriebliche Vergleiche ■ Gewinnung neuer Erkenntnisse und Informationen, die die anderen Zweige des Rechnungswesens nicht liefern können ■ Grundlage für Unternehmensplanung und -entscheidungen	■ Vertriebsstatistiken ■ Beschaffungs- und Lagerstatistiken ■ Produktions- und Kostenstatistiken ■ Personal-, Lohn- und Gehaltsstatistiken ■ Bilanz- und Erfolgsstatistiken

Planungsrechnung

- Planung ist die gedankliche Vorwegnahme zukünftigen Handelns.
- Planungsgrundlagen sind Informationen (Zahlen) der anderen Rechnungswesenzweige sowie z. B. des Marktes wie Konkurrenz- und Verbraucherverhalten.
- Der betriebliche Gesamtplan setzt sich aus vielen Einzelplänen zusammen wie z. B. aus Absatzplan, Beschaffungsplan, Kapazitätsplänen wie Personalplan und Investitionsplan, Produktionsplan usw.

Wirtschaftliche Gründe	Rechtliche Gründe
■ Ermittlung von Vermögen und Schulden und deren Veränderungen ■ Bereitstellung von Zahlen für die Kosten- und Preiskalkulation ■ Bewertung der unfertigen und fertigen Erzeugnisse sowie der Eigenleistungen ■ Kontrolle der Kosten und der Wirtschaftlichkeit ■ Entscheidungsgrundlage für Externe wie Banken, Kunden, Lieferanten, Gesellschafter, Finanzbehörden	■ § 238 Abs. 1 HGB: „Jeder Kaufmann ist verpflichtet, Bücher zu führen und in diesen seine Handelsgeschäfte und die Lage seines Vermögens nach den Grundsätzen ordnungsmäßiger Buchführung ersichtlich zu machen". ■ § 5 Abs. 1 EStG: „Bei Gewerbetreibenden, die aufgrund gesetzlicher Vorschriften verpflichtet sind, Bücher zu führen und regelmäßig Abschlüsse zu machen, ..., ist für den Schluss des Wirtschaftsjahres das Betriebsvermögen anzusetzen ..., das nach den handelsrechtlichen Grundsätzen ordnungsmäßiger Buchführung auszuweisen ist". ■ § 140 f AO i. V. m. § 141 AO

Grundsätze ordnungsmäßiger Buchführung

- Um die Handelsgeschäfte und die Lage des Vermögens ersichtlich zu machen, sind Handelsbücher zu führen (§ 238 Abs. 1 HGB).
- Hierzu ist ein Buchführungssystem zu verwenden, wobei sowohl die einfache als auch die doppelte Buchführung dem Anspruch der Nachprüfbarkeit Genüge tun würden.
- Im Falle der doppelten Buchführung sind die Geschäftsfälle in zeitlicher Reihenfolge im Journal oder Grundbuch und nach sachlichen Gesichtspunkten im Hauptbuch auf Sachkonten sowie in Nebenbüchern, wie z. B. Kassenbuch, Lagerbuch, Kontokorrentbuch, aufzuzeichnen.
- Die Bücher sind in einer lebenden Sprache zu führen (§ 239 Abs. 1 HGB).
- Die Aufstellung des Jahresabschlusses erfolgt in deutscher Sprache und die Bewertung in Euro (§ 244 HGB).
- Die Eintragungen in die Handelsbücher sind zeitgerecht und geordnet vorzunehmen (§ 239 Abs. 2 HGB).
- Eintragungen dürfen nur so geändert werden, dass der ursprüngliche Inhalt noch feststellbar ist (§ 239 Abs. 3 HGB).
- Allen Buchungen müssen Belege zugrunde liegen.
- Handelsbücher, Inventare, Bilanzen, Buchungsbelege und Lageberichte müssen 10 Jahre, Handelsbriefe und sonstige Unterlagen sechs Jahre aufbewahrt werden (§ 257 HGB).
- Die Dauer des Geschäftsjahres darf 12 Monate nicht überschreiten (§ 240 Abs. 2 HGB).
- Die Beachtung des Stichtagsprinzips (Bewertung der Vermögensgegenstände und der Schulden zum Abschlussstichtag) nach § 252 Abs. 1 Ziff. 3 HGB soll die Berücksichtigung zukünftiger Ereignisse ausschließen.
- Grundsätzlich gilt für die einzelnen Vermögensgegenstände und die Schulden das Prinzip der Einzelbewertung.

Inventur
Stocktaking

Begriff	Rechtliche Grundlagen
Durchführung einer art-, mengen- und wertmäßigen Bestandsaufnahme zu Beginn eines Handelsgewerbes und am Schluss eines jeden Geschäftsjahres.	§ 240 Absatz 1 und 2 HGB § 141 f AO

Inventurarten

Nach der Art der Bestandsermittlung	Nach dem Umfang der Bestandsermittlung	Nach dem Zeitpunkt der Bestandsermittlung
Körperliche Inventur	Vollinventur	Stichtagsinventur
Buchinventur	Stichprobeninventur	Zeitlich verlegte Inventur
		Permanente Inventur

Inventur
Stocktaking

Körperliche Inventur	Buchinventur
■ Mengenmäßige Bestandsaufnahme aller körperlichen Vermögensgegenstände durch Zählen, Messen und Wiegen ■ Anschließende Bewertung dieser Vermögensgegenstände **Beispiele:** Grundstücke, Gebäude, Maschinen, Fuhrpark, Betriebs- und Geschäftsausstattung, Vorräte an Rohstoffen, Kassenbestand	■ Ermittlung der Bestände des nichtkörperlichen Vermögens und der Schulden aufgrund der Aufzeichnungen der Finanzbuchhaltung **Beispiele:** Forderungen, Bank- und Postgiroguthaben, Darlehen, Hypothekenschulden, Eigenkapital
Vollinventur	**Stichprobeninventur**
■ Aufnahme **aller** einzelnen Vermögensgegenstände und Schuldenteile ■ Regelfall nach § 240 Abs. 1 und 2 HGB	■ Inventur mittels **Stichproben** ■ Aus Vereinfachungsgründen ■ Voraussetzung: Erfüllung der Bedingungen nach § 241 Abs. 1 HGB
Stichtagsinventur	**Zeitlich verlegte Inventur**
■ Inventur zum Bilanzstichtag (= Ende des Geschäftsjahres) ■ Durchführung zeitnah, das heißt in der Regel innerhalb von zehn Tagen vor oder nach dem Bilanzstichtag (Abschnitt 30 Abs. 1 EStR) ■ Berücksichtigung von Bestandsveränderungen zwischen dem Tag der Bestandsaufnahme und dem Bilanzstichtag durch Rückrechnung bzw. Fortschreibung ■ Organisatorische und arbeitstechnische Probleme durch großen Arbeitsanfall innerhalb weniger Tage	■ Durchführung der körperlichen Inventur nach § 241 Abs. 3 HGB bzw. nach Abschnitt 30 Abs. 3 EStR innerhalb der letzten drei **Monate vor dem Bilanzstichtag** oder innerhalb von **zwei Monaten nach dem Bilanzstichtag**. ■ Inventur nach dem Bilanzstichtag → **Rückrechnung**: Alle Zugänge seit dem Bilanzstichtag werden vom Wert des Aufnahmetages abgezogen, alle Abgänge zugezählt. ■ Inventur vor dem Bilanzstichtag → **Fortschreibung**: Alle Zugänge zwischen Aufnahmetag und Bilanzstichtag werden dem Wert am Aufnahmetag zugerechnet. Alle Abgänge werden vom Wert des Aufnahmetages abgezogen.
Permanente Inventur	
■ Ermittlung des Vermögensbestandes nach Art, Menge und Wert lediglich anhand von Lager- und Anlagekarteien (§ 241 Abs. 2 HGB und Abschnitt 30 Abs. 2 EStR) ■ Voraussetzung: Laufende Aufzeichnung aller Zu- und Abgänge in diesen Karteien	■ Überprüfung der Bestände gemäß Buchhaltung auf Übereinstimmung mit den Istbeständen durch körperliche Inventur einmal im Wirtschaftsjahr, wobei der Zeitpunkt dafür frei wählbar ist (Abschnitt 30 Abs. 2 Ziff. 2 EStR) ■ Zeitliche Entzerrung des Arbeitsanfalles, da die Prüfung nicht für alle Bestände gleichzeitig vorgenommen werden muss

Inventar
Inventory

Begriff

Als Ergebnis der Inventur ausführliches Verzeichnis aller Vermögensteile und Schulden eines Unternehmens am Bilanzstichtag

Materielle Anforderungen

- **Vollständigkeit:**
  Alle und nur tatsächlich vorhandene Vermögenswerte und Schulden sind im Inventarverzeichnis enthalten.
- **Richtigkeit:**
  Die nachprüfbaren Angaben über Bezeichnung der Vermögens- bzw. Schuldenart, Menge, Zustandsbeschreibung, Einzelwert und Gesamtwert entsprechen den Tatsachen (ergibt sich aus § 238 Abs. 1 HGB).

Formelle Anforderungen

- **Dauer des Geschäftsjahres:**
  Zwölf Monate dürfen nicht überschritten werden.
- **Zulässigkeit des angewandten Inventurverfahrens**
- **Unterzeichnung:**
  Die Aufnahmeblätter und das Inventar sind von den jeweils Verantwortlichen zu unterzeichnen, nicht vom Kaufmann selbst.
- **Aufbewahrungsfrist:**
  Das Inventar einschließlich aller Unterlagen, insbesondere der Aufnahmelisten, ist zehn Jahre lang aufzubewahren (§ 257 Abs. 4 HGB).

Aufbau

Beispiel: 2

Inventar
des Unternehmens XY in Z für den 31. Dezember 20..

	EUR	EUR
A. Vermögen		
I. Anlagevermögen		
1. Gebäude		
– Fabrikgebäude	1.460.300	
– Verwaltungsgebäude	879.000	
– Lagergebäude	120.000	2.459.300
2. Maschinen lt. Anlagenverzeichnis 1		360.550
3. Werkzeuge lt. Anlagenverzeichnis 2		48.986
4. Betriebs- und Geschäftsausstattung lt. Anlagenverzeichnis 3		50.100
5. Fuhrpark		
– LKW lt. Anlagenverzeichnis 4	210.000	
– PKW lt. Anlagenverzeichnis 5	198.000	408.000
II. Umlaufvermögen		
1. Rohstoffe lt. Verzeichnis 6		370.800
2. Hilfsstoffe lt. Verzeichnis 7		103.490
3. Betriebsstoffe lt. Verzeichnis 8		21.000
4. Unfertige Erzeugnisse lt. Verzeichnis 9		80.100
5. Fertige Erzeugnisse lt. Verzeichnis 10		216.800
6. Forderungen an Kunden		
– F. Schmitz, Hannover	63.200	
– P. Gardener, Hamburg	124.000	
– K. Laube, München	4.300	191.500
7. Kassenbestand		3.560
8. Bankguthaben		
– Nord/LB Hannover	380.000	
– Deutsche Bank Frankfurt	210.000	590.000
Summe des Vermögens		4.904.186
B. Schulden		
I. Langfristige Schulden		
1. Hypothek der Volksbank Braunschweig		1.600.000
2. Darlehen der Nord/LB Hannover		720.000
II. Kurzfristige Schulden		
1. Verbindlichkeiten gegenüber Lieferanten		
– H. Mannig, München	160.000	
– M. Kern, Karlsruhe	69.540	229.540
2. Sonstige Verbindlichkeiten		34.980
Summe der Schulden		2.584.520
C. Ermittlung des Reinvermögens		
Summe des Vermögens		4.904.186
– Summe der Schulden		2.584.520
= Reinvermögen (Eigenkapital)		2.319.666

Mindestgliederung für große und mittelgroße Kapitalgesellschaften nach § 266 Absatz 2 und 3 HGB.

Aktivseite — **Bilanz** — **Passivseite**

Aktivseite

A. Anlagevermögen

I. Immaterielle Vermögensgegenstände:
1. Selbst geschaffene gewerbliche Schutzrechte und ähnliche Rechte und Werte;
2. entgeltlich erworbene Konzessionen, gewerbliche Schutzrechte und ähnliche Rechte und Werte sowie Lizenzen an solchen Rechten und Werten;
3. Geschäfts- oder Firmenwert;
4. geleistete Anzahlungen.

II. Sachanlagen:
1. Grundstücke, grundstücksgleiche Rechte und Bauten einschließlich der Bauten auf fremden Grundstücken;
2. technische Anlagen und Maschinen;
3. andere Anlagen, Betriebs- und Geschäftsausstattung;
4. geleistete Anzahlungen und Anlagen im Bau.

III. Finanzanlagen:
1. Anteile an verbundenen Unternehmen;
2. Ausleihungen an verbundene Unternehmen;
3. Beteiligungen;
4. Ausleihungen an Unternehmen, mit denen ein Beteiligungsverhältnis besteht;
5. Wertpapiere des Anlagevermögens;
6. sonstige Ausleihungen.

B. Umlaufvermögen

I. Vorräte:
1. Roh-, Hilfs- und Betriebsstoffe;
2. unfertige Erzeugnisse, unfertige Leistungen;
3. fertige Erzeugnisse und Waren;
4. geleistete Anzahlungen.

II. Forderungen und sonstige Vermögensgegenstände:
1. Forderungen aus Lieferungen und Leistungen;
2. Forderungen gegen verbundene Unternehmen;
3. Forderungen gegen Unternehmen, mit denen ein Beteiligungsverhältnis besteht;
4. sonstige Vermögensgegenstände.

III. Wertpapiere:
1. Anteile an verbundenen Unternehmen;
2. eigene Anteile;
3. sonstige Wertpapiere.

IV. Schecks, Kassenbestand, Bundesbank- und Postgiroguthaben, Guthaben bei Kreditinstituten.

C. Rechnungsabgrenzungsposten

D. Aktive latente Steuern

E. Aktiver Unterschiedsbetrag aus der Vermögensverrechnung

Passivseite

A. Eigenkapital

I. Gezeichnetes Kapital
II. Kapitalrücklage
III. Gewinnrücklagen:
1. Gesetzliche Rücklage;
2. Rücklage für Anteile an einem herrschenden oder mehrheitlich befähigten Unternehmen;
3. satzungsmäßige Rücklage;
4. andere Gewinnrücklagen.

IV. Gewinnvortrag/Verlustvortrag
V. Jahresüberschuss/Jahresfehlbetrag

B. Rückstellungen

1. Rückstellungen für Pensionen und ähnliche Verpflichtungen;
2. Steuerrückstellungen;
3. sonstige Rückstellungen.

C. Verbindlichkeiten

1. Anleihen, davon konvertibel;
2. Verbindlichkeiten gegenüber Kreditinstituten;
3. erhaltene Anzahlungen auf Bestellungen;
4. Verbindlichkeiten aus Lieferungen und Leistungen;
5. Verbindlichkeiten aus der Annahme gezogener Wechsel und der Ausstellung eigener Wechsel;
6. Verbindlichkeiten gegenüber verbundenen Unternehmen;
7. Verbindlichkeiten gegenüber Unternehmen, mit denen ein Beteiligungsverhältnis besteht;
8. sonstige Verbindlichkeiten, davon aus Steuern, davon im Rahmen der sozialen Sicherheit.

D. Rechnungsabgrenzungsposten

E. Passive latente Steuern

Wertänderungen in der Bilanz

Bilanzpositionen verändern sich in der laufenden Periode aufgrund von Geschäftsfällen.
Die **Bilanzwaage**, in der die aktiven und die passiven Bestandskonten nebeneinander aufgeführt werden, zeigt die veränderten Bestände der Bilanzpositionen nach jedem Geschäftsfall.

Arten von Wertänderungen	Wirkung auf die Bilanzsumme	Beispiele für Geschäftsfälle
■ Aktivtausch	Bilanzsumme bleibt unverändert	Kauf eines PKW gegen Bankscheck (30.000 EUR)
■ Passivtausch	Bilanzsumme bleibt unverändert	Kurzfristige Verbindlichkeit wird in Darlehen umgeschuldet (10.000 EUR)
■ Aktiv-Passiv-Mehrung	Bilanzsumme wird größer	Einkauf von Rohstoffen auf Ziel (25.000 EUR)
■ Aktiv-Passiv-Minderung	Bilanzsumme wird kleiner	Tilgung eines Darlehens durch Banküberweisung (5.000 EUR)

Bilanzwaage

Beispiel: (Auf der Grundlage der vorangegangenen Geschäftsfälle) 4

	Aktiva		Bilanz (in TEUR)					Passiva
Fall	Maschinen	Fuhrpark	Rohstoffe	Bankguthaben	Bilanzsumme	Eigenkapital	Darlehen	Verbindlichkeiten	Bilanzsumme
Ausgangslage	420	60	230	40	750	200	400	150	750
1	420	90	230	10	750	200	400	150	750
2	420	90	230	10	750	200	410	140	750
3	420	90	255	10	775	200	410	165	775
4	420	90	255	5	770	200	405	165	770

Auflösung der Bilanz in Bestandskonten

Würde nach jedem Geschäftsfall eine neue Bilanz erstellt (siehe Bilanzwaage), so entspräche die Zahl der Bilanzen eines Geschäftsjahres der i. d. R. sehr großen Zahl an Geschäftsfällen. Der Aufwand wäre beträchtlich.

Daher wird die Bilanz in T-Konten zerlegt.

Die linke Seite jedes Kontos wird mit „Soll“, die rechte mit „Haben“ bezeichnet.

Einrichtung der Bestandskonten

- Benennung der Konten entsprechend den Bilanzpositionen
- Eintragen der Anfangsbestände in die Konten, ablesbar aus der Eröffnungsbilanz des laufenden Jahres (= Schlussbilanz des vergangenen Jahres)

Formelle Anforderungen

- Anfangsbestände der Vermögensposten
  → Sollseite der aktiven Bestandskonten
- Anfangsbestände der Kapitalposten
  → Habenseite der passiven Bestandskonten

Inventar
Inventory

Begriffe

- **Anlagevermögen (AV):**
  Langfristige Nutzung

  Beispiele:
  Grundstücke, Gebäude, Maschinen, Fuhrpark, Betriebs- und Geschäftsausstattung, Beteiligungen, Wertpapiere des AV

- **Umlaufvermögen (UV):**
  Ständige Veränderung in Menge und Zusammensetzung

  Beispiele:
  Vorräte an Werkstoffen sowie unfertigen und fertigen Erzeugnissen, Forderungen aus Lieferungen und Leistungen, Bankguthaben, Kassenbestand

- **Langfristige Schulden**

  Beispiele:
  Hypothekenschulden, Darlehensschulden

- **Kurzfristige Schulden**

  Beispiele:
  Verbindlichkeiten aus Lieferungen und Leistungen, Steuerverbindlichkeiten

- **Reinvermögen oder Eigenkapital (EK)**
  Vermögen – Schulden = Reinvermögen (Eigenkapital)

Form

- Staffelform
- Dreispaltig

Gliederungsprinzipien

- **Vermögen**:
  Zunehmende Liquidität (Flüssigkeit) oder Geldnähe
- **Schulden**:
  Abnehmende Fristigkeit (Fälligkeit)

Bilanz
Balance Sheet

Begriff

- Kurz gefasste Übersicht des umfangreichen Inventars
- lat. bilanx, bi – doppelt
  lanx – Schale;
  im Sinne von Balken- oder Doppelwaage

Rechtgrundlage

- § 242 Absatz 1 HGB

Form

- Gegenüberstellung von Aktiva und Passiva in Staffel- oder Kontoform

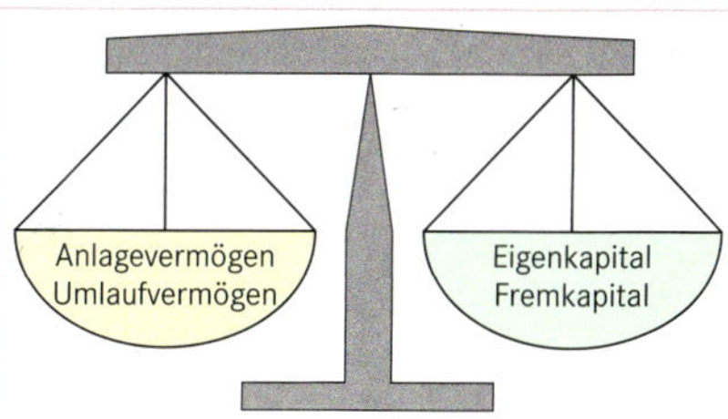

Aufbau

Aktiva	Bilanz Passiva
Anlagevermögen	Eigenkapital
Umlaufvermögen	Fremdkapital (Schulden)

Interpretation der Bilanz

- **Aktivseite**
  - Vermögensformen (i. d. R. konkret)
  - Investitionen
  - Mittelverwendung
- **Passivseite**
  - Kapitalarten (abstrakt)
  - Finanzierung
  - Mittelherkunft

Bilanzgleichungen

Vermögen = Kapital

Vermögen – Fremdkapital = Eigenkapital

Anlage- + Umlaufvermögen = Eigen- + Fremdkapital

Vermögen – Eigenkapital = Fremdkapital

Beispiel:

Bilanz

Aktiva	des Unternehmens XY in Z zum 31. Dezember 20.. in EUR		**Passiva**
I. Anlagevermögen		**I. Eigenkapital**	2.319.666
1. Gebäude	2.459.300		
2. Maschinen	360.550	**II. Verbindlichkeiten**	
3. Werkzeuge	48.986	1. Hypotheken	1.600.000
4. Betriebs- und Geschäftsausstattung	50.100	2. Darlehen	720.000
5. Fuhrpark	408.000	3. Verbindlichkeiten aus Lieferungen und Leistungen	229.540
		4. Sonstige Verbindlichkeiten	34.980
II. Umlaufvermögen			
1. Rohstoffe	370.800		
2. Hilfsstoffe	103.490		
3. Betriebsstoffe	21.000		
4. Unfertige Erzeugnisse	80.100		
5. Fertige Erzeugnisse	216.800		
6. Forderungen aus Lieferungen und Leistungen	191.500		
7. Kassenbestand	3.560		
8. Bankguthaben	590.000		
Ort, Datum, Unterschrift	4.904.186		4.904.186

3

Vergleich Inventar – Bilanz

Inventar	Bilanz
■ Ausführliche, umfangreiche Darstellung der einzelnen Vermögens- und Schuldenwerte	■ Kurzgefasste Darstellung des Vermögens und des Kapitals
■ Angabe von Mengen, Einzelwerten und Gesamtwerten der einzelnen Vermögens- und Schuldenarten	■ Nur Angabe der Gesamtwerte der Hauptpositionen der verschiedenen Bilanzposten
■ Darstellung in Staffelform	■ Darstellung in Kontoform oder in Staffelform

Gliederungsprinzipien

- **Aktiva:**
  Nach zunehmender Liquidität oder Geldnähe
- **Passiva:**
  Nach abnehmender Fristigkeit

Formelle Anforderungen

- **Unterzeichnung:**
  Einzelunternehmung → Inhaber persönlich
  OHG → alle Gesellschafter
  KG → alle persönlich haftenden Gesellschafter
  AG → alle Mitglieder des Vorstands
  GmbH → alle Geschäftsführer
- **Aufbewahrungsfrist:**
  Zehn Jahre (§ 257 Absatz 4 HGB)

Erfolgsermittlung durch Kapitalvergleich

Beispiel:

	Eigenkapital am Ende des Berichtsjahres	2.319.666 EUR
+	Privatentnahmen des Berichtsjahres	48.000 EUR
–	Privateinlagen des Berichtsjahres	200.000 EUR
=	Korrigiertes Eigenkapital des Berichtsjahres	2.167.666 EUR
–	Eigenkapital des Vorjahres	2.000.000 EUR
=	Gewinn/Verlust des Berichtsjahres	167.666 EUR (Gewinn)

Beispiel für eröffnete Bestandskonten

Aktiva	**Eröffnungsbilanz** (in TEUR)		**Passiva**
Maschinen	420	Eigenkapital	200
Fuhrpark	60	Darlehen	400
Rohstoffe	230	Verbindlichkeiten	150
Bankguthaben	40		
	750		750

Soll	Maschinen	Haben
AB	420	

Soll	Eigenkapital	Haben
	AB	200

Soll	Fuhrpark	Haben
AB	60	

Soll	Darlehen	Haben
	AB	400

Soll	Rohstoffe	Haben
AB	230	

Soll	Verbindlichkeiten	Haben
	AB	150

Soll	Bankguthaben	Haben
AB	40	

(Siehe Ausgangslage Bilanzwaage S. 418)

5

Erfassung von Geschäftsfällen

Beispiel:

> Autohaus **Schnell**
>
> Carl Faltex OHG
> Büssingring 21
> 38100 Braunschweig
>
> Rechnungs-Nr.: 4756 vom 20..-09-23
>
> 1 PKW Mercedes E 200 30.000 EUR
>
> Betrag durch Verrechnungscheck erhalten
>
> *Unterschrift*

Fragen	**Antworten**	
1. Welche Konten werden von dem Geschäftsfall berührt?	Konto Fuhrpark	Konto Bankguthaben
2. Um welche Art von Konto handelt es sich jeweils?	Aktives Bestands-konto	Aktives Bestands-konto
3. Welche Art von Veränderung findet auf den Konten jeweils statt?	Zugang	Abgang
4. Auf welcher Seite des jeweiligen Kontos ist die Veränderung zu erfassen?	Sollseite	Habenseite

Aktive Bestandskonten:	**Passive Bestandskonten:**
Zugänge auf der Sollseite	Zugänge auf der Habenseite
Abgänge auf der Habenseite	Abgänge auf der Sollseite

Kontenabschluss

- Errechnung der Endbestände (Salden) in den Konten:
  Anfangsbestand
  + Zugänge
  - Abgänge
  = Endbestand (Saldo)
- Eintragung der Salden auf der jeweils „schwächeren" Seite der Konten zum wertmäßigen Ausgleich von Soll- und Habenseite
- Zusammenfassung der Endbestände in der Schlussbilanz

Abgeschlossene Konten/Schlussbilanz

Beispiel:

Soll	Maschinen		Haben
AB	420	EB	420

Soll	Eigenkapital		Haben
EB	200	AB	200

Soll	Fuhrpark		Haben
AB	60	EB	90
Zug.	30		
	90		90

Soll	Darlehen		Haben
Abg.	5	AB	400
EB	405	Zug.	10
	410		410

Soll	Rohstoffe		Haben
AB	230	EB	255
Zug.	25		
	255		255

Soll	Verbindlichkeiten		Haben
Abg.	10	AB	150
EB	165	Zug.	25
	175		175

Soll	Bankguthaben		Haben
AB	40	Abg.	30
		Abg.	5
		EB	5
	40		40

(Siehe Geschäftsfälle und Bilanzwaage S. 418)

6

Schlussbilanz
(in TEUR)

Aktiva			**Passiva**
Maschinen	420	Eigenkapital	200
Fuhrpark	90	Darlehen	405
Rohstoffe	255	Verbindlichkeiten	165
Bankguthaben	5		
	770		770

Kontenbewegungen

Soll	Aktive Bestandskonten	Haben
Anfangsbestand		Abgänge
Zugänge		Endbestand (= Saldo)

Soll	Passive Bestandskonten	Haben
Abgänge		Anfangsbestand
Endbestand (= Saldo)		Zugänge

Buchungssatz
Accounting Entry

Geschäftsfall

Beispiel:
Kauf eines PC im Wert von 2.500 EUR auf Ziel.

Überlegungen zur Buchung

- Konto Betriebs- und Geschäftsausstattung – Aktives Bestandskonto – Zugang – Sollseite
- Konto Verbindlichkeiten – Passives Bestandskonto – Zugang – Habenseite

Einfacher Buchungssatz

- Der einfache Buchungssatz ist die Kurzfassung der Überlegungen zur Buchung eines Geschäftsfalls, bei dem nur **zwei Konten** angesprochen werden.
- Zuerst wird das Konto mit der Sollbuchung, anschließend das Konto mit der Habenbuchung genannt, verbunden durch das Wort „an".
- **Buchungssatz:**

Betriebs- und Geschäftsausstattung	2.500 EUR	
an Verbindlichkeiten		2.500 EUR

Beispiel:

Kauf von Waren bar	8.700 EUR	

Buchungssatz:

Waren	8.700 EUR	
an Kasse		8.700 EUR

Zusammengesetzter Buchungssatz

- Beim zusammengesetzten Buchungssatz werden **mehr als zwei Konten** angesprochen.
- Zuerst werden die Konten mit den Sollbuchungen, anschließend die Konten mit den Habenbuchungen genannt, verbunden durch das Wort „an".
- Der Wert der Sollbuchungen muss dem Wert der Habenbuchungen entsprechen.

Beispiel:
Kauf einer Maschine im Wert von 20.000 EUR; 5.000 EUR werden sofort mit Scheck bezahlt, der Rest ist in zwei Wochen fällig.

Buchungssatz:

Maschinen	20.000 EUR	
an Bank		5.000 EUR
an Verbindlichkeiten		15.000 EUR

Organisation der Buchführung
Organization of Bookkeeping

Kontenrahmen

- **Systematische Gliederung** aller **Konten** der Betriebe einer Branche, zum Beispiel für Industriebetriebe der Industriekontenrahmen
- Gliederung nach dem **Abschlussgliederungsprinzip** (im Hinblick auf den Jahresabschluss)
- Aufbau nach dem **dekadischen System** in
  - 10 Kontenklassen; je Klasse in
  - 10 Kontengruppen; je Gruppe in
  - 10 Kontenarten; je Art in
  - 10 Kontenunterarten; jede Unterart ...

Abschlussgliederungsprinzip			
Soll	8010 Schlussbilanzkonto		Haben
Kontenklasse	Aktiva	Passiva	Kontenklasse
0	Immaterielle Vermögensgegenstände und Sachanlagen	Eigenkapital, Wertberichtigungen und Rückstellungen	3
1	Finanzanlagen	Verbindlichkeiten und passive Rechnungsabgrenzung	4
2	Umlaufvermögen und aktive Rechnungsabgrenzung		
Soll	8020 Gewinn und Verlustkonto		Haben
Kontenklasse	Aufwendungen	Erträge	Kontenklasse
6	Betriebliche Aufwendungen	Erträge	5
7	Weitere Aufwendungen		

Kontenplan

- **Betriebsindividuelle Ausgestaltung** des Kontenrahmens
- Aufbau ebenfalls nach dem **dekadischen System**
- Nicht benötigte Konten werden weggelassen, zusätzliche Konten eingefügt
- Im Buchungssatz tritt an die Stelle der Kontenbezeichnung die **Kontennummer**

Industrie-Kontenrahmen (IKR) für Aus- und Fortbildung[1]

1987 herausgegeben vom Bundesverband der Deutschen Industrie

Kontenklassen

AKTIVA

0 Immaterielle Vermögensgegenstände und Sachanlagen

00 Ausstehende Einlagen
0000 Ausstehende Einlagen
01 Frei
Immaterielle Vermögensgegenstände
02 Konzessionen, gewerbliche Schutzrechte und ähnliche Rechte und Werte sowie Lizenzen an solchen Rechten und Werten
0200 Konzessionen
03 Geschäfts- oder Firmenwert
0300 Geschäfts- oder Firmenwert
04 Frei
Sachanlagen
05 Grundstücke, grundstücksgleiche Rechte und Bauten einschließlich der Bauten auf fremden Grundstücken
0500 Unbebaute Grundstücke
0510 Bebaute Grundstücke
0520 Gebäude (Sammelkonto)
0530 Betriebsgebäude
0540 Verwaltungsgebäude
0550 Andere Bauten
0560 Grundstückseinrichtungen
0570 Gebäudeeinrichtungen
0590 Wohngebäude
06 Frei
07 Technische Anlagen und Maschinen[2]
0700 Anlagen und Maschinen der Energieversorgung
0710 Anlagen der Materiallagerung und -bereitstellung
0720 Anlagen und Maschinen der mechanischen Materialbearbeitung, -verarbeitung und -umwandlung
0730 Anlagen für Wärme-, Kälte- und chemische Prozesse sowie ähnliche Anlagen
0740 Anlagen für Arbeitssicherheit und Umweltschutz
0750 Transportanlagen und ähnliche Betriebsvorrichtungen
0760 Verpackungsanlagen und -maschinen
0770 Sonstige Anlagen und Maschinen
0780 Reservemaschinen und -anlagenteile
0790 Geringwertige Anlagen und Maschinen
08 Andere Anlagen, Betriebs- und Geschäftsausstattung[2]
0800 Andere Anlagen
0810 Werkstätteneinrichtung
0820 Werkzeuge, Werksgeräte und Modelle, Prüf- und Messmittel
0830 Lager- und Transporteinrichtungen
0840 Fuhrpark
0850 Sonstige Betriebsausstattung
0860 Büromaschinen, Organisationsmittel und Kommunikationsanlagen
0870 Büromöbel und sonstige Geschäftsausstattung
0880 Reserveteile für Betriebs- und Geschäftsausstattung
0890 Geringwertige Vermögensgegenstände der Betriebs- und Geschäftsausstattung
0891 GWG-Sammelposten
09 Geleistete Anzahlungen und Anlagen in Bau
0900 Geleistete Anzahlungen auf Sachanlagen
0950 Anlagen im Bau

1 Finanzanlagen

10 bis 12 Frei
13 Beteiligungen
14 Frei
15 Wertpapiere des Anlagevermögens
1500 Wertpapiere des Anlagevermögens
16 Sonstige Finanzanlagen
1600 Sonstige Finanzanlagen

2 Umlaufvermögen und aktive Rechnungsabgrenzung

Vorräte
20 Roh-, Hilfs- und Betriebsstoffe[5]
2000 Rohstoffe/Fertigungsmaterial
2001 Bezugskosten
2002 Nachlässe
2010 Vorprodukte/Fremdbauteile
2011 Bezugskosten
2012 Nachlässe
2020 Hilfsstoffe
2021 Bezugskosten
2022 Nachlässe
2030 Betriebsstoffe
2031 Bezugskosten
2032 Nachlässe
2070 Sonstiges Material
2071 Bezugskosten
2072 Nachlässe
21 Unfertige Erzeugnisse, unfertige Leistungen
2100 Unfertige Erzeugnisse
2190 Unfertige Leistungen
22 Fertige Erzeugnisse und Waren
2200 Fertige Erzeugnisse
2280 Waren (Handelswaren)[5]
2281 Bezugskosten
2282 Nachlässe
23 Geleistete Anzahlungen auf Vorräte
2300 Geleistete Anzahlungen auf Vorräte
Forderungen und sonstige Vermögensgegenstände (24-26)
24 Forderungen aus Lieferungen und Leistungen
2400 Forderungen aus Lieferungen und Leistungen
2420 Kaufpreisforderungen
2421 Umsatzsteuerforderungen
2450 Wechselforderungen aus Lieferungen und Leistungen (Besitzerwechsel)
2470 Zweifelhafte Forderungen
2480 Protestwechsel
25 Innergemeinschaftlicher Erwerb/Einfuhr
2500 Innergemeinschaftl. Erwerb
2501 Bezugskosten
2502 Nachlässe
2510 Gütereinfuhr
2511 Bezugskosten
2512 Nachlässe
26 Sonstige Vermögensgegenstände
2600 Vorsteuer
2602 Vorsteuer (19 %) i. E.
2604 Einfuhrumsatzsteuer
2630 Sonstige Forderungen an Finanzbehörden
2640 SV-Vorauszahlung
2650 Forderungen an Mitarbeiter
2690 Übrige sonstige Forderungen
27 Wertpapiere des Umlaufvermögens
2700 Wertpapiere des Umlaufvermögens
28 Flüssige Mittel
2800–2842 Guthaben bei Kreditinstituten (Bank)
2850 Postgiro
2860 Schecks
2870 Bundesbank
2890 Nebenkassen
29 Aktive Rechnungsabgrenzung (und Bilanzfehlbetrag)
2900 Aktive Jahresabgrenzung
2920 Umsatzsteuer auf erhaltene Anzahlungen
2930 Disagio
2990 (nicht durch Eigenkapital gedeckter Fehlbetrag)

PASSIVA

3 Eigenkapital und Rückstellungen

Eigenkapital
30 Eigenkapital/Gezeichnetes Kapital
Bei Einzelkaufleuten:
3000 Eigenkapital
3001 Privatkonto
Bei Personengesellschaften:
3000 Kapital Gesellschafter A
3001 Privatkonto A
3010 Kapital Gesellschafter B
3011 Privatkonto B
3070 Kommanditkapital Gesellschafter C
3080 Kommanditkapital Gesellschafter D
Bei Kapitalgesellschaften:
3000 Gezeichnetes Kapital (Grundkapital/Stammkapital)
31 Kapitalrücklage
3100 Kapitalrücklage
32 Gewinnrücklagen
3210 Gesetzliche Rücklagen
3230 Satzungsmäßige Rücklagen
3240 Andere Gewinnrücklagen
33 Ergebnisverwendung
3310 Jahresergebnis des Vorjahres
3320 Ergebnisvortrag aus früheren Perioden
3340 Veränderung der Gewinnrücklagen vor Bilanzergebnis
3350 Bilanzgewinn/Bilanzverlust
3360 Ergebnisausschüttung
3390 Ergebnisvortrag auf neue Rechnung
34 Jahresüberschuss/Jahresfehlbetrag
3400 Jahresüberschuss/Jahresfehlbetrag
35 Sonderposten mit Rücklageanteil
3500 Sonderposten mit Rücklageanteil
36 Wertberichtigungen
(Bei Kapitalgesellschaften als Passivposten der Bilanz nicht mehr zulässig)
3610 – zu Sachanlagen
3650 – zu Finanzanlagen
3670 Einzelwertberichtigung zu Forderungen
3680 Pauschalwertberichtigung zu Forderungen

Rückstellungen
37 Rückstellungen für Pensionen und ähnliche Verpflichtungen
3700 Rückstellungen für Pensionen und ähnliche Verpflichtungen
38 Steuerrückstellungen
3800 Steuerrückstellungen
39 Sonstige Rückstellungen[3]
3910 – für Gewährleistung
3930 – für andere ungewisse Verbindlichkeiten
3970 – für drohende Verluste aus schwebenden Geschäften
3990 – für Aufwendungen

4 Verbindlichkeiten und passive Rechnungsabgrenzung

40 Frei
41 Anleihen
4100 Anleihen
42 Verbindlichkeiten gegenüber Kreditinstituten
4210 Kurzfristige Bankverbindlichkeiten
4230 Mittelfristige Bankverbindlichkeiten
4250 Langfristige Bankverbindlichkeiten
43 Erhaltene Anzahlungen auf Bestellungen
4300 Erhaltene Anzahlungen
44 Verbindlichkeiten aus Lieferungen und Leistungen
4400 Verbindlichkeiten aus Lieferungen und Leistungen
4420 Kaufpreisverbindlichkeiten
45 Wechselverbindlichkeiten
4500 Schuldwechsel
46 und 47 Frei
48 Sonstige Verbindlichkeiten
4800 Umsatzsteuer
4802 Umsatzsteuer (19 %) für i. E.
4820 Zollverbindlichkeiten
4830 Sonstige Verbindlichkeiten gegenüber Finanzbehörden
4840 Verbindlichkeiten gegenüber Sozialversicherungsträgern
4850 Verbindlichkeiten gegenüber Mitarbeitern
4860 Verbindlichkeiten aus vermögenswirksamen Leistungen
4870 Verbindlichkeiten gegenüber Gesellschaftern (Dividende)
4890 Übrige sonstige Verbindlichkeiten
49 Passive Rechnungsabgrenzung
4900 Passive Jahresabgrenzung

Vgl.: Deitermann/Rückwart/Schmolke: Industrielles Rechnungswesen – IKR, 38. Auflage, 2010

Anmerkungen:

[1] Aus EDV-Gründen sind die Kontenziffern vierstellig.

[2] Die Konten der Kontengruppen **07** und **08** werden als Sammelkonten **0700 Technische Anlagen** und Maschinen bzw. **0800 Andere Anlagen/Betriebs- und Geschäftsausstattung** geführt.

[3] Die Konten der Kontengruppe **39** werden als Sammelkonto **3900 Sonstige Rückstellungen** geführt.

[4] Die Konten **6400** und **6410** werden als Sammelkonto **6400 Arbeitgeberanteil zur Sozialversicherung** geführt.

[5] Werden die Material- und Wareneinkäufe nicht bestandsorientiert in der Kontengruppe **20** (RHB) bzw. im Konto **2280 Waren** (Handelswaren) gebucht, sondern aufwandsorientiert in der Kontengruppe **60**, sind auch die Unterkonten „Bezugskosten" und „Nachlässe" in der **Kontengruppe 60** statt in der Kontengruppe **20** zu buchen.

Industrie-Kontenrahmen (IKR) für Aus- und Fortbildung[1)]

1987 herausgegeben vom Bundesverband der Deutschen Industrie

Kontenklassen

Erträge

5 Erträge

50 Umsatzerlöse für eigene Erzeugnisse und andere Leistungen
5000 Umsatzerlöse für eigene Erzeugnisse
5001 Erlösberichtigungen
5050 Umsatzerlöse für andere eigene Leistungen
5051 Erlösberichtigungen
5060 Erlöse aus innergemeinschaftlicher Lieferung (i. L.)
5061 Erlösberichtigungen
5070 Erlöse aus Güterausfuhr
5071 Erlösberichtigungen

51 Umsatzerlöse für Waren und sonstige Umsatzerlöse
5100 Umsatzerlöse für Waren
5101 Erlösberichtigungen
5190 Sonstige Umsatzerlöse
5191 Erlösberichtigungen

52 Erhöhung oder Verminderung des Bestandes an unfertigen und fertigen Erzeugnissen
5200 Bestandsveränderungen
5201 Bestandsveränderungen an unfertigen Erzeugnissen und nicht abgerechneten Leistungen
5202 Bestandsveränderungen an fertigen Erzeugnissen

53 Andere aktivierte Eigenleistungen
5300 Aktivierte Eigenleistungen

54 Sonstige betriebliche Erträge
5400 Mieterträge
5401 Leasingerträge
5410 Sonstige Erlöse (z. B. aus Provisionen oder Anlageabgängen)
5420 Entnahme von Gegenständen und sonstigen Leistungen
5430 Andere sonstige betriebliche Erträge
5440 Erträge aus Werterhöhungen von Gegenständen des Anlagevermögens (Zuschreibungen)
5450 Erträge aus der Auflösung oder Herabsetzung von Wertberichtigungen auf Forderungen
5460 Erträge aus dem Abgang von Vermögensgegenständen
5480 Erträge aus der Herabsetzung von Rückstellungen
5490 Periodenfremde Erträge

55 Erträge aus Beteiligungen
5500 Erträge aus Beteiligungen

56 Erträge aus anderen Wertpapieren und Ausleihungen des Finanzanlagevermögens
5600 Erträge aus anderen Finanzanlagen

57 Sonstige Zinsen und ähnliche Erträge
5710 Zinserträge
5730 Diskonterträge
5780 Erträge aus Wertpapieren des Umlaufvermögens
5790 Sonstige zinsähnliche Erträge

58 Außerordentliche Erträge
5800 Außerordentliche Erträge

59 Frei

Aufwendungen

6 Betriebliche Aufwendungen

Materialaufwand

60 Aufwendungen für Roh-, Hilfs- und Betriebsstoffe und für bezogene Waren[4)]
6000 Aufwendungen für Rohstoffe/Fertigungsmaterial
6001 Bezugskosten
6002 Nachlässe
6010 Aufwendungen für Vorprodukte/Fremdbauteile[4)]
6020 Aufwendung. für Hilfsstoffe[4)]
6030 Aufwendungen für Betriebsstoffe/Verbrauchswerkzeuge[4)]
6040 Aufwendungen für Verpackungsmaterial
6050 Aufwendungen für Energie
6060 Aufwendungen für Reparaturmaterial
6070 Aufwendungen für sonstiges Material
6080 Aufwendungen für Waren[4)]

61 Aufwendungen für bezogene Leistungen
6100 Fremdleistungen für Erzeugnisse und andere Umsatzleistungen
6140 Frachten und Nebenkosten
6150 Vertriebsprovisionen
6160 Fremdinstandhaltung
6170 Sonstige Aufwendungen für bezogene Leistungen

Personalaufwand

62 Löhne
6200 Löhne einschl. tariflicher, vertraglicher oder arbeitsbedingter Zulagen
6210 Urlaubs- und Weihnachtsgeld
6220 Sonstige tarifliche oder vertragliche Aufwendungen für Lohnempfänger
6230 Freiwillige Zuwendungen
6250 Sachbezüge
6260 Vergütungen an gewerbliche Auszubildende

63 Gehälter
6300 Gehälter und Zulagen
6310 Urlaubs- und Weihnachtsgeld
6320 Sonstige tarifliche oder vertragliche Aufwendungen
6330 Freiwillige Zuwendungen
6350 Sachbezüge
6360 Vergütung. an Auszubildende

64 Sonstige Abgaben und Aufwendungen für Altersversorgung und für Unterstützung
6400 Arbeitgeberanteil zur Sozialversicherung (Lohnbereich)[3)]
6410 Arbeitgeberanteil zur Sozialversich. (Gehaltsbereich)[3)]
6420 Beiträge zur Berufsgenossenschaft
6440 Aufwendg. für Altersversorg.
6450 Aufwendg. für Unterstützung

65 Abschreibungen
Abschreibungen auf Anlagevermögen
6510 Abschreibungen auf immaterielle Vermögensgegenstände des Anlagevermögens
6520 Abschreib. auf Sachanlagen
6540 Abschreibungen auf geringwertige Wirtschaftsgüter
6550 Außerplanmäßige Abschreibungen auf Sachanlagen
6570 Unüblich hohe Abschreibungen auf Umlaufvermögen

66 Sonstig. Personalaufwendungen
6979 Anlagenabgänge
6980 Zuführung zu Rückstellungen für Gewährleistung
6990 Periodenfremde Aufwendungen
6600 Aufwendungen für Personaleinstellung
6610 Aufwendungen für übernommene Fahrtkosten
6620 Aufwendungen für Werksarzt und Arbeitssicherheit
6630 Personenbezogene Versicherungen
6640 Aufwendungen für Fort- und Weiterbildung
6650 Aufwendg. für Dienstjubiläen
6660 Aufwendungen für Belegschaftsveranstaltungen
6670 Aufwendungen für Werksküche u. Sozialeinrichtungen
6680 Ausgleichsabgabe nach dem Schwerbehindertengesetz
6690 Übrige sonstige Personalaufwendungen

67 Aufwendung. für die Inanspruchnahme von Rechten und Diensten
6700 Mieten, Pachten
6710 Leasingaufwendungen
6720 Lizenzen und Konzessionen
6730 Gebühren
6750 Kosten des Geldverkehrs
6760 Provisionsaufwendungen (außer Vertriebsprovisionen)
6770 Rechts- und Beratungskosten

68 Aufwendungen für Kommunikation (Dokumentation, Information, Reisen, Werbung)
6800 Büromaterial
6810 Zeitungen und Fachliteratur
6820 Portokosten
6830 Kosten der Telekommunikation
6850 Reisekosten
6860 Bewirtung und Präsentation
6870 Werbung
6880 Spenden

69 Aufwendungen für Beiträge und Sonstiges sowie Wertkorrekturen und periodenfremde Aufwendungen
6900 Versicherungsbeiträge
6920 Beiträge zu Wirtschaftsverbänden und Berufsvertretung.
6930 Verluste aus Schadensfällen
6940 Sonstige Aufwendungen
6950 Abschreibung. auf Forderung.
6960 Verluste aus dem Abgang von Vermögensgegenständen
6979 Anlagenabgänge
6980 Zuführung zu Rückstellungen für Gewährleistung
6990 Periodenfremde Aufwendungen

7 Weitere Aufwendungen

70 Betriebliche Steuern
7020 Grundsteuer
7030 Kraftfahrzeugsteuer
7070 Ausfuhrzölle
7080 Verbrauchsteuern
7090 Sonstige betriebliche Steuern

71 bis 73 Frei

74 Abschreibungen auf Finanzanlagen und auf Wertpapiere des Umlaufvermögens und Verluste aus entsprechenden Abgängen
7400 Abschreibg. auf Finanzanlag.
7420 Abschreibung. auf Wertpapiere des Umlaufvermögens
7450 Verluste aus dem Abgang von Finanzanlagen
7460 Verluste aus dem Abgang von Wertpapieren des Umlaufverm.

75 Zinsen und ähnliche Aufwendung.
7510 Zinsaufwendungen
7530 Diskontenaufwendungen
7590 Sonst. zinsähnlich. Aufwendg.

76 Außerordentliche Aufwendungen
7600 Außerordentliche Aufwendg.

77 Steuern von Einkommen u. Ertrag
7700 Gewerbesteuer
7710 Körperschaftsteuer
7720 Kapitalertragsteuer

78 Diverse Aufwendungen
7800 Diverse Aufwendungen

79 Frei

Ergebnisrechnungen

8 Ergebnisrechnungen

80 Eröffnung/Abschluss
8000 Eröffnungsbilanzkonto
8010 Schlussbilanzkonto
8020 GuV-Konto Gesamtkostenverfahren
8030 GuV-Konto Umsatzkostenverfahren
8050 Saldenvorträge (Sammelkonto)

Konten der Kostenbereiche für die GuV im Umsatzkostenverfahren

81 Herstellungskosten
82 Vertriebskosten
83 Allgemeine Verwaltungskosten
84 Sonstige betriebliche Aufwendungen

Konten der kurzfristigen Erfolgsrechnung (KER) für innerjährige Rechnungsperioden (Monat, Quartal oder Halbjahr)

85 Korrekturkonten zu den Erträgen der Kontenklasse 5
86 Korrekturkonten zu den Aufwendungen der Kontenklasse 6
87 Korrekturkonten zu den Aufwendungen der Kontenklasse 7
88 Kurzfristige Erfolgsrechnung (KER)
8800 Gesamtkostenverfahren
8810 Umsatzkostenverfahren
89 Innerjährige Rechnungsabgrenzung
8900 aktive Rechnungsabgrenzung
8950 passive Rechnungsabgrenzung

Kosten- und Leistungsrechnung

9 Kosten- und Leistungsrechnung (KLR)

90 Unternehmensbezogene Abgrenzung
(neutrale Aufwendungen und Erträge)
91 Kostenrechnerische Korrekturen
92 Kostenarten und Leistungsarten
93 Kostenstellen
94 Kostenträger
95 Fertige Erzeugnisse
96 Interne Lieferungen und Leistungen sowie deren Kosten
97 Umsatzkosten
98 Umsatzleistungen
99 Ergebnisausweise

(In der Praxis wird die KLR gewöhnlich tabellarisch durchgeführt.)

Anmerkungen:
1) Aus EDV-Gründen sind die Kontenziffern vierstellig.

Schritte zur Erfassung von Geschäftsfällen

1. Schritt:
Kontierung der **Belege**

2. Schritt:
Buchungen im **Grundbuch**
in zeitlicher Reihenfolge

3. Schritt:
Buchungen im **Hauptbuch**
auf sachlich geordneten Konten

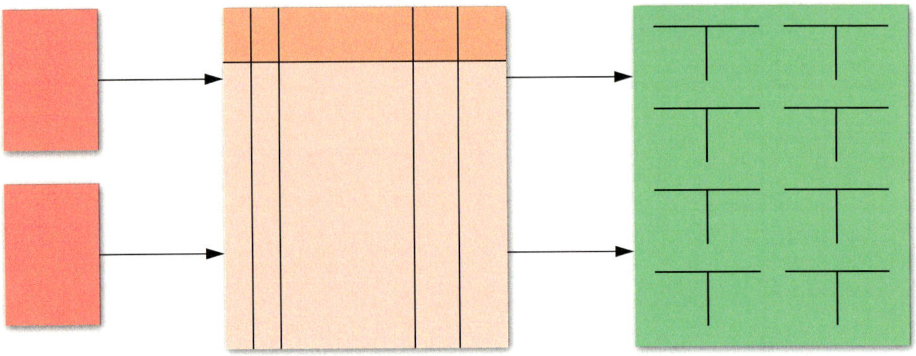

Belege

Arten

- **Interne Belege**
  (Eigenbelege)

  Im Unternehmen selbst erstellte Belege

  Zum Beispiel:
  - Durchschriften von Ausgangsrechnungen
  - Quittungsdurchschriften
  - Gutschriftanzeigen an Kunden
  - Begleitbriefe zu selbst ausgestellten Schecks
  - Lohn- und Gehaltslisten
  - Materialentnahmescheine

- **Externe Belege**
  (Fremdbelege)

  Von außen in das Unternehmen gelangte Belege

  Zum Beispiel:
  - Eingangsrechnungen
  - Quittungen
  - Kontoauszüge der Kreditinstitute
  - Gutschriftanzeigen von Lieferern für Preisnachlässe und Boni
  - Begleitbriefe zu erhaltenen Schecks

- **Ersatzbelege**
  (Notbelege)
  - **Ersatz** für abhanden gekommene Belege
  - **Nicht erhältliche** Fremdbelege, z. B. über ein von einer öffentlichen Telefonzelle aus geführtes Telefonat

Bearbeitung

- **Überprüfen** auf sachliche und rechnerische Richtigkeit
- **Sortieren** nach Belegarten, zum Beispiel nach Eingangsrechnungen, Ausgangsrechnungen usw.
- Fortlaufend **nummerieren**
- **Vorkontieren** mit Hilfe eines Kontierungsstempels auf der Grundlage des Kontenplans
- **Ablegen** nach der Buchung und zehn Jahre lang (§ 257 HGB) aufbewahren

Beispiel:

Celler Maschinenfabrik — ER 48

Carl Faltex OHG
Büssingring 21
38100 Braunschweig

Konto	Soll	Haben
Maschinen	20000	
Bankguthaben		5000
Verbindlichkeiten		15000
Gebucht: 20..-04-16 J IV/3 ka		

Rechnungs-Nr.: 25 678 — 20..-04-12

1 St. Drehbank 20.000,00 EUR

Zahlbar 5.000,00 EUR sofort per Scheck
Rest in zwei Wochen

Konto	Soll	Haben
Maschinen	20.000	
Bankguthaben		5.000
Verbindlichkeiten		15.000
Gebucht: 20..-04-16 J IV/3 ka		

J IV/3: Die Buchung erfolgte im Journal (Grundbuch) für April auf Seite 3

ka: Kurzzeichen des Buchhalters

Grundbuch

Begriff:

- Tagebuch oder Journal (jour (frz.) = Tag)
- Buchungen in **zeitlicher** (chronologischer) **Reihenfolge** mit folgenden Angaben:
  - Belegdatum,
  - Belegnummer,
  - Buchungssatz und Buchungstext,
  - Euro-Beträge der Soll- und der Habenbuchung.

Beispiel:

Seite 9		Grundbuch April 20 . .		
Belegdatum	Beleg-Nr.	Buchungssatz/ -text	Soll	Haben
20. 4.	ER 48	Maschinen	20.000	
		an Bankguthaben		5.000
		an Verbindlichkeiten		15.000
		Kauf einer Drehbank von Celler Maschinenfabrik Rechnungs-Nr.: 25 678		
21. 4.	ER 49	Betriebs- und Geschäftsausstattung	2.000	
		an Bankguthaben		2.000
		Kauf eines PC von Compufix Rechnungs-Nr.: 123		
.	.			
.	.			
.	.			

Hauptbuch

Begriff:

- Gesamtheit aller Konten des betrieblichen Kontenplans
- Buchen der Geschäftsfälle nach **sachlichen Gesichtspunkten**
- Durch Saldierung in den Konten ist der jeweilige Stand der einzelnen Vermögensteile und Schuldenarten jederzeit schnell ermittelbar.

Beispiel:

Konto Bankguthaben					
Datum	Beleg-Nr.	Buchungstext	Gegenkonto	Betrag	
				Soll	Haben
20. 4.	ER 48	Verrechnungsscheck an Celler Maschinenfabrik	Verbindlichkeit.	–	5.000
.	.	...			
.	.	...			
.	.	...			

Nebenbücher

Nebenbücher dienen der Erläuterung bestimmter Sachkonten des Hauptbuches:

- **Kontokorrentbuch**
  (Buch der Geschäftsfreunde)
  - **Debitorenbuchhaltung** → erfasst Forderungen an Kunden
  - **Kreditorenbuchhaltung** → erfasst Verbindlichkeiten gegenüber Lieferanten
- **Lagerdatei**
  erfasst Zugänge, Abgänge und Bestände der einzelnen Materialarten
- **Anlagendatei**
  weist Zugänge, Abschreibungen und Abgänge der einzelnen Güter des Anlagevermögens aus
- **Lohn- und Gehaltsdateien**
  nehmen die Lohn- und Gehaltsabrechnungen der Mitarbeiter auf

Arten von Geschäftsfällen

- Die bisher genannten Geschäftsfälle führten zu **Veränderungen der Bestände des Anlage- und Umlaufvermögens sowie von Schuldenpositionen**, nicht dagegen des Eigenkapitals.

  Die entsprechenden Buchungen wurden auf Bestandskonten vorgenommen.

- Darüber hinaus gibt es Geschäftsfälle, die im Zusammenhang mit dem eigentlichen **Geschäftszweck** des Industrieunternehmens, nämlich der Herstellung von Erzeugnissen durch Einsatz der betriebswirtschaftlichen Produktionsfaktoren - Arbeitskräfte, Betriebsmittel und Werkstoffe - und dem Verkauf dieser Erzeugnisse entstehen.

  Derartige Geschäftsfälle führen zu **Veränderungen des Eigenkapitals**, sie werden als **erfolgswirksame Geschäftsfälle** bezeichnet.

Eigenkapitalveränderungen

Die Eigenkapitalveränderungen können in zweierlei Weise erfolgen, als:

- **Eigenkapitalminderung**

  Geschäftsfälle wie Lohnzahlung durch Banküberweisung über 10.000,00 € (Buchung: **Eigenkapital an Bankguthaben 10.000,00 €**) oder Verbrauch von Betriebsstoffen für 6.300,00 € zur Verarbeitung in der Produktion (Buchung: **Eigenkapital an Betriebsstoffe 6.300,00 €**) führen zu Minderungen des Eigenkapitals auf der Sollseite des Kontos „Eigenkapital".

- **Eigenkapitalmehrung**

  Geschäftsfälle wie Zinsgutschrift der Bank über 680,00 € (Buchung: **Bankguthaben an Eigenkapital 680,00 €**) oder Verkauf von Fertigerzeugnissen (Umsatzerlöse) auf Ziel über 25.000,00 € (Buchung: **Forderungen aus LL an Eigenkapital 25.000,00 €**) führen zu **Mehrungen des Eigenkapitals** auf der Habenseite des Kontos „Eigenkapital".

Aufwendungen

Der gesamte Verbrauch oder **Werteverzehr an Gütern**, Diensten und Abgaben in einer Periode (also im Wesentlichen der Verbrauch an Produktionsfaktoren) wird als **Aufwand** bezeichnet.

Er führt einerseits zur Verminderung von Vermögenspositionen wie zum Beispiel Bankguthaben oder Bestand an Betriebsstoffen, andererseits zu einer **Minderung des Eigenkapitals**.

Erträge

Der gesamte **erfolgwirksame Wertezufluss** in einer Periode, insbesondere aus dem Verkauf der Erzeugnisse, wird als **Ertrag** bezeichnet.

Er führt einerseits zur Erhöhung von Vermögenspositionen wie zum Beispiel Bankguthaben oder Forderungen, andererseits zu einer **Mehrung des Eigenkapitals**.

Erfolgsermittlung durch Eigenkapitalvergleich

- Bisher wurden die Aufwendungen und Erträge direkt auf dem passiven Bestandskonto „Eigenkapital" gebucht, und zwar die Aufwendungen im Soll, da sie das Eigenkapital vermindern, und die Erträge im Haben, da sie das Eigenkapital erhöhen (siehe oben).

- Der Saldo auf dem Konto „Eigenkapital" zeigt, ob das Unternehmen im laufenden Geschäftsjahr Gewinn oder Verlust gemacht hat.

  Der Saldo ergibt sich dabei wie folgt:

  Jahresanfangsbestand des Eigenkapitals
  \+ Mehrungen aus Erträgen
  \- Minderungen aus Aufwendungen
  = Jahresendbestand des Eigenkapitals

- Ist der Jahresendbestand des Eigenkapitals größer als der Jahresanfangsbestand, sind also die Erträge höher als die Aufwendungen, hat das Unternehmen einen **Gewinn** erzielt.

  Erträge > Aufwendungen → Gewinn

- Ist der Jahresendbestand des Eigenkapitals kleiner als der Jahresanfangsbestand, sind also die **Erträge geringer als die Aufwendungen**, hat das Unternehmen einen Verlust erzielt.

  Erträge < Aufwendungen → Verlust

Erfolgskonten
Nominal Accounts

Notwendigkeit von Erfolgskonten

- Nur auf der Grundlage des Kontos „Eigenkapital“ die **Quellen oder Ursachen des Erfolgs (Gewinn) oder Misserfolgs (Verlust)** zu ermitteln, ist bei der großen Anzahl von Buchungen auf diesem Konto sehr schwierig und zeitraubend wegen der fehlenden Übersichtlichkeit.

  Daher werden die erfolgswirksamen Geschäftsfälle zur besseren Transparenz auf **Unterkonten** des Kontos „Eigenkapital“ gebucht.

- Diese Unterkonten werden als **Erfolskonten** bezeichnet, die sich in **Aufwandskonten** und **Ertragskonten** gliedern.

- Sie treten jeweils **an die Stelle des Kontos „Eigenkapital“**. Das bedeutet:
  - Da die Minderungen des Eigenkapitals durch Aufwendungen auf der Sollseite des Eigenkapitalkontos erfasst wurden, werden die **Aufwendungen in den Aufwandskonten** ebenfalls auf der **Sollseite** gebucht. Dies wird symbolisiert durch die Pluszeichen (+) in der grafischen Darstellung (siehe unten).
  - Da die Mehrungen des Eigenkapitals durch Erträge auf der Habenseite des Eigenkapitalkontos gebucht wurden, werden die **Erträge in den Ertragskonten** auch auf der **Habenseite** gebucht, ebenfalls symbolisiert durch die Pluszeichen (+).

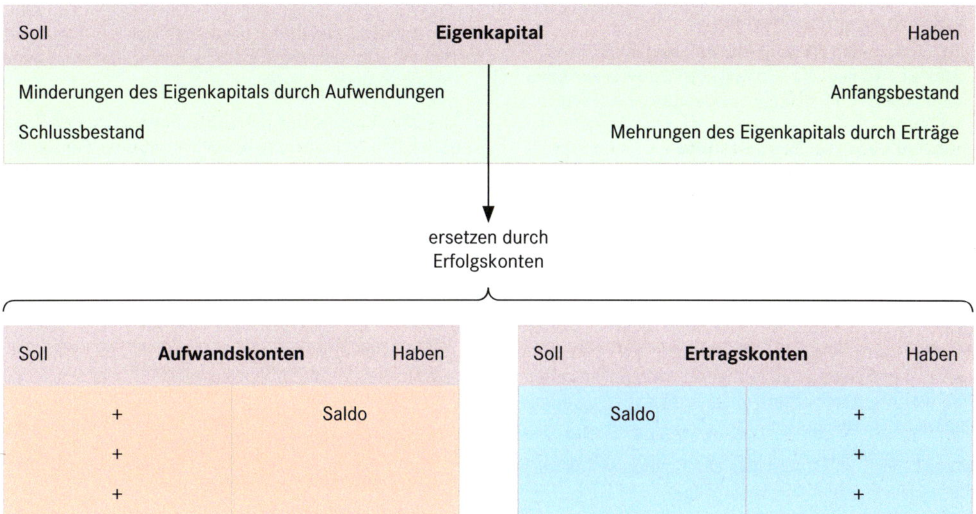

Buchungssätze erfolgswirksamer Geschäftsfälle (Beispiele)

Bei den Buchungssätzen der oben genannten Geschäftsfälle wird das Konto „Eigenkapital“ ersetzt durch die entsprechenden Aufwands- bzw. Ertragskonten:

Geschäftsfälle	**bisherige Buchungen auf dem Konto Eigenkapital**	**künftige Buchungen auf den Aufwands- bzw. Ertragskonten**
Lohnzahlung durch Banküberweisung über 10.000,00 €	Eigenkapital 10.000,00 € an Bankguthaben 10.000,00 €	Löhne 10.000,00 € an Bankguthaben 10.000,00 €
Verbrauch von Betriebsstoffen für 6.300,00 €	Eigenkapital 6.300,00 € an Betriebsstoffe 6.300,00 €	Aufwendungen für Betriebsstoffe 6.300,00 € an Betriebsstoffe 6.300,00 €
Zinsgutschrift der Bank über 680,00 €	Bankguthaben 680,00 € an Eigenkapital 680,00 €	Bankguthaben 680,00 € an Zinserträge 680,00 €
Verkauf von Fertigerzeugnissen (Umsatzerlöse) auf Ziel für 25.000,00 €	Forderungen aus LL 10.000,00 € an Bankguthaben 10.000,00 €	Forderungen aus LL 25.000,00 € an Umsatzerlöse für eigene Erzeugnisse 25.000,00 €

Wichtige Aufwandsarten

- **Aufwendungen für Werkstoffe**
  Sie entstehen durch den Verbrauch von Roh-, Hilfs- und Betriebsstoffen in der Fertigung.

  Die Zuordnung der Materialien zu diesen drei Werkstoffarten ist abhängig von der Art der Produkte, die das Industrieunternehmen herstellt (die OfficeCom AG stellt Büromöbel her):

  - **Aufwendungen für Rohstoffe**
    Rohstoffe machen den **Hauptbestandteil** des Produktes aus. Bei der OfficeCom AG sind dies im Wesentlichen Holz und Edelstahlrohre.
  - **Aufwendungen für Hilfsstoffe**
    Hilfsstoffe gehen als **Nebenbestandteil** in die Erzeugnisse ein. Bei der OfficeCom AG handelt es sich hierbei unter anderem um Schrauben, Kleinteile, Leim und Lacke.
  - **Aufwendungen für Betriebsstoffe**
    Betriebsstoffe sind **nicht Bestandteil** des Erzeugnisses. Die OfficeCom AG setzt Strom, Gas, Wasser, Heizöl, Schmierstoffe usw. ein.

- **Aufwendungen für Vorprodukte/Fremdbauteile**
  Diese von den Lieferanten bezogenen Materialien gehen **ohne weitere Bearbeitung** in die fertigen Erzeugnisse des Industrieunternehmens ein.

  Bei der OfficeCom AG sind dies unter anderem Gasdruckfedern, Hängeregister und Stuhlrollen.

  Der **Verbrauch der Werkstoffe** wie der **Vorprodukte/Fremdbauteile** wird erfasst bzw. ermittelt

  - laufend mithilfe von **Materialentnahmescheinen** oder
  - nachträglich durch **Inventur**.

  Bei der **Inventurmethode** errechnet sich der Verbrauch wie folgt:

  Jahresanfangsbestand
  (= Jahresendbestand der Vorperiode lt. Inventur)
  \+ Zugänge aus Einkäufen der lfd. Periode
  \- Jahresendbestand der lfd. Periode lt. Inventur
  = Verbrauch der lfd. Periode

- **Abschreibungen auf Sachanlagen**
  Die **Wertminderungen** von Fertigungsmaschinen und Gegenständen der Betriebs- und Geschäftsausstattung, verursacht insbesondere durch die Abnutzung, sind Aufwendungen, die als Abschreibungen bezeichnet werden (siehe hierzu ausführlich S. 423).

- **Aufwendungen für Handelswaren**
  Handelswaren sind Produkte, die ein Industrieunternehmen von seinen Lieferanten bezieht und **ohne Be- oder Verarbeitung weiterverkauft**.

  Das können Zubehörteile wie zum Beispiel ein Mousepad zum PC sein. Oder sie dienen der Ergänzung bzw. Abrundung des Absatzprogramms.

  Die OfficeCom AG, die Büromöbel herstellt, hat als Handelswaren Schreibtischlampen, Schreibtischsets, Faxgeräte, Drucker und Telefonapparate im Absatzprogramm.

- **Personalaufwendungen**
  - **Löhne**
    (**Fertigungslöhne**: Sie stehen in unmittelbarem Zusammenhang mit der Fertigung der Erzeugnisse;
    Hilfslöhne: Sie entfallen auf betriebliche Nebentätigkeiten wie zum Beispiel im Lager- und Transportbereich),
    Gehälter, **Ausbildungsvergütungen**
  - **gesetzliche soziale Aufwendungen**
    wie zum Beispiel Arbeitgeberanteil zur Sozialversicherung (Renten-, Arbeitslosen-, Kranken-, Pflege- und Unfallversicherung), Lohnfortzahlungen im Krankheitsfall
  - **freiwillige soziale Aufwendungen**
    wie zum Beispiel Kosten der betrieblichen Altersversorgung, Fahrtkostenzuschüsse, Essenszuschüsse

- **weitere diverse Aufwendungen**
  Hierunter fallen zum Beispiel **Zinsaufwendungen** für aufgenommene Kredite, **Mietaufwendungen** für gemietete Fertigungshallen, Aufwendungen für **Werbekampagnen**, Aufwendungen für **Büromaterial**, **Telekommunikation** und **Porto**, betriebliche **Steuern**.

Wichtige Ertragsarten

- **Umsatzerlöse für eigene Erzeugnisse**
  Sie bilden die Hauptertragsart eines Industrieunternehmens.

- **Umsatzerlöse für (Handels-)Waren**
  Sie dienen der Abrundung des Verkaufssortiments.

- **weitere diverse Erträge**
  Zinserträge aus der Anlage von Geld, **Mieterträge** zum Beispiel aus der Vermietung von Teilen des Bürogebäudes, Erträge aus **Provisionen**, Erträge aus dem **Verkauf gebrauchter Gegenstände** des Anlagevermögens.

Belegbuchungen

Beleg 1

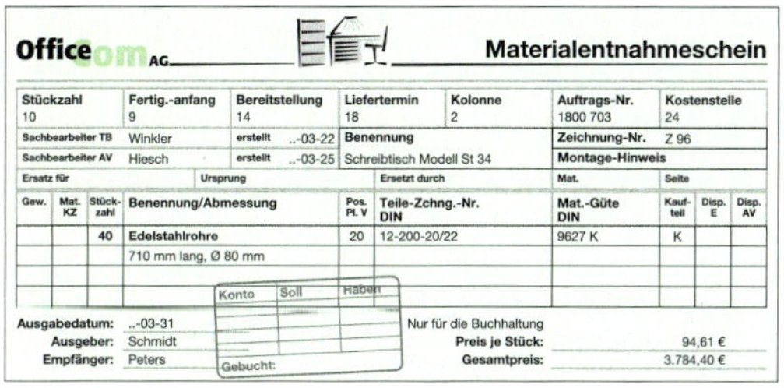

OfficeCom AG — Materialentnahmeschein

Stückzahl	Fertig.-anfang	Bereitstellung	Liefertermin	Kolonne	Auftrags-Nr.	Kostenstelle
10	9	14	18	2	1800 703	24

Sachbearbeiter TB: Winkler, erstellt ..-03-22
Sachbearbeiter AV: Hiesch, erstellt ..-03-25
Benennung: Schreibtisch Modell St 34
Zeichnung-Nr.: Z 96
Montage-Hinweis
Ersatz für / Ursprung / Ersetzt durch / Mat. / Seite

Gew.	Mat. KZ	Stück-zahl	Benennung/Abmessung	Pos. Pl. V	Teile-Zchng.-Nr. DIN	Mat.-Güte DIN	Kauf-teil	Disp. E	Disp. AV
		40	Edelstahlrohre	20	12-200-20/22	9627 K	K		
			710 mm lang, Ø 80 mm						

Ausgabedatum: ..-03-31
Ausgeber: Schmidt
Empfänger: Peters

Konto | Soll | Haben
Gebucht:

Nur für die Buchhaltung
Preis je Stück: 94,61 €
Gesamtpreis: 3.784,40 €

Beleg 3

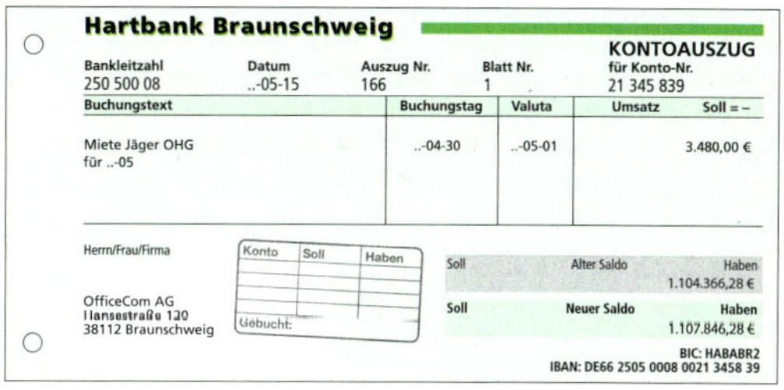

Hartbank Braunschweig

KONTOAUSZUG

Bankleitzahl	Datum	Auszug Nr.	Blatt Nr.	für Konto-Nr.
250 500 08	..-05-15	166	1	21 345 839

Buchungstext	Buchungstag	Valuta	Umsatz Soll = –
Miete Jäger OHG für ..-05	..-04-30	..-05-01	3.480,00 €

Herrn/Frau/Firma
OfficeCom AG
Hansestraße 120
38112 Braunschweig

Konto | Soll | Haben
Gebucht:

Soll — Alter Saldo — Haben 1.104.366,28 €
Soll — Neuer Saldo — Haben 1.107.846,28 €

BIC: HABABR2
IBAN: DE66 2505 0008 0021 3458 39

Beleg 2

OfficeCom AG

OfficeCom AG • Hansestr. 120 • 38112 Braunschweig

Telefon AG
Elektronstraße 12
65933 Frankfurt/Main

Ihr Zeichen: kr
Ihre Nachricht vom: ..-01-15
Unser Zeichen: shf
Unsere Nachricht vom: ..-02-08

Telefon: 0531 3688941
Telefax: 0531 4766083
E-Mail: info.officecom-wvb@t-online.de
Internet: www.officecomag-wvb.de

Datum: ..-03-01

Rechnung-Nr. 3269/BT

Kunden-Nr.: 16-6-55 | Auftrags-Nr.: 124/11 | Liefertermin: ..-03-31

Lieferanschrift: Telefon AG, Elektronstraße 12, 65933 Frankfurt/Main
Lieferung: frei Haus durch Spedition

Menge	Artikelbezeichnung	Einzelpreis	Gesamtpreis
200 St.	Schreibtische, Typ ST 34	2.350,00 €	470.000,00 €
	Rabatt: 5 %		23.500,00 €
			446.500,00 €
	19 % Umsatzsteuer		84.835,00 €
			531.335,00 €

Konto | Soll | Haben
Gebucht:

Zahlungsbedingungen:
2 % Skonto, zahlbar innerhalb 10 Tagen nach Rechnungsdatum;
netto Kasse, zahlbar innerhalb 4 Wochen nach Rechnungsdatum.

Bankverbindung:
Hartbank Braunschweig, Konto 21 345 839, BLZ 250 500 08
BIC: HABABR2, IBAN: DE66 2505 0008 0021 3458 39

Amtsgericht Braunschweig,
Handelsregister Nr. HRB 126
USt-IdNr. DE 328 495 331

Beleg 4

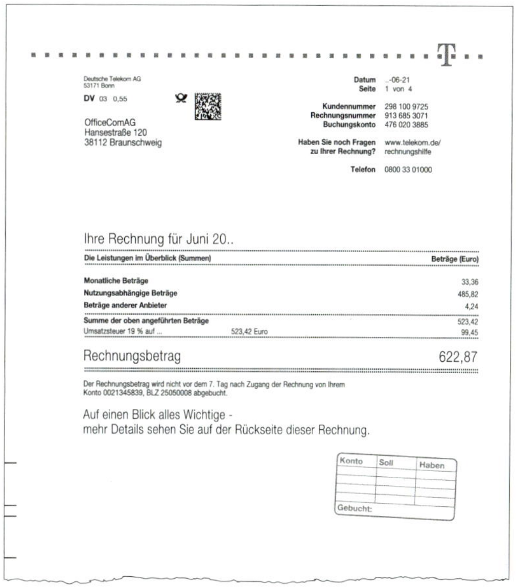

Deutsche Telekom AG
53171 Bonn
DV 03 0,55

OfficeComAG
Hansestraße 120
38112 Braunschweig

Datum ..-06-21
Seite 1 von 4
Kundennummer 298 100 9725
Rechnungsnummer 913 685 3071
Buchungskonto 476 020 3885
Haben Sie noch Fragen zu Ihrer Rechnung? www.telekom.de/rechnungshilfe
Telefon 0800 33 01000

Ihre Rechnung für Juni 20..

Die Leistungen im Überblick (Summen)		Beträge (Euro)
Monatliche Beträge		33,36
Nutzungsabhängige Beträge		485,82
Beträge anderer Anbieter		4,24
Summe der oben angeführten Beträge		523,42
Umsatzsteuer 19 % auf ...	523,42 Euro	99,45

Rechnungsbetrag 622,87

Der Rechnungsbetrag wird nicht vor dem 7. Tag nach Zugang der Rechnung von Ihrem Konto 0021345839, BLZ 25050008 abgebucht.

Auf einen Blick alles Wichtige -
mehr Details sehen Sie auf der Rückseite dieser Rechnung.

Konto | Soll | Haben
Gebucht:

Beleg-Nr.	Buchungssatz	Soll	Haben
Beleg 1	Aufwendungen für Rohstoffe an Rohstoffe	3.784,40 €	3.784,40 €
Beleg 2*	Forderungen aus LL an Umsatzerlöse für eigene Erzeugnisse	446.500,00 €	446.500,00 €
Beleg 3	Bankguthaben an Mieterträge	3.480,00 €	3.480,00 €
Beleg 4	Porto, Telefon, Telefax an Bankguthaben	523,42 €	523,42 €

* Auf die Berücksichtigung der Umsatzsteuer wird an dieser Stelle verzichtet.

Begriffe und Aufgabe

Da die Erfolgskonten Unterkonten des Kontos „Eigenkapital“ sind, werden sie über das Konto „Eigenkapital“ abgeschlossen. Dies geschieht allerdings nicht direkt, sondern die **Aufwands- und Ertragskonten** werden zunächst über das sogenannte **Gewinn- und Verlustkonto abgeschlossen**.

Hier werden die Salden aller Ertrags- (auf der Haben-Seite) und Aufwandskonten (auf der Soll-Seite) einander gegenübergestellt.

Sind die Erträge höher als die Aufwendungen, ergibt die **Differenz** (**Saldo**) den **Gewinn**; sind die Erträge geringer als die Aufwendungen, bedeutet der Saldo einen **Verlust**. Durch diese Gegenüberstellung von Erträgen und Aufwendungen können dann die **Ursachen für den Unternehmenserfolg oder -misserfolg** ermittelt werden.

Erst der Saldo des „Gewinn- und Verlustkontos“ wird über das Konto „Eigenkapital“ abgeschlossen.

Buchungen

- Abschluss der Aufwandskonten:
  GuV-Konto an Aufwandskonten
- Abschluss der Ertragskonten:
  Ertragskonten an GuV-Konto
- Abschluss des Kontos GuV-Konto
  - für den Fall eines Gewinnes:
    GuV-Konto an Eigenkapital
  - für den Fall eines Verlustes:
    Eigenkapital an GuV-Konto

Gewinnfall

Soll	Gewinn- und Verlustkonto	Haben
Aufwendungen		Erträge
Gewinn		

Soll	Eigenkapital	Haben
Schlusskapital		Anfangskapital
		Gewinn

Verlustfall

Soll	Gewinn- und Verlustkonto	Haben
Aufwendungen		Erträge
		Verlust

Soll	Eigenkapital	Haben
Verlust		Anfangskapital
Schlusskapital		

Buchungen erfolgswirksamer Geschäftsfälle auf Konten und Abschluss (Beispiel)

Der folgenden Darstellung liegen die Buchungssätze der Geschäftsfälle auf Seite 427 zugrunde.

Soll	Löhne		Haben
Bankguthaben	10.000,00	GuV-Konto	10.000,00

Soll	Aufwendungen für Betriebsstoffe		Haben
Betriebsstoffe	6.300,00	GuV-Konto	6.300,00

Soll	Zinserträge		Haben
GuV-Konto	680,00	Bankguthaben	680,00

Soll	Umsatzerlöse		Haben
GuV-Konto	25.000,00	Forderungen aus LL	25.000,00

Soll	GuV-Konto		Haben
Löhne	10.000,00	Umsatzerlöse	25.000,00
Aufwendungen für Betriebsstoffe	6.300,00	Zinserträge	680,00
Eigenkapital	9.380,00		
	25.680,00		25,680,00

Soll	Eigenkapital		Haben
Schlussbestand	109.380,00	Auftragsbestand	100.000,00
		GuV-Konto	9.380,00
	109.380,00		109.380,00

8

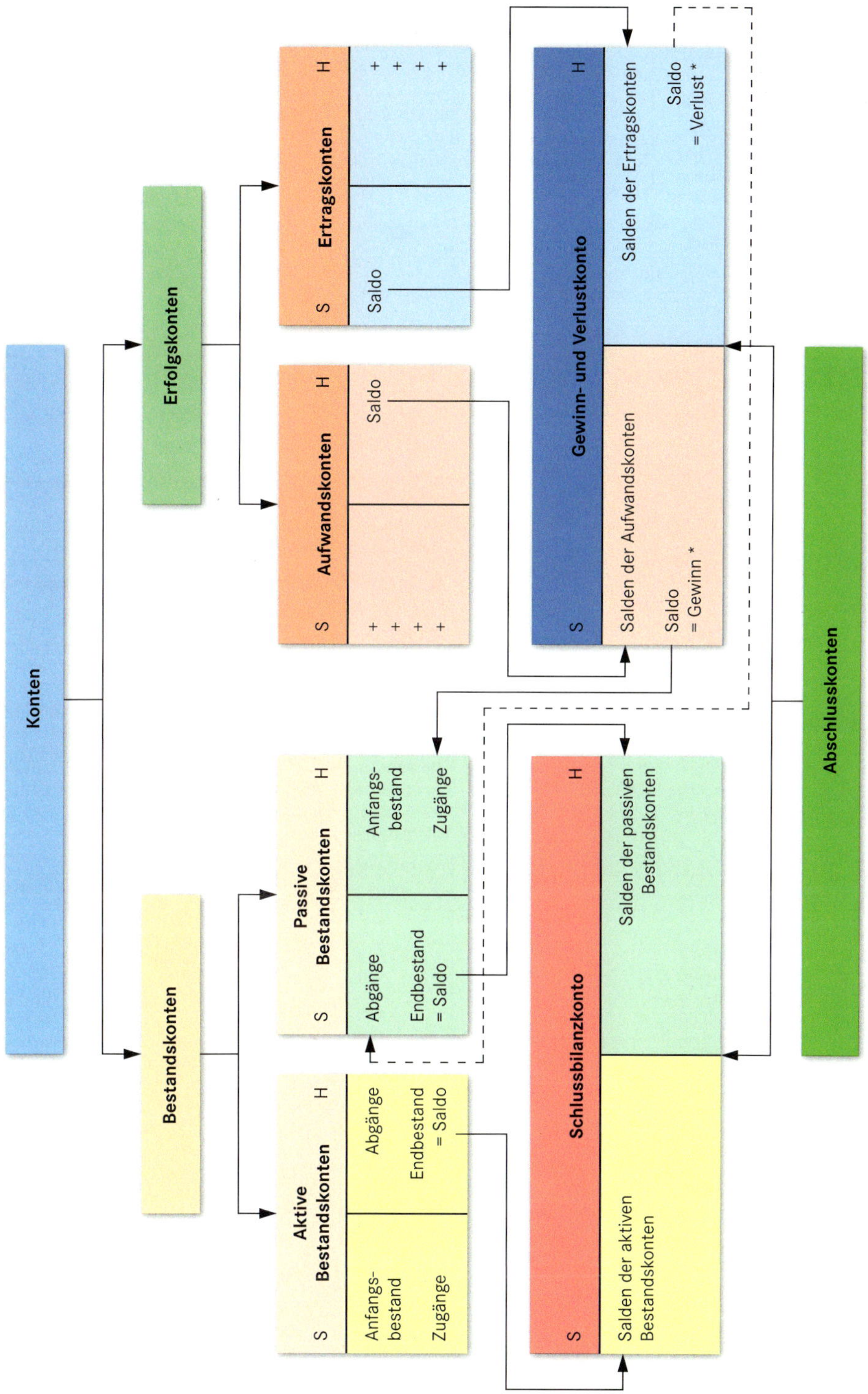

* Buchung auf Eigenkapitalkonto (= passives Bestandskonto)

Rechtliche Grundlage

§ 253 Abs. 2 Satz 1 und 2 HGB:

„Bei Vermögensgegenständen des Anlagevermögens, deren Nutzung zeitlich begrenzt ist, sind die Anschaffungs- oder Herstellungskosten um planmäßige Abschreibungen zu vermindern.
Der Plan muss die Anschaffungs- oder Herstellungskosten auf die Geschäftsjahre verteilen, in denen der Vermögensgegenstand voraussichtlich genutzt werden kann."

Wirtschaftliche Gründe

für planmäßige Abschreibung

- Technischer Verschleiß durch ständigen Gebrauch
- Natürlicher Verschleiß durch zeitabhängige Faktoren (z. B. Verrosten)
- Substanzabbau in Rohstoffgewinnungsbetrieben

für außerplanmäßige Abschreibung

- Technischer Fortschritt bei Fertigungsanlagen
- Bedarfsverschiebungen auf dem Absatzmarkt
- Preisverfall auf dem Beschaffungsmarkt

→ Aufwand

Methoden der planmäßigen Abschreibung

Lineare Abschreibung

- Jährliche Abschreibung von den Anschaffungs- oder Herstellungskosten
- Abschreibung in gleichbleibenden Jahresraten
- Jährlicher Abschreibungsbetrag =

$$\frac{\text{Anschaffungs-, Herstellungskosten}}{\text{Betriebsgewöhnliche Nutzungsdauer}}$$

- Abschreibungsprozentsatz =

$$\frac{100\ \%}{\text{Betriebsgewöhnliche Nutzungsdauer}}$$

Beispiel:
Anschaffungskosten einer Maschine: 50.000,00 EUR
Betriebsgewöhnliche Nutzungsdauer: 8 Jahre

Ende des Jahres	Abschreibungsbetrag in EUR	Buchwert in EUR
1	6.250,00	43.750,00
2	6.250,00	37.500,00
3	6.250,00	31.250,00
4	6.250,00	25.000,00
5	6.250,00	18.750,00
6	6.250,00	12.500,00
7	6.250,00	6.250,0
8	6.250,00	0

Degressive Abschreibung

- Jährliche Abschreibung vom Buch- oder Restwert
- Abschreibung in fallenden Jahresbeträgen
- Maximale Abschreibungshöhe nach § 7 Absatz 2 EStG bis 31.12.07:
  - das Zweifache der linearen Abschreibung
  - maximal 20 %
- Wechsel von degressiver zu linearer Abschreibung möglich (umgekehrt nicht)
- Ob und in welcher Höhe neben der linearen auch die **degressive Abschreibung** (z. B. das Zwei- oder Dreifache der linearen Abschreibung, maximal 20 % oder 30 %) **steuerrechtlich** zulässig ist, macht der Gesetzgeber häufig von der konjunkturellen Entwicklung abhängig.

Beispiel:
Anschaffungskosten einer Maschine: 50.000,00 EUR
Betriebsgewöhnliche Nutzungsdauer: 8 Jahre
→ Maximale Abschreibung: 20 %

Ende des Jahres	Abschreibungsbetrag in EUR	Buchwert in EUR
1	10.000,00	40.000,00
2	8.000,00	32.000,00
3	6.400,00	25.600,00
4	5.120,00	20.480,00
5	4.096,00	16.384,00
6	3.276,80	13.107,20
7	2.621,44	10.485,76
8	2.097,15	8.388,61

Abschreibung nach Leistungseinheiten

$$\text{Jahresabschreibungsbetrag} = \frac{\text{Anschaffungs- bzw. Herstellungskosten}}{\text{Voraussichtliche Gesamtleistung während der betriebsgewöhnlichen Nutzungsdauer}} \times \text{tatsächlich erbrachte Jahresleistung}$$

Beispiel:
Anschaffungskosten eines LKW: 82.000 EUR
Betriebsgewöhnliche Nutzungsdauer: 5 Jahre
Voraussichtliche Gesamtleistung: 320.000 km
Tatsächliche Leistung im ersten Jahr: 66.000 km

Abschreibungsbetrag im ersten Jahr:

$$\frac{82.000\ \text{EUR}}{320.000\ \text{km}} \times 66.000\ \text{km} = 16.912{,}50\ \text{EUR}$$

Buchung

Abschreibungen auf Sachanlagen an Sachanlagekonto

Rechtliche Grundlage

Der Umsatzsteuer unterliegen im Wesentlichen nach
§ 1 Absatz 1 UStG

„1. die Lieferungen und sonstigen Leistungen, die ein Unternehmer im Inland gegen Entgelt im Rahmen seines Unternehmens ausführt. ... 4. die Einfuhr von Gegenständen aus dem Drittlandsgebiet in das Inland ... 5. der innergemeinschaftliche Erwerb im Inland gegen Entgelt“

sowie nach **§ 3 Absatz 1b UStG**

„... die Entnahme eines Gegenstandes durch einen Unternehmer aus seinem Unternehmen für private Zwecke ...“

Steuerart/Steuersätze

- **Verkehrsteuer**, ihrer Wirkung nach jedoch Verbrauchsteuer, da letztlich der Endverbraucher mit der Steuer belastet wird.
- **Allgemeiner Steuersatz**: 19 % (§ 12 Absatz 1 UStG)
- **Ermäßigter Steuersatz**: 7 % (§ 12 Absatz 2 UStG); gilt unter anderem für Lebensmittel und Druckerzeugnisse (vgl. im Einzelnen „Liste der dem ermäßigten Steuersatz unterliegenden Gegenstände“ – Anhang zu § 12 Absatz 2 UStG).

Regel-Umsatzsteuersätze im Vergleich

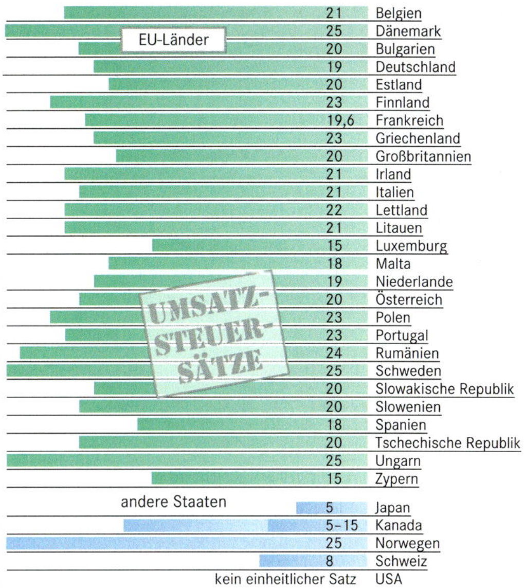

Wesen

Beispiel eines dreistufigen Güterweges mit Umsatzsteuer (USt): Herstellung und Verkauf eines PC-Terminals – Ausführung Buche.

Umsatzstufe	Verkaufspreis netto	– Einkaufspreis netto	= Mehrwert	USt = 19 % des Mehrwertes*
1. Sägewerk	200 EUR	0 EUR	200 EUR	38 EUR
2. Holzgroßhandlung	300 EUR	200 EUR	100 EUR	19 EUR
3. Möbelfabrik	800 EUR	300 EUR	500 EUR	95 EUR
4. Endverbraucher	zahlt und trägt		800 EUR	152 EUR

Beispiel eines dreistufigen Güterweges mit Vorsteuerabzug (USt – VSt):

Umsatzstufe	Rechnung an Stufe	Erhaltene USt von Stufe	– Gezahlte VSt an Stufe	= Zahllast an das Finanzamt
1. Sägewerk	2: Nettowert 200 EUR + 19 % USt 38 EUR = Rechnung 238 EUR	2: 38 EUR	–	38 EUR
2. Holzgroßhandlung	3: Nettowert 300 EUR + 19 % USt 57 EUR = Rechnung 357 EUR	3: 57 EUR	1: 38 EUR	19 EUR
3. Möbelfabrik	4: Nettowert 800 EUR + 19 % USt 152 EUR = Rechnung 952 EUR	4: 152 EUR	2: 57 EUR	95 EUR
4. Endverbraucher	zahlt an Stufe 3: Nettowert 800 EUR + 19 % USt 152 EUR = Rechnung 952 EUR			Σ 152 EUR

* Die Umsatzsteuer wird umgangssprachlich häufig als Mehrwertsteuer bezeichnet.

Buchung beim Einkauf (Kreditorenbuchhaltung)

Beispiel:
Zieleinkauf von 10 ISDN-Karten für den Internetzugang, Nettowert pro Stück: 69,50 EUR
+ 19 % USt

Buchungssatz:

Fremdbauteile	695,00 EUR	
Vorsteuer	132,05 EUR	
an Verbindlichkeiten a.LL		827,05 EUR

Buchung beim Verkauf (Debitorenbuchhaltung)

Beispiel:
Barverkauf von zwei PCs einschließlich Monitor, Nettowert pro Stück: 1.460,00 EUR
+ 19 % USt

Buchungssatz:

Kasse	3.474,80 EUR	
an Umsatzerlöse		2.920,00 EUR
an Umsatzsteuer		554,80 EUR

Ermittlung und Überweisung der Zahllast

Beispiel:
Am Monatsende weisen die Konten „Vorsteuer" und „Umsatzsteuer" die folgenden Beträge auf:

S	VSt	H
3.620 EUR		

S	USt	H
		4.135 EUR

Buchung zur Ermittlung der Zahllast:

Umsatzsteuer	3.620,00 EUR	
an Vorsteuer		3.620,00 EUR

Buchung zur Überweisung der Zahllast an das Finanzamt:
(4.135,00 EUR – 3.620,00 EUR = 515,00 EUR)

Umsatzsteuer	515,00 EUR	
an Bankguthaben		515,00 EUR

Korrekturen der Vorsteuer (beim Einkauf)

Rücksendungen

Beispiel:
Eine der ISDN-Karten ist defekt und wird zurückgesandt. Der Lieferant erteilt eine entsprechende Gutschrift.

Buchungssatz:

Verbindlichkeiten	82,71 EUR	
an Fremdbauteile		69,50 EUR
an Vorsteuer		13,21 EUR

Lieferantenskonti, Lieferantenboni, sonstige Preisnachlässe

Beispiel:
Die Rechnung über die verbleibenden neun ISDN-Karten (siehe vorangegangenes Beispiel) wird – abzüglich 2 % Skonto – durch Banküberweisung beglichen.

Boni (nachträglich erhaltene Rabatte) und sonstige Preisnachlässe (z. B. wegen mangelhafter Lieferung) werden in gleicher Weise gebucht.

Sofortrabatte werden **nicht** gebucht!

Bruttobuchung:

Verbindlichkeiten	744,34 EUR	
an Nachlässe für Fremdbauteile		14,89 EUR
an Bankguthaben		729,45 EUR

Anschließende Buchung der Vorsteuerkorrektur:

Nachlässe für Fremdbauteile	2,38 EUR	
an Vorsteuer		2,38 EUR

Nettobuchung:

Verbindlichkeiten	744,34 EUR	
an Nachlässe für Fremdbauteile		12,51 EUR
an Vorsteuer		2,38 EUR
an Bankguthaben		729,45 EUR

Korrekturen der Umsatzsteuer (beim Verkauf)

Rücksendungen

Beispiel:
Der Lieferant bucht die Rücknahme der ISDN-Karte auf der Grundlage der von ihm erteilten Gutschrift (siehe obiges Beispiel)

Buchungssatz:

Umsatzerlöse	69,50 EUR	
Umsatzsteuer	13,21 EUR	
an Forderungen		82,71 EUR

Kundenskonti, Kundenboni, sonstige Preisnachlässe

Beispiel:
Der Lieferant bucht die Kontogutschrift aus dem Verkauf der ISDN-Karten (siehe obiges Beispiel).

Boni (nachträglich gewährte Rabatte) und sonstige Preisnachlässe (z. B. wegen mangelhafter Lieferung) werden in gleicher Weise gebucht.

Sofortrabatte werden **nicht** gebucht!

Bruttobuchung:

Bankguthaben	729,45 EUR	
Erlösberichtigungen	14,89 EUR	
an Forderungen		744,34 EUR

Anschließende Buchung der Umsatzsteuerkorrektur:

Umsatzsteuer	2,38 EUR	
an Erlösberichtigungen		2,38 EUR

Nettobuchung:

Bankguthaben	729,45 EUR	
Erlösberichtigungen	12,51 EUR	
Umsatzsteuer	2,38 EUR	
an Forderungen		744,34 EUR

Ziel

- Aufbereitung des Zahlenmaterials aus Bilanz, Gewinn- und Verlustkonto, Anhang und Lagebericht, um einen komprimierten Einblick in die Vermögens-, Finanz- und Ertragslage des Unternehmens zu ermöglichen.
- Auswertung des aufbereiteten Zahlenmaterials mithilfe so genannter Bilanzkennzahlen, um die Lage des Unternehmens im Zeitablauf und mit anderen Unternehmen vergleichen zu können.

Aufbereitung der Bilanz (Bilanzanalyse)

- **Bereinigung** von Bilanzpositionen, wie z. B. Verrechnung (Saldierung) der Wertberichtigungen zu Forderungen mit den zweifelhaften Forderungen oder Wertberichtigungen zu Sachanlagen mit den entsprechenden Sachanlagekonten.
- **Umgruppierung** von Bilanzpositionen; so gehört z. B. der Posten der aktiven Rechnungsabgrenzung zu den Forderungen a.LL., der Posten der passiven Rechnungsabgrenzung zu den Verbindlichkeiten a.LL. Der Rücklagenanteil des Jahresüberschusses ist Eigenkapital, der auszuschüttende Teil des Bilanzgewinnes (Dividende) gehört zu den Verbindlichkeiten.
- Erstellung einer **Strukturbilanz**:
  Bilanzpositionen werden nach bestimmten Kriterien zu Gruppen zusammengefasst. Der Ausweis der einzelnen Posten bzw. Postengruppen erfolgt in absoluten Beträgen (also in €) und in Prozentzahlen, bezogen auf die bereinigte Bilanzsumme.

  Um einen Zeitvergleich anstellen zu können, werden in der Strukturbilanz die Zahlen und Prozentsätze des Berichtsjahres und die des Vorjahres ausgewiesen.

Beispiel:
Die OfficeCom AG hat aus der Bilanz zum 31.12.20.. folgende Strukturbilanz entwickelt, wobei sie den Zahlen des Berichtsjahres die des Vorjahres gegenüberstellt.

Strukturbilanz der OfficeCom AG zum 31. Dezember 20..

Aktiva	Berichtsjahr		Vorjahr		Passiva	Berichtsjahr		Vorjahr	
	in tausend €	in %	in tausend €	in %		in tausend €	in %	in tausend €	in %
Sachanlagen	368,0	56,1	380,0	60,5	Gezeichnetes Kapital	100,0	15,3	100,0	15,9
Anlagevermögen	**368,0**	**56,1**	**380,0**	**60,5**	Rücklagen	256,4	39,1	247,3	39,4
Vorräte	190,4	29,0	170,9	27,2	**Eigenkapital**	**356,4**	**54,4**	**347,3**	**55,3**
Forderungen	89,0	13,6	71,5	11,3	Darlehen	250,0	38,1	240,0	38,2
Liquide Mittel	8,3	1,3	6,0	1,0	Verbindlichkeiten	49,3	7,5	41,1	6,5
Umlaufvermögen	**287,7**	**43,9**	**248,4**	**39,5**	**Fremdkapital**	**299,3**	**45,6**	**281,1**	**44,7**
Gesamtvermögen	655,7	100,0	628,4	100,0	Gesamtkapital	655,7	100,0	628,4	100,0

Auswertung der Bilanz mithilfe ausgesuchter Bilanzkennzahlen

Die Bilanz – wie auch die Gewinn- und Verlustrechnung – wird mithilfe so genannter Bilanzkennzahlen ausgewertet.

Vermögensstruktur oder Konstitution

Die Vermögensstruktur eines Unternehmens hängt von der Branche und dem Grad der Mechanisierung und Automation ab. Sie beeinflusst die Anpassungsfähigkeit des Unternehmens.

Kennziffern (Beispiele):

$$\text{Anlagenintensität in \%} = \frac{\text{Anlagevermögen}}{\text{Gesamtvermögen}} \cdot 100$$

$$\text{Forderungsquote in \%} = \frac{\text{Forderungen}}{\text{Gesamtvermögen}} \cdot 100$$

Beispiele:
Aufgrund der Strukturbilanz ergeben sich für die OfficeCom AG folgende Werte:

Anlagenintensität

Berichtsjahr:

$$\frac{386 \cdot 100}{655{,}7} = 56{,}1\ \%$$

Vorjahr:

$$\frac{380 \cdot 100}{628{,}4} = 60{,}5\ \%$$

Forderungsquote

Berichtsjahr:

$$\frac{89 \cdot 100}{655{,}7} = 13{,}6\ \%$$

Vorjahr:

$$\frac{71{,}5 \cdot 100}{628{,}4} = 11{,}4\ \%$$

Kapitalstruktur oder Finanzierung

Die Kapitalstruktur zeigt, mit welchen Mitteln (eigenen und fremden, langfristigen und kurzfristigen) das Vermögen finanziert wurde. Sie gibt u. a. Aufschluss über den Haftungsumfang, die Kreditwürdigkeit und Krisenfestigkeit sowie die finanzielle Unabhängigkeit des Unternehmens.

Kennzahlen (Beispiele):

$$\text{Grad der finanziellen Unabhängigkeit in \%} = \frac{\text{Eigenkapital}}{\text{Gesamtkapital}} \cdot 100$$

$$\text{Anteil des kurzfristigen Fremdkapitals in \%} = \frac{\text{kfr. Fremdkapital}}{\text{Gesamtkapital}} \cdot 100$$

Beispiele:
Für die OfficeCom AG werden folgende Werte anhand der Strukturbilanz ermittelt:

Grad der finanziellen Unabhängigkeit

Berichtsjahr: $\frac{356{,}4 \cdot 100}{655{,}7} = 54{,}4\ \%$

Vorjahr: $\frac{347{,}3 \cdot 100}{628{,}4} = 55{,}3\ \%$

Anteil des kurzfristigen Fremdkapitals

Berichtsjahr: $\frac{49{,}3 \cdot 100}{655{,}7} = 7{,}5\ \%$

Vorjahr: $\frac{41{,}1 \cdot 100}{628{,}4} = 6{,}5\ \%$

Anlagendeckung oder Investierung

Der Finanzierungsumfang des Anlagevermögens durch langfristiges Kapital (Deckung) zeigt die Finanzierungssolidität und -stabilität des Unternehmens. Das Anlagevermögen – und die „Eisernen Bestände" der Vorräte – soll durch langfristiges Kapital finanziert werden („Goldene Bilanzregel").

Kennzahlen:

$$\text{Deckungsgrad I in \%} = \frac{\text{Eigenkapital}}{\text{Anlagevermögen}} \cdot 100$$

$$\text{Deckungsgrad II in \%} = \frac{\text{Eigenkapital} + \text{langfr. Fremdkapital}}{\text{Anlagevermögen}} \cdot 100$$

Beispiele:
Mithilfe der Strukturbilanz ergeben sich für die OfficeCom AG folgende Deckungsgrade:

Deckungsgrad I

Berichtsjahr: $\frac{356{,}4 \cdot 100}{368} = 96{,}8\ \%$

Vorjahr: $\frac{347{,}3 \cdot 100}{380} = 91{,}4\ \%$

Deckungsgrad II

Berichtsjahr: $\frac{606{,}4 \cdot 100}{368} = 164{,}8\ \%$

Vorjahr: $\frac{587{,}3 \cdot 100}{380} = 154{,}6\ \%$

Liquidität

Die Liquidität zeigt die Fähigkeit des Unternehmens an, jederzeit die kurzfristigen Verbindlichkeiten bezahlen zu können. Sie ist insofern bedeutsam, als Zahlungsunfähigkeit die Einleitung eines Insolvenzverfahrens zur Folge hat.

Kennzahlen:

$$\text{Liquiditätsgrad I (Barliquidität) in \%} = \frac{\text{Liquide Mittel}}{\text{Kurzfr. Verbindlichkeiten}} \cdot 100$$

Faustregel: mindestens 20 % Deckung

$$\text{Liquiditätsgrad II (Einzugsbedingte Liquidität) in \%} = \frac{\text{Liquide Mittel} + \text{Forderungen a.LL}}{\text{Kurzfr. Verbindlichkeiten}} \cdot 100$$

Faustregel: mindestens 100 % Deckung

$$\text{Liquiditätsgrad III (Umsatzbedingte Liquidität) in \%} = \frac{\text{Umlaufvermögen}}{\text{Kurzfr. Verbindlichkeiten}} \cdot 100$$

Faustregel: mindestens 200 % Deckung

Beispiele:
Den Liquiditätsstatus der OfficeCom AG zeigen – auf der Grundlage der Strukturbilanz – die folgenden Zahlen:

Liquiditätsgrad I

Berichtsjahr: $\frac{8{,}3 \cdot 100}{49{,}3} = 16{,}8\ \%$

Vorjahr: $\frac{6 \cdot 100}{41{,}1} = 14{,}6\ \%$

Liquiditätsgrad II

Berichtsjahr: $\frac{(8{,}3 + 89) \cdot 100}{49{,}3} = 197\ \%$

Vorjahr: $\frac{(6 + 71{,}5) \cdot 100}{41{,}1} = 188{,}6\ \%$

Liquiditätsgrad III

Berichtsjahr: $\frac{287{,}7 \cdot 100}{49{,}3} = 583{,}6\ \%$

Vorjahr: $\frac{248{,}4 \cdot 100}{41{,}1} = 604{,}4\ \%$

Rentabilität

Die Rentabilität ist die innerbetriebliche Verzinsung des eingesetzten Kapitals, die den Erfolg des Unternehmens zum Ausdruck bringt. Die Erfolgsentwicklung ist u. a. bedeutsam für das Verhalten bestehender und zukünftiger Teilhaber bzw. Investoren, Kunden und Lieferer.

Kennzahlen:

$$\text{Rentabilität des Eigenkapitals in \%} = \frac{\text{Bereinigter Unternehmensgewinn}^{1)}}{\text{Durchschnittliches Eigenkapital}^{2)}} \cdot 100$$

$$\text{Rentabilität des Gesamtkapitals in \%} = \frac{\text{Bereinigter} + \text{Unternehmensgewinn}}{\text{Durchschnittliches Gesamtkapital}} \cdot 100$$

$$\text{Rentabilität des Umsatzes in \%} = \frac{\text{Bereinigter Unternehmensgewinn}}{\text{Umsatz}} \cdot 100$$

1) Unternehmensgewinn
– außerordentliche Erträge
+ außerordentliche Aufwendungen
= Bereinigter Unternehmensgewinn

2) Durchschnittliches Eigenkapital

$$= \frac{\text{Eigenkapital am 1. Jan.} + \text{Eigenkapital am 31. Dez.}}{2}$$

Beispiele:
Für die OfficeCom AG ergeben sich aus der Strukturbilanz folgende Zahlen:

Durchschnittliches Eigenkapital in tausend Euro im Berichtsjahr: (347,3 + 356,4) : 2 = 351,85

Durchschnittliches Gesamtkapital in tausend Euro im Berichtsjahr: (628,4 + 655,7) : 2 = 642,05

Im Berichtsjahr betragen der Gewinn 19.100,00 €, der Umsatz 215.000,00 € und die Zinsaufwendungen 5.300,00 €. Außerordentliche Aufwendungen und Erträge liegen nicht vor.
Für das Berichtsjahr ergeben sich die folgenden Prozentzahlen:

Rentabilität des Eigenkapitals

$$\frac{19{,}1 \cdot 100}{351{,}85} = 5{,}4\ \%$$

Rentabilität des Gesamtkapitals

$$\frac{(19{,}1 + 5{,}3) \cdot 100}{642{,}05} = 3{,}8\ \%$$

Rentabilität des Umsatzes

$$\frac{19{,}1 \cdot 100}{215} = 8{,}9\ \%$$

Cashflow

Der Cashflow (Kassenfluss oder Liquiditätszufluss) drückt die Selbstfinanzierungskraft eines Unternehmens aus. Er gibt an, welche selbst erwirtschafteten Mittel des Geschäftsjahres dem Unternehmen für Investitionen, Schuldentilgung und Gewinnausschüttung zur Verfügung stehen.

Kennzahl (Beispiel):

Jahresüberschuss (Gewinn)
+ Abschreibungen auf Anlagen
+ Zuführungen zu den langfristigen Rückstellungen
= Cashflow

Beispiel:
Für die OfficeCom AG ergibt sich folgender Cashflow (Rückstellungen wurden nicht gebildet; die Abschreibungen beinhalten nur solche auf Anlagen):

Cashflow

Berichtsjahr:

Gewinn	19.100,00 €
+ Abschreibungen auf Anlagen	54.000,00 €
= Cashflow	73.100,00 €

Wirtschaftlichkeit

Unter Wirtschaftlichkeit wird das Verhältnis von Erträgen zu Aufwendungen, im engeren Sinne von Leistungen zu Kosten verstanden. Der Aussagewert ist gering, da die Unternehmen nicht nach maximaler Wirtschaftlichkeit, sondern nach hoher Rentabilität streben.

Kennzahl (Beispiel):

$$\text{Wirtschaftlichkeit (Ertragsergiebigkeit)} = \frac{\text{Erträge}}{\text{Aufwendungen}}$$

Beispiel:
Die OfficeCom AG berechnet die Wirtschaftlichkeit:

Wirtschaftlichkeit (Ertragsergiebigkeit)

Berichtsjahr:

$$\frac{223}{203{,}9} = 1{,}14$$

Mit 1,00 € Aufwand wird ein Ertrag von 1,14 € erzielt.

Übersicht über die Kosten- und Leistungsrechnung

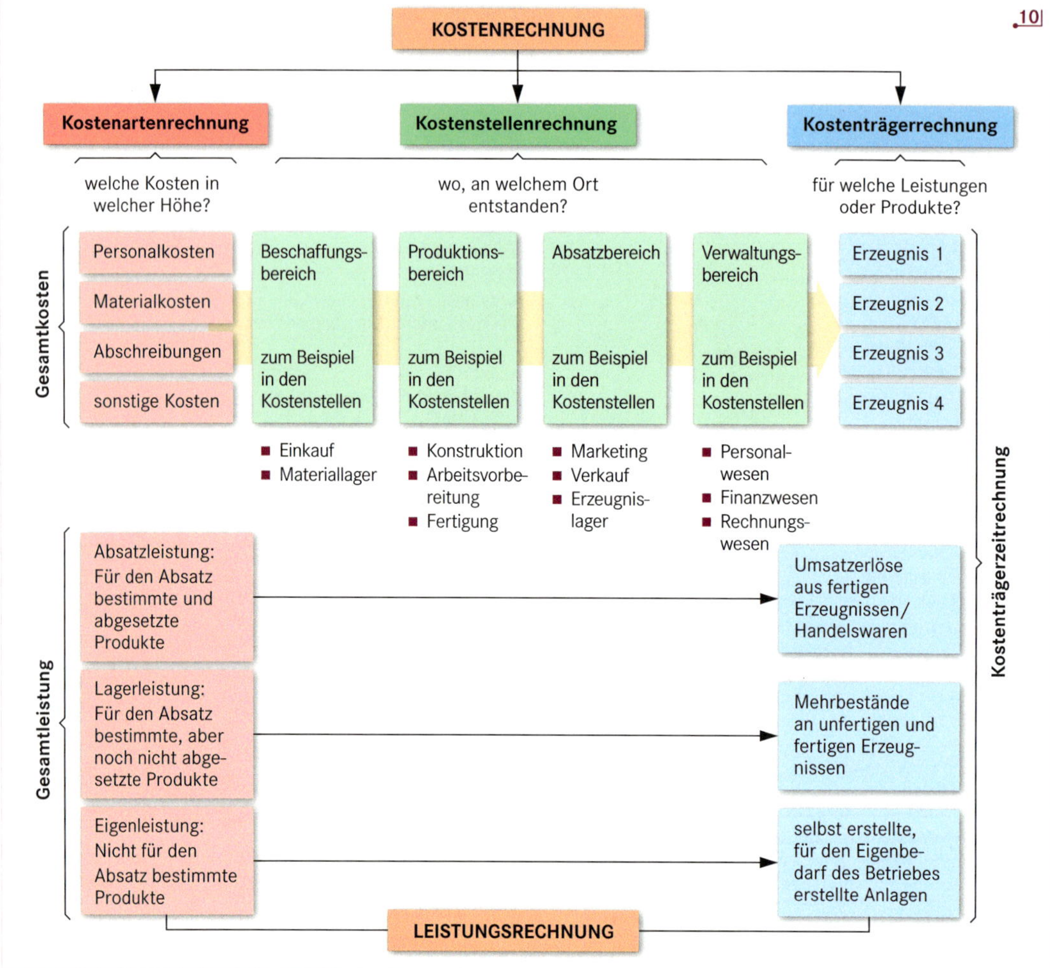

Phasen der Kostenrechnung

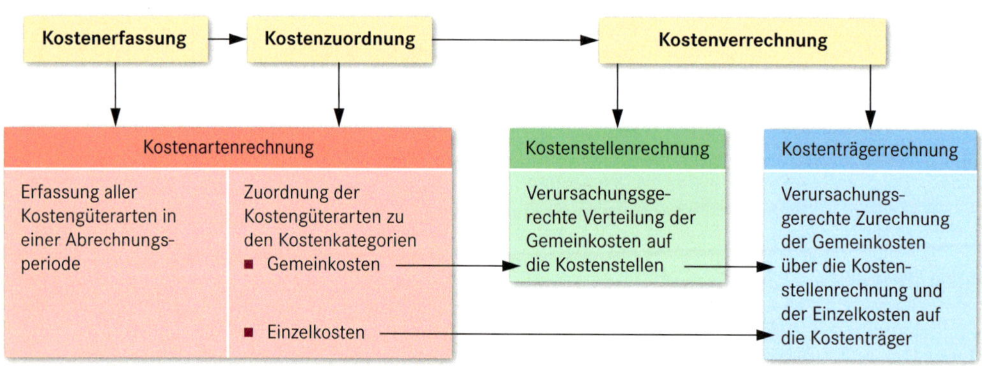

Abgrenzung Aufwendungen – Kosten, Erträge – Leistungen

Differentiation Expenses – Costs, Income – Performances

Kosten und Aufwendungen

Kosten
= in Geldeinheiten (GE) bewerteter mengenmäßiger Verbrauch an Gütern und Leistungen zum Zweck der betrieblichen Leistungserstellung in einer Abrechnungsperiode.

Aufwendungen
= gesamter in GE bewerteter mengenmäßiger Verbrauch an Gütern und Leistungen in einem Unternehmen, unabhängig von ihrem Entstehungsgrund, in einer Abrechnungsperiode.

11

Aufwendungen			Kosten			Beispiele:
Neutrale Aufwendungen	Aufwendungen, nicht Kosten	Betriebsfremde Aufwendungen				Abschreibungen auf Finanzanlagen, Instandhaltungen von Werkswohnungen
Neutrale Aufwendungen	Aufwendungen, nicht Kosten	Betriebsbezogene, außerordentliche Aufwendungen				Verkauf einer Drehbank unter Buchwert
Neutrale Aufwendungen	Aufwend., ungleich Kosten	Betriebsbezogene, periodenfremde Aufwendungen				Gewerbesteuernachzahlung, bilanzielle Abschreibungen auf Sachanlagen
	Aufwend., gleich Kosten	Betriebsbezogene, periodenbezogene Aufwendungen =	**Grundkosten**	Kosten, gleich Aufwend.		Roh-, Hilfs-, Betriebsstoffverbrauch, Fertigungslöhne
			Anderskosten oder bewertungsverschiedene Kosten	Kosten, ungleich Aufwend.	Kalkulatorische Kosten	kalkulatorische Abschreibungen auf Sachanlagen, kalkulatorische Wagnisse
			wesenmäßige **Zusatzkosten**	Kosten, nicht Aufwend.	Kalkulatorische Kosten	kalkulatorischer Unternehmerlohn, kalkulatorische Zinsen

Leistungen und Erträge

Leistungen
= lediglich die in GE bewerteten erfolgswirksamen Wertezuflüsse in einer Abrechnungsperiode, die aus der betrieblichen Leistungserstellung resultieren.

Erträge
= alle erfolgswirksamen, in GE bewerteten Wertezuflüsse in einem Unternehmen, unabhängig von ihrem Entstehungsgrund, in einer Abrechnungsperiode.

12

Erträge			Leistungen			Beispiele:
Neutrale Erträge	Erträge, nicht Leistungen	Betriebsfremde Erträge				Mieterträge, Zinserträge, Erträge aus Beteiligungen
Neutrale Erträge	Erträge, nicht Leistungen	Betriebsbezogene, außerordentliche Erträge				Verkauf einer Maschine über Buchwert
Neutrale Erträge	Erträge, ungleich Leistungen	Betriebsbezogene, periodenfremde Erträge				Rückzahlung einer ausgebuchten Forderung, Erträge aus der Auflösung von Rückstellungen
	Erträge, gleich Leistungen	Betriebsbezogene, periodenbezogene Erträge =	**Grundleistungen** (Grunderlöse)	Leistungen, gleich Erträge		Umsatzerlöse aus dem Verkauf von Fertigerzeugnissen, Mehrbestände an unfertigen und fertigen Erzeugnissen
			Andersleistungen oder bewertungsverschiedene Erlöse (Anderserlöse)	Leistungen, ungleich Erträge	Kalkulatorische Leistungen	Erhöhung des nach Handels- und Steuerrecht ermittelten Wertes der unfertigen und fertigen Erzeugnisse, wenn sie in der Bilanz sehr niedrig angesetzt sind
			Zusatzleistungen (Zusatzerlöse)	Leistungen, nicht Erträge	Kalkulatorische Leistungen	Originärer Firmenwert, originäre Patente

Unternehmensergebnis, Betriebsergebnis, Neutrales Ergebnis

Betriebsergebnis	= Leistungen	– Kosten
+ Neutrales Ergebnis	= Neutrale Erträge	– Neutrale Aufwendungen
= Unternehmensergebnis	= sämtliche Erträge	– sämtliche Aufwendungen

Beispiel:
Auf der Grundlage ihres Gewinn- und Verlustkontos sowie ihrer Berechnung der kalkulatorischen Kosten ergibt sich für die OfficeCom AG zum 31. Dezember 20.. folgende **Ergebnistabelle**:

Ergebnistabelle in €								
Finanzbuchhaltung			Kosten- und Leistungsrechnung					
Gesamtergebnisrechnung (GuV) der Finanzbuchhaltung			Abgrenzungsrechnung				Betriebsergebnisrechnung	
			Unternehmensbezogene Abgrenzungen		Kostenrechnerische Korrekturen			
Konto	Aufwendungen	Erträge	Neutrale Aufwendungen	Neutrale Erträge	Betriebliche Aufwendungen	Verrechnete Kosten	Kosten	Leistungen
Umsatzerlöse aus fertigen Erzeugnissen		9.363.600,00						9.363.600,00
Umsatzerlöse aus Handelswaren		3.100.290,00						3.100.290,00
Mehrbestand an unfertigen/fertigen Erzeugnissen		43.000,00						43.000,00
Zinserträge		39.170,00		39.170,00				
Mieterträge		120.000,00		120.000,00				
Aufwendungen für Rohstoffe	3.480.000,00						3.480.000,00	
Aufwendungen für Hilfsstoffe	465.600,00						465.600,00	
Aufwendungen für Betriebsstoffe	66.490,00						66.490,00	
Fertigungslöhne	690.205,00						690.205,00	
Hilfslöhne	46.225,00						46.225,00	
Gehälter	73.000,00						73.000,00	
Arbeitgeberanteil zur Sozialversicherung	285.324,00						285.324,00	
Abschreibungen auf Sachanlagen	4.230.680,00		423.068,00		3.807.612,00	4.670.320,00	4.670.320,00	
Verluste aus dem Abgang von Gegenständen des Anlagevermögens	126.500,00		126.500,00					
Verluste aus dem Abgang von Gegenständen des Umlaufvermögens	26.130,00		26.130,00					
Abschreibungen auf Forderungen	89.420,00				89.420,00	25.000,00	25.000,00	
Zinsaufwendungen	68.930,00				68.930,00	112.450,00	112.450,00	
Steuern	6.320,00						6.320,00	
Fremdinstandhaltungen	23.510,00		3.900,00				19.610,00	
Sonstige Aufwendungen	39.180,00						39.180,00	
	9.717.514,00	12.666.060,00	579.598,00	159.170,00	3.965.962,00	4.807.770,00	9.979.724,00	12.506.890,00
	2.948.546,00			**420.428,00**	**841.808,00**		**2.527.166,00**	
	12.666.060,00	12.666.060,00	579.598,00	579.598,00	4.807.770,00	4.807.770,00	12.506.890,00	12.506.890,00
			Ergebis der unternehmensbezogenen Abgrenzungen		Ergebnis der kostenrechnerischen Korrekturen			
	Gesamtergebnis		**Neutrales Ergebnis**				**Betriebsergebnis**	

Einteilung der Kosten (Überblick)

Die Kostenartenrechnung ermittelt die in einem Betrieb entstandenen Kosten, die nach verschiedenen **Kriterien** eingeteilt werden können, für eine bestimmte Abrechnungsperiode (Monat, Quartal, Jahr):

- auf der Grundlage betriebswirtschaftlicher Produktionsfaktoren
- auf der Grundlage betrieblicher Funktionen
- nach ihrer Zurechenbarkeit auf die Kostenträger
- nach ihrer Zurechenbarkeit auf die Kostenstellen
- in Abhängigkeit von der Beschäftigung
- in Abhängigkeit von der Bezugsgrundlage
- nach ihrem Verhältnis zu den Aufwendungen der Finanzbuchhaltung (kalkulatorische Kosten)

Kosten auf der Grundlage der betriebswirtschaftlichen Produktionsfaktoren

- Werkstoffkosten, z. B. Rohstoffverbrauch
- Personalkosten, z. B. Gehälter
- Betriebsmittelkosten, z. B. Abschreibungen
- Finanzierungskosten, z. B. Abschlussprovisionen
- Fremdleistungskosten, z. B. Telefonkosten
- Abgaben mit Kostencharakter, z. B. Kfz-Steuer

Kosten auf der Grundlage der betrieblichen Funktionen

- Beschaffungskosten
- Produktions- oder Fertigungskosten
- Absatz- oder Vertriebskosten
- Verwaltungskosten
- Lagerkosten
- Finanzierungskosten

Kosten in Abhängigkeit von ihrer Zurechenbarkeit auf die Kostenträger

- **Einzelkosten:**
  Kosten, die direkt den Kostenträgern zugerechnet werden können

Beispiele:
Rohstoffkosten und Fremdbauteile aufgrund von Konstruktionszeichnungen und Materialentnahmescheinen; Fertigungslöhne aufgrund von Zeitmessungen und Lohnscheinen

- **Gemeinkosten:**
  Kosten, die nicht direkt, sondern nur mit Hilfe von Verteilungsschlüsseln über die Kostenstellenrechnung den Kostenträgern zugerechnet werden können

Beispiele:
Gehälter der Angestellten, lineare Abschreibungen auf Maschinen und Gebäude, Hilfslöhne

Kosten in Abhängigkeit von ihrer Zurechenbarkeit auf die Kostenstellen

- **Kostenstelleneinzelkosten:**
  Gemeinkosten in Bezug auf die Kostenträger, die den Kostenstellen direkt zugerechnet werden können

Beispiele:
Hilfslöhne aufgrund von Stempelkarten, Gehälter aufgrund von Gehaltslisten des Personalbüros, Abschreibungen auf Maschinen

- **Kostenstellengemeinkosten:**
  Gemeinkosten in Bezug auf die Kostenträger, die den Kostenstellen nicht direkt, sondern nur mit Hilfe von Verteilungsschlüsseln zugerechnet werden können

Beispiele:
Heiz- und Stromkosten, wenn die Kostenstellen über keine eigenen Zähler verfügen, Gehälter von Meistern, die mehrere Arbeitsplätze (Kostenstellen) betreuen

Kosten in Abhängigkeit von der Beschäftigung

Fixe Kosten:
Kosten, die unabhängig von der Produktionsmenge in einer Abrechnungsperiode in gleicher Höhe anfallen (Kosten der Betriebsbereitschaft),
z. B. Mietkosten für eine Lagerhalle, Gehälter, Abschreibungen auf Sachanlagen

Variable Kosten:
Kosten, deren Höhe sich in Abhängigkeit von der Produktionsmenge in einer Abrechnungsperiode verändert,
z. B. Rohstoffkosten, Hilfsstoffkosten, Fertigungslöhne

Kosten in Abhängigkeit von der Bezugsgrundlage

Gesamt- oder Periodenkosten:
Kosten, die insgesamt in einer Abrechnungsperiode anfallen,
z. B. im Monat, im Quartal, im Jahr

Stückkosten oder Kosten pro Leistungseinheit:
Kosten pro Mengeneinheit
z. B. Kosten pro Stück, pro Liter

Grafische Darstellung von Kostenkurven

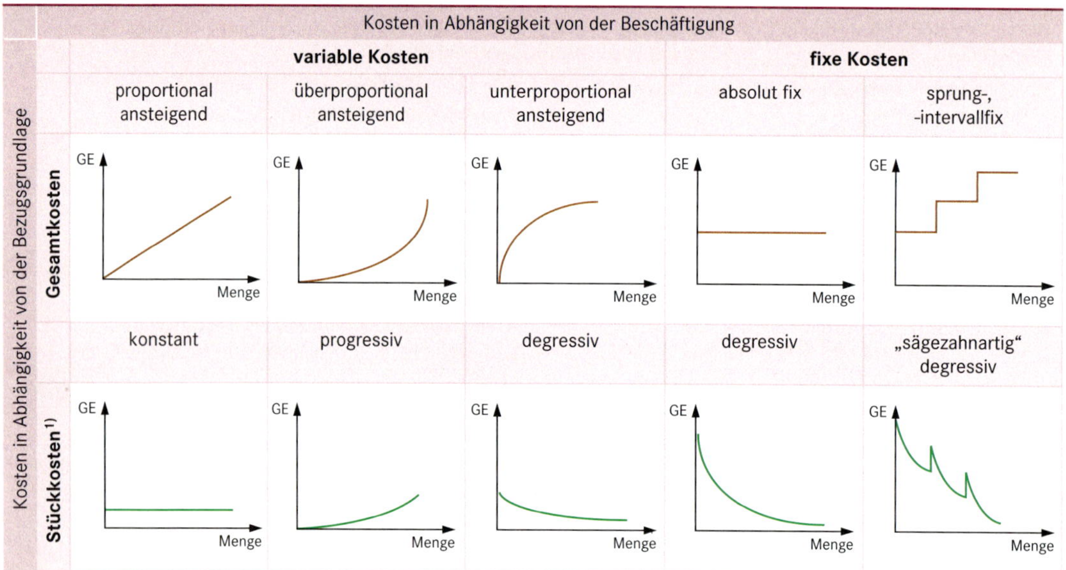

[1)] Die Verläufe der Stückkostenkurven ergeben sich aus den darüber abgebildeten Verläufen der Gesamtkostenkurven, indem die jeweiligen Gesamtkosten durch die dazugehörigen Mengen geteilt werden.

Gesetz der Massenproduktion

Gesamtkostenfunktion linear:

$K = K_f + K_v\,(x)$
$K = K_f + k_v \cdot x$

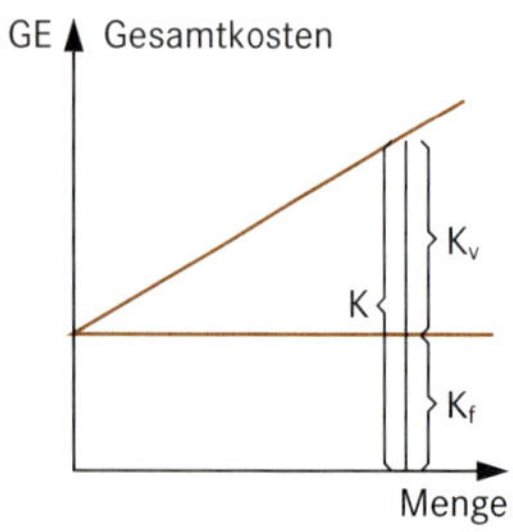

Stückkostenfunktion:

$k = \frac{K}{x} \quad k = \frac{K_f}{x} + k_v$

Die (fixen) Stückkosten nehmen mit zunehmender Produktionsmenge ab.

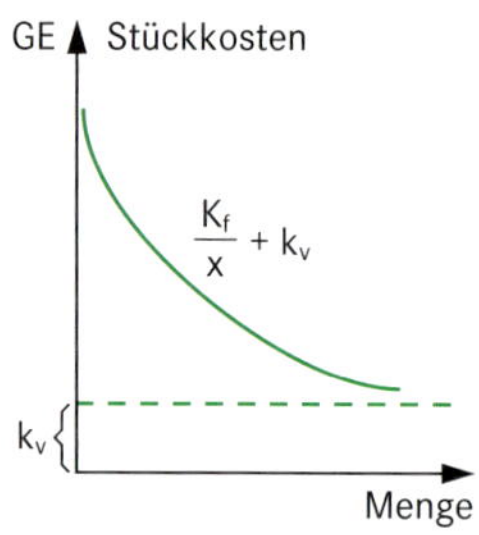

Legende:

GE: Geldeinheiten
K: Gesamtkosten pro Periode
K_f: Fixe Kosten pro Periode
K_v: Variable Kosten pro Periode
x: Produktionsmenge
k: Kosten pro Mengeneinheit
k_v: Variable Kosten pro Mengeneinheit
k_f: Fixe Kosten pro Mengeneinheit

Kosten nach ihrem Verhältnis zu den Aufwendungen der Finanzbuchhaltung

In ihrem Verhältnis zu den Aufwendungen der Finanzbuchhaltung lassen sich die Kosten wie folgt einteilen (siehe auch Grafik Seite 439 „Kosten und Aufwendungen"):

- **Grundkosten** sind Aufwendungen der Finanzbuchhaltung, die unverändert in die Kosten- und Leistungsberechnung (KLR) übernommen werden können, z. B. Aufwendungen für Roh, Hilfs- und Betriebsstoffe, Löhne, Gehälter, Personalnebenkosten.
- **Anderskosten** sind Aufwendungen der Finanzbuchhaltung, die in der KLR mit einem anderen Wert angesetzt werden müssen: kalkulatorische Abschreibungen auf Sachanlagen, kalkulatorische Wagniskosten.
- **Zusatzkosten** sind kalkulatorische Kosten, denen in der Finanzbuchhaltung keine Aufwendungen gegenüberstehen: kalkulatorische Zinsen, kalkulatorischer Unternehmerlohn.

Kalkulatorische Abschreibungen

Kalkulatorische Abschreibungen = Kosten	Bilanzielle Abschreibungen = neutrale Aufwendungen
■ werden vom **betriebsnotwendigen** abnutzbaren Anlagevermögen berechnet;	■ werden von **allen** Gegenständen des abnutzbaren Anlagevermögens berechnet;
■ werden vom **Wiederbeschaffungswert** berechnet (reale Kapitalerhaltung);	■ werden höchstens von den **Herstellungs- bzw. Anschaffungskosten** berechnet (nominale Kapitalerhaltung);
■ sollen dem **tatsächlichen Werteverzehr** entsprechen;	■ werden **weitgehend unabhängig vom tatsächlichen Werteverzehr** ermittelt;
■ werden häufig wegen gleichmäßig hoher Kosten im Zeitvergleich nach der **linearen** Methode errechnet;	■ werden häufig über eine **kürzere** Nutzungsdauer als die kalkulatorische Abschreibung berechnet;
■ beeinflussen nur das **Betriebsergebnis**, sind bezüglich des Gesamtergebnisses erfolgsneutral.	■ beeinflussen das **Neutrale Ergebnis** und das **Gesamtergebnis**. 14

Kalkulatorische Wagnisse

- Das **allgemeine Unternehmerwagnis**, das z. B. auf einer Fehleinschätzung des Absatzmarktes beruht, ist nicht kalkulierbar und daher nicht Gegenstand der KLR; entsprechende Verluste sind aus dem Eigenkapital des Unternehmens zu decken.
- Die **speziellen Einzelwagnisse** sind dagegen in der KLR zu berücksichtigen:
  - **Beständewagnis** (z. B. Verlust von Vorräten durch Verderb, Veralten)
  - **Fertigungswagnis** (z. B. Mehrkosten aufgrund von Arbeitsfehlern)
  - **Anlagenwagnis** (z. B. Verluste durch Schadensfälle)
  - **Entwicklungswagnis** (z. B. Verluste aus fehlgeschlagenen Produktentwicklungen)
  - **Vertriebswagnis** (z. B. Ausfälle bei Kundenforderungen)
  - **Gewährleistungswagnis** (z. B. kostenlose Ersatzlieferung)
  - Werden Einzelwagnisse durch Versicherungen abgedeckt (z. B. Brandschäden), gehen die entsprechenden **Versicherungsprämien** in die Kosten ein (fremdversicherte Einzelwagnisse).
  - Für Einzelwagnisse, die nicht fremdversichert werden können (z. B. Währungsverluste), werden in der Kostenrechnung **kalkulatorische Kosten** angesetzt (selbstversicherte Einzelwagnisse).

Kalkulatorische Zinsen

- Die Zinsaufwendungen der Finanzbuchhaltung können nicht in die KLR übernommen werden, da man nicht weiß, ob mit dem entsprechenden Fremdkapital nur betriebsbedingtes Vermögen finanziert wurde.
- Andererseits verursacht Eigenkapital keine Zinsaufwendungen, obwohl der Nutzenentgang für eine anderweitige Verwendung (z. B. Verzicht auf Zinserträge wegen Nichtanlage in Wertpapieren) Kosten im Sinne der KLR darstellt.
- Für die KLR werden daher die kalkulatorischen Zinsen wie folgt berechnet:

	Betriebsnotwendiges Anlagevermögen (Wiederbeschaffungspreis – kalkulatorische Abschreibungen)
+	Betriebsnotwendiges Umlaufvermögen [(Anfangsbestand + Endbestand) : 2]
=	Betriebsnotwendiges Vermögen
–	Abzugskapital (zinslos überlassenes Fremdkapital)
=	Betriebsnotwendiges Kapital
x	landesüblicher durchschnittlicher Zinssatz für langfristige Darlehen
=	kalkulatorische Zinsen

Kalkulatorischer Unternehmerlohn

- In Kapitalgesellschaften erhalten Vorstandsmitglieder (z. B. Aktiengesellschaft) und Geschäftsführer (GmbH) für ihre Arbeitsleistung Gehälter, die in der Geschäftsbuchhaltung dieser Unternehmungen als gewinnmindernder Aufwand gebucht und in gleicher Höhe in die Kosten- und Leistungsrechnung übernommen werden.
- Für die Arbeitsleistung geschäftsführender Inhaber von Einzelunternehmungen und Gesellschafter von Personengesellschaften (OHG und KG) dürfen nach Handels- und Steuerrecht keine gewinnmindernden Aufwendungen geltend gemacht werden. Die Arbeitsleistung ist vielmehr aus dem Gewinn abzugelten.
- Bei Einzelunternehmungen und Personengesellschaften können die vollhaftenden Geschäftsinhaber aufgrund ihrer unternehmerischen Tätigkeit in der Kosten- und Leistungsrechnung einen so genannten kalkulatorischen Unternehmerlohn ansetzen – als Ausgleich für Nutzenentgang. Dadurch werden zudem die Kostenstrukturen und Betriebsergebnisrechnungen von Unternehmungen unterschiedlicher Rechtsform vergleichbar.
- Die Höhe des kalkulatorischen Unternehmerlohnes könnte sich nach den Gehältern leitender Angestellter in vergleichbaren Positionen richten.

15

Aufgaben

- Ermittlung der Kosten einer Abrechnungsperiode in den verschiedenen Kostenstellen des Betriebes
- Notwendige Schnittstelle zwischen Kostenarten- und Kostenträgerrechnung
- Grundlage für die Zurechnung der Gemeinkosten auf die hergestellten Produkte (Kostenträger)
- Kontrolle der Kosten und der Wirtschaftlichkeit in den Kostenstellen

Kostenstellen

- Orte, an denen die Kosten entstehen
- Zurechnungseinheiten, deren Bildung nur dann erforderlich ist, wenn mehrere Erzeugnisse einen Betrieb ungleichmäßig in Anspruch nehmen
- Sie können einen Arbeitsplatz, eine Unterabteilung, eine Abteilung oder einen aus den betrieblichen Funktionen abgeleiteten Betriebsbereich umfassen.

Einteilung der Kostenstellen

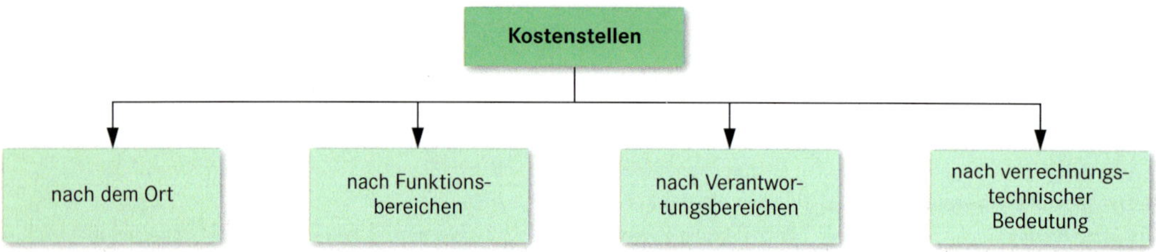

Kostenstellen nach dem Ort

- Zusammenfassung räumlich abgegrenzter Betriebsteile mit jeweils einheitlichen Aufgaben oder
- Zusammenfassung unterschiedlicher Arbeitsgänge, die abrechnungstechnisch gleich behandelt werden können

oder

- Bildung eines einheitlichen räumlich abgegrenzten Verantwortungsbereichs, der aus Kontrollgründen als Ganzes abgerechnet werden soll

Kostenstellen nach Funktionsbereichen

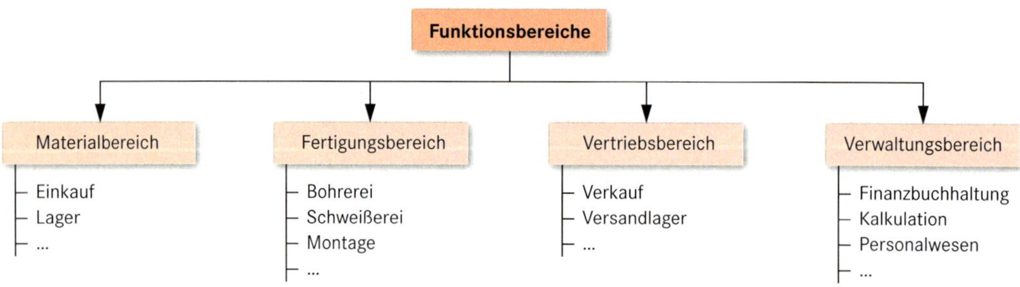

Kostenstellen nach Verantwortungsbereichen

Die Kostenstellenbildung nach Verantwortungsbereichen deckt sich im Regelfall mit der nach Funktionsbereichen.

Kostenstellen nach verrechnungstechnischer Bedeutung

Selbstständige Stellen oder Hauptkostenstellen:
Ihre Kosten werden den Kostenträgern unmittelbar zugerechnet.

Beispiele:
Einkauf, Lager, Fertigung, Verkauf, Versand, Werbung

Unselbstständige Stellen:

- **Hilfskostenstellen** erbringen Leistungen für Hauptkostenstellen; ihre Kosten werden den Hauptkostenstellen zugerechnet.

Beispiele:
Arbeitsvorbereitung für die Fertigung, Werkzeugmacherei für die Fertigung

- **Allgemeine Kostenstellen** erbringen Leistungen für alle übrigen Kostenstellen; ihre Kosten werden den Hilfs- und Hauptkostenstellen zugerechnet.

Beispiele:
Telefonzentrale, Archiv, werkseigenes Kraftwerk, Fuhrpark, Buchhaltung, Personal, allg. Verwaltung

Sie wird monatlich und jährlich in der Regel tabellarisch mit Hilfe des so genannten Betriebsabrechungsbogens (BAB) durchgeführt und vollzieht sich in fünf Schritten:

1. **Erstellung des „Betriebsabrechnungsbogens"**
   Der Betriebsabrechnungsbogen (BAB) ist eine tabellarische Darstellung der Kostenstellenrechnung, der senkrecht nach Gemeinkostenarten und waagerecht nach Kostenbereichen bzw. Kostenstellen gegliedert ist.

2. **Überprüfung sämtlicher Kostenarten im Hinblick auf ihre Zurechenbarkeit auf die Kostenträger**
   Sämtliche Kosten werden daraufhin untersucht, ob sie sich den Erzeugnissen (= Kostenträgern) direkt zurechnen lassen (= Einzelkosten), oder ob sie sich den Kostenträgern nicht direkt zurechnen lassen (= Gemeinkosten).

3. **Verteilung der Gemeinkostenarten auf die Kostenbereiche oder Kostenstellen**
   Die auf die Erzeugnisse bezogenen Gemeinkosten können entweder Kostenstelleneinzelkosten sein, die den Kostenstellen direkt mit Hilfe von Belegen zugerechnet werden. Kostenstellengemeinkosten hingegen werden mit Hilfe von Verteilungsschlüsseln auf die Kostenstellen aufgeteilt.

4. **Ermittlung der Gemeinkostensummen für die Kostenbereiche oder Kostenstellen**
   Addition der Gemeinkostenbeträge für jeden Kostenbereich bzw. jede Kostenstelle

5. **Errechnung der so genannten Gemeinkostenzuschlagssätze der Kostenbereiche**
   Die Gemeinkostensummen der jeweiligen Kostenbereiche werden zu bestimmten Zuschlagsgrundlagen ins Verhältnis gesetzt. Das Ergebnis sind die Gemeinkostenzuschlagssätze (s. S. 446), mit deren Hilfe die in den Kostenstellen des BAB ermittelten Gemeinkosten den verschiedenen Kostenträgern (Erzeugnissen bzw. Erzeugniseinheiten) zugerechnet werden können (s. S. 448 f.).

Betriebsabrechnungsbogen (BAB) Beispiel

Gemeinkostenarten	Zahlenwerte des KLR-Bereichs in EUR	Verteilungsgrundlagen	Kosten der Kostenstellen in EUR			
			I Material	II Fertigung	III Verwaltung	IV Vertrieb
Aufwendungen für Hilfsstoffe	465.600,00	Materialentnahmescheine	34.920,00	349.200,00	11.640,00	69.840,00
Aufwendungen für Betriebsstoffe	66.490,00	Umbauter Raum in m^3	2.092,66	61.071,32	1.637,73	1.688,29
Hilfslöhne	46.225,00	Lohn- und Gehaltsliste	2.890,00	25.560,00	17.015,00	760,00
Gehälter	73.000,00	Lohn- und Gehaltsliste	8.770,00	27.890,00	29.350,00	6.990,00
soziale Aufwendungen	42.026,80	Hilfslöhne/Gehälter	4.110,15	18.841,12	16.343,66	2.731,87
Kalkulatorische Abschreibungen	4.670.320,00	Anlagendatei	700.548,00	3.035.708,00	700.548,00	233.516,00
Kalkulatorische Wagniskosten	25.000,00	Kostenstelle Vertrieb	0,00	0,00	0,00	25.000,00
Kalkulatorische Zinsen	112.450,00	Betriebsnotw. Kapital	16.867,50	73.092,50	16.867,50	5.622,50
Steuern	6.320,00	Steuergegenstände	1.264,00	2.528,00	1.896,00	632,00
Fremdinstandhaltungen	23.510,00	Rechnungen	4.702,00	12.538,67	4.702,00	1.567,33
sonstige Aufwendungen	39.180,00	Rechnungen u. a.	5.597,14	8.395,71	8.395,72	16.791,42
Summe	5.570.121,80		781.761,45	3.614.825,32	808.395,61	365.139,42
		Zuschlagsgrundlage:	Fertigungsmaterial 3.480.000,00	Fertigungslöhne einschließlich anteiliger sozialer Aufwendungen 933.502,20	Herstellkosten des Umsatzes 8.767.088,97	
		Gemeinkostenzuschlagssatz:	22,4644 % ≈ 22,46 %	387,23264 % ≈ 387,23 %	9,22079 % ≈ 9,22 %	4,1644 % ≈ 4,16 %

16

Die Berechnung der Gemeinkostenzuschlagssätze wird auf der Grundlage der im Betriebsabrechnungsbogen ermittelten Gemeinkostensummen vorgenommen. Dabei werden die Gemeinkostensummen der einzelnen Kostenbereiche auf jeweils gesonderte Zuschlagsgrundlagen bezogen. (Die folgenden Beispiele beziehen sich auf den BAB, siehe S. 445)

Materialgemeinkostenzuschlagssatz (MGKZ)

$$\text{MGKZ} = \frac{\text{Materialgemeinkosten}}{\text{Fertigungsmaterial}} \cdot 100$$

Es wird unterstellt, dass sich die Gemeinkosten des Materialbereichs im gleichen Verhältnis wie die Materialeinzelkosten (Fertigungsmaterial, z. B. Verbrauch der Rohstoffe) entwickeln.

Beispiel:

$$\text{MGKZ} = \frac{781.761{,}45 \text{ EUR}}{3.480.000{,}00 \text{ EUR}} \cdot 100 = 22{,}4644\,\% \approx 22{,}46\,\%$$

Bei einem Rohstoffverbrauch (Einzelkosten) von 100,00 EUR fallen noch zusätzlich Materialgemeinkosten in Höhe von 22,46 EUR an.

Fertigungsgemeinkostenzuschlagssatz (FGKZ)

$$\text{FGKZ} = \frac{\text{Fertigungsgemeinkosten}}{\text{Fertigungslöhne}} \cdot 100$$

Die Gemeinkosten des Fertigungsbereichs entwickeln sich ebenfalls proportional zu den Fertigungseinzelkosten (= Fertigungslöhne).

Beispiel:

$$\text{FGKZ} = \frac{3.614.825{,}32 \text{ EUR}}{933.502{,}20 \text{ EUR}} \cdot 100 = 387{,}23264\,\% \approx 387{,}23\,\%$$

100,00 EUR an Fertigungslöhnen (Einzelkosten) führen noch zu zusätzlichen Gemeinkosten im Fertigungsbereich in Höhe von 387,23 EUR.

Vertriebsgemeinkostenzuschlagssatz (VtrGKZ)

$$\text{VtrGKZ} = \frac{\text{Vertriebsgemeinkosten}}{\text{Herstellkosten des Umsatzes}} \cdot 100$$

Die Vertriebsgemeinkosten werden in der Praxis entweder zu den Herstellkosten der Erzeugung oder zu den Herstellkosten des Umsatzes ins Verhältnis gesetzt.

Die **Herstellkosten des Umsatzes** errechnen sich wie folgt:

Fertigungsmaterial
+ Materialgemeinkosten
= Materialkosten (I)
Fertigungslöhne
+ Fertigungsgemeinkosten
= Fertigungskosten (II)
I + II = Herstellkosten der Erzeugung
– Bestandsmehrungen an unfertigen/ fertigen Erzeugnissen
+ Bestandsminderungen an unfertigen/ fertigen Erzeugnissen
= Herstellkosten des Umsatzes

Beispiel:

Fertigungsmaterial	3.480.000,00 EUR
+ Materialgemeinkosten	781.761,45 EUR
= Materialkosten (I)	4.261.761,45 EUR
Fertigungslöhne	933.502,20 EUR
+ Fertigungsgemeinkosten	3.614.825,32 EUR
= Fertigungskosten (II)	4.548.327,52 EUR
I + II = Herstellkosten der Erzeugung	8.810.088,97 EUR
– Bestandsmehrungen an unfertigen/ fertigen Erzeugnissen	46.000,00 EUR
+ Bestandsminderungen an unfertigen/ fertigen Erzeugnissen	3.000,00 EUR
= Herstellkosten des Umsatzes	**8.767.088,97 EUR**

$$\text{VtrGKZ} = \frac{365.139{,}42 \text{ EUR}}{8.767.088{,}97 \text{ EUR}} \cdot 100 = 4{,}16488\,\% \approx 4{,}16\,\%$$

Umgesetzte, verkaufte Erzeugnisse im Wert von 100,00 EUR verursachen an Vertriebsgemeinkosten zusätzlich 4,16 EUR.

Verwaltungsgemeinkostenzuschlagssatz (VwGKZ)

$$\text{VwGKZ} = \frac{\text{Verwaltungsgemeinkosten}}{\text{Herstellkosten des Umsatzes}} \cdot 100$$

Auch die Verwaltungsgemeinkosten werden in der Praxis entweder zu den Herstellkosten der Erzeugung oder zu den Herstellkosten des Umsatzes in Verhältnis gesetzt.

Beispiel:

$$\text{VwGKZ} = \frac{808.395{,}61 \text{ EUR}}{8.767.088{,}97 \text{ EUR}} \cdot 100 = 9{,}22079\,\% \approx 9{,}22\,\%$$

100,00 EUR umgesetzter Erzeugnisse verursachen 9,22 EUR an Verwaltungsgemeinkosten.

Beispiel 17

Gemeinkostenarten	Zahlenwerte des KLR-Bereichs in €	Allgemeine Kostenstelle Kraftwerk	I Material	Fertigungs-hilfsstelle Werkzeug-macherei	II Fertigungshauptstellen A Sägen Fräsen	II Fertigungshauptstellen B Bohren Schleifen	III Verwaltung	IV Vertrieb
Aufwendungen für Hilfsstoffe	465.600,00	12.500,00	34.920,00	76.300,00	146.475,00	113.925,00	11.640,00	69.840,00
Aufwendungen für Betriebsstoffe	66.490,00	58.000,00	2.092,66	2.000,00	535,84	535,48	1.637,73	1.688,29
Hilfslöhne	46.225,00	4.000,00	2.890,00	6.300,00	6.782,22	8.477,78	17.015,00	760,00
Gehälter	73.000,00	8.360,00	8.770,00	4.100,00	7.918,03	7.511,97	29.350,00	6.990,00
soziale Aufwendungen	42.026,80	3.640,00	4.110,15	3.640,00	5.717,04	5.844,08	16.343,66	2.731,87
Kalkulatorische Abschreibungen	4.670.320,00	1.300.000,00	700.548,00	240.000,00	572.431,46	923.276,54	700.548,00	25.000,00
Kalkulatorische Wagnisse	25.000,00	0,00	0,00	0,00	0,00	0,00	0,00	233.516,00
Kalkulatorische Zinsen	112.450,00	31.200,00	16.867,50	5.760,00	13.828,49	22.304,01	16.867,50	5.622,50
Steuern	6.320,00	800,00	1.264,00	300,00	745,04	682,96	1.896,00	632,00
Fremdinstandhaltungen	23.510,00	4.170,00	4.702,00	850,00	4.177,04	3.341,63	4.702,00	1.567,33
sonstige Aufwendungen	39.180,00	3.190,00	5.597,14	2.470,00	1.276,66	1.459,05	8.395,72	16.791,43
Summe	5.570.121,80	1.425.860,00	781.761,45	341.720,00	759.886,81	1.087.358,51	808.395,61	365.139,42
Umlage Kraftwerk		→	158.428,89	226.326,98	339.490,48	362.123,17	226.326,98	113.163,49
Zwischensumme			940.190,34	568.046,98	1.099.377,29	1.449.481,68	1.034.722,59	478.302,91
Umlage Werkzeugmacherei			-	→	284.023,49	284.023,49	-	-
Stellengemeinkosten			940.190,34	-	1.383.400,78	1.733.505,17	1.034.722,59	478.302,91
Zuschlagsgrundlagen:			Fertigungsmaterial 3.480.000,00		Fertigungslöhne einschließlich anteiliger sozialer Aufwendungen 481.679,50	451.822,27	Herstellkosten des Umsatzes 8.427.598,06	
Gemeinkostenzuschlagssätze:			27,02 %		287,20 %	386,67 %	12,28 %	5,68 %

Erweiterter, mehrstufiger Betriebsabrechnungsbogen
Extended, Multiple Stage Operation Sheet

Erläuterungen zum erweiterten, mehrstufigen BAB

- Gegenüber dem einfachen BAB (S. 445) wird der Bereich Fertigung in mehrere Fertigungshauptstellen aufgespalten.
- Zusätzlich werden noch **Fertigungshilfsstellen** im BAB ausgewiesen, die Leistungen nur für die Fertigungshauptstellen erbringen (z. B. Arbeitsvorbereitung, Werkzeugmacherei und Konstruktionsbüro).
- **Allgemeine Kostenstellen** erbringen Leistungen für alle anderen Stellen, z. B. die Kostenstellen Fuhrpark, Telefonzentrale.
- Für sämtliche Kostenstellen werden zunächst die Gemeinkostenarten ermittelt (**primäre Kosten**).
- Anschließend werden die Kosten der allgemeinen Kostenstellen auf die übrigen Kostenstellen verursachungsgerecht verteilt. Dadurch werden die allgemeinen Kostenstellen entlastet und die übrigen Kostenstellen belastet (**sekundäre Kosten**).
- Danach werden die Kosten der Fertigungshilfsstellen ebenfalls verursachungsgerecht auf die Fertigungshauptstellen aufgeteilt. Sie sind dort dann ebenfalls sekundäre Kosten.
- Schließlich werden in den Hauptkostenstellen die Gemeinkostenzuschlagssätze ermittelt.
- Die Aufspaltung der Kostenstellen erhöht die Aussagefähigkeit des BAB und verbessert die Kontrollmöglichkeit der Kostenentwicklung.

Kostenträgerrechnung
Cost Object Accounting

Definition

Unter **Kostenträger** sind die in einem Industriebetrieb in einer Abrechnungsperiode hergestellten Produkte zu verstehen. Der Begriff „Kostenträger" entspricht damit dem Begriff „Leistung". In manchen Wirtschaftszweigen ist ein Kostenträger gleichzeitig Kostenstelle, so etwa in der Bauindustrie das zu errichtende Bauwerk.

Ziel

Eine wesentliche Aufgabe der Kosten- und Leistungsrechnung besteht darin, die in einem Betrieb entstandenen Kosten den hergestellten Produkten (Kostenträgern) verursachungsgerecht zuzurechnen – **Kostenträgerrechnung**.

Rechnungssysteme der Kostenträgerrechnung

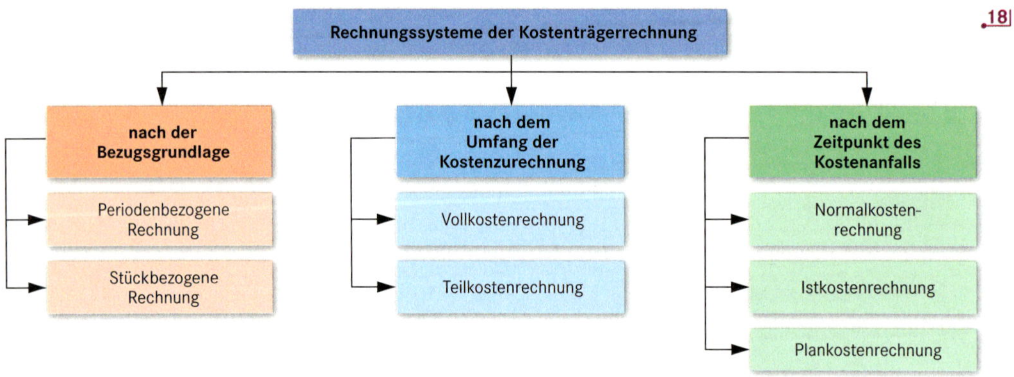

Kostenträgerrechnung als periodenbezogene Vollkostenrechnung (Kostenträgerzeitrechnung)

- Werden sämtliche Kosten einer Abrechnungsperiode auf die Produkte verteilt, so wird von einer **Kostenträgerzeitrechnung** auf Vollkostenbasis gesprochen.
- Die **Einzelkosten** wie Fertigungsmaterial und Fertigungslöhne werden den Produkten anhand von Belegen (Stücklisten, Materialentnahmescheine, Lohnscheine, Arbeitskarten) direkt zugerechnet.
- Die **Gemeinkosten** werden über die Kostenstellenrechnung mit Hilfe der im BAB errechneten Gemeinkostenzuschlagssätze anteilig (indirekt) auf die Produkte aufgeteilt.
- Das Ergebnis dieser Kostenverteilung wird auf dem so genannten **Kostenträgerblatt**, das auch als BAB II bezeichnet wird, festgehalten.
- Werden dann noch die Umsatzerlöse der Produkte derselben Abrechnungsperiode den Kosten gegenübergestellt, können die Anteile der verschiedenen Produkte am **Betriebsergebnis** ermittelt werden.
- Dadurch wird die Kostenträgerrechnung zu einer **Ergebnisrechnung** ausgeweitet.

Beispiel: 19

* Die Zahlen des Kostenträgerblattes basieren auf dem BAB (siehe S. 445) und den Gemeinkostenzuschlagssätzen (siehe S. 446). Da den Rechnungen in BAB und Kostenträgerblatt miteinander verknüpfte EXCEL-Tabellen zugrunde lagen, wurde im Kostenträgerblatt mit den nicht gerundeten Gemeinkostenzuschlagsätzen gerechnet.

Kalkulationsschema	Zuschlags-sätze gemäß BAB in % *	Istkosten gesamt	Kosten der Kostenträger in EUR		
			Telefon T 20/23	Telefax TF 16	Anrufbeantworter ABW 20
1 Fertigungsmaterial	22,4644 %	3.480.000,00	383.500,00	2.678.000,00	418.500,00
2 Materialgemeinkosten	≈ 22,46 %	781.761,45	86.151,01	601.596,89	94.013,55
3 Materialkosten (1 + 2)		4.261.761,45	469.651,01	3.279.596,89	512.513,55
4 Fertigungslöhne	387,23264 %	933.502,20	76.600,00	751.400,00	105.502,20
5 Fertigungsgemeinkosten	≈ 387,23 %	3.614.825,32	296.620,21	2.909.666,14	408.538,97
6 Fertigungskosten (4 + 5)		4.548.327,52	373.220,21	3.661.066,14	514.041,17
7 Herstellkosten der Erzeugung (3 + 6)		8.810.088,97	842.871,22	6.940.663,03	1.026.554,72
8 Mehrbestand unfertige Erzeugnisse		46.000,00	15.000,00	11.000,00	20.000,00
9 Minderbestand fertige Erzeugnisse		3.000,00	1.000,00	1.000,00	1.000,00
10 Herstellkosten des Umsatzes (7 – 8 + 9)		8.767.088,97	828.871,22	6.930.663,03	1.007.554,72
11 Verwaltungsgemeinkosten	9,22079 % ≈ 9,22 %	808.395,61	76.428,55	639.062,47	92.904,59
12 Vertriebsgemeinkosten	4,16488 % ≈ 4,16 %	365.139,42	34.521,56	288.654,34	41.963,52
13 Selbstkosten des Umsatzes (10 + 11 + 12)		9.940.624,00	939.821,33	7.858.379,84	1.142.422,83
14 Umsatzerlöse		12.463.890,00	1.221.767,72	10.215.893,80	1.026.228,48
15 Betriebsergebnis (14 – 13)		2.523.266,00	281.946,39	2.357.513,96	–116.194,35

Informationen aus dem Kostenträgerblatt

- Höhe der Materialkosten je Kostenträger
- Höhe der Fertigungskosten je Kostenträger
- Höhe der Herstellkosten der Erzeugung je Kostenträger
- Höhe der Herstellkosten des Umsatzes je Kostenträger
- Höhe der Selbstkosten des Umsatzes je Kostenträger
- Anteil jedes Kostenträgers am Betriebsergebnis (unter Einbeziehung der Umsatzerlöse)

Kostenträgerrechnung als stückbezogene Vollkostenrechnung (= Kostenträgerstückrechnung oder Kalkulation)

- Werden die Selbstkosten für eine Leistungseinheit (z. B. Kosten pro Stück oder pro Tonne oder pro Meter) ermittelt, so handelt es sich um die **Kostenträgerstückrechnung**, die dem Begriff der **Kalkulation** entspricht.
- Werden noch Gewinnzuschlag, Rabatt und Skonto in die Rechnung einbezogen, so wird die Kostenkalkulation zu einer **Angebotspreiskalkulation** ausgeweitet.
- Je nach vorliegenden Produktions-, Fertigungsorganisations- und Absatzverhältnissen (z. B. Einproduktarten- oder Mehrproduktartenunternehmung) kommen unterschiedliche **Kalkulationsverfahren** zum Einsatz.

Kalkulationsverfahren
Calculation Methods

Kalkulation von Handelswaren

Handelswaren sind Produkte, die ein Unternehmen kauft und ohne Be- oder Verarbeitung weiter verkauft. Sie dienen Industrieunternehmen zur Abrundung ihres Absatzprogramms.

Bezugspreiskalkulation	Listeneinkaufspreis (netto)			100 %			
	− Lieferantenrabatt	v. H.	z. B.	− 20 %			
	= Zieleinkaufspreis			= 80 %	→		100 %
	− Lieferantenskonto	v. H.				z. B.	− 3 %
	= Bareinkaufspreis						= 97 %
	+ Bezugskosten						↓
	= Einstandspreis (Bezugspreis)						100 %
Absatzpreiskalkulation	+ Handlungskostenzuschlag	v. H.				z. B.	+ 18 %
	= Selbstkostenpreis			100 %	←		= 118 %
	+ Gewinnzuschlag	v. H.	z. B.	+ 8 %			
	= Barverkaufspreis			= 108 %	→		93 %
	+ Kundenskonto*	i. H.				z. B.	+ 2 %
	+ Verkaufs- oder Vertreterprovision*	i. H.				z. B.	+ 5 %
	= Zielverkaufspreis			85 %	←		= 100 %
	+ Kundenrabatt	i. H.	z. B.	+ 15 %			
	= Listenverkaufspreis (netto)			= 100 %	→		100 %
	+ Umsatzsteuer	v. H.					+ 19 %
	= Listenverkaufspreis (brutto)						= 119 %

* Die Kalkulationsprozentsätze für Kundenskonto und Verkaufsprovision sind zu addieren und vom verminderten Grundwert des Barverkaufspreises zu berechnen.

Bezugskosten sind zum Beispiel: Verpackungskosten, Transportkosten wie Fracht, Rollgeld und Transportversicherung, Zoll.

Handlungskosten sind Kosten, die durch Lagerung und Verkauf der Handelswaren entstehen, wie zum Beispiel: Löhne und Gehälter des Lagerpersonals, Abschreibungen auf das Lagergebäude und die Lagereinrichtung, Transport- und Verpackungskosten, anteilige Verwaltungskosten, Zinsen für das in den Handelswaren gebundene Kapitel.

Handlungskostenzuschlagssatz in v. H. =

$$\frac{\text{Handlungskosten der vergangenen Periode}}{\text{Wareneinsatz der vergangenen Periode}} \cdot 100$$

Gewinn ist das Entgeld für das in das Unternehmen eingebrachte Eigenkapital (Eigenkapitalverzinsung), die vom Unternehmer geleistete Arbeit (Unternehmerlohn) und das Risiko der Kapitalanlage im eigenen Unternehmen (Risikoprämie).

Kalkulation von Fertigerzeugnissen

Zuschlagskalkulation

In Betrieben, die **mehrere unterschiedliche Produkte** herstellen, stellt die Zuschlagskalkulation ein geeignetes Kalkulationsverfahren dar, um die Selbstkosten für eine Mengeneinheit des jeweiligen Produktes zu ermitteln.

Ausgehend von den Einzelkosten (Fertigungsmaterial und Fertigungslöhne) werden dem Kostenträger schrittweise die Gemeinkosten mit Hilfe der Gemeinkostenzuschlagssätze aus dem BAB bis zu den Selbstkosten hinzugerechnet.

Kalkulationsschema der Zuschlagskalkulation:

1.	Fertigungsmaterialkosten	(gemäß Stückliste)
2.	+ Materialgemeinkosten	(...% gemäß BAB)
3.	= **Materialkosten** (1 + 2)	
4.	Fertigungslöhne	(gem. Lohnschein)
5.	+ Fertigungsgemeinkosten	(...% gemäß BAB)
6.	+ Sondereinzelkosten der Fertigung	(gemäß Auftrag)
7.	= **Fertigungskosten** (4 + 5 + 6)	
8.	= **Herstellkosten** (3 + 7)	
9.	+ Verwaltungsgemeinkosten	(...% gemäß BAB)
10.	+ Vertriebsgemeinkosten	(...% gemäß BAB)
11.	+ Sondereinzelkosten des Vertriebs	(gemäß Einzelnachweis)
12.	= **Selbstkosten des Kostenträgers** (8 + 9 + 10 + 11)	

Divisionskalkulation

Betriebe, die nur **ein einzelnes Produkt** in großen Stückzahlen herstellen, wenden zur Ermittlung der Selbstkosten einer Mengeneinheit die Divisionskalkulation an. Dabei werden sämtliche Kosten einer Abrechnungsperiode durch die hergestellte (und abgesetzte) Menge der Abrechnungsperiode geteilt. Dieses einfache Kalkulationsverfahren kann deshalb eingesetzt werden, weil sämtliche Kosten durch dieses eine Produkt verursacht werden.

Kalkulationsschema der Divisionskalkulation:

$$\text{Selbstkosten pro Stück} = \frac{\text{Gesamtkosten der Abrechnungsperiode}}{\text{Produktionsmenge der Abrechnungsperiode}}$$

Äquivalenzziffernkalkulation

- Dieses Verfahren kann bei der so genannten **Sortenfertigung** (rohstoff- und herstellungsverwandte Produkte wie z. B. Spanplatten unterschiedlicher Stärke) angewandt werden.
- Der je Sorte unterschiedliche Kostenanfall wird in Kostenverhältniszahlen (**Äquivalenzziffern**) ausgedrückt, die der Kostenverursachung der einzelnen Sorten gerecht werden sollen.
- Die Kalkulation wird in **sechs Schritten** vollzogen:
  (1) Art der Äquivalenzziffern bestimmen
  (2) Äquivalenzziffern berechnen
  (3) Rechnungseinheiten je Sorte durch Multiplikation der Äquivalenzziffer je Sorte mit der Produktionsmenge je Sorte errechnen.
  (4) Kosten je Rechnungseinheit durch Division der Gesamtkosten durch die Summe der Rechnungseinheiten bestimmen.
  (5) Kostensumme einer Sorte durch Multiplikation der Rechnungseinheiten einer Sorte mit den Kosten pro Rechnungseinheit ermitteln.
  (6) Kosten pro Mengeneinheit einer Sorte durch Division der Kostensumme der Sorte durch die Produktionsmenge der Sorte errechnen.

Beispiel:
Ein Unternehmen für Kunststofffenster stellt drei Varianten eines Fenstertyps her. Folgende Zahlen der Periode liegen vor:

Variante	Fertigungsminuten/Stück	Glasfläche in cm^2/Stück	Menge in Stück
A	8	4.800 (60 x 80)	200
B	9	6.000 (75 x 80)	600
C	9	8.400 (105 x 80)	800

Die Gesamtkosten der Periode betragen 850.000 €.

(1) Maßstab für die Kostenverursachung (Äquivalenzziffer): Breite der Glasscheiben

(2) Als Basis wird die Breite von 75 cm gewählt. Die Äquivalenzziffern (Ä) betragen:

$Ä_A$ = 60 cm : 75 cm = 0,8
$Ä_B$ = 75 cm : 75 cm = 1,0
$Ä_C$ = 105 cm : 75 cm = 1,4

(3) Rechnungseinheiten (RE):
RE_A = 200 x 0,8 = 160
RE_B = 600 x 1,0 = 600
RE_C = 800 x 1,4 = 1.120
Summe RE = 1.880

(4) Kosten/Recheneinheit:
850.000 € : 1.880 RE = 452,13 €/RE

(5) Kostensummen je Sorte (K):
K_A = 160 RE x 452,13 €/RE = 72.340,80 €
K_B = 600 RE x 452,13 €/RE = 271.278,00 €
K_C = 1.120 RE x 452,13 €/RE = 506.385,60 €

(6) Kosten pro Mengeneinheit je Sorte (k):
k_A = 72.340,80 € : 200 St. = 361,70 €
k_B = 271.278,00 € : 600 St. = 452,13 €
k_C = 506.385,60 € : 800 St. = 632,98 €

Unterschied zwischen Vollkostenrechnung und Teilkostenrechnung
Difference between Full and Direct Costing

Vollkostenrechnung

Die Vollkostenrechnung verteilt **sämtliche Kosten** einer Abrechnungsperiode auf die Kostenträger (Kostenträgerzeitrechnung) bzw. ermittelt die Selbstkosten pro Mengeneinheit (Kostenträgerstückrechnung oder Kalkulation).

Teilkostenrechnung

Die Teilkostenrechnung rechnet, je nach angewandtem Teilkostenrechnungssystem, dem Kostenträger nur **Teile der insgesamt angefallenen Kosten** zu: Entweder nur die variablen Kosten oder die Einzelkosten.

Kritik an der Vollkostenrechnung

- Die Gemeinkosten werden nicht nach dem in der Kostenrechnung geltenden Verursachungsprinzip den Kostenträgern zugerechnet, sondern mit Hilfe von Verteilungsschlüsseln auf die Kostenträger verteilt.
- Die Fixkosten (häufig Gemeinkosten) werden über die Gemeinkostenzuschlagssätze proportionalisiert: Steigen etwa die Fertigungseinzelkosten (Fertigungslöhne) aufgrund steigender Beschäftigung, so steigen proportional die Fertigungsgemeinkosten (z. B. Abschreibungen auf Anlagen), da die Fertigungsgemeinkosten mit Hilfe von durchschnittlichen, vergangenheitsbezogenen Normalgemeinkostenzuschlagssätzen den Kostenträgern zugeschlagen werden. Die Kostenträger werden also, unabhängig von der Höhe der Beschäftigung, mit einem festen Fixkostenanteil belastet, obwohl mit zunehmender Beschäftigung der Fixkostenanteil pro Erzeugniseinheit abnimmt bzw. mit abnehmender Beschäftigung zunimmt. Dieser Kostenentwicklung wird bei der Vollkostenrechnung nicht Rechnung getragen.
- Schließlich bestehen erhebliche Zweifel an der Brauchbarkeit der Vollkostenrechnung als Grundlage für Unternehmensentscheidungen.

Systeme der Teilkostenrechnung

- Teilkostenrechnung auf der Grundlage von variablen und fixen Kosten
- Teilkostenrechnung auf der Grundlage von Einzelkosten und Gemeinkosten

Begriff Deckungsbeitrag

Die Teilkostenrechnung auf der Grundlage von variablen und fixen Kosten wird als Deckungsbeitragsrechnung bezeichnet. Zieht man von den Umsatzerlösen der verschiedenen Produkte die jeweiligen variablen Kosten ab, erhält man die so genannten Deckungsbeiträge der einzelnen Produkte, die die gesamten Fixkosten decken und noch einen Gewinn erzielen sollen.

Anwendungsbereiche der Deckungsbeitragsrechnung

Unternehmensentscheidungen wie zum Beispiel

- Erweiterung oder Bereinigung des Produktionsprogramms,
- Annahme oder Ablehnung eines Zusatzauftrages,
- Ermittlung der kurzfristigen Preisuntergrenze,
- Gestaltung des optimalen Sortiments,
- Analyse der Gewinnschwelle.

Deckungsbeitragsrechnung mit globaler Fixkostenbehandlung (Direct Costing)

Periodenbezogene Deckungsbeitragsrechnung

Umsatzerlöse des Produktes der Abrechnungsperiode
– Variable Kosten des Produktes der Abrechnungsperiode
= **Deckungsbeitrag des Produktes der Abrechnungsperiode**

Summe der Deckungsbeiträge aller Produkte der Abrechnungsperiode
– Gesamte Fixkosten der Abrechnungsperiode
= Betriebsergebnis

Beispiel:

	Telefon T 20/23	Telefax TF 16	Anrufbeantworter ABW 97	Gesamt
Umsatzerlöse (EUR)	1.221.767,72	10.215.893,80	1.026.228,48	
– Variable Kosten (EUR)	432.317,81	3.614.854,73	525.514,50	
= Deckungsbeitrag (EUR)	789.449,91	6.601.039,07	500.713,98	7.891.202,96
– Fixe Kosten (EUR)				5.367.936,96
= Betriebsergebnis (EUR)				2.523.266,00

Stückbezogene Deckungsbeitragsrechnung

Verkaufspreis/Mengeneinheit
– Variable Kosten/Mengeneinheit
= Deckungsbeitrag/Mengeneinheit

Beispiel:

Verkaufspreis/Mengeneinheit	324,00 EUR
– Variable Kosten/Mengeneinheit	198,00 EUR
= Deckungsbeitrag/Mengeneinheit	126,00 EUR

Deckungsbeitragsrechnung mit stufenweiser Fixkostendeckung

Umsatzerlöse
– Variable Kosten
= Deckungsbeitrag I
– Erzeugnisfixe Kosten
= Deckungsbeitrag II
– Erzeugnisgruppenfixe Kosten
= Deckungsbeitrag III
– Kostenstellenfixe Kosten
= Deckungsbeitrag IV
– Bereichsfixe Kosten
= Deckungsbeitrag V
– Unternehmensfixe Kosten
= Betriebsergebnis

Beispiel (in Tausend GE):

	Produkte A	Produkte B	Produkte C	Produkte D	Gesamt
Umsatzerlöse	180	140	50	360	730
– Variable Kosten (EUR)	140	85	52	306	583
= Deckungsbeitrag I	40	55	–2	54	147
– Erzeugnisfixe Kosten	8	5	3	10	26
= Deckungsbeitrag II	32	50	–5	44	121
	82 (A+B)		39 (C+D)		
– Bereichsfixe Kosten	34 (A+B)		18 (C+D)		52
= Deckungsbeitrag IV	48 (A+B)		21 (C+D)		69
– Unternehmensfixe Kosten					48
= Betriebsergebnis					**21**

Anwendungsbeispiel Sortimentsbereinigung

- Das Kostenträgerblatt S. 449 zeigt, dass die OfficeCom AG in der zugrunde gelegten Periode auf der Basis der Vollkostenrechnung mit dem Produkt Anrufbeantworter einen Verlust von 116.194,35 € gemacht hat.
- Dieses Ergebnis könnte zu der Überlegung führen, die Anrufbeantworter langfristig aus dem Produktions- und Absatzprogramm zu nehmen, um diesen Verlust zu vermeiden. Die Entscheidung auf Vollkostenbasis wäre unter dem Gesichtspunkt Betriebsergebnis falsch.
- Um zu einer richtigen Entscheidung zu gelangen, müssen die gesamten Kosten in fixe und variable Kosten unterteilt werden, um die Deckungsbeiträge der Produkte ermitteln zu können.
- So lange der Deckungsbeitrag eines Produktes **positiv** ist, sollte es im Sortiment bleiben, da es mit dazu beiträgt, fixe Kosten zu decken. Würde es aus dem Sortiment genommen, blieben die Fixkosten bestehen und müssten von den übrigen Produkten abgedeckt werden – das Betriebsergebnis würde sich verschlechtern.

Angenommen, 46 % der Selbstkosten der OfficeCom AG wären variabel und 54 % fix und das Sortiment würde um die Anrufbeantworter bereinigt, dann würde die Deckungsbeitragsrechnung als Direct Costing auf der Grundlage des Kostenträgerblattes S. 456 unter sonst gleichen Umständen folgendes Aussehen haben:

Produkte	Telefon T20/23	Telefax TF16	Gesamt
Umsatzerlöse	1.221.767,72	10.215.893,80	
– variable Kosten (in €)	432.317,81	3.614.854,73	
= Deckungsbeitrag (in €)	789.449,91	6.601.039,07	7.390.488,98
– fixe Kosten (in €)			5.367.936,96
= Betriebsergebnis (in €)			2.022.552,02

Das Betriebsergebnis würde sich durch die Sortimentsbereinigung um 500.713,98 €, nämlich um den jetzt fehlenden Deckungsbeitrag der Anrufbeantworter (siehe Tabelle S. 452), verschlechtern.

Anwendungsbeispiel Gewinnschwellenanalyse (Break-even-Analyse)

- Ist der Absatzpreis für ein Produkt durch den Markt bestimmt, kann der Gewinn nur dadurch gesteigert werden, dass die Produktions- und Absatzmenge erhöht wird. Dabei stellt sich die Frage, welche Menge mindestens produziert und abgesetzt werden muss, ab der überhaupt ein Gewinn erzielt wird.
- Mithilfe der Gewinnschwellenanalyse – auch Break-even-Analyse genannt – wird die Produktions- und Absatzmenge (Break-even-Menge) ermittelt, bei der der Gewinn gleich null ist.
- Bedingung:
  Gewinn = Umsatz – Kosten = 0

  $G = U - K = 0 \Rightarrow U = K$

  $U = p \cdot x; \; K = K_f + k_v \cdot x$

  $p \cdot x = K_f + k_v \cdot x$

  $p \cdot x - k_v \cdot x = K_f$

  $(p - k_v) \cdot x = K_f$

  $db \cdot x = K_f$

Der Gewinn ist also gleich null, wenn die Summe der Stückdeckungsbeiträge ($db \cdot x$) gleich den Fixkosten (K_f) ist.

Beispiel:
Absatzpreis/Stück (p): 50,00 €
variable Stückkosten (k_v): 30,00 €
fixe Kosten (K_f): 60.000,00 €

$50 \cdot x = 30 \cdot x + 60.000$

$(50 - 30) \cdot x = 60.000$

$20 \cdot x = 60.000$

$x = 3.000$

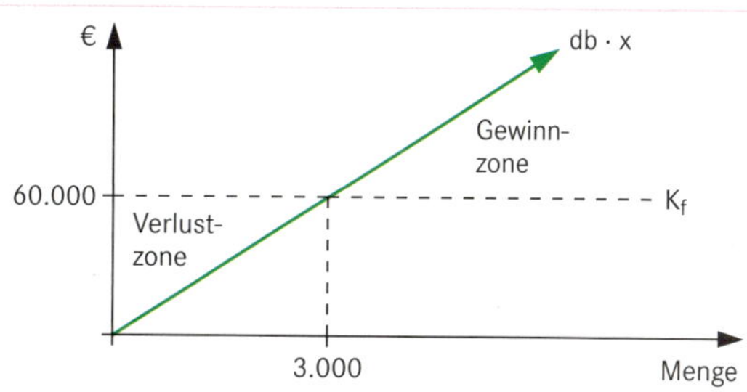

Anwendungsbeispiel Preisuntergrenze

- **Kurzfristige Preisuntergrenze**

  Preis = variable Stückkosten

  Der Deckungsbeitrag ist gleich null; das Unternehmen macht Verlust in Höhe der Fixkosten.
- **Langfristige Preisuntergrenze**

  Preis = Selbstkosten pro Stück

  Der Deckungsbeitrag ist positiv; das Unternehmen macht keinen Verlust, aber auch keinen Gewinn.

Normalkostenrechnung

- Rechnung, die auf den Kosten **vergangener Abrechnungsperioden** basiert
- **Normalgemeinkosten** sind Gemeinkosten, die bei der Angebotskalkulation mit Hilfe von Normalgemeinkostenzuschlagssätzen in den Selbstkosten- bzw. Angebotspreis eingerechnet werden.
- **Normalgemeinkostenzuschlagssätze** ergeben sich als Durchschnittswerte von Istgemeinkostenzuschlagssätzen mehrerer vergangener Abrechnungsperioden.

Istkostenrechnung

- **Gegenwartsbezogene** Rechnung, die die Kosten der laufenden Abrechnungsperiode erfasst und auswertet
- **Istgemeinkosten** sind Gemeinkosten, die in der laufenden Abrechnungsperiode entstanden sind und im BAB ausgewiesen werden.
- **Istgemeinkostenzuschlagssätze** werden errechnet, indem die Istgemeinkosten der Kostenstellen bzw. Kostenbereiche im BAB in Beziehung gesetzt werden zu den entsprechenden Zuschlagsgrundlagen (siehe S. 446).

Kostenüberdeckung (in EUR)

Normalgemeinkosten (kalkulierte) > Istgemeinkosten (tatsächlich entstandene)

Kostenunterdeckung (in EUR)

Normalgemeinkosten (kalkulierte) < Istgemeinkosten (tatsächlich entstandene)

Kostenüber-, -unterdeckung

Beispiel:

Die Zahlen des folgenden Beispiels basieren auf den Zahlen des Kostenträgerblattes von Seite 449.

Kostenüberdeckung/Kostenunterdeckung (in EUR)

Normalgemeinkostenzuschlagssätze:

Materialbereich: 23,61 % Verwaltungsbereich: 9,37 %

Fertigungsbereich: 375,00 % Vertriebsbereich: 4,19 %

Kalkulationsschema	Istkostenrechnung gemäß BAB Monat Mai 01		Normalkostenrechnung (kalkuliert für Monat Mai 01)		Kostenüberdeckung (+) Kostenunterdeckung (–)	
Fertigungsmaterial	3.480.000,00		3.480.000,00			
Materialgemeinkosten	781.761,45		821.628,00			
Materialkosten		4.261.761,45		4.301.628,00	39.866,55	Materialbereich
Fertigungslöhne	933.502,20		933.502,20			
Fertigungsgemeinkosten	3.614.825,32		3.500.633,25			
Fertigungskosten		4.548.327,52		4.434.135,45	-114.192,07	Fertigungsbereich
Herstellkosten der Erzeugung		8.810.088,97		8.735.763,45		
Bestandsmehrungen unfertige Erzeugnisse		-46.000,00		-46.000,00		
Bestandsminderungen fertige Erzeugnisse		3.000,00		3.000,00		
Herstellkosten des Umsatzes		8.767.088,97		8.692.763,45		
Verwaltungsgemeinkosten		808.395,61		814.511,94	6.116,33	Verwaltungsbereich
Vertriebsgemeinkosten		365.139,42		364.226,79	-912,63	Vertriebsbereich
Selbstkosten des Umsatzes		**9.940.624,00**		**9.871.502,18**	**-69.121,82**	**Gesamt**

Verfahren der Kostenkontrolle (Vergleiche)

Istkosten mit Istkosten	Istkosten mit Normalkosten	Istkosten mit Plankosten
■ Vergangenheitsbezogene Rechnung ■ Anteile von Einflussgrößen möglicher Kostendifferenzen wie z. B. Veränderungen der Beschäftigung, der Beschaffungspreise, der Tariflöhne und -gehälter oder des Werkstoffverbrauchs sind kaum ermittelbar. ■ Damit sind Verantwortlichkeiten für Kostendifferenzen nicht zurechenbar.	■ Vergangenheitsbezogene Rechnung ■ Feststellbar sind nur Kostenüber- bzw. -unterdeckungen. ■ Kostenschwankungen vergangener Perioden werden wegen der Durchschnittsbildung der Normalgemeinkosten nur nivelliert, nicht beseitigt.	■ Zukunftsorientierte Rechnung ■ Planung von Kosten, die auf technischer Grundlage unter Beteiligung von REFA-Ingenieuren, Mitarbeitern der Abteilungen Arbeitsvorbereitung, Kostenrechnung und Konstruktion ermittelt und vorgegeben und mit den Istkosten verglichen werden ■ Kostenabweichungen werden auf ihre Ursachen zurückgeführt, Verantwortlichkeiten zugewiesen.

Verrechnete Plankosten

Verrechnete Plankosten = Plankostenverrechnungssatz (PVS) x Istbeschäftigung

Beispiel:
Die Kostenstelle „Bohrerei" plant mit folgenden Größen:
Planbeschäftigung: 4.000 Mengeneinheiten (ME)
Plankosten: 45.000 Geldeinheiten (GE)

$PVS = \frac{45.000\ GE}{4.000\ ME}$ $PVS = 11{,}25\ \frac{GE}{ME}$

Istbeschäftigung: 3 850 ME

Verrechnete Plankosten:
11,25 GE/ME x 3.850 ME = 43.312,50 GE

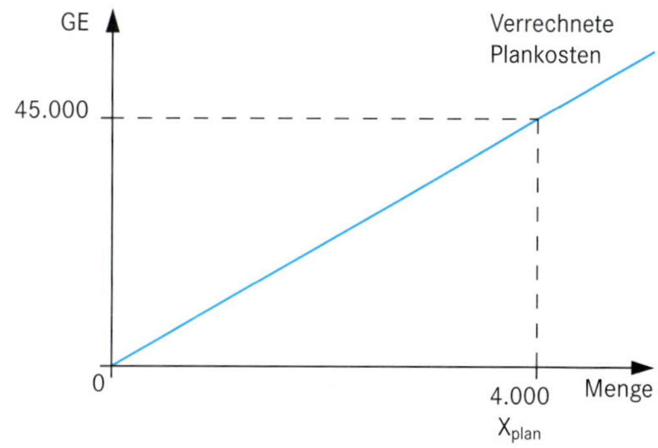

Sollkosten

- Sollkosten sind die auf die Istbeschäftigung (X_{ist}) umgerechneten Plankosten.
- Plankosten werden unterschieden in fixe und variable Plankosten ($K_{plan} = K_{fplan} + K_{vplan}$).
- Einzelkosten können als variabel angesehen werden; Gemeinkosten müssen auf variablen bzw. fixen Charakter untersucht und ggf. mit Hilfe von Kostenauflösungsverfahren in fixe und variable Bestandteile zerlegt werden. Die Funktion der Sollkosten ist linear:

$K_{Soll} = K_f + k_v \cdot X_{ist}$ $K_f = K_{fplan}$ $k_v = \frac{K_{vplan}}{X_{plan}}$

Beispiel: Kostenauflösungsverfahren

Monat	Produktionsmenge in ME	Gesamtkosten Betriebsstoffe
November	120	220.000 €
Dezember	150	265.000 €
Differenz	30	45.000 €

k_v = 45.000 €: 30 ME = 1.500 €/ME
November: K_v = 120 ME x 1.500/ME = 180.000 €
K_f = 220.000 – 180.000 = 40.000 €

Beispiel:

X_{plan}: 4.000 ME

K_{plan}: 45.000 GE

K_{fplan}: 9.000 GE

k_v: $\frac{36.000\ GE}{4.000\ ME} = 9\ \frac{GE}{ME}$

K_{soll}: $9.000 + 9X_{ist}$

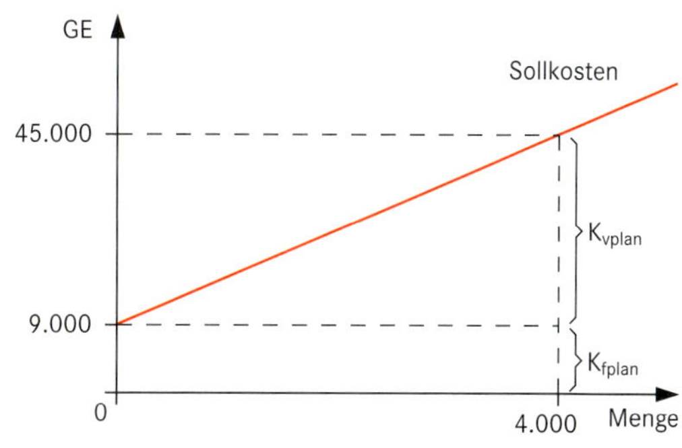

Plankostenrechnung
Standard Cost Accounting

Arten der Kostenabweichungen

- **Preis- und Lohnsatzabweichung:**
  Die Istpreise und -lohnsätze weichen von den Planpreisen und -lohnsätzen ab. Diese Kostenabweichung kann aus der Abweichungsanalyse herausgehalten werden, wenn die Verbrauchsmengen und -zeiten bei Istbeschäftigung wie bei Planbeschäftigung mit den gleichen Verrechnungspreisen und -lohnsätzen bewertet werden.
- **Beschäftigungsabweichung:**
  Die Istbeschäftigung weicht von der Planbeschäftigung ab.

  Verrechnete Plankosten (bei Istbeschäftigung)
  – Sollkosten (bei Istbeschäftigung)
  = Beschäftigungsabweichung

- **Verbrauchsabweichung:**
  Der Istverbrauch an Mengen und Zeiten weicht vom Planverbrauch ab.

  Sollkosten (bei Istbeschäftigung)
  – Istkosten (bei Istbeschäftigung)
  = Verbrauchsabweichung

- **Gesamtabweichung:**

  Beschäftigungsabweichung
  + Verbrauchsabweichung
  = Gesamtabweichung

Beispiel:

X_{plan}: 4.000 ME $\quad$ X_{ist}: 2.500 ME
K_{plan}: 45.000 GE $\quad$ K_{ist}: 33.000 GE
K_{fplan}: 9.000 GE $\quad$ K_{soll}: 31.500 GE
K_{vplan}: 36.000 GE

PVS: 11,25 GE

Verrechnete Plankosten: 28.125 GE

Beschäftigungsabweichung (28.125 GE – 31.500 GE)	= –3.375 GE
+ Verbrauchsabweichung (31.500 GE – 33.000 GE)	= –1.500 GE
= Gesamtabweichung	= –4.875 GE

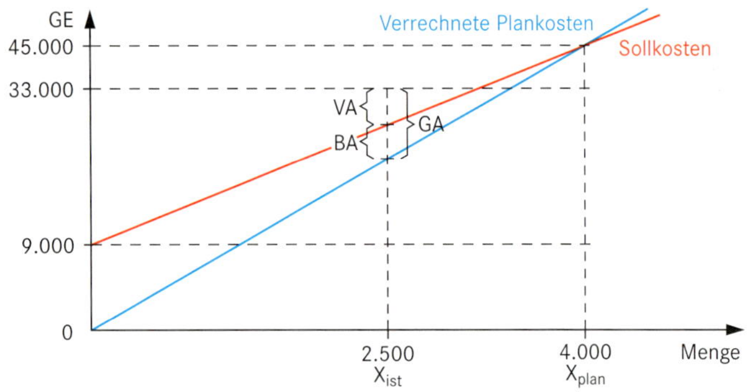

Prozesskostenrechnung
Process Cost Accounting

Begriff

- Prozesskostenmanagement betrifft vornehmlich den „Gemeinkostenbereich“ der Unternehmung – z. B. Beschaffung, Arbeitsvorbereitung, Rechnungswesen – (auch als „indirekter Bereich“ oder „fertigungsferner Bereich“ bezeichnet).
- Planung, Kontrolle und Zurechnung dieser Kostenträger-Gemeinkosten, die in der Regel Kostenstellen-Einzelkosten sind, auf die Produkte mit Hilfe von Prozessen.

Ziele

- Erhöhung der Kostentransparenz in den indirekten, also eher fertigungsfernen Bereichen.
- Effiziente Planung und Kontrolle der Gesamtkosten
- Gegenüber den traditionellen Kostenrechnungssystemen verbesserte verursachungsgerechte Zurechnung insbesondere der Gemeinkosten über die Geschäftsprozesse auf die Produkte (Produktkalkulation).

Schritte der Prozesskostenrechnung

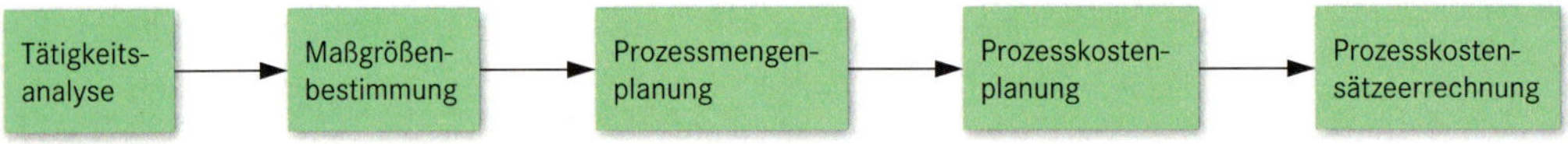

1. Schritt: Tätigkeitsanalyse

- Bestimmung der Teilprozesse oder (Dienst-) Leistungen je Gemeinkostenbereich (Kostenstelle), die dieser zu erbringen hat (z.B. auf der Grundlage der Ergebnisse des Business Process Managements)
- Kostenstellenübergreifende Zusammenfassung (Verdichtung) der einzelnen Teilprozesse zu Hauptprozessen

Beispiel: Zusammenhang zwischen Hauptprozess, Teilprozessen und ausführenden Kostenstellen.

Hauptprozess „Kundenauftrag abwickeln"	
Teilprozesse	**Kostenstellen**
■ Auftragsformular mit Auftragsdaten anlegen	■ 1. Vertriebsaußendienst 2. Vertriebsinnendienst (telefonischer Auftrag)
■ Auftragsdaten an Vertriebsinnendienst übermitteln	■ nur im 1. Fall
■ Überprüfung Kundenbonität (weitere Teilprozesse möglich)	■ Debitorenbuchhaltung
■ Weitergabe Auftragsdaten an Logistik, Einkauf, Buchhaltung	■ Vertriebsinnendienst
■ Überprüfung Lagerbestand (weitere Teilprozesse möglich)	■ Logistik
■ Eventuell Erstellung Fertigungsauftrag bzw. Auslösung Teilebestellung bei Lieferanten (weitere Teilprozesse möglich)	■ Fertigungssteuerung
■ Auslieferung an Kunden veranlassen (weitere Teilprozesse möglich)	■ Logistik
■ Rechnungserstellung	■ Debitorenbuchhaltung
■ Überprüfung Zahlungseingang (weitere Teilprozesse möglich)	■ Debitorenbuchhaltung 20

2. Schritt: Wahl geeigneter Maßgrößen

Im „direkten Bereich", der Fertigung, abgedeckt durch die **klassische Kostenrechnung**, ist die **Ausbringungsmenge** die Maß- oder Bezugsgröße für die Kosten.
Bei den Bezugsgrößen des „indirekten Bereichs" in der **Prozesskostenrechnung** handelt es sich um bestimmte **Transaktionen**.

- Ermittlung der „Kostentreiber" (cost-driver), also der leistungsbestimmenden und damit kostenverursachenden Faktoren (Transaktionen)
- Unterscheidung in
  - **leistungsmengeninduzierte oder -variable Teilprozesse und**
  - **leistungsmengenneutrale oder -fixe Teilprozesse.**
- Ermittlung adäquater **Maßgrößen**

Beispiel: Maß- oder Bezugsgrößen für leistungsmengeninduzierte Teilprozesse:

Hauptprozess „Material/Waren annehmen"	
Teilprozesse	**Kostentreiber**
■ Anlieferung entgegennehmen	
– Fremdteile	■ Entladezeit je Lieferung
– Eigengefertigte Teile	■ Entladezeit je Lieferung
■ Zugang über Terminal eingeben und Zugangsbeleg erstellen	■ Anzahl der Zugänge
■ Lieferung auf Identität prüfen	■ Anzahl Zugänge
■ Verpacken der Teile und einlagern in Gitterboxen	■ Anzahl Zugänge 21

3. Schritt: Festlegung der Planprozessmengen

- Bestimmung der Mengengerüste der leistungsmengeninduzierten Teilprozesse

Beispiel: Zahl der abgewickelten oder in der nächsten Periode abzuwickelnden Fertigungsaufträge

4. Schritt: Planung der Prozesskosten

- Identifizierung der durch die Teilprozesse verursachten Kostenarten und Berechnung ihrer Höhe auf der Grundlage der Planprozessmengen

Beispiel: Der Teilprozess „Montageaufträge disponieren" verursacht Personalkosten, Büromaterialkosten, Abschreibungen auf die Geschäftsausstattung, Energiekosten usw.

5. Schritt: Ermittlung von Prozesskostensätzen

Allgemeiner Begriff

- Der Prozesskostensatz gibt die Kosten für die einmalige Durchführung eines (Teil- oder Haupt-) Prozesses an
  - als Istkostensatz (Vergangenheitsbetrachtung) oder
  - als Plankostensatz (Zukunftsbetrachtung).

- Prozesskostensatz

$$= \frac{\text{für den Prozess anfallende Kosten pro Periode}}{\text{Prozessmenge (Summe der Kostentreiber) pro Periode}}$$

Aufgaben von Prozesskostensätzen

22

Stückrechnung (Kalkulation)	**Zeitrechnung**
Kalkulationssätze = Bewertungsmaßstäbe	Kennzahlen = Beurteilungsmaßstäbe
⇩	⇩
Kostenzuordnung auf die Leistungen (insbesonders auf (Teil-)Prozesse des „indirekten Bereichs" und letztlich auf die Produkte)	Planung Steuerung Kontrolle
⇩	⇩
Produktorientiertes Kostenmanagement	der „indirekten Bereiche" (Gemeinkostenbereiche) Bereichsorientiertes Kostenmanagement

Prozessteilkostensatz

- In den verschiedenen Prozesskostensätzen werden nur solche Kosten berücksichtigt, die **leistungsmengen-induziert** (**lmi**) sind.
- Prozesskostensatz (lmi)

$$= \frac{\text{leistungsmengeninduzierte Kosten}}{\text{Prozessmenge/Periode}}$$

Beispiel:
Prozess: Angebote einholen
Maßgröße: Anzahl der Angebote
Prozessmenge/Periode: 1.300 Angebote
Kosten für das Einholen der Angebote (Prozesskosten (lmi))/Periode: 159.250 EUR

$$\text{Prozesskostensatz (lmi)} = \frac{159.250 \text{ EUR}}{1.300 \text{ Angebote}} = 122{,}50 \text{ EUR}$$

Das Einholen eines Angebotes verursacht Kosten in Höhe von 122,50 EUR.

Prozessvollkostensatz

- In den verschiedenen Prozesskostensätzen werden neben den leistungsmengeninduzierten (lmi) Kosten auch solche Kosten berücksichtigt, die **leistungsmengenneutral** (**lmn**) oder -fix sind.
- Die Kosten leistungsmengenneutraler Prozesse werden mit Hilfe von Umlagesätzen den leistungsmengeninduzierten Prozesskostensätzen hinzugerechnet.

Beispiel: Umlage der Kosten mengenfixer Prozesse in der Kostenstelle „Einkauf". 23

Prozesse		Maßgrößen	Planprozess-mengen	Plankosten	Prozesskosten-satz (lmi)	Umlagesatz (lmi)	Gesamtpro-zesskosten-satz
Angebote einholen	lmi	Anzahl der Angebote	1.200	300.000,00	250,00	21,27	271,27
Bestellungen aufgeben	lmi	Anzahl der Bestellungen	3.500	70.000,00	20,00	1,70	21,70
Reklamationen bearbeiten	lmi	Anzahl der Reklamationen	100	100.000,00	1.000,00	85,10	1.085,10
Abteilung leiten	lmn	–	–	40.000,00	–	–	–

Erläuterung:
Prozesskostensätze für den Prozess „Angebote einholen":

- Prozesskostensatz (lmi) 250,00

$$= \frac{300.000{,}00}{1.200}$$

- Umlagesatz (lmn) 21,27

$$= \frac{40.000{,}00 \times 300.000{,}00}{(300.000{,}00 + 70.000{,}00 + 100.000{,}00) \times 1.200}$$

- Gesamtkostensatz 271,27
= 250,00 + 21,27

Prozessorientierte Produktkalkulation

- **Einzelkosten:**

  Diese Kosten (Fertigungsmaterial und Fertigungslöhne) werden dem Produkt/der Leistung (Kostenträger) – wie bei der Zuschlagskalkulation – direkt zugerechnet.

- **Gemeinkosten:**

  Diese Kosten werden nicht mit Hilfe von Gemeinkostenzuschlagsätzen aus der Kostenstellenrechnung, sondern im Wege der Prozesskostensätze aus den verschiedenen „indirekten“ oder Gemeinkostenbereichen den Kostenträgern zugerechnet.

Vergleich traditionelle Zuschlagskalkulation – Prozessorientierte Kalkulation

Beispiel:
Kalkulation der Materialkosten

Annahmen:
Kostentreiber der Materialgemeinkosten:
- Anzahl der Dispositionsvorgänge
- Anzahl der Bestellungen im „Einkauf“
- Anzahl der Wareneingänge/Transportvorgänge
- Anzahl und Art der Prüfungen im „Wareneingang“
- Anzahl der Rechnungsprüfungen, Buchungen, Zahlungen
- Anzahl der Ein- und Auslagerungsvorgänge

Die Kosten dieser Teilprozesse hängen nicht von Menge und Wert der bestellten Güter, sondern von der Häufigkeit ihrer Durchführung ab.

Der Prozesskostensatz für diese zu einem Hauptprozess zusammengefassten Teilprozesse betrage 150 EUR.

In der traditionellen Zuschlagskalkulation ergebe sich im Materialbereich ein Materialgemeinkostenzuschlagsatz von 25 %.

Materialkosten pro Stück und Bestellvolumen

Kostenrechnungssystem / Stückzahl	Traditionelle Zuschlagskalkulation (Zuschlagssatz = 25 %)			Aktivitätsorientierte Kalkulation (konstante Abwicklungskosten je Bestellung = EUR 150,00)		
	Materialeinzelkosten in EUR	Materialgemeinkosten in EUR	Materialkosten pro Stück in EUR	Materialeinzelkosten in EUR	Materialgemeinkosten in EUR	Materialkosten pro Stück in EUR
1	4	1	5	4	150	154,00
10	40	10	5	40	150	19,00
50	200	50	5	200	150	7,00
100	400	100	5	400	150	5,50
150	600	150	5	600	150	5,00
500	2 000	500	5	2 000	150	4,30

Ergebnis der traditionellen Zuschlagskalkulation:

Da die Materialgemeinkosten den Materialeinzelkosten prozentual zugeschlagen werden, steigen die Materialgemeinkosten pro Periode proportional zur wachsenden Bestellmenge. Die Materialkosten pro Stück bleiben konstant.

Ergebnis der prozessorientierten Kalkulation:

Die Materialkosten pro Stück entwickeln sich **degressiv**, da die Gemeinkosten bestellmengen- und bestellwertunabhängig sind und sich auf immer größere Stückzahlen verteilen.

24

Grundidee

Traditionelle Kostenrechnung

- Ausgangspunkt ist der Prozess der **Leistungserstellung** (Produktion) des Unternehmens.
- Die im Unternehmen bestehenden Technologie- und Verfahrensstandards, z. B. das vorhandene Produktionsverfahren, bestimmen bei der Produktentwicklung die Höhe der Selbstkosten eines Produktes und damit den Verkaufspreis. Das Ergebnis dieser Denkweise ist die **traditionelle Entscheidungskette:**

Investition → Selbstkosten → Verkaufspreis

- Bei der Produktentwicklung wird gefragt: „Was **wird** das Produkt kosten? Welcher Preis ergibt sich durch die Kalkulation?“
- **Vorwärtskalkulation**
(z. B. mithilfe der Zuschlagskalkulation)

  Fertigungsmaterial
+ Materialgemeinkosten
+ Fertigungslöhne
+ Fertigungsgemeinkosten
= Herstellkosten
+ Verwaltungsgemeinkosten
+ Vertriebsgemeinkosten
+ Entwicklungsgemeinkosten
+ Sondereinzelkosten Entwicklung/Vertrieb
= Selbstkosten
+ Gewinnzuschlag
= Verkaufspreis

Target Costing

- Im Mittelpunkt steht die **Markt-** und **Kundenorientierung**.
- Bei der Produktentwicklung wird die maximale Höhe der Selbstkosten durch den vom Kunden akzeptierten Marktpreis bestimmt. Daraus folgt, dass die Technologie- und Verfahrensstandards des Unternehmens an die Marktforderungen anzupassen sind. Diese Sichtweise führt zur Umkehrung der traditionellen Entscheidungskette in die **marktorientierte Entscheidungskette**:

Marktpreis → Selbstkosten → Investition

- Die Produktentwicklung geht von der Frage aus: „Was **darf** das Produkt kosten, damit der vom Kunden/Markt akzeptierte Preis nicht überschritten wird?“
- **Rückwärtskalkulation**
(kunden- oder zielorientiert)

  Ziel-Verkaufspreis
- Ziel-Gewinnrate
= **vom Markt erlaubte Zielkosten**
(Ziel-Materialkosten
Ziel-Fertigungskosten
Ziel-Verwaltungsgemeinkosten
Ziel-Vertriebsgemeinkosten
Ziel-Entwicklungsgemeinkosten
Ziel-Sondereinzelkosten Entwicklung/Vertrieb)

25

Vorgehensweise des Target Costing

26

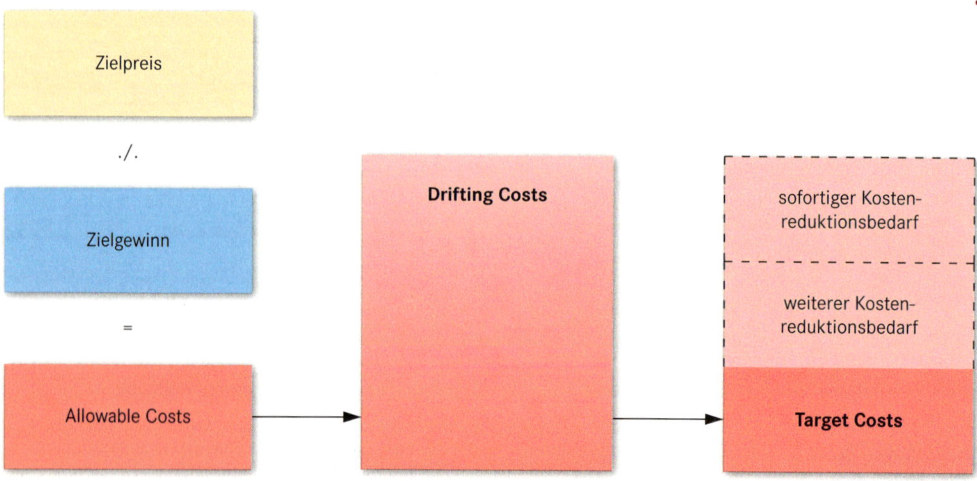

Prozessschritte des Target Costing

Marktforschung

- **Produktfunktionen** und **-design** und deren Nutzen für den Kunden mithilfe einer Conjoint-Analyse, bei der ein Zusammenhang zwischen dem Gesamturteil des Kunden über ein Produkt und den einzelnen Eigenschaften/Funktionen gesucht wird
- **Produktpreis** (Zielpreis oder **Target Price**), den potenzielle Kunden bereit sind für einzelne Produktfunktionen zu bezahlen

↓

Bestimmung der **Allowable Costs**

- **Target Price** oder Zielpreis
  - **Target Profit** oder Zielgewinn
    (die vom Unternehmen gewünschte Gewinnspanne)
  = **Allowable Costs**
    (die vom Markt bzw. von den Kunden erlaubten oder akzeptierten Kosten für das Produkt bzw. für die Funktionen und Eigenschaften des Produktes)

↓

Grobentwurf des Produktes

- Technisch orientierte Aufgabe
- **Umsetzung** der Ergebnisse der Marktforschung bezüglich Produktfunktionen, -komponenten und -teile **in das Produkt**
- **Überprüfung**, ob die Funktionen, Komponenten und Teile des Produktes ausreichend sind, ergänzt oder durch andere ersetzt werden müssen

↓

Ableitung der **Drifting Costs**

- Kosten, die auf der Grundlage der **vorhandenen und zukünftigen Technologien und Verfahren** für die notwendigen Produktkomponenten und -teile erreichbar sind, mithilfe der **Plankostenrechnung** (siehe S. 455 f.) ermittelt werden und in der Regel über den Allowable Costs liegen
- Sie werden aus Versuchsprodukten (siehe Grobentwurf) oder vorhandenen ähnlichen Produkten abgeleitet.
- **Gruppen von Drifting Costs:**
  - Kosten für Entwicklung (Vorlaufphase), Herstellung (Marktphase) und Entsorgung/Recycling (Nachlaufphase) der Komponenten und Teile
  - Kosten für den Vertrieb wie Werbung, Aufbau eines Vertriebsnetzes usw.
  - Kosten der indirekten Unternehmensbereiche (Gemeinkostenbereiche wie Allgemeine Verwaltung), die z. B. mithilfe der **Prozesskostenrechnung** (siehe S. 456 ff.) ermittelt werden

↓

Bestimmung der **Target Costs**

- Sind die Drifting Costs höher als die Allowable Costs (Regelfall), besteht ein **Kostenreduzierungsbedarf** bis zur Höhe der vom Unternehmen zu bestimmenden **Zielkosten** (Target Costs), die in der Regel zwischen den (höheren) Drifting Costs und den (niedrigeren) Allowable Costs liegen.
- Sind die Drifting Costs geringer als oder gleich den Allowable Costs, besteht kein Kostenreduktionsbedarf.
- Die am Produktentwicklungsprozess beteiligten Abteilungen benötigen konkrete Kostenvorgaben. Dafür müssen die pauschalen Zielkosten auf die einzelnen Produktkomponenten und -teile heruntergebrochen werden (**Zielkostenspaltung**).

↓

Produktion des Produktes

- Auf der Grundlage der von den **Kunden gewünschten** und im Rahmen des Grobentwurfs überprüften Funktionen, Produktkomponenten und -teile wird das Produkt unter Beachtung der Zielkosten produziert.

↓

Kontrolle der Zielkostenerreichung

- Periodenbezogene **Vergleiche der Istkosten mit den Plankosten** unter Berücksichtigung von Erfahrungs- und Lerneffekten im Verlauf des Produktlebenszyklus
- Differenzierung in Vorlauf-, Markt- und Nachlaufphase

↓

Periodische **Kostensenkung**

- Nach der Markteinführung des Produktes ist langfristig die Differenz zwischen den anfänglichen Zielkosten und den Allowable Costs durch weitere **kontinuierliche Kostensenkungsmaßnahmen** zu verringern.

27

Begriff

- Ursprünglich Kontrolle bzw. Überwachung des betrieblichen Leistungsprozesses;
- Heute Informations-, Entscheidungs- und Führungsinstrument durch ergebnisorientierte Planung, Steuerung und Überwachung des Unternehmens in allen seinen Bereichen und Ebenen.

Operatives Controlling:

- Vollzugsüberwachung und Abweichungsanalyse,
- beruht weitgehend auf quantitativen Informationen.

Strategisches Controlling:

- Erweiterung des operativen Controlling,
- Planung unterstützende und reflektierende Funktion,
- Einbeziehung langfristiger, qualitativer Informationen.

Controlling als Regelkreissystem

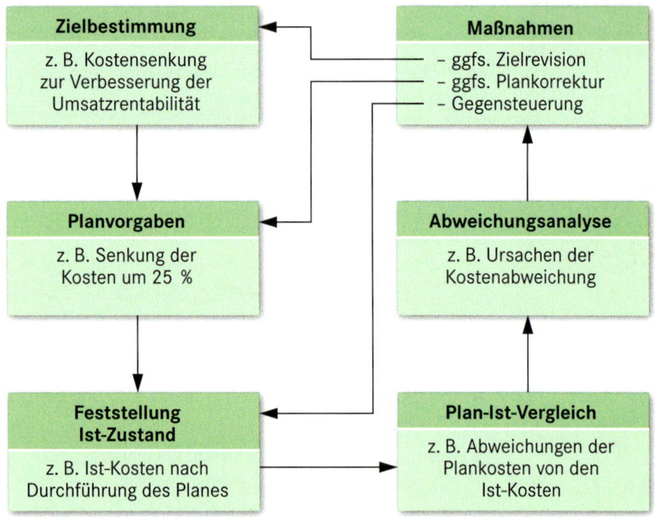

Controlling als Instrument der Willenssicherung

28

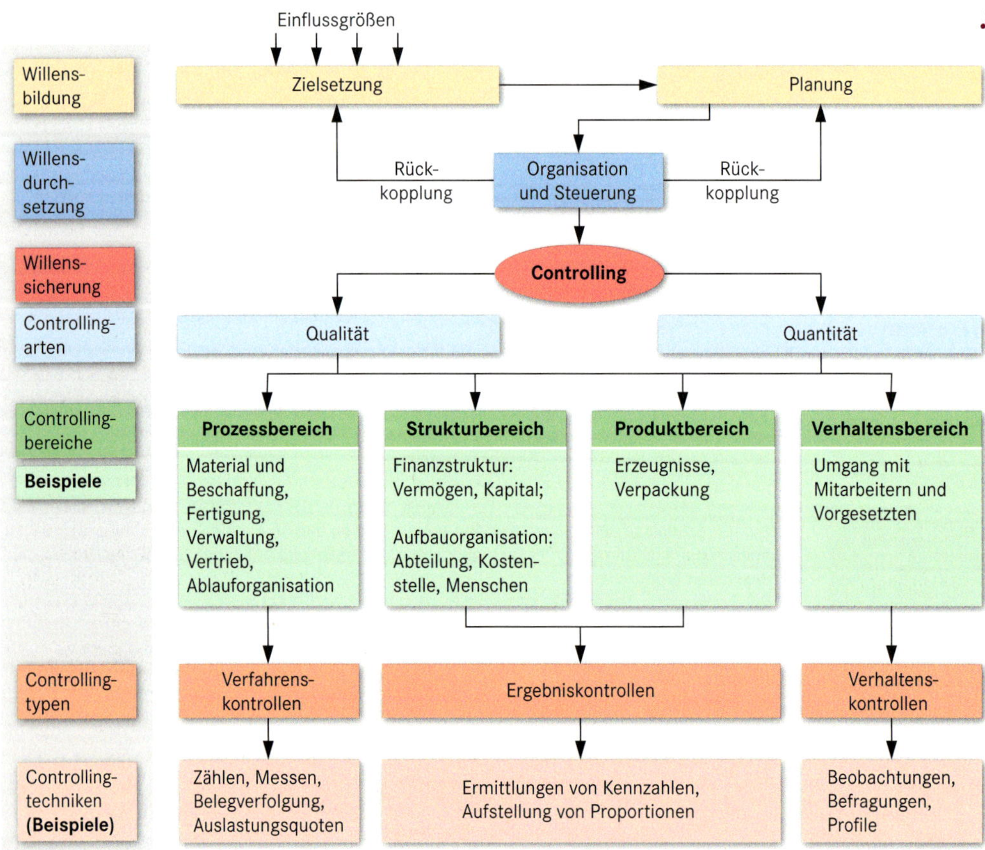

Controlling in der Aufbauorganisation

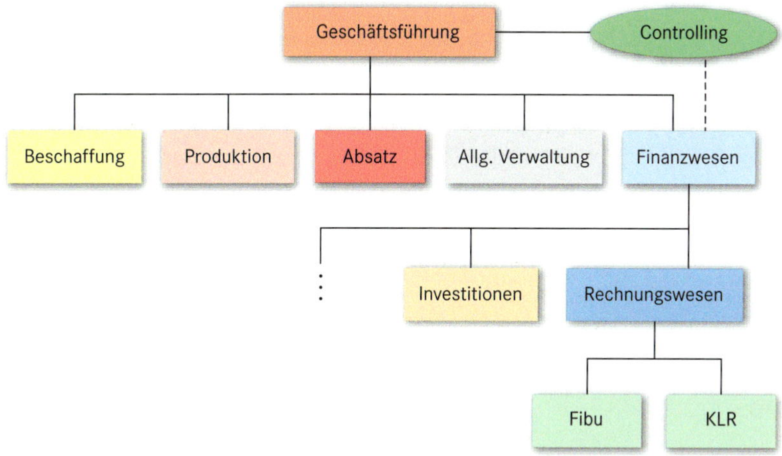

- Abteilung „Controlling“ als Stabsstelle der Geschäftsführung (keine Weisungsbefugnis)
- Enge Verbindung zum „Rechnungswesen“, dessen Zahlen und Verfahren als Hilfsmittel und Werkzeuge zur Erfüllung der Aufgaben (siehe „Controlling als Regelkreissystem“ auf S. 465) dienen

Controllingbereiche, -instrumente und -kennzahlen

Beschaffungscontrolling

Beispiele für Instrumente:
- Einsatz eines Warenwirtschaftssystems
- ABC-Analyse der Lieferanten und der Waren
- Angebotsvergleich und Nutzwertanalyse
- Ermittlung optimaler Bestellmengen

Beispiele für Kennziffern:
- Kosten pro Bestellvorgang (Prozesskostenrechnung)
- Reklamationsquote
- Kosten pro 1,00 € Bestellwert

Lagercontrolling

Beispiele für Instrumente:
- Einführen von Lagerkennzahlen zur Optimierung der Lagerhaltung
- ABC-Analyse der Waren
- Kontrolle der Lagerkosten

Beispiele für Kennzahlen:
- durchschnittlicher Lagerbestand
- Lagerumschlagshäufigkeit
- durchschnittliche Lagerdauer
- Lagerzinssatz
- Mindest-, Melde-, Höchstbestand

Produktionscontrolling (Beispiele für Kennzahlen)

Produktivität

Allgemeiner Produktivitätsbegriff:

$$\text{Produktivität} = \frac{\text{Output}}{\text{Input}}$$

Output:
Erbrachte Leistung in Mengeneinheiten pro Zeiteinheit, z. B. Ausbringungsmenge pro Monat

Input:
Eingesetzte Mengen der Produktionsfaktoren pro Zeiteinheit, z. B. Arbeits-, Maschinenstunden und Werkstoffverbrauchsmengen pro Monat (Problem: nicht addierbare Mengengrößen)

Teilproduktivitäten:

- Produktivität des Arbeitseinsatzes $= \frac{\text{Ausbringungsmenge}}{\text{Zahl der Arbeitsstunden}}$
- Produktivität des Betriebsmitteleinsatzes $= \frac{\text{Ausbringungsmenge}}{\text{Zahl der Maschinenstunden}}$
- Produktivität des Werkstoffeinsatzes $= \frac{\text{Ausbringungsmenge}}{\text{Menge einer bestimmten Werkstoffart i}}$

Wirtschaftlichkeit

Enger Begriff:

$$\text{Wirtschaftlichkeit} = \frac{\text{(Bewertete) Leistung}}{\text{Kosten}}$$

Weiter Begriff:

$$\text{Wirtschaftlichkeit} = \frac{\text{Erträge}}{\text{Aufwendungen}}$$

Absatzcontrolling

Beispiele für Instrumente:
- ABC-Analyse der Kunden
- Deckungsbeitragsrechnung
- Führen einer Renner-Penner-Liste

Beispiele für Kennziffern:
- Umsatz je Mitarbeiter oder Verkaufsteam
- Deckungsbeitrag pro Stück oder Warengruppe
- Marktanteil
- Umsatz/Absatz pro Kunde, pro m^2 Verkaufsfläche

Personalcontrolling

Beispiele für Instrumente:
- Analyse der Personalkosten
- Analyse der Personalstruktur
- Analyse der Personalentwicklung
- Entwicklung von Personalbeurteilungsbögen

Beispiele für Kennzahlen:
- Alters- und Geschlechtsstruktur
- Fluktuationsrate, Anzahl Versetzungswünsche
- Fehl-, Krankheitsquote
- Personalkosten je Mitarbeiter

Finanzcontrolling (Beispiele für Kennzahlen)

Liquidität

- **Liquiditätsgrad I (Barliquidität):**

$$= \frac{\text{Liquide Mittel}}{\text{Kurzfristige Verbindlichkeiten}} \cdot 100$$

- **Liquiditätsgrad II (Einzugsbedingte Liquidität/ quick ratio):**

$$= \frac{\text{Liquide Mittel + kurzfristige Forderungen und Wertpapiere}}{\text{Kurzfristige Verbindlichkeiten}} \cdot 100$$

- **Liquiditätsgrad III (Umsatzbedingte Liquidität/ current ratio):**

$$= \frac{\text{Umlaufvermögen}}{\text{Kurzfristige Verbindlichkeiten}} \cdot 100$$

Rentabilität

- Rentabilität des Eigenkapitals $= \frac{\text{Gewinn}}{\text{Eigenkapital}} \cdot 100$
- Rentabilität des Gesamtkapitals $= \frac{\text{Gewinn + Fremdkapitalzinsen}}{\text{Eigenkapital + Fremdkapital}} \cdot 100$
- Rentabilität des Umsatzes $= \frac{\text{Gewinn}}{\text{Umsatz}} \cdot 100$

Cashflow

Jahresüberschuss (Jahresgewinn)
\+ Abschreibungen auf Anlagen
\+ Zuführungen zu langfristigen Rückstellungen
= Cashflow

Messzahl für die Selbstfinanzierungskraft einer Unternehmung

Selbst erwirtschaftete Mittel, die der Unternehmung zur Verfügung stehen für die
- Finanzierung von Investitionen
- Schuldentilgung
- Gewinnausschüttung

Return on Investment (RoI)

Return on Investment = Rückfluss des investierten Kapitals

$$\text{RoI} = \underbrace{\frac{\text{Gewinn}}{\text{Umsatz}}}_{\text{Rentabilität des Umsatzes}} \cdot \underbrace{\frac{\text{Umsatz}}{\text{investiertes Kapital}}}_{\text{Umschlagshäufigkeit des investierten Kapitals}} \cdot 100$$

Kennzahlensystem RoI (DuPont-Schema)

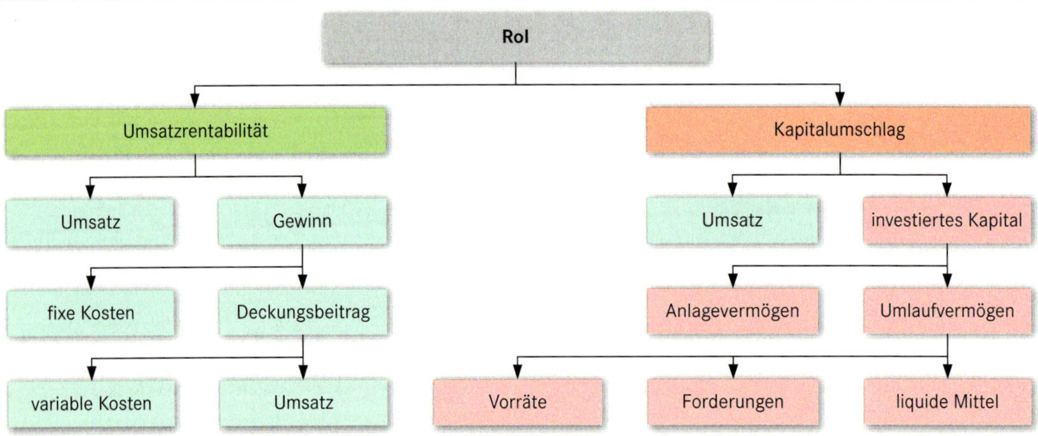

Durch die Zerlegung der übergeordneten Zielgröße RoI in seine einzelnen Elemente zeigt das DuPont-Schema die Einflussfaktoren des Unternehmenserfolgs. Es gibt damit Hinweise auf Steuerungs- und Verbesserungsmaßnahmen.

Begriff und Grundgedanke

- Die **Balanced Scorecard** (BSC) ist ein **Controlling- und Führungsinstrument**, das nicht allein an Finanzzielen und Finanzkennzahlen ausgerichtet ist, was zur Überbewertung kurzfristiger Ergebnisziele führen kann.
- Berücksichtigt werden auch **nichtfinanzielle Kennzahlen** als Orientierungsgrößen zur Realisierung strategischer Ziele wie Kundenbindung, Mitarbeiterqualifikation, Optimierung von Geschäftsprozessen.
- Die nichtfinanziellen Kennzahlen stehen dabei in einem **Kausalzusammenhang zu den finanziellen Unternehmenszielen**. So kann zum Beispiel ein verbessertes Fachwissen als Ziel bei den Mitarbeitern (**Mitarbeitersicht**) zu einer zügigeren Prozessabwicklung (**Prozesssicht**) und damit zu weniger Lieferterminüberschreitungen (**Kundensicht**) mit dadurch früherer Rechnungsstellung und schließlich Verbesserung der Liquidität (**Finanzsicht**) führen.
- Die BSC (zurückzuführen auf Robert S. Kaplan und David P. Norton) geht von **Visionen** und strategischen Unternehmenszielen aus, die aus verschiedenen Perspektiven (Sichten) betrachtet werden.
- Aus der jeweils unterschiedlichen Sicht sind – im Wege des **top-down-Verfahrens** – auf allen Unternehmensebenen konkrete Ziele und Maßnahmen abzuleiten, um die Visionen bzw. Strategien praktisch umzusetzen.
- Die ausgewogene **Kombination dieser Sichtweisen** mithilfe geeigneter zielführender Wege und Maßnahmen führt zu dem Handlungsrahmen des Unternehmens, der als BSC bezeichnet werden kann.
- Oberste Handlungsmaxime für eine BSC ist nach Kaplan/Norton: „Putting Strategy into action“. BSC ist kein Kennzahlensystem, sondern ein **Managementprozess**.

Perspektiven der Balanced Scorecard nach Kaplan/Norten

29

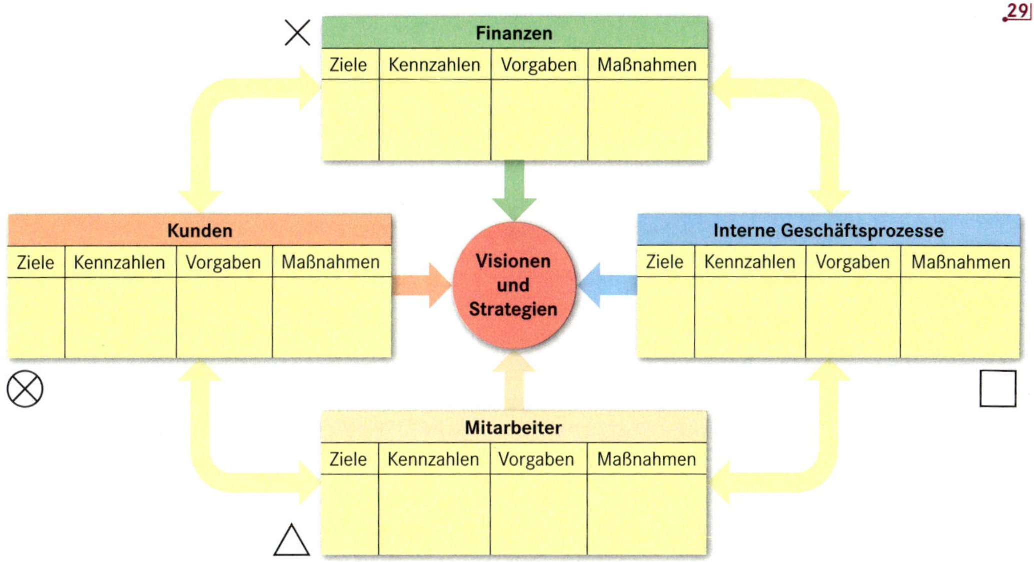

Perspektiven	Inhalt
× Finanzperspektive	... dient zur Orientierung der anderen Sichten und ist Oberziel aller anderen Perspektiven
⊗ Kundenperspektive	... macht deutlich, mit welchen Unternehmensleistungen ein Kundennutzen erreicht werden soll
□ Interne Prozessperspektive	... zeigt die wichtigsten Merkmale der Geschäftsprozesse eines Unternehmens
△ Lern- und Entwicklungsperspektive 30	... betrifft die Veränderungs- und Verbesserungspotenziale des Kommunikationssystems und der Mitarbeiter

In der Praxis werden diese vier Perspektiven nach Kaplan/Norton oft verändert und erweitert, so zum Beispiel um die Lieferantenperspektive, die öffentliche Perspektive (Land, Kommune), Organisationsperspektive u. a. m.

Beispiele

Ein Unternehmen hat die Vision, auf dem osteuropäischen Markt die Nr. 1 zu werden. Als ein strategischer Weg ist die Entwicklung der elektronischen Medien (E-Commerce) zu einem wesentlichen Vertriebsweg vorgesehen.

Perspektiven	Ziele	Kennzahlen	Vorgaben	Maßnahmen
Finanzperspektive	Schrittweise Ausweitung der verkaufsfähigen E-Commerce-Aktivitäten	Anteil Internet am Gesamtumsatz	40 %	E-Commerce-Leistungsangebot erweitern
Kundenperspektive	Schnelle Webseitennavigation	Seitenaufbauperformance		Internetaufbau mit strategischem Partner aufbauen
Interne Prozessperspektive	Systematische Erweiterung der Zugriffsmöglichkeiten auf eigene Webseite	Anzahl entsprechender Zugriffe	2000 pro Monat	Eintragung in Linklisten und Suchmaschinen
Lern- und Entwicklungsperspektive	Mitarbeiter werden in neuen Technologien geschult	Auswertung von Mitarbeitergesprächen	60 % der Mitarbeiter	Technische Kompetenz aufbauen 31

Phasen der Erarbeitung

32

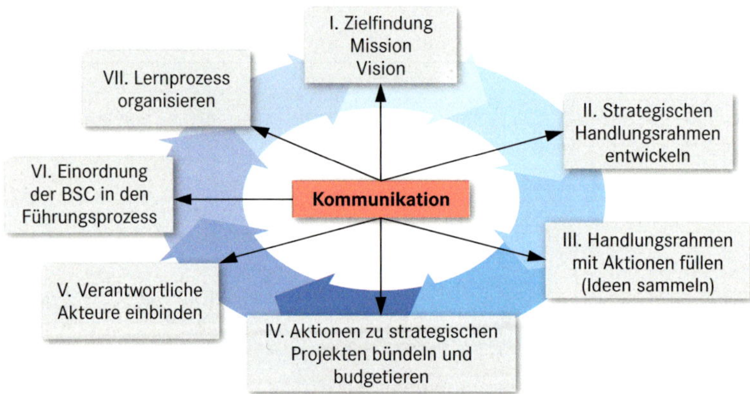

Beispiel Scorecard-Spinne (Vertriebs-Scorecard)

33

Wir wollen auf unserem Markt wieder die Nr. 1 in Europa werden
Unser Marktanteil in Europa steigt bis 2018 von 21 % auf 35 %
Wir bieten unseren Kunden komplette Lösungen (S1)
Wir bilden die Brücke zwischen Kunden und Entwicklung (S2)

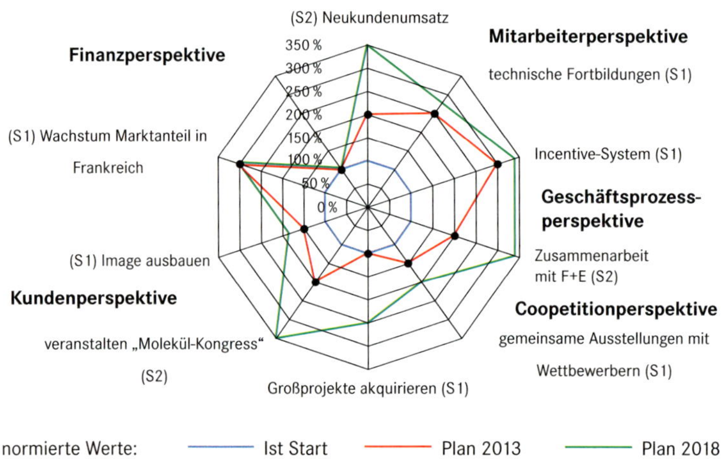

Begriffe/Anforderungen

- Kennzahlen oder Maßzahlen sind numerische Informationen, die eindeutig definiert sein müssen.
- Aufbau und Eignung einer Kennzahl haben ihren Ausgangspunkt in der aus ihr erwachsenden sachlichen Fragestellung.

Arten

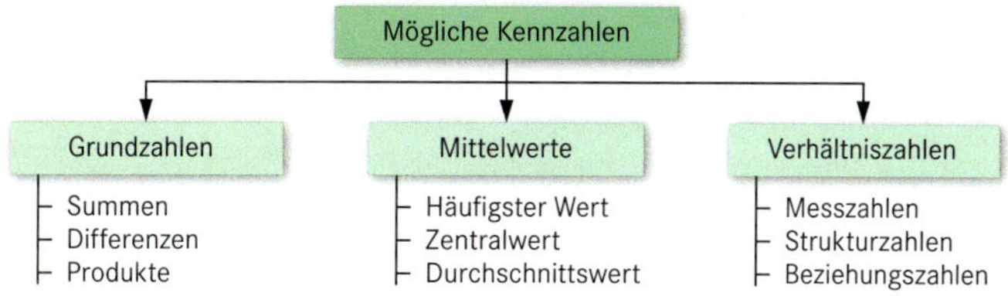

Grundzahlen

- Sie sind absolute Zahlen zur Darstellung quantitativer Sachverhalte.
- Sie erhalten ihre Bedeutung, wenn sie mit anderen absoluten Zahlen ins Verhältnis gesetzt werden.

Mittelwerte

Häufigster Wert	Zentralwert	Durchschnittswert
Er ist der in einer beliebigen Zahlenreihe am häufigsten vorkommende Wert (dichtester Wert oder Modus).	Er teilt eine der Größe nach geordnete Zahlenreihe (auf- oder absteigend); er liegt in der Mitte der Zahlenreihe (Median).	Er errechnet sich aus der Summe der Zahlenwerte, dividiert durch die Anzahl der Zahlenwerte (einfaches arithmetisches Mittel).

Verhältniszahlen

- Sie ergeben sich dadurch, dass zwei in einem sachlichen Zusammenhang stehende absolute Maßzahlen zueinander ins Verhältnis gesetzt werden.

Messzahlen

- Eine Reihe gleichartiger Größen wird auf eine dieser Größen als gemeinsame Basis bezogen, z. B. Monatsumsätze.
- Messzahlen eignen sich gut zur Darstellung der zeitlichen Entwicklung von Sachverhalten.

Darstellungsformen

Tabelle
Anforderungsmerkmale zur Gestaltung gemäß Normblatt DIN 55 301 sind u. a.

- Gliederung in Zeilen und Spalten, deren Kreuzung Fächer ergeben;
- Kennzeichnung des Zeileninhaltes in der Vorspalte, der Spalteninhalte im Tabellenkopf;
- Beschreibung des dargestellten Sachverhaltes in einer Überschrift mit örtlicher/zeitlicher Abgrenzung.

Monatsumsätze (in Tausend EUR) **des Unternehmens XY in 20..**

	Produkt A	Produkt B	Produkt C	Produkt D	Gesamt
Januar	10	12	35	22	79
Februar	12	18	40	20	90
März	15	16	37	18	86
April	20	9	34	24	87
Mai	16	4	41	28	89
Juni	24	15	39	26	104
Juli	18	13	38	15	85
August	10	17	36	20	83
September	14	15	39	26	94
Oktober	19	10	40	24	93
November	20	11	33	21	85
Dezember	21	14	36	20	91
	199	154	448	265	1.066

Säulendiagramm

- Eignet sich zur Darstellung der zeitlichen Entwicklung nur einer Zahlenreihe
- Beschreibung des dargestellten Sachverhaltes mit einer Überschrift
- Benennung der Achsen

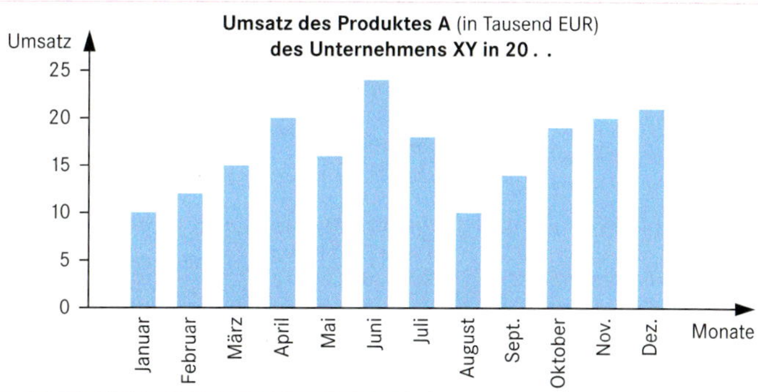

Darstellungsformen

Liniendiagramm

- Diese Art Diagramm ist geeignet, die zeitliche Entwicklung eines Sachverhaltes, der mehrere Zahlenreihen umfasst, übersichtlich darzustellen.

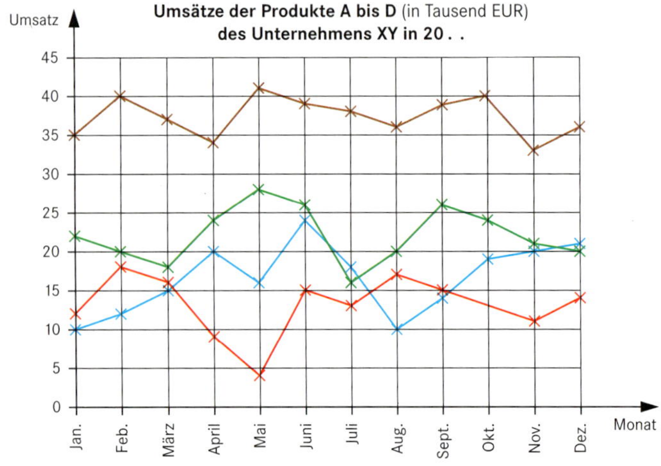

Struktur- oder Gliederungszahlen

Sie machen die Struktur einer Gesamtheit sichtbar.

$$\text{Strukturzahl (in \%)} = \frac{\text{Teilgröße (Einzelposition)}}{\text{Übergeordnete Größe (Summe der Einzelpositionen)}} \cdot 100$$

Anwendungsbeispiele

Umsatzstruktur

Anteile der Produkte des Unternehmens XY am Gesamtumsatz von 1.066.000,00 EUR in 20 . .

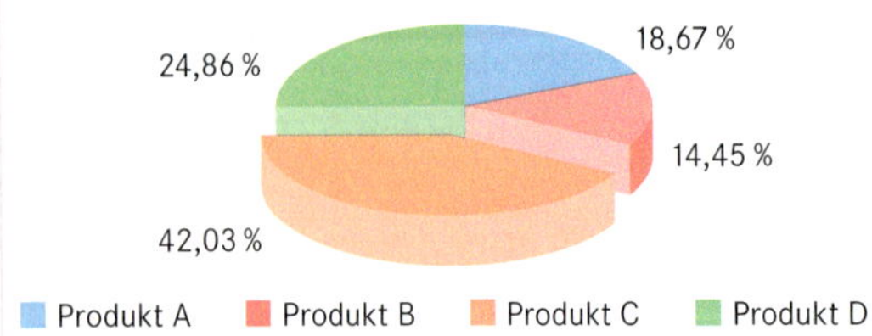

Strukturbilanz

Aktiva	Strukturbilanz des Unternehmens XY am 31.12.20..		Passiva
EUR	%	EUR	%
Anlagevermögen 300.000,00	27,27	Eigenkapital 240.000,00	21,82
Umlaufvermögen 800.000,00	72,73	Fremdkapital 860.000,00	78,18
1.100.000,00	**100,00**	**1.100.000,00**	**100,00**

Beziehungszahlen

- Bei ihnen werden zwei verschiedene Größen, die in einem sachlich sinnvollen Zusammenhang stehen, zueinander ins Verhältnis gesetzt.

Anwendungsbeispiele aus dem Rechnungswesen

Analyse der Bilanz

$$\text{Barliquidität} = \frac{\text{Flüssige Mittel}}{\text{Kurzfristige Verbindlichkeiten}} \cdot 100$$

$$\text{Anlagendeckungsgrad I} = \frac{\text{Eigenkapital}}{\text{Anlagevermögen}} \cdot 100$$

Analyse der Bilanz i.V. mit der GuV-Rechnung

$$\text{Eigenkapitalrentabilität} = \frac{\text{Gewinn}}{\text{Eigenkapital}} \cdot 100$$

$$\text{Umschlagshäufigkeit der Forderungen} = \frac{\text{Umsatzerlöse}}{\text{durchschnittlicher Forderungsbestand}}$$

Analyse der Gewinn- und Verlustrechnung

$$\text{Wirtschaftlichkeit} = \frac{\text{Erträge}}{\text{Aufwendungen}}$$

$$\text{Personalintensität} = \frac{\text{Personalaufwand}}{\text{Betriebsaufwendungen}}$$

Kosten- und Leistungsrechnung

$$\text{Leistungsergiebigkeit} = \frac{\text{Leistungen}}{\text{Kosten}}$$

$$\text{Stückkosten} = \frac{\text{Gesamtkosten}}{\text{Produktionsmenge}}$$

Verwendete Literatur

Hinweis: Die Nummern der verwendeten Literatur entsprechen den Symbolnummern der Kapitel 1, 2, 9 und 10 (Beispiel: 10)

zu Kapitel 1:

1) Aus: Bentin, Margit u. a.: Handbuch für Bürokaufleute, 6. Auflage, Braunschweig 2011, S. 14
2) Aus: Erich Schmidt Verlag, Zahlenbilder Nr. 243513
3) + 4) Nach: Bentin, Margit u. a.: Handbuch für Bürokaufleute, 6. Auflage, Braunschweig 2011, S. 15 f.
5) Aus: Bentin, Margit u. a.: Handbuch für Bürokaufleute, 6. Auflage, Braunschweig 2011, S. 17
6) Aus: Bentin, Margit u. a.: Handbuch für Bürokaufleute, 6. Auflage, Braunschweig 2011, S. 18
7) Nach: Bentin, Margit u. a.: Handbuch für Bürokaufleute, 6. Auflage, Braunschweig 2011, S. 19
8) Aus: Koppelmann, Udo: Beschaffungsmarketing, 4. Auflage, Berlin, Heidelberg, New York 2003, S. 65
9) Aus: Struwe, Jochen: Kursbuch Betriebswirtschaftslehre, Frankfurt a. M. 1994, S. 30
10) Nach: Brockhaus Enzyklopädie in 24 Bänden, Dritter Band, 19. Auflage, Mannheim 1987, S. 231
11) Aus: Bentin, Margit u. a.: Handbuch für Bürokaufleute, 6. Auflage, Braunschweig 2011, S. 143 f.
12) Aus: Bentin, Margit u. a.: Handbuch für Industriekaufleute, 6. Auflage, Braunschweig 2012, S. 32
13) + 14) Nach: Bentin, Margit u. a.: Handbuch für Industriekaufleute, 6. Auflage, Braunschweig 2012, S. 33 f.
15) Nach: Bazan, Hans-Jürgen u. a.: Handbuch Verkäufer/-innen, Kaufleute im Einzelhandel, 5. Auflage, Braunschweig 2012, S. 381
16) Aus: Bazan, Hans-Jürgen u. a.: Handbuch Verkäufer/-innen, Kaufleute im Einzelhandel, 5. Auflage, Braunschweig 2012, S. 391
17) Aus: Bentin, Margit u. a.: Handbuch für Industriekaufleute, 6. Auflage, Braunschweig 2012, S. 35
18) Aus: Bundesverband deutscher Banken (Hrsg.): Schul/Bank, Wirtschaft, Materialien für den Unterricht, Köln 1994, 1.2/4
19) Nach: Böker, Jürgen u. a.: Wirtschaftspolitik/Wirtschaftsordnung, 3. überarbeitete Auflage, Darmstadt 2005, S. 15
20) Aus: Geißler, Rainer: Die Sozialstruktur Deutschlands: Zur gesellschaftlichen Entwicklung mit einer Bilanz zur Vereinigung. Mit einem Beitrag von Thomas Meyer. 6. Auflage 2011, VS Verlag, Wiesbaden 2011, S. 26. Mit aktueller Ergänzung von R. Geißler
21) Nach: Erich Schmidt Verlag, Zahlenbilder Nr. 240010
22) Aus: Bundesverband deutscher Banken (Hrsg.): Schul/Bank, Wirtschaft, Materialien für den Unterricht, Köln 1994, 2.1/4
23) Aus: Herber, Hans/Engel, Bernd: Volkswirtschaftslehre für Bankkaufleute, 6. neubearbeitete Auflage, Wiesbaden 1994, S. 3 f.
24) Aus: Detjen, Joachim u. a.: Mensch und Politik für die Sekundarstufe I, Hannover 2003, S. 185
25) Aus: Altmann, Jörn: Wirtschaftspolitik, 6. erweiterte und völlig überarbeitete Auflage, Stuttgart, Jena 1995, S. 7
26) Aus: Böker, Jürgen u. a.: Wirtschaftspolitik/Wirtschaftsordnung, Lehrerband, 3. Auflage, Darmstadt 2005, S. 37
27) Aus: Bundesverband deutscher Banken (Hrsg.): Schul/Bank, Wirtschaft, Materialien für den Unterricht, Köln 1994, 1.6/3

zu Kapitel 2:

1) Aus: Wamper, Horst: Betriebliche Organisationslehre, Büroorganisation, Automatisierte Datenverarbeitung. 6. Auflage, Köln, München 2002, S. 13
2) Aus: Wamper, Horst: Betriebliche Organisationslehre, Büroorganisation, Automatisierte Datenverarbeitung. 6. Auflage, Köln, München 2002, S. 27
3) Nach: Wamper, Horst: Betriebliche Organisationslehre, Büroorganisation, Automatisierte Datenverarbeitung. 6. Auflage, Köln, München 2002, S. 50
4) Nach: Heinrich, Lutz J./Lehner, Franz: Informationsmanagement, 8. Auflage, München und Wien 2005, S. 199 ff. und Strahinger, Susanne in: www.oldenbourg.de:8080/wi-enzyklopaedie/lexikon/is-managment/Software-Projektmanagement/Projektorganisation/index.html/ (eingesehen 24.09.2012)
5) Aus: Bentin, Margit u. a.: Handbuch für Bürokaufleute, 5. Auflage, Braunschweig 2010, S. 224 f.
6) Aus: Berner, Steffen u. a.: Betriebswirtschaftslehre der Unternehmung, 25. Auflage, Haan-Gruiten 2010, S. 202
7) Nach: Berner, Steffen u. a.: Betriebswirtschaftslehre der Unternehmung, 25. Auflage, Haan-Gruiten 2010, S. 205
8) Aus: Berner, Steffen u. a.: Betriebswirtschaftslehre der Unternehmung, 25. Auflage, Haan-Gruiten 2010, S. 184
9) Nach: Wamper, Horst: Betriebliche Organisationslehre, Büroorganisation, Automatisierte Datenverarbeitung. 6. Auflage, Köln, München 2002, S. 76
10) Nach: Berner, Steffen u. a.: Betriebswirtschaftslehre der Unternehmung, 25. Auflage, Haan-Gruiten 2010, S. 137
11) Nach: Töpfer, Armin (Hrsg.): Geschäftsprozesse: analysiert & optimiert, Neuwied, Kriftel, Berlin 1996, S. 20
12) Nach: Imai, Masaaki: KAIZEN, Der Schlüssel zum Erfolg der Japaner im Wettbewerb, 4. Auflage, München 1994, S. 25
13) Nach: Pfeifer, Tilo: Qualitätsmanagement, München, Wien 2001, S. 9
14) Mit Genehmigung der Volkswagen AG
15) Mit Genehmigung der Volkswagen AG
16) Mit Genehmigung der Volkswagen AG
17) Aus: IT-Ausbildung, Lernfelder und Kernkompetenzen, Der Betrieb und sein Umfeld, Geschäftsprozesse und betriebliche Organisation, Informationsquellen und Arbeitsmethoden, Band 1, 2. Auflage, Bremen 2003, S. 63
18) Aus: IT-Ausbildung, Lernfelder und Kernkompetenzen, Der Betrieb und sein Umfeld, Geschäftsprozesse und betriebliche Organisation, Informationsquellen und Arbeitsmethoden, Band 1, 2. Auflage, Bremen 2003, S. 63
19) Aus: IT-Ausbildung, Lernfelder und Kernkompetenzen, Der Betrieb und sein Umfeld, Geschäftsprozesse und betriebliche Organisation, Informationsquellen und Arbeitsmethoden, Band 1, 2. Auflage, Bremen 2003, S. 71
20) Aus: Staud, Josef: Geschäftsprozessanalyse, Ereignisgesteuerte Prozessketten und objektorientierte Geschäftsprozessmodellierung für Betriebswirtschaftliche Standardsoftware, Berlin, Heidelberg, New York 2006, S. 9
21) Nach: IT-Ausbildung, Lernfelder und Kernkompetenzen, Der Betrieb und sein Umfeld, Geschäftsprozesse und betriebliche Organisation, Informationsquellen und Arbeitsmethoden, Band 1, 2. Auflage, Bremen 2003, S. 58
22) Nach: Staud, Josef: Geschäftsprozessanalyse, Ereignisgesteuerte Prozessketten und objektorientierte Geschäftsprozessmodellierung für Betriebswirtschaftliche Standardsoftware, Berlin, Heidelberg, New York 2006, S. 11
23) Aus: Steinbuch, Pitter A. (Hrsg.):Prozessorganisation - Business Reengineering - Beispiel SAP R/3, Lugwigshafen (Rhein) 1998, S. 34 f.
24) Aus: Töpfer, Armin (Hrsg.): Geschäftsprozesse: analysiert & optimiert, Neuwied, Kriftel, Berlin 1996, S. 226
25) Aus: Steinbuch, Pitter A. (Hrsg.): Prozessorganisation - Business Reengineering - Beispiel SAP R/3, Lugwigshafen (Rhein) 1998, S. 153
26) Aus: Steinbuch, Pitter A. (Hrsg.): Prozessorganisation - Business Reengineering - Beispiel SAP R/3, Lugwigshafen (Rhein) 1998, S. 154
27) Aus: Steinbuch, Pitter A. (Hrsg.): Prozessorganisation - Business Reengineering - Beispiel SAP R/3, Lugwigshafen (Rhein) 1998, S. 161 f.
28) Aus: Steinbuch, Pitter A. (Hrsg.): Prozessorganisation - Business Reengineering - Beispiel SAP R/3, Lugwigshafen (Rhein) 1998, S. 155
29) Aus: Steinbuch, Pitter A. (Hrsg.): Prozessorganisation - Business Reengineering - Beispiel SAP R/3, Lugwigshafen (Rhein) 1998, S. 157
30) Aus: Scheer, August Wilhelm/Zimmermann, Volker: Geschäftsprozessmanagement und integrierte Informationssysteme: Prozessmodellierung, Referenzmodelle und Softwaretechnologie, in: Töpfer, Armin (Hrsg.): Geschäftsprozesse analysiert & optimiert, Neuwied, Kriftel, Berlin 1996, S. 274
31) Nach: Scheer, August Wilhelm/Zimmermann, Volker: Geschäftsprozessmanagement und integrierte Informationssysteme: Prozessmodellierung, Referenzmodelle und Softwaretechnologie, in: Töpfer, Armin (Hrsg.): analysiert & optimiert, Neuwied, Kriftel, Berlin 1996, S. 278
32) Aus: Scheer, August Wilhelm/Zimmermann, Volker: Geschäftsprozessmanagement und integrierte Informationssysteme: Prozessmodellierung, Referenzmodelle und Softwaretechnologie, in: Töpfer, Armin (Hrsg.): Geschäftsprozesse analysiert & optimiert, Neuwied, Kriftel, Berlin 1996, S. 280
33) Aus: Steinbuch, Pitter A. (Hrsg.): Prozessorganisation - Business Reengineering - Beispiel SAP R/3, Lugwigshafen (Rhein) 1998, S. 98
34) Aus: Steinbuch, Pitter A. (Hrsg.): Prozessorganisation - Business Reengineering - Beispiel SAP R/3, Lugwigshafen (Rhein) 1998, S. 98
35) Nach: Staud, Josef: Geschäftsprozessanalyse, Ereignisgesteuerte Prozessketten und objektorientierte Geschäftsprozessmodellierung für Betriebswirtschaftliche Standardsoftware, Berlin, Heidelberg, New York 2006, S. 31
36) Nach: Hansen, Hans Robert/Neumann, Gustaf: Wirtschaftsinformatik 1, 10. Auflage, Stuttgart 2009, S. 310 ff.
37) Nach: Hansen, Hans Robert/Neumann, Gustaf: Wirtschaftsinformatik 1, 10. Auflage, Stuttgart 2009, S. 287 ff.
38) Nach: Hansen, Hans Robert/Neumann, Gustaf: Wirtschaftsinformatik 1, 10. Auflage, Stuttgart 2009, S. 283 ff.

39) Nach: Hansen, Hans Robert/Neumann, Gustaf: Wirtschaftsinformatik 1, 10. Auflage, Stuttgart 2009, S. 329 ff.
40) Aus: Steinbuch, Pitter A. (Hrsg.): Prozessorganisation – Business Reengineering – Beispiel SAP R/3, Lugwigshafen (Rhein) 1998, S. 339
41) Nach: Steinbuch, Pitter A. (Hrsg.): Prozessorganisation – Business Reengineering – Beispiel SAP R/3, L ugwigshafen (Rhein) 1998, S. 345
42) Aus: Steinbuch, Pitter A. (Hrsg.): Prozessorganisation – Business Reengineering – Beispiel SAP R/3, Lugwigshafen (Rhein) 1998, S. 117
43) Aus: Steinbuch, Pitter A. (Hrsg.): Prozessorganisation – Business Reengineering – Beispiel SAP R/3, Lugwigshafen (Rhein) 1998, S. 119
44) Aus: Steinbuch, Pitter A. (Hrsg.): Prozessorganisation – Business Reengineering – Beispiel SAP R/3, Lugwigshafen (Rhein) 1998, S. 120
45) Nach: Steinbuch, Pitter A. (Hrsg.): Prozessorganisation – Business Reengineering – Beispiel SAP R/3, Lugwigshafen (Rhein) 1998, S. 346
46) Aus: Steinbuch, Pitter A. (Hrsg.): Prozessorganisation – Business Reengineering – Beispiel SAP R/3, Lugwigshafen (Rhein) 1998, S. 324 f.

zu Kapitel 9:

1) Aus: Bentin, Margit u. a.: Handbuch für Industriekaufleute, 6. Auflage, Braunschweig 2012, S. 61
2) Nach: Bidlingmeier, Johannes: Marketing, Reinbeck 1973, S. 15
3) Aus: Bazan, Hans-Jürgen u. a.: Handbuch für Kaufleute im Groß- und Außenhandel. 3. Auflage, Braunschweig 2011, S. 435
4) Aus: Hill, Wilhelm/Rieser, Ignaz: Marketing-Management, 2. durchgesehene Auflage, Bern, Stuttgart, Wien 1993, S. 111 f.
5) Aus: Hill, Wilhelm/Rieser, Ignaz: Marketing-Management, 2. durchgesehene Auflage, Bern, Stuttgart, Wien 1993, S. 177
6) Nach: Bentin, Margit u. a.: Handlungsorientierte Materialien in Wirtschaft und Verwaltung, Absatz/Marketing, Lehrerband, 3. Auflage, Braunschweig 2009, S. 122
7) Nach: Bentin, Margit u. a.: Handlungsorientierte Materialien in Wirtschaft und Verwaltung, Absatz/Marketing, 4. durchgesehene Auflage, Braunschweig 2009, S. 19
8) Aus: Bentin, Margit u. a.: Handlungsorientierte Materialien in Wirtschaft und Verwaltung, Absatz/Marketing, Lehrerband, 3. Auflage, Braunschweig 2009, S. 123
9) Aus: Bentin, Margit u. a.: Handlungsorientierte Materialien in Wirtschaft und Verwaltung, Absatz/Marketing, 4. durchgesehene Auflage, Braunschweig 2009, S. 21
10) Aus: Bentin, Margit u. a.: Handlungsorientierte Materialien in Wirtschaft und Verwaltung, Absatz/Marketing, 4. durchgesehene Auflage, Braunschweig 2009, S. 25
11) Nach: Bentin, Margit u. a.: Handlungsorientierte Materialien in Wirtschaft und Verwaltung, Absatz/Marketing, 4. durchgesehene Auflage, Braunschweig 2009, S. 24
12) Aus: Bentin, Margit u. a.: Handlungsorientierte Materialien in Wirtschaft und Verwaltung, Absatz/Marketing, 4. durchgesehene Auflage, Braunschweig 2009, S. 26
13) Nach: Bentin, Margit u. a.: Handlungsorientierte Materialien in Wirtschaft und Verwaltung, Absatz/Marketing, 4. durchgesehene Auflage, Braunschweig 2009, S. 26
14) Aus: Vry, Wolfgang: Absatzwirtschaft, Lehrbücher für Fachwirte und Fachkaufleute, 6. Auflage, Ludwigshafen (Rhein) 2004, S. 40
15) Aus: Vry, Wolfgang: Absatzwirtschaft, Lehrbücher für Fachwirte und Fachkaufleute, 6. Auflage, Ludwigshafen (Rhein) 2004, S. 44
16) Aus: Hill, Wilhelm/Rieser, Ignaz: Marketing-Management, 2. durchgesehene Auflage, Bern, Stuttgart, Wien 1993, S. 68
17) Nach: Bazan, Hans-Jürgen u. a.: Handbuch für Kaufleute im Groß- und Außenhandel. 3. Auflage, Braunschweig 2011, S. 440
18) Nach: Bentin, Margit u. a.: Handlungsorientierte Materialien in Wirtschaft und Verwaltung, Absatz/Marketing, Lehrerband, 3. Auflage, Braunschweig 2009, S. 124
19) Nach: Bentin, Margit u. a.: Handlungsorientierte Materialien in Wirtschaft und Verwaltung, Absatz/Marketing, 4. durchgesehene Auflage, Braunschweig 2009, S. 40 f.
20) Aus: Bentin, Margit u. a.: Handlungsorientierte Materialien in Wirtschaft und Verwaltung, Absatz/Marketing, 4. durchgesehene Auflage, Braunschweig 2009, S. 48
21) Aus: Bentin, Margit u. a.: Handlungsorientierte Materialien in Wirtschaft und Verwaltung, Absatz/Marketing, 4. durchgesehene Auflage, Braunschweig 2009, S. 49
22) Nach: Bentin, Margit u. a.: Handlungsorientierte Materialien in Wirtschaft und Verwaltung, Absatz/Marketing, 4. durchgesehene Auflage, Braunschweig 2009, S. 50 f.
23) Aus: Bazan, Hans-Jürgen u. a.: Handbuch für Kaufleute im Groß- und Außenhandel. 3. Auflage, Braunschweig 2011, S. 450
24) Nach: Bentin, Margit u. a.: Handlungsorientierte Materialien in Wirtschaft und Verwaltung, Absatz/Marketing, 4. durchgesehene Auflage, Braunschweig 2009, S. 54 f.
25) Aus: Erfolgreich werben und verkaufen. Das Werbehandbuch für den Miehle Fachhändler, Gütersloh 1990
26) Aus: Bentin, Margit u. a.: Handbuch für Industriekaufleute, 6. Auflage, Braunschweig 2012, S. 420
27) Aus: http//www.werberat.de/content/Bilanz.php 03.10.2012
28) Aus: Breitkreutz, Rainer; Gladigan, Gerhard; Richter, Klaus: Gutes Deutsch – gute Briefe. Fachbuch für Korrespondenz in Wirtschaft und Verwaltung, Braunschweig 2011, 26. Auflage, S. 92 f.
29) Aus: Bentin, Margit u. a.: Handlungsorientierte Materialien in Wirtschaft und Verwaltung, Absatz/Marketing, 4. durchgesehene Auflage, Braunschweig 2009, S. 56 f.
30) Nach: Bentin, Margit u. a.: Handlungsorientierte Materialien in Wirtschaft und Verwaltung, Absatz/Marketing, 4. durchgesehene Auflage, Braunschweig 2009, S. 60 f.
31) Nach: Bentin, Margit u. a.: Handlungsorientierte Materialien in Wirtschaft und Verwaltung, Absatz/Marketing, 4. durchgesehene Auflage, Braunschweig 2009, S. 62 f.
32) Nach: Bentin, Margit u. a.: Handlungsorientierte Materialien in Wirtschaft und Verwaltung, Absatz/Marketing, 4. durchgesehene Auflage, Braunschweig 2009, S. 63 f.
33) Nach: Bentin, Margit u. a.: Handlungsorientierte Materialien in Wirtschaft und Verwaltung, Absatz/Marketing, 4. durchgesehene Auflage, Braunschweig 2009, S. 67 f.
34) Nach: Bentin, Margit u. a.: Handlungsorientierte Materialien in Wirtschaft und Verwaltung, Absatz/Marketing, 4. durchgesehene Auflage, Braunschweig 2009, S. 70
35) Aus: Bentin, Margit u. a.: Handlungsorientierte Materialien in Wirtschaft und Verwaltung, Beschaffungsprozess, 5. Auflage, Braunschweig 2012, S. 26
36) Aus: Bentin, Margit u. a.: Handlungsorientierte Materialien in Wirtschaft und Verwaltung, Beschaffungsprozess, 5. Auflage, Braunschweig 2012, S. 33
37) Aus: Bentin, Margit u. a.: Handbuch für Industriekaufleute, 6. Auflage, Braunschweig 2012, S. 446
38) + 39) + 40) Aus: Bentin, Margit u. a.: Handbuch für Industriekaufleute, 6. Auflage, Braunschweig 2012, S. 451
41) Aus: Bentin, Margit u. a.: Handbuch für Industriekaufleute, 6. Auflage, Braunschweig 2012, S. 452
42) Aus: Bentin, Margit u. a.: Handbuch für Industriekaufleute, 6. Auflage, Braunschweig 2012, S. 453
43) Aus: Creditreform: Bonitätsindex, Früherkennung und Vermeidung von Insolvenzrisiken, Verein Creditreform Braunschweig e. V., o. J.
44) Aus: Bentin, Margit u. a.: Handbuch für Industriekaufleute, 6. Auflage, Braunschweig 2012, S. 455
45) Nach: Jahrmann, Ulrich: Finanzierung. Darstellung, Kontrollfragen, Fälle und Lösungen, 3. Auflage, Herne/Berlin 1996, S. 24 und S. 447
46) Aus: Bentin, Margit u. a.: Handbuch für Industriekaufleute, 6. Auflage, Braunschweig 2012, S. 456
47) Aus: Bentin, Margit u. a.: Handbuch für Industriekaufleute, 6. Auflage, Braunschweig 2012, S. 245
48) Aus: Thaler, Klaus: Supply Chain Management. Prozessoptimierung in der logistischen Kette, 3. akt. und erw. Auflage, Köln, Wien 2001, S. 140
49) Aus: Bentin, Margit u. a.: Handbuch für Industriekaufleute, 6. Auflage, Braunschweig 2012, S. 246
50) Aus: Bentin, Margit u. a.: Handbuch für Industriekaufleute, 6. Auflage, Braunschweig 2012, S. 247
51) Nach: Bentin, Margit u. a.: Handlungsorientierte Materialien in Wirtschaft und Verwaltung, Beschaffungsprozess, Lehrerband, 3. Auflage, Braunschweig 2012, S. 129
52) Aus: Bentin, Margit u. a.: Handlungsorientierte Materialien in Wirtschaft und Verwaltung, Beschaffungsprozess, 5. Auflage, Braunschweig 2012, S. 18
53) Nach: Bentin, Margit u. a.: Handlungsorientierte Materialien in Wirtschaft und Verwaltung, Beschaffungsprozess, Lehrerband, 3. Auflage, Braunschweig 2012, S. 123
54) Aus: Bentin, Margit u. a.: Handbuch für Industriekaufleute, 6. Auflage, Braunschweig 2012, S. 576
55) Aus: Gaik, Petra u. a.: Warenbeschaffung im Einzelhandel, 2. Auflage, Darmstadt 2002, S. 35
56) Nach: Gaik, Petra u. a.: Warenbeschaffung im Einzelhandel, 2. Auflage, Darmstadt 2002, S. 34
57) Aus: Bentin, Margit u. a.: Handlungsorientierte Materialien in Wirtschaft und Verwaltung, Beschaffungsprozess, 5. Auflage, Braunschweig 2012, S. 27
58) Nach: Hemmer-Hiltenkamp, Marlies u. a.: Purchasing. Practical Business Studies, Braunschweig 1999, S. 80

59) Nach: Hemmer-Hiltenkamp, Marlies u. a.: Purchasing. Practical Business Studies, Teachers Manual, Braunschweig 1999, S. 85
60) Nach: Bentin, Margit u. a.: Handlungsorientierte Materialien in Wirtschaft und Verwaltung, Beschaffungsprozess, Lehrerband, 3. Auflage, Braunschweig 2012, S. 135
61) Nach: Bentin, Margit u. a.: Handlungsorientierte Materialien in Wirtschaft und Verwaltung, Beschaffungsprozess, Lehrerband, 3. Auflage, Braunschweig 2012, S. 126
62) Nach: Gaik, Petra u. a.: Warenbeschaffung im Einzelhandel, 2. Auflage, Darmstadt 2002, S. 33
63) Aus: Bentin, Margit u. a.: Handlungsorientierte Materialien in Wirtschaft und Verwaltung, Beschaffungsprozess, Lehrerband, 3. Auflage, Braunschweig 2012, S. 125
64) Aus: Bentin, Margit u. a.: Handbuch für Industriekaufleute, 6. Auflage, Braunschweig 2012, S. 251
65) Aus: Bentin, Margit u. a.: Handbuch für Industriekaufleute, 6. Auflage, Braunschweig 2012, S. 250
66) Aus: Bentin, Margit u. a.: Handbuch für Industriekaufleute, 6. Auflage, Braunschweig 2012, S. 249
67) Nach: Bentin, Margit u. a.: Handlungsorientierte Materialien in Wirtschaft und Verwaltung, Beschaffungsprozess, 5. Auflage, Braunschweig 2012, S. 40
68) Nach: Bentin, Margit u. a.: Handlungsorientierte Materialien in Wirtschaft und Verwaltung, Beschaffungsprozess, 5. Auflage, Braunschweig 2012, S. 42
69) Aus: Bentin, Margit u. a.: Handbuch für Industriekaufleute, 6. Auflage, Braunschweig 2012, S. 277
70) Aus: Bentin, Margit u. a.: Handbuch für Industriekaufleute, 6. Auflage, Braunschweig 2012, S. 278
71) + 72) Aus: Bentin, Margit u. a.: Handbuch für Industriekaufleute, 6. Auflage, Braunschweig 2012, S. 92
73) Aus: Raab, Gerhard/Lorbacher, Nicole: Customer Relationship Management. Aufbau dauerhafter und profitabler Kundenbeziehungen. I. H. Sauer-Verlag GmbH, Heidelberg 2002, S. 20
74) Aus: Bentin, Margit u. a.: Handbuch für Industriekaufleute, 6. Auflage, Braunschweig 2012, S. 408 f.
75) Aus: Kotler, Philip u. a.: Marketing der Zukunft. Mit „Sense and Response" zu mehr Wachstum und Gewinn. Campus Verlag, Frankfurt/Main 2002, S. 145
76) Aus: Bentin, Margit u. a.: Handbuch für Industriekaufleute, 6. Auflage, Braunschweig 2012, S. 409
77) Aus: Theis, Hans-Joachim: Handbuch Handelsmarketing: Band 1, Frankfurt am Main 2007, S. 257
78) Aus: Bentin, Margit u. a.: Handlungsorientierte Materialien in Wirtschaft und Verwaltung, Beschaffungsprozess, Lehrerband, 3. Auflage, Braunschweig 2012, S. 132
79) Aus: Bentin, Margit u. a.: Handlungsorientierte Materialien in Wirtschaft und Verwaltung, Beschaffungsprozess, Lehrerband, 3. Auflage, Braunschweig 2012, S. 133
80) Nach: Bentin, Margit u. a.: Handlungsorientierte Materialien in Wirtschaft und Verwaltung, Beschaffungsprozess, Lehrerband, 3. Auflage, Braunschweig 2012, S. 134
81) Aus: Bentin, Margit u. a.: Handlungsorientierte Materialien in Wirtschaft und Verwaltung, Beschaffungsprozess, 5. Auflage, Braunschweig 2012, S. 47
82) Aus: Bentin, Margit u. a.: Handlungsorientierte Materialien in Wirtschaft und Verwaltung, Beschaffungsprozess, Lehrerband, 3. Auflage, Braunschweig 2012, S. 131
83) Nach: Bentin, Margit u. a.: Handlungsorientierte Materialien in Wirtschaft und Verwaltung, Beschaffungsprozess, 5. Auflage, Braunschweig 2012, S. 59
84) Nach: Bentin, Margit u. a.: Handlungsorientierte Materialien in Wirtschaft und Verwaltung, Beschaffungsprozess, 5. Auflage, Braunschweig 2012, S. 52
85) Nach: Bentin, Margit u. a.: Handlungsorientierte Materialien in Wirtschaft und Verwaltung, Beschaffungsprozess, 5. Auflage, Braunschweig 2012, S. 55
86) Aus: Bentin, Margit u. a.: Handlungsorientierte Materialien in Wirtschaft und Verwaltung, Beschaffungsprozess, Lehrerband, 3. Auflage, Braunschweig 2012, S. 140
87) Nach: Bentin, Margit u. a.: Handbuch für Industriekaufleute, 6. Auflage, Braunschweig 2012, S. 288
88) Aus: Bentin, Margit u. a.: Handbuch für Industriekaufleute, 6. Auflage, Braunschweig 2012, S. 289
89) Aus: Bentin, Margit u. a.: Handlungsorientierte Materialien in Wirtschaft und Verwaltung, Beschaffungsprozess, Lehrerband, 3. Auflage, Braunschweig 2012, S. 139

zu Kapitel 10:

1) Nach: Weber, Helmut Kurt/Rogler, Silvia: Betriebswirtschaftliches Rechnungswesen I, Bilanz sowie Gewinn- und Verlustrechnung, 5. Auflage, München 2004, S. 2
2) Nach: Scharf, Dirk: Finanzbuchhaltung 1: Grundlagen, Wiesbaden 1995, S. 9
3) Nach: Scharf, Dirk: Finanzbuchhaltung 1: Grundlagen, Wiesbaden 1995, S. 10
4) Nach: Scharf, Dirk: Finanzbuchhaltung 1: Grundlagen, Wiesbaden 1995, S. 14
5) Nach: Scharf, Dirk: Finanzbuchhaltung 1: Grundlagen, Wiesbaden 1995, S. 16
6) Nach: Scharf, Dirk: Finanzbuchhaltung 1: Grundlagen, Wiesbaden 1995, S. 18
7) Nach: David, Christian u. a.: Basiswissen, Buchführung Schritt für Schritt, 6. Auflage, Haan-Gruiten 2009, S. 49
8) Nach: Scharf, Dirk: Finanzbuchhaltung 1: Grundlagen, Wiesbaden 1995, S. 26
9) Nach: Bentin, Margit u. a.: Handbuch für Bürokaufleute, 5. Auflage, Braunschweig 2010, S. 380 ff.
10) Nach: David, Christian u. a.: Kosten- und Leistungsrechnung Schritt für Schritt, 8. Auflage, Haan-Gruiten 2009, S. 33
11) Aus: Scharf, Dirk: Grundzüge des betrieblichen Rechnungswesens, 3. Auflage, Wiesbaden 1997, S. 26
12) Aus: Scharf, Dirk: Grundzüge des betrieblichen Rechnungswesens, 3. Auflage, Wiesbaden 1997, S. 28
13) Nach: Bentin, Margit u. a.: Handbuch für Bürokaufleute, 5. Auflage, Braunschweig 2010, S. 394
14) Aus: Bentin, Margit u. a.: Absatz/Marketing, Handlungsorientierte Materialien in Wirtschaft und Verwaltung, Lehrerband, Braunschweig 2009, S. 56
15) Aus: Bentin, Margit u. a.: Absatz/Marketing, Handlungsorientierte Materialien in Wirtschaft und Verwaltung, Lehrerband, Braunschweig 2009, S. 63
16) Aus: Bentin, Margit u. a.: Absatz/Marketing, Handlungsorientierte Materialien in Wirtschaft und Verwaltung, Lehrerband, Braunschweig 2009, S. 111
17) Aus: Bentin, Margit u. a.: Handbuch für Industriekaufleute, 5. Auflage, Braunschweig 2010, S. 167
18) Aus: Scharf, Dirk: Einführung in das betriebliche Rechnungswesen und statistische Grundlagen, Wiesbaden 1997, S. 21
19) Aus: Scharf, Dirk: Einführung in das betriebliche Rechnungswesen und statistische Grundlagen, Wiesbaden 1997, S. 22
20) Aus: Burger, Anton: Kostenmanagement, 3. Auflage, München, Wien 1999, S. 223
21) Aus: Burger, Anton: Kostenmanagement, 3. Auflage, München, Wien 1999, S. 239
22) Aus: Burger, Anton: Kostenmanagement, 3. Auflage, München, Wien 1999, S. 246
23) Aus: Burger, Anton: Kostenmanagement, 3. Auflage, München, Wien 1999, S. 248
24) Aus: Burger, Anton: Kostenmanagement, 3. Auflage, München, Wien 1999, S. 241
25) Nach: Wöhe, Günter/Döring, Ulrich: Einführung in die Allgemeine Betriebswirtschaftslehre, 23. Auflage, München 2008, S. 1013 und Clemenz, Gerhard: Die Zielkostenrechnung – Target Costing, in: Die Industriekaufleute, Ludwigshafen/Rhein 12/2003, S. 5
26) Nach: Wöhe, Günter/Döring, Ulrich: Einführung in die Allgemeine Betriebswirtschaftslehre, 23. Auflage, München 2008, S. 1013
27) Nach: Burger, Anton: Kostenmanagement, 3. Auflage, München, Wien 1999, S. 54 ff. und Clemenz, Gerhard: Die Zielkostenrechnung – Target Costing, in: Die Industriekaufleute, Ludwigshafen/Rhein 12/2003, S. 8
28) Nach: Scharf, Dirk: Grundzüge des betrieblichen Rechnungswesens, 3. Auflage, Wiesbaden 1997, S. 55
29) Nach: Wöhe, Günter/Döring, Ulrich: Einführung in die Allgemeine Betriebswirtschaftslehre, 23. Auflage, München 2008, S. 217
30) Nach: Wöhe, Günter/Döring, Ulrich: Einführung in die Allgemeine Betriebswirtschaftslehre, 23. Auflage, München 2008, S. 217 f.
31) Nach: Friedag, Herwig R./Schmidt, Walter: My Balanced Scorecard, 3. Auflage, Freiburg, Berlin, München 2004, S. 71
32) Nach: Friedag, Herwig R./Schmidt, Walter: My Balanced Scorecard, 3. Auflage, Freiburg, Berlin, München 2004, S. 33
33) Nach: Friedag, Herwig R./Schmidt, Walter: My Balanced Scorecard, 3. Auflage, Freiburg, Berlin, München 2004, S. 143

E

G

J

K

P

S

T

U

Sachwortverzeichnis
Index

Bildquellenverzeichnis
List of picture reference

Caro, Fotoagentur, Berlin: 62
Fotostudio Druwe & Polastri, Cremlingen: 281
Heinrich Hübscher, Lüneburg: 139, 140, 148, 160, 286, 301
SATAGear, Clearwater, FL: 141
Sebastian Petersen, Helmstedt: 144, 246
Armin Kreuzburg, Braunschweig: 156

...weitere interessante Produkte für den IT

Gratzke

Wirtschafts- und Geschäftsprozesse

464 S., vierfarbig, 4. Auflage, 2012
Best-Nr. 978-3-8045-**5380**-4

Arbeitsheft

Best-Nr. 978-3-8045-**5386**-6

CD-ROM

Best-Nr. 978-3-8045-**2117**-9

Zimmermann, Zimmermann

Informations- und Telekommunikationstechnik

416 S., vierfarbig, 3. Auflage, 2012
Best-Nr. 978-3-8045-**5382**-8

Arbeitsheft

Best-Nr. 978-3-8045-**5387**-3

Ringhand, Wittmann

Entwickeln und Bereitstellen von Anwendungssystemem

360 S., vierfarbig, 2. Auflage, 2011
Best-Nr. 978-3-8045-**5384**-2

Arbeitsheft

Best-Nr. 978-3-8045-**5385**-9